Christologie als Konfliktgeschichte

Thomas Fornet-Ponse

Christologie als Konfliktgeschichte

Die Konflikte um Edward Schillebeeckx, Jon Sobrino und Jacques Dupuis und ihr Beitrag zu einer fundamentaltheologischen Konflikttheorie

BRILL | **Ferdinand Schöningh**

Umschlagabbildung: Christus als dem barmherzigen Samariter aus dem Rossano-Evangeliar, um 550

Bibliografische Information der Deutschen Nationalbibliothek

Die Deutsche Nationalbibliothek verzeichnet diese Publikation in der Deutschen Nationalbibliografie; detaillierte bibliografische Daten sind im Internet über http://dnb.d-nb.de abrufbar.

www.schoeningh.de

Einbandgestaltung: Anna Braungart, Tübingen
Herstellung: Brill Deutschland GmbH, Paderborn

ISBN 978-3-506-76019-7 (hardback)
ISBN 978-3-657-76019-0 (e-book)

Inhalt

Vorwort

> Drei Jahre stritten die Schule Schammais und die Schule Hillels: eine sagte, die Halakha sei nach ihr zu entscheiden, und eine sagte, die Halakha sei nach ihr zu entscheiden. Da ertönte eine Hallstimme und sprach: [Die Worte] der einen und der anderen sind Worte des lebendigen Gottes; jedoch ist die Halakha nach der Schule Hillels zu entscheiden. ... Weil sie verträglich und bescheiden war, und sowohl ihre eigene Ansicht als auch die der Schule Schammais studierte; noch mehr, sie setzte sogar die Worte der Schule Schammais vor ihre eigenen. (Er 13b)

Diese Passage aus dem Babylonischen Talmud ist nicht nur ein klassischer Text, der die Bedeutung des Disputs im Judentum illustriert, sondern enthält auch in nuce zentrale Punkte einer fundamentaltheologischen Konflikttheorie: Die Vielfalt der Realität und ihrer Deutungen, die Notwendigkeit der kontroversen Auseinandersetzung, aber auch die Haltung der Bescheidenheit und der Offenheit für den Dialog mit anderen Positionen. Sie durchziehen auch die vorliegende Studie, die eine leicht überarbeitete und aktualisierte Version meiner im Wintersemester 2018/19 an der Katholisch-Theologischen Fakultät der Paris-Lodron-Universität Salzburg angenommenen Habilitationsschrift ist. Die Möglichkeit zu einer solchen Studie verdanke ich zahlreichen Personen und Institutionen:

Sehr herzlich danke ich dem Betreuer der Arbeit, Prof. Dr. Gregor Maria Hoff, für die intensiven Diskussionen und seine stets konstruktive Kritik sowie die vielen hilfreichen und weiterführenden Anregungen. Für die weiteren Gutachten mit ihren wertvollen Hinweisen danke ich aufrichtig Prof. Dr. Mirja Kutzer (Universität Kassel) und Prof. DDr. Kurt Appel (Universität Wien).

Große Teile der Arbeit sind während meiner Zeit als Studiendekan des Theologischen Studienjahres Jerusalem entstanden – für die Gastfreundschaft und die mir geschenkte geistliche Heimat danke ich insbesondere dem damaligen Abt Dr. Gregory Collins OSB und Prior P. Ralph Greis OSB. Darüber hinaus danke ich den Lehrenden und Studierenden des 40., 41. und 42. Studienjahres, ohne die diese Arbeit sicherlich anders aussähe. Dank gebührt auch dem Team von mikado in Aachen mit seinem Leiter Michael Drummen, das mir kompetent wie zuverlässig so zahlreiche Literatur zur Verfügung gestellt hat.

Ebenfalls danke ich dem Schöningh Verlag – namentlich PD Dr. Martin Illert – für die unkomplizierte Aufnahme in das Verlagsprogramm und der Jury des Bartolomé-de-las-Casas-Preises der Universität Fribourg für die Auszeichnung dieser Arbeit.

Mein tiefst empfundener Dank gilt meiner Familie – meinem Patenkind Johanna mit ihren Eltern Julia und Christian, meinem Vater, meiner Frau

Martina und unseren Kindern Maria und Rafael – für unser Miteinander, dem je eigenen Versuch der Nachfolge Jesu und der damit verbundenen Pluralität gelebter Christologien. Ihnen ist diese Arbeit gewidmet.

Köln, Herbst 2020 Thomas Fornet-Ponse

KAPITEL 1

Einführung

> Mir ist eine »verbeulte« Kirche, die verletzt und beschmutzt ist, weil sie auf die Straßen hinausgegangen ist, lieber, als eine Kirche, die aufgrund ihrer Verschlossenheit und ihrer Bequemlichkeit, sich an die eigenen Sicherheiten zu klammern, krank ist.[1]

In diesem vielzitierten Satz aus *Evangelii Gaudium* verbinden sich prägnant das pastorale Anliegen von Papst Franziskus mit seiner Vision für die Kirche, die auf der Basis des II. Vatikanischen Konzils Evangelisierung mit der sozialen Mission der Kirche verbindet, eine befreiende Spiritualität lebt und das Verständnis von »Zentrum« und »Peripherie« neu bestimmt. »Selbstbesinnung und Bekehrung im Dienst eines neuen Hervortretenlassens der Kraft des Evangeliums, die in der Barmherzigkeit Gottes Gestalt annimmt, [...] bringen die römische Kirche und die Kurie in eine Bewegung.«[2] Diese beinhaltet die Aufnahme der weltkirchlichen Aufbrüche und den Abschied von einer eurozentrisch geprägten römischen Kirche. Dies schlägt sich auch in den bisherigen Kardinalsernennungen in seinem Pontifikat nieder, die zu einer deutlich höheren Internationalität im Kardinalskollegium geführt haben – beispielsweise durch die Berücksichtigung von Bischöfen aus Haiti, Tonga, St. Lucia oder Mauritius. Der sich im Streit um *Amoris Laetitia* exemplarisch zeigende Widerstand gegen Papst Franziskus hängt mit diesen Bewegungen und vor allem mit der Bedeutung der Pastoral sowie der Sensibilität für konkrete Situationen und Einzelfälle zusammen. Insofern dieses Programm von Franziskus die Logik von *Gaudium et spes* und der lateinamerikanischen Erfahrung aufnimmt, können solche Konflikte auch als Konflikte um das II. Vatikanum und näherhin dessen Verständnis als Pastoralkonzil, das Pastoral nicht mehr nur als Anwendung der Lehre versteht, sondern von einem Wechselwirkungsverhältnis von Pastoral und Lehre ausgeht, gelesen werden.[3]

---

1 *Franziskus*, Evangelii Gaudium Nr. 49.

2 *Eckholt*, Jahre 156.

3 Vgl. zur Rezeption des Konzils durch Jorge Mario Bergoglio bzw. Papst Franziskus *Eckholt*, Jahre; *Faggioli*, Francis; *Hoff*, Uhrzeigersinn 20–23; *Parra*, Vaticano II; *Spadaro*, Magisterio. Eckholt nennt die enge Beziehung von Theologie und Pastoral den »Angelpunkt der Theologie von Papst Franziskus« (160). Auch die Argumentation Spadaros über die Herausforderungen an die Theologie durch Franziskus betont dessen Anliegen, die Lehre im Dienst der pastoralen Sendung der Kirche zu rekontextualisieren. »La dottrina va interpretata in relazione al cuore del *kerygma* cristiano e alla luce del contesto pastorale in cui viene

 | DOI:10.30965/9783657760190_002

Solche Konflikte sind beileibe nicht erst mit dem Pontifikat Franziskus' virulent geworden. Vielmehr gibt es »in der nachkonziliaren Zeit nahezu keinen großen kirchlichen Streit, der nicht in einem engen Zusammenhang mit Aussagen von *Gaudium et spes* steht«[4] und Fragen der Wechselwirkung von pastoraler Orientierung im Einzelfall und allgemeiner Lehre sowie das Selbstverständnis der Kirche vor allem in ihrem Bezug zur »Welt von heute« betrifft. Dies gilt sowohl für die Auseinandersetzungen um die Weichenstellungen des Konzils beispielsweise mit traditionalistischen Kreisen wie der Piusbruderschaft als auch für die Kontroversen um *Humanae vitae* bis hin zur Schwangerschaftskonfliktberatung, um die Befreiungstheologie und andere Theologien angesichts unterschiedlicher Kulturen und Religionen sowie um die Hierarchie in der Kirche. Vergleicht man die Themen der Personen und Werke, zu denen seit dem Konzil Dokumente der Glaubenskongregation erschienen sind, lassen sich einige zentrale bzw. besonders häufig diskutierte Themenbereiche ausmachen, wobei Fragen der Religionstheologie meist auch Christologie und Gotteslehre betreffen:[5]

- Christologie: Jacques Pohier (1979), Edward Schillebeeckx (1979/1980), Roger Haight (2004), Jon Sobrino (2006)
- Sexualethik: *Human Sexuality*[6] (1979), Charles Curran (1986), André Guindon (1992), Jeannine Gramick und Robert Nudent (1998), Marciano Vidal (2001), Margaret Farley (2012)

---

applicata per la *salus animarum*. Ed è questo il cuore del Magisterio di Francesco.« (*Spadaro*, Magisterio 20.)

4 *Hünermann*, Wochen 492.

5 Vgl. http://www.vatican.va/roman_curia/congregations/cfaith/doc_doc_index_ge.htm (3.08.2019) und zu den Notifikationen zu Meßner, Dupuis und Vidal *Melloni*, Notifikationen. Vgl. zum allgemeineren Kontext *Gaillardetz*, Introduction und *Hinze*, Decade. Beschränke ich mich somit auf Stellungnahmen vonseiten der Glaubenskongregation, sollen damit nicht Verfahren einzelner Bischöfe oder von Bischofskonferenzen – wie beispielsweise der Fall von Elizabeth Johnson aufgrund ihres Buches *Quest for the Living God* – ignoriert werden. Da es mir aber nicht um eine vollständige Liste aller Lehrbeanstandungen römisch-katholischer Theologen und Theologinnen seit dem II. Vatikanum geht, sondern um einigermaßen repräsentative Einblicke in ebensolche, erscheint mir die hier vorgenommene Beschränkung vertretbar, zumal damit ein universalkirchlicher Akzent verbunden ist.

Auf den ersten Blick mag überraschen, dass die feministische Konfliktlinie keinen eigenen dieser besonders häufig diskutierten Themenbereiche darstellt. Dies erklärt sich vermutlich dadurch, dass die Frage der Frauenordination in Dokumenten wie *Inter Insigniores* (1976) und *Ordinatio Sacerdotalis* (1994) behandelt wurde und andere Aspekte der Stellung der Frau in der Kirche eher im Bereich der Ekklesiologie verortet werden bzw. beim Konflikt zwischen den US-amerikanischen Bischöfen und der Leadership Conference of Women Religious die Glaubenskongregation 2012 ein eigenes »Doctrinal Assessment« veröffentlicht hat.

6 *Kosnik*, Sexuality.

– Ekklesiologie: Hans Küng (1975, 1979), Edward Schillebeeckx (1980–1986), Leonardo Boff (1985), György Bulányi (1986)
– Religionstheologie: Tissa Balasuriya (1997), Anthony de Mello (1998), Jacques Dupuis (2001)

Die in den jeweiligen Dokumenten genannten Konsequenzen unterscheiden sich ebenfalls deutlich: Während es bei Küng, Curran und Haight zu einem Entzug der Lehrerlaubnis kam, Boff ein Bußschweigen auferlegt und Tissa Balasuriya sogar exkommuniziert wurde (was indes nach ca. einem Jahr wieder aufgehoben wurde)[7], wird bei den anderen i. d. R. primär auf Abweichungen vom »Glauben der Kirche« hingewiesen bzw. eine »Lesehilfe« angeboten, mit der mögliche Missverständnisse ihrer Werke verhindert werden sollen. Die weitergehenden Maßnahmen wurden jeweils getroffen, wenn die betroffene Person nach Ansicht der Glaubenskongregation keine (oder zuwenig) Bereitschaft gezeigt hat, den Forderungen des Lehramts bezüglich einer Korrektur bzw. Richtigstellung der inkriminierten Aussagen nachzukommen. Bei einer Lektüre der Notifikationen zeigt sich ferner eine Gemeinsamkeit in der Vorgehensweise der Glaubenskongregation: Während die Auseinandersetzung mit den Herausforderungen des jeweiligen Kontextes nicht in erster Linie kritisiert wird, herrscht doch größte Vorsicht, wenn sich die entsprechenden Ansätze in Methodologie oder inhaltlichen Aspekten von diesen Herausforderungen haben beeinflussen lassen.[8] Anders formuliert: Das Bemühen um Relevanz der Theologie angesichts neuer Herausforderungen wird anerkannt und die Sorge um die Wahrung der christlichen und katholischen Identität formuliert. Wenn es nach der pastoralen Grundorientierung des II. Vatikanums um eine Balance zwischen Relevanz und Identität geht, lautet die zentrale Frage sowohl an die beanstandeten Ansätze und Überlegungen als auch an die Kritik der Glaubenskongregation somit, ob diese Balance gewahrt oder ein Aspekt auf Kosten des anderen überbewertet wird – also die Tradition des Glaubens bzw. die menschlichen Probleme der jeweiligen Zeit vernachlässigt werden.

Während diese Auseinandersetzungen in der Regel durch den Papst oder zuständige römische Dikasterien entschieden wurden – zum Teil auch ohne eine offene Debatte über die inhaltlichen Differenzen –, also durch den Einsatz zur Verfügung stehender Machtinstrumente, gibt es für innerkirchliche

7 Vgl. *Evers*, Entwicklungen.

8 Beispiele dafür sind der kritisierte Ansatzpunkt Sobrinos bei den Armen als theologischer Ort (vgl. *Kongregation für die Glaubenslehre*, Notifikation Sobrino Abschnitt I) oder das buddhistisch und taoistisch beeinflusste Verständnis Gottes als reiner Leere bei Anthony de Mello, wobei bezüglich seiner frühen Werke anerkannt wird, er verbleibe dort trotz dieser Einflüsse im Rahmen christlicher Spiritualität. (Vgl. *Kongregation für die Glaubenslehre*, Notifikation de Mello.)

Auseinandersetzungen auch eine lange Tradition der gemeinsamen Entscheidungsfindung wie der Suche nach einem Konsens vom Apostelkonzil bis hin zum II. Vatikanum. Dabei lassen sich die gewählten unterschiedlichen Lösungsstrategien der Entscheidung durch eine zuständige und von den Konfliktparteien anerkannte Instanz oder der Suche nach einem Kompromiss oder Konsens nicht eindeutig einer Art von Konflikt – beispielsweise zwischen wissenschaftlicher Theologie und bischöflichem Lehramt oder von Bischöfen untereinander – zuordnen, zumal die potentiellen Konfliktlinien im Rekurs auf das II. Vatikanum quer durch das gesamte Volk Gottes verlaufen. Wenn im Folgenden diese Konfliktlinien und daraus entstandene Konflikte untersucht werden, wird der Konfliktbegriff mit Blick auf das Fehlen einer allgemein anerkannten interdisziplinären Konflikttheorie und seine uneindeutige Definition in den Sozialwissenschaften[9] in seiner weiten Bedeutung verstanden als

> Kennzeichnung verschiedenartiger Zusammenstöße von Impulsen, Interessen, Kräften, Gruppen auf psychischer, zwischenmenschlicher, sozialer und internationaler Ebene, sei es in latenter oder manifester Form, in gewaltfreier oder gewaltsamer Weise, in symmetrischer oder asymmetrischer Stellung der Konfliktinteressen oder -partner.[10]

Mit dieser weiten Definition ist keine Vorentscheidung hinsichtlich der Frage getroffen, wie Konflikte zu bewerten sind. Dies entspricht der Theorieentwicklung in den Sozialwissenschaften mit der Entpolitisierung, Verallgemeinerung und Entdinglichung des Konfliktbegriffs.[11] Indem dieser keinen identitätsstiftenden Charakter für die Theorien mehr besitzt und diese nicht mehr mit politischen Akteuren verbindet, wird er allgemeiner verwendet und meint etwas ganz Unterschiedliches – Konflikte innerhalb von Familien, zwischen Organisationen oder politischen Akteuren, aber auch zwischen Staaten oder Ethnien – und nicht mehr einen ursprünglichen gesellschaftlichen Konflikt als Ursprung anderer Konflikte. Schließlich wird stärker zwischen Konflikten und ihren Ursachen unterschieden und die Ambivalenz von Konflikten in einer Situation der Unentscheidbarkeit in den Blick genommen. Aufgrund seiner Einbindung in unterschiedliche Theorien ist eine einheitliche sozialwissenschaftliche Konflikttheorie jedoch nicht sinnvoll

9 Vgl. dazu u. a. *Bonacker*, Konflikttheorien.

10 *Ritschl*, Konflikt 1377, Abkürzungen aufgelöst. Ähnlich weit ist die Ausgangsdefinition bei Dahrendorf: »Der Begriff des Konflikts soll zunächst jede Beziehung von Elementen bezeichnen, die sich durch objektive (›latente‹) oder subjektive (›manifeste‹) Gegensätzlichkeit kennzeichnen läßt.« (*Dahrendorf*, Elemente 23.)

11 Vgl. dazu *Bonacker*, Einleitung 12–14.

zu verfolgen. Gleichwohl bleibt der Konfliktbegriff als interdisziplinärer und theorieübergreifender Grundbegriff relevant und kommt in jeder Teildisziplin und Theorie vor. »Das Soziale als Gegenstand der Sozialwissenschaft kann nämlich grundsätzlich in zwei Arten vorkommen: als Konsens und als Konflikt. Entweder wir stimmen Angeboten, Erwartungen etc. wenigstens implizit zu oder wir lehnen sie ab.«[12] Konflikte sind somit anders als in der Umgangssprache nicht primär negativ zu bewerten, sondern können eine wichtige Funktion in der und für die Gesellschaft übernehmen – beispielsweise als Motor für den gesellschaftlichen Wandel.[13] Dazu dürfen sie nicht vermieden oder gar unterdrückt, sondern müssen ausgetragen und bewältigt werden.

Ideengeschichtlich ist diese konstruktive bzw. gesellschaftsverändernde Funktion von Konflikten für die moderne Gesellschaft vor allem auf Karl Marx und Max Weber zurückzuführen. Während nach Marx Konflikte aus der vertikalen Differenzierung der Gesellschaft folgen und Vehikel sind, um ungerechte Herrschaftsverhältnisse zu verändern, sieht Weber sie als Konsequenz der horizontalen Differenzierung, die sich in einem Wertpluralismus ausdrückt, und eröffnet das Feld akteurstheoretischer Konflikttheorien. Eine besondere und richtungsweisende Rolle in der Theorieentwicklung ist Georg Simmel zuzuschreiben, der die Integrationsfunktion von Konflikten herausstellt, da sich durch sie Gruppen konstituieren und sie somit eine Form der Vergesellschaftung und damit eine soziale Beziehung sind.[14] Indem er das soziale und sozialisierende Moment des Konfliktes unterstreicht, versteht Simmel Konflikte nicht als Erscheinungen, die die Gesellschaftsordnung gefährden oder infragestellen. Vielmehr sind sie als spezifische Form der Vergesellschaftung die Gesellschaft und haben destruktive wie konstruktive Auswirkungen. Diese integrierende Funktion üben Konflikte dann aus, wenn die streitenden Parteien nicht die völlige Vernichtung der je anderen beabsichtigen, sondern sich – auch bei einer gewaltsamen Auseinandersetzung – an gemeinsamen Prinzipien wie Fairness im Kampf oder Kriegsrecht orientieren. »Solche noch kontrollierten Formen von Gewaltausübung sind mithin nicht reine Formen des ›Streitens‹, sondern ihrerseits immer noch spezifische Konfigurationen von Konsens und Dissens.«[15] Neben den grundlegenden Formen des Kampfes, bei

12 *Bonacker*, Einleitung 15.

13 »In seiner konstruktiven, funktionalen und stabilisierenden Variante ist der Konflikt ein unverzichtbares kreatives und integratives Element des Zusammenlebens, ein stagnationsüberwindender, überlebensnotwendiger produktiver dynamischer Prozeß.« (*Spiegel*, Konflikt 242, Abkürzungen aufgelöst.)

14 Vgl. *Simmel*, Streit und als Einführung zu Simmel *Lichtblau*, Aktualität sowie zu seiner Konflikttheorie *Stark*, Konflikttheorie.

15 *Dubiel*, Integration 133.

dem sich die Motivation gegen die andere Partei richtet, und des Streites, bei dem das »Persönliche« des Konfliktes weniger vorherrschend ist, legt Simmel besonderes Augenmerk auf das Phänomen der »Konkurrenz«. Diese sieht er als das eigentliche Paradigma einer moderne Gesellschaften integrierenden Streitform an, da die Akteure in einem solchen Streit ihre Energie und Leidenschaft nicht auf die je andere Partei, sondern auf ein Gut richten, das oder dessen Mehrung die konkurrierenden Parteien idealerweise wollen. »D. h., daß die Konfliktform der Konkurrenz bewirkt, daß Konflikte nicht zum Nullsummenspiel werden müssen, und das ist eine sozial sehr weitreichende und wichtige Entwicklung.«[16] Zudem wirkt sie stärker vergesellschaftend, weil sich die Konkurrenten miteinander befassen müssen und entsprechende Gemeinsamkeiten als Wettbewerber aufweisen. Viele dieser Konflikte hängen bei Simmel mit der gesteigerten sozialen Differenzierung und Individualisierung zusammen, da sich die unterschiedlichen Ansprüche der verschiedenen sozialen Kreise, in denen ein Mensch wechselwirkt, widersprechen können. Damit steigt aber auch die Wahrscheinlichkeit von Konflikten zwischen einzelnen Individuen, die wiederum zur Bildung neuer sozialer Gruppen führen können, wenn sich Menschen »zusammenfinden, um gegen einen gemeinsamen Gegner zu kämpfen. Der Konflikt mit den anderen ist es, der sie zusammenführt.«[17] Ein damit eng verbundener Punkt ist die Intensität von Konflikten, die mit größerer Gleichheit unter den Parteien in der Regel steigt, da in diesen Fällen schon kleinere Antagonismen eine relativ größere Bedeutung erhalten als zwischen Fremden, die von vornherein von einer größeren Unterschiedlichkeit untereinander ausgehen. Dies erklärt auch, wieso kleinere Unterschiede große Bedeutung für die Gruppenidentität erhalten können:

> Wo nun gar noch so viel Gleichheit weiter besteht, daß Verwechslungen und Grenzverwischungen möglich sind, da müssen die Differenzpunkte mit einer Schärfe herausgehoben werden, die oft garnicht durch die Sache selbst, sondern nur durch jene Gefahr gerechtfertigt sind.[18]

---

16 *Stark*, Konflikttheorie 87. Ein von Simmel genanntes »reines« Beispiel ist die wissenschaftliche Konkurrenz: »Ähnlich zeigt jede durch Ehrgeiz veranlaßte Konkurrenz auf wissenschaftlichem Gebiet einen Kampf, der sich nicht gegen den Gegner, sondern auf das gemeinsame Ziel richtet, wobei supponiert wird, daß die von dem Sieger gewonnene Erkenntnis auch für den Unterlegenen Gewinn und Förderung ist.« (*Simmel*, Streit 325.)

17 *Stark*, Konflikttheorie 89.

18 *Simmel*, Streit 316. Er verweist dazu auf einen Fall aus Bern von 1875, wo der Papst einen katholischen Gottesdienst nicht in einer altkatholischen, wohl aber in einer reformierten Kirche erlaubte: »Der römische Katholizismus braucht nicht zu fürchten, daß durch eine äußere Berührung mit einer so völlig heterogenen Kirche, wie der reformierten, seine

Für die Frage der Bildung von Gruppen durch einen externen Konflikt ist es entscheidend, ob die Gruppe erst dadurch entstanden ist, dass sich Elemente zusammengeschlossen haben, die einen gemeinsamen externen Gegner haben, oder ob die Gruppe als ganze in einen Konflikt mit einer externen Größe eintritt und dadurch intern die Verbindungen enger gezogen werden und die Einheit gesteigert wird. »Der Streitzustand aber zieht die Elemente so fest zusammen und stellt sie unter einen so einheitlichen Impuls, daß sie sich gegenseitig entweder vollkommen vertragen oder vollkommen repellieren müssen«[19]; d. h. entweder gelingt die Überwindung innerer Gegnerschaften oder das Ganze fällt auseinander. Da sich in einem externen Konflikt befindende Gruppen individuelle Abweichungen nur bis zu einer bestimmten Grenze ertragen können, ist es für solche Gebilde sehr wichtig, eine »elastische« Form zu haben. Diese ermöglicht es, dissidierende Elemente solange wie möglich noch als zugehörig zu behandeln, um nicht unnötig noch verwendbare Elemente zu verlieren. Als Beispiel nennt Simmel für die katholische Kirche »die Mönchsorden, durch welche sich die hier wie in allen Religionen auftauchenden mystischen oder fanatischen Impulse in einer der Kirche unschädlichen, ihr unbedingt eingeordneten Art ausleben konnten«[20].

Konflikte können nach Simmel durch Wegfall des Streitobjektes, Sieg, Versöhnung oder Kompromiss enden. Dabei ist der Sieg die radikalste Form der Beendigung, während die Versöhnung beispielsweise zwischen guten Freunden sich der Psyche der Konfliktparteien verdankt und nicht vom Zweck und Ziel des Konfliktes abhängt. Dies ist anders beim Kompromiss als gesellschaftlicher Form der Konfliktbeendigung, da er nach einem rein objektiven Modus mit Rekurs auf einen gemeinsamen Wertmaßstab – beispielsweise Geld – erfolgt. »Das entscheidende ist nun nicht mehr die bloße subjektive Leidenschaft des Begehrens, der nur der Kampf entspricht, sondern der von beiden Interessenten anerkannte Wert des Objekts, der, sachlich ungeändert, durch verschiedene Objekte ausdrückbar ist.«[21]

Die für die weitere Entwicklung der Konfliktsoziologie maßgeblichen Überlegungen Simmels zur integrierenden Funktion von Konflikten wurden besonders von Lewis Coser in einer funktionalistischen Perspektive aufgegriffen und weiter systematisiert. Er fokussiert dabei auf den Zusammenhang von Konflikten und sozialen Strukturen sowie auf die Bedingungen, unter denen

---

Eigenheit bedroht werde, wohl aber durch die mit einer immerhin noch so nahe verwandten, wie dem Altkatholizismus.« (316)

19 *Simmel*, Streit 354.

20 *Simmel*, Streit 355.

21 *Simmel*, Streit 376.

Konflikte dazu beitragen können, Beziehungen oder Strukturen aufrecht zu erhalten, anzupassen oder zu adaptieren. Ob Konflikte der Einheit innerhalb einer Gruppe dienen oder nicht, hängt sowohl von den Konfliktthemen als auch von den Arten der sozialen Struktur ab. Sofern Ziele, Werte oder Interessen betroffen sind, die nicht die Grundannahmen der Beziehung betreffen, können interne soziale Konflikte funktional für diese sein, da sie die Anpassung von Normen und Machtbeziehungen entsprechend der Bedürfnisse ihrer Mitglieder oder Untergruppen ermöglichen können. Werden hingegen diese Grundwerte nicht mehr geteilt, ist die Struktur gefährdet. »One safeguard against conflict disrupting the consensual basis of the relationship, however, is contained in the social structure itself: it is provided by the institutionalization and tolerance of conflict.«[22] Gegenüber Konflikten tolerantere Strukturen sind jene, deren Mitglieder nur segmentweise partizipieren, da solche Gruppen oft eine Vielzahl von Konflikten erfahren. Daher werden die Energien der Mitglieder in unterschiedliche Richtungen mobilisiert und konzentrieren sich nicht auf einen die Gruppe spaltenden Konflikt. Ebenfalls von Bedeutung ist das Erlauben von Konflikten, da sich dann die Feindseligkeiten nicht akkumulieren. Geringere Konflikttoleranz schreibt Coser auch jenen Gruppen zu, die beständig in externen Konflikten eingebunden sind und daher nur sehr begrenzte interne Abweichungen von der Gruppeneinheit zulassen und dazu tendieren, interne Konflikte zu unterdrücken.

> Groups which are not involved in continued struggle with the outside are less prone to make claims on total personality involvement of the membership and are more likely to exhibit flexibility of structure. The multiple internal conflicts which they tolerate may in turn have an equilibrating and stabilizing impact on the structure.[23]

Da sich in einer flexiblen sozialen Struktur verschiedene Konflikte überschneiden können, nehmen die Individuen an unterschiedlichen Konflikten teil und konzentrieren sich nicht auf einen einzigen. Aus dieser segmentweisen Partizipation in einer Vielzahl von Konflikten folgt ein ausgleichender Mechanismus innerhalb der Struktur.

Damit sieht Coser eine integrierende Funktion von Konflikten eher in flexiblen sozialen Strukturen und offenen Gesellschaften gegeben, die rivalisierende Ansprüche unmittelbar und direkt auszudrücken erlauben. Dies kann zur Anpassung der Struktur zur Wiederbelebung existierender Normen oder zum Entstehen neuer führen. »In this sense, social conflict is a

---

22 *Coser*, Functions 152.

23 *Coser*, Functions 153.

mechanism for adjustment of norms adequate to new conditions.«[24] Dies ermöglicht solchen Strukturen, unter veränderten Bedingungen weiter bestehen zu können – während bei starren Systemen die Gefahr eines katastrophalen Zusammenbruchs gegeben ist, wenn als Warnsignale fungierende Konflikte unterdrückt werden. Die Funktionalität von Konflikten hängt darüber hinaus auch davon ab, ob es sich um »realistic« oder »nonrealistic« Konflikte[25] handelt, d. h. ob sie der Frustration spezifischer Forderungen innerhalb einer Beziehung entspringen und sich auf das frustrierende Objekt beziehen und somit Mittel zum Zweck sind oder ob sie als Selbstzweck dem Spannungsabbau mindestens einer Konfliktpartei dienen. »In realistic conflict, there exist functional alternatives with regard to the means of carrying out the conflict, as well as with regard to accomplishing desired results short of conflict; in nonrealistic conflict, on the other hand, there exist only functional alternatives in the choice of anatagonists.«[26] Dysfunktionale Konflikte treten dabei eher in einer Gesellschaft oder sozialen Struktur auf, die aufgrund ihrer Starrheit eine geringe Toleranz und Institutionalisierung von Konflikten aufweist und dadurch an ihnen scheitern kann; es ist also nicht der Konflikt als solcher, der das Gleichgewicht einer Struktur bedroht, sondern deren Starrheit, derentwegen sich Feindseligkeiten akkumulieren und auf eine Konfliktlinie konzentrieren können.

Diese Einsichten Cosers auf der Grundlage von Simmel weisen in einigen zentralen Punkten wesentliche Gemeinsamkeiten mit der Theorie sozialer Konflikte von Ralf Dahrendorf auf, auch wenn es diesem um eine Alternative zum funktionalistischen Paradigma geht. Er bezieht sich zwar nicht explizit auf deren Motiv der integrierenden Funktion von Konflikten, aber es wird »doch deutlich, dass das Band, das moderne Gesellschaften zusammenhält, für Dahrendorf aus einer Kette ›geregelter Konflike‹ besteht«[27]. Unter Regelung von Konflikten versteht Dahrendorf einen Umgang mit Konflikten, der diese weder unterdrückt noch sie durch eine grundsätzliche Beseitigung der ihnen zugrundeliegenden Gegensätze lösen will, sondern dazu führt, »daß sie als Gegenstände des Konflikts nicht wieder auftauchen«[28]. Dann werden sie kontrollierbar und helfen bei der Entwicklung sozialer Strukturen. Eine Theorie

24 *Coser*, Functions 154.

25 Die gebräuchliche deutsche Übersetzung spricht etwas irreführend von echten und unechten Konflikten.

26 *Coser*, Functions 156.

27 *Dubiel*, Integration 135; vgl. zu Dahrendorf ausführlicher *Lamla*, Konflikttheorie.

28 *Dahrendorf*, Elemente 41. Damit sind die von Simmel genannten Formen, einen Konflikt zu beendigen – Wegfall des Gegenstandes, Sieg, Versöhnung oder Kompromiss – eher als Regelungsmöglichkeiten denn als Beseitigung des Gegensatzes zu verstehen.

des sozialen Konfliktes kann den Konflikt am besten als notwendigen Faktor in Veränderungsprozessen in den Blick nehmen, wenn sie vor dem Hintergrund einer Zwangstheorie der Gesellschaft (also gemäß dem Hobbes'schen Ordnungsschema) mit ihren Annahmen der Geschichtlichkeit, Konfliktualität und der Dysfunktionalität bzw. Produktivität (d. h. die Elemente einer Gesellschaft tragen zu ihrer Veränderung bei) formuliert wird. Die Rousseau folgende Consensustheorie, nach der die Autonomie und Souveränität der Menschen durch den Gesellschaftsvertrag als gemeinsamen Wert nicht beeinträchtigt wird, ist nach Dahrendorf hingegen weniger geeignet. Denn sie tendiere dazu, Konflikte als ungewöhnliche und zu eliminierende Phänomene zu verstehen, und könne ihnen daher keine schöpferische Kraft zugestehen. »Wer mit den Annahmen der Stabilität, des Gleichgewichts, der Funktionalität und des Consensus an menschliche Gesellschaften herangeht, erschwert sich von vornherein die Beschäftigung mit einem Phänomen, das alle diese Annahmen in Frage stellt.«[29]

Dies bedeutet indes nicht notwendigerweise einen Widerspruch zu den zentralen Punkten von Coser, wenn es diesem um die Funktionalität von Konflikten hinsichtlich der zu erhaltenden (wenngleich in modifizierter Weise) Ordnung der sozialen Struktur geht. Denn diese besteht vor allem darin, angesichts veränderter Bedingungen auch neue Normen und Institutionen entstehen zu lassen. Auch entspricht seine Warnung vor der Unterdrückung von Konflikten in starren Strukturen derjenigen Dahrendorfs: »In dem Maße, in dem man soziale Konflikte zu unterdrücken versucht, nehmen diese an potentieller Virulenz zu, verlangen sie damit nach noch gewaltsamerer Unterdrückung, bis schließlich keine Macht der Erde mehr in der Lage ist, die ihres Ausdrucks beraubten Konfliktenergien niederzuhalten«[30]. Eine erfolgreiche Regelung hingegen setzt voraus, dass Konflikte als berechtigt und sinnvoll angesehen und ihre sichtbaren Erscheinungsformen, nicht aber ihre Ursachen angegangen werden. Dazu sind die Auseinandersetzungen in verbindlicher Weise zu kanalisieren und einigen sich die Beteiligten über gewisse Regeln, den Konflikt auszutragen. Solche können nur »wirksam werden, wenn sie keinen Beteiligten von vornherein bevorzugen oder benachteiligen, sich auf formale Aspekte der Auseinandersetzung beschränken und die verbindliche Kanalisierung aller Gegensätze voraussetzen.«[31]

---

29 *Dahrendorf*, Elemente 30. Die Funktionalität bezieht sich auf die bestehende Ordnung, d. h. jedes Element der Gesellschaft trägt zu ihrem Funktionieren bei.

30 *Dahrendorf*, Elemente 40.

31 *Dahrendorf*, Elemente 42. Mögliche Formen sind: Verhandlung, Vermittlung, Schlichtung bis hin zur Zwangsschlichung.

Aus diesen Erwägungen Simmels, Cosers und Dahrendorfs lassen sich einige Schlussfolgerungen ableiten, um einerseits das Spezifikum theologischer Konflikte und möglicher Lösungen bzw. Regelungen in den Blick zu bekommen und andererseits Kriterien nennen zu können, nach denen Konflikte produktiv bearbeitet werden können. Für die hier im Fokus stehende Frage nach Konflikten um das II. Vatikanum bzw. sich aus dessen pastoraler Grundorientierung ergebenden Konflikten sind besonders die Themen der internen Einheit und der Reaktion auf neue (externe) Bedingungen und Herausforderungen virulent. Denn die gesteigerte soziale Differenzierung und Individualisierung mit den aus den unterschiedlichen Ansprüchen verschiedener sozialer Kreise folgenden Konflikten betreffen Kirchenmitglieder ebenso wie allgemeingesellschaftliche Herausforderungen und Veränderungen.[32] Darauf kann reagiert werden, indem entweder die interne Homogenität durch stärkere Abgrenzung erhöht wird (wozu zuweilen das Stichwort der »Entweltlichung der Kirche« gewählt wird und was angesichts der Angehörigkeit der Getauften zu unterschiedlichen sozialen Kreisen nicht einfach ist). Oder es wird größere Offenheit gegenüber interner Pluralität geübt, indem u. a. die Zugehörigkeit zu unterschiedlichen sozialen Kreisen mit ihren Folgen für die Komplexität der individuellen Identität anerkannt wird. Die soziologischen Überlegungen legen es dabei nahe, dass die erste Vorgehensweise eher mit einer starren Struktur verbunden ist und dazu tendieren wird, Konflikte zu unterdrücken bzw. sie zumindest nicht in produktiver Weise auszutragen. Denn unternommene oder angestrebte Veränderungen können bei einem Fokus auf die interne Homogenität als die Grundannahmen der Beziehung betreffend gedeutet werden, womit die Gruppe selber (also die Kirche) gefährdet wäre. Auch steht im Hintergrund eher eine konsensuelle Gesellschaftstheorie mit den Überzeugungen von der Stabilität, des Gleichgewichts, der Funktionalität und des Konsenses, weshalb Konflikte eher als zu eliminierende Phämonene gelten, da sie die überlieferte (göttliche) Ordnung infrage stellen. Damit werden möglicherweise nun auch Differenzpunkte als entscheidend für die kirchliche Identität hervorgehoben, denen aus Sicht der »Hierarchie der Wahrheiten« dieser Stellenwert nicht zukäme.[33] Die zweite Vorgehensweise hingegen ermöglicht eher eine flexible Struktur und damit sowohl den Ausdruck

32 Vgl. dazu auch für spätmoderne Gesellschaften *Reckwitz*, Gesellschaft.

33 Ein aktuelles Beispiel dürfte die im Sommer 2019 geführte Debatte um den Zölibat sein; vgl. *Wolf*, Zölibat und als Reaktion darauf z. B. *Brandmüller*, Ehelosigkeit. Auf die Hierarchie der Werte weist Kardinal Kasper in einem Beitrag im Kontext der Amazoniensynode hin, in dem er einerseits den Wert des Zölibats unterstreicht, aber auch deutlich macht, dass er keine Priorität gegenüber den Werten göttlichen Rechts hat. »El celibato puede ayudar y facilitar el ministerio pastoral, pero no debe llevarnos a una Iglesia de

rivalisierender Ansprüche als auch die Modifizierungen von Beziehungen oder Strukturen, die nötig sind, um auch unter veränderten Bedingungen bestehen zu können. Sie ist auch viel eher geeignet, die produktive Wirkung von Konflikten aufzugreifen, da sie stärker als die erste die Geschichtlichkeit von Strukturen und Überzeugungen und damit die Notwendigkeit einer stetigen Reform anerkennt. Genau in dieser Anerkennung gründet der Konflikt mit der ersten Vorgehensweise; sie erlaubt aber zugleich, eine Metaperspektive jenseits des Konfliktes einzunehmen, indem theologische Konflikte allgemein als Resultat unterschiedlicher menschlicher Antwortmöglichkeiten auf das göttliche Angebot sowie der Aushandlungsprozesse über die Kommunikationsweisen dieser Antwortmöglichkeiten verstanden werden. Wegen der diesen zugrundeliegenden Pluralität an Kontexten und geschichtlichen Situationen können theologische Fragen nicht angemessen jenseits dieser Komplexität bearbeitet werden, womit Konflikte nicht zu vermeiden und daher auszutragen sind. Angesichts der meist nicht auflösbaren Unterschiede, denen sie sich verdanken, sind Regelungsmechanismen erforderlich, die nicht auf eine Lösung der Konfliktursachen, sondern auf die sichtbaren Erscheinungsformen des Konfliktes zielen und nach Möglichkeit einen Kompromiss erlauben – und sei es nur die Anerkennung der Legitimität unterschiedlicher Antwortmöglichkeiten auf die Fülle des Offenbarungsgeschehens.

Da in den Konflikten um das und nach dem II. Vatikanum diese unterschiedlichen Vorgehensweisen gewählt werden, wird ihre Beendigung bzw. Regelung sehr erschwert. Denn diese setzt voraus, dass die Konfliktpartner bereit sind, einen Konflikt in der Kirche als zulässig zu verstehen und ihn auf dieser Basis mit der erforderlichen Ambiguitätstoleranz angehen – womit sich die Frage stellt, ob eine solche Toleranz auch bei einander ausschließenden Positionen epistemisch vertreten werden kann. Dies hängt maßgeblich davon ab, wie grundsätzlich mit Differenzen und Gegensätzen umgegangen wird – in der Ökumenischen Theologie beispielsweise reicht das Spektrum bis hin zur Vorstellung einer Einheit in Gegensätzen, die zum [illegible]h als kontradiktorisch verstanden werden.[34] Bei den Konflikten um das [illegible]ikanum besteht aufgrund der differierenden Vorgehensweisen keine Einig[illegible] den notwendigen gemeinsamen Wertmaßstab, der einen Kompromiss ermöglichte, und zum anderen ist auch der von der ersten Vorgehensweise gewählte Fokus auf die interne Homogenität einem Kompromiss weniger dienlich.

visitas en lugar de una Iglesia que permanece, acompaña, está presente y comparte la vida cotidiana y sirve para santificarla.« (*Kasper*, Munus sanctificandi IV.2.)

34 So besonders *Herms*, Einheit und für andere Konzeptionen einer Ökumene in Gegensätzen *Cullmann*, Einheit oder *Klein*, Alternative.

zu den bis in die 1980er Jahren andauernden ekklesiologischen Differenzen und den erst ab Ende der 1990er Jahre virulent gewordenen religionstheologischen Fragestellungen.

Die getroffene Auswahl beruht darauf, drei unterschiedliche Diskurse bzw. Konfliktlinien näher betrachten zu können, die drei wichtigen Außenrelationen gelten und als solche auch auf dem II. Vatikanum thematisiert wurden: Den Kontext einer säkularen Gesellschaft der (Spät-)Moderne (Edward Schillebeeckx), den Kontext von Armut und Unterdrückung (Jon Sobrino) und den Kontext anderer Religionen (Jacques Dupuis). Insofern sie eine Christologie für diesen jeweiligen Kontext entwickeln wollen, können die Ansätze als kontextuelle Christologien gelten, womit die inhärente Problematik des Verhältnisses von Universalität und Partikularität bzw. Kontextualität benannt wird. Dies ist auch deswegen von Bedeutung, als bei der Frage, ob und inwiefern die jeweiligen Ansätze beispielsweise dem christologischen Bekenntnis der altkirchlichen Konzilien, insbesondere Chalkedons, entsprechen, die Kontextualität auch dieser Formulierungen und ihre Prägung durch die griechische Sprache und damalige philosophische Voraussetzungen (u. a. der Anthropologie) zu berücksichtigen ist. Nicht zuletzt sind die untersuchten Auseinandersetzungen auch in ihren Zwischenstufen gut dokumentiert, sodass sich Akzentverschiebungen und mögliche Positionsveränderungen feststellen lassen.

Zunächst wird mit dem Ansatz Edward Schillebeeckx' ein Autor behandelt, der in einer säkularen Umgebung (Westeuropa) die Bedeutung des Glaubens aufzeigen wollte und für den die Auseinandersetzung mit menschlichen Erfahrungen im Zentrum stand. Er betont die Bedeutung der sich verändernden Verstehens- und Interpretationshorizonte und bemüht sich daher in seiner Christologie um eine in der gegenwärtigen Situation verständliche Glaubenssprache sowie darum, durch den Rekurs auf das Leben und Wirken Jesu heutigen Glaubenden zu ermöglichen, den Weg der ersten Christen nachzuvollziehen. In der Auseinandersetzung mit der Glaubenskongregation zeigen sich die entscheidenden Differenzen in den hermeneutischen Fragen, u. a. dem Stellenwert der Geschichtlichkeit.

Zweitens wird mit der Christologie Jon Sobrinos ein Ansatz in den Blick genommen, der in Auseinandersetzung mit dem gesellschaftlichen und sozioökonomischen Kontext Lateinamerikas entstanden ist, welcher von großer Armut und Unterdrückung eines großen Teils der Bevölkerung geprägt ist. Für diesen Kontext entwickelt Sobrino eine Christologie, die ihren Ausgangspunkt bei der Kirche der Armen hat und fragt, wie den Armen und durch sie die Reich-Gottes-Botschaft Jesu Christi so verkündet werden kann, dass sie als umfassend befreiende und letztlich auf die eschatologische Erlösung ausgerichtete Botschaft erkennbar ist, und welche Praxis dies zur Folge hat. Auch hier liegt ein Schwerpunkt der Kritik der Glaubenskongregation in den methodologischen Fragen, insbesondere dem Verständnis der Armen als *locus theologicus*.

Drittens geht es bei Jacques Dupuis' trinitarisch-christologisch begründeter Theologie des religiösen Pluralismus um einen Ansatz, der in Auseinandersetzung mit dem religiösen Pluralismus Asiens entstanden ist, wo zudem das Christentum nicht die Mehrheitsreligion darstellt. In diesem Kontext stellt er die Frage, ob aus christlicher Perspektive eine positive Rolle anderer Religionen in Gottes Heilsplan angenommen werden kann, wozu er auf die aus der Menschlichkeit Jesu Christi folgenden Begrenzungen seiner Offenbarung sowie auf das universale Wirken des Wortes und des Geistes rekurriert. Die Glaubenskongregation hingegen betont ihrerseits die Fülle der Offenbarung und die Göttlichkeit Jesu Christi.

In einer Zusammenschau kommen anhand der untersuchten Ansätze und Verfahren sowie der grundsätzlichen Verhältnisbestimmung von wissenschaftlicher Theologie und kirchlichem Lehramt Konfliktivität und Pluralität von Theologie und besonders Christologie in den Blick. Sie sind eine Konsequenz der pastoralen Wende des II. Vatikanums, da aus der Auseinandersetzung mit unterschiedlichen »Außen« der Kirche Kontextualität, Geschichtlichkeit und Pluralität von Theologien folgen. Aus dieser theologischen Pluralität wiederum können Konflikte entstehen, deren Produktivität, Lösungsstrategien und Verfahrensregeln in den abschließenden Grundzügen einer fundamentaltheologischen Konflikttheorie skizziert werden.

KAPITEL 2

Das II. Vatikanum – ein Pastoralkonzil mit dogmatischer Brisanz

Als in den letzten Jahren wieder verstärkt über die Verbindlichkeit des II. Vatikanums bzw. einiger seiner Beschlüsse und Erklärungen (insbesondere hinsichtlich der Religionsfreiheit und der Haltung zu nichtchristlichen Religionen) diskutiert wurde, wurde dies regelmäßig mit Verweis darauf getan, das II. Vatikanum habe »nur ein Pastoralkonzil« sein wollen.[1] Primär wird diese Charakterisierung verwendet, um einschlägige Konzilsbeschlüsse als nichtverbindlich zu kennzeichnen, weshalb es völlig legitim und kein Verstoß gegen die lehramtliche Autorität eines Konzils sei, sie abzulehnen und sogar ihre Korrektur bzw. Rücknahme zu fordern, da sie nicht der Tradition der Römisch-Katholischen Kirche entsprächen. Es wird dabei deutlich zwischen Dogmatik und Pastoral unterschieden bzw. eine klare Hierarchie vertreten, indem Pastoral als Anwendung der Lehre gilt. Damit wird insinuiert, die pastorale Praxis der Kirche habe keine dogmatische Relevanz. Dagegen kann insbesondere auf der Basis der Pastoralkonstitution *Gaudium et spes* eingewandt werden, es sei gerade eine Errungenschaft des Konzils, diese Relevanz herauszustellen. Schon in ihrem Titel wird deutlich, dass sich die Kirche nun als »ecclesia in mundo huius temporis«, d. h. in der Welt (und für sie) verortet – und nicht »gegenüber« oder auf andere Weise zugeordnet. Damit wurde die Vorstellung der Kirche als Bollwerk gegen eine sehr kritisch gesehene moderne Welt überwunden und die Beziehungen zur Welt wurden verändert.

> Es hat sich als Pastoralkonzil begriffen und entsprechend die Weltkirche, die es religionsgemeinschaftlich repräsentiert, pastoral formiert. Mit dieser Identifizierung des christlichen Glaubens hat es der Kirche und ihren Mitgliedern zugemutet, sich mit einem für sie selbst neuen Ort zu identifizieren, nämlich im Gegenüber zur Gesamtheit der Menschen, die es jeweils hier und heute gibt.[2]

---

1 Vgl. zu dieser Diskussion u. a. *Bucher*, Pastoralkonzil; *Tück*, Pastoralkonzil sowie für Beispiele der Hermeneutikdiskussion *Böhnke*, Alternativen; *Hilberath*, Kontinuität; *Siebenrock*, Hermeneutik 104–110. Siebenrock plädiert letztlich für eine »Hermeneutik der Wandlung«, in der Erneuerung und Reform als Normalfall des christlichen Lebens angesehen würden (vgl. 135ff).

2 *Sander*, Kommentar 585. »Das Konzil hat aus der katholischen Kirche eine Weltkirche gemacht, aber sie ihr auch zugemutet. Ihre inneren Spannungen danach drehen sich nicht zuletzt um diese *translatio* von einer europäisch-römischen Religionsgemeinschaft mit naturrechtlichem Weltordnungsanspruch zu einer universalen Pastoralgemeinschaft mit

Indem nun die Identität der Kirche beschrieben wird, ohne die ihr nicht zugehörigen Menschen auszuschließen, bildet sie eine Pastoralgemeinschaft, die die Menschen in den Mittelpunkt stellt und ihr Innen vom Außen her bestimmen lässt. Sie überschreitet die Religionsgemeinschaft, die eine Machtstrategie verfolgt, den Glauben normiert und ihr Innen wie einen Gegensatz zum Außen der Welt aufbaut. Mit der Entdeckung der pastoralen Qualität ihres Glaubens entdeckt sie auch die prinzipielle Zweiheit des christlichen Glaubens (religionsgemeinschaftlich und pastoralgemeinschaftlich).[3] Das Selbstverständnis des II. Vatikanums als Pastoralkonzil wird dementsprechend nicht als Ausdruck seiner dogmatischen Unverbindlichkeit gedeutet, sondern seines Wunsches, neue, wiederentdeckte oder vertiefte theologische Einsichten in der Praxis der Kirche Gestalt werden zu lassen. Im Unterschied zu anderen Konzilien haben keine inneren Glaubensauseinandersetzungen zu seiner Einberufung geführt, sondern es ging um die Bedeutung des Glaubens im Außen der Kirche. »Die Kirche war von außen genötigt, sich um ihren Ort in diesem Außen zu bemühen. Deshalb war es der – tatsächliche und zugleich befürchtete – Bedeutungsverlust der Kirche in der Welt ihrer Zeit, der zu einer erneuerten Darstellung des Glaubens führte.«[4]

An dieser noch genauer zu betrachtenden Diskussion zeigt sich eine Konfliktlinie in der Diskussion um das II. Vatikanum, die sich an verschiedenen Orten und Fragestellungen deutlich bemerkbar macht, die in unterschiedlicher Intensität in den Jahrzehnten seit dem Ende des Konzils zu (theologischen) Kontroversen Anlass gegeben haben: Ob beim Verhältnis von Kirche und Welt, von Kirche und Gesellschaft, von Kirche und anderen Religionen, von Kirche und Atheismus – immer ist das Verhältnis des »Innen« der Kirche zu ihrem »Außen« betroffen und damit die Frage nach ihrer Identität und

allen Menschen, die lokal, regional und global um Respekt vor ihrer Würde und ihren Rechten ringen.« (*Sander*, ›Aggiornamento‹ 511.) »Eine dualistische Frontstellung von Kirche und Welt wird weitgehend überwunden. Die irdischen Dinge erscheinen in ihrer ›sachgerechten Eigengesetzlichkeit‹.« (*Lehmann*, Konzil 54.)

»Das Zweite Vatikanische Konzil ist nicht ein Anfang, den die Kirche progressiv oder konservierend hinter sich lassen könnte, sondern ein *›principium‹*, eine *›archè‹ der weltkirchlichen Epoche, das immer neu in seiner radikalen Offenheit zu bedenken sein wird.*« (*Siebenrock*, Evangelium 422, Herv. im Orig.)

Vgl. zur Verortung der Kirche *in* der Welt auch *Schreiter*, Bereicherung und zur Präsenz der Weltkirche auch *Sievernich*, Kirche 2–5.

3 Vgl. zur Differenzierung von Religionsgemeinschaft und Pastoralgemeinschaft nach Sander auch *Fornet Ponse*, Gott 119–125.

4 *Sander*, Kommentar 701. »Die auf viele Erfahrungen eines langen Lebens gestützte Vision von Papst Johannes XXIII., einst Kirchengeschichtslehrer, sah die Kirche vor allem in einem bedrohlichen Abstand zur zeitgenössischen Lebenswelt.« (*Beinert*, Verbindlichkeit 5.)

internen Homogenität oder Pluralität.[5] Diese Konfliktlinie betrifft indes nicht nur ekklesiologische Fragen, sondern auch (und in der Tiefenstruktur sogar primär) christologische, wie sich in den unterschiedlichen einschlägigen Diskussionen seit dem Konzil zeigt. Indem beispielsweise in *Dominus Iesus* von lehramtlicher Seite insbesondere eine Infragestellung der Einzigkeit und Heilsuniversalität Christi vehement abgelehnt wird, führt dies zu einer klaren Konsequenz hinsichtlich der Haltung zu anderen Religionen. Allgemeiner ist mit Hoff an Augustinus zu erinnern, für den jede ekklesiologische Häresie im Kern eine christologische war und theologische Einseitigkeiten aufgrund fehlender Austarierung der wahren Menschheit und wahren Gottheit Jesu Christi problematische Verhältnisbestimmungen von sichtbarer und unsichtbarer Kirche begründen. Von zentraler Bedeutung ist das Moment des Unsagbaren: »Wie das Chalkedonense sich zur wahren Gottheit und Menschheit Jesu Christi bekennt, ohne ihre Einheit *positiv* angeben zu können, kann auch der Ort der wahren Kirche so ausgewiesen werden, dass sich das Bekenntnis zur katholischen Kirche als Ortsangabe der wahren Kirche Jesu Christi darin nicht erschöpfen muss.«[6]

Die Bedeutung der Christologie für die veränderte Verhältnisbestimmung der Kirche zur Welt zeigt sich in den Eröffnungsnummern der beiden Kirchenkonstitutionen *Lumen gentium* und *Gaudium et spes* und in der dort herausgestellten Einheit der gesamten Menschheit in Christus, womit die Verbindung von Kirche und Welt analog zu der Verbundenheit Christi mit der Welt gesehen wird. Deutlich ausgedrückt wird dies durch den ekklesiologischen Leitbegriff der Kirche als Heilssakrament, da sich die Sakramentalität der Kirche vom Ursakrament Jesus Christus herleitet. »Der Kirche als dem Sakrament des Heils für die Welt liegt also das Mysterium voraus, dass der unergründliche Gott sich selbst in der Geschichte zu erkennen gegeben hat und sich im menschgewordenen Wort Gottes selbst ausgesagt hat. Diesen Primat der Christologie vor der Ekklesiologie gilt es immer wieder neu zu erinnern«[7]. Die als ein Grundanliegen des II. Vatikanums anzusehende veränderte Darstellung des Glaubens gilt dementsprechend nicht nur auch für die Christologie, sondern ist vielmehr in der (impliziten) Christologie des Konzils begründet, die die Beziehung Jesus Christus – Welt und sein Heilswirken für die gesamte Menschheit betont.

---

5 Zur Problematisierung der Innen/Außen-Metaphorik vgl. Kap. 2.2.

6 *Hoff*, Ekklesiologie 465.

7 *Tück*, Sakrament 149.

2.1 Das II. Vatikanische Konzil als »Pastoralkonzil«

Der pastorale Charakter des II. Vatikanums wurde bekanntlich schon von Papst Johannes XXIII. anvisiert, wenngleich er zu Beginn noch kein völlig fertiges Konzilskonzept vorlegte. »Ziele und Wesen des Konzils wurden fortschreitend entworfen«[8]. In der Bezeichnung als »II. Vatikanisches Konzil« drückt sich der Charakter als neues Konzil und nicht als Wiederaufnahme des I. Vatikanums ebenso aus wie die Anknüpfung an das Vorgängerkonzil. Es sollte viel gemeinsame Beratungen der Bischöfe untereinander erlauben und keine primär defensive Haltung zu modernen Themen einnehmen.[9] Dementsprechend betont er schon in seiner Ankündigung des Konzils vom 25. Januar 1959 sowie der Einberufungsbulle vom 25. Dezember 1961 die Notwendigkeit des pastoralen Lehramtes. Sie entspricht auch dem Anliegen einer nicht geringen Zahl der Voten der Bischöfe, die – anders als die Mehrheit, die eher eine defensive Haltung einnahm, Fehler benennen und verurteilen wollte und primär dem kirchenrechtlichen und disziplinarischen Spektrum zuzurechnen ist – oft mit ausführlicher theologischer Argumentation Reformanliegen herausstellte; einig sind sich viele Bischöfe in der Notwendigkeit, einige ekklesiologische Fragen zu klären.[10] In der Radioansprache einen Monat vor der Konzilseröffnung (11. September 1962) sieht Johannes XXIII. das Ziel des Konzils vor allem in der Evangelisierung, was einen Unterschied zu allen bisherigen Konzilien markiert, da es nun sowohl um lehrhafte Klärung geht als auch um die Präsentationsweise.[11] Präzise benannt wird der pastorale Charakter des

8 *Alberigo*, Ankündigung 38. »Papst Johannes wollte ein Konzil des historischen Übergangs, folglich ein Konzil, das der Kirche den Weg weist aus der nachtridentinischen Epoche und in gewissem Maße aus der jahrhundertelangen konstantinischen Zeit in eine neue Phase des Zeugnisses und der Verkündigung; dabei sollte auf die wichtigen und dauerhaften Elemente der Tradition zurückgegriffen werden, die als geeignet beurteilt wurden, den evangelischen Charakter eines so schwierigen Übergangs zu befruchten und zu garantieren.« (46)

9 »The pope was confident that while a council would be welcomed by the bishops, a continuation of the church's consuming battle against modern errors could not dominate its agenda.« (*Colberg*, Vatican I 91.)

10 Bei ihrer Analyse der Voten bemerkt Colberg eine weitgehende Übereinstimmung sowohl der eher kanonisch als auch der eher pastoral orientierten Voten hinsichtlich dreier Aufgaben des Konzils: »(1) better definition of the role of the bishop, (2) accelerating liturgical reform, and (3) restoration of the permanent diaconate.« (*Colberg*, Vatican I 97.) Der Akzent auf der bischöflichen Rolle ist zudem ein Hinweis auf den Zusammenhang mit dem I. Vatikanum, insofern er sich der Erfahrung aus dessen (durch das frühzeitige Ende bedingter) einseitiger Behandlung der Thematik verdankt.

11 Vgl. *Johannes XXIII.*, Rundfunkbotschaft sowie *Colberg*, Continuity 937. Wenn Johannes XXIII. dazu auf den Missionsauftrag in Mt 28,19 rekurriert, markiert er einen

Konzils in der Eröffnungsansprache des Konzils *Gaudet Mater Ecclesia*, worin Johannes XXIII. zunächst dieses Konzil in die Reihe seiner zwanzig Vorgänger einordnet und somit dessen Autorität unterstreicht. Er erhofft sich eine »Erneuerung und kluge Organisation« der Kirche und formuliert die Aufgabe, Kirche und Konzil sollten das Erbe der christlichen Lehre nicht nur bewahren, sondern wirksam verkünden. »Ja, diese sichere und beständige Lehre, der gläubig zu gehorchen ist, muss so erforscht und ausgelegt werden, wie unsere Zeit es verlangt.«[12] Es geht Johannes XXIII. also um eine Neuformulierung der Substanz des Evangeliums gemäß den Erfordernissen der Zeit, was keinen Bruch mit der Tradition darstellt, sondern die Kontinuität zur gesamten Tradition (und nicht nur der der letzten 150 Jahre), zugleich aber eine kontextuelle Auslegung der christlichen Lehre fordert. »Für Johannes XXIII. war die Auslegung des Evangeliums untrennbar von dem Bezug auf die Geschichte.«[13] Anders als die in den neuscholastischen Handbüchern weit verbreitete statische Ansicht versteht er Lehre als historisch kontextuell, weshalb die Möglichkeit offen gehalten werden muss, sie entsprechend den jeweiligen Umständen überzeugender reformulieren zu können. Er vertraut auf die Gegenwart Gottes in der autonomen Geschichte der Menschheit und verbindet dies »mit einer neuen Aufmerksamkeit für die Lernfähigkeit der Menschen«[14], womit auch die

---

wichtigen Unterschied zum Vatikanum, wo Christi Zusicherung in Mt 28,20 als Begründung für die päpstliche Autorität angeführt wird. »Together, Matthew 28:19 and 28:20 represent integral and integrating dimensions of the church's life: knowledge of God's word and the impulse to proclaim it. [...] Like Matthew 28:19 and 28:20, Vatican I and Vatican II can be seen as conveying distinct but interdependent elements of the church, elements that are often seen as competitive but are, on the contrary, mutually edifying.« (*Colberg*, Vatican I 151f.)

12 *Johannes XXIII.*, Eröffnungsansprache 487. vgl. zur Eröffnungsansprache vor dem Hintergrund der Entwicklung der Konzilsidee Johannes' XXIII. *Bredeck*, Vatikanum 311–325; *Gaillardetz*, Council 35–38; *Klein*, Johannes XXIII.; *Riccardi*, Eröffnung 17–22; *Sievernich*, Kirche 7–10; *Theobald*, concile 475–480 sowie zur Situation direkt vor Konzilsbeginn *Wittstadt*, Weichenstellungen. Die Gemeinsamkeiten insbesondere im theologisch-historischen Argumentationsstrang zwischen der Eröffnungsansprache und dem berühmten Hirtenbrief *Essor ou déclin de l'Église* Kardinal Suhards beleuchtet *Damberg*, Lehrmeisterin 86–93.

Im italienischen Autograph begründet Johannes XXIII. die Notwendigkeit eines Konzils in einer Passage, die in der lateinischen Übersetzung ausgelassen wurde – von Johannes XXIII. allerdings in einer Ansprache an die Diplomaten vom 23.12.1962 erneut zitiert wurde –, damit, dass dessen Autorität nötig sei, um den notwendigen »Sprung nach vorwärts, der einem vertieften Glaubensverständnis und der Gewissensbildung zugute kommt« zu leisten. (Zitiert nach: *Kaufmann/Klein*, Johannes XXIII. 136; vgl. auch *Bredeck*, Vatikanum 344.)

13 *Ruggieri*, Hermeneutik 7.

14 *Theobald*, Augenblick 84.

Kirche zu einer lernenden wird. Die gewünschte pastorale Darlegung der Lehre besteht nicht darin, einige neue Wörter zu finden bzw. durch gegenwärtig angemessenere zu ersetzen. »Es geht vielmehr darin, den überlieferten Glauben im Ganzen in einem neuen modus quo, nämlich in einer ›pastoralen Weise‹, heute zur Sprache zu bringen.«[15] Da dieser Glaube aber von der Geschichte Gottes mit den Menschen spricht, eignet auch dem Sprechen über ihn ein grundlegend geschichtlicher Charakter – bei allem zu notierenden Unterschied zwischen theologischer Sprache, die die Welt als Schöpfung erschließt, und allen anderen Sprachen. Die pastorale Sprache des Lehramtes könne als »geschichtlich erzählte ›doctrina‹«[16] verstanden werden, insofern beispielsweise bei den Konstitutionen *Sacrosanctum Concilium*, *Lumen gentium* und *Dei Verbum* zu Beginn mit einer geschichtlich-erzählenden Weise das Mysterium Gottes thematisiert wird, also Welt und Geschichte aus der Perspektive des Glaubens wahrgenommen werden, während bei GS der Weg von den Erfahrungen der Menschen zum Mysterium führt. Da diese erzählende Doctrina (ohne Anathematismen) ausdrücklich in der Vollmacht Jesu Christi vorgelegt wird, ist sie verbindlich, auch ohne Definitionen vorzunehmen.[17]

Die jeweilige Formulierung der Lehre ist nicht bloß vergänglich, sondern kann als ein immer neuer historischer Imperativ angesehen werden, was ein vorwiegend pastoral geprägtes Lehramt beachten muss. Die Unterscheidung zwischen dem Depositum Fidei und der Art und Weise der Verkündigung ist nach Johannes XXIII. sehr sorgfältig anzugehen; »wenn es Not tut, muss geduldig daran gearbeitet werden, das heißt, alle Gründe müssen erwogen werden, um die Fragen zu klären, wie es einem Lehramt entspricht, dessen Wesen vorwiegend pastoral ist.«[18] Er übernimmt somit nicht die gegen-

15 *Hünermann*, Sprache 62.

16 *Hünermann*, Sprache 157.

17 »Die Konzilsväter legen keine Reflexionen darüber vor, wie und warum sich ein erzählendes docere und ein definire unterscheiden. Es wird ganz selbstverständlich davon ausgegangen, dass das Lehramt definieren kann.« (*Hünermann*, Sprache 161.)

18 *Johannes XXIII.*, Eröffnungsansprache 487. »Das als ›pastoral‹ qualifizierte Lehramt benötigt die Differenz von Wahrheit der Lehre und Darstellung der Wahrheit dieser Lehre, um seines spezifischen Amtes walten zu können. Es besteht darin, den Glauben mit einer nachhaltigen Autorität vor allen zu präsentieren, die zu ihrer Religionsgemeinschaft gehören und die nicht zu ihr gehören.« (*Sander*, Kommentar 586.)

»Alle zu treffenden Lehraussagen sind pastoral oder eben nicht lehramtlich valide. Glaubenslehren haben keine pastoralen Auswirkungen, sondern einen pastoralen Charakter.« (*Sander*, ›Aggiornamento‹ 518.)

»Ein Fortschritt in der Formulierung ist jedoch – per definitionem – ein dogmatischer Fortschritt. Er ist eine neue Sprachregelung, eine neue Form amtlicher Darstellung des ganzen biblisch-christlich-katholischen Glaubens.« (*Klinger*, Armut 82.)

reformatorische Unterscheidung zwischen Lehre und Pastoral als Anwendung der Lehre, sondern charakterisiert Lehre und Haltung der Kirche durch den Bezug auf die Menschen und den Sendungsauftrag der Kirche; »pastoral« wird somit eine nähere Beschreibung der besonderen Gestalt kirchlicher Lehre, bei der Lehre und Pastoral, Wahrheit und Geschichte nicht als Gegensätze verstanden werden. Damit findet sich schon bei Johannes XXIII. ein Verständnis von »Pastoralität«, das sich nicht auf inhaltlich pastorale Fragen beschränkt, sondern eine formale Perspektive bildet.[19]

Johannes XXIII. vertraut auf die Gegenwart Gottes in der Geschichte der Menschheit. Eine wesentlich evangelisierende Kirche kann ihre Sendung und Lehre nicht reflektieren, wenn sie von diesem Bezug absieht. Damit ist nicht nur gesagt, warum das Konzil einberufen wurde, sondern auch, wie es auf die gegenwärtigen Herausforderungen reagieren will. »That the council's goal was to evangelize meant that it would seek to demonstrate to modern men and women that the Christian message was capable of providing answers to their most urgent questions.«[20] Dies fordert sowohl eine Auseinandersetzung mit der Realität der Menschen von heute, um ihre Sorgen und dringendsten Fragen herauszufinden, als auch konkrete Vorschläge anstatt abstrakter oder zeitloser Formulierungen. Mit dem Prinzip der »Pastoralität« überschreitet das Konzil zudem die klassischen Binome von »Glaube und Sitten« bzw. »Lehre und Disziplin«. »Es tritt aus der Defensive heraus und bezieht sich positiv auf die jeweilige Gegenwart und die zeitgenössische Kultur.«[21] Indem durch diesen positiven Bezug das Gegenüber in seinem Anderssein und symmetrische Beziehungen zu diesem anerkannt werden, kann sogar von einer beginnenden »inneren Säkularisierung der katholischen Kirche«[22] gesprochen werden, die mit einer Dezentrierung durch den Austausch mit anderen Gläubigen, Atheisten und den diversen gesellschaftlichen Akteuren einher geht. Der Bezug auf das Heute und auf den gesellschaftlichen Kontext bzw. das dialogische Verhältnis zur Welt ist die hermeneutische Regel für eine gegenwärtig angemessene Interpretation und Darstellung der christlichen Lehre. Die Grundlage der Evangelisierung ist somit eine größere Offenheit auf die Welt und eine glaubwürdigere Darlegung der christlichen Botschaft. »Das pastorale Konzil zielt auf eine Erneuerung, die Johannes XXIII. auch durch das Stichwort ›Aggiornamento‹

»Es geht um die Praxis des Glaubens, aber dafür mußte man erheben, *was* zu glauben ist. Das war aus der Überlieferung, der ganzen und vollständigen Überlieferung, zu eruieren.« (*Beinert*, Verbindlichkeit 7.)

19 Vgl. *Sievernich*, »Pastoralität« 48.

20 *Colberg*, Continuity 937.

21 *Sievernich*, Kirche 9.

22 *Theobald*, Augenblick 86.

charakterisiert hat. Es ist auffällig, wie die geistliche Dimension des Konzils die Fundierung für die pastorale Konzeption des Konzils bildet.«[23] Während in der Sekundärliteratur eine genauere Definition des Begriffs ›Aggiornamento‹ oft ausbleibt und eher vage mit der Pastoralität des Konzils verbunden wird, schlägt Bredeck in seiner Studie eine ausführlichere Definition vor, die es erlaubt, als deutsche Übersetzung »Heutigwerdung« vorzuschlagen, was den Zeitbezug ohne die negativen Konnotationen von »Anpassung« beinhaltet:

> ›*Aggiornamento*‹ als die ursprüngliche Zielbestimmung des Vat II bezeichnet die bleibende Aufgabe kirchlicher Erneuerung durch die Verknüpfung von Glaubensvertiefung und Zeitbezug. Seinen theologischen Konstruktionspunkt bildet eine dialogisch erneuerte Verhältnisbestimmung von Kirche und Welt, die die Ambivalenzen und die bleibende Unterschiedenheit beider Pole beachtet. In dieser Erneuerungskonzeption drückt sich die Pastoralität des Vat II aus, der es um die Vertiefung des überlieferten Glaubens an den dreifaltigen Gott im Heute geht. Deshalb liegen dem Aggiornamento normative Kriterien in geistlichen Quellen und theologischen Prinzipien zugrunde. Nur in Entsprechung zu diesen Kriterien lassen sich konkrete Umsetzungen des Aggiornamento in den unterschiedlichen kirchlichen Lebensvollzügen entwickeln.[24]

Ein Ausdruck dessen ist auch die schon am 20. Oktober 1962 verabschiedete (und auf der Grundlage eines Textes von Chenu und Congar erstellte) *Botschaft der Konzilsväter an die gesamte Menschheit*, mit der auf die vorbereiteten

23 *Hünermann*, Text 23.

24 *Bredeck*, Vatikanum 70; vgl. auch *Bredeck*, Aggiornamento, wo er betont, Johannes XXIII. habe unter »Aggiornamento« weniger konkrete Reformen als vielmehr eine Mentalität verstanden (vgl. 76). Nach Alberigo wollte »der Papst mit dem Wort ›*Aggiornamento*‹ eher die Fähigkeit und Bereitschaft für eine neue Inkulturation der christlichen Botschaft in den neuen Kulturen bezeichnen« (*Alberigo*, Übergang 661). Damit gehe es um eine neue Grundeinstellung. Keineswegs gemeint ist also – trotz der möglichen Übersetzung – damit die »Anpassung der Kirche an die moderne Welt«, wie Kolfhaus Alberigo und anderen unterstellt (vgl. *Kolfhaus*, Lehrverkündigung 13 Anm. 29. Mit Verweis auf die Besonderheit des II. Vatikanums, weder ein formelles Dogma verfasst noch formelle disziplinäre Beschlüsse gefasst zu haben, betont Kasper, es sei Johannes XXIII. um eine umfassendere Perspektive gegangen. Mit dem Aggiornamento »[g]emeint war nicht billige Anpassung an den Geist der Zeit, vielmehr die Absicht, den Gehalt des überlieferten Glaubens, an dessen bleibender Verbindlichkeit der Papst keinen Zweifel ließ, in neuer Form ›heutig‹ zur Sprache zu bringen.« (*Kasper*, Erneuerung 589.) Vgl. auch *Lehmann*, Konzil 41f; *O'Malley*, What Happened 37–39. Die pastorale Intention habe für die große Mehrheit der Konzilsväter das Konzil nicht delegitimiert. »Theologisch aber ist die Tatsache, daß die Bezeugung der Wahrheit nicht mehr in Form der Verurteilung des Irrtums, sondern in positiver Vorlage geschieht, noch kein hinreichender Grund, von vornherein eine mit dem vollen Engagement der kirchlichen Lehrautorität vorgelegte Glaubensaussage auszuschließen.« (*Semmelroth*, Frage 243.)

Textentwürfe reagiert und somit die programmatische Ausrichtung des Konzils beschrieben werden sollte sowie zentrale Aussagen von GS vorweggenommen werden.[25] Mit ihr wurde eine positive Verhältnisbestimmung zur Welt vorgenommen, indem die Öffnung der Kirche zur Welt inklusive eines konstruktiven Verhältnisses zu allen Menschen guten Willens unabhängig von ihrer Weltanschauung genauso zur Sprache kommt wie die wertschätzende Zuwendung zu ihnen. »In der ›Botschaft der Konzilsväter‹ zeichnete sich die Kontur der späteren Pastoralkonstitution ab; zwischen beiden Dokumenten besteht eine inhaltliche Deckungsgleichheit – in der sich sogar das ursprüngliche Bemühen des Chenu-Entwurfes um einen auch für Nicht-Christen verständlichen Sprachstil bis in die Pastoralkonstitution durchhält.«[26]

Entsprechend wurden die vorbereiteten Entwürfe von vielen Bischöfen als zu abstrakt und doktrinär und daher dem pastoralen Anliegen widersprechend abgelehnt. Sie lehnen sie nicht aus ästhetischen Gründen ab, sondern wegen der dort ausgedrückten Denkweise und Einstellung. »Der pastorale Charakter ist das Hauptkriterium für die Formulierung und die Darstellung der Wahrheit und nicht nur der Grund für die zu treffenden praktischen Entscheidungen geworden. ›Pastoral‹ kennzeichnet also eine Theologie – eine Art und Weise, Theologie zu denken und den Glauben zu lehren, besser gesagt: eine Vision der Heilsökonomie.«[27] Im Unterschied zum Verständnis der Minderheit wird das pastorale Anliegen des Konzils bzw. seine »Pastoralität« nicht erfüllt, indem schon definierte (oder zu definierende) Glaubenssätze angewendet werden. Vielmehr wird die prinzipielle Relationalität des Evangeliums herausgestellt und damit ein anderes – interaktives – Verständnis von Verkündigung vertreten. Diese Relationalität entspricht nicht nur der Verbundenheit Christi mit der gesamten Menschheit, sondern stellt auch ein weiteres Kriterium dar, um die Angemessenheit der Lehre bzw. Verkündigung zu überprüfen. »Es gibt keine Verkündigung des Evangeliums Gottes ohne Einbeziehung des Adressaten; genauer gesagt: das, um was es in der Verkündigung geht, ist *im* Adressaten bereits am Werk, sodass er bzw. sie es in Freiheit annehmen

---

25 Hierin zeigt sich neben der Größe und Internationalität, der Einbeziehung offizieller Beobachter und der Bedeutung der Kommunikationsmittel ein weiterer signifikanter Unterschied des II. Vatikanums zu früheren Konzilien (die indes untereinander auch sehr divergieren, als Beispiele seien nur das erste Nizänum und das Tridentinum genannt): »Vatican II thus took greater account of the world around it than any previous council and assumed as one of its principal tasks dialogue or conversation with that world in order to work for a better world, not simply a better Church.« (*O'Malley*, Vatican II 12.)

26 *Haslinger*, Konstitution 613.

27 *Alberigo*, Ekklesiologie 110 mit Verweis auf Marie-Dominique Chenu. Vgl. auch *O'Malley*, Vatican II 30f; *O'Malley*, What Happened 142ff und zu den Reaktionen der Bischöfe auf die versendeten Schemata *Wittstadt*, Weichenstellungen 984–991.

kann.«[28] Vom Konzil wird sowohl der historische und kulturelle Kontext der Adressaten als auch die kulturelle Gestalt der Offenbarung in den Blick genommen, weswegen hinsichtlich der verschiedenen Lebensäußerungen der Kirche eine beständige sachgerechte Erneuerung gefordert ist (vgl. UR 6). Vor allem in GS wird die übliche asymmetrische Bewegung vom Verkünder zum Adressaten umgedreht und »das Hören des Gotteswortes durch den Verkünder von seiner geistgewirkten Fähigkeit abhängig [gemacht], das, was sich im möglichen Adressaten und seiner Geschichte abspielt, zum Ausgangspunkt seines eigenen Hörens und seiner Verkündigung zu machen«[29]. Mithin verwendet das Konzil nicht mehr primär eine deduktive Methode, nach der generelle Axiome formuliert werden, die dann auf alle Situationen anzuwenden sind, sondern eher eine induktive, indem von konkreten pastoralen Situationen ausgegangen wird und ein allgemeiner Zugang gesucht wird, der auf alle angewandt werden könne.[30]

Dieser Methode und dem pastoralen Anliegen entspricht der sich in der Textgeschichte der Dokumente niederschlagende Prozesscharakter des Konzils.[31] In diesem wird deutlich, dass jenseits der Verhältnisbestimmung der Aufgaben der Kirche *ad intra* bzw. *ad extra* keine eindeutigen inhaltlichen Vorgaben den Verlauf des Konzils bestimmen, sondern im Rahmen dieser groben Vorgabe Raum für Entwicklungen und die Dynamik des Konzils und seiner Debatten gelassen wird – weswegen beispielsweise mit *Gaudium et spes* eine Konstitution verabschiedet wird, zu der es vor dem Konzil keine Vorlage gab. Da Methodik und Haltung im Vordergrund stehen, werden Ungenauigkeiten oder sogar Fehler in einzelnen Sachaussagen (wie evtl. bei der Zeitanalyse in GS) zugelassen. Der sich darin ausdrückende geschichtlich-pastorale Interpretationsansatz beinhaltet aufgrund seines heilsgeschichtlichen Akzentes eine christologisch-inkarnationstheologische Begründung, mit der das Zueinander von Kirche und Welt chalkedonensisch bestimmt wird: Die Kirche ist untrennbar auf die Welt bezogen und doch mit ihr nicht unvermischt eins.

---

28 *Theobald*, Christliche 212f.

29 *Theobald*, Christliche 213. Theobald schlägt den Stilbegriff vor, um diesen vom Konzil zugemuteten Paradigmenwechsel begrifflich zu fassen (vgl. 213–215).

30 Vgl. *Alberigo*, Ergebnisse 735f; *Kreutzer*, Zeitgenossenschaft 223; *Rush*, Interpreting 32.
Nach Gertler ist die Bezeichnung als »induktiv« für den Aufbau der Pastoralkonstitution missverständlich, »weil so der Eindruck entstehen könnte, man gelange schrittweise von der natürlichen (Schöpfungs-) Ebene zur übernatürlichen (Erlösungs-) Ebene.« (*Gertler*, Mysterium 58f.)

31 Diese Perspektive betont Lehmann und verbindet dies mit der Vieldimensionalität der Texte und dem Verständnis des Konzils als Ereignis. (Vgl. *Lehmann*, Konzil 28f.)

Dies ist bei den zu besprechenden Konflikten bezüglich der Interpretation des Konzils zu berücksichtigen, die sich als auch christologische deuten lassen.

Diese Veränderungen verdanken sich zweier vom Konzil verwendeter Methoden bzw. Wege, nämlich einer anthropologisch gewendeten Theologie sowie der Wende zu Geschichte und Geschichtlichkeit. Sie tragen auch in verschiedenen materialen Punkten wesentlich zur dogmatischen Leistung des Konzils bei, sei es in der Ekklesiologie, im Offenbarungsverständnis, in der Missionstheologie oder der anthropologisch-soteriologischen Horizonterweiterung. Beinert nennt u. a. die Betonung des Vorrangs der Heiligen Schrift oder des Glaubenssinns der Gläubigen und sieht darin »ausgesprochen dogmatische Feststellungen, die nicht relativiert oder marginalisiert werden können durch den Hinweis auf den angeblichen Primat der Pastoral, den es sachlich wie quantitativ gar nicht gibt, oder durch die fehlende Qualität als formale Dogmen.«[32] Sie seien so ernst und annahmebereit als verpflichtend zu übernehmen wie die dogmatischen Weisungen früherer Konzilien.

Diese pastorale Ausrichtung des II. Vatikanums findet einen Ausdruck in der vorherrschenden literarischen Form seiner 16 Dokumente – stilistisch völlig konsistent sind sie aufgrund ihrer komplexen Entstehungsgeschichte nicht. Sie unterscheiden sich allein schon in ihrer Länge von Dokumenten früherer Konzilien, was an der von ihrem pastoralen Charakter geforderten neuen Darstellungsweise liegt. »The council adopted a new style of discourse and in so doing set forth through that style a striking teaching on how the Church was to be.«[33] Dieser auch als »panegyrisch« bezeichenbare Stil besteht zum einen darin, von der bis dahin zumeist verwendeten Form des Kanons abgewichen zu sein und (in der Tradition vieler Kirchenvätertexte) das der

32 *Beinert*, Verbindlichkeit 9.

33 *O'Malley*, Vatican II 18. »The literary style, that is to say, was but the surface expression of something meant to sink into the very soul of the church and of every Catholic. It was much more than a tactic or a strategy, much more than simply the adoption of a more ›pastoral language‹. It was a language-event. The language indicated and induced a shift in values or priorities.« (*O'Malley*, What Happened 12, vgl. 46ff.) Vgl. auch *Sievernich*, »Pastoralität« 55–58, der in dieser kommunikativen Dimension des rhetorischen Stils neben der konventionellen Dimension der Seelsorge und der kontextuellen Dimension des situativen Bezugs die drei Dimensionen der »Pastoralität« des II. Vatikanums sieht.

Schon Semmelroth machte darauf aufmerksam, dass es bei der Zurückweisung und Verurteilung von Irrlehren einfach ist, inhaltlich klare Definitionen zu prägen. »Wenn dagegen ein Konzil die Aufgabe bekommt und sich auch selbst zu eigen macht, die Lehre der Kirche in positiver Verkündigung und irgendwie neu auszusagen, dann steht es vor der Gefahr, daß die Verbindlichkeit seiner Aussagen von einer ähnlichen Unsicherheit gezeichnet ist, wie sie ja doch bis heute bezüglich der Capita des Konzils von Trient und des Ersten Vatikanischen Konzils besteht.« (*Semmelroth*, Frage 238.)

Lobrede gewählt zu haben, worin ein idealisiertes Porträt gezeichnet wird. Die kirchliche Lehre soll primär positiv verkündet und nicht durch Definitionen abgrenzend vorgelegt werden.[34] Bemerkenswerterweise findet sich eine der wenigen Verurteilungen des Konzils gerade bezüglich der Aufspaltung des Zusammenhangs von Lehre und Leben als »schwerer Irrtum« (vgl. GS 43). Zum anderen ist das genretypische Vokabular zu nennen, das nicht wie bisher mit drohenden, einschüchternden, überwachenden oder bestrafenden Worten vor allem eine Sprache der Macht wählt, sondern auf Dialog abzielt, indem sie beispielsweise wie die Rede von »Brüder und Schwestern« oder »Zusammenarbeit« horizontale Beziehungen ausdrücken, die oft auf Reziprozität ausgelegt sind, oder wie Freude und Hoffnung das Innere des Menschen betreffen. » This is a soft style compared with the hard-hitting style of canons and dialectical discourse.«[35] Indem eine Sprache des Dialogs und der Zusammenarbeit gewählt wird, werden im Unterschied zu früheren Konzilien nicht primär Ausschließungsmechanismen befördert, die auch der Stärkung der eigenen Identität durch Abgrenzung dienen, sondern eine einschließende Haltung eingenommen. Die christologische und offenbarungstheologische Begründung der dieser Haltung entsprechenden Offenheit bzw. des Zugehens der Kirche auf die Welt zeigt sich sprachlich bei Paul VI., insofern er in *Ecclesiam suam* die trinitarische Selbstmitteilung Gottes in der Heilsökonomie als Dialog bezeichnete. »Da die Kirche die Sendung Jesu Christi fortsetzt, muss sie, wie

---

34 Diesbezüglich besteht der Unterschied zu früheren Konzilien vor allem im Verzicht auf Anathematismen, da auch den Kanones eine positive Begründung bzw. Darstellung der Glaubensüberzeugungen vorausgeht, wie beispielsweise die Dekrete über die Rechtfertigung oder die Eucharistie des Konzils von Trient zeigen (vgl. DH 1520–1583, 1635–1661). Allerdings erfolgt die Darstellung im II. Vatikanum diskursiver, wobei dies für sich genommen noch keine eigenständige literarische Form ausmachen dürfte.

Dem entspricht der Konsens-Charakter der Texte, die zuweilen »einen großen Raum wahrer Gemeinsamkeit zum Ausdruck bringen, die jedoch nicht darüber hinwegtäuschen dürfen, dass hier eher Abgrenzungen nach verschiedenen Seiten aufgestellt worden sind und nicht schon gültige Antworten gegeben werden konnten« (*Lehmann*, Konzil 38).

35 *O'Malley*, What Happened 47. »The adoption of the new style, which was really an old style, was the most far-reaching of the many *ressourcements* in which the council engaged.« (305) Vgl. zur Verwendung von »Dialog« im Konzil auch *Walter*, Dialog. Er weist darauf hin, dass erst mit der Antrittsenzyklika *Ecclesiam suam* von Papst Paul VI. der Begriff »Dialog« im lehramtlichen Vokabular verwendet wurde (vgl. 81f), wenngleich das Dokument des Konzils mit der häufigsten Verwendung des Begriffs – UR – zwar später promulgiert wurde, zu dieser Zeit schon weitgehend fertiggestellt war (vgl. 89).

In diesem Stil drückt sich auch die vom II. Vatikanum herausgestellte Bescheidenheit der Kirche heraus; zentral dafür sind eine ehrliche Selbsteinschätzung der Kirche, der Fokus auf den Anderen (insbesondere Gott) und eine davon beeinflusste Form der Machtausübung. (Vgl. dazu *Gaillardetz*, Council 76–89.)

Gott es getan hat, die Initiative ergreifen und darf nicht warten, bis die Dialogpartner das Gespräch eröffnen.«[36] Die Kirche soll daher einen Dialog führen, der auf jede Form von Druck verzichtet und keine Absicht beispielsweise der Proselytenmacherei verfolgt. Mit diesem veränderten Stil hängen auch neue Fragestellungen bezüglich der Konzilsrezeption zusammen, da die interpretativen Parameter der früheren Konzilien mit ihrem primär deduktiven und definierenden Charakter nicht ohne Weiteres auf solche offeneren und induktiveren Formulierungen angewendet werden können.[37]

Diesem Stil entsprechend kommen in NA nicht zunächst die Unterschiede zwischen den Religionen in den Blick, sondern werden, um Einheit und Liebe unter den Menschen und Völkern zu fördern, die Gemeinsamkeiten sowie die Gemeinschaft aller Völker aufgrund desselben Ursprungs betont. Die Religionen werden als Antwortversuche »auf die ungelösten Rätsel des menschlichen Daseins, die heute wie von je die Herzen der Menschen im tiefsten bewegen« (NA 1), verstanden. Aus dieser Gemeinsamkeit und der Anerkennung wahrer und heiliger Elemente in den anderen Religionen wird die Notwendigkeit zur Zusammenarbeit und zum Gespräch gefolgert. Dies zielt darauf ab, geistliche und sittliche Güter und sozial-kulturelle Werte der Religionen zu fördern, d. h. soll diese in ihren Stärken unterstützen. »War bisher das Verhältnis zu den anderen Religionen eher durch Kategorien wie Konkurrenz, Kontroverse und Konversion geprägt, so spricht sich das Konzil nachdrücklich für die Ideale der Koexistenz, der Konvivenz und der Konzilianz aus. [...] Man erwartet sich von der Begegnung echten Erkenntnisgewinn.«[38] Dem vergleichbar beginnt das Ökumenismusdekret nicht mit einer einseitigen Schuldzuweisung für die Kirchenspaltungen (vgl. UR 3), sondern setzt allgemein bei der Aufgabe des Konzils ein, dabei zu helfen, die Einheit wiederherzustellen, die der von Christus gegründeten einzigen und zur Welt gesandten Kirche entspricht. Dabei hat sich die Bedeutung der verwendeten Begriffe »einig« und »einzig« im Unterschied zu früheren lehramtlichen Aussagen (wie der Enzyklika *Satis cognitum* Papst Leo XIII.) verändert: » Aber nun bedeutet ›einig‹ nicht mehr ›einförmig‹, sondern innerlich vielförmig, Einheit

---

36 *Walter*, Dialog 84.

37 Vgl. *Colberg*, Hermeneutics 236 mit Verweis auf *Pottmeyer*, Phase 27–29. Vor diesem Hintergrund zeigt sich auch der Zusammenhang der Deutung des Konzils als ein »Ereignis« mit dem dialogischen Stil eher als bei der einseitigen Betonung der Kontinuität (à la Marchetto): »Understanding the council as an event recognizes that the style of the conciliar documents is not propositional but dialogical, which suggests that their meaning is meant to be determined, in part, through exchanges which take place beyond the limits of the conciliar assembly.« (245)

38 *Krochmalnik*, Nostra aetate 246.

also in Mannigfaltigkeit. Und ›einzig‹ bedeutet nun nicht mehr ›ausschließlich‹, ›exklusiv‹, sondern ›einbeziehend‹, ›inklusiv‹, ›Einzigkeit in Offenheit‹.[39] Dementsprechend wird nicht nur die Kirchlichkeit der anderen christlichen Kirchen und Gemeinschaften explizit anerkannt, sondern sie auch als »Mittel des Heils« gewürdigt (UR 3). Von der Sehnsucht nach Einheit »sind heute überall sehr viele Menschen ergriffen, und auch unter unsern getrennten Brüdern ist unter der Einwirkung der Gnade des Heiligen Geistes eine sich von Tag zu Tag ausbreitende Bewegung zur Wiederherstellung der Einheit aller Christen entstanden« (UR 1). Die gewählte Familienmetapher benennt eine aller Trennung vorausgehende und von dieser nicht zu zerstörende Einheit. Die Unterschiede zwischen den Konfessionen werden dabei keineswegs übersehen, sind aber gegenüber der Einheit der Menschen und der Getauften sowie der Gemeinschaft im geistgewirkten Streben nach Einheit nachrangig. Die Ausrichtung der Kirche darauf, die gesamte Menschheit einzubeziehen und damit der Sendung Christi zur Welt zu entsprechen, wird prominent auch im Missionsdekret aufgenommen, da die Kirche »mit verstärkter Dringlichkeit gerufen [ist], dem Heil und der Erneuerung aller Kreatur zu dienen, damit alles in Christus zusammengefasst werde und in ihm die Menschen eine einzige Familie und ein einziges Gottesvolk bilden« (AG 1). Die Familienmetapher wird auf die gesamte Menschheit ausgedehnt und mit der Volk Gottes-Ekklesiologie verbunden, die ebenfalls eine allen Trennungen vorausgehende Einheit impliziert.[40]

Die literarische Form der Dokumente dient somit der pastoralen Ausrichtung, d. h. eine neue Darstellungsweise des Glaubens zu fördern sowie primär einschließend und nicht ausschließend zu argumentieren. Dazu werden insbesondere die Gemeinschaft bzw. Gemeinsamkeit und die bereits bestehenden Beziehungen sowie die Notwendigkeit zum Gespräch und zur Zusammenarbeit in unterschiedlichen Bereichen herausgestellt.

Aus den beschriebenen Idealen werden Schlüsse gezogen und oft praktische Konsequenzen genannt. Damit sollen christliche Ideale ansprechend erscheinen, womit ein solcher Stil als »pastoral« bezeichnet werden kann. Sie ermutigen zur inneren Veränderung und zielen auf Versöhnung.

---

39 *Löser*, Ökumenismusdekret 145.

40 Vgl. zur Familienmetapher *Delgado*, Menschheitsfamilie und ferner *Faber*, Volk, die die Perspektive der Zusammengehörigkeit der Volksangehörigen und die Perspektive der Abgrenzung zu anderen Völkern betont. Sievernich diskutiert einige Beispiele der Anerkennungshermeneutik an GS und DiH, vgl. *Sievernich*, Kirche 17–20; siehe auch *Sievernich*, »Pastoralität« 44f.

> When those elements are taken in the aggregate, they indicate a model of spirituality. This, they say, is what good Catholics should look like and this is how they should behave. That means the elements indicate what the Church should look like and how it should behave. This is a significant model-shift. This is a teaching of the council.[41]

Ein anderer Ausdruck der Eigenart des II. Vatikanums sind Eigenheiten und Neuheiten in Physiognomie und Zusammensetzung des Konzils, beispielsweise die Teilnahme von Frauen als Laienauditorinnen[42] sowie von Beobachtern aus nichtkatholischen Kirchen. Insbesondere ihr nachweisbarer Einfluss auf Diskussionen und Entscheidungen, aufgrund dessen sie auch als Mitglieder bezeichnet werden könnten, zeigt dies und den damit verbundenen ekklesiologischen Wandel deutlich.

> Wie jedes große Konzil die zu seiner Zeit herrschende Vorstellung vom Christentum und von der Kirche wiedergegeben hat, ebenso hat auch das II. Vatikanum die wesentlichen Merkmale einer mehrschichtigen Ekklesiologie ausgedrückt und vorweggenommen, einer Ekklesiologie, in deren Aufbau die Kommunion vor der Institution, das Glaubensbekenntnis und die Heilsverkündigung vor der Wahrheitsformulierung den Vorrang haben.[43]

---

41 *O'Malley*, Vatican II 29f. Direkt vorhergehend fasst er die im Vokabular festzumachenden Elemente des Stilwechsels zusammen: »from commands to invitations, from laws to ideals, from threats to persuasion, from coercion to conscience, from monologue to conversation, from ruling to serving, from withdrawn to integrated, from vertical and top-down to horizontal, from exclusion to inclusion, from hostility to friendship, from static to changing, from passive acceptance to active engagement, from prescriptive to principled, from defined to open-ended, from behavior-modification to conversion of heart, from the dictates of law to the dictates of conscience, from external conformity to the joyful pursuit of holiness.« (29, vgl. *O'Malley*, What Happened 306f.)

42 Vgl. zur Beteiligung von Frauen und Frauenverbänden am Konzil und seiner Vorbereitung – beispielsweise durch Petitionen zu Liturgie, Ökumene und jüdisch-christlichem Dialog, Kirchenrecht, Eheverständnis und ihrem eigenen Status in der Kirche (hierzu gehörte auch die Frage der Diakoninnenweihe) *Heyder/Muschiol*, Katholikinnen.

43 *Alberigo*, Ekklesiologie 123. In der Integration der Beobachter aus anderen christlichen Kirchen und religiösen wie nichtreligiösen Traditionen zeigt sich nicht nur der wirklich ökumenische Charakter des Konzils, sondern »[d]arin konstituiert sich die Kirche als Lerngemeinschaft, die nicht ohne die anderen das verstehen und vermitteln kann, was sie selbst zur Verkündigung empfangen hat« (*Siebenrock*, Hermeneutik 123). Vgl. zu den ökumenischen Beobachtern auch *Alberigo*, Ergebnisse 744–746; *Faggioli*, Vatican II 38–49; *Nacke*, Kirche 93–98; *Vischer*, Konzil 566–568 und *Sühs*, Herausforderung: »Die Konzilsväter machten mit den ökumenischen Beobachtern eine neue herausfordernde Erfahrung, die sie in ihrer Selbstbeschreibung der katholischen Kirche und in ihrem Blick auf die Anderen, auf die nicht-katholischen Kirchen zutiefst verändert hat.« (201f.)

Indem Alberigo somit auf einen grundlegenden ekklesiologischen Wandel durch das Konzil aufgrund seines pastoralen Charakters aufmerksam macht, stellt er nicht nur den engen Zusammenhang von Pastoral und Dogmatik heraus, sondern auch die große Bedeutung des II. Vatikanums für den Weg der Römisch-Katholischen Kirche im 20. Jh. Diese versucht Hünermann näher zu erläutern, indem er gewisse Ähnlichkeiten (!) zwischen dem Textcorpus des Konzils und von verfassunggebenden Versammlungen ausgearbeiteten Verfassungen hervorhebt, ohne eine Identität zu behaupten.[44] Vergleichbar sei erstens die Krisensituation bzw. geschichtliche Notwendigkeit, in der eine Verfassung gebraucht würde, zweitens die Qualität der Texte als Formulierungen eines Konsenses, d. h. von großen und repräsentativen Versammlungen nach kontroversen Diskussionen angenommenen Texten, drittens der Arbeitsprozess (inklusive der Art der Erarbeitung der Texte), viertens die Art der zu behandelnden Sachfragen und der Stil ihrer Darstellung und schließlich die Beziehung der Annahme einer Verfassung (die nicht ausschließlich per Volksentscheid erfolgt) und der Rezeption des Konzils. Hünermann betont auch die Unterschiede zwischen der Legitimation und Autorität des Konzils als Versammlung von Bischöfen, deren Autorität sich von Jesus Christus herleitet, und einer verfassunggebenden Versammlung und somit auch im spezifischen Inhalt des Konzilstexts und einem Verfassungstext, insbesondere mit Verweis auf die Bedeutung des Evangeliums und den auf Gottes Selbstmitteilung gründenden Glauben. Der Konzilstext »beansprucht, authentische Auslegung der Offenbarung Gottes zu sein und damit verbindliche Orientierung in grundlegenden Fragen zu vermitteln«[45], und hat somit eine wesentlich andere Autorität als ein Verfassungstext. Außerdem unterstreicht er den Unterschied zur Idee einer Lex Ecclesiae Fundamentalis, die primär die rechtliche Dimension in den Blick genommen hätte, während »der Glaube wesentlich auf mehreren, klar unterscheidbaren Ebenen [spielt], die ein Zusammenspiel bilden«[46], nämlich die grundlegende des Bekenntnisses und des Lobes, den Wechselbezug mit der jeweiligen zeitgenössischen Welt und die gemeinsamen kirchlichen Vollzüge.

Akzeptierte man dieses Verständnis der Texte des II. Vatikanums als »konstitutioneller Text des Glaubens« aufgrund seiner Ähnlichkeit mit Texten

---

44 Vgl. *Hünermann*, Text bes. 11–17. 85–87; *Hünermann*, Bedeutung sowie zur Diskussion um diese These *Böhnke*, Alternativen 177–181; *Faggioli*, Relevanz 156–165; *Hilberath*, Versammlung 144–148; *Tück*, Einleitung 29–33; *Kaplan*, Vatican II. Hünermann beschränkt dies nicht auf das II. Vatikanum, sieht aber dort die Ähnlichkeiten im Vergleich mit dem Trienter Konzil oder dem I. Vatikanum viel stärker ausgeprägt.

45 *Hünermann*, Text 16.

46 *Hünermann*, Text 16; vgl. *Hünermann*, Bedeutung 48f.

einer verfassunggebenden Versammlung, ohne die tiefgreifende Differenz aus der anderen Autorität und der zur Sprache gebrachten Sache zu vernachlässigen, »dann ergibt sich daraus, dass eine ganze Reihe von Problemstellungen und Anfragen, Kritiken und nicht zuletzt Auslegungsweisen in unbegründeter, weil in einer dem Text nicht entsprechenden Weise an das II. Vatikanische Konzil herangetragen werden«[47]. Bei der Bestimmung des Textcorpus des Konzils als konstitutioneller Text geht es Hünermann um die zur Ausübung von Freiheit nötigen Regelsetzungen, insofern Vorgaben für konkretes Verhalten und rechtliche Regelungen gemacht würden.

> *Konstitutionelle Texte des Glaubens sind denkbar und höchst sinnvoll. Sie führen weder in eine juridische, noch in eine ekklesiologische Enge, insofern sie vom Ereignis der Selbstmitteilung Gottes her die grundlegenden (transzendentalen) Freiheitsbeziehungen thematisieren, die im Glauben gegeben sind und vernünftige, freiheitliche Regelsetzungen ermöglichen.*[48]

Für seinen Vorschlag sprechen nach Siebenrock – gegen die u. g. Gegenargumente – »erstens der Text des Konzils, zweitens die Aufgabenstellung von Papst Paul VI. und die kirchenrechtliche Qualifizierung eines Konzils«[49].

Der Vorrang der Heiligen Schrift dient Christoph Theobald als Hauptargument für seine Kritik an der Argumentation Hünermanns, da ihre Normativität (sowie die Differenz zwischen den inspirierten Texten und ihrer Interpretation) beim Versuch, die Einheit des Konzilstextes zu definieren, berücksichtigt werden müsse. Des Weiteren werde die Interpretation der Konzilstexte als Kompromisstexte durch ihr Verständnis als konstitutionelle Texte erschwert und schließlich bestehe u. a. aufgrund der ungelösten Beziehung zwischen dem I. und dem II. Vatikanum eine ekklesiozentrische Tendenz.[50]

---

47 *Hünermann*, Text 17.

48 *Hünermann*, Bedeutung 50, Herv. im Orig.; vgl. auch *Hünermann*, Quo vadis? 41–44.

49 *Siebenrock*, Hermeneutik 108. Er kann hierfür auf die Ansprache Pauls VI. bei der Eröffnung der zweiten Sitzungsperiode des Konzils (29.9.1963) verweisen, worin dieser die Aufgabe des Konzils darin bestimmt, Christus in allem zu suchen und zu erkennen und vor aller Welt notwendige Elemente einer kirchlichen Konstitution zu erarbeiten. (Vgl. *Paul VI.*, Eröffnungsansprache zweite Sitzungsperiode und dazu *Bredeck*, Vatikanum 358–360 sowie *Theobald*, concile 483–485.) Kaplan unterstützt die These Hünermanns, weil sie die Möglichkeit biete, über die Debatte um Kontinuität und Diskontinuität hinaus zu gelangen und eine Hermeneutik anzubieten, die die Gläubigen in besonderer Weise einbezieht. »The best way for the faithful to interpret the council is to be converted by it.« (*Kaplan*, Vatican II 21.)

50 Vgl. *Theobald*, perspective 9–16. Das zweite Argument weist Faggioli zurecht als unplausibel zurück, da auch Verfassungen Kompromisstexte seien. (Vgl. *Faggioli*, Relevanz 160.)

Ruggieri kritisiert auf der Linie der Bologneser Forschungsgruppe um Alberigo den Vorschlag Hünermanns, weil eine Hermeneutik der formalen Qualität der Texte dem Reichtum des Konzils als Ereignis, mit dem eine neue Epoche beginnt, nicht gerecht werde. »En fait, il a été par lui-même un événement interprétatif de la globalité de la tradition chrétienne dans notre temps, tel qu'il exige toujours, dans sa réception, une réinterpretation analogue et donc globale de la tradition chrétienne dans le temps.«[51] Zu dieser Deutung des Konzils als Ereignis gehört, auch die Dynamik des Konzilsgeschehens (inkl. der Rezeption) zu berücksichtigen und das Konzil nicht auf das Textkorpus zu beschränken.[52]

Aus anderer Perspektive kritisierte Benedikt XVI. schon früher die Überlegungen Hünermanns, nachdem er sich u. a. vor dem Hintergrund der Unterscheidung zwischen einer »Hermeneutik der Diskontinuität bzw. des Bruchs« und einer »Hermeneutik der Reform« dagegen gerichtet hat, den »Geist« des Konzils gegen die Texte auszuspielen. Damit missverstehe man aber die Natur eines Konzils.

> Es wird so als eine Art verfassunggebende Versammlung betrachtet, die eine alte Verfassung außer Kraft setzt und eine neue schafft. Eine verfassunggebende Versammlung braucht jedoch einen Auftraggeber und muß dann von diesem Auftraggeber, also vom Volk, dem die Verfassung dienen soll, ratifiziert werden. Die Konzilsväter besaßen keinen derartigen Auftrag, und niemand hatte ihnen jemals einen solchen Auftrag gegeben; es konnte ihn auch niemand geben, weil die eigentliche Kirchenverfassung vom Herrn kommt, und sie uns gegeben

51 *Ruggieri*, L'officina 20. »Das Konzil ist ein Ereignis, also etwas anderes als die regelmäßige Wiederkehr von Naturphänomenen oder die von einer Institution erwarteten Bestätigungen. Es ist eine Tatsache, die, nachdem sie einmal eingetreten ist, in Gegenwart und Zukunft etwas ändert.« (*Congar*, Theologen 366.) Diese Ansicht wird geteilt von Schlink als Konzilsbeobachter. (Vgl. *Schlink*, Konzil 53f.) Vgl. auch *Sweeney*, Vatican II 256: »In the light of this analysis it becomes quite unreal to underplay the character of Vatican II as an event. Like it or not, it was an historic shift within the Church whose consequences were unpredictable. To portray it as a simple occurrence, a moment of decision making – of crucially important decisions, but decisions that could and should be logically understood and carefully implemented – is seriously out of tune with the facts.« Vgl. ferner *Colberg*, Hermeneutics 236–241 und als Beispiel einer kritischen Sicht *Marchetto*, Konzil und ausführlich *Marchetto*, concilio mit starker Betonung der Kontinuität. Auch wenn von einer neuen Epoche gesprochen wird, die mit dem Konzil als Ereignis beginne, darf dies nicht ohne Weiteres mit der »Hermeneutik des Bruchs«, wie sie vonseiten traditionalistischer Kreise vertreten wird, parallelisiert werden. Denn diese trennen strikt zwischen einer schismatischen konziliaren Kirche und der treuen, ewigen Kirche. Vgl. dazu besonders *Routhier*, Hermeneutic.

52 In diese Richtung dürfte auch der auf GS bezogene Vorschlag Lehmanns zielen, dieses Dokument im Licht seiner Rezeptionsgeschichte zu lesen. (Vgl. *Lehmann*, Konzil 59.)

> wurde, damit wir das ewige Leben erlangen und aus dieser Perspektive heraus auch das Leben in der Zeit und die Zeit selbst erleuchten können.[53]

Benedikt XVI. geht somit davon aus, es bestehe eine einzige Verfassung der Kirche, die vom Herrn selbst gegeben sei und nicht wie bei einer staatlichen Verfassung als Ausdruck und Begrenzung des Volkswillens verstanden werden könne, weswegen ein Verständnis des Konzils als verfassunggebender Versammlung einen Bruch darstelle und der Differenz bezüglich des »Auftraggebers« – des Herrn oder des Volkswillens – nicht gerecht werde. Tück weist darüber hinaus noch auf den transnationalen Charakter eines Konzils im Unterschied zu nationalen verfassunggebenden Versammlungen hin, sieht indes durchaus Berührungspunkte zwischen den Positionen Hünermanns und Benedikts, insofern sich beide darin hätten treffen können, »selektive Lesarten zurückzuweisen, die sich entweder auf die Aussagen der konservativen Minorität oder auf die der progressiven Majorität stützen«[54], und somit eine Steinbruchexegese als unzulässig auszuweisen. Hünermann wertet die Kritiken Benedikts und Theobalds als Missverständnisse und legt Wert auf die Unterscheidung zwischen einem staatsrechtlichen Verfassungsverständnis und seinem Verständnis konstitutioneller Texte des Glaubens als Ermöglichung von Regelsetzungen. Konkret nennt er DV, LG und GS als Eckpunkte für die neue Gestalt der Konstitution der Kirche, die von einigen Grundentscheidungen verdichtet und konzentriert werden: Abschied vom Staatskirchentum (DiH), Abschied von der Spaltung zwischen Ost- und Westkirche (OE; UR), Abschied von der Spaltung innerhalb der Westkirche (UR) sowie Abschied vom Zögern an der Schwelle der Moderne (GS).[55]

Unabhängig davon, für wie plausibel Hünermanns These des Konzilstextes als »konstitutioneller Text des Glaubens« bzw. die Gegenargumente (insbesondere unter der Hinsicht, ob und inwiefern sie Hünermanns Position tatsächlich treffen) gehalten werden, besteht Einigkeit in der großen und wegweisenden Bedeutung des Konzils gerade wegen seines Anliegens, auf die Erfordernisse seiner Zeit zu reagieren und daher nicht primär Lehrsätze

---

53 *Benedikt XVI.*, Weihnachtsansprache. Die Ablehnung einer »Hermeneutik des Bruchs« durch Benedikt XVI. steht nach Damberg möglicherweise auch im Kontext mit den Kontroversen um die Piusbruderschaft, für die das Konzil einen Bruch mit der Tradition markiert. (Vgl. *Damberg*, Lehrmeisterin 101; ähnlich *Routhier*, Hermeneutic.) Vgl. zur Wendung »Geist des Konzils« auch *Vorgrimler*, Geist; *Voderholzer*, Geist.

54 *Tück*, Einleitung 32.

55 Vgl. *Hünermann*, Bedeutung 56–62. Auch Hilberath sieht Hünermann von der Kritik Benedikts nicht getroffen. »Was er [= der Papst, TFP] an diesem Vergleich als unzutreffend ablehnt, stimmt vielfach mit dem überein, was Hünermann markiert, wenn er neben den Ähnlichkeiten die Differenzen zur Sprache bringt.« (*Hilberath*, Kontinuität 6.)

zu formulieren. Für die Fragestellung dieser Arbeit kann das konstitutive Element (ohne dem Konzilskorpus damit wie Hünermann Verfassungsrang zu attestieren) in der Art und Weise gesehen werden, wie Ekklesiologie christologisch neu ausgerichtet werden kann bzw. wie nicht nur ein inkarnationstheologischer Akzent das pastorale Anliegen, sondern auch die Christologie von Chalkedon das unvermischte und ungetrennte Verhältnis von Kirche und Welt begründet.

Darüber hinaus nimmt Faggioli die Debatte um das Konzil aufgrund der Aufhebung der Exkommunikation der Lefebvre-Bischöfe 2009 zum Anlass, die Argumentation Hünermanns zu modifizieren und seine These »in den Bereich einer Argumentation über die Rolle der Loci theologici und der Kultur für die theologische Hermeneutik der postkonziliaren Kirche«[56] einzuordnen. Indem er somit die kulturelle und politische Relevanz des Konzils als konstitutiv für dessen Rezeption versteht, hebt er nicht nur auf den engen Zusammenhang von Pastoral und Dogmatik ab, sondern kann auch einige Bereiche wie Anerkennung der Religions- und Gewissensfreiheit, Verpflichtung zum ökumenischen und interreligiösen Dialog oder liturgische Reform ausmachen, die eine Diskontinuität zur unmittelbar hervorgehenden Tradition der Kirche markieren, gerade von äußeren (politischen) Akteuren aber als zentral angesehen werden. »Diesen Kern von neuen Elementen kann man nicht nur als ›konstitutiv‹ für das Corpus der Dokumente des II. Vatikanums bezeichnen, sondern als ›konstitutionell‹, denn diese Erklärungen des II. Vatikanums bilden das neue konziliare Gesicht der katholischen Kirche nicht nur nach innen, sondern auch nach außen und auf der Ebene der Öffentlichkeit und Internationalität«[57]. Dieser konstitutionelle Kern hänge weniger mit der theologischen Hermeneutik der Texte zusammen als vielmehr mit der geschichtlichen und rechtlich-politischen Situation und Entwicklung. Von (im weiten Sinne) politischen Akteuren würden gerade jene Elemente als definitive und unaufgebbare Errungenschaft angesehen, die in NA, DiH und GS thematisiert würden. Aus der epochalen Wandlung, die sich beispielsweise in einem modernen Zugang zur Schriftinterpretation oder einer von Verantwortlichkeit getragenen Beziehung zwischen Papst, Bischöfen und Laien niederschlägt, »ergibt sich eine Form des Glaubens, die – um kommunikabel und bezeugbar in der Welt zu sein – sich in der Form ›Kirche-Welt‹ artikulieren muss.«[58] Auch hier zeigt sich, aus welchen theologischen Überzeugungen sich das Selbstverständnis des Konzils als »Pastoralkonzil« speist. Als konstitutiv

56 *Faggioli*, Relevanz 162.
57 *Faggioli*, Relevanz 163.
58 *Faggioli*, Relevanz 170.

»konstitutionell« (in einem faktischen, wenngleich nicht klassisch-juridischen Sinn) können die Verpflichtungen zum ökumenischen und interreligiösen Dialog (insbesondere mit dem Judentum) sowie zum Frieden unter den Völkern und die Anerkennung von Gewissens- und Religionsfreiheit gelten, wo sich der »dialogische« Stil des Konzils besonders zeigt, »und den man nicht auf einen illusorischen Optimismus, wie er für die Kultur der 60er Jahre typisch gewesen sei, zurückführen kann«[59].

Dieser Betonung des Stils des Konzils, um seine große Bedeutung für die nachkonziliare Kirche sowie die Verbindlichkeit seiner Beschlüsse in den Blick zu nehmen, entspricht die von Stubenrauch im Rekurs auf John Henry Newman vorgenommene Unterscheidung zwischen theologischen Thesen, die sich ändern und eher an Mehrheiten orientieren, und den Prinzipien, die eine Identität im Wandel vorgeben. »Verbindlichkeit kann nicht jede einzelne These eines Konzils, sondern Verbindlichkeit kann nur das Prinzip einfordern. Sonst erstickt jede Diskussion, und es erlischt der theologische Pluralismus, der in der Kirche immer Geltung beansprucht hat.«[60] Um näher zu erläutern, wie ein System von Prinzipien genauer gefasst werden können, verweist er auf die Idee der regula fidei, mit der eine Kurzformel des Glaubens geboten werden soll bzw. die das kirchliche Wir-Bewusstsein ausdrückt. Die daraus abgeleiteten und abzuleitenden Thesen und Konkretisierungen können diskutiert werden in einem »Dialog über die Module der lebendigen Traditionsbildung, die unter neuen Horizonten neue Zusammensetzungen erfordern, aber den Prinzipien, die in der regula fidei erfasst sind, entsprechen müssen.«[61] Konkret auf das II. Vatikanum bezogen betont Stubenrauch, es sei sowohl ein verbindlicher lehramtlicher Akt als auch Frucht theologischer Diskussion gewesen, womit auch die innere Differenzierung der Kirche (hier insbesondere von Lehramt und Theologie) deutlich geworden sei.

Diesem Anliegen entspricht der pastorale Charakter und dialogische Stil des Konzils, der allerdings den Einspruch traditionalistischer Gruppen provoziert hat.

2.1.1 *Die negative Deutung: Infragestellung der lehramtlichen Autorität*

Prägnant fasst Bucher diese Infragestellung als Ausdruck einer reduktionistischen Konzilsinterpretation zusammen: Sie

59 *Faggioli*, Relevanz 173.

60 *Stubenrauch*, Verbindlichkeit 31.

61 *Stubenrauch*, Verbindlichkeit 32.

> behauptet, das Zweite Vatikanum sei nur ein Pastoralkonzil gewesen und daher in seiner Lehre ohne eigentlichen Belang. Es verzeichne keinen dogmatischen Fortschritt und sei in der Dogmatik eine eher abschwächende Wiederholung der Tradition inklusive einiger neuer, dogmatisch nicht unbedingt zentraler Lehren von minderer Verbindlichkeit.[62]

Im Unterschied zur klaren Ablehnung des Konzils durch die Piusbruderschaft (oder vergleichbare traditionalistische Positionen), die ebenfalls den (von ihnen ohnehin abgelehnten) pastoralen Charakter des Konzils anführt, um die aus ihrer Sicht als Bruch mit der bisherigen Lehre abzulehnenden Neuerungen bezüglich Religionsfreiheit, Ökumenismus oder Anerkennung der Menschenrechte als unverbindlich herauszustellen,[63] werden diese neuen Lehren von der reduktionistischen Interpretation als nicht neu bzw. dogmatisch nicht relevant und daher diskutabel bzw. nicht bindend angesehen. Als verbindlich gelten nur jene Aussagen, die in Übereinstimmung mit der überkommenen Gestalt des *depositum fidei* stehen. Was darüber hinaus geht, ist zeitbedingt und lediglich die pastorale Einkleidung. Hierin drückt sich eine klare Hierarchie von »pastoral« und »dogmatisch/doktrinär« aus, durch die sowohl dem »Geist des Konzils« als auch seinen Texten kein dogmatisches Gewicht mehr zukäme. »Das Pastoralkonzil hätte sich zu einer zeitbedingten Episode verflüchtigt, der keinerlei innerkirchliche Verbindlichkeit über den Tag hinaus zugemessen werden müsste.«[64] Nach einer solchen Position ist es möglich, die positiven Aussagen zur Religionsfreiheit, zum Ökumenismus oder zum interreligiösen Dialog abzulehnen, ohne dadurch die Autorität der Kirche oder eines Konzils infrage zu stellen.

Die Überordnung von »Dogma« über »Pastoral« zeigt sich in der Kritik Bergers an der Position, GS sei das grundlegende Dokument des Konzils und der hermeneutische Schlüssel für alle Dokumente: »[W]ie kann man eine Pastoralkonstitution (und in welcher Interpretationsform) zum Schlüssel dafür machen, was in den dogmatischen Konstitutionen Geltung haben soll und wie? Steht hier im Hintergrund vielleicht die Methode, die über die Relevanz für die Praxis dogmatische Fragen zu lösen trachtet?«[65] Gleichwohl richtet er sich gegen die allgemeine Infragestellung der Verbindlichkeit eines

---

62 *Bucher*, Pastoralkonzil 9 unter Rekurs auf *Klinger*, Kirche 80.

63 Vgl. *Beinert*, Grundsatzkonflikt; *Faggioli*, Debatte 172–179; *Faggioli*, Vatican II 24–34; *Schulz*, Einschätzung.

64 *Knop*, Christsein 294f. Die Strategie, die Verbindlichkeit zu relativieren, »dient der Konstruktion ungebrochener Kontinuität: Die irritierende Neuerung wird zur lediglich pastoralen, doktrinell irrelevanten Weisung oder falliblen Privatmeinung marginalisiert« (*Knop*, Hermeneutik 259f).

65 *Berger*, Geschick 776.

»Pastoralkonzils« mit dem Hinweis auf zwei dogmatische Konstitutionen und die Fußnote zu GS. Bei der Frage nach der Verbindlichkeit seien die allgemeinen theologischen Interpretationsregeln zu berücksichtigen. Daher können die pastoralen Aussagen »durchaus sehr kontingent und wandelbar sein«[66], während ihre doktrinell-dogmatischen Elemente unwandelbar seien. Eine vergleichbare Position vertritt Lugmayr, der zwar der traditionalistischen These widerspricht, wonach die Beschlüsse des Konzils aufgrund seines pastoralen Charakters nicht bindend seien, aber die Wechselwirkung von Dogma und Pastoral nicht zu vertreten scheint, wenn er schreibt, das unveränderliche Glaubensgut und der Glaubensgehorsam sei »gleichsam das innere Maß jeder pastoralen Bemühung«[67]. Zwar halten solche Positionen an der Verbindlichkeit des II. Vatikanums fest, dies erfolgt aber, indem auf den dogmatischen Charakter bestimmter Dokumente oder Formulierungen abgehoben wird. Die Wechselwirkung von Dogma und Pastoral und die damit verbundene Gleichrangigkeit beider wird nicht vertreten, auch wenn zugestanden wird, das Konzil wolle in den dogmatischen Aussagen einen pastoralen Aspekt nicht ausgeschlossen wissen. Allerdings wird weder die veränderte Bedeutung von »pastoral« noch die Bedeutung des Außen für das Selbstverständnis der Kirche aufgenommen. Vielmehr wird deutlich einer »autonomen« Pastoral eine Absage erteilt. »Auch diese muss den Prinzipien der Lehre unterstellt bleiben. Umgekehrt muss man auch sagen: eine adäquate Darlegung der Lehre ist nicht unpastoral.«[68]

Dieses Verständnis von Pastoral als Anwendung der Lehre auf die Praxis wird von Kolfhaus in seiner Untersuchung zur pastoralen Lehrverkündigung des II. Vatikanums eingesetzt und ermöglicht es ihm, UR als »ein vorrangig auf die Disziplin bzw. Praxis ausgerichtetes Dokument, das – und hier liegt eine Neuheit des Zweiten Vatikanischen Konzils – nicht nur die Pastoral fördern will, sondern selbst Pastoral ausübt«[69], zu verstehen. Die zu findenden lehrhaften Passagen seien nicht als lehramtliche Feststellung von Wahrheit gedacht, sondern als Förderung des ökumenischen Dialogs. Auch die Erklärungen DiH und NA hätten keinen doktrinären und dogmatischen Charakter, sondern wollten eine bestimmte Praxis begründen bzw. fördern, indem Lehre verkündigt wird. Er leugnet somit nicht, dass das II. Vatikanum Lehre verkündigt, wenngleich es kein neues Dogma definierte, habe dies aber abgestuft und differenziert getan. Als Begriff für diese Form der pastoralen Lehrverkündigung,

66 *Berger*, Geschick 779.
67 *Lugmayr*, Dogmatisch 784.
68 *Lugmayr*, Dogmatisch 787.
69 *Kolfhaus*, Lehrverkündigung 122.

die sich vom *Magisterium extraordinarium* wie vom *Magisterium ordinarium* unterscheide, schlägt er den Begriff *munus praedicandi* vor, »d. h. die Verkündigung von Wahrheit mit dem Ziel der Begründung bzw. Ordnung einer bestimmten Praxis«[70]. Dementsprechend kommt den Aufforderungen dieser Dokumente als Aussagen der kirchlichen Autorität zwar Verbindlichkeit zu, die sich aber primär auf die zu fördernde oder begründende Praxis bezieht und weniger auf die vorgelegten Argumente bzw. Motive für diese Praxis. Es missachte sogar die Autorität des Konzils, wenn aus dem pastoralen Charakter bzw. der pastoralen Rede des Konzils deren Unverbindlichkeit gefolgert würde, stellt aber zugleich unmissverständlich fest, UR, DiH und NA könnten »nicht als Ausdruck des ›munus determinandi‹ verstanden werden«[71] und es gehe nicht darum, Wahrheit festzustellen oder zu verteidigen. Die zu begründende bzw. zu fördernde Praxis sei zwar neu, was aber nicht an einer veränderten Lehre liege, sondern an der »Verkündigung derselben zur Förderung der Pastoral gemäß den Bedürfnissen der Zeit«[72]. Hier wird die Kontinuität der lehramtlichen Aussagen behauptet, die nur aufgrund der Zeitumstände zu einer anderen Praxis führen. Zudem kommt aufgrund des Verständnisses von Pastoral als Anwendung der Lehre auf die Praxis der Pastoral (und damit den besprochenen Dokumenten) kein eigenständiges lehramtliches Gewicht zu.

Als ein zentrales Argument für das geringere lehramtliche Gewicht der Dokumente des II. Vatikanums wird verschiedentlich genannt, dort würden keine Dogmen definiert oder Irrlehren verurteilt. Als Beispiel können die Äußerungen Brandmüllers im Rahmen eines Interviews genannt werden, in denen er auf die kanonische Natur der Texte und ihre abgestufte Verbindlichkeit abhebt: »Seltsamerweise haben die beiden umstrittensten Texte, nämlich *Nostra Aetate* und *Dignitatis Humanae*, nach der Einschätzung meines verehrten Professors in Kirchenrecht, Klaus Mörsdorf, keinen lehrmäßig bindenden Inhalt. Also kann man darüber reden!«[73] Er bekräftigte diese Position in einem Beitrag im *Osservatore Romano*, in dem er den Interpretationskonflikt um NA, DiH und UR auf zwei Extrempositionen reduziert (und damit die differenzierteren Positionen übergeht), »die beide in je eigener Hinsicht von einem durch die genannten Dokumente bewirkten Bruch mit der bis dahin verbindlichen Lehre der Kirche sprechen«[74], diesen aber unterschiedlich bewerteten. Gleichwohl er weiterhin betont, das II. Vatikanum habe keine

70 *Kolfhaus*, Lehrverkündigung 216.
71 *Kolfhaus*, Lehrverkündigung 228.
72 *Kolfhaus*, Lehrverkündigung 228.
73 Zitiert nach *Tück*, Verbindlichkeit 94.
74 *Brandmüller*, Interpretationskonflikte 8.

dogmatischen Definitionen getroffen oder Verurteilungen vorgenommen, weist er deutlich den Vorwurf zurück, das Konzil habe im Glauben geirrt. Ein Glaubensirrtum durch das oberste Organ des kirchlichen Lehramts widerspräche der Lehrüberlieferung der Kirche und wäre theologisch absurd, wenn nicht häretisch.[75] Indem er den Häresie-Vorwurf an das Konzil unter Berufung auf die Kontinuität zur Tradition zurückweist, respektiert er den Lehrcharakter des Konzils, auch wenn er die Verbindlichkeit von NA und DiH infrage stellt. Diese nicht zu übersehende Spannung, einerseits dem Konzil keinen Glaubensirrtum zu unterstellen, andererseits aber die umstrittensten Texte als nicht lehrmäßig bindend anzusehen, resultiert aus dem Versuch des Konzis, gestuft und differenziert dogmatisch zu sprechen, auf häresiologische Ausschließungen zu verzichten und christologisch begründet Exklusion und Inklusion in einem Spannungsverhältnis zueinander zu sehen.

Eine vergleichbare Charakterisierung, wonach das II. Vatikanum als reines Pastoralkonzil einen dogmatisch niedrigeren Rang einnehme, hat Joseph Ratzinger u. a. in einer Rede vom 13. Juli 1988 vor den Bischöfen Chiles vorgenommen, in der er es indes auch als etwas Wertvolles und Verbindendes in der Kirche bezeichnet.[76] Wenngleich bei ihm dieser Hinweis auf den pastoralen und damit dogmatisch nicht so hochrangigen Charakter des Konzils nicht dazu dient, die Konzilsbeschlüsse abzulehnen, legt er doch eine hierarchische Ordnung von Dogma und Pastoral nahe und nicht eine enge Wechselwirkung.[77] Darüber hinaus ist die inhaltliche Vernetzung der Konzilsdokumente zu betonen, die gegen die These eines geringeren Verbindlichkeitsgrades spricht: »Sowohl das Ökumenismusdekret, als auch die Erklärungen über das Verhältnis zu den nichtchristlichen Religionen und die Religionsfreiheit sind theologisch in den dogmatischen Konstitutionen grundgelegt«[78]. Genannt werden können die dialogische Öffnung des Kirchenbegriffs auf nichtkatholische Kirchen (LG 8, 15), nichtchristliche Religionen (LG 16) und Atheisten (GS 19–22), aber auch die Relevanz eines Offenbarungsverständnisses,

75 Vgl. *Brandmüller*, Interpretationskonflikte 8.

76 Vgl. die Zitate in: *Tück*, Verbindlichkeit 95f.

77 Übrigens weist Joseph Ratzinger selber in seinem Kommentar zur *Nota praevia explicativa* von GS auf die »Vereinigung von Wahrheit und Liebe, von ›Lehre‹ und Hirtensorge« hin, in der das »Eigentümliche der pastoralen Idee des Konzils [liege], das damit gerade hinter die Zertrennung in Pragmatismus und Doktrinalismus zurück wollte« und betont, auch wenn es nach dem Konzil kein neues Dogma gebe, dürfe das Ganze nicht ins Unverbindlich-Erbauliche abgedrängt werden. (*Ratzinger*, Kommentar Nota 350.) Arens sieht in Ratzingers Kommentar zu GS 1 schon die Warnung, »dass das Dialogische das Dogmatische schwächt, das Sich-Einlassen auf das Außen das Eigentliche des christlichen Glaubens hintanstellt oder relativiert« (*Arens*, Novum 173).

78 *Tück*, Verbindlichkeit 98.

wonach der Mensch freier Adressat der Selbstmitteilung Gottes ist, für Fragen der Religionsfreiheit.

Die ausdrückliche Charakterisierung von *Dei Verbum* und *Lumen gentium* als »dogmatische Konstitutionen« zeigt deutlich an, dass hier Glaubenswahrheiten von dogmatischem Rang thematisiert werden, auch wenn keine formale Definition erfolgt. Es darf auch an die Ansprache Pauls VI. in der letzten öffentlichen Sitzung am 7. Dezember 1965 erinnert werden, in der er festhält:

> Das Lehramt der Kirche, auch wenn es sich nicht außerordentlicher dogmatischer Aussagen bedienen wollte, hat seine verbindliche Unterweisung über eine Menge von Fragen geäußert, die heute das Bewusstsein und die Tätigkeit des Menschen in Anspruch nehmen; es ist sozusagen einen Dialog mit ihm eingegangen, unter Beibehaltung seiner Autorität und der ihm eigenen Kraft, hat es die leicht fassliche und freundschaftliche Sprache der Hirtenliebe angenommen.[79]

Dogmenhermeneutisch ist zwar formal von einem geringeren Verbindlichkeitsgrad der Dekrete und Erklärungen auszugehen, allerdings geht insbesondere aufgrund des Gewichtes der zitierten Quellen »die traditionelle Stufung der Verbindlichkeitsgrade, die in der neuscholastischen Theologie üblich war und diffizile Spezialdiskussionen freigesetzt hat, am lehramtlichen Diskurs des Zweiten Vatikanischen Konzils vorbei«[80]. Die Positionen, die die Autorität des II. Vatikanums infrage stellen bzw. formal degradieren, gründen

---

79 *Paul VI.*, Ansprache Sitzung 7. Dezember 569f. Dazu Beinert: »Wer also die ›pastorale‹ Unverbindlichkeit des Zweiten Vatikanischen Konzils postuliert, stellt sich außerhalb des dem Lehramt geschuldeten Gehorsams.« (*Beinert*, Verbindlichkeit 10.) Semmelroth führt auch den Brief Pauls VI. zur Begrüßung des Internationalen Kongresses über die Theologie des Zweiten Vatikans vom 21. September 1966 an Kardinal Pizzardo an (vgl. *Semmelroth*, Frage 236f).

80 *Tück*, Verbindlichkeit 101. »Auch wenn das Konzil keine formellen neuen Dogmen verkündete, wollte es doch in authentischer, d. h. lehramtlich verbindlicher Weise sprechen.« (*Kasper*, Erneuerung 589.) Die konstantinische Symbiose von Kirche und Staat sowie die einseitig antireformatorische und antimodernistische Mentalität sollten überwunden und Anliegen der biblischen, liturgischen, patristischen, pastoralen und ökumenischen Erneuerungsbewegungen aufgegriffen werden. »Es war gewissermaßen ein Projekt der Modernisierung, die kein Modernismus sein wollte und auch nicht sein konnte.« (590)

Aus konziliengeschichtlicher Perspektive ist überdies auf die uneinheitliche Terminologie hinzuweisen: Während beide Dokumente des I. Vatikanums als dogmatische Konstitutionen qualifiziert werden, »werden in Trient sowohl die Lehr- wie die Disziplinardokumente durchgängig als Dekrete bezeichnet« (*Hünermann*, Text 57). Die von der theologischen Kommission in der Vorbereitung vertretene Differenzierung zwischen dogmatischen Konstitutionen und disziplinären Dekreten wird durch die pastorale Methodologie des Konzils aufgehoben. Auch die Dekrete und Erklärungen erhalten lehrhafte Elemente. Alberigo sieht die unterschiedlichen Qualifizierungen als Argument für »die Überwindung des Begriffspaares ›Lehre/Disziplin‹« (*Alberigo*, Überlegungen 590).

auf der neuscholastischen Auffassung vom Primat der Lehre, wonach Pastoral lediglich deren Anwendung (insbesondere in Predigt und Katechese) sei, und verkennen damit den neuen pastoralen Lehrtypus des II. Vatikanums. »Denn das Textcorpus des Konzils – die Verschränkung von Konstitutionen, Dekreten und Erklärungen – unterläuft das Schema von *doctrina* und *applicatio*, indem es der pastoralen Darlegung selbst lehrhaften Rang beimisst.«[81] Wenn »pastoral« somit als Beschreibung einer neuen Ausrichtung kirchlicher Lehre fungiert und tatsächlich eine Relativierung kirchlicher Verkündigung im Sinne des Bezugs auf die gegenwärtigen Erfordernisse und Charakteristiken bedeutet und dabei die Wende zum Menschen und zur Geschichtlichkeit menschlicher Erkenntnis mitvollzieht, kann der Hinweis auf die pastorale Ausrichtung »nicht als Argument verwendet werden, um vom II. Vatikanum und der mit ihm inaugurierten innerkirchlichen Erneuerung als dogmatisch verbindlicher Referenzgröße abzusehen«[82].

Wie die liberale oder historisierende Fehlinterpretation des Konzils hat nach Bucher auch die reduktionistische Fehlinterpretation ihre Ursache darin, die Pastoralkonstitution zu vernachlässigen. Diese markiert »jenen Neuansatz, der das ganze Konzil charakterisiert und seinen zentralen Fortschritt markiert: für die wechselseitige Integration von Dogma und Pastoral – und zwar in Dogma *und* Pastoral«[83].

2.1.2 *Die positive Deutung: Neuausrichtung bzw. Einsicht in die Wechselwirkung von Dogma und Pastoral*

Wenn auf die vom II. Vatikanum in den Blick genommene Wechselwirkung von Dogma und Pastoral abgehoben wird, ist auf die veränderte Bedeutung von »Pastoral« hinzuweisen, die vor allem in der Pastoralkonstitution zu finden ist.[84] Denn wie der amtlichen Fußnote zu Beginn von *Gaudium et spes* entnommen werden kann, die die besondere Textgattung einer »Pastoralkonstitution« erläutert, geht es formal um »das Verhältnis der Kirche zur Welt und zu den Menschen von heute« und somit nicht mehr wie früher um das Seelsorgehandeln der Priester an den Laien. Dieses ging mit drei Selbstbegrenzungen (auf die Priester als alleinige Subjekte, die Unterbestimmung der ekklesiologischen Bedeutung pastoralen Handelns sowie die Ausblendung

Gleichwohl weist die verwendete Unterscheidung auf einen unterschiedlichen Grad an Autoritativität hin, mit dem die verschiedenen Dokumente ausgestattet werden sollten.

81 *Tück*, Interpretationskonflikte 121; vgl. auch *Hilberath*, Kontinuität 7.

82 *Knop*, Christsein 296.

83 *Bucher*, Pastoralkonzil 10.

84 Vgl. *Sievernich*, »Pastoralität« 40f. In den Dekreten über die Bischöfe und Priester wird eher der konventionelle Begriff verwendet.

der gesellschaftlichen, nicht-kirchlichen Kontexte von Kirche) einher, die durch das Konzil aufgebrochen wurden. »Diese Fußnote schließt die Entwicklung des Textes ab. Sie repräsentiert die Innen-Außen-Problematik und die Nicht-Ausschließungsstrategie der pastoralen Ortsbestimmung, die den Text nicht nur von Beginn an begleitet haben, sondern seine Genealogie bestimmen.«[85] Die Pastoral wird in eine neue Beziehung zur Dogmatik gesetzt, indem beide in der Innen-Außen-Konstellation stehen und der je andere Pol nicht ausgeschlossen werden darf, wenn der eine erläutert wird. Das Innen wird somit auch durch das Außen konstituiert und die Ausschließungen werden in der Differenz zwischen beiden überschritten. »Pastoral wird auf dem Zweiten Vatikanum ein Gesamtbegriff für das Handeln der Kirche in ihrer Gegenwart und meint das Verhältnis der Kirche zur Welt und zu den Menschen von heute, das sie auf der Basis ihrer Lehre zu entwickeln habe.«[86] So geht es einer pastoralen Glaubenssprache nicht darum, Handlungsanweisungen zu liefern, wie der Glaube am besten implementiert werden kann, sondern um den Lebensraum aller Menschen mit seiner jeweiligen Sprache. Somit erhält die Lehre einen anderen Charakter, weil sie die Sprache der eigenen Zeit verwenden muss und somit die Sprache selbst zum Faktor der Lehre wird. »Die Menschen von heute stellen jene Fundstellen von Argumenten dar, nach denen die Sprache des Glaubens sucht.«[87] Aufgrund der pastoralen Form der Lehre können Kirche und Theologie nicht abstrakt zeit- und ortlos sein, sondern agieren in einem und für einen konkreten zeitlichen und räumlichen Kontext. Indem damit ein Prozess der Kontextualisierung vollzogen wird, erfolgt zugleich eine Art »*spatial turn* auf der Suche nach dem verlorenen Raum einer atopisch gewordenen Theologie«[88], d. h. insbesondere die *loci theologici alieni* werden verstärkt berücksichtigt. Mit dieser kontextuellen Bedeutung von »pastoral« wird die Zeitgenossenschaft unterstrichen, zu der die Kirche aufgerufen ist.

85 *Sander*, Kommentar 687. Vgl. zur Veränderung des Materialobjekts der Pastoraltheologie im 20. Jahrhundert auch *Feiter*, Engführung.

86 *Bucher*, Pastoralkonzil 10; vgl. *Fuchs*, Glaubenspastoral 561.

»Das Pastorale gehört zum Kirchenbegriff. Formal bestimmt die Kirche damit ihr Verhältnis zur Moderne und ihren Handlungsmodus, der Lehre und Leben aufeinander bezieht und die pastorale Form der Lehre betont.« (*Sievernich*, Kirche 11.)

»Sondern pastoral zu sein, d. h. dort zu sein und zu wirken, wo Gott ist und wirkt, nämlich wo die Menschen sind und für sie da zu sein, und so Gott die Ehre zu geben, macht das Wesen der Kirche insgesamt aus, also nicht nur ihre praktische Seite, sondern auch und gerade ihre lehrhafte.« (*Mette*, Gaudium 115.)

87 *Sander*, ›Aggiornamento‹ 520.

88 *Sievernich*, Kirche 12.

Angeführt werden kann auch die Klassifizierung von Texten wie *Gaudium et spes* als Konstitutionen, die zwar nicht mit staatlichen Verfassungen identisch sind, aber dennoch strukturbestimmend sind. »Der Konstitutionsbegriff für ›Gaudium et spes‹ sichert der Pastoral ihre konstitutive, also nicht-wegdenkbare Rolle im Kirchenbegriff.«[89] Inhaltlich konkreter wird das konziliare Verständnis von Pastoral bestimmt als Verhältnis der Kirche zur »Welt der Menschen, das heißt die ganze Menschheitsfamilie mit der Gesamtheit der Wirklichkeiten, in denen sie lebt« (GS 2), womit das Phänomen der Geschichtlichkeit aufgenommen wird. Ziel der Pastoral ist die »Rettung der menschlichen Person« (und zwar nicht nur als religiöses Wesen, sondern in all seinen Bezügen und Elementen) sowie der rechte »Aufbau der menschlichen Gesellschaft« (GS 3). Diesen Aufbau, die Sicherung der individuellen Würde und ihr eigenes Wesen geschichtlich je neu zu definieren, ist Aufgabe der Kirche aufgrund der Berufung jedes einzelnen Menschen durch Gott. »Das II. Vatikanische Konzil realisiert so die Geschichtlichkeit des theologischen Diskurses nicht über eine Analyse der Geschichtlichkeit der ihn tragenden Begriffe, sondern über die Analyse des christlichen Glaubens als eines Entwurfs menschlicher Existenz in der Berufung durch Gott in Christus.«[90]

Wie Klinger herausstellt, ist dies nicht nur der Pastoralkonstitution eigen, sondern bildet die Perspektive sämtlicher Konstitutionen, die ihre Inhalte mit einer doppelten Zielvorgabe erläutern, insofern sie die pastorale Bedeutung der dogmatischen Inhalte und den dogmatischen Inhalt der pastoralen Erörterungen erläutern. »Sie erweitern gewissermaßen beide Gegebenheiten durch beide. Es gibt keinen dogmatischen Satz, der nicht in seinem pastoralen Sinn betrachtet wäre, und keinen pastoralen Satz, der ohne dogmatische Bedeutung wäre. Beides wird in beidem greifbar und ist das Gesamtprogramm der Schwerpunkte von beiden.«[91] Dementsprechend behandeln die beiden dogmatischen Konstitutionen LG und DV auch pastorale Inhalte und die pastoralen Konstitutionen SC und GS dogmatische. Am deutlichsten sieht er die wechselseitige Durchdringung von Pastoral und Dogmatik in den beiden Kirchenkonstitutionen, die die Achse des Konzils bilden, wobei sie

---

89 *Bucher*, Pastoralkonzil 11; vgl. auch *Bauer*, Wende 13f zur Diskussion um den Konstitutionsbegriff.

90 *Bucher*, Theologie 117.

91 *Klinger*, Kirche 75. »Es gibt in der Kirche des Konzils eine Perichorese von Dogmatik und Pastoral; denn alle Dogmen haben einen pastoralen Sinn und alle Pastoral hat eine dogmatische Bedeutung.« *Klinger*, Gesamtentwurf 146; vgl. *Klinger*, Armut 86.) »›[P]astoral‹ meint das Geltendmachen der bleibenden Aktualität des Dogmas. Gerade weil das Dogma wahr ist, muss und kann es immer wieder neu lebendig zur Wirksamkeit gebracht werden, muss man es pastoral auslegen.« (*Lehmann*, Konzil 47.)

methodisch, perspektivisch und gesamtheitlich in GS, der eigentlichen Frucht und Vision des Konzils, erörtert werde. Klinger wertet die Pastoralkonstitution als »Schlüssel zur Interpretation des Ganzen« und als »Fundamentaltheologie des Konzils«.[92] Wegen der durchwegs herausgestellten Wechselwirkungsverhältnisse kann GS als Ausdruck einer chalkedonensischen Hermeneutik, die Kirche und Welt untrennbar miteinander verbunden sieht, gelten. Auch die Sakramentalität der Kirche spricht dafür: »Durchs Sakrament wird der Stoff der Welt konstitutiv für die Wirklichkeit der Kirche. Deswegen ist die Pastoralkonstitution über die Kirche in der Welt von heute *Gaudium et spes* die authentische Auslegung dieses ekklesiologischen Sakramentsbegriffs.«[93] Der Weltbezug bzw. die Weltlichkeit der Kirche bestimmt nach LG 1 und dem Gesamttext von GS die Kirche in ihrem Wesen.

An anderer Stelle unterstreicht Klinger mit Rekurs auf Rahner die Bedeutung der Pastoralkonstitution für die Theologie nach dem II. Vatikanum, insofern sie als ureigene Schöpfung des Konzils angesehen werden kann, mit der die Grundlagen der Theologie verändert wurden. In ihr schlägt sich die pastorale Situation der Kirche als das wichtigste Anliegen des Konzils nieder und wird der Glaube des Konzils als »die Botschaft von der Berufung des Menschen durch Gott«[94] entfaltet. Die Lehre von diesem als Praxis verstandenen Glauben wertet er als dogmatischen Fortschritt, insofern die Lehrinhalte durch ihn zu einem Inhalt menschlicher Existenz werden und er durch die Inhalte, die zwar neu sind, aber dennoch zum Glauben gehören, vertieft werden kann. »Der zentrale Inhalt des Glaubens auf dem II. Vatikanum ist die Lehre von ihm als einer Praxis der Existenz. Sie ist geradezu ein Paradigma dogmatischen Fortschritts.«[95] Als Erläuterung legt er zunächst dar, wie Dogmen als pastorale

---

92 *Klinger*, Kirche 76f; vgl. *Klinger*, Armut 96ff; *Klinger*, Gesamtentwurf 147 . »Sie überschreitet den neuzeitlichen Rahmen von Kirche und Theologie; denn durch *Gaudium et spes* wechselt die für die Moderne typische Gegnerschaft von Kirche und Welt zu einer nachmodernen Konstellation, in der Kirche in der Welt von heute existiert und sich auf die Menschwerdung der Menschen dieser Zeit überschreitet.« (*Sander*, Zeichen 85f.) In GS »kommt die Wende im Selbstverständnis der katholischen Kirche, die das Konzil gebracht hat, am deutlichsten zum Ausdruck« (*Kaufmann*, Perspektivenwechsel 82). Overbeck nennt den Perspektivenwechsel des Dokuments einen »theologischen Quantensprung«. (*Overbeck*, Soziallehre 113.)

93 *Wenzel*, Offenbarung 144.

94 *Klinger*, Glaube 615.

95 *Klinger*, Glaube 617. Kritisch dazu Ruggieri: »Il a saisi le problème, mais le concile a doctrinalement en son vrai centre non une conception anthropologique ou ecclésiologique, mais une conception nouvelle de la *révélation en tant qu'accueillie par l'homme* et donc toujours nécessairement et constitutivement réactualisée, toujours réinterprétée.« (*Ruggieri*, L'officina 19.)

Tatsachen zu verstehen sind. Sie enthalten sowohl Offenbarungstatsachen als auch (kirchliche) Meinungen über diese bzw. etwas Vorhandenes und Aufgegebenes. Beide Formen sind gleichgewichtig, da der Glaube nur gelehrt werden kann, wenn er angenommen wurde, und angenommen wurde, weil er auch vertreten werden kann.[96] Wegen dieser wechselseitigen Durchdringung von Annahme und Weitergabe sind Lehren des Glaubens eine pastorale Tatsache. »Sie sind er selbst als ein Entwurf des Lebens. Man kann sie daher als Inbegriff dieses Entwurfs verstehen. Sie begründen seine Existenz.«[97] Somit ist die Einheit von menschlicher Existenz und Lehre das Grundproblem der Lehre vom Glauben. Weil die Lehre – wie Johannes XXIII. in seiner Eröffnungsrede 1962 erläuterte –, den ganzen, aus Leib und Geist bestehenden, Menschen umfasst, muss sie sich auf möglichst alle Bereiche des Lebens beziehen und ist sie zu fördern und nicht nur zu wiederholen. »Die Pastoral des Glaubens ist der Glaube selbst als Inhalt der Praxis des Lebens. Die Lehre von diesem Inhalt ist die pastorale Form der Lehre. Sie erschließt Sinn und Bedeutung der Handlungen des Menschen und ist daher eine Lehre von seiner Existenz.«[98] Daraus ergibt sich für die Kirche die gegenseitige Durchdringung des Handelns in der Welt und des Handelns in der Kirche. Auch das methodische Vorgehen von GS, zunächst die Probleme zu diagnostizieren, dann zu urteilen und Lösungsvorschläge zu machen, führt zur neuen Verhältnisbestimmung von Dogma und Pastoral, die »nicht mehr deduktiv – im Sinn der Ableitung des Verhaltens von einer Lehre –, sondern abduktiv zugeordnet [werden] – im Sinn der Wahrnehmung eines tatsächlichen Geschehens, um sich ein sachgerechtes Urteil zu bilden und situationsgerecht zu handeln«[99].

Ähnlich benennt Sander die Elemente, mit denen GS die Theologie nach dem Konzil ausstattet, um die Innen-Außen-Konstellation der Rede von Gott in der Welt dieser Zeit umzusetzen:

> (1) Pastoral ist die neue Konstitutionsgröße der Kirche. Durch sie existiert die Kirche in der Welt von heute. (2) Die Menschen der gegenwärtigen Zeit sind das Prinzip der Pastoral. Sie sind die Basis, den Glauben zur Sprache zu bringen;

96 Dafür sprechen auch sprechakttheoretische Überlegungen, da performative Akte, die ihr Referenzobjekt verloren haben oder nicht rezipiert werden, kaum mehr als performativ gelten können.

97 *Klinger*, Glaube 618.

98 *Klinger*, Glaube 619. Die Pastoralkonstitution »ist Konstitution in einem umfassenden Sinn des Wortes; denn sie konstituiert das Verhältnis der Kirche zur Welt von heute im pastoralen Prozeß. Sie macht ihn zur Basis ihres eigenen historischen Auftrags. Pastoral hat in diesem Sinn über die herkömmliche Umschreibung des Ausdrucks hinaus konstitutive Bedeutung für die Kirche.« (*Klinger*, Kirche 79)

99 *Klinger*, Konstitution 77.

ohne die Analyse ihrer Existenz kann vom ihm keine Rechenschaft abgelegt werden. (3) Die Zeit ist folglich das Außen des Glaubens, in dem sich seine Wahrheit zu bewähren hat. Die Menschen von heute werden dabei für die Kirche stets zu anderen, in deren Zeichen sie den Glauben lernt.[100]

Die Vertreter und Vertreterinnen dieser Position betonen das Selbstverständnis des II. Vatikanums als Reformkonzil aus dem Ursprung des Glaubens (dem auch das Stichwort des *Ressourcement* entspricht, d. h. die Rückkehr zu den Quellen, die das »Aggiornamento« ermöglicht bzw. umsetzt), mit dem auf die Herausforderungen einer neuen Epoche der Menschheit reagiert werden sollte. Mit Klinger kann die Bezeichnung als »Reformkonzil« als zu wenig weitgehend kritisiert werden, insofern die Ziele des II. Vatikanums über eine Reform der Kirche hinausgingen, da es um eine Besinnung auf das Wesen der Kirche ging. »Es zeigt, warum es sie gibt und wofür sie da ist. Sie geht den Weg des Menschen und offenbart ihm das Geheimnis des Lebens.«[101] Gerade der pastorale Schwerpunkt ist ein Argument für den grundsätzlichen Charakter der Aussagen des Konzils, da damit geistliche und weltliche Tätigkeiten gemeint sind und soziologische, anthropologische und theologische Gegebenheiten aufgenommen werden und diese gesamtheitliche Bedeutung für das Handeln Gottes in der Geschichte steht.

Die Ausrichtung des Konzils auf die Erneuerung der Kirche wird an den jeweils einleitenden Passagen, den »ersten Nummern«, deutlich. »In diesen einleitenden Abschnitten stellt sich dieses Konzil entweder ausdrücklich in die Tradition (siehe: LG 1 und DV 1) oder es zeigt das Neue, das es jetzt sagen möchte, mit dem sprachlichen Indiz ›haec synodus‹ an (z. B. NA 4, DiH 12–13).«[102] Als Grundlinien zeigen sich: der ökumenische, d. h. auf die Einheit aller Getauften gerichtete, Charakter (vgl. SC 1, UR 1) sowie das Selbstverständnis als auf die Erneuerung der Kirche gerichtet (SC 1, LG 1, PO 1) für

---

100 *Sander*, Zeichen 95.

101 *Klinger*, Konstitution 75. Mit der Entfremdung zwischen Kirche und Kultur aufgrund der Ablehnung neuzeitlicher philosophischer und naturwissenschaftlicher Einsichten seien viele pastorale Anstrengungen der Kirche ins Leere gelaufen. »Kirchenreform zeigte sich nun als doppelt-eines Bemühen: Sie mußte gleicherweise und gleichermaßen theologisch-dogmatisch *und* praktisch-pastoral erfolgen.« (*Beinert*, Verbindlichkeit 7.) Eine etwas andere Deutung, nämlich diejenige als eine Form der katholischen Aufklärung, schlägt Oviedo vor. »The impression one has, when looking back, is that a generation of Catholics experienced on that occasion a sense of euphoria similar to the time of the Enlightenment.« (*Oviedo*, Council 718.) Damit können der positive Einfluss und die notwendigen Änderungen gewürdigt werden, solange auch die Grenzen anerkannt werden. Wichtig sei es, falsche oder übertriebene Erwartungen zu korrigieren, ohne damit das gesamte Projekt zu diskreditieren.

102 *Siebenrock*, Hermeneutik 118.

eine sich an Jesus Christus (LG 1) und am Wort Gottes (DV 1) orientierende Kirche, die alle Menschen guten Willens wertschätzt und anerkennt (GS 1, DiH 1, NA 1), ihre Sendung erfüllen will (AG 1) und als Mittel und Werkzeug für die innigste Vereinigung mit Gott und den Menschen untereinander das Evangelium zu verkünden hat (LG 1). »Was als Einheit von Dogma und Pastoral von Papst Johannes XXIII. vorgegeben wurde, kommt im ersten Satz der Kirchenkonstitution vollendet zum Ausdruck und hat ihre dogmatische Verbindlichkeit in einer Christologie, die normativ für die kirchliche Praxis in allen ihren Ebenen werden soll.«[103] Maßstab für den Vollzug der Kirche sind Praxis und Sein Jesu. Siebenrock verbindet dies mit dem Stichwort des »Aggiornamento«, das ermöglicht, das Evangelium einer neuen Zeit zu verkünden. Es weise auf die Parusie Christi in der Gegenwart hin und fordere eine der Begegnung Gottes mit den Menschen dienende Pastoral. »Diese Praktik gewinnt darin normativen Rang, weil die gelungene Pastoral von heute die in der Zukunft die Christenheit verpflichtende Tradition sein wird. Wer Dogma gegen Pastoral ausspielt, verkennt das Wesen der Tradition.«[104] Das Bemühen um das »Aggiornamento« und die pastorale Ausrichtung des Konzils führte somit nicht nur dazu, das Verständnis von Pastoral als Anwendung der Lehre zu überwinden, sondern auch das Christentum nicht mehr als Summe der »Lehre« und der «Disziplin« zu verstehen. »Dies geschah auf der Basis einer neuen Vision des Christentums selbst als Eines und Ganzes und angetrieben von der Gemeinschaft zwischen Christus als dem einzigen Hirten und seinen Gläubigen.«[105]

Die vom Konzil vertretene innere Durchdringung von Dogma(tik) und Pastoral lässt sich an verschiedenen Stellen deutlich belegen: Zum einen beansprucht der erste Hauptteil von GS ausdrücklich, eine »Lehre« (*doctrina*) zu entwickeln, und behandelt alle klassischen dogmatischen Themen als Themen der menschlichen Existenz. »Es gibt, so die zentrale Botschaft von ›Gaudium et spes‹, die Kirche wegen der Berufung aller Menschen zum Volk Gottes und nicht umgekehrt diese Berufung, damit sie der kirchlichen Gemeinschaft angehören.«[106] Während LG die Kirche als Volk Gottes und ihre Aufgabe, dieser

---

103 *Siebenrock*, Hermeneutik 119.

104 *Siebenrock*, Hermeneutik 121. Pastoral ist zu betrachten »als locus theologicus, als Erfahrungs- und Artikulationsort von Glauben und Theologie. Pastorales Reden ist dogmatisches Reden und umgekehrt!« (*Hilberath*, Kontinuität 8).

105 *Alberigo*, Übergang 666.

106 *Bucher*, Pastoralkonzil 11. Die Lehre über das Volk Gottes als Basis der Pastoralkonstitution wird von Klinger betont: »Sie begründet und erfüllt das pastorale Programm des Konzils – das Denken der eigenen Lehre vom Anderen her – und ist damit dogmatisch in all seinen Bereichen. Daher ist seine Lehre die unersetzliche Basis der Pastoralkonstitution, in

Berufung aller Menschen zu dienen, festhält, wird sie von GS in ihrem nach außen gerichteten Handeln als ihr innerstes Wesen entworfen. »Nicht die herkömmliche Pastoral gewinnt auf dem Zweiten Vatikanum konstitutiven Rang für die Kirche, sondern eine Neubestimmung ihres Handelns.«[107] Daher werden von GS Themen wie Wirtschaft, Kultur, Politik oder internationale Beziehungen berücksichtigt. Leben und Lehre der Kirche werden in ein neues Verhältnis gesetzt, insofern zwischen ihnen in der Moderne nicht nur ein gemeinsamer Krisenzusammenhang besteht, sondern auch ein wechselseitiger Erschließungs- und Lösungszusammenhang. Dem Konzil lediglich »pastorale« im Sinne von dogmatisch irrelevanter Bedeutung zuzumessen, verkennt daher den veränderten Pastoralbegriff des Konzils. Das pastorale Prinzip des Konzils gründet auf dem Offenbarungsverständnis als Selbstmitteilung Gottes, insofern diese heilsgeschichtlich und als konstitutive Verbindung von Wort und Tat gesehen wird. Hier drückt sich ganz prägnant die christologische Struktur bzw. Begründung der pastoralen Ausrichtung des Konzils aus. »Die Verknüpfung von Wort und Tat ist in der Offenbarung begründet und daher gründet die Kirche in der Offenbarung, insofern sie deren Struktur selber verkörpert und verwirklicht. Das Konzil entdeckt den Zusammenhang von Leben und Lehre, weil es sich am Zusammenhang von Wort und Tat in der Offenbarung Gottes orientiert.«[108] Theologie kann nun nicht mehr unabhängig von der Lebenspraxis und der jeweiligen Gegenwart entworfen werden; es ist somit eine kontextuelle Verhältnisbestimmung gefordert, weswegen LG 1 die besondere Dringlichkeit nennt, die der Aufgabe der Kirche durch die gegenwärtigen Zeitverhältnisse zukommt. »Das pastorale Prinzip fordert einerseits den Bezug auf den Raum der Gegenwart und seine Wahrnehmung als theologischer Ort, verbunden mit der Einsicht, dass es darauf ankommt, die ›ewigen Werte‹ mit dem ›aufkommenden Neuen‹ zu einer ›richtigen Synthese‹ zu bringen (GS 4).«[109] Indem der Blick auf die Welt die Selbstauffassung der Kirche verändert und dieser Blick erforderlich ist, um ihre eigene evangelische Bedeutung und die

---

der gesagt wird, das Konzil spreche im Namen des ganzen Volkes Gottes.« (*Klinger*, Diskussion 302.)

107 *Bucher*, Pastoralkonzil 11.

108 *Bucher*, Pastoralkonzil 12; vgl. *Beinert*, Verbindlichkeit 11; *Knop*, Christsein 297–299; *Reikerstorfer*, Wandel. Der Vergleich der Aussagen des II. Vatikanums mit einer »Predigt« durch Lefebvre »geht am Selbstverständnis des Konzils vorbei, das die traditionelle Unterscheidung von Dogma und Pastoral überwunden und für seinen pastoralen Diskurs lehrhaften Charakter beansprucht hat« (*Tück*, Verbindlichkeit 102). »Die Heilsgeschichte begründet in sich die Menschheitsgeschichte und legt sie auf ihre Vollendung hin aus, und zwar durch den gläubigen geschichtlichen Mitvollzug dieses Gottgeschehens.« (*Hünermann*, Sprache 52.)

109 *Sievernich*, Ouvertüre 38.

des Evangeliums zu finden, schreibt die Welt eigene Offenbarungsgeschichten und »muss ›Gaudium et spes‹ als ein offenbarungstheologisches Dokument gelesen werden«[110].

Das sich in der Schöpfung und Geschichte ereignende Offenbarungsgeschehen wird als Heilsgeschehen und Heilsgeschehen als Offenbarungsgeschehen ausgesagt. Diese geschichtliche Denkform eröffnet »in einer kirchengeschichtlich entscheidenden Zäsur dem Christentum im Übergang von einer kulturell monozentrischen Kirche Europas und Nordamerikas zu einer kulturell polyzentrischen Weltkirche eine verheißungsvolle Weltperspektive«[111]. Die drei Konstitutionen LG, GS und DV richten sich ebenso wie NA an alle Menschen und nehmen damit eine universale Perspektive ein, zu der auch der am Anfang jedes dieser Dokumente stehende Dialog mit Welt, Völkern, Kulturen und Religionen gehört.[112] Die Konzentration auf das biblisch bezeugte Wort ermöglichte einen sprachlichen Transformationsprozess zu einer inkulturationsfähigen Gottesrede.

Gleichwohl dies sachlich nicht neu, sondern in der theologischen Tradition vorhanden ist, macht Bucher dennoch einen dogmatischen und pastoralen Fortschritt aus: »ein dogmatischer, weil die Kirche auf der Ebene der Lehre festhält, was sie tut, und ein pastoraler, weil ihr Selbstvollzug getragen ist von dem reflexiven Bewusstsein, was sie tut und warum sie dies tut.«[113] Indem die von GS vorgenommene und anvisierte Auseinandersetzung mit der eigenen Zeit sich nicht auf deren Schwächen beschränkt, sondern ihre Glaubensdarstellung an deren Stärken misst, ist der Text weder anti-dogmatisch noch zu wenig realistisch. »Vielmehr erweitert er die dogmatische Perspektive um das, was sie bis dahin ausgeschlossen hat, nämlich die Stärke in dem, was dem christlichen Glauben gegenübersteht.«[114] Die bis zum II. Vatikanum vom Heiligen Offizium vertretene Position, das Dogma von der Geschichte rein zu

---

110 *Hoff*, Offenbarungen 251 mit Rekurs auf Chenu. Dazu auch *Bauer*, Zeichen.

111 *Reikerstorfer*, Wandel 552. Vgl. dazu auch *Sievernich*, Ouvertüre. Dieser anfanghafte Übergang ist auch nach Karl Rahner eines der entscheidendsten Merkmale des II. Vatikanums und bildet nach der kurzen Zeit des Judenchristentums bzw. der Jerusalemer Kirche und der langen Zeit der europäischen Kirche die dritte Großepoche, die ihrerseits weiter unterteilt werden können. Diese Einteilung »bedeutet, daß sich in der Geschichte des Christentums der Übergang aus einer geschichtlichen und theologischen Situation in eine wesentlich neue erst *einmal* ereignet hat und sich im Übergang von dem Christentum Europas (mit seinen amerikanischen Adnexen) zu einer aktuellen Weltreligion jetzt zum zweitenmal zu ereignen anschickt.« (*Rahner*, Grundinterpretation 295; vgl. *Rahner*, Bedeutung 304ff.)

112 Vgl. *Hoping*, Kommentar 736.

113 *Bucher*, Pastoralkonzil 12.

114 *Sander*, Kommentar 692.

halten, wird nun verabschiedet und das Dogma als Sprache des Glaubens verstanden, die sich mit der Geschichte der Menschen, Gottes und Gottes mit den Menschen auseinandersetzt. Insofern die Pastoral die Ortsbestimmung für diese Sprache ist, erhält sie dogmatisches Gewicht. »Geschichte und Dogma bilden einen Kontrast in der Sprache des Glaubens, sie dürfen nicht in einen Gegensatz gebracht werden und sie markieren Innen wie Außen in einer Ortsbestimmung des Glaubens.«[115] Da der transzendente Ort des kirchlichen Glaubens und der irdische Ort der heutigen Welt polar zueinander stehen, wird kein Ort dem anderen übergeordnet. Lehre und Pastoral sind nicht als Alternativen zu sehen oder in ein ausschließendes Gegenüber zu setzen, da weder Pastoral normative Vorgaben appliziert noch die Lehre aus der Pastoral abgeleitet werden kann. »[W]ohl aber kann diese Impulse geben, bestimmte Entscheidungen im Licht des Evangeliums und unter Berücksichtigung der gegenwärtigen Situation und ihres Wissens neu zu überdenken.«[116]

Wenn Sander somit vor allem im Ausgang von GS das Neuartige der Glaubensdarstellung des Konzils betont, will er nicht einer »Hermeneutik des Bruchs« das Wort reden. Vielmehr weist er auf die Probleme einer binären Codierung nach »Kontinuität« und »Bruch« hin, hebt die Wechselwirkungen des Konzils hervor und macht dafür die Unterscheidung zwischen den beiden Arten der Identifizierung (wer/was und wo ist die zu identifizierende Größe?) geltend.[117] Konstitutiv für eine Wer-Identität ist die Frage, wer die Kirche von

115 *Sander*, Kommentar 693.

116 *Sievernich*, Kirche 13.

117 Auch Schelkens nennt die Unzulänglichkeiten der Unterscheidung nach Kontinuität und Bruch, da die einen nicht völlige Diskontinuität und die anderen nicht völlige Kontinuität behaupteten. »The tensions between them rest both on their acceptance or their denial of historical reasoning with respect to salvation history, and on the question of what role historical-critical methodology ought to play in theology.« (*Schelkens*, subsistit in 881.) Der Vorschlag Benedikts XVI. einer »Hermeneutik der Reform« scheine zwar eine *via media* nahezulegen, rekurriere aber sehr auf eine systematisch-theologische Generalisierung der Geschichte, die riskiere, dem tatsächlichen Ereignisverlauf nicht gerecht zu werden. Ähnlich *Kaplan*, Vatican II 11, nach dem die Kategorie »Reform« nur zwischen den Polen Bruch und Kontinuität vermittele, aber keine radikalere Hermeneutik anbiete. Auch *Knop*, Hermeneutik 263 hält eine »Hermeneutik der Reform« für nicht ganz angemessen, da diese »weiterhin auf Kontinuität im Gehalt abhebt, der gegenüber Veränderungen im Ausdruck nachrangig und tolerabel erscheinen. Die erneuerte Haltung des Konzils zur Religionsfreiheit und ökumenischen Bewegung wurde aber nicht als marginale Anpassung des Überkommenen an neue Kontexte, sondern als substanzieller Fortschritt bzw. Korrektur erklärt, der seither verbindliche kirchliche Lehre ist.«

Ormerod nennt den mathematischen Hintergrund der Frage nach Kontinuität oder Bruch und hebt die hohe Komplexität sozialer und kultureller Veränderungen ebenso hervor wie die Problematik, Veränderungen von Bedeutungen und Werten zu messen. Daher sei die Metapher irreführend und könne diese Debatte nicht entschieden werden.

sich her sein will; sie bestimmt ihren Glauben selbst von dem Sinn her, den sie ihm für sich selbst gibt, und damit nicht konstitutiv in Auseinandersetzung mit der Welt der eigenen Zeit und den Menschen außerhalb wie innerhalb der Kirche. Bei der Wo-Frage geht es um die Positionierung des Glaubens und zunächst um die Probleme, denen die Kirche an ihrem Ort ausgesetzt ist, und nicht um das Selbstverständnis. Während bei einer Wer-Identität Ausschließungsmechanismen problemlos möglich sind, weist eine Wo-Identität dadurch erhebliche Mängel auf.

> Die Wer-Frage ist leitend für die Kirche als Religionsgemeinschaft, die Wo-Frage leitet eine Pastoralgemeinschaft an, die mit diesem Konzil entdeckt wurde. Die Wer-Frage ist katholisch im Sinne der Denomination, die die katholische Kirche bis zum Konzil war, die Wo-Frage ist katholisch als Ausdruck der Weltkirche, zu der sie dort geworden ist.[118]

Dies erlaubt es Sander, Kontinuität – die sich allein schon in der Bezeichnung als »Zweites Vatikanisches Konzil« ausdrückt – und Diskontinuität bzw. Kontrast in den Blick zu nehmen, insofern dieses Konzil die Wer-Identifizierung der Kirche als *societas perfecta* aufgegriffen hat, aber sie selbstrelativierend und in der Konfrontation mit Fremdbeobachtung transformiert hat. »Wenn die kirchliche Identität in innerer Relation zu dem steht, was von außen über sie gesagt werden muß, dann hat das erhebliche Konsequenzen. [...] Aus der alleinigen Selbstkontrolle wird eine Identifizierung mit dem, wo sie stattfindet: in der jeweiligen Gegenwart und angesichts der Zeitgenossen von heute.«[119] Einen Ausdruck findet dies in den Eröffnungsnummern von LG und GS, worin die Kirche vor Gott und den Menschen von heute und somit vor zwei Größen, die nicht mit ihr identisch, aber für ihre Identität wichtig sind, verortet wird. Diese beiden Verortungen stehen nicht unvermittelt nebeneinander, sondern sind eng miteinander verbunden und betreffen bei Akzentuierung eines jeweils auch den anderen Pol der Innen-Außen-Konstellation. »In ihnen relativiert sich Kirche als Sakrament, das im Dienst von Gott und der Einheit der Menschen steht, von dem her, was Menschen innerlich und äußerlich auf

---

Der eigentliche Kern der Diskussion sei die Frage nach Authentizität bzw. Unauthentizität. (Vgl. *Ormerod*, Vatican II 611f.)

118 *Sander*, Urbi et Orbi 160f. »Eine Größe, die sich mit dem Ort identifiziert, den sie in einer Situation einnimmt, wird unweigerlich mit dem konfrontiert, was diesem Ort von außen gegenübersteht und auf seine innere Konstitution zugreift. Bei dieser Verortung verschärft sich die Frage danach, wer diese Größe denn eigentlich ist.« (*Sander*, Kommentar 691; vgl. 696f.)

119 *Sander*, Urbi et Orbi 164.

eine Weise umtreibt, der sie nicht ausweichen können.«[120] In dieser doppelten Selbstrelativierung wird deutlich, was »Aggiornamento« für den Glauben bedeutet, denn dies besteht nach Sander primär darin, dass neue Räume aufgeschlossen werden.

Die Zweiheit der Kirchenkonstitutionen entspricht der von der Identifizierung des Konzils mit der Pastoral geforderten Neubestimmung der Identität der Kirche gemäß zweier Fragen: »Was aus den bisherigen Ortsbestimmungen von Kirche darf nicht aufgegeben werden, weil es wesentlich zur Identität der Kirche gehört? Und wem oder was darf nicht ausgewichen werden, weil es wesentlich in die Identifizierung des pastoralen Ortes gehört?«[121] Die Ortsbestimmung durch GS erfolgt nun in der Differenz dieser beiden in unterschiedliche Richtungen zielenden Fragen.

Der Verbindung des universalen Anspruches nach außen mit der partikularen Perspektive nach innen entspricht die auf dem Zweiten Vatikanum sichtbar gewordene von hoher Pluralität und unterschiedlichen Kulturen geprägte Weltkirche bzw. der »Wechsel von der Topographie einer zentralisierten Kirche zur Topologie einer Kirche in der heutigen Welt«[122]. Diese zeichnet sich durch drei Merkmale aus, nämlich erstens die Auseinandersetzung mit allen Menschen und somit der Anerkennung der Menschenrechte, insbesondere der Religionsfreiheit, zweitens ein geforderter Dialog mit offenem Ausgang, wenn diese Menschen bei ihren Stärken genommen werden, und drittens die Beschäftigung mit den Gegenwartsfragen der Menschen. Als Konsequenz daraus wird der Glaube zu einer Lebensressource, die eigene Schwächen mit den Stärken der anderen beheben und zu neuen Entdeckungen in bedrängenden Problemen führen kann. »Diese dreifache Wechselwirkung ist das, was das Konzil pastoral genannt hat. Das ist nicht einfach die Zuschreibung für dieses Konzil; es beschreibt vielmehr die Konstitution des Glaubens.«[123]

Während das I. Vatikanum ein positives Verhältnis von Glauben und Wissen entwickelt und somit die prinzipielle Vernünftigkeit des Glaubens vertreten hat, was als Ausweis der christlichen Religionsgemeinschaft gelte,

---

120 *Sander*, ›Aggiornamento‹ 520.

121 *Sander*, Kommentar 692.

122 *Sander*, Urbi et Orbi 170. Alberigo verweist auf den wachsenden Einfluss der Bischöfe der »Dritten Welt«, sieht diese Enteuropäisierung in den Auswirkungen des Konzilsereignisses bestätigt und hebt die ekklesiologische Konsequenz hervor: »Die Kulturen und die Erfahrungen, die diese Bischöfe eingebracht haben, haben in entscheidendem Maße auch die Forderungen nach einer Überwindung des juridischen Ansatzes der im Okzident vorherrschenden Auffassung von Kirche verstärkt. Daraus leitete sich der Impuls des Zweiten Vatikans ab, die institutionelle Dimension der sakramentalen Dimension unterzuordnen.« (*Alberigo*, Übergang 702)

123 *Sander*, Urbi et Orbi 171.

habe das II. Vatikanum vor diesem Hintergrund die prinzipielle Weltlichkeit des Glaubens entdeckt. »Sie ist der Nachweis der Pastoralgemeinschaft zwischen Gott und den Menschen und dieser Nachweis darf nicht relativiert werden.«[124] Eine »Pastoralgemeinschaft« entsteht nach Sander, wenn der universale Heilswillen Gottes greift, da sich an ihrem Ort Gott und Menschen objektiv treffen. Diese pastoral konstituierte Gemeinschaft wird »zu einem *locus theologicus*, der vom Lebensraum der Menschen nicht getrennt werden darf und der mit dem Glaubensraum Gottes nicht vermischt werden darf«[125]. Ein zentrales Merkmal dieser Pastoralgemeinschaft ist die Selbstrelativierung der Kirche, die eng mit der in LG 1 ausgedrückten Sakramentalität der Kirche als Zeichen und Werkzeug für die Einheit mit Gott und für die Vereinigung der Menschen untereinander zusammenhängt. Denn die Kirche rückt aus sich heraus und solidarisiert sich mit Freude und Hoffnung, Trauer und Angst der Menschen und insbesondere der Armen und Bedrängten (vgl. GS 1). Durch diese Relativierung in ihrer Selbstdarstellung und der Herrschaft der Ordnung der Dinge in der Welt wird die Pastoralgemeinschaft zwischen Gott und den Menschen nicht relativiert. »Beides macht sie zu einer vernunftfähigen Religionsgemeinschaft, der zu überzeugen wichtiger ist als ihre Macht. [...] Wer sich dieser Relativierung der Kirche und der herrschenden Ordnung der Dinge nicht aussetzt, wird die Pastoralgemeinschaft Gottes mit den anderen verlieren und die eigene Religionsgemeinschaft bei ihm verraten.«[126]

Sander sieht in dieser doppelten Relativierung den Interpretationsschlüssel für das Konzil, wozu er auf die Dispute um seine Verbindlichkeit hinweist. Dem Konzil sei es nicht um seine Verbindlichkeit gegangen, sondern in einer dreifachen Weise um die Verbindlichkeit des christlichen Glaubens: im Sinne von »sicher und verlässlich« (in prekären Lebenslagen), von »Menschen wertschätzend und wohlmeinend« (mit Blick auf für Menschen überzeugende Wahrheiten) sowie von »Menschen verbindend« (hinsichtlich des Raums Gottes bei allen). »Die Verbindlichkeit, die das Konzil im Auge hatte, folgt einer Hermeneutik *ad extra*. Sie spielt sich in Konfrontationen ab um die

124 *Sander*, Urbi et Orbi 171. Vgl. zum Verhältnis von I. und II. Vatikanum *Colberg*, Vatican I und *Colberg*, Continuity, die beide Konzilien als komplementär ansieht, da »both gatherings were, in part, motivated by a desire to engage similar questions about the church-world relationship posed by modern developments« (930). Sie unterscheiden sich darin, wie auf diese ähnlichen Herausforderungen geantwortet wird – im I. Vatikanum wurde die Differenz zwischen Kirche und Welt betont, wohingegen das II. Vatikanum eine dialogische Auseinandersetzung suchte.

125 *Sander*, Urbi et Orbi 171.

126 *Sander*, Urbi et Orbi 172. »Es geht also um die Resonanzfähigkeit kirchlicher Pastoral hinsichtlich dessen, was die Menschen, vor allem die Bedrängten, erfahren. Ohne diese Resonanzfähigkeit gibt es keine Evangelisierung.« (*Fuchs*, Glaubenspastoral 562.)

Weltfähigkeit der Konzilsaussagen, also ob sie wirklich einen Unterschied machen und Zeichen setzen.«[127] Da diese Verbindlichkeit Ort und (Un-) Wirksamkeit des Glaubens in den heutigen radikalen und dynamischen Umbrüchen aufdeckt, begnügt sie sich nicht mit einer minimalen internen Einigung, sondern zielt auf das pastoralgemeinschaftlich noch Offene und macht bewusst, was der Kirche noch daran fehlt, ihren ureigenen Evangelisierungsauftrag zu erfüllen.

Indem das Konzil die Berufung aller zur Heiligkeit (LG Kap. V) herausstellt und auf die Bekehrung der Herzen abzielt, kann seine pastorale Verbindlichkeit strenger normativ gesehen werden als frühere Anathemen, denen mit konformem Verhalten und Sprechen Genüge getan war, die somit nur ein beobachtbares Verhalten betrafen. Weil zur Bekehrung der Herzen freie Zustimmung und persönliche Ernsthaftigkeit nötig sind, ist sie nicht durch Verurteilungen zu erreichen. »Deshalb vertraut dieses Konzil seine letzte Absicht unserer alltäglich sich zu bewährenden Freiheit an.«[128] Ein in diesem Sinne schwaches Konzil folgt einer Demutschristologie (vgl. DiH 11, GS 22) und weist alle weltlichen Absichten zurück. Vor dem Hintergrund des universalen Heilswillens Gottes und seiner Kommunikation mit allen Menschen ergibt sich die Einsicht in den eigenen Wert anderer Kulturen und Religionen (NA 2), der Autonomie der irdischen Wirklichkeiten (GS 36) und das Verständnis der Kirche als Lerngemeinschaft (GS 44f). Indem die Kirche dem Weg des Wagnisses der Liebe, das Passion werden muss, folgt, realisiert sie »im Dunkel dieser Geschichte ihre Treue zum Kommenden Christus, den sie nicht findet in der Innerlichkeit allein oder gar in einer überweltlichen Sphäre, sondern in der Tiefe der Immanenz«[129].

Die Frage nach der Verbindlichkeit des II. Vatikanischen Konzils ist somit nicht von der Frage nach dessen pastoralen Charakter und seiner normativen Bedeutung zu trennen und kann daher von Theobald so formuliert werden:

> s'agit-il alors d'un concile pastoral de moindre valeur canonique que les conciles »dogmatiques« antérieures – ce que les premiers débats sur la qualification théologique de ses textes laisseraient penser – ou sommes-nous aux prises avec *un concile d'un nouveau genre qui a inauguré la mutation même du »dogmatique« et du »doctrinal« ainsi que du type de normativité qu'ils* véhiculent, les situant au sein même de la relation pastorale, elle-même toujours marquée par son contexte historique ?[130]

---

127 *Sander*, Urbi et Orbi 173f.

128 *Siebenrock*, Hermeneutik 129.

129 *Siebenrock*, Hermeneutik 131.

130 *Theobald*, L'herméneutique 72, Herv. im Orig..

Vor allem in GS 44 und AG 22 sieht Theobald das Konzil der Geschichte einen normativen Status zugestehen, insbesondere weil die dort behandelte Evangelisierung das Wesen der Kirche ausmacht. Auf dieser Basis kann er die gestellte Frage bejahen, wonach das Konzil tatsächlich eine Veränderung des Verständnisses von »Dogmatik« begonnen hat »et a situé la ›normativité‹, inscrite dans l'identité chrétienne, sur un autre plan, à savoir au sein de la relation pastorale de ›tradition‹ (*Paradosis*), elle-même toujours marquée par son contexte culturel et historique.«[131] Der Verzicht auf das Genre »Dogma« ist ein klares Indiz für das Anliegen des Konzils, die gesamte Tradition der Kirche zu berücksichtigen, insofern damit die Geschichtlichkeit der christlichen Normativität in den Blick kommt, die von den in der Tradition produzierten Trennungen untrennbar ist.

Der Blick auf die gesamte Tradition der Kirche bewahrt auch davor, vorschnell einen Bruch mit »der Tradition« zu postulieren oder das Konzil grundsätzlich gegen die kirchliche Tradition zu interpretieren. Das scheinbar Neue in den Texten des II. Vatikanums verlebendigt vergessene alte Tradition, sodass Pesch als Auslegungsregel formulieren kann:

> *›Neue‹ Gedanken in den Konzilstexten sind bis zum Erweis des Gegenteils nicht als ›Neuerungen‹ zu betrachten, sondern als kritische Aufsprengung von Engführungen der letzten Jahrhunderte durch Verlebendigung alter Tradition, die ihr Recht schon aus dem Grunde geltend machen darf, daß sie nicht den westkirchlichen Sonderweg, sondern die Tradition der Universalkirche repräsentiert.*[132]

Wird somit die Kontinuität zur gesamten Tradition der Kirche betont, können zugleich Diskontinuitäten zu früheren Praktiken, Lehren und (partikularen) Traditionen festgestellt werden. Rush unterscheidet zwischen »micro-ruptures«, die vom Konzil durch das *ressourcement* als Verjüngung der großen Tradition eingeführt worden seien, und einem nicht intendierten »macro-rupture«, d.h. einer Trennung von der großen Tradition. »In no way can the spirit of the Council be conceived as a desire for a macro-rupture with the tradition. However, a case can be made for the claims by various interpreters that Vatican II explicitly intended what I am calling certain micro-ruptures.«[133]

---

131 *Theobald*, L'herméneutique 75.

132 *Pesch*, Konzil 149f, Herv. im Orig.; vgl. *Rush*, Interpreting 5f oder *O'Malley*, What Happened 37.

133 *Rush*, Interpreting 25. Die Entscheidung der Bischöfe, bei den meisten Themen de facto neu zu beginnen, sei eine radikale Reformentscheidung zugunsten solcher »micro-ruptures« im Dienst der Kontinuität mit der großen Tradition gewesen. Hughson stimmt ihm zwar in der Substanz zu, kritisiert aber die Wortwahl. (Vgl. *Hughson*, Interpreting 19.) Vgl. auch *Lamb/Levering*, Introduction 4; *O'Malley*, What Happened 299–303 und

Zentrales Element dieser Veränderungen des II. Vatikanums im Sinne der pastoralen Orientierung ist die Selbstrelativierung des Selbstverständnisses der Kirche und die damit verbundene Neubestimmung des Innen-Außen-Verhältnisses.

2.2 Die Bestimmung der Innen-Außen-Relation durch das Konzil

> Die Gegensätze von Kirche und Welt, Dogma und Geschichte, Natur und Übernatur bilden die strukturellen Vorgaben des Konzils. Sie markieren die Innen-Außen-Konstellation, die zu seinem Rahmen gehört und die von allen seinen Texten bearbeitet und transformiert wird.[134]

Die Überwindung dieser Dualismen geschieht durch die pastorale Ausrichtung des Konzils und insbesondere durch GS, womit das Konzil den von Johannes XXIII. anvisierten »Sprung nach vorwärts« vollzieht und den neuzeitlichen Rahmen außer Kraft setzt und durch den Wechsel der Grundperspektive einen neuen schafft. Die Grundperspektive »läßt sich so charakterisieren: Die anderen in der eigenen Zeit werden zum Fundament des Begriffs vom Glauben«[135]. Den Anderen kommt damit konstitutive Bedeutung zu. Dadurch verändert sich die Innen-Außen-Konstellation grundlegend, insofern das Außen nicht (wie noch im Mechelner Text von 1963) primär als zu evangelisierende Größe wahrgenommen, sondern ihm zentrale Bedeutung für das Innen zugemessen wird.

> Weil die gegenwärtige, moderne Welt in ihrer Komplexität zum Adressaten der Verkündigung der Kirche im Konzil geworden ist, wurde die Kirche dazu geführt, aus ihrem innersten Selbstverständnis heraus sich zu den verschiedensten Gruppen, Bewegungen und weltanschaulichen Überzeugungen in Beziehung zu setzen, die ihre Gegenwart bestimmten und noch heute bestimmen.[136]

Ratzinger, Volk 300: »Verglichen mit gewissen Entwicklungstendenzen des 19. und der ersten Hälfte des 20. Jahrhunderts stellt es [= das Konzil, TFP] ohne Zweifel einen Bruch dar, aber doch einen Bruch innerhalb einer gemeinsamen Grundintention.«

Mit Blick auf die Veränderungen in der Ekklesiologie bzw. der Haltung der Kirche zur Welt spricht Schloesser angesichts einer 200jährigen Opposition zur Moderne und kultureller Adaptation von einem radikalen Bruch. »In the council the Church presented itself as a sacrament – both sign and instrument, transcendent and immanent, showing and effecting – an integrating *unity* that was promised and possible.« (*Schloesser*, Forgetting 289.)

134 *Sander*, Zeichen 87.

135 *Sander*, Zeichen 87.

136 *Siebenrock*, Wahrheit 120. Wird dieser notwendige Bezug der Kirche auf ihre konkrete Gegenwart mit der Praxisdimension eines sakramentalen Kirchenverständnisses

Sie musste sich ihres eigenen Selbstverständnisses vergewissern, um eine adäquate Beziehung nach außen zu entwickeln. Es kommt somit die Wechselwirkung zwischen Innen und Außen in den Blick, die eine Unterscheidung zwischen innerem Leben der Kirche und ihrer Sendung nach außen problematisch werden lässt bzw. die engen Beziehungen zwischen beiden Aspekten deutlich macht. Dies zeigt Rahners Versuch, den inneren Zusammenhang der Texte unter Rekurs auf diese Unterscheidung aufzuzeigen. Ausgehend von LG als Entfaltung des grundlegenden Selbstverständnis der Kirche folgt sein Vorschlag der systematischen Ekklesiologie, indem dem inneren Leben der Kirche ihre drei Aufgaben *munus sanctificandi* (SC), *munus regendi* (CD, OE) und *munus docendi* (DV, GE) sowie die Stände der Kirche (PO, OT, PC, AA) zugeordnet werden. Zur Sendung der Kirche nach außen rechnet er das »Verhältnis zur nichtkatholischen Christenheit« (UR und OE), das »Verhältnis zu den Nichtchristen« (NA und AG), das »Verhältnis zur heutigen profanen Weltsituation im allgemeinen« (GS, IM) sowie das »Verhältnis zum weltanschaulichen Pluralismus der Gegenwart« (DiH) zu.[137] Allerdings ist die Unterscheidung kaum adäquat durchzuhalten (wie sich auch an der Zuordnung von OE zu beiden Bereichen zeigt), da die Sendung der Kirche eng mit dem inneren Leben der Kirche zusammenhängt sowie dieses nicht ohne ihre Sendung entworfen werden kann. Beispiele dafür sind das

verbunden, könnte es sich lohnen, dies mit dem soziologischen Gedanken der operativen Gegenwart zu verbinden: »*Die operative Gegenwart ist eine Praxisgegenwart, die sich vor allem dadurch auszeichnet, dass sie sich in konkreten Gegenwarten bewähren muss.*« (*Nassehi*, Gesellschaft 26.) Denn will die Kirche ihrer Aufgabe gerecht werden, Zeichen und Werkzeug für die innigste Vereinigung der Menschen untereinander und mit Gott zu sein, muss sich ihre Praxis in ihren konkreten Gegenwarten bewähren. Sie verfügt zwar über Ressourcen von außerhalb der konkreten Situation, muss diese aber in der Praxis bewähren und kann dabei nur auf die Ressourcen zurückgreifen, die in der konkreten Situation tatsächlich verfügbar sind. Insbesondere für die *tria munera* dürfte analog gelten, was Nassehi über Macht schreibt: »Macht hat man nicht einfach, sondern Macht muss umgesetzt werden, ist von Anschlüssen abhängig, zum Beispiel davon, dass das Gegenüber tatsächlich tut, wie ihm geheißen, gleichgültig wie asymmetrisch das Setting immer schon gebaut ist. Die praxistheoretische Soziologie interessiert sich exakt für jene gegenwärtigen Formen, in denen gelingt, was gelingt.« (27, vgl. 240ff)

137 Vgl. *Rahner*, Konzil 11f. Ähnlich *Sievernich*, Kirche 15f, der AA aber der Außenperspektive zuordnet. Auch der anders gelagerte Vorschlag Theobalds, die horizontale Dimension der Kirche (*ad extra* und *ad intra*) müsse mit ihrer vertikalen Dimension durch den Vorrang der Offenbarung ausbalanciert werden, umgeht das Problem der nicht adäquat durchzuhaltenden Unterscheidung des inneren Lebens der Kirche und ihrer Sendung nicht, lenkt aber den Blick auf die formative Rolle des Offenbarungsverständnisses für die Hermeneutik des II. Vatikans. (Vgl. *Theobald*, concile 488–496; *Theobald*, Augenblick 90.)

Missionsdekret oder die Erklärung über die Religionsfreiheit.[138] Nach Mette hätten aus der in GS gefundenen Perspektive alle früheren Konzilsbeschlüsse revidiert werden müssen, insofern sich die Aufteilung der Kirche in die beiden Bereiche nicht mehr aufrecht erhalten lasse, da die Kirche wesentlich das sei, was ihre Berufung ausmache. Wenn die Kirche das Evangelium immer neu unter den Menschen lebendig werden lassen will, muss sich dies »bis in ihre interne Verfasstheit hinein niederschlagen; sie ist zu nichts anderem da, als der Kirche zur Erfüllung ihrer Berufung zu verhelfen, und muss, um dies glaubwürdig tun zu können, sich selbst nach den Prinzipien gestalten, die sie ›nach außen hin‹ verkündigt.«[139]

Während AG oder DiH sachlich gleichermaßen inneres Leben und Sendung der Kirche betreffen, kann NA angeführt werden, um klare Konsequenzen des Selbstverständnisses der Kirche für das Verhältnis zu anderen zu illustrieren. Indem die Lebensrealität der Kirchen außerhalb Europas wahrgenommen wurde, rückte das Thema der Religionen ins Blickfeld des Konzils. »Erst in dieser Begegnung konnte die Grundüberzeugung der universalen heilsgeschichtlichen Wirksamkeit Christi in ihrer Weite wahrgenommen werden.«[140] Die anderen Religionen kamen dabei nicht primär als formale Systeme in den Blick, sondern über ihre Angehörigen als Menschen mit Fragen, Hoffnungen und Ängsten, womit die konkrete Art der Begegnung mit Menschen anderer Glaubensüberzeugung zur zentralen Frage wird. Der respektvolle Dialog und die Anerkennung der in den anderen Religionen vorhandenen Werte und Wahrheitsmomente wird durch das Selbstverständnis der Kirche als Zeichen und Werkzeug des Mysteriums des universalen Heilshandelns Gottes ermöglicht. Die konzentrische Zuordnung zum Volk Gottes (LG 16) sieht letztlich alle Menschen von der Vorsehung umfangen, was bedeutet, »dass auch die Nichtglaubenden eine Bedeutung für die Wahrheit der Religionen besitzen«[141]. Daraus ergibt sich die Aufforderung, das eigene Selbstverständnis immer wieder von den Fremdwahrnehmungen und -perspektiven infrage stellen zu lassen, was neue Differenzierungen und eine Selbstabklärung der

138 Vgl. *Hünermann*, Text 59. Nacke orientiert sich an Rahner, verortet aber LG und DV sowie AA und AG in beiden Bereichen und kennzeichnet DiH eindeutig als »ad extra«. (Vgl. *Nacke*, Kirche 56.)

139 *Mette*, Gaudium 125. »Eine konziliare, dialogische, öffentliche Kirche hat *ad intra* die Kommunikationsverhältnisse innerhalb der kirchlichen Kommunikationsgemeinschaft so zu verändern, dass sich auch und gerade hier gerechte, demokratische, egalitäre Strukturen entwickeln, welche die Partizipation aller Gläubigen an den Entscheidungen und Aufgaben der Kirche ermöglichen und gewährleisten.« (*Arens*, Novum 180.)

140 *Siebenrock*, Wahrheit 121.

141 *Siebenrock*, Wahrheit 125.

eigenen Geschichte ermöglicht. »Deshalb ist jede Kategorie ›ad extra‹ immer auch ein Unterscheidungskriterium ›ad intra‹. Eine Kritik der Religionen nach außen ist immer nur als Selbstkritik glaubwürdig.«[142] Ein gutes Beispiel dafür ist die geschichtliche Durchsetzung der Religionsfreiheit gegen die Kirche, da die »ad extra« immer eine Unterwerfung (auch der anderen Christen und Christinnen) bedeutende traditionelle Position gerade durch die Erfahrungen der anderen infrage gestellt wurde.[143]

Soll ein auf Wahrheit zielender und auf Wahrhaftigkeit angelegter Dialog geführt werden, ist mit der Möglichkeit des Scheiterns zu rechnen, da man an der Wahrheit scheitern kann – was schmerzlich und lehrreich ist. Daher ist für Christen als Garant der Wahrheit der Geist Christi in Dialogen vonnöten, was auch das Verhältnis von Innen und Außen betrifft.

> Ein Dialog richtet sich nach außen; er befindet sich dann in der Gegenwart dieses Geistes, wenn dabei nach außen und nach innen unterschiedlichen Qualitäten Raum gegeben wird. Im Außen treten die Stärken der anderen auf; sie erhalten Raum, sich zu entfalten. Nach innen treten die Schwächen zu Tage, die dem Dialog bisher im Wege gestanden hatten.[144]

Damit kann das Scheitern in den Blick kommen und wird nicht mehr verschwiegen. Die Kirche erkennt ihre eigenen Begrenzungen, kann sich auf ihr Scheitern an der Wahrheit beziehen und dieses sowie ihre Begrenzungen im Dialog mit den anderen bearbeiten. Indem dadurch eine Umkehr als notwendig erkannt wird, betrifft der Dialog die eigene Identität. Dass die Kirche am Dialogcharakter des Konzils scheitern kann, wertet Sander als Qualitätsmerkmal für die konziliaren Lehren und Aussagen. Sie ist so auf die Stärken der anderen angewiesen und muss diese nicht fürchten. »Deshalb ist der Dialog als die elementare Außenbeziehung der Kirche so wichtig. Es gehört zu den entscheidenden Wahrheiten des Konzils, der Kirche eine Ekklesiologie des Dialogs von dieser Qualität zugemutet zu haben.«[145]

2.2.1 *Grundlegende Verhältnisbestimmung und metapherntheoretische Fokussierung*

Die pastorale Formierung der Weltkirche, mit der sich die Kirche im Gegenüber zur gesamten Menschheit identifiziert und die darauf abzielt, den Glauben allen Menschen zu präsentieren, womit deren Lebensrealität Relevanz für die

---

142 *Siebenrock*, Wahrheit 133.
143 Vgl. *Siebenrock*, Evangelium 419.
144 *Sander*, Scheitern 355.
145 *Sander*, Scheitern 356.

Glaubensdarstellung erhält, führt auch zu einer gravierenden Veränderung im Verständnis der Verhältnisbestimmung von Innen und Außen der Kirche.

Diese geht wie erwähnt so weit, sogar die Logik einer klaren Unterscheidung zwischen Innen und Außen infrage zu stellen. Wie Gilich ausführt, hängt die Beschreibung der Kirche-Welt-Relation durch eine räumliche Metaphorik eng mit der Beschreibung des Vermittlungsgeschehens zwischen Gott und Mensch im Konzept der Offenbarung als Instruktion zusammen. »Die Kirche wird als Behälter gedacht, in der das offenbarte Heilswissen bewahrt wird.«[146] Die Gebäudemetaphorik – Kirche als Haus – ist eine komplexe Variation der Behältermetaphorik, da die implizite Bildlogik großenteils gleich ist. Es kann klar zwischen Innen und Außen, Kirche und Welt unterschieden werden und etwas kann eindeutig zum Innen oder Außen zugeordnet werden. Wenngleich eine Gebäudemetaphorik eine interne Differenzierung sowie eine gewisse Entwicklung erlaubt, bleibt die basale Logik mit der strikten Dualität gültig. »Die entscheidende Leerstelle der Behälter- und Gebäudemetaphorik besteht folglich darin, dass sich Vermittlung und mit ihr die Kirche-Welt-Relation zwar nicht als Problem stellt, aber sich als Geschehen von Kirche auch nicht theologisch würdigen lässt.«[147] Das »Außen« der Kirche bzw. Theologie kann nicht in seiner Komplexität wahrgenommen werden und hat keine substantielle Bedeutung für die Kirche. Die Interaktion wird dementsprechend als zentripetale Bewegung auf die Kirche als Zentrum der Wahrheit und des Heils hin oder als zentrifugale aus ihr heraus verstanden, wobei die Kirche den festen und beständigen Orientierungspunkt darstellt und den Atheismus und andere Religionen als Angriff auf den Glauben verstehen kann. Diese »Komplexitätsreduktion ist theologisch jedoch fragwürdig, denn aus schöpfungstheologischen wie christologischen Gründen kann die Kirche die Außenwelt und die Beziehung zu ihr nicht in jener Negativform festlegen, wie sie die gewählte Gebäudemetaphorik vorgibt.«[148]

Die u. a. in LG 48 ausgedrückte Untrennbarkeit von Kirche und Welt bzw. ihre wechselseitige Durchdringung und das damit verbundene partielle Identitätsmoment kann eine Behälter- oder Gebäudemetapher nicht adäquat ausdrücken. Mit Verweis auf die in LG 8 genannte christologische Analogie, wonach ein Kern »wahre Kirche« nicht von einer Hülle »gesellschaftliche Verfassung« getrennt werden kann, »darf die Relation ›Kirche – Welt‹

---

146 *Gilich*, Verkörperung 384.

147 *Gilich*, Verkörperung 388. Er erläutert dies am Ort der Fundamentaltheologie, die in ihrer Selbstbezeichnung und ihrer konkreten klassischen Organisation gemäß den drei Demonstrationen der räumlichen Metaphorik entspricht.

148 *Gilich/Hoff*, Metaphern 294.

nicht als etwas Sekundäres, Nachträgliches begriffen werden«[149]. Vielmehr zeichnet sich die Kirche durch die Dynamik auf Welt hin aus. Um diese Weltrelation als konstitutives Geschehen von Kirche zu verstehen, greift das Konzil auf die Zeichen- und Lichtmetaphorik zurück. Mit der Kirche als Zeichen wird die zweifache Verwiesenheit auf den, den sie bezeichnet und die, für die sie bezeichnet, wahrgenommen. »Die Stärke dieser Metaphorik liegt in der Fokussierung auf das Vermittlungsgeschehen, das in der Behältermetaphorik ausgeblendet bzw. marginalisiert wird.«[150] Die Mitwelt wird als Vermittlungsort für die Identität der Kirche signifikant, da diese sich mit ihrer je jeweiligen Beschaffenheit – und insbesondere den Zeichen der Zeit – differenziert auseinandersetzen muss. Gilich und Hoff heben den Zusammenhang hervor, auf dem der von GS unternommene Dialog basiert: »Insofern Zeichen ihre Bedeutung aus der Differenz zueinander gewinnen, eröffnet die Bildlogik der Zeichenmetapher einen Weg, die Relation zwischen zwei Größen so zu denken, dass sie für jede dieser Größen selbst noch einmal konstitutiv ist, ohne ihre Unterschiedenheit aufzuheben.«[151] Auf dieser Grundlage kann die Auseinandersetzung mit dem Atheismus, mit anderen Religionen und Konfessionen anders geführt werden, wie die in GS 19–21 deutlich erkennbare dialogische Verhältnisbestimmung zeigt. Denn die Bildlogik der Dialogmetapher spricht dem Anderen/Fremden Bedeutung für die Selbstbestimmung zu. »Wie die Kirche über sich selbst denkt und spricht, bedingt die Möglichkeiten, wie sie mit den Anderen spricht und über sie spricht – und umgekehrt!«[152] Die Zeichenmetaphorik mit ihrem relationalen Charakter und der Bedeutung der Differenz zueinander sowohl für die Selbstbestimmung als auch für die Interpretation der Mitwelt zu verwenden, ermöglicht es, »die Welt-Kirche-Relation als eine konstitutive Dimension von Kirche [zu] denken, ohne ihre Differenz und mit ihr die Relation selbst einzuziehen«[153]. Die konkrete, partikuläre Relevanz des Evangeliums erschließt seine universale Bedeutung,

149 *Gilich*, Verkörperung 391f.

150 *Gilich*, Verkörperung 394.

151 *Gilich/Hoff*, Metaphern 296.

152 *Gilich/Hoff*, Metaphern 287.

153 *Gilich*, Verkörperung 396. Da bei einem dualistischen Zeichenverständnis, das strikt zwischen Zeichen und Bezeichnetem unterscheidet, die Realisierung der Heilswirklichkeit des Menschen in der Kirche ausgeblendet wird, ist die Bedeutung eines Zeichens in der Differenz zu anderen Zeichen zu verorten. Dies verhindert eine dualistische Konzeption, zieht aber eine Differenz ein, die aus eschatologischer Perspektive durchzuhalten ist. »Die Wirklichkeit, in der sich in der Konfrontation von Kirche und Zeitzeichen das Evangelium erst als Frohbotschaft und damit als bedeutsam erweist, ist nicht identisch mit der Wirklichkeit, auf die sie glaubend hoffen lässt.« (*Gilich*, Verkörperung 397.)

was der Logik der Lichtmetapher entspricht, da Licht nur wahrnehmbar ist an dem und durch das, was es beleuchtet und sehen lässt.

Der durch die Zeichenmetaphorik nahegelegten Selbstverständlichkeit des Bedeutens widerspricht die in GS 11 angesprochene Notwendigkeit der Identifikation und Interpretation der Zeichen der Zeit. Der wechselseitige Bezug von Kirche und Welt kann mit Sander als semiotisches Geschehen beschrieben werden, bei dem der Kirche-Welt-Relation konstitutive Bedeutung für beide Größen zukommt. Die Kirche-Welt-Relation ist als theologischer Erkenntnisort neuer und eigener Qualität ernst zu nehmen, d. h. die Kirche muss damit rechnen, Neues über sich selbst zu lernen, wenn sie sich mit den Zeichen der Zeit auseinandersetzt. »Dies bedeutet allerdings keine gegenwartshörige Anpassung an einen Zeitgeist, denn dieser Prozess ist wechselseitig: Durch ihre genuine Deutung muss die Kirche ihrer Mitwelt ›[in] den Zeichen der Zeit die Lehre des Glaubens zumuten‹.«[154] Einen Ausdruck findet dies in GS, wo die Ekklesiologie pastoral ausgerichtet wird und die Wechselwirkung von Heilsgeschichte und jeweiligem Kontext ekklesiologische Autorität erhält.

> Mit der Entscheidung des Konzils, sich selbst nicht mehr allein auf die innere Seite des ihr eigenen und wohl bekannten ›depositum fidei‹ zu beschränken und kein Gegenüber mehr auszuschließen, konnte man dieser Differenz zwischen dem eigenen Innen und dem fremden Außen nicht mehr ausweichen. Sie war als Dispositiv für die Bestimmung des Glaubens gestellt.[155]

Dies drückt sich in der Zweiheit der Kirchenkonstitutionen aus, insofern sich LG den inneren Bedingungen des Ortes der Kirche widmet und GS die äußeren Herausforderungen an den Glauben in den Blick nimmt. Beide sind somit eng miteinander verschränkt, insofern GS LG voraussetzt, »aber auch LG kommt erst mit GS zu dem Ort, den es für eine Weltkirche einnehmen kann«[156]. Zudem

---

154 *Gilich*, Verkörperung 399 mit Verweis auf *Sander*, Lehren. Feiter betont die dadurch geforderte interdisziplinäre Orientierung praktischer Theologie (vgl. *Feiter*, Pastoralkonstitution 125).

155 *Sander*, Kommentar 588. Das Konzil »war ein Ereignis des Glaubens. Andererseits hat es dem Glauben einen Raum eröffnet, der zuvor unbekannt war oder aus Angst vor Identitätsverlust nicht betreten wurde; es war ein Aufbruch in eine andere kirchliche Identifizierbarkeit.« (*Sander*, ›Aggiornamento‹ 510.) Vgl. auch *Dadosky*, *Re*-Interpretation 758; *Sievernich*, Ouvertüre 38.

156 *Sander*, Kommentar 588. »Beide sind Konstitutionen der Kirche und für sie daher konstitutiv. Pastoral geschieht nicht nur im Dienst der Kirche. Vielmehr steht die Kirche im Dienst der Pastoral. An diesem Schwerpunkt scheiden sich die Geister.« (*Klinger*, Konstitution 75.)

Dadosky sieht in der Zweiheit der Konstitutionen die Grundspannung des christlichen Selbstverständnisses ausgedrückt. »A fundamental theological re-interpretation ist LG nicht nur auf das Innen und GS nicht nur auf das Außen beschränkt, sondern beide befassen sich mit der pastoralen Qualität des Glaubens der Kirche, was Sander mit dem Bild einer Ellipse beschreibt, die nicht wie ein Kreis in sich ruht, sondern eigenen und fremden Kräften ausgesetzt ist. Deutlich wird dies zu Beginn beider Konstitutionen, da LG 1 die Kirche als Zeichen und Werkzeug für die Einheit der Menschen untereinander vor Gott versteht und GS 1 formuliert, nichts wahrhaft Menschliches sei der Gemeinschaft der Christi nachfolgenden Jüngerinnen und Jünger fremd. »Mit der Dogmatischen Konstitution über die Kirche wird deshalb das Innen als Merkmal der Außendarstellung und mit der Pastoralen Konstitution über die Kirche das Außen als Eigenschaft des Innenzugangs begriffen. Beides zusammen bedeutet den Aufbruch der Kirche an einen neuen Ort ihrer Existenz.«[157] Beide Perspektiven schließen sich somit nicht aus, sondern ergänzen sich wechselseitig. Ohne die je andere Perspektive würde die konstitutionelle Bestimmung der Kirche unter Absehung der menschheitlichen Probleme der jeweiligen Zeit erfolgen bzw. die Außensicht der Kirche die von ihrer eigenen Tradition und Gemeinschaft gestellten Themen vernachlässigen.

Den vermutlich entscheidenden Anstoß zu dieser polaren Perspektive lieferte Kardinal Suenens in seiner programmatischen Rede vom 4. Dezember 1962. Darin forderte er vom Konzil, die Kirche unter dieser Polarität zu thematisieren und so zu fragen, was die Kirche über sich selbst sagt, und zugleich unter dem Titel *Zur Kirche nach außen* »eine Sprache zu präsentieren, mit der sie einen Dialog mit der Welt beginnt. Die Welt erwartet nämlich, dass die Kirche die Fragen mit größerem Gewicht löst, die sie bedrängen«[158]; für den von ihm vorgeschlagenen Beginn mit dem ekklesiologischen Schema führt er u. a. die Kontinuität zum I. Vatikanum, eine bessere lehrmäßige Balance und ein Zugehen auf die getrennten Brüder an. Auf dieser Grundlage können dann die beiden Pole *ad intra* und *ad extra* bearbeitet werden. Sander

---

of Vatican II would see not one principal ecclesiology as representative of the council documents, as has been claimed for communion ecclesiology, but two – the second being an undeveloped ecclesiology that captures that aspect of the Church's self-understanding as enriched by the Other. Friendship is the primary conception and method for this undeveloped ecclesiology.« (*Dadosky*, *Re*-Interpretation 746.)

157 *Sander*, Kommentar 590.

158 Zitiert nach *Sander*, Kommentar 617. Vgl. zu dem von Suenens in dieser Rede vorgestellten Gesamtentwurf auch *Colberg*, Vatican I 100–108; *Klinger*, Gesamtentwurf oder *Kreutzer*, Zeitgenossenschaft 191–196. »Der Plan von Suenens bestimmt den pastoralen Auftrag der Kirche dogmatisch. Sie nimmt diesen Auftrag kraft ihrer Sendung durch Christus wahr. Aber das Ziel der Sendung, der Zweck, zu dessen Erfüllung es sie überhaupt gibt, ist pastoral. Denn die Kirche ist gesandt, das Evangelium Christi in Wort und Tat allen Menschen zu verkünden.« (*Klinger*, Armut 89.)

weist auf die Parallelen mit der Radioansprache von Johannes XXIII. hin, die sich sehr wahrscheinlich einer Vorlage Suenens' verdankten. Die Lebensäußerungen der Kirche nach außen bestehen demnach nicht einfach in der Belehrung des Außen, sondern darin, sich auf die Bedürfnisse und Nöte der Völker zu beziehen und der Welt Christus zu bringen, also in ihr präsent zu sein. Johannes XXIII. verurteilt die Auffassungen in der modernen Welt nicht, die der Kirche widersprechen, sondern spricht nur davon, die Stimme der Kirche müsse wieder vernommen werden. »Vernommen wird die Stimme der Kirche aber dann, wenn sie sich um die Menschen kümmert, sich zum Anwalt der Menschen, nicht eigener institutioneller Interessen macht.«[159] Besonders spricht er dabei von der Kirche der Armen gegenüber den unterentwickelten Ländern, prangert das soziale Elend an, formuliert das Recht der religiösen Freiheit als positiven Wert und betont, das Ziel des Konzils müsse es sein, am Triumph des Friedens mitzuwirken.[160] »Was ihr gegenübersteht, ist ein substantieller und nicht nur ein akzidenteller Faktor ihrer Aktionen.«[161] Die Lebensprobleme der Menschen sind daher für die Darstellung des Evangeliums bedeutend. Die Nöte der Welt werden wie gesehen auch in der Eröffnungsansprache Johannes XXIII.' als relevant angesehen, in der er die Geschichte als »Lehrmeisterin des Lebens«[162] bezeichnet und die »Unglückspropheten« kritisiert, die nur Unheil vorhersagten.

So soll die vom II. Vatikanum anvisierte Bekehrung des Herzens zu einer neuen Geisteshaltung führen, die sich im Verzicht auf Verurteilungen niederschlägt. Denn diese dienten primär der Abwehr eines Einflusses von außen, wohingegen »das letzte Konzil ausdrücklich seine Arbeit in der Dynamik von Kirche nach innen und Kirche nach außen ausgestaltet«[163] hat. Siebenrock sieht in dieser konstitutiven Beziehung eine neue Form von Verbindlichkeit, insofern die Kirche nun nach innen und außen verbindlich und feierlich versprochen hat, wie die Kirche ist und gesehen werden will, was ihre Sendung und ihre Ziele sind. »Dieses Versprechen wird aber nur Realität, wenn sich alle Glaubenden davon verwandeln lassen – im Angesicht des Anderen, der Kind Gottes ist und bleibt.«[164]

Die Relevanz des Außen für die Kirche wird insbesondere in der Pastoralkonstitution GS verhandelt, deren Basisstrategie Sander folgendermaßen beschreibt:

---

159 *Wittstadt*, Vorabend 492.
160 Vgl. *Johannes XXIII.*, Rundfunkbotschaft 477f.
161 *Sander*, Kommentar 618.
162 *Johannes XXIII.*, Eröffnungsansprache 484.
163 *Siebenrock*, Hermeneutik 139.
164 *Siebenrock*, Hermeneutik 139.

> Die Kirche äußert sich »ad extra« auf der Basis der Solidarität mit allen Menschen ihrer eigenen Zeit. Das Volk Gottes begreift sich im Kontext der humanen Situation, in der sich die Menschen heute selbst befinden. Damit wird das Außen dieser Zeit zu einer Entdeckungsgröße für die Darstellung des Innen des Glaubens; für diese Struktur steht material der Verweis auf die Zeichen der Zeit.[165]

Programmatisch zeigt dies der Beginn des Textes an: »Freude und Hoffnung, Trauer und Angst der Menschen von heute«. Während im Rahmen der vorkonziliaren Dogmatik dem Außen kein wesentlicher Wert für das Innen zugestanden werden konnte und vielmehr alles ausgeschlossen wurde, was im Innern zu Sprachlosigkeit und Identitätsproblemen führt, wird in GS das Außen zu einem echten Faktor der Lehre der Kirche, wozu »es den systematisch gleichen Rang einnimmt wie das Innen«[166]. Dies widerspricht auch dem Verständnis der Kirche als einer *societas perfecta* im Sinne einer geschlossenen Gemeinschaft, die sich nicht von einem Außen bestimmen lässt. Stattdessen ist weder die Innen- noch die Außenperspektive vorzuziehen, was die Fähigkeit zum Ortswechsel zwischen Innen und Außen, von Glaubensaussagen zur Realität heutiger Menschen und von deren Lage auf den Glauben hin, notwendig macht. »Die Verortung des Glaubens in der Pastoral hat entsprechend eine Dynamik. Es gilt nicht nur, Position zu beziehen, vielmehr gilt es, zugleich Position vom anderen und von anderen her zu beziehen.«[167] Das Konzil widmet sich den Problemen der profanen Gesellschaft, bietet sich als moralische Instanz für die gegenwärtige Situation an und weiß daher um den kontingenten Charakter der eigenen Erklärungen. Damit verändert sich die traditionelle »Lehrauffassung, derzufolge sich ein Konzil als ein außerordentliches Organ des kirchlichen Lehramtes innerhalb des Koordinatensystems

---

165 *Sander*, Kommentar 624; vgl. *Ruggieri*, Hermeneutik 10; *Sievernich*, Ouvertüre 38. »Das Kapitel, das von GS neu aufgeschlagen wird, hat zwei Merkmale. Das eine besteht daraus, keine Ausschließungen als Basis der Glaubensdarstellung zu nehmen, und das andere Merkmal besteht in der Entdeckung des pastoralen Formates, in dem die Bedeutung von Glaubensaussagen präsentiert wird.« (*Sander*, Kommentar 828.)

166 *Sander*, Kommentar 648. Damit verbunden änderte sich das Konzilsverständnis: »Von einem Instrument des nach innen gerichteten Lehramtes müßte es zu einem repräsentativen Gremium werden, das sich den Problemen der profanen Gesellschaft öffnet.« (*Tanner*, Kirche 314.) Dies geschieht erstmals in GS, während die religiöse Umwelt in mehreren Texten behandelt wird. (Vgl. *Kaufmann*, Perspektivenwechsel 88f.)

167 *Sander*, Kommentar 702. »Die eigene Identität kann von daher nur im Modus einer produktiven Wahrnehmung scharfer Differenzerfahrungen rekonstruiert werden.« (*Hoff*, Raum 172.)

absoluter und zeitloser Wahrheit bewegen müsse und deshalb seine Lehraussagen für alle Ewigkeit gültig sein müßten.«[168]

In der Pastoralkonstitution zeigt sich ferner eine Verschiebung der Grammatik »Theologie und Anthropologie« zu »Soziologie und Theologie«, wobei das Verhältnis zwischen Anthropologie und Soziologie nur rudimentär entwickelt wurde. »Die Kenntnis der gesellschaftlichen Lebensbedingungen ist notwendig, um an die Existenzbestimmung des Glaubens zu gelangen. Das bedeutet, dass Gott außen begegnet, wenn er innen im Menschen zum Thema wird, also geglaubt wird.«[169] Von zentraler Bedeutung ist die Gefährdung der Pastoralgemeinschaft mit Gott, die sprachlos macht, insofern sie Selbstverständlichem in der Theologie widerspricht. Mit den vom Konzil angesprochenen Zeichen der Zeit kommen nach Sander kleine und große Geschichten in den Blick, in denen Menschen um ihre Würde ringen und die Bedeutung des Glaubens herausgestellt werden kann. Die (theologische) Deutung der Zeichen der Zeit wird in GS 4 eindeutig dem Selbstvollzug der Kirche zugeschrieben, »der eben auch in einer interpretativen Leistung gegenüber der Welt, freilich innerhalb des eigenen christlichen Deutungshorizontes (des ›Evangeliums‹), besteht.«[170] Der Bezug zur Welt gehört zur ekklesialen Selbstdefinition. Die Ambivalenz der Zeichen wird in GS 11 deutlich, wo von »Zeichen der Gegenwart oder der Absicht Gottes« die Rede ist, die offensichtlich von »Unheilszeichen« unterschieden werden können. Damit wird der in GS 36 genannten Autonomie der irdischen Wirklichkeiten Rechnung getragen, insofern zunächst für diese Zeit signifikante gesellschaftliche Veränderungen, Ereignisse oder Merkmale in ihrer Eigenlogik verstanden und erst in einem zweiten Schritt in den theologischen Deutungshorizont hineingenommen werden sollen. »Theologisch ausgedrückt heißt dies: Die Kirche forscht nach den Zeichen der Zeit, um sie im Licht des Evangeliums zu deuten. Soziologisch formuliert bedeutet es: Das religiöse Subsystem überführt die Wahrnehmung seiner Außenwelt in die eigenen Kommunikationsformen.«[171] Die beiden Sub-

168 *Tanner*, Kirche 314.

169 *Sander*, Urbi et Orbi 175. »Durch eine solche Einschließung der soziologischen Wissensform in die theologischen Aussagen wird die Pastoral konstitutiv für die Glaubensdarstellung. Die Zweiheit von Soziologie und Theologie wird dann zur tragenden Basis einer Ortsbestimmung des Glaubens in der Welt von heute.« (*Sander*, Kommentar 613.)

170 *Kreutzer*, Zeitgenossenschaft 313. Waldenfels stellt die Dreischrittigkeit des Beginnes von GS 4 heraus: »eine neue Wahrnehmung – eine Urteilsausrichtung – ein zeitorientiertes Antwortverhalten« (*Waldenfels*, Zeichen 102), die an Cardijn erinnere. Zudem ist GS 4 für ihn der Zugang zu dem, was »kontextuelle Theologie« genannt wird. (Vgl. *Waldenfels*, Kontextualität 250.)

171 *Kreutzer*, Zeitgenossenschaft 326. Mit dem positiven Begriff von Autonomie kann das Konzil mit einer Grundbeschreibung moderner Gesellschaft als primär funktional

systeme koexistieren nicht nur nebeneinander, sondern werden aufeinander bezogen. Ähnlich betont Rahner, wenn das konkrete geschichtliche Handeln zum Wesen der Kirche gehöre, gehöre auch die Notwendigkeit und Möglichkeit dazu, die Situation, in der sie handeln und sich selbst vollziehen müsse, zu erkennen. Die Kirche könne demnach nicht nur aus der Offenbarung leben. »Sie braucht, um handeln zu können, und zwar zu einem Handeln, ohne das sie gar nicht wäre, was sie sein muß, eine Erkenntnis der Situation, in der sie lebt.«[172] Rahner legt somit an dieser Stelle einen engen (bzw. eher instruktionstheoretisch orientierten?) Offenbarungsbegriff an, da in seiner Theologie die Koextensivität von Heils- und Weltgeschichte sowie die Notwendigkeit der geschichtlichen Konkretion der transzendentalen Erfahrung bzw. Offenbarung eher dafür sprechen, der konkreten Situation nicht jeglichen Offenbarungscharakter abzusprechen. Überdies gehört die Annahme der Offenbarung (in einer konkreten Situation) notwendig zu einem Verständnis von Offenbarung als Selbstmitteilung dazu. Zudem schränkt ein erweiterter Offenbarungsbegriff nicht die Bedeutung des Ausgangsereignisses ein, sondern weist vielmehr deutlicher dessen Universalität auf. Ferner kann an die *loci theologici alieni* einer theologischen Erkenntnislehre à la Melchior Cano erinnert werden, die dem unerwarteten Gott Raum geben: »Es gibt theologisch exemte Orte, auf die sich die Theologie beziehen muss, um im Blick auf die Autorität des Evangeliums sprachfähig zu werden.«[173] Wenn mit der anonymen Gegenwart Gottes zu rechnen ist bzw. von ihm an unerwarteten Orten auf unerwartete Weise gesprochen wird, trägt die Erkenntnis der Situation nicht nur zum Verständnis, sondern auch zur rechten Auslegung der Offenbarung bei. Angesichts der Komplexität der Situation ist der Rekurs auf entsprechende Wissenschaften mit ihren unterschiedlichen Methoden nötig. Da diese Erkenntnis eine nicht-geoffenbarte ist, ist die Frage des Wie der Erkenntnis der Situation des kirchlichen Handeln für die Kirche nicht unproblematisch, da sie »bei dieser Erkenntnis heute zwangsläufig von durch Menschen selbst hergestellten, manipulierten Erkenntnisquellen und Erkenntnismethoden abhängig [ist], die sie gar nicht mehr wirklich adäquat selbst verwalten kann«[174].

differenzierter Gesellschaft produktiv umgehen« (*Overbeck*, Soziallehre 116). Kaufmann spricht mehr von der »System-Umwelt-Perspektive« und einer damit verbundenen modernen Gesellschaftsauffassung. (Vgl. *Kaufmann*, Perspektivenwechsel 90.)

172 *Rahner*, Problematik 628.

173 *Hoff*, Offenbarungen 197.

174 *Rahner*, Problematik 629. Am Beispiel von DiH 9 erläutert Hühnermann, wie die Zeichen der Zeit zu lesen sind: »Es geht um die angemessene rationale Interpretation der Entfaltung der Geschichte. Dies impliziert eine rational-philosophische Reflexion und eine entsprechende Interpretation der geschichtlichen Vorgänge ebenso wie den Ausweis

Die Vorläufigkeit und Zeitgebundenheit der Situationserkenntnis geht (und ging) einher mit Vorläufigkeit und Zeitgebundenheit der Entscheidungen der Kirche.

Dieses Verständnis der Zeichen der Zeit verlangt einen »Ortswechsel zum pastoralen Problem der Geschichte, das sich in Form der jeweiligen Gegenwart stellt«[175]. Damit wird auf die vielfältigen gegenwärtigen Herausforderungen eingegangen, wodurch sich aus dem pastoralen Charakter der Zeichen der Zeit ein Pluralisierungsfaktor für die theologische Auseinandersetzung mit der Geschichte ergibt. »Das ist durchaus eine Zumutung für die Sprache über Gott.«[176] Hinzu kommt die Bedeutung des Kontextes für ihre jeweilige Interpretation im Lichte des Evangeliums, da das Evangelium unterschiedlich gelesen wird – von Glaubenden wie Nicht-Glaubenden –, sodass sowohl unterschiedliche Sichten der Dinge wie Wahrnehmungen der Welt zu berücksichtigen sind, was oft Sprachverwirrungen und Unverständnis (auch unter Kirchenmitgliedern) begünstigt. »Nicht nur die Zeichen der Zeit sind plural, – auch die Deutehorizonte sind es. Der Pluralität der Welt entspricht der religiöse Pluralismus, der sich seinerseits nochmals von den Formen der Religions- und Bekenntnislosigkeit absetzt.«[177] Aber dennoch bleibt es auf der Grundlage von GS bei der Reihenfolge, die Zeichen der Zeit im Licht des Evangeliums zu deuten und nicht das Evangelium von heutigen Deutehorizonten her zu verstehen.

Als geschichtlich-gegenwärtig und transzendental-geschichtlich qualifizierte Zeichen der jeweils eigenen Zeit sind die Zeichen der Zeit »Begegnungsstätten zwischen Gott und Menschen, in denen ein Raum der Differenz von Heil und Unheil angelegt ist, wo darum gerungen wird, dass Befreiung vom Unheil erfolgen kann und erlöstes Leben möglich wird.«[178] Insofern sie die Sichtweise auf die Realität menschlicher Lebensräume verändern, indem sie beispielsweise das Gefährdungspotential für humane Existenz aufdecken, kann Sander sie als Heterotopien bestimmen, in denen die als selbstverständlich geltende Herrschaft der Ordnung der Dinge zerreißt. Bei der Suche nach Alternativen kann der Glaube an Gott wichtig sein, da Gott selbst sich an solchen Anders-Orten sichtbar gemacht hat.

---

der theologischen Verwurzelung dieser Entwicklung in den Zeugnissen der Offenbarung Gottes.« (*Hünermann*, Aussagen 33.)

175 *Sander*, Geschichtshandeln 139.

176 *Sander*, Geschichtshandeln 140.

177 *Waldenfels*, Zeichen 107.

178 *Sander*, Urbi et Orbi 176.

> Wer von Gott spricht, ist auf Heterotopien geeicht; das ist die Weltfähigkeit des Glaubens und macht seine pastorale Konstitution unausweichlich. Diese Weltfähigkeit ist eine spirituelle Herausforderung. Man benötigt spirituelle Kraft, um sich Heterotopien auszusetzen. Sie befremden und haben zugleich eine gravierende Potenz, weil sie die Utopien aufbrechen, mit denen wir moderne Menschen so gerne unsere großen und kleinen Welten gestalten.[179]

Während das II. Vatikanum vor allem mit der geschichtlichen Denkform im Offenbarungsverständnis den Übergang zu einer kulturell polyzentrischen Weltkirche[180] ermöglicht hat bzw. sich dort die Katholische Kirche als Weltkirche konstituiert hat – ein Ausdruck dafür ist die Rede von der Bereicherung der Kirche und der verschiedenen Kulturen in GS 58 –, kamen die säkularen Öffentlichkeitsbedingungen weniger in den Blick. »Wenn das Konzil auch den ›Dialog‹ mit der Welt einforderte, sah es sich noch nicht mit einer Welt konfrontiert, die ihr seither in ihrer Fremdheit als Frage und nicht selten auch als Anklage (gegen ein sich exportierendes europäisches Christentum) entgegentritt.«[181]

Es hat auch die nicht-christlichen Religionen positiv würdigen können, ohne aber die religiös pluralistische Öffentlichkeit als neuen Erfahrungs- und Lernraum wahrzunehmen. Die Globalisierungsprozesse mit ihren neuen Öffentlichkeitserfahrungen lassen aber nach der offenbarungstheologischen Bedeutung der Anderen fragen. »Denn Gott ist nur dann ein verheißungsvolles Thema für alle, wenn sich der christliche Gottesglaube aus seinem biblischen Erbe als eine Religion der Anerkennung der fremden Anderen in neuen (freiheits- und gerechtigkeitssuchenden) Kommunikations- und Lebensformen zu bewähren sucht.«[182] Mit den Globalisierungsprozessen kommen neue Horizonte, Leitperspektiven und Prioritäten in den Blick, die das Christentum bei der Vergewisserung seiner Sendung berücksichtigen muss und somit seine Selbstwahrnehmung beeinflussen. »Statt die Identität der katholischen Kirche in scharfer Abgrenzung zu den anderen Konfessionen, den anderen Religionen und der modernen Welt zu profilieren, erfolgt die ekklesiologische Selbstverständigung des Konzils ausdrücklich im Horizont der anderen.«[183]

Diese grundsätzlich positive Sicht der Welt und die Ausrichtung auf einen Dialog zwischen Kirche und Welt verdankt sich dem Einfluss der eher

179 *Sander*, Urbi et Orbi 179.
180 Vgl. *Metz*, Aufbruch.
181 *Reikerstorfer*, Wandel 554.
182 *Reikerstorfer*, Wandel 555.
183 *Tück*, Einleitung 23.

»thomistischen« Schule bzw. theologischen Anthropologie unter den Konzilsvätern und Periti (zu nennen wären Chenu, Rahner oder Congar, aber auch Lonergan). Diese betonen im Unterschied zur eher »augustinischen« Sicht (vertreten u. a. von Ratzinger und de Lubac) weniger die Eschatologie und Transzendenz Gottes als vielmehr die erlösende Gegenwart Gottes in der heutigen Welt.

> The Thomism of this school is that of the Aquinas retrieved by the *ressourcement* of historians of theology who had gone back to ›the original Thomas‹, rejecting the departures from the master of his later interpreters. True to its ›Aristotelian‹ orientation, in this school the doctrine of the Incarnation dominates, highlighting the goodness of the Creation within which the Son of God became incarnate.[184]

Trotz der Unterschiede zwischen der »augustinischen« und der »thomistischen« Anthropologie konnte letztlich Einigkeit hinsichtlich der vor allem in GS und DiH ausgedrückten Vision der Kirche in der Welt erzielt werden. Hier liegt kein »naiver Optimismus« vor, sondern christliche Zuversicht und Verantwortung mit Blick auf das einzige und definitive Kriterium: »Jesus Christ and the promotion of the reign of God.«[185] Auf dieser Grundlage war es möglich, eine alternative »liberale« Tradition aufzugreifen, die der katholischen Tradition nicht widerspricht und das Bild der Kirche als *societas perfecta* ablöst, dabei aber in Kontinuität zur Tradition der Kirche steht, die Botschaft Christi mit den Begriffen und Sprachen verschiedener Völker auszudrücken und der Weisheit der Philosophen zu erhellen (vgl. GS 44).

> Therefore in a striking micro-rupture with centuries of siege-mentality, the church opens the windows to modernity, now seen not so much as the enemy, but as a possible source of wisdom attuned to the Holy Spirit at work outside the boundaries of the church.[186]

Die Unterscheidung zwischen einer »thomistischen« und einer »augustinischen« Schule ist Rush und Faggioli zufolge nach wie vor hilfreich, um den

---

184 *Rush*, Interpreting 16; vgl. zu den genannten Theologen auch *Faggioli*, Vatican II 68–83 sowie *Komonchak*, Augustine. Kreutzer arbeitet die Bedeutung der Imago-Dei-Theologie bzw. die patristische Rekapitulationslehre des Irenäus von Lyon für eine Geschichtlichkeit und evolutives Denken betonende Weltsicht ebenso heraus wie die entsprechenden Christologien – eine Inkarnationstheologie mit eher weltbejahender Option und eine Kreuzes- und Auferstehungschristologie mit eher weltkritischen Motiven. (Vgl. *Kreutzer*, Zeitgenossenschaft 246–262.)

185 *Rush*, Interpreting 17.

186 *Rush*, Interpreting 19f.

Konflikt der Interpretationen des Konzils zu deuten. Hier setzen sich die während der dritten und vierten Session geführten Diskussionen fort, ob ein eher pessimistischer Blick, wonach Kirche und Welt stärker zu trennen seien, oder eine eher optimistische Perspektive, die inkarnationstheologisch begründet die Zuwendung der Kirche zur Welt beinhaltet, angemessen sei. Da dieser Konflikt aber nicht durch selektive Interpretation oder eine Parteinahme zu lösen ist, ist eine neue Synthese gefordert, in der die Anliegen beider Traditionen aufgenommen werden.

> Both are vital shades in a full depiction of ›the great tradition,‹ and like the chiaroscuro of a Rembrandt painting, together they represent the living tradition in all its darkness and light, with all its pessimism and optimism, suspicion and trust: forever suspicious of what could impede the reign of God, yet never losing hope that God will certainly reign in the end-time, and firmly believing that God is active in hidden ways in the world today, even in the seemingly godless, as attention to the signs of the times would verify.[187]

Eine solche sei aber nur möglich, wenn die vielen unterschiedlichen *loci receptionis* des einen Evangeliums in der Welt berücksichtigt würden und die Kirche als Dienerin des Reiches Gottes betont würde. Dies kann sich auf DV stützen, wo insgesamt fünf Zeugen der erlösenden Offenbarung genannt werden: Schrift, Tradition, Lehramt, Theologie und *sensus fidelium* (vgl. DV 8 und LG 12). Als Methode plädiert Rush im Rekurs auf die Erfahrungen aus den ökumenischen Dialogen dafür, nicht die unterschiedlichen Traditionen zu vergleichen und zu kontrastieren, sondern die apostolische Tradition gemeinsam zu interpretieren. »If this ecumenical methodology were to be applied today within the Catholic Church, in a common reception of the unified diversity of the apostolic tradition by all groups, then the way forward may be opened to a new synthesis.«[188] Zusätzlich plädiert er für eine Pneumatologie der Rezeption, die aufnimmt, dass der Heilige Geist die *dynamis* von *traditio* und *receptio*

---

187 *Rush*, Interpreting 64; vgl. zu den beiden Ausrichtungen in der Konzilsrezeption *Faggioli*, Debatte 282–284; *Faggioli*, Vatican II 66–90; *Komonchak*, Thomism. Vgl. zu einem Vorschlag für Kriterien der Rezeption *Hünermann*, Kriterien im Ausgang von vier Punkten des Abschieds (von 1500 Jahren Staatskirchentum, 1000 Jahren Spaltung zwischen Ost- und Westkirche, 500 Jahren Spaltung innerhalb der Westkirche, 100 Jahren Zögern an der Schwelle zur Moderne). Einen anderen Ausdruck findet die sich darin niederschlagende Präferenz für einen eher platonischen oder eher aristotelischen Ansatz in der Debatte zwischen Ratzinger und Kasper über das Verhältnis zwischen Universalkirche und Ortskirchen. Vgl. *Kasper*, Theologie; *Kasper*, Verhältnis; *Kasper*, »Streit der Kardinäle«; *Ratzinger*, Ekklesiologie; *Hoff*, Passagen 90–101; *Kehl*, Disput; *McDonnell*, Debate; *Struys*, Churches.

188 *Rush*, Interpreting 67.

zwischen Vater und Sohn und dem dreieinen Gott und der Menschheit ist und so die menschliche Antwort auf Gottes Anspruch ermöglicht. »The same Holy Spirit at work during a council is at work in the history of reception of that council and its Dokuments.«[189] Darauf basiert der innerkirchliche Dialog und somit die Prinzipien der Synodalität oder Konziliarität, wonach sich Bischöfe treffen, um gemeinsam eine angemessene Antwort auf ein neues Problem zu finden – wie im II. Vatikanum.

2.2.2 *Beispiele: Ökumene – Religionen – Atheismus*

Die Differenz von Innen und Außen kann nicht völlig aufgegeben werden, weil sie strukturell zum Glauben einer Religionsgemeinschaft gehört, darf aber nicht als Trennung verstanden werden und muss die Wechselwirkungen und insbesondere die Bedeutung des Außen für den inneren Diskurs über den Glauben der Kirche beachten. Damit wird eine Alterität nicht abgewertet bzw. wegen ihrer Schwächen relativiert, um so die eigene Identität aufzubauen und – der Versuchung der Selbstgerechtigkeit erliegend – die eigenen Schwachstellen zu verbergen. »Wer ein Außen für den Diskurs im Innen stark macht, kann sich Selbstgerechtigkeit nicht leisten. Umgekehrt ist die Auseinandersetzung mit den Stärken eines Außen eine Basis, um eigene Selbstgerechtigkeiten zu überwinden oder mindestens zu erkennen.«[190]

Diese Auseinandersetzung erfolgte auf dem Konzil sowohl hinsichtlich des Außen der anderen Kirchen als auch des Außen anderer Religionen wie des Atheismus. Die Einbeziehung der anderen Kirchen ist schon durch den ökumenischen Anspruch für das Konzil gefordert, da selbst ihr Ausschluss aus der Kennzeichnung »Ökumene« zur Diskussion über das, was Ökumene heißt, geführt hätte. Die Kirche konnte dem Außen der anderen Kirchen somit nicht ausweichen, was zu einem Ortswechsel geführt hat, der auf dreifache Weise im Laufe des Konzils Bedeutung gewonnen hat: »Die anderen Kirchen mussten in irgendeiner Weise ernsthaft wahrgenommen werden, diese Wahrnehmung musste für die katholische Kirche qualifiziert werden und die Autorität von deren Glaubenspositionen musste mit den eigenen Autoritätsansprüchen

---

189 *Rush*, Interpreting 70. Faggioli macht auf die pneumatologischen Implikationen der Positionen aufmerksam, nach denen das Konzil entweder als Anfang oder als Ende der Erneuerung gedeutet wird: »Accepting the idea of Vatican II as the beginning often implies accepting it as an event of the Spirit, whose impulse did not abandon the Church after the end of the council. Conversely, seeing in Vatican II the end of the renewal assumes a different pneumatological vision and a clearly negative assessment not only of what happened *after* the council, but also of much what happened *during* it.« (*Faggioli*, Vatican II 122.)

190 *Sander*, Ort 187.

abgeglichen werden.«[191] Als Beispiel für die zum Machtfaktor gewordene ökumenische Perspektive führt Sander die Ablehnung des Schemas *De fontibus revelationis* an, da diese auch aus dem Grund erfolgte, dass es den Dialog mit denjenigen, die das sola-scriptura-Prinzip für wahr halten, ausgeschlossen hätte. Ein anderer Ausdruck dieses Nicht-Ausschließungsprinzips sind die nichtkatholischen Beobachter und ihr Einfluss auf das Konzil. »Diejenigen, die im Außen sind, bleiben außen, aber sie bleiben nicht mehr außen vor. Damit wird die Kirche von ihrem eigenen Konzil genötigt, sich selbst zu dieser Differenz zu verhalten.«[192]

Dementsprechend wird in LG 15 die innere Verbindung der Kirche mit allen Getauften formuliert, die ihr nicht angehören. In UR wird dies erweitert, indem die ökumenische Bewegung nicht ausschließlich von der katholischen Kirche her qualifiziert wird. Da die Basisformel des Ökumenischen Rates der Kirche für die christologische Ausrichtung der ökumenischen Bewegung in UR 1 substantiell aufgenommen wird, wird eine Sprache von außen verwendet, um die Differenz von Innen und Außen zu beschreiben. »Das Außen wird mit seinem eigenen Anliegen als eine eigene Größe für das Verhältnis zu der Größe respektiert, an der sich die katholische Kirche selbst orientiert.«[193] Die katholische Kirche qualifiziert sich somit als eine für das in ihrem Außen Gesagte aufmerksame Größe. Da sie sich und die anderen Kirchen nicht mehr vom eigenen Standpunkt aus betrachtet, sondern Christus als den betont, an dem sich alle auszurichten haben, kann anerkannt werden, dass die von ihr getrennten Christen nicht von Christus getrennt sind. »Als Folge dieser Selbstdezentralisierung braucht es katholischerseits kein separates Programm einer Rückkehrökumene mehr. Stattdessen folgt die Selbstinklusion zur ökumenischen Bewegung im Singular.«[194] Dementsprechend kann in UR 1

---

191 *Sander*, Ort 188.

192 *Sander*, Ort 191. »Die Präsenz von nichtkatholischen Christen als Konzilsbeobachter und Vertreter ihrer jeweiligen Konfessionen und Kirchen in der Aula zeigt unter Repräsentativitätsgesichtspunkten den symbolischen Interaktionsgehalt des ›Weltereignisses Konzil‹ vom Anspruch eines ökumenischen Konzils: Indem seine soziale Inklusivität auf Teilnehmerseite den innerkatholischen Bereich überschreitet, gewinnt das Konzil gesamtchristliche Bedeutung.« (*Nacke*, Kirche 94f.)

193 *Sander*, Ort 192 mit dem folgenden Zitat: »Die überwältigende Mehrheit der Konzilsväter und in jedem Fall das vorliegende Dekret (in Verbindung mit den einschlägigen Artikeln der Kirchenkonstitution) betrachten das Verhältnis der römisch-katholischen Kirche zu den anderen in dogmatischer Hinsicht nicht mehr vom eigenen Standpunkt aus. Die Frage ›In welchem Verhältnis stehen die Anderen zu uns?‹ wird prinzipiell (nicht in jeder einzelnen Formulierung) abgelöst durch die Frage ›Wie stehen wir und die Anderen zu Jesus Christus, der unser Mittelpunkt ist?‹« (*Hilberath*, Kommentar 111).

194 *Nacke*, Kirche 333.

das Selbstverständnis anderer Christen, Kirche zu sein, referiert und die Ökumenische Bewegung anerkannt werden, weshalb die römisch-katholische Kirche nicht fraglos mit der katholischen Kirche der altkirchlichen Konzilien identifiziert werden kann (wogegen schon die Existenz der katholischen Ostkirchen spricht). Ferner ist zu unterscheiden zwischen der Vollständigkeit aller ekklesialen Strukturelemente und der existentiell erfahrbaren Wirksamkeit der Fülle der Katholizität. »Auch wenn in der römisch-katholischen Kirche alle Anlagen bereitstehen, die ein(zig)e Kirche Jesu Christi zu sein, so zeigt doch ihr Leben, dass die wahre Katholizität der Kirche nicht ohne die Gemeinschaft mit allen Getauften zu einer wirksamen Darstellung kommen kann.«[195] So sieht UR 4 die Spaltungen der Christen zum einen als Hindernis für die Kirche an, die Fülle der Katholizität in den nicht mit ihr in voller Gemeinschaft befindlichen Gläubigen wirksam werden zu lassen, und zum anderen könne sie selber diese Fülle schwerer ausprägen.

Deutlichen Ausdruck findet dies in der in UR 12 näher ausgeführten Zusammenarbeit mit den getrennten Geschwistern. Aufgrund ihres gemeinsamen Glaubens an den dreieinigen Gott sind alle Christen und Christinnen dazu aufgerufen, diese drei-eine Wahrheit in der heutigen Gesellschaft zu bezeugen und zu bewähren. Die Orthopraxis basiert somit auf der Orthodoxie, die hier auf die fundamentalen »Wahrheiten« bzw. die wichtigsten in der in UR 11 genannten »Hierarchie der Wahrheiten« konzentriert wird. In dieser Zusammenarbeit wird die Verbundenheit untereinander klarer deutlich, sie kann zu größerer Wertschätzung führen und die Einheit der Christen befördern.

> Die Orthopraxis ist eine nota, ein Kennzeichen des Christseins, insofern Christenmenschen sich durch das konkrete Verhalten und Handeln bewähren und ihrer Überzeugung Ausdruck geben. […] Die Konzilsväter haben wohl geahnt, dass die in christlichen Lebensvollzügen implizierte bzw. in ihnen zum Ausdruck kommende Theologie von Relevanz für die Glaubenslehre ist.[196]

---

195 *Sattler*, Katholisch 25 mit Verweis auf *Kehl*, Kirchen. Ähnlich die aus der Textgeschichte des *subsistit in* (LG 8) gefolgerte Deutung Schelkens: »The intermediate changes from *invenire* to *adesse* and from *adesse* to *subsistere* are less important since they all bear the same mark: an ecumenically motivated awareness of the importance to avoid a description of the relationship between the universal Church of Christ and the Catholic Church in terms of exclusivity.« (*Schelkens*, subsistit in 891.) Anders Welch und Mansini: »The Catholic Church is not contained in any larger divinely willed and dominically instituted ecclesial reality, and it is without qualification the one Church of Christ and the one Church of Christ is without qualification the Catholic Church. (*Welch/Mansini*, Lumen Gentium No. 8 602 (Abstract).)

196 *Hilberath*, Kommentar 158. Eine ähnliche Struktur findet sich auch in NA: »Die wechselseitige Durchdringung von trinitarischem Gottesbekenntnis und Sendung der Kirche zu allen Menschen scheint auch hier das regulierende Prinzip des Textes zu sein. Kann dies

In der Bedeutung der Orthopraxis als nota zeigt sich der Zusammenhang von Wort und Tat und damit die christologische Struktur bzw. Begründung der Verhältnisbestimmung von Dogma und Pastoral, die letztlich allen *notae ecclesiae* zu eigen ist. Der gelebte und praktizierte Christusbezug zeigt, wo wahre Kirche ist, und erlaubt zugleich die Übersetzung in andere Situationen. Mit dieser Verbindung von Glaubenslehre und Glaubenspraxis und den aufgeführten Bereichen gemeinsamen Handelns unterstützt UR den Bogen von der dogmatischen zur pastoralen Kirchenkonstitution.

Sander verbindet die ökumenische mit der pastoralen Ausrichtung des Konzils, da eine Kirche ohne ökumenische Identität am Ort der heutigen Welt geschwächt ist, die Ökumene also die Frage nach der Präsenz der Kirche in den Problemen der heutigen Welt stellt und diese wiederum die Frage nach dem Respekt vor der Ökumene. »Das Innen der Kirche und das Außen der Lebensfragen heutiger Menschen werden in der Ökumene aufeinander bezogen. […] Ökumene hat einen pastoralen Charakter und erschöpft sich nicht in innerkirchlichen Eigentümlichkeiten.«[197] Mit der Ökumene wird eine Identitätsform gewählt, in der die anderen in die eigene Glaubens- und Lebenspraxis aufgenommen und ihre Stärken respektiert werden. Sie stärkt eine Wo-Identität der Kirche und bedrängt eine Wer-Identität der Kirche, indem sie Schwachstellen aufdeckt. Diese elementare Grammatik, für das Verhältnis von Innen und Außen im Außen anzusetzen, ist der Ökumene und GS gemeinsam. »Die Pastoralkonstitution diente dem Konzil dazu, der *ecclesia ad extra* einen theologischen Ort zu geben. Dieses ›extra‹ wurde damals als die Welt von heute begriffen und beschrieben.«[198] Die Kirche bestimmt sich im Verhältnis zum Außen und respektiert dieses Außen als Ausgangspunkt des Verhältnisses. Damit kommt dem Außen eine Autorität für die Bestimmung der Identität der Kirche zu. Ökumene kann daher als *locus theologicus alienus* begriffen werden, was einen Lernprozess ermöglicht. »An dem Ort, an dem ihre Autorität begriffen wird, legt sie etwas frei, für das es im Innen der gängigen Glaubensdarstellung noch keine Sprache gibt oder worüber nur unzureichende Vorstellungen herrschen.«[199] Was die katholische Kirche von den anderen Kirchen und Kirchen anderen Typus lernen kann, muss sich nicht auf eine unmittelbare gemeinsame Basis beziehen, sondern kann etwas sein, was im eigenen Diskurs ausgeschlossen ist. In diesem *locus theologicus alienus*

als theologische Tiefengrammatik des Konzils insgesamt angesehen werden?« (*Siebenrock*, Kommentar 666.)

197 *Sander*, Ort 194.

198 *Sander*, Ort 195.

199 *Sander*, Ort 198.

Ökumene geht es nicht um eine allmählich zu erreichende Utopie, sondern um »das, was den Kirchen fehlt und was sie von der Bedeutung der eigenen Glaubenswahrheiten fernhält«[200]. Davon ist die herrschende Ordnung der Dinge betroffen, was Ökumene zu einer wechselseitigen Ohnmachtserfahrung für alle beteiligten Kirchen macht. Indem in der Ökumene die Stärken von Glaubensgemeinschaften aufeinandertreffen und jeweils Schwächen im Innen aufdecken, die dann idealiter überwunden werden können, markiert sie »für alle Beteiligten einen anderen Ort als den, den sie jetzt einnehmen«[201], und kann als Anders-Ort, als Heterotopos gesehen werden. Mit ihm riskiert man, eigene Schwächen und Ausschließungsmechanismen aufzudecken, gewinnt aber die Möglichkeit, mit Hilfe der Stärken der anderen die eigenen Schwächen zu beheben.

Eine vergleichbare Konsequenz der pastoralen Ausrichtung des Konzils zeigt sich hinsichtlich der anderen Religionen, insofern auch hier zunächst das in den Blick genommen wird, was allen Menschen gemeinsam ist, um so die Liebe unter den Menschen fördern zu können. Die (im religionstheologischen Sinn) exklusivistische Position des Ausschlusses »der anderen« wird durch eine differenzierte Zuordnung aller Menschen zur Kirche abgelöst, wobei den anderen Religionen keine bestimmte Identität aufgenötigt wird. Diese von Relationalität bestimmte Perspektive wird auch in LG 16 eingenommen, worin die gesamte Menschheit als Adressatin der Heilszuwendung Gottes verstanden wird. »Die Kirche ist entsprechend diesem Bild nicht der ›heilige Rest‹, sondern Teil dieser Menschheit, die Gott zum Heil berufen hat, und Verkünderin der Heilszuwendung Gottes.«[202] Dieser Perspektivenwechsel entspricht dem Wechsel von einer Kirche, die ihre eigene Identität durch Abgrenzung von anderen Glaubens- und Religionsgemeinschaften stärkt, zu einer »Welt-Kirche«, die sich als Heilssakrament für die Welt versteht und deren Verbundenheit mit der gesamten Menschheit einer Dialogbereitschaft entspricht. Die religionstheologische Selbstgewisserung des Konzils ist somit von einer Haltung der Responsivität geprägt, »welche die eigene kirchliche und theologische Identität vom ›Pathos‹ anderer religiöser Heils- und

---

200 *Sander*, Ort 198. »Ökumene beschreibt insofern keine Utopie, die noch keine der Kirchen erreicht hat, sondern eine Konfrontation der Kirchen mit jeweils dem, was die anderen zu sagen haben, wofür man selbst aber noch keine Sprache entwickelt hat.« (199)

Ein Beispiel dafür kann »die bereichernde Vielfalt der Katholizität« sein, die »bisher eher an römischer Uniformität ausgerichtete Christen« durch den Kontakt mit Vertretern der Ostkirchen kennengelernt haben. (*Hilberath*, Kommentar 166.)

201 *Sander*, Ort 199.

202 *Gmainer-Pranzl*, Kirche 383f.

Wahrheitsansprüche in Anspruch genommen weiß«[203]. Solche fremden Ansprüche können festgeschriebene Identitäten aufbrechen und werden in NA 2 dadurch als berechtigt ausgewiesen, als dass die Wahrheit Jesu Christi alle Menschen beansprucht. Die Kirche sieht sich zwar als adäquate Antwort auf diesen Anspruch, aber sie empfängt gemeinsam mit allen Menschen das Wort und besitzt es nicht. Besondere Relevanz besitzt die Responsivität als fundamentaltheologische Begründung für die Haltung zum Judentum (s. u.) und als Entsprechung zum universalen Heilswillen Gottes, der auch außerhalb der Kirche wirksam ist.

Schon der im Titel von NA verwendete Begriff *habitudo* »vermittelt in seiner Einheit von Wesen und Vollzug die von Papst Johannes XXIII. gewünschte Einheit von Dogma und Pastoral vorbildlich«[204]. Denn die Haltung betrifft das Wesen der Kirche und ist eine der Anerkennung und der Dialogbereitschaft, was sich in der Kürze des Dokuments zeigt, in der die nichtchristlichen Religionen als mögliche Subjekte einer Beziehung und nicht als Objekte einer Abhandlung vorkommen. Die hier gegebene operational-pragmatische Definition der Kirche hat aufgrund ihrer pastoralen Ausrichtung dogmatisches Gewicht. »Das Dokument ist nicht ›nur pastoral‹, weil eine ›habitudo‹ immer eine Wesensbestimmung in Beziehungen, also in einem Handlungskontext, besagt.«[205] In ihr drückt sich das Wesen im Vollzug aus, das dadurch von außen wahrgenommen werden kann. In Verbindung mit den entsprechenden Aussagen in LG 16f, GS 92 und AG 9.11.15 zeigt sich hier eine starke Selbstverpflichtung der Kirche, durch die die anderen Einspruchsrechte erhalten. »Damit eröffnet und ermöglicht die Kirche aus ihrer eigenen Identität heraus einen kritischen, ja selbstkritischen Maßstab für die anderen.«[206]

Wenngleich von Titel und Argumentation her der Akzent auf den Religionen und nicht auf den Individuen und ihrer Heilsmöglichkeit liegt – was nach LG und AG als geklärt angesehen werden konnte –, bilden die Menschen und ihre existenziellen Fragen den Ausgangspunkt der Argumentation. »Vor allem aber sind die Menschen nichtchristlichen Glaubens (von ›Heiden‹ ist bezeichnenderweise nicht mehr die Rede) nicht als Missionsobjekte in den Blick genommen, vielmehr stehen sie als *Subjekte* im Zentrum und werden von ihrem jeweiligen Selbstverständnis her wahr- und ernstgenommen.«[207] Indem die Andersgläubigen nun als Subjekte mit eigenen Anliegen, Nöten,

203 *Gmainer-Pranzl*, Kirche 385.

204 *Siebenrock*, Kommentar 646.

205 *Siebenrock*, Kommentar 647.

206 *Siebenrock*, Kommentar 647.

207 *Renz*, Erklärung 211. Schloesser weist darauf hin, dass sich die in NA 1 genannten »großen Fragen« der Menschheit dem atheistischen und existentialistischen Kontext

Erfahrungen, Erkenntnissen und Überzeugungen wahr- und ernstgenommen werden, wird die Begegnung mit ihnen zum potentiellen Erfahrungsort der Gegenwart Gottes. Voraussetzung dafür war die eng mit der pastoralen Ausrichtung zusammenhängende »offene, hör- und lernbereite, wertschätzende *Haltung* einzelner Christen und der ganzen Konzilsversammlung gegenüber Menschen anderen Glaubens«[208]. Stellt das Konzil in NA auf dieser Grundlage das Verbindende und weniger das Unterscheidende in den Vordergrund, unterstützt dies das zentrale Anliegen, der Einheit unter den Menschen zu dienen (vgl. auch LG 1), also Abgrenzung und Überlegenheit durch Zuwendung und Dienst zu ersetzen. Demzufolge kann in NA 2 festgehalten werden, die katholische Kirche lehne – auch wenn sie an Jesus Christus als Kriterium und Norm festhält – nichts von dem ab, was in den anderen Religionen (und nicht nur ihren Angehörigen) wahr und heilig sei.

Eine Besonderheit nimmt die Passage über die Juden ein, was sich nicht nur am Sprachduktus zeigen lässt, der nun nicht mehr rein deskriptiv ist. »Jetzt geht es um die Kirche in ihrer im Judentum wurzelnden Identität.«[209] Damit wird unmissverständlich deutlich, dass sich die Beziehung der Kirche zum Judentum von der Beziehung zu anderen nichtchristlichen Religionen fundamental unterscheidet. Dies zeigt sich schon deutlich zu Beginn in der verwendeten Wortwahl, da vom »Band« die Rede ist, mit dem die Kirche »mit dem Stamme Abrahams geistlich verbunden ist«, wobei *vinculum* ansonsten vom Konzil für das Band der sakramentalen Ehe verwendet wird. »Wie in einer Ehe also sind Kirche und Volk Israel auf ewig miteinander verbunden, sind sie eine Weggemeinschaft.«[210]

Auf der Basis der Anerkennung der Würde und Religionsfreiheit jedes Menschen kann das Konzil in NA davon abrücken, hinsichtlich der öffentlichen Geltung ihrer eigenen Lehre einen privilegierten Status einzunehmen.

---

der Nachkriegszeit verdankt, und macht damit den Einfluss des Kontextes auf das Konzil deutlich. (Vgl. *Schloesser*, Forgetting 295.)

208 *Renz*, Kirche 222f. »Es sind somit im Grunde drei Grundhaltungen, die die Kirche gegenüber den Menschen mit anderem religiösen Bekenntnis einnimmt: Erstens, die Haltung des Respekts und der Wertschätzung gegenüber den Menschen und gegenüber deren Religion, zweitens die Haltung der Treue zum eigenen Sendungsauftrag, drittens die Haltung des Dialogs und der Zusammenarbeit zum Wohl der Menschen.« (141)

209 *Siebenrock*, Kommentar 661.

210 *Renz*, Kirche 148; vgl. *Zenger*, Nostra aetate 51 sowie allgemeiner *Boschki/Wohlmuth*, Nostra Aetate.

»Die Juden sind konstitutiv in die Suche nach dem kirchlich-christlichen Selbstverständnis und jeder Beziehung der Kirche zu ihnen eingebunden, weil die Grundlage im Evangelium nicht hinreichend verstanden werden kann, ohne auf das aktuelle Judentum zu horchen.« (*Siebenrock*, Kommentar 663.)

»Damit hat das Konzil keineswegs die Wahrheitsfrage marginalisiert oder gar eliminiert, vielmehr sind die Glieder der Kirche aufgefordert, ihre Wahrheitserkenntnis in Form des Glaubenszeugnisses in den Dialog mit den Menschen und Religionen einzubringen und zugleich sich mit ihnen auf den Weg zur umfassenden Erkenntnis der Wahrheit zu begeben.«[211] Auch hier kommt somit den Anderen eine wichtige Bedeutung für das Selbstverständnis der Kirche zu.

Mit dem wichtigen Dialogangebot des Konzils an diejenigen, die nicht an Gott glauben (GS 19–21), bezieht es sich auf ein weiteres Außen, indem der Atheismus selbst zwar als Irrtum abgelehnt wird, zu den Nicht-Glaubenden aber eine Beziehung aufgebaut werden soll. Dabei ist zunächst die differenzierte Beschreibung des Atheismus in den unterschiedlichen Varianten der Verneinung Gottes als Skeptizismus, Agnostizismus, Positivismus, Abwesenheit religiöser Erfahrungen etc. (vgl. GS 19) zu bemerken, wenngleich diese noch ausführlicher hätte ausfallen können. Zweitens wird auf seine »positiven« Motive hingewiesen: »affirmation passionée de l'homme, plus que négation de Dieu; protestation révoltée contre le mal dans le monde, contre l'injustice, la souffrance et la misère«[212]. Diese Impulse wiederum werden als Anfrage an die Glaubenden angesehen. Mit Blick auf die menschliche Realität der Nicht-Glaubenden und die Herkunft des Atheismus lernt die Kirche auch etwas über sich selbst, nämlich über das Scheitern in der eigenen Sache und somit über eine Schwäche in ihrem eigenen Inneren. »Die Kirche lernt am Atheismus eine zweifache Fähigkeit zum Scheitern – sie lernt ein Scheitern an sich selbst kennen und sie lernt, dieses Scheitern nicht zu verschweigen.«[213] Bei der Auseinandersetzung mit dem, was aus eigener Sicht ein Irrtum ist, wird sorgfältig zwischen den Irrenden und dem Dialog mit ihnen sowie dem zu bekämpfenden Irrtum unterschieden. Die Irrenden werden

---

211 *Renz*, Kirche 156. Im Licht der Offenbarung ist es möglich, die Rezeption neuzeitlicher Freiheitsrechte in die Glaubensüberzeugung zu integrieren, weil sie damit zur verpflichtenden Identität der Glaubenden wird. »›Religionsfreiheit‹ ist zu einer Leitorientierung der Kirche als lernender Jüngerschaft auf ihrem Weg geworden.« (*Siebenrock*, Evangelium 420.)

212 *Brito*, L'athéisme 56. Brito sieht dies wie die Beschreibung und Argumentation als letztlich unzureichend an, ohne damit den wegweisenden Charakter negieren zu wollen (vgl. 60).

Rahner bemängelte schon 1967, es werde so gesprochen, dass der Atheist nicht unmittelbar erreicht werde, d. h. zu sehr so, »als ob jedem Menschen von heute, ob gläubig oder ungläubig, selbstverständlich sei, was mit dem Wort eigentlich gemeint sei« (*Rahner*, Lehre 171). Dies liest er als Hinweis darauf, dass die Beschäftigung mit dem Atheismus nicht selbstverständlich war, weshalb sie umso dankbarer wertzuschätzen ist.

213 *Sander*, Scheitern 352.

nicht auf die Schwäche des Irrtums festgelegt, sondern man orientiert sich an ihren Stärken und hofft darauf, dass mit diesen und der Solidarität Gottes und der Kirche eine solche Person ihre Schwäche überwinden kann. »Ein Irrtum ist kein Ausschließungsgrund mehr, sondern eine pastorale Herausforderung.«[214] Dies gilt auch für den Atheismus, da die Vertreter und Vertreterinnen einer solchen Weltanschauung nicht verurteilt werden, ohne ihre Position deswegen billigen zu müssen. Vielmehr werden sie eingeladen, »das Evangelium Christi mit offenem Herzen zu betrachten« (GS 21,6). Durch Verbindung dieser Einbettung mit der Dialogmetapher wird das Verhältnis zum Atheismus nicht mehr unidirektional, sondern als Wechselwirkung verstanden, die die Selbstkonstruktion der Kirche betrifft. Dem entspricht, den Atheismus nicht mehr primär als Bedrohung oder als Krankheit und durch diese Metaphern als »einen Gegner, der an sich schädlich ist und der deshalb bekämpft und möglichst vernichtet werden muss«[215], zu beschreiben.[216] Vielmehr kann auf der Basis des mit der Licht- und Zeichenmetaphorik des Konzils erhellten Christus- und Weltbezugs der Kirche die notwendige Auseinandersetzung mit der geschichtlichen Wirklichkeit vor Ort geführt werden. Die in GS 4 genannte Selbstverpflichtung, »nach den Zeichen der Zeit zu forschen und sie im Licht des Evangeliums zu deuten«, zielt auf die Bedeutung der *Kirche in der Welt von heute* ab. GS setzt dazu bei der »Würde der menschlichen Person« ein und verbindet damit eine anthropologische Perspektivierung mit gesellschaftlichen Transformationsprozessen, »in denen sich das Wissen vom Menschen und seine Stellung in der Welt verändern (GS 4–10)«[217]. Die Kirche ist von den gesellschaftlichen, psychologischen, sittlichen und religiösen Wandlungen zu Antworten herausgefordert, da diese neuen Bedingungen auch das religiöse Leben selbst betreffen. Die zeitanalytische Expertise ist somit ein dialogischer Vorgang, da die gesellschaftlichen Prozesse die Darstellung des Glaubens beeinflussen.

214 *Sander*, Kommentar 695.

215 *Gilich/Hoff*, Metaphern 293.

216 Ganz aufgegeben ist diese Metaphorik nicht, wenn in GS 21 vom »Heilmittel gegen den Atheismus« geredet wird, das »nur von einer situationsgerechten Darlegung der Lehre und vom integren Leben der Kirche und ihrer Glieder erwartet werden« kann. Langthaler betont die Unangemessenheit dieser Metapher, bei der unterschiedliche Problemebenen nicht berücksichtigt werden; außerdem würden die Herausforderungen durch den Atheismus unterschätzt. (Vgl. *Langthaler*, Würdigung 648.)

Rahner stellt den Unterschied zur traditionellen Schulthese heraus, einen positiven Atheismus könne es bei normal entwickelter Intelligenz ohne Schuld nicht geben. (Vgl. *Rahner*, Lehre 172f.)

217 *Gilich/Hoff*, Metaphern 297.

> Damit ist der erkenntnistheologische Rahmen aufgespannt, der seinerseits die *metaphorische* Regie der folgenden Ausführungen zum Atheismus ermöglicht: (1) Innen und Außen der Kirche werden neu konstelliert, ineinander verschoben und in einen kommunikativen Modus von Wechselwirkungen überführt, der (2) in einem komplexen Metaphernfeld *Communio* als bildgebendes Verfahren festlegt. Es organisiert (3) den Text und gibt ihm seine besondere kommunikative Dynamik. Sie hängt wiederum mit der pastoralen Wucht der Zeichen der Zeit zusammen, die von der anfechtbaren Würde des Menschen in der Welt von heute imprägniert sind.[218]

Die Grundlage bildet zunächst die Gottebenbildlichkeit des Menschen, die schöpfungstheologisch und christologisch entfaltet wird (GS 12, 22). Der Weg führt vom Tod zum Leben, von der Sünde zur integralen Identität. Menschenbild und Gottesbild hängen somit unlösbar zusammen. Die Bildmetapher teilt die Logik des mit der Zeichenmetaphorik ausgedrückten ekklesiologischen Selbstverständnisses, da sie zum Dialog verpflichtet und den Ausschluss verbietet. Denn ein Bild setzt sich dem Zugriff der Betrachter bedingungslos aus und kann »nur dann Menschen von diesem Zugriff ausschließen [...], wenn es sich selbst verleugnet oder verstellt. Mit anderen Worten: wenn es aufhören will, Bild Gottes, also Zeichen der Gemeinschaft mit Gott zu sein. Das aber wäre im eigentlichen Sinne Sünde.«[219] Damit ist die Person des Atheisten in das dialogische Verständnis der Kirche einzubeziehen und zugleich kann seine Interpretation, der Atheismus, verurteilt werden. Dieser ist gemäß dieser Metapher der radikalste Ausschluss, da Gott aus der Denk- und Lebenswelt des Menschen verbannt werden soll und damit die menschliche Würde radikal infrage gestellt wird. »Die Bildmetapher eröffnet also auch die entscheidende Differenz zwischen Interpret (Atheist) und Interpretation (Atheismus), die dem Konzil ermöglicht, den Modus der pastoralen Ortsbestimmung im Gespräch mit dem Atheismus durchzuhalten.«[220]

Der Atheismus wird zu den »ernstesten Gegebenheiten dieser Zeit« (GS 19) gerechnet, fordert daher heraus und muss sorgfältig geprüft werden. Mithin ist es nötig, sich mit ihm auseinanderzusetzen, um die heutige Welt zu verstehen. Gleichwohl wird er nicht als Zeichen der Zeit bezeichnet, was nach Sander sehr berechtigt ist. »Er ist nicht signifikant für die Zeit, auch kein Wendepunkt in der Zeit, wohl aber eine der wichtigsten Realitäten der Zeit.«[221] Darüber hinaus gehört zu den Zeichen der Zeit, sich mit denen, die um die Anerkennung ihrer Würde ringen, zu solidarisieren und dieses Ringen zu befördern, was der

218 *Gilich/Hoff*, Metaphern 297.
219 *Gilich/Hoff*, Metaphern 298.
220 *Gilich/Hoff*, Metaphern 298.
221 *Sander*, Kommentar 736.

Atheismus nicht vermag. Vielmehr bedroht er die menschliche Würde, weil er ihren Ursprung nicht erklärt und auf einen Humanismus ohne Gott, d. h. ohne ihren Grund, abzielt. Für ein Verständnis des Atheismus als Zeichen der Zeit spricht anderseits zunächst, wie sehr der Mensch im Atheismus seine Gottebenbildlichkeit zur Disposition stellt, da »er zur ›Nichtachtung der Grundrechte der menschlichen Person‹ führt (GS 21) und damit die Würde des Menschen antastet.«[222] Ferner kann der staatlich organisierte Atheismus zwischen 1917 und 1989 durchaus als signifikant für diese Zeit angesehen werden, da ein erheblicher Unterschied zum individuellen Atheismus besteht. Unabhängig von der Deutung als ein Zeichen der Zeit oder nicht wird er auf einer gemeinsamen Basis und nicht als reines Gegenüber angesprochen. Denn neben der Grundlage der Würde des Menschen in der Gottebenbildlichkeit wird »seine Berufung zur Gemeinschaft mit Gott« (GS 19) als ein zentraler Wesenszug genannt. Ferner wird eine Gemeinsamkeit zwischen Gläubigen und Nichtgläubigen in der fast einmütigen Überzeugung gesehen, alles auf Erden sei auf den Menschen als Mittel- und Höhepunkt hingeordet (vgl. GS 12). »Ausdruck einer solchen dialogischen Haltung ist die Bereitschaft der Kirche, sich den Erscheinungsformen des Atheismus und seinen tieferen Gründen zuzuwenden und sich selbst eine Mitschuld zu attestieren (GS 20).«[223] Nach Deutung des Konzils ist er nichts Ursprüngliches oder Eigenständiges, sondern reagiert kritisch auf Religionen und deren Darstellung und entsteht daher eher aus (schuldlosem?) Nichtverstehen denn aus schuldhafter Selbstsucht. Er verstößt gegen die ursprüngliche Gemeinschaft mit Gott und der Menschen untereinander, weil es ihm um ein Ziel außerhalb Gottes geht. Allerdings bleibt dies »wohl nicht nur für atheistisch infizierte Gemüter eine nicht so ohne weiteres nachvollziehbare Diagnose und provoziert nicht zuletzt auch zu moral- und existenzphilosophisch orientierten Rückfragen.«[224] Dem Atheismus wird somit energisch widersprochen und zugleich werden der aufrichtige und kluge Dialog mit ihm sowie die darauf basierende Zusammenarbeit zwischen Gläubigen und Nichtglaubenden als unverzichtbar angesehen. Das Eingeständnis einer Mitschuld der Gläubigen am Atheismus wird mit der Aufforderung, dessen tiefere Gründe zu erforschen, verbunden. Dies geht wohl über eine bloß »atheistische Mentalität« hinaus. »In besonderer Weise wird hier das ›Gewicht der Fragen‹ anerkannt, die der Atheismus selbst aufgibt und deshalb eine ernsthafte und

222 *Gilich/Hoff*, Metaphern 299.

223 *Gilich/Hoff*, Metaphern 301; vgl. *Ratzinger*, Kommentar GS 839f.
»Der unbestimmte Verweis auf den Anteil *der* Gläubigen lässt aus dem Text nicht erkennen, ob die Konzilsväter diesbezüglich ebenso eine Mitschuld des kirchlichen Lehramtes selbst vor Augen hatten.« (*Langthaler*, Würdigung 641; vgl. *Hübner*, Atheismus 339f.)

224 *Langthaler*, Würdigung 642.

sorgfältige Prüfung verlange.«[225] Diese programmatischen Äußerungen in GS 21 fordern Theologie und Pastoral zur Reaktion auf die Herausforderungen durch den Atheismus auf, da eine polemische Ablehnung bzw. Verdammung nun als ungenügend betrachtet wird.

Der Atheismus wird somit strikt abgelehnt, aber nicht abqualifiziert. »Die scharfe Distanz zum Atheismus bleibt bestehen, aber sie wird anders kommuniziert.«[226] Als praktische Konsequenz dieser theoretischen Begründung einer dialogischen Verhältnisbestimmung der Kirche zum Atheismus muss sich die Kirche den Herausforderungen aktueller Atheismen stellen und deren kritisches Potential wahrnehmen.

2.2.3 *Beispiel: Moderne und Gesellschaft*

Aus der veränderten Bestimmung der Kirche-Welt-Relation folgt nicht nur eine dialogische Verhältnisbestimmung zu anderen Konfessionen, Religionen oder zum Atheismus, sondern auch allgemeiner zur konkreten geschichtlichen Realität, insbesondere der Gesellschaft und den in ihr zu beobachtenden Transformationsprozessen sowie deren Konsequenzen für die Menschen. Stärker als bei den gerade diskutierten Außenrelationen zu anderen Kirchen, Religionen und zum Atheismus ist hier die Auseinandersetzung mit »Moderne« und »Postmoderne« und eine genaue Analyse des jeweiligen gesellschaftlichen Kontextes zur Bestimmung der jeweiligen Zeichen der Zeit gefordert. In der Pastoralkonstitution erfolgte eine empirisch fundierte – und oft als dem Zeitgeist der 1960er Jahre entsprechend zu optimistisch kritisierte – Deutung der Moderne auf der Basis des methodischen Dreischritts der soziologischen Analyse, der ethischen Reflexion und der theologischen Einbettung. »Der Streit um die Moderne als jenem zeitgeschichtlichen Boden, auf dem die Kirche steht und wirkt, bildet den Kontext aller theologischen Debatten sowohl auf dem Konzil als auch in nachkonziliarer Zeit.«[227] Auch hier verfolgt GS eine dialogische Hermeneutik, die sich u. a. darin zeigt, dass Welt nicht negativ, sondern neutral verstanden wird und die der Kirche vorgegebenen sozialen Realitäten meint, die vorurteilsfrei zu analysieren sind, damit der christliche Glaube in sie hinein verkündigt werden kann. Dieses Vorgehen ist geprägt

225 *Langthaler*, Würdigung 643. Der Atheismus zwingt die Kirche, »ihre eigene Botschaft tiefer zu verstehen, indem sie den Wurzeln des Atheismus nachgeht, der nicht einen so machtvollen Einfluss in der Menschheit hätte gewinnen können, wenn er in seiner gegenwärtigen Form nicht einer Frage des Menschen entspräche und einem Ungenügen, das die konkrete christliche Verkündigung in ihm hinterlassen hat.« (*Ratzinger*, Kommentar GS 845.)

226 *Gilich/Hoff*, Metaphern 302.

227 *Gabriel*, Sozialethik 606. Vgl. auch *Dlugoš/Müller*, Kirche.

durch die Merkmale der »Zeitgenossenschaft«, näherhin der Zeitanalyse, der Zeitkritik und des dialogischen Vorgehens, das methodologisch wie theologisch als induktiv bezeichnet werden kann – und gerade deswegen auch eine Aktualisierung erforderlich macht. Die Theologie wird aus einer Beschreibung der Welt entwickelt und geht von der Anthropologie zur Christologie und von der Schöpfungstheologie zur Soteriologie vor.[228] Die in der *Expositio introductiva* unternommene zeitdiagnostische Bestandsaufnahme macht das konstitutive Zusammenspiel der Innen- und Außenrelation der Kirche deutlich, da eine Ekklesiologie nicht ohne positive Bezugnahme auf den weltlichen Kontext auskommt. »Das heißt, die Kirche definiert sich selbst über ihr dialogisches Außenverhältnis und über ihre Dienstfunktion der Welt gegenüber.«[229] Welt wird dabei nicht uneingeschränkt positiv, sondern dialektisch gesehen. So arbeitet GS 4 mit den Gegensatzpaaren Reichtum und Elend, Freiheit und Knechtung, Einheit und Spaltung, offener Meinungsaustausch und Ideologie. Ferner drückt GS 9 mit der Offenheit zu »Freiheit oder Knechtschaft, Fortschritt oder Rückschritt, Brüderlichkeit oder Hass« die Ambivalenz moderner bzw. gesellschaftlicher Entwicklungen bzw. der besonderen Dynamik der Moderne pointiert aus, weshalb der Vorwurf des Kulturoptimismus differenziert zu betrachten ist. »Insgesamt ist die Pastoralkonstitution also weniger durch den naiven Fortschrittsoptimismus der frühen Modernisierungstheorie als durch eine sehr ausgewogene, positive wie negative Aspekte zusammentragende, Einschätzung der Moderne gekennzeichnet.«[230] Diese Ausgewogenheit wird von der Grundintention, menschliche Lebenswirklichkeit und christliche Sinndeutung zu vermitteln, gefordert, da eine rein positive und optimistisch gestimmte Anthropologie der Defizienz und Erlösungsbedürftigkeit des Menschen sowie seiner Hinordnung auf das göttliche Heilshandeln nicht gerecht würde.

Da das Wort »neu« meist neutral und seltener theologisch verwendet werde, betont Gabriel: »Von einer Euphorie hinsichtlich der modernen, d. h. neuen Entwicklungen, ist hier nichts auszumachen. Der Unterschied zu früheren

---

228 Vgl. *Kreutzer*, Zeitgenossenschaft 225f.

229 *Kreutzer*, Zeitgenossenschaft 227; vgl. *Striet*, Vatikanum 107. »Die Weltkirche ist als solche in Erscheinung getreten, und sie sagt dieser Welt, unbegreiflich wunderbar und selbstverständlich zugleich, daß sie mit allen Abgründen ihrer Geschichte und allen Finsternissen ihrer Zukünfte umfangen ist von Gott und seinem Willen, durch dessen grundlose Liebe Gott selbst in seiner Selbstmitteilung sich der Welt als Grund, Kraft und Ziel anbietet und von sich her dieses Angebot an die Freiheit der Geschichte auch durchsetzt.« (*Rahner*, Bedeutung 317f.)

230 *Kreutzer*, Zeitgenossenschaft 287. Auch Lehmann sieht die Schattenseiten des Fortschritts und die Ambivalenz von Entwicklungen deutlich präsent. (Vgl. *Lehmann*, Konzil 55.)

Texten besteht freilich darin, dass diese ›Neuerungen‹ nicht von vornherein als Verfallserscheinungen bewertet werden.«[231] Optimistisch sei das Konzil hingegen eher darin gewesen, die Möglichkeiten überschätzt zu haben, die Kluft zur modernen Welt schnell zu überwinden und die Zeitgenossenschaft wiederzugewinnen. Als Folge der Konfrontation mit einer der Kirche fremd gewordenen dynamischen Welt sei es dann entweder zum trotzigen Rückzug oder zu einer oft wenig selbstbewussten Anpassung gekommen. Wird die konziliare Hermeneutik der Anerkennung auf der Basis der Menschenwürde konsequent verfolgt, werden diese beiden Alternativen vermieden, da die Inklusion Anderer Kritik nicht ausschließt.

Einerseits ist GS somit durchaus vom zeitgenössischen »Pathos des Neuen« beeinflusst und enthält kultur- und fortschrittsoptimistische Elemente, insofern die Kapitel zu den ethischen Einzelfragen mit dieser Perspektive beginnen. »Diese wird jedoch im folgenden Gedankengang relativiert, indem auf problematische Entwicklungen, Tendenzen und Verhältnisse im jeweils analysierten und ethisch bewerteten Gesellschaftsbereich hingewiesen wird.«[232] In dieser Vorgehensweise zeigt sich der Grundduktus der Konstitution, mit den positiven Seiten bzw. Stärken der modernen Kultur einzusetzen, aber auch die Schattenseiten nicht zu verschweigen. Neben dieser Motivation eines Dialogs mit der Welt, der zunächst fordert, die Stärken des Gesprächspartners wahrzunehmen und herauszustellen, ist die theologische Grundlage einer solchen grundsätzlichen wohlwollenden Zeitdiagnostik die Inkarnationstheologie, weshalb die immer wieder relativierte fortschrittsoptimistische Sicht »sich als Ausbuchstabierung einer inkarnatorischen Theologie auf der Ebene der Zeitdiagnose und der Weltsicht deuten«[233] lässt.

Das Verhältnis der Kirche zur Welt und der vorgenommene pastorale Ortswechsel werden in GS explizit im vierten Kapitel des ersten Hauptteils (Art. 40–45) artikuliert. Dem geht voraus die Behandlung des Menschen in seinen drei Relationen zu sich (Menschenwürde; GS 11–22), zur menschlichen

231 *Gabriel*, Sozialethik 607. Ähnlich weist Kreutzer darauf hin, dass Text 4 zwar noch eine uneingeschränkt weltbejahende Theologie vertrete, dies aber anschließend theologisch relativiert wird. »Diese Dialektik von Weltbejahung und -relativierung, Weltoptimismus und -pessimismus, den z. B. der Peritus Rahner und viele deutschsprachige Konzilsväter vehement angemahnt hatten, blieb auch die entscheidende Ausrichtung des Endtextes der Pastoralkonstitution.« (*Kreutzer*, Zeitgenossenschaft 224.)

232 *Kreutzer*, Zeitgenossenschaft 273.

233 *Kreutzer*, Zeitgenossenschaft 274. Auch Oviedo stellt den Gedanken der Inkarnation bzw. Synthese als theologisches Grundmuster von GS heraus und nennt andere mögliche Verhältnisbestimmungen: »For example, Richard Niebuhr's typology proposed five models, which ran from the extremes of maximal identification to a complete separation between Christ and culture.« (*Oviedo*, Council 727.)

Gemeinschaft (GS 23–32) und zur dinghaften Wirklichkeit (das menschliche Schaffen; GS 33–39). Ein wichtiges Motiv ist die Anerkennung der »Autonomie der irdischen Wirklichkeiten« (GS 36), womit deren Eigenstand und Eigengesetzlichkeit gemeint ist und die sich als Strukturprinzip durch den gesamten Text zieht. Modernisierungstheoretisch wird die funktionale Differenzierung aufgenommen und eine säkularisierte Gesellschaft akzeptiert bzw. positiv gewürdigt. »Es kann letztlich die Gesellschaftsform als theologisch legitim angesehen werden, in der Religion eben nur noch die Bedeutung eines funktionalen Subsystems neben anderen zukommt und diese in ihrer Eigenständigkeit belässt.«[234] Die Anerkennung einer funktional differenzierten modernen Gesellschaft basiert auf dem Wunsch nach »Zeitgenossenschaft« und kann mit einer Theologie der Zeit und schöpfungstheologisch begründet werden. Eingeschränkt bzw. relativiert wird diese positiv gewertete Autonomie, insofern diese nicht unabhängig vom Schöpfergott zu verstehen ist. Ohne den Gottesbezug des Menschen wäre diese Autonomie sogar widersinnig, da sich das Geschöpf nicht ohne den Schöpfer verstehen kann. »Das Wörtchen *iusta* (richtig oder gerecht) meint demnach zweierlei: es bezieht sich sowohl auf die Hinordnung der Autonomie auf Gott, als auch auf die Bindung aller Formen der Autonomie an ethische Normen und Verhaltensweisen.«[235] Die Kirche würde ihrer Aufgabe nicht gerecht, wenn sie sich darauf beschränkte, die Eigenständigkeit der Weltwirklichkeit anzuerkennen, da sie dann der Welt nichts mehr sagte, als diese ohnehin schon wüsste. Vielmehr ist diese Anerkennung in der Ethik zu verankern und vor allem in eine heilsgeschichtliche Theologie einzuordnen, um der eschatologischen Perspektive Rechnung zu tragen. »Ethik und Eschatologie zielen auf eine christliche Haltung, die sich der Welt nicht verweigert, sondern das Gute vorantreibt und das Böse überwindet und so den menschlichen Bemühungen eine Zukunft im Zeichen der großen Glaubensvision einer kommenden endgültigen und umfassenden Gottesgerechtigkeit am Ende der Zeit gibt.«[236] Insofern behauptet die Kirche bzw. der Glaube, auch für andere Subsysteme Bedeutung zu haben. Es wird somit zwischen der Ebene der relativen Autonomie der innerweltlichen Wirklichkeiten und der absoluten Abhängigkeit der ganzen Wirklichkeit von Gott unterschieden. »Wenn diese Scheidung der Ebenen aufrecht erhalten wird, kann es zu keinem Widerspruch zwischen Aussagen über die

---

234 *Kreutzer*, Zeitgenossenschaft 295. »Speaking in the modern dialects of science, existentialism, atheism, and historical-mindedness, it [= the Church, TFP] situated itself as a dialogue partner with a bloc of nonbelievers (in both West and East) whose questions could no longer simply be condemned or dismissed.« (*Schloesser*, Forgetting 319.)

235 *Gabriel*, Autonomie 270.

236 *Gabriel*, Autonomie 286.

Welt aus dem Glauben und den Eigengesetzlichkeiten der weltlichen Bereiche kommen.«[237] Dementsprechend ist bezüglich der jeweiligen thematisierten gesellschaftlichen Bereiche gemäß der jeweiligen Rationalität des Subsystems zu argumentieren.

In den Ausführungen über die Aufgabe der Kirche in der Welt von heute (GS 40–45) wird die Autonomie der irdischen Wirklichkeiten (einschließlich der Kulturen) inkarnationstheologisch vertieft. Da zudem das Weltverhältnis nicht dadurch bestimmt wird, dass Prinzipien angewendet werden, zeigt sich prägnant die Wo-Identität der Kirche. So positioniert sich die Kirche am jeweiligen historischen Ort der Gegenwart, »an dem sich eine neue Sprache über das kristallisiert, wie die Kirche von ihrer Aufgabe zu begreifen ist. Sie wird deshalb streng von den Hilfestellungen begriffen, die sie in die Welt hineingibt, aber die ihr auch durch dieses Weltverhältnis zufließen.«[238] Es geht nicht um die Macht aufgrund der eigenen religiösen Botschaft, sondern um die Autorität durch die pastorale Ortsbestimmung in der Gegenwart der Menschen. Der Einsatz der Kirche beschränkt sich nicht nur auf Ermahnungen, sondern verpflichtet sie auch in ihrem eigenen Wirken und Handeln. »Gerechtigkeit, Friede, Rechtssicherheit, Errichtung von Institutionen zur Ermöglichung fairer Konfliktlösungen und zur Durchsetzung von Rechten fordern die Kirche genauso heraus wie die Gesellschaft.«[239] Dies beinhaltet die Möglichkeit des Versagens bei der konkreten Realisierung, das nicht vergessen werden dürfe (vgl. GS 43).

Ausdrücklich spricht die Überschrift von GS 40 von einer gegenseitigen Beziehung, die in den Formulierungen des Artikels aufgenommen wird, die Kirche glaube, »viel zu einer humaneren Gestaltung der Menschenfamilie und ihrer Geschichte beitragen zu können«, und sei »der festen Überzeugung, daß sie selbst von der Welt, sei es von einzelnen Menschen, sei es von der menschlichen Gesellschaft, durch deren Möglichkeiten und Bemühungen viele und mannigfache Hilfe zur Wegbereitung für das Evangelium erfahren kann«.[240] In

237 *Kreutzer*, Zeitgenossenschaft 296. Als Resultat des Wunsches der Kirche, die sie umgebende Umwelt zu beeinflussen, erfuhr sie »a wealth of positive interactions with other social (political and economic) systems, as well as various cultural settings; that tendency shows its limits, however, when on occasion this expansive effort has threatened the religious identity of the Church and its specific mission« (*Oviedo*, Council 725).

238 *Sander*, Kommentar 758.

239 *Hilpert*, Sorge 665.

240 »Hier zeigt sich erneut, dass Pastoral die konstitutive Überwindung von Ausschließungsmechanismen darstellt.« (*Sander*, Kommentar 759.) »Auch die Gesellschaft ihrerseits nützt der Kirche: die große Vielfalt der Kulturen eröffnet der Suche nach Wahrheit neue Wege, die der Kirche helfen, ihre Botschaft effektiver an die verschiedenen Kulturen anzupassen.« (*Schreiter*, Bereicherung 252f.)

den folgenden Artikeln wird das in den Blick genommen, was die Kirche den Menschen und Gesellschaften sowie der menschlichen Tatkraft in dieser Welt zu bieten hat, bevor in GS 44 die von der Welt erhoffte Hilfe angesprochen wird. Sander betont dabei die sprachliche Grammatik, da die weltliche Sprache im Außen der Kirche für das geistliche Verständnis ihrer Botschaft einen Wert habe. »Für die Theologie kommt es darauf an, jene Sprache aufzuspüren, die aus den Zeichen der Zeit spricht und zugleich die Wahrheit Gottes entschlüsseln hilft; es gilt, namhaft zu machen, was in der Selbstdarstellung einer Zeit signifikant für die menschliche Entwicklung und die sie behindernden Gewalten ist.«[241]

Der geforderte wechselseitige Auslegungsprozess von Evangelium bzw. Glaube und Gegenwart führt zu schwierigen Fragen der Hermeneutik der Gegenwart und der Erfahrungen der »Anderen«, die von GS indes nur fragmentarisch beantwortet werden; »es fehlt das methodische Instrumentarium einer Gegenwartstheologie«[242]. Eine theologische Würdigung der Gegenwart versteht diese als Offenheit auf das Kommen Gottes, als Zeit und Raum der Verwirklichung des Reiches Gottes. Zentral dafür ist die Geschichtlichkeit von Welt und Glaube, die in der Rede von den Zeichen der Zeit konzentriert ausgedrückt wird. Diese können daher in Anlehnung an die Bedeutung der Geschichte bei Melchior Cano als *locus theologicus* bestimmt werden und bergen als solche »das kritisch-weiterführende Potential, durch gläubige und theologische Würdigung die Wirklichkeit zu verwandeln. [...] Die Gegenwart gilt es als Anwesenheits-, Wirkungs- und Handlungsraum Gottes zu verstehen«[243].

Wenn im zweiten Hauptteil von GS einige drängendere Probleme angesprochen werden, werden damit Orte angesprochen, denen nicht ausgewichen werden darf. Damit wird gezeigt, dass der pastorale Ansatz der Lehre des Glaubens auch umgesetzt werden kann. Sprachlich wird sowohl die traditionelle Unterscheidung von Prinzipien und Anwendung als auch die Sozialmetaphysik überwunden.[244] Das Anliegen beider Hauptteile ist es, die

241 *Sander*, Kommentar 764. »Unter den vielen Arten, wie die Kirche der Kultur nützt, ragen drei besonders hervor: die kollektive Weisheit, welche die Kirche als Ergebnis von zweitausend Jahren kultureller Begegnungen mit sich führt; das Engagement für die Würde und Freiheit einer jeden menschlichen Person wie auch deren Förderung; und das Bemühen darum, eine größere Einheit unter den Menschen zu schaffen, ausgehend von der Einheit, die der Kirche in Christus geschenkt worden ist.« (*Schreiter*, Bereicherung 252.)

242 *Polak/Jäggle*, Gegenwart 673.

243 *Polak/Jäggle*, Gegenwart 686.

244 Anders dagegen Benestad, der an der Unterscheidung zwischen doktrinalen Prinzipien und pastoralen Anwendungen festhält. (Vgl. *Benestad*, Perspectives 147.)

Wahrheiten des Glaubens nicht sprachlos vor den Problemen der Zeit werden zu lassen, was dadurch geschieht, dass gefragt wird, was von der Tradition der Glaubensdarstellung behalten werden muss (I. Hauptteil) und welche konkreten Fragestellungen angegangen werden müssen (II. Hauptteil). Sie illustrieren damit den elliptischen Aufbau der pastoralen Ortsbestimmung. »Eine pastorale Ortsbestimmung entsteht nur dann, wenn beide Fragen und beide Verortungen – die in der Tradition der Wahrheiten des Glaubens und die in der wahren Realität des menschlichen Lebens – zugleich aufrechterhalten werden.«[245]

Während die von GS 4–11 in einer zeitdiagnostischen Bestandsaufnahme thematisierten der Moderne inhärenten Spannungen, z. B. bezüglich der Freiheitsproblematik der Menschen, weiterhin bestehen, haben sich die inhaltlichen Dringlichkeiten teilweise deutlich verändert. So bleiben die Gerechtigkeits- und die Friedensfrage unverändert aktuell, allerdings mit anderem Zuschnitt, da die in den 1960er Jahren sehr präsente Angst vor einem Atomkrieg in Anbetracht unterschiedlicher regionaler Konflikte und Kriege sowie asymmetrischer Kriegsführung eher in den Hintergrund getreten ist. Veränderungen sind ebenfalls bezüglich der Arbeitsfrage zu konstatieren, da die Konzentration auf die Arbeit als wirtschaftlicher Produktionsfaktor in GS 68 Herausforderungen durch die Globalisierung wie entregionalisierte Wirtschaftsräume nicht ausreichend erfassen kann. Überdies ist auch eine pastorale Ortsbestimmung in den Sorgen und Nöten nicht arbeitender Menschen gefordert. Hinzugekommen sind ferner u. a. die Umweltfrage, insbesondere die Klimakrise, sowie die Flüchtlings- und Migrationsproblematik.[246]

Ein schon während des Konzils diskutiertes Problem stellt die Armutsfrage dar, die allerdings nicht in den Mittelpunkt gestellt wurde, was »für die nachkonziliare Zeit eine Hypothek dar[stellt], da anderenfalls eine stärker ideologiekritische Position der Kirche gegen den in der Folge überbordenden ökonomischen Liberalismus vom Konzil her gedeckt gewesen wäre«[247]. Trotz geringen Niederschlags in den Dokumenten war das Thema der Armut für das Konzil zentral und wurde vor allem von der Gruppe »Kirche der Armen« im Bewusstsein gehalten, die sich während des Konzils bildete und vor allem auf drei Impulse zurückzuführen sein dürfte: Erstens auf die Radioansprache Johannes XXIII. vom 11. September 1962, in der er forderte, die Kirche solle sich gegenüber den unterentwickelten Ländern als das erweisen, »was sie ist und

245 *Sander*, Kommentar 769.

246 Vgl. zum letzten u. a. *Polak/Jäggle*, Gegenwart; *Sander*, Bischof.

247 *Gabriel*, Sozialethik 619.

sein will, die Kirche aller, vornehmlich die Kirche der Armen«[248]. Zweitens auf den Aufruf aus Nazareth, die Verbindung der Kirche zu den Armen zu betrachten. Drittens auf Yves Congars provozierende Studie »Für eine dienende und arme Kirche«. Diese Gruppe verfolgte das Anliegen, das Thema der Armut der Kirche verstärkt in die Konzilsdiskussionen und -texte einzubringen, war damit aber nur wenig erfolgreich – zu nennen sind neben mehreren Verweisen auf die Armut als wesentlichen Bestandteil christlicher Existenz vor allem eine Passage in LG 8, in der die Armut der Kirche bzw. ihre Berufung dazu, den Weg Christi in Armut und Verfolgung einzuschlagen, hervorgehoben wird, sowie eine in GS 88, wo der Geist der Armut und Liebe als Ruhm und Zeugnis der Kirche Christi bestimmt wird.[249] Ein anderes, nach wie vor relativ unbekanntes, Resultat ihrer Arbeit ist der sogenannte »Katakombenpakt«, dessen Unterzeichner sich selbst dazu verpflichten, nicht nur selber in Armut zu leben, sondern auch die Armen in den Mittelpunkt ihres pastoralen und bischöflichen Wirkens zu stellen.[250]

Die Auseinandersetzung mit der aktuellen politisch-sozialen Realität zeigt sich auch bei der Sorge um den Frieden und setzt prägnant mit der Enzyklika *Pacem in terris* (1963) ein, die überdies Frieden als ethischen Auftrag für Politik und Recht versteht, sich »an alle Menschen guten Willens« richtet, Einsatz und Wirken für den Frieden als Sendung der Kirche herausstellt und in der Anerkennung der Menschenrechte als Voraussetzung und Garantie des Friedens eine Korrektur zur Tradition vornimmt. »Ihre Wertschätzung, Achtung und Verwirklichung erscheint darüber hinaus als zentrales Anliegen des eigenen Wirkens der Kirche.«[251] Dies erfolgt durch eine integrierte Entfaltung der im allgemeinen Menschenrechtsdiskurs unterschiedenen drei Klassen von Menschenrechten (Freiheitsrechte, sozial-wirtschaftlich-kulturelle Rechte und politische Partizipationsrechte) auf der Basis der Personwürde des Menschen in Verbindung mit einer Nennung von korrespondierenden Pflichten. Wer für sich Menschenrechte einfordert, ist auch verpflichtet, »sich für die gleichen Rechte anderer stark zu machen, und ferner, sich daran zu beteiligen, dass das Gemeinwesen mit seinen Organen und Instrumenten instandgesetzt wird, dass auch die anderen das in ihrer Lebenslage Menschengerechte in Anspruch

248 *Johannes XXIII.*, Rundfunkbotschaft 478.

249 Vgl. *Tanner*, Kirche 443–448.

250 Vgl. den Text in *Bischöfe*, Katakombenpakt sowie aus unterschiedlichen Perspektiven dazu *Appel/Pittl*, Konzil; *Arntz*, Vermächtnis; *Arntz*, Katakombenpakt; *Fornet-Ponse*, Katakombenpakt und *Sobrino*, »Kirche der Armen«. Auf solche Vorgänger können heutige Initiativen einer »Kirche der Armen«, wie sie von Papst Franziskus gefordert und umgesetzt wird, aufbauen.

251 *Hilpert*, Sorge 654.

nehmen können«[252]. In GS 78 wird Frieden auf der Basis von Gerechtigkeit entwickelt, wozu mehr als die Abwesenheit von Krieg bzw. ein Gleichgewicht entgegengesetzter Mächte gefordert ist, nämlich zunächst auf der persönlichen Ebene, die Leidenschaften zu zügeln, und Wachsamkeit auf der staatlichen. Zu Frieden kommt es aber erst durch gegenseitigen Respekt von Menschen und Völkern, durch die Achtung ihrer Würde, wenn die Geschwisterlichkeit eifrig ausgeübt wird. Mit dem Fokus auf den Menschenrechten könnte auch die Leerstelle in GS 79 bearbeitet werden, dass die Opfer der Kriege nicht angesprochen werden; »ihre Menschenrechte, speziell ihr Recht auf Leben, wäre der Schlüssel, um einen ausweichlichen Verteidigungskrieg von den wie auch immer getarnten Angriffskriegen zu unterscheiden«[253].

Auf der Basis der Menschenrechte kommen auch in jüngeren sozialethischen Äußerungen wie den Enzykliken *Caritas in veritate* (2009) oder *Laudato si'* (2015) Fragen der globalen Entwicklung der Menschheit, der Völker, der Umwelt und der Zusammenarbeit in den Blick mit besonderer Berücksichtigung der Notleidenden und Schwachen, was ein »Kern- und Unterscheidungsmerkmal der kirchlichen Thematisierung und des Eintretens für die Menschenrechte«[254] darstellt. Nach GS 42 kann die Kirche den Gesellschaften der Welt dadurch helfen, indem sie auf das humane Potential in ihnen aufmerksam macht, wirkt mit Liebe und Glauben sowie ermahnt zu den Menschenrechten in allen Regierungsformen, setzt dies aber nicht durch äußere Herrschaft gesellschaftlich durch. »Sie zielt damit nicht auf *potestas*, wohl aber auf *auctoritas*.«[255] Konkreten Ausdruck findet dieser Einsatz der Kirche in den verschiedenen diplomatischen Initiativen, den Reisen der Päpste oder anderen Versuchen, den Prozess der öffentlichen Meinungsbildung in diesem Sinne zu beeinflussen, aber auch in der Beteiligung an Versöhnungsprojekten und Wahrheitskommissionen oder im Weltfriedensgebet in Assisi.[256]

Wenn die letzten Artikel von GS die göttliche Berufung und gottgegebene Würde der Menschen und damit die Notwendigkeit hervorheben, inhumane Zustände zurückzudrängen, wird damit das pastorale Ziel mit Blick auf die Lage der Menschen unterstrichen. »Die Dogmatik des Glaubens und die Pastoral seiner Bedeutung werden nicht vermischt, aber auch nicht getrennt;

---

252 *Hilpert*, Sorge 658.

253 *Sander*, Kommentar 807.

254 *Hilpert*, Sorge 659.

255 *Sander*, Kommentar 761. Diesen grundsätzlichen Machtverzicht vonseiten der Kirche betont auch Rahner und meint: »Da ist eine Grenze überschritten, hinter die nicht mehr zurückgegangen werden darf, auch nicht im kleinen.« (*Rahner*, Bedeutung 307.)

256 Vgl. *Hilpert*, Sorge 666–668 (Lit.).

es kann das eine nicht ohne das andere geben, wobei das eine jeweils das andere stärkt.«[257] Die Darstellung des Glaubens wird dabei prozesshaft, d. h. als grundsätzlich verbesserungs- und ausbaufähig beschrieben, was die Relativität des Glaubens zur Situation der Welt und der Menschen hervorhebt. Die Kirche muss sich bei ihren pastoralen Äußerungen dieser sich wandelnden Situation aussetzen und die Veränderungen konstitutiv in ihr Zeugnis aufnehmen. »Die Relativität von Leben und Glauben, von historischer Situation und lehrhafter Tradition geschieht am Ort der Pastoral; sie bedeutet nicht die Relativierung der Wahrheit des Glaubens, sondern die Entdeckung ihrer Bedeutung.«[258]

2.2.4 *Pluralisierung der Theologie als methodische Konsequenz*

Wenngleich also einige konkrete Äußerungen von *Gaudium et spes* überholt sind bzw. der Aktualisierung bedürfen, zeigt sich in der zuweilen als Schwäche wahrgenommenen Vorläufigkeit und dem damit verbundenen Fragmentcharakter eine große Stärke des Textes, nämlich die zeitliche Signatur und der Verzicht auf ein überzeitliches und geschlossenes System. »*GS* eröffnet den Weg zu einer bescheidenen Theologie, die weiß, dass sie Gottes Anwesen in der Gegenwart nicht perfekt erklären kann. Sie braucht die Anderen.«[259] Dies ergibt sich als direkte Konsequenz aus der vom Konzil anvisierten kritischen Zeitgenossenschaft, die zeitdiagnostisch, zeitkritisch und dialogisch vorgeht und sich daher von fremden Diskursen beeinflussen lässt. In dieser Art des Theologietreibens, diesem »theologischen Habitus« (Kreutzer), dürfte die nachhaltige Wirkung von *Gaudium et spes* liegen.

> Theologie als kritische Zeitgenossenschaft zu verstehen und zu betreiben, ist damit keine Festlegung auf eine bestimmte, inhaltlich qualifizierte Theologie, die sich spezifischer theologischer Traditionslinien und Inhalte bediente. Es ist zunächst ein Grundmuster der theologischen Reflexion, die Grundlogik ihrer

---

257 *Sander*, Kommentar 820.

258 *Sander*, Kommentar 821. Die »dialogische Ausrichtung setzt auch eine gewisse Lernbereitschaft beider Dialogpartner voraus. Insofern gehört das Bekenntnis zur Zeitgebundenheit auch kirchlich-lehramtlicher Aussagen zur Intention von *Gaudium et spes*.« (*Kreutzer*, Zeitgenossenschaft 230.)

Theobald spricht sogar von einer »union intime entre doctrine et contexte historique« (*Theobald*, concile 500), die allerdings nicht konsequent durchgehalten werde.

259 *Polak/Jäggle*, Gegenwart 697. Wegen der doppelten Relation zur Welt und den heutigen Menschen ist GS nicht an den Entstehungskontext der 1960er Jahre gebunden. »Vielmehr ist die damalige Situationsanalyse analog für die jeweilig heutige Zeit und die anderen Kulturräume fortzuschreiben.« (*Sievernich*, »Pastoralität« 43.)

> Herangehensweise. Der Habitus kritischer Zeitgenossenschaft ist, wenn man so will, eine fundamentaltheologische Kategorie.[260]

Wichtig ist dabei die Balance bzw. Komplementarität von Zeitgenossenschaft und Zeitkritik, da die Anschlussfähigkeit der Theologie zu gegenwärtiger Kultur und Gesellschaft nicht die kritische Dimension verdrängen, aber auch nicht durch diese unterlaufen werden darf. Dies hängt eng zusammen mit einer Balance zwischen den Veränderungen des Kontextes und ihrer Herausforderungen sowie der von einer ekklesialen Institution geforderten Stabilität: »The call to engage in this historical-hermeneutic enterprise probably implies a certain ›negotiation‹ from both dimensions: the changing cultural environment and the stable deposit of faith.«[261] Dies darf aber nicht dazu führen, aus Bequemlichkeit gewohnte Positionen, Standpunkte, theologische Modelle etc. beizubehalten und daher die Forderungen der Zeichen der Zeit nicht aufzunehmen oder ihnen nicht angemessen zu begegnen. Vielmehr ist eine Haltung der Offenheit gefordert, die mit einer Unsicherheit bezüglich der gegenwärtig angemessensten theologischen Modelle einhergeht und Fehlertoleranz einfordert.

> Mit der pastoralen Ortsbestimmung von GS ist die Frage nach der hinreichenden Methodologie der Theologie gestellt. Sie wird von GS selbst nicht beantwortet, aber die Suche nach neuen theologischen Ansätzen ist damit eingeläutet worden. Die plurale und sehr differente Entwicklung innerhalb der katholischen Theologie nach dem Konzil belegt dieses Projekt.[262]

Ein Ausdruck dieser methodologischen Frage ist der von GS vertretene Ortscharakter der Wahrheit: GS spricht von der Wahrheit, indem auf eine konkrete, jeweils historisch qualifizierbare Situation verwiesen bzw. sich mit dieser auseinandergesetzt wird, beispielsweise im menschlichen Gewissen (GS 16), der Beziehung Christi zu allen Menschen (GS 22,1) oder der der

---

260 *Kreutzer*, Zeitgenossenschaft 449f. »The message of the Council points instead towards a model of constant attention to one's own context in order to develop the relevant answers to each case.« (*Oviedo*, Council 728.)

»The Church's mission has an essentially historical dimension. Because the world changes, because each new age brings new problems and challenges, the Church must find new ways to deal with these new problems and challenges. In short, it must change to fulfill its mission in a changing world.« (*Ormerod*, Response 847.)

261 *Oviedo*, Council 728.

262 *Sander*, Kommentar 831. »Such an attitude challenges us to allow for a certain margin of error, consequently to assume a burden of taking risks, later recognizing mistakes, and correcting them. It requires a degree of ›fallibility‹ that few theologians are comfortable with.« (*Oviedo*, Council 728.)

Kirche zu allen Menschen (Gs 41,1). »In dieser ortsbezogenen, topologisch qualifizierten Weise wird Wahrheit auch zu einem Verwerfungsgrund«[263]. Den Fragen und Problemen der Menschen darf nicht ausgewichen werden, wenn es um die Wahrheit Gottes und die Wahrheit des Glaubens geht. Damit wird die Pluralität der pastoralen Orte so weitgehend geachtet, dass die Darstellung der Wahrheit am Kriterium der Nicht-Ausschließung gemessen wird. In dem Maße, in dem die Kirche allen Menschen einen Ort in ihr selbst zu geben vermag, gibt sie der Wahrheit Gottes einen pastoralen Ort (vgl. GS 92,1). Der Ortsbezug der christlichen Wahrheit wird von GS konsequent durchgehalten und ermöglicht es, sowohl die Nicht-Relativierbarkeit der Glaubenswahrheit und ihre Relativität zur Lebenssituation der Menschen auszudrücken. »Die pastorale Ortsbestimmung von GS ist zu einer solchen Zweiheit fähig; damit wird die Theologie ebenso sehr dynamisiert wie genötigt, über ihre bisherigen Vorstellungsgrenzen hinauszugehen.«[264] Durch den notwendig plural auftretenden Ortsgehalt der Wahrheit kommen so viele neue theologische Fragestellungen in den Blick, dass eine herkömmliche Theologie schnell sprachlos werden kann. Die Theologie widmet sich nun jeder menschlichen Lebensäußerung, allem, was Menschen allgemein und jeden einzelnen konkret betrifft. Eine im Modus einer pastoralen Ortsbestimmung vorgenommene Theologie darf nichts von dem, was Menschen bewegt, ausklammern, was zunächst als Überforderung erscheint. Im Unterschied zum früheren (z. B. scholastischen) Gesamtanspruch der Theologie, die Ordnung der Dinge umfassend zu formulieren und klar definierbare Plätze zuzuweisen, wird der Anspruch von GS »in einem Modus gestellt, der den universalen Sinn der Glaubenswahrheit mit der Bedeutung an konkreten Orten im Plural verbindet«[265]. Daher braucht die Theologie nicht den Rahmen einer Ordnung der Dinge vorgeben und jedem und allen einen Platz in dieser zuweisen. Stattdessen hat sie sich zunächst der göttlichen Berufung zum Menschsein bei den Menschen von heute zu widmen, nimmt daher die unter den Menschen herrschende Ordnung der Dinge zur Kenntnis und solidarisiert sich mit ihrer Situation. Im ersten Schritt werden die konkreten Erfahrungen und Erlebnisse der Menschen respektiert und auf dieser Basis kann eine dem Glauben eigentümliche Sicht der Dinge entwickelt werden. »An die Stelle einer großen Ordnungsschematik, die von der Theologie für alles und jeden verantwortet wird, tritt eine Serie von Orten,

263 *Sander*, Kommentar 835 mit Verweis auf GS 43,1.

264 *Sander*, Kommentar 836. »[D]ie konkreten Lebenssituationen der Menschen von heute und in besonderer Weise der Marginalisierten dieser Welt [sind, TFP] *loci theologici* mit einer unabweisbaren Offenbarungsqualität[.] In ihnen muss die Kirche zu sich selbst finden, weil sie nur hier das Evangelium leben und vermitteln kann.« (*Hoff*, Raum 172.)

265 *Sander*, Kommentar 837.

in denen mit dem Glauben signifikante Aussagen getroffen werden, die durchaus und in begründeter Hoffnung für alle eine Bedeutung haben können.«[266] Dies mutet der bis zum Konzil maßgeblichen Theologie einiges zu, da der skizzierte Ort prekär und eine neue Sprache für die Glaubenswahrheiten nötig wird, die nach GS topologisch aufmerksam sein, d. h. sich mit der Autorität realer Orte auseinandersetzen muss.

Die vom Konzil geforderte Offenheit der Kirche auf das Außen – andere Kirchen, andere Religionen oder die moderne Gesellschaft – ist somit eng mit einer Relativität der eigenen Aussagemöglichkeiten auf den konkreten Kontext und einer epistemologischen Bescheidenheit verbunden, insofern die Vorläufigkeit unterschiedlicher Formulierungen, theologischer Modelle oder Positionen als unvermeidbar erkannt wird. Dies redet nicht einer Beliebigkeit das Wort, sondern nimmt den Unterschied zwischen dem *depositum fidei* und unserem Verständnis bzw. unseren Versuchen, über dieses Aussagen zu treffen, ernst. Dies ist zu berücksichtigen, wenn im Folgenden vor dem Hintergrund der im II. Vatikanum deutlich ausgedrückten Wechselwirkung von Dogma(tik) und Pastoral sowie der Wechselwirkung von Innen und Außen verschiedene Konflikte zwischen einzelnen Theologen und lehramtlichen Organen (insbesondere der Glaubenskongregation) in den Blick genommen werden.

2.3 Dogma und Pastoral

> Das Zweite Vatikanische Konzil ist tatsächlich, wie *Johannes XXIII.* in seiner berühmten Eröffnungsrede gefordert hatte, ein Pastoralkonzil geworden, aber nicht, weil es einige neue pastorale Anweisungen gegeben hat, sondern weil es die kirchenkonstitutive Funktion einer neu verstandenen Pastoral als neue Lehre der Kirche von sich selber entwarf, begründete und entwickelte. Wer sagt, das Zweite Vatikanische Konzil sei »nur« ein Pastoralkonzil gewesen, hat von diesem Konzil das Wichtigste nicht begriffen.[267]

Mit dieser deutlichen Positionierung stellt Bucher die oben ausführlich erörterte wechselseitige Verhältnisbestimmung von Dogma und Pastoral heraus, die Pastoral als das gesamte Welthandeln der Kirche versteht. Dadurch kommt ihr konstitutive Bedeutung für Selbstverständnis und Selbstvollzug der Kirche zu.

266 *Sander*, Kommentar 837.

267 *Bucher*, Pastoralkonzil 13.

2.3.1 *II. Vatikanum: Wechselwirkung von Dogma und Pastoral und die Wechselwirkung von Innen und Außen*

Dieser Wechselwirkung von Dogma(tik) und Pastoral entspricht die Wechselwirkung der Innen-/Außenrelation der Kirche, da mit der Hinwendung der Kirche auf das äußere ihrer selbst auch dieses in seiner Pluralität mit seinen Stärken konstitutive Bedeutung für die Kirche besitzt. Damit wird eine strikte Trennung zwischen »Innen« und »Außen« der Kirche bzw. zwischen innerem Leben und Sendung nach außen hinfällig, ohne ihren strukturell zum Glauben einer Religionsgemeinschaft gehörenden Unterschied völlig aufzuheben. Vielmehr verortet sich die Kirche im Gegenüber zur Gesamtheit der jeweils zeitgenössischen Menschen, verzichtet auf (frühere) Ausschließungsmechanismen und kann daher mit Sander als Pastoralgemeinschaft qualifiziert werden. Dies entspricht dem universalen Heilswillen Gottes, der auch andere Religionen mit den ihnen inhärenten Werten und Wahrheitsmomenten umfasst. Diese werden wie andere christliche Kirchen als je eigene Größe in ihrem je eigenen Verhältnis zu Gott bzw. Christus respektiert und von diesem her und nicht vom eigenen Standpunkt aus betrachtet. Gemäß der beispielsweise in GS 19–21 mit Blick auf den Atheismus, in NA bezüglich anderer Religionen und in UR hinsichtlich anderer christlicher Kirchen vorgenommenen dialogischen Verhältnisbestimmung kommt dem Anderen Bedeutung für die Selbstbestimmung zu, sodass diese nicht (mehr) primär durch die Abgrenzung von anderen erfolgen kann. Das Außen der Kirche stellt mit seinen Fremdwahrnehmungen und -perspektiven ihr eigenes Selbstverständnis infrage und ermöglicht neue Differenzierungen und Selbstkritik, ohne die Kritik an anderen unglaubwürdig wird.

In den Eröffnungsnummern von LG und GS wird der Ort der Kirche in Relation zu zwei mit ihr nicht identischen Größen, Gott und den Menschen von heute, bestimmt. Von der Kirche in der heutigen Welt ist eine Auseinandersetzung mit allen Menschen, ein Dialog mit offenem Ausgang und die Beschäftigung mit den Gegenwartsfragen der Menschen gefordert. Dem Glauben als Lebensressource mit Blick auf die Stärken der Anderen, mit denen die eigenen Schwächen behoben werden können, im Lebensraum aller Menschen und ihrer jeweiligen Sprachen dient eine pastorale Glaubenssprache. Aufgrund der doppelten Relativierung der Kirche als Zeichen und Werkzeug für die Einheit mit Gott und der Menschen untereinander steht die Frage nach der Bedeutung und Wirksamkeit des Glaubens für die Menschen von heute im Zentrum, insbesondere auch für diejenigen, die der Kirche offiziell nicht zugehörig sind. Die kirchliche Pastoral soll gegenüber den Erfahrungen der Menschen, vor allem der Bedrängten, resonanzfähig sein, was im Hinhören auf die Geschichten der Vergangenheit in Bibel und kirchlicher Tradition sowie auf die Menschen der Gegenwart und ihre Geschichten erfolgt. »Resonanz der Pastoral und Relevanz des Evangeliums bedingen sich gegenseitig. Beides konstituiert die Wahrnehmung der ›Zeichen der Zeit‹ in konkreten Verhältnissen und das Setzen neuer Wirklichkeit als Zeichen des Reiches Gottes in dieser Welt.«[268]

Während Sander die Pastoral als Ortsbestimmung für den Glauben sieht, in der die Glaubenswahrheiten und die Realitäten der Zeit in ein spezifisches Verhältnis gesetzt werden, das sie weder auf die übernatürliche Wahrheit noch auf die zeitliche Immanenz reduziert, weshalb die Darstellung des Glaubens um der Heilserfahrung aller Menschen willen geschehe,[269] ist nach Fuchs auch die Darstellung des Glaubens um ihrer selbst willen notwendig. Denn der Glaube müsse sich pastoral verwirklichen, um heilsamer Glaube werden und die Pastoral orientieren zu können. »Der Zweiheit von Dogma und Pastoral entspricht dann eine doppelte Pastoral, eine der Gottesbeziehung und eine der Menschenbeziehung, und beide als niemanden ausschließende Solidarität.«[270] Einig sind sie sich im wechselseitigen Bezug der Wahrheiten des Glaubens und der konkreten Fragen der Menschen und ihrer Probleme, denen nicht ausgewichen werden darf. Da sich die Glaubenswahrheiten nicht nur auf die sozialen Probleme des Menschen beziehen, sondern im Glauben selbst Problem sind, ist das Verhältnis von Wort und Wirklichkeit, von Dogma und Pastoral »eine Frage des Glaubens selber, nämlich wie darin das Wort zu einer Erfahrung wird, die pastorale Qualität hat«[271]. Mit diesem neuen Verhältnis von Dogmatik und Pastoral wird der konkreten Glaubenspraxis eine konstitutive Bedeutung zugesprochen, die Ausschließungen einer werbestimmten Glaubensfixierung überwindet. »Pastorale Herausforderungen haben eine die Dogmatik bestimmende Autorität, weil sie diese vor Fragen und Probleme stellen, denen sie nur um den Preis der Wahrheit des Glaubens ausweichen kann.«[272]

Dies zeigt sich im oben skizzierten Stil der Dokumente des Konzils. Die Argumente der Menschen von heute und ihre Situation gewinnen Relevanz für die Sprache des Glaubens. Durch Pastoral als neue Konstitutionsgröße existiert die Kirche in der Welt von heute; die Situation der Menschen von heute ist zu analysieren, um vom Glauben sprechen und Rechenschaft ablegen zu können. Dies bündelt sich in der Rede von den Zeichen der Zeit, die

268 *Fuchs*, Glaubenspastoral 562.

269 Vgl. *Sander*, Kommentar 702.

270 *Fuchs*, Glaubenspastoral 571f.

271 *Fuchs*, Glaubenspastoral 572.

272 *Sander*, Kommentar 688.

sorgfältig zu erforschen und im Licht des Evangeliums zu interpretieren sind. Zu berücksichtigen ist die Autonomie der irdischen Wirklichkeiten, da die für eine Zeit signifikanten Veränderungen, Ereignisse oder Merkmale zunächst in ihrer Eigenlogik zu verstehen und erst anschließend theologisch zu deuten sind. Indem sie dies tut, kann die Kirche Neues über sich selbst lernen – und andererseits mutet sie ihrer Mitwelt die Lehre des Glaubens zu. Weder darf die konstitutionelle Bestimmung der Kirche von den gegenwärtigen menschheitlichen Problemen absehen noch die Außensicht der Kirche von den Themen der eigenen Tradition und Gemeinschaft.

Inhaltlich folgen daraus u. a. die Anerkennung der Religions- und Gewissensfreiheit oder die Verpflichtung zum ökumenischen und interreligiösen Dialog. Dem entspricht der Einbezug der Adressaten in die Verkündigung des Evangeliums, was mit dem in *Dei Verbum* vorgelegten Offenbarungsverständnis korrespondiert.

2.3.2 *Theologische Grundlagen: Schöpfungs- und Inkarnationstheologie in der Dialektik zur Kreuzestheologie*

Über die allgemeine Prägung des II. Vatikanums durch »eine Theologie und eine Frömmigkeit, die sich wesentlich von der Heiligen Schrift, von den Kirchenvätern und von dem großen liturgischen Erbe der Gesamtkirche her aufbaut«[273], die sich in den verschiedenen Erneuerungsbewegungen zu Beginn des 20. Jahrhunderts ausgestaltete, hinaus können die theologischen Grundlagen der dialogischen Verhältnisbestimmung von Kirche und Welt und der Einheit von Dogma und Pastoral neben der Offenbarungstheologie vor allem in einer Dialektik von Inkarnationstheologie und Kreuzestheologie gesehen werden.

Die Voraussetzung für die Einheit von Dogma und Pastoral bildet ein kommunikationstheoretisches und personales Offenbarungsverständnis, das Offenbarung als lebendigen Prozess der Selbstmitteilung Gottes in Christus versteht und es unmöglich macht, die Verkündigung des Evangeliums vom Verhalten und der Haltung der Verkündenden zu trennen. Siebenrock spricht daher von der »Einheit von Wahrheit und Zeugnisgestalt«[274], auf der die Einheit von Dogma und Pastoral beruhe. Dies ermöglicht es ihm, eine trinitarisch-christologische Matrix als konstitutionelles Achsenkreuz des

---

273 *Ratzinger*, Zehn Jahre 1037.

274 *Siebenrock*, Hermeneutik 125. »Der Glaube des Konzils ist die Lehre von der Existenz des Menschen in Christus. Die Praxis dieses Glaubens ist die Annahme und Weitergabe dieser Lehre; denn sie ist ein Inbegriff dessen, was man selber vertritt, ein Entwurf der eigenen Existenz. Daher besteht zwischen der Lehre des Glaubens und einem selbst als ihrem Träger und Adressaten ein prinzipieller Zusammenhang.« (*Klinger*, Glaube 621.)

Konzils anzulegen, nach dem die Achse »Offenbarung – Freiheit und Würde des Menschen« (DV – DiH) die doppelte Verfasstheit der Kirche nach Innen (LG) und nach Außen (GS) konstituiert. In der Verbindung von Gottes- und Nächstenliebe kommt der Liebe Gottes und seiner Verehrung die Priorität zu.

> Die Einheit von Dogma und Pastoral ist christologisch, d. h. offenbarungstheologisch grundgelegt. Die Mitte der Offenbarung Gottes, auf die alle menschliche und christliche Existenz ausgerichtet wird, kommt in der jesuanischen Praktik des Wortes Gottes als Dienst am Reiche Gottes in dieser Welt und Geschichte als eschatologische Fülle in der Niedrigkeit und Verborgenheit seiner Demutsgestalt zum Ausdruck. In diese Gestalt hinein die ganze christliche Existenz und alles kirchliche Tun zu erneuern, bestimmt die Absicht dieses Reformkonzils.[275]

Stellt Siebenrock somit die offenbarungstheologische bzw. christologische Grundlage der Einheit von Dogma und Pastoral heraus, entspricht dies der Verbindung der insbesondere in GS vertretenen grundsätzlich positiven Sicht der Welt und der Ausrichtung auf einen Dialog der Kirche mit der Welt mit einem eher »thomistischen«, d. h. inkarnationstheologischen, Ansatz, der die Gutheit der Schöpfung herausstellt. Ein solcher ist zwar zentral, insofern er die dialogische Perspektive und die Wechselseitigkeit von Dogma und Pastoral, von Innen und Außen der Kirche begründet, aber nicht absolut zu setzen. Vielmehr bedarf er, um dem Mysterium Christi, der Ambivalenz der Welt und der Fülle der Tradition gerecht zu werden, der Ergänzung durch eine kritische, kreuzestheologische Perspektive.[276] Diese Dialektik entspricht nicht nur der Optimismus und Pessimismus, Vertrauen und Verdacht verbindenden

---

275 *Siebenrock*, Hermeneutik 126. Darüber hinaus ist die Konsequenz einer solchen Offenbarungstheologie für das Miteinander innerhalb der Kirche zu notieren: »If, however, the revelatory event is truly dialogical, then church teaching can no longer be strictly discursive in character; we must conceive of the whole church, including those who hold episcopal office, as participating in the church's teaching *and learning.*« (*Gaillardetz*, Council 51.) Als ein solches Beispiel kann der Einfluss der Periti auf die Bischöfe gelten, der sich insbesondere bei der Diskussion um das Offenbarungsschema zeigt. (Vgl. *Wicks*, Vatican II.)

276 Vgl. *Faggioli*, Vatican II 68–83; *Rush*, Interpreting 16ff, *Komonchak*, Augustine; *Komonchak*, Thomism. Trotz der Bedeutung des inkarnationstheologischen Ansatzes folgte das Konzil nicht den unterschiedlichen Versuchen, Thomas bzw. den Thomismus als maßgebliche Philosophie festzuschreiben, wie sich beispielsweise an den allgemein gehaltenen Verweisen in OT zeigt. Vgl. auch *Bauer*, Wende 15–17 zu Analogien zwischen der Pastoralkonstitution und der thomanischen Summa (in der Deutung Chenus).

Ratzinger führt in seinem Kommentar primär Teilhard de Chardin als Gewährsmann der optimistischen Grundstimmung an, nennt aber bei den französischen Verfassern auch eine thomistisch gerichtete und an den griechischen Vätern orientierte theologische Grundhaltung. (Vgl. *Ratzinger*, Kommentar GS 806f.)

gesamten Tradition, sondern verhindert auch, die dem Reich Gottes dienenden als auch ihm widerstrebenden Elemente unterzubestimmen. Vor allem in GS verbindet sich diese Dialektik mit der Imago-Dei-Theologie:

> Die heilsgeschichtlich ausgerichtete Imago-Dei-Theologie weist einen Bezug zum in der Pastoralkonstitution konstatierten gewachsenen Geschichtsbewusstsein auf. Die Dialektik von Inkarnations- und Paschachristologie lässt sich als theologische Entsprechung zu einer dialektischen Weltsicht deuten, welche die Pastoralkonstitution insbesondere nach der Kritik an Text 4 und deren Aufnahme in den Endtext kennzeichnet.[277]

Indem die Imago-Dei-Lehre Ethik, Heilsgeschichte, Anthropologie, Christologie, Schöpfungstheologie und Erlösungslehre verbindet, wird der anthropologisch-christologische bzw. schöpfungs- und erlösungstheologische Spannungsbogen von GS 12 und GS 22 ermöglicht, aber auch die Begründung der Personwürde (GS 12) und der wesentlichen Gleichheit aller Menschen (GS 29) oder die Wertschätzung menschlicher Freiheit (GS 17). Bei seiner Darstellung der Theologie des Irenäus von Lyon stellt Kreutzer zwei Parallelen zur theologischen Konzeption der Pastoralkonstitution heraus: Zum einen den induktiven Aufstieg von der Welt zur Theologie und von der Anthropologie zur Christologie, zum anderen den deutlich evolutiven Grundzug, der noch deutlicher würde, wenn die Nouvelle Théologie berücksichtigt würde, und eine wichtige Entsprechung von theologischer Tradition und modernem Selbstverständnis darstelle.[278]

Auf der anderen Seite ist die dialektische Bewertung der Welt auf der Basis einer Zuordnung von Inkarnations- und Paschatheologie zu nennen. Eine inkarnatorische Theologie wird eher weltbejahend optieren und eine Kreuzestheologie eher weltkritisch sein. Anthropologisch ergänzen sich ein Heils- und Kulturoptimismus mit der Kategorie der Sünde. Die wichtigste Funktion der Inkarnationstheologie in GS ist es, »auf christologischer Ebene die Verbundenheit und Solidarität Gottes in Jesus Christus mit der Menschheit und der Welt«[279] zu begründen, während die Paschachristologie den »Kampf gegen das Böse« betont und mit zeitkritischen Passagen und weltrelativierenden Glaubensaussagen verbunden wird. Kreutzer sieht das kritisch korrektive Ineinander bzw. die unaufgelöste Spannung beider Christologien und der ihnen entsprechenden Weltsichten als Spiegel der textgeschichtlichen Prozesse.

277 *Kreutzer*, Zeitgenossenschaft 244.
278 Vgl. Vgl. *Kreutzer*, Zeitgenossenschaft 251–257.
279 *Kreutzer*, Zeitgenossenschaft 259.

»Auch die christologische Spannung in *Gaudium et spes*, in ihrer letztlich nicht aufgelösten Dialektik von Inkarnation und Pascha, repräsentiert so das theologische Gesamtprogramm der Konstitution, das sich textgeschichtlich durchsetzte: die kritische Zeitgenossenschaft.«[280]

Ohne diese Dialektik zu bestreiten, macht Dadosky auf den ignatianischen Grundzug der Ekklesiologie des Konzils und insbesondere der Verbindung des Selbstverständnisses der Kirche mit ihrem Verständnis bezüglich der Anderen aufmerksam. Denn Ignatius von Loyola betont sowohl die Präsenz Gottes in allen Dingen als auch die Notwendigkeit der Unterscheidung der Geister. »Vatican II ecclesiology is the Church's recognition at an official level of her own self-understanding of what Ignatius had re-discovered with the Spiritual Exercises centuries before, that God can be found in all things, i.e., in the Other.«[281] Mit Anerkennung der gegenseitigen selbstvermittelnden Beziehung zwischen der Kirche und den Anderen entsteht die Notwendigkeit, unterschiedliche Arten von Differenz anzuerkennen und zwischen kontradiktorischen und komplementären Differenzen in der Beziehung zu den Anderen unterscheiden zu können. Hierzu genüge eine Communio-Ekklesiologie nicht, da diese zum einen primär selbstvermittelnd sei und zum anderen die Einheit der Gläubigen und nicht die Differenzen betone. »To account sufficiently for difference, one needs an ecclesiological conception that pertains to mutual self-mediation, where unity is expressed in the multifarious mutually enriching relations with the Other, and where the discernment of spirits is practiced.«[282] Dadosky plädiert daher für eine Ekklesiologie der Freundschaft für die *ecclesia ad extra*, während eine Communio-Ekklesiologie der *ecclesia ad intra* diene.

Vor diesem Hintergrund sind die zum Teil unaufgelösten Spannungen zwischen den unterschiedlichen Ekklesiologien oder theologischen Ansätzen nicht als kontradiktorische Widersprüche anzusehen, sondern können als komplementäre Ergänzungen verstanden werden. Diese dienen dazu, nicht einen bestimmten theologischen (oder philosophischen) Ansatz zu propagieren, sondern die berechtigen Anliegen der unterschiedlichen Traditionen aufzunehmen und eine neue Synthese dieser in den Blick zu nehmen. Damit dies gelingen kann, ist nicht nur das Wesen der Kirche als Zeichen und Werkzeug für die Einheit mit Gott und der Menschen untereinander herauszustellen,

---

280 *Kreutzer*, Zeitgenossenschaft 262.

281 *Dadosky*, *Re*-Interpretation 753. Es fehle das Äquivalent zu den Prinzipien der Unterscheidung. Vgl. zu den franziskanischen Wurzeln der ignatianischen Spiritualität *Ashley*, Ellacuría 37–39.

282 *Dadosky*, *Re*-Interpretation 754.

sondern auch die unterschiedlichen Rezeptionsorte des Evangeliums in der Welt zu berücksichtigen.[283] Hinzu kommt der von Kreutzer herausgearbeitete Habitus des Theologietreibens, die kritische Zeitgenossenschaft, d. h. eine Verbindung von Zeitdiagnose, Zeitkritik und Dialog unter Beeinflussung durch fremde Diskurse. Dies legt nicht auf eine bestimmte inhaltliche Theologie fest, sondern ist »ein Grundmuster der theologischen Reflexion, die Grundlogik ihrer Herangehensweise«[284]. Diese Verbindung von Wahrnehmung des »Außen« der Kirche (Zeitdiagnose) sowie Dialog mit ihm und der theologischen Deutung auf der Basis des Evangeliums entspricht nicht nur dem geforderten Umgang mit den Zeichen der Zeit, sondern auch der wechselseitigen Beziehung von Dogma und Pastoral.

2.4 Dogma und Pastoral als Brennpunkte der Ellipse des Selbstvollzugs der Kirche

Werden Dogma und Pastoral als Brennpunkte der Ellipse des Selbstvollzugs der Kirche verstanden, ist sie »eben kein Kreis, der in sich ruht und allein den eigenen Kräften folgt, sondern hat eine exzentrische Positionierung, die den eigenen und fremden Kräften ausgesetzt ist und von beiden unterschiedliche Beschleunigungen erfährt.«[285] Indem die beiden Pole aufeinander bezogen sind, wird die pastorale Qualität des Glaubens der Kirche gerade in dem Zueinander der *ecclesia ad extra* und der *ecclesia ad intra* bestimmt. Wie Congar betont, hatte die Unterscheidung zwischen dem *intra* und dem *extra* lediglich eine praktische Bedeutung zur Arbeitsorganisation gehabt. Sie entspreche zwar einer objektiven Wahrheit, insofern die Kirche ihre eigenen Daseinsprinzipien habe, aber aufgrund des geschichtlichen Daseins der Kirche kann zwischen beidem nicht getrennt werden. »Somit gibt es nicht nur das verkündete *Wort* des Evangeliums; die Institutionen und das Handeln dieser Kirche haben auch ihre Sprache in der Welt und für sie.«[286]

Ausdruck davon sind die beiden Kirchenkonstitutionen, die die je andere Perspektive nicht ausblenden, auch wenn sie je einen Pol klar akzentuieren: Ist in der Bestimmung der Kirche als Zeichen und Werkzeug für die Einheit der Menschen untereinander vor Gott in LG das Innen ein Merkmal der

283 Vgl. *Rush*, Interpreting 64.
284 *Kreutzer*, Zeitgenossenschaft 450.
285 *Sander*, Kommentar 590.
286 *Congar*, Theologen 372.

Außendarstellung, ist in GS das Außen eine Eigenschaft des Innenzugangs, da nichts wahrhaft Menschliches der Nachfolgegemeinschaft Jesu Christi fremd ist. Die Kirche wird somit sowohl vor Gott als auch den Menschen von heute verortet. Der von beiden Konstitutionen gebildete kreative Kontrast erklärt »die Zweiheit beider zum Grundbaustein einer gegenwärtigen Darstellung des katholischen Glaubens«[287]. Bei der konstitutionellen Bestimmung der Kirche sind die menschheitlichen Probleme der jeweiligen Zeit zu berücksichtigen und die der Kirche von ihrer Tradition und Gemeinschaft gestellten Themen betreffen ihre Außensicht. Diese zunächst getrennt erscheinenden bzw. getrennten Größen werden nun aufeinander bezogen bzw. sind relativ zueinander. Dies bedeutet keinen Relativismus der Wahrheiten. »Vielmehr bringt die Fokussierung des einen Pols auf den jeweils anderen Pol die Bedeutung dieser Wahrheiten zum Vorschein, die über den Kontext hinausreichen, in dem sie gleichsam selbstverständlich sind.«[288] Sander nennt mit der Katholischen Soziallehre, der Pastoraltheologie und der Dogmengeschichte drei Ortsbestimmungen, die mit einer am Prinzip einer in sich ruhenden *societas perfecta* nicht hätten erreicht werden können und die Tradition des Glaubens mit einem Außen konfrontiert hätten, das bis dato in der dogmatisierten Tradition nicht beachtet wurde oder ausgeschlossen war: Mit der sozialen Situation, der subjektiven Befindlichkeit der Menschen in Pfarreien und Gemeinden und mit der Geschichtlichkeit von Bekenntnisformulierungen und theologischen Überlegungen. Solche Zweiheiten und relativierende Größen stehen nun im Blickpunkt und sind zugleich eine große theologische Herausforderung. Indem sie besonders die Konzeption der kirchlichen Identität als stabil und intern möglichst homogen oder als geschichtlich und plural betreffen, bieten sie den eingangs genannten Konfliktlinien Nährstoff. »Denn es gab – und gibt zum Teil immer noch – keinen selbstverständlichen Umgang mit solchen Relativitäten. Sie stehen immer in der Gefahr, sich als partikulare Relativierungen der universalen Bedeutung der Glaubenstradition auszuwirken und müssen sich dem Vorwurf stellen, ob sie diese Bedeutung nicht mehr verdunkeln als befördern.«[289]

Genau diese Frage stellt das römisch-katholische Lehramt an verschiedene theologische Entwürfe oder Positionen, die nach dem II. Vatikanum entstanden sind, sich (mehr oder weniger explizit) auf das Konzil berufen und die Auseinandersetzung mit einer ihren Kontext prägenden relativierenden

287 *Sander*, Kommentar 590f.
288 *Sander*, Kommentar 591.
289 *Sander*, Kommentar 591.

Größe ihre Theologie prägen lassen. Umgekehrt stellt sich die Frage an das Lehramt und insbesondere die Glaubenskongregation, ob sie diese pastorale Ortsbestimmung auch in ihre Kriterien zur Beurteilung solcher Theologien aufgenommen hat. Die folgenden Untersuchungen zu den christologischen Ansätzen von Schillebeeckx, Sobrino und Dupuis lassen daran Zweifel aufkommen.[290]

290 Dies deckt sich mit den Überlegungen bei *Sander*, Kommentar 838–844.

KAPITEL 3

Christologie in der säkularen Moderne: Edward Schillebeeckx

So vielfältig und vielschichtig das theologische Werk des 1914 in Belgien geborenen und 2009 in Nijmegen gestorbenen Dominikaners Edward Schillebeeckx ist, so lässt sich sein Grundanliegen doch knapp dahingehend zusammenfassen, dass es ihm um die Lebendigkeit des Glaubens in der gegenwärtigen Situation, in seinem Fall dem säkularen Kontext Westeuropas, ging.

> Die Frage ist nicht, ob wir es besser wissen als frühere Gläubige. Die Frage ist, was wir in Anbetracht der neuen Erfahrungs- und Denkmodelle tun müssen, hier und heute, um einen lebendigen Glauben zu bewahren, der auch in unserer Zeit *wegen seiner Wahrheit* für den Menschen, seine Gemeinschaft und Gesellschaft Relevanz besitzt. Welcher Christ weiß z. B. heute noch, was ›der Menschensohn‹ ist? – ein Begriff, der einmal die Grundauffassung einer frühchristlichen Generation war? Sind wir deshalb keine oder weniger Christen? Damit ist jedenfalls das Problem deutlich gestellt.[1]

Diesem Problem stellt er sich auf der Basis einer sehr breiten philosophischen Ausbildung und berücksichtigt auch exegetische und humanwissenschaftliche Kenntnisse, um auf diese Weise den unterschiedlichen gesellschaftlichen und geschichtlichen Umständen Rechnung tragen zu können.[2] Unter inhaltlicher Hinsicht erfolgt dieses Anliegen der Lebendigkeit des Glaubens in der gegenwärtigen Situation nach Kennedy, indem sich Schillebeeckx gegen die Ansicht richtet, das Christentum sei freiheitsfeindlich und hänge irrational an einem überholten Menschenbild. Seine Theologie sei insgesamt gesehen »die Verteidigung eines Christentums, das sich als ein Weg zur Freiheit versteht, als ein Weg näherhin, den Jesus von Nazaret eröffnet hat.«[3] Anders formuliert, geht es Schillebeeckx um die Vereinbarkeit von Fides und Ratio,

---

1 *Schillebeeckx*, Jesus 515f; auch *Schillebeeckx*, toegang 32. »Anhand der Begrifflichkeit einer allgemeinen Aussage kann Schillebeeckx' Werk als Ergebnis des Versuchs verstanden werden, *die konkrete, gegenwärtige, christliche Erfahrung zu verstehen*. In der Sprache einer mehr traditionellen Theologie ausgedrückt, ist sein Hauptanliegen das Verhältnis von Kirche und Welt: Was heißt in unserer modernen Zeit Christ sein, sowohl als Person als auch als Mitglied einer Gesellschaft?« (*Schreiter*, Schillebeeckx 26; vgl. *Boeve*, Experience 200.)

2 Vgl. zu den Einflüssen seiner Theologie *Kennedy*, Schillebeeckx 54–89; *Schreiter*, Schillebeeckx 35–40.

3 *Kennedy*, Schillebeeckx 90.

 | DOI:10.30965/9783657760190_004

wobei diese sich gegenseitig kritisieren können und müssen, damit weder der Glaube zum Fundamentalismus noch die Vernunft zum Rationalismus wird und wir uns dem Geheimnis verschließen.[4] Verschärft wird die Herausforderung für Kirche und Christentum durch den Kontext einer pluralen Gesellschaft mit deren Einflüssen, wodurch die Behauptung der Universalität eines partikularen Ereignisses oder einer konkreten Person infrage gestellt wird und unter Fundamentalismusverdacht steht. Um zu zeigen, dass in einer konkreten Erfahrung ein universaler Anspruch und eine Wahrheit für alle Menschen aufscheint und christliche Verkündigungs- und Handlungspraxis zukunftsfähig ist, ist von Christen und Christinnen eine »kritische Interrelation bzw. Korrelation« zwischen Gegenwart und Vergangenheit bzw. zwischen heutigen Erfahrungen und christlicher Erfahrungstradition als zwei Quellen der Theologie gefordert.[5] Durch den wechselseitigen kritischen Bezug von Gegenwart und christlicher Tradition kann die gegenwärtige christliche Erfahrung vor dem Horizont der Tradition verstanden und die gegenwärtige Bedeutung der Tradition adäquat formuliert werden. »Parler de Dieu sera signifiant pour notre situation, si le théologien donne une réponse libératrice à nos questions.«[6] Dieses zentrale Moment der Theologie Schillebeeckx' zeigt gut deren modernen Charakter, da klare Entsprechungen zwischen Gegenwart

---

4 Vgl. *Strazzari*, Schillebeeckx 148f.

5 Vgl. *Schillebeeckx*, Auferstehung 62–76; *Schillebeeckx*, Erfahrung 13ff; *Schillebeeckx*, Tradition. »Diese Korrelation erfordert daher – 1. eine Analyse unserer heutigen Erfahrungswelt und – 2. ein Aufspüren der konstanten Strukturen der christlichen Grunderfahrung, von der das Neue Testament und auch die spätere christliche Erfahrungstradition sprechen, und – 3. das kritische Inbezugsetzen dieser beiden ›Quellen‹. Denn diese biblischen Elemente werden für Christen ihre heutigen Erfahrungen strukturieren müssen, wie sie auch die eigene Lebenswelt der verschiedenen biblischen Autoren christlich strukturiert haben.« (*Schillebeeckx*, Auferstehung 63; *Schillebeeckx*, weg 144 (hier sind 1. und 2. vertauscht); vgl. *Schillebeeckx*, Erfahrung 40.)

Mit dem später eingeführten Begriff »Interrelation« will Schillebeeckx stärker hervorheben, »dass die Komponenten aufeinander bezogen sind und sich gegenseitig bestimmen. [...] Während sich die Korrelation auf der fundamentaltheologischen Ebene bewegt und sich auf die Vernünftigkeit religiöser Rede bezieht, zielt die Interrelation auf ein Fortschreiben des Traditionsprozesses in Kontinuität und Brüchen« (*Schwarz-Boenneke*, Erfahren 145). Vgl. auch *Boeve*, Experience 213f; *Dumas*, Corrélations; *Odenthal*, Interrelation 187–190.

Nur interpretiert kann ein biblischer oder ein Bekenntnistext Antwort auf eine Frage unserer Zeit sein, da eine reine wörtliche Wiederholung wegen der Geschichtlichkeit des menschlichen Daseins und der menschlichen Fragestellungen keine Antwort sei. Umgekehrt ist dies aber auch ein Gradmesser für unser Verständnis der Bekenntnistexte: »Wenn die *tridentinische* Antwort nicht Antwort ist *auf meine Fragen jetzt*, habe ich das, was das Tridentinum sagen will, nicht verstanden und lebe gerade nicht im authentischen Glaubensgehorsam.« (*Schillebeeckx*, Weg 25.)

6 *Dumas*, Corrélations 329.

und Tradition für möglich gehalten werden, auch wenn die breite Skala zwischen eindeutiger Identität und unverkennbarer Nicht-Identität anerkannt wird; darüber hinaus werden die Zeitdifferenz zwischen Vergangenheit und Gegenwart und die Differenz zwischen historischem Jesus und dogmatischem Christus als Herausforderung verstanden.[7] In der Postmoderne sind solche Entsprechungen jedoch zutiefst fraglich geworden bzw. es müssen zumindest gegenüber den einseitigen Tendenzen der Moderne die Aspekte der Differenz und Diversität stärker betont werden.

In seinem Gesamtwerk behandelt Schillebeeckx unterschiedliche materiale Themen – prominent ist die Christologie, aber auch Gotteslehre, Schöpfungstheologie und Ekklesiologie werden ausführlich berücksichtigt; einen umfassenden Gesamtentwurf hat er indes nicht vorgelegt. Dabei ist ihm (insbesondere in seinen späteren Schriften) ein negativ-theologischer Grundzug eigen, mit dem die Transzendenz Gottes bewahrt bleibt und der sich in einer doxologischen Prägung der Theologie Schillebeeckx' auswirkt. Die Fülle Gottes ist von keiner Religion oder Kirche, keiner Theorie oder Praxis vollständig erfassbar, sodass wir Menschen begrifflich »Gott eigentlich nicht kennen«[8]. Zentral für die Kenntnis Gottes bzw. das Sprechen über ihn ist nach Schillebeeckx die Geschichte Jesu von Nazaret; man kann nicht empirisch oder rein beschreibend von Gott sprechen, vielmehr spricht der Christ in einem bestimmten Lebenskontext von Gott. Dieser ist »letztlich das Leben, der Tod und die Auferstehung des Menschen Jesus, bezeugt als der Christus, als derjenige, der den letzten Sinn des Lebens aller und der Menschengeschichte vorlebt und bestimmt«[9]. Der negativ-theologische Grundzug gründet auf einem von Thomas v. Aquin übernommenen Prinzip, mit dem er die Übereinstimmung seiner Neuinterpretation des Glaubens für durch Säkularisierung und Pluralisierung desillusionierte Menschen mit den ersten christlichen Glaubensbekenntnissen gewährleisten will: »Der Glaubensakt bezieht sich nicht auf den Glaubenssatz, sondern auf die Wirklichkeit (actus credentis non terminatur ad enuntiabile sed ad rem). Mit anderen Worten, man glaubt

7 Vgl. *Schillebeeckx*, Menschen 61; zur Bedeutung der Zeitdifferenz für das Verständnis der Moderne *Figal*, Moderne und zu Problemen einer Christologie in der Moderne *Danz*, Grundprobleme 1–11.

8 *Schillebeeckx*, Evangelium 60. Kennedy verweist auf die sich durch das gesamte Werk durchziehende zweifache Struktur, der gemäß Gott für den Menschen in einem Zusammenspiel positiver und negativer Elemente zugänglich sei. »Sowohl im frühen wie im späteren Werk vollzieht sich die eigentliche kognitive Berührung mit Gott in einer impliziten, nicht ausdrückbaren Dimension des Glaubens.« (*Kennedy*, Schillebeeckx 208.) Vgl. zu dieser epistemologischen Frage *Kennedy*, Deus.

9 *Schillebeeckx*, Glaubensinterpretation 91.

an Gott und nicht an Aussagen über Gott.«[10] Sosehr Glaubensaussagen bekenntnishafte und nicht wissenschaftlich objektivierbare Sprache sind, können die absoluten Aussagen z. B. des Neuen Testaments auch nicht einfach hermeneutisch verharmlost werden. Vielmehr ist bekenntnishafte Sprache einerseits relational, indem sie etwas über die Beziehung eines Menschen zu einem oder einer anderen aussagt, zum anderen hat sie eine objektive Seite. »Eine bestimmte bekenntnishafte Sprache will etwas Wirkliches über den Menschen sagen, der diese völlige und radikale Hingabe anderer tatsächlich bewirkt und sie auch wert ist.«[11] Bei Jesus von Nazaret ist dies das Bewusstsein der in ihm ergehenden Offenbarung Gottes und seines Heilswillens für die ganze Menschheit. Die Unterscheidung zwischen Wirklichkeit und Glaubenssatz bzw. Interpretation ist religionstheologisch bedeutsam, insofern Christologie als Interpretation Jesu von Nazaret und die Wirklichkeit des Gottes Jesu als ausschließlicher Erlöser aller Menschen zu unterscheiden sind. »Aber was erlöst, was Befreiung und Erlösung vermittelt, ist nicht die Interpretation, sondern das Erlösungsmittel selbst.«[12] Daher lenkt er den Blick von der Interpretation auf die Person Jesus Christus und unterstreicht dessen Besonderheit als Offenbarung Gottes. Bei allen Stärken, die einer solchen personalen Christologie zuzugestehen sind, besteht die Gefahr, die Funktion nicht mehr präzise zu erfassen. Zudem stellt sich im Rahmen des von Schillebeeckx vertretenen Korrelationsdenkens verstärkt die Frage, was als Entsprechung der Erfahrung der Person Jesu Christi gelten kann – insbesondere angesichts der postmodernen Infragestellungen solcher Entsprechungen. Sein Bemühen um eine der gegenwärtigen Situation angemessene und verständliche Sprache, um diese Besonderheit zu vermitteln, hat zuweilen zu teilweise gravierender Kritik u. a. vonseiten der Glaubenskongregation geführt.

---

10 *Kennedy*, Schillebeeckx 96 mit Verweis auf *Schillebeeckx*, Wahrheit 196; vgl. auch *Iwashima*, Menschheitsgeschichte 45–53. »*Dadurch, daß Er in absoluter Freiheit als Gott existiert*, offenbart Er uns, daß alle unsere Gottesbilder (nicht seine Wirklichkeit selbst!) in der Tat menschliche Produkte und Projektionen sind, die als solche nicht imstande sind, die göttliche Wirklichkeit zu beschreiben.« (*Schillebeeckx*, Menschen 107, Herv. im Orig.)

11 *Schillebeeckx*, Menschen 190.

12 *Schillebeeckx*, Menschen 215. Diese theozentrische Pointe betont auch *Haight*, Engagement 92. Vgl. zur Frage der Einzigkeit und Universalität Christi unter religionstheologischer Perspektive auch *Schillebeeckx*, Identiteit; *Schillebeeckx*, Universalité und dazu *Ménard*, L'universalité; *Bobadillo Cruz*, carácter und mit weiterer Perspektive *Souletie*, Tools; *Wiele*, Universality sowie spezifischer zu Schillebeeckx' Christologie aus der Sicht jüdisch-christlicher Beziehungen *Kuikman*, Christology.

3.1 Herausforderungen der Moderne und Schillebeeckx' Reaktion

Schillebeeckx stellt sich dem christologischen Grundproblem der Moderne, das sich unter den gegenwärtigen Erkenntnisbedingungen insbesondere aufgrund des historischen Bewusstseins stellt. Denn dieses sieht den inkarnierten Gottmenschen der neutestamentlichen Evangelien und der theologischen Lehrtradition als einen unwiederbringlich vergangenen Menschen einer fremden Zeit an. »Wie lässt sich aber die Bedeutung eines Individuums, das vor 2000 Jahren in einem fernen Winkel dieser Erde lebte, für uns heute gedanklich begründen?«[13] Anders als beispielsweise Bultmann redet Schillebeeckx nicht einer Trennung von Glaube und Geschichte das Wort und er identifiziert auch nicht einfach den von der Kirche geglaubten Christus mit dem geschichtlichen Jesus. Vielmehr ist sein Plädoyer für eine »kritische Interrelation bzw. Korrelation« zwischen Tradition und gegenwärtiger Erfahrung ein Ausdruck seiner Überzeugung, das Christentum sei unaufgebbar an die historische Basis der ursprünglichen Glaubenserfahrung der Jünger gebunden. Dieser Problematik stellt sich auch die sogenannte »Third Quest« der Jesusforschung, nämlich einer Vielzahl unterschiedlicher und sich durchaus widersprechender Darstellungen z. B. hinsichtlich der Kontinuität zwischen Jesus und dem Judentum – Christologie zeigt sich somit als ein Darstellungsproblem, das nicht ohne historische Quellenkritik erfolgen kann.[14] Er geht dabei von einer transzendenten und universellen Grundtendenz des Evangeliums aus, die immer neu aktualisiert und an die partikularen Kulturen angepasst werden muss. Gemeint ist nicht eine überzeitliche oder kulturfreie Glaubenssubstanz, die in einem transkulturellen Kern dargestellt werden könnte. Vielmehr kann das Evangelium »nur in den Formen *partikulärer Kulturen* (der jüdischen, der judaisch-hellenistischen, der hellenistischen, der karolingischen, keltischen, römischen, afrikanischen, asiatischen ... Kultur) vorgefunden werden – nie über oder außerhalb von ihnen; man begegnet nie einer ›geschälten Substanz‹ des Glaubens«[15]. Das Evangelium kann die Universalität Gottes und seiner

---

13 *Danz*, Grundprobleme 2.

14 »Jede Rekonstruktion der geschichtlichen Gestalt des Nazareners ist eine gegenwärtige Konstruktion und Deutung, die bereits ein Gesamtbild Jesu voraussetzt, welches sich gerade nicht den Einzelzügen entnehmen lässt und in das spezifische Interessen und Voraussetzungen des jeweiligen Forschers zum Teil unbewusst einfließen.« (*Danz*, Grundprobleme 35; vgl. 199ff.)

15 *Schillebeeckx*, Rolle 79; vgl. *Bobadillo Cruz*, carácter 40f. Die Unterscheidung zwischen einer dogmatischen »Kernaussage« und ihrem »Einkleidungsmoment« ist nach Schillebeeckx nur retrospektiv sinnvoll, d. h., wenn sie existentiell nicht bedeutend ist, und eine »fast nichtssagende, unbrauchbare Gegebenheit, eben weil dieser Kern *nie* als

Erlösung nur konkret und partikular sowie in einer interpretierenden Form offenbaren. Gottes Wort richtet sich an uns in einem zwischenmenschlichen Gespräch, womit die Glaubensäußerungen in Bibel und Tradition zutiefst kontextuell und kulturell sind und schon innerhalb der Bibel verschiedene Kontexte unterschieden werden können, insofern ein früheres Gespräch aus einer neuen Situation neu interpretiert wird. »Die Heilige Schrift ist sozusagen das kanonische Archiv, an dem die nie aufhörende kirchliche Anamnese, die sich in stets neuen Situationen des Wortes Gottes erinnert, durch das ganze Volk Gottes unter Führung und Geleit des kirchlichen ›apostolischen Amtes‹ überprüft wird.«[16] Ein direktes oder unmittelbares Verständnis ist nicht möglich, da eine überzeitliche Lektüre nicht möglich ist; entscheidend ist die historische Identität, das Bleibende in den verschiedenen kulturellen Formen. Beim Versuch eines antihistorischen Universalismus, einen Wesenskern des Christentums als »ewige Wahrheit« unabhängig einer historischen Basis zu behaupten, wird die wesentliche Verbindung zwischen der geschichtlichen Person Jesu und seiner Botschaft gelöst. »For Schillebeeckx, the historical core at the heart of the original experience must be preserved in all later experiences.«[17] Die sich daraus ergebende Zeitproblematik führt zu einer grundlegenden Pluralisierung der Christologie, da die jeweilige Darstellung in den unterschiedlichen Kontexten und Kulturen sehr unterschiedlich ausfallen kann. Diese gilt – wie schon die Pluralität neutestamentlicher Christologien zeigt – diachron wie synchron, was von Schillebeeckx allerdings nicht explizit ausgeführt wurde und über die von einer Korrelation vorausgesetzte Gleichzeitigkeit der in Beziehung gesetzten Größen hinausgeht. Um die Grundtendenz möglichst genau zu verstehen und adäquat in andere Kulturen und soziohistorische Kontexte vermitteln zu können, sodass die Botschaft auch noch heute inspiriert, ist es nötig, historisch vorzugehen, um den jeweiligen Kontext zu kennen. Die kulturelle Vermittlung ist eine Vorbedingung, um die christliche Botschaft weiter tradieren zu können und besitzt daher eine positive Vermittlungsfunktion. »These historical mediations therefore cannot simply be relativized in a unilateral manner, since they constitute our historically conditioned access to the Gospel.«[18] Schillebeeckx geht von einer grundlegenden Bedeutungseinheit aufeinander folgender Beziehungen zwischen der geschichtlich situierten Form der Tradition und dem sozio-historischen

---

reiner Kern gegeben ist (dann wäre es auch kein ›Kern‹ mehr), sondern stets *in* einem historischen ›modus cum quo‹ steckt.« (*Schillebeeckx*, Weg 18; Herv. im Orig.)

16 *Schillebeeckx*, Weg 12.

17 *Dupré*, Experience 39.

18 *Boeve*, Significance 16.

Kontext aus, weshalb Dogmen oder Glaubensbekenntnisse irreversibel sind, aber für spätere Generationen aufgrund ihrer Formen irrelevant werden können – eine Ansicht mit offensichtlichem Potential für einen Konflikt mit der Glaubenskongregation. Sein »Anliegen kann demnach zum einen als die Suche und Darlegung christlicher Identität bestimmt werden und als das Bemühen, den Glauben lebendig zu halten und erneut bedeutsam werden zu lassen«[19]. Die Rede von den zwei Quellen der Theologie wird von Schillebeeckx in späteren Schriften zur Rede von zwei Polen der einen Quelle der Theologie – das immer nur kulturell vermittelt vorhandene universale und transkulturelle Evangelium – modifiziert. Diese ist nur in der Korrelation bzw. Interrelation der beiden stets aufeinander bezogenen Pole zu verstehen.[20] Tradition wird somit von Schillebeeckx weniger als passive Überlieferung eines gegebenen Sachverhaltes und vielmehr »aktiv als die Handlung des Überlieferns und Übersetzens«[21] verstanden. Als Überlieferung ist Tradition immer auf die je gegenwärtige Situation bezogen, was der in GS ausgedrückten konstitutiven Bedeutung des »Außen« für das »Innen« der Kirche entspricht. Indem er den aktiven Aspekt in der Überlieferung betont, legt er einen anderen Akzent als die Glaubenskongregation, die stärker auf den passiven Akzent der getreuen Weitergabe des Überlieferten – was sich im Fokus auf die konkreten konziliaren Formulierungen ausdrückt – abhebt.

Die für Schillebeeckx gegenwärtige Situation von Glaube und Theologie birgt Probleme vor allem in zwei Punkten, wobei er eine moderne Gegenüberstellung von Vergangenheit und Gegenwart in Anschlag bringt, die vonseiten der Glaubenskongregation deutlich zurückhaltender bewertet wird, die stärker die Kontinuität betont: Zum einen ist die überlieferte Glaubenssprache aufgrund möglichen Miss- und Unverständnisses weitgehend inkompetent, um eine Beziehung zu den Erfahrungen des Menschen in der Gegenwart herzustellen. »Daß die Glaubenssprache eine ›Gettosprache‹ geworden ist, ist ein Faktum, aber dies hat den Grund nicht darin, daß die Glaubenssprache

---

19 *Schwarz-Boenneke*, Erfahren 42. Vgl. besonders *Schillebeeckx*, geloofsverstaan; *Schillebeeckx*, Menschen 58–71.

20 Vgl. dazu *Barwasser*, Theologie 259f; *Schwarz-Boenneke*, Erfahren 129–149.

21 *Berkhof*, Jezus 140; Übers. TFP [»actief als de dáád van het overleveren en doorvertalen«]. »Tradition becomes a living tradition when it succeeds in allowing people to live and practice God's presence in history in a concrete way.« (*Boeve*, Significance 15.) »All genuine understanding requires the creation of a historical frame of reference that recognizes not only the otherness of the past and its claim on us but also its difference from our contemporary cultural frame of reference. Thus, all understanding necessarily involves reinterpretation. The very survival of a text or tradition handed on from the past requires constantly new appropriation of its meaning in changing historical contexts.« (*Hilkert*, Encountering 380.)

ihrem Wesen nach verschieden von den anderen Sprachen wäre.«[22] Sie hat sich vielmehr nicht so entwickelt wie die Sprachen der Gesellschaft, sodass Begrifflichkeiten o. ä. einen völlig anderen Sinn als ursprünglich haben können. Damit verbunden ist das zweite Problem, der Pluralismus der Glaubensinterpretation, da verschiedene Neuinterpretationen vorgelegt werden, um dieser Inkompetenz abzuhelfen. Verschärft wird dies durch einen Pluralismus der Wirklichkeitsverständnisse und Wertvorstellungen. Als tiefere Wurzel dieser Problemfelder macht er einen radikalen Wandel der Verhältnisse zwischen Mensch und Welt und Mensch und Gott aus, dessen Folge die Säkularisierung ist.[23] Schillebeeckx versteht darunter das Vergehen des bisherigen Gottesbildes, ohne dass ein in der neuen Kultur adäquates Gottesbild bereits gefunden wurde. Das eigentliche Problem ist somit weniger die negative Seite des Prozesses, in dem sich das alte Gottesbild löst, als vielmehr dieses neue Gottesbild zu finden. Damit stellt sich der Theologie die Aufgabe, »den Glauben in den neuen kulturellen Kontext so hineinwachsen zu lassen, daß er sich ein neues Gottesbild aus dem neuen Menschen- und Weltbild schafft.«[24]

Um den Glauben im jeweiligen zeitlichen, räumlichen und kulturellen Kontext verständlich werden zu lassen, ist die gesellschaftsbezogene Relevanz des Christentums herauszustellen. »Christlich interpretiertes Humanum versteht sich für Schillebeeckx als von Gott konstituiert und ermöglicht, findet im Heilswillen Gottes seine Orientierung und sieht ihren Sinn und ihr Ziel in der lebenswerten und glückenden menschlichen Existenz.«[25] Diesen Akzent auf einer befreienden Theologie, einer Heilstheologie, drückt Schillebeeckx selber in der Aufnahme des bekannten Diktums des Irenäus von Lyon aus, das er in seinen Jesusbüchern nachdrücklich betonen will: »1. Das Heil des Menschen liegt im lebendigen Gott (›vita hominis, visio Dei‹), und 2. Gottes Lehre liegt im Glück, in der Befreiung und dem Heil oder dem Heilsein des Menschen (›Gloria

22 *Iwashima*, Menschheitsgeschichte 88.

23 Vgl. besonders *Schillebeeckx*, Christentum; *Schillebeeckx*, Säkularisierung sowie *Kennedy*, Deus 157–173; *Anjus*, Uniqueness 43–47.

24 *Iwashima*, Menschheitsgeschichte 94.

25 *Loiero*, »... damit keiner zugrunde gehe« 117. »Schillebeeckx' Theologie verbindet Mystik als Liebe zu Gott und Politik als Entfaltung der Nächstenliebe.« (*Schwarz-Boenneke*, Erfahren 43; vgl. *Barwasser*, Theologie 325ff.) Dementsprechend versteht Schillebeeckx Heil keineswegs nur als Erlösung der Seelen, sondern: »Il atteint toute la personne humaine dans ses dimensions somatique, écologique, psychologique, socio-culturelle et religieuse. L'entrée dans la vie éternelle signifie la communauté de vie avec Dieu en solidarité réelle avec autrui.« (*Ménard*, L'universalité 290.)

Dei, vivens homo‹).«[26] Mit dem Vertrauen in die grenzenlose Güte Gottes und dem Vorrang der Gnade kann seine Christologie als eine »soteriologische Christologie« bezeichnet werden. Diesen soteriologischen Akzent begründet er mit der sprachphilosophisch motivierten Unterscheidung zwischen ›first‹ und ›second order‹-Glaubensaussagen. Während die Aussagen ersten Grades direkt mit der Erfahrung zusammenhängen und primär kerygmatischen Charakters sind, gilt dies für die Aussagen zweiten Grades eines expliziten Glaubensbekenntnisses nur vermittelt durch diejenigen ersten Grades. »›First order‹ und ›second order‹ sind keine ontologischen Unterscheidungen oder Bewertungen, sondern allein linguistische. ›Second order‹ bedeutet nicht zweitrangig. Aussagen des zweiten Grades haben nicht allein eine Beziehung zur Realität, sondern auch zu den Implikationen, die in den ›first order assertions‹ hervorgetreten sind.«[27] Dieser Unterscheidung entsprechend begründen die minimalen österlichen Glaubensaussagen (Parusiechristologie, dicht gefolgt vom Auferstehungskerygma) sowie die Anerkennung des Kommens des Gottesreiches in Jesus als auf die direkte Erfahrung mit Jesus rekurrierend eine Christologie. Rückt statt des Gottesreiches die Person Jesu Christi ins Zentrum und wird der historische Mittler des Gottesreiches mit dem präexistenten Sohn identifiziert, ist hingegen von einer ›Theologie zweiten Grades‹ zu sprechen, da diese nur vermittelt durch die ursprünglichen Aussagen in Beziehung zur Erfahrung Jesu steht, ihrerseits aber deren Implikationen entfaltet. Somit geht gnoseologisch, also bei der Entwicklung der christologischen Erkenntnis, die Soteriologie (Reich Gottes als Heil für Menschen) der Christologie voraus. Umgekehrt setzt die soteriologische Frage nach der Christologie die Heilserfahrung mit Jesus voraus und ist insofern zweiten Grades. Die Christologie geht daher ontologisch der Soteriologie voraus.

Angesichts der Fragestellung dieser Arbeit werden im Folgenden vor allem jene drei Bücher Schillebeeckx' berücksichtigt, die im Brief der Glaubenskongregation bezüglich seiner christologischen Überlegungen genannt werden:[28]: *Jesus. Die Geschichte von einem Lebenden*; *Christus und die Christen. Die Geschichte einer neuen Lebenspraxis* und *Die Auferstehung Jesu als Grund der*

---

26 *Schillebeeckx*, Auferstehung 149, vgl. 75; vgl. *Schillebeeckx*, Menschen 163; *Schillebeeckx*, Universalité 279. Die inhaltliche Nähe von Schillebeeckx' Heilstheologie zur Befreiungstheologie wird herausgearbeitet von *Rivera Roberto*, Befreiungstheologie.

27 *Schreiter*, Jezus 161; Übers. TFP. [»›First order‹ en ›second order‹ zijn geen ontologische distincties of evaluaties, maar allen linguïstische. ›Second order‹ betekent niet tweederangs. Uitspraken van de tweede orde hebben niet alleen betrekking op de realiteit, maar ook op de implicaties die naar voren zijn gekomen in de ›first order assertions‹.«]

28 Vgl. *Kongregation für die Glaubenslehre*, Schreiben Schillebeeckx Christologie.

Erlösung. Zwischenbericht über die Prolegomena zu einer Christologie. Spätere Schriften können Aufschluss darüber geben, ob und inwiefern Schillebeeckx die Kritik der Kongregation berücksichtigt hat.

3.2 Skizze der Christologie Schillebeeckx'

3.2.1 *Grundanliegen und allgemeine Charakteristika*

Das im Rekurs auf das II. Vatikanum entwickelte und in der Tradition der Moderne stehende Hauptanliegen einer neuen Glaubensdarstellung in der gegenwärtigen (säkularen) Situation schlägt sich bei Schillebeeckx in seinem Bemühen um eine gründliche theologische Auseinandersetzung mit der gegenwärtigen Situation als Basis für eine erneuerte Formierung der Aufgaben von Kirche und Theologie nieder. Dabei steht das Verhältnis von Kirche und Welt im Zentrum und der Versuch, die verborgene Anwesenheit Gottes in der Welt zur Sprache zu bringen. So verfasste er nach dem Konzil zahlreiche Beiträge, »um in der Konfrontation mit aktuellen Diskussionen und Entwicklungen im Denken den theologischen Zugriff zu entwickeln, der den Zusammenhang zwischen der verborgenen Hoffnung der Welt und der dringenden Erwartung des Christentums sichtbar machen können soll«[29]. Ein Resultat davon sind seine exegetischen Studien zum historischen Jesus. Deren Ergebnisse legte er in der 1974 erschienenen ersten oben genannten Monographie (*Jesus. Die Geschichte von einem Lebenden*) vor, in der der narrative Zugang schon im Titel deutlich wird.[30] Diese Monographie ist der erste Band einer dreibändigen Christologie bzw. genauer: den Prolegomena zu einer Christologie, die durch *Christus und die Christen* sowie *Menschen. Die Geschichte von Gott* (1989) ergänzt wird. Sein Anliegen ist keine Christologie unter Berücksichtigung des gesamten Dogmas, sondern er will durch die »Jesusbücher Gläubige *zu einer Christologie* hinführen«[31]. Daher bezeichnet er diese als »Prolegomena«. Das Zielpublikum ist kein akademisches, sondern die gewöhnlichen Christen, auf deren Nöte er antworten will.

---

29 *Borgman/Caspers*, dienst 390; Übers. TFP. [»om in confrontatie met actuele discussies en ontwikkelingen in het denken de theologische aanpak te ontwikkelen die de samenhang tussen de verborgen hoop van de wereld en de nadrukkelijke verwachting van het christendom zichtbaar zou kunnen maken«.]

30 Deutlicher zeigt sich dies in einem Interview mit Francesco Strazzari, in dem Schillebeeckx sagt, er sei mit der deutschen Übersetzung des Titels nicht mehr so glücklich und würde nun den Begriff »Erzählung« anstelle von »Geschichte« bevorzugen. (Vgl. *Schillebeeckx*, Ich höre nicht auf 22f.)

31 *Schillebeeckx*, Auferstehung 114; Herv. im Orig; vgl. anders *Kasper*, Jesus.

Wie besonders der Originaltitel des zweiten Bandes (*Gerechtigheid en liefde. Genade en bevrijding*) deutlich macht, behandelt Schillebeeckx auch die politischen Konsequenzen des Glaubens an Christus sowie Konsequenzen politischer und ökonomischer Bedingungen für das christliche Leben. Er greift ab diesem Band auf die *Theologie der Befreiung* Gustavo Gutiérrez' zurück.[32] Neben dem narrativen Zugang ist sein Bemühen um eine neuartige – und von Menschen einer säkularen Gegenwart verständliche – Sprache charakteristisch, die ihn beispielsweise dazu führt, im Epilog des Zwischenberichts die Frage »Ja oder nein, ist für Sie Jesus noch Gott?« als »eigentlich für überflüssig und nur verständlich aus Kleingläubigkeit oder unangebrachter Angst um die Orthodoxie«[33] zu halten. Für ihn konzentriert sich die Frage der Wechselwirkung von Universalität und Partikularität, von Unendlichkeit und Endlichkeit in Jesus von Nazaret, den er als Definition Gottes bezeichnen kann, sodass »Gott uns im Menschen Jesus sein Antlitz gezeigt hat«[34].

Als Kontext der Ausführungen Schillebeeckx' betont Kennedy nachaufklärerische Denker, die den Glauben an Gott atheistisch zu bestreiten suchten bzw. ihn als intellektuelle und menschliche Perversion ansahen. Er teilt damit das Anliegen vieler Christologien aus dem 20. Jahrhundert, die entweder auf die liberale Christologie à la Schleiermacher u. ä. reagieren oder durch die von ihr aufgeworfenen Fragen und Herausforderungen reagieren.[35] Auch wenn Jesus als großer Lehrer der Ethik angesehen wurde, wurde zugleich die Geschichte des Christentums als Geschichte des Blutvergießens gewertet und dies gegen die Erkenntnis Gottes angeführt.

> Gegen eine ganze Front von ungläubigen nachaufklärerischen Denkern also bleibt Schillebeeckx dabei, in seinem Sprechen über Gott eine partikuläre Geschichte, die Geschichte Jesu von Nazaret, in den Mittelpunkt zu stellen. [...] Es dreht sich nämlich alles darum, die letztliche Identität eines Menschen, Jesu, als die universale und einzigartige Offenbarung göttlichen Heils in der Geschichte der Menschen zu erweisen.[36]

Wenngleich dies das die verschiedenen christologischen Schriften durchziehende Motiv ist, verändert sich die Weise, wie er von Jesus von Nazaret spricht, signifikant. In seinen früheren Büchern betont er die Gottheit Jesu

32 Vgl. *Gutiérrez*, Theologie.

33 *Schillebeeckx*, Auferstehung 146.

34 *Schillebeeckx*, Menschen 228.

35 Vgl. *Parappally*, Trends 225; vgl. zu einem Überblick über diese Christologien *Danz*, Grundprobleme 106–141, der mit »Die Auflösung der altkirchlichen Christologie in der Aufklärung« titelt.

36 *Kennedy*, Schillebeeckx 158.

Christi, schreibt vor dem Hintergrund der Verbindung von Sakramententheologie und Christologie von Jesus als Gottmenschen[37], setzt sich u. a. mit der Verhältnisbestimmung beider Naturen auseinander und versteht dabei im Rekurs auf Thomas die Menschheit Jesu als Seinsweise des Sohnes Gottes. In den folgenden Werken der zweiten Phase nach dem Wechsel der philosophischen Bezugssysteme zu neuen Hermeneutiken, die er in christologischen Schriften seit den 1970er Jahren (nach den christologischen Debatten in den Niederlanden mit ihrem Akzent auf der Menschheit Jesu) anwendet, betont er stärker den Charakter Jesu als eschatologischen Propheten bzw. als »Prophet der kommenden Nähe der Gottesherrschaft«[38]. Ein zentraler Unterschied – der in der Auseinandersetzung mit der Glaubenskongregation virulent wird und seine Orientierung am »Außen« der Kirche zeigt – besteht darin, nicht mehr vom Glauben auszugehen, wie er im Dogma bzw. in der im Wort der Propheten, Christi und der Kirche vermittelten Offenbarung ausgedrückt wird, und neue Wege zu suchen, die zugrundeliegende Wirklichkeit zu formulieren, sondern »the theologian must begin by listening to contemporary experience and probing the depths of contemporary culture until concrete human history itself yielded ›an echo of the gospel‹«[39]. Neben der christlichen Tradition werden gegenwärtige Erfahrungen zu Orten der Offenbarung Gottes. In den späteren Schriften macht sich das negativ-theologische Moment stärker bemerkbar, indem vom Verhüllen Gottes durch Jesus die Rede ist, was religionstheologisch relevant ist.[40] Diese Entwicklung verdankt sich nach Kennedy einem starken hermeneutischen Zug sowie stärkerer Berücksichtigung der sozio-politischen Dimension des Glaubens seit den 1960er Jahren. Aufgrund seines pastoralen Ziels, die Bedeutung des Glaubens an Gott den gegenwärtigen Menschen zu erhellen, habe er auf die Probleme vieler seiner Hörer und Hörerinnen, die chalkedonische Formel zu verstehen, reagiert. »Statt seine christologischen Untersuchungen weiterhin hauptsächlich an der Definition von Chalkedon

37 Vgl. z. B. *Schillebeeckx*, Christus. Sakrament 23, 67. »The incarnation represents the perfect meeting place between God and man, and Christ is the sign of sacrament of that encounter.« (*Ramisch*, Debate 30.)

38 *Schillebeeckx*, Jesus 158. Vgl. ausführlich *Kennedy*, Deus zur Entwicklung des Denkens Schillebeeckx' und der Rolle der Philosophie De Petters (zur Periodisierung 37–78 und zu den Argumenten für eine epistemologische Wende (u. a. mit Bezug auf die Säkularisierung) 157–216); ähnliche Einteilungen nehmen vor: *Brambilla*, cristologia 57–264; *Kennedy*, Continuity; *Portier*, Interpretation 26–34. Borgman hingegen wählt die Auseinandersetzung mit der Kultur als Einteilungskriterium und datiert daher anders (vgl. *Borgman*, cultuurtheologie). Die Kontinuität bei der Diskontinuität in der hermeneutischen Verschiebung betont *Maas*, Stem.

39 *Hilkert*, Hermeneutics 107.

40 Vgl. *Schillebeeckx*, Menschen 138.

auszurichten, begann er statt dessen mit seiner Untersuchung der christlichen Ursprünge.«[41] Unter Berufung auf das Axiom des Thomas v. Aquin, wonach der Glaubensakt sein Ziel in der Wirklichkeit Gottes hat, löst er sich von der chalkedonischen Formulierung und bemüht sich um das Verhältnis der heutigen menschlichen Erfahrungen von Christinnen und Nichtchristen zu der Erfahrungstradition der großen jüdisch-christlichen Bewegung – gewissermaßen geht er von Chalkedon zurück nach Galiläa. Mit dieser Tradition setzt er den kirchlichen Rahmen als Bedingung der Möglichkeit von Christologie voraus, da ohne diesen die gegenwärtigen Erfahrungen keine Entsprechung hätten, mit der sie korreliert werden können. Zudem gehört der *consensus ecclesiae* bzw. die Rezeption zu den von ihm angeführten Kriterien für die Kontinuität des richtigen Glaubensverständnisses. Dabei sind insbesondere mit Blick auf verschiedene Formulierungen Vergemeinschaftungsformen zu berücksichtigen, die bei unterschiedlichem Zeichengebrauch unterschiedlich ausfallen können. Wegen des nach Schillebeeckx bestehenden dialektischen Verhältnisses zwischen Praxis und Theorie ist das Subjekt der Glaubensinterpretation nicht der Theologe, »sondern die christlichen Glaubensgemeinschaften selbst – die Kirche in ihrem breiten Erscheinungsspektrum und ihrer kulturellen polyzentrischen Streuung.«[42] An dieser Stelle könnte die Stärke der chalkedonischen Formel, sofern sie regulativ (»grammatisch«) und nicht substanzontologisch verstanden wird, ausgespielt werden, um der Vielfalt innerhalb der christlichen Glaubensgemeinschaft und ihren Erfahrungen zu entsprechen. In seinen ersten beiden Jesusbüchern sieht Schillebeeckx das Verhältnis zwischen der Erfahrungstradition und der heutigen Erfahrung »so, daß die jeweils aktuelle Situation, in der wir leben – die zweite Quelle –, ein inneres konstitutives Element des Verstehens von Gottes offenbarendem Sprechen in der Geschichte Israels und in der Geschichte Jesu ist, der von Christen als Heil von Gott her von und für Menschen bezeugt wird – die erste Quelle.«[43] Die Bedeutung der Botschaft des Evangeliums für uns heute

---

41 *Kennedy*, Schillebeeckx 163. »Rather than adopting Chalcedon as a methodological *point of departure* for his Christology, he considers it more as *a point of arrival* that follows a search for the identity of Jesus which begins with the earliest historical interpretations of Jesus.« (*Kennedy*, Deus 295.)

42 *Schillebeeckx*, Menschen 61. »Die christliche Praxis geht also dem Theologen voraus, aber der Theologe ist Schillebeeckx gemäß für seine Zeit höchst notwendig und unersetzlich, um in einer reflektierten Weise zu interpretieren, ob diese Praxis sowohl der Heiligen Schrift als auch der großen christlichen Tradition entspricht, das heißt, ob sie ein reales Zeichen des Glaubens ist.« (*Rivera Roberto*, Befreiungstheologie 136 mit Rekurs auf die späteren amtstheologischen Schriften Schillebeeckx'.)

43 *Schillebeeckx*, Auferstehung 13; *Schillebeeckx*, Erfahrung 14. Im Hintergrund steht die Unterscheidung »zwischen *Jesus von Nazaret* als dieser katalysierenden Frage [ob die

erhellt sich nur in Beziehung zur heutigen Situation. Religiöse und andere menschliche Erfahrungen weisen eine gleiche Struktur auf und durch den Einfluss des wissenschaftlich und technologisch geförderten säkularen Fortschrittsglaubens werden Erfahrungen selten oder nie eindeutig als religiöse interpretiert. Daher sollte nicht von rein religiösen Erfahrungen gesprochen werden.

Daher legt Schillebeeckx (vor allem seit 1966) großen Wert auf die Hermeneutik der Theologie. »Sie muss dabei nicht nur die Sinnaussage überkommener Sprachtraditionen abwägen, sondern gleichzeitig den Verstehenshorizont kritisch zu erschließen versuchen, in den hinein der christliche Glaube übersetzt werden soll.«[44] Hierzu plädiert Schillebeeckx für eine »Hermeneutik der Erfahrung«, die Erfahrungs- und Praxismoment miteinander verbindet, und setzt sich mit sprachwissenschaftlichen und sprachphilosophischen Überlegungen ebenso auseinander wie mit der kritischen Theorie der Frankfurter Schule.[45] Zunehmend relevant wurde für Schillebeeckx auch die Einsicht, dass für eine glaubwürdige Aktualisierung der christlichen Botschaft die Gegenseitigkeit von Theorie und Praxis von großer Bedeutung ist, sodass Theologie als »kritische Theorie der gläubigen Praxis« die Selbstdarstellung der gegenwärtigen kirchlichen Praxis untersucht und den biblischen Anspruch als kritisches Korrektiv einbringt. Nach Schillebeeckx ist eine aktualisierende Interpretation der christlichen Botschaft als einer Botschaft der Erlösung, Versöhnung, Freiheit und des universalen Friedens erst mit der Orthopraxis als fundamentalem hermeneutischem Prinzip bzw. Vorverständnis möglich. Weil eine universal befreiende Praxis die Manifestation von für alle Menschen geltender Wahrheit ist, »kann man sagen, daß es in der Orthopraxis durchaus um die historische Manifestation der Orthodoxie geht. Wahrheit wird, wenn sie universal – also Wahrheit – sein will, auch praktisch, sogar politisch-gesellschaftlich vermittelt.«[46] Der christliche Glaube antizipiere nicht

---

Gotteswirklichkeit die wichtigste Angelegenheit des menschlichen Lebens ist, TFP] und Einladung und der *christologischen Antwort* der christlichen Kirchen auf diese Frage« (*Schillebeeckx*, Jesus 565).

44 *Loiero*, »… damit keiner zugrunde gehe« 138.

45 Vgl. *Schillebeeckx*, Glaubensinterpretation. Kennedy weist darauf hin, die von Schillebeeckx nun berücksichtigten Disziplinen beschäftigten sich alle auf ihre Weise mit den Eigenschaften der Sprache. »In other terms, in limiting the hegemony of the thomistic-phenomenological source in his writings, Schillebeeckx's later work, or rather its philosophical presuppositions, became less focused on theories of consciousness, and reflected, in his attention to a multiplicity of disciplines, a twentieth-century philosophical engrossment with language.« (*Kennedy*, Deus 148.) In der späteren Phase kommen auch soziologische, politische oder psychologische Argumente zur Geltung.

46 *Schillebeeckx*, Erfahrung und Glaube 108; vgl. *Schillebeeckx*, Weg 41.

theoretisch universalen Sinn, sondern ziele auf eine solidarische Praxis, die der Verwirklichung universaler Gerechtigkeit und universalen Friedens dient. Die Orthopraxis wird damit neben dem Kriterium der »proportionalen Norm«, bei dem die Geschichtlichkeit menschlicher Begriffe im Vordergrund steht,[47] und dem des »*consensus ecclesiae*«[48] zu einem Kriterium für die Kontinuität des richtigen Glaubensverständnisses. »[I]l discurso di S[chillebeeckx, TFP] sull'ortoprassi oscilli tra due significati fondamentali: quello di un criterio di credibilità (o di rilevanza) e quello di un criterio di verità, ma l'analisi andrà sempre più spostando l'ago della bilancia verso il secondo senso.«[49] Sie dient auch dazu, um zwischen den verschiedenen Interpretationen der Glaubensgemeinschaft unterscheiden zu können.

Allgemein formuliert, meint Orthopraxis das konkrete ethisch-gute Handeln des Menschen in der Welt, »soweit dieses Handeln darauf gerichtet ist, die Bedrohung des Humanum zu überwinden und menschliche Lebensmöglichkeit in der gegebenen Situation zu fördern (was nur als Frage nach *Sinn* möglich ist)«[50]. Das Verhältnis von Theorie und Praxis versteht Schillebeeckx dialektisch, da einerseits Praxis Theorie bestimmt und ein Primat der Praxis besteht, Theorie andererseits sowohl eine prä- als auch eine post-praktische Funktion hat und der Wahrheitswert einer Theorie nicht durch die Praxis bestimmt wird und insofern Theorie der Praxis vorausgeht. Ein Beispiel für den zeitlichen Primat der Orthopraxis ist das Credo, da dies anfänglich

---

47 Dies meint die Beziehung der Interpretationsmodelle zum Interpretandum bzw. »der Glaubensintentionalität zu einem gegebenen (veränderlichen) Bezugsrahmen«, die immer dieselbe bleiben muss. Daher besteht das Kriterium nicht in einer unveränderlichen Formel, sondern »in einem bestimmten Verhältnis, in dem aufeinander folgende Ausdrucksformen (in ihrer kontextuellen Umgebung) zu der durch das Christusmysterium innerlich bestimmten grundlegenden Glaubensintentionalität stehen«. (*Schillebeeckx*, Glaubensinterpretation 66.) Dies entspricht der Überzeugung Schillebeeckx', dass es keine rein theoretisch oder in einem transkulturellen Kern darstellbare Glaubenssubstanz gibt.

48 Hier geht es um die Rezeption durch das gesamte Gottesvolk, da die Kirche auf der Basis der Volk-Gottes-Ekklesiologie des II. Vatikanums als eine Gemeinschaft eines gemeinsamen Diskurses verstanden wird. »Nicht der einzelne Theologe, sondern die Kirchengemeinschaft ist das tragende Subjekt der Hermeneutik.« (*Schillebeeckx*, Glaubensinterpretation 76.)

49 *Brambilla*, cristologia 215. Vgl. zu allen drei Kriterien *Schillebeeckx*, Glaubensinterpretation 5977. Vgl. auch *Thompson*, Schillebeeckx 309ff und *Borgman*, Theologie, bes. 249–252, der die sich allmählich herausbildende Bedeutung der Orthopraxis skizziert.

50 *Schillebeeckx*, Christus 639. »Dadurch, daß die Praxis des Menschen zum Faktor der Glaubensinterpretation erhoben wird, wird der konkrete Gang der Welt für die Theologie zur Lebensfrage. Auf dieser Weise wird Theologie wieder kompetent in der säkularisierten Welt.« (*Iwashima*, Menschheitsgeschichte 163.)

ein »integrierender Bestandteil der kirchlichen Taufliturgie, das heißt das theoretische Moment eines gläubigen kirchlichen Handelns und in einem gläubigen kirchlichen Handeln«[51] war. Ohne seinen kirchlichen Kontext droht es, zu einer rein theoretischen Lehre zu werden. Um für den Menschen bedeutungsvoll zu sein, muss Wahrheit in der Wirklichkeit der Geschichte durch Praxis realisiert werden, wodurch die Wirklichkeit zum Ort und zur Quelle der Erkenntnis wird. Durch das starke Moment der Orthopraxis soll Theologie nicht auf Ethik reduziert werden, sondern Schillebeeckx »weist die theologale – d. h. auf Gott bezogene – Dimension der Ethik in der gläubigen Weltinterpretation auf«[52]. Das Verhältnis zwischen Theorie und Praxis, Intention und geglaubter Wirklichkeit unterschiedlicher Interpretationen erlaubt einen Vergleich dieser Interpretationen und damit eine neue Glaubenssprache ohne begriffliche Uniformität. Universal gültig ist eine Aussage über die Wirklichkeit aufgrund der mit ihr verbundenen und Zukunft eröffnenden Praxis.[53] Da rein theoretische Überlegungen keine Transformation bewirken, bedarf es für eine Theorie mit einer praktisch-kritischen Intention einer Art praktischen archimedischen Punktes. »In Schillebeeckx's theology, this Archimedean point is the *humanly liberating praxis of Jesus.*«[54] Weil das neutestamentliche Christentum in einer ganz anderen geschichtlichen Situation nicht prinzipiell anders handelte, ist es für uns normativ. Eine ethisch neutrale religiöse Haltung hingegen steht unter Ideologieverdacht, da sich die christliche Botschaft an den durch die und in der Geschichte ethisch herausgeforderten Menschen richtet, der »die *Voraussetzung für das Verständnis* der christlichen Glaubensverkündigung«[55] ist. Das Ethos fungiert hermeneutisch und interpretativ für das theologische Selbstverständnis des christlichen Glaubens. Indes kann eine konkrete aktualisierende Interpretation nie endgültig sein, sondern bedarf selber der kritischen Aktualisierung – ganz entsprechend dem Grundanliegen des II. Vatikanums. Eine solche kritische Theologie

> bewahrt die Transzendenz davor, eine ›Gegebenheit‹ zu werden, denn sie muss ja gerade immer wieder von neuem von geschichtlichen Verfremdungen *erobert* werden, und deshalb muss sie in einer kritischen Praxis ›im Visier‹ gehalten werden. Von der kritischen Praxis, die dies im Auge hat, ist die Theologie die kritische Theorie, die sich zu diesem Zweck notwendigerweise all dessen

51 *Schillebeeckx*, Glaubensinterpretation 73.

52 *Chanton*, Lebenserfahrung 221.

53 Vgl. *Schillebeeckx*, Glaubensinterpretation 66. Bei der Frage nach der Intention einer Interpretation ist allerdings ein Text nicht ohne Weiteres aus dem Diskurs zu lösen, der ihn ermöglicht hat.

54 *Kennedy*, Deus 283.

55 *Schillebeeckx*, Christus 640, Herv. im Orig.

> bedient, was die menschlichen, analytischen und hermeneutischen Wissenschaften an Sinn und Unsinn in Mensch und Gesellschaft entdecken.[56]

Der Entwicklung seiner christologischen Überlegungen entsprechend ist die von Schillebeeckx seit den 1970er Jahren bearbeitete inhaltliche Hauptkontroverse die nach Lessing virulente Frage, ob eine partikulare historische Erfahrung allgemeingültige Bedeutung besitzen kann – und damit eine klassisch moderne Frage. Denn Lessings negative Antwort fordert das Bemühen heraus, die kontingente historische Gestalt Jesus von Nazaret als Offenbarung allgemeiner Erkenntnis Gottes aufzuzeigen. Dagegen will Schillebeeckx »aufzeigen, daß tatsächlich etwas vom Absoluten in einer historischen Partikularität wie Jesus von Nazaret angetroffen werden kann«[57].

Bevor aber Schillebeeckx' Christologie näher in ihren inhaltlichen Charakteristika betrachtet werden kann, sind zunächst die Fundamente seiner Theologie zu nennen, allen voran die Schöpfungstheologie.

3.2.2 *Schöpfungstheologische Grundlagen der Theologie Schillebeeckx'*

> Die Schöpfungserfahrung, die man ebenso gut eine ›Gnadenerfahrung‹ oder, etwas neutraler, eine Erfahrung der uns bereiteten und uns daher normierenden Wirklichkeit nennen kann – das heißt eine Erfahrung unserer selbst, des Mitmenschen und der Welt, in der wir uns durch etwas ›normiert‹ fühlen, was (zumindest willkürliche) Selbstbestimmung übersteigt: eine Erfahrung von Gegeben-Sein – ist, in geschichtlich ständig wechselnden Formen, die alles tragende Grundlage, die Wurzel aller ›Religiosität‹ als vermittelte unmittelbare Beziehung zu dem, was Gläubige den Schöpfergott nennen.[58]

---

56 *Schillebeeckx*, Glaubensinterpretation 171, Herv. im Orig.

57 *Kennedy*, Schillebeeckx 167. Vgl. von Schillebeeckx besonders *Schillebeeckx*, Jesus 527–554.

58 *Schillebeeckx*, Christus 794. »Schöpfung markiert daher zum einen die Grundstruktur der Wirklichkeit, ihr eigentliches So-Sein als endliche Welt, die aus sich selbst keinen Grund hat, um zu existieren. Zum anderen zeigt der Schöpfungsglaube auch den primären Ort an, von dem aus eine sinnvolle Rede über Gott für den Menschen aus seiner Erfahrung heraus möglich wird.« (*Barwasser*, Theologie 254.) Vgl. zur Schöpfungstheologie Schillebeeckx' auch *Halstrup*, Faktizität (mit Rückgriff auf einige unveröffentlichte Vorlesungsskripte); *Kennedy*, God. Halstrup nennt als Grundannahme der Schöpfungstheologie Schillebeeckx, die Aussage über die Schöpfung sei zunächst eine Aussage über Gott und entfaltet dies in vier Aspekten: »1. Schöpfung ist der Sinn, dem Gott seinem göttlichen Leben geben wollte. 2. Gott schuf die Menschen in ihrer Freiheit zu ihrem Glück. 3. Geschöpfe partizipieren an Gottes Sein. Sie ähneln Gott damit. 4. Schöpfung ist ein immerwährendes Geschehen Gottes, das sich nicht nur auf den Beginn der Zeiten bezieht, sondern sich auch noch im Handeln der – eigentümlich autonomen – Menschen zeigt.« (424)

Schillebeeckx stellt den existentialen Gottesbezug des Menschen heraus, der aufgrund der Geschöpflichkeit des Menschen besteht und dessen religiöse Existenz prägt; es geht also nicht um besondere Ereignisse, die den Glauben begründen, sondern um die grundsätzliche Verfasstheit des Menschen. Der Mensch bezieht sein ganzes Dasein vom Schöpfergott. »Sein ganzes Leben wird von der unerschöpflichen Freiheit Gottes getragen, der den Menschen in einer transzendenten Weise buchstäblich ihm selbst schenkt.«[59] Diesen Gottesbezug auszudrücken, ist angesichts des säkularen Kontextes eine immer neue Herausforderung und betrifft die schon erwähnte Frage nach der Offenbarung des Absoluten im Relativen bzw. des Universalen im Partikularen. Die Offenbarung der Heilswirklichkeit Gottes in der Geschichtlichkeit ist eine Grundüberzeugung sowohl des christologischen Dogmas als auch des Schöpfungsglaubens. Die soteriologische Perspektive der Theologie Schillebeeckx' schlägt sich in einer anthropologischen Zuspitzung nieder, wenn Gott als besonders »menschlicher« Gott, als »Deus humanissimus« bezeichnet wird. Daher wird in der Christologie auch das Menschsein Jesu Christi betont. Ferner folgt daraus der Aufruf an die Menschen, die gnadenhafte, heilbringende und nicht-notwendige Nähe Gottes zu bezeugen, sowie: »Gott braucht Menschen, nicht um Gott zu sein, sondern um ein *Gott der Menschen* zu sein. Gott bestimmt in aller Freiheit, wer er ist und auch wer er für uns sein will.«[60] Ein Ausdruck ist der Bund Gottes mit den Menschen.

Schillebeeckx betont die Einheit von Schöpfung und Bund, da der Schöpfer der Erlöser und in seiner erlösenden Tätigkeit schöpferisch tätig sei. Mit der Schöpfung drückt Gott sein unerschütterliches Vertrauen in den Menschen aus und geht einen Bund mit ihm ein, er will ein Gott für andere sein und vertraut auf den Menschen, sein Angebot anzunehmen. Der Schöpfungsglaube ist somit zunächst ein Glaube über die Bedeutung von Gottes Leben, wobei das in der Schöpfung beinhaltete göttliche Handeln zwei Konsequenzen umfasst: »Creation is an action of God that (1) endows human beings with a finite, non-godly character; and (2) at the same time initiates a history of a human quest for salvation«[61]. Schöpfung ist ein andauernd dynamisches Er-

59 *Schillebeeckx*, Jesus 557.

60 *Schillebeeckx*, Politik 17. Vgl. mit weiteren einschlägigen Zitaten *Halstrup*, Faktizität 302.
Eine weitere Grundlage dieser anthropologischen Zuspitzung liegt in der Annahme, ein menschlich sinnvoller Gottesglaube sei nur möglich, wenn die menschliche Realität selbst real auf Gott hinweise, woraus sich eine enge Verknüpfung von Aussagen über Gott mit dem menschlichen Selbstverständnis ergibt: »Man kann keine Aussage über Gott formulieren, die nicht zugleich sinnvoll vom Menschen selbst spricht und umgekehrt.« (*Schillebeeckx*, Säkularisierung 66.)

61 *Kennedy*, God 47.

eignis, das den Menschen und seine Tätigkeit einschließt. Der Mensch wird als Gottes Ebenbild geschaffen und soll daher nicht in erster Linie das schon Gegebene konservieren, restaurieren und entdecken, sondern er ist »Prinzip des eigenen menschlichen Handelns, das selbst also die Welt und ihre Zukunft wird entwerfen und in kontingenten Situationen wirksam machen müssen«[62]. Dazu gehört auch seine Verantwortung zur »kritischen Korrelation bzw. Interrelation« hinsichtlich der Glaubensinterpretation aufgrund seiner je konkreten Erfahrungen. Der existentiale Gottesbezug entspricht keiner naturwissenschaftlichen Anthropologie, sondern bezieht sich auf die befreiende Heilsbotschaft Gottes und drückt den Grund des menschlichen Selbstseins in Gottes Transzendenz aus. »Das Geschöpf, der Mensch, fällt nicht mit seiner tiefsten Wirklichkeit zusammen; es gibt in ihm einen Überhang, eine auf den transzendent schöpferischen, durch Immanenz einwohnenden Gott verweisende innere Wirklichkeit (die er selbst ist).«[63] Das im antiken Weltbild vorausgesetzte Bewusstsein der Geschöpflichkeit verbindet sich mit dem für die biblische Bundestheologie zentralen Begriff der »Herrschaft Gottes«, deren Kommen »in der ganzen Bibel das Kommen Gottes als Heil *von und für* Menschen«[64] ist. Daraus ergeben sich (gesellschafts-)politische Konsequenzen, da die Forderung, nur Gott herrschen zu lassen, menschliche Machtansprüche durchkreuzt. Die unerschütterliche Treue Gottes zeigt sich darin, dem Menschen bei allen Verstößen auch in Zukunft zu vertrauen, und findet ihre angemessene Antwort gemäß dem Neuen Testament im Menschen Jesus. »Endverheißung der unbedingten Treue Gottes zur Menschheit und vollkommene menschliche Beantwortung dieses göttlichen Vertrauens. In Jesus erhalten die Treue Gottes zum Menschen und die Gegentreue des Menschen zu Gott ihre historisch endgültige Gestalt.«[65] Das Vertrauen des Menschen auf die den Tod überwindende Macht Gottes wird durch die Auferstehung Jesu von den Toten mit einer neuen Glaubenssicherheit versehen, da die Auferstehung Gottes Ja zur Person Jesu ist und er mit ihr das Negative des Todes Jesu korrigiert und ihm ein erneuertes und erhöhtes Leben gibt. »Über den Tod hinaus lebt Jesus aus Gott in einer neuen Weise unter uns. Seine Kommunikation mit Menschen wird in einer sehr realen, wenn auch schwer zu beschreibenden Weise dadurch wiederhergestellt.«[66] Zentral dafür ist die Identifizierung Jesu mit seiner Botschaft, womit sein Evangelium und

---

62 *Schillebeeckx*, Evangelium 123. »Zo is de schepping een taak geworden voor de menselijke vrijheid. Hat is iets dat de menselijke vrijheid moet opnemen.« (*Haight*, Engagement 78.)

63 *Schillebeeckx*, Jesus 558.

64 *Schillebeeckx*, Auferstehung 125.

65 *Schillebeeckx*, Auferstehung 129; vgl. *Schillebeeckx*, Menschen 186ff.

66 *Schillebeeckx*, Christus 782.

seine Person untrennbar verbunden sind. Jesus ermöglicht es uns zu glauben, Gott vertraue dem Menschen bedingungslos. Nicht nur Gott vertraut dem Menschen weiterhin, sondern auch der Mensch kann auf Gott vertrauen, weil dieser alles geschaffen und sich als Schöpfer als mächtig und zuverlässig erwiesen hat. Indem in der Geschichte von Jesus Gottes Liebe für und Gegenwart unter den Menschen auf höchste Weise ausgedrückt wird, kann Christologie als konzentrierte Schöpfung angesehen werden: »belief in creation is linked to belief in the person of Jesus as God's definitive salvation for people«[67]. Sichtbaren Ausdruck gewinnt dies, wenn Menschen entsprechend dem Reich Gottes handeln und in befreienden, friedlichen und versöhnten Beziehungen leben. Die Schöpfung wird in Beziehung zur menschlichen Geschichte und besonders zur Geschichte des Lebens Jesu gesetzt und trägt den Index von Heil, da Jesus das göttliche Vertrauen in den Menschen vollkommen bestätigt und die Gegenwart Gottes im Endlichen verdeutlicht hat. Die neutestamentliche Botschaft wird umgekehrt im universalen Schöpfungsgeschehen verankert und dadurch selbst universal. Gegen dualistische oder emanatistische Schöpfungsverständnisse, nach denen sich der Mensch über seine Menschlichkeit erhebt und nach einem übergeschöpflichen Status strebt, braucht die Endlichkeit nicht als Wunde oder Übel empfunden und der Mensch muss nicht aus ihr befreit werden. Vielmehr will Gott unser Gott sein »*in* unserer Menschlichkeit und *für* unsere Menschlichkeit, in und bei unserer Endlichkeit. Es bedeutet, daß wir also *Mensch* sein dürfen in Menschlichkeit, wenn auch in Sterblichkeit und Leiden.«[68] Auch im Versagen und Leiden ist Gott bei den Menschen.

Neben der Einheit von Schöpfungs- und Bundestheologie betont Schillebeeckx somit den Kontingenz-Begriff als zentral für die biblische Schöpfungstheologie und unterstreicht, die Endlichkeit sei eine positive Rahmenbedingung, um sinnvoll das Menschsein und die Welt gestalten zu können. Die menschliche Auflehnung gegen die aus der menschlichen Endlichkeit folgenden negativen Grunderfahrungen von Leiden und Übel, Unterdrückung und Unglück bieten nach Schillebeeckx gerade in säkularen Gesellschaften eine Möglichkeit, die heilsmächtige Gegenwart Gottes zu vermitteln, da in

67 *Kennedy*, God 53; vgl. *Schillebeeckx*, I Believe 18–21; *Schillebeeckx*, Evangelium 135–137: »Erschaffen ist ein Blankoscheck, für den allein Gott selbst Bürgschaft leistet. […] ›Christologie‹ ist daher verdichtete, konzentrierte Schöpfung: Glaube an die Schöpfung, wie Gott sie will.« Vgl. auch *Schillebeeckx*, Overwegingen 374.

68 *Schillebeeckx*, Auferstehung 135. »Schillebeeckx geht es darum, die erschaffene, endliche und kontingente Wirklichkeit in ihrem Eigenwert gegenüber einer Auffassung abzugrenzen, die unsere Welt nur als ein Abfallprodukt des Göttlichen ansieht oder diese Welt so sehr mit dem Göttlichen identifiziert, dass für die Freiheit des Menschen kein Platz mehr ist.« (*Barwasser*, Theologie 257.) Kritisch dazu *Vandervelde*, Creation 266ff.

ihnen eine »*Offenheit auf* eine andere Situation *hin*, die *durchaus Anspruch auf unser Ja hat*«[69], zu erkennen ist. Glaubenden Menschen erschließt sich daher ihr Menschsein auf Menschlichkeit ausgerichtet; dem Menschen obliegt die Umgestaltung der Welt in eine bessere und für alle lebenswerte Gesellschaft. Die Kontingenz- bzw. Kontrasterfahrung ist unabhängig vom Glauben des Menschen. Mit beiden bezeichnet Schillebeeckx in seinen späteren Schriften menschliche Grunderfahrungen, d. h. weniger bestimmte unmittelbare Erfahrungen als vielmehr die Erfahrung der radikalen menschlichen Endlichkeit. Es geht ihm um eine gemeinsame Erfahrungsbasis religiöser wie nicht-religiöser Menschen, die eine vernünftige Glaubensbegründung ermöglicht, da der Glaube für ihr Verständnis nützlich ist.

> Es handelt sich also um *allgemein geteilte*, für die menschliche Existenz eines jeden *fundamentale* Erfahrungen, die durch die Einführung des Glaubens an Gottes heilsame Präsenz eine *eigene*, für andere begreifliche (wenn auch nicht bejahte) *Verständlichkeit* manifestieren, die in anderen Interpretationen, in denen der Gottesglaube nicht zur Sprache kommt, nicht gegeben ist.[70]

Diese Verständlichkeit ist zwar sinnvoll, kann aber nicht rational universal zwingend bewiesen werden, weshalb auch Menschen ohne Glauben an Gott ein sinnvolles Leben zu führen scheinen.

Jenseits dieser allen Menschen gemeinsamen Kontingenzerfahrung der absoluten Grenze und radikalen Endlichkeit hat eine negative Kontrasterfahrung neben dem Aspekt der Negativität bzw. der Erfahrung der nicht in Ordnung seienden Wirklichkeit das Element der Empörung, das eng mit Hoffnung verbunden ist, da diese zum Protest gegen rein negatives Leiden führt. »Sowohl beim glaubenden, als auch beim nicht-glaubenden Menschen vollzieht sich menschliche Sinn- und Heilssuche in einem geschichtlichen

---

69 *Schillebeeckx*, Menschen 27, Herv. im Orig. Die Erfahrung der radikalen Endlichkeit und einer absoluten Grenze ist keine rein religiöse, sondern »it is an experiential reality generally acknowledged by believers, agnostics and atheists alike« (*Schillebeeckx*, God 360). Der Unterschied besteht in der Interpretation dieser Erfahrung, was diese zu zwei unterschiedlichen Erfahrungen werden lässt.

70 *Schillebeeckx*, Menschen 118f. Herv. im Orig. Er weist explizit darauf hin, damit seine frühere Ansicht zu korrigieren, mit dem Gottesglauben sei ein besseres Verständnis dieser Erfahrung möglich. Vgl. auch *Mosely*, Experience; *Rivera Roberto*, Befreiungstheologie 114–116; *Rochford*, Hermeneutics 263f. Justaert weist darauf hin, die Kontrasterfahrung sei eine prä-religiöse Erfahrung, womit sich Schillebeeckx auf die säkulare Weltsicht einlasse und sich in die Tradition der kritischen Theorie einfüge. (Vgl. *Justaert*, Cartographies 250.) Ferner zeige sich darin ein Anthropozentrismus, der in »posthumanen« Zeiten schwierig aufrechtzuerhalten sei.

Befreiungsprozess.«[71] Die menschliche Heilsfrage ist somit keine (rein) religiöse Domäne mehr, sondern wird auch von Human- und Naturwissenschaften verfolgt, wobei diese Universalisierung nach Schillebeeckx aus christlicher Sicht kritisch zu begleiten ist, damit aus den menschlichen Befreiungsbewegungen kein utilitaristischer Fortschrittsglaube wird und sie in den Dienst der Freiheit anderer gestellt werden. Kritische Instanz jedes menschlichen Befreiungsgeschehens ist die Heilsgegenwart Gottes, die den nicht-wissenschaftlichen absoluten Heilsansprüchen der Wissenschaften oder der Technik widerspricht.[72] Dementsprechend ist der jüdisch-christliche Glaube ein »Glaube an Gottes absolute Heilsgegenwart bei den Menschen in ihrer Geschichte«[73] und dieser theologale Bezug ist das kritische Korrektiv für alle menschlichen Bemühungen, womit Welt und Geschichte Orte der Offenbarung des Schöpfer- und Richterseins Gottes sind. Hier zeigt sich eine Differenz zum meist zwischen natürlicher und übernatürlicher Ebene unterscheidenden instruktionstheoretischen Offenbarungsmodell, da Gott nur vermittelt in dieser Welt spricht und somit die Relativität, d. h. das Bezogensein auf diese Welt von grundlegender Bedeutung ist (worin sich die zugrundeliegende relationale Ontologie zeigt). »Eine Theologie, die voraussetzt, dass Gott nicht in einer anderen, sondern in *der* Wirklichkeit wirkt, in der auch wir leben, ruft alles Denken über Gott und alles Reden von Gott *her* zur Welt, *her* zu den Lebenserfahrungen der Menschen, *her* zum Alltag.«[74] Zugespitzt

---

71 *Loiero*, »... damit keiner zugrunde gehe« 128. »Because suffering is so tangibly present in human experience, it provides the means, dialectically, of imaging the horizon of our hope. Schillebeeckx has demonstrated that salvation can be articulated only in counterpoint to the reality of suffering.« (*McManus*, Suffering 477.) Vgl. zur (negativen) Kontrasterfahrung auch *Anjus*, Uniqueness 39–43; *Chanton*, Lebenserfahrung 236–241; *Fackre*, Bones 250–252; *Kennedy*, Deus 241–249; *de Tavernier*, ethiek 25–29. Brambilla nennt neben der negativen Erfahrung der Situation, die sich im Protest ausdrückt, eine zweite Schicht der Kontrasterfahrung, die »implica, mediante l'analisi teologica confrontata con l'analisi scientifica delle realtà in questione, l'esigenza di una *iniziativa storica* concreta, con cui il messaggio cristiano acquista indirettamente uno spessore socio-politico« (*Brambilla*, cristologia 190).

72 Vgl. *Schillebeeckx*, Menschen 25f; *Schillebeeckx*, Säkularisierung 56ff.

73 *Schillebeeckx*, Menschen 34. »Indem Schillebeeckx Gott als die Heilszukunft des Menschen proklamiert, gibt er der eschatologischen Ausrichtung christlicher Theologie neues Gewicht. Auf diese Weise wird Theologie davor bewahrt, eine rein abstrakte, realitätsresistente Theorie zu werden. Vielmehr wird sie zum Beweggrund einer auf das Heil und das Glück der Menschen bedachten Praxis, deren tragender Grund Gott ist.« (*Loiero*, »... damit keiner zugrunde gehe« 130.) Vgl. zum Zusammenhang dieser Theologie der Hoffnung mit *Gaudium et spes Minch*, Eschatology.

74 *Chanton*, Lebenserfahrung 39. Vgl. zur relationalen Ontologie *Halstrup*, Faktizität 369f; *Kennedy*, Deus 105f, 363f. »Weil Gottes Schöpfungsakt sein ewiges, absolut freies Wesen ist, ist seine Absolutheit oder Nicht-Relativität zugleich *relational*, das heißt in absoluter,

formuliert Schillebeeckx dies in der Abwandlung des Axioms *extra ecclesiam nulla salus*: »›Extra mundum nulla salus‹«[75].

Ergibt sich vom Schöpfungsglauben mit der menschlichen Kontingenz ein wichtiges und auch für die Christologie relevantes Charakteristikum, erschöpfen sich die anthropologischen Überlegungen Schillebeeckx' nicht in ihr.

3.2.3 *Sieben anthropologische Konstanten*

Es ist in der (fortgeschrittenen) Moderne u. a. aufgrund des wissenschaftlichen Fortschritts oder vieler konkurrierender Menschenbilder zunehmend schwieriger geworden, allgemeine anthropologische Aussagen zu machen. Schillebeeckx wendet sich gegen eine rein strukturalistische, existentialistische oder positivistische Sicht genauso wie gegen einen Dualismus und plädiert für eine Bipolarität von Individuum und Gesellschaft. Dies bildet in Verbindung mit der Vernunftbegabtheit des Menschen und dem daraus folgenden kritischen Bewusstsein die Grundlage, um »sieben ›anthropologische Konstanten‹ zu konturieren, die zwar transgeschichtliche Grundmomente und -werte menschlicher Wirklichkeit vermitteln, deren normative Realisation jedoch von den je konkreten, raum-zeitlich bedingten geschichtlichen Prozessen abhängig ist«[76]. Schillebeeckx versteht diese als Koordinatensystem mit der menschlichen Personidentität innerhalb der gesellschaftlichen Kultur als Brennpunkt und zeigt mit dieser personalistischen Option seine Orientierung an einer modernen Ontologie. Die menschliche Freiheit und Autonomie zu betonen sowie Wahrheitsansprüche rational zu verantworten und wissenschaftlich zu verifizieren, kennzeichnet viele nachaufklärerische Christologien, in deren Tradition sich auch Schillebeeckx einschreibt.[77] Die von ihm herausgearbeiteten anthropologischen Konstanten schlagen sich

---

durch nichts bestimmter Freiheit *sich selbst* auf sein Geschöpf, den Menschen in der Welt, *beziehend.*« (*Schillebeeckx*, Evangelium 136; *Schillebeeckx*, I Believe 19f.) »If God, as the belief in God implies, is the absolute meaning of history, there is nothing in history that can not und must not be related to God.« (*Schillebeeckx*, God 365.) »God's act of revelation is not ›informative‹ in the sense of giving information about himself to humankind. Revelation is experiential and therefore relational.« (*Anjus*, Uniqueness 51.)

75 *Schillebeeckx*, Menschen 19.

76 *Loiero*, »... damit keiner zugrunde gehe« 133; vgl. auch *Barwasser*, Theologie 293–300, der darauf hinweist, dass Schillebeeckx in späteren Schriften nur noch sechs Konstanten nennt und die bislang nicht aufgeführte Freiheit als erste anführt, sowie *Brambilla*, cristologia 482–487, der zwischen kategorialen, transzendentalen und formalen Konstanten unterscheidet, und *Kennedy*, Deus 345f. Vgl. darüber hinaus *Minch*, Eschatology zu Schillebeeckx' Rekurs auf *Gaudium et spes* für den Einfluss anthropologischer Überlegungen zum Verhältnis von »Kirche« und »Welt«.

77 Vgl. *Parappally*, Trends 224.

zudem in seiner Christologie insbesondere in der Betonung der Geschichtlichkeit und Menschlichkeit Jesu, seiner Einbettung in die damalige Gesellschaft und seiner Reich-Gottes-Praxis nieder.

- *Der Mensch als leibliche Person in Welt*: Die erste Koordinate bezieht sich auf den ganzheitlichen Charakter des Menschen als leibliches und geistiges Wesen, das mittels dieser Leiblichkeit konstitutiv auf die größere Natur und ökologische Umwelt bezogen ist. Daher sind bestimmte Grenzen für ein menschenwürdiges Leben zu beachten, um nicht die Grundprinzipien der menschlichen natürlichen Lebenswelt zu zerstören und das eigene Menschsein unmöglich zu machen. Dazu gehören auch die physischen und psychischen der menschlichen Kräfte. Soteriologisch folgt daraus: »Christliches Heil hat auch mit Ökologie zu tun und mit den Bedingungen und Belastungen, die das konkrete Leben (hier und heute) Menschen auferlegt.«[78]
- *Der Mensch als intersubjektives Wesen*: Der Mensch ist essentiell auf den anderen Menschen hingeordnet, wie sich im menschlichen Gesicht zeigt (niemand sieht direkt sein eigenes Gesicht), und die gegenseitige Wahrnehmung ermöglicht es, sich als verschieden und anders zu respektieren. Zur Personidentität gehört es, durch die anderen und die Gemeinschaft ermächtigt zu werden, aber auch meinerseits die anderen zu bestätigen. Daher müssen Wohl und Heilsein universal sein und alle und jede einzelne betreffen.
- *Der Mensch als struktur-relationales Wesen*: Als solches muss sich der Mensch institutionell und gesellschaftlich-strukturell organisieren, aber auch wenn diese Strukturen von ihm geschaffen werden, verselbständigen sie sich und werden so zu einer objektiven Gesellschaftsform, die unser Personsein beeinflusst. »Die gesellschaftliche Dimension ist nicht etwas, was zu unserer Personidentität hinzukommt, sie ist eine *Dimension* dieser Identität selbst.«[79] Diese Strukturen können durchaus verändert werden und sollen dies, wenn sie nicht mehr menschenbefreiend und menschenbeschützend fungieren.
- *Der Mensch als geschichtliches, soziokulturelles und praxisorientiertes Wesen*: Der Mensch ist wesentlich auf seine raum-zeitliche Begrenzung mit der Dialektik von Natur und Geschichte verwiesen und ist, weil er manche Phänomene nicht technisch bewältigen kann, auf Sinngebung angewiesen. Da der Mensch seine eigene Situation verstehen muss, ist Menschsein auch eine hermeneutische Aufgabe.

78 *Schillebeeckx*, Christus 717.

79 *Schillebeeckx*, Christus 719, Herv. im Orig.

- *Der Mensch als rationales und praxisorientiertes Wesen*: Das wesentliche Verhältnis von Theorie und Praxis lässt die menschliche Kultur als hermeneutisches und weltverbesserndes Unternehmen dauerhaft werden und ist daher die einzige Garantie für eine immer menschenwürdigere und auf das Heil der Menschen ausgerichtete Kultur, in der nicht der Wille der Stärkeren bestimmt, was gut für unser Menschsein ist.
- *Der Mensch als utopisches, transzendierendes, religiöses Wesen*: Die Zukunftsfrage treibt den Menschen zur Sinnsuche, wobei die unterschiedlichen Totalitätsvorstellungen bzw. Wirklichkeitsmodelle, mit denen Kontingenz, Leiden, Scheitern und Tod Sinn gegeben oder überwunden werden können, nicht explizit religiös sein müssen, aber abgesehen vom Nihilismus oder der Absurditätstheorie Formen des Glaubens sind. Meist verstehen sie den Menschen als Subjekt des Handelns, womit gutes Menschsein und eine gute Menschenwelt gefördert werden, sodass der Glaube Grund zur Hoffnung gibt und menschenwürdiges und realisierbares menschliches Leben und Handeln ermöglicht. Glaube und Hoffnung gehören zur Gesundheit und zum Heil des Menschseins. »Für die an Gott Glaubenden impliziert dies, daß die *Religion* eine anthropologische Konstante ist, ohne die Heil für Menschen, Erlösung und wahre Befreiung unmöglich sind.«[80]
- *Der Mensch als unreduzierbare autonome Wirklichkeit*: Damit meint Schillebeeckx die Synthese der sechs genannten, die keine endgültigen und normativen Aussagen über das Menschsein sind: »Die sechs Konstanten greifen ineinander und bedingen einander. Sie zeichnen die Grundform des Menschseins und halten einander im Gleichgewicht.«[81]

Mit diesen voneinander abhängigen Konstanten beschreibt Schillebeeckx die Grundform des Menschseins, mit deren Hilfe konkrete (ggf. plurale) ethische Normen entwickelt werden können, um menschenwürdiges Leben in der gegenwärtigen Situation entsprechend der konkreten Gesellschaftsstruktur und der Stellung der Person zu unterstützen. »In der Synthese aller Konstanten liegt die Perspektive einer menschenwürdigen und heilbringenden Wirklichkeit.«[82] Gemeinsam mit negativen Erfahrungen, Kontrasterfahrungen und partiellen Sinnerfahrungen kann mit ihnen die Differenz zwischen dem Ideal des Menschseins und der faktischen Wirklichkeit analysiert werden, um zu erkennen, in welcher Richtung konkrete Normen entwickelt und rational begründet werden müssen. »Die anthropologischen Konstanten bieten so für Schillebeeckx auf der empirisch aufweisbaren Ebene der menschlichen

80 *Schillebeeckx*, Christus 723, Herv. im Orig.

81 *Schillebeeckx*, Christus 723.

82 *Barwasser*, Theologie 299.

Erfahrung die Grundstrukturen, die es ihm ermöglichen, den Geltungsanspruch des christlichen Glaubens als universales Heil von Gott zu vermitteln.«[83]

Dies richtet sich gegen heilsindividualistische Verzeichnungen, wonach Jesus nur aufgerufen habe, das Herz zu bekehren, aber nicht Strukturen zu reformieren. Denn eine Flucht in die Innerlichkeit wäre eine Flucht in den gesellschaftlichen status quo und wird dem Charakter des Freiheit voraussetzenden und erschließenden christlichen Glaubens nicht gerecht, aber auch jede sozialpolitische Befreiung ist nur eine partielle. Das in Jesus religiös erfahrene Heil soll auch in der Gesellschaft Gestalt gewinnen.[84]

3.2.4 *Geschichte und Welt, Erfahrung und Interpretation als epistemologische Grundlagen*

Gehört die Geschichtlichkeit des Menschen zu den anthropologischen Konstanten, kann sie mit der hermeneutischen Bedeutung der Erfahrung als erkenntnistheoretische Grundlage der Theologie Schillebeeckx' angesehen werden. Insbesondere bei seinem Jesus-Buch ist die Rolle der Geschichte für die theologische Argumentation vielleicht noch prägender als die starke Berücksichtigung der exegetischen Forschung.[85] Denn die Geschichte ist zentral für das Unterfangen, die Glaubwürdigkeit der Behauptung, in Jesus Christus habe sich Gott offenbart, insbesondere in ihrer Entstehung zu untersuchen. Neben den anthropologischen Konstanten kann als Begründung für die Bedeutung der Geschichte auch die (die Ambivalenz der Geschichte nicht aufhebende) Koextensivität von Welt- und Heilsgeschichte angeführt werden, womit sich Heil von Gott her »nicht auf die besonderen Heilsorte einschränken [läßt], die wir Religionen oder Kirchen nennen. [...] Unsere weltweite sogenannte ›Profangeschichte‹ ist also der erste Ort, an dem sich Heil und Unheil ereignen, deren befreiender Schöpfer Gott ebenso ist wie Gericht über die von Menschen bewirkte Unheilsgeschichte.«[86] Dies liegt in der aktiven Heils-

---

83 *Barwasser*, Theologie 300.

84 Vgl. *Schillebeeckx*, Christus 725–728.

85 So zumindest *Borgman*, cultuurtheologie 354. Auch Courth sieht das Verhältnis von Glaube und Geschichte als den entscheidenden Brennpunkt des Jesus-Buches an, kritisiert aber insbesondere an den Ausführungen zur Auferstehung, beide stünden recht unverbunden nebeneinander. So stelle sich die Frage, ob Schillebeeckx tatsächlich der Einsicht gerecht werde, der historische Jesus sei ebenso ein Jesusbild wie der Christus der Gläubigen. (Vgl. *Courth*, Geschichte Jesu 132f.)

86 *Schillebeeckx*, Politik 18f. Vgl. zu den damit zusammenhängenden ekklesiologischen Fragen auch *Borgman*, sacrament, worin er besonders auf die von Schillebeeckx betonte Abhängigkeit der Kirche vom lebenden, aktiven Christus eingeht. Slenczka sieht darin eine Tendenz zu einer potentiellen Identität von Kirche und Welt und damit verbunden einen konversativen Grundzug, da der Geltungs- und Anwendungsbereich des

präsenz Gottes bzw. der Führung des befreienden Schöpfergottes begründet und darin, dass der Inhalt des Heils nur in Verbindung mit einer Praxis der Solidarität zugunsten der Armen richtig verstanden wird. Diese Verhältnisbestimmung von Gott, Kirche und Welt entspricht der vom II. Vatikanum vertretenen veränderten Bedeutung der Welt für die Kirche entsprechend der »Autonomie der irdischen Wirklichkeiten«. So versteht Schillebeeckx im Rekurs auf die Konzilsdiskussionen die Welt als eine säkulare Wirklichkeit mit einer eigenen, autonomen Struktur, wobei gleichwohl das Heil in der irdischen Lebenswelt vollzogen wird und die Offenbarung des Geistes Gottes in Christus stattfindet, sodass die Welt als »objektiver Ausdruck des Gnadenlebens«[87] verstanden werden kann. Daher kann an die absolute und ungeschuldete Nähe Gottes, die sich objektiv im Menschsein Jesu ausdrückt, in allen weltlichen Lebensumständen geglaubt werden, womit die »Welt« genannte Wirklichkeit theologische Bedeutung erhält. Sie ist als Schöpfung, deren Seinsgrund uns in Christus absolut und ungeschuldet nahegekommen ist, dem Menschen zur positiven Veränderung anvertraut und aufgegeben; er trägt sie mit ihrer profanen Eigenständigkeit in den theologalen Raum des Gnadenlebens. »In der heutigen Heilssituation der Inkarnation ist ›die Welt‹ *implizites Christentum*, ein eigener, nicht-sakraler, aber geheiligter Ausdruck der Lebensgemeinschaft des Menschen mit dem lebendigen Gott, während die Kirche als Heilsinstitution mit ihrem gemeinsamen Glaubensbekenntnis, ihrem Kult und ihren Sakramenten der eigens herausgehobene sakrale Ausdruck dieser Heiligung ist.«[88] Daher ist beim Verhältnis der Kirche zur Welt nicht zwischen Religiösem und Profanem zu unterscheiden, sondern das eine Christentum verwirklicht sich in zwei komplementären Formen, einer sakralen und einer weltlichen. Die Unterscheidung zwischen *ad intra* und *ad extra* ist nach Schillebeeckx unglücklich, zumal mit ihr unbewusst die Kirche mit ihrer Hierarchie identifiziert würde. Die weltliche Wirklichkeit soll geheiligt, aber nicht sakralisiert werden, weswegen ihre Eigengesetzlichkeit zu bejahen und die Kirche der Welt sowohl etwas zu sagen als auch auf diese zu hören hat. Da die Nähe Gottes in Christus und seiner Kirche den tiefsten Ziel-Sinn und Wert der Nähe Gottes in den weltlichen Tätigkeiten des Menschen erhellt, »sind die profanen, weltlichen Aufgaben unserem Christsein nicht fremd oder

Christlichen möglichst weit ausgedehnt werde und das Moment der Entscheidung und Scheidung zurücktrete. (Vgl. *Slenczka*, Christusbekenntnis 146.)

87 *Schillebeeckx*, Kirche 230.

88 *Schillebeeckx*, Kirche 232. Später hat er den als problematisch angesehenen Begriff »implizites Christentum« »verabschiedet und die *Weltlichkeit der Welt* sowie die *Heilszusage Gottes an die Welt und die Menschen* ins Zentrum seines theologischen Interesses gerückt« (*Halstrup*, Faktizität 330).

gleichgültig, sondern ein spezifisch christlicher Auftrag, dessen Christlichkeit freilich durch die sakralen, unmittelbar kirchlichen Realisierungsformen des Gnadenlebens genährt wird«[89]. Während diese Eigengesetzlichkeit für die kirchliche Hierarchie eine Grenze bedeutet, kommt den Gläubigen eine hohe Verantwortung zu, entsprechend allgemeinen Normen die beste konkrete Lösung für den Aufbau einer besseren menschlichen Welt zu finden – womit sich ein Konfliktpotential zwischen der Hierarchie und den ihre Autonomie wahrnehmenden Gläubigen auftut. Die Kirche insgesamt soll Liebe und Heil nicht nur verkünden, sondern tatkräftig und sorgend bei den Menschen verweilen. »Die Orthopraxis ist primär hinsichtlich der Orthodoxie. Die Kirche kann ›Sakrament der Welt‹ genannt werden, da sie die Wirksamkeit Christi als Sakrament in der Welt wahrnimmt und verkörpert.«[90] Indem die Kirche aus der realen Entwicklung der Weltgeschichte mit ihren sich verändernden geschichtlichen Situationen lernt, trägt sie selber zur Heilsgeschichte bei, da der Glaube durch den Dialog mit der konkreten Menschheit in der Geschichte wirksam wird.

Geschichte – hier übernimmt Schillebeeckx die Unterscheidung der französischen Annales-Schule zwischen der Tatsachengeschichte mit ihrem kurzen und schnell verlaufenden Rhythmus täglicher Ereignisse, der weiter ausgreifenden, tiefer einschneidenden und umfassenden konjunkturellen Geschichte mit einem viel trägeren Zeitverlauf und der strukturalen Geschichte mit ihrer sehr langen, jahrhundertelangen Dauer – und Geschichtlichkeit sind ein konstitutives Moment jeglicher Wirklichkeitserfahrung, weshalb auch theologische Begriffe stets kontingent bleiben. »Die ›Strukturgeschichte‹, um welche die Konjunktur- und Tatsachengeschichte wie konzentrische Kreise um eine träge Achse kreisen, zeigt sich zwischen diesen beiden letzteren als eine Art Invariable«[91]. Dieses Modell wendet er auf die menschliche Denkgeschichte an, bei der die Ereignisse der Tatsachengeschichte vor dem Verstehens- und Erfahrungshorizont der konjunkturellen Geschichte interpretiert werden und sich in diesen konjunkturell verändernden Horizonten die Grundstruktur des

---

89 *Schillebeeckx*, Kirche 236.

90 *van Erp*, Teken 348; Übers. TFP. [»de orthopraxis is primair ten opzichte van de orthodoxie. De kerk kan ›sacrament van de wereld‹ genoemd worden omdat zij de werkzaamheid van Christus als sacrament in de wereld waarneemt en belichaamt.«] Vgl. *Schillebeeckx*, Dialogsakrament.

91 *Schillebeeckx*, Jesus 511; vgl. auch *Schillebeeckx*, Rolle. »This does not mean, however, that structural history contains a timeless ›essence‹ of human nature. On the contrary, Schillebeeckx consistently states that, just as a concrete experience is always a dialectic of encountered reality and interpretative elements, structural history is only manifested in the particular thought forms of a period of conjunctural history.« (*Thompson*, Schillebeeckx 308.)

menschlichen Denkens der strukturalen Geschichte ausdrückt. Dies macht es uns in einem anderen Verstehenshorizont »möglich, z. B. das biblische Denken zu begreifen oder auch den Verstehenshorizont, in dem das Konzil von Chalcedon seine Dogmadefinition hat formulieren können. *Sowohl* das strukturale *als auch* das damals konjunkturelle Moment des (Glaubens-) Denkens kam darin zur Geltung.«[92] Im Chalkedonense wird die biblische Auffassung von Christus aus der Situation des fünften Jahrhunderts neu interpretiert, wobei diese Neuinterpretation dieselbe Glaubensgegebenheit ausdrücken soll wie die Bibel. Während der eigentliche Glaubensinhalt gleich geblieben ist, ist die Glaubensaussage von der jeweiligen Situation betroffen. »*Dasselbe* wird *anders* gesagt, denn Dogma ist Glaubensartikel, d. h. keine theologische Aussage, sondern kirchliche Glaubensverkündigung der biblischen Gegebenheit.«[93] Wird versucht, ein Modell (wie dasjenige Chalkedons) aus einer kulturellen Konjunktur in eine andere zu übertragen, besteht die Gefahr von Missverständnissen, da fundamentale Aspekte oder Fragen in einem Verstehenshorizont für einen anderen zweitrangig sein können; die blinden Flecken in einer Epoche können in einer anderen wieder relevant werden. »Die Hervorhebung von Horizonten und Modellen (in der strukturalen und konjunkturellen Geschichte und auch in den Schwankungen innerhalb kultureller Konjunkturen) versetzt uns in der Tat in die Lage, z. B. das Modell von Chalzedon für andere Zeiten und andere Orte neu zu interpretieren.«[94]

Konjunkturelle und strukturale Aspekte des Denkens stehen nach Schillebeeckx in einer dialektischen Spannung, was jede Geschichte ambivalent mache. Denken und Wahrnehmen erfolgt mithilfe von Interpretationsmodellen, bestimmten veränderbaren Denkmodellen und Weltanschauungen,

---

92 *Schillebeeckx*, Jesus 512. Mit dem Hinweis auf sich verändernde Verstehenshorizonte greift Schillebeeckx nicht weiter ausgeführte Überlegungen von Rahner und Welte zu »epochalen Umbrüchen« auf. Darüber hinaus sei die konjunkturelle Geschichte dem ähnlich, was wissenschaftstheoretisch als »Paradigma« thematisiert wird. Eine Veränderung der konjunkturellen Epoche mit einem neuen kulturellen Horizont kann dann als »Paradigmenwechsel« bezeichnet werden. (Vgl. *Schillebeeckx*, Rolle 77f.)

Die Formel des Konzils von Chalkedon ist somit ein Modell innerhalb eines konjunkturellen Verstehenshorizontes, während wir uns in einem anderen befinden. Insofern können dieselben Wörter durch die Veränderung des semantischen Inhalts missverstanden werden. (Vgl. *Schreiter*, Jezus 163.) Daher kann die chalkedonische Formel als Regel verstanden werden, wie über Jesus gesprochen werden kann, sie ist aber selber keine liturgische Formel und muss nicht notwendigerweise in anderen kulturellen Zusammenhängen und Verstehenshorizonten verwendet werden. »De regels die Chalcedon vaststelde voor perceptie en expressie, zijn eerder toetsstenen om de integriteit te waarborgen van welke bewering *x* over de realiteit van Christus.« (167f)

93 *Schillebeeckx*, Weg 13; Herv. im Orig.

94 *Schillebeeckx*, Rolle 78.

die nicht bewusst wahrgenommen werden, sondern eine Erfahrungswirklichkeit bilden. Mit einem anderen Denkmodell sieht man nicht nur anders, sondern etwas anderes. »Zu einem Wandel der Denkmodelle kommt es, wenn ein Modell nicht mehr in der Lage ist, alles sich Ereignende zu erklären und somit ein neues Denken erforderlich wird. Kulturelle Entwicklung geschieht so entweder in Form einer homogenen und damit kontinuierlichen Weiterentwicklung innerhalb eines Modells oder in einem Fortschritt aufgrund eines Umbruchs im Erfahrungshorizont«[95]. Dementsprechend ist der Glaube in immer neuen Erfahrungs- und Interpretationsmodellen neu und getreu auszusagen. Verändert sich die konjunkturelle Geschichte, werden tradierte Verstehensmodelle unverständlich und müssen Übersetzungen gefunden werden. Neue Glaubenserfahrungen benötigen neue Methoden theologischen Denkens und theologische Errungenschaften müssen aufgrund dieser neuen Erfahrungen neu überdacht werden. »Dies verleiht der modernen Theologie ihren doppelten Focus: Sie muss sowohl die Vergangenheit als auch die Zukunft im Blick haben.«[96] Die Theologie bemüht sich darum, mit – notwendigerweise an Raum und Zeit gebundenen – Denk- und Sprechmodellen die Wirklichkeitserfahrung in Sprache zu heben. Dies kann immer nur partikular und kontextuell erfolgen, weswegen auch Paradigmenwechsel, d. h. revolutionäre Brüche in der Entwicklung, die zur Entwicklung neuer Interpretationsmodelle führen, weil nicht mehr alle neue Erfahrungen in das bisherige eingeordnet werden können, möglich sind. »Daher intendiert jede partikulare Begrifflichkeit, die in ihrer Aussage auf das Universale zielt, zwar das Universale selbst, sie kann es aber in seiner Begrifflichkeit nicht gänzlich fassen und aussagen.«[97] Schillebeeckx betont somit nachdrücklich die Kontingenz der jeweils verwendeten Begriffe. Das Glaubensverständnis einer bestimmten Zeit ist immer in Beziehung zum jeweiligen soziohistorischen Kontext zu setzen, was dazu führen kann, dass frühere Glaubensaussagen, die das Mysterium Christi in einem bestimmten soziokulturellen Kontext angemessen zur Sprache gebracht haben, nicht abgeschafft werden können, aber »in ihren kulturgeschichtlichen Formen für spätere Generationen durchaus *irrelevant* und in rein materieller Wiederholung sogar sinnlos werden«[98]

95 *Schwarz-Boenneke*, Erfahren 126.

96 *van Erp*, Inkarnation 78.

97 *Loiero*, »... damit keiner zugrunde gehe« 154f.

98 *Schillebeeckx*, Menschen 69, Herv. im Orig. »Man kann – durch alle Zeiten hindurch – den Christen, der an den Heilswert des Lebens und Todes Jesu glaubt, wahrhaftig nicht dazu verpflichten, einfach an all diese Interpretamente oder Auslegungen zu glauben. Früher einmal sinnvolle und suggestive Bilder und Interpretationen können in einer anderen Kultur irrelevant werden.« (*Schillebeeckx*, Erfahrung 35f.)

können. Auf dieser Überzeugung basiert Schillebeeckx' Unterfangen, eine für die säkulare Moderne seit den 1960er Jahren in Europa geeignete Sprache zu finden, während die Glaubenskongregation diese Annahme nicht übernimmt und von der bleibenden Gültigkeit der chalkedonischen Formel überzeugt ist. Aber auch nach Schillebeeckx bleiben die früheren Glaubensaussagen theologisch richtungsweisend für Versuche, die mit Jesus gemachte Heilserfahrung je neu entsprechend der Pluralität im Neuen Testament auszudrücken. Die universale Bedeutung des Evangeliums ist in unterschiedlichen Formulierungen auszudrücken. Normiert wird die andauernde Glaubensinterpretation bzw. zeitgemäße Aktualisierung durch vier Strukturelemente, in denen der verbindende Faktor des *interpretandum* – das Erlösungshandeln Gottes in Jesus Christus – deutlich wird und die sehr unterschiedliche Interpretationen zulassen:[99]

– Theologisches und anthropologisches Grundprinzip (Gott und seine Geschichte mit dem Menschen): Der Glaube, Gott wolle eine positiv-sinnvolle Bedeutung des Menschenlebens und Heil von und für Menschen sein. Diese Initiative Gottes bestimmt das Leben und wird vom Menschen als Gnade erfahren, sodass auch er zu sich selbst kommt und Sinn erfährt.
– Christologische Vermittlung (Erfahrbarkeit des Wesens der Geschichte Gottes mit dem Menschen): In Jesus Christus, seiner Botschaft, seinem Leben, seiner Praxis und den Umständen seiner Hinrichtung, wird vollkommen und endgültig erfahrbar, worin der von Gott beabsichtigte Sinn bzw. die Lebensbestimmung des Menschen besteht (Förderung des Guten, Widerstand gegen das Böse). Das Leiden ist allerdings nicht selber Gnade, sondern Ausdruck der Solidarität Gottes mit seinem Volk.
– Ekklesiologische Geschichte und Praxis (Unsere Geschichte, Jesus folgen): Der Glaube, die Geschichte Gottes in Jesus werde erzählt, um uns in seine Nachfolge einzubeziehen und diese dadurch fortzuschreiben. »So ist christlicher Glaube eine Erinnerung an das Leben und den Tod des auferstandenen Jesus durch eine Praxis der Nachfolge Jesu – nicht durch nachahmendes Tun dessen, was er getan hat, sondern indem man wie Jesus aus einem intensiven Gotterleben auf eigene, neue Situationen antwortet.«[100]
– Eschatologische Vollendung (Geschichte ohne geschichtliches Ende): Der Glaube, diese Geschichte könne nur eschatologisch, aber nicht irdisch vollendet werden, wobei das gläubige Bewusstsein der endgültigen Verheißung hier fragmentarisch in Heilserfahrungen erfahren werden kann. »Das

99 Vgl. *Schillebeeckx*, Christus 611–623; *Schillebeeckx*, Auferstehung 63–66; *Schillebeeckx*, Erfahrung 42f.

100 *Schillebeeckx*, Christus 621.

endgültige Heil überschreitet tatsächlich unsere heutigen Erfahrungen – wir erfahren letztlich kein aktuelles Heilsein –, aber die Gültigkeit dieser verheißungsvollen Ansage hat dann doch ihre Grundlage *in* einem Erfahrungszusammenhang, hier und heute, mit Jesus und dem christlichen Leben in dieser Welt.«[101]

In diesen Grundprinzipien wird die Bedeutung der Erfahrung als hermeneutisches bzw. epistemologisches Prinzip deutlich, wobei Schillebeeckx sich hier oft auf einen Text von Thomas v. Aquin beruft, nach dem für alles, was von Gott gesagt werde, anstelle einer Wesensbestimmung das, was er wirke, eingesetzt werde; insofern führt er alle Vorstellungen von Gott und unsere expliziten Affirmationen auf unsere Erfahrungen in der Welt und der Heilsgeschichte zurück.[102] Außerhalb menschlicher Erfahrungen, also außerhalb der Schöpfung, haben wir keine geheimnisvolle Wissensquelle irgendeiner Realität – auch Gott als »vermittelte Unmittelbarkeit« kann nur vermittelt durch menschliche Kontingenz erfahren werden. Mit dem damit verbundenen notwendigerweise subjektiven Moment in der Theologie setzt Schillebeeckx einen anderen Akzent als die Glaubenskongregation, die in ihrer Funktion, die Einheit innerhalb der Kirche zu bestärken, das objektive Moment betont.

Schillebeeckx betont somit die Geschichtlichkeit und Erfahrungsbasis der Offenbarung und kann zudem zeigen, »dass die Offenbarungs- und Gotteserfahrung nicht nur eine vergangene Erfahrung ist. Sie kann auch unsere aktuelle Erfahrung sein.«[103] Entsteht bei einer Erfahrung etwas Neues, das im bisher gegebenen Verstehenshorizont nicht adäquat gedeutet werden kann, führt diese Widerständigkeit der Wirklichkeit dazu, den bisherigen Interpretationsrahmen anzupassen oder zu verändern und erlaubt es so, der Erfahrung Offenbarungsstruktur zuzusprechen. Ein zentrales Element dabei ist das das Wirklichkeitsangebot erfahrende und akzeptierende Subjekt, da das Heilshandeln Gottes an sich noch keine Offenbarung ist, sondern dafür der gläubigen Antwort des Menschen bedarf. Darin zeigt sich ein deutlich personalistischer Grundzug bei Schillebeeckx. Eine Offenbarungserfahrung liegt dann vor, wenn sie »etwas zeigt (das Angebot der Wirklichkeit), was gerade zu dieser und keiner anderen Reaktion aufruft, aber ohne dass das sich

---

101 *Schillebeeckx*, Christus 623.

102 *Thomas v. Aquin*, S. Th. I^a^ q. 1 a. 7 ad 1. Die Bedeutung dieses Prinzips des Thomas für Schillebeecks ist nach Kennedy nicht zu überschätzen: »I would even be prepared to argue that the whole of his theology is one vast commentary on an epistemological premise which is found in a single text of Thomas Aquinas.« (*Kennedy*, Continuity 265.)

103 *Sunarko*, Entwicklung 196.

Zeigende imstande ist, das Subjekt zu allein dieser Reaktion zu zwingen«[104]. In Spannung zu diesem personalistischen Grundzug steht das ebenfalls wichtige, dem Subjekt vorgängige Moment, das dieses nicht manipulieren kann, weswegen Offenbarung uns aus unseren Selbstverständlichkeiten hinausruft. Aus der Bedeutung der Empfänger mit ihrem jeweiligen oft langen und schwierigen Glaubensweg für die Offenbarung folgt deren Geschichtlichkeit bzw. ihr Prozesscharakter, da sie sich »in einem langen Prozeß von Ereignissen, Erfahrungen und Interpretationen vollzieht und nicht in einem übernatürlichen ›Eingriff‹«[105]. Sie ist gleichwohl kein menschliches Produkt, da sie sich nicht aus, sondern in menschlichen Erfahrungen manifestiert. Somit betont Schillebeeckx die biblische Zusammengehörigkeit von Offenbarung und Erfahrung, da Gottes Offenbarung dem Weg menschlicher Erfahrungen folge. Dies bedeutet nicht, Offenbarung basiere auf menschlichen Erfahrungen oder verdanke sich ihnen, sondern die Erfahrung folge aus der Offenbarung.

> Offenbarung – reine Initiative der menschenliebenden Freiheit Gottes – übersteigt wesensgemäß jede menschliche Erfahrung, das heißt, sie kommt nicht *aus* subjektiv-menschlichem Erfahren und Überlegen; aber sie kann sich anderseits nur *durch* menschliche Erfahrungen und *in* menschlichen Erfahrungen wahrnehmen lassen.[106]

---

104 *Sunarko*, Entwicklung 204; vgl. *Schillebeeckx*, Menschen 47; *Schillebeeckx*, Erfahrung und Glaube 76ff. Ein Beispiel dafür ist die Erfahrung der Jünger, insbesondere die österlichen Offenbarungserfahrungen, da die Entstehung des Glaubens der Jünger eine Initiative Gottes voraussetzt, die Manifestation des auferweckten Jesus aber von Menschen erfahren werden muss, die ihm glauben. (Vgl. *Sunarko*, Entwicklung 216.)

105 *Schillebeeckx*, Auferstehung 21.

106 *Schillebeeckx*, Auferstehung 20, Herv. im Orig.; *Schillebeeckx*, Erfahrung und Glaube 78; *Schillebeeckx*, weg 133. »Erfahrung ist als Widerfahren in der Antwort gegeben, ebenso wie Offenbarung das Widerfahren und Antworten umschließt. Offenbarung heißt, dass sich die göttliche Wirklichkeit in der menschlichen Wirklichkeit zu erkennen gibt und diese vom Menschen erkennend und benennend erfahren wird.« (*Schwarz-Boenneke*, Erfahren 246; vgl. auch *Abdul-Masih*, Frei 59–69; *Boeve*, Experience 206f; *Barwasser*, Theologie 273–281; *Halstrup*, Faktizität 265–273.)

Daher ist es ein Missverständnis, zu behaupten, bei Schillebeeckx seien Offenbarung und Gnade subjektive Projektionen, und es kann auch nicht von einer anthropologischen Begründung der Theologie gesprochen werden. »Nach seiner Überzeugung ist der erstrangige *locus theologicus* die persönliche menschliche Geschichte des historischen Christus. Er glaubt, dass der inkarnatorische Angelpunkt der Heilsgeschichte die Voraussetzung von Glaube und Theologie sein muss.« (*van Erp*, Inkarnation 82.) Wie Geldhof ausführt, fallen nach Schillebeeckx zwar Offenbarung und Erfahrung hermeneutisch zusammen und sind theoretisch untrennbar, die Heilsinitiative Gottes ist dem aber dennoch vorgängig. (Vgl. *Geldhof*, niet-gelijkoorspronkelijkheid.) Vgl. für mögliche daran anschließende religionstheologische Überlegungen *Anjus*, Uniqueness.

Es verbinden sich der subjektive Aspekt der Behauptung von Menschen, die Jesus als Gottes entscheidende Offenbarung und höchsten Selbstausdruck Gottes sehen, und der objektive Aspekt, dass er nach ihrem Selbstverständnis so gesehen werden müsse, weil er so sei. »Mit anderen Worten, das Neue Testament spricht so von der Person Jesu, daß dieses Sprechen erklärt, warum Jesus imstande war, das zu tun, was er getan hat.«[107] Zwar konstituiert der Jüngerglaube Jesus nicht zu Gottes Offenbarung, aber ohne Erfahrung könnten sie auch nichts über Offenbarung sagen. Die Selbstoffenbarung Gottes zeigt sich in unseren Erfahrungen und weist darauf hin, was diese Erfahrung hervorgerufen hat; die Offenbarung begründet unsere Glaubensantwort. »Offenbarung in Jesus ermöglicht ein Erfahren, das ein Hören, ein Erleiden und Antworten ist – und manifestiert sich im Christus-Bekenntnis. Dieses Bekenntnis wiederum, die glaubende und benennende Antwort auf die Offenbarung in Begegnung, ermöglicht eine erneute Glaubenserfahrung. Erfahrung wird somit durch Offenbarung im Wort als Glaubensantwort ermöglicht.«[108]

Da Erfahrungen interpretiert bzw. artikuliert werden müssen, weist Schillebeeckx auf den (nie scharf durchzuhaltenden) Unterschied zwischen Interpretationselementen, die unmittelbar im Erfahrenen liegen, und Interpretationselementen, die uns von außerhalb der Erfahrung zukommen, hin. »Interpretation und Erfahrung beeinflussen sich gegenseitig.«[109] Die ursprüngliche Erfahrung – beispielsweise der Begegnung einiger Menschen mit Jesus – wird zu einem sich weiter entwickelnden Selbstausdruck, der die ursprüngliche Erfahrung vertieft (was dann in der weiteren Entwicklung dieses Selbstausdrucks Christologie genannt wird). Gemäß der christlichen Tradition hat Gott in Jesu Geschichte gezeigt, wie er erfahren werden will, und die

107 *Schillebeeckx*, Auferstehung 20; *Schillebeeckx*, weg 133.

108 *Schwarz-Boenneke*, Erfahren 301; vgl. *Boeve*, Experience 208f. »Die ursprüngliche Erfahrung, aus der dieses Credo geboren ist, ist: Jesus von Nazaret, der Prophet des Endreichs, *ist* Christus, das heißt Heil von Gott her für Menschen: Jesus ist durch Gottes Geist gesalbt (›Christus‹, um sein Volk zu retten (Jes 61,1; 52,7).« (*Schillebeeckx*, Evangelium 134f.)

109 *Schillebeeckx*, Auferstehung 22; *Schillebeeckx*, weg 135. Rochford kritisiert, mit der engen Verbindung von Erfahrung und Interpretation werde der wachsenden Spannung zwischen Erfahrungen und überliefertem (christlichen) Interpretationsrahmen und der durch die Säkularisierung und Entraditionalisierung reduzierten Überlappung von christlichem Glauben und gegenwärtigen Er- fahrungen nicht ausreichend Rechnung getragen. »It seems that Schillebeeckx needs to be more cognizant of this ›space‹ between experience and interpretation if his Christology is to continue to resonate with the changing cultural situation to which he aims to be sensitive.« (*Rochford*, Hermeneutics 262.) Damit dürfte er den Hinweisen Schillebeeckx' auf die Veränderungen der konjunkturellen Geschichte und ihrer Konsequenzen für das menschliche Denken nicht gerecht werden. Vgl. auch *Thompson*, Schillebeeckx.

Erzählung dieser Geschichte ermöglicht Menschen eine christliche Erfahrung mit ihren menschlichen Erfahrungen. Hierin schlägt sich das Verständnis Gottes als »vermittelte Unmittelbarkeit« wieder, also die Möglichkeit, dass endliche Menschen aufgrund des Primats der Gnade in der Pluralität der Erfahrungen und Wissensansprüche die Transzendenz Gottes erfahren können. »Gotteserfahrung wird also durch Geschichten von Erfahrungen vermittelt, welche die Hörer so einbeziehen, daß sie mit und in menschlichen Erfahrungen zu ähnlichen, nämlich christlichen Erfahrungen kommen können.«[110] Dementsprechend könne der Glaube sowohl vom Hören als auch vom Erfahren kommen, denn einerseits reichen heutige Erfahrungen alleine nicht aus, um zu entdecken, wer Jesus ist, sodass wir auf die Erfahrung der Menschen angewiesen sind, die dabei gewesen sind. Andererseits basieren deren Worte auf einem irdischen Geschehen und auf ihrer Erfahrung, die zur Botschaft für uns wird. »Der Anfang der christlichen Tradition ist daher keine Lehre, sondern eine Erfahrungsgeschichte – kein neutraler Bericht von Fakten.«[111]

Somit ist jede neue Erfahrung auch ein Sprachgeschehen, wobei die uns vor-gegebene Sprache ähnlich wie jede Interpretation die Erfahrung beeinflusst und von dieser beeinflusst wird, weil sich in ihr eine ganze Erfahrungstradition sammelt; »die religiöse ursprüngliche Erfahrungsgegebenheit [wird] in den Strukturen der geltenden Traditionen ausgedrückt werden«[112]. Weil Erfahrungen sozial vermittelt sind, sind die Voraussetzungen ihres Entstehens wie gesellschaftliche Einflüsse zu berücksichtigen. In Erfahrungen verbinden sich Erleben, Denken und Interpretation sowie Vergangenheit, Gegenwart und Zukunftserwartungen, weshalb (neue) Erfahrungen weder rein subjektiv sind, da sie zumindest teilweise gegeben sind, noch rein objektiv, da unsere Erinnerungen, Empfindungen, Konzepte und Sehnsüchte sie mitfärben. Die Momente der Erfahrung und Interpretation können nicht klar voneinander getrennt werden, wobei manche Interpretationselemente im Erfahrenen

110 *Schillebeeckx*, Erfahrung 23. »›Mediated immediacy‹ concerns the unique relationship between finite beings and the infinite God who is absolute origin. Whereas the term *immediacy* refers to the divine manner of the real presence of the creator to the creature, *mediated* describes the mode in which people encounter the divine presence. God is directly and creatively present in the creature. In this case, mediation does not destroy immediacy but produces it.« (*O'Meara*, Salvation 109.) Vgl. auch *Brambilla*, cristologia 541–546. Odenthal nimmt den Gedanken liturgiewissenschaftlich auf, vgl. *Odenthal*, Interrelation.

111 *Schillebeeckx*, Erfahrung 25.

112 *Schillebeeckx*, Christus 26. »Die Theologie interpretiert das Wort Gottes, aber dieses kommt nur in Menschenworten zur Sprache. Daher hat die Theologie, als Hermeneutik des Wortes Gottes, wesentlich auch mit der *Semantik der Wörter* zu tun. Theologie setzt also ein Verständnis dessen voraus, was Sprache ist.« (*Schillebeeckx*, Glaubensinterpretation 22.)

selbst gründen und andere von außerhalb der Erfahrung kommen. »Konkrete, private, sogenannte unmittelbare Erfahrungen werden stets durch allgemeine Begriffe *vermittelt* – sowohl in den vor-reflexiven Erfahrungen als auch in der wissenschaftlichen Empirie und in der philosophischen Erfahrung. Das gilt auch für das, was wir ›religiöse Erfahrungen‹ nennen. Wir erfahren die Wirklichkeit – auf all diesen Ebenen – immer durch Wirklichkeitsmodelle.«[113] Als letztes Kriterium kann die Wirklichkeit menschliche Projekte und Entwürfe verändern und sogar zerstören; wenn der Widerstand der Wirklichkeit überraschende, unerwartete und neue Anschauungsweisen eröffnet und uns zu neuen Denkmodellen drängt, wird Erfahrung produktiv. Die unerschöpfliche Wirklichkeit selbst bestimmt die Autorität neuer Erfahrungen, die zwar auch das Bestehende bestätigen kann, vor allem aber kritisch wirksam wird und erzählt werden und so anderen eine neue Lebensmöglichkeit eröffnen kann. »Die Autorität der Erfahrung wird damit operativ in der Erzählung derselben. Erfahrungskompetenz hat eine *narrative Struktur*.«[114]

Die Bedeutung der menschlichen Erfahrung und ihrer Reflexion führt dazu, die praktisch-kritische Dimension der Theologie zu betonen. Erfahrungen werden nach Schillebeeckx interpretiert und kritisch reflektiert, indem ein Mensch aufgrund der in seinem Leben gemachten Erfahrungen einen Interpretationsrahmen konstituiert, der aufgrund neuer Erfahrungen korrigiert oder bestätigt wird. »Als das Ganze, in das die besondere, heutige Erfahrung aufgenommen wird, verleiht der Interpretationsrahmen dieser Einzelerfahrung Bedeutung: Dadurch wird diese zu einer *Sinnerfahrung*«[115]. Alle persönlichen

---

113 *Schillebeeckx*, Christus 27, Herv. im Orig. Dies ist nicht zu unterschätzen: »Der religiöse Mensch interpretiert nicht nur anders, er bewohnt eine andere Welt und hat andere Erfahrungen als der Nichtgläubige.« (43) »Die kirchliche Darstellung der christlichen Erfahrungstradition ist also Voraussetzung für die Erfahrbarkeit des christlichen Evangeliums durch andere, aber erst in menschlichen Erfahrungen hier und jetzt kommen Menschen zu einer persönlichen christlichen Erfahrung.« (*Schillebeeckx*, Erfahrung und Glaube 81.)

114 *Schillebeeckx*, Christus 31. »Wenn sie kritisch reflektiert werden, haben menschliche Erfahrungen, als Offenbarung von Wirklichkeit oder des von Menschen Nicht-bedachten und Nichtproduzierten, tatsächlich Autorität und Geltung. Sie haben eine kognitive, kritische und produktive oder befreiende Kraft bei dem langwährenden Suchen der Menschheit nach Wahrheit und nach dem Guten, nach Gerechtigkeit und menschlichem Glück.« (*Schillebeeckx*, Erfahrung und Glaube 90.)

Rochford kritisiert die nicht ausreichende Berücksichtigung der Emotionen für kognitive Einsichten, insbesondere da Kontrasterfahrungen wie die Abba-Erfahrung oder die Ostererfahrung starke Emotionen der Intimität oder Vergebung implizieren. (Vgl. *Rochford*, Hermeneutics 259f.)

115 *Schillebeeckx*, Menschen 39, Herv. im Orig.; vgl. *Schillebeeckx*, Christus 25ff; *Schillebeeckx*, Aufertehung 24ff; *Schillebeeckx*, Erfahrung und Glaube 80f; *Schillebeeckx*, Weg 32.

Erfahrungen von einer bestimmten Erfahrungstradition als Interpretationsrahmen beleuchten zu lassen, ermöglicht, neue, singuläre Erfahrungen zu verstehen, und begrenzt zugleich »unser Verstehen, macht die Interpretation neuer Erfahrungen selektiv und lenkt schon im voraus kommende neue Erfahrungsinterpretationen«[116]. Das ist unhintergehbar menschlich. Nicht der Wirklichkeit entsprechende Sinnerfahrung und -deutung erklärt sich durch das subjektive Moment der Erfahrung. Theorie und Praxis erhellen sich gegenseitig, wobei ein gewisser Primat der Theorie besteht, »zumindest in dem Sinn, daß es einerseits keine Erfahrungen gibt ohne zumindest implizite Theorie, daß anderseits Theorien nicht durch Induktion aus Erfahrung abgeleitet werden können, sondern die eigene schöpferische Initiative des menschlichen Geistes sind«[117]. Es gibt daher keine rein artikulierenden Ausdrücke oder Interpretationen unmittelbarer religiöser Erfahrungen, sondern in ihnen drückt sich mehr oder weniger bewusst auch Theorie aus (»Denken-in-Modellen«). So finden sich im Alten wie Neuen Testament theoretische Modelle, um die Erfahrungsgeschichte Israels zu verstehen. Jede Glaubensaussage ist somit auch Theorie und gibt nicht nur religiöse Erfahrung wieder. In einem langen Prozess solcher Interpretationen in bestimmten Modellen oder Theorien wird das Ganze der Offenbarung vermittelt. »Die Offenbarung, als das Unaussprechliche, nämlich das, was den Glauben *begründet* und die Gläubigen zum Handeln bringt und ihnen zu denken gibt, *trägt und umfaßt* daher nicht nur die Glaubenserfahrung, sondern auch ihre Interpretation, und diese gerade in unterschiedlichen Modellen oder Theorien.«[118] Dies zeigten auch die neutestamentlichen Christologien. Schillebeeckx ist sich somit des grundsätzlichen Problems bewusst, auf die historische Methode angewiesen zu sein, um der ursprünglichen Glaubenserfahrung so nahe wie möglich zu kommen, wenngleich

---

»Zentral für Schillebeeckx' theologischen Ansatz ist, dass kein Verstehen außerhalb der Tradition möglich ist und dass jedes Verstehen ebenso konstitutiv mitbestimmt wird von der Gegenwart als der hermeneutischen Situation. Der Verstehensbogen wird ferner ergänzt durch einen Bezug auf die Zukunft, welche das Denken orientiert und im Handeln vorweggenommen wird.« (*Schwarz-Boenneke*, Erfahren 128.)

116 *Schillebeeckx*, Menschen 40.

117 *Schillebeeckx*, Auferstehung 26; *Schillebeeckx*, weg 137.

118 *Schillebeeckx*, Auferstehung 28, Herv. im Orig. »Einerseits ist es das Denken, das Erfahrung möglich macht, anderseits ist es die Erfahrung, die neues Denken notwendig macht.« (*Schillebeeckx*, Christus 25.)

Da der Glaube seinem kognitiven Aspekt entsprechend ein interpretatives Wissen ist, hat Theologie nicht nur im eigenen Feld Geltung, »nl. bij de bezinning *op* het geloven en zijn inhoud, maar evenzeer *in* de gelofsinhoud zelf (als ter sprake gebracht) en, tenslotte, en fundamenteel, *in* de openbaring zelf (als ter sprake gekomen)«. (*Schillebeeckx*, toegang 33, Herv. im Orig.)

diese Erfahrung immer nur in bereits vom Glauben (und somit auch von der Glaubensgemeinde bzw. einer konkreten Vergemeinschaftungsform) her interpretierter Form vorliegt. Daher kann hier – insbesondere mit Blick auf den Charakter von Geschichte als gegenwartsbezogene Konstruktion – die berechtigte Frage geäußert werden, ob dies erkenntnistheoretisch konsequent ist.

Ein solches Denken-in-Modellen ist notwendigerweise geschichtlich und unterliegt wie kulturelle Denk- und Sprachmuster geschichtlichen Veränderungen, weswegen Schillebeeckx den narrativen Charakter der Theologie betont und die kritische Interrelation bzw. Korrelation zwischen der individuellen Lebensgeschichte eines Menschen mit der sich in Raum und Zeit vermittelten Offenbarung Gottes für nötig erachtet. Um Restauration wie Traditionsabbruch

> zu vermeiden, muss daher in einem ersten Schritt eine Beziehung zwischen den Aussageformen der Vergangenheit und denen der Gegenwart hergestellt werden, mit deren Hilfe die Gottesoffenbarung und -erfahrung in Sprache gehoben wurde und wird. In einem zweiten Schritt muss der so reflektierte und erschlossene Aussageinhalt hinterfragt und zu verstehen versucht werden.[119]

Tradition und Interpretation sind demnach bei Schillebeeckx eng aufeinander bezogen, was die Identität des Glaubens auch angesichts sehr unterschiedlicher Reinterpretationen erlaubt. Mit Rekurs auf Gadamer und Ricœur versteht er die Tradition als notwendigen Horizont zum Verständnis der Vergangenheit – bemerkenswerterweise rekurriert er nicht auf die loci-Lehre, die ihm einen weiteren Zugang zur Bedeutung der Tradition ermöglicht hätte. »Nous interprétons le texte à l'intérieur de la même tradition que celle dans laquelle il a été écrit.«[120] Auch wenn es entsprechend den geschichtlich unterschiedlichen Situationen viele Interpretationen geben kann, umschreibt die lebendige Tradition einen Raum, der abwegige oder willkürliche ausschließt. Die Vermittlung der Aussageformen der Vergangenheit mit der Gegenwart fordert eine aktualisierende Interpretation und ist nicht mit einem Historizismus bzw. historischen Positivismus zu erreichen, da es nicht möglich ist, sich vom eigenen zeitlichen Kontext und dessen Fragen zu lösen. Die historische Distanz kann mithilfe der Kontinuität der Tradition überbrückt werden und zeigt die Geschichtlichkeit des Menschen an. »Sa liberté est limitée, entre autres, par la factualité du passé. Cependant, il comprend ce passé de façon créatrice à la lumière du présent.«[121] Damit ist ein Text aus der Vergangenheit

119 *Loiero*, »... damit keiner zugrunde gehe« 158.
120 *Demers*, L'herméneutique 13.
121 *Demers*, L'herméneutique 15.

nur im Lichte der Gegenwart bzw. nur in der Applikation auf diese zu verstehen. Die Glaubenskongregation hingegen tendiert eher zu einer ahistorischen Interpretation lehramtlicher Formulierungen, wodurch eine aktualisierende Interpretation nicht oder zumindest nicht in diesem Ausmaß notwendig ist. Im Unterschied zu den von ihm aufgenommenen hermeneutischen Ansätzen (Bultmann, Post-Bultmann und Gadamer) betont Schillebeeckx, man müsse die Zukunft berücksichtigen und daher sei es notwendig, die Geschichte zu transformieren. Er legt auf der Basis des Glaubens an den Gott der Zukunft einen starken Akzent auf die Praxis. Damit der Glaube in einer heutigen Welt nicht zur Ideologie wird, sondern seine aktualisierende Interpretation glaubwürdig ist, bedarf er einer soliden Basis in der Geschichte. Ohne diese wird der Aktualisierungsprozess spekulativ und theoretisch. »La précondition d'un processus théologique crédible de continuation et d'actualisation du message chrétien est que la foi peut encore survivre quand son cadre idéologique a été brisé.«[122]

Dabei darf die Mikroebene der einzelnen Menschen und ihrer Wahrnehmung wie Glaubenspraxis nicht übersehen werden. Es geht um die Balance, einerseits der alten christlichen Erfahrungstradition gerecht zu werden, andererseits Menschen durch ihnen fremde Begriffssysteme nicht abzuschrecken.[123] Im Kontext von Sinnerfahrungen sieht Schillebeeckx eine verständliche Erfahrungsbasis für Gotteserfahrung, d. h. wenn innerhalb unseres Erfahrungshorizontes und unserer Geschichte ein nicht auf uns reduzierbarer Sinn aufscheint bzw. als Perspektive auf ein kommendes, größeres und endgültiges Heil erfahrbar wird. Er wählt somit als zentrale Kategorie eine dezidiert personale. Sinnerfahrungen können zu Erfahrungen Gottes werden, sodass der Glaube an ihnen anknüpft, seinerseits aber als sinngebender Interpretationsrahmen bzw. Erfahrungshorizont fungiert. »Menschliche Erfahrungen erscheinen nun in einem anderen Licht: Der Glaube wird zur Sinnerfahrung schlechthin.«[124] Beispielsweise wird ein zunächst politisches Ereignis wie die Befreiung Israels in den größeren Horizont der Heilsgeschichte eingeordnet, sodass in dieser sinngebenden Deutung Erleben zur Erfahrung (Gottes) wird. Kontrasterfahrungen können trotz ihrer Negativität produktive Erfahrungen sein, da ihrem Leid ein Sinn abgerungen und dadurch miterfahren wird. »Teilerfahrungen von Sinn und Heil werden daher *in der Praxis* gemacht; es

122 *Demers*, L'herméneutique 33; vgl. *Schillebeeckx*, Weg 40: »Jede Interpretation der Vergangenheit im Licht der Gegenwart bleibt ja offen auf die Zukunft hin, die aber nicht interpretiert, sondern getan werden, und zwar: Neuheit verwirklichen muß. Jedes Dogma muß in einen Zukunfthorizont gerückt werden.«

123 Vgl. *Schillebeeckx*, Auferstehung 17.

124 *Odenthal*, Interrelation 188.

geht nicht um eine Theorie von Heil, losgelöst von jeder Praxis.«[125] Werden Sinn und Heil teilweise in der Geschichte erfahren, kann berechtigt über eine Verheißung von Gesamt-Sinn gesprochen und Offenbarung sinnvoll verstanden werden, ohne dass Gottes Handeln auf das menschliche Handeln reduziert wird. Der Mensch antwortet auf das Angesprochensein durch das Göttliche. Offenbarung als Handeln Gottes leuchtet in der geschichtlichen menschlichen Erfahrung und Praxis auf. »Das Geschenk oder Gottes Gnade offenbart sich weder von oben noch von unten, sondern frontal: in Begegnung mit Mitmenschen innerhalb unserer menschlichen Geschichte.«[126]

Ein Ausgangspunkt für die Rede von universalem Sinn sind die menschlichen Kontrasterfahrungen von Sinn und Unsinn, gegen die der Mensch sich auflehnt. Sie zeigen negativ, was nicht sein soll, und werden positiv als Imperativ bzw. Appell wahrgenommen, etwas zu verändern, wenngleich sie auch zeigen, dass der Mensch sich selbst nicht erlösen kann. »In den Kontrasterfahrungen, die Schillebeeckx in den späteren Texten zu einer Grunderfahrung der Menschen erklärt, zeigt sich ein menschliches Grundvertrauen und Hoffen auf und in das Menschsein sowie auf und in die Zukunft.«[127] Indem die Kontrasterfahrung als Grunderfahrung verstanden wird, verbindet Schillebeeckx die Partikularität einer konkreten geschichtlichen Erfahrung mit dem universalen Anspruch, da sie allen Menschen gemeinsam ist. Er betrachtet sie rein phänomenologisch und weist einen philosophischen Begründungsanspruch zurück. »Damit stellt sich aber die Frage, welche Begründung es für die Annahme einer Grunderfahrung eigentlich gibt.«[128] Er bezeichnet Offenbarungs- oder Relevanzerfahrungen als Grunderfahrungen, wenn sie etwas Allgemeinmenschliches aufweisen, beispielsweise das menschliche Grundvertrauen in einen Sinn des Lebens. Ohne dieses käme es nicht zum Auflehnen gegen bzw. zur Empörung über eine nicht sein sollende Situation. Da dieses Auflehnen und diese Empörung praktisch die Heilsmächtigkeit und -wirksamkeit Gottes (und damit die universale Heilsbotschaft des Christentums) vermitteln, ist dies nach Schillebeeckx eine geeignetere Vermittlungsform als überkommene

125 *Schillebeeckx*, Christus 41, Herv. im Orig.

126 *Schillebeeckx*, Christus 42. So kann das christliche Grundbekenntnis lauten: »Gods definitieve heilshandelen *in onze geschiedenis* door en in Jezus, of: Jezus als definitieve zin van 's mensen bestaan in deze wereld.« (*Schillebeeckx*, toegang 50, Herv. im Orig.)

Mit Rekurs auf den Zusammenhang von Schöpfung und Gnade in der Bibel will Schillebeeckx aber auch nicht ausschließen, dass Naturerlebnisse ein gewisses selbständiges religiöses Erfahren Gottes ermöglichen. (Vgl. *Schillebeeckx*, Christus 512f.)

127 *Schwarz-Boenneke*, Erfahren 227; vgl. *Barwasser*, Theologie 287–289; 301–307; *Schreiter*, Schillebeeckx 34.

128 *Barwasser*, Theologie 289.

Glaubensformeln. »Das Heil, das als Verheißung für alle in Christus grundgelegt ist, wird universal, nicht dank der Vermittlung einer abstrakten und universalen Idee, sondern kraft seines kognitiven, kritischen und befreienden Charakters in einer und durch eine konsequente Praxis des Reiches Gottes.«[129] Eine universal befreiende Praxis vermittelt geschichtlich die Manifestation der Wahrheit als für alle Menschen geltend und ermöglicht so die Identifizierung von Sinn- und Wahrheitserfahrung. Theologie hat sich somit in der Geschichte zu bewähren, um Menschen die kritische Interrelation zwischen der eigenen Erfahrung und der christlichen Erfahrungstradition zu ermöglichen.

Schillebeeckx misst der menschlichen Erfahrung zentrale Bedeutung für die theologale Wirklichkeitsdeutung sowie für eine theologal fundierte Ethik zu.[130] Erfahrung ist ein zweidimensionales Geschehen, nämlich die Erfahrung von etwas und die dadurch hervorgerufene Interpretation, woraus allmählich der Interpretationsrahmen entsteht. Dieser ermöglicht die Interpretation neuer Erfahrungen und wird durch diese bestätigt, verändert, korrigiert oder erneuert. Denken und Wahrnehmen verhalten sich dialektisch zueinander. Als ein Beispiel dient die Sprache, mit der Erfahrung vermittelt und artikuliert wird und die sich durch den Gebrauch verändern kann. Aber: »Zwischen *Wirklichkeit, Erfahrung* und *Sprache* liegen immer fast nicht zu messende, aber doch reale Entfernungen. Die ›in Verfremdung‹, nämlich in Sprache artikulierten Erfahrungen müssen daher kritisch analysiert werden, wenn Erfahrung tatsächlich eine eigene Autorität und nicht eine vermeintliche Autorität, einen *Wahn*, zur Geltung kommen lassen will.«[131] Die Autorität widerspricht nicht derjenigen von Schrift und Tradition, da sich in der Tradition die kollektiven Erfahrungen der Kirche niederschlagen. Tradition ermöglicht neue Erfahrungen, indem sie den Interpretationsrahmen für diese bereitstellt – und sie kann nur durch Erfahrung überliefert werden. Aus den interpretierten Wirklichkeitserfahrungen entwickeln sich Modelle der Weltdeutung, was auch für die Wissenschaft gilt. Allerdings kann der Mensch die Wirklichkeit nie voll erfassen, was sich besonders in den negativen Kontrasterfahrungen zeigt. Gegen diese leisten Christen und Christinnen auf der Basis ihrer Erfahrungen mit Gott Widerstand und setzen damit die in der Person und Lebensgeschichte Jesu beginnende Geschichte fort.[132]

---

129 *Schillebeeckx*, Menschen 225.

130 Darauf kann hier nicht eingegangen werden. Vgl. *Loiero*, »... damit keiner zugrunde gehe« 161–165.

131 *Schillebeeckx*, Menschen 41, Herv. im. Orig. »It is the resistance of God in revelatory experience that diverts and changes the course of human plans, and in this dialectical movement within experience authority is revealed.« (*Abdul-Masih*, Frei 97.)

132 Vgl. *Schillebeeckx*, Menschen 29.

Geschichtliche menschliche Erfahrung ist nach Schillebeeckx der Ort, wo göttliche Offenbarung stattfindet, ohne in ihr aufzugehen. Vielmehr stellt sie unsere Selbstverständlichkeiten infrage und fungiert als Erfahrung grenzüberschreitend. »Diese Erfahrungsstruktur der Offenbarung kommt auf eine äußerst prägnante Weise zum Ausdruck in der christlichen Offenbarung, die ihren Anfang genommen hat in einer geschichtlichen Begegnung von Menschen mit einem Mitmenschen: Jesus von Nazaret.«[133] Was in ihm erscheint, hätten wir Menschen nie erdenken können, erscheint aber dennoch in der Immanenz unserer Erfahrungen. In der Begegnung mit ihm fallen die Autorität der Erfahrung und die Autorität der Offenbarung in eins.

3.2.5 *Grundzüge der Christologie*

> Die Herrlichkeit Gottes ist im Angesicht Jesu des Christus sichtbar, wie das, was Menschsein eigentlich sein sollte, in derselben Erscheinung Jesu offenbar wird. Das ist die Interpretation des christlichen Glaubens. Daraus geht hervor, daß die Transzendenz Gottes nicht zu trennen ist von seiner Immanenz oder seinem Bei-uns-Sein. Gottes Wesen ist absolute Freiheit: Sein Wesen bestimmt völlig frei, wie er als Wesen für uns sein will, und das ist – von unserer Geschichte aus gesehen, in der Jesus erschienen ist, denn einen anderen Blickwinkel haben wir nicht – Heil für Menschen *in Jesus* innerhalb einer größeren Heilsgeschichte, welche die Schöpfung vom *Proton* bis zum *Eschaton* umfaßt.[134]

In der Christologie Schillebeeckx' bündeln sich die verschiedenen bereits genannten Stränge und Anliegen: Das Verhältnis von Universalität (Gottes) und Partikularität (Jesu von Nazaret), die soteriologische und eschatologische Ausrichtung mit der Betonung des Heilswillens und der Heilsgegenwart Gottes, das Offenbarwerden Gottes im Menschen Jesu von Nazaret. Die hermeneutischen Überlegungen stehen im Dienst der Aktualisierung bzw. Reformulierung der Christologie, um den Menschen das Ereignis der Wesensoffenbarung Gottes im Menschen Jesus von Nazaret zu erschließen. Wie Schillebeeckx im Rahmen seiner Ausführungen zum Johannesevangelium betont, ist vor allem aufgrund der Einheit der innig miteinander verbundenen Personen des Vaters und des Menschen Jesus als Sohn »die Alternative einer Christologie ›von unten‹ oder ›von oben‹ ein modernes, unechtes Dilemma«, weshalb er sie auch nicht übernimmt, obwohl seine Christologie zuweilen als eine »von unten« charakterisiert wird.[135] Ebenso bilden die schöpfungstheologischen Überlegungen den

---

133 *Schillebeeckx*, Christus 55.

134 *Schillebeeckx*, Auferstehung 148, Herv. im Orig.

135 *Schillebeeckx*, Christus 417. Vgl. folgende (mehr oder weniger) ausführliche Darstellungen der Christologie Schillebeeckx' – insbesondere auch für die unterschiedlichen möglichen

Hintergrund, um die Heilsgeschichte zu verstehen; entsprechend der Einheit von Schöpfung und Bund kann Schillebeeckx den Bezug des Christusgeschehens zur Schöpfung betonen und Christus als »*konzentrierte und verdichtete* Schöpfung«[136] bezeichnen. Die Grundüberzeugung des biblischen Schöpfungsglaubens, Gott habe sich als ein bundestreuer, d. h. dem Menschen vertrauender und heilshaft zugewandter, Gott offenbart, realisiert sich in Jesus auf einzigartige Weise. Jesus bestätigt und verifiziert das, was Heil-von-Gott-her für den Menschen bedeutet, er erschließt dem Menschen die von Gott gewollte Selbstrealisation als gelingendes und glückendes Menschsein. »In Jesus erhalten sowohl die Treue Gottes zum Menschen als auch die Gegentreue des Menschen zu Gott ihre geschichtliche definitive Grundlage, während diese Geschichte doch weiter ihren offenen, als solchen unentschiedenen Weg geht.«[137] Borgman sieht das Anliegen der Christologie Schillebeeckx' darin, einen doppelten Graben zu überbrücken: Zunächst geht es um eine vernünftige Begründung des Zusammenhangs vom Glauben an die Botschaft Jesu mit dem Glauben an Jesus als den Christus und Sohn Gottes, wozu seine enge Gottesbeziehung und die korrigierende Bestätigung seines Todes durch die Auferstehung diene. »Zweitens versuchte Schillebeeckx zu zeigen, dass jeder oder jede, die sagt, sie sei nicht mehr gläubig, aber immer noch von der Person Jesu inspiriert, sich gar nicht so sehr vom gläubigen Christen unterscheidet, wie die eine und der andere vielleicht denken.«[138] Vielmehr würden sie durch ähnliche Aspekte Jesu angesprochen. Diesem Anliegen verdankt sich auch die Suche nach einem Ausgangspunkt, der allem menschlichen Leben gemeinsam und dadurch allen zugänglich ist – was ihn zur universalen Leiderfahrung, der Erfahrung, die menschliche Geschichte sei eine des Leidens, führt. Er will keine Erklärung dieses Leidens anbieten, sondern die adäquate Reaktion ist der Widerstand, der unterstützt und gesteuert werden muss. Dies geschieht, indem eine Geschichte erzählt wird. »In the judgment of Christians, the story to be told in the face of evil is christological.«[139]

Kritikpunkte (beispielsweise an seiner exegetischen Rekonstruktion), die für die Fragestellung dieser Arbeit übergangen werden können: *Brambilla*, cristologia; *Iammarrone*, cristologia di Schillebeeckx; *Iwashima*, Menschheitsgeschichte 167–305; *Kennedy*, Schillebeeckx 154–191; *Kennedy*, Deus 285–352; *Loiero*, »... damit keiner zugrunde gehe« 171–227; *Ramisch*, Debate (mit einem Akzent auf den methodologischen Überlegungen); *Stickelbroeck*, Christologie 210–302.

136 *Strazzari*, Schillebeeckx 102, Herv. im Orig.

137 *Schillebeeckx*, Menschen 186.

138 *Borgman*, Überlegungen 8.

139 *Galvin*, Story 82.

Nachdem Schillebeeckx sich in dem Aufsatz *De toegang tot Jezus van Nazareth*[140] historisch-kritisch argumentierend mit der Leben-Jesu-Forschung auseinandersetzt, auf die Bedeutung von Denkmodellen eingeht, durch die Jesus interpretiert worden sei und werde, und den Zugang zu Jesus nur über die in seinem Namen versammelte Gemeinschaft für möglich sieht, wird dies im ersten Band der christologischen Trilogie näher entfaltet – und zwar narrativ, wie der Untertitel *et verhaal van een levende* (die Erzählung von einem Lebenden) nahelegt. Diesen ersten Band sieht er im Blick auf sein ursprüngliches Vorhaben einer synthetischen Schau auf das heutige Problem der Erlösung als »Prolegomenon« an. Zu Beginn stellt er heraus, er frage »kritisch nach der menschlichen *Verständlichkeit* des christologischen Glaubens an Jesus, vor allem in seinem Entstehen«[141]. Um dazu den Glaubensweg der Jünger zu rekonstruieren, widmet er sich dem »geschichtlichen Jesus«, d. i. die Person, die konkret gelebt hat und nicht der historische Jesus als Rekonstruktion der exegetischen Forschung. Die historische Analyse der Geschichte Jesu soll dabei nicht den Glauben beweisen, aber dehistorisiert ihn auch nicht idealistisch. Der historischen Forschung kommt somit ein pastoraler bzw. apologetischer Wert zu, »nel senso che essa rende *plausibile*, e non sospesa per aria, l'interpretazione credente di Gesù, confrontandola criticamente con le esigenze della razionalità, la quale vuole sottoporte la fede alla sua verifica di senso«[142]. Allerdings kann das Resultat einer historischen Rekonstruktion der geschichtlichen Erscheinung Jesus von Nazaret nur ein Jesus-Bild sein, das sich zwar auf diesen damals lebenden Jesus bezieht, mit diesem aber nicht identisch ist – zumal jede Zeit ihr eigenes Jesus-Bild hat. Sich dieser Differenz und damit der Darstellungsproblematik jeglicher Christologie bewusst zu sein, erschwert es, einen Jesus gemäß den eigenen Vorstellungen zu imaginieren. Dies »offers a corrective to pictures of Jesus yielded in a positivistic sense which often reflect the culture or the projections of a particular group or age«[143]. Dementsprechend konzentriert er sich auf die Zeit des Urchristentums bis zur Entstehung der neutestamentlichen Schriften und damit auf die Ursprünge und das Entstehen des Jesus-Glaubens. Der Akzent liegt auf der

140 *Schillebeeckx*, toegang.

141 *Schillebeeckx*, Jesus 27. Kennedy stellt die Originalität dieses Zugangs heraus: »In *Jezus*, Schillebeeckx's intention was to inquire what a rigorously applied historical method can decipher of Jesus's emergence in the course of human history during his early life in Palestine, and to retrace, so to speak, the journey of Jesus's disciples who, after his death, reached the point of professing solemnly that he had been raised from death and that he was and is the Son of God, the Second Person of the Blessed Trinity.« (*Kennedy*, Deus 324.)

142 *Brambilla*, cristologia 360, Herv. im Orig.; vgl. *Espeja*, Cristología 168.

143 *Kuikman*, Christology 87.

historischen Botschaft und Lebenspraxis Jesu sowie den frühen christlichen Interpretationen des auferstandenen Gekreuzigten.[144] Eine ähnlich große Rolle spielt die Analyse neutestamentlicher Texte im zweiten Band der Trilogie, in dem vor allem neutestamentliche Theologien der Gnadenerfahrung für gegenwärtige menschliche Erfahrungen in Anschlag gebracht werden. Während der erste Band nach den Grundlagen im »geschichtlichen Jesus« für das neutestamentliche Bekenntnis von ihm sucht und daher primär form-, redaktions- und traditionsgeschichtlich argumentiert, um dem »geschichtlichen Jesus« so nahe wie möglich zu kommen, nimmt der zweite die Erfahrung der Christen in ihrer Begegnung mit ihm in den Blick und arbeitet stärker literaturwissenschaftlich. »Das erste war ein ›Jesusbuch‹, ohne dabei den Christus zu vernachlässigen; dieses zweite ist ein ›Christusbuch‹, ohne Jesus von Nazareth dabei zu vergessen.«[145] Da eine heutige jesus- und evangelientreue sowie Heil vermittelnde Christologie nur etappenweise und aufgrund der in unserer Geschichte nur fragmentarisch zu erfahrenden Erlösung überdies jede lebensrelevante Christologie nur als vorletztes Wort, als Suche nach dem richtigen Wort, möglich sei, sieht er auch diesen als »Prolegomenon« an. Der dritte Band enthält keine weiteren exegetischen Studien, sondern fasst die Christologie systematisch zusammen. Aus dem Akzent auf der irdischen Lebenspraxis Jesu folgt nicht, Schillebeeckx wolle den christlichen Glauben auf den »historischen Jesus« gründen, da der historisch rekonstruierte Jesus ebenso abstrakt sei wie der dogmatische Christus. »Demgegenüber beruht der christliche Glaube für Schillebeeckx letztlich auf einer persönlichen Begegnung mit einem konkreten Menschen. Warum und wie es geschieht, dass eine Person sich aufgrund einer solchen Begegnung veranlasst sieht, in Jesus ein ›Gleichnis Gottes‹ zu sehen, bleibt ein Geheimnis«[146].

Mit seinem starken Rekurs auf die historisch-kritische Exegese intendiert Schillebeeckx einen Dialog zwischen Bibel und Glaubensgemeinschaft und will »dem einzelnen Menschen das Jesus-Christus-Ereignis dergestalt zu erschließen versuchen, dass dieser sich selbst durch den biblisch bezeugten

144 »[E]s geht um einen Versuch, die großen Linien der Botschaft und Lebenspraxis Jesu, seines Auftretens und seines Todes, historisch so klar wie möglich in den Blick zu bekommen, weil in ihnen zum Ausdruck gebracht ist, was Jesu Verständnis von Gott, vom Menschen und von der Welt und ihrer wechselseitigen Beziehung gewesen ist; denn es sind doch diese Botschaft und diese Taten, die ganze geschichtliche Erscheinungsweise Jesu, die bestimmte Menschen dazu gebracht haben, in ihm ›den Christus‹ – entscheidendes Heil von Gott her – in einem Glaubensakt zu erkennen, der sie selbst auch mit sich selbst versöhnte.« (*Schillebeeckx*, Auferstehung 38.)

145 *Schillebeeckx*, Christus 16.

146 *Borgman*, Überlegungen 7 mit Rekurs auf *Schillebeeckx*, Jesus 54–66. 577.

Jesus-Christus-Glauben, also möglichst ursprungsnah, mit der Lebenstotalität Jesu in Beziehung setzen kann«[147]. Ohne die Dogmengeschichte einfach übergehen zu wollen, legt er den Akzent auf die Reaktion der Menschen zu dem Ursprungsereignis, vergleichbar den Menschen, die dem geschichtlichen Jesus begegnet sind. Der Ausgangspunkt einer jeden Christologie ist die sich auf ihn berufende Bewegung, die erste christliche Gemeinschaft »als *Re-flexion*, das heißt als Widerspiegelung dessen, was Jesus selbst war, sagte und tat«[148]. Dieses Angebot Jesu ist nur indirekt über das Prisma der christologischen Antwort der Glaubensgemeinschaft zu erschließen. Daher kann die historische Rückfrage nicht einfach fragen »Wer war Jesus von Nazaret?«, sondern muss seinen tatsächlichen Einfluss berücksichtigen und fragen: »Wie und wer war dieser Mann denn eigentlich, daß er diese extremen Reaktionen entfesseln konnte, einerseits rückhaltlosen Glauben, anderseits aggressiven Unglauben?«[149] Es geht also sowohl um die Wirkung des erhöhten Jesus in seiner Gemeinde als auch um die Hermeneutik, mit der diese die Erfahrungen mit ihm deutet. Dabei ist die o. g. Geschichtlichkeit des Menschen und seiner Theorien zu berücksichtigen, d. h. der »kulturelle Situationskontext«, wobei sich der Christ nie vollständig mit der ihn umgebenden Kultur identifizieren dürfe.[150] Daher bedarf es neben dogmengeschichtlicher und hermeneutischer Forschung des

---

147 *Loiero*, »... damit keiner zugrunde gehe« 174; vgl. *Demers*, Jésus 354.

148 *Schillebeeckx*, Jesus 38. »Die alte Kirche *re-flektiert* im Neuen Testament das Jesusgeschehen nach seiner Wirkung auf eine Gruppe von Menschen. Der immer wieder aufgenommene Kontakt mit der ersten Antwort auf ein ursprüngliches Angebot in der Geschichte bleibt daher normativ für die eigene Antwort.« (51, Herv. im Orig.)

»De enige kennis die wij van het Christusgebeuren hebben, bereikt ons via de concrete beleving der eerste christelijke gemeenten, die een nieuw leven in zich ervoeren dat ze als gave toeschrijven aan de Pneuma, de Geest; een ervaring dus van nieuw leven in de greep van de Geest, maar in herinnering aan Jezus. Daarom zei ik, dat de oer-christelijke beweging rond Jezus het onontkoombare en historisch zekere uitgangspunt is.« (*Schillebeeckx*, toegang 35, vgl. 46.)

149 *Schillebeeckx*, Jesus 39; vgl. *Schillebeeckx*, Auferstehung 147. Schillebeeckx spricht in diesem Kontext unter Aufnahme einer Begrifflichkeit von Ian Ramsey von einer »disclosure-Erfahrung«, »ein Erschließungs- oder Entdeckungsgeschehen: eine ursprüngliche Erfahrung sowohl für den, der Jesus unmittelbar gekannt hatte, als auch für den, der nur über die ›memoria Jesu‹ und das Leben der Gemeinde von ihm hörte, d. h., sie haben in Jesus etwas entdeckt, was nicht unmittelbar empirisch nachweisbar ist, was aber für den, der unbefangen in einer lebendigen Gemeinschaft mit Jesus konfrontiert wird, als eine *geschenkte* ›Evidenz‹ aufleuchtet.« (39; auch schon *Schillebeeckx*, Säkularisierung 67.) Vgl. zur »disclosure-Erfahrung« auch *Chanton*, Lebenserfahrung 249–254; *Iwashima*, Menschheitsgeschichte 129f; *Schreiter*, Schillebeeckx 38f; *Schwarz-Boenneke*, Erfahren 111f.

150 »Der Christ aus der hellenistischen Ökumene gleicht daher in allem mehr seinen Mitrömern und Mitgriechen als seinen Mitchristen im Jahr 1975; trotzdem steht in

Urchristentums auch soziologischer Studien. Die kritische, kreative Spannung zur eigenen sozial-kulturellen Welt, die sich z. B. in der ältesten Glaubens- und Credostruktur des Neuen Testaments zeigt, indem kulturreligiöse Schlüsselbegriffe wie Christus, Menschensohn, Herr auf Jesus angewandt wurden, ist auch von der neuen Glaubenssprache zu bewahren. Das Kriterium der entsprechenden Bezeichnung war nicht der Inhalt der Hoheitstitel, »sondern *Jesus selbst.* Auf diese Weise drücken die Jünger ihre Lebensüberzeugung aus, daß sie ihr Heil definitiv in ihm gefunden haben, und sie tun dies in ziemlich fremden Begriffen, um das Eigene zu artikulieren.«[151] Die Bedeutung Jesu ist mithin nicht von den Hoheitstiteln, sondern von seinem konkreten irdischen Leben und der mit ihm gemachten Heilsbegegnung her zu entfalten; die Hoheitstitel werden dadurch nicht unwichtig, sind aber sekundär. Gleichwohl sind die ältesten Benennungen nicht rein aufgrund ihres Alters von Bedeutung, sondern weil sie aufgrund der Struktur der interpretierenden Erfahrung und ihrer fortschreitenden Interpretation einen orientierenden Charakter haben, d. h. die weitere Thematisierung »wird von der ursprünglichen Erfahrung als schon auf eine bestimmte Weise artikuliert gelenkt«[152]. Da auch Jesus als Mensch in einem wandelbaren Zeitgeschehen stand und in diesem eindeutig Stellung bezog, ist bei allem Reden in Glaubenssprache von ihm der geschichtlich kontingente Rahmen seines Auftretens zu beachten. Auch die Weise, wie sein Auftreten in der Bibel zur Sprache gebracht wird, darf nicht unhistorisch verabsolutiert werden. Der menschliche Lebensweg Jesu und die Christologie sind eng aufeinander bezogen: »Es gibt für Christen keinen Jesus ohne das kirchliche Bekenntnis zu Christus, wie es kein kirchliches Bekenntnis zu

---

ausgesprochen christlicher Hinsicht ein Christ von 1975 dem hellenistischen Christen näher als vielen seiner Zeitgenossen.« (*Schillebeeckx*, Jesus 42.)

151 *Schillebeeckx*, Jesus 43. »Der persönliche Lebensweg Jesu von Nazaret erklärt, was Messias, Sohn Gottes, Herr bedeutet, und diese letzteren sind keine Interpretationen, die sich Jesus selbst während seines irdischen Lebens gab.« (*Schillebeeckx*, Menschen 147.) Die Relativität der Hoheitstitel, d. h. ihren Bezug auf ein bestimmtes kulturell-religiöses Milieu, und ihre Sekundarität gegenüber der primären Erfahrung als Antwort auf das Wirklichkeits-Angebot Jesu betont Schillebeeckx schon in *Schillebeeckx*, toegang 36.

Demers betont, die Hoheitstitel seien nicht austauschbar, sondern jeder drücke eine unterschiedliche Realität bzw. einen spezifischen Aspekt aus. (Vgl. *Demers*, Jésus 369.)

152 *Schillebeeckx*, Auferstehung 29; *Schillebeeckx*, weg 139. »Schillebeeckx veut contrer le danger de ne produire rien d'autre qu'une histoire qui se jouerait au niveau des idées, sans lien avec l'expérience. Notre auteur veut donc bien mettre en valeur l'expérience originelle, comme facteur critique de l'interprétation ultérieure, pour contrer les risques de manipulation idéologique.« (*Demers*, Jésus 357.)

Christus ohne das menschenbefreiende Auftreten des historischen Jesus von Nazaret gibt.«[153]

Daher spricht Schillebeeckx davon, das hermeneutische Problem des Glaubens an Jesus sei von Anfang an auf einen Konflikt bezogen, nämlich die Spannung zwischen dem Phänomen Jesus und dem religiösen und kulturellem Umfeld mit bestimmten Schlüsselbegriffen, die zur Deutung dieses Phänomens verwendet wurden. Erst in zweiter Linie geht es um die Übersetzung in die zeitgenössische Kultur. Aus dieser Spannung folgt der christologische Pluralismus, »der im Kern durch Jesus, wie er auf Erden lebte und von anderen verstanden wurde, ›zusammengehalten‹ wird«[154]. Daher muss das Kerygma auf Jesu Person und sein Auftreten bis zum Tod verweisen, auf das Ursprungsgeschehen der Gemeindeerfahrung, die dadurch ihre Einheit als Gemeinschaftserfahrung erhält. Christologie darf somit weder nur vom Kerygma oder Dogma über Jesus ausgehen noch von einem sogenannten »rein historischen« Jesus. Diese Gemeindeerfahrung (und die Kirche als sich auf Jesus berufende Gemeinschaft) bildet den »konstanten Einheitsfaktor« der pluralen Christologien und schränkt den normativen Charakter des Neuen Testaments insofern ein, als dass mit dessen Festlegung die Geschichte der christlichen Antwort auf Jesus nicht abgeschlossen ist. Das Neue Testament enthält nicht einfach unveränderliche Wahrheiten, die lediglich in die jeweilige Zeit übersetzt werden bräuchten. »Es ist vielmehr ein differenziertes Ganzes von verschiedenen christologischen Antworten auf Jesu Angebot, eine Verschiedenheit, die einerseits innerlich begrenzt wird durch das historische Angebot selbst und somit durch die ›memoria Jesu‹ und die anderseits doch durch neue geschichtliche Situationen hervorgelockt wird.«[155] Als Kriterium

153 *Schillebeeckx*, Menschen 31, vgl. 143. Siehe auch *Schillebeeckx*, Universalité 275: »Sans cette figure historique, et sans la confession de foi ecclésiale apparue au cours de cette même histoire de l'humanité – confession qui provient des rapports existentiels multiples de ses disciples avec cette même figure de nostre histoire – nous n'aurios aucune conscience, en cette année 1993, d'un ›Jésus de Nazareth‹; il ne pourrait donc plus, d'aucune manière, inspirer la vie privée, sociale et politique d'innombrables personnes.«

154 *Schillebeeckx*, Jesus 44.

155 *Schillebeeckx*, Jesus 52. Der Einheitsfaktor ist also weder »das Evangelium im Evangelium«, da dies sehr subjektiv ist, noch das älteste rekonstruierbare Jesus-Bild, da die erste Artikulation dieser Erfahrung nicht notwendigerweise die rechte und nuancierteste ist, noch Jesu eigenes Selbstbewusstsein, weil wir darüber zu wenig wissen, noch die *ipsissima verba et facta*, die auf Sammlungen christlicher Gemeinschaften zurückgehen, die andere Worte und Taten nicht überliefert haben, und schließlich auch nicht die biblischen Glaubensbekenntnisse, bei denen nicht alles zugleich denselben normativen Wert haben kann. Als möglicher konstanter Einheitsfaktor bleibe nur übrig: »de christelijke beweging zelf! M. a. W. een *christelijke eenheid van heilservaring*, die haar eenheid betrekt uit haar

für die Angemessenheit eines Interpretationsmodells gilt nach Schillebeeckx die Proportionalität zum Interpretandum, d. h. das Verhältnis von Jesu Botschaft zu seinem soziohistorischen Kontext entspricht dem Verhältnis der neutestamentlichen Botschaft zu ihrem soziohistorischen Kontext, was im Laufe der Geschichte fortgeführt wird durch die Beziehung des heutigen Glaubensverständnisses zum heutigen soziohistorischen und existentiellen Kontext. Die christliche Identität ist deshalb weder zu finden, indem die Vergangenheit wiederholt oder wiederhergestellt wird, noch in der vergangenen Situation als solcher. »Diese Sinnidentität kann nur auf der Ebene der korrespondierenden *Beziehung zwischen der ursprünglichen Botschaft* (*Tradition*) und *der jeweils anderen Situation*, sowohl der vergangenen als auch der gegenwärtigen, gefunden werden.«[156] Konstitutiv für die Sinnidentität in den kulturellen Umbrüchen und Veränderungen sind nicht die verwendeten Begriffe, sondern die jeweils bestehenden Beziehungen zwischen den Begriffen. Daher wird nicht einfach eine vergangene Tradition hermeneutisch reinterpretiert, um in einer neuen Situation sinnvoll zu sein. Vielmehr gehört zu dieser Übersetzung der Erfahrung bzw. des Glaubensverständnisses die Orthopraxis als weiteres Kriterium für die Kontinuität (neben dem *consensus ecclesiae*, zu dem die verschiedenen Rollen innerhalb der Glaubensgemeinschaft ihren je spezifischen Anteil beitragen).[157] Christentum ist nicht nur ein hermeneutisches Unterfangen, sondern auch eine Erneuerung der (individuellen wie sozialen) Existenz.

Ein Beispiel für das Proportionalitätskriterium ist schon der Übergang vom Juden- zum Heidenchristentum mit den jeweiligen Jesusbildern entsprechend der sich ändernden Wirklichkeitsverständnisse. Zur christologischen Antwort auf Jesus gehört der kritische Bezug zur jeweiligen Gegenwart. Damit dies keine rein menschlichen Projektionen bzw. Projektionen unseres Wirklichkeitsverständnisses sind, muss das Leben Jesu bestimmendes Korrektiv sein, d. h. es muss dort einen Ansatzpunkt für die jeweilige Deutung geben. »Die

---

verwijzing naar de éne Jezus, maar niettemin in haar verwoording of articulatie pluriform is.« (*Schillebeeckx*, toegang 43, Herv. im Orig.)

156 *Schillebeeckx*, Rolle 80, Herv. im Orig.; vgl. *Schillebeeckx*, Menschen 68f. »The constant factor, therefore, is not the act or intentionality of faith, nor is it the ›structurising elements‹ that express that act. Rather, the norm is proportional relationship between the two, as they both shape the understanding of the one saving mystery of Christ.« (*Thompson*, Schillebeeckx 310; vgl. *Hilkert*, Hermeneutics 130; *Sunarko*, Entwicklung 248.)

157 »This criterion is the logical outgrowth of the shift in Schillebeeckx's epistemological framework from the second to the third circles which I described above. In this third circle, Schillebeeckx adapts ideas from the Frankfurt School and Ernst Bloch to argue that the universal resistance to that which diminishes or destroys human life provides a negative, but real source of hope for human fulfillment.« (*Thompson*, Schillebeeckx 311.)

geschichtliche Wahrheitsfrage nach Jesus von Nazaret wird daher äußerst wichtig.«[158] Gleichwohl ist dabei immer die Differenz zu beachten zwischen dem, was historisch von Jesus von Nazaret rekonstruierbar ist (und letztlich auch ›nur‹ ein Jesus-Bild ist), und seiner vollen Wirklichkeit. Gleichwohl ist die historisch-kritische Methode für das Christentum unaufgebbar, da der Glaube oder das Kerygma unglaubwürdig werden, wenn Jesus völlig anders gewesen wäre, als von ihm behauptet wird. Damit »werden die Glaubenserkenntnis und das Glaubensbekenntnis in der Tat durch unsere Kenntnis des historischen Jesus *begrenzt* und wird anderseits die historische Kenntnis Jesu durch die Glaubensinterpretation begrenzt«[159]. Schillebeeckx spricht sich für die Kontinuität des irdischen Jesus zum kerygmatischen Christus aus und bezieht somit Glaube und Geschichte eng aufeinander. Die historische Forschung hilft bei der Feststellung, ob der geglaubte Jesus dem Wirklichkeitsangebot Jesu entspricht, und bereitet die *disclosure*-Erfahrung des gläubigen Jesus-Bildes vor, bei der der Gläubige im Leben Jesu Gottes Heilshandeln sieht. »Die Summe der historischen Ergebnisse gibt noch nicht die Person des Erforschten wieder. Der Person kann man sich nur in einem menschlichen Vertrauensakt, in einer Disclosure-Erfahrung, annähern.«[160] Der dazu nötigen Erfahrungsbasis dient die historisch-kritische Forschung Jesu, die wegen seiner Normativität als absolutes »Gegenüber« für die ihn als Christus bekennenden Kirchen theologisch bedeutend ist. Als solches ist er immer nur vermittelt durch die christlichen Gemeinden, die sich von ihm bestimmen lassen, erkennbar. Darin drückt sich das schon erwähnte erkenntnistheoretische Problem aus, mit der historischen Methode der ursprünglichen Glaubenserfahrung so nahe wie möglich kommen zu wollen, die allerdings nur in bereits vom Glauben her interpretierter Form vorliegt. Daraus ergibt sich die notwendige »kritische Interrelation« bzw. ein hermeneutischer Zirkel, in dem dem Glauben der Kirche große Bedeutung zukommt:

> Wir müssen die Wirklichkeit Jesu in zeitgenössischen Verstehenskategorien ausdrücken, die vorgegeben sind (was Kritik nicht ausschließt) und vor allem

158 *Schillebeeckx*, Jesus 56.

159 *Schillebeeckx*, Jesus 61, Herv. im Orig. »Eine solche Rückbindung [an die historisch-kritischen Wissenschaften, TFP] hilft nach Schillebeeckx der systematischen Theologie bei ihrem Aufweis, dass das Bekenntnis zu Jesus Christus seinen Ursprung und Anstoß in Jesus selbst hat, dass es jedoch für ein explizit christologisches Bekenntnis der existentiellen Begegnung mit dem kerygmatischen und pneumatisch gegenwärtigen Christus Jesus bedarf.« (*Loiero*, »... damit keiner zugrunde gehe« 268.)

160 *Iwashima*, Menschheitsgeschichte 174.

> zugänglich sind, aber zugleich können wir nur im Gebrauch dieser Kategorien erkennen, was die Wirklichkeit Jesu eigentlich für *uns* bedeutet.[161]

Um diesen Prinzipien gerecht zu werden und den »Überschuss« an Wirklichkeit zur Sprache zu bringen, wählt Schillebeeckx einen narrativen Zugang auf der Linie der »zweiten Unschuld« und will kein christologisches System entwerfen, sondern eine Geschichte von Jesus bzw. dessen Lebensgeschichte als Geschichte Gottes erzählen.

> Die *theologische* Interpretation Jesu von Nazaret wird auf diese Weise, nach dem antiken Modell der Geschichtsschreibung, im Verhalten Jesu während seiner irdischen Lebenstage niedergelegt. Aber das *setzt voraus*, daß Jesus bei diesen Gläubigen tatsächlich angekommen ist als ein Mensch, ›der Wohltaten spendend umherzog‹, mit anderen Worten, daß er geschichtlich von jener Art gewesen ist, daß er sich durchaus zu dieser christologischen Interpretation eignete.[162]

Methodisch geht Schillebeeckx anhand einer Matrix von fünf Kriterien vor, beginnend mit der redaktionsgeschichtlichen Perspektive, in der er nach der theologischen Grundausrichtung jedes Evangeliums fragt und aufgenommene »störende« (also dieser widerstrebende) Überlieferungen untersucht. Zweitens sucht er formkritisch nach dem, was weder dem Judentum seiner Zeit noch der jungen Kirche zuzuschreiben ist. Drittens dient das traditionsgeschichtliche Kriterium dazu, bestimmte Kennzeichen der Praxis Jesu in verschiedenen Traditionen und Formen zu identifizieren. Das vierte Kriterium, die inhaltliche Konsistenz, nimmt die Gesamtschau in den Blick und als letztes Kriterium führt er das »Exekutions-«Kriterium an, d. h. die Gründe der Verwerfung Jesu.[163]

Mithilfe dieser Kriterien entwirft Schillebeeckx in seinen christologischen Büchern ein detailliertes narratives Bild des Christus-Phänomens, der Botschaft und Lebenspraxis Jesu, seiner Ablehnung und seines Todes sowie seiner Auferstehung.

3.2.5.1 Jesu Leben: eschatologischer Prophet und Reich-Gottes-Botschaft

Das von Schillebeeckx auf diese Weise herausgearbeitete Jesus-Bild ist in erster Linie das des (eschatologischen) Propheten, »das heißt der Mann, der sich der Leidensgeschichte der Menschheit so intensiv erinnert und sie derart verdichtet sieht, wie einen übervollen Lagerplatz von Schmerz und unbefreitem

---

161 *Schillebeeckx*, Jesus 66.
162 *Schillebeeckx*, Jesus 69, Herv. im Orig.
163 Vgl. *Schillebeeckx*, Jesus 78–85.

Leid, daß er davon überzeugt ist, daß das Maß so voll ist, daß jetzt etwas *endgültig Neues* wird geschehen müssen«[164]. Der eschatologische Prophet ist also nicht der letzte Prophet, sondern ein für die gesamte kommende Weltgeschichte bedeutender Prophet. Diese Züge des kritischen Propheten können leicht übergangen bzw. geglättet werden, wenn die Menschheit Jesu zugunsten der Göttlichkeit in den Hintergrund gerät. Lebensweg, Botschaft, Tod und Bekenntnis zur Auferstehung sind nicht voneinander zu trennen und beleuchten sich gegenseitig. Der eschatologische Prophet-wie-Mose ist »mehr als wahrscheinlich die erste Jesus-Interpretation des vorneutestamentlichen Christentums gewesen«[165]. Diese Deutung basiere auf der »deuteronomischen« Auffassung, Gott werde einen Propheten wie Mose erstehen lassen (vgl. Dtn 18,15) und der evtl. in Deuterojesaja erfolgten Verbindung des leidenden Propheten Moses mit dem Gottesknecht. »Der prophetisch-königliche Mose, der die Lasten seines Volkes trägt, *ist* dann der deuterojesajanische leidende Gottesknecht.«[166] Diese Vorstellung des mosaischen eschatologischen Propheten arbeitet Schillebeeckx in mehreren frühchristlichen Traditionen heraus. Die ersten Christen drückten mit dem Begriff des eschatologischen Propheten aus, dass die historische Wirkung Jesu besonders zu seiner Identität gehört. »Jesus weist in dem und durch das, was er ist, sagt und tut, über sich selbst hinaus auf die ganze und fortschreitende Geschichte der Menschheit als Kommen des Reiches Gottes.«[167] Die Vorstellung des eschatologischen Propheten ist nach Schillebeeckx (innerhalb des Parusiekerygmas) die Matrix für vier neutestamentliche Verständnisse, die im NT in die Paschachristologie eingegangen sind und jeweils bestimmte historische Aspekte des Lebens Jesu hervorheben: Maranatha-Christologien (Jesus als Verkünder der kommenden Herrschaft Gottes), Wundertäter-Christologie (Jesus als Wundertäter), Weisheitschristologien (Jesus als Offenbarung Gottes und des Menschen) und Paschachristologien, bei denen Tod und Auferstehung zentral sind. »Die Kontinuität zwischen Jesus vor und nach seinem Tod wird hergestellt durch die Anerkennung, daß Jesus der eschatologische Prophet ist, eine frühchristliche Interpretation des eigenen Selbstverständnisses Jesu.«[168] Indem durch die verschiedenen kerygmatischen Projekte substantielle Informationen über

---

164 *Schillebeeckx*, Evangelium 49f, Herv. im Orig.

165 *Schillebeeckx*, Auferstehung 77.

166 *Schillebeeckx*, Auferstehung 78, Herv. im Orig.

167 *Schillebeeckx*, Auferstehung 81. »Es besteht ein innerer Zusammenhang zwischen der Botschaft und ihrem Verkünder, wie es auch einen inneren Zusammenhang zwischen der Botschaft und dem ihr konsequent entsprechenden Handeln Jesu gibt.« (*Schillebeeckx*, Politik 36.)

168 *Schillebeeckx*, Auferstehung 84.

Jesus vermittelt werden, machen diese vier Christologien deutlich, dass reale, historisch nachweisbare Aspekte des Lebens Jesu die frühchristlichen Glaubensbekenntnisse und Verständnisse von Jesus normiert und geleitet haben. Eine gemeinsame Personidentifikation hat sich in verschiedenen Richtungen entfaltet, womit die gegenwärtige, permanente und definitive Bedeutung der Person und nicht nur der Botschaft Jesu unterstrichen wird.[169] Schillebeeckx sieht somit zwar die Parusiechristologie mit ihrem Bekenntnis zu Jesus als dem Kommenden als Mutter aller Christologien an, will damit aber nicht die Bedeutung der Paschachristologie als der anderen zentralen neutestamentlichen Interpretation kleinreden. Vielmehr sind beide notwendig, um entsprechend der biblischen Synthese Norm und Kriterium des Glaubens zu bilden. Christologie kann weder nur die gläubige Interpretation der Botschaft und Praxis des Lebens Jesu sein noch nur der Glaube, Jesus sei der Lebende ohne Relation zu seiner Verkündigung und seiner Praxis, sondern muss beide Pole in Spannung zueinander halten – entsprechend der biblischen Synthese.[170]

Wenn Schillebeeckx mit der Identifizierung Jesu als eschatologischer Prophet diesen in verbreitete Verständnismodelle des Judentums seiner Zeit einordnet, sieht Demers der vom Osterereignis ausgehenden (christlichen) Reinterpretation des jüdischen Messianismus, die sich im »Christus-«Bekenntnis ausformuliert, nicht ausreichend Rechnung getragen.[171] So werde Jesu Verweigerung gegenüber einem politisch-davidischen Messianismus nicht ausreichend berücksichtigt und erst die Inversion der Titel des Propheten und des Messias hätten es ermöglicht, Jesus in seinem Wert als eschatologischen Propheten zu schätzen. Der zum Eigennamen gewordene Christus-Titel »organise l'ensemble des autres titres confessés.«[172] Weil sich Jesus geweigert habe, die Rolle eines politischen Messias zu übernehmen, entspreche sein Handeln weder vorhandenen Modellen noch der davidischen Theokratie. Auch das Kreuz offenbare seine subversive Praxis, was bei einer von Ostern her erklärten Messianität universalisiert wird: »L'idéologie messianique vise à

169 Vgl. *Brambilla*, cristologia 392.

170 Vgl. *Schillebeeckx*, Auferstehung 109f (gegen die Kritik von z. B. *Löser*, Christologie 264–266). »Invero una *Parousiechristologie* e una *Paschachristologie*, contengono, con sottolineature diverse, ambedue i poli della relazione. Al di là degli schemi interpretativi, sembra concludere S., è importante mantenere questa bipolarità.« (*Brambilla*, cristologia 395.)

171 Vgl. *Demers*, Jésus 351f.

172 *Demers*, Jésus 361 mit Verweis auf *Duquoc*, Messianisme. Neben dieser historischen Frage wären aus heutiger Sicht einige der Überlegungen Schillebeeckx an den gegenwärtigen Forschungsstand anzupassen, was auch für die Frage nach dem jüdischen Messianismus bzw. dessen Vielfalt und seiner Rezeption im frühen Christentum gilt. Dies erfolgt aber bei Demers nicht, da er sich primär auf die 1984 erschienene Studie Duquocs stützt.

conquérir le pouvoir, plutôt qu'à le convertir, à le rendre autre. […] Jésus rend la messianité à sa valeur prophétique: la promesse de Dieu à l'opprimé, c'est qu'il n'y ait ni oppresseurs, ni processus d'exclusion.«[173] Schillebeeckx teilt dies, sodass sich die Frage stellt, wie treffend der Vorwurf, er unterschätze die Originalität Jesu, tatsächlich ist. Abgesehen davon ist die Frage danach, ob das Verständnis Jesu als eschatologischer Prophet seiner Praxis und seinem Selbstverständnis gerecht werde oder nicht, zwar aus systematischer Sicht von erheblicher Bedeutung, nicht aber für die hier eingenommene Perspektive der Rekonstruktion des Ansatzes Schillebeeckx' sowie der Kritik vonseiten der Glaubenskongregation. Daher sei lediglich auf den fehlenden Forschungskonsens verwiesen. Zumindest scheint die Pluralität an Messiaserwartungen eher für Schillebeeckx' These zu sprechen, da unterschiedliche Bezugsmöglichkeiten für eine Interpretation Jesu vorhanden sind und weniger direkt von einer Reinterpretation bestehender Modelle ausgegangen werden muss.

Dem (damaligen) exegetischen Forschungsstand entsprechend betont Schillebeeckx die Reich-Gottes-Botschaft als Zentrum des Lebens, der Praxis und der Predigt Jesu. Das Reich Gottes drückt das Wesen Gottes aus, der auf Menschlichkeit bedacht ist und die Menschen unbedingt liebt. Mit seinen Gleichnissen erläutert Jesus das Wesen Gottes und sein Verhalten veranschaulicht seine Predigt, sodass die Reich-Gottes-Botschaft intrinsisch an seine Person gebunden ist, gleichwohl aber radikal theozentrisch ist, da er sich nicht selbst predigte. In diese Herrschaft Gottes sind alle Menschen schon qua Schöpfung hineingenommen; Jesu radikale Forderung nach subjektorientierter Gerechtigkeit ist von ihr nicht zu trennen. »Sie will als Herrschaft verstanden werden, die jeden Menschen zum befreiten Menschsein ermächtigen will, wenn dieser sich aus freiem Willen auf Jesu Gottes-, Welt- und Menschensicht radikal einlässt und dementsprechend eine existenzverändernde Lebenswende (Metanoia) vollzieht.«[174] Jesus wendet sich vor allem denen zu, die in der Gesellschaft rechtlos sind, und proklamiert so die Menschlichkeit Gottes, seine heilvolle Gegenwart und die Aufhebung des Gegensatzes zwischen Herrschern und Beherrschten. Das Zentrum der jesuanischen Reich-Gottes-Botschaft bilden Gerechtigkeit und Liebe, die real konkret zu

---

173 *Demers*, Jésus 367.

174 *Loiero*, »… damit keiner zugrunde gehe« 179. »Reich Gottes ist dann der ganze weltliche Raum: die Ökumene oder bewohnte Welt der Menschen, in der das ›Herrschen Gottes‹, des Schöpfers dieses Alls, bedeutet, daß Frieden, Gerechtigkeit und Liebe unter den Menschen herrschen, Frieden auch mit der ganzen natürlichen ökologischen Umwelt, … wenn die Menschen sich in Freiheit auf das Reich Gottes einlassen.« (*Schillebeeckx*, Menschen 151.) »Reich Gottes ist die von Menschen bejahte oder willkommen geheißene aktive und ermutigende, heilsame Gegenwart Gottes unter den Menschen.« (152)

vollziehen sind.[175] Indem sie dies tun, unterstellen sich Menschen Gottes Herrschaft(sanspruch), der ihnen ein glückendes Menschsein ermöglichen will. Das Reich Gottes ist somit zwar eschatologisch, d. h. in der menschlichen Geschichte nur fragmentarisch vorhanden, aber es besteht eine Verbindung zwischen der Umkehr der Menschen und dem Kommen des Reiches Gottes. »According to Schillebeeckx's understanding, the *praxis* of the kingdom of God is *an alternative mode of action* in comparison with actions that strive to establish relationships in terms of masters and slaves, dominators and dominated.«[176] Hier zeigt sich der in den Evangelien des Öfteren behandelte Unterschied zwischen der menschlichen und der göttlichen Gerechtigkeit. Indes befreit Jesus mit seiner Praxis des Reiches Gottes die Armen nicht direkt aus ihrer Armut und Unterdrückung, wohl aber vom Gefühl, unterdrückt und ausgestoßen zu sein.

> Jesus zeigt in den Gleichnissen ›das andere Gesicht der Religion (= Kirche)‹: Seine Art, der ›Gott der Menschen‹ zu sein, und zwar aller Menschen, macht ihn in erster Linie zum Gott der ausgestoßenen und ausgeschlossenen Menschen. Wer das aus dem Neuen Testament, vor allem aus den Gleichnissen, nicht heraushören kann, hat nichts von Jesu Botschaft vom Reich Gottes verstanden.[177]

Die Brisanz dieses Anspruchs für heutige Christen und Christinnen erläutert Schillebeeckx, indem er auf den zeitgeschichtlichen Kontext Jesu und seiner Botschaft eingeht, insbesondere auf die dort präsenten apokalyptischen Strömungen.[178] Zu den damaligen Buß- oder Bekehrungsbewegungen im Judentum gehörte auch die Erwartung eines »endzeitlichen Propheten«, der zur letzten Chance zur Umkehr vor dem Gericht Gottes aufruft, ohne dadurch das bevorstehende Weltende abwenden zu können. »›Apokalypsis‹ ist somit die voreschatologische Enthüllung des realen Hintergrundes aller irdischen Geschichte, eine Enthüllung, die der apokalyptische Seher jetzt schon in seinen Schriften mitteilt: Er hat diesen Hintergrund schon zugunsten der Auserwählten schauen dürfen.«[179] Die apokalyptische Grunderfahrung der Grausamkeit, Ungerechtigkeit und des Leidens in der Welt als Schöpfung Gottes und das utopische Verlangen danach, dass die menschliche Leidensgeschichte ende und das Friedensreich anbreche, sieht Schillebeeckx als existentiell,

175 Vgl. den Originaltitel von *Schillebeeckx*, Christus.
176 *Kennedy*, Deus 334, Herv. im Orig.
177 *Schillebeeckx*, Menschen 156.
178 Vgl. aktuell zur Apokalyptik z. B. *Tilly*, Apokalyptik.
179 *Schillebeeckx*, Jesus 109.

realistisch und »modern« an. Dieser Kontext ist wichtig für Jesu wahres Menschsein.

Zu diesem Kontext gehört auch die prophetische Botschaft und Praxis Johannes' des Täufers, der das Zorngericht Gottes verkündet. Sein ausgeprägtes prophetisches Selbstbewusstsein in der Vermittlerrolle zeigt sich in der Notwendigkeit der (seiner) Taufe, allerdings fehlt bei ihm letztlich eine Heilszusage. Ebenfalls für wichtig hält Schillebeeckx den Bezug auf den »Kommenden«, unverkennbar eine Richtergestalt. »Mit seiner Berufung auf den Menschensohn-Feuerrichter hat der Nicht-Apokalyptiker, aber Prophet Johannes hier einen apokalyptischen Gedanken aufgenommen, wodurch der alte prophetische Gerichtsgedanke mit dem kommenden Menschensohn verbunden wird.«[180] Des Weiteren ist er eine nicht-messianische Gestalt und in seiner unmittelbaren Botschaft unpolitisch, wenngleich er sich gegen drei wesentliche Erwartungen des damaligen Judentums richtet (die Vernichtung der Feinde Israels, Israels Endsieg und die Heilsgarantie der Abrahamsverheißung). Dagegen lebt er »ausschließlich aus der Zukunft, ausgefüllt als Gottes unerbittliches und, prophetisch wiedergegeben, zeitlich höchst nahes Gericht«[181].

Vor diesem Hintergrund deutet Schillebeeckx die in allen Evangelien berichtete Johannestaufe Jesu als den ersten hermeneutischen Schlüssel für das Verständnis Jesu und als *disclosure*-Erfahrung. »Er wurde persönlich von der Verkündigung des Johannes angesprochen, und er ist persönlich auf dessen Umkehrappell eingegangen.«[182] Er schlägt vor, das existentielle Betroffensein von der Verkündigung des Johannes nicht als ersten Durchbruch der besonderen Berufung Jesu, sondern als dessen erstes prophetisches Auftreten zu sehen. Er unterstreicht die Umkehrbedürftigkeit Israels, bestätigt dessen Umkehr und Rettung, geht damit über die Intention Johannes' hinaus und zeigt den Unterschied (nicht Gegensatz) zwischen ihnen. Jesus als Heilsprophet deutet die Metanoia-Taufe des Unheilspropheten Johannes vor dem Hintergrund seiner Heilsverkündigung des Gottesreiches um. Dessen Kommen ist seine zentrale Botschaft und meint »die Nähe des rückhaltlosen Heilswillens Gottes, des entgegenkommenden Erbarmens und der hinzukommenden Huld, darin zugleich Widerstand gegen alle Formen des Bösen: Leid und Sünde.«[183]

Die angestrebte und verkündete *basileia tou Theou* umfasst zwei Aspekte, die mit Gottes Herrschaft und Gottes Reich benannt werden können und das Geschehen, mit dem Gott als König oder Herr zu herrschen beginnt, sowie

---

180 *Schillebeeckx*, Jesus 117.
181 *Schillebeeckx*, Jesus 119.
182 *Schillebeeckx*, Jesus 121. Vgl. dazu auch *Chanton*, Lebenserfahrung 82–85.
183 *Schillebeeckx*, Jesus 124.

den eschatologischen Endzustand umfassen. »Gottes Herrschaft weist auf den dynamischen, auf die Gegenwart bezogenen Charakter des Herrschens Gottes hin; Reich Gottes weist mehr auf den endgültigen Heilszustand hin, auf dem Gottes heilsbezügliches Handeln gründet.«[184] Schillebeeckx betont den engen Zusammenhang von Gegenwart und Zukunft und die Implikation für den Menschen, da Gottes Herrschaft zwar ein rückhaltloses Wohlwollen mit dem Menschen ist, aber unsere Anerkennung dieser Herrschaft das Heil des Menschen, Menschlichkeit aktuiert, wir also Gottes Willen tun. Auch diese Gottesherrschaft wird zum Gericht über die Welt, aber weder als Feuergericht noch als Umkehrung der Machtverhältnisse, sondern als frohe Botschaft des allen Menschen zugewandten Gottes, der alle kränkenden Machtverhältnisse aufhebt. Jesus verkündet das kommende Heil, vergegenwärtigt es durch seine Praxis und zeigt, wie seine Person und die Gottesherrschaft miteinander verbunden sind. »Das Kommen des Reiches Gottes hat somit in Jesus einen menschlich vermittelnden Faktor. Sorge des Menschen für den Mitmenschen ist die sichtbare Gestalt, in der sich das Kommen des Reiches Gottes manifestiert; es ist der Weg, den die Gottesherrschaft geht.«[185] In der Lebenspraxis Jesu wird die kommende Welt konturiert. Menschliche Erfahrungen von Güte und Gerechtigkeit, Sinn und Liebe geben eine schwache Ahnung vom Reich Gottes, das im Lebensweg Jesu eine ausdrucksvolle Gestalt gewinnt und daher von seinem Leben her näher zu qualifizieren ist, »von der Tatsache aus, daß dort, wo Kranke bei Jesus erschienen, sie geheilt wurden«[186] etc. Im Lebensweg Jesu wird der innere Zusammenhang zwischen seiner Botschaft der kommenden Gottesherrschaft und ihm als Verkünder deutlich; Jesus bürgt für den befreienden Gott und macht aus der eigenen Überzeugung heraus, von Gott angenommen zu sein, deutlich, »daß der Gott Jesu, der Gott Israels, *den Menschen ganz annimmt* und ihn durch diese Annahme in Beziehung zu sich selbst und zu anderen, in einer menschlich bewohnbaren Welt, zu erneuern sucht«[187]. In Jesus wird die neue Welt praktisch antizipiert, in der das Heil auch den leidenden und besiegten, sogar den toten Menschen zugesagt ist. Er stellt die Praxis des Gottesreiches der Praxis der Erde gegenüber und verleiht ihr Profil, allerdings unter den Bedingungen der »alten Welt«, gipfelnd in seiner Hinrichtung. »Deshalb erregt dieser Lebensweg nicht nur Irritation wegen des

184 *Schillebeeckx*, Jesus 125.
185 *Schillebeeckx*, Jesus 136.
186 *Schillebeeckx*, Menschen 153.
187 *Schillebeeckx*, Menschen 160, Herv. im Orig.

immer neu entstandenen Unrechts, sondern auch Anregung zu alternativem, Sinn realisierendem, befreiendem Handeln.«[188]

Wie Jesus Reich und Herrschaft Gottes verkündet, erläutert Schillebeeckx anhand der Gleichnisse Jesu und betont deren Verortung in einer »erzählenden Kultur«, die dadurch gekennzeichnet ist, »dass ein Gleichnis in seiner Form als äußeres Zeichen einer inneren Wirklichkeit verstanden werden muss, die es seinen Hörern inhaltlich erschließen will«[189]. Gleichnisse wollen andere, neue Lebensmöglichkeiten erschließen, zur der Gottesherrschaft entsprechenden Orthopraxis aufrufen, neue Wirklichkeitserfahrungen ermöglichen und stellen im Falle der Gleichnisse Jesu vor die Wahl zwischen zwei Lebensmodellen. Die Hörerinnen und Hörer können entweder die neue »Logik der Gnade« akzeptieren oder zu ihren alten Verhaltensmustern zurückkehren. Wichtig ist dabei immer der Bezug zur je eigenen Gegenwart. »Ich selbst muß, hier und in diesem Augenblick, mit dem Gleichnis ins reine kommen, die Frage beantworten, ob ich diese neue Lebensmöglichkeit als die meine erkennen will. Deshalb braucht ein Gleichnis keinen *erklärenden* Kommentar, keine Auslegung ›von anderswoher‹, keine Interpretation.«[190] Bei den Gleichnissen Jesu steht die absolute Heilszukunft und die Eröffnung neuer Lebensperspektiven durch Gott im Zentrum. Dies erfordert die radikale Metanoia als Antwort des Menschen und macht die Verbindung von Reich Gottes und Orthopraxis deutlich. Daraus folgt aber kein (Heils)Anspruch des Menschen, da die völlige Dienstbarkeit gegenüber Gott eine Selbstverständlichkeit ist und es keinen Lohn nach Leistung gibt. Vielmehr wird die Freiheit Gottes in seiner Gnade betont, seine Güte auch denen zu erweisen, die keine guten Werke vorzuweisen haben. »Diese Haltung Gottes bedeutet dann für fromme und tugendhafte Menschen eine um so größere Herausforderung, als sie sich wirklich auf *Sünder* bezieht.«[191] Das Gesetz ist dementsprechend kein objektiver, zwischen Gott und Mensch befindlicher Maßstab, bietet aber inhaltlich Orientierung am Willen Gottes. Die unmittelbar persönliche Beziehung des Menschen zu Gott hat Folgen für das zwischenmenschliche Verhältnis, wie sich im Gleichnis vom

188 *Schillebeeckx*, Menschen 224f. »Through Moses, Jesus, and successive generations of prophetic figures and communities, the fragmentary fulfilment of humanity's unrealized potential is manifested distinctively in each historical era. Hence, Schillebeeckx perceives the suffering servants of any age as the vanguard of humanity, the eschatological forerunners of the *humanum*.« (*Tillar*, Images 54.)

189 *Loiero*, »... damit keiner zugrunde gehe« 187.

190 *Schillebeeckx*, Jesus 140, Herv. im Orig.

191 *Schillebeeckx*, Menschen 155, Herv. im Orig. »Gnade ist ein uns von Gott in Jesus Christus zubereiteter, auf der Ebene unserer eigenen irdischen Geschichte angebotener, geschenkter (Paulus) und frohmachender (Lukas) *neuer Lebensweg*.« (*Schillebeeckx*, Christus 447f., Herv. im Orig.)

unbarmherzigen Knecht (Mt 18,23–35) zeigt: »Gottes Vergebung an uns geht unserem Vergeben voraus und muß der Grund und die Quelle unseres Vergebens sein. [...] Der Zusammenhang zwischen Reich Gottes und Orthopraxis – ›orthos‹ heißt hier: dem Reich Gottes gemäß handeln – wird hier letztlich als barmherzige Hingabe an den Mitmenschen konkretisiert.«[192] Wenngleich die Gleichnisse unmittelbar weder direkt von Gott noch von Jesus erzählen, ist das Thema des Heilsangebotes Gottes und seiner Herrschaft sowie der dadurch geforderten Metanoia doch durch den Zusammenhang der ganzen Lebenspraxis Jesu unmissverständlich. Damit wird die Frage aufgeworfen, wer dieser Gleichniserzähler ist, sodass sein Lebensgleichnis und der Inhalt seiner Gleichnisse uns mit der Frage konfrontieren, »ob auch wir, ja oder nein, in Jesu Handeln eine Manifestation der Art und Weise sehen wollen, dürfen und wagen, wie *Gott* den Menschen Beachtung schenkt«[193].

Neben den Gleichnissen widmet sich Schillebeeckx den Seligpreisungen ausführlich, da diese nach Meinung vieler Exegeten auf Jesus selbst zurückgehen. Auch in ihnen geht es um das endzeitliche Kommen der Gottesherrschaft, um das Heil für Arme, Hungrige und Weinende, von jetzt deklassierten Menschen. Ihren tiefsten Tenor sieht Schillebeekx in einer

> Spiritualität der letztlichen Macht aus der Ohnmacht, eines Glaubens, der, wie sehr Weltverbesserung aus eigenen menschlichen Kräften höchst notwendig ist (das ist die Explizitmachung des Neins Gottes zu unserer Leidensgeschichte), es zutiefst ein Leiden, eine Ohnmacht gibt, die kein Mensch beheben kann; und wenn man von ihr befreit wurde, so ist dies allein der Tatsache zu verdanken, daß ›Gott herrscht‹ zum Heil aller Menschen.[194]

Gott will das Leiden, die Armut, den Hunger nicht. Dieses radikale Nein Gottes gegenüber allem Bösen wird von Jesus in seiner eschatologischen Botschaft proklamiert – und mit einer bestimmten Praxis verbunden. Diese entspricht der Verkündigung des Reiches Gottes, indem Jesus anders handelt als die, die in der Gesellschaft unterdrückerisch und ausschließend handeln, indem er Menschen beisteht.[195] Handlung und Theorie hängen eng miteinander

---

192 *Schillebeeckx*, Jesus 147. »Von der Ungeschuldetheit der Gnade Gottes zu wissen und aus dieser Zukunft ermöglichenden absoluten Freiheit heraus zu handeln prägt eine der ›Basileia tou Theou‹ gemäße Lebenshaltung, deren unüberbietbare Realisation sich in Jesus, dem lebendigen Gleichnis Gottes, ereignet hat.« (*Loiero*, »... damit keiner zugrunde gehe« 189, vgl. 269.)

193 *Schillebeeckx*, Jesus 151, Herv. im Orig.

194 *Schillebeeckx*, Jesus 157f.

195 Vgl. auch *Schillebeeckx*, Menschen 157–159. »Jesus wendet sich gegen die weltliche Praxis, wenn das Gesetz den Ausschluß des anderen bewirkt. Wenn das Gesetz den Menschen

zusammen und Jesu Verkündigung des Reiches Gottes bildet den Maßstab, um eine Handlung einschätzen zu können. Christliche Praxis als Praxis des Reiches Gottes hat zwei Seiten. »Sie ist erstens, in Worten und Taten, eine Zurückweisung unterdrückender Macht. Und sie ist zweitens die Bereitschaft, die Konsequenzen auf sich zu nehmen, die ein Leben im Dienst der an den Rand gedrängten Menschen mit sich bringt.«[196]

Ein zentrales Element der Lebenspraxis Jesu sind seine Machttaten, deren Verstehenshorizont weder eine durchgängig wunderbare noch eine durchgängig säkularisierte Welt ist. Ihre Herausforderung liegt in der Konfrontation mit Jesus, in dem geschichtlich etwas Besonderes geschehen ist. Es geht »also nicht um die Frage, ob Wunder überhaupt möglich sind, sondern um die Frage, warum diesem Jesus von Nazaret Machttaten zugesprochen werden«[197]. Die Rede von »Zeichen«, »Machttaten« und »Werken des Christus« drückt nach Schillebeeckx das helfende Handeln Gottes in Jesus von Nazaret aus. Allerdings kann Jesu Handeln wegen seines besonderen Charakters als »von Gott« oder »vom Teufel« interpretiert werden, was für seine Ablehnung wie für die Entstehung der Jüngergemeinde bedeutend ist. Beide Interpretationen bezeugen seine »staunenerregende Erscheinung«. Ferner werden die Wunder nicht modern als Durchbrechung der Naturgesetze verstanden, sondern sind gute Taten, mit denen sich Jesus den bösen Mächten gegenüberstellt. Satan als die Macht des Bösen macht Menschen taub, blind, aussätzig und stumm. »Die Macht der Güte dagegen, wie sie sich in Jesus manifestiert, befreit den Menschen von allen Satansquälereien.«[198] Schillebeeckx sieht den Zusammenhang zwischen Exorzismus und Präsenz der Gottesherrschaft als unverkennbar christlich an, da hierzu Jesus als (messianischer) eschatologischer Prophet vorausgesetzt werden muss. Da von diesem Propheten bestimmte Taten erwartet werden, müssen nicht alle berichteten Taten tatsächlich geschehen sein; vielmehr können (in einem hermeneutischen Zirkel) von ihm Taten erzählt werden (rein kerygmatische Wundergeschichten), nachdem

---

zur Verzweiflung bringt, ist es aller Macht ledig.« (158) »Representing the eschatological community of justice and reconciliation in his ministry and person, Jesus witnesses to God's solidarity with the vulnerable who suffer. Communicating this solidarity, he identifies with the marginalized, the poor, and the disadvantaged.« (*Simon*, Salvation 500.)

196 *Kennedy*, Schillebeeckx 184.

197 *Loiero*, »... damit keiner zugrunde gehe« 192.

198 *Schillebeeckx*, Jesus 163. »Sicher ist, daß sie [= die Erzähler der Geschichten im Neuen Testament, TFP] in seiner Gesellschaft Lebensfülle in einer Weise erfuhren, die weit über ihre täglichen Erfahrungen hinausging. In diesem Zusammenhang sind die Wundertaten *Zeichen* der ›heilen‹, geheilten Welt des Reiches Gottes, das darin gegenwärtig wird. Die Verkündigung der Nähe der Herrschaft Gottes und die Wundertaten Jesu gehören daher untrennbar zusammen.« (*Schillebeeckx*, Menschen 157, Herv. im Orig.)

er wegen bestimmter historisch erfolgter Handlungen als eschatologischer Prophet interpretiert wurde. An vielen Stellen wird ein Zusammenhang mit dem Glauben der Geheilten hergestellt (vgl. Mk 5,34; Lk 8,48; Mt 9,22 etc.), womit die Absicht der Machttaten Jesu als Angebot der Gemeinschaft mit Gott, als Teil der Sendung, sein Heil zu vermitteln, bestimmt werden kann. Jesus erwartet den Glauben an ihn als (endzeitlichen) Gesandten Gottes aufgrund der aktuellen Begegnung mit ihm – daher kann er auch »Kleingläubigkeit« kritisieren. »Der Auftrag des irdischen Jesus war die Weckung eines *rückhaltlosen Gottesglaubens*, gerade bei Menschen, die mit ihm in vorübergehenden oder bleibenden Kontakt kamen.«[199] Während die Machttaten des irdischen Jesus Glaubensangebot sind, sind die nachösterlichen, kirchlichen Wunder tröstende Zeichen und richten sich an schon Glaubende. Das christologische Interesse liegt in der Frage, wer dieser Jesus ist, der Gottes Hilfe anbieten kann. Die Bindung des Glaubens an Jesus gründet in seiner theozentrischen Lebenspraxis.

Die Vermittlung des Heils und das Angebot der Hilfe Gottes spielt auch bei Jesu alltäglichem Umgang mit seinen Mitmenschen eine große Rolle, wie Schillebeeckx anhand der Tischgemeinschaft mit ihm erläutert. »Das Zusammensein der Jünger mit diesem Jesus ist seinem Wesen nach eine festliche Tischgemeinschaft, bereitet von Jesus selbst, Heilsgemeinschaft.«[200] Darin können die Jünger die endzeitliche Zuwendung des Erbarmens Gottes erfahren. Ähnliches widerfährt den Zöllnern und Sündern, mit denen Jesus Tischgemeinschaft pflegt und dadurch für sie befreiend und heilbringend wirkt. Er manifestiert die Offenheit Gottes für die Sünder (vgl. u. a. Lk 7,36–50). Die Sündenvergebung ist hier anders als in der frühesten Interpretation Jesu als des kommenden Menschensohns kein rein eschatologisches Geschehen, sondern findet schon durch den irdischen Jesus statt. Das sieht Schillebeeckx als historisch an, weil diese Handlungspraxis überliefert (und nachösterlich anerkannt) wurde, wenngleich in der jüdischen Tradition die Sündenvergebung allein Gott obliegt. Die Macht der Sündenvergebung dem irdischen Jesus zuzuschreiben, ist somit ein Novum des Christentums, das in Jesu Umgang mit den Sündern begründet ist. Mit seiner Tischgemeinschaft schließt Jesus keineswegs die Gerechten aus, sondern seine Absicht ist, »die *einzuschließen*, die von

199 *Schillebeeckx*, Jesus 177. »Die eigentliche Intention der Wundererzählungen geht in die Richtung, das wunderbare Auftreten Jesu, der Gutes tuend umherzieht, aufzuweisen; dies wird als die Nähe der Gottesherrschaft, die Heilsangebot Gottes für den Menschen ist, dargestellt; daher liegt die tiefste Intention der Erzählung in der Erweckung des Glaubens an den Gott, der den Menschen sein Heil schenken will.« (*Iwashima*, Menschheitsgeschichte 187.)

200 *Schillebeeckx*, Jesus 180.

den Pharisäern aufgrund ihrer Reinheitsvorschriften *ausgeschlossen werden* (kein Umgang mit Sündern)«[201]. Besonders an sie richtet sich die Botschaft der erneuten Kommunikation mit Gott, der kommenden Gottesherrschaft, indem er ihre Isolierung durchbricht, Gemeinschaft mit sich anbietet und so Umkehr ermöglicht. Jesus macht in seinem geschichtlichen Leben die eschatologische Praxis der Gottesherrschaft sichtbar, er »*identifiziert* sich mit der Sache Gottes als der Sache des Menschen«[202]. Ein anderer Aspekt der Gemeinschaft Jesu mit Menschen und Sündern zeigt sich, wenn Jesus als Gastherr auftritt, d. h. bei den Berichten von der Brotvermehrung mit dem eintretenden Überfluss, einigen Ostererscheinungen, mit denen die gebrochene Gemeinschaft wiederhergestellt wird, und dem Abschiedsmahl. Der sich so abzeichnende charakteristische Zug ist die Offenbarung Jesu »als Gottes eschatologischer Bote, der die Botschaft von Gottes Einladung, gemeint für alle – *einschließlich* vor allem der nach offizieller Auffassung damals *Ausgeschlossenen* –, zum Friedensmahl der Gottesherrschaft überbringt«[203]. In der Tischgemeinschaft wird das eschatologische Heil präsentisch angeboten.

Jesu Anspruch als endzeitlicher Prophet der nahen Gottesherrschaft schlägt sich auch in der Berufung der Jünger nieder, die er an seiner Sendung teilhaben lässt und durch diese endzeitliche Handlung und Aufforderung zur Metanoia den Rahmen des überlieferten »Meister-Schüler-«Verhältnisses sprengt. »Sich Jesus so anschließen heißt sich in den rückhaltlosen Dienst des Reiches Gottes zu stellen.«[204] Auch dies ist Heilsangebot, womit der Gemeinschaft mit Jesus eine grundlegend soteriologische Bedeutung zukommt, die erst nach Jesu Tod christologisch entfaltet wurde.

Ohne den Bezug Jesu und der Urchristen zum Judentum oder die Vielfalt im damaligen Judentum zu übergehen, will Schillebeeckx Jesu Freiheit und Einzigartigkeit in Botschaft und Praxis auch durch seinen Umgang mit der Thora herausstellen. Dabei weist er auf die Parallelen zwischen der gesetzeskritischen Haltung Jesu und derjenigen einer griechisch-jüdischen Gesetzesauffassung hin, die indes durch das frühe Christentum übermalt worden sein könnte. In Verbindung mit einigen das Gesetz verschärfenden Aussagen Jesu, die auf die Einheit von zeremoniellem Handeln und ethischer Haltung abzielen, gewinnt er als erstes »jesus-echtes« Grundprinzip den »Radikalismus seiner Forderung der Gottesliebe und der Liebe zu allen Menschen, auch zum ›Feind‹, auch zu Zöllnern und Sündern: mit anderen Worten, Jesu Botschaft

201 *Schillebeeckx*, Jesus 187, Herv. im Orig.
202 *Schillebeeckx*, Jesus 189, Herv. im Orig.
203 *Schillebeeckx*, Jesus 193, Herv. im Orig.
204 *Schillebeeckx*, Jesus 196f.

von der auf Menschlichkeit bedachten Gottesherrschaft.«[205] Prinzip der Radikalisierung des Gesetzes ist das Heil des Menschen und Gesetzeserfüllung bedeutet Menschenliebe. Weitere Aspekte zeigen sich in seiner Haltung gegenüber dem Sabbat, die dessen gottgewollte Dimension herausstellt, und der Tempelreinigung, in der es um die Einheit von Orthodoxie und Orthopraxis sowie um die Wahrung der Heiligkeit des Tempels geht. Gesetz, Sabbat und Tempel bezeugen Gottes Gnadenwillen für Israel, aber die konkrete Praxis entfremdet sie dieser ursprünglichen Bestimmung. Nach Schillebeeckx weist nichts bei der Tempelreinigung auf einen messianischen Zug in Jesu Auftreten hin, vielmehr wird eine seiner Grundthesen bestätigt: »In seinen irdischen Lebenstagen tritt Jesus nicht ›messianisch‹ auf, sondern als der *eschatologische Prophet Gottes*, und das ist nach einer bestimmten jüdischen Tradition genauso ›messianisch‹!«[206] Zudem ist der in allen Evangelien berichtete Zusammenhang der Tempelreinigung mit der Verhaftung Jesu zu erwähnen. Die von Jesus gelebte Einheit von Orthodoxie und Orthopraxis liegt auch dem Verhältnis von Gottesliebe und Menschenliebe zugrunde (Mk 12,28–34 par).

> Jesus befreit den Menschen von einem bedrückenden oder beengenden Gottesbild, indem er die Gesetzesideologie entlarvt als eine Orthodoxie, die in einem gebrochenen Verhältnis zur Orthopraxis steht, und außerdem als Orthodoxie, welche Ethik zu einem Schirm zwischen Gott und dem Menschen verselbständigt hatte, wodurch die Heilsrelevanz der Gesetzesverpflichtungen vernebelt wird.[207]

Dieses Verhältnis Jesu zum Gesetz und sein Selbstverständnis als eschatologischer Prophet Gottes mit der Botschaft der nahenden Gottesherrschaft gründet nach Schillebeeckx in seiner ursprünglich-eigenen Gotteserfahrung und seinem Gottesverhältnis. In ihrer Ausrichtung auf den Willen Gottes ist seine Spiritualität zutiefst jüdisch. Das besondere Gottesverhältnis Jesu drückt die Gemeinde mit den Hoheitstiteln »Sohn Gottes« und »der Sohn« aus, wenngleich er selber sich wohl nicht so bezeichnet hatte, aber zumindest die für diese Frage nicht allzu aussagekräftige Anrede »Abba« verwendete.[208] Im *Zwischenbericht* stellt Schillebeeckx (als Reaktion auf entsprechende

---

205 *Schillebeeckx*, Jesus 210.

206 *Schillebeeckx*, Jesus 217, Herv. im Orig.

207 *Schillebeeckx*, Jesus 226f.

208 Wie die Auseinandersetzung mit der Glaubenskongregation gezeigt hat, hat Schillebeeckx im Kolloquium die Behauptung, Jesus habe sich niemals selbst als »der Sohn« oder »der Sohn Gottes« bezeichnet, als zu apodiktisch bezeichnet, was sogar Eingang in die Anlage zum letzten Schreiben der Kongregation gefunden hat. (Vgl. *Kongregation für die Glaubenslehre*, Schreiben Schillebeeckx Christologie I. C 1.)

Kritiken) heraus, dieses besondere Sprechen von Gott sei eine zentrale Wirklichkeit im Leben Jesu und ihm entspreche das Selbstbewusstsein Jesu, in besonderer Weise Sohn dieses Vaters zu sein. »In diesem Sinne geht die christliche Bezeichnung Jesu als Sohn Gottes deutlich auf das Selbstverständnis Jesu zurück, was noch nicht bedeutet, daß Jesus sich selbst als den Sohn Gottes *verkündet* hat.«[209] Bekannte Titel wie Messias, Sohn Gottes, Knecht Gottes etc. konnten leicht mit dem Begriff des mosaischen eschatologischen Propheten verbunden werden, für den die besondere Gotteserfahrung ebenfalls zentral ist. Jesu Selbstverständnis von Gott als Vater und sein ganzes Lebenswerk ermöglichten den Jüngern, ihn als den eschatologischen Propheten zu erkennen. Zudem wird sein Selbstverständnis in der von ihm verkündeten Sache deutlich, insbesondere weil sich die von ihm verkündete Gottesherrschaft in seiner Lebenspraxis manifestiert. »In einem nachösterlich bekennenden Sprechen kann man vorab sagen, daß Jesus das große Heilswerk Gottes in dieser Welt ist, und man kann von daher sein Sprechen, Tun und Lassen verstehen.«[210] Die radikal menschenzugewandte Lebenshaltung Jesu, die betont, wie eng Gottesherrschaft und Orthopraxis zusammenhängen, übersteigt ein rein prophetisches Bewusstsein und entspringt dem »Abba-Erlebnis« Jesu der besonderen Zugehörigkeit und seinem innigen Verhältnis zu Gott sowie der Erfahrung seiner Menschenzugewandtheit und seiner die Menschen befreienden Macht. Aus dieser Erfahrung heraus spricht Jesus den Menschen zuversichtliche Hoffnung zu. Er bezeugt in seiner Botschaft vom kommenden Reich Gottes eine unabdingbare Heilsgewissheit angesichts der Kontrasterfahrung der menschlichen Leidens- und Unheilgeschichte aufgrund seiner besonderen religiösen Gotteserfahrung eines Gottes, der nur Gutes will. Diese

209 *Schillebeeckx*, Auferstehung 87, Herv. im Orig.

210 *Schillebeeckx*, Jesus 229. Somit wäre die von Stickelbroeck gestellte Frage, »ob es nicht einen realen, in seinem Verhalten gelegenen Anspruch Jesu gibt, der eschatologische Heilbringer zu sein, d. h. in der Weise der Implikation die Gehalte der messianischen Heilbringergestalten (Gottesknecht, Messias, Menschensohn, Sohn Gottes) zu erfüllen« (*Stickelbroeck*, Christologie 217) von Schillebeeckx wohl kaum verneint worden, zumal auch sein Hinweis auf die »Abba-Erfahrung« das besondere Gottesverhältnis Jesu deutlich macht. Stickelbroecks Kritik, die Glaubensbekenntnisse der Kirche im Titel »eschatologischer Prophet« schon implizit enthalten zu sehen, führe »zu einer nivellierenden Synonymität der christologischen Titel« (221), übersieht die von Schillebeeckx u. a. im Verlauf der Auseinandersetzung mit der Glaubenskongregation (s. u.) betonte Unterscheidung zwischen Aussagen ersten und zweiten Grades. Die späteren Entfaltungen sind zwar in den Aussagen ersten Grades impliziert, dadurch aber nicht von geringerem Wert und können auch zu weiterem Verständnis beitragen. Eine »second-order assertion has a denser reality, for it develops what is still only implicit in the first assertion. […] A second-order assertion is therefore merely more reflexive« (*Schillebeeckx*, Replies 56).

religiöse Erfahrung steht nicht einfach für sich, sondern ist die Erfahrung des auch in hoffnungsloser Lage Zukunft schenkenden Gottes. Diese Hoffnung ist nicht aus der Weltgeschichte ableitbar, sondern basiert auf der Ursprünglichkeit der Gotteserfahrung Jesu. »Die Vertrauenswürdigkeit Jesu gründet in der Vertrauenswürdigkeit der Abba-Erfahrung Jesu. [...] Die Vertrauenswürdigkeit zeigt sich in dem Lebensmaterial, das der Historiker über Jesus von Nazaret vorlegen kann. Dabei greifen Erkennen und Bekennen ineinander.«[211] Da die Abba-Erfahrung als Illusion abqualifiziert werden könnte und dieses Gottesbekenntnis rein geschichtlich nicht verifiziert werden kann, sind also im Leben und Handeln Jesu sichtbare Konturen dieser Vertrauenswürdigkeit zu suchen. Wenn Schillebeeckx somit das Handeln Jesu und seine Bedeutung für seine Verkündigung des Reiches Gottes betont, schlägt sich darin zum einen sein hermeneutisches Prinzip der Praxis nieder, das sich auch von der inhaltlichen Charakterisierung der Botschaft als auf Menschlichkeit bedachte Gottesherrschaft herleitet. Die Gottesherrschaft wird primär durch eine ihr entsprechende Praxis wahrgenommen und aufgenommen, weshalb der Aufruf zur Nachfolge zum Kern der Botschaft Jesu gehört. Jesu Praxis der Mitmenschlichkeit und seine Gotteserfahrung stehen in einem hermeneutischen Zirkel. »Schillebeeckx interpretiert Jesu Wort durch seine Tat, seine Gotteserfahrung und Person durch seine ganze Lebenspraxis; er folgt damit seiner grundlegenden Einsicht in die Botschaft Jesu: die Sache Gottes ist die Sache des Menschen.«[212]

Eine Entsprechung dieses »Abba-Erlebnisses« ist die Rede von der Geistsalbung Jesu bzw. die enge Beziehung zwischen Christus und dem Geist Gottes, da Jesus im Neuen Testament als vom Geist Angetriebener bzw. vom Geist Erfüllter geschildert wird. Insbesondere die Christologie des Lukas kann als (subordinatianistische) Pneuma-Christologie bezeichnet werden: »Als der von Gottes Geist Erfüllte ist er Sohn Gottes – von der Geburt an (Lk 1,32.35), bei der Taufe (3,22), bei seiner Erhöhung (Apg 2,33). In Jesus begegnet man nicht unmittelbar dem Vater, sondern der Geistesgabe, die der Vater Jesus schenkt.«[213] In einer Gesamtschau der neutestamentlichen Texte wird deutlicher, dass Jesus als Offenbarung des innertrinitarischen Wesens Gottes verstanden werden kann. Dies und die Lebensintention Jesu werden den Jüngern erst nachträglich aufgrund der Ostererfahrung deutlich, was schließlich zu ihrer

211 *Chanton*, Lebenserfahrung 85.

212 *Iwashima*, Menschheitsgeschichte 203f.

213 *Schillebeeckx*, Jesus 473. »Jesus verdankt sein ganzes menschliches Dasein, sein Menschsein selbst, dem Heiligen Geist« (491).

»Bekehrung zum Glauben an Jesus als den Christus, den von Gottes Geist Erfüllten«[214] führt. Sie erkennen in der Retrospektive die Gegenwart des Geistes in Jesu Leben und nach seinem Tod und seiner Auferstehung kann Jesus den Geist senden, weshalb Pneumatologie eine zentrale Rolle in der Christologie spielen sollte. Neben der durch die Geistesgabe begründeten Gottessohnschaft Jesu gibt es die Interpretationen seiner Sohnschaft in der Tradition des Davidssohnes (Sendung zu Israel) und Abrahamssohnes (Sendung zu den Völkern) und von Präexistenzvorstellungen. »Alle diese christologischen Aussagen sind funktional, im heilsgeschichtlichen Sinn gemeint; aber jüdisch-christlich ist dies tatsächlich eine Wesensbestimmung Jesu, vor allem weil die Namengebung ›Sohn‹, ›Christus‹, ›Herr‹ immer wieder von Gott [...] gegeben wird, mit anderen Worten, es ist eine Jesus-Interpretation vom Standpunkt Gottes aus gesehen«[215]. Es besteht somit kein Gegensatz zwischen einer funktionalen und einer Wesenschristologie; vielmehr sieht Schillebeeckx in einer heilsgeschichtlichen Ontologie, die dynamisch ist und die Geschichte kennt und daher das ganze Lebenswerk und Dasein Jesu einschließlich seiner Auferstehung betrachtet, eine »*jüdische Wesens*-Ontologie«[216].

Damit verbindet sich angesichts des kreatürlichen Status des Menschseins die christologische Frage, ob sein Abba-Erlebnis von daher erklärt werden kann oder es diesen übersteigt. Im Hintergrund steht der Schöpfungsglaube und jüdische Monotheismus, dementsprechend zunächst das menschliche Wesen Jesu zu beachten ist. Jesus erkannte sich als Gabe Gottes, weshalb der kirchliche Glaube sein Verhältnis zu Gott als Sohnschaft formuliert, ohne damit sein Menschsein zu verringern. »Wenn der Glaubenssprache gemäß, die *Wirklichkeit* zu artikulieren sucht, sich selbst in Gott ›gründen‹ Quelle wahrer

214 *Schillebeeckx*, Jesus 277. »Because of this conversion experience, they look back on Jesus retrospectively and become convinced of the fact that he was full of the Spirit and that he was the one who was to bestow the Spirit upon everyone from the beginning.« (*Puthuva*, Christology 183.) Diese postulierte Bekehrung wird zuweilen als Schwachpunkt seiner Argumentation angesehen (vgl. *Haughey*, Schillebeeckx's Christology 206), wozu Schillebeeckx selber eingesteht, in den Evangeliumsberichten werde keine Bekehrungsterminologie verwendet. Gleichwohl sei dies nicht nur eine begründete Deduktion, sondern die Hinweise in dieser Richtung in den Texten seien das »Echo eines ursprünglichen *Bekehrungs*geschehens, das im Prozeß der Entwicklung von Erscheinungs*berichten* zu ausdrücklichen *Sendungs*erscheinungen tatsächlich in den Hintergrund geraten ist« (*Schillebeeckx*, Auferstehung 99, Herv. im Orig.).

215 *Schillebeeckx*, Jesus 493.

216 *Schillebeeckx*, Jesus 493, Herv. im Orig. »But the historical Jesus whom Schillebeeckx seems to have reached is the Jesus interpreted in the context of Jewish functional theology. If this is the only way of relevant interpretation of the meaning of the person of Jesus, it would limit the possibilities of many contextual Christologies.« (*Parappally*, Trends 234.)

und überraschender Menschlichkeit ist, wird die höchste Gotteserfahrung eine für unsere Menschheit unerwartete ›Menschen-Offenbarung‹ sein.«[217] Dementsprechend lehnt es Schillebeeckx ab, von zwei Komponenten, Gottheit und Menschheit, zu sprechen, sondern sieht diese als zwei Gesamt-Aspekte, da sich in der Menschheit das »Von-Gott-Sein« realisiert. Mit dem Ausgangspunkt beim menschlichen Wesen Jesu nimmt er eine andere Perspektive ein als die Glaubenskongregation, die bei der Göttlichkeit ansetzt und daher nachdrücklich die chalkedonische Formel unterstreicht. Schillebeeckx will dieses Bekenntnis nicht bestreiten, aber in für seine Zeitgenossen verständlicherer Sprache aktualisieren und bekräftigen und schreibt, Gott konfrontiere uns in Jesus mit seinem eigenen Wesen. »Den Inhalt dessen, was ›Gott‹ ist, und den Inhalt dessen, was ›Mensch‹ ist, lernen Christen stammelnd auszusprechen vom Leben Jesu her.«[218] Daher solle man nicht sagen, Jesus sei in den Logos aufgenommen worden und das menschliche Person-Sein habe sich vertieft und vollendet. Vielmehr sei Jesus als Mensch (entsprechend der Verbindung von funktionaler und ontologischer Christologie) aufgrund seiner konstitutiven Beziehung zum Vater diese Person, sodass »seine Beziehung zum Vater ihn *in seiner Menschheit* zum Sohn Gottes macht«[219]. Seine menschlich-personale Seinsweise wird dadurch gestärkt, vertieft und vollendet. Eine positive Bestimmung dieser Seinsweise Jesu unternimmt Schillebeeckx unter Rekurs auf die schöpfungstheologisch begründete Präsenz Gottes in jedem Geschöpf anhand der Frage, ob der allgemein schöpferische, konstitutive Akt Gottes der Grund für die besondere Verbundenheit Jesu mit ihm dank der Erfüllung durch den heiligen Geist sei oder ob dieser Akt, indem er zugleich den Menschen Jesu zum Sohn des Vaters konstituiere, der Grund des Personseins und daher der Vereinigung Jesu mit dem Vater sei. Er plädiert dafür, von Jesus her die Trinität zu verstehen und aussagen zu können, und unterstreicht damit auf der Basis seiner soteriologischen Perspektive den engen Zusammenhang von Christologie und Pneumatologie. »According to him, God who is the source of salvation distributes it to humankind in Christ and in the Spirit.«[220] Die Sendung der dritten Person der Trinität versteht Schillebeeckx schon früh nicht nur als Ausdehnung des Heilswirkens der zweiten, sondern als Erfüllung der dem Geist vom Vater gemeinsam mit dem Sohn anvertrauten Aufgabe. Der Geist realisiert in uns das, was in Christus vollzogen wurde. »Seine Wirksamkeit

---

217 *Schillebeeckx*, Jesus 581f, Herv. im Orig.

218 *Schillebeeckx*, Evangelium 141.

219 *Schillebeeckx*, Jesus 583, Herv. im Orig. »Das tiefste Wesen Jesu liegt in seiner ganz besonderen persönlichen Bindung an Gott.« (*Schillebeeckx*, Menschen 162.)

220 *Puthuva*, Christology 174.

ist so, nach der irdischen Wirksamkeit Jesu, eine wirklich *eigene* Aktivität des Geistes als der dritten Person der Dreieinigkeit.«[221] Als von Christus herabgesendet schöpft er aus dem Erlösungswerk Christi, wobei der Vater die Quelle der Heilswirkung beider ist. Aus der soteriologischen Perspektive kann Jesus als Verkünder und Personifizierung des Reiches Gottes, aber Soteriologie nicht ohne Pneumatologie verstanden werden. »These two themes provide the platform for our author to consider the central topic of his argument – the relation between Christology and Pneumatology or the mutuality of the Son and the Spirit in carrying out the mission of the Father.«[222] Da die aktive Gegenwart des Sohnes und des Geistes notwendig für die Erfüllung des Heilswillens Gottes sind, wird der trinitarische Rahmen unverzichtbar. Zugleich wird eine einseitige Betonung Christi oder des Geistes vermieden. Die Abba-Erfahrung Jesu der besonderen Zugehörigkeit zum Vater bildet die Grundlage für Schillebeeckx' Argument, die Menschheit Jesu offenbare den dreieinen Gott. Da letztlich die Person Jesu Christi selbst das von Jesus von Nazaret verkündete nahende Heil von Gott ist, ist sie »somit die Offenbarung des eschatologischen Antlitzes allen Menschseins und darin die Offenbarung der trinitarischen Fülle der Wesenseinheit Gottes, als seinem Wesen nach und in absoluter Freiheit Gabe an den Menschen. Jesu Menschsein ist für uns die Wiedergabe Gottes. Seine menschliche Proexistenz ist unter uns das Sakrament der Proexistenz oder Selbsthingabe des eigenen Wesens Gottes.«[223] Da das Wesen Gottes in seinem heilsgeschichtlichen Wirken offenbart wird, offenbart die ökonomische Trinität die immanente bzw. wird die Unterscheidung zwischen beiden angesichts der Erkenntnisstruktur eines analogen Sprechens sinnlos. Wegen dieser engen Beziehung des Sohnes zum Vater und zum Geist kann Christologie nicht unabhängig dieser Beziehungen betrieben werden. Die pneumatologische Dimension der Christologie Schillebeeckx' zeigt sich auch darin, den Geist als das Bindeglied zwischen Vergangenheit und Gegenwart zu verstehen, d. h. die Erinnerung an Jesus wird durch die Kraft des von ihm gesendeten Geistes erfahren. Hierin liegt die historische Sendung der Kirche: »Die Kirche vermittelt also aus der Kraft des Geistes Jesu die Art und Weise, wie Gott mit allen Menschen beschäftigt ist.«[224]

---

221 *Schillebeeckx*, Christus. Sakrament 35, Herv. im Orig.

222 *Puthuva*, Christology 174.

223 *Schillebeeckx*, Jesus 594f. »God's revelation in Jesus unveils the mystery of the Trinity precisely in that Jesus reveals his relation to the Father and the Spirit in terms of interpersonal relationships.« (*Puthuva*, Christology 175f.)

224 *Schillebeeckx*, Jesus 596. »The Spirit who silently sustains everything is the one who animates and who leads the world forward, and the one who makes Jesus present and

Da die einzigartige Zuwendung des Vaters zu Jesus (seine Selbstmitteilung, das Wort Gottes) die Zuwendung Jesu zum Vater trägt, begründet das Wort Gottes die ganze Jesuserscheinung. Jesu »Autonomie als Jesus von Nazaret *ist* seine konstitutive Total-Beziehung zu dem, den er ›Vater‹ nennt, dem auf Menschlichkeit bedachten Gott.«[225] Weil diese einzigartige Zuwendung Jesu zum Vater von dessen absoluter Zuwendung zu Jesus getragen ist und das Wort Gottes die ganze Jesuserscheinung trägt, unterscheidet sich Jesus von allen anderen Menschen. Indem Jesus als Offenbarung Gottes die Fülle der absoluten Einheit Gottes als Vater, Sohn, Heiliger Geist offenbart, konstituiert er nicht das, was dem Sohn entspricht. Vielmehr können wir wegen der Identifizierung des Menschen Jesus mit der innertrinitarischen Wirklichkeit diese mit dem Begriff »Person« bezeichnen. Die realen Jesus-Gegebenheiten lassen sich nach Schillebeeckx gut mit den Strukturelementen des modernen Personbegriffs verstehen, worin sich sein Bemühen niederschlägt, eine dem Kontext der säkularen Moderne entsprechende Sprache zu finden. Wenn die menschliche Begrenzung der Raum ist, in dem die radikale Selbstschenkung Gottes historische Wirklichkeit wird, »ist gerade der Begriff, oder besser die Realität einer menschlich-personalen Seinsweise nötig, um die Tiefe der erlösenden Selbsthingabe Gottes verständlich zu machen und doch Leiden, Tod und Entfremdung nicht in Gott zu verlegen, sondern sie dort zu lassen, wo sie in Wirklichkeit hingehören: in die weltliche Wirklichkeit des menschlichen Daseins.«[226] Da das Endliche dadurch erlöst wird, kann der Mensch seine Endlichkeit und sein »Von-Gott-Sein« annehmen. Dies versteht Schillebeeckx als trinitarische Explikation des Christusmysteriums als erlösender Offenbarung des Geheimnisses Gottes, des wahren Antlitzes Gottes. »Dieser Mensch, Jesus, ist in der menschlichen Begrenzung einer (psychologischen und ontologischen) personal-menschlichen Seinsweise identisch der Sohn, d. h. ›der zweite‹ der trinitarischen Fülle göttlicher Einheit, ›der zweite‹, der in Jesus zu *menschlichem* Selbstbewußtsein und Mitmenschlichkeit kommt.«[227] Die Identität einer endlichen personal-menschlichen Seinsweise und einer göttlichen Weise von Person ist kein Widerspruch, da der Unterschied zwischen Schöpfer und Geschöpf in der geschöpflichen Endlichkeit liegt. Weil – entsprechend der von Schillebeeckx zugrundegelegten relationalen Ontologie – die konstitutive Beziehung zu Gott im Wesens- und Personkern jedes Geschöpfs steckt und

alive by way of communicating his message and style of life along with his salvific gifts.« (*Puthuva*, Christology 178.)

225 *Schillebeeckx*, Jesus 584, Herv. im Orig.

226 *Schillebeeckx*, Jesus 591.

227 *Schillebeeckx*, Jesus 592, Herv. im Orig.

eine hypostatische Identifizierung des »Sohn Gottes« mit der personal-menschlichen Seinsweise Jesu vorliegt, ist »der *Mensch* Jesus eine konstitutive (Sohn-)Beziehung zum *Vater*, eine Beziehung, die sich im dynamischen Werden des menschlichen Lebens Jesu zu einer sich vertiefenden, gegenseitigen Enhypostasie entwickelt, mit der Auferstehung als Höhepunkt.«[228] In der Auferstehung wird nicht nur die Botschaft Jesu bestätigt, sondern seine bleibende konstitutive Bedeutung für das Kommen des Reiches Gottes sowie die den Tod überwindende Lebensgemeinschaft mit Gott. Jesus von Nazaret brachte uns in der Gesamtheit seines Lebens die lebendige Botschaft der unbegrenzten Selbsthingabe Gottes in sich und für die Menschen, er ist »der Sohn Gottes in der Weise eines wirklichen und kontingenten Menschen«[229]. Die Anerkennung der Abba-Erfahrung und des darauf basierenden Selbstbewusstseins als nicht-illusorisch, sondern als authentische Wirklichkeit ist allerdings »nur möglich in einem Akt des *Glaubensvertrauens*, der, obwohl nicht abhängig von Vernunftmotiven, doch genügende rationale Motive anbringen kann, um dieses Glaubensvertrauen als menschlich und sittlich nicht unverantwortlich zu bezeichnen«[230].

Die sich daraus ergebende Problemstellung, ob dieses Selbstbewusstsein und die Abba-Erfahrung der Wirklichkeit entspricht oder Illusion war (und damit auch die von ihm verkündete Hoffnung illusionär ist), verschärft sich durch Jesu Tod.[231]

3.2.5.2 Jesu Tod: Konsequenz seines Lebens

Um Jesu Tod angemessen verstehen zu können, sind nach Schillebeeckx zwei Zugänge möglich: Zum einen die historische Frage nach dem Zusammenhang mit seinem Leben, insbesondere seiner Botschaft der kommenden Gottesherrschaft und dem Vertrauen auf Gottes Heilswille für alle Menschen, zum anderen aus einer Glaubenshaltung heraus das Verhältnis Gottes zu seinem Tod. Der »rückhaltlose Glaube an die ›wehrlose Übermacht‹ Gottes lässt schließlich die proexistente und allozentrische Lebenshaltung Jesu und seine radikale Lebenshingabe am Kreuz in ihrer eigentlichen Tiefendimension verstehen und Auferstehung nicht nur als mögliche, sondern als schon an Jesus

228 *Schillebeeckx*, Jesus 592, Herv. im Orig.

229 *Schillebeeckx*, Jesus 594.

230 *Schillebeeckx*, Jesus 565, Herv. im Orig.

231 »Die christliche Überzeugung, daß Jesus sich in seiner Abba-Erfahrung nicht getäuscht hat, war deshalb eines der Elemente, welche die Christen dazu gebracht haben, die von Jesus verkündete kommende Gottesherrschaft mit dem auferstandenen Gekreuzigten selbst zu identifizieren: In ihm *ist* das Reich Gottes gekommen.« (*Schillebeeckx*, Jesus 480.)

realisierte Wirklichkeit denken«[232]. Der Tod Jesu ist die Konsequenz seines Lebens im Dienst an Gerechtigkeit und Liebe, im Einsatz für Ausgestoßene und Notleidende und für ein unter Ausbeutung und Unterdrückung leidendes Volk. Er lehnt Macht ab und gewinnt dadurch eine unvergleichliche Autorität. Jesus identifiziert sich mit ausgestoßenen und verworfenen Menschen soweit, dass er selbst schließlich ausgestoßen und verworfen wird. Aufgrund der Kontinuität zwischen seinem souverän-freien Lebensweg und seinem Tod kann gesagt werden, die Heilsbedeutung Jesu finde ihren Höhepunkt im Kreuzestod. Die Todesart ist ein deutliches Zeichen für die Wahrnehmung der Botschaft Jesu als einer politischen bzw. als gefährlich für die Machthaber. »It is always that for those who hold religious and political power, and for anyone who does not seek to realize the genuine good of humanity.«[233] Denn Gottes Herrschaft durchkreuzt alle Arten von Macht, die sich nur durch Unterdrückung, Verarmung oder Opfer der Bevölkerung halten können. Jesus wurde also verurteilt wegen der Souveränität, Freiheit und Subversivität seines Auftretens und seiner Botschaft. »Sein Lebensverhalten zwang die Machthaber zur Selbstentlarvung.«[234] Er betont die Gratuität unserer Befreiung und vertritt keine messianische Ideologie, bei der die Unterdrücker vernichtet werden. Weil seine Botschaft der kommenden Gottesherrschaft für den römischen Statthalter und die Besatzungsmacht eine offene Konfrontation und für bestimmte Kreise der herrschenden religiösen Klasse Jerusalems eine prophetische Anklage darstellte, entschieden sie auf seinen Tod, um ihn loszuwerden. »Nicht Gott, sondern die Menschen haben Jesus dem Tod überliefert«[235]. Daher kann er auch als Justizmord angesehen werden. Der Tod Jesu ist somit im Kontext seines Lebensweges, seiner Botschaft und Lebenspraxis zu sehen. Andernfalls würde er zum Mythos. In seinem Tod drückt sich aus, dass er die Botschaft vom kommenden Reich Gottes bedingungslos verkündet hat und sich nicht von

---

232 *Loiero*, »... damit keiner zugrunde gehe« 205, vgl. 272. Vgl. zur »wehrlosen Übermacht« besonders *Schillebeeckx*, Overwegingen.

233 *Schillebeeckx*, I Believe 24.

234 *Schillebeeckx*, Menschen 166.

235 *Schillebeeckx*, Menschen 169. Der Tod Jesu »war letztlich die Folge der Menschenliebe im Dienst am Reich Gottes, das in seiner Botschaft gleichbedeutend war mit dem Heil der Menschen.« (*Schillebeeckx*, Scheitern 94.)

So explizit finden sich diese Formulierungen zwar noch nicht in seinem Jesus-Buch, sie sind aber inhaltlich dort schon angelegt – schließlich wird die Deutung des Todes Jesu bzw. der Erlösung »trotz des Todes Jesu« in der Auseinandersetzung mit der Glaubenskongregation thematisiert, wo Schillebeeckx betont: »Trotz der Hinrichtung, die das Werk von Menschen – Juden und Römern – war, wurde Gott dadurch nicht schachmatt gesetzt. Er nahm die historische Tatsache hinein in seinen Heilsplan.« (*Kennedy*, Schillebeeckx 160; vgl. *Kongregation für die Glaubenslehre/Schillebeeckx*, Conversation 125.)

möglichen verhängnisvollen Folgen hat abschrecken lassen. »Jesu Tod war ein Leiden durch und für andere als unbedingte Geltung einer Praxis des Gutestuns und des Widerstandes gegen das Böse und das Leiden.«[236] Die Radikalität der Botschaft Jesu und seines Lebenswegs zeigt, dass jegliche Herren-Sklaven-Relation unvereinbar mit dem Reich Gottes ist, und führt daher (menschlich und historisch) unausweichlich zu seinem Tod. Die fatalen Konsequenzen erscheinen zweitrangig gegenüber dem unbedingten Charakter seiner Botschaft. »The life and death of Jesus therefore form an indivisible whole.«[237]

Bezüglich der Deutung des Todes Jesu in der jungen Kirche unterscheidet Schillebeeckx drei neutestamentliche Traditionen: prophetischer Martertod, Teil des Heilsplans Gottes, Vollzug der Versöhnung zwischen Gott und Menschen als Opfer. Grundlage dieser Interpretationen ist die in den Evangelien herausgestellte Freiwilligkeit des Todes Jesu. Alle Interpretationen sind nachösterliche Deutungsversuche mit mehr oder weniger starkem Bezug auf Jesu Leben.

Die Deutung des Todes als Martertod des eschatologischen Propheten kann als Kontrastschema angesehen werden, insofern ein Kontrast zwischen der Tötung Jesu und der erhöhenden Tat Gottes erfahren wird. »Der Akzent liegt dabei ausschließlich auf Gottes Handeln, das sich in der Erhöhung Jesu manifestiert: Gott bekennt sich zu diesem abgelehnten Propheten. Dem Tod Jesu selber wird in diesem Traditionsstrom keine Heilsbedeutung zuerkannt.«[238] Die Deutung des Todes in der bekannten Kategorie des Prophetenmordes legt nahe, dass er als solcher wahrgenommen wurde, d. h. als jemand, der dazu aufgerufen hat, umzukehren und das »wahre Gesetz« Gottes zu befolgen. Jesus tritt als endzeitlicher Prophet gegen den endzeitlichen Abfall Israels auf. Entsprechend der Frage, von woher Jesus die Vollmacht zu seinem Auftreten nimmt, stellt sich auch hier die Frage, ob er der endzeitliche Prophet oder der endzeitliche Pseudoprophet ist. Eine große Rolle spielt dabei sein Umgang mit dem Gesetz, der von gesetzestreuen Juden als zumindest ambivalent wahrgenommen werden musste – und im Licht der Auferstehung als legitimiert angesehen werden kann. »Erst durch seinen Martertod sind seine Person und sein Auftreten entscheidend im Rahmen einer traditionellen, nämlich deuteronomistischen Auffassung vom Propheten zu deuten. Deshalb ist in dieser Jesustradition das Bekenntnis zu Jesus als dem kommenden Menschensohn heilsentscheidend.«[239] Diese Interpretation ist also unverkennbar nach-

236 *Schillebeeckx*, Menschen 161.
237 *Schillebeeckx*, I Believe 25.
238 *Schillebeeckx*, Jesus 243.
239 *Schillebeeckx*, Jesus 248.

österlich, bezieht sich aber auf die konkreten Tatsachen seines Todes und darüber hinaus auf seine Handlungs- und Verkündigungspraxis des Reiches Gottes. Dem Tod selber wird dabei keine besondere Bedeutung zugeschrieben, wohl aber dem ihm vorausgehenden Leben.

Die heilsökonomische Deutung verortet Schillebeeckx in der frühen Gemeindekatechese. Ein Zeichen dafür ist das *dei*, die Betonung der dem Willen Gottes entsprechenden Notwendigkeit des Leidens und Sterbens, die mit Rekurs auf Dtn 21,23 die Verantwortung Gottes betont. Leiden und Tod Jesu sind nicht soteriologisch motiviert, sondern werden heilsgeschichtlich-kausal gedeutet, wobei das Motiv des leidenden Gerechten (mit seinem sapientialen, eschatologischen und apokalyptischen Aspekt) in modifizierter Form wichtig ist. Die »Interpretation des Leidens und Todes Jesu aufgrund betender Meditation der Schrift – nämlich Jesu Leiden ist das in der Schrift grundgelegte ›Leiden des Gerechten‹ – darf man wohl als Grundlage des heilsgeschichtlichen Interpretationsschemas oder des göttlichen δει bezeichnen: Der österlichen Verherrlichung ›mußte‹ ein schmähliches Leiden vorausgehen.«[240]

Die dritte, soteriologische, Deutung des Todes Jesu sieht diesen als einen Sühnetod für die Menschen und ist an den »hyper-«Formeln erkennbar. Einschlägige paulinische Stellen weisen auf die frühe Entstehung dieser Deutung hin. Da ein alter, in sich geschlossener Traditionskomplex vorliegt, der weder sekundär aus anderen Interpretationen abgeleitet noch auf Theologien des stellvertretenden Martyrerleidens zurückzuführen ist, führt dies nach Schillebeeckx zur Frage, »ob dieses Motiv nicht irgendwie in einer Erinnerung an die letzten Lebenstage Jesu begründet ist, in denen er selbst mit seinem nahenden, gewaltsamen Tod fertig werden mußte«[241].

Folgerichtig schließt sich die Diskussion des Todes Jesu aus der Sicht seiner irdischen Lebenstage an. Schillebeeckx plädiert angesichts der Frage nach Kontinuität oder Diskontinuität zwischen dem irdischen Jesus und dem verkündigten Christus dafür, eine Bruchstelle nicht am Tod Jesu anzusetzen, sondern in den Widerstand gegen ihn, weswegen sein nahender Tod im voraus interpretiert wurde. Die Frage, ob Jesus Heil oder Unheil bringt, musste schon vor Ostern beantwortet werden. »Sein Leiden und sein Tod sind faktisch die Konsequenzen des Konflikts, der während seines Lebens hervorgerufen wurde. Das Problem entsteht nicht erst beim Tod Jesu. Er ist schließlich nicht im Bett gestorben, sondern hingerichtet worden.«[242] Die Ablehnung Jesu setzte schon recht früh ein und ist besonders in Galiläa zu verorten, was Jesus

240 *Schillebeeckx*, Jesus 257.

241 *Schillebeeckx*, Jesus 260.

242 *Schillebeeckx*, Jesus 261; *Schillebeeckx*, heil 149.

zu seinem Zug nach Jerusalem veranlasst haben könnte. Ab dann setzen in den Evangelien auch die Anspielungen auf sein kommendes Leiden ein, was auch vorösterliche Grundlagen haben könnte, da ein Bewusstsein der Todesbedrohung wahrscheinlich ist. Diesbezüglich verweist Schillebeeckx auf die allmählich entstehende Gewissheit über einen gewaltsamen Tod, insofern Jesus sich – sofern er kein Schwärmer war – angesichts seiner Botschaft bewusst gewesen sein muss, in (letztlich tödlichen) Konflikt zu politischen und/oder religiösen Instanzen wie den Römern, Herodes Antipas oder dem Sanhedrin zu geraten. »Der nahende Tod war also eine Gegebenheit, die Jesus in seine völlige Hingabe an Gott integrieren, die er aber auch mit der Überzeugung von der Dringlichkeit seiner Botschaft in Einklang bringen mußte.«[243] Auf der Grundlage seiner besonderen Gottesbeziehung und seines Vertrauens in das nahende Gottesreich stellt sich die Frage, ob Jesus einen Heilsplan Gottes in dieser Situation annehmen konnte, der das Kommen dieses Reiches nicht nur trotz, sondern möglicherweise wegen der Ablehnung seiner Botschaft durchsetzt. Auch wenn er seinen Tod weder gewollt noch gesucht hat, hat er auch nicht versucht, ihm zu entkommen, sondern zieht vielmehr bewusst nach Jerusalem. »Aber man kann kaum sagen, daß dem Selbstverständnis Jesu zufolge seine Heilsbotschaft ihre Bedeutung allein aus seinem Tod schöpfen würde! Hier gilt: Er ist gestorben, wie er gelebt hat, und er hat gelebt, wie er gestorben ist.«[244] Dem entspricht das Abschiedsmahl, da er dies nicht nur im Bewusstsein seines drohenden Todes gefeiert hat, sondern auch mit dem Brot- und Becherwort und der Ankündigung der himmlischen Tischgemeinschaft erneut die Heilsgemeinschaft von Gott her anbietet. Jesus »*ist* mit seinem Tod ins reine gekommen, erfährt ihn offensichtlich nicht mehr als ein absurdes Scheitern seiner Sendung. [...] Was bedeutet es, daß Jesus davon überzeugt ist, daß sein Tod das von ihm verkündete Kommen der Gottesherrschaft nicht aufzuhalten vermag?«[245] Dies ist auf sein Vertrauen in Gott als alleinigem Garanten für das Heil und die Zukunft des Menschen und seine Bereitschaft, bis in den Tod hinein die Zukunft Gottes offenzuhalten und ihm das letzte Wort zu überlassen, zurückzuführen. Sein geschichtliches Scheitern widerspricht nicht seinem Glauben an Gottes Zukunft, vielmehr hat Jesus »seinen Tod als (irgendwie) *in* das Heil-von-Gott her *einbezogen*, als historische Konsequenz seines sorgenden Liebesdienstes an den Menschen und seiner Solidarität mit

---

243 *Schillebeeckx*, Jesus 267f.

244 *Schillebeeckx*, Jesus 272. »Thus, the rejection of Jesus' message and ministry affected the decisive turning point of his life. The unutterable depth of his experience of the world's resistance lay in the union of his life and purpose with God.« (*McManus*, Reconciling 644.)

245 *Schillebeeckx*, Jesus 274, Herv. im Orig.

den Menschen erfahren«[246]. Das Kelchwort deutet eine Verbindung zwischen der aktuellen Gemeinschaft mit Jesus und der kommenden Heilsgemeinschaft an, was für die Integration des Todes in seine gesamte Sendung spricht. Bis in den Tod bewahrheitet sich seine radikale Proexistenz (»hyper«). Seiner Praxis des Reiches Gottes als Reich der Gerechtigkeit und Liebe und der Solidarität mit den Leidenden entspricht es, Leiden und Tod auf sich zu nehmen und sich nicht qua göttlicher Gewalt selbst zu retten. »In his dying and death, Jesus further endorses unconditional and sovereign love as a defining feature of the approach of God's reign, thereby indicating that praxes of liberation are never to become the basis for a new system of domination.«[247] Es ist aber auch zu verhindern, dass bisherige Machtverhältnisse beibehalten werden, indem mit Verweis auf den isoliert gesehenen Tod Jesu Machtlosigkeit und Unterdrückung als göttlich abgesegnetes Schicksal propagiert werden. Wird sein Tod aber in Verbindung zu seiner Lebenspraxis und Verkündigung des Reiches Gottes mit gerechten Beziehungen gesehen, ist dies nicht möglich; vielmehr zeigt sich der »politische« Charakter seines Todes. »Jesus' announcement of God's reign of love in solidarity with the disadvantaged and vanquished remains the defining lens for interpreting the event and meaning of his execution.«[248]

Während die synoptischen Evangelien nach Schillebeeckx das offensichtliche Misslingen der Botschaft und Lebenspraxis Jesu am Kreuz schildern, werde dies bei Johannes korrigiert, indem die Ohnmacht als Eigenart der göttlichen Kraft geschildert und gezeigt wird, »daß dieses Offensichtliche nicht die tiefste Realität wiedergibt; Jesus *hat* Erfolg gehabt kraft seiner Lebensgemeinschaft mit Gott, die einfach stärker ist als der Tod«[249]. Jesus hat demnach insofern sein eigenes Scheitern bzw. Misslingen erfahren, als er den Widerspruch zwischen seiner Hinrichtung und seiner Botschaft und Lebenspraxis erfahren, aber zugleich diese Erfahrung des Scheiterns mit seinem Vertrauen auf Gott verbunden hat. Auch wenn aus den Evangelien nicht zweifelsfrei hervorgeht, wie Jesus selbst das Scheitern seiner Botschaft und seines Auftretens erfahren hat, da in ihnen auch Interpretation enthalten ist, wird (prägnant in Gethsemane) sein Vertrauen trotz einer ihm nicht ganz verständlichen Situation deutlich – und im nachhinein erkennen die Evangelien die historische Bedeutung dieses Scheiterns bzw. der Annahme des Lebensscheiterns. Das Scheitern Jesu und der sich darin zeigende göttliche Erfolg bilden eine differenzierte Einheit, die

246 *Schillebeeckx*, Jesus 275, Herv. im Orig. Dementsprechend richtet er sich gegen die beispielsweise von Moltmann vertretene Ansicht, Jesus sei von Gott verlassen worden. (Vgl. *Schillebeeckx*, Christus 709 und dazu *Bergin*, Death.)

247 *Simon*, Salvation 504.

248 *Simon*, Salvation 504f.

249 *Schillebeeckx*, Christus 809, Herv. im Orig.

nicht bedeutet, Jesus sei geschichtlich gescheitert und übergeschichtlich habe Gott dieses Fiasko in einen Sieg umgewandelt. »Eher muß man sagen, daß sich Gottes transzendente Überwindung des menschlichen Scheiterns geschichtlich in der nicht nachlassenden Gottes- und Menschenliebe Jesu selbst während und im geschichtlichen Moment seines Scheiterns am Kreuz verkörpert.«[250] Das Scheitern Jesu ist produktiv und kritisch wegen der Kontinuität dessen, was verborgen am Kreuz geschah, mit dem, was in der Auferstehung manifest wurde, auch wenn wir theoretisch nicht die menschliche Erfahrung des Scheiterns mit der religiösen Erfahrung des Triumphs Gottes miteinander vereinbaren können. Das letzte Wort hat der Herr der Geschichte, der mit uns lebende Gott, dessen Kraft im Fiasko Jesu enthüllt, »daß *endgültiges* Scheitern, definitives Übel und *unversöhntes* Leiden ihre eigentliche, endgültige und erschreckende Gestalt nur in dem Nichtwollen und Unvermögen des Menschen haben, zu lieben.«[251] Wenn die reale Negativität des Leidens und Todes Jesu nicht abstrakt neutralisiert wird, da ein geschichtliches Leben erst mit dem Tod seinen Abschluss findet und die wahre Identität der Person deutlich wird, zeigt sich Jesu Leiden und Tod als höchste Erprobung seiner Botschaft und Lebenspraxis.

Schillebeeckx betont, das ganze Leben Jesu sei nicht nur Zusage und Heilsverheißung gewesen, sondern konkretes Heilsangebot, sodass die aktive Annahme des eigenen Todes als seine aktive Hinnahme seines Todes in dieser Sendung verstanden werden kann. Sein ganzes Leben erklärt seinen Tod.

> Schon vorösterlich sagt Jesus, zumindest *inhaltlich*, daß die ›Sache Jesu‹ weitergeht. Das ist nicht nur eine Glaubenseinsicht, die sich ausschließlich auf die Ostererfahrung der Jünger stützen würde; es ist sein Selbstverständnis, das die Möglichkeit für die spätere Interpretation der Christen schafft und die Basis dazu legt. Es besteht kein Bruch zwischen dem Selbstverständnis Jesu und dem kirchlich verkündeten Christus.[252]

---

250 *Schillebeeckx*, Christus 814; vgl. *Schillebeeckx*, Lebensscheitern 194. »Schillebeeckx concludes that Jesus, empowered by the Spirit, took an event that was, in itself, absurd and meaningless and filled it with God's own meaning and love. The ›unbroken communion‹ between Jesus and Abba was the saving power of love triumphing over evil and death, breaking its power.« (*Hilkert*, Encountering 385.) Dies dürfte auch dafür sprechen, dass Schillebeeckx' Position der von Galvin genannten Gefahr nicht erliegt, dass »a theology unable to detect salvific meaning in the crucifixion of Jesus will find it difficult to maintain that such meaning exists in a life which must be seen, at least in retrospect, as having led ineluctably to the cross« (*Galvin*, Death 177f).

251 *Schillebeeckx*, Christus 814, Herv. im Orig.

252 *Schillebeeckx*, Jesus 276, Herv. im Orig.

Damit wird nicht die Negativität seines Todes bestritten, da dieser historisch gesehen das traurige Schicksal eines Menschen ist, der sich für andere eingesetzt hat, seiner prophetischen Sendung treu blieb und diese vor niemandem als Gott selbst verantworten wollte. Aber der gewaltsame Tod eines Unschuldigen ist als solcher nicht universal bedeutend für alle Menschen. »Wohl kann eine Lebenshaltung wie die Jesu andere Menschen guten Willens zu befreienden Taten inspirieren. Jesu Tod birgt ein Potential universaler Inspirationsmöglichkeit. Aber das gilt von vielen Menschen, die um einer guten Sache willen unschuldig ums Leben gebracht wurden.«[253] Ein universaler Heilswert ist dem Tod Jesu nur zuzuschreiben, wenn er mehr gewesen ist und die radikale Bestreitung des unmittelbaren Heilszusammenhangs zwischen dem konkreten historischen Geschehen seines Todes und der religiösen Beziehung zum Absoluten zurückgewiesen werden kann. Damit kommt Jesu Gotteserfahrung der schweigenden Gegenwart Gottes in den Blick und die Frage nach dem Gott, zu dem Jesus in einer besonderen Beziehung stand, der ihn zwar nicht vor dem Tod bewahrt hat – aber diesen in der Auferstehung zur Bestätigung der Bedeutung Jesu und seiner Verkündigung und Praxis für das Reich Gottes wendet.[254]

Die Heilsbedeutung Jesu ist demnach im Kontext seines gesamten Lebens, Verkündigens und Handelns zu sehen, womit er sich gegen alle Strukturen der Macht und Gewalt unter Menschen richtet. Am Kreuz vertraut sich Jesus ohnmächtig seinem Vater an. Sein Tod zeigt, wie radikal er seine Botschaft und die entsprechende Praxis verstanden hat, dass seine Gabe und sein Einsatz unabdingbar sind, und weist »auf das Recht seiner ganzen Person, seiner Botschaft und seines Handelns«[255] hin. Da in Jesu radikalem Einsatz für den Menschen eine besondere Gegenwart Gottes zugesagt ist, hat nicht der Tod als solcher soteriologische Bedeutung, sondern die

> Realität, dass Jesu Tod (zusammen mit seiner Botschaft und seinem ganzen Lebensweg) aufgrund des dunklen Glaubensvertrauens auf die schweigende Gegenwart Gottes in einen Akt der Vergebung mündet und darin in diese

---

253 *Schillebeeckx*, Scheitern 94.

254 »Kann man sagen, daß Gott ihn durch diese Hinrichtung nun auch selbst den Unterdrückten und Ausgestoßenen beigesellt, um so seine Solidarität mit den Unterdrückten zu einer wirklichen Identifizierung zu machen? Oder ist eine solche Auffassung nicht eher eine Blasphemie, weil man dadurch nämlich Gott zuschreibt, was in Wirklichkeit die menschliche Unrechtsgeschichte Jesus angetan hat?« (*Schillebeeckx*, Jesus 283.)

255 *Schillebeeckx*, Auferstehung 72; *Schillebeeckx*, weg 149. »The cross gains its meaning from the life in which Jesus both preached and embodied the reign of God, a life lived in obedience to God unto and through death on the cross, culminating in the Resurrection.« (*McManus*, Reconciling 643.)

> Gegenwart aufgenommen wird: die Gegenwart dessen, der Jesus zu einem himmlischen Messias erhebt, der fortan den an nichts gebundenen Heiligen Geist schenken kann, einen Geist der Versöhnung und Erneuerung.[256]

Die Heilsbedeutung des Todes Jesu ist nicht von der Erhöhung und Verherrlichung durch Gott zu trennen, wodurch die Einheit von Leben, Tod und Auferstehung Jesu konstituiert wird. Gott ist gerade in der menschlichen Endlichkeit heilsmächtig anwesend, bewirkt auch durch Leiden hindurch das Heil und Glück der Menschen und wirkt bedingungslos erlösend und befreiend. »Diese Versöhnung erhält ihre universale Bedeutung im gottbewirkten Auferstehungsgeschehen, welches nach Schillebeeckx von den Jüngern als vom Auferstandenen bewirkte Vergebung ihres Kleinglaubens erfahren wird, als existentiell vollzogene Metanoia.«[257]

3.2.5.3 Jesu Auferstehung: Ermöglichung der Antwort auf eine eschatologische Offenbarung

Da der Tod Jesu die Lebensgemeinschaft des irdischen Jesus mit seinen Jüngern beendet hatte und diese ihn überdies im Stich gelassen hatten und die Jüngergemeinschaft auseinanderfiel, stellt sich die Frage, weswegen sie etwas später eine aktuelle Lebensgemeinschaft mit ihm als einem, der von den Toten auferstanden ist, behaupteten. Gemäß den neutestamentlichen Schriften machten die aus Angst geflohenen Jünger in den Begegnungen mit dem auferstandenen Herrn die Erfahrung der Vergebung und Bekehrung und begannen daher, die Auferstehung Jesu zu verkündigen. Diese Ostererfahrung geht traditionsgeschichtlich sowohl den Traditionen vom Grab als auch den Berichten von den Erscheinungen voraus.[258] Dementsprechend will auch Schillebeeckx die Auferstehung nicht insofern als Grundlage des christlichen Glaubens ansehen, als könne man mit dem Glauben an sie den Glauben an die Botschaft Jesu begründen; vielmehr sei der Glaube an die Auferstehung Jesu die letzte Konsequenz des weiteren Glaubens an seine Botschaft (und des Schöpfungsglaubens). »Christlicher Glaube heißt, trotz des Todes Jesu am Glauben an seine prophetische Botschaft und Verheißung festzuhalten. Und dieses Festhalten ist nur möglich in der Weise einer neuen Prophetie.«[259]

---

256 *Schillebeeckx*, Scheitern 96. »Thus, on the whole, Schillebeeckx is more favorable to portrayals of the crucifixion as the death of a prophet-martyr and of the righteous-sufferer than he is to interpretations of Jesus' death in the categories of atonement and redemption.« (*Galvin*, Story 88.)

257 *Loiero*, »... damit keiner zugrunde gehe« 215.

258 Vgl. *Schillebeeckx*, Jesus 292–296.

259 *Schillebeeckx*, Evangelium 59.

Schillebeeckx sieht diese Erscheinungserzählungen somit als theologischen und literarischen Ausdruck der Ostererfahrung als primärem Auslöser des Osterbekenntnisses an. Sie wollen die Auferstehung nicht apologetisch beweisen, sondern erkennen Jesus als auferstandenen Christus an, legitimieren die apostolische Sendung an die Welt und begründen den apostolischen Glauben. »Der eigentliche Inhalt der offiziellen Erscheinung ist durch das apostolische Kerygma in seinen verschiedenen ekklesiologischen Varianten in den Gemeinden der Urkirche inspiriert. Die Ostererfahrung – Jesus ist der Herr; oder Erfahrung der Geistesgabe – ist die Grundlage der Kirche und ihrer Sendung.«[260]

Die Ostererscheinungen versteht er anders als Thomas weder als Sichtbarkeit und Berührbarkeit noch als Begründung des Auferstehungsglaubens. Schillebeeckx interpretiert sie als eine durch den Glauben motivierte Erfahrung, die auf eine eschatologische Offenbarung antwortet. Das Sehen ist ein *christologisches Sehen*: »ein nur aufgrund der Gnade mögliches Verstehen Jesu als des Christus in einer persönlichen Erfahrung, durch welche die ganze Lebensorientierung dessen, der diese Glaubenserfahrung hat, bestimmt wird«[261]. Damit vertritt er keineswegs eine Variante der These einer Auferstehung in die Verkündigung hinein und leugnet nicht, anders als manche Kritiker vermuten, die persönlich-leibliche Auferstehung Jesu. Vielmehr ist diese in seiner Ansicht, die Auferstehung sei die göttliche Bestätigung dessen, was in Jesu Leben geschehen ist und korrigiere damit die Verwerfung seiner Botschaft, enthalten. Mit der damit gegebenen Botschaft, bei Gott sei das Heil für Menschen stärker als der Tod, wird Jesu Verkündigung des Reiches Gottes in Wort und Tat fortgesetzt. Besonders deutlich wird dies in den in der dritten Auflage des Jesus-Buches zugefügten Passagen. »Darin legt er umfassend dar, diese göttliche Korrektur der Zurückweisung Jesu impliziere, dass der Jesus, der vorher getötet wurde, dank Gott wahrhaft lebt.«[262] Er lässt keinen Zweifel

---

260 *Schillebeeckx*, Jesus 317.

261 *Schillebeeckx*, Jesus 335. Vgl. auch *Phillips*, Seeing, der in Reaktion auf die Kritik Peter Carnleys an Schillebeeckx' Deutung festhält, eine Sichtung des auferstandenen Christus liege nicht notwendigerweise dem Glauben der Jünger zugrunde. Vielmehr deute der Befund eher auf eine objektive Begegnung, die später in zunehmend materialistischen Begriffen ausgedrückt wurde. (Vgl. 248f.)

262 *Borgman*, sacrament 136. [»Daarin legt hij uitvoerig uit dat deze goddelijke correctie van Jezus' verwerping impliceert dat de Jezus die eerder gedood werde, dankzij God waarlijk leeft.«] Vgl. zur Diskussion um die Anerkennung der leiblichen Auferstehung besonders *Schillebeeckx*, Auferstehung 87–110. Eine einschlägige Kritik bietet z. B. *Löser*, Christologie, ähnlich später *Scheffczyk*, Christology, der zudem die Charakterisierung der johanneischen Christologie als Theologie »zweiten Grades« als »lesser rank« (401) missversteht. Courth dagegen sieht eine Lücke zwischen dem erfahrungsmäßigen Ansatz und

an der Priorität des Wirklichkeitsangebotes an die Jünger durch die neue Initiative Gottes, die sie die lebendige Gegenwart Jesu unter ihnen erfahren lässt. Diese neue Initiative Gottes allein, mit der Jesus auferweckt wird und den Jüngern erscheinen kann, ist aber Offenbarung erst mit der Antwort der Jünger, die sich entscheiden müssen, ob sie sich bekehren. Wenn Schillebeeckx die Rolle der Jünger betont, geschieht dies auch, um »eine Brücke zu der Möglichkeit der gegenwärtigen Offenbarungserfahrungen zu bauen«[263], da die Priorität der Initiative Gottes nicht dem menschlichen Charakter der Erfahrung der Lebenserneuerung von Menschen widerspricht.

Zudem ist der Auferstehungsglaube nicht isoliert von den Erscheinungen zu sehen, denn auch wenn das Auferstehungskerygma den ergänzten Erscheinungsberichten vorausgeht, besteht im Neuen Testament »ein nicht zu leugnender *innerer Zusammenhang* zwischen der Auferstehung Jesu und der christlichen Ostererfahrung, ausgedrückt in dem Modell der ›Erscheinungen‹«[264]. Die Jünger erfahren die Gegenwart des Auferstandenen, was chronologisch später im Osterkerygma weiter ausgestaltet wird. Wenngleich man die Auferstehung nicht außerhalb des Glaubensaktes verstehen kann, sind Auferstehung und Auferstehungsglaube nicht identisch. Somit verbindet er den objektiven (Erhöhung bei Gott) mit dem subjektiven (in den Erscheinungsberichten ausgedrückte Glaubenserfahrung) Aspekt des Auferstehungsglaubens untrennbar miteinander. »Die Auferstehung Jesu – das heißt das, was nach seinem Tod mit ihm selbst persönlich geschehen ist – ist, ohne damit identisch zu sein, nicht zu trennen von der Oster- oder Glaubenserfahrung der Jünger, das heißt von ihrem Bekehrungsprozeß, in dem sie das Werk des Geistes Christi sehen«[265]. Die Glaubenserfahrung ist das Organ, das den Jüngern den Einblick in die Auferstehung Jesu ermöglicht. Aber umgekehrt ist auch ohne die persönliche Auferstehung Jesu keine Ostererfahrung erneuerten Lebens möglich, sodass Jesu persönlich-leibliche Auferstehung

---

dem geglaubten Bekenntnis, da Schillebeeckx mehr Glaubenseinsicht einbringe, als sein Ansatz vermitteln könne. Seine Lösung besteht in der These, »daß die Erscheinungen des Auferstandenen jene Brücke bilden, die den menschlichen Erfahrungshorizont und die von hier aus mögliche ›Vorahnung‹ der Person und Geschichte Jesu mit seiner vollen *von Gott her* uns gewährten Anerkennung als Sohn Gottes, Christus und Herr verbindet« (*Courth*, Geschichte 385; vgl. *Courth*, Geschichte Jesu 131f).

263 *Sunarko*, Entwicklung 219.

264 *Schillebeeckx*, Auferstehung 89, Herv. im Orig. »Das Neue Testament zeigt eine innere Verbindung zwischen dem christlichen Bekenntnis der wirklichen Auferstehung Jesu und dem, was in den Erscheinungsberichten eigentlich zur Sprache kommt.« (90) Denn der verbale Inhalt der Erscheinungen ist jeweils von einer bestimmten Christologie oder Ekklesiologie geprägt. Vgl. *Schillebeeckx*, Jesus 571–576.

265 *Schillebeeckx*, Jesus 573; vgl. *Schillebeeckx*, Auferstehung 92ff.

logisch und ontologisch der Glaubenserfahrung vorausgeht. Da Schillebeeckx den objektiven bzw. ontologischen Charakter der Auferstehung mit ihrer Interpretation verbindet und somit davon ausgeht, dass die Interpretation nicht vom Menschen alleine gemacht und nicht vom Ereignis zu trennen ist, erweist sich die Sorge der Glaubenskongregation (und einiger früherer Rezensenten) um das Bekenntnis zur persönlich-leiblichen Auferstehung Jesu als unbegründet bzw. als Missverständnis. Allerdings geht er durch diese Verbindung von einem anderen ontologischen Paradigma aus und richtet sich gegen einen empiristischen Objektivismus, der die Auferstehung ohne den Heilsbezug für die Menschen bzw. außerhalb der Glaubenserfahrung darstellt. Die Auferstehung ist weder reine Interpretation noch Kerygma ohne historische Basis, weil sich in ihr das widerfahrende und das antwortende Moment der Erfahrung verbinden. »Schillebeeckx verlagert dieses Problem auf die Ebene der Erfahrungsstruktur und arbeitet dabei ein objektives Moment heraus, das die Bedeutung von etwas dem Menschen Gegebenen, Widerfahrenden hat«[266]. Auf dieses reagiert das subjektive Moment innerhalb des jeweiligen kulturellen Verstehenshorizontes. Die unlösbare Verbindung der Auferstehung Jesu und der Glaubenserfahrung der Jünger (mit der zugleich eine Gemeinde entsteht) zeigt die innere Heilsbedeutung der Auferstehung Jesu. Der Auferstehungsglaube ist eine Offenbarungsgnade Gottes, die in und durch physische Realitäten und Erfahrungen von Menschen wirkt.

> Das gläubige Sehen umfasst daher folgende Aspekte: Jesus offenbart sich den Jüngern; dass sie diese Offenbarung wahrnehmen können, ist selbst ein Akt der Gnade; dieser Akt der Gnade gibt ihrem Leben eine neue Orientierung; sie beantworten diesen Gnadenakt in der Formulierung ihres Glaubens in religiöser Sprache, eingebunden in den apostolischen Traditionszusammenhang.[267]

Die Christuserscheinung ist mithin als »Bekehrungsvision« zu verstehen und erhellt den Zusammenhang zwischen der Zerstreuung der Jünger und ihrer erneuten Sammlung der Jünger aufgrund ihrer »Ostererfahrung«. Dieser Übergang ist nur durch irgendein Geschehnis zu erläutern, das nicht die Auferstehung ist, da diese »als Wirklichkeit meta-empirisch und meta-historisch: ›eschatologisch‹«[268] ist (weil sie über die Grenzen des Todes hinausgeht) und als solche Erfahrungsereignissen bedarf, um zur Sprache gebracht werden

---

266 *Schwarz-Boenneke*, Erfahren 261.

267 *Schwarz-Boenneke*, Erfahren 256.

268 *Schillebeeckx*, Jesus 336; vgl. *Schillebeeckx*, Auferstehung 91. Dies scheint Stickelbroeck nicht zu berücksichtigen, wenn er fragt: »Eignet der Auferstehung, so wie Schillebeeckx sie versteht, noch ein transempirisches oder transzendentes Moment?« (*Stickelbroeck*, Christologie 249.)

zu können; sie wird in ihrer Heilswirklichkeit für uns erfahren. Als metahistorisches Ereignis kann sie nicht historisch untersucht werden, sondern nur in ihrem Niederschlag im Verhalten der Jünger. Auch Berichte vom leeren Grab oder Erscheinungsberichte sind darauf zu befragen, was die Jünger selbst erfahren haben. Diesbezüglich nimmt er einen »Bekehrungsprozess« zwischen den beiden geschichtlichen Momenten des Todes Jesu und der Verleugnung durch die Jünger und der apostolischen Verkündigung an. Als ein mögliches Modell zum Verständnis dieses Prozesses schlägt er den dreifachen Damaskusbericht des Paulus mit der Entwicklung von einer »Bekehrungsvision« zu einer »Sendungsvision« vor, wenngleich die Jünger keine Verfolger Jesu gewesen seien. In der Nachfolge Jesu haben sie allerdings versagt. Deren Bekehrung setzt voraus »die *Erfahrung*, von Jesus Verzeihung erlangt zu haben, eine besondere Gnadenerfahrung, deren Ergebnis war, daß sie wieder in aktuelle Gemeinschaft mit Jesus aufgenommen werden und sich zu Jesus als *endgültigem* Heil bekennen, das mit seinem Tod nicht zu Ende ist und durch sie zugleich wieder zu einer Gemeinschaft untereinander versammelt werden.«[269] Bei der Bekehrung der Jünger ist zu unterscheiden zwischen ihrer Beziehung zu Jesus von Nazaret, dem gegenüber sie versagt haben, und derjenigen zu Jesus als dem Christus, zu dem sie zurückgekehrt sind. Auch wenn sie Jesus von Nazaret verlassen haben, erinnern sie sich doch an ihre Lebensgemeinschaft mit ihm und an sein Auftreten und seine Botschaft. Diesen Glauben haben sie letztlich nicht preisgegeben. »Die Beziehung dagegen zu dem, zu dem sie zurückkehrten, ist völlig neu. Sie verließen einen zum Tode verurteilten Jesus; sie kehren zurück zu der aktuellen Gemeinschaft mit demselben Jesus, ihn jetzt als den wiederkehrenden Richter oder auferstandenen Gekreuzigten bekennend.«[270] In ihrer Bekehrung zu Jesus Christus, dem Licht der Welt, werden die Jünger durch die Erleuchtung des Auferstandenen gerechtfertigt, der sich zu sehen gibt. Da die neutestamentlichen Erscheinungsberichte das kirchliche Selbstverständnis wiedergeben, ist nach der in ihnen enthaltenen Erinnerung an ein historisches Geschehen der Versammlung der Jünger nach Jesu Tod zu suchen. Dieser Bekehrungsprozess als Erfahrung der neuen Gegenwart des auferstandenen Jesus in seiner Gemeinde ermöglicht es den Jüngern, die Rehabilitierung Jesu durch seine Auferstehung durch Gott zu sehen, was eine Bestätigung seiner Botschaft und mit dem Bekenntnis zu seiner fundamentalen Bedeutung beim

269 *Schillebeeckx*, Jesus 337, Herv. im Orig.

270 *Schillebeeckx*, Jesus 338. »Das, was sie [= die Jünger, TFP] durch Jesus antizipativ als Heil-von-Gott her erfahren durften, wandelte sich aufgrund der nun epiphanen ›*Lebenstotalität*‹ Jesu zur Er- und Anerkenntnis seines wahren Wesens.« (*Loiero*, »... damit keiner zugrunde gehe« 218f, Herv. im Orig. mit Verweis auf *Schillebeeckx*, Jesus 342.)

Kommen des Gottesreiches verbunden ist. »Auferstehungsglaube hängt daher wesentlich mit dem Glauben an die bleibende konstitutive Bedeutung Jesu beim Kommen des Reiches Gottes zusammen; er findet darin seinen einzigen, hinreichenden Grund. Das ist der Kern der Parusiechristologie.«[271]

Dabei ist zu berücksichtigen, dass das Bekenntnis zur konstitutiven Bedeutung der Person Jesu für das Anbrechen des Gottesreiches vor seinem Tod unmöglich war, da das christologische Bekenntnis die Gesamtheit des Lebens Jesu voraussetzt. Nur das vollendete Leben ist die Offenbarung Gottes in Jesus. Da die Jünger aufgrund des Todes geschockt waren, aber nicht ihren Glauben verloren haben, waren sie in der Lage, in ihrem Bekehrungsprozess das Überwältigende ihrer *disclosure*-Erfahrung zu erfassen, Jesus in seiner Lebenstotalität zu erkennen und anzuerkennen. Das ist die Ostererfahrung, aufgrund derer die Jünger Jesus erst wirklich sehen; Osterglaube und Bekehrung verdanken sich demnach nicht einfach der Erinnerung der Jünger und ihrer Reflexionsleistung, sondern einem Widerfahrnis, der Initiative eines anderen. »Diese Erkenntnis der Jünger ist dann zugleich ein wiedererkennendes und doch *neues* Sehen Jesu – Jesu von Nazaret; nicht eines anderen, auch keines Mythos. *Jesus*, wie sie ihn erlebt hatten, bleibt das einzige Kriterium sowohl für ihre Erinnerungen als auch für ihre neuen Erfahrungen nach seinem Tod.«[272] Da die Initiative zur Wiedersammlung vom auferstandenen Jesus ausgeht, ist sie eine seinem freien Willen zuzuschreibende Gnadenerfahrung bzw. Erfahrung der Vergebungsgnade, die sich geschichtlich manifestiert. Näherhin »Offenbarung *in* einer disclosure-Erfahrung, die in diesem Fall später im Modell der Erscheinungen zur Sprache gebracht wird«[273]. Die Rede von der Auferweckung Jesu durch Gott verbindet Jesus von Nazaret in seinem irdischen und nach dem Tod erneuten Heilsangebot als Grund des christlichen Glaubens mit dem Bekenntnis Gottes zu diesem Jesus. Die Erfahrung von der Vergebung nach Jesu Tod könnte die Jünger zur Glaubensevidenz geführt haben, der Herr lebe. »In ihrer aktuellen Erfahrung der ›Umkehr zu Jesus‹, *in* ihrer eigenen Lebenserneuerung erfahren sie die aktuelle Vergebungsgnade Jesu; *darin* erfahren sie Jesus als den Lebenden. Ein *Toter* schenkt keine Vergebung. Die aktuelle Gemeinschaft mit Jesus ist damit wieder hergestellt.«[274] Die Jünger erfahren ihre

---

271 *Schillebeeckx*, Auferstehung 93.

272 *Schillebeeckx*, Jesus 342, Herv. im Orig. »Jesus als den Christus erkennen ist daher zugleich ein neues Selbstverständnis in und durch eine neue Lebenserneuerung; das eine geht nicht ohne das andere, wenn christlicher Glaube keine tote Formel werden soll – was keineswegs bedeutet, daß das eine das andere ist!« (*Schillebeeckx*, Auferstehung 33; *Schillebeeckx*, weg 141.)

273 *Schillebeeckx*, Jesus 345, Herv. im Orig.

274 *Schillebeeckx*, Jesus 346, Herv. im Orig.

Mutlosigkeit und ihren Glaubensmangel als vergeben und reflektieren diese Erfahrung im Licht der Praxis Jesu und ihrer Erfahrung des Heilshandelns Gottes in ihm. Dies ermöglicht, Jesus als Auferstandenen verkündigen zu können. Die Frage, welche konkreten Ereignisse die Jünger zu dieser Verkündigung veranlassten, »is a question of experience and how to interpret that experience in terms that surface the activity and revelation of God in a specific historical and cultural situation.«[275]

Es ist allerdings zwischen der Ostererfahrung und ihrem Artikulationsmoment zu unterscheiden, da sie innerhalb eines gegebenen Verstehenshorizontes interpretiert wird. Unter dieser »Erfahrung« versteht Schillebeeckx keine rein subjektive Erfahrung, da diese auf Jesus selbst zurückzuführen ist, und spricht von »Widerfahren« sowie von »*Wirklichkeitserfahrung* und *Erfahrungswirklichkeit*«[276], da eine Wirklichkeit erfahren wird und die Erfahrung wirklich ist. Die Jünger haben die Auferstehung als Heilsrealität erfahren und tradieren diese weiter, was in der Gründung der Kirche mündet. Auf die Erfahrung folgt die Reflexion über die Erfahrung und ihr vorreflexives Interpretationsmoment. »Diese Reflexion ist kein fremdes, von außen kommendes Element, sondern ›verlängert‹ die Erfahrung mit ihrer Interpretation, wenn dabei auch mancherlei Abweichungen gegenüber der ursprünglichen Erfahrung auftreten können.«[277] Für Schillebeeckx ist die neue, nachösterliche Erfahrung konstitutiv für das Osterbekenntnis. Von der Ostererfahrung als Realität ausgehend, weist er auf die jüdische Vorstellung der Macht Gottes, Tote aus dem Totenreich zu holen, als Verständnishorizont der Rede über den lebenden Jesus nach seinem Tod hin. »Es geht um die eschatologische Auferstehung, aber unapokalyptisch vollzogen in *einer* Person; d. h., für die Christen bedeutet dies, daß die eschatologische Endzeit schon einen Anfang genommen hat«[278]. Da der Tod Jesu seiner prophetischen Botschaft von der allumfassenden Herrschaft Gottes zu widersprechen scheint, weil er diesen nicht zu überwinden können scheint, ist die Weitergabe seiner Botschaft durch die Bewegung um ihn letztlich nur dadurch zu erklären, »dass Jesu prophetische Botschaft auch die Herrschaft Gottes über den Tod beinhaltet«[279]; indem sie dies ausdrücklich verkündigen, werden die Jünger selber zu Propheten.

Damit darf der Tod Jesu in seiner Negativität nicht kleingeredet werden. Ohne antizipative Merkmale der Auferstehung in Jesu Lebensweg wäre der

---

275 *Rochford*, Hermeneutics 258.
276 *Schillebeeckx*, Jesus 574, Herv. im Orig.
277 *Schillebeeckx*, Jesus 347.
278 *Schillebeeckx*, Jesus 350, Herv. im Orig.
279 *Schillebeeckx*, toegang 52. [»dat Jezus' profetische boodschap ook de heerschapij van God over de dood impliceert«.]

Tod reines Scheitern und Ostern eine Ideologie (wie jede Christologie, die den geschichtlichen menschlichen Lebensweg Jesu vernachlässigt). »Dieser konkrete Tod kann als solcher keinen direkten Zusammenhang mit Gott, dem Absoluten herstellen noch durch reine forensische Auserwählung eine Rettung für die ganze Menschheit sein.«[280] Aber Jesus füllte die Negativität des Todes positiv innerlich durch seine Abba-Erfahrung und seinen prophetischen Liebesdienst bis zum Tod bzw. ordnete den unsinnigen Tod in sein aktuelles Heilsangebot ein, ohne diesen dadurch zu annullieren oder ungeschehen zu machen. Indem Gott mit einem neuen Handeln am gekreuzigten Jesus sein zustimmendes Urteil über Jesus und seinen Anspruch, seiner Botschaft, seinem Lebensweg und seinem Tod spricht, verwirft er zugleich, »was Menschen Jesus angetan haben«[281], und ermöglicht die Verbindung des geschichtlichen Lebens Jesu mit dem Bekenntnis zur Auferstehung. Primär manifestiert sich in der Auferstehung die durch keinen Tod zu brechende Lebensgemeinschaft Jesu mit Gott, die in Leben und Tod schon vorhanden war. Da sie diese nicht nur verlängert, sondern auch das Reich Gottes mit der Erhöhung und Verherrlichung Jesu installiert, ist sie auch Korrektur. »Deshalb ist die Auferstehung, die persönlich an Jesus vollzogen wurde, *zugleich* für uns die Gabe des Geistes Gottes.«[282] In der Auferstehung werden somit zugleich die Botschaft Jesu und ihr bleibender Wert durch Gott bekräftigt und die bleibende Bedeutung Jesu für das Kommen des Reiches Gottes festgehalten. Mithin ist die Auferstehung angesichts der Negativität des Todes ein korrigierender Sieg und »ein neues und anderes Geschehen als Jesu Leiden und Tod«[283], wesentlich eine Erhöhung, eine neue Existenzweise. Jesus als Subjekt im Osterbekenntnis »Er ist auferstanden« bedeutet, »dass in Jesu Handlungs- und Verkündigungspraxis des Reiches Gottes die wirkmächtige Heilsnähe Gottes als Antizipation der Übermacht Gottes über alle Negativität menschlicher Leidstrukturen geschichtlich konkret, und in Jesus als Kraft Gottes wirksam gegenwärtig wurde«[284]. Der soteriologische Sinn des Todes Jesu erschließt sich von der Gesamtheit des Lebens Jesu her als Ausdruck der »wehrlosen Übermacht«,

---

280 *Schillebeeckx*, Scheitern 94; vgl. *Schillebeeckx*, Menschen 169; *Schillebeeckx*, Overwegingen 375f.

281 *Schillebeeckx*, Politik 43.

282 *Schillebeeckx*, Evangelium 144.

283 *Schillebeeckx*, Jesus 575.

284 *Loiero*, »... damit keiner zugrunde gehe« 221f; vgl. *Brambilla*, cristologia 382. »Jesu Auferstehung ist somit eine souverän-freie Tat Gottes, sei es, daß sie sich schon als beginnend *in* der Lebensgemeinschaft Jesu mit Gott manifestierte, in die er sein Leben und Sterben aufgenommen hat. Gerade diese Gemeinschaft ist von Gott her schon ein *Gnadenerweis* an Jesus, eine Gnade, die in seiner Erhöhung oder Auferstehung nur ihre innere Dynamik zeigt und zur Endvollendung gebracht wird.« (*Schillebeeckx*, Christus 451, Herv. im Orig.)

insofern Jesus am Kreuz die »wehrlose Übermacht« Gottes über die Herrschaft und das Herrschaftsstreben des Menschen anerkennt. Das Kreuz besiegelt zwar die Übermacht des Menschen über Gott, der beim sterbenden Jesus als reine Positivität zugegen ist – in einer Gegenwart ohne Macht und Zwang, weshalb er versöhnend anwesend sein kann. »Gott *verbirgt* seine Übermacht über das Böse und *drückt sie zugleich* in einer Wehrlosigkeit *aus*, um uns den Raum zu geben, wir selbst in Solidarität mit unterdrückten Menschen zu werden.«[285] Seine Wehrlosigkeit folgt aus seinem Kampf gegen das Böse, weshalb er in ihr auch seine Übermacht bewahrt; der Tod ist besiegt, weil nach dem Osterglauben Mord keine Zukunft hat. In der Auferstehung handelt Gott wirklich neu am Gekreuzigten und setzt seine Handlungs- und Verkündigungspraxis in Kraft; in ihr manifestiert sich, was in Jesu Leben und Tod vorhanden war. Gott bestätigt einerseits Person und Leben Jesu und wie er seinen Tod positiv mit seiner Liebe zu Gott und den Menschen aufgefüllt hat, und gibt ihm andererseits ein erneuertes und erhöhtes Leben. Seine Lebensgemeinschaft mit Gott wird dauerhaft gemacht und darin vollendet, was die Negativität des Todes überwindet. »Es gibt, über den Tod hinaus, Lebensgemeinschaft mit Gott und daher auch mit Menschen (›communio sanctorum‹), auf eine ganz neue Weise – was auch die konkrete Auffüllung dieses neuen Lebens sein mag.«[286] Damit wird nicht die nicht-religiöse menschliche Erfahrungsevidenz des Todes geleugnet, da der Tod in und aus sich selbst auch für Christen keine sinnvoll einzuordnende Gegebenheit ist. Aber diese bleibt nicht das letzte Wort, da der Tod eine neue Bedeutung erhält, weil er nicht von Gott trennen kann. Dies verleiht dem christlichen Auferstehungsverständnis große Lebenskraft für das Leben heute in Gottgemeinschaft und gegen einen Heilsindividualismus. »Tod und Auferstehung Jesu – des Mannes, auf den hin Christen ihr Leben wagen – ist für die Christen Grund zur Hoffnung auf eine allgemeine Auferstehung für alle.«[287] Die Begründung dieser Hoffnung und dieses Vertrauens auf Jesus von Nazaret und nicht einen anderen gerechten Menschen ist letztlich ein Glaubensakt, der theoretisch nicht mehr vermittelt werden kann. Gleichwohl gibt es gute Gründe, u. a. die historische Tatsache der anhaltenden Inspiration durch Jesus und seine Nachwirkung, die in enger Beziehung zu seinem

---

285 *Schillebeeckx*, Menschen 171, Herv. im Orig. »Indem sich Jesus in ausschließender Einzigartigkeit von der Basileia (Herrschaft) Gottes und von der universalen Menschenliebe Gottes ›bestimmt‹ weiß, lässt er Gott die Letztmöglichkeit offen, sich als unzerstörbare Heilszukunft zu offenbaren. Eben darin sieht Schillebeeckx die universale soteriologische Heilsbedeutung Jesu.« (*Loiero*, »... damit keiner zugrunde gehe« 272.)

286 *Schillebeeckx*, Christus 782.

287 *Schillebeeckx*, Christus 783.

Selbstverständnis stehen. Auch wenn sich Jesus damit überschätzt haben könnte, wird mit der lebendigen Praxis von Christinnen und Christen seine Grundabsicht verwirklicht.

> Wir haben es bei Jesus daher *entweder* mit einem Megalomanen (was übrigens im Widerspruch zum ganzen Leben und zur Praxis Jesu steht) *oder* mit einem Anspruch zu tun, der auch theoretisch ernste Aufmerksamkeit verdient, zumindest und vor allem in dem Maß, wie sein Anspruch im Lauf der Geschichte eine deutliche Wirkung in der faktischen erlösenden, befreienden und versöhnenden Tätigkeit aller, die sich zu diesem Jesus bekennen, gehabt hat.[288]

Angesichts der o. g. Verbindung des objektiven und subjektiven Aspekts des Auferstehungsglaubens wird die Auferstehungswirklichkeit nicht in Richtung einer These à la »Auferstehung ins Kerygma« oder »Die Sache Jesu geht weiter« reduziert. Indem Schillebeeckx den Akzent auf die Person und die Sinnfrage legt, schlägt sich deutlich der moderne Rahmen seiner Theologie nieder. Dabei stellt sich die Frage, ob die behauptete universale, bleibende Bedeutung mit der personalen Erfahrung überzeugend vermittelt wird oder dieser Übergang nicht vielmehr offen bleibt und daher auf die Sinnfrage ausgewichen wird. Für Schillebeeckx besteht keine Diskontinuität zwischen vor- und nachösterlichem Jesus; der Bruch ist vielmehr im Widerstand gegen ihn schon zu Lebzeiten zu sehen. »Die bekennende Anerkennung des auferstandenen Gekreuzigten schließt deutlich die inhaltliche Erinnerung an sein irdisches Leben ein: das Kerygma will selbst, aufgrund seines eigenen Selbstverständnisses, zugleich zurückverweisen auf das frühere Geschehnis mit Jesus.«[289]

Um existentiell bedeutsam zu sein, muss der so verstandene Auferstehungsglaube dem Bewusstsein der »lebendigen, *pneumatischen* Gegenwart des verherrlichten Jesus in seiner Kirche«[290] Rechnung tragen. Dies zeigt die Bedeutung der Kirche bzw. der christlichen Bewegung für die Konstruktion der Einheit (als »konstanter Einheitsfaktor«[291]) der verschiedenen Erfahrungen und der unterschiedlichen Traditionen, sodass der Auferstehungsglaube immer schon diskursiv getragen ist.

288 *Schillebeeckx*, Christus 786, Herv. im Orig.

289 *Schillebeeckx*, heil 146; vgl. *Schillebeeckx*, Jesus 63. [»Die belijdende erkenning van de verrezen Gekruisigde sluit duidelijk de inhoudelijke herinnering in aan zijn aardse leven: het kerygma wil zelf, op grond van eigen zelfverstaan, tegelijk terugverwijzen naar het voorbije gebeuren met Jezus.«]

290 *Schillebeeckx*, Menschen 172f, Herv. im Orig.

291 *Schillebeeckx*, Jesus 48.

> Ohne die christliche Glaubenserfahrung fehlt jedes Organ, das uns einen Blick auf die Auferstehung Jesu geben kann. Aber genauso umgekehrt: Ohne persönliche Auferstehung Jesu auch keine christliche österliche Glaubenserfahrung. Daß Jesus auferstanden ist, bedeutet daher nie ausschließlich, daß er durch Gott von den Toten auferweckt ist, sondern *zugleich* und ebenso wesentlich, daß Gott ihm in der Dimension unserer Geschichte eine Gemeinde oder Kirche schenkt.[292]

Die Wirklichkeit der persönlich-leiblichen Auferstehung Jesu wird bekräftigt und zwar als meta-empirische, meta-historische und eschatologische. Da sie nur als Handeln Gottes verstehbar ist, ist sie in menschlicher Sprache und Geschichte nicht angemessen vorstellbar. Mit dem Glauben an die Auferstehung wird Jesu Leben und Tod bewertet und die unwiderrufliche Bedeutung seiner Verkündigung und Praxis für das Reich Gottes anerkannt. Ferner manifestiert sich darin die innige Gemeinschaft mit dem lebendigen Gott, die schon in Jesu Leben vorhanden war. Schließlich drückt sich darin ein Aspekt des göttlichen Gerichts über die Menschen aus.[293]

Als systematisch-theologische Zusammenfassung der neutestamentlichen Gegebenheiten der ›Auferstehung‹ und ›Erscheinung Jesu‹ formuliert Schillebeeckx:

> Jesu Auferstehung, in und durch die apostolische Bekehrungs- oder Ostererfahrung anerkannt und bezeugt, ist: a) Gottes Legitimation, Bestätigung oder Gutheißung von Jesu Person, Botschaft und Lebenspraxis einer Dienstbarkeit bis zum Tod; b) sie ist zugleich Erhöhung und neue Schöpfung, das heißt Gottes *korrigierender* Sieg über die Negativität des Todes und der menschlichen Leidensgeschichte, an der Jesus partizipierte; mit anderen Worten: es gibt ein Leben nach dem Tod; c) die Auferstehung ist zugleich Geistsendung und, darin, Kirchengründung, erneute Lebensgemeinschaft des persönlich lebendigen Jesus Christus mit den Seinen auf Erden.[294]

3.2.5.4 Der (neutestamentliche) Christusglaube

In der Gnadenerfahrung des universalen Heil-von-Gott-her bündeln sich alle (neutestamentlichen) christologischen Interpretationen Jesu, insofern er in seiner Lebenstotalität aufgrund seiner ureigensten Beziehung zu Gott das Antlitz Gottes ist. Schon die frühchristlichen Christologien betonen dabei

---

292 *Schillebeeckx*, Auferstehung 94, Herv. im Orig. In der Unterscheidung zwischen objektiven und subjektiven Elementen sieht Kennedy eine Aufnahme von Husserls Prinzip der Intentionalität und die Interdependenz von Subjekt und Objekt wirksam. (Vgl. *Kennedy*, Schillebeeckx 188.)

293 Vgl. *Schillebeeckx*, Menschen 172.

294 *Schillebeeckx*, Jesus 576, Herv. im Orig.

> die aktuelle und definitive Bedeutung der *Person Jesu selbst*, nicht nur seiner Botschaft oder seiner Auferstehung – weil die Person Jesu der kommende Weltenrichter ist, Bringer von Heil oder Gericht; weil die Person Jesu ein göttlicher Wundermann ist, dem man nachfolgen muß, wirksam gegenwärtig in seinen Jüngern; weil seine Person selbst eine ›Geschichte von Gott‹ für uns ist; weil nur er uns an seiner Auferstehung teilnehmen lassen kann.[295]

Im Kern steht die eschatologische Relevanz der Person Jesu. Diese zeigt sich auch in der Benennung Jesu von Nazaret als »dem Christus«, die ein Glaubensbekenntnis ist; »diese Aussage *schließt ein*, daß Menschen, die ihn so nennen, selbst entscheidendes Heil von Gott in und durch diesen Menschen Jesus erfahren haben und noch erfahren.«[296] Diese Erfahrung des Heils bildet die Grundlage für die Entwicklung aller weiterer Christologien, bei denen Schillebeeckx zwei Grade unterscheidet. Während die Aussagen ersten Grades das Heilshandeln Gottes in Jesus an den Menschen anvisieren, geht es den Aussagen zweiten Grades um die Person Jesu. »In dieser zweiten Reflexion treten eigentlich keine völlig *neuen* Einsichten ans Licht«[297]. Deutlich zeigt sich hier das Zusammenspiel von Wirklichkeit, Erfahrung und Begriff in der theologischen Hermeneutik Schillebeeckx', da zunächst die ursprüngliche Erfahrung interpretiert wird, diese Interpretation begrifflich erfolgt und die begrifflichen Identifizierungen Jesu Modell-Denken sind und schließlich »jede Identifizierung von der hermeneutischen Situation dessen, der identifiziert, ausgegangen«[298] ist.

---

295 *Schillebeeckx*, Jesus 388, Herv. im Orig.

296 *Schillebeeckx*, Auferstehung 31; Herv. im Orig. Diese Erfahrung der ersten Christen und Christinnen ist nach Schillebeeckx eine *disclosure*-Erfahrung, in der sie die historische Wirklichkeit Jesus als Christus er- und bekennen. »Niet Jezus, niet de eerste ›kerkelijke gemeenten‹ zijn de oorsprong van het christendom, maar beide samen als aanbod en respons. Dít oorsprong-gebeuren, de onderhaalber eerste gemeentevorming, heeft normative waarde: de oude kerk *re-flecteert* of weerspiegelt in haar N. T. het Jezusgebeuren naar z'n effect ob een groep mensen.« (*Schillebeeckx*, toegang 47.)

297 *Schillebeeckx*, Jesus 485, Herv. im Orig.

298 *Iwashima*, Menschheitsgeschichte 239. Der Hinweis Schillebeeckx', solche Interpretationen seien zwar jeweils für ihre Zeit geeignet, aber für uns nicht normativ, wird von Fackre auch auf das apostolische Zeugnis bezüglich des Todes und der Auferstehung Christi angewendet und daher als problematisch angesehen. »But the price paid is both an obscuring of the importance of the cross and resurrection in the apostolic testimony to Christ as it related to the deeper aspects of the contrast problematic just discussed, and the elimination of fundamental refrains about the meaning of the cross and resurrection in the apostolic testimony that are themselves constitutive of any subsequent christological reformulation.« (*Fackre*, Bones 275.) Diese Kritik erscheint angesichts des engen Zusammenhangs der beiden Grade der Theologie sowie der obigen Ausführungen zur Bedeutung von Tod und Auferstehung allerdings als nicht ganz berechtigt. Auch Courth

Auch die ersten christologischen Identifizierungen Jesu, die den irdischen Jesus mit den urchristlichen Credos verbinden, betonen die Universalität Jesu als eschatologischem Propheten, der sapientiale davidisch-messianische Züge trägt, aber auch dem Modell des »leidenden Messias« entspricht. »Allein dieser prophetische ›Messianismus‹ (der mit Gottes Geist erfüllte, endzeitliche weise Prophet) konnte, als mit dem sapientialen ›leidenden Gerechten‹ und ›auf die Probe gestellten weisen Mann‹ schon verschmolzen (in Anbetracht des faktischen Inhalts des Lebens Jesu), Grund und Möglichkeitsvoraussetzung bieten, um Jesus nach seinem Tod in der Tat als den auferstandenen Messias zu erfahren.«[299] Bei allen Unterschieden der neutestamentlichen Christologien sieht Schillebeeckx eine gleichlaufende Grundanschauung als ihre Basis, sodass die Einheit tiefer geht als der Pluralismus. Im Neuen Testament wird das historische Auftreten Jesu von Nazaret gläubig reflektiert, das für Schillebeeckx den Konstruktionspunkt der der Vielfalt der Interpretationen und Traditionen zugrundeliegenden Einheit darstellt; ergänzt werden müsste dies durch die Bedeutung der Glaubensgemeinschaft für die diskursive Vergewisserung.

Ähnliches gilt für die neutestamentliche Auslegung der Auferstehung Jesu, da diese von den Evangelien nur aufgrund eigener Glaubenserfahrungen thematisiert wird und die Jünger auf bekannte Begriffe wie Erhöhung, Aufnahme in den Himmel, Auferstehung etc. zurückgriffen, um ihre Erfahrung des lebenden Herrn zu artikulieren. So zeigt die Wendung »Auferstehung am dritten Tag« den definitiven und eschatologischen, also universalen, Charakter dieses einzigartigen Heilsgeschehens. »Wenn Christen bekennen, daß Jesus am dritten Tag von den Toten auferweckt wurde, bekennen sie, daß Gottes Herrschaft das Antlitz des auferstandenen Gekreuzigten, Jesu von Nazaret, erhalten hat.«[300] Das Drei-Tage-Motiv entspricht dem Traditionskomplex des »leidenden Gerechten« und will nichts aussagen über die Chronologie der Ereignisse, sondern über das eschatologische Heilshandeln Gottes; mit der Auferstehung Jesu wird das apokalyptische Auferstehungsverständnis durchbrochen. »Der dritte Tag, der Tag des Heils, ist schon lebendige Wirklichkeit und erschließt *in* unserer Geschichte, die einfach weitergeht (keine apokalyptische ›Wende der Zeiten‹), ein etwas [sic] radikal Neues und eine hoffnungsvolle Zukunft.«[301]

---

weist auf die konstitutive Bedeutung der nachösterlichen Erfahrung der Urkirche bei Schillebeeckx hin (vgl. *Courth*, Geschichte 384).

299 *Schillebeeckx*, Jesus 456.

300 *Schillebeeckx*, Jesus 470, vgl. 570.

301 *Schillebeeckx*, Jesus 471, Herv. im Orig.

Um die Auferstehung Jesu von anderen biblisch erzählten Auferstehungen (bzw. Totenerweckungen) zu unterscheiden, wird in vielen Überlieferungen die Auferstehung mit der Erhöhung verbunden. Jesus wird als Herr und Christus in kraft gesetzt und als kommender Menschensohn inthronisiert. Hier begründet die Auferstehung die nahende Parusie und bestätigt die Botschaft Jesu von der kommenden Gottesherrschaft, ist aber nicht primär die göttliche Korrektur des Kreuzes. Gemeinsam ist weiten Kreisen des frühen Christentums die Überzeugung, die kommende Rettung der Gläubigen setze die Auferstehung voraus.

> Jesus, der die bald kommende Gottesherrschaft verkündete, hat sich trotz des Widerspruchs seiner Verwerfung und seines Todes nicht getäuscht. Mit ihm, der sich während seines Lebens mit der Sache Gottes, der kommenden Gottesherrschaft, identifizierte, hat sich Gott selbst identifiziert, indem er ihn von den Toten auferstehen ließ; Jesus Christus selbst ist diese Gottesherrschaft. [...]
>
> Grundlegendes Glaubenscredo der ersten Christen war: Jesus von Nazaret ist der Christus, d. h. der von Gottes eschatologischem Geist vollkommen Erfüllte. Er ist die endzeitliche und endgültige Offenbarung Gottes und darin zugleich das Paradigma der eschatologischen Menschheit.[302]

Auf der Basis dieser Besinnung auf die Botschaft Jesu von der kommenden Gottesherrschaft als Heil des Menschen, die Schillebeeckx als »Theo-logie Jesu von Nazaret«[303] bezeichnet, kann sich eine Christologie als eine Theologie »zweiten Grades« entwickeln. Dazu wurde das jüdische Denkschema, das es erlaubt, die (präexistente) Weisheit mit Menschen wie Mose oder Jakob zu identifizieren, auf Jesus angewandt, was insofern neu ist, als er keine Figur aus grauer Vorzeit war. Es werden dabei im Grunde zwei Fragen gestellt. »Wer ist dieser Jesus denn selbst, wenn dies alles in und durch ihn ›von Gott her‹ geschehen mochte? [...] Was bedeutet der Mensch Jesus, der so von Gott, seinem Abba, spricht, denn für Gott selbst?«[304] Diese schon im Neuen Testament aufgeworfene Frage nach dem Verständnis Jesu selbst mündet im Laufe der Dogmengeschichte in der nizänischen Aussage von der Gleichwesentlichkeit Jesu Christi mit Gott, die dann in Chalkedon näher gefasst wird. Bei seiner Auseinandersetzung mit den verschiedenen theologischen Reflexionen auf die Gottessohnschaft (Davidssohn, qua Auferstehung, präexistent) betont Schillebeeckx, das Dasein Jesu werde als ein Dasein »von Gott aus« gesehen.

302 *Schillebeeckx*, Jesus 481.
303 *Schillebeeckx*, Jesus 482.
304 *Schillebeeckx*, Jesus 484.

> *Heil in Jesus von Gott* [...] Menschliche Proexistenz (oder Mitmenschlichkeit), aber aus Gott und im Lobpreis Gottes. Dazu ist Jesus der von Gottes Geist Erfüllte und ist sogar sein Dasein als Mensch ganz das Werk des Geistes Gottes. *Welchen (oder welche) neue Namen wir für Jesus auch erdenken können und dürfen, diese beiden Aspekte werden darin vorhanden sein müssen,* wenn man noch vom *Jesus der Evangelien* sprechen will und somit, gemäß der auffallenden Treue der Evangelien gegenüber der Norm und dem Kriterium des irdischen Jesus, von dem *historischen Jesus von Nazaret* schlechthin.[305]

Die Bedeutung Jesu für das je eigene Menschsein erschließt sich in einer kritischen Interrelation bzw. Korrelation zwischen der eigenen Erfahrung und der christlichen Erfahrungstradition. Die Geschichte Jesu wird im Neuen Testament als transformierendes Symbol erfahren, das unser eigenes Dasein erschließt; »es erhellt, was wahres menschliches Leben sein kann, wenn es sich in der Hand des lebendigen Gottes geborgen weiß«[306]. Die Korrelation dessen, was Jesus gezeigt hat, mit dem, was Menschen erfahren, erfolgt nur in einer Umkehr und ruft daher zu einem Bekehrungsglauben auf. Auf der Suche nach den besten Symbolen für die Tiefendimension ihres Daseins finden Christen kein besseres Symbol als das »Wort Gottes: Jesus als das repräsentative und produktive Symbol der authentischsten Weise von Menschsein in einer Welt, die von Gott ist«[307]. Für Christinnen verbinden sich in Jesus seine historisch einzigartige Unreduzierbarkeit mit menschlicher Universalität. Daher kann die Wahrheit Jesu Christi von allen Menschen in der gleichen Lebensproblematik gehört werden. Sie benötigen nur die Offenheit, zu sehen, wie eng verwandt Jesu Worte, Taten, Leben und Tod und unsere eigene Existenzerfahrung sind.

Die Universalität des in Jesus von Gott her ergehenden Heils kann in vier Aspekten entfaltet werden: So ist sie zunächst eine Glaubensaussage über die ›Wirklichkeit‹, da die Erfahrung Jesu im Licht der jüdisch-christlichen Tradition interpretiert wird. Die Universalität besteht einerseits darin, dass Jesus von sich weg auf Gott als Gott aller Menschen und aller Religionen hinweist und die je eigene menschliche Leidensgeschichte anspricht. Andererseits drückt sich in Jesus vollkommenes und universales Heil für den Menschen als Person und leibliches und gesellschaftliches Wesen aus, für alle Menschen in Gegenwart, Vergangenheit und Zukunft. Schließlich wird dieses universale Heil durch Verkündigung und nachfolgende Praxis vermittelt. »Dies alles schließt ein, daß das Evangelium der christlichen Gemeinden, wenn es konsequent gelebt wird, einen Lebensweg anbietet, der seinem Wesen nach eine Bereicherung der

305 *Schillebeeckx*, Jesus 493, Herv. im Orig.
306 *Schillebeeckx*, Auferstehung 73.
307 *Schillebeeckx*, Auferstehung 73.

menschlichen Erfahrung und unserer Menschenwelt bedeutet. Ist dies alles nicht das Dogma von Chalcedon?«[308]

Somit können in der lebendigen Glaubensinterpretation zwei Phasen unterschieden, jedoch nicht voneinander getrennt werden. Einerseits muss eine gläubige Stellungnahme sich auf die christliche Glaubenstradition berufen und damit rechtfertigen können. Anderseits muss sie sich auf die heutige Situation berufen und von dieser begründen können. Die früheren Phasen der Glaubenstradition sind daher »›in Beziehung zu bringen‹ mit der Interpretation der analysierten heutigen Situation, in dem zweifachen, oben analysierten Sinn: Situation in allgemein-kulturellem und in spezifisch-christlichem Sinn.«[309]

Versteht man Jesus christlich als entscheidende und endgültige Offenbarung Gottes, in der uns zugleich gezeigt wird, was Menschen letztlich sein können, müssen und dürfen, fallen im Menschen Jesus Offenbarung des Göttlichen und Erschließung des Menschseins zusammen. In seinem Auftreten wird deutlich: »Der auf Menschlichkeit bedachte ›Gott der Menschen‹ will uns zu ›Menschen Gottes‹ machen, die dann auch, wie Gott auf Menschen und deren Menschlichkeit bedacht sind. Was in Jesus auffällt, ist die befreiende Vermenschlichung der Religion, die jedoch *Dienst Gottes* bleibt.«[310]

In der Christologie wird somit das schöpfungstheologische Prinzip der Menschlichkeit als Ort der menschlichen Heilsfrage radikalisiert; menschliches Leben kann trotz Leid- und Kontrasterfahrungen gelingen, wenn der Mensch dadurch in Jesu Lebensgemeinschaft mit Gott hineingenommen wird. Dies hebt

---

308 *Schillebeeckx*, Christus 787. Die Kernbegriffe der Gotteserfahrung wie Geschöpflichkeit, Partizipation, Geborgenheit und Gratuität besitzen daher auch universale Gültigkeit. Dabei ist die Unausschöpflichkeit Gottes immer zu bedenken. »So müssen wir in der Tat sagen, daß Gott Geheimnis bleibt und sich nur im Schleier offenbart. Gottes Herz ist größer als das Ergebnis der Geschichte.« (*Schillebeeckx/Oosterhuis/Hoogeveen*, Gott 51.)

Iammarrone sieht einen Grundmangel der Christologie Schillebeeckx' in dessen Behandlung der Göttlichkeit Jesu und folgert, »che nel suo pensiero la determinazione della universalità salvifica di Cristo si riduce ad una realtà storico-fattuale e non già ad una realtà che essenzialmente appartiene alla persona di Cristo« (*Iammarrone*, Cristologia 239; vgl. auch *Iammarrone*, cristologia 3 372–379.) Damit dürfte er das hermeneutische Anliegen der Prolegomena Schillebeeckx' missverstanden sowie dessen eindeutiges Bekenntnis zur Göttlichkeit Jesu unter anderer Begrifflichkeit bzw. die ontologische Bedeutung der Gottesbeziehung Jesu im Denken Schillebeeckx' übersehen haben. Espeja beispielsweise stellt die Argumentationsrichtung von der Erfahrung Jesu zum Bekenntnis seiner Göttlichkeit aufgrund seines Charakters als Offenbarer Gottes heraus. So seien auch die Jünger zu diesem Bekenntnis gekommen, weil sie in Jesus entdeckt haben, dass Gott kein Rivale des Menschen, sondern ihm in Liebe zugewandt ist. Das Bekenntnis zu Jesu Christi Göttlichkeit fordert eine Konversion. (Vgl. *Espeja*, Cristología 171.)

309 *Schillebeeckx*, Menschen 66.

310 *Schillebeeckx*, Menschen 163, Herv. im Orig.

die Kontrasterfahrungen nicht auf, lässt aber die Auferstehung als Ausdruck der wehrlosen Übermacht Gottes antizipativ erfahren. Um den christlichen Glaubensgrundsatz der schweigenden Gegenwart Gottes in allen Dimensionen menschlicher Existenz mit den Erfahrungen kritisch interrelieren zu können, »die Menschen auf dem Weg zu ihrer Selbstrealisation machen, bedarf es nach Schillebeeckx nicht nur einer kritischen Hermeneutik der christlichen Botschaft und menschlicher Erfahrungen, sondern zugleich der faktischen Ermöglichung und Umsetzung einer sich an Jesus orientierenden menschlichen Emanzipation.«[311]

3.3 Die lehramtliche Kritik

Angesichts der Differenzen zwischen den Überlegungen und Formulierungen Schillebeeckx' und tradierten Glaubensformulierungen überrascht es nicht, dass seine Werke (mit unterschiedlichen Akzenten) mehrfach vonseiten der vatikanischen Glaubenskongregation überprüft wurden:[312] Beginnend mit den Auseinandersetzungen um den Hirtenbrief der niederländischen Bischöfe von 1960, zu dem auch Schillebeeckx beigetragen hatte, über einen angedrohten Prozess gegen ihn 1968 bis zu den aufgenommenen und beendeten Verfahren 1976 wegen seiner christologischen Schriften und ab 1982 aufgrund seiner amtstheologischen Überlegungen. Wenngleich hinsichtlich seines Amtsverständnisses festgestellt wird, dies stimme in wichtigen Punkten nicht mit der Lehre der Kirche überein, kam es nicht zu konkreten Maßnahmen gegen Schillebeeckx selber, was nach Ansicht Willems' nicht mit den debattierten Argumenten, sondern mit seiner zunehmenden Bekanntheit und internationalen Anerkennung zusammenhängt.[313]

Das für die Fragestellung dieser Studie relevante Verfahren zu den ersten beiden Bänden seiner christologischen Prolegomena beginnt im Oktober 1976, also noch vor Erscheinen des zweiten Bandes, mit einem Brief an Schillebeeckx, in dem die drei Themenkomplexe methodische Fragen, Fragen

311 *Loiero*, »... damit keiner zugrunde gehe« 226f. »Wir werden zu neuen, wahrhaft menschlichen Lebensmöglichkeiten befreit.« (*Schillebeeckx*, Menschen 174.) Vgl. auch *Schillebeeckx*, Auferstehung 75, wonach der Glaube an Jesus zunächst ein gläubiges Bekenntnis ist und der konsequente Glaube auch eine dem Reich Gottes gemäße Praxis verlangt.

312 Vgl. dazu *Willems*, Geschichte; *Kaufmann/van Iersel*, Schillebeeckx; *Schlitter*, Kirche; *van Iersel*, Kolloquium. Die Dokumente des christologischen Verfahrens finden sich in *Schoof*, Case.

313 Vgl. *Willems*, Geschichte 411.

zum geschichtlichen Jesus und systematisch-theologische Fragen behandelt werden. In seiner Antwort vom April 1977 konzentrierte sich Schillebeeckx auf die methodischen Anfragen, da ein Konsens über diese die Diskussion der anderen Fragen erleichterte bzw. er viele der inhaltlichen Kritikpunkte auf ein Missverständnis seiner Vorgehensweise und Absichten zurückführte. Das Antwortschreiben vonseiten der Kongregation vom Juli 1978 diskutiert weniger die Ausführungen Schillebeeckx' zu seiner Methodik und mehr nachdrücklich altbekannte, für den Ansatz weniger zentrale, Fragen. Im beiliegenden Brief des Präfekten wird er zu einem persönlichen Gespräch nach Rom gebeten. Dabei sollten folgende Aspekte besprochen werden: 1) der Umfang der geoffenbarten Wahrheit, 2) der normative Charakter des Ökumenischen Konzils und des unfehlbaren päpstlichen Lehramtes, 3) die Präexistenz Jesu als Sohn Gottes, 4) Jesu Tod als Satisfaktion, 5) das messianische Selbstbewusstsein Jesu, 6) Jesus und die Gründung der Kirche, 7) die Einsetzung der Eucharistie, 8) die unbefleckte Empfängnis und 9) die objektive Wirklichkeit der Auferstehung.[314] Zu diesem Gespräch kam es im Dezember 1979 und am ersten Tag veröffentlichte die Glaubenskongregation ein Kommuniqué, in dem das Gespräch nicht als Verhör charakterisiert wird, sondern als Gespräch auf wissenschaftlicher Ebene und als Versuch, neue Beurteilungselemente für die (Kardinals-)Mitglieder der Kongregation zu erhalten – was Bas van Iersel, der Schillebeeckx begleitet hatte, aber beim Gespräch nicht anwesend sein durfte, anders einschätzte.[315] Dem gekürzten Protokoll des insgesamt achtstündigen Gesprächs kann entnommen werden, dass sämtliche genannten Punkte diskutiert wurden, die entscheidenden hermeneutischen Fragen dabei selten explizit und durchgängig implizit. Dem Brief Kardinal Šepers vom November 1980 zufolge hat dieses Gespräch zwar nützliche Erklärungen gebracht, aber bei einigen Punkten gebe es noch Zweifel bzw. es seien nicht sämtliche Doppeldeutigkeiten ausgeräumt worden. »Es erfolgte keine Verurteilung, aber auch kein Freispruch.«[316] In diesem Brief wird Schillebeeckx gebeten, aufgrund der großen Leserschaft seiner Werke die Öffentlichkeit über seine Präzisierungen

314 Vgl. *Schoof*, Case 71.

315 Vgl. *van Iersel*, Kolloquium und zur Reflexion auf das Verfahren auch *Schillebeeckx*, Reflexionen. Van Iersel nennt nicht nur die Widersprüchlichkeit, einerseits ein Gespräch auf wissenschaftlicher Ebene führen zu wollen, das aber andererseits dazu dienen soll, wissenschaftliche Ansichten an der geltenden Lehre der Kirche zu überprüfen. Er weist auch deutlich auf die Probleme des Verfahrens hin – beispielsweise die Ungleichheit der Gesprächspartner, da die von der Glaubenskongregation beauftragten Theologen nicht ihre eigenen Ansichten verteidigen mussten wie Schillebeeckx, sondern als Sprecher der Position der Glaubenskongregation (und damit als Untersuchungskommission und nicht als freie Gesprächspartner) fungierten.

316 *Willems*, Geschichte 418.

zu informieren sowie die noch doppeldeutigen Punkte zu überprüfen. Als geeignet dazu sieht die Kongregation einen Artikel unter Rekurs auf die dem Brief beigefügte Anlage an.[317] 1986 endete die nächste Überprüfung, die durch die 1980 erschienene Aufsatzsammlung über das kirchliche Amt veranlasst wurde und wo Differenzen zwischen Schillebeeckx' Amtsverständnis und der kirchlichen Lehre klar benannt wurden.[318]

3.3.1 *Der Verlauf der Auseinandersetzung*

3.3.1.1 Differenzen der Hermeneutik

Angesichts der Bedeutung, die Schillebeeckx den von der Glaubenskongregation in ihrem ersten Brief von 1976 gestellten bzw. damit zusammenhängenden hermeneutischen bzw. methodischen Fragen in seinem ersten Antwortbrief zumaß, verwundert es, dass sie in der Folge zwar implizit präsent waren, sie aber weit weniger explizit thematisiert wurden als die materialen christologischen Fragen. Dabei zeigt sich gerade bei der Kritik bzw. Sorge der Glaubenskongregation, Schillebeeckx weiche vom chalkedonischen Dogma ab, während dieser darauf insistiert, es lediglich für das heutige Verständnis der verwendeten Begriffe angemessen auszudrücken, die Frage nach der Veränderlichkeit lehramtlicher Formulierungen bzw. ihrer Abhängigkeit von einer bestimmten geschichtlichen und kulturellen Situation als ein zentraler Streitpunkt.

Ausdrücklich thematisiert wird dies in den ersten Fragen der Kongregation: »Das Hauptthema in den drei Teilen der ersten Sektion der *Frageliste* (über die historische Methode, insbesondere die Exegese; über Jesus als Norm und Kriterium für jede christologische Interpretation; und über Jesu ›Angebot‹ und die ›interpretative Antwort‹) ist der Relativismus.«[319] Ein solcher wird der Methodik Schillebeeckx' implizit attestiert, wenn insinuiert wird, er akzeptiere die absolute Norm von Schrift und Tradition nicht, bezweifele

---

317 Vgl. *Kongregation für die Glaubenslehre*, Schreiben Schillebeeckx Christologie.

318 Vgl. *Schillebeeckx*, Amt; *Kongregation für die Glaubenslehre*, Notifikation Schillebeeckx Amt. Während dieses Verfahrens verweist die Glaubenskongregation in einem Brief vom Juni 1984 auf ihren Brief *Sacerdotium ministeriale* vom August 1983, worin einige der diskutierten Fragen abschließend entschieden worden seien. Dieser Hinweis ist nicht so absurd, wie man angesichts der Publikationsdaten vermuten könnte, da die Kongregation später schreibt, für sie habe es nicht den Anschein, als habe Schillebeeckx seit dem Verfassen seiner Bücher seine Meinung geändert. (Vgl. *Kongregation für die Glaubenslehre*, Brief Schillebeeckx Amt.)

319 *Rikhof*, zaak 378. [»Het voornaamste thema in de drie onderdelen van de eerste sectie van de *Vragenlijst* (over historische methode, in het bijzonder de exegese; over Jezus als norm en criterium voor elke christologische interpretatie; en over Jezus' ›aanbod‹ en de ›interpretatieve antwoorden‹) is het relativisme.«]

die Unveränderlichkeit des Dogmas und sei gegenüber objektiver und metaphysischer Sprache misstrauisch. Seine historische Methode sei, inspiriert durch den radikalen Flügel protestantischer Exegese, ein exegetischer Reduktionismus, der die genuine Kontinuität in der Entwicklung der Christologie in der neutestamentlichen Kirche nicht anerkenne, und vermenge Hermeneutik (verstanden als Aktualisierung des Wortes) mit Exegese. Bezüglich der dogmatischen Methodologie wird kritisiert, für Schillebeeckx sei der Jesus der historischen Forschung die Norm und das Kriterium jeglicher Interpretation, was vielleicht in der Fundamentaltheologie, sofern diese sich mit den Ursprüngen des Christentums beschäftige, berechtigt sei, nicht aber in der Dogmatik, wo Schrift, Tradition und lehramtliche Aussagen absolut normativ seien. Schließlich wird an der Unterscheidung zwischen den Aussagen ersten und zweiten Grades bemängelt, letztere würden als veränderlich und weniger wertvoll angesehen.[320]

Auf diese Kritik reagiert Schillebeeckx, indem er zunächst auf die Voraussetzungen eingeht und dabei Missverständnisse seitens der Glaubenskongregation aufweist und sich anschließend erst den konkreten Fragen zuwendet. Bei den Voraussetzungen konzentriert er sich auf die Rolle der Geschichte und historischen Forschung in seinem Buch und betont, wie diese Rolle mit seiner »pastoralen« bzw. »apologetischen« Absicht (als *manuductio*), dem Charakter seines Buches als »Prolegomena« (und keiner ausgearbeiteten Christologie) sowie seiner Methode zusammenhängt. »I was therefore bound to adopt a strictly and even radically historical method in order to get back to the actions, words and deeds of Jesus that might serve as *signs* to every person of good will: signs that might draw their attention to the disciples' response of faith to the historical phenomenon that is Jesus.«[321] Diese Absicht sei von der Glaubenskongregation missverstanden worden, da sie sein Buch nicht als Rekonstruktion des Weges der Apostel bis zum Glaubensbekenntnis, Jesus sei der Sohn Gottes, sondern ontologisch gelesen habe. Auch wenn dies zutreffen dürfte, ist dieses Missverständnis wahrscheinlich durch seinen Hinweis auf eine funktionale bzw. heilsgeschichtliche Ontologie gefördert worden.

320 Vgl. *Kongregation für die Glaubenslehre*, Questions 19–25. Nach Rikhof bildet die Frage der Norm und des Kriteriums der christologischen Interpretation den Kern dieses ersten Abschnitts und zeigt damit die zugrundeliegende Frage: »de plaats en rol van de geschiedenis in de theologie« (*Rikhof*, zaak 379). Der Vorwurf des Relativismus wurde auch nach dem Verfahren geäußert, vgl. z. B. *Iammarrone*, cristologia 2 207.

Vgl. zum von der Kongregation eingeführten und von Schillebeeckx kritisch behandelten Unterschied zwischen Apologetik und Dogmatik bei Schillebeeckx *Rikhof*, zaak 390–393.

321 *Schillebeeckx*, Replies 47.

Ebenfalls unzutreffend sei der Vorwurf, er sehe den Jesus der historischen Forschung als Norm und Kriterium an, da dies den Unterschied zwischen dem »Jesus der Geschichte« (der konkreten Person, die in Palästina gelebt habe) und dem »historischen Jesus« (dem abstrakten Bild der historischen Forschung) übersehe. Norm und Kriterium ist der Jesus der Geschichte, »he is the origin and cause of the apostolic faith, the concrete content of which can as it were be ›*filled out*‹ by the Jesus of history and not by the abstract reconstruction which science can make of him«[322]. Er ist dies nicht abstrakt, sondern vermittelt durch die Evangelien und den Glauben der (frühen) Kirche.

Bezüglich der Kritik an seiner Ansicht der »interpretativen Antworten« erläutert Schillebeeckx die Formulierungen »Jesu (Wirklichkeits-)Angebot« und »interpretative Antworten« mit Rekurs auf Thomas und weist zum einen die Annahme zurück, diese Antworten seien subjektiv und willkürlich, und zum anderen die Verbindung der linguistischen Unterscheidung zwischen Aussagen ersten und zweiten Grades mit der kulturanthropologischen bzw. geschichtswissenschaftlichen Unterscheidung verschiedener Arten der Geschichte. Da die Aussagen ersten Grades ihre späteren Entfaltungen implizieren, seien diese weder überflüssig noch von geringerem Wert. Daher meint der verwendete Ausdruck »overschildering door de kerk« (Übermalung durch die Kirche) »the reactualization or faithful interpretation, in different circumstances, of what Jesus had said« und keineswegs »a certain relativism, a ›superposition‹ that is solely the work of the Church, without objective basis in Jesus himself«[323]. Bei der Dogmenentwicklung geht Schillebeeckx zwar nicht wie die Glaubenskongregation von einer notwendigen bzw. logisch zwangsläufigen Entwicklung aus, sieht aber die faktische Entwicklung als gerechtfertigt (mit Blick auf Jesu Angebot) und verständlich (mit Blick auf den historischen Kontext) an. Dabei sind Bedeutungsveränderungen der verwendeten Begrifflichkeit und sich verändernde epochale Denkmodelle zu berücksichtigen, die es notwendig machen, die überlieferte Glaubenssprache in die Sprache der Gläubigen zu übersetzen.[324]

---

322 *Schillebeeckx*, Replies 49, Herv. im Orig.

323 *Schillebeeckx*, Replies 56f. Siehe schon *Schillebeeckx*, Jesus 46: »Wie wichtig die älteste Tradition auch sein mag (wenn nicht schon von Anfang an verschiedene ›älteste Jesusbilder‹ in Umlauf waren), die erste Artikulation einer Erfahrung von Erkennen und Wiedererkennen ist nicht von vornherein die reichste oder nuancierteste, wenn sie auch als maßgebende Mahnung wichtig für den weiteren Entwicklungsprozeß bleibt, in dem man immer deutlicher den Reichtum dessen zu artikulieren versucht, was man erfahren hat.«

324 Vgl. *Schillebeeckx*, Replies 51. 57f. Auch wenn er Dogmen als nicht aufzugebende Glaubenslehren charakterisiert, handelt es sich bei ihnen nicht um zeitlose propositionale Aussagen, die das Gesamt der Heilswirklichkeit begrifflich ausdrücken. »Rather, in the light

Die zwar nicht namentlich gezeichnete, aber von einem Experten der Kongregation stammende Auswertung der Antworten Schillebeeckx' geht kaum auf dessen Ausführungen seiner Voraussetzungen ein und widmet sich statt dessen in der Methodik lediglich der Frage, was Norm und Kriterium jeglicher Interpretationen Jesu ist, und dem damit eng zusammenhängenden Themenkomplex der christologischen Interpretationen in Schrift, Tradition, Lehramt und systematischer Theologie. Es zeigt sich somit eine deutliche Komplexitätsreduktion der hermeneutischen Frage. Die Unterscheidung zwischen dem »Jesus der Geschichte« und dem »historischen Jesus« wird nicht aufgenommen, vielmehr betont der Autor »that, according to Fr. Schillebeeckx, *as far as we are concerned* Jesus is the *criterion* and norm of any theological interpretation to the extent that he is historically known through the writings of the first Christians«[325], d. h. der Jesus der historischen Forschung. Schillebeeckx' Verweis, die historische Forschung erfolge innerhalb einer Glaubensintention (also auf den Glauben der Jesusbewegung und der Kirche bezogen),[326] wird zwar zitiert, aber nicht inhaltlich berücksichtigt, da dies zu einer anderen Bewertung der Rolle der Geschichte in der Theologie führen müsste. Er wiederholt auch das Argument, der Jesus der historischen Forschung sei als Kriterium für die geschichtliche Dimension der Fundamentaltheologie zulässig, nicht aber für die systematische Theologie oder biblische und traditionelle Christologie. Gegen die von Schillebeeckx herausgestellte Relativität der Dogmen der Konzilien von Nizäa und Chalkedon, die daher nur aufgrund ihrer Konsistenz mit dem Jesus der Geschichte innerhalb eines bestimmten Verstehenshorizontes wahrhaft gültig seien, betont der Autor, der Gläubige sei direkt gebunden »by the definitive Christological decisions of the magisterium«[327], und schreibt ihnen damit eine absolute und überzeitliche Gültigkeit zu. Gerade diese Ausführungen machen deutlich, wie wenig der Autor auf die Argumentation Schillebeeckx' eingeht und »hauptsächlich die Sicht der Frageliste [wiederholt,] ohne wesentlichen Elementen in Schillebeeckx' Antwort Rechnung zu tragen«[328].

---

of the framework and criteria just described, Schillebeeckx will argue that dogmas are ecclesial formulations of the experience of faith that fall within the hermeneutical, critical and practical limits (and possibilities) of all human language.« (*Thompson*, Schillebeeckx 313.)

325 *Kongregation für die Glaubenslehre*, Evaluation 77, Herv. im Orig.

326 Siehe auch: »Es gibt ohne Glauben kein Glaubensverständnis, aber auch ohne Verständnis keinen Glauben.« (*Schillebeeckx*, Weg 23.)

327 *Kongregation für die Glaubenslehre*, Evaluation 82.

328 *Rikhof*, zaak 380. [»voornamelijk de visie van de Vragenlijst zonder rekening te houden met wezenlijke elementen in Schillebeeckx's antwoord«.] Gerade bei der Kritik am Umgang mit Nizäa und Chalcedon wird deutlich, dass der Autor den damaligen Forschungsstand

Diese Tendenz zur Reduktion und zur Wiederholung der Argumente, ohne sich mit den Argumenten von Schillebeeckx auseinanderzusetzen, setzt sich fort in der Konversation in Rom, zumindest soweit das Protokoll über diese Auskunft gibt. Von den dort zu diskutierenden neun Aspekten behandeln die ersten beiden methodologische Fragen, die eher oberflächlich gehalten sind: Zunächst werden thematisiert die Angemessenheit des Glaubens an das Heil von Gott her in Jesus und daraus nicht ableitbare Glaubensaussagen sowie die Ansprüche, Möglichkeiten und Zielsetzungen von Glaubensformulierungen, ob sie das Mysterium ausdrücken und übersetzt werden können. Im zweiten Abschnitt geht es um den normativen Charakter der ökumenischen Konzilien und unfehlbaren päpstlichen Lehraussagen, um die Unmöglichkeit, sie als Hypothesen anzusehen, ihren Charakter als oberste Norm für Aussagen über die Wirklichkeit der Dinge und die Möglichkeit, die Frage, »Ist Jesus Gott?« zu beantworten. Die Oberflächlichkeit bzw. Ungenauigkeit der Fragen zeigt sich daran, dass Schillebeeckx bei vielen Antworten grundsätzlich zustimmt, aber auf die Notwendigkeit einer Unterscheidung bzw. auf die Relevanz der hermeneutischen Frage hinweist – beispielsweise bei der Frage nach unveränderlichen Wahrheiten und ihrer hermeneutischen Übersetzung: »What I do not accept is the idea that there is an immutable truth which can be determined *in itself*. The immutable truth is reached *in* the hermeneutical translation, the interpretation by the Church.«[329] Inhaltlich ist eine Verschiebung zu Fragen der Autorität und des Gehorsams festzustellen, wobei die entsprechenden Fragen umfassender sind als in der Frageliste oder der Auswertung. Beispielsweise wurde die Unterscheidung zwischen dogmatischer und anderen Formen der Theologie nicht wieder aufgegriffen, sondern die Unmöglichkeit, unfehlbare Glaubensaussagen als Hypothesen anzusehen, wird auf die historische und exegetische Forschung ausgedehnt – wogegen Schillebeeckx den methodischen Zweifel verteidigt.[330]

»In der *Anlage* kommt dieses Interesse an Autorität und der Nachdruck auf Gehorsam selbst noch betonter hervor durch die Auswahl, die man macht

zur Zeitgebundenheit der chalkedonischen Formel noch nicht vollständig rezipiert hat, da diese deutlich gemacht hat, dass Chalkedon nicht einfach einen alten Glauben in philosophischen Begriffen neu formulierte, sondern »wel als selectief gebruik van bepaalde concepten om een oud kerygma te beschermen en te behouden« (*Schreiter*, Jezus 159) zu verstehen ist. Auch ist bei der verwendeten philosophischen Terminologie zu berücksichtigen, dass die Konzilsväter sich nicht als Philosophen verstanden haben, sondern pastoral tätig sein wollten. (Vgl. *Grillmeier*, Mit ihm 285.)

329 *Kongregation für die Glaubenslehre/Schillebeeckx*, Conversation 120f, Herv. im Orig.

330 Vgl. *Kongregation für die Glaubenslehre/Schillebeeckx*, Conversation 118–123.

und die Formulierungen, die man gebraucht.«[331] So wird als Zusammenfassung der methodischen Diskussionspunkte lediglich als Vorbemerkung die Absicht Schillebeeckx', eine apologetische Handreichung und keine vollständige Christologie vorzulegen, notiert sowie angegeben, er habe zugegeben, ein Theologe könne bei der exegetischen oder historischen Forschung nicht ernsthaft die Glaubenssätze der Kirche aufgeben wollen und der dogmatische Theologe müsse das Denken der Kirche über Jesus als oberste Richtschnur für sein Denken annehmen, wenn er über die Realität der Dinge urteilt. »Die gesamte Interpretation muß sich demzufolge darum bemühen, eine getreue und homogene Wiedergabe der Glaubensformeln zu sein, die ›für immer wahr bleiben‹«[332]. Abgesehen davon, dass diese Konsequenz nicht notwendigerweise aus den beiden »Zugeständnissen« Schillebeeckx' folgt, da sich die Annahme des Denkens der Kirche als oberste Richtschnur und eine getreue und homogene Wiedergabe der Glaubensformeln voneinander unterscheiden, sind auch die beiden einführenden Sätze sehr zugespitzt. So sind auch andere mögliche Positionen zu den Glaubenssätzen der Kirche denkbar als sie aufzugeben oder sie homogen wiederzugeben. Überdies kann das Fehlen der Schrift als *norma normans non normata* kritisch angemerkt werden. Ferner sind beide Zugeständnisse Formulierungen der Kongregation, auf die Schillebeeckx jeweils differenzierte Antworten gegeben hat, diese aber nicht aufgenommen wurden.[333] Die Reichweite der Verpflichtung des Glaubens der Kirche für alle Disziplinen der Theologie wird bei den genannten Grenzen und Mehrdeutigkeiten wiederholt, da Schillebeeckx sie auf den dogmatischen Theologen einzuschränken scheine. Wie wenig Schillebeeckx von den Argumenten der Glaubenskongregation überzeugt scheint, wird in seinen rückblickenden Reflexionen deutlich. Dort betont er, die Klarheit einer begrifflichen Formel sei weniger bedeutend als die eindrucksfähige Form der metaphorischen und analogen Sprache des Glaubens. Denn das unbegreifliche Mysterium sei nie in einer eindeutigen Formel einzufangen. »Ferner ist diese Klarheit einigermaßen trügerisch; denn insoweit Klarheit gegeben ist, muß diese im Zusammenhang

331 *Rikhof,* zaak 382. [»In de *Bijlage* komt deze belangstelling voor gezag en de nadruk op gehoorzaamheid zelfs nog meer geprononcerd naar voren door de selectie die men er maakt en de formuleringen die men gebruikt.«]

332 *Kongregation für die Glaubenslehre,* Schreiben Schillebeeckx Christologie I. A 1. Vgl. dagegen schon *Schillebeeckx,* Weg 30: »Wörtlich die alten Glaubensformeln zu wiederholen, bedeutet eine Verkennung der Geschichtlichkeit unseres Menschseins und ist deshalb lebensgefährlich für wahrhaft biblische Rechtgläubigkeit.«

333 Vgl. *Rikhof,* zaak 393–395.

von Denkmodellen und dem Bezugsrahmen einer bestimmten Periode der Kirchengeschichte gesehen werden.«[334]

Während des Verlaufs der Debatte über die methodologischen Fragen geraten somit die Fragen nach der Rolle der Geschichte für die Theologie, nach Historizität und Relativität bzw. Relativismus in den Hintergrund, während die Aspekte der Autorität und des Gehorsams zunehmend ins Zentrum rücken und somit folgerichtig in der Anlage als einziger Punkt genannt werden. Sehr deutlich (und kritisch) stellt dies Schillebeeckx selber heraus: »Angesichts der theologischen Voraussetzungen, die alle Schriftstücke der Glaubenskongregation ersehen lassen, ging es mehr um die implizite Frage, ob ich ›ihren‹ *Voraussetzungen* zustimmte (was ich in keinem Fall tat) als um die Frage, ob alle Gesprächspartner denselben einen, katholischen und apostolischen Glauben teilen.«[335]

3.3.1.2 Ergebnisse der exegetischen Forschung

Eine andere Verschiebung lässt sich im zweiten Themenkomplex, der Suche nach dem historischen Jesus, also den Ergebnissen der exegetischen Forschung, feststellen, insofern die Fragen zunächst aus methodischer Perspektive um der Exegese willen und schließlich um ihrer selbst willen diskutiert werden. Es geht dabei um Jesus als menschliche Person, Jesus als eschatologischer Prophet und als für unsere Sünden hingegebener Gottesknecht, das Verhältnis Jesu zu seinem Vater und die Bedeutung von Ostern. »Diese Fragen haben weniger Beziehung zu den exegetischen Argumenten, die Schillebeeckx verwendet, als zu ihren Konsequenzen für die Kontinuität in der Entwicklung des Dogmas und für die Anerkennung der Tradition.«[336]

Die Haltung der Kongregation zur historischen Forschung erweist sich in der Frageliste als ambivalent, da sie sich auf die Historizität der eucharistischen Worte, Jesu Verwendung von »Abba« sowie der Auferstehungserscheinungen und des leeren Grabes beruft und Schillebeeckx kritisiert, diese nicht ausreichend zu berücksichtigen. Eine historische Diskussion aber wird vermieden und als Standpunkt der Glaube eingeführt. Eine mögliche Erklärung ist, dass die Kongregation im Jesus der Geschichte keine ausreichend starke Basis für die Christologie des Neuen Testaments und der späteren Tradition der Kirche sieht und auf DV 19 verweist, was »more solid results from a sound historical

334 *Schillebeeckx*, Reflexionen 145.

335 *Schillebeeckx*, Reflexionen 146, Herv. im Orig.

336 *Rikhof*, zaak 383. [»Deze vragen hebben niet zozeer betrekking op de exegetische argumenten die Schillebeeckx gebruikt, maar op de consequenties ervan voor de continuïteit binnen de ontwikkeling van het dogma en voor de waardering van de traditie.«]

study of the Gospels«[337] erfordere. Rikhof führt dazu aus, zwar werde »gesund« nicht weiter bestimmt, aber die zentrale Sorge der Kongregation um die Kontinuität suggeriere, sie denke an eine Untersuchung, die die faktische Tradition und Praxis unterstütze und die Tradition als automatische und kontinuierliche Entfaltung dessen, was von Beginn an angelegt war, nahelege. »Eine Art Untersuchung, die den Einfluss des kulturellen Kontextes nachweist und ›Kontinuität‹ als Resultat der menschlichen Aktivität (und nicht als einfach natürlich Gegebenes) behandelt, ist a priori inakzeptabel.«[338] Zur Debatte stehen hier also die Funktion und die Rolle der Geschichte sowie der Exegese für die Theologie.

Schillebeeckx antwortet auf diese Anfragen, indem er erneut sein Anliegen bekräftigt, den Weg von ersten vagen und unbestimmten Eindrücken zum endgültigen Eindruck, der sich in einem Glaubensbekenntnis ausdrückt, zu untersuchen und keine Christologie vorzulegen. Dies werde im Dossier missverstanden »because at every point it can see only metaphysical statements and an exercise in ontology«[339]. Des Weiteren korrigiert er verschiedene begriffliche Missverständnisse und deutet sein Verständnis der Dogmenentwicklung als einer artikulierten und bewusst entfaltenden Reflektion dessen, was Jesus war und sagte, an, ohne die Unterschiede zum Verständnis der Kongregation deutlich zu benennen.

In der Auswertung seiner Antworten liegt der Schwerpunkt auf den historischen und exegetischen Aspekten, um die Position der Fragenliste zu untermauern und Schillebeeckx' Position anzugreifen. Auch wenn somit der Akzent verschoben wird, geht es noch um die ursprünglich genannten Fragen; die Rolle von Geschichte und Exegese für die Theologie wird insbesondere bei der Frage der Historizität der Einsetzungsworte, der Erscheinungsberichte und des leeren Grabes berücksichtigt, wenngleich nicht ausdrücklich thematisiert. Auch die schon genannte Position zur Dogmenentwicklung wird bei den Ausführungen zur Messianität Jesu bekräftigt, einerseits zugunsten der Harmonie der beiden Testamente, andererseits sei es nicht nebensächlich zu behaupten, Jesus habe den Menschensohn als eine von ihm unterschiedene Person erwartet und die nachösterliche Gemeinschaft ihn mit diesem identifiziert. »What a strange beginning for the development of Christology, a development which we are told is legitimate!«[340]

---

337 *Kongregation für die Glaubenslehre*, Questions 33.

338 *Rikhof*, zaak 383. [»Een type onderzoek dat de invloed van de culturele context aantoont en behandelt als resultaat van menselijke activiteit (en niet als een eenvouding natuurlijk gegeben) is a priori onaanvaardbaar.«]

339 *Schillebeeckx*, Replies 58.

340 *Kongregation für die Glaubenslehre*, Evaluation 86.

Das Kolloquium in Rom folgt dieser Linie, legt aber noch stärkeren Akzent auf die inhaltlichen Aspekte, wobei die Fragen zum Gebrauch der Titel »Sohn Gottes« und »Messias« sowie »der Sohn« durch Jesus darauf abzielen, ob Schillebeeckx dies ausschließe – was dieser verneinen kann, da er auf der historischen Ebene diese Frage offen lasse.[341] Den gestellten Fragen entsprechend, werden die methodischen Aspekte von ihm in seinen Antworten nur gestreift, aber mit dem Hinweis auf die historische Ebene deutlich angesprochen. Bezüglich der Heilsbedeutung des Todes Jesu spielt der ursprüngliche Ausgangspunkt der exegetischen Forschung keine Rolle mehr; vielmehr wird gefragt, ob Schillebeeckx denke, Jesus habe die Menschheit durch sein Leiden und seinen Tod gerettet. Dies bejaht Schillebeeckx und betont, »that the death must not be isolated from the human life of Jesus, thus turning it into a barren kerygma. We must unify the life, death and resurrection of Christ«[342].

Wie bei den hermeneutischen Differenzen zeigt sich auch hier in der Anlage eine Reduktion auf die inhaltlichen Punkte, da die Gottheit und das Sohnesbewusstsein Jesu und der Sühnecharakter seines Todes genannt werden, ohne auf die Frage nach der Bedeutung von Geschichte und Exegese für die Theologie zu verweisen. »Das heißt, die komplizierten methodologischen Fragen verschwinden wieder, um Platz zu machen für Punkte, die weniger zentral und weniger grundlegend für die ursprüngliche Untersuchung sind.«[343]

3.3.1.3 Systematische Theologie

Da sich der dritte und letzte Themenkomplex explizit systematisch-theologischen Fragen wie Inkarnation und Trinität, Jungfrauengeburt und Kirche widmet, die einen unterschiedlichen Stellenwert sowohl in Schillebeeckx' Jesus-Buch als auch für eine Christologie besitzen, überrascht es nicht, wenn sich diese Fragen bis in die Anlage hinein durchziehen. Besonderes Gewicht liegt dabei zunächst auf der Inkarnation und der Trinität, näherhin der von Schillebeeckx abgelehnten Anhypostasie und seinem Vorschlag der Enhypostasie sowie der »hypostatischen Identifizierung«.

In der Frageliste wird besonders die Redeweise von Jesus als menschlicher Person kritisiert, die die jahrhundertelang bekannte Christologie der Kirche aufgebe bzw. von dieser abweiche. Die menschliche Subjektivität Jesu sei durch das göttliche Wort in das transzendierende Ich aufgenommen worden,

---

341 Vgl. *Kongregation für die Glaubenslehre/Schillebeeckx*, Conversation 126f.

342 *Kongregation für die Glaubenslehre/Schillebeeckx*, Conversation 125.

343 *Rikhof*, zaak 384. [»Dat wil zegen, de gecompliceerde methodologische kwesties verdwijnen weer, om plaats te maken voor punten die minder centraal en minder fundamenteel zijn vor her oorspronkelijke onderzoek.«]

sodass es nach der Glaubenskongregation Lehre des Konzils von Chalkedon ist, dass Jesus nach seinen konstitutiven Elementen göttliche und nicht menschliche Person ist. Chalkedon halte klar an der Anhypostasie fest. Bezüglich der »hypostatischen Identifizierung« werden zwei Deutungsmöglichkeiten in Erwägung gezogen – als strikte Identität zwischen der Person des Wortes und der menschlichen Person Jesu, was unweigerlich in einen Monophysitismus münde, oder als unbeschreibliche Einheit zweier Personen, womit ein Nestorianismus unvermeidbar scheine. Für beides werden Zitate angeführt und gefragt: »Perhaps your thinking wavers between them, as between Scylla and Charybdis. And – who knows? – perhaps this wavering is preparing the way for a rediscovery of Chalcedon?«[344] Bezüglich der Trinität wird auf eine Reihe von Problemen hingewiesen, die entstehen, wenn man wie Schillebeeckx von Jesus von Nazaret zum Mysterium der Trinität übergehe, wenngleich er dessen Existenz unzweideutig akzeptiere. Ein schwerer Vorbehalt wird gegen die Zweifel an der Jungfrauengeburt im biologisch-materiellen Sinne erhoben. Schließlich wird eine kritische Passage über den Vatikan aus einem Interview zitiert, da solche Aussagen nicht übergangen werden können, und die Bitte geäußert, eine eindeutig ermutigende Antwort bezüglich der hierarchischen Verfassung der Kirche zu geben.

Die Fragen hinsichtlich der Inkarnation behandelt Schillebeeckx in seiner Antwort sowohl in den Vorbemerkungen als auch bei den konkreten Fragen, da er eine Ursache der Kritik im Missverständnis bezüglich des Ausgangspunktes sieht. Ihm geht es in einer primär genetischen Blickrichtung um die beiden Phasen, die die Jünger durchlaufen hätten: die erste Begegnung mit Jesus bzw. ihr erster Eindruck und ihr letzter Eindruck nach Tod und Auferstehung. Die Glaubenskongregation habe dies als ontologische Aussage verstanden, berücksichtige nicht den Ausgangspunkt der historischen und wissenschaftlichen Untersuchung und könne daher beide nicht miteinander vereinbaren. »Obviously, he already was the Son of God even before the encounter, even from his conception, even in a pre-existent state; but the recognition of this fact is already the final act of faith and not the beginning of the journey.«[345] Die (ontologische) Gottessohnschaft Jesu wird somit vorausgesetzt; gerade angesichts der Verbindung von Ereignis und Interpretation kann eine solche Aussage nur als Rückprojektion aus der Erfahrung nach dem Tod Jesu auf die Zeit vor die Begegnung mit ihm getätigt werden. Mit dieser Aussage einer unabhängig von der Geschichte bestehenden Gottessohnschaft zeigt sich, dass er das ontologische Paradigma nicht vollständig aufgegeben bzw. die

344 *Kongregation für die Glaubenslehre*, Questions 36.

345 *Schillebeeckx*, Replies 50.

propagierte geschichtliche Lösung nicht konsequent umgesetzt hat – wobei der Charakter des Textes als Antwort an die Glaubenskongregation nicht übergangen werden darf, da er sich hier stärker auf deren Argumentationsweise einlässt als in seinen Monographien. Darüber hinaus weist er darauf hin, er habe sich in seinem Buch explizit zum Dogma von Chalkedon bekannt und dieses Dogma wegen der Probleme vieler Christen und Christinnen mit den verwendeten Begriffen Hypostase, Natur und Person in deren Sprache übersetzen wollen. Daher muss man Jesus nach heutigem Sprachgebrauch auch eine menschliche Person nennen, wenn man an seiner wahren Menschheit festhält. Um keine Missverständnisse aufkommen zu lassen, schreibt Schillebeeckx, Jesus sei auf persönliche Weise Mensch. Auf dieser Basis kann er auch die Kritik an seiner Terminologie zurückweisen, da er von Jesus als menschlicher Person nur aus historischer Perspektive spreche, niemals aber wenn es um die ontologische Identifizierung gehe. Dann spreche er nur von Jesus als »personal menschlich«, um keine Abstriche an der menschlichen Natur Christi machen zu müssen, sondern zu betonen, dass die konkrete Menschheit Jesu personalistisch und formal geistlich ist sowie keinen Mangel erleidet. »My purpose in speaking as I do is to safeguard the understanding of Christ that is proper to Chalcedon while at the same time doing justice to the modern idea of him.«[346] Da er somit das Problem nicht neu stellt, sondern so bearbeitet, dass es heute verstanden wird, zeigt sich seine korrelative Methode. Der Begriff der Anhypostase sei neuchalkedonisch, während das »unus et idem« des Konzils genau die Sichtweise seines Buches sei. Mit seiner Idee der hypostatischen Identifizierung der zweiten Person der Trinität mit einer formal geistlichen menschlichen Natur reformuliere er lediglich die traditionelle hypostatische Union, da es für die meisten Leser nicht länger verständlich sei, dass eine »andere« Person das Personsein einer »menschlichen Natur« konstituiert. Weil bei der Anhypostasie ein Fehlen von Persönlichkeit mit einem Mangel an vollständiger Menschlichkeit einher gehe, plädiert er für eine »Enhypostasie«, d. h. »eine ontologische Identifikation der zweiten Person der Dreieinigkeit mit einer menschlichen Natur; eine göttliche Person identifiziert sich mit einer vollständigen Menschlichkeit.«[347] Entsprechend seinem Anliegen, die chalkedonische Formel in der heutigen Zeit weniger missverständlich zu deuten und fehlerhafte Interpretationen der Person Jesu Christi, die zu einer Verringerung seiner wahren Menschheit führen, auszuschließen,

---

346 *Schillebeeckx*, Replies 59; vgl. auch *Schillebeeckx*, Evangelium 60.

347 *van Bavel*, knelpunten 354. [»een ontologische identificatie van de tweede persoon van de Drie-eenheid met een menselijke natuur; een goddelijke persoon identificeert zich met een volledige menselijkheid.«]

spricht er nicht von einer »unio hypostatica«, sondern von einer »persönlichen (hypostatischen) Identifizierung«. Diese meint weder eine einfache Identität noch die Vereinigung zweier selbständiger Personen noch die Verbindung einer Person mit etwas Unpersönlichem, sondern eine Person in verschiedenen persönlichen, einander nicht widersprechenden, Bestandsweisen. Er konstatiert allerdings, sein Begriff einer »gegenseitigen Enhypostasie« könne insbesondere für scholastisch geschulte Denker verwirrend sein. Gemeint ist, was die griechischen Kirchenväter Perichorese und Theandrismus nennen, »that the person of the Logos envelops the entire personalist (= formally spiritual) humanity of Jesus and that this concrete humanity does not remain extrinsic to or outside of the hypostasis of the Logos.«[348]

Während er zur Trinität nur eine kurze Erläuterung des thomanischen Hintergrundes eines Zitates von ihm gibt, merkt er zur Jungfrauengeburt an, er habe in seinem Buch weder etwas dafür noch dagegen geschrieben, behandele sie lediglich als Faktor in der vor-neutestamentlichen Dogmenentwicklung und lasse die Frage daher im ersten Band offen. Zur Kirche äußere er sich schließlich durchgängig in seinem Buch, wenngleich meist mit den Begriffen »christliche Gemeinschaft« und »Bewegung um Jesus«; außerdem sei die Übersetzung des kritisierten Interviews falsch, da er tatsächlich sage, »that my sense of union with Rome remains intact but that ever since the Council the *affective* element (in this sense of union) is weakened or missing among theologians«[349].

Der Autor der Auswertung geht sehr ausführlich auf die Fragen zur Inkarnation ein, indem er zunächst bespricht, was Schillebeeckx mit Jesus als »menschlicher Person« meine, und dabei die Kritik der Kongregation verteidigt, und sich anschließend mit der Idee der Enhypostasie auseinandersetzt. Dabei verweist er u. a. darauf, Schillebeeckx richte sich nicht dagegen, dass die erste in der Frageliste genannte Deutungsmöglichkeit der »hypostatischen Identifizierung« als einer strikten Identität in einem Monophysitismus ende, weshalb es naheliege, er verstehe es im zweiten Sinn als unbeschreibliche Einheit. Auch die Korrektur zur »personellement humaine« Seinsweise Jesu überzeugt ihn nicht davon, die Menschheit Jesu meine nun nicht mehr eine Hypostase oder Person. Zusammenfassend sieht er die Göttlichkeit Christi bei Schillebeeckx nicht mehr ausreichend gegeben und bei der Identifizierung der Hypostase oder Person des Wortes Gottes und der Menschheit Jesu im Unterschied zur kirchlichen Lehre eine »theology of a *more or less* Nestorian

348 *Schillebeeckx*, Replies 65.

349 *Schillebeeckx*, Replies 67, Herv. im Orig.

kind«[350], d. h. zweier Hypostasen. Hinsichtlich der Trinität erläutert er die von der Frageliste bereits genannten Probleme genauer, ohne dies vertiefen oder gar schärfere Kritik äußern zu wollen, während er bei der Jungfrauengeburt die Vorgehensweise kritisiert, die Einwände anzuführen, aber die Argumente für die biologische Jungfräulichkeit zu übergehen. Auf die Antworten zur Kirche geht er nicht weiter ein.

Gemessen am Umfang der christologischen Fragen und der Schärfe der Kritik in der Auswertung fällt ihre Behandlung im Kolloquium sehr knapp aus. Allerdings wird in der Einleitung zur Frage nach dem Verhältnis von Jesus zu Gott und seiner Präexistenz mit Rekurs auf *Die Auferstehung Jesu als Grund der Erlösung* gesagt, Schillebeeckx scheine sich zu weigern, in seiner Christologie das zu sagen, was von den Konzilien in Nizäa und Chalkedon gesagt worden sei. Dementsprechend zielt die Frage auf die Verwendung der gleichen Terminologie und weniger auf das Verständnis der Terminologie Schilebeeckx'. In seinen Antworten stellt dieser erneut seine Orientierung am Chalkedonense fest und erläutert seine Terminologie, die zwar die wahre Menschheit Jesu sichern, ihm aber keine menschliche Person zuschreiben will. Bei dieser Frage gibt es eine der beiden Minderheitsstellungnahmen, da einer der drei Fragesteller diese Antwort für unvereinbar mit den Ausführungen in seinen Büchern hält und behauptet: »you depart not only from the formula of Chalcedon (one person and two natures) but also from its meaning«[351], was Schillebeeckx als persönliche Meinung, wozu jeder ein Recht habe, kommentiert. Die Trinität wird gar nicht behandelt und bezüglich der Jungfrauengeburt lediglich die Frage gestellt, ob er diese als eine Glaubenswahrheit ansehe, was mit Verweis auf das Lehramt bejaht wird. Anders als bei der Auswertung wird die Kirche thematisiert, allerdings unter dem Aspekt ihrer Gründung durch Jesus. Hier hält Schillebeeckx fest, die Frage überrasche ihn, da er hierzu in seinem Buch sehr wenig sage, aber für ihn sei es klar, dass Jesus beabsichtigt habe, eine Kirche zu gründen, und die Gründung eine Ausweitung der Wahl der Zwölf sei. Schließlich wird hinsichtlich der objektiven Realität der Auferstehung Christi zunächst nach der Bedeutung des leeren Grabes gefragt, wo Schillebeeckx eine Entwicklung seines Denkens zugibt und nun eine stärkere Verbindung zwischen dem leeren Grab und der Auferstehung annimmt. Des Weiteren werden die Ostererscheinungen besonders unter dem Aspekt ihres Alters, aber auch ihrer Bedeutung für den Osterglauben thematisiert, wozu Schillebeeckx beansprucht, substantiell das gleiche zu sagen »when I accentuate the cognitive element in the post-Easter experience. And it is this

350 *Kongregation für die Glaubenslehre*, Evaluation 102, Herv. im Orig.
351 *Kongregation für die Glaubenslehre/Schillebeeckx*, Conversation 124.

cognitive element that provides us with the objective but non-empiricist basis for our faith in the resurrection of Christ.«[352]

Die Anlage entspricht dem Gespräch insofern, als das ausdrückliche Bekenntnis zur Gottheit Jesu und seiner Präexistenz sowie zu einer »hypostatischen Identifizierung« des Sohnes Gottes mit »der Art des personalen Menschseins« Jesu anerkannt wird, dabei allerdings ein Unterschied zu seinen Büchern und besonders dem Epilog von *Die Auferstehung Jesu als Grund der Erlösung* gesehen wird.[353] Die Formulierung »hat anerkannt« überrascht, da der Ausdruck der »hypostatischen Identifizierung« von Schillebeeckx geprägt wurde. Die »hypostatische Identifizierung« wird bei den Präzisierungen erneut genannt, da sie für Schillebeeckx eine »hypostatische Union« nicht ausschließe, und auf dessen Überzeugung hingewiesen, damit den Sinn des Chalkedonense zu treffen – was dieser schon in *Jesus* betont hat. Die Art der Präzisierung besteht vermutlich primär im Nachdruck, mit dem Schillebeeckx seine Absicht, damit den Sinn von Chalkedon zu treffen, erläutert. Überdies wird die »systematische und wiederholte Ablehnung des Wortes *Anhypostasie*«[354] als eine der bestehenden Mehrdeutigkeiten angeführt. Sie werde weiterhin Doppeldeutigkeiten hervorrufen, da der Verfasser zwar jegliche Lücke des Menschseins Jesu vermeiden wolle, die Ablehnung der Anhypostasie aber dazu tendiere, zur Vorstellung des Gegenübers zwischen dem Menschen Jesus und dem Sohn Gottes zu führen. Die Verständnisprobleme des Begriffs im modernen Kontext, für den Schillebeeckx seine Überlegungen anstellt, werden nicht diskutiert. Vielmehr wird davon ausgegangen, die konziliare Begrifflichkeit sei nach wie vor verständlich. Ferner wird zu seiner Anerkennung der Jungfrauengeburt angemerkt, diese sei formal korrekt, erweise »sich aber in ihrem Wert und ihrer Bedeutung als sehr begrenzt, wenn der Verfasser erklärt: ›Ich glaube das auf Grund des Lehramtes‹«[355]. Diese Anmerkung ist insofern bemerkenswert, als sie insinuiert, etwas wegen des Lehramts zu glauben, sei defizient – möglicherweise, weil sie so verstanden wird, als meine Schillebeeckx, er glaube dies lediglich deshalb, weil das Lehramt es sage. Dagegen meint Rikhof, es werde genau das gesagt, worauf der Autor der Beurteilung Wert gelegt habe, nämlich die Weise, wie die Schrift im Lichte der Tradition zu lesen sei.[356] Schließlich wird auch seine Erklärung zur von Jesus beabsichtigten Kirchengründung erwähnt. Wie im Gespräch wird die Trinität nicht behandelt, womit dieses Thema als

352 *Kongregation für die Glaubenslehre/Schillebeeckx*, Conversation 133.
353 Vgl. *Kongregation für die Glaubenslehre*, Schreiben Schillebeeckx Christologie I. A 2; I. B 1.
354 *Kongregation für die Glaubenslehre*, Schreiben Schillebeeckx Christologie II.4.
355 *Kongregation für die Glaubenslehre*, Schreiben Schillebeeckx Christologie II.1.
356 Vgl. *Rikhof*, zaak 403.

geklärt angesehen werden kann. Seine Korrektur bezüglich der Verbindung des leeren Grabes mit der Auferstehung wird aufgenommen, seine Ausführungen zu den Erscheinungen werden allerdings als »nicht ganz zufriedenstellend«[357] angesehen. Inhaltlich beschränkt sich die Anlage somit auf die von ihr als zentral angesehenen und noch nicht völlig geklärten Punkte, die vor allem Begrifflichkeiten wie die Anhypostasie und Schillebeeckx' Bekenntnis zu ihnen betrifft, aber auch Fragestellungen wie die Jungfrauengeburt umfasst. Im Zentrum steht, die Göttlichkeit Jesu Christi zu sichern. Formal fällt bei den Zitaten aus dem Gespräch auf, dass oft die Passagen der Kongregation zitiert werden und weder Schillebeeckx' Antworten noch seine Unterscheidungen. Sie zeigt sich damit inhaltlich wenig beeinflusst vom Gespräch, womit dessen behaupteter wissenschaftlicher Charakter zur Gewinnung neuer Beurteilungsmomente auch aus dieser Perspektive als fragwürdig angesehen werden kann. Überdies fehlt der Kontext fast völlig. »In this sense the Note has returned to the earlier Roman practice of judging loose sentences, cut off from qualifications and context. What remains is basically a ›list of errors‹.«[358] Daran lässt sich die Haltung der Kongregation erkennen, primär Beurteilungsinstanz für die (In)Korrektheit theologischer Aussagen zu sein, deren Hauptkriterium die begriffliche Übereinstimmung mit den Bekenntnistexten ist, und sich nicht an einem (in bestimmten Grenzen) ergebnisoffenen theologischen Diskurs zu beteiligen, deren Konsequenz auch neuartige Formulierungen sein könnten. Aus wissenschaftstheoretischer Sicht führt dies dazu, die Möglichkeiten eines theologischen Erkenntnisfortschrittes hinsichtlich neuer Herausforderungen durch die jeweiligen Kontexte sehr zu begrenzen.

Wenngleich anders als in den ersten beiden Fragenkomplexen keine so deutliche Themenverschiebung festzustellen ist, hat sich jedoch der Akzent deutlich verschoben. Besonders fällt auf, wie wenig Gewicht der ursprünglich und noch in der Auswertung so präsenten Inkarnation der Gottheit Christi gegeben wird, während andere wie die Jungfrauengeburt mit peripherer Bedeutung für das untersuchte Buch ausführlich(er) berücksichtigt werden.

Somit haben sich in allen drei Gebieten die Akzente deutlich verschoben und man sieht, »daß ein ganzer Fragenkomplex auf eine Frage reduziert wurde und dass eine Verschiebung stattfindet von belangvollen und zentralen

---

357 *Kongregation für die Glaubenslehre*, Schreiben Schillebeeckx Christologie I. C 5; II.3.

358 *Schoof*, Case 139. Dagegen formuliert Hünermann, Magisterium und Theologie sollten sich wechselseitig anerkennen und ihre unterschiedliche Angewiesenheit aufeinander annehmen. »Die Beurteilung der theologischen Forschung kann nicht durch die Glaubenskongregation erfolgen, die sich methodisch lediglich an vorliegenden dogmatischen Definitionen der Vergangenheit orientiert.« (*Hünermann*, Freiheit 623.)

zu peripheren oder für die Sache irrelevanten Fragen.«[359] Nach Rikhof liegt diese Verschiebung nicht daran, dass die ursprünglichen Probleme als gelöst anzusehen sind, sondern ist ein Hinweis darauf, die Probleme anders beschreiben zu müssen – wofür vor allem das wachsende Interesse am Gehorsam spreche.[360] Mit dieser deutlichen Konzentration auf die Frage nach Autorität und Gehorsam – wenn beispielsweise die zu Beginn aufgeworfene Problemstellung der Rolle der Geschichte in Theologie und Hermeneutik in der Anlage zum Brief der Kongregation vom November 1980 auf eine Aussage über den Gehorsam des Theologen reduziert wird –, wird im Verlauf der Auseinandersetzung ein Thema in den Vordergrund gerückt, das weder die grundlegenden hermeneutischen Unterschiede zwischen der Kongregation und Schillebeeckx adressiert, sondern eher ein weiteres Resultat der jeweils eingenommenen Perspektive ist, noch ein zentrales Thema der ursprünglichen Untersuchung bzw. des Jesus-Buches Schillebeeckx' ist. Während für diese Leseweise des Debattenverlaufs u. a. die Weigerung Schillebeeckx' spricht, selber die Anlage zu publizieren, da sie seine Position entweder nicht betrifft oder nicht richtig wiedergibt, nimmt die Glaubenskongregation eher eine Konzentration auf die zentralen Aspekte der Diskussion an und insinuiert durch die Formulierungen und Publikation der Anlage, Schillebeeckx habe zuvor andere Meinungen vertreten und »seine Sicht auf wesentliche Punkte angepasst oder sogar völlig verändert«[361]. Die oft zu vermerkenden Verkürzungen der Antworten Schillebeeckx in der Anlage sprechen indes gegen diese Deutung.

3.3.2 *Die Kernfragen der Auseinandersetzung*

Trotz der Fokussierung im Verlauf der Auseinandersetzung auf zum Teil eher periphere Einzelfragen wurden die zu Beginn ausführlicher diskutierten wichtigen christologischen Fragestellungen weiterhin thematisiert, insbesondere das Verhältnis der beiden Naturen Christi. Dabei stand vonseiten der Glaubenskongregation das Bemühen im Vordergrund, die wörtliche Übereinstimmung der Position Schillebeeckx' mit den Dogmen der Konzilien von Nizäa und Chalkedon sowie der sich daran anschließenden Tradition zu sichern, wie besonders das Insistieren auf der Anhypostasie zeigt. Weniger intensiv wurde untersucht, ob die von ihm verwendete Terminologie inhaltlich mit der Aussageabsicht der Dogmen übereinstimmt. Dies entspricht der

359 *Rikhof*, zaak 388. [»In de drie gevallen ziet men dat een heel complex kwesties tot één vraag gereduceerd wordt en dat er een verschuiving plaats vindt van kwesties die belangrijk en centraal zijn naar kwesties die perifeer of niet ter zake zijn.«]

360 Vgl. *Rikhof*, zaak 405.

361 *Rikhof*, zaak 377. [»zijn visie op belangrijke punten heeft bijgesteld of zelfs volkomen veranderd«.]

schon zu Beginn erfolgten Betonung der Glaubenskongregation, »daß die absolute Norm auf dem Gebiet von Glauben und dogmatischer Theologie ›in der Schrift, der Überlieferung und den sogenannten ›definitiven‹ Entscheidungen der kirchlichen Lehrautorität liege‹.«[362] Sehr deutlich hält die Glaubenskongregation bis zum Schluss an der Unveränderlichkeit von Glaubensaussagen der Schrift und des Lehramtes fest. Das *depositum fidei* soll als zeitloses und vollkommen unantastbares Glaubensobjekt bewahrt werden. »Alle späteren Konzilien können deshalb letztendlich alles, was dogmatisch festliegt, höchstens noch weiter verdeutlichen.«[363] Dies zeigt den Fokus der Glaubenskongregation auf eine hohe interne Homogenität, die sich in gleichlautenden Formulierungen ausdrückt, was wiederum die Hintergrundannahme der Stabilität einer sozialen Struktur belegt, die eine Konfliktlinie mit einem Ansatz wie demjenigen Schillebeeckx eröffnet, der die Geschichtlichkeit und hohe interne Pluralität aufgrund unterschiedlicher Interpretationshorizonte voraussetzt. Mit van Bavel kann diese Frage in den Kontext dreier zentraler Problemfelder (»hermeneutische knelpunten«) eingeordnet werden, die zu je unterschiedlichen Zugangsweisen zum Dogma von Chalkedon führen: Zunächst die Beziehung von Geschichte und Glauben, sodann die Beziehung zwischen Objekt und Subjekt und schließlich Tradition und die geschichtliche Entwicklung der Glaubenseinsicht.[364]

Weil es der Kongregation um eine möglichst breite historische Basis für die Christologie und die Tradition geht, behauptet sie als historische Tatsachen: Jesus habe sich ausdrücklich als Messias und Menschensohn verstanden und seine Lebenshingabe als Sühnopfer gedeutet, seine Worte beim Abschiedsmahl seien historisch, er habe neben der Reich-Gottes-Botschaft sich selbst als zweites Objekt verkündigt, die Entdeckung des leeren Grabes sei historisch und schließlich seien auch die Ostererscheinungen historische, psychologische Realitäten.[365] Aus dieser Perspektive macht Schillebeeckx mit einer hyperkritischen Einstellung (auch wenn diese dem damaligen Stand der Geschichtshermeneutik entspricht) die historische Basis zu schmal, sodass die Glaubenskongregation eine exegetische Reduktion befürchtet, die den nichtspezialisierten Leser verwirren könnte. »Kurz gesagt: Schillebeeckx erkennt einer historischen Kenntnis zu viel Autorität zu, wo es um Glaubenssachen

---

362 *Willems*, Geschichte 415 mit Zitat *Kongregation für die Glaubenslehre*, Questions 22.

363 *Willems*, Geschichte 422.

364 Vgl. *van Bavel*, knelpunten.

365 Vgl. *Kongregation für die Glaubenslehre*, Questions und *Kongregation für die Glaubenslehre*, Evaluation.

geht.«[366] Diese Position der Glaubenskongregation kommt aber selber einer Reduktion der Bedeutung der historischen Forschung für die Theologie auf die Apologetik gleich, da Schrift, Tradition und definitive Aussagen als absolute Normen fungieren. Da sowohl diese als auch das Christentum selber nicht von Geschichte befreit werden können, was mit dem Grundproblem der Christologie, dem Verhältnis der menschlichen Partikularität Jesu Christi zu seiner Gottheit, zusammenhängt, ist die Autonomie der historischen Wissenschaft ebenso anzuerkennen wie die Autonomie des Glaubens. »Glaube und Geschichte fallen nicht unvermittelt zusammen.«[367] Dieser gleichzeitigen Verbundenheit und Unterschiedlichkeit von Glaube und Geschichte sucht Schillebeeckx gerecht zu werden, indem er zwischen dem Jesus der Geschichte und dem historischen Jesus als abstraktem Resultat der historischen Forschung unterscheidet; die letzte Norm des Glaubens ist nur der Jesus der Geschichte als »origin and cause of the apostolic faith«[368]. Er steht somit inmitten der Bemühungen einer modernen Christologie, angesichts der Bedeutung der historischen Forschung einen Mittelweg zwischen Jesus ohne Christus und Christus ohne Jesus zu finden. »Schillebeeckx sieht als Ziel einer historischen Untersuchung besonders ein besseres Durchdringen der Entstehungsgeschichte der Glaubensantwort. Diese tiefere Einsicht kann eine kritische Funktion gegenüber überlieferten Selbstverständlichkeiten haben.«[369] Dies dient der Unterscheidung zwischen zentraleren und peripheren Überzeugungen bzw. der Hierarchie der Wahrheiten, wobei die Geschichte als negative Norm gegenüber anderen Zugangswesen zu Jesus fungiert.

Mit diesem Aspekt verbunden ist der zweite, bei dem die Glaubenskongregation die Objektivität der Offenbarung unterstreicht und sich gegen die These ausspricht, Jesus von Nazaret könne nicht ohne Weiteres Ausgangspunkt einer Christologie sein, da er uns nur vermittels der von ihm gegründeten Bewegung bekannt sei. »Sie kann kaum den Ausdruck akzeptieren, dass die Offenbarung eine göttliche Handlung ist insofern sie durch Glauben erfahren und in religiöser Erzählung interpretiert ist.«[370] Im Hintergrund

---

366 *van Bavel,* knelpunten 341. [»Kort gezegd: Schillebeeckx kent te veel gezag toe aan historische kennis waar het gaat om geloofszaken.«]

367 *van Bavel,* knelpunten 342. [»Geloof en geschiedenis vallen niet zomaar samen.«]

368 *Schillebeeckx,* Replies 49.

369 *van Bavel,* knelpunten 344. [»Schillebeeckx ziet als doel van historisch onderzoek vooral een beter doordringen in de wordingsgeschiedenis van het geloofsantwoord. Dit diepere inzicht kan een kritische functie hebben tegenover overgeleverde vanzelfsprekendheden.«]

370 *van Bavel,* knelpunten 345. [»Zij kan moeilijk de uitdrukking aanvaarden dat de openbaring een goddelijke actie is inzover ze door geloving ervaren is en geïnterpreteerd in religieuze taal.«]

steht das Verhältnis von Subjekt und Objekt, wobei van Bavel zunächst darauf hinweist, Schillebeeckx wende den Begriff »objektiv« zweifelsohne im Sinne von etwas an, was keine rein subjektive Projektion ohne Grund in der Realität, sondern dem Menschen vorgegeben ist. Da der Mensch eine Wirklichkeit ohne Vermittlung »an sich« nicht erkennen kann, ist auch die Offenbarung stets »gehörte« Offenbarung und das reine Jesus-Geschehen ohne Vermittlung für uns unerreichbar. Dies begründet Schillebeeckx mit Rekurs auf Thomas von Aquin, da die »objektive Offenbarung« im glaubenden Zuhören auf den »assensus fidei« eine »formale Offenbarung« werden müsse, weshalb »die für eine formale Offenbarung notwendige Glaubensantwort auf die objektive Offenbarung ›immer interpretativ‹ ist«[371]. Der Diskussionspunkt zwischen der Kongregation und Schillebeeckx liegt weniger in dieser Frage als vielmehr darin, »worin die höchste ›objektive‹ oder vorgegebene Norm für die christologische Reflexion liegt«[372]. Für Schillebeeckx ist dies Jesus selbst, wie er in den neutestamentlichen Glaubensinterpretationen zu uns kommt, sodass alle späteren Interpretationen sich daran (d. h. dem Heilsangebot Jesu selbst) normieren lassen müssen; als Kriterien dienen primär die Orthopraxis, die proportionale Norm und der *consensus ecclesiae* und als Norm die vier Strukturelemente des theologischen und anthropologischen Grundprinzips, der christologischen Vermittlung, der ekklesiologischen Geschichte und Praxis und der eschatologischen Vollendung.[373] Auch wenn die späteren Interpretationen die früheren übertreffen können, bleiben sie doch von ihnen abhängig. Es geht also immer darum, die ursprüngliche Botschaft zu verstehen. Die Sorge der Kongregation betrifft genau diesen Punkt, »dass das Christusereignis uns angeboten wird durch die konkrete Geschichte der menschlichen Worte und Interpretation«[374], da sie der Gefahr eines Relativismus wehren will, daher eine geschichtsunabhängige letzte Norm sucht und vor allem die kirchlichen Lehraussagen als solche ansieht. Anstelle des Jesus der Geschichte soll der Jesus der kirchlichen Glaubensaussagen höchste Norm sein. Wenn Schillebeeckx Jesu Verhältnis zu Gott als der Frage, wer Jesus selbst ist, vorausgehend ansieht und damit dem Jesus der Geschichte den Vorrang über die Reflexion über die Person Jesu zugesteht, sieht die Kongregation darin die Gefahr, die chalkedonische Formel zu relativieren, d. h. ihren absoluten Wert

371 *Willems*, Geschichte 416 mit Zitat von *Schoof*, zaak.

372 *van Bavel*, knelpunten 346. [»waar de hoogste ›objectieve‹ of voorgegeven norm ligt voor de christologische reflectie«.]

373 Vgl. dazu in dieser Arbeit S. 137f und S. 155f.

374 *van Bavel*, knelpunten 346. [»dat het Christus-gebeuren ons aangeboden wordt doorheen de concrete geschiedenis in menselijke bewoording en interpretatie«.]

zu bestreiten, während es Schillebeeckx um die Beziehung (Relation) zur ursprünglichen Botschaft ging.

Damit erweist sich das Thema der Tradition als weiterer Diskussionspunkt, da Schillebeeckx' Betrachtungsweise des Konzils von Chalkedon als Trennung von der überlieferten Christologie der Kirche gedeutet wird. Dabei geht die Kongregation davon aus, dass die Dogmenentwicklung homogen (mit einer »authentischen Kontinuität«) verläuft und diese Homogenität bei Schillebeeckx nicht ausreichend gewahrt ist. Innerhalb dieser Entwicklung könne ein späteres Stadium ein früheres übertreffen, was von der Kongregation eher als Werturteil und von Schillebeeckx eher im Rahmen einer vom Urereignis in Gang gesetzten Evolution verstanden wird. Die Frage nach Veränderlichkeit und Unveränderlichkeit ist der Kernpunkt der Debatte. Während für die Kongregation die definitiven Aussagen der Kirche den festgelegten Sinn der Schrift beleuchten und diese Aussagen schlechthin wahr und unveränderlich sind, geht Schillebeeckx von sich verändernden Interpretationen aus. »Die Überzeugung zu vertreten, die Christologie von Chalkedon sei in Begriffen formuliert, die sich im Lauf der Jahre verändern, führe zu dogmatischem Relativismus. Man kann nicht akzeptieren, dass die Interpretation von Chalkedon nur innerhalb eines bestimmten Verstehenshorizontes gültig ist.«[375] Damit betont die Kongregation die Gebundenheit der Gläubigen an die Aussagen der Kirche bzw. deren Wortlaut. Zudem insinuieren die in der Fragenliste und der Replik verwendeten Formulierungen, die amtlichen und anonymen Lehraussagen der Kirche erhebten sich über alle theologischen Streitigkeiten in einer »übernatürlichen« und daher sturmfreien und unparteiischen Position, wohingegen an anderen Stellen die Personalität der Autoren durchscheint (z. B. in einem Hinweis auf die Kenntnisse des Autoren über die trinitarische Begrifflichkeit der griechischen Kirchenväter in Antwort F/2b). Gleichwohl die Kongregation nicht selbst das Lehramt ist, sondern diesem lediglich dient, zeigt sich die Problematik der aufrechterhaltenen Position ungeschichtlicher und anonymer Lehraussagen. Zudem scheint »hinter den Kulissen jedoch eine Rollenverwechslung aufzutreten zwischen dem partikularen, beratenden Theologen und dem Funktionär, schreibend im Namen des Lehramtes.«[376]

---

375 *van Bavel*, knelpunten 348f. [»De overtuiging toegedaan zijn dat de christologie van Chalcedon geformuleerd is in begrippen die met de loop der jaren veranderd zijn, leidt tot dogmatisch relativisme. Men kan niet aanvaarden dat de interpretatie van Chalcedon slechts geldig is binnen een bepaalde verstaanshorizon.«]

376 *Willems*, kerk 375f. [»Achter de schermen blijkt echter een rolverwisseling op te treden tussen de partikuliere, adviserende theoloog en de funktionaris, schrijvend namens het leergezag.«] Die Gefahr einer solchen Rollenverwechslung wäre geringer, wenn – wie von Hünermann vorgeschlagen –, die Glaubenskongregation, die sich methodisch

Ferner sind Konzilsaussagen ebenso wie Offenbarung mit der Geschichte verwoben (vgl. DV 13). Tradition selber ist als Prozess kontinuierlichen Werdens und Wandelns anzusehen, sodass jedes Dogma notwendigerweise in kulturell gebundenen Konzepten und Modellen ausgedrückt wird und eine Geschichte hat, was sich in der Dogmengeschichte zeigt. So darf beispielsweise nicht übersehen werden, dass die in Chalkedon verwendeten Begriffe – insbesondere der Unterschied zwischen Natur und Person – noch nicht völlig geklärt waren, da philosophische Begriffe übernommen und verchristlicht wurden, wodurch deren Bedeutung sich verändert hat.[377] Darüber hinaus ist es die Aufgabe der Theologie, um auf die realen Fragen der gegenwärtigen Menschen bezogen zu bleiben, die Begegnung von Vergangenheit und Gegenwart möglich zu machen. Dadurch aber wird kein Wahrheitsrelativismus vertreten, sondern dies kann als Möglichkeit des Wachstums der Wahrheit erachtet werden – entsprechend der in DV 8 getroffenen Aussage, die Kirche strebe nach der Fülle der Wahrheit. »In der Fülle der Wahrheit befinden sich immer auch nichtbedachte Aspekte. So erscheint Wahrheit nicht als ein statisches Gegebenes, sondern als ein Geschehen.«[378]

Vor diesem Hintergrund können die unterschiedlichen Anliegen Schillebeeckx' und der Glaubenskongregation auch darin gesehen werden, dass Schillebeeckx sich angesichts der Verständnisprobleme der chalkedonischen Formel für heutige Menschen um eine Neuformulierung bemüht und diese – unabhängig von der Frage, welche Formulierung abstrakt gesehen die beste ist – als pastorales Erfordernis ansieht. Er nimmt damit das von Johannes XXIII. formulierte Anliegen einer pastoralen Darlegung der Lehre auf und betont durchweg den (dialektischen) Zusammenhang von Praxis und Theorie. Damit erhält die Praxis bzw. die Pastoral eine epistemologisch zentrale Rolle, die sich in seiner Vorgehensweise, den Glaubensweg der Jünger nachzuvollziehen – und damit für heute Glaubende nachvollziehbar zu machen –, niederschlägt. Indem durch die Orientierung am jeweils zeitgenössischen Diskurs dieser als bedeutend für die zu wählende Darlegungsform angesehen wird, wird ihm zugleich eine Bedeutung für die Erkenntnis selber zugesprochen. Bei Schillebeeckx ist primär das personal(istisch)e Paradigma zu nennen, das

---

an den überlieferten dogmatischen Definitionen orientiert, nicht die Beurteilungsinstanz der theologischen Forschung wäre. (Vgl. *Hünermann*, Freiheit 623; ferner *Moss*, considerations.)

377 Vgl. z. B. *Abramowski*, Hypostasenformeln und allgemeiner zur Geschichtlichkeit *Mysterium ecclesiae* sowie dazu *Fornet-Ponse*, Ökumene 372–376.

378 *van Bavel*, knelpunten 352. [»In de volheid van de waarheid bevinden zich altijd ook nietbereflecteerde aspecten. Zo verschijnt waarheid niet als een statisch gegeven, maar als een gebeuren.«]

seiner Christologie eine spezifische Prägung verleiht und ihn andere Aspekte des Wirkens Jesu betonen lässt als die klassische Christologie. Den Akzent beim Verständnis des Chalkedonense legt er auf die ontologische Aussage des Verhältnisses von zwei Naturen, die neu formuliert werden müsse, und weniger auf die epistemologische Funktion aufgrund der vier Negationen. Hingegen ist die Glaubenskongregation darum bemüht, durch ein Festhalten an der Formel die Treue zur Tradition zu wahren und vor allem die Besonderheit Jesu Christi herauszustellen. Wird diese Treue stärker inhaltlich bestimmt als Wahrung des Anliegens der klassischen Christologie bzw. Chalkedons, zu betonen, Jesus Christus sei die unübertreffbare Offenbarung Gottes, und den Unterschied sowie die Einheit zwischen Gott und Mensch in Jesus zu bekennen, kann Schillebeeckx' Theorie der Enhypostasie trotz der Formulierungsunterschiede als treu angesehen werden.[379]

Ein weiterer Unterschied in der Herangehensweise besteht darin, wie Wirklichkeit verstanden und auf dieser Basis die Frage nach der Beweiskraft historischer Gegebenheiten beantwortet wird. Dies erklärt die Differenzen bezüglich der Auferstehung. Während die Glaubenskongregation eher substanzontologisch argumentiert und daher Wirklichkeit als etwas einer Entität Inhärentes ansieht bzw. etwas historisch Gegebenes als solches Beweiskraft hat, ist für Schillebeeckx alles mit einer Wirkung wirklich. Daher erhält etwas nicht einfach als historisches Ereignis Beweiskraft, sondern durch seine Wirkungen bzw. den Ausdruck im Handeln der Jünger – im Fall der Auferstehung ist es die Gnadenerfahrung.

> Die Konfrontation mit der Glaubenskongregation illustriert das Aufeinanderprallen unterschiedlicher Denkweisen im Glaubensverständnis: Ein eher deduktives Denken, das bestimmte Glaubensaussagen bestätigt wissen will, prallt auf ein Denken, das über das Aufdecken von Strukturen ein Verständnis für Glauben in seiner Struktur des Antwortens auf ein Angesprochenwerden und ein Verständnis für die Glaubensinhalte wecken will.[380]

---

379 So auch die Einschätzung von *van Bavel*, knelpunten 357. »Wie kann das christologische Gesamtdogma so formuliert werden, daß möglichst schon im Ansatz oder doch mit genügender Deutlichkeit der Herr als der messianische Mittler und so als der wahrhafte Mittler erscheint, der, in freiem menschlichem Gehorsam vor Gott auf unserer Seite stehend, Mittler ist, und zwar nicht nur in der ontologischen Vereinigung zweier Naturen, sondern Mittler durch sein Handeln, das sich auf Gott (als Gehorsam gegenüber dem Willen des Vaters) richtet und nicht *bloß* als Handeln Gottes in und durch eine rein instrumental gefaßte menschliche Natur gedacht werden kann, die dem Logos gegenüber ontologisch und moralisch rein passiv wäre?« (*Rahner*, Probleme 270.)

380 *Schwarz-Boenneke*, Erfahren 260.

Diese zunächst auf die Auferstehungserfahrung bezogene Diagnose Schwarz-Boennekes lässt sich unschwer auf das gesamte christologische Verfahren übertragen, da sich die verschiedenen besprochenen hermeneutischen Differenzen auf die unterschiedlichen Denkweisen zurückführen lassen. Offensichtlich ist dies der Fall bei der Frage der Veränderlichkeit oder Unveränderlichkeit lehramtlicher Formulierungen aufgrund ihrer ungeschichtlichen und absoluten Geltung oder ihrer Abhängigkeit von einem bestimmten Kontext. Während es den Theologen der Glaubenskongregation um die Beibehaltung der überlieferten Formulierungen und Terminologie geht und daher das pastorale Anliegen der Verständlichkeit für die Gläubigen angesichts von Bedeutungsveränderungen der verwendeten Begriffen zweitrangig ist, geht Schillebeeckx von einer bestimmten pastoralen Situation der säkularen Moderne aus und versucht eine dieser Situation angemessene Sprache zu finden.[381] Eine Begründung dafür ist die Einsicht in die Interpretativität der Offenbarung bzw. die Rolle der Empfänger und Empfängerinnen im Offenbarungsprozess und die damit verbundene Geschichtlichkeit solcher Formulierungen und allgemeiner der Tradition und der Dogmenentwicklung. Sie machen es möglich und notwendig, das Anliegen überlieferter Formulierungen in andere Verstehenshorizonte zu übersetzen, und führen damit zu einer hohen internen Pluralität sowie setzen eine flexible soziale Struktur voraus. Diese Einsicht wird von einem eher deduktiven und von der absoluten Geltung bestimmter Formulierungen bzw. vom zeitlosen und vollkommen unantastbaren Charakter des *depositum fidei* ausgehenden Denken so nicht geteilt. Vielmehr wird stärker die Autorität des Lehramtes und die Gebundenheit der Gläubigen an dessen Aussagen bzw. deren Wortlaut betont, was mit einer hohen internen Homogenität und einer starreren Struktur verbunden ist. Dementsprechend wird der Geschichte und der historischen Forschung auch weniger Bedeutung für den Glauben eingeräumt als dies bei Schillebeeckx' eher induktivem Vorgehen der Fall ist und zudem leichter eine Abweichung vom Glaubensinhalt aufgrund subjektiver Einsichten befürchtet.[382]

---

381 »Können und dürfen wir ›das Alte‹ – die Bibel, die Glaubenstradition einschließlich lehramtlicher Verlautbarungen in Gegenwart und Vergangenheit – nur wörtlich wiederholen, nach-sprechen, wenn wir nicht der Botschaft untreu werden wollen? Oder ist nicht vielmehr gerade eine solche wörtliche Wiederholung Untreue, so daß Treue in Geschichtlichkeit wesentlich Dogmen*entwicklung* heißt, d.h. eine interpretierende zeitgemäße Wiedergabe des alten Glaubensgutes?« (*Schillebeeckx*, Weg 26, Herv. im Orig.)

382 Wenn Schillebeeckx' Vorgehen hier als »induktiv« bezeichnet wird, soll damit die Orientierung an der konkreten pastoralen Situation ausgedrückt, nicht aber insinuiert werden, bei Schillebeeckx gelange man methodisch von der natürlichen zur übernatürlichen Ebene.

Darüber hinaus lässt sich auch die Themenverschiebung im Laufe des Verfahrens mit dieser unterschiedlichen Herangehensweise erklären, da die Themen vonseiten der Glaubenskongregation bestimmt wurden. Die Konzentration auf einige Sachfragen und die Frage nach Autorität und Gehorsam ist entsprechend einer eher deduktiven Denkweise als Konzentration auf zentrale Aspekte der Diskussion zu verstehen, da die Hermeneutik nicht eigens thematisiert werden muss, wenn das *depositum fidei* als zu bewahrendes zeitloses und unantastbares Glaubensobjekt verstanden wird. Vielmehr sind die Äußerungen eines Autoren an den Aussagen des Lehramtes zu messen, womit vor allem jene Äußerungen zu diskutieren sind, in denen eine Differenz vorzuliegen scheint – wie beim Gebrauch des Sohnestitels durch Jesus oder der Heilsbedeutung seines Todes. Dabei dienen die Übereinstimmungen von Formulierungen als Maßstab und es wird nicht versucht, zu überprüfen, ob die Formulierungen dieses Autoren im Rahmen seiner Hermeneutik entsprechend seinem eigenen Anspruch das gleiche Anliegen verfolgen wie die überlieferten Formeln.[383] Dementsprechend werden die hermeneutischen Fragen, die Schillebeeckx zurecht in den Vordergrund rückt, im weiteren Verlauf zurückgestellt und somit sein moderner Hintergrund nicht weiter thematisiert – womit eine Einigung aussichtslos erscheint, wenn beide Seiten weiterhin in unterschiedlichen hermeneutischen Rahmen argumentieren und sich nicht über eine gemeinsame Basis verständigt haben. Diese Überzeugung der Glaubenskongregation, es sei unproblematisch, die Aussagen eines Autoren an den Aussagen des kirchlichen Lehramtes zu messen, ist nach van Iersel problematisch: »Aber wie ist das sinnvoll und möglich, wenn gerade die fortwährende Geltung des Maßstabes selbst vom Autor zur Diskussion gestellt wird?«[384] Ein Ausdruck dessen ist die Vorgehensweise im Kolloquium, wenn Schillebeeckx des Öfteren gefragt wird, ob er dieser oder jener Formulierung zustimme und in der Anlage nur seine Zustimmungen ohne die von ihm beigefügten Differenzierungen aufgeführt werden, also die Einheit ohne weitere Differenzierung betont wird. Schließlich verdankt sich die in der Anlage erfolgende Zuspitzung der Frage nach der Anerkennung der Autorität des Lehramtes und des Gehorsams der Theologen auf die getreue und homogene Wiedergabe der Glaubensformeln ebenfalls der Überzeugung der zeitlosen Gültigkeit des *depositum fidei*, aus dem deduktiv Schlüsse gezogen werden können.

---

383 Vgl. dazu auch die bereits erwähnte Einschätzung Schillebeeckx' nach dem Verfahren, es sei primär darum gegangen, ob er den Voraussetzungen der Glaubenskongregation zustimme (*Schillebeeckx*, Reflexionen 146).

384 *van Iersel*, Kolloquium 43.

3.3.3 *Auswertung*

An der Auseinandersetzung zwischen der Glaubenskongregation und Edward Schillebeeckx lässt sich gut das Selbstverständnis und die Motivation der Glaubenskongregation ablesen: Sie sieht ihre Aufgabe im Dienst an der Einheit bzw. in der Sicherung derselben und darin, die Leserinnen und Leser theologischer Werke vor möglichen Gefahren zu schützen, die durch unklare, mehrdeutige oder irrige Aussagen entstehen können. Denn solche Äußerungen könnten zu fehlerhaften Überzeugungen bezüglich Glaubenswahrheiten führen, was bei einem stark kognitiv verfassten Glaubensverständnis auch soteriologische Konsequenzen hat. Um diese Funktion auszuüben, nimmt die Kongregation gegenüber den untersuchten Werken (und faktisch auch gegenüber ihren Autoren und Autorinnen) eine Richterfunktion ein und sieht sich somit selber nicht als Teil des theologischen Prozesses. Dieser Anspruch fordert die beteiligten Personen aufseiten der Glaubenskongregation heraus, müssen sie doch von ihren eigenen partikularen theologischen Überzeugungen abstrahieren, was im untersuchten Verfahren nicht immer gelungen sein dürfte, wie sich an den abgegebenen Sondervoten zeigt.[385] Die zu sichernde Einheit wird näherhin als Glaubens- bzw. Bekenntniseinheit konzipiert, die sich (in der Regel) darin äußert, dieselben Formulierungen zu verwenden wie frühere Generationen und damit einen hohen Grad an Homogenität (und wenig Toleranz gegenüber Konflikten) aufweist. Der Vorteil dieser Strategie ist eine gute Operationalisierbarkeit, der Nachteil eine geringe Sensibilität für kontextuelle Unterschiede und andere Gründe für interne Pluralität. Die Gültigkeit der Formulierungen bzw. Glaubensformeln wird als ungeschichtlich und kontextunabhängig behauptet. Dementsprechend ist eine Beeinflussung durch das »Außen« der Kirche nicht nötig. Eher wird als Reaktion auf die Entwicklungen im »Außen« der Kirche und eine als zunehmend wahrgenommene Distanz von ihr eine Politik der Stärkung des »Innen« gewählt, indem das tradierte Selbstverständnis bestärkt wird und dabei Ausschließungen in Kauf genommen werden. Diese Enthistorisierung dogmatischer Formeln und auch der eigenen Rolle des Lehramts basiert darauf, diesen Formeln eine Eindeutigkeit zu unterstellen, die jedoch angesichts der Geschichtlichkeit der verwendeten Begriffe, die in der Moderne zunehmend bewusst geworden und reflektiert worden ist, als fragwürdig anzusehen ist. Gleiches gilt für das sehr auf Einheitlichkeit abzielende Verständnis von Einheit, da eine Bekenntniseinheit angesichts sehr unterschiedlicher

385 Vgl. *Kongregation für die Glaubenslehre/Schillebeeckx*, Conversation 124. 130. Gerade die Teilnahme Galots als einem der schärfsten inhaltlichen Kritiker Schillebeeckx' erscheint aus dieser Perspektive fragwürdig.

kultureller Kontexte eher den jeweiligen Kontexten entsprechender Formeln bedarf als einer Tendenz, die Formulierungen eines bestimmten kulturellen und geistesgeschichtlichen Kontextes zu verabsolutieren. Indem die Wiederholung der tradierten Formulierungen urgiert und ihre Geschichtlichkeit und Kontextualität kaum bis nicht berücksichtigt wird, sodass auf andere Kontexte abzielende Formulierungen sehr kritisch und eher ablehnend beäugt werden, wird der theologische Diskurs »eingefroren«. Ist man dagegen von der menschlichen Geschichtlichkeit überzeugt, steckt in dieser Überzeugung von der ungeschichtlichen und kontextunabhängigen Gültigkeit dogmatischer Formulierungen eine große Gefahr, vor der Schillebeeckx warnt: »Wörtlich die alten Glaubensformeln zu wiederholen, bedeutet eine Verkennung der Geschichtlichkeit unseres Menschseins und ist deshalb lebensgefährlich für wahrhaft biblische Rechtgläubigkeit.«[386] So zielt eine von Johannes XXIII. intendierte »pastorale Darlegung« des Glaubens gerade auf eine »Verflüssigung«, indem die für den je jeweiligen Kontext passende Darstellungsform gewählt wird, wobei nicht einfach zwischen »Kern« und »Schale/Einkleidung« unterschieden werden kann, sondern sich zwischen diesen Wechselwirkungen ergeben.[387]

Die Praxis der Glaubenskongregation im »Fall Schillebeeckx«, d. h. wie sie die für eine solche Richterfunktion nötige Machtposition und die ihr verliehenen Kompetenzen ausübt, zeigt ein Verständnis von Macht, das vor allem auf Kontrolle und Ausschließungsmechanismen beruht und somit stärker der *potestas*, der rechtlichen Amtsgewalt, entspricht als der *auctoritas*, die weder des Zwangs noch der Überredung bedarf. Insofern sie jedoch auf etwas verwiesen ist, was sie selbst nicht garantieren kann, da sie ihre Macht auf eine Vollmacht Jesu Christi zurückführt und dem Wort Gottes dient (vgl. DV 10), kommt ihr auch Autorität zu.[388] Problematisch – auch für das eigene Selbstverständnis – wird dies, wenn diese Autorität nicht anerkannt wird bzw. die Rezeption unterbleibt. Dies zeigt sich sowohl an der deutlichen Distanzierung Schillebeeckx' vom abschließenden Schreiben der Glaubenskongregation, da er deren Voraussetzungen nicht zugestimmt habe[389], als

386 *Schillebeeckx*, Weg 30.

387 Die theologische Grundlage dieses »Kern-Schale«-Modells ist ein instruktionstheoretisches Offenbarungsverständnis, nach dem Schrift und Tradition über jedem Kontext stehen und von diesem unabhängig sind. (Vgl. *Üffing*, Dynamik 186f.) Wissenschaftstheoretische Anfragen an diese strikte Unterscheidung nennt *Vigil*, Inkulturation 291–294.

388 Vgl. zu diesem Verständnis von Autorität *Arendt*, Autorität 189 sowie darüber hinaus *Gabriel*, Machtausübung.

389 Vgl. *Schillebeeckx*, Reflexionen 146.

auch an dem offenen Ende des Verfahrens, da zwar weiterhin Kritikpunkte an den Werken Schillebeeckx' genannt werden, aber keine weiterreichenden Konsequenzen gezogen werden. Um in einem solchen Fall Gehorsam zu erzwingen und auf diese Weise Macht zu sichern, bliebe nur die Anwendung von Gewalt. »Religiöse Macht wird überaus zerbrechlich, wenn es an Autorität fehlt. Umgekehrt kann es sein, dass jemand Autorität hat oder gewinnt, aber an der Macht scheitert, die ihm oder ihr gegenübersteht.«[390]

Die zu beobachtende eher restriktive Vorgehensweise der Glaubenskongregation, indem z. B. um die Beseitigung von Mehrdeutigkeiten gebeten wird, dürfte sich der Sorge um die Gläubigen verdanken und einer großen Vorsicht gegenüber möglichen Miss- und Fehlverständnissen. Daher wird – anders als während der christologischen Dogmenentwicklung der ersten Jahrhunderte – nicht zunächst auf die Macht der Argumente im theologischen Diskurs vertraut und erst bei die Einheit akut bedrohenden Notfällen, sondern schon sehr früh eingegriffen, um mögliche Missverständnisse gar nicht erst aufkommen zu lassen bzw. so früh wie möglich aufzuklären. Darin schlägt sich die hohe Bedeutung nieder, die die Glaubenskongregation dem kognitiven Gehalt der Offenbarung und seinem Ausdruck in Satzwahrheiten beimisst, womit sie einen zentralen Aspekt eines instruktionstheoretischen Offenbarungsverständnisses aufnimmt.

3.4 Die Christologie Schillebeeckx' und die Verhältnisbestimmung von Kirche und Welt

Die Unterscheidung zwischen einer eher deduktiven Denkweise vonseiten der Glaubenskongregation und einer eher induktiven Vorgehensweise Schillebeeckx' kann nicht nur den Verlauf des Verfahrens plausibel erklären, sondern ist auch ein klarer Hinweis darauf, wie die vom II. Vatikanum vorgenommene bzw. neu bestimmte Verhältnisbestimmung von Innen und Außen rezipiert wurde: Denn das hermeneutische Bemühen Schillebeeckx' um eine seinen Zeitgenossen und -genossinnen verständliche und nachvollziehbare Glaubenssprache mit ihren Unterschieden zu überlieferten lehramtlichen Formulierungen sowie sein Plädoyer für eine grundlegende Geschichtlichkeit und damit Veränderbarkeit dieser Formulierungen hängen mit seiner Aufnahme der Verhältnisbestimmung von Kirche und Welt zusammen:

390 *Sander*, Menschenwürde 41.

> Das vom Konzil angestimmte Thema ›Kirche und Welt‹ hat Schillebeeckx in sein denkerisches Schaffen aufgenommen und unter stetem Anspruch echter Begegnung konkretisiert. Ausgehend von seinem Plädoyer für eine ›Rehabilitation der Gegenwart‹ kann Schillebeeckx' theologische Haltung als *doppelt gegenwärtig* qualifiziert werden: Zum Bemühen um die Gegenwärtigkeit im Sinne eines *aggiornamento* tritt die *Sensibilität für die konkreten Orte* des Glaubens, besser: der Glaubenden.[391]

Die von ihm eingeschlagene induktive Methode entspricht der Methode und dem pastoralen Anliegen des Konzils, das eine beständige sachgerechte Erneuerung der Lebensäußerungen der Kirche auf der Basis des historischen und kulturellen Kontextes der Adressaten und Adressatinnen sowie der kulturellen Gestalt der Offenbarung forderte (vgl. z. B. UR 6). Indem Schillebeeckx sich um eine in der ihm gegenwärtigen Situation verständliche Glaubenssprache bemüht und zugleich gerade mit Blick auf die Konzilien von Nizäa und Chalkedon seine Treue zur Tradition betont, zieht er unter formaler wie inhaltlicher Hinsicht die Konsequenzen aus der wechselseitigen Verhältnisbestimmung von Kirche und Welt bzw. von »Innen« und »Außen« der Kirche. In Verbindung mit der Einsicht in sich verändernde Verstehenshorizonte und der Rolle der Geschichte für den Glauben und seine Darstellung in seinem theologischen Denken führt ihn der Ansatzpunkt bei der pastoralen Situation der Glaubenden und die Sensibilität ihrer konkreten Orte dazu, nicht nur andere Formulierungen zu wählen, die den Bedeutungsveränderungen der verwendeten Begriffe Rechnung tragen. Zudem ist seine Methode betroffen, da er keine systematische Christologie entwerfen, sondern eine aus pastoraler Absicht geprägte Handreichung schreiben wollte, die geeignet ist, heutige Glaubende den Weg der ersten Christinnen und Christen nachvollziehen zu lassen. Die für seinen Ansatz primär prägenden Merkmale seines Kontextes bzw. des »Außen« der Kirche, dem er konstitutive Bedeutung für das Selbstverständnis der Kirche zumaß, sind somit diejenigen der säkularen Moderne: Ihr gegenüber ist wegen der im Laufe der Zeit immer leichter möglichen Miss- und Unverständnisse die überlieferte Glaubenssprache nicht mehr in der Lage, den Bezug zu den Erfahrungen der gegenwärtigen Menschen, also die geforderte »kritische Korrelation bzw. Interrelation« herzustellen, weshalb es zu einem Pluralismus der Glaubensinterpretationen kam. Überdies ist diese Situation

---

391 *Chanton*, Lebenserfahrung 37, Herv. im Orig. mit Verweis auf *Schillebeeckx*, Glaubensinterpretation 149. Vgl. auch *Schillebeeckx*, Dialogsakrament 115f: »Die Kirche kann ihre prophetische Aufgabe gegenüber den innerweltlichen Problemen des Menschen und der Gesellschaft nicht bloß von der Offenbarung aus erfüllen; sie muß zu diesem Zweck auch auf die ›Fremdprobleme‹ lauschen, die von der weltlichen Situation aus an sie appelliert und sie zu historischen Entscheidungen antreibt.«

einer säkularen Moderne stark von einem Pluralismus der Wirklichkeitsverständnisse und Wertvorstellungen geprägt, weswegen die christliche Theologie von anderen Voraussetzungen ausgehen muss als sie es früher konnte. Zentral für Schillebeeckx ist dabei der Bezug zu den Erfahrungen der Menschen, wozu die gesellschaftsbezogene Relevanz des Christentums zu zeigen ist.

Der Zusammenhang von Kirche und Welt wird somit von Schillebeeckx thematisiert, indem er sich einerseits um eine doppelt gegenwärtige theologische Haltung (gegenüber der säkularen Moderne und gegenüber der pastoralen Situation der Glaubenden) bemüht und indem er anderseits den engen Zusammenhang von Orthodoxie und Orthopraxis aufweist. Dementsprechend bestimmt er auch die Aufgabe der Kirche als einen Ort, wo das Heil von Gott her zur Sprache gebracht, ausdrücklich bekannt, prophetisch verkündet und liturgisch gefeiert wird.

> Da Religion oder Kirche per definitionem auf die Geschichte der Menschen, auf das, was in der Welt geschieht, angewiesen sind, verstehen sich die Kirchen falsch, wenn sie sich a) nicht in Beziehung zum erfahrbaren Geschehen in der Welt verstehen und b) wenn sie glauben, ihre teilnehmende und auch deutende Beziehung zum Weltgeschehen zugunsten spezifisch religiöser Formen wie Bekenntnis, Wort und Sakrament vernachlässigen zu können.[392]

Demgegenüber legt die weitgehend deduktive Vorgehensweise der Glaubenskongregation im christologischen Verfahren gegen Schillebeeckx eher eine Orientierung an der früheren, primär auf Abgrenzung bedachten und mit einer hohen internen Homogenität (sowie tendentiell mit einer starreren Struktur) verbundenen Verhältnisbestimmung von Kirche und Welt dar. Dafür sprechen insbesondere die durchgängig vertretene Auffassung eines zeitlosen und vom Lehramt der Kirche wortgetreu (»homogen«) zu überliefernden Glaubensgutes, die Orientierung an bestimmten Formulierungen und die Betonung der Objektivität der Offenbarung ohne tiefere Berücksichtigung ihrer Vermittlung und Interpretation. Diese zeigen zudem einen deutlichen Fokus auf den kognitiven bzw. instruktiven Gehalten der Offenbarung, sodass sich die in DV vorliegende Weiterentwicklung des Offenbarungsverständnisses von einem instruktionstheoretischen zu einem kommunikationstheoretisch-partizipativen, das die auf die Gemeinschaft Gottes mit den Menschen abzielende personale Selbstmitteilung Gottes akzentuiert, nicht vollständig niederschlägt. Die Auseinandersetzung zwischen Schillebeeckx und der Glaubenskongregation kann insofern auch als Fortführung der auf dem II. Vatikanum geführten Debatten gesehen werden, sodass im Hintergrund

392 *Schillebeeckx*, Politik 51.

auch der Streit um das II. Vatikanum und dessen angemessene Deutung steht. Der Fokus auf den kognitiven Gehalten kann als Folge des Anliegens und der Aufgabe der Glaubenskongregation, die Fülle des Glaubens an Jesus Christus und die Treue zur Tradition zu wahren, verstanden werden. Denn zum einen können theologische Positionen nur auf der kognitiven Ebene sinnvoll überprüft werden und zum anderen kann ein Festhalten an der Objektivität der in Jesus Christus ergangenen Offenbarung subjektivistischen Missverständnissen vorbeugen, die letztlich den Charakter dieser Offenbarung als vollständig und abgeschlossen infragestellen. Gleichwohl stellt sich die Frage, ob das Verfahren nicht stärker die Frage hätte diskutieren sollen, ob Schillebeeckx dem Anliegen der altkirchlichen Konzilien gerecht geworden ist, d. h. den einen katholischen Glauben in einem anderen Verstehenshorizont adäquat ausgedrückt hat. Zudem scheint bei dieser stark an überlieferten Formulierungen orientierten Vorgehensweise der geschichtliche Charakter des Offenbarungsgeschehens und der Zusammenhang von Heils- und Offenbarungsgeschichte sich noch nicht vollumfänglich material niedergeschlagen zu haben. Denn dies hätte es der Glaubenskongregation erleichtern können, den geschichtlichen Charakter dogmatischer Formulierungen hermeneutisch sowie die Bedeutung des Kontextes einer säkularen Moderne für die eigene Glaubenssprache zu reflektieren und auf dieser Grundlage die Angemessenheit des Ansatzes Schillebeeckx' zu diskutieren. Stattdessen wird durch das Beharren auf der zeitlosen Gültigkeit lehramtlicher Aussagen und der absoluten Normativität definitiver Entscheidungen die wechselseitige Verhältnisbestimmung von Kirche und Welt nicht aufgenommen, sondern dieses Verhältnis ab- und ausgrenzend beschrieben und somit das Außen weiterhin als zu belehrende bzw. missionierende Größe wahrgenommen.

KAPITEL 4

Christologie und Gesellschaft: Jon Sobrino

Die Vorgeschichte zur Notifikation zu den christologischen Büchern Jon Sobrinos vom 26. November 2006 beginnt weit vor der Aufnahme des Verfahrens im April 2001 und ist eng mit der Geschichte der Befreiungstheologie in Lateinamerika verbunden. Diese kann nicht nur nach wie vor als die am weitesten verbreitete Art kontextueller Theologie in Lateinamerika gelten, sondern hat auch die Entwicklung von Befreiungstheologien in Afrika und Asien maßgeblich beeinflusst. Gemeinsam ist ihnen mit anderen kontextuellen Theologien die Infragestellung des abendländischen Hegemonialanspruches auf sowohl geopolitischer Ebene (Dekolonialisierung) als auch kirchlicher (Tertiaterranität).[1] Konflikte mit diesem Zentrum – im Falle römisch-katholischer Theologen mit dem römischen Lehramt und näherhin der Glaubenskongregation – sind schon von hier aus wenn nicht vorprogrammiert, so doch zumindest angelegt. Katholischerseits kann sich diese Infragestellung auf die ekklesiologischen Weichenstellungen des II. Vatikanums stützen, da die so genannten Missionskirchen nicht mehr unselbständige Tochterkirchen, sondern eigenständige und autonome Ortskirchen sind, die Kirche in vollem Sinn bilden, und die Katholische Kirche sich aus den Ortskirchen bildet (vgl. LG 26). Darüber hinaus wirken sich eine theologische Erweiterung des bisher weitgehend territorial verstandenen Missionsbegriffs und die stärkere Einsicht in den kommunikativen Charakter der Offenbarung aus. »Diese politischen, demographischen und theologischen Aufbrüche ziehen einen doppelten Pluralisierungsprozess nach sich, der auf zweifache Weise die Rede von christlicher Universalität problematisiert.«[2] Zum einen wird der Universalitätsanspruch durch eine interne Pluralisierung und externe Säkularisierungsprozesse und Migrationsströme infrage gestellt, zum anderen

1 Der von Margull vorgeschlagene Begriff »Tertiaterranität« hat sich für den sich vom »Norden« in den »Süden« nach Afrika, Lateinamerika, Asien und Ozeanien verlagernden Schwerpunkt der christlichen Kirchen eingebürgert. (Vgl. *Collet*, Bemerkungen 34.) Estermann bemerkt angesichts der demographischen Verschiebungen in der 2. Hälfte des 20. Jahrhunderts: »Damit müsste man nicht mehr länger von der ›Tertiaterranität‹ des Christentums sprechen, sondern von einer eigentlichen ›Extra-Okzidentalität‹, also von der Verbreitung des christlichen Glaubens in nicht-abendländischen Zivilisationen und Kulturen, wie dies in den ersten fünf Jahrhunderten unserer Zeitrechnung auch der Fall gewesen ist.« (*Estermann*, Südwind 49.)

2 *Gruber*, Theologie 36.

 | DOI:10.30965/9783657760190_005

durch eine Eurozentrismuskritik dekonstruiert. Damit einhergehend wird auch die exportierte abendländische Theologie kritisiert und eine Reflexion des eigenen Kontexts eingefordert, wozu eine epistemologische Pluralisierung und der Praxischarakter der Theologie betont wird. Der (1972 vom *Theological Education Fund* vorgeschlagene) Begriff der »Kontextualisierung« der Theologie zielt darauf, »den historischen, sozio-ökonomischen, politischen, kulturellen, ethnischen und religiösen Kontext zu berücksichtigen und die Erfahrung der Menschen in diesem mehrfach bestimmten Kontext zum Ausgangspunkt des theologischen Prozesses zu machen«[3].

Diese Bedeutung des Kontextes hat verschiedene Auswirkungen: So finden interkonfessionelle Differenzen weit weniger Beachtung als in Europa und Nordamerika; für eine Kirchengeschichtsschreibung aus der Perspektive kontextueller Theologie sind die Kirchenspaltungen sekundäre Phänomene und werden andere Faktoren akzentuiert.[4] Darüber hinaus steht die Orientierung an der Lebensrelevanz für die Menschen im Vordergrund, wodurch rituelle Innovationen oft nachdrücklicher wirken als akademische theologische Überlegungen.[5] Kontextuelle Theologien verstehen sich als Theologie aus und für ihren Kontext und betonen die Kontextualität jeglicher Theologie. Das unterscheidet sie von den »herkömmlichen«, durch Missionare importierte Theologien oder »evangelikalen«, die mehr darauf ausgerichtet sind, das unveränderliche Evangelium an die Kultur zu adaptieren – wenngleich beide durchaus kontextueller sein mögen als sie selber zu sein vorgeben. Grundlegend ist der aus der Erfahrung von Unterdrückung und Armut stammende und in der Betonung der Praxis, des Engagements als erstem Akt der Theologie bestehende epistemologische Bruch mit der abendländischen Theologie.

> Wir müssen nämlich, um dem Evangelium und unseren Völkern treu zu sein, uns über die Wirklichkeiten unserer eigenen Situation Gedanken machen und das Wort Gottes im Verhältnis zu diesen Wirklichkeiten interpretieren. Eine bloß akademische Theologie, die vom Handeln getrennt ist, weisen wir als belanglos zurück. Wir sind bereit, in der Epistemologie einen radikalen Bruch zu

3 *Fabella*, Weg 16; vgl. zur Begriffsgeschichte auch *Russell*, Contextualization. Einen Überblick über verschiedene kontextuelle Theologien aus dem globalen Süden bietet *Estermann*, Südwind.

4 Vgl. *Hock*, Einführung 43.

5 Vgl. *Wrogemann*, Theologie 169. Am Beispiel kontextueller Theologien in Afrika entfaltet er die komplexe Kontextualität, die bestimmt werde zum einen vom Zusammenhang der biblischen Botschaft zum gegebenen Kontext, zweitens durch den diskursiven Ort derer, die sie betreiben, drittens durch den diskursiven Ort an der Schnittstelle lokal-global und viertens durch ggf. relevante konfessionelle Unterschiede. (Vgl. 224.)

> vollziehen, der das Engagement zum ersten Akt der Theologie macht und sich auf eine kritische Reflexion oder die Realitätspraxis der Dritten Welt einlässt.[6]

Diese Theologien gehen somit von der jeweiligen geschichtlichen Realität aus, die analysiert und reflektiert wird und ein konkretes Engagement fordert. Diese erhält dadurch einen höheren Stellenwert für die Theologie als sie diesen als *locus theologicus alienus* gemäß Melchior Cano hat. Dies markiert einen in seiner Bedeutung kaum zu unterschätzenden Unterschied zur Hermeneutik des römisch-katholischen Lehramtes, insbesondere der vor dem II. Vatikanum (fast) unhinterfragt vorausgesetzten Gültigkeit abstrakter Prinzipien, wie sie sich in der Klassifikation der Gewissheitsgrade theologischer Sätze von *de fide definita* über *sententia fidei proxima* bis hin zur *opinio tolerata* und deren Ableitung ausdrückt.[7] Aus dem epistemologischen Bruch folgt nicht, dass kontextuelle Theologie eine Theologie der Dritten Welt sei. Vielmehr wird die Kontextualität jeglicher Theologie unterstrichen. Zudem gibt es nicht »die« Dritte-Welt-Theologie, sondern kann grob zwischen Befreiungstheologien und Inkulturations- und Dialogtheologien unterschieden werden (bei allen beobachtbaren Überschneidungen); gleichwohl bildet sich allmählich das Bewusstsein für die interne Pluralität und plurale Konzeptionierung kontextueller Theologie heraus. Während in Lateinamerika die Befreiungstheologien, die sich primär der sozio-ökonomischen und politischen Dimension ihres Kontextes widmen und z. B. die »Option für die Armen« herausstellen, sehr stark sind und dort meist von katholischen Theologen und Theologinnen vertreten werden, gibt es mit der Schwarzen Theologie in Afrika und der Minjung-, Dalit- und Burakumin-Theologie in Asien auch befreiungstheologische Ansätze meist protestantischer Provenienz, die Inkulturations- und Dialogtheologien sind dort aber präsenter.[8]

---

6 *Gründungsversammlung*, Schlusserklärung 43f. Vgl. zur Problematik der Klassifizierung »Dritte-Welt-Theologie« *Hock*, Einführung 56.

7 Vgl. die Übersicht über alle Grade bei *Ott*, Grundriß 11f und über positive wie negative Qualifikationen *Beinert*, Erkenntnislehre 148; *Pesch*, Dogmatik Bd. 2 204.

8 »Sie richten sich auf die kulturell-religiöse Dimension des Kontextes. Während die Inkulturationstheologien dem christlichen Glauben im Gefolge der kulturellen Renaissancen eine einheimische Gestalt geben und dabei teilweise auch Elemente der anderen Religionen integrieren, suchen die Dialogtheologien das interreligiöse Gespräch. Zumindest indirekt leisten sie damit aber auch einen Beitrag zur Inkulturation der christlichen Gemeinschaft in den jeweiligen Kontext.« (*Küster*, Einführung 57.)

4.1 Die (katholische) Befreiungstheologie Lateinamerikas und ihre lehramtliche Kritik

4.1.1 *Entstehung und Grundcharakteristika der Befreiungstheologie*

> Theologie als kritische Reflexion auf die historische Praxis ist also eine befreiende Theologie, eine Theologie der befreienden Veränderung von Geschichte und Menschheit. [...] Theologie beschränkt sich dann nicht mehr darauf, die Welt gedanklich zu ergründen, sondern versucht, sich als ein Moment in dem Prozeß zu verstehen, mittels dessen die Welt verändert wird.[9]

In diesem Zitat zeigt sich der genannte epistemologische Bruch deutlich in der Ausrichtung der Theologie als Reflexion auf die Praxis und als Mitstreiterin in einem Veränderungsprozess. Die besondere Prägung der kontextuellen Theologie in Lateinamerika als ursprünglich primär befreiungstheologisch orientierte verdankt sich der Christentums- und Sozialgeschichte in Lateinamerika. In der ersten Phase der Missionierung Lateinamerikas wurde trotz der Bemühungen solcher Personen wie Bartolomé de las Casas oder der Jesuitenreduktionen meist mit Gewalt gegen die »Götzen« und die autochthone Bevölkerung vorgegangen. Daher war der Segen der Kirche mit Unterdrückung, Ausbeutung und Zerstörung verbunden, zudem wurde das Christentum in Mittel- und Südamerika aufgrund der Patronatsrechte Spaniens und Portugals weitgehend von der dortigen römisch-katholischen Kirche des 16. Jahrhunderts geprägt. Die Bindung der Missionierung und Christianisierung an Spanien und Portugal veränderte sich erst im 19. Jahrhundert durch die politische Unabhängigkeit, durch die die neuen Nationalstaaten die Kolonialmächte als Referenzrahmen für die Staatsreligion Christentum ablösten.

Da mit der politischen Unabhängigkeit aber keine wirtschaftliche Unabhängigkeit einherging, kein nennenswerter ökonomischer Fortschritt oder Strukturwandel erreicht wurde und die spanisch-europäische Kultur inklusive ihrer Herrschafts- und Gesellschaftsstrukturen weiterhin dominierend war, entwickelte sich im Kontext der revolutionären Aufbrüche in Lateinamerika »Ende der 1960er Jahre ein breit gefächerter Diskurs über die ›Befreiung‹ der Völker des Südens von (neo)kolonialer Abhängigkeit«[10], zu dem auch die Befreiungstheologie zu zählen ist. Dieser richtet sich vor allem gegen die vertieften sektoralen und räumlichen Gegensätze und die Kluft zwischen Arm und Reich. »Das offensichtliche Scheitern der Entwicklungsstrategien begünstigt

9 *Gutiérrez*, Theologie 21.

10 *Fornet-Betancourt/Schelkshorn*, Philosophie 423. Vgl. zu den folgenden historischen Ausführungen auch *Fornet-Ponse*, Freiheit 226ff (Lit.).

die Forderung radikaler Sektoren der Gesellschaft nach grundlegender Umwandlung der Wirtschafts- und Gesellschaftsstruktur, die durch den Lauf der Ereignisse auf Kuba ideologischen Rückhalt erhalten.«[11] Theoretisch flankiert wurden diese Bemühungen von der Dependenztheorie, die angesichts der weiterhin bestehenden wirtschaftlichen Abhängigkeit und der verschärften Unterentwicklungssituation Lateinamerikas entwickelt wurde und die Unterentwicklung als Folge der Abhängigkeit von der sogenannten »ersten Welt« deutet.

Die Grunderfahrung einer alten und institutionalisierten Ungerechtigkeit, die zur Armut eines sehr großen Teils der Bevölkerung führt, ist die Grunderfahrung der Theologie der Befreiung. Analog zur Erfahrung des Mose, wonach die Unterdrückung der Israeliten in Ägypten nicht dem Willen Gottes entsprechen kann, erfährt auch sie Armut und Unterdrückung der lateinamerikanischen Mehrheiten als dem Willen Gottes widersprechend, reflektiert sie im Lichte des Evangeliums und versteht die kirchliche Sendung neu. »In dieser Grunderfahrung können wir drei wichtige Elemente ausmachen: die Armen, die Formen der christlichen Nächstenliebe heute und die Bekehrung.«[12] Die Armen kommen als eigene Subjekte in den Blick, deren Situation die Folge bestimmter wirtschaftlicher, sozialer, politischer etc. Strukturen und Umstände ist und in deren Leiden das Leiden Christi zu erkennen ist. In dieser Hinwendung zu den Armen und zur Armut nach dem Evangelium drückt sich die von allen geforderte christliche *metanoia* aus und führt dazu, »die universale Geschwisterlichkeit zu leben«[13]. Da der Einsatz im Kontext von Armut und Unterdrückung der Analyse dieses Kontextes bedarf und die Dependenztheorie als dessen kohärenteste Deutung galt, wandte sich die Befreiungstheologie der Sozialwissenschaft zu, »um einen adäquaten analytischen Zugang zur realen Situation der lateinamerikanischen Länder zu gewinnen«[14]. Dementsprechend kritisiert sie wie die Befreiungsphilosophie den Eurozentrismus und will den Kolonialismus überwinden, da das Problem der Unterentwicklung nicht als natürliches Stadium auf dem Weg zur Entwicklung, sondern als Folge einer Situation der Unterdrückung und Abhängigkeit, von der befreit werden kann, gedeutet wird. Diese Verwurzelung der Befreiungsphilosophie und -theologie führt beide dazu, den Standort ihrer Arbeit neu zu bestimmen, nämlich in der Kulturtradition Lateinamerikas.

---

11 *Kahle*, Lateinamerika-PLOETZ 126f.

12 *Oliveros*, Geschichte 4.

13 *Oliveros*, Geschichte 11.

14 *Fornet-Betancourt*, Bedeutung 14. Vgl. zur Dependenztheorie und ihrer theologischen Rezeption ausführlich *Kern*, Theologie 72–140.

Entscheidende Faktoren für den von der Befreiungstheologie markierten theologischen Wandel sind die Erneuerung der Kirche durch das II. Vatikanum, das enorme politische Engagement der christlichen Jugend, und die Entstehung einer revolutionären Tradition. Diese politischen Projekte sind nach Dussel aber »noch nicht als ›eigenständige‹ Theologie Lateinamerikas zu verstehen«[15], da sie eher einer kritischen europäischen Theologie verpflichtet sind. Zum entscheidenden Schritt in Richtung einer eigenen lateinamerikanischen Theologie trugen das große Engagement der Kirche für die evangelische Armut evangeliumsgemäß lebender Individuen und die Erfahrung einer (proletarischen) Klassenexistenz vonseiten eines Teils der aktiven Jugend bei. »Aus Praxis und Theorie dieser Gruppen entstand der theologisch bedeutsame Bruch in der lateinamerikanischen Geschichte seit dem 15. Jahrhundert.«[16]

Ein entscheidendes Datum markiert – nach wichtigen Treffen wie der ersten Versammlung lateinamerikanischer Theologen 1964 in Petrópolis – die II. Generalversammlung der lateinamerikanischen Bischofskonferenz 1968 in Medellín, die sich klar zur Option für die Armen bekannte. »Die Versammlung von Medellín ist ein Markstein, der die Geschichte der lateinamerikanischen Kirche in diesem Jahrhundert teilt: Von einer Kirche, die in ihrer theologischen Reflexion und in ihrer Pastoral europa-abhängig war, führte der Weg zu einer Kirche mit eigenen Themen und eigenen Ausarbeitungen«[17]. Damit wird die beim II. Vatikanum in den Blick gekommene Eigenständigkeit der Ortskirchen aufgenommen und die Kontextualität auch auf das Handeln der Kirche angewandt, das sich am jeweiligen Kontext ausrichtet.[18] Als dringendste Verpflichtung der lateinamerikanischen Kirche wird die Selbstläuterung im Geiste des Evangeliums genannt, die eine wahrhaft biblische Armut fordert, da nur eine solche Armut Christus als Erlöser der Menschen transparent machen und als Herrn der Geschichte offenbaren kann (vgl. 2 Kor 8,9).[19] Medellín wählt mit dem Vorbild Christi, der selber arm gelebt, seine Sendung auf die Armen konzentriert und die Kirche als Zeichen dieser Armut unter den Menschen gegründet habe, eine christologische Begründung für die Armut der Kirche und ihren vorrangigen Fokus auf ärmere, bedürftigere und anderweitig ausgeschlossene Sektoren. Für die Forderungen nach Gerechtigkeit und Beendigung von Unterdrückung und Armut als Mangel rekurriert Medellín

15 *Dussel*, Hinweise 306.

16 *Dussel*, Hinweise 307.

17 *Oliveros*, Geschichte 17.

18 So heißt es zu Beginn der Schlusserklärung: »die Gegenwart stellt uns in ein entscheidendes Situationsgefüge, und die Zukunft fordert von uns eine schöpferische Aufgabe im Entwicklungsprozeß« (*CELAM*, Dokumente Medellín 14).

19 Vgl. *CELAM*, Dokumente Medellín 17.

neben dem Exodus vor allem auf die Universalität des Reiches Gottes und auf die Sendung des Sohnes zur Befreiung der Menschheit aus Sünde, Unwissenheit, Hunger, Elend etc.[20] Den Ausgangspunkt bilden somit das geschichtliche Handeln Gottes und das Leben Jesu Christi selber.

Die Armen als Subjekt und Methode in der lateinamerikanischen Theologie sind also zunächst die sozioökonomisch Armen, deren materielle Armut ein zu bekämpfendes Übel und nicht als Folge von Faulheit oder Schicksal zu betrachten, sondern auf strukturelle Ungerechtigkeiten zurückzuführen ist. Armut stellt eine komplexe Realität dar, sodass mit der sozioökonomischen Armut auch eine soziokulturelle verbunden ist, die sich in vielerlei Formen von Unterdrückung und Diskriminierung äußert. Die Option für die Armen hat daher zwei zentrale Bedeutungen:

> 1. A concrete solidarity with the poor, which moves one to assume their perspective, their interests, their pains, and their desires. This, in turn, implies the commitment of the whole church to embrace »material poverty« and to denounce unjust structures that produce poverty and oppression.
> 2. A determination to create conditions that allow the poor to emerge as ecclesial subjects, as evangelizing agents of the whole church, responsible for the necessary transformations for the establishment of justice and a new society.[21]

Damit verbunden erhält die Option für die Armen eine konstitutive und bestimmende Rolle in der theologischen Methode, da sie kritisches Korrektiv gegenüber einem Missbrauch des Evangeliums ist und zugleich aus der Welt der Armen her Theologie produktiv entwickelt werden kann, da sie ein besonderes Licht auf das Wesen Gottes werfen. Die Option für die Armen »entsteht nicht aus theologischer Argumentation, sondern kann von ihr allenfalls entdeckt oder begründet werden. Sie hat ihren Ursprung in der Option Gottes

---

20 Vgl. *CELAM*, Dokumente Medellín: Gerechtigkeit Nr. 3. Die Haltung der Kirche ist es, den ungerechten Mangel und die ihn hervorbringende Sünde anzuklagen, die geistige Armut als Haltung der Öffnung zu Gott zu predigen und zu leben und sich selber zur materiellen Armut zu verpflichten. »Die Armut der Kirche ist eine unveränderliche Größe in der Heilsgeschichte. […] Die Armut der Kirche und ihrer Mitglieder in Lateinamerika muß Zeichen und Verpflichtung sein, Zeichen des unschätzbaren Wertes des Armen in den Augen Gottes, und Verpflichtung zur Solidarität mit denen, die leiden.« (Armut der Kirche Nr. 5. 7.)

21 *Bingemer*, Theology 54f; vgl. zur Option für die Armen aus befreiungstheologischer Sicht auch *Maier*, Option; *Rivera Roberto*, Befreiungstheologie 38–53; *Silber*, Pluralität 18–21. 43–57 sowie allgemeiner *Noble*, Poor. Während die deutsche Übersetzung »Option« auch den Aspekt einer Wahl nahelegt, ist im Spanischen damit primär »eine nachhaltige Weichenstellung und ihre Konsequenzen« (*Leidinger*, Verletzbarkeit 121) gemeint.

selbst, die sich in der Inkarnation zeigt und zu deren Nachahmung die Kirche aufgerufen ist«[22].

Die Ausformulierung einer Theologie der Befreiung setzt mit der Kritik an der Theorie der Entwicklung durch die Dependenztheorie ein, greift auf die Methode »Sehen – Urteilen – Handeln« der *Juventud Obrera Católica* zurück und steht im Kontext des immer präsenter werdenden Themas »Glaube und Politik«.[23] Neben Medellín 1968 und bedeutenden Beiträgen von Personen wie Richard Schaull, Hugo Assmann, Enrique Dussel und besonders Rubem Alves und Gustavo Gutíerrez sind viele Treffen, Versammlungen, Symposien und (Pastoral)Kurse über die Theologie der Befreiung zu nennen. Diese machen deutlich, »daß die Theologie der Befreiung eine ›kirchliche Bewegung‹ ist, d. h. Frucht einer Situation der Kirche als ganzer am Scheideweg und Produkt einer ›Generation‹ von Theologen.«[24] Sie bildet gleichwohl kein systematisches theologisches Lehrgebäude, sondern ist aufgrund ihrer Verortung in der Erfahrung sozialer Ungerechtigkeit und den christlichen Basisgemeinden und Gruppierungen vor allem »eine *Bewegung* und ein *Prozess*, die wesentlich von der ›sozialen Basis‹, d. h. den Armen und Marginalisierten mitbestimmt und verändert werden.«[25] Die Theologie der Befreiung kann somit als die Theologie der von Medellín organisierten nachkonziliaren Kirche in Lateinamerika gelten, was nicht bedeutet, dass jegliche Theologie in Lateinamerika Befreiungstheologie ist. Vielmehr findet sich auch hier ein theologischer Pluralismus und eine kontroverse theologische Reflexion, bei dem die Theologie der Befreiung auch insofern herausragend ist, als »sie selbst Zentrum der Kontroverse ist. Einige schätzen sie und heben ihre Werte hervor. Andere bekämpfen sie und grenzen sich von ihr ab.«[26] Diese Kontroverse ist auch jenseits

---

22 *Silber*, Pluralität 20f.

23 Genauer können die drei grundlegenden methodischen Operationen als integrale Bestandteile eines Prozesses als »Vermittlungen« bezeichnet werden: Die sozialanalytische dient dem Verständnis der sozioökonomischen Bedingungen für die Praxis, die hermeneutische erfolgt vor dem Hintergrund der Glaubenstradition und die praktisch-pastorale dient den Konsequenzen der ersten beiden für das Handeln. (Vgl. *Kern*, Theologie 11ff oder *McGovern*, Liberation Theology 30–46.)

24 *Dussel*, Hinweise 323.

25 *Estermann*, Südwind 113, Herv. im Orig. »This theology – which began from social analysis and a program of social action before it became systematic reflection – couldn't be confined to books and to academic courses. It represented the desire of a whole ecclesial community to change its priorities and walk toward the margins and the marginalized.« (*Bingemer*, Theology 22.)

26 *Oliveros*, Rezeption 84. Dieses Bild zeigt sich auch in den theologischen Ausbildungsstätten, da die meisten Diözesanseminare der Befreiungstheologie eher kritisch gegenüberstehen, sie andererseits aber an verschiedenen bedeutenden Universitäten sehr präsent ist. Von lehramtlicher Seite werden einerseits einige Elemente der Theologie der

des lateinamerikanischen Raumes zu beobachten und zeigt sich beispielsweise in der weiter unten behandelten deutlichen Kritik an (zumindest einigen Strömungen) der Befreiungstheologie seitens der Glaubenskongregation seit den 1980er Jahren, teilweise auch mit Verurteilungen (wie im Falle Leonardo Boffs), wobei Johannes Paul II. sie in einem Brief an brasilianische Bischöfe (vom 9. April 1986) als »nützlich und notwendig« bezeichnet hat.[27]

Einen prägnanten Niederschlag findet die Entstehungsphase in dem Standardwerk *Teología de la liberación* von Gustavo Gutiérrez.[28] Darin legt er das Verhältnis von »Theorie und Praxis« dar, reflektiert die gegenwärtige Situation und ihre geschichtliche Entstehung und entfaltet die Option der lateinamerikanischen Kirche als institutionelle, geschichtliche und gemeinschaftliche Praxis und Präsenz im Befreiungsprozess sowie das Anliegen der Theologie der Befreiung, in einer Situation von Krisen und Konflikten angemessene theologische Konzepte zu entwickeln. Der eine von Gott in der Schöpfung angelegte Heilsprozess wird in der Geschichte durch die drei Ebenen der Befreiung – die politische, die des Menschen im Lauf der Geschichte und die von der Sünde – konstituiert, sodass ein Ineinander von Befreiung und Erlösung besteht. »In Christus und kraft des Geistes gelangt der Befreiungsprozeß mit all seinen Aspekten zu seinem vollen Sinn.«[29] Neben dieser christologischen und schöpfungstheologischen Begründung der Verpflichtung der Kirche, am Befreiungsprozess teilzunehmen, soll die Eigenmächtigkeit der Armen und Unterdrückten befördert werden, damit sie selber Rechenschaft über ihren Glauben abgeben und an ihrer Befreiung mitwirken können. Bei der »Option für die Armen« orientiert sich die Theologie der Befreiung an der subjektiven Armut einer »armen Kirche« und mehr noch an

---

Befreiung auf der Generalkonferenz der lateinamerikanischen Bischöfe in Puebla 1979 aufgegriffen und in Santo Domingo 1992 wie in Aparecida 2007 bestätigt, andererseits gab und gibt es nicht wenige Bischöfe, die sich sehr scharf gegen sie verwendet haben. (Vgl. dazu *Oliveros*, Rezeption 94ff.) Wenngleich zentrale Punkte der Befreiungstheologie somit vom bischöflichen Lehramt aufgenommen und positiv beurteilt worden sind, folgt daraus keine allgemeine Unterstützung oder Anerkennung dieser Theologie vonseiten des Lehramtes. Aber die Aufnahme einiger Zentralaussagen »sollte man im Sinne von G. Gutiérrez betrachten, der der Auffassung ist, daß das Wichtigste die Würde und Befreiung der Armen ist und nicht so sehr die Anerkennung, die die Theologie der Befreiung erzielen kann« (108).

27 Zitiert nach *Oliveros*, Rezeption 96; vgl. dazu *Klinger*, Armut 260ff. Vgl. zur ebenfalls divergenten Rezeption der Befreiungstheologie in anderen Ländern und Kontinenten die einschlägigen Beiträge in *Fornet-Betancourt*, Befreiungstheologie 1 und *Fornet-Betancourt*, Befreiungstheologie 3.

28 Auf deutsch erstmals 1973 erschienen als *Gutiérrez*, Theologie.

29 *Gutiérrez*, Theologie 243.

der objektiven Armut als ihr zentrales Element, die auch bei Sobrinos Ansatz eine entscheidende Rolle spielt. Zu den weiteren inhaltlichen Kernelementen zählen eine Spiritualität der Befreiung mit einem Fokus auf der Nachfolge Jesu, die interdisziplinäre Perspektive, das Verhältnis von Glaube und Politik und schließlich die gemeinschaftliche Bibelauslegung.[30]

Dies zeigt sich im Selbstverständnis der Theologie der Befreiung als eine integrale Theologie, die die gesamte Gegebenheit des Glaubens aus der partikulären Perspektive der Armen und ihrer Befreiung behandelt, d. h. als eine neue Art, Theologie zu treiben, um der Befreiung der Menschen zu dienen.[31] Indem sie menschliche und kirchliche Praxis reflektiert und kritisch begleitet, ist sie Sekundärakt, der von den Armen und ihrer Befreiung ausgeht, und nimmt darin den epistemologischen Bruch kontextueller Theologien auf. »Das primäre Wort liegt im Leben des Volkes, dessen Glaube durch Liebe wirkt.«[32] Neben dem sekundären Charakter sind das Verständnis der Armen als privilegierter theologischer Ort und die Perspektive der Armen und ihrer Befreiung als Optik für die Interpretation der Ereignisse zentrale methodische Elemente. In ihrer Denkstruktur kann das »Hören auf das Volk«, d. h. das Lernen der Theologie aus dem Kontakt mit dem Volk, d. h. den »einfachen Leuten« und den Armen als »Gemeinschaft der Leidenden« als methodisches Grundanliegen gelten und führt zu einer kontextualisierten, inkulturierten Denkart.[33] In diesem deutlichen Fokus auf das Glaubensleben des »einfachen« Gottesvolkes liegt Konfliktpotential mit einer lehramtlichen Perspektive, die vor allem auf die gehorsame Zustimmung vonseiten dieses Volkes abhebt. Bei den verschiedenen aus dem Kontakt mit dem Volk behandelten Themen der systematischen Theologie ist eine Christologie des historischen Jesus, die dessen Reich-Gottes-Boschaft und den Aufruf zur Nachfolge und Identifikation mit den Armen in den Vordergrund stellt, ein wichtiger Akzent.[34] Dieser findet seine trinitarische Ergänzung, wenn die Trinität als vollkommenste Gemeinschaft als Kontrast zur sozialen Realität in Lateinamerika herausgestellt und die Gegenwart des Geistes insbesondere im Bewusstsein und Handeln der Armen betont wird. »Das Volk ist nicht länger Empfänger oder Objekt der Interpretation des Klerus oder der Eliten, es wird vielmehr selbst Subjekt der eigenen

30 Vgl. *Richard*, Kernstücke. Vgl. zur Interdisziplinarität mit der Sozialwissenschaft, Ökonomie, Literatur, Philosophie und Pädagogik auch die einschlägigen Beiträge in *Fornet-Betancourt*, Befreiungstheologie 1 und zur Bibelauslegung *Konings*, Art.

31 Vgl. auch *Boff*, Wissenschaftstheorie.

32 *Oliveros*, Geschichte 13.

33 Vgl. hierzu *Fornet-Betancourt*, »Hören auf das Volk«.

34 Vgl. *Libanio*, Theologie 32ff.

Interpretation.«[35] Diese Ermächtigung des Volkes bzw. der Laien entspricht dem in der Befreiungstheologie vertretenen Erlösungsverständnis, das den in der traditionellen katholischen Theologie vorherrschenden Heilsindividualismus kritisiert und die Bedeutung der gesellschaftlichen Ebene unterstreicht. Befreiung wird zum Schlüsselbegriff für das Handeln der Menschen und den Plan Gottes und somit historisch-anthropologisch und theologisch ergänzt. »Die ThB vertieft den Zusammenhang zwischen der christlichen Befreiung (Erlösung) und der sozio-politischen Befreiung. Ihre Originalität besteht darin, die unterdrückerischen Strukturen im Hinblick auf die historische Befreiung zu benennen. Ziel ist eine Gesellschaftsordnung, die nicht unterdrückt – die erlösende Befreiung in Christus.«[36] Im Mittelpunkt stehen das (geschichtlich zu verwirklichende, aber erst eschatologisch vollendete) Reich Gottes und die Armen. Das Gottesverständnis der Befreiungstheologie prangert die falschen Götter des Geldes, des Marktes, der Macht und des Vergnügens an und sieht den wahren Gott in besonderer Weise in Jesus Christus offenbart als »ein Gott der Armen, der das Schreien der Unterdrückten hört und sich für ihre Befreiung einsetzt«[37]. Dieser persönliche Gott ist in der Geschichte und selbst im Leiden der Armen gegenwärtig. Ekklesiologische Konsequenzen sind der Gemeinschaftsaspekt des Volkes, eine Reinterpretation von Macht und Autorität in der Kirche und die Funktion der Kirche hinsichtlich des Reiches Gottes. Andere wichtige Themen der Befreiungstheologie wie Ökologie, Interkulturalität, Martyrium, Volksfrömmigkeit, feministische Theologie, seien lediglich erwähnt.[38]

---

35 *Libanio*, Theologie 35.

36 *Libanio*, Theologie 37.

37 *Libanio*, Theologie 49.

38 Vgl. den Überblick in *Libanio*, Theologie sowie für aktuelle Einblicke *Lassak/Weiler/Gmainer-Pranzl*, Theologie.

Sobrino hat sich diesbezüglich vor dem Hintergrund des Kontextes in El Salvador und Mittelamerika, wo mehrfach Bischöfe, Priester und Ordensleute ermordet wurden, primär mit dem Martyrium auseinandergesetzt und nicht nur für den lateinamerikanischen Kontext vorgeschlagen, in der Theologie der Befreiung grundsätzlich auch eine Theologie des Martyriums zu behandeln, sondern auch ein Verständnis des Martyriums als jesuanisches Martyrium bzw. Martyrium der Gerechtigkeit, des Reiches Gottes bzw. der Liebe vorgelegt, mit dem er das traditionelle Martyriumsverständnis um eine wichtige Perspektive bereichert. (Vgl. u. a. *Sobrino*, teología del martirio; *Sobrino*, »principio liberación« 135–138; *Sobrino*, mártires, *Sobrino*, mártires jesuánicos; zum breiteren Kontext *Weckel*, Lebens und zu Sobrinos Verständnis von Martyrium u. a. *Denger*, Liebe; *Fornet-Ponse*, Christus; *Thiede*, Reality.)

4.1.2 *Die Kritik des kirchlichen Lehramtes*

Die Auseinandersetzung mit der Befreiungstheologie vonseiten des römischen Lehramts wurde vor allem in den 1980er Jahren geführt und stellte den Marxismusvorwurf ins Zentrum.[39] Beispiele dafür sind die *Instruktion der Kongregation für die Glaubenslehre über einige Aspekte der Theologie der Befreiung* (vom 6. August 1984) sowie das Eröffnungsreferat von Kardinal Höffner bei der Herbstvollversammlung der Deutschen Bischofskonferenz (September 1984). Beide setzen voraus, »daß der Nachweis der ideologischen Anlehnung an den Marxismus automatisch die theologische Disqualifizierung der Befreiungstheologie bedeute«[40], bzw. sehen letztlich schon die theologische Auseinandersetzung mit dem Marxismus als problematisch an. In der Kritik an der Befreiungstheologie zeigen sich zwei grundlegende Strategien: In der Konfrontationsstrategie wird ihr vorgeworfen, aufgrund der Marxismusrezeption im Kommunismus zu münden bzw. die christliche Botschaft zu pervertieren. Die Integrationsstrategie hingegen spricht von einer »rechtverstandenen« Befreiungstheologie, die legitim und notwendig für die Kirche sei. »In ihr werden die grundlegenden Begriffe beibehalten, aber inhaltlich so verändert, daß sie eigentlich wieder überflüssig sind. Aus der ›Option für die Armen‹ wird wieder eine ›Option für alle‹ plus Caritas, aus ›Befreiung‹ wird wieder Versöhnung mit dem Bestehenden plus Reformen usw.«[41] Ein Beispiel ist die *Instruktion über die christliche Freiheit und Befreiung* (vom 22. März 1986), in der eine affirmativere Sprache gewählt wird als in der ersten. Aufgrund der »organischen Beziehung« (Nr. 2) zu dieser wird jedoch keine Position revidiert, sondern vielmehr werden die zentralen Begriffe »Freiheit« und »Befreiung« in das vordefinierte theologische Lehrgebäude eingefügt und nicht in ihrer geschichtlich-gesellschaftlichen Bedeutung verstanden. Daran werden die unterschiedlichen Deutungsrahmen der Glaubenskongregation und der Befreiungstheologie deutlich, was auch für die spätere Kritik an Sobrino relevant ist. Indem sie betont, bestimmte Schwerpunkte zu setzen und keine Vollständigkeit anzustreben, öffnet sie einen Interpretationsspielraum. »Das Risiko der Integrationsstrategie ist eine Chance der Theologie der Befreiung: Die beibehaltenen befreiungstheologischen Begriffe könnten sich als resistent gegen den Versuch der Vereinnahmung erweisen und sowohl in

---

39 Vgl. dazu *Bleistein,* Kirche; *Fornet-Betancourt,* Marxismus-Vorwurf; *Kern,* Theologie; *McGovern,* Liberation Theology 132–194; *Maier,* Theologie 116–132; *Rottländer,* Theologie.

40 *Fornet-Betancourt,* Marxismus-Vorwurf 21.

41 *Rottländer,* Einführung 9. Die Instruktion von 1984 »behandelt Fragen der Politik und der Theologie und ist ein Dokument der Anerkennung einer legitimen Sehnsucht unter den Völkern nach Befreiung durch die Kirche, aber kein Dokument ihrer Solidarität mit diesen Völkern in der Theologie.« (*Klinger,* Armut 247.)

der Theorie als auch in der Praxis weiterhin ihre befreiende Kraft entfalten.«[42] Dies hängt mit der von Klinger herausgestellten inkonsistenten Begriffsbildung zusammen, da die Instruktion von 1984 zwar erkläre, es gebe eine authentische Theologie der Befreiung, die auf biblischer Grundlage stehe und sich auch mit den praktischen Konsequenzen befasse, diese Authentizität aber nicht denjenigen Theologien der Befreiung, die sie thematisiert, attestiere. Vielmehr werden diese als »Ideenbewegung« charakterisiert. »Sie sind im besten Fall eine Idee, im schlimmsten Fall eine Ideologie und in gar keinem Fall ein neuer, eigener und in seiner Neuheit und Eigenständigkeit definierbarer Standpunkt des Glaubens selbst und damit auch nicht der Theologie.«[43] Die Instruktion befasse sich mit den Vorwürfen der Gegner, die als richtig vorausgesetzt und nicht kritisch überprüft würden. Daher könne sie sich nicht mit der Frage nach einer authentischen Theologie der Befreiung befassen.

Im Hintergrund der Kritik steht die grundsätzliche Verhältnisbestimmung von Religion und Politik, da der Befreiungstheologie vorgeworfen wird, die Religion in Politik aufzulösen (wobei diese Kritik i. d. R. aus einer bestimmten politischen Einstellung heraus erfolgt und von vielen Regimes in Lateinamerika bereitwillig aufgenommen wurde, um politische (und kirchliche) Gegner als kommunistisch zu diskreditieren), während diese den engen Zusammenhang von Religion und Politik betont, ohne die eine der anderen zu opfern. Deutlich wird dies an der erläuterten »Option für die Armen«, nach der die Kirche von den Armen her verstanden werden soll. »Es geht um die Option der Kirche, für die Armen dazusein, sich in ihre Welt hineinzubegeben, ihnen eine gute Botschaft zu bringen, ihnen eine Hoffnung zu geben, sie zur Befreiungspraxis zu ermutigen, ihr Recht zu verteidigen und an ihrem Schicksal teilzuhaben.«[44] Das entscheidende Kriterium zur Beurteilung politischer Vorhaben wird der Nutzen für die Armen – und weil der Marxismus auf eine Veränderung der Welt der Armen zielt, wird er für die kirchliche Praxis und die auf diese reflektierende Theologie relevant.

Die Kritik der römischen Instruktion von 1984 an der Marxismusrezeption in der Befreiungstheologie kann mit Fornet-Betancourt in drei Schritten zusammengefasst werden: Zunächst werden der Befreiungstheologie »unkritische Anleihen bei der marxistischen Ideologie« (Nr. VI,10) attestiert, sodann beziehen sich diese unkritischen Anleihen nicht nur auf die sogenannte »marxistische Analyse«, sondern auch auf bestimmte Standpunkte,

---

42 *Rottländer*, Einführung 11.

43 *Klinger*, Armut 249.

44 *Romero*, Dimension 159. »Es handelt sich um eine tiefe, dauerhafte Solidarität, um eine tägliche Einbindung in die Welt des Armen.« (*Gutiérrez*, Armen 299.)

weshalb nicht selten die ideologischen Aspekte bei dem Entlehnten überwögen und schließlich wird daraus gefolgert, die christliche Botschaft werde pervertiert, da die »Theorie des Klassenkampfes« (Nr. IX,2) übernommen und das Reich Gottes auf einen »zeitlichen Messianismus« (Nr. IX,4; X,6) reduziert sowie Arme und marxistisches Proletariat verwechselt würden (Nr. IX,10).[45] Abgesehen von Gegenaussagen seitens bedeutender Befreiungstheologen, wonach der Marxismus eher nebensächlich sei, sprechen verschiedene Argumente gegen die Stichhaltigkeit des Marxismusvorwurfs – zumindest in dieser Pauschalität und bezüglich der wichtigsten Vertreter.[46] So ist sehr fraglich, ob die Instruktion dem Marxismus gerecht wird oder ihn nicht in Theorie und Praxis zumindest ungenau und vereinfachend darstellt, da beispielsweise zentrale Elemente der marxistischen Analyse keinen Atheismus voraussetzen, die menschliche Person und ihre Freiheit nicht notwendigerweise negiert werden, Theorie und Praxis dialektisch aufeinander zu beziehen sind sowie die These, wonach die Gesellschaft auf der Gewalt aufbaue, weder ausschließlich marxistisch noch wesentlich für den Marxismus ist.[47] Dies ist sehr wichtig, weil die Instruktion zwar die Intention anerkennt, nicht den Marxismus in

---

45 Vgl. *Fornet-Betancourt*, Marxismus-Vorwurf 21.

46 Daher betont Ellacuría, es sei wichtig für die Befreiungstheologie, »nicht nur nicht in die Fehler zu verfallen, die die Instruktion ihr vorwirft, sondern auch nicht den begründeten Eindruck zu erwecken, diesen Fehlern zu erliegen. Sie sollte im Gegenteil zeigen, wie ihre Formulierungen und ihre Handlungen das Wesentliche der christlichen Botschaft zutiefst erneuern« (*Ellacuría*, Marxismus 86). Gerade Ellacuría und Sobrino haben sich deutlich vom Marxismus als Ideologie und geschlossenem weltanschaulichem System distanziert, während eine marxistisch motivierte sozialwissenschaftliche Analyse nicht in die Kompetenz des Lehramts falle bzw. unabhängig von philosophischen und ideologischen Voraussetzungen benutzt werden könne. Während sie sich – wie andere Befreiungstheologen gleicher Ansicht – auf die Analyse Pedro Arrupes berufen können, wird diese Differenzierung von der Instruktion nicht für möglich gehalten. (Vgl. *Maier*, Theologie 122 mit Rekurs auf *Arrupe*, Gesellschaftsanalyse.)

47 Vgl. die detaillierte Analyse in *Ellacuría*, Marxismus 77–83 sowie die Ausführungen von *Boff*, Haltung, worin deutlich wird, dass der Marxismus als umfassende und geschlossene Ideologie, als aus untrennbaren Elementen bestehender »Stahlblock« gesehen und abgelehnt wird (womit die Unterscheidung zwischen historischem und theoretischem Marxismus nicht aufgenommen wird), zugleich aber eine kritische Beziehung zu wertvollen und nützlichen Elementen für möglich erachtet wird. Girardi sieht kein Missverständnis der Kongregation, das diese zur Verurteilung der Theologie der Befreiung geführt habe, sondern »eine konstante Haltung der katholischen Hierarchie, die überall auf der Welt gegenüber christlich-revolutionären Optionen wiederholt wird« (*Girardi*, Auseinandersetzungen 125). Diese gründe in der Suche nach Hegemonie, die hier noch in der Allianz mit den politischen Machthabern erfolge. Da die Theologie der Befreiung die Kirche der Conquista infrage stelle, erscheine sie als Infragestellung der Kirche als solcher (vgl. 145ff.).

seiner Gesamtheit oder den metaphysischen Materialismus zu übernehmen. Wegen der inneren Logik hält sie es aber nicht für möglich, »die heterogenen Elemente auseinanderzuhalten«, vielmehr sei verpflichtend, »gleichzeitig die Ideologie anzunehmen« (VII,6). Daher diagnostiziert Girardi, das Dokument beschäftige sich primär »damit, was sie [die Befreiungstheologen, TFP] denken müßten und vielleicht in Zukunft denken werden, wenn sie sich konsequent an die ›marxistischen Anleihen‹ halten. Es ist mehr eine Kritik des Unbewußten als des Bewußten.«[48] Da daher den Deduktionen eine größere Bedeutung zukommt als den Beschreibungen, bestimmt die vorgelegte Marxismusinterpretation (und ihre Korrektheit oder Inkorrektheit) die Gültigkeit der Analyse und Bewertung der Befreiungstheologie.

Dafür ist mit Blick auf die Befreiungstheologie auf die Besonderheit der lateinamerikanischen Marxismus-Rezeption hinzuweisen[49], die den Rekurs auf die marxistische Analyse prägt. Zentral ist die mit ihr verbundene Wende in den lateinamerikanischen Sozialwissenschaften, nachdem die Dependenztheorie die Theorie des *desarrollismo* ablöste. Durch die Formulierung der Dependenztheorie erschienen die lateinamerikanischen Sozialwissenschaften als die Wissenschaften, »die in Lateinamerika auf der Höhe der Zeit stehen und die gerade deshalb auch den besseren Zugang zur lateinamerikanischen Situation bieten«[50], und daher der Theologie als adäquater Gesprächspartner. Die Befreiungstheologie greift somit nicht unmittelbar auf die marxistische Analyse zurück, sondern lediglich vermittels ihrer kreativen und kontextualisierenden Rezeption in den Sozialwissenschaften. Spricht schon die Rede von einer kreativen und kontextualisierenden Rezeption bzw. Weiterentwicklung gegen die Universalität bestimmter Kategorien der traditionellen marxistischen Orthodoxie, kann dies anhand einiger konkreter Beispiele ausgeführt werden:[51] Zunächst wird die Kategorie des Klassenkampfes durch die Gegenüberstellung mit der Geschichte sozialer Konflikte in Lateinamerika theoretisch und geschichtlich relativiert. Zweitens wird der Determinismus der ökonomischen Infrastruktur partiell revidiert, da mit konkreten Beispielen belegt wird, dass Faktoren des sogenannten Überbaus der Gesellschaft nicht bloß die reale Basis widerspiegeln, sondern autonom werden können. Drittens

---

48 *Girardi*, Auseinandersetzungen 134. »Die Instruktion unterstellt Meinungen, die niemand vertritt, und will den nicht vorhandenen Beleg durch Schlußfolgerungen ersetzen, die niemand zieht.« (*Klinger*, Armut 251f.)

49 Vgl. hierzu vor allem *Fornet-Betancourt*, Marxismus; *Kern*, Theologie 27–49 und mit Blick auf die Haltung von Christen zum Marxismus *Castillo*, Christen.

50 *Fornet-Betancourt*, Marxismus-Vorwurf 24. Siehe zur Verhältnisbestimmung von Theologie und Sozialwissenschaften auch *Gutiérrez*, Sozialwissenschaften.

51 Vgl. *Fornet-Betancourt*, Marxismus-Vorwurf 24f.

wird der Bereich der dialektischen Widersprüche erweitert, indem der Konflikt zwischen Entwicklung und Unterentwicklung als internationaler Widerspruch zwischen Nord und Süd gedeutet wird.

Die Abhängigkeit des Rückgriffs auf die marxistische Analyse seitens der Befreiungstheologie von der lateinamerikanischen Marxismusrezeption erweist sich somit als starkes Argument gegen den Vorwurf »unkritischer Anleihen«, da auf einen bereits kritisch verarbeiteten Marxismus zurückgegriffen wird. »Zum anderen werden die Erkenntnisse der marxistisch orientierten lateinamerikanischen Sozialwissenschaften im Licht einer auf die Ergebnisse dieser Wissenschaften nicht zurückführbaren Glaubensoption kritisch beleuchtet und potenziert.«[52] Die Befreiungstheologie rekurriert auf die marxistische Analyse bewusst vom eigenen theologischen Standpunkt aus und als Instrument zur Vermittlung von Glaube und Politik und nicht, um die theologische Option für die Armen zu begründen. »Die wichtigsten theoretischen und praktischen Vertreter der Theologie der Befreiung machen den Marxismus nicht zum bestimmenden Prinzip ihres Denkens und Handelns«[53], denn auch dort, wo theoretisch oder praktisch zusammengearbeitet wird, werden nicht die von der Instruktion verurteilten Positionen des Marxismus unterstützt, sondern versucht, auf der Basis des Glaubens als letztlich bestimmendes Prinzip das Positive in ihnen zu sehen. Benutzt wird der Marxismus von der Theologie als wissenschaftliche Methode (nicht als System) hinsichtlich der Bedeutung des Ökonomischen, der Gesellschaftsstruktur, gesellschaftlicher Entwicklungen etc., d. h. als Theorie der gesellschaftlichen Wirklichkeit. »Nicht der ›Marxismus‹ als solcher ist wichtig, sondern das Verständnis der Wirklichkeit, das er ermöglicht.«[54] Bedeutet dies schon aus wissenschaftstheoretischen Gründen eine grundsätzlich kritische Einstellung (insbesondere gegen den totalitaristischen Anspruch des Marxismus), da jede Wissenschaft korrektur- und verbesserungswürdig ist und mit Hypothesen arbeitet, ist eine Übernahme der marxistischen Ideologie als Basis für die eigene Theologie auch deshalb ausgeschlossen, weil die Glaubenserfahrung als normative Grundlage für die

52 *Fornet-Betancourt*, Marxismus-Vorwurf 25.

53 *Ellacuría*, Marxismus 83.

54 *Boff*, Gebrauch 41; vgl. *Girardi*, Auseinandersetzungen 126ff. »Wenn man dem Kontext der Armut und der Marginalisierung in einer theologischen Reflexion gerecht werden will, führt dies – wir haben daran erinnert – zu dessen Analyse in einem gesellschaftlichen Fragehorizont, und deswegen ist es nötig, sich an die entsprechenden Disziplinen zu wenden. Dies bedeutet, daß eine Begegnung, wenn sie zustande kommt, zwischen Theologie und Sozialwissenschaften stattfindet und nicht zwischen Theologie und marxistischer Analyse, ausgenommen diejenigen marxistischen Elemente, die sich in den gegenwärtigen – insbesondere den lateinamerikanischen – Sozialwissenschaften finden.« (*Gutiérrez*, Sozialwissenschaften 56.)

Vermittlung des Glaubens fungiert. »Wenn Gott das einzig Absolute ist, ist alles andere relativ. Aber dieses Relative ist mit dem Absoluten vermittelt, indem es Gott zum Maßstab nimmt. Darum ist der Glaube gegenüber dem ›Marxismus‹ eine kritische Instanz«[55], da er diesen enttheologisiert, enttotalisiert und entabsolutiert. Die Theologie der Befreiung kann durch diese Kritik fundamentaler Auffassungen dabei helfen, Beschränkungen und Fehlformen des Marxismus zu überwinden und beispielsweise die Möglichkeit eines offenen Materialismus aufzeigen, in dem Gott als utopischer Horizont Begrenzungen eines geschlossenen Systems aufsprengt, und zudem viele Bereiche einer konsequenten Praxis »als Ausarbeitung des christlichen Glaubens von einer bestimmten Situation her«[56] füllen.

Die in Lateinamerika entstandene, im Volk verwurzelte und befreiende neue christliche Identität und die Entwicklungen innerhalb des kritischen Marxismus ermöglichten eine christliche Rezeption des Marxismus bezüglich der Gesellschaftsanalyse und einem auf gesellschaftliche Veränderung ausgerichteten politischen Denken. Es wird weder der Atheismus noch der historische Materialismus übernommen. »Vom Marxismus zu lernen und Elemente von ihm zu übernehmen bedeutet heute, kritische Diskussionen und Reflexionen zu übernehmen. Genau deswegen erfordert diese Übernahme eine kritische Haltung.«[57] Diese bezieht sich auf die Gesellschaftstheorie und die politische Praxis. Darüber hinaus nennt Ellacuría einige Elemente der Befreiungstheologie, zu denen der Marxismus (auch verändert) beigetragen hat und in denen etwas spezifisch Christliches wiedergewonnen wurde: Erstens die ethische Verpflichtung zum Engagement gegen die Unterdrückung, wodurch die Praxis einen ethischen und das ethische Engagement einen geschichtlichen Sinn erhält, zweitens das erkenntnistheoretische Element der Entideologisierung aufgrund der marxistischen Analyse und ihrer Frage nach der richtigen Praxis und drittens die philosophische Interpretation der geschichtlichen Wirklichkeit als der Realität überhaupt inklusive der Wiedergewinnung der Materialität des Menschen und der Geschichte.[58] Da keines dieser Elemente von sich aus mit einer atheistischen oder die Menschenwürde beeinträchtigenden Konzeption zusammenhänge, sei die Theologie der Befreiung auch nicht auf den Marxismus angewiesen gewesen, sondern habe diese Elemente im Licht des Marxismus wiederbelebt.

---

55 *Boff*, Gebrauch 42.

56 *Ellacuría*, Marxismus 98.

57 *Castillo*, Christen 34.

58 Vgl. *Ellacuría*, Marxismus 88–94. »*Kein einziges dieser kritisch übernommenen Elemente bringt den christlichen Glauben in Gefahr, im Gegenteil: Alle diese und jedes einzelne von ihnen können dem Glauben auf verschiedene Weisen dienen.*« (94; Herv. im Orig.)

Zudem können die von der Glaubenskongregation genannten Aspekte, in denen sich das Übergewicht der ideologischen Aspekte zeige, eher als Ausdruck der lateinamerikanischen Kulturtradition denn der Marxismusrezeption gedeutet werden. Diesen spezifischen lateinamerikanischen Kontext nicht (ausreichend) berücksichtigt zu haben, kann als Hauptmangel der römischen Instruktion angesehen werden, wordurch sich ihre Argumentation als eurozentrisch erweist.[59] So ist der Hinweis auf den Klassenkampf vor dem Hintergrund einer grundlegenden Begriffsveränderung zu sehen, da mit diesem Begriff die verschiedenen Konflikte in der lateinamerikanischen Kultur und Gesellschaft gedeutet werden, die »nicht bloß sozialpolitischer, sondern auch geistiger, kultureller, ja sogar interkultureller Natur«[60] sind und durch diese komplexe Konfliktsituation die ursprüngliche marxistische Bedeutung sprengen. Im Klassenkampf stehen sich daher nicht zwei Klassen im marxistischen Sinn gegenüber, sondern das Volk als Symbol für unterdrückte Kulturidentität und andere Bevölkerungsgruppen, die fremde Werte nachahmten. Zudem begegnet die Theologie der Befreiung der Gefahr, Klassenkampf und persönlichen Hass zu identifizieren, indem sie »behauptet, daß der Kampf für Gerechtigkeit von der Liebe her geführt werden kann, weil die Geschichte aus der Liebe lebt und zur Liebe strebt und sich ohne die Liebe nicht in einer menschlichen Weise verwirklichen kann«[61]. Der Gebrauch von Gewalt wird grundsätzlich als Übel angesehen, das nicht immer zu vermeiden, aber soweit wie möglich zu reduzieren und kontrollieren ist. Die Theologie der Befreiung ist daher nicht als pazifistisch zu bezeichnen, wenngleich sie fordert, erst sämtliche friedlichen Mittel zu nutzen und nach der Anwendung von Gewalt deren Konsequenzen durch Tugenden wie Barmherzigkeit, Verzeihung und Feindesliebe zu lindern.[62]

Gegen den Vorwurf der Reduktion des Reiches Gottes auf einen rein zeitlichen Messianismus ist die besondere Bedeutung des Utopischen in der lateinamerikanischen Denktradition anzuführen. Utopie meint keine nicht

---

59 Dies entspricht einer langen Tradition der Wissenschaftstradition Europas und des angelsächsischen Raums, explizit oder implizit von einem Universalitätsanspruch der eigenen Denkkategorien auszugehen. Aufgrund der grundlegenden Kontextualität jeglicher Theologie ist dieser aber prinzipiell zu relativieren und auch die europäische (und römische) Theologie als regionale Theologie zu verstehen, die von einer interkulturell angelegten Auseinandersetzung mit spezifischen kontextuellen Theologien (wie der lateinamerikanischen) profitieren kann.

Vgl. zur Kritik des Eurozentrismus an einem anderen, sich mit der Befreiungstheologie auseinandersetzenden, Dokument *Fornet-Betancourt*, Kritik.

60 *Fornet-Betancourt*, Marxismus-Vorwurf 27.

61 *Ellacuría*, Marxismus 104.

62 Vgl. z. B. *Ellacuría*, Friedensarbeit.

oder kaum realisierbare Wunschvorstellung oder Idealgemeinschaft, sondern betrifft das konkrete Land und seine Menschen und ist einerseits »die zwar ideale, doch auf ihre geschichtliche Realisierung hin drängende Vorstellung der Zukunft Lateinamerikas als Kontinent einer gelungenen Kulturidentität. Zum anderen kennt sie ein konkretes, historisches Subjekt, das sie trägt, nämlich das lateinamerikanische Volk, dessen Kern nach lateinamerikanischer Auffassung die Armen, die Nichtprivilegierten und Marginalisierten ausmachen.«[63] Vor diesem Hintergrund gehört das von Europäern als Messianismus Gedeutete zum allgemeinen, vom »Volk« getragenen Prozess auf der Suche nach der Nation und Kulturidentität in Lateinamerika. Eine sich als kontextuell verstehende Theologie wie die Befreiungstheologie kann hiervon nicht abstrahieren. Im spezifischer theologischen Verständnis ist Utopie in enger Verbindung zur Prophetie zu sehen, da sie nur aufeinanderbezogen geschichtlich wirksam sind, das Reich Gottes vergeschichtlichen können und nicht zu einem eskapistischen Idealismus werden. Von der Prophetie als Vergangenheit, Gegenwart und Zukunft her ist die christliche Utopie als Geschichte und vor allem Metageschichte zu entwerfen und ihre Notwendigkeit und Charakteristiken muss die christliche Prophetie berücksichtigen. Die Utopie ist aus der Geschichte entstanden und verweist (als Flucht oder Realisierung) auf sie. Thesenartig stellt Ellacuría heraus:

> a) Es gibt eine generelle und nichtdefinierte christliche Utopie. b) Diese generelle Utopie muß sich in einem geschichtlich-gesellschaftlichen Rahmen konkretisieren. c) Diese Utopie steht in Beziehung zum Reich Gottes. d) Das Reich Gottes muß sich vergeschichtlichen. e) Das Reich Gottes wird operativ mittels der Ingangsetzung einer konkreten Utopie.[64]

Da diese Utopie auf eine universale Zukunft zielt, deren Höhepunkt eschatologisch ist, zeigt sich die für die Befreiungstheologie typische Spannung zwischen dem »Schon« der (geforderten) anfänglichen geschichtlichen Realisierung des Reiches Gottes und dem »Noch nicht« seiner vollkommenen Wirklichkeit. Wenngleich die Einheit und Verbundenheit von Profan- und Heilsgeschichte herausgestellt wird, werden weder das Reich Gottes und sein Werden mit der menschlichen Befreiungsgeschichte noch Gott mit der Geschichte identifiziert. Auch die »Kirche wird nicht auf eine rein innergeschichtliche Wirklichkeit reduziert, aber es wird versucht, die Falle des Dualismus zu überwinden,

---

63 *Fornet-Betancourt*, Marxismus-Vorwurf 28; vgl. *Castillo*, Christen 33. Vgl. zur Bedeutung des Volkes neben *Fornet-Betancourt*, »Hören auf das Volk« besonders *Scannone*, Volksreligiosität.

64 *Ellacuría*, Utopie 384.

der die Kirche durch ihren transzendenten Charakter zu rechtfertigen sucht und so ihre geschichtlichen Fehler entschuldigt«[65].

Schließlich ist auch der Vorwurf, die Befreiungstheologie verwechsele Arme mit dem Proletariat, aufgrund der kulturethischen und anthropologischen und nicht rein ökonomischen Bedeutung der Armen und des »Volkes« in der lateinamerikanischen Kulturtradition nicht zutreffend. Die politische Bedeutung des »Volkes« ist abgeleitet und gründet auf der ethisch-anthropologischen.

> Primär ist Volk kein politischer Begriff, wohl aber eine ethisch-anthropologische Realität, die gerade aufgrund ihrer moralischen Dichte zur politischen Option und Aktion führt. Anders ausgedrückt: Weil ›Volk‹ im Kontext der lateinamerikanischen Kulturtradition in erster Linie für unterdrückte, leidende Humanität steht, fungiert es dabei auch als eine ausgezeichnete Instanz für die ethisch qualifizierte Beurteilung von politischen Zuständen.[66]

Dem »Volk« kommt damit in der lateinamerikanischen Befreiungstheologie eine methodische Bedeutung zu, die eng mit dem epistemologischen Bruch kontextueller Theologien zusammenhängt, nach dem Theologie ein Sekundärakt ist, der vom primären Wort des Lebens des Volkes ausgeht. »Volk« (*pueblo*) meint »erstens das kollektive Subjekt einer *gemeinsamen* geschichtlichen Erfahrung, eines *gemeinsamen* Lebensstils, d. h. einer Kultur, und eines *gemeinsamen* grundsätzlichen Projekts für die Zukunft« und bezeichnet zweitens die, »welche nur ›Volk‹ sind, die nur besitzen, was ›gemein‹ ist, diejenigen, welche in der Gesellschaft keine privilegierte Stellung genießen und von anderen Schichten unterdrückt werden«[67]. Die III. Vollversammlung des lateinamerikanischen Episkopats (Puebla 1979) hebt in verschiedenen Texten die Möglichkeit einer Philosophie (und Theologie) hervor, »die ihren hermeneutischen Ort in der die lateinamerikanische Volksreligiosität prägenden Weisheit hat«[68]. Dieses vor-reflexive Denken, das besonders von einem tiefen Gefühl der Transzendenz und der gleichzeitigen Nähe Gottes sowie einer hohen Sensibilität für die Beziehung zur Natur und zu den Mitmenschen geprägt ist, wird philosophisch-theologisch reflektiert und ausgelegt, ohne es auf diese Begriffe zu »bringen«. Weil die Weisheit des Volkes als Inkulturation des Allgemeinmenschlichen gelten kann, kann die

---

65 *Ellacuría*, Marxismus 84.

66 *Fornet-Betancourt*, »Hören auf das Volk« 37.

67 *Scannone*, Volksreligiosität 204, Herv. im Orig.

68 *Scannone*, Volksreligiosität 208 mit Verweis u. a. auf *CELAM*, Evangelisierung Nr. 448: »Die Religiosität des Volkes ist in ihrem Kern ein Schatz von Werten, der mit christlicher Weisheit auf die großen Existenzfragen Antwort gibt.« Vgl. Nr. 413f. sowie allgemeiner *Irarrázaval*, Volksreligion.

Philosophie »eine solche situationsgebundene Allgemeinheit der Volksweisheit *analogisch* begreifen, hat sie aber in anderen Lebensbereichen als dem eigenen zu suchen, nämlich in denen der Religion, der Politik, der Dichtung, des geschichtlichen Tuns des Volkes«[69]. Für die Denk*form* folgt daraus eine Aufnahme der symbolischen Vermittlung, da dies der der Volksweisheit eigentümliche Denkrhythmus ist, und der nicht aufzulösenden Spannung von Einheit und Unterschied, Identität und Differenz. Dies drückt sich besonders in der Kategorie der »pluralen Identität« aus.[70] Die Befreiungstheologie geht somit vom Subjekt des im Kontext der Kirche entwickelten und gepflegten denkenden und gedachten Glaubens aus; dieses ist zugleich Subjekt der Theologie, einer Theologie, die sich vor allem mündlich äußert und durch Gesten und Symbole realisiert. Daher findet die professionelle Befreiungstheologie in der Bindung an eine konkrete Gemeinde, im Austausch »mit dem Volk« (bei Zusammenkünften unterschiedlichster Art) und im Arbeitszimmer statt.[71]

Die methodische Bedeutung des »Volkes« für die lateinamerikanische Befreiungstheologie spricht zusätzlich gegen den Marxismusvorwurf, da der Marxismus als eine vor allem in studentischen und intellektuellen Kreisen präsente Strömung dem lateinamerikanischen Volk fremd blieb und das kulturelle, religiöse Ethos des Volkes die Bedeutung des Marxismus relativiert. Unabhängig davon markiert sie einen wichtigen Unterschied zur eher deduzierenden Methodik der Glaubenkongregation und damit ein stetes Konfliktpotential, wie im Folgenden deutlich werden wird.

Kann die Kritik an der Theologie der Befreiung vonseiten der römischen Glaubenskongregation somit inhaltlich zurückgewiesen werden, ist sie aus formaler Hinsicht bemerkenswert. Denn wenngleich die völlige Unvorein-

---

69 *Scannone*, Volksreligiosität 209, Herv. im Orig. Dies entspricht der in der Befreiungstheologie üblichen Integration der drei von Clodovis Boff unterschiedenen Typen theologischer Reflexion (professionell, pastoral und popular). (Vgl. *Boff*, Wissenschaftstheorie 75–80.)

70 »Die plurale Identität versucht *weder* die bloß abstrakte Identität *der* Unterschiedenen *noch* die dialektische Identität der Identität und des Unterschieds, sondern die Identität *im* unaufhebbaren Unterschied zu denken, wie sie durch die Volksweisheit im Symbol, in der symbolischen Vermittlung und in dem Subjekt der symbolischen Intentionalität, d. h. im ethischen-religiösen Wir erfahren wird.« (*Scannone*, Volksreligiosität 210, Herv. im Orig.) »Die katholische Volksweisheit hat eine große Fähigkeit zur Lebenssynthese. So führt sie in schöpferischer Weise Göttliches und Menschliches, Christus und Maria, Geist und Leib, Gemeinschaft und Institution, Person und Gemeinschaft, Glauben und Vaterland, Verstand und Gefühl zusammen.« (*CELAM*, Evangelisierung Nr. 448.)

71 Vgl. *Boff*, Wissenschaftstheorie 81f. »What Rome did not seem to understand was that liberation theology truly intended to build a new way of doing theology, and moreover, wanted to do it inside the church. It was an academic proposal but also a pastoral one. It was meant to take place within the church at the service of the poor to help them overcome their poverty and oppression.« (*Bingemer*, Theology 28.)

genommenheit gegenüber der Realität als Bedingung einer Analyse angesehen wird (vgl. VII,13) und dies als Hinweis auf eine Auseinandersetzung über Argumente gelten könnte, ist bei grundlegenden Optionen wie der Bewertung des kapitalistischen Systems oder des Wahrheitsverständnisses »das ›determinierende Prinzip‹ wieder die Autorität des Lehramtes. Der autoritäre Charakter der Argumentation schließt jede Art der Selbstanalyse und noch viel mehr der Selbstkritik aus.«[72] Obwohl Girardi vielleicht etwas (zu) scharf formuliert hat, weist er auf den richtigen Umstand hin, dass diese Form des Autoritätsarguments von der eigenen Perspektive ausgeht und somit die vom II. Vatikanum angemahnte konstruktive Auseinandersetzung mit dem »Außen« der Kirche nicht aufnimmt. Hier wird der unterschiedliche ekklesiologische Rahmen deutlich, der auch für die christologische Diskussion gilt und durch den ein Konfliktpotential zwischen Glaubenskongregation und Befreiungstheologien entsteht. Die unterbliebene Rezeption zentraler Konzilsaussagen durch die Glaubenskongregation wirkt sich bei der Bestimmung politischer Schwerpunkte in Glaubensaussagen aus, »denn sie erliegt allzuoft der Versuchung, das Politische am Glauben mit etwas bloß Politischem, das Geschichtliche mit nur Geschichtlichem, und das Revolutionäre im Sinn des Evangeliums mit dem Begriff des Revolutionären im Sinn des Marxismus zu verwechseln«[73]. Klinger moniert daher an der Kritik der Instruktion am »historizistischen Immanentismus« (IX,3), sie beschäftige sich nicht mit dem authentischen Gehalt der Befreiungstheologie und einer Theologie der Immanenz, des geschichtlichen Lebens und der Politik, sondern mit Immanentismus, Historizismus und Politisierung der Theologie und bringe die jeweiligen Unterschiede nicht zur Geltung. »Die Armen sind jedoch ein Problem von Politik und Theologie, denn sie haben Rechte in der Gesellschaft und sind eine vorrangige Existenz des Evangeliums Jesu. Daher besitzt jede Theologie der Armen politisches Gewicht und jede Politik der Menschenrechtsverletzungen an den Armen ist eine Herausforderung der Theologie.«[74] Als theologische Begründung für die Option für die Armen fungiert neben dem Ausgangspunkt der Analyse der Realität, die in Lateinamerika sündhafte Strukturen aufdeckt, die Armut und Unterdrückung produzieren und zugunsten des von Gott gewollten universalen Heils überwunden werden müssen, das vorrangig Armen und Unterdrückten geltende befreiende

72 *Girardi*, Auseinandersetzungen 141.

73 *Klinger*, Armut 263. »Die Pastoralkonstitution des Konzils zählt bislang nicht zu den Prinzipien, über die die Glaubenskongregation verfügt und mit denen sie die Befreiungstheologie beurteilt. ›Gaudium et spes‹ muß jedoch in dieser Auseinandersetzung eingeklagt werden, denn es ist für Kirche und Theologie fundamental.« (247)

74 *Klinger*, Armut 252 mit Rekurs auf GS 43.

Handeln Gottes in der Geschichte und besonders Leben und Praxis Jesu von Nazaret. Besonders betont wird die kenotische Präsenz des Gottes Jesu in der geschichtlichen Realität der Armen: »Die Armen sind insofern ein theologischer Ort in Lateinamerika, als sie die größte und skandalöse prophetische und apokalyptische Präsenz des christlichen Gottes darstellen und damit den privilegierten Ort christlicher Praxis und Reflexion.«[75] »Ort« spielt weniger auf die Quellen der Theologie im Sinne der *loci theologici* an, sondern ist eher in der wörtlichen raum-zeitlichen Bedeutung als ein Ort zu verstehen, an dem Gott auf besondere Weise (und mit dem Ruf zur Umkehr) in Erscheinung tritt, an dem der Glaube an Jesus und seine Nachfolge am besten erlebt werden können, weil das Skandalöse an Jesu Leben am deutlichsten wird, und der am besten für eine christliche Theologie geeignet ist, da »der beste Ort für Offenbarung und Glauben auch der beste Ort für die heilbringende befreiende Praxis und die theologische Praxis ist«[76]. Ellacuría geht sogar so weit, den Armen einen Vorrang vor vielen anderen Elementen und Tätigkeiten der Kirche zuzuschreiben, da die Kirche nicht mehr die Kirche Christi ist, wenn sie sich nicht mehr den Armen widmet und ihnen in Hierarchie, Struktur, Lehre, Pastoral und Dogmatik den Vorrang einräumt.

Auch wenn der Marxismusvorwurf im Zentrum der beiden Instruktionen der Glaubenskongregationen zur Befreiungstheologie stand und somit vordergründig das entscheidende Konfliktpotential markiert, lässt sich dieser Konflikt auf unterschiedliche ekklesiologische Weichenstellungen zurückführen. Diese bestehen vonseiten der Glaubenskongregation in einem Fokus auf das Innen der Kirche, während die Befreiungstheologie den Impetus von GS aufnimmt und viel stärker das Außen in den Blick nimmt. Folgerichtig werden mit der Orientierung am Volk und der Option für die Armen auch methodisch-erkenntnistheoretisch andere Rahmenbedingungen gewählt als von der Glaubenskongregation. Diese geht primär deduktiv von überlieferten Glaubenssätzen aus, sieht diese als allgemeingültig an und daher keine Notwendigkeit, konkrete Folgerungen je nach Kontext zu differenzieren, arbeitet also weitgehend vorkontextuell. Nach ihrem Selbstverständnis besteht ihre Aufgabe darin, den Gläubigen Sicherheit zu bieten, was sich mit dem Ansatz beim Innenraum verbindet und zur gewählten Sekuritätstechnik führt, die gegebenen Sicherheiten zu betonen und das Innen gegen Anfragen aus der

---

75 *Ellacuría*, Armen als Ort 208.

76 *Ellacuría*, Armen als Ort 210. Den letzten Punkt begründet Ellacuría damit, dass Theologen abhängig sind von einem bestimmten Horizont und einer bestimmten Praxis und Theologie innerhalb der Kirche betrieben werden muss, um nicht rein akademisch oder theoretisch zu werden.

Geschichte und anderen Kontexten abzusichern. Für die Befreiungstheologie kann Theologie nur auf der Basis der jeweiligen geschichtlichen Realität, je nach Kontext differenziert, transformierend wirken und so ihren Beitrag zur geschichtlichen Konkretisierung des Reiches Gottes leisten. Die Rahmenbedingungen sind somit so gewählt, dass ein Verständnis der je anderen Position im Rahmen der eigenen deutlich erschwert ist. Für die weitere Analyse der Christologie Sobrinos legt dies ähnlich große Differenzen in den jeweils gewählten Voraussetzungen, d. h. einem ontologischen Paradigma (Glaubenskongregation) und einem geschichtlichen (Sobrino) nahe. Sobrino gehört mit Leonardo Boff zu den besonders prominenten Fällen von Konflikten zwischen einzelnen Befreiungstheologen und der Glaubenskongregation. Bei Boff entzündete sich die Auseinandersetzung anhand der Ekklesiologie, bei Sobrino wurde die Christologie kritisiert. Diese kann als die am ausführlichsten entfaltete (lateinamerikanische) Befreiungschristologie angesehen werden. Wie bei den Ausführungen zu Schillebeeckx stehen die kritisierten Werke – *Christologie der Befreiung* (*Jesucristo liberador. Lectura histórico-teológica de Jesús de Nazaret*) und *Der Glaube an Jesus Christus* (*La fe en Jesucristo. Ensayo desde las víctimas*) – im Zentrum der Untersuchung.

4.2 Jon Sobrino: Der befreiende Christus und die Opfer

Der 1938 in Spanien geborene und seit 1957 in El Salvador lebende Jesuit Jon Sobrino gehört zu den bedeutendsten Befreiungstheologen unserer Zeit. Schon seit Mitte der 1970er Jahre widmet er sich ausführlich der Christologie und hat neben zahlreichen kürzeren Beitragen eine systematische Christologie in zwei Bänden vorgelegt, von denen er den zweiten im Untertitel als »Versuch« kennzeichnet und somit deutlich macht, dass dies kein Handbuch ist, sondern »das Suchen und Ringen eines Theologen aus[drückt], die erlösende Wirklichkeit Jesu Christi, angesichts der konkreten aktualen Wirklichkeit unserer Welt, zur Sprache zu bringen«[77]. Sein Grundanliegen ist es, die Wahrheit des Glaubens in der Auseinandersetzung mit der Wirklichkeit dieser Welt und den Erfahrungen der Menschen so auszudrücken, dass sie als

77 *Zechmeister*, Jesus 86. Vgl. *Sobrino*, Christologie; *Sobrino*, Glaube sowie an Sekundärliteratur besonders *Bedford*, Jesus; *Denger*, Liebe (mit einer theologischen Biographie 17–43); *Fagan*, Interpretation; *Fornet Ponse*, Gott 205–289; *Frieling*, Ethik 320–411; *Lassalle-Klein*, Jesus; *Lassalle-Klein*, Blood 309–336; *Leidinger*, Verletzbarkeit 109–166; *Maier*, Theologie; *Pope*, Hope; *Sesboüé*, Jesus; *Stålsett*, crucified; *Santos Souza*, cristologia; *Watson*, Christology 198–254; *Wenzel*, Christologie und aus erkenntnistheoretischer Perspektive *Lohmayer*, Frege 229–290.

befreiende Botschaft wahrgenommen werden kann, d. h. »die Wahrheit Jesu Christi aus der Perspektive der Befreiung aufzuzeigen«[78], was er explizit nicht als einen völlig neuen Zugang ansieht. Vielmehr gehe es darum, bestimmte Aspekte der sich korrelativ zueinander verhaltenden Unterdrückung und Befreiung herauszustellen. Sobrino betont, in Lateinamerika sei eine Christologie, die einen auf der Seite der Befreiung stehenden Christus verkündet, nicht nur historisch notwendig, sondern auch aufgrund der Aufforderung an alle Christen und Christinnen, Rechenschaft über den Grund ihrer Hoffnung zu geben (vgl. 1Petr 3,15). Sein Fokus liegt auf Armut und Unterdrückung, wodurch Fragestellungen feministischer Theologie oder der Indigenen eher unterbelichtet sind, aber in späteren Schriften zumindest erwähnt werden.[79] Auch mögliche Instrumentalisierungen Christi kommen in den Blick, weshalb Costadoat Sobrinos Christologie vor allem durch die Überzeugung charakterisiert sieht, »de que no basta confesar a Cristo para ser cristianos, que es posible usar su nombre con fines ideológicos y que se requiere volver a Jesús de Nazaret para rescatar su fuerza liberadora«[80]. Gerade wegen der Zeitabhängigkeit der Christologie und der Möglichkeit der Instrumentalisierung seien die Grenzen jeder Christologie aufzuzeigen sowie die Gefahren, denen begegnet werde. Wenn eine Christologie auch aufgrund ihrer Rationalität vor einem Fundamentalismus bewahre, dürfe nicht das Fundamentale verdeckt werden: »Jesu Option für die Armen, seine Barmherzigkeit und Gerechtigkeit, seine Auseinandersetzung mit den Mächtigen und – aufgrund all dessen – die Verfolgung und seinen Tod; aber auch die verkündete Auferstehung. Vor allem aber den Auftrag, ihm nachzufolgen.«[81] Da Jesus Christus in Lateinamerika überall als Glaubenswirklichkeit oder sozio-kulturelles Symbol präsent sei und gebraucht werde, um verschiedene humanitäre, soziale oder politische Vorhaben zu rechtfertigen, müsse eine Christologie sein wahres Gesicht zeigen, so »daß er richtig gebraucht wird und im Dienst des *mysterium liberationis* und gegen das *mysterium iniquitatis* steht«[82]. Dies gilt insbesondere angesichts

78 *Sobrino*, Christologie 20.

79 Vgl. z. B. *Sobrino*, Jesús y la justicia 192 und zum Vorwurf der Abwesenheit feministischer Anfragen *Fagan*, Interpretation 220–224 und aktuell einschließlich einer intersektionalen Perspektive *Denger*, Liebe 56–67. Wegen der Perspektive der Befreiung und des Einsatzes für die Armen aufgrund der Orientierung an der Realität ist seine Christologie offen für eine Erweiterung auf andere Formen von Unterdrückung und ihre Überwindung durch eine Christus entsprechende Praxis.

80 *Costadoat*, liberación 62.

81 *Sobrino*, Christologie 17.

82 *Sobrino*, Christologie 18, Herv. im Orig.

sowohl des Leidens in Lateinamerika als auch der gläubigen Erfahrung Christi als der guten Nachricht.

»Su cristología pretende ayudar a la comprensión de Cristo, pero al mismo tiempo a mostrar su operatividad en la historia del continente.«[83] Sobrino versteht seine Christologie als eine grundlegend und unhintergehbar kontextuelle, die zutiefst von ihrem konkreten Kontext in Lateinamerika und besonders El Salvador sowie der dort zu beobachtenden Armut, Gewalt und Unterdrückung, die von ihm (und anderen Befreiungstheologen und -theologinnen) als Kreuzigung charakterisiert wird, geprägt und insofern »inmitten der Kreuzigung, zugleich aber in der Hoffnung auf Befreiung geschrieben worden«[84] ist. Diese Spannung von Kreuzigung und Befreiung wird im inhaltlichen Vorgehen seiner Christologie aufgenommen, indem Sobrino zunächst mit einer historisch-theologischen Untersuchung nach dem Christus Jesus aus Nazaret fragt, sich also primär dem »irdischen Jesus«[85] zuwendet und dabei vor allem an seinem Dienst am Reich Gottes, seiner Beziehung zum Vater und seinem Kreuzestod den befreienden Charakter seiner Person und seiner Sendung herausarbeitet. Auf dieser Grundlage bespricht er die Geschichte der Christologien und »den Glauben an den nach der Auferstehung als Christus verkündeten Jesus aus Nazaret«[86]. Sein erkenntnisleitendes Interesse ist nicht die Kenntnis des irdischen Jesus, sondern die Nachfolge Christi, für die die vergangene Geschichte Jesu und die gegenwärtige Geschichte der Armen wichtig sind, sodass die Studien zum irdischen Jesus der methodologische Ausgangspunkt sind und der Glaube an ihn der wirkliche. Sobrino setzt voraus, dass Christus in der Geschichte gegenwärtig ist und die transzendente Erlösung innerweltlich Realität unter den Armen werden kann. Was von Christus und worin er gegenwärtig ist, bestimmt Sobrino genauer mit Rekurs auf die Rede von den Zeichen der Zeit, da Christus in Gegenwart nur zeichenhaft präsent sein könne. In Übereinstimmung mit den Generalversammlungen

---

83 *Torres Serrano*, dimensión 13.

84 *Sobrino*, Christologie 13.

85 Dies ist nicht mit dem »historischen Jesus« der Leben-Jesu-Forschung zu verwechseln, sondern meint den Menschen Jesus von Nazaret mit seinem Leben und Wirken, den der christliche Glaube als den Christus bekennt. Dies relativiert die Kritik von Noguez Alcántara, Sobrino stütze sich großenteils auf Texte, die die Bibelkritik nicht dem historischen Jesus, sondern dem Jesus der Evangelien zuschreibe. (Vgl. *Noguez Alcántara*, Cristología 33.)

Harrington sieht Sobrinos Vorgehensweise als dem Genre der Evangelien angemessen an: »His historical-theological reading of Jesus is certainly more coherent with regard to the sources and more plausible with regard to history than the narrow historical-critical readings are.« (*Harrington*, Jesus 87.) Vgl. auch *de Schrijver*, Christology 507–519.

86 *Sobrino*, Christologie 21.

der lateinamerikanischen Bischöfe in Medellín und Puebla wird die Gegenwart Christi in der Geschichte in den unterdrückten Mehrheiten des Volkes festgestellt und somit eine Christologie des »Leibes« Christi entworfen. »Die Wirklichkeit der lateinamerikanischen Armen mit dem ›leidenden Gottesknecht‹ und dem ›durchbohrten Gott‹ gleichzusetzen, ist die Art und Weise, sie als geschichtlich-theologales Zeichen der Zeit zu verstehen.«[87] Diese zeichenhafte Präsenz Christi ist somit weniger symbolisch oder performativ (diese Aspekte sind wichtiger bei der Diskussion der Nachfolge Jesu), sondern vor allem repräsentativ aufgrund der Charakteristika der leidenden Mehrheit, die sie mit Christus gemeinsam haben, und der Zusage Christi, im Leiden präsent zu sein (vgl. Mt 25,31–46), die insbesondere für das später ausführlicher zu besprechende Theologumenon des »gekreuzigten Volkes« sehr bedeutend ist.[88] Mit diesem unterschiedlichen methodischen Zugang wird weiteres Konfliktpotential erkennbar, da diese Betonung einer vermittelten Präsenz Christi in Spannung zu einem der Hauptanliegen der Glaubenskongregation steht, die unvermittelten Momente dieser Präsenz herauszustellen. Ein Beispiel dafür ist die Erklärung *Dominus Iesus*, die betont, das geschichtliche Ereignis Jesu berge in sich endgültig und vollständig die Offenbarung der Heilswege Gottes und die Wahrheit über Gott werde durch die Aussage in menschlicher Sprache nicht beseitigt oder eingegrenzt (DI 6), sowie die Einzigkeit der Kirche mit der Untrennbarkeit von Christus und Kirche, die gemeinsam den einzigen »ganzen Christus« bildeten (DI 16), begründet.

Zusammen mit der expliziten Kontextualität weist Sobrinos Methodik einen zirkulären Grundzug auf und unterscheidet sich durch diesen Rückbezug auf den Kontext von der primär deduktiven Methodik der Glaubenskongregation: »los textos de la revelacíon que hablan de Jesucristo se comprenden desde el contexto en que Cristo se hace presente en la historia y, viceversa, los mismos textos iluminan sobre dónde es posible hallar hoy a Cristo en la historia para hacer de este el lugar ideal de la cristología«[89]. Wenn Sobrino den kontextuellen Charakter seiner Christologie betont, bedeutet dies nicht, er entwerfe sie lediglich unter Rekurs auf andere lateinamerikanische Theologen und Theologinnen. Abgesehen von einem starken Rekurs auf deutschsprachige Exegeten

---

87 *Sobrino*, Christologie 47.

88 Allgemeiner Hoff zur zeichenhaften Präsenz: »Christologisch wird Jesus der Jude als Zeichen der Präsenz Gottes eingesetzt, in dem sich Gottes Menschwerdung vollzieht. *Menschwerdung* funktioniert hier als Interpretationszeichen, das exakt dies besagt: *Menschwerdung*. Sie steckt im evolutionären Erbe des *homo sapiens sapiens*, und als *Zeichenmenschen* sind wir alle Menschen und werden wir es immer neu mit jedem neuen Menschen.« (*Hoff*, Religionsgespenster 232, Herv. im Orig.)

89 *Costadoat*, liberación 63.

wie Joachim Jeremias diskutiert er Ansätze europäischer, insbesondere deutscher Theologen wie Bultmann, Pannenberg, Moltmann oder Kasper, und stellt deren Bedeutung für die eigenen Überlegungen heraus.[90]

Schon zu Beginn seiner christologischen Monographien betont er die (erkenntnistheoretische) Bescheidenheit, die jeder Christologie obliegen müsse, da es weder möglich sei, sämtliche Erkenntnisse der verschiedenen theologischen Disziplinen über Jesus Christus zu rezipieren, noch alle kontextuellen Christologien zu berücksichtigen. Dies liege letztlich am »Gegenstand« der Christologie selber, da Jesus Christus die wahrhaftige und unüberbietbare Offenbarung des Geheimnisses Gottes und des Menschseins sei und daher nie völlig erschlossen werden könne.[91] Komplementär zu dieser Zurückhaltung verhalte sich der mystagogische Charakter einer Christologie, wenn diese den Menschen den Weg Jesu zeigen könne, auf dem sie dem Geheimnis Gottes begegnen und Jesus als Christus erfahren könnten. Das tiefste Wesen der Christologie bestimmt Sobrino daher als etwas »›Spirituelles‹: daß sie den Personen und den Gemeinschaften hilft, Christus zu finden, der Sache Jesu zu folgen, als neue Menschen zu leben und die Welt nach dem Wunsch Gottes zu gestalten«[92]. Insofern gehört die Entfaltung einer »spirituellen Theologie« zu den Grundanliegen Sobrinos. Auch dies unterstützt die Kontextualität eines christologischen Ansatzes, da die unterschiedlichen Kontexte der jeweils adressierten Personen und Gemeinschaften unterschiedliche Anforderungen mit sich bringen, um diese Hilfe bestmöglich bieten zu können – im Fall Sobrinos die Betonung des befreienden Charakters der Person und Sendung Jesu Christi angesichts seines unmittelbaren Kontextes in El Salvador. Damit bestreitet er nicht die Bedeutung der Offenbarung, wie sie sich in überlieferten Texten niedergeschlagen hat, betont aber ihre wichtige Ergänzung, da es evident ist, »que la teología no se hace en un vacío histórico, sino que se hace, se sepa o no, en medio de realidades concretas, personales, sociales, culturales, existenciales. En alguna realidad hay que leer las fuentes de la revelación y reflexionar sobre ellas.«[93] Eine methodische Grundmaxime Sobrinos besteht darin, von der vorgefundenen Realität auszugehen, sich mit der Wirklichkeit

---

90 Vgl. *Sobrino,* Christologie bes. 76–80, 158–173; *Sobrino,* Glaube 54–70. Der Einfluss Moltmanns war in seinen früheren Werken deutlich stärker als in der zweibändigen Christologie, die hier im Zentrum steht. Vgl. dazu die Analysen in *Maier,* Theologie 293–305; *Stålsett,* crucified und *Thiede,* Reality 99–178. Im Hintergrund steht auch seine unveröffentlichte Dissertation von 1975 über die Bedeutung von Kreuz und Auferstehung in den Christologien Pannenbergs und Moltmanns.

91 Vgl. *Sobrino,* Christologie 13f.

92 *Sobrino,* Christologie 22.

93 *Sobrino,* Bajar 86.

Gottes in dieser heute auseinanderzusetzen, sie zur Sprache zu bringen und die Suche nach Christus und seiner Nachfolge zu unterstützen. Daher ist die Theologie der Befreiung solange aktuell, solange Armut, Unterdrückung und Gewalt aktuell sind. »Eine Theologie, die christlich heißen will, kann die dauernde Macht dieses historischen, die Schöpfung entstellenden Faktums nicht ignorieren, sie darf die Kreuzigung ganzer Völker und ihre Sehnsucht nach Auferstehung nicht übergehen.«[94]

4.2.1 *Ausgangspunkt und Grundlagen*

Die Bedeutung der Erfahrung von Armut, Unterdrückung und Gewalt in Lateinamerika und besonders in El Salvador kann für die Theologie Sobrinos kaum überschätzt werden, da dies erklärt, »why Sobrinos finds it necessary to speak of a ›crucified reality‹«[95]. Denn diese Geschichte kann angesichts der strukturellen Ungerechtigkeit über Generationen hinweg und der über 75.000 Toten im Bürgerkrieg zwischen 1980 und 1992 als eine Leidensgeschichte erzählt werden, was auch für die Kirchen und ihre Mitglieder in ihrem Einsatz für die Armen gilt – die prominenten Opfer wie Rutilio Grande SJ, Erzbischof Oscar Arnulfo Romero oder die Jesuitenkommunität Sobrinos sind nur wenige davon. Insbesondere die Ermordung Romeros und seiner Kollegen, unter ihnen Ignacio Ellacuría, prägen seine Theologie – u. a. für seine Weiterentwicklung des Theologumenons vom *gekreuzigten Volk* – und werden immer wieder thematisiert.[96] Diese Leidenserfahrungen »in the midst of an active attempt to transform reality by contributing to the removal of what is seen as the root causes of general injustice, violence and suffering in El Salvador«[97] führen nicht nur zu einem persönlichen Ton der Schriften Sobrinos, sondern betreffen den Inhalt seiner Theologie als Theologie »in einer gekreuzigten Realität«.

Daneben ist ein weiterer Umstand in seiner Bedeutung sowohl für die Grundlagen als auch die konkrete Ausgestaltung der Theologie Sobrinos sehr

---

94 *Collet*, Schlummer 137.

95 *Stålsett*, crucified 42 mit Zitat aus *Sobrino*, principio-misericordia 7. Vgl. zu diesem Kontext u. a. *Fornet-Ponse*, Freiheit 226–233 (Lit.).

96 Vgl. *Sobrino*, Sterben; *Sobrino*, Ellacuría; *Sobrino*, Preis; *Sobrino*, recuerdo; *Sobrino*, Ellacuría olvidado.

»[T]he contextual Christology developed by Sobrino and Ellacuría is unified by two fundamental claims: (1) the historical reality of Jesus, which brings joy and salvation, is the real sign of the Word made flesh; and (2) the *analogatum princeps* of God's self-offer in the life, death, and resurrection of Jesus is to be found today among the crucified peoples of the planet.« (*Lassalle-Klein*, Blood 312, Herv. im Orig.)

97 *Stålsett*, crucified 44.

bedeutend, nämlich seine Zugehörigkeit zum Jesuitenorden.[98] Gute Beispiele aus den ignatianischen Exerzitien sind die Meditation über die Trinität mit ihrer direkten Aufforderung, am Wirken der Trinität in der Welt mitzuarbeiten,[99] die sich im Diktum, Gott sei in allen Dingen zu finden, niederschlagende Aufmerksamkeit auf die konkrete Realität oder die im Blick auf den Willen Gottes vorzunehmende Unterscheidung der Geister. Auch sein die gesamte Christologie prägendes Verständnis der Nachfolge ist von den Exerzitien geprägt.[100]

Vor diesem Hintergrund können mit Stålsett sieben grundlegende und aufeinander aufbauende Voraussetzungen der Theologie Sobrinos herausgestellt werden, die zudem repräsentativ für die lateinamerikanische Befreiungstheologie sind und eine große Nähe zu Theologen wie Gustavo Gutiérrez und Ignacio Ellacuría aufweisen:[101]

- *Ehrlichkeit gegenüber der Realität*: Dies meint die genaue und schonungslose Analyse der Realität, um die Wahrheit gegen Tendenzen, sie zu unterdrücken, zu kennen. Damit verbunden wird der in der westlichen Theologie vorherrschende Idealismus zugunsten eines »offenen« bzw. »transzendenten Realismus« kritisiert, was es erlaubt, die Realität als »gekreuzigt«, d. h. als von Sünde und vorzeitigem Tod geprägt, zu kennzeichnen.
- *Die Bedeutung des theologischen Ortes*, d. h. die Kontextualität der Theologie, da der Kontext bzw. Ort einer theologischen Reflexion ihren Inhalt entscheidend bestimmt. Sobrino entfaltet dies in seiner Christologie mit Rekurs auf die einschlägigen Ausführungen Ellacurías, für den ein theologischer Ort sich dadurch auszeichnet, erstens ein Ort der besonderen Selbstoffenbarung Gottes in Christus, zweitens der adäquateste Ort, Jesus nachzufolgen, und drittens der angemessenste Ort für die Reflexion des Glaubens zu sein. In Lateinamerika sind dies zunächst und zumeist die

98 Vgl. *Lassalle-Klein*, Jesus 371f; *Lüning*, Mensch 238–241; *Stålsett*, crucified 105–112. Vgl. zur Übernahme der Option für die Armen durch die Jesuiten in Zentralamerika *Lassalle-Klein*, Blood 23–52 sowie 188–200 und *Ashley*, Ellacuría zu Ellacurías Deutung der Exerzitien.

99 Diese wurde in der 32. Generalkongregation der Gesellschaft Jesu als ein entscheidendes Merkmal der Sendung und Spiritualität der Jesuiten zitiert.

100 Vgl. dazu *Bedford*, Jesus 75–79 sowie allgemeiner *Sobrino*, Liberación, worin er die Befreiung aus einer christlichen Spiritualität heraus schildert sowie einige Dimensionen und Quellen dieser Spiritualität erläutert, darunter die Bedeutung des Reiches Gottes oder die Hoffnung der Armen in Lateinamerika. Wichtig ist ihm, nicht ein Buch über Spiritualität geschrieben zu haben, sondern »de exponer el núcleo de lo que sería toda espiritualidad y mostrar su necesidad en el mundo de hoy: vivir con un determinado espíritu para ser creyente o, simplemente, un ser humano« (7).

101 Vgl. *Stålsett*, crucified 45–105; auch *Fagan*, Interpretation 81–101.

Armen.[102] Sobrino übernimmt dies und versteht die Armen als den Ort, an dem man am besten die Quellen über Christi Vergangenheit und seine Gegenwart in der Geschichte deuten könne.

- *Die Armen als theologischer Ort*: Die Option für die Armen (in späteren Schriften nennt Sobrino häufiger die Opfer) als Vorverständnis für die Christologie geht von einem anderswo nicht zu findenden Licht in der Welt der Armen aus und nimmt aus dieser bestimmten Perspektive das Ganze in den Blick. »Damit wird das Gesamte nicht auf einen Teilaspekt verkürzt, vielmehr erwartet man, von den Armen her besser und mehr zu sehen, als von jeder anderen Position aus.«[103] Auch hier rekurriert Sobrino auf einschlägige Arbeiten Ellacurías, der nicht nur auf den dialektischen Charakter der (sozio-ökonomischen) Armut hinweist, sondern zudem das neutestamentliche Verständnis als Ermöglichung wahren Menschseins aufgreift.[104] Die Armen sind diejenigen, die fast alle Mächte der Welt gegen sich haben, sodass schon ihre Existenz die Frage stellt, ob man für oder gegen sie ist.[105]
- *Die Befreiung der Armen als theologisches Ziel* ist ein anderer Aspekt der Option für die Armen, da es nicht nur um theologische Erkenntnis geht, sondern auch darum, »die Gekreuzigten von ihren Kreuzen zu nehmen«. Dieses Anliegen teilt Sobrino mit anderen Befreiungstheologen, z. B. Gutiérrez, der drei Bedeutungsebenen des Begriffs »Befreiung« unterscheidet, nämlich die politische, die des Menschen im Lauf der Geschichte und die von der Sünde.[106] Ähnlich spricht Ellacuría von einer »integralen Befreiung«, bei der materielle Befreiung nicht von der geistigen (von der Macht der Sünde und des Todes) getrennt wird, sondern beide eng miteinander verbunden sind und sich geschichtlich ereignen. Eine universale Befreiung beschränke sich nicht auf rein ökonomische oder politische Probleme: »Man muß den Armen von seiner Armut und den Reichen von seinem Reichtum befreien, man muß den Unterdrückten von seinem Beherrschtwerden und den Unterdrücker von seinem Herrsein befreien. Und dies ist korrelativ.«[107] Auch Sobrino versteht Befreiung

102 Vgl. u. a. *Ellacuría*, Begründung; *Ellacuría*, Tesis; *Ellacuría*, Utopie.

103 *Sobrino*, Christologie 57.

104 Vgl. *Ellacuría*, Armen. Ähnlich unterscheidet Gutiérrez zwischen der die Menschenwürde verletztenden skandalösen Armut und Armut als »geistiger Kindschaft« und sieht als mögliche Synthese beider die Armut als Engagement in Solidarität und Protest. Vgl. *Gutiérrez*, Theologie 344–361 und dazu *Rivera Roberto*, Befreiungstheologie 33–38.

105 Vgl. *Sobrino*, Bajar 81–83; *Sobrino*, »principio liberación« 124–126. Vgl. dazu auch *Curran*, Mercy; *Maier*, Theologie 139–169 und ferner *Codina*, Pobres. Vgl. zur Gefahr, die Armen zu ideologisieren, und wie die Befreiungstheologie diese vermeiden kann, *Noble*, Poor.

106 Vgl. *Gutiérrez*, Theologie 104 und dazu *Rivera Roberto*, Befreiungstheologie 53–55.

107 *Ellacuría*, Geschichtlichkeit 356.

als die Notwendigkeit, die Realität zu verändern und Unterdrückung und Kreuzigung zu beenden, was Leben und Würde für die Armen bedeutet. Er betont den integralen, d. h. sowohl soziopolitischen als auch theologischen Charakter von Befreiung als die (nicht abstrakt-ideale, sondern zu konkretisierende) »Utopie, daß das Reich Gottes Wirklichkeit wird und die Menschen menschlich werden«[108]. Die Mitwirkung an der Befreiungspraxis ist somit vorrangig.

– Auch *die Priorität der Praxis* ist ein gemeinsamer Grundzug nicht nur der Befreiungstheologien, sondern vieler so genannter Dritte-Welt-Theologien mit dem in der Betonung der Praxis bzw. des Engagements als erstem Akt der Theologie liegenden epistemologischen Bruch mit der abendländischen Theologie.[109] In Erweiterung des von Ellacuría vorgeschlagenen dreifachen Charakters der Begegnung des Menschen mit der Realität (das verantwortliche Erkennen der Realität, die tätige Verantwortung für die Realität und das leidenschaftliche Kümmern um die Realität)[110], womit betont wird, dass die Begegnung mit der Realität neben dem Erkennen auch ein Sollen und Handeln beinhaltet, sieht Sobrino als vierte Dimension die der Gnade, das *dejarse cargar por la realidad* (sich von der Realität bzw. den gekreuzigten Völkern tragen lassen).[111] In der Christologie betont er, Jesus habe seinen Glauben in das kommende Gottesreich durch Worte und Tat verkündet, womit diese enge Beziehung von Theorie und Praxis auch christologisch begründet werden könne; letztlich bestehe die wahre Erkenntnis Jesu in seiner Nachfolge bzw. der Orthopraxis.[112]

– *Theologie als Interpretation der Realität* kann als die Konsequenz für die Aufgabe der Theologie aus den bereits genannten Voraussetzungen angesehen werden, da Theologie die aktuelle Realität theologisch konzeptualisieren

---

108 *Sobrino*, Christologie 15. Vgl. zur Bedeutung der Befreiung in Sobrinos Christologie *Costadoat*, liberación.

109 Vgl. in dieser Arbeit S. 233.

110 Vgl. *Ellacuría*, Begründung 63 und ausführlicher dazu *Burke*, Ground 100–108; *Lee*, Weight 48–50. Im Original liegt hier ein unübersetzbares Wortspiel vor: *el hacerse cargo de la realidad, cargar con la realidad, encargarse de la realidad.*

111 Vgl. *Sobrino*, civilización 17; *Sobrino*, »principio liberación« 118; *Sobrino*, Herausforderung 290f.

112 Vgl. *Sobrino*, Christologie 60. Die Methode der Christologie Sobrinos setzt die Bereitschaft voraus, »die Theorie nicht von der Praxis zu trennen, sondern aus der aktiven Nachfolge Jesu Christi und der darausfolgenden Tätigkeit zugunsten der Armen und deren Befreiung bzw. Erlösung heraus, die christologischen Wahrheiten zu entdecken. Diese Nachfolge ist oft schwierig, ihr Preis ist hoch, doch bringt sie auch große Freude und Vitalität in die Christologie hinein.« (*Bedford*, Jesus 43.) Vgl. auch *Brackley*, Theology 10; *Bombonatto*, Seguimento 119ff.

soll, insofern diese Gottes Manifestation enthält, und im Glauben auf diese Manifestation antworten und ihr entsprechen soll.[113] Die geschichtliche Situation wird somit zur theologischen Erkenntnisquelle, was Sobrino auch mit Rekurs auf die Zeichen der Zeit begründet, die er in *Gaudium et spes* in zwei Dimensionen entfaltet sieht: So nenne GS 4 die historisch-pastorale Dimension, da die Untersuchung dieser Zeichen notwendig sei, damit die Kirche ihre Aufgabe erfüllen könne, während die historisch-theologische/theologale Dimension nach GS 11 darin bestehe, dass die Zeichen der andauernden Gegenwart Gottes in der Geschichte zu suchen seien.[114]

– *Theologie als ›intellectus amoris‹* ist auf dieser Linie die adäquate (und ideale) Definition der Aufgabe der Theologie, da diese als offenbarungsgemäße einzig mögliche Reaktion auf das fremde Leiden von Barmherzigkeit geleitet sein müsse. Damit will er nicht das Verständnis als *fides quaerens intellectum* bestreiten, sondern die Herausforderung durch eine gekreuzigte Realität aufnehmen und dem christlichen Auftrag der Mitarbeit am Reich Gottes entsprechen. »We have, then, *amor quaerens intellectum*; and *intellectus* that responds to this quest of love, mercy and justice is theology.«[115]

Neben den bereits genannten potentiellen Konfliktpunkten zwischen der Befreiungstheologie allgemein sowie Sobrino speziell und der Glaubenskongregation – eher kontextuell-induktives vs. eher deduktives Vorgehen, unterschiedliche ekklesiologische Akzentsetzungen im Verhältnis zum »Außen«, unterschiedliche Vorstellungen von der Präsenz Christi – zeigt sich insbesondere durch den geforderten epistemologischen Bruch ein weiterer zentraler Konfliktpunkt ab, nämlich das Traditionsverständnis. Da hier jeweils die Pole Unterbrechung oder Kontinuität betont werden, folgt

113 Vgl. *Sobrino*, Cómo hacer 402.

114 Vgl. *Sobrino*, signos; *Sobrino*, Glaube 310f; *Sobrino*, »principio liberación« 120. »[L]a cristología de Sobrino toma en serio el presupuesto teológico implícito en la teología conciliar de los signos de los tiempos, en la que se entiende la acción salvífica de Dios mediante el reconocimiento y la interpretación de acontecimientos y signos verdaderos de su presencia en medio de nuestra historia concreta.« (*Luciani*, práctica 18.)

115 *Sobrino*, Theology 171; vgl. *Sobrino*, intellectus amoris; *Sobrino*, Cómo hacer; *Sobrino*, »principio liberación«. »In Christianity, love – God's love and our response – takes precedence over knowledge, even knowledge of the truths of the faith.« (*Brackley*, Theology 11.)

»Theology understood in this manner has the following elements, then: 1) It means doing theology in the actual moment of history. Its content is God's actual manifestations (*signs of the times*) and the active response of faith (*fides qua*). 2) It means doing theology as a reaction of mercy to the reality of the crucified peoples. 3) It means doing theology with a particular subjective pre-understanding (*option for the poor*) and in a particular objective location (*the world of the poor*).« (*Stålsett*, crucified 103, Herv. im Orig.)

daraus ein anderer Macht-Begriff, insofern Sobrino die Macht aus der Ohnmacht in den Vordergrund stellt[116] und die Glaubenskongregation die Bedeutung der Kirche als Repräsentationsmacht. Dies unterstützt die vorigen Überlegungen zum unterschiedlichen ekklesiologischen Rahmen, da Sobrino (Ellacuría folgend) den Zeichencharakter der Kirche unterstreicht[117] und die Glaubenskongregation die in der Kirche vorhandene Fülle, also eine Plenitudo-Ekklesiologie vertritt. Auch ein unterschiedliches Zeitverständnis – eschatologisch-messianisch bzw. präsentisch-eschatologisch – deutet sich an. Dementsprechend stehen nicht alle dieser sieben Voraussetzungen gleichermaßen im Fokus der Kritik seitens der Glaubenskongregation, vielmehr behandelt diese neben materialen Fragen der Göttlichkeit Jesu oder der Beziehung zwischen Jesus Christus und dem Reich Gottes explizit die methodologische Voraussetzung der Armen als theologischem Ort.[118] Daher wird diese im Folgenden ausführlicher betrachtet, zumal sie auch bei Sobrinos Darlegung der Methodik lateinamerikanischer Christologie einen zentralen Stellenwert einnimmt und demzufolge mit der befreienden Perspektive eines der Grundmerkmale einer kontextuellen lateinamerikanischen Christologie bildet.

4.2.2 *Methodologische Grundlegung: Christologie in Lateinamerika*

Wenn die befreiende Perspektive und die (vorrangige) Option für die Armen als zentrale Merkmale einer kontextuellen lateinamerikanischen Christologie gelten können, darf nicht übersehen werden, dass diese besondere methodologische Option einer Christologie in Lateinamerika erst seit einigen Jahrzehnten vertreten wird. Indes gab es auch ohne die Existenz eigener Christologien Vorstellungen über Christus, die von einem abstrakten Christus der offiziellen Christologie bis hin zu einem vor allem von den Armen vertretenen Bild mit einem Akzent auf den Leiden Jesu und dem vernichteten und besiegten Christus der Indigenen reichen. Bis heute ist unter den armen Mehrheiten der leidende Christus vorherrschend, weshalb die Karwoche und insbesondere der Karfreitag höchst bedeutsam sind. Vertritt Sobrino die Ansicht, mit der Perspektive auf den historischen Jesus könnten die Probleme der Christologien der Eroberer überwunden werden, basiert dies auf der zirkularen Struktur in seiner Methodologie. »It is a circle between God's revelation in the

116 Vgl. dazu besonders *Fornet Ponse*, Gott.

117 Vgl. dazu auch *Ellacuría*, Befreiungssakrament sowie *Fornet-Ponse*, Theologie der Zeichen.

118 Vgl. *Kongregation für die Glaubenslehre*, Notifikation Sobrino Nr. 2f. Gerade angesichts des von der Glaubenskongregation vertretenen Plenitudo-Gedankens der Fülle der Heilsmittel fordert der Ortswechsel auf die Armen, die nichts haben und auch im Sinne der evangelischen Armut durch die Offenheit auf Gott charakterisiert werden, heraus und lässt nach einer anderen Vorstellung von Fülle fragen.

present and in the past.«[119] Denn nach der Überzeugung der Befreiungstheologie ist Gott aktuell gegenwärtig und seine in der Offenbarung ausgedrückte Wirklichkeit kann aus der Perspektive der gegenwärtigen Zeichen der Zeit besser erkannt werden.

4.2.2.1 Ein neues Christusbild

Angesichts dieser Situation, in der das Christusbild und auferlegtes Leiden eng miteinander verbunden waren, da der traditionelle leidende Christus als Symbol dieses Leidens gesehen wurde, entstanden nach Sobrino ein neues Bild Christi sowie ein neuer Glaube an ihn als Symbol des Protestes und der Befreiung. Als befreiendes Bild zeigt es die Relevanz Christi und durch den Rückverweis auf Jesus von Nazaret die Identität Christi deutlicher. Diese Verbindung bzw. Übereinstimmung von Identität und Relevanz sieht Sobrino – mit Verweis auf Walter Kasper – als signifikanten Unterschied zu Christologien aus der ersten Welt an.[120] Die zentralen Punkte dieses Bildes bestehen nach Sobrino darin, dass Christus primär als Befreier gesehen wird, es um eine neue Art des Glaubenslebens gehe und dieser Christus und dieser Glaube konfliktiv seien. »Er ist in der Lage, von den verschiedenen Versklavungen zu befreien, die den Armen des Kontinents auferlegt sind; er kann in Richtung auf diese Befreiung führen und die Gläubigen dazu anleiten, aktive Subjekte dieser Befreiung zu werden.«[121] Das Bild ist somit wesentlich soteriologisch und durch den Bezug auf den konkreten Menschen Jesus von Nazaret neutestamentlich. Damit verbunden ist eine neue Art des Glaubenslebens, eine radikale Umkehr der verbindlichen Nachfolge Jesu (bis in den Tod hinein). Das hängt mit dem konfliktiven Charakter dieses Christus und dieses Glaubens zusammen, da Jesus auf der Seite der Unterdrückten gegen die Unterdrücker steht. Dieser konfliktive Charakter, der sich insbesondere in der Rede vom Kampf zwischen Gott und den Götzen ausdrückt, in den Jesus immer wieder hineinführt, spielt in Sobrinos Christologie eine stärkere Rolle als in vielen europäischen Christologien und ist auch für die grundlegende Perspektive dieser Studie, Christologie als Konfliktgeschichte zu betrachten, nicht zu unterschätzen. Produzieren verschiedene Christologien allein durch ihre

---

119 *Stålsett*, crucified 192.

120 »Mit dem Programm des Heutigwerdens (aggiornamento) geriet die Kirche in die Gefahr, vor lauter Offenheit ihre Eindeutigkeit zu verlieren; dort, wo sie aber eindeutig und klar zu reden versuchte, kam sie in die Gefahr, an den Menschen und ihren Problemen vorbei zu agieren. Bemüht sie sich um Identität, droht sie ihre Relevanz zu verlieren; bemüht sie sich dagegen um Relevanz, droht sie ihrer Identität verlustig zu gehen.« (*Kasper*, Jesus 13 mit Verweis auf *Moltmann*, Gott 12–33.)

121 *Sobrino*, Christologie 29.

zuweilen sehr divergierenden Akzentsetzungen Konfliktpunkte, verschärft sich dies angesichts der zahlreichen Facetten in den Evangelien, von denen die »schwierigen« Seiten Jesu oft unterbelichtet bleiben. Wenngleich dieses neue Christusbild auch unter Armen und Unterdrückten nicht von allen vertreten wird, ist es von immenser Bedeutung, da es in wesentlichen Punkten dem traditionellen widerspricht, sich über den ganzen Kontinent ausgebreitet hat und in sehr unterschiedlichen Bereichen angenommen wurde. Als das Jesusbild der Evangelien ist es nicht neu, wie die vatikanischen Instruktionen zur Befreiungstheologie von 1984 und 1986 bestätigen.[122] Faktisch gab es aber ein anderes Christusbild, das die Unterdrückung beförderte, sodass diese nicht durch den Glauben an Christus kritisiert wurde. Daher erscheint das Bild von Christus als Befreier als neu, da es zu Zweifeln führt und eine Überwindung dieser Unterdrückung unterstützt. Eine Ursache für die vorherige Situation ist eine Unterbelichtung des historischen Jesus: »Indem man Jesus ›vergißt‹, kann man Christus so darstellen, daß der Glaubende nicht weiß, warum er wie Jesus sein, ihm nachfolgen und seine Sendung zugunsten der Unterdrückten verwirklichen soll.«[123] Eine »Christologie von unten« ist mit ihrem geschichtlichen Ansatz risikobelasteter und ihre Aussagen sind unsicherer als bei einer metaphysisch enthobenen »Christologie von oben«, die aufgrund ihres deduktiven Vorgehens mit hoher Definitionssicherheit ausgestattet ist und klare und eindeutige Orientierung zu bieten verspricht. Genau dies ist für einen geschichtlichen Ansatz, der in Auseinandersetzung mit den Ambivalenzen der »Welt« entwickelt wird, problematisch. Ohne die Berechtigung einer gewissen Überhöhung zu bestreiten, wendet sich Sobrino gegen ein abstraktes und überhöhtes Christusbild. Ein abstrakter Christus könne positiv z. B. als Christus der Liebe oder negativ als mächtiger Christus konkretisiert werden – jeweils mit tödlichen Konsequenzen für die Armen, insofern der Christus der Liebe die Gerechtigkeitsforderungen überdecke und der mächtige das Wunschbild der Mächtigen gewesen sei. Eine weitere überhöhte Abstraktion sei der »versöhnende Christus«, wobei die Versöhnung von Gott und Mensch im Blickpunkt stehe und die Konfliktivität der Geschichte vernachlässigt werde. Auch bei einem »absolut absoluten« Christus könne Jesu historische Beziehung zum Reich Gottes übersehen werden. »Abstraktion ohne Konkretion, Versöhnung ohne Konflikt, Absolutes ohne Bezug stellen große Gefahren im traditionellen

122 Vgl. *Kongregation für die Glaubenslehre*, Instruktion Aspekte; *Kongregation für die Glaubenslehre*, Instruktion Freiheit.

123 *Sobrino*, Christologie 32.

Christusbild dar.«[124] Das Bild eines befreienden Christus entlarve diese Gefahren, da das Un-Christliche überwunden wird.

Das neue Christusbild ist in die kirchliche Tradition in Lateinamerika eingegangen, indem es bei den Bischofsversammlungen in Medellín 1968 und Puebla 1979 grundsätzlich bestätigt wurde. So wird in Medellín Erlösung durch die Rückbindung an das Handeln Jesu von Nazaret, der von vielen Übeln befreien wollte, als »Befreiung« verstanden und aufgrund der besonderen Beziehung Christi zu den Armen die Parteilichkeit für die Armen unterstützt. Zudem werden Hoffnung und Praxis als hermeneutische Prinzipien vorgestellt und schließlich wird die Gegenwart Christi in den Unterdrückten herausgestellt.[125] Im christologischen Text *Die Wahrheit über Jesus Christus, den Erlöser, den wir verkündigen* Pueblas wird sowohl deutlicher die traditionelle lehramtliche Sichtweise betont, um realen oder vermeintlichen Gefahren aus den lateinamerikanischen Christologien zu wehren, als auch werden weiterhin befreiende Vorstellungen vertreten.[126] Indem viele Wesenszüge Jesu von Nazaret aufgeführt und in anderen Passagen um seine Armut oder seinen befreienden Charakter ergänzt werden, bestehen viele Anknüpfungspunkte für dieses neue Christusbild. Zudem unterstreicht Puebla in den Ausführungen über die vorrangige Option für die Armen die Gegenwart Christi in den Armen und seine Identifikation mit ihnen. Die Armen sind das bevorzugte Ziel seiner Sendung, weil sie arm sind, sodass Sobrino hier »die wesentliche Korrelation zwischen den Armen und der Sendung Jesu bestätigt«[127] sowie das Prinzip der Parteilichkeit Christi eingeführt sieht. Wie in den Ausführungen zu Entstehung und Charakteristika der Befreiungstheologie erwähnt, wird die vorrangige Option für die Armen von Medellín und Puebla mit dem Vorbild Jesu Christi begründet, der selber arm und dessen Sendung zunächst an die Armen gerichtet gewesen sei. »Wenn wir uns den Armen nähern, um ihn zu begleiten

---

124 *Sobrino*, Christologie 36; vgl. *Sobrino*, Jesús histórico 148f. Costadoat befürchtet dagegen, die Dimension der Versöhnung sei in Sobrinos Christologie nicht ausführlich genug berücksichtigt, um eine Balance zur dialektischen bzw. konfliktiven Perspektive darzustellen. (Vgl. *Costadoat*, liberación 82.)

125 *CELAM*, Dokumente Medellín, besonders Einleitung 5; Gerechtigkeit 3; Frieden 14; Armut der Kirche 7.

126 Vgl. *CELAM*, Evangelisierung Nr. 165–219.

127 *Sobrino*, Christologie 41; vgl. *Sobrino*, Jesús histórico 155. Ebenso sieht Sobrino eine transzendentale Korrelation zwischen der Offenbarung Gottes und dem Schrei der Armen. (Vgl. *Sobrino*, mundo sufriente 248.)

Die Gegenwart Christi in den Armen wurde von Erzbischof Lercaro in seinem Plädoyer für eine Kirche der Armen am Ende der ersten Konzilssession angeführt, worin er von einer »ontologischen Verflochtenheit« dieser Gegenwart mit der Gegenwart Christi in der Eucharistie und der Hierarchie sprach. (Vgl. *Roßkopf*, Katakombenpakt 359f.)

und ihm zu dienen, so tun wir, was Christus uns lehrte, als er, arm wie wir, unser Bruder wurde. Daher ist der Dienst an den Armen vorrangiger, wenn auch nicht ausschließlicher Bestandteil unserer Nachfolge Christi.«[128] Darüber hinaus spricht Puebla den Armen ein »evangelisatorisches Potential« zu, da sie (in einer prophetischen Anklage mit ihrer Lebenswirklichkeit als Opfer) die Kirche zur Umkehr aufriefen und viele von ihnen Werte des Evangeliums verwirklichen. Dies sieht Sobrino als die inhaltliche Grundlage für seine eigene Rede von den Armen als dynamische Quasi-Sakramente der Sendung Jesu an, womit er ausdrückt, dass sie den prophetischen wie den evangelisierenden Jesus repräsentieren; zudem nimmt er die Rede von den Zeichen der Zeit auf und versteht die Realität der Armen als ein solches in Lateinamerika. Dadurch wird der hermeneutische Zirkel zwischen den Armen und Christus soteriologisch bedeutend.

> Die Armen sind auf zweifache, fundamentale Weise Quasi-Sakramente der Sendung Jesu. An erster Stelle rufen sie zur Umkehr auf, indem ihre Lebenswirklichkeit wie die des gekreuzigten Jesus die größte Anfrage an die Christen und an alle Menschen darstellt. In diesem Sinne stellen die Armen, weil sie Opfer sind, eine prophetische Anklage dar. An zweiter Stelle bieten sie Werte und Wahrheiten an, wie sie auch Jesus aufgezeigt hat. In diesem Sinne sind sie Träger des Evangeliums; sie evangelisieren von Grund auf.[129]

Diese soteriologische Relevanz der Armen kulminiert in der Abwandlung des Axioms *extra ecclesiam nulla salus*, die Sobrino zufolge nach Medellín möglich

---

128 *CELAM*, Evangelisierung Nr. 1145.

129 *Sobrino*, Christologie 42; *Sobrino*, Jesús histórico 155f mit Rekurs auf *CELAM*, Evangelisierung Nr. 1147. Dies bekräftigt er in der Einführung des zweiten Bandes: »Aufgrund der Werte, die die Armen und die Opfer – oftmals – vertreten und aufgrund dessen, was sie – immer – sind, sind sie Sakramente Gottes und Gegenwart Jesu Christi unter uns.« (*Sobrino*, Glaube 35.)

Ähnliche Positionen finden sich bei Clodovis Boff und Victor Codina (vgl. *Noble*, Poor 26f). »Der Gott Jesu von Nazaret ist nicht angemessen beschrieben, wenn man ihn als den bezeichnet, der ›eine vorrangige Option für die Armen trifft‹; vielmehr muss man ihn als den bezeichnen, der ›in wesenhafter Beziehung zu den Armen, Unterdrückten und Opfern steht‹.« (*Sobrino*, Wenn der Christus 184.)

»Sobrino will mit seiner sakramental geprägten Rede von den Armen vor allem auf die Tatsache hinweisen, daß Gottes Heil nicht jenseits der Geschichte anfängt, sondern daß sein Reich der Gerechtigkeit und die neue Schöpfung aller Dinge schon jetzt kraft des Geistes auf eine Weise vorweggenommen werden kann und muß, die das Leiden des gekreuzigten Volkes mildert oder aufhebt.« (*Bedford*, Jesus 208.)

»En contra del olvido de la doble referencia de Jesús al reino de Dios y al Dios del reino, olvido que se traduce en cristologías que se centran en la persona de Jesús y universalizan prematuramente la salvación, Sobrino asegura el carácter sacramental que los pobres y las víctimas tienen para pensar teológicamente.« (*Costadoat*, liberación 70.)

ist und eng mit dem Charakter der Transzendenz als Trans-Deszendenz zusammenhängt sowie auf Romeros Reformulierung des irenäischen Diktums *Gloria Dei vivens pauper* zurückgeht: *extra pauperes nulla salus*.[130] Die biblisch-narrative Begründung der Option für die Armen und ihres evangelisatorischen Potentials markiert einen weiteren Unterschied zur stärker systematisch gehaltenen und bei der Göttlichkeit Jesu Christi einsetzenden Argumentation der Glaubenskongregation, wie sie beispielsweise in *Dominus Iesus* vorliegt. Aus dieser Perspektive legt sich ihr bei Sobrinos Christologie der Eindruck einer »untheologischen«, jesuanischen, Christologie nahe, die die philosophisch geprägten Ausführungen der Konzilien zur Göttlichkeit Jesu Christi nicht ausreichend aufnimmt – worin er sich den Ausführungen in Puebla anschließt.

Das neue Christusbild führt zu mehreren Aufgaben für die Christologie: Zunächst sind die Quellen auf dessen Begründung hin zu untersuchen, weshalb Leben und Schicksal Jesu ausführlich behandelt werden. Dazu ist es aus methodischer Sicht wichtig, den aktuellen Ort zu thematisieren, was bei Sobrino nicht einen der in der Tradition der *loci-theologici*-Lehre Canos stehenden theologischen Ort wie Schrift, Konzilien oder Philosophie meint, sondern den realen, aktuellen Ort, an dem Theologie betrieben wird. Auch der Beginn mit dem historischen Jesus ist zu begründen.

4.2.2.2 Der aktuelle Ort der christologischen Reflexion

Die Frage nach dem konkreten Ort der christologischen Reflexion stellt sich zunächst allgemein vor dem o. g. Hintergrund der Kontextualität jeder Christologie und ergänzt die sich den Texten der Schrift und Tradition verdankende grundsätzliche Vergangenheitsbezogenheit der Christologie bzw. korrigiert diese hermeneutische Grundkonstellation. »[V]on der Berücksichtigung der Orthaftigkeit der Christologie her gewinnen die Kategorien der *Wirklichkeit* und der *Gegenwart* an hermeneutischer Bedeutung«[131]. In Lateinamerika wird sie zentral, da das genannte neue Christusbild bzw. der neue gelebte Glaube und die Christologie der Befreiung an bestimmten Orten entstanden sind und sich korrelativ zueinander verhalten. Die Bedeutung des Ortes bezieht sich auf Christi Wirklichkeit in der Gegenwart, weshalb der beste Ort für die Christologie dort ist, »wo die Quellen der Vergangenheit am besten verstanden und wo die Gegenwart Christi und die Wirklichkeit des Glaubens an ihn am besten erfaßt werden«[132]. Sobrino geht somit wie Schillebeeckx von einer Relevanz der christlichen Botschaft in der Gegenwart aus, die sich erst in der

---

130 Vgl. u. a. *Sobrino*, centralidad del reino 150 und dazu *Wostyn*, Beyond.

131 *Wenzel*, Christologie 260, Herv. im Orig.

132 *Sobrino*, Christologie 43.

auf die jeweilige Gegenwart bezogenen Form deutlich zeigt; die gegenwärtige Situation ist somit notwendig, um Christus angemessen verstehen zu können. Auch wenn die Quellen unabhängig von konkreten Orten existieren, sind diese sehr bedeutend, insofern beispielsweise an Orten, an denen augenfällige Unterdrückung herrscht, die Rede von Befreiung aufkommt und diese zum eigentlichen theologischen Inhalt wird. Andere Aspekte sind die Parteilichkeit Gottes und Christi, die Realität des Antireichs, die Nachfolge Jesu etc. »All das unterstreicht: Es gibt ›Orte‹, an denen wichtige Dinge wiederentdeckt werden, die in den ›Quellen‹ der Offenbarung vorhanden sind, aber gleichsam darin begraben lagen.«[133] Daher können Ort (*lugar*) und Quellen (*fuentes*) nicht strikt getrennt werden. Zentral ist ferner die (mögliche) Präsenz Christi in der Gegenwart, die vom II. Vatikanum durch die Rede von den Zeichen der Zeit betont wurde. Wie erwähnt, sieht Sobrino zwei verschiedene Bedeutungen dieses Begriffs, zum einen mit GS 4 eine geschichtlich-pastorale, zum anderen mit GS 11 eine geschichtlich-theologale.[134] In der ersten sind geschichtlich konkrete Realitäten in pastoraler Absicht zu erkennen und zu unterscheiden, gemäß der zweiten lässt sich in diesen Realitäten Gottes Absicht erkennen. In Lateinamerika werden diese Zeichen auch christologisch bestimmt, indem die Gegenwart Christi in den unterdrückten Mehrheiten verkündet wird, was zur Rede vom »gekreuzigten Volk« (Romero/Ellacuría) führt. Damit werden die Armen zum geschichtlich-theologalen Zeichen der Zeit. Ein weiterer kaum zu überschätzender und erkenntnistheoretisch zentraler Aspekt ist die von Sobrino betonte Korrelation von *fides quae* und *fides qua*, von Akt und Inhalt des Glaubens, denn ohne den gelebten Glauben an Christus hörte dieser auf, Christus zu sein. Der Glaube bringt zwar sein Objekt nicht hervor, weshalb die Entsprechung von Glauben und Realität Christi immer wieder am Neuen Testament zu überprüfen ist. Wegen dieser Korrelation hält es Sobrino mit Rahner für fundamentaltheologisch legitim, den gelebten Glauben als Ausgangspunkt zu wählen.[135] Auch dies unterstützt die hervorgehobene Bedeutung des Ortes, an dem der Glaubensakt vollzogen und durch die Reflektion auf ihn Theologie getrieben wird und der somit eine eigene Semiosphäre öffnet. Mit dem Ort wird auf die Lebenswirklichkeit der Glaubenden fokussiert, worin sich die unterschiedliche Vorgehensweise Sobrinos und der Glaubenskongregation (und ihres damaligen Präfekten Joseph Ratzinger) ausdrückt, da diese nicht mit einer Theologie der *loci theologici* arbeitet, sondern von einer immer schon feststehenden Bedeutung des Glaubensbekenntnisses ausgeht. Dies bestätigt

---

133 *Sobrino*, Christologie 44.

134 Vgl. *Sobrino*, signos.

135 Vgl. *Sobrino*, Christologie 48 mit Rekurs auf *Rahner*, Grundlinien 18.

die eingangs erwähnte Vermutung der sehr differierenden Voraussetzungen eines ontologischen Paradigmas der Glaubenskongregation, mit dem überlieferte Aussagen und Überzeugungen gut abgesichert werden können, und eines geschichtlichen bei Sobrino, das mit der Produktion neuer, an der Lebenswirklichkeit orientierten Zeichen, viel riskanter vorgeht. Sich Christus nur indirekt über den Glauben an ihn nähern zu können, bedeutet, sich seiner nie sicher zu sein. Durch diese Konsequenz des epistemologischen Bruchs ist der Konflikt zwischen Glaubenskongregation und solchen kontextuellen Theologien wie derjenigen Sobrinos vorprogrammiert. Für die epistemologische Offenheit, die kontextuelle Theologien prägt, spricht auch das von Boeve nachdrücklich vorgetragene Plädoyer, die christliche Tradition solle aufgrund der Andersheit Gottes, der die Erzählung dort aufbricht, wo sie sich in sich selbst zu verschließen droht, keine »master narrative, sondern eine »open narrative« sein. Als »open narratives« versteht er Narrative, »which in the way in which they are told – in which they are structured – both remain conscious of the closing tendencies at work in them and bear witness to the otherness which at the same time enables and limits the very narrative«[136]. Dies erlaubt eine Rekontextualisierung der Theologie und führt zu einem vertieften Selbstverständnis, wie Jesus in vielen Beispielen geschlossene Erzählungen geöffnet hat und die Jesus-Erzählung selber durch Gott in der Auferstehung geöffnet wurde. Für Boeve ist daher Theologie neu zu definieren als »a *radical hermeneutics* of God's interrupting action in history«[137], wozu es nötig ist, im Glauben zu diesem eine Distanz einzunehmen – was sich mit dem Fokus der Befreiungstheologie auf den geschichtlichen Befreiungstaten Gottes und der Kritik der eigenen Tradition verbinden lässt. Bei der Glaubenskongregation hingegen lässt sich eine deutliche Sympathie dafür feststellen, die christliche Tradition als »master narrative« mit der impliziten hegemonisierenden Tendenz zu verstehen.

Die Bedeutung, den gelebten Glauben zu untersuchen, wird durch die lateinamerikanische Erfahrung bestätigt, insofern der gelebte Glaube der Gläubigen der Christologie dabei hilft, sich in die Wirklichkeit Christi einzufühlen. Im Unterschied zu anderen Christologien besteht somit der theologische Ort einer lateinamerikanischen Christologie nicht primär in Texten, sondern in der klar

136 *Hoskins/Boeve*, Interview 33; vgl. *Boeve*, Postmodernism 416: »›open narratives‹ bear within themselves the impelling force towards continual radical contextualization: the event as novelty precludes adequate description in either existing or renewed vocabulary.« Siehe auch *Boeve*, Relativizing 336f: »One then also best understands tradition as a constant interpretation-process whereby every articulation is always ultimately put under critique by the sensing of the Inexpressible«.

137 *Hoskins/Boeve*, Interview 33, Herv. im Orig.

umschriebenen geschichtlichen Realität als einer substantiellen Wirklichkeit, die insbesondere die Armen dieser Welt meint. Dies kann sie zum einen mit der Beziehung zwischen Jesus und den Armen begründen und zum anderen mit dem klareren Verständnis, das sich durch den Blick von der Wirklichkeit der Armen her ergibt.[138]

Da die Realität der Armen ein sozialer und ein kirchlicher Ort ist, bestimmt Sobrino den kirchlichen Ort einer lateinamerikanischen Christologie als die Kirche der Armen. Weil sich in der Kirche die Texte über Christus erhalten haben und diese tradiert wurden, besteht eine allgemeine Kirchlichkeit der Christologie. Sobrino unterscheidet zwischen der primären Ekklesialität, der gemeinsamen Verwirklichung des Glaubens an Christus und seine Vergegenwärtigung in der Geschichte (vor allem) durch Glaube, Hoffnung und Liebe, auf der die sekundäre Ekklesialität, die Kirche als Treuhänderin des Glaubensgutes, basiert. Er betont damit den Gemeinschaftscharakter des Christentums. »Demnach ist also die Christologie in erster Linie ekklesial, denn sie entsteht innerhalb einer Gemeinschaft, die in wirklichem Glauben Christus vergegenwärtigt, und innerhalb einer Gemeinde-im-Gehen.«[139] Gerade wenn sich die Theologie Christus vermittelt über den gelebten Glauben nähert, wird die Frage der Darstellungsform virulent und diejenige, wie Christus vergegenwärtigt wird – symbolisch, performativ oder repräsentativ? Ohne die anderen auszublenden, ist bei Sobrino die performative Dimension zentral, insofern er die Nachfolge Jesu betont, die auch die Form eines »jesuanischen Martyriums« annehmen kann.[140] In Lateinamerika wird dies auf die Armen bezogen, wodurch eine Kirche der Armen entsteht, d. h. eine Kirche mit den Armen als wichtigstem Subjekt und Prinzip des inneren Aufbaus. Eine Kirche, die sich der Realität aussetzt, muss in einer armen Welt arm sein, was sie zu dem Problem führt, »de estar adecuadamente en el mundo (de los pobres), sin ser pecaminosamente del mundo (de los ricos), ser mundanal sin ser mundana«[141]. Eine solche Kirche wird diffamiert, bedroht, bis zum Martyrium

138 »Für mich gibt es keinen Zweifel daran, daß die Kirche Jesu in der heutigen Welt nur die Kirche der Armen sein kann. Dies bedeutet, eine radikale Option für die Armen zu treffen, die in umfassender Weise verstanden und gelebt wird. [...] Diese Option bestimmt das ganze Sein und Tun der Kirche der Armen. Sie bestimmt ihre Vision von Gott und der Welt, ihre Lehre und Theologie, weil sie sich entschieden hat, das Ganze aus der Perspektive des Armen und Gekreuzigten zu betrachten.« (*Sobrino*, Gemeinschaft 116f.) Vgl. *Codina*, Pobres 54: »Toda teología brota de una experiencia espiritual previa y la latinoamericana nace de la experiencia del misterio de Cristo presente en los pobres. Sin esta experiencia espiritual no se puede comprender la teología de la liberación.«

139 *Sobrino*, Christologie 52.

140 Vgl. *Denger*, Liebe; *Fornet-Ponse*, Christus.

141 *Sobrino*, Iglesias 310.

verfolgt und damit Jesus ähnlich sein. In ihr verwirklicht sich der Glaube primär in der befreienden Nachfolge Jesu und die gelebte Solidarität der Armen begründet Gemeinschaft. Christus wird in ihr gegenwärtig, »wenn sie Christus in Hoffnung und befreiender Praxis und im Leiden als den Gekreuzigten und den Auferstandenen präsent sein läßt«[142]. In der Kirche der Armen als Leib Christi erfolgt die Vergegenwärtigung Christi in Aufnahme von Mt 25 somit auch aufgrund ihres Leidens und damit repräsentativ. Die Kirche der Armen ist eine durch die Armen gestaltete Realität und als solche der ekklesiale Ort für die Christologie.

Neben dem ekklesialen Ort ist die umfassendere Realität der Welt der Armen zu bedenken, die den sozial-theologalen Ort bildet, bei dem es mehr um die Art christologischen Denkens geht. Dabei sieht Sobrino den bereits erwähnten epistemologischen Bruch gefordert und unterstützt. Ausgangspunkt ist die Tatsache, dass die Welt der Armen zum Nachdenken zwingt und Theologie das Leben der Armen zu fördern und den Tod zu bekämpfen hat, wenn sie weder Komplizin noch bedeutungslos sein will. Auch Christus ist von dieser Wirklichkeit zu bedenken und auf die realen Bedürfnisse der Armen zu beziehen. Die Welt der Armen befähigt auch zum Denken, da die Christologie das Licht der Armen nutzen kann, um die Ganzheit Christi besser zu verstehen, da aus der Perspektive der Armen mehr und besser als von anderen Orten aus gesehen werde.[143] Inhaltlich legt sich dies nahe, wenn der Gottesknecht als Licht der Nationen angesehen wird oder der gekreuzigte Christus nach Paulus Weisheit ist. »Wenn solche Äußerungen keine reine Rhetorik sein sollen, heißt das, daß es im Gekreuzigten etwas gibt, was das Denken auf eine Weise erleuchtet, die ihm sonst von nirgendwoher zukommt.«[144] Schließlich lehrt die Welt der Armen auch das Nachdenken, indem die allem menschlichen Tun anhaftende Hybris überwunden und mit einem im Mit-Leiden geschehenden Denken eine spezifische Art des Denkens gefördert wird, die dem Objekt der Christologie entspricht. Theologie habe sich primär als *intellectus amoris* zu verstehen bzw. konkreter als *intellectus misericordiae, iustitiae, liberationis.* »Die Welt der Armen bewirkt, daß der theologische Verstand über sein eigenes Funktionieren nachdenkt und sich nicht nur fragt, ob das, was er *hervorbringt*, befreiend oder unterdrückend ist, sondern auch, ob sein Vorgehen das eine

142 *Sobrino*, Christologie 54. Die Armen sind »in dialektischer Einheit Adressaten wie auch Subjekte der martyrialen Befreiungspraxis« (*Denger*, Liebe 130).

143 Eine ähnliche Bedeutung schreibt Aloysius Pieris den Armen zu, wenn er sie als »drittes Lehramt« neben dem akademischen Lehramt der Theologen und dem pastoralen Lehramt der Bischöfe bezeichnet. (Vgl. *Pieris*, Feuer 117–119.)

144 *Sobrino*, Christologie 58.

oder das andere *fördert.*«[145] Sobrino erinnert an die erwähnte von Ellacuría herausgestellte dreifache Dimension der Begegnung des Menschen mit der Realität (noetisch, ethisch und praktisch). Ferner entsprechen diese Fragen nach den geschichtlichen Konsequenzen des theologischen Denkens auch dessen Methode der Vergeschichtlichung (*historización*) philosophischer und theologischer Konzepte, um diese zu entideologisieren, universalisieren oder zu verifizieren.[146] Es ergibt sich ein hermeneutischer Zirkel der Bewegung von den Armen zur besseren Erkenntnis Christi und von daher ein Verweis auf die Armen.

Auch im zweiten Band der Christologie bekräftigt Sobrino diese Perspektive, wenn er sich der Auferstehung explizit aus der Perspektive der Opfer widmet. Dabei fasst er unter die gegenwärtigen Opfer primär die Armen, die den großen Teil der Menschheit ausmachen. Zur (wachsenden) Ungleichkeit zwischen ihnen und dem Rest der Menschheit kommen die strukturelle Ungerechtigkeit als historische Ursache dieser Armut und die oft straflos bleibende Gewalt an den Armen. Ein Problem, das sich für eine Christologie aus ihrer Perspektive ergibt, ist, »dass das Gottesreich heute nur geringe bis gar keine Bedeutung mehr hat«[147]. Angesichts der Anfrage, ob die Perspektive der Opfer überhaupt möglich sei, da die Armen und Opfer zwar die ersten Adressaten der Offenbarung Gottes sind, aber keine Theologie erarbeiten können, und diejenigen, die das können, selber nicht arm sind, wird eine Art Horizontverschmelzung benötigt – also wiederum ein Ortswechsel. Dies sei in der Solidarität mit den Opfern und im gegenseitigen Mitnehmen im Glauben möglich und führe zu einer veränderten Perspektive der Nicht-Armen und Nicht-Opfer. »Die Perspektive der Opfer hilft bei der Lektüre der christologischen Texte und beim besseren Kennenlernen Jesu Christi. Auf der anderen Seite hilft dieser besser erkannte Jesus Christus, die Opfer besser zu sehen und, vor allen Dingen, im Sinne ihrer Verteidigung zu arbeiten.«[148] Sosehr Sobrinos Fokus hilfreich ist,

---

145 *Sobrino*, Christologie 59, Herv. im Orig. »Damit sucht Sobrino nicht nur einem Auseinanderfallen von epistemologisch-theologischer und theologisch-praktischer Vernunft zu wehren. Vielmehr stellt sich für ihn beides als eine im christlichen Nachfolgebegriff verankerte ursprüngliche prinzipielle Einheit dar« (*Lüning*, Mensch 242).

»Sobrino will mit seiner Theologie als *intellectus amoris, misericordiae* und *iustitiae* dazu beitragen, wesentliche Merkmale von Gottes Reich der Gerechtigkeit in der Gegenwart vorwegzunehmen und zu verwirklichen.« (*Bedford*, Jesus 61.)

146 Vgl. dazu *Fornet-Ponse*, Freiheit 279–298.

147 *Sobrino*, Glaube 33.

148 *Sobrino*, Glaube 35. »[C]uando se unan pobres y Evangelio, entonces lo que se dice de Cristo en los evangelios apunta en verdad a lo que de Cristo hay en Jesús. Entonces aparece el verdadero Jesús portador de una Buena Noticia a los pobres y convertido él mismo en Buena Noticia.« (*Sobrino*, Jesús histórico 133.)

um die Relevanz der Theologie deutlich zu machen oder sich der klassischen Frage der Beziehung zwischen dem historischen Jesus und dem Christus des Glaubens zu nähern, so entgeht er dabei nicht manchen Vereinfachungen. »Una simplificación es la que establece Sobrino entre oprimidos y opresores; otra, la que hace diferencia entre los pobres que poseen una imagen alienante de Cristo y aquellos que creen en un Cristo liberador.«[149] Gleichwohl untergräbt diese Kritik nicht die grundsätzliche Berechtigung und das Potential des methodischen Fokus auf den Opfern.

Die beiden Anliegen des Kennenlernens Jesu Christi und der Befreiung der Armen korrespondieren mit der zweifachen Bedeutung des konkreten Ortes für die Christologie, die nach Sobrino sowohl im geforderten epistemologischen Bruch besteht, da die Erkenntnis Jesu letztlich seine Nachfolge bedeute, als auch in der Orientierung am »historischen Jesus«.

4.2.2.3 Der »historische« Jesus als Ausgangspunkt

Wenn Sobrino vom »historischen« oder »geschichtlichen« Jesus spricht, geht es ihm – ähnlich wie Schillebeeckx – nicht um ein biographisches Interesse, d. h. den »historischen Jesus«, wie er in der Leben-Jesu-Forschung von der »First Quest« bis zur »Third Quest« thematisiert wird,[150] sondern um das Leben, die Sendung und das Schicksal des Jesus aus Nazaret, darum, die »Geschichte Jesu« zu erzählen. Diese wird in Korrelation zur Lebenswirklichkeit der Glaubenden gesetzt. Damit liegt die methodische Kernfrage nicht in der Entmythologisierung der Texte oder in der Suche historischer Elemente, sondern im Bezug auf die Realität. Sie versteht sich als »la determinación de los elementos que configuren la *práctica histórica* de Jésus en la medida que se presenta como crítica y llamado a la transformación de la realidad de las víctimas«[151]. Insofern ist es präziser – wie auch Stålsett vorschlägt –, von der Geschichte Jesu sprechen, um Verwechslungen mit der Leben-Jesu-Forschung zu vermeiden und nicht mit der Rede von einem »irdischen« Jesu eine unangemessene Opposition »irdisch-himmlisch« zu insinuieren.[152] Im

149 *Costadoat*, liberación 81. Ähnlich weist Leidinger darauf hin, dass die von Sobrino betonte Dichotomie verhindert, »dass der ›Graubereich‹ zwischen »Tätern« und »Opfern« in den Blick geraten kann«, »nicht die ambivalenten Wirkungen der Opfer-Rede« bedenkt und den Opfer-Begriff auch nicht historisch und systematisch einordnet. (*Leidinger*, Verletzbarkeit 157.)

150 Vgl. als ein Standardwerk *Theißen/Merz*, Jesus.

151 *Luciani*, práctica 22.

152 Vgl. *Stålsett*, crucified 211f; siehe auch *Bedford*, Jesus 103–106. Vgl. zur Verordnung der Überlegungen Sobrinos im exegetischen Kontext *Harrington*, Jesus und zur Auseinandersetzung mit der Kritik an seinen früheren Werken, seine Exegese sei eher eine Suche nach Belegstellen, *Fagan*, Interpretation 224–230; *de Schrijver*, Christology 507–514. De

Folgenden wird der Sprachgebrauch Sobrinos weiter verwendet, da es um die Rekonstruktion seines Ansatzes geht, der aufgrund dieser Akzentsetzung einen narrativen Charakter trägt.

Den Ausgangspunkt beim historischen Jesus, um sich der Gesamtheit Jesu Christi zu nähern, begründet Sobrino, indem er zunächst auf die Beziehung zwischen Jesus und Christus bzw. zwischen verkündigendem und verkündigtem Christus eingeht.[153] Er unterscheidet zwischen einem historischen und einem transzendenten Element der Totalität Jesus Christus, wobei die Besonderheit des Glaubens darin besteht, das transzendente Element anzuerkennen, somit Jesus als den Christus und als Geschenk Gottes zu verstehen und damit die Souveränität Gottes zu betonen. Während dieses wichtige Glaubensmoment von einer »Christologie von oben« aufgegriffen wird, kann eine »Christologie von unten« bzw. »Aszendenzchristologie« den Abstieg Gottes in die Geschichte und das Worin des Gottesgeschenks in der Konkretisierung Jesus von Nazaret besser erfassen, da sie mit dem historischen Jesus beginnt. Zudem verlangt die epistemologische Grundlage der Glaubenssätze als transzendente Aussagen einen gewissen Grad an Realitätserfahrung. »Um sinnvoll bekennen zu können, daß Jesus der Christus ist, muß man Jesus kennen. Das, was er war und getan hat, muß erkannt und untersucht werden. Dies ermöglicht dann den Glaubensschritt: Jesus *ist* der Christus.«[154] Dem entspricht die Grundstruktur

Schrijver zeigt auf, wie Sobrino in *Jesucristo liberador* auf die Kritik angemessen reagiert hat, indem er gründlicher und differenzierter exegetisch arbeitet. Gleichwohl dürfte die Diagnose Bobadilla Cruz' zutreffen, wonach Sobrino in manchen Bereichen wie der Frage nach dem Reich Gottes wesentlich umfassender exegetische Forschungen berücksichtigte als in anderen wie der Unwissenheit Jesu. (Vgl. *Bobadillo Cruz*, cristología 130.)

153 Vgl. für eine Auseinandersetzung mit der Kritik an diesem Ausgangspunkt mehrerer jüngerer christologischer Entwürfe in Lateinamerika – beispielsweise werde das Bild eines Befreiers auf Jesus zurückprojiziert, es würden nur die Aspekte aufgenommen, die die These unterstützen oder die Rolle der Pharisäer bei Jesu Tod werde zu sehr vereinfacht diskutiert etc. – *Stålsett*, crucified 203–215. Viele dieser Kritikpunkte sind nach Stålsett zwar nicht angemessen, machen aber auf eine tatsächliche Schwäche aufmerksam, nämlich die unklare Beziehung zwischen den Kriterien, anhand derer der historische Jesus identifiziert werden kann, und dem hermeneutischen Standpunkt (der Praxis in der Welt der Armen): »Are the criteria applicable only from the particular hermeneutical standpoint? The difficulty here is particularly obvious, since Sobrino calls the historical Jesus *norma normans*. Once again, the circularity is confusing. Furthermore, it is difficult to see how Sobrino himself applies these criteria, or rather, he does not seem to apply them too rigorously.« (210, Herv. im Orig.)

154 *Sobrino*, Christologie 63. »Sowohl in ihrem strengen Sinn als Konzilsformulierungen als auch in ihrem weiteren Sinn als biblische Formulierungen, welche die Realität des Christus des Glaubens zum Ausdruck bringen, sind die dogmatischen Formulierungen nicht Ausgangspunkt der systematischen Christologien, sondern Zielpunkte, zu denen man gelangt.« (*Sobrino*, Bedeutung 83.)

des ersten Glaubens an Christus: Die ersten Glaubenden waren mit dem wirklichen Leben Jesu konfrontiert, machten die Erfahrung seiner Auferstehung und dachten deshalb darüber nach, wer er war, was sie zum Bekenntnis als Christus führte. Jesus ist aber nicht nur der Weg zu Christus, sondern auch dessen Bewahrer, weil das NT nach der Glaubenserkenntnis zum historischen Jesus zurückkehrt, um den wahren Christusglauben zu bewahren und nicht einen Doketismus oder Gnostizismus zu fördern bzw. allgemeiner die Rückbindung an die konkrete menschliche Existenz zu lockern oder gar aufzuheben. Daher ist es wichtig, die mit dem Namen »Jesus« ausgedrückte konkrete Unwiederbringlichkeit der menschlichen Person Jesus von Nazaret festzuhalten, die mit dem Titel »Christus« (der »Gesalbte«) unterschiedlich gefüllt werden kann.[155] Es ist also nicht vorauszusetzen, dass Jesus der Messias ist, sondern dies muss sich in der Geschichte erweisen. Dadurch findet ein Vorgang der Zuordnung bzw. »Übersetzung« von »Jesus« mit »Christus« statt, der die Nicht-Identität beider hervorhebt. Die Nicht-Identität ermöglicht, einen abstrakten Christus zu verkünden, der nicht wie Jesus ist, und somit Jesus vom Titel her zu manipulieren. Angesichts der Gefahren der Hybris und der Sündhaftigkeit des Menschen muss auch die Christologie einen Umkehrprozess durchmachen: »Statt die Wahrheit Christi von dem aus zu bewahrheiten zu suchen, was der Mensch denkt und von vornherein schon zu wissen glaubt, muß vielmehr die Offenheit dafür bewahrt werden, was sich von Jesus als göttlich und als menschlich erweist.«[156] Dazu dient die Umkehrung des methodologischen Vorgehens, nämlich von der Geschichte Jesu, also seinen Worten und Taten, Haltungen und seinem Handeln, seinem Geist und seiner Praxis sowie seinem Schicksal am Kreuz (und seiner Auferstehung), aus auf Christus zu schauen. Die Geschichte Jesu zu erzählen, erfolgt als »methodisch-theoretische Rekonstruktion auf der Basis wirklichen Glaubens«[157], die den Fokus auf seiner Praxis mit Geist legt, da der Mensch einen Zugang zu Jesus finden kann,

---

Wie Goizueta ausführt, verbindet Sobrino den theologischen Ausgangspunkt der Wirklichkeit und Wahrheit Jesu Christi mit dem phänomenologischen des konkreten Ortes, an dem wir seine Liebe erfahren: »In other words, Sobrino's Christology is ›from above‹ insofar as it asserts the reality, truth, and priority of God's self-revelation in the person of Jesus Christ, but it is ›from below‹ insofar as it asserts that the *credibility* of God's self-revelation in Christ – precisely as the revelation of ›the Truth, the Way, and the Life‹ – depends on its actually being received and lived as such« (*Goizueta*, Christology 92, Herv. im Orig.).

155 Daher ist nicht der Name vom Adjektiv her zu lesen, sondern umgekehrt, also: Der Gesalbte ist Jesus, nicht Jesus ist der Messias. (Vgl. *Sobrino*, Messias 82; *Sobrino*, Wenn der Christus 180.)

156 *Sobrino*, Christologie 65.

157 *Sobrino*, Christologie 80.

indem er sie nachvollzieht. Jesus als Christus zu bekennen, erfordert bei aller Kontinuität in der Nachfolge einen nicht erzwingbaren Glaubenssprung. Da die Geschichte Jesu nicht lediglich datierbare Fakten meint, sondern »vor allem das, was uns überliefert ist, um es als Auftrag weiterzugeben«[158], findet die Rekonstruktion im Glauben der Kirche und vermittelt durch ihn statt; die Geschichte Jesu ist der methodische Ausgangspunkt und der umfassende Christusglaube der wirkliche. Wie Schillebeeckx rekurriert Sobrino stark auf exegetische Untersuchungen und fragt, worin die geschichtliche Bedeutung Jesu von Nazaret liegt. Ausgehend von seiner Praxis ist es möglich, sich der »Person« Jesu anzunähern und ihm nachzufolgen. Dieser personale Zugang einer lateinamerikanischen Christologie ermöglicht, vom historischen Jesus zum umfassenden Christus vorzugehen. »Wenn jemand die Praxis und die Geschichtlichkeit Jesu in letzter Konsequenz nachvollzieht, dann akzeptiert er damit Jesus als letzte Norm. Er bezeugt Jesus als eine letzte Wirklichkeit. Letztich bezeugt er ihn als den Christus«[159]. In der Analyse wird eine doppelte Relationalität Jesu Christi deutlich, d. h. seine konstitutive Beziehung zum Vater und zum Nahen des Reiches und den Bezug auf die kirchliche Praxis der nachösterlichen Gemeinden. »Um Christus zu verstehen, hat man den Gott des Reiches und auch den Glauben an Christus zu verstehen, den der Geist in den Gemeinden weckt.«[160] Somit sieht Sobrino den Glauben an Christus und den Glauben der Kirche als notwendig an, um die Geschichte Jesu zu verstehen und zum Glauben an Jesus Christus zu gelangen. Daher überrascht die darauf bezogene Kritik der Glaubenskongregation. Die Menschlichkeit und Geschichtlichkeit Christi anzuerkennen, ist nicht nur von der Nachfolge Christi gefordert, sondern dient dieser auch, indem sie »un seguimiento histórico según el ejemplo de Jesús y bajo el influjo de su Espíritu«[161] beleuchtet und anstößt. Indem die Praxis des irdischen Jesus eine kriterielle Funktion für die Nachfolge Jesu erhält, kommt ihr ein so großer Stellenwert in der Christologie Sobrinos zu, sodass er annimmt, in ihr gebe es »etwas Wesentliches als *norma normans, non normata*«[162].

158 *Sobrino*, Christologie 80.

159 *Sobrino*, Christologie 85. »Allein schon darin, daß man die Praxis Jesu und seine Geschichtlichkeit mit letztem Ernst nachvollzieht, um Jesus anzugehören, nimmt man Jesus zum endgültigen Maßstab des Handelns und erklärt ihn damit zu etwas real Endgültigem; man erklärt ihn, implizit, jedoch wirksam, schon zum Christus, auch wenn dieses Bekenntnis hernach ausdrücklich zu machen ist.« (*Sobrino*, Bedeutung 96.)

160 *Sobrino*, Bedeutung 83.

161 *Costadoat*, liberación 72.

162 *Sobrino*, Christologie 83, Herv. im Orig.

Die Vorteile des von ihm gewählten Ausgangspunktes beim historischen Jesus für sein Anliegen verdeutlicht Sobrino, indem er als andere mögliche Ausgangspunkte die dogmatischen Sätze der Konzilien, die biblisch-dogmatischen Aussagen, d. h. die für ihn verwendeten Titel, das Kerygma, die Auferstehung und die Lehre in den Blick nimmt. So seien die konziliaren Formeln und insbesondere Chalkedon zwar zu respektieren und zu achten, aber als Ausgangspunkt ungeeignet, da solche Formeln formal nicht über die Schrift hinausgehen können und inhaltlich u. a. eine essentialistische Sichtweise sowie der Eindruck einer additiven Rekonstruktion der Wirklichkeit Christi kritisiert werden kann.[163] Auch die reale Erlösung von konkreter Unterdrückung werde nicht deutlich. Die Kritik der Glaubenskongregation, er beachte die normative Bedeutung der Konzilien zu wenig, erscheint angesichts dieser methodologischen Akzentsetzung übertrieben, da es ihm bei der Wahl des Ausgangspunkts nicht um ontologische Aussagen über Jesus Christus geht, sondern um die Frage, von wo aus für den lateinamerikanischen Kontext am besten christologisch reflektiert wird. »Auch wenn Sobrino die christologischen Dogmen als nicht tauglichen Ausgangspunkt für eine heutige Christologie im Kontext Lateinamerikas annimmt, so unterstreicht er doch immer wieder ihre normative und unverzichtbare Bedeutung für die Theologie. So kommt z. B. erst in den christologischen Dogmen das christliche Heil in seiner Universalität adäquat zum Ausdruck.«[164] Auch die biblisch-dogmatischen Aussagen sind Grenzformulierungen und benötigen aufgrund ihrer an sich positiven Pluralität einen Kern, der letztlich nur der historische Jesus sein kann. Setzt man beim Kerygma, der Erfahrung der aktuellen Gegenwart Christi in der gottesdienstlichen Verehrung und der Unterscheidung zwischen einem »historischen Jesus« und einem »Christus des Glaubens« ein, kann die konkrete Wirklichkeit Jesus von Nazaret aus dem Blick geraten. Bei der Auferstehung ist ihr Charakter als Grenz-Ereignis zu beachten und die durch sie begründete Hoffnung und Praxis sind auf die Nachfolge Jesu und damit auf den historischen Jesus angewiesen. Da ohne sie der Glaube an Christus nicht entstanden wäre, ist sie »die Bedingung der Möglichkeit jeder Christologie«[165]. Sie führt nur zum wirklichen Christus, wenn klar ist, wer auferstanden ist, warum und wie man sich ihm zuordnen kann. Der Ausgangspunkt bei der Lehre Jesu hat ebenfalls Grenzen, da Jesus von Nazaret praktisch

163 Auf die Frage, ob Sobrino sich damit nicht zu ausschließlich auf die inhaltlichen Ausagen der Konzilien bezieht und ihre regulative Funktion unterschätzt, wird in Kap. 4.2.6 eingegangen.

164 *Maier*, Theologie 244.

165 *Sobrino*, Christologie 71.

tätig war. Während die anderen Ausgangspunkte zum historischen Jesus gelangen und Wichtiges beitragen können, will Sobrino vor allem auf die Gefahr hinweisen, den historischen Jesus zu vergessen. Der epistemologische Vorteil des Ausgangspunktes beim historischen Jesus liegt besonders in dessen entideologisierender Funktion, da »the manipulation of the risen Christ in all kinds of oppressive ›conquest christologies‹ may more easily be unmasked and dismantled«[166]. Dabei bedeutet Sobrinos Plädoyer für den methodologischen Ausgangspunkt beim historischen Jesus kein Plädoyer für eine »Jesulogie« gegen eine »Christologie«, insbesondere weil die Perspektive der Auferstehung immer als Grundvoraussetzung präsent ist.

Die Wahl dieses Ausgangspunktes in der lateinamerikanischen Christologie verdankt sich auch einer entsprechenden Rückkehr zum historischen Jesus in Europa – besonders zu nennen sind Rahner mit seinem Akzent auf der »wahren Menschlichkeit bzw. Menschheit« Christi und Schillebeeckx mit seiner Frage nach Jesus von Nazaret. Allerdings zeigen sich schon bei den ersten einschlägigen lateinamerikanischen Autoren – Assmann, Gutiérrez, Boff oder Ellacuría[167] – gewichtige Unterschiede zu den europäischen Ansätzen sowohl darin, wie der historische Jesus verstanden als auch, wie seine zentrale Stellung begründet wird. Trotz aller Unterschiede innerhalb der europäischen Christologien sieht Sobrino in ihnen zwei Voraussetzungen wirksam, die von der lateinamerikanischen Christologie nicht übernommen werden:

> Die *erste* Voraussetzung muß im Zusammenhang mit der Identität Christi gesehen werden. Man kehrt zum historischen Jesus zurück, um zu erfahren, wer er wirklich war, und um sicher zu gehen, daß es sich nicht um einen Mythos handelt. Es wird also das Problem ernst genommen und auf die Fragen geantwortet, die von einer historischen Kritik aufgeworfen wurden. Die *zweite* Voraussetzung steht in Verbindung mit der Bedeutung Christi. Man kehrt zu Jesus zurück, weil seine konkrete Wirklichkeit auf die Frage nach dem Lebenssinn besser antwortet als ein abstrakter Christus.[168]

Dagegen kann angeführt werden, der Ausgang beim historischen Jesus verändere nicht notwendig die Kenntnis Christi hin zur Nachfolge sowie die

---

166 *Stålsett*, crucified 194.

167 Vgl. *Assmann*, Teología 100; *Gutiérrez*, Theologie 287; *Boff*, Jesus 43–184; *Ellacuría*, Teología politica 11–13.

168 *Sobrino*, Christologie 78. Costadoat kritisiert daher: »En la cristología de Sobrino no se da un predominio del Jesús histórico sobre el Cristo de la fe, sino una concepción del Cristo de la fe restringida a un modo de entender la figura histórica de Jesús y de su liberación que, sin embargo, no interactúa suficientemente con el Logos inmanente al resto de la humanidad y que también de ella pide un compromiso de transformación de la historia humana.« (*Costadoat*, liberación 83.)

Suche nach Sinn im historischen Jesus überwinde nicht automatisch eine personalistische Perspektive auf Erlösung. Da aus der Sicht Lateinamerikas das Hauptproblem in der sich real abspielenden Tragödie liegt und nicht in der individuellen Sinnfrage, geht es nicht primär darum, Christus zu entmythologisieren, sondern ihn zu entpazifizieren und zu entgötzen. Zudem stand die Göttlichkeit Jesu Christi in Lateinamerika nie so infrage wie in Westeuropa. Der Rekurs auf den historischen Jesus dient dazu, einem ideologischen Gebrauch der Göttlichkeit Christi zu wehren, da dies »la única manera de rescatar y salvaguardar a Cristo de las distorsiones de su divinización y abstracción«[169] ist. Der historische Jesus ist im Unterschied zu Europa nicht Untersuchungsgegenstand, sondern Vorbild der Nachfolge. Dementsprechend ist die Geschichtlichkeit Jesu in lateinamerikanischen Christologien vor allem aufgrund seiner Praxis mit Geist, also der Gesamtheit seines die soziale Realität in Richtung des Gottesreiches verändernden Handelns, bedeutend.[170] Nachfolge ist primär die Fortführung dieser Praxis. Die Sinnfrage ist hierauf zu beziehen bzw. diese spitzt sich in der Praxis zu, wenn beispielsweise die Entscheidung zwischen Hoffnung und Resignation oder zwischen Egoismus und Liebe gefordert ist. In der Praxis kann auch die Wirklichkeit der Gnade aufscheinen. Der Geist Jesu ist von seiner Praxis nicht zu trennen, sondern prägt diese, gibt ihr Richtung und wird durch sie konkret und real. Sobrino spricht ihr mystagogisches Potential zu und begründet auch auf diese Weise den Weg von der Praxis Jesu zu seiner Person. Wichtig ist dabei – gegen den möglichen Einwand, die Person Jesu werde auf die Praxis reduziert –, »daß die Praxis, um die es geht, keine beliebige Praxis ist, sondern Inhalte und eine Richtung hat, außerdem einen bestimmten Geist umfaßt, und daß diese Dinge schon deshalb grundsätzlich zu akzeptieren sind, weil sie von Jesus kommen.«[171] Es geht nicht darum, Jesu Praxis zu imitieren, sondern sie weiterzuführen. Grundlegend ist die Befreiung der Unterdrückten, die Solidarität mit ihnen und die Hinordnung auf das Reich Gottes. Die Gesamtheit Jesu kann von der Praxis her besser erfasst werden: Seine Praxis erklärt, was er unter Reich Gottes verstanden hat, lässt seinen Glauben erahnen etc. Weil sie eine befreiende Praxis und eine authentische Evangelisierung ermöglichen, bilden für Sobrino die hermeneutischen Prinzipien des irdischen Jesus und der Armen die Grundlage für eine gültige christliche Theologie und orientieren die theologische Interpretation. »However, in a

---

169 *Costadoat*, liberación 66.

170 »By combining practice and spirit, Sobrino intends to avoid both pure activism and pure spiritualism. It in this sense, it is worth noticing, that Sobrino wishes to propose a *spiritual* theology.« (*Stålsett*, crucified 224f, Herv. im Orig.)

171 *Sobrino*, Christologie 83.

world of poverty and oppression, where the historical Jesus and the poor are manipulated, Sobrino maintains that one must always employ a hermeneutics of suspicion in order to safeguard the hermeneutical principles of liberation theology.«[172] Der Verdacht zielt nicht auf die Existenz Gottes, sondern auf die Verehrung falscher Götter (Götzen) in einem unterdrückenden System. Die lateinamerikanische Christologie sucht so einen personalen Zugang zu Jesus und will seine Praxis vermitteln. Die Inkarnation erhält Modellcharakter für das christliche Engagement in der jeweiligen geschichtlichen Realität. »Jesus' life shows that engagement is the only adequate response to a suffering and conflicted world and is thus critical for a Christian spirituality of reconciliation. Jesus' kenotic movement illustrates God's loving solidarity with humanity and invites us to take a similar turn toward the other, particularly toward the suffering other.«[173] In der Nachfolge Jesu bzw. der Weiterführung seiner Praxis sieht Sobrino auch den angemessensten Zugang zum geglaubten Christus, da dadurch Jesus als letzte Norm akzeptiert wird. Sie stellt »einen Weg dar, der das Glaubenszeugnis nicht mit der Sicherheit letzter, unverlierbarer Gewißheit versieht, der aber die Identifizierung des jeweils ›jetzt‹ geglaubten Christus mit jenem historischen Jesus möglich und überprüfbar macht.«[174] Die Orthaftigkeit der Christologie zeigt sich darin, dass Jesus durch die Perspektive auf die Armen, d. h. in der Nachfolge, erreichbar wird, weil die Totalität Jesus Christus sich an ihrem Ort verleiblicht. Die lateinamerikanische Christologie versteht sich als eine chronologische Christologie von der Sendung Jesu, seiner Praxis über die Frage nach seiner Person bis zum Bekenntnis. Daher ist der Ausgangspunkt beim historischen Jesus »objektiv betrachtet die beste *Mystagogie* für den Christus des Glaubens. Und die Nähe, die man aus der Praxis der Nachfolge heraus erreicht, ist subjektiv die beste *Mystagogie*, um zu Jesus – und damit zu Christus – zu gelangen.«[175] Die Ähnlichkeit der Situation der von Elend, Unterdrückung und Tod geprägten so genannten Dritten Welt mit der Situation des irdischen Jesus stellt einen wichtigen epistemologischen Vorteil dar und erleichtert es, sich ihm anzunähern, da sie »die Erkenntnis eines gemeinsamen theologischen Mittelpunktes, dessen Kern der Horizont des Lebens und des Todes der Menschen ist«[176], erlaubt.

Mit dem Ausgangspunkt bei Jesus von Nazaret und seiner Nachfolge folgt die lateinamerikanische Christologie jener im Neuen Testament grundgelegten

172 *Fagan*, Interpretation 92.
173 *Valiente*, Conflict 664.
174 *Wenzel*, Christologie 261.
175 *Sobrino*, Christologie 86, Herv. im Orig.
176 *Bedford*, Jesus 81.

und immer wieder aufgenommenen Überzeugung, die davon ausgeht, die Geschichte Jesu erzählen zu müssen, um den wahren Christus des Glaubens entdecken zu können.

> Die lateinamerikanische Christologie geht folgendermaßen vor: Sie erfaßt Jesus theologisch, indem sie ihn historisch begreift. Deshalb geschieht die christologische Arbeit in Lateinamerika hauptsächlich in Form narrativer Christologie, mehr im Stil der Evangelien als in der Art der anderen Schriften des Neuen Testamentes.[177]

Dabei wird auch der »Isomorphismus« der Situationen deutlich, d.h. die prinzipiell gleiche Struktur des Lebens Jesu mit dem Leben, das heute zu Leben und Tod in Lateinamerika führt.[178] Die Christologie der Befreiung gedenkt des Lebens, Todes und der Auferstehung Jesu Christi und erinnert an Leben und Tod unterdrückter und verfolgter Menschen. Dem historischen Jesus kommt eine kritische Funktion zu, insofern er vor einer reinen Abstraktion bewahrt, wobei die Gesamtheit des »historischen Jesus« nicht zugänglich ist. Zumindest eine Grundstruktur mit Blick auf Ereignisse wie die Taufe oder der Erfolg seiner Verkündigung, sein Verhalten eines Wundertäters, Gleichniserzählers etc. sowie die authentischen Worte (*abba* und »Reich«) kann plausibilisiert werden. Dafür sind vor allem die Evangelien bedeutend, denen im Rückblick eine innere Kohärenz der Erzählungen des Lebens Jesu zugestanden werden kann, was die Wahrscheinlichkeit der Geschichtlichkeit der Ereignisse erhöht. Aus den Evangelien werden vor allem zwei Lehren gezogen: Zum einen muss Jesus historisch eingeordnet werden, um ihn theologisch fassen zu können, und zum anderen kann er »nicht historisch erfaßt werden, ohne ihn auch theologisch als gute Nachricht zu begreifen und somit in seiner Beziehung zu den Gemeinden verstehen.«[179] Daher widmet sich Sobrino nach diesen methodologischen Bemerkungen der Sendung und dem Glauben Jesu, um dann das Kreuz sowie die Auferstehung und die Entfaltung der Christologie im Neuen Testament und den frühchristlichen Konzilien in den Blick zu nehmen. Mit dieser Reihenfolge will Sobrino deutlich machen, wie es zum Kreuz kam bzw. wie dieses als Konsequenz seines Lebens und Handelns zu verstehen ist und daher die Heilsbedeutung Jesu nicht auf den Tod beschränkt

---

177 *Sobrino*, Christologie 93.

178 Andere Isomorphismen – zwischen Galiläa und El Salvador, nämlich die Unterdrückung durch imperiale Mächte, zwischen Jesus und den salvadorianischen Märtyrern und zwischen Jesus und dem gekreuzigten Volk – diskutiert Sobrino in *Sobrino*, Jesus of Galilee.

179 *Sobrino*, Christologie 97.

werden darf.[180] Darüber hinaus geht er davon aus, in der Praxis einer Person zeige sich am deutlichsten ihr Wesen, also wer sie ist. Dies unterstützt den Ansatz beim historischen Jesus, denn »[l]o más histórico del Jesús histórico es su práctica«[181], d. h. nicht die in Raum und Zeit feststellbaren Fakten, sondern die Aufforderung, ihm zu folgen und seine Praxis weiterzuführen.

4.2.3 *Sendung und Glaube Jesu*

Sobrino beginnt seine Ausführungen zu Sendung und Glaube Jesu mit dem Hinweis, er habe nicht sich selber verkündigt, sondern etwas von seiner Person Verschiedenes, und habe sich von dem her und auf das hin definiert, gelebt und gearbeitet. Diese De-zentriertheit seines Lebens ist auch ein Ausdruck der Geschöpflichkeit Jesu. Im Mittelpunkt seines Lebens standen die umfassenden Wirklichkeiten, die Jesus »Reich Gottes« und »Vater« nennt. »Mit ›Reich Gottes‹ bezeichnet Jesus das Ganze der Wirklichkeit und das, was zu tun ist; mit ›Vater‹ bezeichnet er jene personale Wirklichkeit, die seinem Leben den letzten Sinn verleiht, in welcher er ruht und die ihn wiederum nicht ruhen läßt.«[182] Sie sind verschieden, aber ergänzen sich und verleihen sich gegenseitig Sinn, insofern sich das Sein des Vaters als *abba* im Reich ausdrückt und das Reich auf der Vaterschaft gründet. Hebt Sobrino – dem regulativen Charakter des Chalkedonense entsprechend – somit auf die Verschiedenheit von Reich Gottes und Jesus ab, ist es nicht etwas von ihm und Gott Getrenntes. Denn auch wenn der Vater sein letzter personaler Bezug war und er diesen vermittelte, hat er »Gott« innerhalb des umfassenderen Ganzen »Reich Gottes« als eschatologischer Verwirklichung des Heilswillens Gottes gesehen; das Reich ist die Vermittlung und Jesus dessen Vermittler.[183] Sobrino hebt den universalen Charakter des Reiches Gottes hervor, auch wenn er dessen Parteilichkeit (und diejenige Jesu) herausstellt.

---

180 Vgl. *Sobrino*, Cristología 137.

181 *Sobrino*, Jesús 81; vgl. *Sobrino*, Bedeutung 93. Später ergänzt er dies um die pneumatologische Dimension des Geistes, »mit dem er diese Praxis verwirklicht hat.« (*Sobrino*, Christologie 80.)

182 *Sobrino*, Christologie 101.

183 Sobrino sieht darin die Basis für ein richtiges Verständnis des Begriffs *autobasileia* von Origenes. (Vgl. *Sobrino*, Christologie 156.) Dies entspricht der Zentralstellung der Botschaft von der Gottesherrschaft in seiner Verkündigung und dem dynamischen Charakter als Königtum bzw. königlicher Herrschaft Gottes, wie er im Neuen Testament vorherrscht. »Obwohl die Gottesherrschaft sowohl als Initial- wie auch als Zielgeschehen *göttliche* Tat ist, kann sie nicht von der *Person Jesu* getrennt werden. Denn er ist als der Proklamator der Gottesherrschaft der irdische Repräsentant des im Himmel bereits vollzogenen Geschehens (Satanssturz!), das nun durch seine Proklamation auch die irdische Wirklichkeit erfaßt.« (*Merklein*, Botschaft 65f., Herv. im Orig.)

4.2.3.1 Die Bedeutung des Reiches Gottes

Das Reich Gottes (und nicht er selbst oder eine ungeschichtliche Transzendenz) ist für Jesus die letzte Wirklichkeit und steht schon zu Beginn seines Auftretens im Zentrum seiner Verkündigung. »Esta relatividad fundamental de Cristo cumple en la cristológia de Sobrino una función hermenéutica clave.«[184] Die Evangelien fassen so seine Sendung programmatisch zusammen. Diese letztgültige Wirklichkeit wird von Jesus als duale Einheit ausgedrückt, aufgrund derer man immer von Gott und dem Reich, von Gott und seinem Willen, von Gott und seinem Volk etc. sprechen müsse: »Im Letztgültigen ist immer Gott und etwas, was nicht Gott ist.«[185] Das Letztgültige weist somit eine transzendente und eine von dieser abhängige historische Dimension auf. Gott tritt mit der Geschichte in Beziehung und sie kann mit ihm in Beziehung treten. Dieses Gottesverständnis hat eine Grundlage im Alten Testament, wo Gott (u. a. im Exodus oder in der prophetischen Tradition) als Gott für die Geschichte und eines Volkes erscheint und nicht als Gott-für-sich. Jesus verkündet nun diese duale Wirklichkeit, definiert sie aber trotz seiner Gleichnisse nicht genauer. Um sich dem zu nähern, was er darunter verstanden hat, können drei Wege unterschieden werden, die sich nicht gegenseitig ausschließen, sondern unterschiedliche Akzentuierungen beinhalten: über das begriffliche Verstehen, die Adressaten oder die Praxis Jesu. Der Weg über die Adressaten wird nach Sobrino lediglich von der Befreiungstheologie gewählt bzw. zeigt ihren spezifischen methodischen Beitrag.[186]

Beim begrifflichen Verstehen wird ausgehend von den utopischen alttestamentlichen Vorstellungen vom Reich Gottes bzw. der Verbindung der Königsherrschaft mit Gott als Ausdruck seines geschichtsmächtigen Handelns zugunsten Israels die Beziehung Gottes zur Geschichte herausgestellt.[187] Deutlich werden die aktive Herrschaft Gottes als historische Realität und sein

---

184 *Costadoat*, liberación 67. »este dimensión relacional en Jesús con el Dios del reino y, por supuesto, el conjunto de su vida, de su muerte y resurreción, permitirán a la cristología latinoamericana elaborar una imagen de Dios: un Dios de la vida que tiene como plan salvar a todos los hombres.« (*Torres Serrano*, dimensión 35.)

185 *Sobrino*, Christologie 103. Lohmayer weist auf die wichtige methodische Differenz zwischen der Rede von Gott und der Rede vom Reich Gottes hin: »Die Methode von Gott zu sprechen und die Methode vom Reich Gottes zu sprechen markieren die Differenz zwischen ursprungslogischem und herkunftslogischem Begründen. Sie stehen in Konkurrenz zueinander. Das Reich Gottes – und nicht einfach Gott – verkünden zu können, bedeutet logisch die Möglichkeit, es in falsifizierbarer Weise zu verkünden.« (*Lohmayer*, Frege 254.)

186 Vgl. auch *Sobrino*, centralidad.

187 Hier zeigt sich deutlich die besondere Bedeutung des Utopischen in der lateinamerikanischen Denktradition; vgl. S. 249f dieser Arbeit.

Handeln in einem negativen Umfeld, gegen das Antireich, als Transformation der ganzen Gesellschaft hin zu einer guten und gerechten Situation. »Das Reich Gottes ist eine Utopie, die auf eine jahrhundertelange Hoffnung eines Volkes antwortet, welches sich mitten in unzähligen Schwierigkeiten befindet.«[188] Im Unterschied zu geschichtlichen nicht umsetzbaren Utopien wie der Republik Platons oder der Gesellschaft nach Thomas Morus ist diese Utopie gut, befreiend und viel bescheidener, aber dafür auch menschlicher und dringlicher: »que *la vida justa y digna de los pobres llegue a ser una realidad*, de modo que la crueldad, muy real, de sus sufrimientos, no tenga la última palabra«[189]. Darüber hinaus besteht nach biblischer Tradition ein enger Zusammenhang von Reich Gottes und Volk Gottes, da es das eine nicht ohne das andere gäbe und sich beide auf die Geschichtlichkeit des Verhältnisses zwischen Gott und Mensch beziehen. »Deshalb hat das Reich Gottes eine wesentlich gesellschaftliche Dimension.«[190]

Dies gilt auch für die Reich-Gottes-Erwartung zur Zeit Jesu, für die Johannes der Täufer und sein Akzent auf das Gericht angeführt werden kann. Einige Inhalte seiner Verkündigung wurden von Jesus übernommen. Er steht in der Tradition der Hoffnung in einer Situation der Unterdrückung und damit in Kontinuität zu allen Menschen, die an die Möglichkeit glauben, das Elend der Geschichte zu überwinden. Sobrino stellt vor allem drei Merkmale seiner Vorstellung vom Reich Gottes heraus: Jesus verkündet es erstens als unmittelbar bevorstehend und somit als Gegenstand der Hoffnung und der Gewissheit. Zweitens ist es die ausschließliche Initiative sowie ungeschuldetes Geschenk und Gnade Gottes, wobei sich Ungeschuldetheit und Handeln nicht widersprechen, da die Umkehr notwendig ist und das Kommen der Gottesherrschaft zwar nicht erzwungen werden kann, aber der Wille Gottes auf Erden getan werden muss. Schließlich ist es gute Nachricht, da die Ankunft des Gottesreiches gut ist.[191]

Das Verständnis des Reiches Gottes als gute Nachricht begründet den Weg über die Adressaten, da aufgrund des relationalen Charakters einer Nachricht

---

188 *Sobrino*, Christologie 108. Im Evangelium »el *reino* es *utopía*, pero una utopía específica, que debe aquilitarse bien. Responde no a cualquier carencia y limitación de los humanos, sino al *sufrimiento de los pobres*. Y a ella se corresponde con *esperanza*, alimentada por los *signos del reino*: curaciones, expulsiones de fuerzas destructoras, acogida a despreciados, comidas de fraternidad.« (*Sobrino*, centralidad del reino 139, Herv. im Orig.)

189 *Sobrino*, centralidad del reino 139, Herv. im Orig.

190 *Sobrino*, Jesus und das Reich Gottes 315.

191 Vgl. *Sobrino*, Christologie 113–118. »The coming of the Kingdom will be a grace from God and not one which can be forced by human action. But the expectation of the kingdom should change Christian praxis.« (*Thiede*, Reality 140.)

der Blick auf die Adressaten hilft, diese zu verstehen. »Hier wird vorausgesetzt, daß der Inhalt und die Empfänger des Reiches sich gegenseitig erhellen. In der Analyse der Empfänger werden laut Sobrino die verkündigte Utopie und Erlösung konkretisiert.«[192] Wegen des konkreten Adressaten ist das Reich Gottes (und Jesus) parteilich, auch wenn die Liebe Gottes allen Menschen gilt. Indem das Reich Gottes die soteriologische Parteilichkeit Gottes als Einsatz für die Armen ausdrückt, »bestimmt er seine Christologie durch den wechselseitigen Erschließungszusammenhang des Begriffspaares ›Reich Gottes‹ und ›Option für die Armen‹. Christologie wird bei Sobrino zum geschichtlichen Realausdruck göttlicher Parteilichkeit.«[193] Jesus schließt niemanden aus, wenn er sich direkt an die Armen wendet, wie in Lk 4,18, 7,22/Mt 11,5 und Lk 6,20 deutlich wird. Diese Beziehung zwischen dem Reich Gottes und den Armen wird in den Evangelien als Tatsache und als in Gott begründetes Rechtsverhältnis dargestellt, wie auch Puebla ausdrückt: Gott liebt und verteidigt die Armen, weil sie arm sind.[194] Auf dieser Grundlage kann das Reich Gottes verstanden werden, wobei die Armen nicht spiritualisierend missverstanden werden dürfen. Zu ihnen gehören diejenigen, deren Grundbedürfnisse nicht befriedigt sind, und die Verachteten der herrschenden Gesellschaft wie Sünder, Zöllner, Prostituierte, Einfache, Kleine oder Geringe. Auch ohne eindeutige Bezeichnung ist die grundlegende Richtung Jesu klar: »Die Armen stehen in der Geschichte ganz unten. Sie sind durch die Gesellschaft unterdrückt und von ihr ins Abseits gedrängt.«[195] Ökonomische Armut und fehlende Anerkennung hängen meist miteinander zusammen – wie gegenwärtig in der Dritten Welt. Jesus nahm Partei für die ökonomisch wie sozial Armen. In den synoptischen Evangelien werden die Armen als Plural erwähnt, womit eine umfassende Realität bezeichnet wird (meist wird *ptochos* verwendet, was primär ökonomisch Besitzlose meint). Die Bezeichnung ist ferner dialektisch, weil Arme und Reiche konträre Gruppen sind. Während in den Evangelien die ökonomisch Armen und die soziologisch Armen des Öfteren unterschiedliche Personengruppen sind, betont Sobrino, in der gegenwärtigen Realität Lateinamerikas seien oft

---

192 *Bedford*, Jesus 36.

193 *Lüning*, Mensch 243.

194 Vgl. *CELAM*, Evangelisierung Nr. 1142. Sobrino zitiert auch *Jeremias*, Theologie 111. 118, Herv. im Orig.: »die Königsherrschaft gehört *den Armen allein*.« Daraus darf nicht auf eine moralische Überlegenheit der Armen geschlossen werden; vielmehr sind sie aufgrund ihrer sozialen Stellung privilegiert, um Gottes Barmherzigkeit empfangen und das Reich Gottes annehmen zu können. (Vgl. *Goizueta*, Christology 95f.)

195 *Sobrino*, Christologie 120. »Aunque no sea fácil subsumir en un concepto unívoco ambos significados, es obvio que pobres significa aqui una realidad histórica, aquellos para quienes vivir es una dura carga por razones históricas, económicas y sociales.« (*Sobrino*, centralidad 263.)

die gleichen Personen sowohl ökonomisch als auch soziologisch arm. Er verallgemeinert zwar, hat aber die historisch-kritische Perspektive im Blick. »He does not suggest that poverty as a socioeconomic reality today corresponds exactly with the poor of the Gospels; he simply suggests that the best modern analogue to the people to whom Jesus is partial in the Gospels are the materially poor people of Latin America.«[196] Er argumentiert somit weniger exegetisch präzise und sucht mehr nach Analogien in der gegenwärtigen Realität, die nicht als Identifikationen missverstanden werden dürfen, um auf diese Weise die heutige Bedeutung der Evangelien herauszustellen.

> Jenen, für die die Erlangung des Lebensnotwendigen äußerst schwierig ist, jenen, die im Abseits und in der Marginalität leben, jenen, die unterdrückt sind und für die das Leben keine Perspektive bereithält, jenen, die sich von Gott verlassen fühlen, weil die Gesellschaft ihnen dies so vermittelt, allen diesen Menschen sagt Jesus, daß es Hoffnung gibt, daß Gott nicht so ist, wie ihnen ihre Unterdrücker glauben machen wollen, daß das Ende ihrer Schwierigkeiten nahe ist und daß das Reich Gottes kommt und ihres ist.[197]

Der Weg über die Adressaten korrespondiert mit der methodologischen Bestimmung der Kirche der Armen als dem kirchlichen Ort der Christologie und unterstützt den darin vorliegenden hermeneutischen Ortswechsel zur Realität der Armen, Unterdrückten und Ausgegrenzten – also zu den »Rändern« der Gesellschaft.[198] Da die Armen quantitativ die Mehrheit sind, müssen sie berücksichtigt werden, soll das Reich Gottes eine universale Wirklichkeit werden. Durch sie als die Adressaten des Reiches werden fassbar die Utopie des Reiches als Leben, Gerechtigkeit und Befreiung in konkreten Situationen und die transzendente Dimension des Reiches *Gottes*; sie sind die Adressaten des Reiches, weil Gott so ist. »Ese ser *así* de Dios no es lo pensado ni lo pensable (además de que para los adversarios de los pobres no sea ni lo querido ni lo querible), es la manifestación de su realidad que, al menos desde un punto de vista histórico va más allá – transciende – las expectativas de la razón natural

196 *Curran*, Mercy 203. Watson sieht durch die Betonung des politischen bzw. historischen Charakters des Reiches Gottes bei Sobrino die Gefahr einer ähnlich einseitigen Interpretation wie in der westlichen Tradition einer spiritualisierenden Deutung, da er den ontologischen Charakter nicht berücksichtige. (Vgl. *Watson*, Christology 249f.)

197 *Sobrino*, Christologie 122.

198 Die zentrale Bedeutung der »Ränder« für Pastoral und Selbstverständnis der Kirche wird seit seinem Amtsantritt nachdrücklich von Papst Franziskus thematisiert und schlägt sich auch in den von ihm vorgenommenen Kardinalsernennungen nieder.

y, ciertamente, de la razón pecaminosa.«[199] Somit wird die Parteilichkeit des Reiches deutlich und dass es darin um Leben und Würde der Armen geht.

Die Parteilichkeit des Gottesreiches widerspricht nicht seiner Universalität, da zwar alle hineinkommen können, aber auf unterschiedliche Weise; direkt kommt das Reich nur den Armen zu. Die Parteilichkeit Gottes als aktive Verteidigung zeigt sich alttestamentlich darin, ein unterdrücktes – und nicht alle Völker – in der Geschichte befreit zu haben; durch seine Parteilichkeit offenbart er sich. Dies greift Jesus auf und verteidigt aktiv die Armen. Angesichts der Mühsal des Lebens für die Armen muss das Reich Gottes »seinem Wesen nach zumindest ein Reich sein, in dem Leben möglich ist«[200]. Denn die Armut widerspricht Gottes Willen, der sich auch nach Jesu Überzeugung in der Tora niedergeschlagen hat. Wenn er sie erwähnt, geht es immer wieder um Menschen, denen das Lebensnotwendige fehlt; immer wieder verteidigt er die Grundlagen des Lebens. Dies bestimmt auch seinen Umgang mit der Halacha, deren Hinordnung auf das Leben er betont, sowie den Stellenwert ursprünglicher Symbole des Lebens wie Mahl und Brot. Weil das Grundübel im Antireich, also der Zerstörung der Schöpfung Gottes durch die Armut, besteht, muss das Reich Gottes »jenes Minimum beinhalten, welches für die Armen das Maximum ist: das Leben.«[201] Gerade an diesem Punkt macht sich die Adressatenorientierung bemerkbar, da für die Armen das Leben und die Erfüllung der Grundbedürfnisse eine erhoffbare Utopie sind, während die, denen es gut geht, in der Regel andere Hoffnungen hegen. Demzufolge dürfte die grundlegende Unterscheidung in der Menschheit darin bestehen, dass für einige Leben und Überleben selbstverständlich sind und für andere nicht.[202] Für letztere ist die Ankündigung des Lebens eine frohe Botschaft. Zentral für das Verständnis dieser Botschaft ist zum einen, ihre auch materielle Dimension als Befreiung aus den verschiedenen Formen der Unterdrückung

---

199 *Sobrino*, centralidad 264f., Herv. im Orig. »[T]he way of addressee can reveal that both economic and sociological poverty are contrary to the will of God. There is a preference for those who materially suffer from oppression, and the kingdom is ›good news‹ only insofar as it brings about their liberation.« (*Kelly*, Church 163.)

200 *Sobrino*, Christologie 125.

201 *Sobrino*, Christologie 127.

202 »Vor dem Hintergrund einer der jesuanischen Botschaft angemessenen Rede von der Parteilichkeit des Reiches Gottes ist der Vorwurf, die Theologie der Befreiung unterbiete den universalen Anspruch der Reichgottesbotschaft zugunsten eines partikularen, ganz auf die Armen enggeführten Verständnisses, nicht recht nachvollziehbar. Soll das Reich Gottes eine wie immer zu denkende geschichtliche Dimension aufweisen, wird es sich in und vermittels der Geschichte (und sei es im Modus der sie vollendenden Aufhebung) Bahn brechen, und das heißt: konkret, partikular.« (*Wenzel*, Christologie 262.)

zu berücksichtigen, und zum anderen, dass es nicht bei einer worthaften Verkündigung bleiben darf, sondern die Botschaft auch realisiert werden muss.

Dies stellt der dritte Weg, also der über die Praxis Jesu, in den Vordergrund. Praxis meint dabei seine von einer aktiven Hoffnung getragenen Handlungsweisen und macht deutlich, dass »Reich Gottes« ein Sinnbegriff und ein »Praxisbegriff« ist, d. h. ein Begriff, der die praktische Umsetzung impliziert. Insofern das Reich in der Praxis gegenwärtig wird, führt die Untersuchung der Praxis Jesu dazu, zu verstehen, was das Reich ist. Sobrino widmet sich seinem Handeln, seinen Worten und seinen Feiern. Viele Handlungen Jesu in der ersten großen Phase seines Lebens sind Wunder, die in erster Linie in Beziehung zum Reich Gottes zu sehen und Ausdruck für dessen Nähe sind. Als Zeichen gestalten sie selber nicht die Wirklichkeit grundlegend um, sondern weisen auf die richtige Richtung hin und fördern die Hoffnung auf Erlösung, die auch diejenige von den alltäglichen Übeln der Armen umfasst. Die christologische Dimension sieht Sobrino darin, die nicht nur als Gefühl zu verstehende Barmherzigkeit Jesu als seine grundlegende Dimension zu zeigen. »Er ist jemand, der sich vom Leid anderer aufs Tiefste bewegen und anrühren läßt und erlösend eingreift. Für ihn ist diese Reaktion das erste und letzte Kriterium für sein Handeln.«[203] Das Erbarmen Jesu ist somit Gefühl und Reaktion. Dies zeigen die Wunder und darin liegt ihre bleibende Bedeutung, »Werke der Barmherzigkeit« zu sein und darüber hinaus die Hoffnung auf die mögliche Befreiung zu nähren. Zu ihnen gehört der Glaube, der zuweilen als notwendige Bedingung des Wunders gilt, und weder reines Fürwahrhalten noch christologisches Bekenntnis meint, sondern die Annahme, dass Gott gut und nahe ist und neue Möglichkeiten eröffnet. Wie die Wunder, so sind auch die Dämonenaustreibungen Ausdruck des Kommens des Gottesreiches und des Sieges über das Antireich, weshalb dieses Kommen gut und befreiend ist. Jesus tritt gegen die Dämonen auf und bestreitet damit die Letztgültigkeit der Realität des Antireiches. Eine andere Dimension zeigt sich in der Annahme der Sünder in seiner Praxis, mit ihnen Mahl zu halten und ihnen die Sünden zu vergeben, da diese darin von sich und der Ausgrenzung befreit werden. In

203 *Sobrino*, Christologie 134. Barmherzigkeit bei Jesus »is also an action. More exactly, it is a re-action to the deeds of oppressors and victimizers.« (*Sobrino*, Jesus of Galilee 454.)

»De esta forma los milagros y los demás signos de Jesús algo concretan ya lo que es el reino de Dios para Jesús, más allá de las definiciones genéricas de salvación como amor o como vivir en plena apertura a Dios. Aunque son sólo signos, expresan que el reino de Dios es salvación de necesidades concretas apremiantes; que es liberación, pues esas necesidades de las que hay que salvar son las producidas por elementos opresores; y que la razón del reino no está en nada ajeno y exterior a esas mismas necesidades.« (*Sobrino*, centralidad 259.)

den meisten einschlägigen Situationen wird weniger von Sündenvergebung gesprochen, weshalb es angemessener ist, von der Annahme der Sünder zu sprechen. Denn Jesus geht weiter: »Er nimmt die Sünder an und verkündet auf diese Weise die Nähe der Gottesherrschaft.«[204] Dabei geht es weniger um die göttliche Macht Jesu und mehr um das Kommen des Reiches. Jesus macht auf das tiefste Wesen der Sünde aufmerksam und unterscheidet bei den Sündern zwischen denen, die unterdrücken, und denen, die aus Schwäche oder aufgrund des Gesetzes sündigen bzw. für Sünder gehalten werden. Allen bietet Jesus Erlösung an, verlangt aber Unterschiedliches: Einerseits Umkehr als Ende der Unterdrückung und andererseits Umkehr als Akzeptanz, dass Gott anders ist als von den Unterdrückern vermittelt. Das Angenommensein ermöglicht es, die eigene Schuld zu bejahen, und ist somit befreiend, zumal die gesellschaftlich Verachteten und Ausgegrenzten ihre Würde wiedererhalten. Dies fordert das Antireich heraus und es reagiert, wie sich an der Kritik an Jesu Praxis zeigt. Die Praxis Jesu zeigt somit, wie stark sein Fokus auf das Kommen, das Nahen der Gottesherrschaft liegt und damit auf der Transformation der Gesellschaft, bei der die Menschen mitwirken sollen. Wenn Sobrino dies aufnimmt und seine Christologie von der Hinordnung Jesu auf dieses Kommen her entwickelt, zeigt sich ein weiterer wichtiger Unterschied zur Perspektive der Glaubenskongregation, die mehr die kirchliche Präsenz und die Fülle der Darstellung in der Kirche akzentuiert. Ein weiterer unterschiedlicher Akzent liegt im Verständnis der Sünde vor, da das Lehramt entsprechend der Logik der kirchlichen »Innenperspektive« den Fokus auf den Glauben legt und dann die entscheidende Maßnahme eher die Beichte und innere Umkehr in Verbindung mit der kirchlichen Lossprechungs-Vollmacht ist – was sich mit der von Sobrino gewählten Akzentsetzung nicht gegenseitig ausschließt.

Neben diesen Werken Jesu sind auch die Gleichnisse als seine Worte für das Verständnis des Gottesreiches wichtig. Sie fordern heraus und sind streitbare Erzählungen; meist bleibt die Interpretation dem Hörer überlassen. Ihre zentrale Botschaft entspricht der grundlegenden Botschaft Jesu vom Kommen des Gottesreiches, von der unmittelbaren Nähe und Neuartigkeit sowie der Parteilichkeit Gottes. »Mit den Gleichnissen geht Jesus dazu über, die Armen zu verteidigen und sein eigenes parteiliches Handeln zu ihren Gunsten zu rechtfertigen.«[205] Immer wieder wird die Krise und Wende deutlich, die das Reich Gottes bedeutet, wobei davor gewarnt wird, sich auf die Erwählung Israels zu berufen, ohne den grundlegenden Forderungen des Reiches Genüge zu tun. Neben diesem Fokus auf Krise und Wendepunkt wird

---

204 *Sobrino*, Christologie 141.

205 *Sobrino*, Christologie 147.

in den Gleichnissen die Hoffnung auf die bzw. Überzeugung von der Nähe des Reiches ebenso angesprochen wie die durch es vermittelte Freude angesichts der guten Botschaft. Daher kann es gefeiert werden. Die oft geschilderten Festmähler – insbesondere mit denen, die vom Antireich (d. h. die dem Reich Gottes entgegenstehenden Mächte) gewöhnlich ausgeschlossen werden – drücken Befreiung, Friede und universale Gemeinschaft als Ziele des Reiches aus, die erbeten und erarbeitet, aber auch gefeiert werden sollen. Aus dem Einbezug der sonst Ausgeschlossenen entsteht ein Konflikt, da die Gegner Jesu als Vertreter des Antireiches seine Mahlpraxis scharf kritisieren, weil sie die Freude Gottes darüber, dass die Armen am Tisch sitzen, nicht teilen können und daher das Gottesreich missverstehen. »Die Feier ist der große Ausdruck dafür, daß etwas vom Gottesreich schon da ist.«[206]

Es zeigt sich somit zunächst ein gegenseitiger Erschließungszusammenhang von Reich Gottes und Christologie, da von Jesus her das spezifisch Christliche des Reiches Gottes deutlich werde und vom Reich her Jesus erkannt werden könne.[207] Da Sobrino diese dialektische Struktur bei der Frage nach der Letztlichkeit des Reiches abbreche, wird nach Lüning »das Reich zur letzten Bestimmungsfigur für die Christologie (und ihr Verhältnis zur ›Theo-logie‹), insofern die Letztverbindlichkeit des Reiches Gottes die Letztverbindlichkeit Jesu begründet und die Jesus-Vater-Beziehung beleuchtet (nicht aber umgekehrt).«[208] Diese Kritik einer Regnozentrik, die auf Kosten der personalen Dimension geht und auch eine Christus überschreitende Dimension aufweisen könnte – die wie im Falle Dupuis' vonseiten der Glaubenskongregation als problematisch kritisiert worden wäre – ist nicht völlig fernliegend. Sie – und auch die sich anschließende Kritik daran, dass Jesus Christus ein bloßes Ankündigungs- und Verweiszeichen der noch ausstehenden Wirklichkeit des Gottesreiches sei und daher die inkarnatorische Einmaligkeit Christi nicht gewahrt bleibe, – berücksichtigt allerdings nicht ausreichend die genannte Dualität der transzendenten und der historischen Dimension im Letztgültigen. Denn das Reich Gottes kann nur deswegen die letzte Wirklichkeit für Jesus sein, weil es das Reich *Gottes* ist und er es als solches verkündet und sich darin seine Gottesbeziehung ausdrückt. »Para Sobrino, es esta *trascendencia histórica* del reino que funge como mediación para comprender la *trascendencia teologal* del mismo.«[209] Zudem ist Jesus kein bloßes Verweiszeichen, da er in seiner

206 *Sobrino*, Christologie 151.

207 Vgl. *Sobrino*, Systematische Christologie 568.

208 *Lüning*, Mensch 247.

209 *Torres Serrano*, dimensión 25, Herv. im Orig. »There is no doubt that a reigning and compassionate God was central in Jesus' life. And there is no doubt that Jesus saw his discipleship as building the reign of God around a common table of love, peace, and justice.

Praxis das Reich Gottes nicht nur verkündet, sondern auch in Zeichenhandlungen etc. verwirklicht, aus seiner einmaligen Gottesbeziehung handelt und in der Auferstehung erhöht wird.

4.2.3.2 Das Reich Gottes als zentrales Ziel der Befreiungstheologie

Die Bedeutung des Gottesreiches wird gerade von der Befreiungstheologie betont und das Reich zu ihrem zentralen Ziel erklärt, womit sich das zu Beginn des Kapitels zitierte Selbstverständnis einer Theologie, die sich als Moment der Befreiungspraxis und des Transformationsprozesses selber versteht, konkretisiert:

> Lo mismo que Jésus vino a anunciar y realizar, esto es, el reino de Dios, es lo que debe constituirse en el objeto unificador de toda la teología cristiana, así como de la moral y de la pastoral cristianas: la mayor realización posible del reino de Dios en la historia es lo que deben perseguir los verdaderos seguidores de Jesús.[210]

Indem sich die Befreiungstheologie in den Dienst der größtmöglichen Verwirklichung des Gottesreiches stellt, fokussiert sie auf Gottes Verhältnis zur Geschichte und christologisch darauf, wie Jesus die spezifische Präsenz Gottes in der Geschichte verkündet und zu verwirklichen begonnen hat. Auf dieser Basis untersucht sie die geschichtliche Realität auf die Zeichen des Reiches Gottes und was es befördert – insbesondere die Befreiungspraxis der Armen – sowie darauf, was seiner Verwirklichung entgegensteht. Über Analyse und Urteil hinaus wird sie selber aktiv und übernimmt Verantwortung, indem beispielsweise entsprechende Transformationsbemühungen unterstützt werden. Dies zeigt sich auch in der lateinamerikanischen Christologie, worauf Sobrino eingeht.[211] Dies ist insbesondere deswegen wichtig, weil eine systematische Auseinandersetzung mit dem Begriff des Reiches Gottes und seiner Bedeutung erfolgt und damit der Bezugspunkt der vorherigen Ausführungen zur Reich-Gottes-Botschaft Jesu deutlich wird. Grundsätzlich wird das Gottesreich als das Letztgültige und Eschatologische betont, was alles andere infrage stellt. Zudem wird unterschieden zwischen Jesus als Mittler und dem Reich als Vermittlung bzw. dem Willen Gottes als Vermittelten sowie zwischen den Zeichen und der Wirklichkeit. Es ergibt sich ein neues Verständnis des »Schon, aber

---

But Jesus was only able to carry out his program because something grounded and gave meaning to his life and history.« (*Fagan*, Interpretation 122.)

210 *Ellacuría*, Aporte 202f. Vgl. zur Bedeutung des Reiches Gottes in der Befreiungstheologie auch *Estermann*, Reich.

211 Vgl. ausführlicher *Sobrino*, centralidad.

noch nicht«, da das Reich Gottes auf der Ebene des Mittlers schon gekommen, aber auf der Ebene der Verwirklichung noch nicht angekommen ist.[212]

Die Letztgültigkeit des Gottesreiches wird in der Theologie der Befreiung mit der besonderen Realität der Dritten Welt und ihrer Hoffnung auf Überleben und Gerechtigkeit, ihren Wesensmerkmalen als einer historischen, prophetischen und praktischen Theologie, deren erster Adressat das Volk ist, seiner Bedeutung in der Verkündigung Jesu sowie damit begründet, dass Gefahren wie die Anpassung des Reiches an die Kirche oder eine Ausrichtung der Kirche an den Werten der Welt vermieden werden.[213]

Ausgehend von Jesu Verkündigung aktualisiert die Theologie der Befreiung und speziell Sobrino das Reich Gottes, indem zunächst und grundlegend die Realität des Antireiches festgestellt wird. Damit das Reich Gottes Wirklichkeit werden kann, ist eine schwerwiegende Sünde der Ungerechtigkeit zu überwinden. Es bringt historische Erlösung, deren Inhalt von der konkreten Situation abhängt. Durch den Gegensatz zum Antireich ist das Reich befreiend. »Das Reich aufzubauen heißt, das Antireich zu zerstören. Die Menschen zu retten heißt, sie aus ihren Versklavungen zu befreien.«[214] Das Reich Gottes entsteht gegen das Antireich, wie die Verfolgung der zeitgenössischen Vertreter des Reiches zeigt, was Sobrino zu seinem erweiterten Martyriumsverständnis motiviert.[215] Die Adressaten des Reiches sind die Armen, für die Partei ergriffen werden muss. Sobrino übernimmt von Ellacuría die Rede von der »Analogie der Armen« als Adressaten und Konstrukteure des Reiches, die für dessen Verständnis bedeutend sind, und seine fünffache Differenzierung: Die Armen sind zunächst die materiell Armen sowie zweitens die Verarmten und Unterdrückten als dialektisch Arme. Drittens

212 Vgl. *Sobrino*, Christologie 154–158.

213 Die Auferstehung wird nicht gewählt, weil ein enormer Interpretationsaufwand nötig wäre, damit sie zum Letztgültigen für eine Theologie werden kann. »Die Auferstehung entwickelt aus sich selber eine große Kraft, den letzten Sinn der Geschichte, die Utopie des Endes, die radikale Hoffnung auszudrücken. Aber sie hat diese Kraft nicht, wenn es darum geht, in der Geschichte zu leben und diese auf den Weg der Utopie zu bringen.« (*Sobrino*, Christologie 177.)

214 *Sobrino*, Christologie 179. »Für Jesus ist das Reich Gottes eine dialektische Wirklichkeit, der sich das Anti-Reich aktiv widersetzt. Daher ist es einfältig und unwirklich, das Reich anzukündigen und aufbauen zu wollen, ohne das Anti-Reich anzuklagen und zu zerstören.« (*Sobrino*, Evangelisierung 175.)

Die Praxis Jesu ist daher notwendigerweise dialektisch, da sie nicht nur den Fortschritt als Horizont hat, sondern auch eine von Ungerechtigkeit geprägte Geschichte verändern muss: »Por eso, Jesús añadía al anuncio, la denuncia de la injusticia. Debe estar dirigida, no sólo a la conversión de las personas, sino a la transformación de estructuras, por difícil que sea.« (*Sobrino*, Jesús y la justicia 195.)

215 Vgl. dazu besonders *Denger*, Liebe.

gibt es »Arme mit Geist«, wenn sie über die Tatsache materieller Armut ein individuelles und kollektives Bewusstsein erlangt haben, sodass die Spiritualität nicht die materielle Armut ersetzt, sondern sie krönt. Viertens zeigt sich die politische Bedeutung der Armen, wenn sie sich aufgrund dieses Bewusstseins organisieren und eine Praxis des Volkes pflegen. Schließlich bündelt sich dies – das materielle Leben, die Bewusstwerdung und die Praxis – in Dankbarkeit, Hoffnung und Barmherzigkeit. »Es sind die Armen, die ihre reale Armut aus der Perspektive des Gottesreiches mit allen menschlichen und christlichen Möglichkeiten aufgreifen. [...] Der Geist der Armut muß sich inkarnieren und historisch konkretisieren genauso, wie die Realität der Armut spirituell durchdrungen und im Bewußtsein erfaßt werden muß.«[216] Das analogatum princeps dieser Analogie sind die materiell Armen, denn sie sind aufgrund ihrer Armut die Adressaten des Reiches Gottes. Über ihre Beziehung zu den wirklichen Armen können die Nicht-Armen am Reich teilhaben. Vor diesem Hintergrund verwundert es nicht, wenn die Theologie der Befreiung die Geschichtlichkeit des Reiches Gottes, d. h. die aktuelle (immer unvollständige) Verwirklichung in der Geschichte, als wesentliche Dimension betont. Damit ist es auch eine politische Wirklichkeit, denn Religiöses und Politisches müssen sich nicht ausschließen, sondern sind unterschiedliche Inhalte menschlicher Existenz. Schließlich besteht eine wesentliche Beziehung zwischen Reich Gottes und Volk, was sich dem Interesse an der Befreiung der Mehrheit und der biblischen Grundlage verdankt, wo Gott und Volk Korrelate sind. Es wird (in den Mählern) als Wirklichkeit für ein Kollektiv beschrieben, weshalb die Individualisierung der Person und der Gottesbeziehung nicht überbetont werden darf. »In der Weise, wie das Volk Gottes zu existieren beginnt und existiert, wird das Reich Gottes gegenwärtig.«[217] Diese Überlegungen können in einer systematischen Formulierung zusammengefasst werden: »Das Reich Gottes ist das Leben der Armen, in Gerechtigkeit, welches auf ein ›Mehr‹ hin offen ist.«[218] Dabei wird mit dem Leben das Geschichtliche und die Verheißung des Gottesreiches

---

216 *Ellacuría*, Conversión 151 nach der Übersetzung bei *Sobrino*, Christologie 181. Die von Sobrino in *Sobrino*, pauperes 104f gebotene Beschreibung der Armen differiert nur darin, dass er als »Arme mit Geist« erst die fünfte Gruppe bezeichnet. Vgl. zur geistlichen Armut aus befreiungstheologischer Perspektive auch *Silber*, Pluralität 54f.

217 *Sobrino*, Christologie 185.

218 *Sobrino*, Christologie 185. »Mit anderen Worten, die Befreiung ist die Ankunft des Reiches Gottes für die Armen. Und wegen deren Wirklichkeit muß der Inhalt der Befreiung sich auf einige grundlegende Mindestforderungen beziehen: eine gerechte, würdige Lebensweise – wenn man so will, die ökonomische und soziologische Lebenschance: daß der *oikos* – die Lebensgrundlage – und das *socium* – die wirklich geschwisterlichen sozialen Beziehungen – möglich sind.« (*Sobrino*, Systematische Christologie 583, Herv. im Orig.)

ausgedrückt und mit »gerecht« der formale und befreiende Charakter gegen das Antireich für geschwisterliche und würdevolle Beziehungen. Dieses Leben entfaltet sich im »Mehr«, in neuen Möglichkeiten, was die geschichtliche Transzendenz des Reiches Gottes anspricht. Hinzu kommt die theologale Transzendenz des Reiches, da das Reich ein Reich von Gott ist und Gott als Gott des Lebens erscheinen wird.

> Summing it all up, we find that the particularity of Sobrino's interpretation of the Kingdom of God lies in his emphasis on its conflictual, evangelical, partisan, historical and popular traits. The Kingdom is a *conflictual* reality, since its coming is victory over against the forces of the anti-Kingdom. Therefore, the proclamation of its coming is particularly ›good news‹ to the victims living in a situation of suffering and despair because of these evil forces of sin and oppression. The Kingdom of God is theirs, it belongs to the poor. These are the *evangelical* and *partisan* dimensions of the Kingdom. The Kingdom is a historical reality, which, although it cannot ever be fully realised in history, seeks some realisation in history through historical mediations. Finally, emphasizing the poor as addressees and agents of the Kingdom, not as individuals but as a collective, Sobrino holds the Kingdom of God to be ›essentially ›*popular*‹ in character, both in the qualitative sense (the people as the *poor* majorities) and the quantitative (the *majorities* being the poor).‹ The Kingdom of God belongs to a people, a people of the poor, of victims – a crucified people.[219]

4.2.3.3 Die Beziehung Jesu zum Vater

Neben dem Reich Gottes ist bei Jesu Leben und Sendung vor allem sein Gottesverhältnis zu thematisieren.[220] Sein Dienst am Reich Gottes, aufgrund dessen er hingerichtet wurde, hängt von diesem ab; die Evangelien beschreiben eine radikale Gotteserfahrung. Wenngleich es schwierig ist, die Psyche Jesu zu erkunden, sind zumindest über die äußeren Ausdrucksweisen wie Gebet, Vertrauen, Verfügbarkeit und Glauben Einblicke in sein Gottesverhältnis möglich. Dabei zeigt sich, wie wenig er eine formulierbare Gotteslehre vorgelegt hat; vielmehr lässt sein Handeln mit seiner Verkündigung erkennen, wie er Gott versteht. Mit Blick auf mögliche alttestamentliche Wurzeln bzw. Elemente von Jesu Gottesverständnis unterscheidet Sobrino zwischen dem Inhalt der göttlichen Wirklichkeit und der formalen Wirklichkeit Gottes. In den Inhalt fließen die prophetische Tradition mit der Parteilichkeit Gottes, die apokalyptische

---

219 *Stålsett*, crucified 236f, Herv. im Orig. mit Zitat aus *Sobrino*, Christologie 184.

220 Hier zeigt sich bei Sobrino eine wichtige Akzentverschiebung. Denn während er in seinem frühen christologischen Entwurf *Cristología desde América Latina* die Perspektive des Glaubens Jesu einnahm, kommt in *Jesucristo liberador / Christologie der Befreiung* das Verhältnis von Jesus und Gott-Vater in den Blick und subsumiert dabei den Glauben Jesu. Vgl. *Stålsett*, crucified 241, 269f.

mit der Betonung seiner absoluten Zukunft, die der Weisheit mit dem Akzent auf dem schöpferischen und sorgenden Gott sowie die existentielle der Klagen des Jeremia, Kohelet, Ijob ein. Da sie sich nicht einfach miteinander vereinbaren lassen, plädiert Sobrino dafür, »die Verschiedenheit und die Eigenheiten der jeweiligen Gottesverständnisse aufrechtzuerhalten. Dies gilt besonders in bezug auf das Schweigen Gottes. Jesus hat sein Leben lang auf ganz existentielle Weise – nicht nur auf der begrifflichen Ebene – diese Verschiedenheit integriert.«[221] Durch diese Offenheit gegenüber der Andersheit Gottes, die nicht erlaubt, die Verschiedenheit zu nivellieren, zeigt sich wiederum eine Parallele zu Boeves Vorschlag der christlichen Tradition als »open narrative«. Auch die Transzendenz Gottes als seine formale Wirklichkeit wird in den Evangelien unterschiedlich – als transzendent, Schöpfer, absoluter Herr, Macht habend über Leben und Tod etc. – angesprochen. Ein zentraler Unterschied zu anderen religiösen und philosophischen Traditionen besteht darin, die Transzendenz als Gnade aufzufassen. Dadurch durchbricht Jesus die traditionelle Vorstellung einer unendlichen Distanz bzw. Differenz zwischen Schöpfer und Geschöpf durch die spezifische Gegenwart Gottes als desjenigen, der radikal nahe kommt. Gott ist für Jesus inhaltlich gut und formal transzendent, was mit der Dialektik von »Gott« und »Vater« ausgedrückt werden kann. Jesus nannte die letzte Wirklichkeit, mit der er konfrontiert war, »Vater« und zeigt damit ein absolutes Vertrauensverhältnis. »Gott-Vater ist für Jesus der personale Letztgültige, und seine Beziehung zu ihm besteht in Vertrauen und Verfügbarkeit. Gott war – und wurde immer mehr – für Jesus eine höchst dialektische Realität: absolute Intimität und absolute Andersartigkeit.«[222] Wie die Güte und Transzendenz Gottes zu füllen sind, zeigt sein Handeln.

Ein Ausdruck des Gottesverhältnisses des frommen Juden Jesus ist sein Beten. Ritualgebet wie persönliches Gebet prägten sein gesamtes Leben und hinterließen einen tiefen Eindruck bei anderen. Er betet nicht naiv, sondern kritisiert Formen wie einen Gebetsautomatismus oder ein heuchlerisches oder entfremdetes Gebet. »Im Gebet verdichtet sich die Erfahrung des letzten Sinnes.«[223] Wie Jesus in seiner Verkündigung des Reiches Gottes den letzten Sinn des Reiches als gute Nachricht und Geschenk konzentriert, so will das Gebet, indem es vor Gott stellt, das Ganze des Sinnes und den Sinn des Ganzen zusammenfassen und hängt mit seiner konkreten Situation und seiner Praxis zusammen. Sobrino erläutert diesen Zusammenhang sowie Jesu

221 *Sobrino*, Christologie 194.
222 *Sobrino*, Christologie 195.
223 *Sobrino*, Christologie 197.

Vertrauen und Verfügbarkeit am Lobpreis- und Dankgebet in Mt 11,25, in dem die Geringen als Adressaten der Offenbarung genannt werden und das die Parteilichkeit Gottes ausdrückt, sowie am Gebet in Getsemani (Mk 14,35f par) als Ausdruck des Todesbewusstseins Jesu in der tiefsten Krise angesichts der Gefahr, in die er sich mit seiner Praxis begeben hat, und seiner Verfügbarkeit Gott gegenüber. »Die Tatsache des Betens Jesu an sich zeigt, daß für ihn ein letzter Referenzpunkt persönlichen Sinns existiert, dem er sich zuwendet, um ihn aufzunehmen und auszudrücken.«[224] Im Gebet formuliert er vor Gott den Sinn seines Lebens.

Das Gottvertrauen Jesu zeigt sich auch an vielen anderen Stellen in den Evangelien, hängt eng mit seiner Annahme der Güte Gottes zusammen, dem die Menschen sehr wichtig sind, und findet einen zentralen Ausdruck in der Anrede Gottes als *Abba*. Diese Güte ist als Liebe zu beschreiben (*agape*), die sich am Wohl des anderen freut, tritt auch als Zärtlichkeit auf und zeigt damit, wie das Liebesgebot der Evangelien zu verstehen ist: Der Mensch soll Gottes Wesen entsprechen. Die Erfahrung der Güte, Liebe und Zärtlichkeit Gottes bezeichnet Sobrino als zentralen Kern der Gotteserfahrung Jesu. Auch Jesus hat Autorität, ist aber nicht autoritär und zwingt seine Ansicht nicht auf oder nutzt Befehlsstrukturen, sondern handelt als Vorbild und tut, was er sagt. Dies spiegelt ein bestimmtes Gottesbild: »In Gott ist die Macht nicht mit der sklavischen Unterwerfung der Menschen, sondern mit seiner Freiheit verbunden.«[225] Gott lässt den Menschen Mensch sein. Für Jesus ist die verändernde Macht Gottes primär die Kraft der Güte und Wahrheit. Er handelt in souveräner Freiheit, die in der Güte Gottes wurzelt, die zum Guten und zum Dienst am Wohl der anderen befreit, und die ihn letztlich zur freien Hingabe seines eigenen Lebens bewegt. Entsprechend einem früheren Stand der Exegese hebt Sobrino die Besonderheit der vertrauensvollen Gottesanrede »*Abba*, Vater« hervor.[226] Wenngleich berechtigt kritisiert werden kann, Sobrino vertraue hier zu stark auf die überholte Position von Jeremias, stellen die Zweifel an der Besonderheit dieser Anrede oder die Argumente dafür, dass sie eine etwas formalere Anrede als »Papa« darstellt, ihre Pointe im Blick auf die implizierte familiäre Nähe und Vertrautheit, auf das Verständnis eines Gottes, dem man wie ein Kind vertrauen kann, nicht grundlegend infrage. »Jesus erkennt nicht nur dankbar an,

224 *Sobrino*, Christologie 199.

225 *Sobrino*, Christologie 203.

226 Schon seit einiger Zeit müsste dies relativiert werden, als dass die Gebetsanrede Gottes als Vater nicht ganz so außergewöhnlich ist wie lange Zeit angenommen und insofern keinen einzigartigen Charakter besitzt. Vgl. für Infragestellungen schon aus den 1980er Jahren *Barr*, Abba; *Vermès*, Jesus und für eine jüngeren Überblick *Feldmeier/Spieckermann*, Gott 53–91.

daß Gott gut ist, sondern er freut sich, daß Gott so ist, daß er der gute Vater ist, der nicht durch seine Herrlichkeit erdrückt, sondern sich durch seine liebevolle Nähe durchsetzt.«[227] Sobrino stützt zwar seine Argumentation auf die Abba-Anrede, aber diese Interpretation ist nicht von dieser abhängig, sondern kann sich auf die Vater-Anrede auch ohne Rückbezug auf das Aramäische beziehen. Daher kann Stålsett zugestimmt werden, dass »the main contention that one important aspect of Jesus' relationship to God was that it was characterised by trust and confidence in a God who is a good Father, still seems tenable«[228].

In diesem Vertrauen und aufgrund der Erfahrung der Güte Gottes lebte Jesus seine Verfügbarkeit für Gott und damit seine Geschöpflichkeit, d. h. er ist auf Gott bezogen, kann diesen Bezugspunkt aber weder besitzen noch ganz zu ihm gelangen. Dies verstärkt die Erfahrung des Gottesgeheimnisses und zeigt sich in Jesu Gehorsam, seiner aktiven Verfügbarkeit für Gott. Die theologale Sichtweise Jesu hat sich im Laufe seines Lebens stark verändert, da die Elemente Gott, Sendung, Sünde, Nachfolge, Gebet zwar bleiben, sie zum Ende hin aber vom Geheimnis Gottes bestimmt werden. »Jesus versuchte, die Geschichte dem Willen Gottes gemäß zu verändern, die Geschichte aber veränderte seine Beziehung zu Gott.«[229] Auch seine Gottesbeziehung ist geschichtlich und zeigt eine innere Entwicklung. Diese verlief nicht ohne Anfechtung, wie in den Versuchungsgeschichten deutlich wird. Die Bewältigung der Versuchungen, in denen es um seine Beziehung zu Gott und seinem Reich geht, zeigt, Jesus habe Gott Gott sein lassen und nicht mit Macht über die Menschen verfügen wollen. Hinzuweisen ist noch auf die so genannte »galiläische Krise«, die Jesu Leben in zwei große Abschnitte unterteilt; in diesem geographischen Bruch schlägt sich die Erfahrung der Ablehnung durch die Führer des Volkes und des Unverständnisses der Jünger nieder.[230] Bedeutend für Sobrino ist an ihr der zu beobachtende äußerliche Verhaltenswechsel: Zunächst die Wendung nach Norden, was als Flucht gedeutet werden kann und dann die Wendung nach Jerusalem und damit zur Öffentlichkeit, womit die Krise überwunden ist. »Jesus hat sich verändert, und diese Veränderung ist nicht langsam und friedlich verlaufen. [...] Wichtig ist, daß Jesus Gott gegenüber als bis zum Ende

227 *Sobrino*, Christologie 206.

228 *Stålsett*, crucified 251.

229 *Sobrino*, Christologie 209.

230 Sobrino ist sich der Infragestellung der Historizität der »galiläischen Krise« in der neutestamentlichen Forschung durchaus bewusst, entscheidet sich aber dafür, bei der grundsätzlichen Perspektive einer Entwicklung der Gottesbeziehung Jesu zu bleiben, da diese wie seine Unwissenheit auch als Ausdruck seiner wahren Menschlichkeit zu verstehen ist. Vgl. *Sobrino*, Christologie 212–217 mit Verweis auf *Mußner*, Krise.

treu erscheint.«[231] Wie ehrlich und weitgehend Jesu gelebte Verfügbarkeit für Gott war, zeigt sich in seiner Unwissenheit, die in den synoptischen Evangelien (z. B. Lk 2,52) genannt wird. Sie bezieht sich nicht nur auf alltägliche Dinge, sondern umfasst die theologale Ebene: u. a. weiß Jesus nicht, wann die Stunde kommt, oder irrt sich bezüglich der völligen Verwirklichung des Gottesreiches zu Lebzeiten einiger seiner Hörer (Mk 9,1 par). Dieses Unwissen ermöglicht Jesus, bedingungslos offen auf Gott hin zu sein und dessen Transzendenz zu respektieren. Zudem belegt sie Jesu wahre Menschlichkeit und damit seine Solidarität mit allen Menschen. Indem Jesus absolutes Vertrauen und radikale Verfügbarkeit auf Gott hin lebt, zeigt er, was Glaube bedeutet. »Für Jesus ist Gott jemand, auf den sich der Mensch letztendlich im Glauben beziehen muß, seinerseits kann der Glaube sich nur in Gott verankern.«[232] Sobrinos Fokus auf der Menschlichkeit Jesu lässt ihn dessen Unwissenheit auch auf der theologalen Ebene akzentuieren, was aus der ontologischen Perspektive der Glaubenskongregation nicht unproblematisch ist, wie sich in ihrer Kritik an den Ausführungen zum Selbstbewusstsein Jesu äußert.[233]

Seine Ausführungen zum Gottesverständnis Jesu zusammenfassend, schreibt Sobrino, Gott sei in den Augen Jesu »der äußerst Gute, der Vater, die Liebe, die der Ursprung von allem ist; er ist der Garant für den Sinn seines Lebens, und in ihm kann er ruhen.«[234] Diese Liebe ist parteilich und zuneigend. Wenngleich Jesus im Vater ruhen konnte, ließ dieser ihn nicht ruhen, sondern bleibt Geheimnis – als je kleinerer Gott an der Seite der Armen und als rätselhaftes Geheimnis.

Dabei markiert nach Sobrino weder Jesu konstitutive Beziehung zum Reich Gottes und zu Gott noch seine Sendung als gottgemäßes Handeln in der Geschichte eine völlige Differenz zu anderen Menschen. Vielmehr schließt er sich den Überlegungen Boffs an, Jesus sei aufgrund seiner Unmittelbarkeit und Souveränität originell gewesen, nicht weil er etwas absolut Neues gesagt hätte.[235] Die Bedeutung der Überlegungen zum Verhältnis von Jesus zum Reich Gottes und zu Gott als Vater für Glaubende und eine Christologie sieht Sobrino primär in drei Punkten: Zunächst wird nach der Auferstehung aus der Jesusbewegung ein Glaube an Jesus Christus und es entwickelt sich eine Christologie, die sich in Hoheitstiteln ausdrückt. Im Zentrum steht dabei einerseits die Ankündigung des Gottesreiches (und der Aufruf zur Verwirklichung) als

231 *Sobrino*, Christologie 214.

232 *Sobrino*, Christologie 217.

233 Vgl. *Kongregation für die Glaubenslehre*, Notifikation Sobrino Nr. 8.

234 *Sobrino*, Christologie 221.

235 Vgl. *Boff*, Jesus 73.

Antwort eines »Gesalbten« (Messias) auf die Erlösungshoffnung des Volkes und anderseits mit seiner Gottesbeziehung die Linie des »Sohnes« als auf Gott antwortender Mensch. Zweitens sucht der »Messias« Nachfolger wie der Sohn alle Menschen die Vateranrede lehrt, womit sich Jesus mit anderen Menschen in Solidarität und Geschwisterlichkeit verbindet. Drittens ist das verkündete Reich eine gute Nachricht und der Mittler des Guten erscheint selbst als gut. »Die Christologie kann und muß die Wahrheit Jesu Christi feststellen und ausdrücken, daß er gute Nachricht ist. Und als Christologie kann und muß sie dem Charakter des Evangeliums als gute Nachricht entsprechen und tiefe Freude vermitteln.«[236]

4.2.3.4 Gottesbeziehung und prophetische Praxis Jesu

In einem zweiten Gedankengang zum Gottesverhältnis Jesu widmet sich Sobrino der prophetischen Praxis Jesu, da mit dieser der wahre Gott verteidigt und die Götzen angeklagt würden. Sie dient dem Reich Gottes im Angesicht der Realität des Antireiches. Die Besonderheit der prophetischen Praxis Jesu sieht Sobrino darin, dass die prophetische Praxis deutlicher als andere Handlungsweisen Jesu zeigt, wie die Gesellschaft zu transformieren ist. Sie bezieht sich in Streitgesprächen, Demaskierungen und Anklagen direkt auf das Reich Gottes als Ziel der Transformation der Gesellschaft. »Die Praxis ist eine Praxis des Wortes. Bei Jesus finden wir keine anderen Strategien der gesellschaftlichen Veränderung. In heutigen Worten: Jesus stellte sich dem ideologischen Kampf, indem er entideologisierte und anklagte.«[237] Der Rahmen dieser prophetischen Praxis im Unterschied zur messianischen, die den positiven Dienst am Reich meint, ist die theologal-götzendienerische Struktur der Wirklichkeit, gegen die sich Jesus wendet. Dem wahren Gott, seiner Vermittlung (das Reich Gottes) und seinem Mittler Jesus stehen die Götzen, ihre Vermittlung (das Antireich) und ihre Mittler, die Unterdrücker, entgegen. In seiner Praxis macht Jesus diese antagonistische Struktur deutlich und will das Antireich überwinden. Als Mittler des parteilichen Gottesreiches verhält sich Jesus nicht neutral.[238]

236 *Sobrino*, Christologie 224. »*Jesus von Nazareth, seine Praxis und seine Weise dazusein, ist gute Nachricht, weil er die Erscheinung des Menschlichen und der Vermenschlichung ankündigt, sowohl in der heutigen Welt wie für sie.*« (*Sobrino*, Evangelisierung 170, Herv. im Orig.; vgl. *Sobrino*, buena noticia.)

237 *Sobrino*, Christologie 226.

238 »Accordingly, Jesus *takes sides*. He shows himself in solidarity with these socially and economically marginalised people, defends their right to basic life *and* life in abundance.« (*Stålsett*, crucified 239, Herv. im Orig.) Sie weist ferner auf das hermeneutische Problem in der Verwendung von der biblischen Sprache entlehnten Begriffen wie Götzen oder Reich hin, da nicht ganz deutlich werde, was diese heutzutage bedeuten, und überdies konkrete Gegner dämonisiert werden könnten (vgl. 307f).

Prägnant zeigt sich dies in Jesu Streitgesprächen in den synoptischen Evangelien wie bei dem Mahl mit den Sündern, der Fastenfrage oder dem Abreißen der Ähren am Shabbat (Mk 2,15–28par) und den diese rahmenden Heilungswundern. Vordergründig werden bei allen einschlägige Normen verletzt, aber im Kern geht es darum, wie die Wirklichkeit Gottes gesehen wird. Jesus betont, Gott sei ein Gott des Lebens und von hier aus sei eine Praxis als gut oder schlecht zu beurteilen. Auch der Verweis auf das Shabbat-Gebot Gottes verändert dies nicht: »Der Gott, an den er [= Jesus, TFP] glaubt, erhebt keine solchen Rechtsansprüche über den Menschen, die ihnen das Leben nehmen.«[239] Der aus dieser Grundposition, die Regeln der Menschlichkeit vor kultische Regeln stellt und damit die Beziehung zwischen Gott und den Menschen mit der Beziehung der Menschen untereinander verbindet, resultierende Konflikt konzentriert sich im Streit um das Hauptgebot. Hier formuliert Jesus nichts Neues, betont aber gegen andere Tendenzen die Notwendigkeit, Gesetze in ihrer Wichtigkeit zu hierarchisieren, und stellt die Einheit von Gottes- und Nächstenliebe als das Wesentliche heraus. Jesus will über Gott aufklären, weil sich dies auch im Verhalten gegenüber den Menschen auswirkt.

Daneben kritisiert Jesus auch, zuweilen würde das Gottesverständnis missbraucht, um eigene Interessen zu rechtfertigen, womit nicht nur ein (schuldhafter oder versehentlicher) Irrtum vorliegt, sondern falsche und unterdrückende Gottesbilder produziert werden. Möglich ist dies, weil Menschen begangene Übel vertuschen oder rechtfertigen wollen und somit begrenzt in ihrer Unwissenheit wie in ihrer Neigung zur Sünde sind. Dagegen richtet sich die aufklärende Botschaft Jesu; er bemüht sich, die Mechanismen einer unterdrückenden Religion zu entlarven. So erkläre Jesus bezüglich der Reinheitsvorschriften in Mk 7,1–23 (Mt 15,1–20), »worin die wirklich menschlichen Traditionen bestehen, und entlarvt darüber hinaus, wie die Menschen Traditionen als Mechanismen schaffen und benutzen, um den wirklichen Willen Gottes zu übergehen und damit die übrigen Menschen guten Gewissens unterdrücken können.«[240] Er richtet sich nicht kategorisch gegen menschliche Traditionen als solche, sondern nur gegen eine Verdrehung des Willens Gottes. Die religiöse Wirklichkeit darf nicht gegen den Menschen benutzt werden; vielmehr ist das Leben der Bedürftigen zu verteidigen. Darüber hinaus benennt er das wirkliche Übel der Menschen, das von innen kommt und sich nach außen gegen andere Menschen auswirkt.

---

239 *Sobrino*, Christologie 230.

240 *Sobrino*, Christologie 236.

Ein weiterer Punkt der Praxis Jesu ist seine Anklage gegen die Unterdrücker und ihre Götzen, um die strukturelle Sünde und nicht nur das Böse als transhistorische Wirklichkeit, sondern auch die historischen Träger des Antireiches anzugreifen. Angeklagt werden die Reichen im Sinne derer, die im maßlosen Überfluss im Gegensatz zur unmenschlichen Armut leben. Für sie ist ihr Reichtum selbst schlecht, weil ihr Herz an den Schatz gebunden ist und sie sich dadurch entmenschlicht haben. »Der Reichtum richtet sich sowohl gegen die Armen als auch gegen Gott. [...] Der Reichtum ist eine relative Wirklichkeit. Sein Übel entsteht aus der Konfrontation mit der Armut.«[241] Reichtum ist für Jesus ein großes soziales Übel, weil er ungerecht ist; zudem führt er nicht nur von Gott weg, sondern stellt sich aktiv gegen ihn (vgl. Mt 6,24), steht also im absoluten Gegensatz zu Gott. Reichtum ist nicht nur gefährlich, sondern ein Götze, richtet sich gegen Gott und entmenschlicht diejenigen, die sich ihm unterwerfen. Die Schriftgelehrten und Pharisäer warnt Jesus vor Heuchelei und Selbstgefälligkeit und davor, die Erfüllung des Willens Gottes an äußeren Zeichen zu messen. Am schlimmsten ist die Unterdrückung des Volkes, die einerseits bei den Pharisäern auf den Widerspruch zwischen einem guten Äußeren und schlechten Inneren zurückzuführen ist (vgl. Lk 11,39–44 par) und anderseits bei den Schriftgelehrten sich als unterdrückende und objektive Bosheit zeigt (vgl. Lk 11,46–52 par). »Die Schriftgelehrten und Pharisäer, die Lehrer und eifrigen Beachter des Gesetzes, kennen die Wahrheit dieses Gesetzes nicht und erfüllen sie nicht. Sie unterstützen das Volk nicht, sondern stehen ihm im Wege.«[242] Sie unterdrücken es sogar. Priester dagegen gehören zunächst nicht zu den vorrangigen Gegnern Jesu, was sich gegen Ende seines Lebens ändert. Eine direkte Konfrontation ist die Tempelreinigung (Mt 11,15–19; Mt 21,12–17; Lk 19,45–48; Joh 2,14–16), die sich gegen den Tempel als solchen oder eher gegen den in seinen Namen geschehenen Missbrauch richten kann. Unabhängig von den exegetisch umstrittenen Fragen kritisiert Jesus primär die mit dem Tempel verbundene »Wirklichkeit der falschen Götter und eine unterdrückende Struktur der Gesellschaft [...], welche durch die religiöse Macht aufrechterhalten und im Namen der Religion gerechtfertigt wurde«[243], wofür »den Tempel zerstören« ein symbolischer Ausdruck ist. Gegen die politisch Herrschenden direkt wendet sich Jesus weniger, ohne seiner Botschaft damit

241 *Sobrino*, Christologie 241.

242 *Sobrino*, Christologie 246.

243 *Sobrino*, Christologie 249. Aus exegetischer Sicht bestehen wichtige Unterschiede zwischen den Evangelien. Denn während diese Aktion bei Lukas nur sehr kurze Erwähnung findet, kann sie bei Markus als eine symbolische Aktion gegen die »exklusive Bindung des Jerusalemer Tempels an Israel« und bei Matthäus als prophetische bzw. messianische Symbolhandlung gedeutet werden. (Vgl. *Lindemann*, Gewalt 205. 221.)

die politische Dimension zu nehmen. Vielmehr lehnt er Tempel und *pax romana* als sozio-politische Strukturierungsmomente ab, was letztlich zu seinem Tod führte. »Jesus verkündet nicht nur das Reich und einen Gott Vater, sondern er klagt auch das Antireich an und entlarvt die Götzen. Damit dringt er bis an die Wurzeln der in jeder Hinsicht unterdrückenden Gesellschaft vor: ökonomisch, politisch, ideologisch und religiös.«[244] Er steht damit in der prophetischen Tradition Israels. Die Reaktion des Antireiches ist Verfolgung und Hinrichtung.

4.2.3.5 Die Dialektik der Wirklichkeit: Gott und die Götzen

Jesu Sendung und Glaube sind somit zutiefst von seinem dialektischen Wirklichkeitsverständnis geprägt, das zur Entscheidung zwischen dem Gott des Lebens und den Götzen des Todes und den entsprechenden Konsequenzen daraus drängt. Die Frage nach Leben und Tod erhält absolute Priorität und unterstützt den hermeneutischen Stellenwert der Opfer und der Armen: »When idols of death are described as forces that produce victims, require sacrifices, in history, then it should come as no surprise that these idols are more easily discovered from the standpoint of a ›world of victims‹, ›the world of the poor.‹«[245] Aus der intimen Beziehung zum Gott des Lebens und der Überzeugung der Güte des Reiches Gottes heraus klagt Jesus in seiner prophetischen Praxis das Antireich mit seinen Vermittlungen und Vermittlern an und arbeitet mit Worten und Taten darauf hin, es zu überwinden. Diese Dialektik ist für die Befreiungstheologie von enormer Bedeutung, da ihr Kontext anders als der der europäischen Theologie (sowie der Glaubenskongregation) weniger vom Atheismus und mehr vom Götzendienst geprägt ist.[246] Dementsprechend wählt sie bei der Gottesfrage mit dem Götzendienst und nicht der Frage nach Existenz oder Nichtexistenz Gottes einen anderen Ausgangspunkt, womit sich eine weitere Begründung für den schon thematisierten Vorrang der Praxis vor der Theorie und den Fokus auf der Orthopraxis ergibt. Möglich ist Götzendienst aufgrund der menschlichen Fähigkeit, etwas Geschöpfliches zu verabsolutieren, was im Falle El Salvadors mit dem Reichtum bzw. dem Privateigentum und

244 *Sobrino*, Christologie 250.

245 *Stålsett*, crucified 298. Vgl. unter Berücksichtigung des Atheismus auch *Sobrino*, Reflexiones.

246 »Existen los ídolos, realidades históricas que fungen como verdaderas divinidades, que reclaman para sí las características de toda divinidad: ultimidad, autojustificación, intocabilidad. Esos ídolos exigen un culto, una praxis y hasta una ortodoxia. En cuanto falsas divinidades no otorgan la salvación que prometen, pues deshumanizan a sus adeptos; pero, sobre todo, producen numerosas víctimas por necesidad. Desde el punto de vista de la fe, estos ídolos son contrarios al verdadero Dios.« (*Sobrino*, Reflexiones 51.)

der nationalen Sicherheit mit den Konsequenzen des Todes der Armen, aber auch mit den Volksorganisationen, woraus unschuldige Opfer resultierten, geschehen ist. Daher sind Reichtum und die Ideologie der nationalen Sicherheit zu eliminieren sowie die Organisationen zu humanisieren.[247] Allerdings darf aufgrund dieser Dialektik nicht die Komplexität der Wirklichkeit zu stark vereinfacht werden, wenn beispielsweise Unterdrückte nur als Unterdrückte und Unterdrücker nur als Unterdrücker wahrgenommen werden.[248]

Die lateinamerikanische Befreiungstheologie geht von der Existenz der Götzen als geschichtliche Realitäten aus, die sich göttlich präsentieren als letztgültig, selbstverständlich und unantastbar. Deswegen ist der Götzendienst für Sobrino auch ein klarerer Ausdruck der Negation Gottes als der historische Atheismus, da dieser Gott zwar verneint, ihm aber nicht notwendigerweise diametral entgegengesetzt steht wie der Götzendienst: »En resumen, para la teología el ateísmo presenta la ambigüedad de poder ser pecado subjetivo y cristalizar en pecado objetivado; la idolatría es pecado objetivado donde cristaliza el pecado subjetivo.«[249] In der Idolatrie drückt sich daher am radikalsten das historische Existential des Menschen, Gott zu verneinen, aus. Als Ursprung aller Götzen wird die ökonomische Gesellschaftsstruktur angesehen. Daraus folgt für die Theologie: »Aus dem Blickwinkel des Götzendienstes muß sich der Glaube in seiner Ausrichtung auf Gott wenigstens aktiv gegen die Götzen einsetzen. Die erste Aufgabe einer Aufklärung ist dann nicht die Entmythologisierung, sondern die Entgötzung Gottes.«[250] Ihr eignet ein dialektischer Grundzug, da immer auch zu sagen ist, an welchen Gott nicht geglaubt wird – vergleichbar der Praxis Jesu, die Gottesfrage vor dem Hintergrund anderer, antagonistischer Götter zu besprechen. Folgerichtig wird er von den Armen als wahrer Christus verkündigt, während ihre Unterdrücker sich vor ihm in Acht nehmen. »El seguimiento de Jesús es, por esencia, conflictivo, porque significa reproducir una práctica en favor de unos y en contra de otros, y esto origina ataques y persecución.«[251] Mit dieser Entscheidung ist die Entscheidung, in Wahrheit Gott zu dienen, verbunden, was sich in der Orthopraxis niederschlägt: »Orthopraxis heißt also, Gott zu antworten, indem man seiner Wirklichkeit entspricht. Das ist der Wille Gottes.«[252] Gemäß dem eingangs genannten Primat der Praxis betont Sobrino den Vorrang der Orthopraxis vor der Orthodoxie, da die Wirklichkeit Gottes in der Geschichte durch das Tun

247 Sobrino rekurriert hier auf die Analyse Oscar Romeros: *Romero*, idolatrías.

248 Vgl. *Costadoat*, Themes 128.

249 *Sobrino*, Reflexiones 53.

250 *Sobrino*, Christologie 260.

251 *Sobrino*, Jesús histórico 143.

252 *Sobrino*, Christologie 265.

der Gerechtigkeit (wieder) hergestellt wird. Dies liegt dem Handeln Jesu und seinen Erläuterungen zugrunde, mit denen es ihm darum ging, wie und wer Gott ist, wofür er sich einsetzt – das Leben der Menschen – und wogegen er sich richtet – das Antireich. Wie ernst es Jesus mit seiner Sendung und seinem Glauben war, zeigt sich letztlich am Kreuz als der Konsequenz seines Kampfes gegen das Antireich.

4.2.4 *Das Kreuz, das Geheimnis Gottes und seine Erklärungen*

Der gewaltsame Tod Jesu steht außer Zweifel und wird schon im ursprünglichen Kerygma herausgestellt. In den vier Evangelien wird dem Leiden und Tod Jesu der größte Stellenwert zugemessen. Dies führt zu zwei unterschiedlichen, miteinander aber eng verbundenen Fragen: Warum wurde Jesus getötet, d. h. welche historisch-politischen Gründe führten zum Tod? Warum starb Jesus, d. h. welche theologischen Gründe sind anzuführen?[253] Die historischen Gründe lassen sich den Evangelien entnehmen, wohingegen bei den theologischen Gründen letztlich auf das Geheimnis Gottes verwiesen wird. Die Bedeutung für den gegenwärtigen Kontext Lateinamerikas ist nach Sobrino offensichtlich, weil es weniger um eine Frage von Theologie nach Auschwitz als vielmehr von Theologie in Auschwitz, unter einem Kreuz, geht. »Die gekreuzigten Völker der Dritten Welt sind heute der hervorragende theologische Ort, um das Kreuz Jesu zu begreifen.«[254]

4.2.4.1 Wieso wurde Jesus getötet?

Unabhängig von der Frage, ob Jesus eher ein Revolutionär oder eher ein radikaler Vertreter der Tradition war, bedrohten seine Verkündigung und Praxis die herrschende Ordnung. Die Konsequenz daraus formulierte Romero prägnant: »Man tötet den, der stört.«[255] Dies hängt mit den von Jesus herausgestellten antagonistischen Gegensätzen zusammen, da sich der Gott Jesu und die Götzen ebenso bekämpfen wie die Vermittlungen und die Mittler.[256] Das objektive Problem zeigt sich in den Streitgesprächen, denn wenn Jesu Gegner in ihm nicht Gott wirksam sehen wollten oder konnten, bleibt für sie nur die Möglichkeit, ihn als Zauberer oder Schlimmeres zu verstehen. Der exakte

---

253 *Ellacuría*, ¿Por que muere Jesús?. Auf diese Ausführungen rekurriert Sobrino.

254 *Sobrino*, Christologie 272; vgl. auch *Gutiérrez*, Ayacucho.

255 *Sobrino*, Sterben 39.

256 »Jesús muere como víctima de los ídolos porque se enfrentó con ellos. Jesús muere porque hay ídolos y dan muerte. Con ello vuelve a aparacer, y de la forma más radical, la realidad de la idolatría: llega a dar muerte al Hijo.« (*Sobrino*, Reflexiones 69.)

»El agente último del asesinato de Jesús no hay que buscarlo en personas concretas, sino en aquello a lo que estorbaba Jesús: su sociedad.« (*Sobrino*, centralidad 261.)

historische Verlauf der Angriffe wird sich kaum rekonstruieren lassen, aber schon früh gab es Szenen von Drohungen und Verfolgung. Immer wieder wird er auf die Probe gestellt, um einen Anklagegrund zu finden. Die Bedrohungen nehmen zu und erreichen in Jerusalem ihren Höhepunkt, wo ihm immer mehr Fallen gestellt werden. Die Synoptiker beschreiben fünf Situationen der Lebensgefahr für Jesus[257] und noch stärker als in ihnen wird im Johannesevangelium die Verfolgung als das ganze Leben durchziehend präsentiert. In allen Evangelien nimmt die Härte der Verfolgung zu, womit das Ende Jesu als »Kulminationspunkt eines historischen und zwangsläufigen Prozesses«[258] erscheint. Zweitens sind unterschiedliche Gruppen für die Verfolgung verantwortlich: Pharisäer, Hohepriester, Schriftgelehrte, Sadduzäer, Anhänger des Herodes, wobei die Hauptverantwortung bei den Machthabern liegt. Das Volk hingegen wird nicht angeführt, sondern schützte ihn zeitweise sogar, da die »Furcht vor dem Volk« seine Festnahme verhinderte, was für die Frage nach seinen primären Adressaten aufschlussreich ist. Als Gründe der Verfolgung zeigen sich verschiedene historische und theologische Gründe, die im Kern alle auf Jesu Angriff gegen unterdrückende Strukturen zielen. »Jesus wurde verfolgt, weil er die Unterdrücker angriff (historische Dimension), die wiederum rechtfertigten ihre Unterdrückung im Namen Gottes (transzendente Dimension).«[259] Damit zeigt sich, dass es kein zufälliger Konflikt war, sondern Jesus diese Verfolgungen auch provozierte und sich seines möglichen Endes bewusst gewesen ist.

Dieses Wissen hinderte ihn nicht daran, seine Verkündigung und Praxis weiterzuführen. Jesus nahm die Verfolgung bewusst an und bleibt darin treu zu Gott, was für die Interpretation des Todes wichtig ist. Dies führt zur Frage, wie er einem gewaltsamen Tod etwas Positives abgewinnen konnte. Er hat ihn sicherlich nicht als Erlösungstod im Sinne des Sühneopfers oder der stellvertretenden Sühne interpretiert, was nicht bedeutet, dass er in seinem Sterben keine Kontinuität zu seinen Anliegen sah. Zentrale Hinweise für sein Verständnis finden sich in den Berichten vom letzten Abendmahl, in denen eher Historisches (Abschiedsmahl) und eher Liturgisches (Einsetzung der Eucharistie) kombiniert werden. »Aus einer historischen Perspektive kann man zusammenfassen, daß Jesus am Abend vor seiner Festnahme ein festliches Abendessen organisierte, das er mit einem Segen, einigen Gesten

257 Die Fragen nach den Steuern für den Kaiser (Mk 12,13–17) und nach der Auferstehung der Toten (Mk 12,18–23), die Tempelreinigung (Mk 11,15–19), die Rahmenhandlung des Gleichnisses über die bösen Winzer (Mk 12,1–12) und schließlich die Frage nach dem Hauptgebot (Mk 12,28–34).

258 *Sobrino*, Christologie 276.

259 *Sobrino*, Christologie 277.

und Worten des Abschieds verband.«[260] Jesus drückt seine eschatologische Hoffnung auf das Reich Gottes aus und wenngleich er keine positive Deutung seines Todes vorträgt, betont er, er zerstöre die Hoffnung nicht. In den (nachösterlichen) Texten über die Eucharistie wird der positive Sinn seines Todes darin gesehen, etwas Gutes für andere zu sein (»für euch«). Gesten und Worte sind wahrscheinlich historisch und als Erlösungsangebot zu verstehen. Es besteht eine enge Beziehung von dienendem Leben und Tod (vgl. auch Mk 10,45). Jesus interpretiert »beim Abendmahl seinen Tod als Dienst: Fortsetzung und Höhepunkt seines Lebens«[261]. Während es unwahrscheinlich ist, dass Jesus seinen Tod mit den später im NT entwickelten Modellen Sühneopfer etc. gedeutet hat, ist klar, dass er ihm bewusst entgegen geht im Vertrauen auf Gott und in einer Haltung des Dienstes. Indem er seinen Tod annimmt, bezeugt er seine bis zum Ende währende Treue und Barmherzigkeit.

Da es vor dem Tod Jesu eine Verurteilung und einen Prozess gab, war dieser kein grundloser Tod, sondern ist auf Jesu Worten und Taten zurückzuführen. Auch in den beiden geführten Prozessen – dem religiösen und dem politischen – sieht Sobrino den Widerstreit zwischen den Gottheiten und ihren Vermittlungen und Mittlern am Werk.[262] Daher ist der Prozess gegen Jesus auch ein Prozess gegen den Mittler und er wird im Namen eines Gottes geführt. Während Sobrino den Konflikt zwischen Jesus und den religiösen Führern sowie die Verurteilung im Namen eines Gottes als historisch unbezweifelbar ansieht, weist er auf die umstrittene Historizität eines religiösen Prozesses hin und sieht den Verurteilungsgrund Blasphemie als redaktionell an; der eigentliche Grund liege letztlich in der Opposition Jesu. Mit Verweis auf Boismard nimmt er die Priesterschaft in den Blick, erinnert an die Ablehnung während seines Lebens und sieht somit die Evangelien die letzte Verantwortung für den Tod Jesu den jüdischen Autoritäten und nicht Pilatus zuschreiben. Allerdings starb Jesus als politischer Verbrecher auf eine Weise, die nur von den Römern verhängt werden konnte. Ein klares Urteil ist in den Evangelien nicht überliefert, denn die in Lk 23,2 und Joh 19,12–15 genannten Vorwürfe sind fragwürdig bzw. Tatsachenverdrehungen – gerade in der Aussage, sein Reich sei nicht von dieser Welt (Joh 18,36), zeigt sich die Opposition zum Antireich. Pilatus nimmt die Vorwürfe nicht auf und auch wenn die

---

260 *Sobrino*, Christologie 280.

261 *Sobrino*, Christologie 282.

262 Für die Fragestellung dieser Arbeit braucht auch an dieser Stelle die Frage nicht weiterverfolgt werden, ob und inwiefern Sobrinos Ausführungen dem exegetischen Forschungsstand entsprechen oder sich auf einen Minimalkonsens stützen kann. Vgl. zu verschiedenen exegetischen Positionen zu den Prozessen Jesu in Beziehung zu Sobrino *Stålsett*, crucified 361–364.

Barrabas-Szene eher unhistorisch sein dürfte, wird deutlich, dass die Römer nicht die Verantwortung für Jesu Tod haben sollen. Die Verurteilung Jesu liegt nach Joh 19,12 an der Gegenüberstellung Freund und Feind des Kaisers. »Aus einer historischen und gesetzlichen Perspektive ist der Tod Jesu gemäß den Erzählungen nicht nur ungerecht, sondern auch wenig logisch. Aufgrund der theologalen Struktur der Wirklichkeit ist er jedoch zwangsläufig.«[263] Denn Jesus und Pilatus stehen sich als zwei Mittler der beiden Vermittlungen Reich Gottes und römisches Reich gegenüber. Damit war es nach einer höheren Ordnung notwendig, Jesus zu töten, da zwischen dem Gott Jesu und dem Gott des Pilatus gewählt werden muss.

> It is crucial to understand that Sobrino is arguing that Jesus' relationship with the Father ultimately guides and motivates the nature of his obedient service to God's call to initiate his Kingdom, which is historicized through a liberative prophetic practice that leads to Jesus' faith-filled death on the cross.[264]

Jesus wurde getötet, weil er störte, womit sein Tod eindeutig Folge seiner Sendung und kein Irrtum ist. In Jesus und seinen Feinden prallen zwei Totalitäten aufeinander und zwei Formen der Anrufung Gottes – und letztlich zwei Götter. Die Erinnerung daran, dass Jesu Tod die Folge seines Kampfes für Gerechtigkeit war, ist nach Sobrino nicht nur wichtig, um weder Geschichte noch Christologie zu verfälschen, sondern auch, um nicht »atentar contra la fe e ignorar que las millones de cruces del mundo actual se deben a la injusticia, no caen del cielo«[265]. Wenn es beim Tod geblieben wäre und sich nichts geändert hätte, wäre sein Schicksal eines von vielen vergleichbaren gewesen. Aber seine Jünger machten die Erfahrung seines Lebens. Dies verlässt aber nicht die Frage nach dem Tod Jesu. »Gerade weil nach seiner Auferstehung Jesus als Sohn Gottes erkannt wurde, wird die Frage nach dem Sinn seines Todes um so dringlicher. Warum also starb Jesus?«[266]

---

263 *Sobrino*, Christologie 289. Die Frage nach den geschichtlichen Gründen für Jesu Tod mit dem Hinweis auf zwei widerstreitende Götter zu beantworten, vermischt nach Stålsett die Ebenen: »Seeing the process against Jesus ultimately as a process on a theological level expressed in a mythological language of ›battle of gods‹ may be fruitful and totally adequate. But it is not an historical explanation of the chain of events.« (*Stålsett*, crucified 369.)

264 *Lassalle-Klein*, Jesus 365.

265 *Sobrino*, Jesús y la justicia 196f.

266 *Sobrino*, Christologie 292.

4.2.4.2 Wieso starb Jesus?

Sowohl bei den Antworten der ersten Christen, wie das Kreuz verstanden wurde – beginnend mit der Bestimmung des Propheten (1Thess 2,14f; Röm 11,3) – als auch beim nächsten Schritt, mit dem das Kreuz auf Vorhersagen der Schrift bezogen wurde, stellt Sobrino heraus, diese erklärten zwar, warum Jesus getötet wurde, aber noch nicht, welchen Sinn der Tod haben könnte und wieso er auf diese Weise sterben musste. Der nächste Schritt verortet dies in Gottes Willen. Dieser Rückgriff auf Gott als Erklärung des Kreuzes besagt zunächst, »daß das Kreuz für den Menschen keinen direkt verstehbaren Sinn enthält. Die historischen Gründe des Kreuzes – des Kreuzes Jesu und der vielen anderen Kreuze – lassen sich begreifen, ein Urteil über den Sinn des Kreuzes bleibt offen. Wenn es eine Erklärung gibt, dann ist sie in Gott verborgen.«[267] Die Menschen verzichten somit darauf, selber einen Sinn zu suchen, zeigen aber auch ihre Hartnäckigkeit, einen Sinn müsse es geben.

Überdies stellt sich angesichts der Güte Gottes die Frage, wieso Gottes Plan so und nicht anders war und welches Gute im Kreuz Jesu liegt. Hier führt die Frage nach dem Warum des Todes Jesu zum Wieso bzw. zur Frage der Erlösung. In der Sprache des Neuen Testaments heißt es, Gott habe uns durch das Kreuz von der Sünde befreit. Jesus hat viele Erlösungen in Gang gesetzt, die in der Erlösung von der Sünde zusammengefasst sind: von allen inneren und äußeren, spirituellen und körperlichen, persönlichen oder gesellschaftlichen Unterdrückungen.

Im Neuen Testament finden sich verschiedene, auf alttestamentliche Modelle zurückgreifende Interpretationen, wie es eine solche Erlösung im Kreuz geben kann: das Opfer, das die Gemeinschaft des Menschen mit Gott verwirklicht (besonders Hebr 9 und 10); der Neue Bund, der durch das Vergießen des Blutes Jesu besiegelt wurde (Abendmahlsberichte); die Gestalt des leidenden Gottesknechtes (Röm 3,25; 2Kor 5,21) und schließlich eher erläuternd als erklärend bei Paulus das Ärgernis des Kreuzes als Offenbarung. Bei solchen Modellen warnt Sobrino vor zwei Gefahren:

> Die erste Gefahr liegt in der Vorstellung, daß diese Modelle die Erlösung durch das Kreuz real ›erklären‹, statt sie als das zu nehmen, was sie sind: eine Form der vernünftigen Aussage darüber, daß sich im Kreuz die erlösende Liebe Gottes ausdrückt. Die zweite Gefahr besteht darin, daß dem Kreuz als solchem die Schärfe, der Skandal, genommen wird: Wenn Gott seinen Sohn sterben läßt, weil nur auf diese Weise das größte Gut der Erlösung erlangt werden kann, bleibt nichts vom Skandal des Kreuzes übrig. Dieser zweiten Gefahr zu erliegen, würde

---

267 *Sobrino*, Christologie 304.

> nur aussagen, daß wir schon vor dem Kreuz Gott kennten und wüßten, wie ein Gott zu handeln hätte, um die Menschen von ihrer Sünde zu erlösen.[268]

Wenngleich die neutestamentlichen Interpretationsmodelle im strengen Sinne nichts erklären, machen sie auf zentrale Aspekte aufmerksam: Sie sagen nicht, der Schmerz des Kreuzes als solcher bringe die Erlösung. Vielmehr zeigt das Kreuz, wie sehr Jesus aus dem Willen Gottes gelebt und Liebe, Treue und Barmherzigkeit trotz großer Prüfungen durchgehalten hat. Weil sein Leben bei Gott Wohlgefallen gefunden hat, wurde er von Gott angenommen. Das bedeutet nicht, Gott gefalle das Opfer Jesu am Kreuz oder er verlange es. »Dieses Kreuz begleitet die Liebe aufgrund historischer Notwendigkeit. In ihm findet die Liebe historisch gesehen ihre Vollendung. Und Gott gefällt die Fülle der Liebe.«[269] Das Kreuz drückt Opfer, Tod und äußerste Negativität aus, die nach lateinischer Theologie auf sich genommen werden muss, um sie überwinden zu können. Die Macht des Bösen wird durch das Leiden des Opfers Jesus Christus gebrochen, weil die Sünde ihre ganze Macht gegen ihn eingesetzt hat, aber dadurch ohne Macht geblieben ist. »For Sobrino, the suffering of Jesus – and that of the martyrs – has a redemptive dimension insofar as this suffering stops, absorbs, and reverses the inherent tendency of evil and violence to generate even more violence.«[270] Die erlösende Bedeutung Jesu als des von Gott Gewollten besteht darin, dass er auf der Erde gezeigt hat, was Gott vom Menschen will. Jesus hat in seiner Treue bis zum Kreuz somit den wahren und vollkommenen Menschen offenbart und ist in diesem Sinn Erlösung.

> Jesus hinterläßt uns das Testament, so zu dienen, wie er es getan hat. Entsprechend kann das Kreuz Jesu, insofern es End- und Höhepunkt seines ganzen Lebens ist, als erlösend verstanden werden. Die erlösende Wirksamkeit zeigt sich eher in der Beispielhaftigkeit als in der Wirksamkeit, was aber nicht heißt, daß sie nicht wirksam wäre: Jesus, der bis zum Ende Getreue und Barmherzige, lädt die Menschen ein und ermutigt sie, den *homo verus*, die wahre Menschlichkeit, nachzuvollziehen.[271]

---

268 *Sobrino*, Christologie 306. »If we forget the scandal of the cross and simply remember the good of our own salvation, we are left with a purely triumphalistic view. Sobrino forces us to remember both sides of the problematic, the triumph but also the scandal.« (*Thiede*, Reality 155.)

269 *Sobrino*, Christologie 314. »Seeing the salvific significance of Jesus' death in line with the sacrificial model, it is important for Sobrino to underline that it is not an isolated understanding that he is advocating, but a ›process-oriented‹ and integral understanding: it is the life-and-death of Jesus as a whole which is pleasing to God.« (*Stålsett*, crucified 387.)

270 *Valiente*, Conflict 674 mit Rekurs auf *Sobrino*, Nulla Salus 65.

271 *Sobrino*, Christologie 315.

Dieser Prozess der wahren Menschwerdung ist zugleich ein Prozess der Gottwerdung, da wahrhaft Mensch zu werden bedeutet, immer mehr Gottes Bild zu werden. Jesus offenbarte in seinem Leben bis zum Ende die wahren Eigenschaften Gottes. »In order to grasp the internal logic of this argument, it is necessary to keep in mind the link between *relationship* and *transformation* in Sobrino's soteriological thinking.«[272] Da Sobrino mithin die Solidarität Gottes mit den Armen und Unterdrückten und den Vorbildcharakter Jesu Christi betont, kann seine Christologie als eine Solidaritätschristologie charakterisiert werden. Diese wird in expliziter Abgrenzung von einer Satisfaktionslehre entworfen, »weil er darin die Neigung entdeckt, den Kreuzestod Jesu als ›logisch und sogar notwendig‹ zu verstehen und somit den Anstoß des Kreuzes zu entschärfen«[273].

Das Kreuz sagt auch etwas über Gott aus, wobei aus neutestamentlicher Sicht Leben und Kreuz Jesu nicht notwendig dafür sind, um Gottes Haltung zu den Menschen zu verändern. Vielmehr ist Gott selbst initiativ geworden und hat sich erlösend in Jesus gegenwärtig gemacht. Im Kreuz drückt Gott selbst seinen Wunsch gegenüber den Menschen aus. »In Leben und Kreuz Jesu findet die Liebe Gottes zu den Menschen ihren Ausdruck und ihre größtmögliche Realisierung.«[274] Auch diese fundamentale Feststellung des Neuen Testaments (vgl. z. B. Joh 3,16; Röm 5,8, 8,32; 1Joh 4,9 etc.) erklärt zwar nichts, drückt aber aus, was die Liebe Gottes ist. Gott hat die Form des Lebens und Kreuzes Jesu gewählt, weil er uns Menschen auf keine andere Weise so eindeutig hätte sagen können, dass er unsere Erlösung will. »Nicht einmal der Meistgeliebte, sein eigener Sohn, hat ihn davon abgehalten, seine Liebe zu den Menschen zu zeigen.«[275] Die erlösende Wirkung des Kreuzes besteht also darin, auch angesichts des Skandals des Kreuzes und der darin präsenten Diskontinuität höchster Ausdruck der Liebe Gottes zu den Menschen zu sein, die keine Grenzen kennt. Versteht Sobrino das Kreuz als Konsequenz des aus dem Willen Gottes heraus gelebten Lebens Jesu, wodurch dieser den Menschen gezeigt habe, was wahres und vollkommenes Menschsein bedeutet, überzeugt die Kritik Lünings, Sobrino relativiere die soteriologische Bedeutung des Kreuzestodes Jesu, nicht. Wegen der noch zu besprechenden Parallelisierung mit dem Leiden der Bevölkerungsmehrheiten könne Sobrino Tod und Auferweckung Jesu nicht als eine heilsbedeutsame Geschehenseinheit fassen, sondern nehme hier zwei Akte an, die überdies unterschiedlichen

272 *Stålsett*, crucified 389, Herv. im Orig.
273 *Bedford*, Jesus 204 mit Rekurs auf *Sobrino*, Christologie 304f.
274 *Sobrino*, Christologie 316.
275 *Sobrino*, Christologie 317.

Subjekten (Jesus und »Gott«) zugeschrieben würden, was auf einen eher moralischen denn ontologischen Charakter des trinitätstheologischen bzw. christologischen Verhältnisses »Gottes« zum gekreuzigten Jesus hinweise.[276] Darüber hinaus eschatologisiere Sobrino die Heilsverheißung, die mit der Auferweckung Jesu erst begönne. Bei Lünings Diagnose, aufgrund des auf den Menschen Jesus gerichteten Opferbegriffs könne Sobrino die Einheit von Tod und Auferweckung nicht fassen, weswegen diese zu unterschiedlichen Handlungen würden, beachtet er m. E. neben dem lateinamerikanischen Kontext mit seinen Akzentsetzungen die Methodologie Sobrinos zu wenig.[277] Denn wenn der »historische« Jesus als Ausgangspunkt der Christologie dient, folgt daraus der Fokus auf seine Reich-Gottes-Verkündigung, seine Gottesbeziehung und seinen Tod. Die Auferstehung/Auferweckung ist zwar Bedingung der Möglichkeit jeder Christologie und insofern immer als Grundvoraussetzung präsent, kann jedoch methodisch als metahistorisches Ereignis erst in einem zweiten Schritt thematisiert werden, wenn es um die Verkündigung Jesu als Christus aufgrund der Auferstehung geht.[278] Die sich auch im Aufbau der beiden Bände niederschlagende Unterscheidung zwischen Tod und Auferstehung ist somit heuristischen Charakters und stellt die Einheit der Totalität Jesu Christi nicht infrage, zumal er an anderen Stellen die innere Einheit beider thematisiert.[279] Deutlich wird jedoch daran die (auch bei Schillebeeckx be-

---

276 Vgl. *Lüning*, Mensch 252f; der Kritikpunkt der Trennung von Tod und Auferweckung mag auch damit zusammenhängen, dass Lüning den zweiten Band und damit die ausführliche Behandlung der Auferstehung, worin Sobrino ihre inneren Zusammenhang mit Leben und Tod Jesu deutlich macht, nicht rezipiert hat (auch wenn er auf Spanisch schon vorlag). So sehr Lüning zuzustimmen ist, dass Tod und Auferweckung nicht voneinander getrennt werden sollten, so wenig zwingend ist das Argument, von einem Handeln Gottes an Jesus auf diese trinitätstheologischen Konsequenzen zu schließen – schließlich spricht auch Rahner davon, in der Auferstehung erfolge die Bestätigung und Annahme des Anspruchs Jesu als des absoluten Heilsbringers (vgl. *Rahner*, Grundkurs 274), und nach Kessler ist der Kern des Ostergeschehens die an und mit Jesus selber geschehene »endgültige heilvolle Manifestation Gottes im neu gegenwärtigen (und das heißt auferweckten, erhöhten, lebendigen) Jesus« (*Kessler*, Lebenden 217).

277 Lüning »hat die hohe Relevanz der Kreuzesfrömmigkeit in den Völkern Lateinamerikas nicht im Blick. Durch sie wird die Leerstelle in Sobrinos Christologie gefüllt.« (*Fornet Ponse*, Gott 265 mit Verweis auf *Dussel*, Volksreligiosität 8.)

278 Vgl. als gegenläufige Position *Fößel*, Auferstehung, der dafür votiert, das realontische Moment der Auferstehung sei zwar nur ex post erkennbar, setze aber vorher schon ein.

279 »Si esto es así, entonces hay que aceptar a la vez – y con seriedad – cruz y resurrección como momentos, ambos, revelatorios de Dios, y lo que ocurre entonces es que se introduce la dialéctica en el mismo Dios.« (*Sobrino*, pascua 84.) Vgl. auch *Sobrino*, Systematische Christologie 569f.

So schreibt Alfaro schon in seiner Besprechung von *Jesús en América Latina*: »En el pensamiento cristológico de Sobrino hay una conexión intima entre la vida, la muerte stehende) methodische Herausforderung, bei der Geschichte Jesu anzusetzen, da die Evangelien selber nachösterlich geschrieben sind und die Auferstehung die Bedingung der Möglichkeit ist, dass sie überhaupt geschrieben wurden und etwas von Jesus überliefert wurde. Daher ist immer auch der Faktor der Tradition und Ekklesiogenese zu berücksichtigen. Auch die Eschatologisierung der Heilverheißung muss nicht als soteriologische Relativierung, sondern kann als Ausdruck des eschatologischen Vorbehaltes gesehen werden, wonach die Heilsverheißung zwar schon anfanghaft erfüllt, aber noch nicht vollkommen verwirklicht ist – auch wenn der Mittler schon gekommen ist.[280]

> Sobrino's interpretation of Jesus' salvific death ends with this paradox then: in Jesus' death God's salvific action towards humanity reaches its culmination in that it is the manifestation of what is pleasing to God, namely a true and fulfilled human life (*homo verus*), and simultaneously the ultimate expression of what the true God is to human beings, namely unwavering, salvific love.[281]

4.2.4.3 Ein gekreuzigter Gott?

Das Ärgernis des Kreuzes nicht zu verdrängen oder durch einen vorschnellen Verweis auf die Auferstehung aufzulösen, ist nach Sobrino von zentraler Bedeutung, weil es in der Geschichte nach wie vor Kreuze gibt, z. B. die Toten des Bürgerkrieges in El Salvador. Wer die Gekreuzigten der Gegenwart nicht vergisst, vergisst auch den gekreuzigten Jesus nicht und stellt die Frage nach dem »gekreuzigten Gott«, denn »Gott hat realen Anteil am Leiden dieser Welt.«[282] Ist die Tatsache des Todes Jesu als Sohn Gottes und als Tod eines gerechten und unschuldigen Menschen am Kreuz schon in sich ein Skandal, verschärft sich dies noch in den unterschiedlichen Beschreibungen seines Todes in den Evangelien. Da wegen der Hinrichtungsmethode ein wortloser Schrei

---

y la resurrección de Jesús. Su resurreción no puede ser comprendida sino a través de su crucifixión, y su muerte en la cruz fue el resultado histórico de su vida (práctica y mensaje).« (*Alfaro*, Análisis 110f.) Vgl. auch *Maier*, Theologie 284f, der die gegenseitige Abhängigkeit von Kreuz und Auferstehung betont, da es für Sobrino keine Frage sei, dass der christliche Glaube in der Auferstehung Jesu gründe, diese aber auf das Kreuz zurückverweise, da Jesus als Gekreuzigter auferstanden sei.

280 »Por simple que parezca el decirlo, la teología de la liberación acepta que en la vida real de Jesús, no sólo en lo acaecido en él en la resurrección, apareció con ultimidad la voluntad de Dios para este mundo y que ésta no ha sido revocada en la historia posterior.« (*Sobrino*, centralidad 268.)

Dem entspricht auch die Formulierung Rahners, mit Jesus Christus sei die Heilsgeschichte irreversibel siegreich inauguriert – aber eben noch nicht an ihre Vollendung gelangt. (Vgl. *Rahner*, Grundkurs 194.)

281 *Stålsett*, crucified 395f, Herv. im Orig.

282 *Sobrino*, Christologie 322.

historisch am wahrscheinlichsten ist, sind die dort berichteten Worte Jesu vermutlich Interpretationen, von denen die der Gottverlassenheit bei Markus gut mit den Lebensdaten Jesu übereinstimmt und die Tragik des Todes Jesu sowie die radikale Diskontinuität zu seinem Leben ausdrückt. Zunächst besteht eine Diskontinuität darin, dass die von ihm verkündete Nähe des Reiches in den Erzählungen vom Kreuz keine Rolle spielt, »daß die verschiedenen Traditionen den Tod Jesu nicht direkt mit dem in Verbindung bringen, was der zentrale Inhalt seines Lebens und seiner Sendung war: das Kommen des Gottesreiches.«[283] Eine tiefere Diskontinuität besteht in seiner Beziehung zum Vater, weil zum Geheimnis des fordernden Willens des Vaters die fehlende personale Nähe zu ihm kommt. Am Kreuz erfährt er Gott nicht als guten Vater. Der Tod Jesu ereignet sich in geschichtlicher Einsamkeit, da ihn die Jünger nach und nach verlassen und sogar das Schweigen Gottes herrscht. Die Sünde scheint mächtiger zu sein als Gott-Vater. Das Problem besteht im ungerechten Leiden Jesu, ohne dass Gott eingreift.

Wie verhält sich Gott zum Leiden, wenn er nicht eingreift? Leidet Jesus am Kreuz an der Verlassenheit durch Gott-Vater, stellt sich die Frage nach der Wirklichkeit Gottes am Kreuz. Mit Paulus und dem Hauptmann kann gesagt werden, dass er dort war. »Dieses *Sein am* kann nicht vom *Kreuz* getrennt werden, an dem Gott war, denn zur historischen Struktur der Offenbarung gehört es, daß die Realität des Ortes, an dem sich Gott zeigt, seine Wirklichkeit vermittelt.«[284] Anthropomorph kann man sagen, Gott habe als inaktiver und schweigender Zeuge am Kreuz Jesu und in den Opfern der Welt gelitten; wenn dies nicht unbarmherzig sein soll, ist diese Inaktivität und das Schweigen die negative Weise, wie das Kreuz Gott betrifft. Sobrino erinnert an Moltmanns Rede vom »gekreuzigten Gott«. Das Kreuz ist »die Konsequenz der vorherigen Grundentscheidung Gottes für die Inkarnation, die radikale Annäherung aus Liebe und in Liebe, wohin dies auch immer führen mag. Diese Inkarnation ist bedingungslose Auslieferung, ohne daß eine Hintertür offenbleibt und ohne Manipulation der Geschichte von außen.«[285] Nur durch

283 *Sobrino*, Christologie 327.

284 *Sobrino*, Christologie 332, Herv. Im Orig.

285 *Sobrino*, Christologie 334. Daher ist für Sobrino auch nicht die Frage entscheidend, ob am Kreuz der Vater wie der Sohn oder nur der Sohn gelitten habe, »pues en cualquier caso se está introduciendo el sufrimiento en Dios – en el Hijo, la divinidad a mode de filiación –, y lo importante y aquello ante lo que hay que tomar postura personal y existencialmente es la afinidad de Cristo con nosotros en el sufrimiento y muerte de cruz, si eso es o no salvífico« (*Sobrino*, fe 58f). Das erlösende und befreiende Moment eines gekreuzigten Gottes besteht in der Überwindung der radikalen Einsamkeit und totalen Unwürde, die die Armen und Opfer dieser Welt erfahren. Dabei wird es als erlösend angesehen, dass Gott, der schlechthin das Nicht-Opfer ist, sich den Bedingungen und dem Schicksal der

die wirkliche Inkarnation in die Geschichte kann die Welt erlöst werden, auch wenn sie ans Kreuz führt. Wer vom gekreuzigten Gott spricht, spricht daher vom solidarischen Gott. Es ist somit möglich, das Schweigen Gottes am Kreuz als Solidarität mit Jesus und den Gekreuzigten in der Geschichte zu verstehen. Durch die Aufnahme des Leidens ist die Liebe glaubhaft und der Schmerz ist Gott nicht fremd. »Eine glaubwürdige Liebe bewirkt in der Geschichte, daß andere die Sache weiterverfolgen, in der sich die Liebe ausgedrückt hat.«[286] Die Wirklichkeit des gekreuzigten Gottes ist nicht theoretisch, sondern nur praktisch zu erfassen, hier geht es um Theo-Praxie.

Gegen eine Tendenz, das Leiden Gottes zu ignorieren oder nur als Ärgernis zu empfinden, will Sobrino die Offenbarung Gottes am Kreuz in engem Zusammenhang mit den anderen Momenten der Offenbarung sehen und thematisiert die Frage nach der Gotteserkenntnis und ihrem Verhältnis zu einer empirischen Realität. Geht man von einer wirklich offenen Offenbarungsgeschichte aus, akzeptiert man glaubend, Gott werde erst am Ende alles in allem sein und sich erst dann als reine Positivität und Totalität erweisen. Der gekreuzigte Gott kann daher auf unterschiedliche Weise für die Gotteserkenntnis bedeutend sein. Zunächst wird die Transzendenz neuformuliert, weil die traditionelle Rede des immer größeren Gottes durch die Rede vom immer kleineren ergänzt werden muss, da Gott auch im Geringen, im Leiden und im Negativen ist. »Indem er der große Gott ist, macht er sich zum geringen Gott. Und dieses Vorhaben, zum Geringsten zu werden, macht ihn paradoxerweise für die Menschen zu einem noch größeren Geheimnis, zu einer neuartigen und größeren Transzendenz.«[287] Zweitens nennt Sobrino die unzureichende Reichweite der natürlichen Theologie, da alles, womit sonst Zugänge zu Gott gesucht werden, am Kreuz nicht zu finden ist, da es in ihm nichts Gutes zu geben scheint. Das Kreuz ermöglicht nur *sub specie contrarii* einen Zugang zu Gott. »Auch Gott leidet. In Gott sind so Infragestellung oder Trost, Entfremdung oder Ansporn zum Engagement, Verfluchung oder Seligpreisung zu finden. Letztlich hängt es davon ab, wer sich dem Kreuz nähert.«[288] Drittens

---

Opfer annähert und daran teilhat. »En definitiva, hay experiencia de salvación porque hay experiencia de comunión, y de comunión con Dios.« (60) Diese Affinität Christi am Kreuz wird durch die Alterität in der Auferstehung ergänzt.

286 *Sobrino*, Christologie 336.

287 *Sobrino*, Christologie 339.

288 *Sobrino*, Christologie 342. Fagan kontrastiert den Ansatz Sobrinos mit den Überlegungen Schillebeeckx', der Gott nicht als leidend ansieht und nach dem das Kreuz deshalb einen mitleidenden Gott ausdrückt, weil er dem Bösen widersteht und sich mit Jesus und dem Rest der leidenden Menschheit solidarisiert. »But, from Sobrino's point of view, solidarity is inclusive of suffering because, at bottom, solidarity means a profound honesty with and fidelity to reality.« (*Fagan*, Interpretation 139.)

sind die Opfer ein Ort der Offenbarung Gottes, da Gotteserkenntnis einen materialen Ort hat und der Erkenntnisort des gekreuzigten Gottes die Kreuze dieser Welt sind. Der christliche Gott wird durch die Leiden der Opfer der Welt vergegenwärtigt (vgl. Mt 25), wodurch diese auf sakramentale Weise Ort der Gotteserkenntnis werden. »Wenn dem aber so ist, dann ist Gotteserkenntnis unter dem Kreuz wirkliche ›Offenbarung‹, und zwar nicht nur, weil am Kreuz das bisher Ungedachte und Unbekannte aufgedeckt wird, sondern vor allem, weil dort das Undenkbare geschieht.«[289] Dies fordert dazu auf, bereit dafür zu sein, Gott sei anders als wir denken, und dafür, ihn im Negativen zu treffen, ihn als je geringeren Gott anzutreffen, das eigene Interesse an der Gotteserkenntnis zu verändern und selber die Gekreuzigten von ihren Kreuzen nehmen. Auch wenn diese Bereitschaft nicht garantiert, Gott am Kreuz zu finden, ist er ohne sie dort sicher nicht zu finden.

Das Kreuz Jesu sagt also letztlich, Gott habe sich unwiderruflich dieser Welt genähert, er sei ein Gott für und mit uns. Es unterstreicht, die Liebe sei durch die absolute Nähe sehr glaubhaft. Eine glaubhafte, aber ohnmächtige Liebe hat eine eigene Wirksamkeit.

> Es gibt in der reinen und glaubwürdigen Liebe, auch wenn sie ohnmächtig ist, etwas, was – auf paradoxe Weise – Hoffnung auf die Kraft der Liebe als solche hervorbringt. ›Es wird der Tag kommen, an dem wir die Freiheit erobern werden, und zwar nicht nur für uns: Wir werden euch besiegen, eure Herzen und euren Verstand erobern. Auf diese Weise wird es ein doppelter Sieg sein.‹ (Martin Luther King) Auf diese Weise will uns Gott im Kreuz seine Liebe zeigen und uns so erlösen.[290]

Fungiert Jesus Christus primär als Beispiel für wahre Menschlichkeit, steht Sobrino in einer besonders nach der Aufklärung aufgekommenen christologischen Tradition, die das ethische Verhalten akzentuiert.[291] Die Gefahr einer solchen Solidaritäts- und Beispielchristologie besteht darin, die Einmaligkeit des Erlösungswirkens Christi und die Beschränkungen der Nachfolge möglicherweise nicht deutlich genug zu machen, da die ihm Nachfolgenden nicht alles leisten können, was er getan hat. Dies kann nach Bedford durch den biblischen Sühnegedanken ergänzt werden, der nicht satisfaktorisch oder propitiatorisch verstanden werden müsse.[292] Zudem ist zu berücksichtigen, dass Sobrino entsprechend seinem lateinamerikanischen Kontext von der Göttlichkeit Christi auch da ausgeht, wo er diese nicht explizit thematisiert.

289 *Sobrino*, Christologie 343.

290 *Sobrino*, Christologie 318.

291 Vgl. *McGrath*, Soteriology 622–624.

292 Vgl. *Bedford*, Jesus 204–206.

Vielmehr dient sein historisch-theologischer Zugang dazu, keine Entmythologisierung Christi zu betreiben, sondern ihn zu entidolisieren, und die Göttlichkeit Christi ist die Grundlage, um die Inkarnation als Solidarität mit den Armen konzipieren zu können.[293] Auch Stålsett kritisiert mit Rekurs auf Jüngels Warnung vor einer exklusiv ethischen Exemplums-Christologie und traditionellen konfessionellen Unterschieden Sobrinos Überlegungen zum offenbarenden Charakter der Erlösung als »in one sense too weak, too modest, and in another sense too moralistic«[294]. Denn einerseits sei es zu wenig, zu behaupten, Jesus sterbe, damit Gott die Menschen von seiner Liebe überzeugen könne, besonders, wenn damit eine direktere erlösende Wirksamkeit des Kreuzes ausgeschlossen werde. Auf der anderen Seite bestehe die Gefahr, wenn die menschliche Verantwortung zu stark betont werde, »that the gravity and strength of that which hinders salvation from becoming a present reality in full force is reduced or underestimated, at the same time as the power and ability – and even the good will – of human beings are overstated.«[295] Allerdings enthalte Sobrinos Ansatz selber durch die Bedeutung von Beziehungen und ihren konstitutiven wie verändernden Charakter wichtige Korrektive dagegen, die subjektive und beispielhafte Dimension zu überbetonen. Wenngleich bei ihrer Kritik auch ihre konfessionelle Prägung im Hintergrund stehen dürfte, ist es keine rein protestantische Kritik, da auch die Glaubenskongregation die Heilswirksamkeit des Todes Jesu nicht auf das Beispiel reduziert sehen möchte.[296] Im spezifischen Fall Sobrinos wird allerdings sein Rekurs auf die philosophische Kategorie der *causa exemplaris* nicht ausreichend berücksichtigt, womit auch dem beispielhaften Tod Jesu am Kreuz eine wirksame Funktion zugeschrieben werden kann, die über den reinen Vorbildcharakter für die ihm Nachfolgenden hinausgeht.

4.2.5 *Die Auferstehung Jesu Christi*

Hat Sobrino den ersten Band seiner systematischen Christologie mit den Ausführungen über den gekreuzigten Gott und das gekreuzigte Volk beendet, um damit dem von Gewalt und Unterdrückung – also gegenwärtigen »Kreuzigungen« – geprägten Kontext Lateinamerikas und besonders El Salvadors Genüge zu tun, beginnt der zweite Band mit der Auferstehung Jesu. Dabei nimmt er bewusst die parteiliche und interessengeleitete Perspektive

---

293 Vgl. *Costadoat*, Themes 120; vgl. *Stålsett*, crucified 277.

294 *Stålsett*, crucified 400; vgl. *Jüngel*, Opfer 264–268.

295 *Stålsett*, crucified 401. Ähnlich die Kritik Lünings, es bestehe »die Gefahr einer (von Sobrino letztlich ungewollten) *anthropologischen Selbstüberschätzung* und *-überforderung*« (*Lüning*, Mensch 256, Herv. im Orig.).

296 Vgl. *Kongregation für die Glaubenslehre*, Notifikation Sobrino Nr. 10.

der Hoffnung der Opfer ein und fragt nach deren Möglichkeit, »unter den Bedingungen historischer Existenz *schon als Auferstandene leben zu können*«[297]. Da die Auferstehung kein historisches Ereignis wie das Leben Jesu aus Nazaret ist, sondern eine historisch-eschatologische Realität, steht nach der (aus dem Glauben betrachteten) Geschichte Jesu die Geschichte des von der Auferstehung motivierten Glaubens an ihn im Fokus. Der Glaube an ihn beinhaltet eine bestimmte Haltung gegenüber dem Ganzen der Wirklichkeit.

> Die Auferstehung Jesu ist ein eschatologisches Ereignis, das Hereinbrechen des Letzten in die Geschichte. Es ist eine in gewisser Weise allumfassende Wirklichkeit, weshalb sie auch nicht direkt, sondern aus einer bestimmten Perspektive zugänglich ist, die sich aber durch die Geschichte hindurch immer wieder verschoben hat.[298]

Nachdem sie bis vor das II. Vatikanum in der katholischen Theologie nur eine eher marginale Rolle gespielt hat, wurde sie von der jüngeren Theologie verstärkt aufgenommen. Allerdings stagniert nach Sobrinos Auffassung die Theologie der Auferstehung, weil sie nichts Wesentliches über die Gegenwart aussage und die voreilig universal gefasste Hoffnung die Parteilichkeit übergeht, »die aber entscheidend ist, weil Auferstehung Jesu in direkter Weise Hoffnung für die Opfer ist«[299]. Deswegen schlägt er eine neue Perspektive vor, die die Auferstehung zum einen auch als für die Gegenwart irgendwie bedeutsame Wirklichkeit und zum anderen in ihrer wesentlichen Beziehung zu den Opfern verstehen will.

Die Bedeutsamkeit der Auferstehung für die Gegenwart sieht er in der Nachfolge Jesu, wobei wir schon jetzt als Auferstandene in der Geschichte leben sollten. Nachfolge Jesu wird mit dem Vollkommensten und Eschatologischsten verknüpft. »[D]ie Auferstehung Jesu, in ihrer eigenen Realität, kann man in der Gegenwart leben und zwar innerhalb dieser Gegenwart in der Nachfolge.«[300] Gegen die neutestamentlichen Aussagen, die eine radikale Diskontinuität

297 *Sobrino*, Glaube 25, Herv. im Orig. Darüber hinaus nutzt er die Gelegenheit, einige Ungenauigkeiten früherer Schriften zu korrigieren. »Es ist nicht zu sehen, wie man ihn der Ideologie verdächtigen könnte.« (*Sesboüé*, Jesus 241.)

298 *Sobrino*, Glaube 38.

299 *Sobrino*, Glaube 39. Dies scheint Sahayadhas bei seiner Anfrage an Sobrinos Kreuzestheologie und seinem Plädoyer, Kreuz und Auferstehung zusammen zu denken, nicht ausreichend zu berücksichtigen, da Sobrino hiermit genau die Hoffnungsperspektive der Auferstehung betont. Dies hängt vermutlich damit zusammen, dass er primär den ersten Band – und anders als Fagan auch nicht die erste christologische Monographie – berücksichtigt. (Vgl. *Sahayadhas*, Perspectives 138; *Fagan*, Interpretation 143–150.)

300 *Sobrino*, Glaube 40.

zwischen der Auferstehung Jesu und uns betonen, verweist Sobrino auf andere Passagen – besonders bei Lukas und Paulus –, in denen die Auferstehung als Geistausgießung in die gegenwärtige Geschichte verstanden wird, wobei das Handeln des Geistes angemessen historisch zu fassen und zu konkretisieren ist. Die Wirklichkeit der Auferstehung Jesu muss sich in der Geschichte vergegenwärtigen, sonst wäre sie dauerhaft äußerlich. Der Auferstandene kann sich so siegreich zeigen, dass die Nachfolge aufnehmen und zeigen kann, was die Auferstehung an Sieg enthält – in der Fülle und im Sieg über die Unterdrückungen in der Geschichte.

Bezüglich der Beziehung von Auferstehung Jesu und den Opfern betont Sobrino das grundlegende Verhältnis von Kreuz und Auferstehung, das dazu führe, vom Tod bzw. von den Gekreuzigten in der Geschichte aus die Auferstehung zu verstehen. »Das Kreuz ist der privilegierte Ort, um die Auferstehung zu verstehen; andere Orte können es in der Weise sein, wie sie die Wirklichkeit des Kreuzes analog reproduzieren.«[301] Gerade der Blick auf die gekreuzigten Völker erlaubt es, heute nach Möglichkeiten zu suchen, die Erfahrung der ersten Glaubenden analog zu verstehen und nachzuvollziehen: Wie kann ein gekreuzigtes Volk darauf hoffen, ein auferstandenes zu sein? Es geht um die Frage nach der Hoffnung der Opfer. Vor diesen Fragen diskutiert Sobrino die hermeneutischen Probleme angesichts des metahistorisch-eschatologischen Charakters der Auferstehung.

4.2.5.1 Das hermeneutische Problem: Wie kann ein eschatologisches Ereignis verstanden werden?

Die besondere Herausforderung beim Verständnis der Auferstehung besteht darin, dass sie im Neuen Testament als ein Ereignis erzählt wird, das mit keinem anderen historischen Ereignis verglichen und daher nicht als innerhistorisches Ereignis beschrieben werden kann. Sie wird vielmehr beschrieben als Gottes eschatologisches Einbrechen in die Geschichte und somit als ein in der Geschichte wahrgenommenes und diese betreffendes Ereignis. Sobrino entnimmt der neutestamentlichen Schilderung der Auferstehungserfahrung der Jünger zwei Aspekte: Zum einen wurde ihnen die Fähigkeit gegeben, den Erscheinungen eine grundlegend neue Erfahrung zu entnehmen, und zum anderen setzt die Versprachlichung dieser Erfahrung voraus, »dass das Jesus-Ereignis in gewisser Weise Erwartungen entspricht – wenn auch diese übersteigend –, die in der Natur des Menschen verankert sind, denn ohne diese hätte es niemand begreifen können.«[302] Gerade weil

---

301 *Sobrino*, Glaube 43.

302 *Sobrino*, Glaube 46.

eine eschatologische Wahrheit ausgesagt werden soll, stellt sich die Frage der Auferstehungshermeneutik vor allem aufgrund dreier Punkte als spezifische Problematik.

Zunächst wird die Auferstehung als direktes eschatologisches Handeln Gottes beschrieben und ist eine theo-logale Wirklichkeit, die eine neue und entscheidende Offenbarung Gottes beinhaltet. Indem erstens Gott die Wahrheit des Lebens Jesu bestätigt hat, hat er seine Macht über den Tod und über die zu Opfern führende Ungerechtigkeit bezeugt. Ferner ist Jesus in das endgültige Leben eingesetzt worden, womit sich in diesem Ereignis »das Letzte« ereignet und es daher eschatologisch ist. Damit unterscheidet sich die Auferstehung grundlegend von Wundern. Zweitens besteht eine Sprachbarriere, weil es keine angemessene Sprache für die Realität dieses eschatologischen Ereignisses gibt. Daher sind viele verschiedene Ausdrucksweisen wie Auferstehung, Erhöhung oder Leben notwendig. Drittens sieht Sobrino einen »trinitarischen« hermeneutischen Zirkel, da die Auferstehung Neues über Gott aufgrund seines neuartigen eschatologischen Handelns, über Jesus, nämlich seine untrennbare Einheit mit Gott, und über die Menschen verkündet, die ihn sehen können und ihn bezeugen sollen. Diese dreifache Wirklichkeit ist auch hermeneutisch zu berücksichtigen: »Der ›neue‹ Gott ermöglicht den ›neuen‹ Menschen und der ›neue‹ Mensch ist in der Lage, den ›neuen‹ Gott zu erkennen. Das Neue in Jesus zu erkennen, ist eine Begleiterscheinung des Neuen im Menschen, das durch den neuen Gott ermöglicht wird.«[303] Dieses Neue führt den Menschen dazu, mit den Realitäten Jesu und Gottes übereinzustimmen, und verdankt sich dem Gesamtereignis der Auferweckung Jesu und der Geistausgießung über uns durch den Vater. In der Auferstehung hat Gott allein und initiativ gehandelt, »who raises Jesus from the dead and gives the disciples the necessary grace to experience the risen Christ. Sobrino contends that this gratuitious bestowal of grace was accompanied by the disciples' receptivity and affinity to Jesus and by a hopeful expectation that predisposed them to experience and recognize him as risen.«[304]

In der Auseinandersetzung mit verschiedenen hermeneutischen Zugängen zur Auferstehung (Bultmann, Marxsen, Pannenberg, Rahner, aber auch Boff) plädiert Sobrino vehement dafür, die Auferweckung Jesu aus einer möglichst umfassenden Perspektive anzugehen, da ihr Verständnis ein ähnliches Problem darstellt wie das Verständnis von Gottes Handeln. »The underlying idea, grounded in Ellacuría's Christian historical realism, is that history and faith are not opposites but are inextricably intertwined in human historical

303 *Sobrino*, Glaube 53.

304 *Valiente*, Conflict 675.

reality, which[...] must take a stand on its historical reality in the world.«[305] Die schon vom Neuen Testament geforderte umfassende Perspektive ist nötig, weil die durch die Auferstehung mögliche spezifische Gotteserkenntnis das Ganze des Menschen umfasst und Alterität und Affinität in Bezug auf Gott wahrt. In Anlehnung an Kant formuliert Sobrino: »*Welches Wissen, welche Praxis* und *welche Hoffnung* sind heute notwendig, um verstehen zu können wovon die Rede ist, wenn wir hören, dass Jesus von den Toten auferstanden ist?«[306] Eine vierte ist die Frage, was in der Geschichte gefeiert werden könne.

Aufgrund seines spezifischen Zugangs, die Auferstehung aus der Perspektive der Opfer zu betrachten, nimmt Sobrino die Hoffnung der Gekreuzigten in den Blick, die sich primär auf den Sieg des Lebens über den Tod bezieht und in der in Israel entstandenen Hoffnung auf ein Leben nach dem Tod wurzelt.[307] Denn der Glaube an die über den Tod hinausgehende Gemeinschaft mit Gott beinhaltet die Überzeugung der Macht Gottes sowie seines endgültigen Sieges über Tod und Ungerechtigkeit und ist nicht als Flucht vor einer schlechten Gegenwart zu verstehen, sondern an die Überzeugung zurückgebunden, Gott sei ein Gott des Lebens in der Geschichte und werde eschatologisch Herrscher über alle Völker. Auf dieser Basis wendet sich Sobrino der Aufgabe zu, die Hoffnung für die Opfer heute zu reformulieren – und damit der von den Opfern geforderten Hermeneutik. Gerade sie sind die Adressaten der Hoffnung, weil Gott einen Gekreuzigten auferweckt hat und damit den Gekreuzigten Hoffnung gegeben hat. Weil sie in Jesus den großen Bruder sehen können, »können sie den Mut der Hoffnung in die eigene Auferstehung aufbringen und in dieser Tapferkeit bereits in der Geschichte leben, was ein ›Wunder‹ ist, analog zum Auferstehungsereignis Jesu.«[308] Daraus folgen für Sobrino die Bedingungen der universalen Hoffnung. Ein Tod ist ähnlich zum Leben und Sterben Jesu, wenn er ein Tod aus der Hingabe in Liebe

---

305 *Lassalle-Klein*, Jesus 368.

306 *Sobrino*, Glaube 73, Herv. im Orig.; vgl. *Sobrino*, Systematische Christologie 571. »Diese dreifache Fragestellung trägt Jon Sobrino in die Perspektive der Opfer ein. Demgemäß hält der Glaube an die Auferstehung die Frage nach der Gerechtigkeit für die Opfer offen; sie ermöglicht ein solidarisches Handeln für die Opfer und setzt darauf, daß noch nicht das letzte Wort über die Geschichte der Menschen gesprochen ist.« (*Klein*, Gekreuzigte 227.)

307 Sobrino rezipiert hier vor allem *Kessler*, Lebenden.

308 *Sobrino*, Glaube 83f. Sobrino betont die Bedeutung des Lebens Jesu für die Interpretation der Auferstehung, da Gott den auferweckt habe, der auf diese Weise gelebt habe und daher gekreuzigt worden sei. »La resurrección de Jesús no es entonces sólo símbolo de la omnipotencia absoluta de Dios – como si Dios hubiera decidido arbitrariamente y sin conexión con la vida y el destino de Jesús mostrar su omnipotencia y revelarse así como Dios –, sino que es presentada como la defensa que hace Dios de la vida del justo y de las víctimas.« (*Sobrino*, pascua 81.)

zu anderen und gegen Armut und Ungerechtigkeit ist. Um Hoffnung auf erlösendes Überleben zu sein, ist die Teilhabe am Kreuz Christi nötig. Wichtig ist auch, nicht einseitig das Handeln Gottes zu betonen, da das Ärgernis dann nur im Tod selbst gesehen würde und nicht auch in der Ermordung des Gerechten. »Damit stellt uns die Auferstehung Jesu nicht nur vor die Frage, wie wir es in Zukunft mit unserem eigenen Tod halten, sondern sie erinnert uns auch daran, dass wir es *jetzt* mit dem ungerechten Tod der anderen in der Gegenwart zu tun haben.«[309] Der Mut, darauf zu hoffen, das historische Ärgernis der Ungerechtigkeit werde überwunden, begründet den Mut der Hoffnung auf die eigene Auferstehung. Konsequenzen daraus sind, sich nicht mit dem Tod der gegenwärtig Gekreuzigten abfinden zu dürfen und an der Hoffnung für die Opfer teilzuhaben. »Wer die Opfer liebt, wer letztgültiges Mitgefühl mit ihnen hat, wer Compassion erlebt, wer bereit ist, sich ihnen ganz zu widmen und ihr Geschick mitzutragen, der kann in der Auferstehung Jesu auch eine Hoffnung für sich selbst sehen.«[310]

Wird die Praxis ebenfalls als entscheidende Voraussetzung angesehen, um die Auferstehung Jesu zu verstehen, soll sie damit nicht in Gegensatz zur Hoffnung verstanden werden; vielmehr beziehen sie sich aufeinander. Hoffnung entspringt aus der Liebe und verlangt danach, diese in die Tat umzusetzen – so wie das Reich nicht nur zu erhoffen ist, sondern aufgebaut werden muss. Die Praxis ist eine zweifache: die aus der subjektiven Bereitschaft und dem objektiven Auftrag Jesu stammende Verkündigung bzw. Bezeugung der Tatsache der Auferstehung und der Dienst am Inhalt der Verkündigung, d. h. die Praxis, die gekreuzigten Völker vom Kreuz zu nehmen. Eine solche soziale und politische Praxis, »die die Transformation von Strukturen zum Ziel hat, diese *auferweckt und wiederbelebt*«[311], ist nicht als Herrschaft über die Geschichte, als Wiederholung des Handelns Gottes, also Ausdruck menschlicher Hybris zu verstehen. Vielmehr geht es um analoge Zeichen der Auferstehung, im Bewusstsein, das Reich Gottes selber nicht herstellen zu können. »In other words, for Sobrino, we ourselves should become ›raisers‹ who seek justice for the victims of injustice and people whose actions are inspired by transcendent values rooted in eschatological ideas such as justice, peace, and reconciliation.«[312] Ohne die Bereitschaft zur historisch konkreten Nachfolge, die uns in die Hoffnung der Opfer führt, ist die Auferstehung Jesu nicht

309 *Sobrino*, Glaube 85, Herv. im Orig.

310 *Sobrino*, Glaube 86.

311 *Sobrino*, Glaube 91, Herv. im Orig.

312 *Valiente*, Conflict 678. Selber »Auferwecker« zu sein, »geschieht durch eine konfliktgeladene Praxis zugunsten der Opfer, die die Möglichkeit in sich birgt, daß man selber zum Opfer wird.« (*Sesboüé*, Jesus 243.) »Taking the crucified down from the cross is, therefore,

zu verstehen. Wie Jesus mit seinen Handlungen nur auf die Vollendung des Reiches hinweisen, diese aber nicht herbeiführen konnte, schaffen auch die unvollendeten »Auferstehungen« in der Geschichte die Hoffnung, dass es eine endgültige Auferstehung gibt, ohne diese sein zu können. Mit Rahner und über ihn hinaus bezeichnet Sobrino die Auferstehung als ein Ereignis, das nur als siegreiches Handeln Gottes verstanden werden kann, wenn es Glauben schafft und Hoffnung und Praxis hervorbringt.

Schließlich stellt sich die Frage nach dem, was die Menschen wissen können, insbesondere angesichts der neutestamentlichen Überzeugung von der realen Wirklichkeit der Auferstehung in der Geschichte und der Herausforderungen für die Theologie seit dem Positivismus. In Auseinandersetzung mit Bultmann und Pannenberg betont Sobrino einerseits den Zusammenhang der Auferstehung mit der Universalgeschichte und anderseits das Negative in der Geschichte, das nicht ignoriert werden darf, wenn das Ganze der Geschichte verstanden werden soll. Da die Auferstehung auf die Zukunft verweist, ist (mit Moltmann) die Vergänglichkeit und Unabgeschlossenheit der Geschichte zu notieren, gegen die sich die Zukunft als Verheißung durchsetzt. Daher muss »man, um sie zu verstehen, die Auferstehung auch als Verheißung, als endgültige und eschatologische Verheißung Gottes, sehen«[313]. Dies ist nicht mit dem Ende der Geschichte zu verwechseln. Die Auferstehung verweist auf beide Arten von Zukunft: *futurum*, was der Philosophie einen begrifflichen Zugang erlaubt, und *adventus*, was das Kommen in Gnade meint. Eine Verheißung kann man nicht aus der Vergangenheit oder der Gegenwart extrapolieren, sondern kommt unerwartet und unverdient von außen. Um die Auferstehung Jesu erfassen zu können, müssen wir die Wirklichkeit als Verheißung begreifen, sie

---

an expression of resurrection praxis. It is the most hope-filled activity, positively oriented toward life, that a Christian can imagine.« (*Crowley*, Theology 27.)

Gegen eine 1984 in einem privaten Text geäußerte Kritik Ratzingers ist zu betonen, dass es Sobrino nicht um die Wiederholung des auferweckenden Handelns Gottes geht, sondern darum, analoge Zeichen der Auferweckung zu setzen. (Vgl. *Sobrino*, Glaube 91f und *Sobrino*, Brief 32f mit Zitat des Textes; ferner *Maier*, Theologie 332f; *Parra Mora*, método 459f; *de Schrijver*, Christology.)

Lassalle-Klein verweist auf die Grundlage in der ignatianischen Spiritualität, da Ignatius in der Meditation über die Trinität zur Mitwirkung mit dem Werk der Trinität in der Welt aufruft, was von der 32. Generalkonkgregation der Jesuiten als eines der die Sendung des Ordens bestimmenden Elemente gesehen und u. a. von Ellacurías und Sobrinos Novizenmeister herausgestellt wird. »Sobrino's point, then, is that, when the disciple responds to a grace-filled call by Jesus Christ to take the crucified people down from the cross, he or she is caught up in what the Greek Fathers called ›*theosis*‹, becoming a living sign of God's work (including the Resurrection) in Jesus Christ.« (*Lassalle-Klein*, Jesus 372.)

313 *Sobrino*, Glaube 97.

das sein lassen, was sie ist und ihren Geheimnischarakter und den der Realität anerkennen.

In dieser Hoffnung auf den Sieg über Tod und Ungerechtigkeit, der sozialen und politischen Praxis als Nachfolge Jesu und dem den Geheimnischarakter der Realität und Auferstehung wahrenden Wissen sieht Sobrino die zentralen anthropologischen Voraussetzungen, um das Auferstehungsereignis Jesu erkennen zu können. Gemeinsam ist ihnen der Bezug auf die Geschichte und das Unterwegssein in ihr, »das letztlich die Überzeugung wachsen (oder schwinden) lässt, dass sich das Mysterium der Geschichte historisch in dem offenbart hat, was die Jünger Auferstehung Jesu genannt haben«[314]. Beeinflusst von Ellacuría, legt Sobrino großen Wert auf die geschichtliche Grundlage des Glaubens und daher auch auf die geschichtliche Realität der Auferstehung, d. h. wie diese sich in der Geschichte bemerkbar gemacht hat.

4.2.5.2 Die Historizität bzw. Realität der Auferstehung

Die historische Frage nach der Wirklichkeit der Auferstehung stellt sich insbesondere angesichts ihres metahistorisch-eschatologischen Charakters und ist in den neutestamentlichen Schriften nur über die Berichte der Erscheinungserfahrungen zugänglich.[315] Sobrino schließt sich an die einschlägige exegetische und systematische Literatur an und konzentriert sich auf einige zentrale Erkenntnisse: »die Erfahrung von Gnade und eschatologischer Wirklichkeit, die Rückkehr Jesu gemäß den Erscheinungserzählungen und das Interesse an heiligen Orten«[316]. Innerhalb der kanonischen Texte sind wir auf die Widerfahrnisse der Jünger angewiesen, deren Faktizität nicht überprüft werden kann; die Erscheinungserzählungen sind ambivalent, da die Auferstehung selbst nicht thematisiert wird. Vielmehr wird von der Erscheinung auf diese geschlossen. Somit begründen die Ostererfahrungen der Jünger den Glauben an die Auferstehung Jesu, wie schon in 1Kor 15,3b–5 zu erkennen ist. Die Ostererfahrung gemäß der frühen Bekenntnisformel vermutlich aramäisch-palästinischen Ursprungs beinhaltet:

> (1) Jesu ereignishaftes (abgeschlossener Aorist *ophte*) Erscheinen aus der Macht *Gottes* heraus; (2) sein damit manifestes Auferweckt- und Erhöht*sein* (duratives Perfekt *egegertai*) in eine ganz neue Einheit mit Gott, aus der heraus er überhaupt nur – wie der unsichtbare Jahwe selbst – sich erkennbar gegenwärtig setzen (erscheinen) und sich Zeugen schaffen kann; und (3) dies als endgültiger Beginn

314 *Sobrino*, Glaube 99.

315 »Um zu erkennen, was mit Jesus von Nazaret geschah, sind wir auf das angewiesen, von dem wir feststellen können, was mit den Jüngern geschah.« (*Klein*, Gekreuzigte 227.)

316 *Sobrino*, Glaube 101.

> der Endzeit, der gnädigen und heilvollen Selbstzuwendung Gottes. – Sekundär, aber unabdingbar folgt aus der Erscheinung des Auferweckten die Sendung der Zeugen (das Legitimationsmoment); insofern haben die Erscheinungen – als endgültige Manifestation des Evangeliums von der rettenden Gegenwart Gottes durch Jesus – in der Tat glaubenschaffende, apostolats- und kirchengründende Bedeutung.[317]

Zentral ist den Erscheinungsberichten die reale Begegnung mit Jesus, die wesentlich für ein neues Leben ist. Bezüglich der Wirklichkeit des Erzählten ist auf die Bedeutung des *ophte* einzugehen, das ein »Sehen lassen« Jesu meint, also die von Gott kommende Initiative. »Die Erscheinungen besagen, dass die ersten Jünger glaubten, von dieser Initiative Gottes auf eine qualitativ andere Art begnadet worden zu sein wie andere Menschen vor ihnen, weil es sich bei der Auferstehung Jesu um ein eschatologisches Ereignis handelt.«[318] In den Erscheinungen wird der auferstandene Jesus erfahren, was universal als Ereignis der endzeitlich-endgültigen Heilsgegenwart Gottes zu verstehen ist. Das endgültige Handeln Gottes konstituiert die neue Wirklichkeit Jesu. Ferner drücken sie sowohl Kontinuität als auch Diskontinuität zum Leben Jesu aus, da die Jünger ihn nicht einfach erkennen können, aber u. a. die Wunden des Auferstandenen oder die gemeinsamen Mahlzeiten den Rückbezug auf Jesus deutlich machen. Dieser führt dazu, dass diejenigen, die mit ihm lebten, die Auferstehung bezeugen. Nicht zu vernachlässigen ist die Rolle der Frauen bei den Osterereignissen, da sie die Hauptpersonen und wichtiger als die Männer sind. Die wesentliche Diskontinuität besteht darin, dass der Tote lebendig und der Gekreuzigte erhöht erscheint, während die Kontinuität die Bedeutung der Auferstehung für sein Leben herausstellt: »Die Auferstehung hat Jesus nicht in der Weise verändert, dass sein irdisches Leben zu etwas nur Vorläufigem geworden wäre, sondern die Auferstehung hat seinem Leben endgültige und ewige Gültigkeit verliehen.«[319]

Für Sobrinos Fokus auf die Geschichtlichkeit der Grunderfahrung des christlichen Glaubens sind zunächst die Texte zu nennen, die von den Widerfahrnissen der Jünger berichten, die sie der Begegnung mit Jesus zuschreiben, von denen einige sehr frühe Traditionen verarbeiten. Unstrittig ist auch die Veränderung der Jünger aufgrund dieser Widerfahrnisse, die als radikale Bekehrung der Jünger beschrieben wird. »Historisch und real ist der Glaube der Jünger an die Auferstehung Jesu, und es ist historisch und real, dass es für sie keinen Zweifel gab, dass diesem subjektiven Glauben eine Jesus geschehene,

317 *Kessler*, Lebenden 152f, Herv. im Orig.

318 *Sobrino*, Glaube 109.

319 *Sobrino*, Glaube 114.

objektive Wirklichkeit entspricht.«[320] Subjektiv können wir die Auferstehung Jesu mit vernünftigem Glauben akzeptieren, weil in ihr Gott eschatologisch handelt und das Gottesverhältnis nur im Glauben bestehen kann sowie diese Indizien die Vernünftigkeit dieses Glaubens begründen.

Eine Besonderheit der Überlegungen Sobrinos sind die von ihm in den Blick genommenen analogen »Ostererfahrungen«, also Erfahrungen, die irgendwie mit der ursprünglichen Ostererfahrung verglichen werden können, wobei es darum geht, »den Auferstandenen in einer Weise zu begründen, dass seine wirkliche eschatologische Existenz eine gewisse Form eines letztgültigen *Einbruchs* in unsere Geschichte bedeuten kann, sodass unser Leben durch sein eschatologisches Leben neu ausgerichtet wird.«[321] Sie unterscheiden sich von der ursprünglichen Ostererfahrung primär darin, dass diese die erste war und die Fülle zum Inhalt hatte, während sie von ihr abhängig und Letzt-Erfahrungen sind. Für solche analogen Erfahrungen spricht nach Sobrino, weil der eschatologische Charakter der Auferstehung Jesu es nahelegt, dass diese im weiteren Verlauf der Geschichte wirksam geworden ist, und sie auch wegen der Aufforderung zur Nachfolge wahrscheinlich möglich sind. Auch wenn die vom Neuen Testament betonte Einmaligkeit und Unwiederholbarkeit der Erfahrungen des auferstandenen Jesus beachtet wird, müssen wir irgendwie an den Erfahrungen der Zeugen teilhaben können, damit unser Glaube nicht nur von diesem Zeugnis abhängt. Hier zeigt sich deutlich das »indirekte« (induktive) Vorgehen Sobrinos, auf dessen Konfliktpotential zum von der Glaubenskongregation präferierten »direkten« (deduktiven) Vorgehen, mit dem sie die Sicherheit des Glaubens stützen will, schon hingewiesen wurde. Für Sobrino ist zudem die phänomenologische Sicht entscheidend: »Was uns als Menschen und als Gläubige bestimmt, ist nicht ein Wissen (auch wenn es wahr ist) *um* die Auferstehung (und Gott) und ein Wissen *von* der Erfahrung der Jünger, sondern die reale Erfahrung *der* Auferstehung (und Gottes).«[322] Visionen reichen dafür nicht aus, weshalb Sobrino für reale Erfahrungen einer sich in ihrer Letztgültigkeit zeigenden Wirklichkeit plädiert; in unsere Realität bricht etwas Quasi-Eschatologisches ein. Die Wirklichkeit zeigt sich, wie sie ist – von Ungerechtigkeit, Gewalt, Lüge und Tod geprägt –, und bringt gleichzeitig Hoffnung, Mitgefühl, Gerechtigkeit und Liebe hervor. Konkrete Beispiele solcher Erfahrungen sind Erfahrungen von Menschen, die diese bei ihrer Begegnung mit den Armen in El Salvador gemacht haben, bei denen ihnen sich die Wirklichkeit in ihrer Letztgültigkeit enthüllt und die ihr Leben nachhaltig

320 *Sobrino*, Glaube 117.

321 *Sobrino*, Glaube 119.

322 *Sobrino*, Glaube 125, Herv. Im Orig.

in Richtung eines Einsatzes gegen das Negative beeinflusst hat. Diese Erfahrungen sind zwar individuell, aber gemeinschaftsstiftend. Die Ähnlichkeiten solcher Erfahrungen mit den Erscheinungserzählungen bestehen darin, dass sie unerwartet und unvorbereitet eintreffen, sie eine Gemeinschaftlichkeit aufweisen und in ihnen das Unmögliche möglich wird. Eine ihnen eigene christologische Dimension sieht Sobrino darin, »dass der Inhalt dieser Erfahrungen, also das, was sich als Letztgültiges enthüllt, was auf eine Zukunft verweist und Erlösung anbietet, eine Wirklichkeit ist, die dem nahekommt, was Jesus war und in seinem Leben getan hat«[323] und dem Schicksal Jesu ähnelt, womit Person, Praxis und Schicksal Jesu die Referenzpunkte bilden. Da diese Erfahrungen nicht die Vollkommenheit der Erfahrungen der Auferstehung Jesu erreichen, bezeichnet Sobrino sie nicht als eschatologische, sondern als »Erfahrungen von Letztgültigkeit«. »En resumen – y por rápida que sea esta síntesis – sin formularlo así, y quizá sin darse quenta, Sobrino traza ahí el empalme que lleva desde la resurrección a ›pentecostés‹ y a la pneumatología.«[324]

Zu den genannten noetischen, praktischen und hoffnungsstiftenden Elementen kommen die Elemente des Feierns, worauf sich die Forderung bezieht, jetzt schon als Auferstandene zu leben, denn die Feier der Fülle in der Geschichte gründet sich auf die Behauptung, die Auferstehung Jesu sei ein Triumph und ein Sieg. In der Nachfolge Jesu können wir unser Leben in Letztgültigkeit leben, was deutlich macht, dass Leben in der Fülle und Leben unter den Bedingungen menschlicher Existenz keine Widersprüche sind und es insofern nicht um eine Enthistorisierung geht, sondern um »eine vollkommenere Inkarnation in die Geschichte«[325]. Zentral dafür sind die Liebe und der Sieg des Auferstandenen über Egozentrismus und Traurigkeit, d. h. das Leben in der Freiheit, liebend zu dienen und nicht dem Egozentrismus verfallen zu sein, und in Freude.

In den analogen Ostererfahrungen bündeln sich somit die vier Grundfragen Sobrinos nach dem für ein heutiges Verständnis der Auferstehung Jesu notwendigen Wissen, Können, Hoffen und Feiern und damit ermöglichen sie die Frage nach der theologischen Bedeutung der Auferstehung.

---

323 *Sobrino*, Glaube 129.

324 *González Faus*, víctimas 92.

325 *Sobrino*, Glaube 133.

4.2.5.3 Die theologische Bedeutung der Auferstehung

Die Frage danach, was die Auferstehung Jesu als eschatologisches Ereignis offenbart, kann in zweifacher Perspektive hinsichtlich der Offenbarung Gottes und der Offenbarung Jesu erfolgen.

> Die Auferstehung stellte die ersten Christen vor die Frage, wer Gott ist und wer Jesus ist, und sie stellten eine enge Beziehung zwischen beiden fest und zwar dahingehend, dass das Handeln, in dem sich Gott offenbart, wesentlich mit dem Geschick Jesu verknüpft ist und sich auf ihn konzentriert; und umgekehrt dessen Wirklichkeit sich von dem her zeigt, was Gott in ihm tut[326].

Wenn Gottes eschatologisches Handeln ganz in der Person des gekreuzigten und auferweckten Jesu konzentriert ist, sagt die Auferstehung etwas über Gott aus. Sobrino nennt hierzu sechs Punkte: Die Auferstehung Jesu ermöglicht erstens ein neues theologales Credo, nämlich den Satz »Der Gott, der die Toten auferweckt«. Die Auferstehung wird als ein befreiendes (und damit parteiliches) und eschatologisches Handeln Gottes verstanden, da ein Opfer auferweckt wurde und dies auf die endgültige Auferstehung der Toten verweist. In diesem Handeln offenbart sich Gott, allerdings folgt es auf sein Nichthandeln am Kreuz, womit die Dialektik im je größeren und geringeren Gott selbst gezeigt wird. Dies geht über das »schon, aber noch nicht« in der Geschichte hinaus und drückt aus, »dass Gott selbst betroffen ist und in unterschiedlicher Weise handelt, sodass es in der Geschichte sowohl Kreuz als auch Auferstehungshoffnung gibt«[327]. Zweitens zeigt sie die Gerechtigkeit und befreiende Parteilichkeit Gottes – auch hierzu gibt es alttestamentliche Parallelen, insbesondere den Exodus[328] –, da er einem Opfer Gerechtigkeit verschaffen hat, indem er den Unschuldigen auferweckt hat. In der Auferweckung zeigt Gott qua Totenerweckung seine Allmacht und verteidigt das Leben eines Gerechten und Opfers. »Lo más específico de la resurrección de Jesús para conocer a Dios no es, entonces, lo que Dios hace con un cadáver, sino lo que hace con una víctima.«[329] Sie zeigt den Triumph der Gerechtigkeit über die Ungerechtigkeit und nicht bloß den der Allmacht Gottes über den Tod. Die Auferstehung Jesu

---

326 *Sobrino*, Glaube 138.

327 *Sobrino*, Glaube 141.

328 Der Stellenwert des Exodus in der lateinamerikanischen Befreiungstheologie ist ein anderes Beispiel für ihre Kontextualität, da diese positive Deutung als Paradigma der Befreiung vonseiten einer palästinensischen Befreiungstheologie nicht ohne Weiteres rezipiert werden kann. Während Ateek daher nach anderen Modellen sucht, bemüht sich Raheb durch eine gesamtbiblische Perspektive um eine differenzierte theologische Wertung des Exodusgeschehens. (Vgl. *Gräbe*, Theologie 247–253.)

329 *Sobrino*, pascua 81.

wird zur guten Nachricht für die Opfer. Hierin zeigt sich die Orientierung an den Adressaten, den Armen und Opfern, und ihr Charakter als hermeneutischer Ort. So wie diese und das Gottesreich sich gegenseitig erklären, »gibt es eine transzendentale Korrelation zwischen dem auferweckenden Gott und dem auferweckten Jesus«[330]. Drittens befindet sich Gott im Kampf gegen andere Götter und hat darin triumphiert, was deutlich wird, wenn man auch von denen spricht, die ihn gekreuzigt haben. Die dualistische theologale Struktur der Geschichte zeigt sich im Kampf des Gottes des Lebens mit den Götzen des Todes, die am Kreuz triumphiert zu haben scheinen, aber in der Auferstehung besiegt werden. Da durch diesen Triumph die Opposition in der Geschichte noch nicht völlig überwunden wird, kann man aus dem Auferstehungsglauben heraus gegen die Götzen des Todes kämpfen. »If the kingdom of God elicits violent rejection by the anti-kingdom, the crucifixion-resurrection of Christ definitively reverses this dialectic: the anti-kingdom is itself destroyed and its victims vindicated through the crucifixion and resurrection of Jesus Christ.«[331] Viertens dokumentiert die Auferstehung die Dialektik des Deus maior und Deus minor in Gott selbst, denn den schweigenden Gott darf man nicht über den auferweckend handelnden vergessen. Wichtig ist die Komplementarität, denn die Offenbarung der Untätigkeit oder Ohnmacht Gottes am Kreuz ist als solche nicht befreiend oder hoffnungsbringend, sondern seine befreiende Macht kann nur im Zusammenhang mit der machtvollen Offenbarung in der Auferstehung glaubhaft werden. Die Ohnmacht drückt seinen Willen zur absoluten Nähe mit den Opfern aus; die Macht kommt nicht nur von oben. »Auferstehung sagt *Alterität* in Bezug auf die Opfer aus, während Kreuz *Affinität* aussagt.«[332] Ohne die grenzenlose Nähe im Kreuz wäre die in der Alterität sichtbare Macht Gottes zweideutig und nicht klar als Wirksamkeit der Liebe erkennbar. Das konkret Gute an der Solidarität Gottes mit den Opfern ist vor allem für diese verstehbar und besteht darin, die Einsamkeit, das radikale Alleinsein und den Würdeverlust zu überwinden. Die Dialektik des je größeren und je geringeren Gottes im Mysterium Gottes bewahrt davor, die Auferstehung einseitig von der Macht her zu verstehen oder einseitig das Kreuz zu betonen. Fünftens betont die Auferstehung als Antizipation oder

330 *Sobrino*, Glaube 145.

331 *Goizueta*, Christology 98.

332 *Sobrino*, Glaube 150, Herv. im Orig.; vgl. *Sobrino*, pascua 85. »If God expressed in Jesus crucified his affinity with the suffering of the victims of history, if the possibility exists in God of suffering with human beings and in fact he has suffered, in the resurrection God expressed his otherness, his being that is distinct from ours, with its capacity to liberate victims from suffering, injustice, and death. The liberator God is the crucified God.« (*Costadoat*, Themes 126.)

endgültige Zukunftsverheißung die Zukünftigkeit Gottes, da sich die Offenbarung Gottes am Ende der Geschichte endgültig ereignen wird. Dabei wird die Zukunft als Seinsweise Gottes verstanden, da die Dialektik in Gott selbst eine Zukunft ohne Ambivalenz mit reiner Positivität verlangt. Mit Rekurs auf Pannenberg, Rahner, Schillebeeckx und Moltmann plädiert Sobrino dafür, auch die Gegenwart einzubeziehen. »Dies bedeutet, dass in der Geschichte Kreuz und Auferstehung, Wort und Schweigen, Macht und Ohnmacht, Offenbarung und Verborgenheit bleiben und sich aufeinander beziehen, ohne dass in irgendeinem Moment die eine Offenbarung Gottes die Fähigkeit hätte, die andere zu verdrängen.«[333] Am Ende wird mit dem Sieg über das Negative der Prozess der Offenbarung Gottes vollendet. Zeigt sich Gott als aktiv-befreiende und passiv-solidarische Liebe, als Gott der Zukunft, als Gott auf dem Weg, ist dies wesentlich für den Glauben, der von der parteilichen, dialektischen und auf dem Weg befindlichen Wirklichkeit geprägt sein muss und sich prozess- bzw. weghaft im »Gehen mit Gott« (Mi 6,8) und in der »Nachfolge« Jesu ausdrückt. Schließlich und sechstens zeigt die Auferstehung den geheimnisvollen Gott. »Mit der Auferstehung wird das Geheimnis der *fides quae* auf neuartige Weise reformuliert, bleibt dabei aber, indem es noch verstärkt wird, *fides qua*: Übergabe eines Mysteriums.«[334] Bei der Auferstehung Jesu wie allgemeiner bei Aussagen über Gott wird eine *historische* Wirklichkeit bzw. Handlung Gottes (wie der Exodus oder die Auferstehung) bzw. genauer die Erfahrung, von der auf diese Handlung Gottes geschlossen wird, durch die Zuschreibung zu Gott zu einer *kerygmatischen* Behauptung und insofern diese zu einer Aussage über Gott (als Befreier bzw. Auferwecker) wird, zu einer *doxologischen* Aussage über die geheimnisvolle Wirklichkeit Gottes, der Geheimnis bleibt. Sowohl die *fides qua* wird neu formuliert als auch die *fides quae* neu ausgeübt. Sobrino sieht darin eine zentrale Parallele zu den Aussagen über Gott von Jesus aus Nazaret her, »dass Gott *Befreier der Opfer* ist, auf den wir vertrauen können, aber dieser Befreier bleibt Gott, dem wir uns hingeben müssen«[335].

Bezüglich der Frage, was die Auferstehung über Jesus offenbare, geht Sobrino zunächst auf den Ursprung des Glaubens an ihn ein, da die Auferstehung die Besonderheit Jesu zeigt. Diese wurde allmählich als Einheit vollständigen Mensch- und Gottseins gefasst und muss geglaubt werden, was auch die subjektive Beziehung beinhaltet, sodass sich der Glaube theoretisch und praktisch ausdrückt. Bezüglich des Verhältnisses des nachösterlichen Glaubens zu einem möglichen vorösterlichen verweist Sobrino auf Schillebeeckx, der

333 *Sobrino*, Glaube 157.

334 *Sobrino*, Glaube 159, Herv. im Orig.

335 *Sobrino*, Glaube 162, Herv. im Orig.

die Kontinuität betont, und auf Kessler, der die Diskontinuität durch den Bruch am Kreuz akzentuiert. Die Nachfolge der Jünger zu Lebzeiten Jesu spricht dafür, dass er ihnen als jemand Besonderes erschienen ist, was durch das Kreuz zumindest geschwächt, vielleicht sogar zerstört wurde. »Wenn dem so ist, steht der nachösterliche Glaube einerseits in Kontinuität zum vorösterlichen Glauben (der Auferstandene ist kein anderer als Jesus aus Nazaret), aber Kreuz/Auferstehung haben diesen ›ersten‹ Glauben in Zweifel gezogen und radikalisiert, ihm auch neue, wesentliche Elemente hinzugefügt.«[336] Bei der systematischen Frage nach dem Glauben der Jünger an Jesus ist die Verbindung seiner Worte und Taten zum Reich Gottes wichtig, denn da er diesbezüglich als jemand sehr besonderes dargestellt wird, »erscheint das Letztgültige in innigster Weise mit ihm verbunden«[337]. Dies wäre ein objektiver Grund, wieso man bei Jesus von einer Glaubensfrage sprechen könnte. Daneben ist auch seine letztgültige Beziehung zum Vater zu nennen, die sich in seinem totalen Vertrauen und seiner vollständigen Verfügbarkeit niederschlägt. Verglichen mit diesem möglichen vorösterlichen Glauben fügt der nachösterliche Glaube durch die Auferstehung zwei neue Momente hinzu: »Eines ist – offensichtlich – die *Endgültigkeit*. Das andere – vielleicht wichtigere – ist die Notwendigkeit, *die Wirklichkeit des Kreuzes* in diesen neuen, den ›zweiten‹ Glauben integrieren zu müssen.«[338] Das Negative berührt das Letztgültige. Der nachösterliche Glaube basiert auf dem vorösterlichen insofern, als dass die Jünger zumindest die Besonderheit Jesu, vielleicht sogar seine Messianität anerkannt haben. Allerdings ist ein theologaler Glaube an Jesus, der auch ihre Beziehung zu ihm als letztgültig einschließt, vorösterlich nicht eindeutig auszumachen. Die Unterscheidung zwischen dem Reich als Vermittlung und Jesus als Mittler aufnehmend, scheinen die Jünger während seines Lebens primär die Werte des Reiches aufgenommen und diesem gedient zu haben. »Wenn von Jesus als *dem Messias* gesprochen wird, bedeutet dies, dass eher an die Nähe des Reiches gedacht wird als an eine unwiderrufliche und letztgültige Wirklichkeit seiner Person.«[339] Damit will Sobrino auf die vorösterliche Akzentsetzung der Jünger hinweisen und nicht die besondere Bedeutung der Person Jesus für die theologisch qualifizierte Rolle des Messias bzw. die bei ihm bestehende besondere Bindung der Vermittlung an den Mittler bestreiten. Da sich vor dem Kreuz die Gesamtheit Jesu noch nicht gezeigt hat und weder die Messianität noch das Reich Gottes ein solches Kreuz einschließlich seiner theologalen Dimension

---

336 *Sobrino*, Glaube 166f.

337 *Sobrino*, Glaube 170.

338 *Sobrino*, Glaube 171, Herv. im Orig.

339 *Sobrino*, Glaube 173, Herv. im Orig.

beinhalten konnten, war dies auch gar nicht möglich. Wenn das Kreuz in den theologalen Glauben integriert werden muss, muss es in Gott selbst hineingenommen werden, weshalb eine Bekehrung der Jünger aufgrund dieses neuen Glaubens, der den ersten aufnimmt, angenommen werden kann. Der vorösterliche Glaube war somit ein Glaube an das bereits Gewusste und hatte seinen Mittelpunkt nicht in Jesus, sondern in Gott. Da er aber nicht offen dafür war, dass das Reich Gottes als Gottes Wille nicht den eigenen Erwartungen entsprach, ließ er nicht radikal Gott Gott sein. Ihm fehlte auch das Element der Prüfung und der Krise, das im Kreuz vorliegt. Sobrino teilt die Auffassung der Theologen, für die die Auferstehung noch etwas Zusätzliches sowohl zur *fides quae* als auch zur *fides qua* beiträgt, da ohne Auferstehungserfahrung vermutlich seine einmalige Gottesbeziehung nicht deutlich geworden wäre und die Überzeugung und Hingabe um der Person Jesu willen auch kaum denkbar wäre.[340] Die Zeugen des Auferstandenen haben ihren Glauben an Jesus sowohl theoretisch ausgedrückt, womit sie die Entwicklung der Christologie begannen, als auch praktisch in ihrem Lebenszeugnis, der Orthopraxis. Die neutestamentlichen Forderungen zur Nachfolge legen eine Vorgängigkeit der Glaubenspraxis nahe. Eine besonders radikale Form der Nachfolge ist das Martyrium bzw. die Lebenshingabe. Hinzu kommen weitere unter Berufung auf Jesus vollzogene Handlungsweisen und vertretene Einstellungen. »Wie auch immer das theoretische Bewusstsein der ersten Glaubenden gewesen sein mag, ob sie Jesus Menschensohn oder Prophet nannten, im wirklichen Leben legten sie Zeugnis dafür ab, dass Jesus für sie einzigartiger, letztgültiger und grundlegender war.«[341] Dieser praktische Glaube wurde von theoretischen Glaubensformulierungen begleitet. Sobrino sieht somit die Praxis als Fundament der Orthodoxie und beide als gleichwertig an, was für den lateinamerikanischen Glauben zentral sei. Bei der theoretischen Reflexion und damit der Christologie schlagen sich die unterschiedlichen Perspektiven der Erhöhung und der Erwartung seines zweiten Kommens als Mittler und Richter in der Pluralität der ersten Christologien nieder. Diese wurden in der weiteren Folge miteinander verbunden und ausgearbeitet.

> Von der Auferstehung ausgehend, vertieften die Christen drei Dinge. Das Erste ist die Wahrheit: Das Leben Jesu ist wahres Leben gewesen; Menschsein besteht darin, wie Jesus zu leben. Das Zweite ist die Erhöhung. Diese Wahrheit offenbart sich nicht irgendwie, sondern durch die Umkehrung, die die Auferstehung

340 In der deutschsprachigen Fundamentaltheologie wurde diese Frage vor einiger Zeit insbesondere zwischen Hansjürgen Verweyen und Hans Kessler diskutiert. Vgl. u. a. *Kessler*, Lebenden 442–463; *Verweyen*, Wort 338–362.

341 *Sobrino*, Glaube 178.

> hervorbringt: Der Diffamierte ist der Wahre, der Gescheiterte ist der Sieger, der Verurteilte ist der Gerechte, der Gekreuzigte ist der Auferstandene. Die Erhöhung geschieht nicht voraussetzungslos, sondern der Erhöhte ist derjenige, der vorher erniedrigt wurde bis zum Ende. Diese Erhöhung ist keine *willkürliche* Belohnung Gottes für Jesus, sondern die Bestätigung und Offenbarung der Wahrheit des Lebens Jesu. Und das Dritte ist die Hoffnung. Jesus wird zum Symbol der Möglichkeit von Erlösung, schon in der Gegenwart, aber auch für die Zukunft, wenn er wiederkommen wird am Ende der Zeiten. Sein Leben und sein Schicksal sind nicht nur die Seinen, sondern dringen durch zu den anderen: Es gibt Erlösung.[342]

In den Ausführungen Sobrinos zur Auferstehung zeigt sich ein Schwerpunkt auf den hermeneutischen Fragen, wie ein eschatologisches Ereignis verstanden werden kann, wozu auch die »analogen Ostererfahrungen« gehören, da sie eine (analoge) Teilhabe an den Erfahrungen der Jünger und damit einen nicht nur über deren Zeugnis vermittelten Zugang zum Osterglauben ermöglichen. Hinsichtlich der theologischen Bedeutung der Auferstehung zeigt sich Sobrinos Perspektive der Opfer deutlich, wenn ihm zufolge durch die Auferstehung vor allem die Parteilichkeit Gottes, seine Gerechtigkeit und sein Triumph gegen die Götzen bekräftigt werden können. Da sie aber zugleich die Besonderheit Jesu als Einheit wahren Mensch- und Gottseins zeigt und seine Aussagen somit leicht mit dem ontologischen Paradigma der Glaubenskongregation vereinbart werden können, verwundert es nicht, wenn sein Auferstehungsverständnis im Verfahren nicht thematisiert wurde.

4.2.6 *Sobrinos Diskussion der biblischen und konziliaren Christologie*

Wie den bisherigen Ausführungen entnommen werden kann, zeigen sich die spezifischen Charakteristika der Christologie Sobrinos primär im methodischen Bereich – zu nennen sind insbesondere der Ausgangspunkt bei den Armen bzw. die eingenommene Perspektive der Opfer sowie der Fokus auf den historischen Jesus –, während er inhaltlich durchaus starke Bezüge zur europäischen Theologie aufweist. Daher braucht weder seine Relecture der neutestamentlichen christologischen Titel noch seine Rekonstruktion der konziliaren Christologie detailliert untersucht werden. Vielmehr reicht es (vor dem Hintergrund der Fragestellung dieser Studie) aus, auf einige wenige Aspekte einzugehen, die für die Auseinandersetzung mit der Glaubenskongregation relevant sind. Dabei bestätigt sich das Verhältnis zur Geschichte als Konfliktpotential, insofern Sobrino sich den vom Außen der Geschichte kommenden Anfragen stellt und daher eine Kontextualisierung als notwendig ansieht, die

---

342 *Sobrino*, Glaube 183f, Herv. im Orig.

darüber hinaus einen Methodenpluralismus fordert. Dies aber stellt gerade jene innerlichen Sicherheiten infrage, die das Lehramt und insbesondere die Glaubenskongregation verteidigen will. Von der geschichtlichen Perspektive hängen somit wichtige weitere Weichenstellungen ab, sodass es nicht überrascht, dass insbesondere die methodischen Differenzen zu Konflikten werden.[343]

So ist ein wichtiger Grundzug die von Sobrino betonte Geschichtlichkeit der jeweils verwendeten Formulierungen, die es notwendig erscheinen lässt, im Verlauf der Geschichte weitere »Titel« oder Ehrenbezeichnungen jenseits der neutestamentlich geprägten zu verwenden. Die neutestamentliche Vielzahl der Titel bedeutet, »dass kein Titel allein, so ausgewählt und ausgezeichnet er auch sein mag, die Wirklichkeit Jesu angemessen – umfassend – ausdrücken kann«[344], und beinhaltet die Gefahr, aufgrund der Konzentration auf einen davon die anderen zu marginalisieren. Wenngleich die im Laufe der Geschichte jeweils verwendeten oder vorgeschlagenen Titel mit den neutestamentlichen nicht gleichzustellen sind, können sie als legitimer (und oft notwendiger) Ausdruck des jeweiligen Kontextes angesehen werden, was in Lateinamerika mit dem Titel »der Befreier« der Fall ist. Denn ein solcher Titel dient dazu,

> in einem einzigen Ausdruck zusammenzufassen, was wir in ihm sehen und an ihm schätzen, dass wir glauben, dass er auf die beste Weise menschlich und göttlich ist, dass er jener ist, der Hoffnung gibt, zur Praxis der Nächstenliebe anspornt und uns als Begnadete leben lässt, dass er der ist, den wir in Worte fassen müssen, wenn wir unserem Glauben an Christus und unserer Sicht von der Realität gegenüber ehrlich sein wollen.[345]

Da viele der historischen Titel heutzutage nur eine geringe Rolle spielen, will Sobrino ihre zentralen Inhalte historisch konkretisieren bzw. »historisieren«, d. h. er untersucht ihre Bedeutung in einer konkreten geschichtlichen Situation und überlegt, welcher Titel in dieser geschichtlichen Situation den ursprünglichen Bedeutungsgehalt angemessen ausdrücken kann.[346] Wichtig

---

343 Vgl. dazu auch wissenschafts- und rationalitätsgeschichtliche Einsichten zur Entwicklung des Verständnisses von Objektivität von *Daston*, Wunder sowie *Habermas*, Wahrheit 286: »Die kontextualistischen Zweifel an der realistischen, mit Begriffen wie Wahrheit, Wissen und Vernunft verknüpften universalistischen Intuition sind die Folge einer linguistischen Wende, die den Maßstab für die Objektivität der Erkenntnis von der privaten Gewißheit eines erlebenden Subjekts auf die öffentliche Praxis der Rechtfertigung einer Kommunikationsgemeinschaft verschoben hat.«

344 *Sobrino*, Glaube 192.

345 *Sobrino*, Glaube 197f.

346 Vgl. ausführlicher zur Methode der »Vergeschichtlichung« (*historización*) bei Ignacio Ellacuría *Fornet-Ponse*, Freiheit 279–298.

ist dabei, den Titel von Jesus her zu verstehen, d. h. was konkret unter Jesus als Befreier zu verstehen ist, erklärt die Konkretheit Jesu, sein Leben und Wirken. »Stellen diese herrschaftlichen Titel, die Jesus vom Neuen Testament zuerkannt werden, eine gute Nachricht für die Opfer dieser Welt dar? Welchen Sinngehalt tragen sie in unserer heutigen Wirklichkeit?«[347] Dementsprechend betont Sobrino bei den verschiedenen besprochenen Titeln den Bezug auf die Wirklichkeit Jesu. So nennt er die geschwisterliche und solidarische Menschlichkeit des Hohepriesters, wonach Jesus nicht nur wahrer Mensch ist und die menschliche Natur teilt, sondern auch wahrhaftig menschlich ist, weil er Menschlichkeit konkret praktiziert. »Jesus ist nicht nur *vere homo*, sondern *homo verus*. Und nicht nur dies, sondern auch noch *frater verus*.«[348] Aufgrund seines wirklichen Menschseins wird Jesus ohne einen Zusatz wie die Zugehörigkeit zu einem bestimmten Stamm als Mittler angesehen. »Ob ›Laie‹ oder ›Priester‹, Jesus ist *Mittler, weil er wahrhaft Mensch ist* – aus keinem anderen, ›hinzugefügten‹ Grund.«[349] Beim Hoheitstitel »Messias« liegt der Fokus bei aller Vielfalt bzw. Transformation der zeitgenössischen Messiaserwartungen auf der Hoffnung der Armen und der Erlösung des einfachen Volkes, was gerade für den von Macht und Gewalt geprägten lateinamerikanischen Kontext entscheidend ist.[350] Mit der Herrschaft Christi bzw. dem Titel *Kyrios* wird die Göttlichkeit Jesu ausgedrückt und die Herrschaft des Erniedrigten als befreiender Dienst ohne Triumphalismus verstanden. Dies ermöglicht bzw. begründet Hoffnung auch angesichts der Theodizeefrage und nimmt die Menschen in die Verantwortung, an der Ausübung der Herrschaft Christi mitzuwirken, indem sie sich gegen die Herren dieser Welt einsetzen. Wird Jesus als Sohn Gottes oder Menschensohn bezeichnet, rückt seine personale Beziehung zu Gott in den Blickpunkt, die das entscheidend Christliche markiert. Dabei akzentuiert »Gottessohn« mehr die Transzendenz der Totalität Jesu, der wesenhaft, nicht nur funktional, von Gott kam bzw. in dem Gott kam, und »Menschensohn« ihre Geschichtlichkeit, wozu auch die Vorstellung von Christus als Knecht dient. Aus der Anrede Gottes als Vater ergibt sich nach Sobrino auch die Forderung bzw. Aufgabe, der der Universalität der Gotteskindschaft widersprechenden Wirklichkeit der unschuldigen Opfer auf den Wegen der Redlichkeit, der Praxis und des Glaubensmutes zu begegnen. Mit dem Titel »Wort«

347 *Sesboüé*, Jesus 246.

348 *Sobrino*, Glaube 221, Herv. im Orig.

349 *Sobrino*, Evangelisierung 180, Herv. im Orig.

350 Aus dieser Perspektive ist es daher problematisch, wenn es schon früh zu einer Ent-Messianisierung Christi kam, die damit einhergeht, dass der Mittler immer bedeutender wird und die Vermittlung (das Reich) allmählich in den Hintergrund tritt. (Vgl. *Sobrino*, Messias.)

wird die Präexistenz (einschließlich der Schöpfungsmittlerschaft des Wortes) und die Gegenwart bzw. Inkarnation Gottes in Jesus hervorgehoben und eine Verbindung zwischen der jüdischen und der hellenistischen Kultur hergestellt. Als Offenbarung Gottes in der Geschichte ist das Wort für die Auseinandersetzung mit aktuellen Problemen wichtig, insofern u. a. der Charakter als frohe Botschaft sich besonders den schwachen und unterdrückten Menschen zeigt sowie die Offenbarung der göttlichen Wahrheit über die Lüge und das Böse siegt. Folgerichtig beendet Sobrino diesen Teil mit Ausführungen über Jesus als *eu-aggelion*, womit er vor allem die Seinsweise Jesu im Dienst am Reich Gottes meint, mit denen die theoretischen Überlegungen über seinen Erlösungscharakter ergänzt werden und somit zu Orthodoxie und Orthopraxis noch die Orthopathie bzw. das Orthopathos hinzukommt. »Sie bezeichnet die richtige Weise, uns von der Wirklichkeit Christi ansprechen und betreffen zu lassen.«[351] Wegen des nötigen Gegenwartsbezugs fordert Sobrino, eine Christologie müsse auch eine frohe Botschaft kommunizieren, indem benannt wird, wie sich Jesus gegenüber dem Schwachen verhält, und gefragt wird, was an ihm heute beeindruckend ist: »Ehrlichkeit und Wahrheit, Mitgefühl und Treue, Freiheit, Freude und fröhliche Feier, das Kleine im Unmittelbaren und das Große in der Utopie, Vertrauen in den Vater und Verfügbarkeit für Gott«[352]. Besonders ergreifend sei, wie Jesus verschiedene Haltungen versöhnt, die in der Geschichte nur schwer versöhnbar sind, da er sich sowohl erbarmt als auch anklagt, kraftvoll fordernd als auch feinfühlig ist sowie vertraut, aber auch einsam ist. »Entscheidend ist, daß die Evangelien uns einen Jesus vorstellen, der alles Menschliche inkarniert und gleichzeitig alles, was menschlich werden soll, vorantreibt«[353].

Der Bezug zu Problemen der Gegenwart bzw. die Perspektive der Opfer bestimmt auch Sobrinos Untersuchung der konziliaren Christologie, wobei er die Texte als Normen anerkennt und vor allem für die Beziehung zwischen Transzendenz und Geschichte, die Absolutheit des Menschlichen oder die Realität als Vermittlerin der Erlösung als hilfreich ansieht, gleichwohl aber auch auf ihre Grenzen hinweist. Ihre regulative Funktion sowie ihre besondere Textsorte wird von ihm hingegen kaum berücksichtigt, was sich im Hintergrund

351 *Sobrino*, Glaube 323; vgl. *Sobrino*, Evangelisierung 171; *Sobrino*, buena noticia 293. »It would not be too much to say that, defined in these terms, ›orthopathy‹ is the particular concern of all Christian spirituality, and particularly of those strands that focus on the inherent attractiveness of the person of Jesus. Its inclusion in his Christology is an integral part of Sobrino's strategy to frame a spiritual theology, as he himself defines it.« (*Ashley*, Mystery 73.)

352 *Sobrino*, Glaube 331; vgl. *Sobrino*, Evangelisierung 173; *Sobrino*, buena noticia 298f.

353 *Sobrino*, Evangelisierung 173.

in der Kritik der Glaubenskongregation an seinem Umgang mit den Konzilien niederschlagen könnte. Aufgrund der eingenommenen Perspektive und der Geschichtlichkeit des Glaubens ist es wichtig, sowohl die Konzilstexte historisch einzuordnen als auch Kultur und Denkweise der Moderne und die Wirklichkeit der heutigen Welt als eine Wirklichkeit von Opfern zu beachten. Mit Blick auf dic kulturelle Differenz zwischen gestern und heute ist zu

> berücksichtigen, dass das ›Heute‹ nicht nur in abendländischer Moderne und Postmoderne besteht, sondern auch in unterschiedlichen afrikanischen, asiatischen und lateinamerikanischen Kulturen (dadurch bestimmt man die Christologie historisch angemessen), und man muss die Konzilstexte von der objektiven *Wirklichkeit* her verstehen, so wie diese ist (dadurch erhält die Christologie ihre historische Relevanz).[354]

Sobrino bekräftigt unter Verweis auf Christi Zuwendung zu den Armen ferner seine Überzeugung, die Opfer seien ein adäquater Ort, um dogmatische Texte zu lesen und zu verstehen, und jede wahre Behauptung über Jesus Christus sage etwas über sein gekreuzigtes Volk aus und umgekehrt. So fällt aus dieser Perspektive auf, dass wegen des Fokus auf der ontologischen Beschaffenheit bzw. dem Verhältnis der Göttlichkeit und Menschlichkeit Jesu Christi zentrale Aspekte fehlen: theologal das Reich Gottes und der Gott des Reiches sowie das Antireich und die Götzen, christologisch Jesus aus Nazaret und seine Beziehung zum Gottesreich und soteriologisch die Armen als erste Adressaten der Erlösung. Sobrino sieht daher eine Verkürzung des Realitätsprinzips, das sichert, »dass die sehr himmlischen Attribute (Herr, Erhöhter, Wort ...) Attribute bleiben, während Jesus aus Nazaret das reale und historische Subjekt ist und bleibt«[355]. Denn das Interesse lag mehr auf der Transzendenz als auf der Geschichte und demzufolge drängte die Inkarnation und damit die transzendente Herkunft den Blick auf die Parusie und die universale Auferstehung in den Hintergrund. Dem korrespondiert die geringere Bedeutung des Reiches Gottes, sodass zwar der Mittler (Christus) bleibt, aber die Vermittlung (das Reich) allmählich verschwindet, ekklesiologisch der Unterschied zwischen Kirche und Reich nicht mehr angemessen gewahrt wird und soteriologisch »nicht die Vielfalt der Nöte, aus denen die Menschen errettet werden müssen, und auch nicht die verschiedenen Bereiche der Wirklichkeit, in denen

---

354 *Sobrino*, Glaube 339, Herv. im Orig.

355 *Sobrino*, Glaube 344. »The reality principle is a kind of scribal exegetical standard that works to limit the addition of various titles and other elements to the story of Jesus in the New Testament so that ›the real and historical subject is still Jesus of Nazareth‹.« (*Lassalle-Klein*, Blood 324.)

man der Erlösung bedarf«[356], bedacht werden. Ferner können wichtige vom Dogma genannten Inhalte als radikal erkannt werden: »das Verhältnis Gottes zum Leiden, die Menschlichkeit Christi als *sarx* und die Inkarnation als Erniedrigung und auch ein richtiges Verstehen der *Idiomenkommunikation*: Das unvollkommen Menschliche verkündet von Gott, aber man verkündet von Jesus nicht das vollkommen Göttliche.«[357] Außerdem helfe diese Perspektive dabei, zu erkennen, welche Probleme tatsächlich schwerwiegend und entscheidend sind – wie der Einfluss der Macht auf die Christologie und die Entwicklung einer politischen Religion des Imperiums oder die Vernachlässigung der Beziehung Jesu zum Reich Gottes – und nicht bloß dafür gehalten werden. Schließlich komme die universale Bedeutung des Christlichen besser in den Blick, da Christus parteilich, historisch und konkret beschrieben werde und in Praxis übersetzt werden könne.[358] Die von Sobrino diagnostizierte Tendenz der Verkürzung des Realitätsprinzips zeigt sich in den Konzilstexten beispielsweise darin, dass keine konkreten Ereignisse des Lebens Jesu erwähnt werden, sondern seine ganze Wirklichkeit mit Inkarnation, Leiden, Auferstehung und Himmelfahrt zusammengefasst wird, oder in der Patristik im Fehlen einer Christologie des Lebens Jesu. Vor diesem Hintergrund wird die Eigenart der gegenwärtigen (lateinamerikanischen) Christologie, sich vom Realitätsprinzip leiten zu lassen, noch deutlicher. »Sie tut dies, indem sie die *Wirklichkeit* Jesu aus Nazaret neu bewertet und sie formal als *Geschichte* erinnert und versteht. Und sie sucht nach seiner *aktuellen Gegenwart* – rein metaphorisch

---

356 *Sobrino*, Glaube 361.

357 *Sobrino*, Glaube 341, Herv. im Orig. »Die *Idiomenkommunikation*, wenn man sie ernst nimmt, ist zugleich *fascinans et tremens*, faszinierend und fürchterlich. Und von der Menschlichkeit Christi her lassen sich auch die göttlichen Eigenschaften nicht so verkünden (man kann nicht sagen, dass die Menschlichkeit Christi unendlich, allmächtig, ewig … sei), wie man von Gott her die menschlichen Eigenschaften verkünden kann (der Sohn Gottes wurde geboren, hat gelitten, ist gestorben …). Mit anderen Worten: Man ›humanisiert‹ das Göttliche, kann aber das Menschliche nicht in gleicher Weise ›vergöttlichen‹ – von hier aus sollte auch theoretisch neu bedacht werden, welcher Reduktionismus eigentlich der gefährlichere ist.« (415, Herv. im Orig.)

Wenn Sobrino sie somit nur einseitig sieht, scheint er »zu übersehen, daß die Idiomenkommunikation in der Person und nicht von einer Natur zur anderen geschieht. Die Gottheit wurde nicht geboren und ist nicht gestorben; nicht die Menschheit kann den Heiligen Geist über die Jünger aushauchen. Aber der menschgewordene Sohn Gottes wurde geboren und ist gestorben; er hat aus seiner menschlichen Brust den Geist ausgehaucht und verbreitet, er ist ewig und allmächtig. Die Kommunikation ereignet sich also in beide Richtungen.« (*Sesboüé*, Jesus 254, Anm. 6.)

358 Sobrino rekurriert hier auf Aloysius Pieris, vgl. *Pieris*, rostro 164–167.

gesprochen – in seinem Körper in der Geschichte, vorrangig in den Zeugen und den Armen.«[359]

Weitere Unterschiede zwischen dem Neuen Testament und der konziliaren bzw. patristischen Reflexion sieht Sobrino im Verhältnis von Christologie und Praxis, da durch eine Trennung der Praxis von der theoretischen Christologie diese intellektualisiert wird, sowie bei der Beziehung von Christologie und Gemeinde, da sich die patristische Christologie stark an die Denker der griechischen Welt anlehnt und allmählich »die konkrete Wirklichkeit der Gemeinden aufhört, heuristisches und hermeneutisches Prinzip in der Christologie zu sein«[360].

Neben diesen Unterschieden sieht Sobrino auch eine wichtige Konstante, nämlich den Wunsch nach Erlösung, da christologische Spekulation und Erlösungsinteresse bis in das Mittelalter hinein eng miteinander verbunden waren. Insofern kann das Erlösungsinteresse als formale Dimension der Christologie bestimmt werden. Ihre Grenzen findet diese Christologie seiner Ansicht nach darin, keine Antworten auf heutige Fragen zu bieten, da die realen Probleme heute sich sehr von denen in der Patristik unterscheiden. Aus der Perspektive der Opfer sei daher der Gedanke der Vergöttlichung und Vermenschlichung mit Blick auf die wahre Geschichte und die allgegenwärtige Entmenschlichung zu ergänzen, das Erlösungsverständnis umfassend als »Erlösung von Seele und Leib, Person und Gesellschaft, Transzendenz und Geschichte«[361] zu verstehen und die Teilhabe an Göttlichkeit und Gestalt Christi auch historisch als Nachfolge zu denken. Das Erlösungsverständnis hat erhebliche Konsequenzen für die Christologie, wie Sobrino anhand der Differenzen zwischen biblischem und hellenistischem Denken deutlich macht und weshalb er für eine durch die Patristik ergänzte biblisch-jüdische Grundlage votiert:

> Wenn Erlösung biblisch als Reich Gottes verstanden wird, dann wird Jesus in der Linie der Propheten gesehen, als Messias. Wenn Erlösung hellenistisch als Befreiung von der Endlichkeit gedacht wird, dann wird Jesus als Mittler zwischen Endlichkeit und Unendlichkeit verstanden, und von hier aus bekommt (in sich logisch) die Christologie der zwei Naturen ihre wesentliche Bedeutung.[362]

---

359 *Sobrino*, Glaube 348, Herv. im Orig. So lautet nach Sesboüé die Hauptthese Sobrinos, »daß die dogmatischen Formeln ihre Aufmerksamkeit auf die Person des Vermittlers konzentrieren und darin ihre ganze Richtigkeit bewahren, aber dies geschieht um den Preis einer Abschwächung der Wirklichkeit der Vermittlung des Reiches Gottes« (*Sesboüé*, Jesus 247).

360 *Sobrino*, Glaube 354.

361 *Sobrino*, Glaube 359.

362 *Sobrino*, Glaube 362.

Abgesehen davon, dass diese Gegenüberstellung von biblischem und hellenistischem Erlösungsverständnis zu schematisch geraten ist, hängt sie mit Sobrinos primär ontologischer Lesart der Konzilien zusammen, womit er ihre regulative (bzw. »grammatische«) Funktion wohl zu wenig beachtet. Denn diese ermöglicht die Ergänzung der ontologischen durch eine geschichtliche Perspektive. Es überrascht nicht, dass diese Kritik des hellenistischen Einflusses auf die Christologie und damit der Dogmengeschichte der ersten Jahrhunderte aus der Sicht der Opfer und der Geschichtlichkeit des Glaubens bei der Glaubenskongregation auf Vorbehalte stößt, da diese auf der Basis ihres ontologischen Paradigmas die ontologischen Aussagen der Konzilien nachdrücklich verteidigt. Sobrino sieht zwar Anknüpfungspunkte im Neuen Testament dafür, wie die Patristik seit dem 4. Jahrhundert Jesu Göttlichkeit formulierte. In der konkreten Form ist dies jedoch neu und verdankt sich dem Wunsch nach einer klaren und eindeutigen Verkündigung. Betroffen ist der konkrete Jesus, da seine Wesenseinheit nun auf seinem Sein basiert, und das Gottesverständnis, da die Göttlichkeit eines Gekreuzigten behauptet wird, wodurch die Konzilien über die griechische Metaphysik hinausgehen. Aus der Perspektive der Opfer stellt Sobrino in seinen Ausführungen zum Konzil von Nizäa als das eigentliche Problem die Frage heraus, ob eine göttliche Wirklichkeit leiden könne. Problematisch sei an der weiteren Entwicklung die essentialistische und eher unhistorische Tendenz, indem das universale und transzendente und nicht das konkrete und historische Handeln Gottes thematisiert wird.

> Dieser Gott ist der transzendente Schöpfer des Universums, aber er ist kein Gott, der sich auf die geschichtlichen Prozesse einläßt, kein konkreter Gott, der dem Reich für die Armen den Weg bereitet und das Opfer Jesus auferweckt. Von daher umgeht das Konzil das Moment der Parteilichkeit in Gott, dieses dialektische Moment, wo Gott sich für die einen und gegen die anderen einsetzt.[363]

Gleichwohl gibt es durch Nizäa einen – wenn auch im Vergleich zur Bibel anders gelagerten – Ansatzpunkt für die Konkretheit und Parteilichkeit Gottes, nämlich die Wesensbeziehung der konkreten Person Jesus von Nazaret. »Nizäa sagt, dass Jesus Gott ist und öffnet so einen bisher unbekannten Weg. Später, in der *Idiomenkommunikation*, wird man sagen, dass über Jesus der konkrete, historische und parteiliche Gott verkündet werden muss.«[364] Die Verbindung von Gott und Leiden nimmt die neutestamentliche Perspektive auf und hängt eng mit dem Erlösungsinteresse zusammen, da es keine Erlösung ohne irgendeine Form der Affinität zwischen menschlichem und göttlichem Leiden

363 *Sesboüé*, Jesus 248.

364 *Sobrino*, Glaube 399, Herv. im Orig.

gäbe. Dies ist gerade aus der Perspektive der Opfer zu betonen, die an einen mächtigen und erlösenden Gott glauben und auf ihn hoffen und aus ihrer Perspektive auch die Theodizee-Frage stellen. Hierzu nennt Sobrino das oben genannte Zusammenspiel von Alterität – die machtvolle Hilfe durch Nicht-Arme – und Affinität – die Teilhabe Nicht-Armer am Leiden der Armen.[365] Im Kreuz kann etwas Erlösendes gesehen werden, weil es sowohl Weg zur Auferstehung als auch Ausdruck höchster Affinität mit den Opfern ist.

> Die ganze von Gott kommende Befreiung erfahren sie [= die Opfer, TFP] also dialektisch, auf unterschiedliche und komplementäre Weise. Die eine wird möglich durch die Alterität Gottes und die andere durch seine Affinität. Logischerweise geht die Erste der Zweiten voraus, aber die Zweite kann auch sehr real sein und mit der Ersten zusammenfallen. […] Gott, transzendent und nah, mächtig und gekreuzigt, setzt sie in Bewegung Richtung Hoffnung und Praxis. Gott ändert nicht ihr Leiden, aber er kann sie ändern, damit sie die Ursachen ihres Leidens überwinden.[366]

Nach der Betonung der Göttlichkeit Christi in Nizäa bespricht Sobrino die in Ephesus festgehaltene Menschlichkeit Christi aus der Perspektive der Opfer. Gerade in der Auseinandersetzung mit der Gnosis wurde sie vehement verteidigt, da Christus wahrhaft Mensch gewesen sein muss, damit Erlösung möglich ist, und – wie Sobrino zufügt – in ihm das wahrhaft Menschliche aufscheint und so schon Erlösung ist. Das konkrete menschliche Leben Jesu wurde von den Konzilien nicht thematisiert, ist aber aus heutiger Sicht von großer Bedeutung, denn das wahrhaft Menschliche ist konkret zu verstehen: »Das Gegenteil von wahrer Menschlichkeit ist nicht das *Fehlen* von Menschlichkeit (oder von deren Bestandteilen), sondern die *Gegenwart* von Unmenschlichkeit (durch eine falsche menschliche Praxis).«[367] Aus der Verteidigung der Menschlichkeit Christi folgt für Sobrino, zunächst einer bleibenden Gefahr des Doketismus zu widerstehen, zweitens die konziliare Behauptung, Christi sei wahrhaft Mensch, durch den Zusatz zu ergänzen, in ihm sei die wahre Menschlichkeit offenbar geworden, und so das Gegensätzliche und Konkrete zurückzugewinnen, und drittens realistisch zu sein, d. h. die konkrete, oft von

---

365 Siehe in dieser Arbeit S. 323. 331. Romero hat dies prägnant (und erschütternd) in seiner Predigt am 24. Juni 1979 ausgedrückt: »Me alegro, hermanos, de que nuestra Iglesia sea perseguida, precisamente por su opción preferencial por los pobres y por tratar de encarnarse en el interés de los pobres […] Sería triste que en una patria donde se está asesinado tan horrorosamente no contáramos entre las víctimas también a los sacerdotes. Son el testimonio de una Iglesia encarnada en los problemas del pueblo.« (Zitiert nach *Sobrino/Martín-Baró/Cardenal*, voz 454.)

366 *Sobrino*, Glaube 411f.

367 *Sobrino*, Glaube 418, Herv. im Orig.

ungerechter Armut und Würdelosigkeit geprägte, Wirklichkeit zu erkennen und in ihr zu handeln. Jesus Christus als Offenbarung dessen, was wahrhaft menschlich und wahrhaft göttlich ist, ist befreiend, »nicht weil er die Bedingungen erfüllt, die wir Menschen der Wahrheit beider Wirklichkeiten aufzwingen, sondern weil diese Wahrheit die Kraft hat, unser voreingenommenes Verständnis vom Göttlichen und vom Menschlichen umzustoßen – und zwar radikal.«[368]

Bei der auch von ihm (trotz der Bedenken aus heutiger Zeit insbesondere bezüglich des Naturbegriffs[369]) als Höhepunkt der konziliaren Christologie angesehenen Formel von Chalkedon betont Sobrino aus der Perspektive der Opfer das Verhältnis Gottes zum Geringen und versucht, mit ihr die von ihm diagnostizierten Schwächen der chalkedonischen Formel aufgrund ihrer fehlenden Konkretisierung, fehlenden Historizität und fehlenden Zusammenhänge zu überwinden. Denn die Definition spricht unkonkret von der Annahme des Menschlichen durch das Göttliche und geht nicht auf den Gott des Exodus und der Propheten, des Reiches Gottes und seiner Verkündigung sowie des Kreuzes und der Auferstehung ein. »Das ist kein konkreter Gott, der in einem konkreten Jesus gegenwärtig ist, und auch kein konkreter Jesus, der diesen konkreten Gott gegenwärtig macht. Denn das Verständnis des Gottseins und des Menschseins bleiben abstrakt und ohne Bezug auf die Geschichte.«[370] Dementsprechend kann die vollendete Menschheit Jesu in ihrer Geschichte, ihrem Wachsen und ihren Veränderungen genau so wenig adäquat verstanden werden wie das Kreuz und die Beziehungen, in denen Jesus stand. Diese Kritik Sobrinos an der chalkedonischen Formel ist zwar inhaltlich nicht unberechtigt, übersieht aber den regulativen (grammatischen) Charakter konziliarer Formulierungen; so weist Sesboüé zurecht darauf hin, dass eine dogmatische Formel nicht die gesamte Botschaft aussagen kann, sondern in

---

368 *Sobrino*, Systematische Christologie 587.

369 Sobrino verweist diesbezüglich u. a. auf *Sesboüé*, procès.

370 *Sesboüé*, Jesus 250. »Al comprender en Cristo la relación de la divinidad y humanidad en términos de naturaleza y no de libertad, ella impide ver al Dios que asume como el Dios del Antiguo y Nuevo Testamento, por una parte, y, por otra, que lo humano asumido en su debilidad y en cuanto víctima, aun con su capacidad de compasión, solidaridad y entrega, constituya la condición para que Cristo alcance su perfección.« (*Costadoat*, liberación 75.) Chalkedon »[e]xpresa la humanidad de Jesús, toda su vida humana por la única palabra de naturaleza. Pero el ser humano no es sencillamente una naturaleza. Cada ser humano es una historia, la historia de un proyecto, una historia de victorias y de fracasos, una historia vivida en un contexto determinado y que recibe su significado de ese contexto.« (*Comblin*, Reflexiones 64.) Daher sei in der Folge Chalkedons die Menschheit Jesu als konkrete Geschichte fortschreitend aufgegeben worden; gerade diese aber sei in Lateinamerika von höchstem Interesse.

einer Krisensituation erfolgt. Allerdings ziele die Kritik »in Wirklichkeit mehr auf den Gebrauch der Formel in der Geschichte der Lehre als auf die Formel selbst. Es stimmt, daß sie zu oft als eine Gründungsformel verstanden wurde, was sie nicht ist und nicht sein wollte«[371].

Um solche Verkürzungen zu überwinden, ist die Konkretheit der hypostatischen Union zu nennen, christologisch an die Geschichte Jesu, ohne die u. a. das Kreuz nicht zu verstehen sei, zu erinnern, und theologisch die Beziehung Jesu zum Vater und zum Reich als konstitutiv herauszustellen. Positiv und weiterhin hilfreich an dieser Formel ist, dass sie inhaltlich festhält, »*was* man historisch konkretisieren muss: das Göttliche und das Menschliche, und *wie* man es tun soll: die vier Adverbien respektieren, die besagen, was man nicht tun soll.«[372]

Sobrino schlägt zwei Lesarten der chalkedonischen Formel vor, die ihr Verständnis befördern sollen. Als »formale« Lektüre bezeichnet er diejenige, die über die Aussagen über Jesus Christus hinaus nach dem vorausgesetzten Verständnis der Wirklichkeit und ihrer Struktur fragt. Da in der Formel der ganzheitliche Charakter der Wirklichkeit als radikaler Einheit deutlich werde, bezeichnet er sie als eine metaphysische und holistische Formel. Weil die Einheit von Göttlichem und Menschlichem am wenigsten wahrscheinlich erscheint, ist die christologisch als wirklich behauptete Einheit soteriologisch bedeutsam und steht in der biblischen Tradition.

> Im Christentum ist die Einheit der Wirklichkeit sehr zentral und grundlegend. Ihr Fundament ist der Glaube an einen Gott, der sich für immer an den Menschen, Jesus aus Nazaret, gebunden hat und durch ihn an alle Menschen. Diese alles umfassende Einheit und ihre erlösende Qualität festgestellt zu haben, darin scheint uns die bleibende Bedeutung Chalkedons und des Neuen Testaments zu liegen.[373]

Neben dem formal-holistischen Charakter eignet der chalkedonischen Formel ein epistemologischer und zugleich doxologischer, da ihr Inhalt – die Rede von Jesus Christus als Gott-an-sich – nur im Glauben erfasst werden kann und Ausdruck des Glaubens ist. Im Glauben werden historische Ereignisse als Gottes Handlungen gedeutet und von ihnen her Aussagen über Gott gemacht. Ähnlich beginnen Aussagen über Jesus Christus mit der menschlichen Wirklichkeit, die vom Glauben mit Gott in Beziehung gesetzt wird, was dazu führt, schließlich die Göttlichkeit Jesu Christi zu bekennen. Da die Wirklichkeit Jesu

371 *Sesboüé*, Jesus 250.

372 *Sobrino*, Glaube 467, Herv. im Orig.

373 *Sobrino*, Glaube 479.

Christi nur in einer solch doxologischen Aussage festgehalten werden kann, sind die Konzilsformeln Endpunkte eines solchen Prozesses und als solche bedeutsam. »Diese Epistemologie umfasst im Wesentlichen zwei Elemente: den *Weg* der Erkenntnis, der mit einer historischen Wirklichkeit begann, und die Hingabe der Vernunft am Ende des Prozesses.«[374] Dieser Weg ist nicht nur begrifflich-theoretisch, sondern auch praktisch, nämlich die Nachfolge Jesu. Diese ist Erkenntnisquelle, weil wir durch sie Jesu So-Sein besser erkennen und ihm und seiner Wirklichkeit ähnlicher werden. Durch diese Affinität bietet sie die Möglichkeit für den Glaubenssprung, d. h. die Hingabe der Vernunft, sich Gottes nicht bemächtigen zu wollen – »and yet following is logically also the place where one could abandon the path of faith«[375]. In der Nachfolge treten Fragen des Glaubens in besonderer Schärfe auf, es kann alles absurd erscheinen, aber Nachfolge ermöglicht auch Sinn und Freude. Somit kann sie als Kriterium für die Rationalität des Glaubenssprungs fungieren, wenn in der Nachfolge erfahren wird, dass die Wirklichkeit Leben, Freiheit und Würde fördert. Für das Zusammenspiel von Nachfolge und Geist in der Erkenntnis Christi formuliert Sobrino folgende These: »Die Nachfolge Jesu ist der *Fahrweg*, dem man folgen muss (christologische Dimension), und der Geist ist die *Kraft*, die vorwärtstreibt, den Weg zu gehen (pneumatologische Dimension).«[376] Nachfolge ist demzufolge keine einfache Nachahmung des von Jesus gelebten Lebens, sondern dessen erneuernde und aktualisierende Fortsetzung. Sie ist zudem das verbindende Element der formalen und doxologischen Lektüre der Formel Chalkedons.[377]

4.2.7 *Das Theologumenon vom gekreuzigten Volk als Bündelung der Christologie Sobrinos*

Die Bedeutung der Nachfolge und der Praxis wird von Sobrino in engem Kontext zu den Armen bzw. zum »gekreuzigten Volk« gesehen, da die erneuernde und aktualisierende Fortsetzung des Lebens Jesu darin besteht, den Armen zu helfen, ihre Unterdrückung zu beenden und somit die Gekreuzigten vom Kreuz zu nehmen. Daher kann das bisher schon öfters erwähnte, aber noch nicht eigens vorgestellte Theologumenon vom »gekreuzigten Volk« neben der Veränderung des Martyriumsverständnisses hin zu einem »jesuanischen Martyrium« bzw. zu einem »Martyrium der Gerechtigkeit«, das auch auf die gekreuzigten Völker angewendet wird, als ein besonderes

---

374 *Sobrino*, Glaube 481, Herv. im Orig.
375 *Sobrino*, Jesus of Galilee 458.
376 *Sobrino*, Glaube 487, Herv. im Orig.
377 Vgl. *González Faus*, víctimas 100.

Merkmal der Christologie Sobrinos angesehen werden.[378] Denn er hat zwar diesen Begriff von den einschlägigen Überlegungen Romeros und Ellacurías aufgenommen – und steht in der Tradition einer Christologie des »Leibes Christi«, wie sie von Bartolomé de las Casas bezeugt ist –, in der Folge aber so weiterentwickelt, dass sich darin die verschiedenen Facetten seines christologischen Ansatzes konzentrieren und diesen von anderen Christologien signifikant unterscheidet. Es illustriert ferner gut Sobrinos Methode, sich mit der geschichtlichen Realität auseinanderzusetzen, da es sich weniger Einflüssen aus der Schrift oder der christlichen Theologie verdankt, sondern vor allem diese Realität interpretiert. Daher betont er auch »that the crucified people is primarily a historical reality, and only thereafter a theological concept«[379]. Indem eine geschichtliche Realität als »gekreuzigt« gedeutet wird, wird sie erstens als eine dialektische und konfliktive Realität, zweitens als politisch relevant und drittens als religiös bedeutend beschrieben, womit sie zum theologischen Konzept wird. Darüber hinaus differenziert Stålsett in der Beziehung zwischen Jesus Christus und dem »gekreuzigten Volk« drei Achsen, nämlich eine epistemologisch-hermeneutische, insofern das gegenwärtige Leiden das Leiden Christi erhelle und umgekehrt, eine historisch-soteriologische, da die Heilsbedeutsamkeit des Todes Jesu Christi aufgrund des notwendig geschichtlichen Charakter des Heils in der Geschichte vermittelt werde, und schließlich eine ethisch-praxische, da Jesus zu einer Praxis der Nachfolge auch im Leiden und in der Hoffnung einlade.[380] Allerdings kommt auch der Praxis eine epistemologische Bedeutung zu, da nach Sobrino nicht nur die geschichtliche Hoffnung der Gekreuzigten auf den Sieg über den Tod als hermeneutische Voraussetzung gilt, um das Leben und Schicksal Jesu zu verstehen, sondern diese Hoffnung ihrerseits wahrhaft erst durch eine Praxis der Liebe verstanden

378 Vgl. *Bedford*, Jesus 136–213; *Denger*, Liebe 196–422; *Ebenhoch*, Theologumenon; *Fornet Ponse*, Gott 250–277; *Iafrate*, Totus Christus; *Lassalle-Klein*, Body 54–61; *Leidinger*, Verletzbarkeit 133–145; *Maier*, Theologie; *Maier*, Theologie der gekreuzigten Völker; *Maier*, Teología; *von Lengerke*, Begegnung 59–88; *Stålsett*, crucified 125–177; 493–569. Auch wenn sich Sobrino beispielsweise in der Analyse der Beziehung zum leidenden Gottesknecht eng an die Argumentation Ellacurías anlehnt, arbeitet er stärker als dieser den christologischen Kontext heraus. Vgl. auch *Sander*, Utopien zur Idiomenkommunikation im gekreuzigten Volk nach Ellacuría sowie der Wechselwirkung der befreienden Ermächtigung des Volkes der Armen und der historischen Ohnmacht des Gekreuzigten.

Für Sobrino besteht oft ein enger Zusammenhang zwischen dem »gekreuzigten Volk« und den »jesuanischen Märtyrern«, z. B. mit Bezug auf die gegenwärtigen Märtyrer in El Salvador: »la razón de los mártires jesuánicos está en la defensa que han hecho del pueblo crucificado« (*Sobrino*, mártires jesuánicos 46).

379 *Stålsett*, crucified 125.

380 Vgl. *Stålsett*, crucified 164f.

wird, die darauf abzielt, die Gekreuzigten vom Kreuz zu nehmen. »Sobrino's trinitarian theology of sign merges with his claim that the *analogatum princeps* of the life, death, and resurrection of Jesus is to be found among the crucified people and those who take them down from the cross.«[381]

Mit diesem Theologumenon trägt Sobrino eine kollektive und ekklesiologische Dimension in die Christologie ein, da es ihm um die Bedeutung des Kreuzes für den gegenwärtigen Leib Christi geht und er nicht nur das Kreuz und individuelles Leiden, sondern das Kreuz und das Leiden des gesamten Leibes in den Blick nimmt.[382] Dabei betont er vor dem Hintergrund der so genannten Dritten Welt mit ihrer von weit verbreiteter zum Tod führenden Armut geprägten Wirklichkeit die umfassende Dimension der historischen Katastrophe, in der diese lebe. Mit dem Begriff der »gekreuzigten Völker« wird erstens faktisch-real die Armut und der Tod sowohl aufgrund von Armut als auch aufgrund von Repression und Krieg, zweitens historisch-ethisch die gewaltsame Ursache dieses Leidens in ungerechten Strukturen und drittens religiös die Dialektik von Sünde und Gnade bezeichnet. »La verdad más clamorosa es que *existen pueblos crucificados, y ése, precisamente, es el gran signo de los tiempos*«[383]. Sie drücken somit durch den Bezug auf die großen

---

381 *Lassalle-Klein*, Blood 329, Herv. im Orig. Wie schon erwähnt, insinuiert Sobrino, anders als Joseph Ratzinger in einem ursprünglich privaten Text vermutete, damit keineswegs eine Wiederholung des Wirkens Gottes, sondern es geht ihm darum, Zeichen des Gottesreiches zu geben.

382 Wenngleich auf die ekklesiologische Dimension hier nicht weiter eingegangen werden kann (vgl. dazu *Kelly*, Church), sei zumindest auf die Grundfrage aufmerksam gemacht »nach dem Verhältnis zwischen den Armen, die nach Ellacuría und Sobrino Leib Christi *sind* und dem Leib der Kirche, der ihrer Auffassung nach Leib Christi *sein* oder *werden soll*: Wenn sich in den Armen die Gegenwart Jesu Christi verleiblicht und zugleich die Kirche Leib Christi genannt wird, wie verhalten sich diese beiden Gegenwartsweisen zueinander?« (*von Lengerke*, Begegnung 75, Herv. im Orig.) Eine Antwort ist in Sobrinos Verständnis der Kirche der Armen zu finden, da nur die wahre Kirche Leib Christi und »[d]as Kriterium der ›Wahrheit‹ einer Kirche ist, ob sie sich für die Armen und Gekreuzigten der Geschichte einsetzt und sich wie der Sohn Gottes in ihre Welt inkarniert. Die Armen, ob sie Christen sind oder nicht, sind für die Kirche wesentlich, weil die wahre Gemeinschaft der Kirche nur im Schatten des Kreuzes Jesu – und der Kreuze der Geschichte – stattfinden kann.« (*Bedford*, Jesus 173f unter Rekurs auf *Sobrino*, Gemeinschaft 128f.) Auch Costadoat weist auf die Problematik der Identifikation geschichtlicher Opfer mit dem Leib Christi hin, vgl. *Costadoat*, Themes 128; *Costadoat*, liberación 81.

383 *Sobrino*, pobres 357, Herv. im Orig. »Unter dem gekreuzigten Volk wird hier jene kollektive Größe verstanden, welche die Mehrheit der Menschheit darstellt und ihre Kreuzigungssituation einer sozialen Ordnung verdankt, die von einer Minderheit gefördert und aufrechterhalten wird. Diese Minderheit übt ihre Herrschaft durch ein Ensemble von Faktoren aus, die als solches Ensemble und in ihrer konkreten historischen Wirksamkeit als Sünde betrachtet werden müssen.« (*Ellacuría*, Volk 837.)

Bevölkerungsmehrheiten, die Bedrohung durch den gewaltsamen und aus personeller wie struktureller Ungerechtigkeit resultierenden Tod, die Verdrängung in die Anonymität sowie die sie bewirkenden Minderheiten als Agenten der Sünde eine spezifische Negativität aus. Die gekreuzigten Völker sind Zeichen der Zeit sowohl im historisch-pastoralen Sinn, weil sie die Epoche kennzeichnen, als auch im historisch-theologalen Sinn, weil Gott in ihnen gegenwärtig ist. Als solches sind zwar nicht das Gesamt der Wirklichkeit, dienen aber als hermeneutisches Prinzip, um dieses Gesamt zu verstehen. »Este tiene consecuencias fundamentales: *ver* todo y a todos desde los crucificados; desde ellos *saber* qué es la salvación y condenación, progreso y deterioro; a favor de ellos propiciar una *praxis*; desde ellos tener *esperanza*; y con ellos poder *celebrar*.«[384]

Dies ist für die Christologie relevant, »denn die gekreuzigten Völker vervollständigen in ihrem Fleisch, was am Leiden Christi fehlt, wie Paulus gesagt hat«[385]. Die unter Armut und Terror leidenden Menschen sind als gekreuzigtes Volk ein Ort der geschichtlichen Inkarnation Christi und verkörpern ihn. Auch wenn »Kreuz« hier metaphorisch verwendet wird, zeigt sich darin »algo muy fundamental, que toca lo específico de la teología de la liberación: el sufrimiento inocente de pueblos enteros es visto a la luz de la cruz, y la cruz de Jesús es vista a la luz – o más bien bajo la sombra – de los pueblos crucificados.«[386] Geschichtliche Situation und göttliche Offenbarung können sich gegenseitig erhellen.

Um die Gegenwart Christi im gekreuzigten Volk zu begründen, verwiesen schon Romero und Ellacuría neben Mt 25 auf den leidenden Gottesknecht, den paulinischen Leib-Christi-Gedanken und die Identifizierung Jesu Christi mit dem Volk:

> Dieses gekreuzigte Volk ist die geschichtliche Fortführung des Gottesknechtes, dem die Sünde der Welt jede menschliche Gestalt genommen hat, dem die Mächtigen dieser Welt alles rauben, alles entreißen, sogar das Leben. Sie nehmen ihm vor allem das Leben.[387]

---

384 *Sobrino*, »El pueblo crucificado« 66, Herv. im Orig. »Die Wirklichkeit der gekreuzigten Völker deckt Inhalte der Offenbarung auf, die zwar immer in ihr enthalten, aber oft eher verdeckt waren. Um sie zu entdecken, muß man an dem Ort sein, an dem die gekreuzigten Völker sind.« (*Sobrino*, Herausforderung 287.) Zeichen der Zeit sind die gekreuzigten Völker somit in ihrer spezifischen Negativität; vgl. *Sobrino*, civilización 19. Vgl. *Luciani*, práctica 19–21.

385 *Sobrino*, Christologie 346.

386 *Maier*, Teología 284.

387 *Ellacuría*, Volk 823. »Descriptivamente es el pueblo cuyos sufrimientos y esperanzas relata el libro. Y al elevarlo a concepto teológico, *ese pueblo se convierte en el Cristo hoy*

Wie Sobrino schreibt, erfolgte diese Deutung eher intuitiv als infolge einer detaillierten Exegese. Er sieht sie dennoch als treffend an, weil die beiden fundamentalen Merkmale des Gottesknechtes, Opfer menschlicher Geschichte und erlösendes Geheimnis zu sein, den besonderen Charakter des gekreuzigten Volkes gut deutlich machen können. Meditation und narrative Theologie ermöglichen es, die Ähnlichkeit zwischen dem jesajanischen Gottesknecht und Opfern wie denen von Massakern wie am Rio Sumpul 1981 zu sehen, und Reflexion und Nachdenken zeigen ihre soteriologische Wirkung auf. Methodologisch ist sein Vorgehen an dieser Stelle hermeneutischer und homiletischer als im Rest seines Buches; in »his meditation Sobrino illustrates the biblical dynamic of appropriation and actualization that is present in the Bible itself and that provides the impetus and inspiration for preachers, theologians, and all of God's people who constitute the Body of Christ«[388]. Konkrete Parallelen zwischen dem Gottesknecht und dem gekreuzigten Volk sieht Sobrino u. a. im Vertrautsein mit Leiden (Jes 53,3), in den Entstellungen

---

crucificado, en el siervo sufriente de Yahvé actualizado.« (*Sobrino*, pobres 359, Herv. im Original.) Das erwähnte Buch ist dasjenige, zu dem dieser Beitrag Sobrinos das Nachwort darstellt.

Bei der Rede von der Identität des Gottesknechtes mit dem gekreuzigten Volk ist nach von Lengerke unklar, »ob diese Gleichsetzung im Sinne einer Identität gemeint ist (der Gottesknecht, der Gekreuzigte und das unterdrückte Volk bezeichnen ein und dieselbe Wirklichkeit) oder ob damit die gleiche Wertigkeit und Wirkung gemeint ist (alles, was vom Gekreuzigten gesagt werden kann, kann auch vom Gottesknecht und vom gekreuzigten Volk gesagt werden und folglich ebenso für jede dieser drei Größen bezüglich der jeweils zwei anderen).« (*von Lengerke*, Begegnung 65.) Wenn er eher eine gleiche Wertigkeit vermutet, wäre noch hinzuzufügen, dass diese nicht die Einzigkeit des Christusereignisses infrage stellt, an der Sobrino mit dem Hinweis auf den Unterschied bezüglich der Auferstehung zweifelsfrei festhält. Zudem betont Sobrino selber, die Identifikation sei keine völlige Identität, sondern gehe von einer privilegierten Weise der Gegenwart Christi in den Armen aus und verwende die Kategorie des Sakraments. (Vgl. *Maier*, Theologie 326f.)

Kritisch sieht von Lengerke zwei Missverständnisse, zu denen die Rede von der Gegenwart des historischen Jesus in den Armen führen kann. Gehe es nur um eine Ähnlichkeit zwischen beiden, dürfe nicht von Gegenwart gesprochen werden, sondern davon, dieselbe Erlösung setze sich fort. Liege dagegen eine univoke Identifizierung Christi mit dem gekreuzigten Volk vor, werde die Einzigkeit Christi verdunkelt. (Vgl. 84f.) Allerdings schreibt schon Ellacuría, Leben und Tod Jesu hätten sich ein für allemal ereignet und dabei werde die endgültige Gegenwart Gottes unter den Menschen vorausgesetzt. »Aber dieses Leben und dieser Tod dauern eben auf der Erde und nicht nur im Himmel fort: Die Einzigartigkeit Jesu besteht nicht in seiner Trennung von der Menschheit, sondern in der Definitivität seiner Person und in der Heilsallgegenwart, die ihm zukommt.« (*Ellacuría*, Volk 834.)

388 *Harrington*, Jesus 88.

durch Gewalt (Jes 52,14; 53,2), in der Verachtung durch Menschen (Jes 53,3) oder im unschuldigen Leiden (Jes 53,9).

> Der Gottesknecht antizipiert vollständig sowohl die Sendung als auch das Schicksal Jesu. Und genau im gekreuzigten Volk reproduzieren sich nun Jesu Sendung und Schicksal, auch wenn sich hier die Ausmaße des Todes tragisch ausweiten. Viele sterben formal genauso wie der Gottesknecht, indem sie *aktiv* versuchen, Gerechtigkeit zu schaffen ... Sie versuchen, Recht und Gerechtigkeit einzupflanzen, und enden wie der Gottesknecht. Ihr Tod ist dem Tod Jesu formal gleich.[389]

Andere, die sich nicht so engagieren und umgebracht werden, weil sie da sind, werden passiv getötet, worin sich die Ungerechtigkeit besonders zeigt. Im Vergleich mit dem Tod Jesu drückten die Tode der Bevölkerungsmehrheiten weniger den aktiven Charakter des Kampfes gegen das Antireich und die explizite Freiheit, mit der Jesus diesen angegangen ist, aus. »Pero, por otro lado, expresan más ›la inocencia histórica‹ – pues nada han hecho para merecer la muerte más que el ser pobres – y la indefensión – pues ni posibilidad física tienen de evitarla–.«[390] Sobrino sieht den aktiven und den passiven Gottesknecht aufeinander verwiesen, da der eine keine Existenzberechtigung ohne den anderen und der andere ohne den einen keine Stimme hätte.[391] Spricht Sobrino davon, das gekreuzigte Volk trage wie der Gottesknecht die Sünden der Welt, meint er damit vor allem, es erdulde den gewaltsamen Tod als die

---

389 *Sobrino*, Christologie 351, Herv. im Orig.; *Sobrino*, pobres 360f. »Ein Volk, das so leidet, das so entstellt, gequält und gemordet wird, bedarf keiner Entmythologisierungsprozesse oder spitzfindiger Hermeneutik, um in diesem Sohn vor allem einen nahen Bruder zu entdecken. Wenn sie den gekreuzigten Christus anschauen, erkennen sie sich selbst besser, und wenn sie sich selbst anschauen, lernen sie den gekreuzigten Christus besser kennen.« (*Sobrino*, Glaube an den Sohn 240.)

»This identification of the crucified people with the Suffering Servant is suitable not only because of observable similarities between them, but also because of the deliberate choice of Jesus: the early Christians understood Jesus as one who radically chose to identify with those who suffer.« (*Iafrate*, Totus Christus 31.)

Vgl. angesichts der Herausforderung, »das Volk« als Identifikationsgröße für den leidenden Gottesknecht genauer zu fassen, Sanders heterotopische Lesart des Theorems, mit der »aus diesem utopisch klaren, aber historisch vagen, gekreuzigten Volk eine Bevölkerung [wird], die an konkreten, markanten Orten um die Anerkennung ihrer Würde und ihres Rechts, ja sogar um ihr Überleben, ringen oder sogar kämpfen muss« (*Sander*, Utopien 32).

390 *Sobrino*, mártires jesuánicos 49.

391 Indem Sobrino stärker das passive Leiden der Mehrheit beachtet, ergänzt er die mehr auf den sich aktiv einsetzenden Gottesknecht fokussierten Überlegungen Ellacurías. (Vgl. *Ebenhoch*, Theologumenon 111.)

historische Objektivierung der Sünde und trage damit dazu bei, die Sünde auszumerzen. Darüber hinaus entspricht dies der von Ellacuría genannten dreifachen Dimension der Begegnung mit der Realität. »Das Sobrinosche ›Sünde tragen‹ (cargar) ist nur in diesem Zusammenhang zu verstehen: Es bedeutet, vom Tod betroffen zu sein, wie das gekreuzigte Volk und wie Jesus Christus, der Gekreuzigte.«[392]

Die erlösende Dimension des Gottesknechtes und des gekreuzigten Volkes verdankt sich dem geheimnisvollen Ratschluss Gottes, durch Erniedrigung und Leiden des Gottesknechtes, durch das Kreuz Christi, Erlösung zu bewirken. In der Logik der Erlösung der biblisch-jesuanischen Tradition hat sich der Höchste in unsere Geschichte herabbegeben. »Dicho con precisión, la *transcendencia* se ha hecho *trans-descendencia*, cercanía benévola, y así se ha hecho *con-descendencia* acogida cariñosa.«[393] Diese Logik kann besonders gut aus der Welt der Armen verstanden werden, wozu Sobrino auf die Meditation der beiden Banner der ignatianischen Exerzitien (Nr. 136–148) verweist, von denen das Banner Christi zur Bescheidenheit und zu den Tugenden, das Luzifers zu Reichtum, Ehre, Hochmut und allen Lastern führt. Diese Logik ist zunächst eine Sache des Glaubens und kann erst nachträglich begründet werden, wonach aus dem Bewusstsein der Unterdrückung die Kraft zur eigenen Befreiung entstehen kann. Auch wenn nicht sicher bestimmt werden kann, wer heute zu dieser Rolle erwählt ist, gibt es Indizien: »die Erste Welt liegt nicht auf dieser Linie, gewiß aber die Dritte; die reichen und unterdrückerischen Klassen sind jener Rolle nicht fähig, wohl aber die unterdrückten Klassen; die sich in den Dienst der Unterdrückung stellen, sind es nicht, soviel sie auch in diesem Dienst zu leiden haben mögen, dagegen die, die für Gerechtigkeit und Befreiung kämpfen«[394]. Die gekreuzigten Völker der Armen und Opfer sind zumindest Ausgangspunkt der Erlösung, da

392 *Bedford*, Jesus 154. Daraus dürfe aber keine sühnende Wirkung des gekreuzigten Volkes abgeleitet werden: »Auch wenn frappierende Ähnlichkeiten zwischen dem Geschick Christi und dem des gekreuzigten Volkes zu entdecken sind, ist also eine Art *communicatio idiomatum* zwischen Jesus Christus als Gottesknecht und dem gekreuzigten Volk als historischer Fortsetzung des Gottesknechtes, wonach das Schicksal des Volkes sühnende Wirkung im Sinne Christi hätte, weder biblisch noch systematisch angemessen.« (210, Herv. im Orig.) Vgl. zur Beziehung zur Erkenntnistheorie Ellacurías auch *Maier*, Theologie 300.

393 *Sobrino*, pauperes 99, Herv. im Orig.

394 *Ellacuría*, Volk 848. »Ein gekreuzigtes Volk hat bereits materiell an dieser Fleischwerdung Anteil und braucht diese nur noch im Glauben bewußt anzunehmen, ungeachtet dessen, welcher Bewußtseinsgrad auf psychologischer Ebene dabei erreicht wird. Diejenigen, die soziologisch nicht zu diesem gekreuzigten Volk gehören, müssen die Inkarnation als bewußte Erniedrigung vollziehen und sich in unterschiedlichen Formen in dieses Volk

sie analog zum Gottesknecht ohne eigene Schuld unter der Sünde der Unterdrücker leiden und beispielsweise mit ihrer Armut den Preis des Wohlstands der anderen zahlen. Zudem decken sie wie der Gottesknecht die Lüge über die Wirklichkeit der Welt auf, indem sie zeigen, dass die Lösung der Ersten Welt nicht universalisierbar und daher schlecht ist, und weisen auch die Richtung einer zu verwirklichenden Utopie – der Zivilisation der Armut bzw. der geteilten Genügsamkeit. Schon Ellacuría betonte, das Leiden führe nicht automatisch zur Erlösung, sondern »solo un pueblo que vive, porque ha resucitado de la muerte que se le ha infligido, es el que puede salvar al mundo«[395]. Insofern das gekreuzigte Volk Adressat der Option für die Armen Gottes und der Kirche ist und aufgrund seiner Ähnlichkeit den gekreuzigten Christus in der Geschichte vergegenwärtigt, besitzt es eine wesentliche und von der Kirche unterschiedene soteriologische Bedeutung. Um diese zu verstehen, muss Erlösung konkret und geschichtlich verstanden werden:

> Wenn wir nicht akzeptieren, daß das gekreuzigte Volk die Erlösung bringen kann, wird auch die Aussage sinnlos, daß der Gottesknecht und der gekreuzigte Christus diese Erlösung bringen. Und sofern wir die Erlösung nicht auf irgendeine Weise geschichtlich fassen, verliert die Aussage, daß der Gottesknecht und der gekreuzigte Christus eine konkrete und geschichtliche Erlösung bringen, ihren Sinn.[396]

---

integrieren, sich ihm nähern und sich seine Sache und sein Schicksal zu eigen machen.« (*Sobrino*, Glaube an den Sohn 241.)

395 *Ellacuría*, pueblo 332; vgl. auch *Sobrino*, civilización. Von Lengerke sieht bei Ellacuría und Sobrino den Unterschied zwischen der Übernahme von Schuld und Sünde seitens Christus und seitens der gekreuzigten Völker zu wenig berücksichtigt, da Christus die Sünde der Welt selbst trägt und die Völker die Folgen der Sünde erleiden sowie Christi Übernahme der Schuld der Welt dependenztheoretisch reduziert würde. (Vgl. *von Lengerke*, Begegnung 83.) Ellacurías und Sobrinos Argument mag zwar auch von der Dependenztheorie beeinflusst sein, aber ihre Diagnose der Dialektik von Armut und Reichtum hängt nicht von diesem theoretischen Rahmen ab. Berechtigt weist von Lengerke darauf hin, es müsse noch weiter vertieft werden, »wie das erleidende Tragen der Folgen der aktuellen Sünde durch die gekreuzigten Völker zugleich den in ihnen gegenwärtigen Christus offenbart, der über die aktuelle Sünde hinaus, unter deren Knechtschaft die gekreuzigten Völker stehen, zugleich die Sünden der Welt schlechthin – und damit auch die des gekreuzigten Volkes selbst – (weg-)trägt und versöhnend auf sich nimmt.« (83)

396 *Sobrino*, Christologie 356; vgl. *Sobrino*, pauperes 101f. »Ellacuría and Sobrino both insist, as did Karl Rahner, on the radical historicity of the Christian faith. Thus, the image of the Body of Christ does not refer to some ideal church apart from its historical presence in the world. Sobrino insists that we must take a further step and ask where the Body of Christ exists, precisely, in history.« (*Iafrate*, Totus Christus 28.)

»Von dieser Ähnlichkeit oder Parallelität zwischen dem gekreuzigten Volk sowie seinem erlösenden Wirken und Christus schließt Sobrino auf die Gegenwart Christi im gekreuzigten Volk.« (*von Lengerke*, Begegnung 73.)

Konkret besteht die durch das gekreuzigte Volk gebrachte Erlösung bzw. genauer: die Möglichkeit, sich auf Gottes Gnade einzulassen, erstens darin, sowohl die Existenz einer übermäßigen Sünde zu zeigen und nach Umkehr zu verlangen, als auch durch seine soziale, pastorale, liturgische und theologische Kreativität eine Umkehrmöglichkeit anzubieten. Zweitens kann mit Puebla das evangelisatorische Potential der Armen herausgestellt werden, die mit Solidarität, Dienst, Einfachheit und Aufnahmebereitschaft für Gottes Geschenk die Werte des Evangeliums leben und somit eine Kraft zur Humanisierung besitzen.[397] Drittens vermittelt das gekreuzigte Volk aktive Hoffnung gegen alle Hoffnung und viertens besonders mit den zahllosen Märtyrern Liebe. Fünftens nennt Sobrino die Vergebungsbereitschaft den Unterdrückern gegenüber, sodass eine gemeinsame Zukunft möglich wird und Gnade auch in die Welt der Unterdrücker gebracht wird. Die Solidarität als gegenseitige Annahme als Menschen und Glaubende ist der sechste Aspekt und zuletzt ist der Glaube zu nennen: »Es bietet eine Art, Kirche zu sein, und eine Heiligkeit, die für die gegenwärtige Welt sehr wahrhaftig, sehr christlich und sehr bedeutend ist und dazu verhilft, Jesus wiederzuentdecken.«[398]

Das gekreuzigte Volk ähnelt nach Sobrino somit dem leidenden Gottesknecht und dem gekreuzigten Christus, der durch es und besonders durch dessen Kreuzessituation und durch sein Angebot von Licht und Heil, indem es die Sünde der Welt trägt, in der Geschichte vergegenwärtigt wird. Damit

---

»Pues así como él hace depender la salvación de la afinidad y la alteridad de un Dios a la vez crucificado y liberador, en vista de historizar esta salvación en la actualidad declara la presencia de Cristo crucificado en los pobres del mundo y reclama de los cristianos verificar su resurrección mediante un seguimiento resucitado de Jesús.« (*Costadoat*, liberación 79.)

Vor allem in jüngeren Schriften erfolgt diese historische Konkretisierung bei Sobrino durch eine Theologie der ursprünglichen Heiligkeit, die dazu dient, »das anonyme Martyrium als das primäre aufzuzeigen, die unüberbietbare Nähe der Opfer (der Vergangenheit und der Gegenwart) zu Jesus Christus und ihre damit verbundene ursprüngliche Teilhabe an seinem Erlösungshandeln theologisch zu fundieren und aus der Heiligung des Lebens in seiner fundamentalen Dimension ein normatives Kriterium für die Martyriologie abzuleiten« (*Denger*, Liebe 344).

397 Vgl. *CELAM*, Evangelisierung Nr. 1147. Dies darf nicht als Aussage missverstanden werden, als würden diese Werte von allen Armen gelebt und gäbe es unter ihnen nicht auch Gegenteiliges. »Aber ebenso trifft zu, daß diese Werte bei ihnen anzutreffen sind, und zwar in einer Art, wie sie – strukturell gesehen – in anderen Welten nicht vorhanden sind.« (*Sobrino*, Christologie 357.)

398 *Sobrino*, Christologie 358. »In this rather pretentious statement, it becomes particularly obvious that Jon Sobrino speaks out of his own Latin American experience and context, where the majority of the population, and particularly the poor, still tend to regard themselves as more or less active church members.« (*Stålsett*, crucified 160f.)

stellt sich aber die Frage, »if the crucified people are chosen by God to play a salvific role, does that mean that they are chosen by God to be poor?«[399] Damit es nicht dem Anliegen der Befreiungstheologie zuwiderläuft, muss beim Theologumenon des gekreuzigten Volkes sichergestellt sein, dass weder die Armen und Opfer funktionalisiert werden noch Gott für ihr Leiden verantwortlich gemacht wird. Dies erscheint möglich, sofern die Freiheit und Verantwortung der Menschen nicht zu gering eingeschätzt wird, da diese als Ursache des Leidens und der ungerechten Strukturen angesehen werden kann. In diesen von Menschen gemachten und von Gott so nicht gewollten Situationen nun ermöglicht der Geist Gottes, der ein Gott der Opfer ist, den Leidenden, zu glauben und zu hoffen und somit die oben genannten Aspekte der Erlösung zu bringen.[400] Das Leiden ist somit nicht von Gott her notwendig, sondern höchstens im Sinne einer »historischen« Notwendigkeit des traurigen Umstands, dass Leiden de facto oft die Konsequenz des Einsatzes gegen Armut und Unterdrückung ist.

Da ohne konkrete geschichtliche Zuordnung nicht sinnvoll vom geschichtlichen Leib des gekreuzigten Christus gesprochen werden könne, gehört die Suche danach zur Aufgabe der Christologie.

> Die von uns ausgearbeitete Kreuzeschristologie hilft, ihn in den gekreuzigten Völkern zu finden. Sie trägt dazu bei, in ihnen das erlösende Geheimnis des Kreuzes zu sehen, indem sie feststellt, daß das gekreuzigte Volk der gekreuzigte Christus in der gegenwärtigen Geschichte ist. Gleichzeitig ist aber auch die Umkehrung wahr: Das in der Gegenwart gekreuzigte Volk ermöglicht es, den gekreuzigten Christus besser zu erkennen, in ihm den leidenden Gottesknecht zu sehen und sein Geheimnis der Erleuchtung und Erlösung zu verstehen.[401]

Vor diesem Hintergrund zeigt sich die Kritik Lünings, mit dem Gedanken der »gekreuzigten Völker« werde die Heilsbedeutung des Kreuzes exemplartheoretisch relativiert, da der Gekreuzigte bloß zeichenhaft auf die gekreuzigten Völker als das Realsymbol des Heils verweise, als unzutreffend.[402] Vielmehr können sie nur aufgrund des Todes und der Auferstehung Jesu Christi ihre

---

399 *Stålsett*, crucified 162.

400 So schlägt auch Stålsett gegen doloristische Missverständnisse oder bestimmte leidensmystische Aspekte traditioneller Soteriologien vor, den dem Leiden entgegenstehenden Willen Gottes zu betonen. »It may thus also become clear that it is not suffering which is salvific, but love. Nor is it suffering which makes love salvific, but the fact that true love endures also *in spite of* senseless evil and pain.« (*Stålsett*, crucified 558f, Herv. im Orig.) Dies gelte für die Kreuze der Geschichte ebenso wie für das Kreuz Jesu Christi.

401 *Sobrino*, Christologie 359.

402 Vgl. *Lüning*, Mensch 251.

erlösende Wirkung entfalten, die darin besteht, das erlösende Geheimnis Christi zu verdeutlichen und damit zu vermitteln. Abgesehen davon betont Sobrino durchweg den analogen Charakter der Rede vom »gekreuzigten Volk« bzw. ihre Ähnlichkeit und nicht Identität zum Gottesknecht und Jesus Christus.[403] An dieser Kritik zeigt sich ein grundsätzliches Problem, nämlich die Frage nach der Relativierung der Theologie, die sich sowohl von der in GS und LG vorgenommenen doppelten Selbstrelativierung der Kirche auf Gott und die Menschen hin[404] als auch von dem Selbstverständnis kontextueller Theologie (sowie der geschichtlichen Perspektive Sobrinos) und dem dadurch nahegelegten Methodenpluralismus empfiehlt und nicht als das missverstanden werden darf, was häufig unter »Diktatur des Relativismus« kritisiert wird. Vielmehr geht es darum, die Rede von Gott in der Auseinandersetzung mit Freude und Hoffnung, Trauer und Angst der Menschen und in Relation zu ihnen zu entwickeln. Auch der Blick auf den Zusammenhang von *fides qua* und *fides quae* spricht dafür, Theologie in Relation zu den Orten, an denen geglaubt wird, zu betreiben – oder anders formuliert: die Zeichen sind nur in Relativierung zu den Orten, wo sie verwendet werden und sich bewähren müssen, zu verstehen. In Anwendung auf das Theologumenon des gekreuzigten Volkes bedeutete dies: Wo – wie in Lateinamerika – das gekreuzigte Volk deutlich machen kann, wie Gott gegen Widerstände als unbegrenzte schöpferische Lebensmacht zur Geltung kommt, ist es ein geeignetes, an der konkreten Lebenswirklichkeit orientiertes, Zeichen für das erlösende Geheimnis Jesu Christi.

In Aufnahme der drei Dimensionen der menschlichen Begegnung mit der Realität erläutert Sobrino die Aufgabe der Theologie angesichts der gekreuzigten Völker als das verantwortliche Erkennen der Realität (*Intellectus veritatis*), als das Bemühen, die gekreuzigten Völker vom Kreuz zu nehmen (*Intellectus amoris*), als die Aufgabe, ihr Kreuz auf sich zu nehmen (*Intellectus crucis*) und seinen vierten Punkt ergänzend als die Bereitschaft, sich von ihnen tragen zu lassen (*Intellectus gratiae*). Die gekreuzigten Völker bieten sowohl

403 Vgl. u. a. *Sobrino*, Christologie 350, 358f; *Sobrino*, Glaube 43, 83f. »This point is essential in Sobrino's thought concerning the crucified people, as will become clear. By such analogical method, he justifies the use of this *theologoumenon*, at the same time as the method permits a certain flexibility in the application of the terminology on historical realities.« (*Stålsett*, crucified 153, Herv. im Orig.) Vgl. ferner zu den Grenzen der Analogie zwischen dem gekreuzigten Volk und Jesus *Bedford*, Jesus 196–213.

404 Siehe in der dieser Arbeit S. 53f. Wenzel spricht mit Rekurs auf Ricœur von einer »doppelten Relativierung des Offenbarungsdiskurses«, womit die doppelte Inbezugsetzung in Bezug auf Gott und den Glauben des Subjekts und keine Relevanzeinschränkung gemeint sei. (Vgl. *Wenzel*, Offenbarung 105f.)

das Licht, um bisher verdeckte Inhalte zu entdecken und sie zu verstehen, aber auch konkrete Inhalte, die von ihnen her in ihrer eigentlichen Bedeutung erkannt werden. »Einfach gesagt: Dort, wo es Opfer und Märtyrer des Gottesreiches gibt, ist es einfacher, Christentum zu denken. In diesem Sinne tragen sie die Theologie.«[405] Die von den Christus Nachfolgenden geforderte Praxis dient nun dazu, an der Auferstehung/Auferweckung dieser gekreuzigten Völker mitzuwirken, d. h. auch die ungerechten Strukturen zu transformieren. Während ihre Kreuzigung derjenigen Jesu geschichtlich ähnlich ist, ist ihre Auferstehung dies lediglich analog. Sie teilen zumindest die beiden miteinander verbundenen Elemente der Fülle, das Leben, und des Sieges, da ihnen Gerechtigkeit wiederfährt. Die gekreuzigten Völker »actualizan hoy la pascua de Jésus en su crucifixión y en su resurrección, son hoy para nosotros ›el paso de Dios‹ por este mundo«[406].

Im Theologumenon des »gekreuzigten Volkes« laufen somit die zentralen Anliegen Sobrinos zusammen: Die Orientierung am historischen Jesus, seine Hinwendung zu den Opfern der Geschichte, die Opfer als theologischer Ort, die Verbindung von Kreuzestheologie und Auferstehung und die geforderte Nachfolge. Insofern überrascht es – auch angesichts der Tatsache, dass kritische Stimmen zu seiner Christologie insbesondere hierauf abzielen –, dass es in der Notifikation keine Erwähnung findet, auch wenn diese die methodologischen Voraussetzungen sowie den Heilswert des Todes Jesu ausführlich diskutiert.

---

405 *Sobrino*, Herausforderung 291.

406 *Sobrino*, pobres 369. »Daran, dass sich in diesem Prozess [der Befreiung des gekreuzigten Volkes, TFP] die Geschichtsmächtigkeit des Auferstandenen erweist, wird deutlich, dass er es in die Hände von Menschen gelegt hat, ihn zum Herrn der Geschichte zu machen.« (*von Lengerke*, Begegnung 81.) Dies kritisiert von Lengerke, da sonst der Auferstandene nicht mehr Herr der Geschichte wäre, sondern der Mensch, der ihn dazu machen könnte. »Die wirkliche ›Entverharmlosung Christi‹ würde dann darin bestehen, deutlich zu machen, dass er auch ohne Zutun des Menschen als gekreuzigter Auferstandener gegenwärtig ist und diese dem menschlichen Befreiungshandeln vorgängige Gegenwart in der Hinwendung zum Armen erkannt wird.« (*von Lengerke*, Begegnung 86 mit Verweis auf *Sobrino*, Christologie 35.) Bei dieser Kritik ist allerdings zu berücksichtigen, dass von Lengerke den die Auferstehung thematisierenden zweiten Band der Christologie Sobrinos nicht berücksichtigt hat, in dem kein Zweifel an der einzigartigen und andauernden Bedeutung der Auferstehung Christi gelassen wird. Abgesehen davon geht ein Ansatz wie derjenige Thomas Pröppers und seiner Schüler deutlich pointierter von der Autonomie des Menschen aus.

4.3 Die lehramtliche Kritik

4.3.1 *Die Notifikation und ihre Vorgeschichte*

Nach der bereits geschilderten Kritik der Glaubenskongregation an der Befreiungstheologie in ihren Instruktionen von 1984 und 1986, bei der der Schwerpunkt auf dem Marxismusvorwurf lag,[407] und der Auseinandersetzung mit Leonardo Boff im Feld der Ekklesiologie, bei der es 1985 zu einem Bußschweigen kam, ist die am 14. März 2007 veröffentlichte Notifikation der Glaubenskongregation zu den beiden jüngeren christologischen Monographien Sobrinos die erste spezifische Kritik im Bereich der Befreiungschristologie. Die Notifikation ist das Resultat eines im Oktober 2001 – und damit etwa zwei Jahre nach Erscheinen des zweiten Bandes – eröffneten außerordentlichen Verfahrens, das in besonders dringlichen Fällen gewählt werden kann und hier wegen der weiten Verbreitung der Schriften auch in Priesterseminaren und Studieneinrichtungen gewählt wurde. Eine Besonderheit dieses Verfahrens besteht darin, keine persönliche Begegnung zwischen dem Autoren und Vertretern der Glaubenskongregation vorzusehen.[408] Ihm voraus gingen mehrere Anfragen an Jon Sobrino seit 1975, denen kein solcher Schritt folgte. Auch die portugiesische Übersetzung des ersten Bandes erhielt 1992 das Imprimatur des zuständigen Erzbischofs von São Paulo, wurde also nicht als problematisch eingeschätzt. Nachdem die Prüfung der Schriften im Juli 2004 abgeschlossen und Jon Sobrino ein »Elenco di proposizioni erronee e pericolose« aus diesen Büchern mittels des damaligen Generaloberen Kolvenbach zugestellt wurde, nahm er im März 2005 ausführlich zu dieser Liste Stellung; diese Antwort wurde im November 2005 geprüft.[409] Da die Kongregation diese Antwort als

---

407 Darin entsprechen sie der Kritik Ratzingers in seinem privaten Text von 1984, die de Schrijver (zumindest in Bezug auf Sobrino) als »a real case of overkill« (*de Schrijver*, Christology 501) einschätzt (vgl. auch *Parra Mora*, método 459f). Vgl. allgemeiner zu Ratzingers (bzw. Benedikts XVI.) Verhältnis zur Befreiungstheologie *Finn*, Benedict, der auf dessen Wechsel von Tübingen nach Regensburg aufgrund des plötzlich auftretenden marxistischen Paradigmas rekurriert.

408 »Im *dringlichen Verfahren* kann es demnach nur um eine Korrektur der von der Kongregation als irrig oder gefährlich bezeichneten Auffassungen eines Autors gehen. Es geht hier nicht mehr um ein Anhörungsrecht des Autors oder um eine Diskussion mit ihm.« (*Heinemann*, Schutz 717, Herv. im Orig.)

409 Vgl. *Kongregation für die Glaubenslehre*, Elenco; *Sobrino*, Respuesta. Beide Dokumente sind unveröffentlicht, liegen mir aber in Kopie vor. Vergleicht man dieses Dokument mit der veröffentlichten Notifikation, zeigen sich in den Formulierungen teilweise erhebliche Unterschiede, bei den einzelnen Kritikpunkten jedoch nur geringe mit der Ausnahme des Martyriumsverständnisses, das ursprünglich einen eigenen siebten Kritikpunkt darstellte, in der Notifikation aber nicht mehr thematisiert wird.

nicht ausreichend erachtete und ihrer Ansicht nach die Ungenauigkeiten und Irrtümer – von »gefährlichen Aussagen« wird nun nicht mehr gesprochen – nicht wesentlich ausgeräumt worden seien, entschied sie sich dazu, die Notifikation zu veröffentlichen, die am 13. Oktober 2006 von Papst Benedikt XVI. gebilligt und zur Veröffentlichung angeordnet wurde. Sind somit ca. fünf Jahre von der Entscheidung der Glaubenskongregation, das Verfahren zu eröffnen, bis zur abschließenden Entscheidung vergangen, stellt sich die Frage, ob nicht auch das normale Verfahren ausgereicht hätte. In der Zeitspanne zwischen dieser Entscheidung und der Veröffentlichung wurde Sobrino um seine Zustimmung zur Notifikation gebeten, was dieser aus einer Reihe an Gründen verweigerte, die er in einem Brief an seinen Generaloberen darlegte.[410] In der Notifikation wird nicht über die subjektiven Intentionen Sobrinos geurteilt, sondern es soll den Gläubigen angesichts einiger erheblicher Abweichungen der Werke Sobrinos vom Glauben der Kirche ein sicheres und auf der Lehre der Kirche gründendes Beurteilungskriterium gegeben werden; ferner ist es ihr Ziel, »allen Gläubigen die Fruchtbarkeit einer theologischen Reflexion, die sich nicht scheut, sich im lebendigen Fluß der Tradition zu entfalten, noch einmal vor Augen zu führen«[411]. Sobrino wird also nicht kritisiert, weil er bestimmte Glaubensinhalte explizit leugne, sondern weil er sie unzutreffend oder sogar

410 Vgl. *Sobrino*, Brief. Als Hauptgrund führt er an, eine Reihe von Theologen, die sich in der Christologie sowohl der Theologie als auch des Lehramts gut auskennen, hätten seine Schriften gelesen und stimmten darin überein, »dass es in meinen Büchern nichts gebe, was mit dem Glauben der Kirche nicht in Einklang steht« (*Sobrino*, Brief 27); einzig sein Verständnis der Idiomenkommunikation sei von Sesboüé als »technischer Irrtum« eingeschätzt worden. Auch in Rezensionen habe es keine Kritik dieser Art gegeben. (Vgl. *González Faus*, víctimas; *Sesboüé*, Jesus.) Daher überrasche das Urteil der Kongregation, er finde sich in der Notifikation nicht wieder und könne nicht unterschreiben. Des Weiteren nennt Sobrino als weiteren Kontext die 30jährige Geschichte der Kritik an der Befreiungstheologie vonseiten der Glaubenskongregation und anderer Stellen der Kurie, die oft ungerecht vorgegangen seien. Diese wolle er nicht durch seine Unterschrift rechtfertigen. Er erinnert drittens an Ratzingers Kritik an seiner Theologie, obgleich dies kein Grund seiner Unterschriftsverweigerung sei. Bemerkenswert ist seine Wahrnehmung der Arbeitsweise der Glaubenskongregation: »Sie scheint davon besessen zu sein, irgendeine Verkürzung oder irgendeinen Fehler zu finden oder etwas als Verkürzung bzw. als Fehler darzustellen, was durchaus auch eine andere Beschreibung einer Glaubenswahrheit sein kann.« (33) (In manchen Fassungen des Briefes wird ein weiteres Zitat Sesboüés angeführt, in dem er die Methode der Glaubenskongregation als übertrieben und absichtlich argwöhnisch beurteilt (vgl. http://www.itpol.de/?p=142; letzter Zugriff: 19.09.2020).)

411 *Kongregation für die Glaubenslehre*, Notifikation Sobrino Nr. 11. Bretzke weist darauf hin, dass die Notifikation nicht deutlich macht, welche Auffassungen Ungenauigkeiten und welche Irrtümer seien. »*If* the CDF considered the ›errors‹ to have been serious enough, presumably stronger action would have been taken, such as requiring Sobrino to take a special profession of faith, or to condemn outright the ›errors‹ as heresy. The Notification

gefährlich interpretiere; sein Engagement für die Armen wird explizit als anerkennenswert gelobt.[412] Bemerkenswerterweise wird trotz des Fehlens der Zustimmung keine allgemeine Sanktion gegen Sobrino vorgenommen, sondern diese den Bischofskonferenzen und Ortsbischöfen überlassen. »Diese Tatsache bedeutet für den betroffenen Theologen Rechtsunsicherheit in einem für ihn nicht mehr einzuschätzenden Maße.«[413] Zusammen mit der Notifikation wurde eine »Erklärende Note« veröffentlicht, die das Interesse der Kirche für die Armen unterstreicht sowie das Lehrprüfungsverfahren und den besonderen Fall Sobrinos erläutert.[414]

Nach dem Bericht über den Verfahrensverlauf nennt die Notifikation sechs Themenbereiche, in denen Auffassungen zu finden seien, »die nicht mit der Lehre der Kirche übereinstimmen«[415], und die sie im Folgenden ausführt: 1) die methodologischen Voraussetzungen, 2) die Göttlichkeit Jesu Christi, 3) die Menschwerdung, 4) die Beziehung zwischen Jesus Christus und dem Reich Gottes, 5) das Selbstbewusstsein Christi und 6) den Heilswert seines Todes. Anders als in den Auseinandersetzungen um die Befreiungstheologie stehen die christologischen Fragen der Einzigartigkeit und Einzigkeit Christi im Zentrum, die auch im 2001 veröffentlichten Dokument *Dominus Iesus* und den Notifikationen gegen Werke Roger Haights und Jacques Dupuis' zentral waren – und die nicht die eigentliche Aussagespitze des Werks Sobrinos ausmachen.[416] Zunächst wird mit Zitaten aus den beiden Büchern die als irrig angesehene Position Sobrinos zu der entsprechenden Frage vorgestellt, um diese

---

did neither.« (*Bretzke*, Faith 179, Herv. im Orig.) Auch Sobrino hat dies zu Beginn seiner Antwort angefragt; vgl. *Sobrino*, Respuesta 1.

412 Zum verwendeten Wort »anerkennswert« schreibt Sols Lucia, daran zeige sich, dass die Stoßrichtung der Theologie Sobrinos, Romeros und der ermordeten Jesuiten der UCA nicht vollständig erkannt wurde, da die Sorge um die Lage der Armen »no es un dato más, ›apreciable‹, sino su nervio esencial y el principal elemento de continuidad práxica, histórica y eclesial con el Misterio de Muerte y Resurreción del Señor.« (*Sols Lucia*, Teología 250f.)

413 *Klein*, Glaube 78.

414 Vgl. *Kongregation für die Glaubenslehre*, Erklärende Note.

415 *Kongregation für die Glaubenslehre*, Notifikation Sobrino Nr. 1.

416 Zu dieser gehört insbesondere »die Dimension der Praxis und der Nachfolge als unhintergehbare Voraussetzung theologischer Erkenntnis« (*Zechmeister*, Jesus 89). Über die inhaltliche Gemeinsamkeit im Bereich der Christologie hinaus verweist Waldenfels auf zwei moderne Entwicklungen, die in allen drei Fällen zur Rede stünden: »das Erwachen des historischen Bewußtseins und die existentielle Erfahrung des modernen Pluralismus in den verschiedenen Feldern des Lebens, die Religion nicht ausgenommen. Diese modernen Kontexte haben zweifellos ihre Auswirkungen in der theologischen Hermeneutik und Methodik, sodann auch in der Akzentuierung verschiedener Lehrinhalte.« (*Waldenfels*, Theologen 221.)

anschließend zurückzuweisen, wozu biblische und lehramtliche Äußerungen verschiedener Couleur – Konzilstexte, Enzykliken, der Katechismus – zitiert werden. »Bei dieser thesenartigen Vorgehensweise geraten die Fragestellungen und die Kontexte aus dem Blick, die für die Entfaltung der einzelnen christologischen Fragestellungen bei Jon Sobrino ausschlaggebend sind.«[417] Dazu passt auch die Tendenz in der Notifikation, Sobrino immer wieder zuzuschreiben, Trennungen oder sich ausschließende Alternativen zu formulieren, die dieser als Unterscheidung oder Betonung versteht – beginnend mit den Armen als sozialem Ort über die historische Menschlichkeit Jesu von Nazaret zur gläubigen und praktischen Nachfolge.[418] Die Schwäche dieser Vorgehensweise zeigt sich in einer Anmerkung in der Einleitung der Notifikation, die irrigen Ansichten stünden manchmal in Kontexten, die ihnen zu widersprechen schienen, wodurch sie aber nicht gerechtfertigt würden. Dies ist fragwürdig, da beispielsweise das deutliche Bekenntnis Sobrinos zur Göttlichkeit Jesu es zwar erlaubt, ihm zu attestieren, diese zuweilen unpräzise auszudrücken; »pero no parece una inferencia justa afirmar que presenta notables discrepancias con la fe de la Iglesia«[419]. Dagegen bat Sobrino in seiner Antwort von 2005 darum, sein Denken aus dem Gesamt seiner Aussagen und nicht von einzelnen Sätzen her zu beurteilen, die zuweilen falsch interpretiert und nicht im allgemeinen Kontext der Bücher berücksichtigt werden. Eine Gesamtsicht könne zeigen, dass mehr Affinität zwischen seinen Aussagen und denen der Glaubenskongregation bestehe als es auf den ersten Blick scheine.[420] Der Nachteil einer solchen thesenartigen Vorgehensweise der Glaubenskongregation zeigt sich auch im Umgang mit den biblischen und lehramtlichen Texten, sodass hier implizit ein kontextunabhängiges, »satzhaftes Verständnis« der Tradition vorliegt. Peter Hünermann charakterisiert dies als »Kondensat neuscholastischer Christologie als Kriterium für die heutige Theologie«[421], mit dem neuere exegetische Befunde und systematische Überlegungen nicht erfasst werden könnten. Weil in der Notifikation die eigenen Erkenntnisbedingungen vergessen würden, könnten auch die theologischen Interessen von Jon Sobrino nicht angemessen gewürdigt werden, insofern die »Option für die Armen« nicht als erkenntnisleitendes Interesse und als bestimmender Horizont seiner Reflexionen wahrgenommen würde. »Damit wiederholt sich eine Konstellation, wie sie die Konflikte um die Befreiungstheologie zu

---

417 *Klein*, Glaube 78; vgl. auch *Zechmeister*, Jesus 85.
418 Vgl. *Muñoz*, Notificación 169.
419 *Trigo*, Consideraciones 283.
420 Vgl. *Sobrino*, Respuesta 3.
421 *Hünermann*, Qualitätssicherung 56f; ähnlich *Loewe*, Interpreting 143f.

Beginn der achtziger Jahre des letzten Jahrhunderts bestimmt hatte.«[422] Dies verwundert angesichts der federführenden Rolle Joseph Ratzingers bei dieser Auseinandersetzung nicht. Bei der Chronologie wird überdies angesichts des lange zurückliegenden Veröffentlichungsdatums des ersten Bandes oft ein Zusammenhang mit der Reise Benedikts XVI. nach Brasilien und zur Konferenz der lateinamerikanischen Bischöfe in Aparecida 2007 hergestellt.[423]

4.3.2 *Kritik und Verteidigung*

Die Kritik an der Methodologie setzt mit vier Zitaten Sobrinos aus *Christologie der Befreiung* zu den Armen als Ort der Theologie ein, denen gegenüber festgehalten wird, der grundlegende und ekklesiale Ort der Christologie könne nur der Glaube der Kirche sein. Damit verbunden wird Sobrino attestiert, die gebotene Aufmerksamkeit gegenüber den Quellen fehle und dies sei »die Ursache der in seiner Theologie vorhandenen Probleme«[424]. So trage er den neutestamentlichen Aussagen über die Göttlichkeit Christi, sein Selbstbewusstsein und den Heilswert seines Todes nicht ausreichend Rechnung und seine Kennzeichnung der konziliaren christologischen Formulierungen als »gefährlich« sei unzulässig, »denn sie sind wahre Auslegungen des Offenbarten«[425]. Überdies sehe Sobrino die Dogmenentwicklung der ersten Jahrhunderte als ambivalent und zweideutig an und erkenne zwar ihren normgebenden Charakter an, sehe sie aber jenseits ihres Entstehungskontextes als nicht wertvoll an. Damit würden nicht die glaubende Kirche als das überzeitliche

---

422 *Klein*, Glaube 79. Klein nennt paradigmatisch den bereits erwähnten privaten Text Ratzingers von 1984, in dem dieser die Befreiungstheologie in die nachkonziliare Geschichte der Kirche einordnet, vor allem auf die Marxismusrezeption eingeht und Sobrino u. a. vorwirft, Gott und Geschichte zu vertauschen. Einige der dort genannten Punkte finden sich auch in der Notifikation. (Vgl. dazu *Redaktion*, Kontroverse; *de Schrijver*, Christology; eine Version des Textes von Ratzinger findet sich in *Ratzinger*, Theologie der Befreiung.) Eine ausführliche Auseinandersetzung Sobrinos mit den dortigen Vorwürfen findet sich in *Sobrino*, Brief 30–34; so habe er geschrieben, in der Geschichte werde Jesu Treue Gott gegenüber glaubwürdig und die Treue Gott gegenüber setze die Treue zur Geschichte frei, weswegen er nicht Gott mit der Geschichte verwechsele (vgl. 31).

423 »Anders lässt sich dieser ›Anachronismus‹ nicht verstehen, dass eine Auseinandersetzung, die mehr als 20 Jahre zurückweist, gerade zu diesem Zeitpunkt eskaliert.« (*Zechmeister*, Jesus 83.)

424 *Kongregation für die Glaubenslehre*, Notifikation Sobrino Nr. 3. Im Vergleich der Zusammenstellung von 2004 mit der Notifikation zeigt sich, dass die ursprünglich kritisierten Zitate zur Kirche der Armen und zum Volk als »Kollektiv« und »unterdrückte Mehrheiten« nicht aufgenommen wurden. (Vgl. *Kongregation für die Glaubenslehre*, Elenco 1.) Vielmehr wird ausdrücklich mit Anerkennung von der Sorge um die Armen und Unterdrückten gesprochen.

425 *Kongregation für die Glaubenslehre*, Notifikation Sobrino Nr. 3.

Subjekt des Glaubens und die bleibende Gültigkeit der Glaubensbekenntnisse anerkannt.[426]

Aufschlussreich für das Verständnis von Armut seitens der Kongregation ist die Erklärende Note zur Notifikation, die mit Verweis auf die Instruktionen aus den 1980er Jahren das Interesse der Kirche für die Armen nennt, zu Beginn jedoch mit einem Zitat von Benedikt XVI. die erste Armut als die Unkenntnis Christi ansieht. Daher habe jeder Christ das Recht, »auf angemessene, authentische und unverkürzte Weise die Wahrheit kennenzulernen, die die Kirche über Christus bekennt und zum Ausdruck bringt«[427]. Deswegen müsse das kirchliche Lehramt eingreifen, wenn diese Wahrheit gefährdet sei. Bei diesem Vorwurf wird die von Sobrino vorgenommene Unterscheidung zwischen kirchlichem und sozial-theologalem Ort als den beiden Aspekten des theologischen Ortes der Realität nicht berücksichtigt und damit übersehen, dass er die im Neuen Testament niedergelegten und vom Lehramt normgebend interpretierten Texte der Vergangenheit als spezifische Quellen der Christologie ansieht.[428] Dieses Zeugnis wird aber aus unterschiedlichen Perspektiven gedeutet und für die jeweilige Zeit erschlossen. Dazu ist die Auseinandersetzung mit der Realität notwendig, weswegen diese als theologischer Ort angesehen werden kann, d. h. als »eine substantielle Wirklichkeit, von der sich die Christologie anziehen, anrühren, in Frage stellen und erleuchten läßt«[429]. In dieser Bedeutung als auf die konkrete Realität bezogen ist »Ort« zunächst geographisch-kulturell zu verstehen, was für ihn als in Lateinamerika tätigen Theologen in Aufnahme von Medellín und Puebla die Welt der Armen bedeutet. Sobrino lässt keinen Zweifel an der Kontextualität seiner Christologie und ihren Grenzen aufgrund ihrer besonderen Perspektive aus der Sicht der Opfer. Wenn er die Sünden betont, unter denen die Opfer leiden, negiert er nicht deren persönliche Sünden, sondern »achtet auf einen Aspekt der Erlösung, der allzu oft vergessen wird. In diesem Sinn ist seine stark betonte

426 Dazu bemerkt Frades: »De hecho, al menos antes de dichas formulaciones conciliares o dogmáticas, el sujeto histórico para nada tenía esas formulaciones en la mente. Casi todo el NT está lejos del pensamiento helenista de los teólogos y obispos de esos Concilios primeros, y mucho más cerca del pensamiento y lenguaje bíblico de los semitas como Jesús o los Apóstoles. Sólo Pablo en cierta medida y Juan en otra algo mayor, están más influidos por el pensamiento helenista.« (*Frades*, Visión 115.)

427 *Kongregation für die Glaubenslehre*, Erklärende Note Nr. 1.

428 Vgl. *Sobrino*, Christologie 43.

429 *Sobrino*, Christologie 49. »Ausdrücklich spricht Sobrino davon, dass es um den *Modus* geht, *in dem* und *durch den* man sich dem Zeugnis nähert. In Bezug auf diese Art und Weise der Annäherung spricht er von dem ›Ort‹ oder von dem ›*sozialen* Ort‹, der in Lateinamerika einzunehmen ist, um das Zeugnis von Jesus Christus in einer angemessenen Weise auszulegen.« (*Hünermann*, Qualitätssicherung 52, Herv. im Orig.)

Beziehung zwischen der Person Christi und der zeitlichen Dimension des Reiches Gottes gerechtfertigt und fruchtbar«[430]. Dies gilt auch für seine Wahl der Kirche der Armen als dem kirchlichen Ort der Christologie. Daher sieht Zechmeister ein grundlegendes Missverständnis in der Kritik der Glaubenskongregation, da Sobrino nicht leugne, was diese fordere. Vielmehr scheine der Gegensatz zwischen der »Kirche der Armen« und dem »Glauben der Kirche« künstlich konstruiert. »Was im Kontext scholastischer Terminologie vielleicht verwirren mag, ist seine Unterscheidung zwischen den ›Quellen‹ (›las fuentes‹) und dem ›Ort‹ (›el lugar‹). Der Ort, von dem aus Theologie betrieben wird, ist die Frage, die ihn entscheidend umtreibt.«[431] Für Sobrino ist es völlig unproblematisch, den Glauben der Kirche als Quelle der Theologie anzusehen. Er ersetzt nicht die apostolische Tradition durch die Kirche der Armen; vielmehr ist diese der hermeneutische Ort, um die Tradition zu erschließen, da sie von den verschiedenen historischen Formen der Kirche die seiner Ansicht nach adäquateste ist, um Christologie zu treiben. In seiner Antwort erläutert er die Unterscheidung zwischen Quelle und Ort auch an Thomas v. Aquin, für den das aristotelische Denken der kulturelle Ort gewesen sei, womit er den Glauben der Kirche keineswegs geleugnet habe.[432] Wie Loewe herausstellt, entspricht Sobrinos Methodologie somit genau dem, was in der Erklärenden Note mit einem Zitat aus *Libertatis conscientia* erläutert wird, nämlich die Möglichkeit für eine aus einer partikularen Erfahrung entstehende theologische Reflexion, Aspekte des Wortes Gottes aufleuchten zu lassen, die bislang nicht vollständig berücksichtigt worden seien. »While he insists on the church of the poor as the ecclesial setting of his theology, what is received in that setting as the foundation of his theology is the apostolic faith of the church.«[433] Auch die inhaltliche Übereinstimmung zwischen Sobrino und

---

430 *Sesboüé*, Jesus 252.

431 *Zechmeister*, Jesus 84. So hält beispielsweise Costadoat die Verwendung des Begriffs »theologischer Ort« für die Armen in der Befreiungstheologie für missverständlich, da nicht klar werde, ob dies rein hermeneutisch zu verstehen sei oder ob die Armen als Offenbarungsort angesehen würden. (Vgl. *Costadoat*, pobres.)

432 Vgl. *Sobrino*, Respuesta 15. »Los pobres evidentemente se sienten dentro de la Iglesia y no pretenden hacerle la competencia a los distintos ministerios ni carismas. Tampoco la Iglesia de los pobres, entendida como una insistencia dentro de la única Iglesia.« (*Trigo*, Consideraciones 285.)

433 *Loewe*, Interpreting 145. Ähnlich argumentiert O'Neill unter Rekurs auf das auf möglicherweise problematische Texte anzuwendende hermeneutische »principle of charity« von Davidson, dass die Kirche der Armen sich nicht vom apostolischen Glauben unterscheide. »Rather, the principle of charity reveals the ecclesial ›option for the poor‹ to be (a) an authentic interpretation of ›ecclesial faith‹; and as embodied in the ›church of the poor‹, (b) a *locus theologicus* of interpreting ›ecclesial faith‹.« (*O'Neill*, Visions 33.)

Pieris hinsichtlich der Bedeutung der Armen für die Theologie deutet darauf hin, dass diese Ansicht für sich genommen nicht als problematisch angesehen wird. Denn zu Pieris gibt es keine Stellungnahmen vonseiten der Glaubenskongregation, wenngleich er die Armen als ein »drittes Lehramt« neben dem »akademischen Lehramt« der Theologen und dem »pastoralen Lehramt« der Bischofe bezeichnet und ihre kosmische Religiosität als Grund aufführt, weswegen die beiden anderen Lehrämter in einer permanenten Lernbeziehung mit den Armen Asiens stehen sollten.[434]

In diesem Kontext sind auch erhebliche Zweifel an der in der Notifikation implizit vertretenen Transkulturalität der Theologie anzumelden, da dies ihre notwendige Kontextualität nicht ausreichend berücksichtigt, was dem überzeitlichen Charakter der Kirche nicht notwendigerweise widerspricht. Vielmehr drückt sich dieser in je spezifischen Kontexten auf je spezifische Weise aus. Auch der Vorwurf, Sobrino sehe die Dogmenentwicklung negativ und missachte die Bedeutung der Konzilien jenseits ihres eigenen Kontextes, erscheint trotz seiner zuweilen verkürzten Darstellung des Hellenismus sowie seines geringen Fokus auf der regulativen Funktion der Konzilien unzutreffend angesichts seiner Ablehnung der Hellenisierungsthese Harnacks.[435] Seine Kritik an manchen dogmengeschichtlichen Entwicklungen zielte eher auf ein durch sie gefördertes verkürztes Verständnis der Menschlichkeit Jesu Christi und der Bedeutung seiner Geschichtlichkeit. Zudem bezieht er sich in beiden Büchern durchgängig auf die Schrift und die dogmatische Tradition der Kirche und bestreitet keinen Glaubensinhalt, sodass Sesboüé seine Christologie als »völlig rechtgläubig in ihrer Achtung der Gottheit, der Menschheit und der Einheit der Person Christi«[436] einschätzt und davor warnt, Verdachtsmomente

434 Vgl. *Pieris*, Feuer 118; die grundlegende Erfahrung »der Wahl der Unterdrückten als Gottes Bundespartner in einer von Gott eingeleiteten Befreiungspraxis« bildet »die Achse der biblischen Offenbarung« und »ist ›der Kanon im Kanon‹ als das kritische Prinzip, das den biblischen Inhalt zuinnerst beurteilt« (61). Angesichts der Kritik der Glaubenskongregation an Sobrinos Deutung der Konzilien und der kritischen Haltung Pieris' an der Formel von Chalkedon (vgl. besonders *Pieris*, Christ) überrascht das Fehlen einer Erklärung zu Pieris noch mehr. Ob dies als Indiz dafür gelesen werden kann, dass eher (kirchen-)politische und weniger rein doktrinale Fragen die Notifikation zu Sobrino motiviert haben, muss im Reich der Spekulation bleiben.

435 So zitiert er zustimmend Kaspers Aussage, Nizäa repäsentiere eine Enthellenisierung. Vgl. *Sobrino*, Glaube 403 Anm. 27. In seiner Antwort betont er, er verstehe die Dogmenentwicklung grundsätzlich als etwas Gutes, wie deutlich wird, wenn er bei den konziliaren Definitionen hervorhebt, was auch gegenwärtig noch besonders wichtig sei, beispielsweise das von Nizäa mit der Göttlichkeit Christi in Verbindung gebrachte Leiden. (Vgl. *Sobrino*, Respuesta 20f; *Sobrino*, Glaube 399–403.)

436 *Sesboüé*, Jesus 250.

gegenüber früheren Befreiungstheologen auf einen Theologen anzuwenden, der sehr sorgfältig eine noch genauere Sprache als früher verwendet habe. Die Notifikation abstrahiert vom historischen Kontext sowohl der neutestamentlichen wie der konziliaren Texte und verkennt die Stoßrichtung der Argumentation Sobrinos, aufgrund der Geschichtlichkeit von Formulierungen diese historisieren und ihren ursprünglichen Bedeutungsgehalt wahren zu wollen; zudem schließen sich Wahrheit und Gefährlichkeit nicht notwendigerweise aus.[437] Wenn er manche Konzilsformulierungen trotz ihres normgebenden Charakters zuweilen als gefährlich ansieht, ist dies vor dem Hintergrund der Unterdrückungserfahrungen Lateinamerikas zu sehen, da der Fokus auf Christi metaphysische Beschaffenheit dazu führte, die die Armen ermächtigenden Evangelienberichte von Christi Leben, Tod und Auferstehung zu vernachlässigen, und somit die ungerechten Gesellschaftsstrukturen eher festigte.[438] Mit seiner kritischen Lektüre der konziliaren Tradition entspricht Sobrino vielen europäischen Theologen und der Lehre der Instruktion *Mysterium Ecclesiae*, »die die historische Bedingtheit der Glaubensaussagen und die semantische Entwicklung des darin verwendeten Vokabulars unterstreicht«[439]. So könnte übertriebene Buchstabentreue zu schwerwiegenden Fehlern führen, wenn beispielsweise aus der Abwesenheit einer menschlichen Person in Christus im Sinne des damaligen Sprachgebrauchs die Abwesenheit einer menschlichen Personalität im modernen Sinn gefolgert würde. Wenn Sobrino auf die Lücken der Texte aufmerksam macht, leugnet er ihre Normativität weder ihrer Intention noch ihres rechtverstandenen Sinnes nach. Vielmehr nimmt er ihren Anspruch auf, keine umfassende Christologie vorzulegen, sondern bestimmte Glaubensinhalte festzuhalten, was in der Rezeption zu manchen Verkürzungen geführt hat. Er entspricht damit der wechselseitigen Beziehung der konziliaren und biblischen Texte, denn die konziliaren Definitionen »sind aus der biblischen Offenbarung abgeleitete, interpretative Schlußfolgerungen: Einerseits helfen sie, den Sinn des biblischen Textes zu verstehen, und andererseits verlangen sie, im Licht dieses Textes verstanden zu werden«[440]. Mit seiner Betonung des Lebensweges und der Geschichte entspreche Sobrino zudem nicht nur der Offenbarungskonstitution des

437 Vgl. auch *Hoornaert*, evangelios 136, der meint, das von Frege etablierte »Prinzip des Kontexts« sei den Autoren unbekannt oder werde von ihnen gering geschätzt.

438 »In Latin America, taken in isolation from the church of the poor and from the Gospel narratives, the recitation of dogmas about Christ's divine status, person, and natures risks muting the prophetic-critical voice of Christian discipleship.« (*Loewe*, Interpreting 146.)

439 *Sesboüé*, Jesus 251.

440 *Sesboüé*, Jesus 251. Vgl. zu Sobrinos historisch-theologischer Schriftlektüre *Harrington*, Jesus.

II. Vatikanums, sondern auch der christologischen Bewegung des 20. Jahrhunderts. Diese Differenzen zwischen Sobrino und der Glaubenskongregation sind Ausdruck ihrer unterschiedlichen Verstehensvoraussetzungen bzw. epistemologischen Paradigmen (primär geschichtlich-induktiv bzw. primär ontologisch-deduktiv), was eng mit einem unterschiedlichen Traditionsverständnis verbunden ist. Die Glaubenskongregation betont aus ihrer Perspektive vor allem das Moment der Kontinuität in der Überlieferung und hierzu die bleibende Gültigkeit der konziliaren Formeln. Bei Sobrino kommen hingegen (wie bei Schillebeeckx) stärker das Moment der Unterbrechung und die Verständnisprobleme ebendieser Formeln in den Blick, die durch (nicht beabsichtigte) problematische oder gefährliche Konsequenzen, wie sie vor dem Hintergrund der Unterdrückungserfahrungen Lateinamerikas deutlich werden, verstärkt werden. Diese lassen die Suche nach anderen, an der heutigen Lebenswirklichkeit orientierten Zeichen, notwendig erscheinen.

Diese unterschiedlichen methologischen und erkenntnistheoretischen Ansätze sind auch bei den Ausführungen zur Göttlichkeit Christi zu erkennen. Hierzu belegt die Notifikation mit einigen Zitaten aus *Der Glaube an Jesus Christus* ihre Annahme, Sobrino behaupte, das Neue Testament spreche nicht explizit von der Göttlichkeit Christi, sondern bereite diese Überzeugung lediglich vor. Dagegen wird aus dem Vokabular von Joh 1,1 und 20,28 sowie den Titeln »Sohn« und »Herr« darauf geschlossen, die Göttlichkeit Jesu sei von Beginn an weit vor den Konzilien Glaubensgegenstand der Kirche gewesen. Dabei verändert sie die Referenz von der Göttlichkeit Jesu Christi zu dieser Göttlichkeit als formalem Glaubensgegenstand, indem sie direkt auf die Ebene der dogmatischen Sprachform wechselt, was an der Intention Sobrinos vorbeigeht. Zudem verleite Sobrino durch seine Behauptung, die Göttlichkeit Jesu werde erst nach einer längeren Reflexionsphase ausdrücklich bezeugt und sei im Neuen Testament im Keim enthalten, »zu dem Glauben, daß die dogmatische Entwicklung – die seiner Meinung nach zweideutige Merkmale besitzt – ohne eine deutliche Kontinuität mit dem Neuen Testament zu dieser Formulierung gekommen ist«[441]. Hier stellen sich die Fragen, weshalb die Verfasser der Notifikation der Meinung sind, die Entwicklung einer im Keim angelegten Überzeugung finde nicht in deutlicher Kontinuität zu diesem Keim statt, und ob sie besorgt sind, eine spätere Formulierung sei nicht wahr, wohingegen sie als wichtiges Moment im Verlauf der Glaubensentwicklung

441 *Kongregation für die Glaubenslehre*, Notifikation Sobrino Nr. 4. Während dieser Punkt an dieser Stelle in der Zusammenstellung fehlt, enthält sie bei der Behauptung, das Neue Testament spreche an anderen Stellen von Jesus als Sohn und Herr, eine leichte Relativierung, da diese Texte als höchstwahrscheinlich sehr alt bezeichnet werden (vgl. *Kongregation für die Glaubenslehre*, Elenco 3).

verstanden werden kann. Sobrinos Anliegen – nicht unähnlich demjenigen Schillebeeckx' –, darüber nachzudenken, wie man epistemologisch vom irdischen Jesus zum (transzendenten) Christus gelangen könne, auch wenn es letztlich keine adäquate theoretische Erklärung dieses »Sprungs des Glaubens« geben kann,[442] wird ebensowenig berücksichtigt wie der antidoketische Hintergrund seiner Formulierung, Jesus sei »von Gott«. Denn diese könne seiner Ansicht nach die Göttlichkeit Christi gut bestätigen und die Menschlichkeit besser bewahren, während auch die Formel »Jesus ist Gott« in Richtung eines Monophysitismus oder Apollinarismus missverstanden werden könne.[443] Ferner kann das implizit vertretene Verständnis von Dogmenentwicklung kritisiert werden, da es eher dem Gedanken einer »Entfaltung« denn demjenigen einer »Entwicklung« gleicht und daher eine sehr umfassende Bindung an den Ursprung für nötig erachtet wird.[444] Darüber hinaus ist die Behauptung am Ende des Abschnittes, das Bekenntnis der Göttlichkeit Jesu Christi sei ein seit dem Neuen Testament bezeugter, absolut wesentlicher Punkt des Glaubens der Kirche, undifferenziert und entspricht nicht dem exegetischen Forschungsstand, da die Differenzierung zwischen implizierten und expliziten Wesensaussagen nicht aufgenommen wird. Daher »fragt man sich unwillkürlich, welche exegetischen Werke die Verfasser dieser Notifikation konsultiert haben mögen«[445]. Dies gilt insbesondere angesichts der schon in DV 12 zugeschriebenen hohen Bedeutung der historisch-kritischen Exegese, die sich in der einschlägigen, 1993 formulierten, Position der Päpstlichen Bibelkommission im Bekenntnis zur notwendigen Methodenvielfalt fortsetzt. Sobrino stützt sich maßgeblich auf die exegetische Forschung und beansprucht für seine Ausführungen keine Originalität. Zudem weist er in seiner Antwort auf den Unterschied zwischen *fides qua* und *fides quae* hin, da der unthematische Glaube an den Vater Jesu und die Person Jesu Christus sehr früh entstanden sein kann, seine Thematisierung als *fides quae* aber notwendigerweise einen längeren Prozess darstellt.[446]

---

442 Vgl. *Sobrino*, Christologie 35.

443 Vgl. *Sobrino*, Respuesta 33.

444 »›Entwicklung‹ bedeutet: aus einer Anlage heraustretend und dann nach einem gewissen Zeitpunkt diese oder jene *eng oder entfernt verwandte, die Zeichen des Ursprungs immer weniger an sich tragende* Gestalt annehmend; während man mit ›Entfaltung‹ verbindet: aus einer Anlage heraustretend und dann nach und nach eine *die Zeichen des Ursprungs nachweisbar an sich tragende* Gestalt annehmend.« (*Totzke*, Entwicklung 36, Herv. im Original.)

445 *Hünermann*, Qualitätssicherung 53.

446 Vgl. *Sobrino*, Respuesta 26f.

Drittens wird bei Sobrinos Verständnis der Menschwerdung des Sohnes Gottes moniert, er unterscheide zwischen dem Sohn und Jesus und lege daher nahe, es gebe zwei Subjekte in Christus, wodurch die Identität des Sohnes mit Jesus nicht deutlich werde und die mit dem katholischen Glauben unvereinbare *homo-assumptus*-Theologie durchklinge. Dagegen wird u. a. mit dem Chalkedonense die Einheit der Person Jesu Christi betont.[447] Während Sobrino einräumt, möglicherweise habe er den Begriff »annehmen« nicht präzise genug gebraucht, betont er, er etabliere damit keineswegs eine Opposition zwischen dem Sohn und Jesus, sondern ihm gehe es um eine Unterscheidung, wie sie auch in Joh 1,14 zwischen dem Wort und Fleisch vorliegt; zudem werde der Kontext der Aussage, nämlich die Frage, wie das Leiden Gott betreffe, nicht beachtet.[448] In seinen Ausführungen zu den Konzilien in *Der Glaube an Jesus Christus* behandelt er ausführlich die Einheit Jesu Christi ohne irgendeinen Vorbehalt und betont deren Bedeutung gegen einen Manichäismus, Markionismus oder Dualismus.[449] Daher lehnt er den Vorwurf einer Nähe zur *homo-assumptus-Christologie* strikt ab. Zudem berücksichtigt die Notifikation die Auseinandersetzung Sobrinos mit der modernen Exegese und der neutestamentlichen Bandbreite des Titels »Sohn Gottes« nicht und statt dessen gilt die chalkedonische Formel als einzige Aussagemöglichkeit für die Verbindung Jesu Christi mit dem Vater. »Eine solche ungeschichtliche Sicht aber verengt die Christologie in einer ungebührlichen Weise.«[450] Die Notifikation zeigt in ihrer Vorgehensweise somit eine Dogmenhermeneutik, nach der die konziliaren Definitionen zum einzigen Mittel werden, die biblische Wahrheit auszudrücken, was in Spannung zu ihrer eigenen Aussage steht, die griechische Kultur sei durch die Inkulturation der christlichen Botschaft von innen heraus verwandelt und zu einem Ausdrucksmittel für

---

447 Der in der Zusammenstellung noch genannte Kritikpunkt, der Ausdruck »Initiative Gottes« stelle Jesus Christus auf die gleiche Ebene wie die anderen Geschöpfe, die ebenfalls ihre Existenz durch Gott erhalten, wird in der Notifikation nicht mehr aufgenommen; Sobrinos Ausführungen in seiner Antwort sind dann möglicherweise als ausreichend angesehen worden.

448 Vgl. *Sobrino*, Respuesta 37.

449 *Sobrino*, Glaube 451.

450 *Hünermann*, Qualitätssicherung 53. Ähnlich zustimmend zu Sobrinos Perspektive aus der Sicht der Opfer auf die christologischen Formeln des 4. und 5. Jahrhunderts äußert sich Sesboüé: »Er fördert mit diesem Zugang bis jetzt unbekannte Sinngehalte zutage und zeigt dabei die Lücken in den konziliaren Aussagen aufgrund ihrer Abstraktion und ihrer Loslösung von der Geschichte.« (*Sesboüé*, Jesus 247.)

die biblische Wahrheit geworden.[451] Abgesehen davon, dass bei dieser Aussage die Sinnveränderung biblischer Begriffe wie Inkarnation, Sohnschaft etc. durch die konziliare Verwendung und ihren Kontext in der Abgrenzung von Orthodoxie und Häresie unterbestimmt ist,[452] legt sie nahe, diese Formeln nur von ihrem biblischen Ursprung her richtig verstehen zu können. Während dies Sobrinos Vorgehen beschreibt, scheint die Notifikation genau umgekehrt zu handeln und »die griechische Wesensmetaphysik in die Texte der Schrift hinein«[453] zurückzuprojizieren. Zudem zeigt sich diese Tendenz darin, dass von den 35 Quellenhinweisen sich zehn auf das Neue Testament und 23 auf lehramtliche Texte beziehen. Eine Gemeinsamkeit zwischen der Glaubenskongregation und Sobrino besteht darin, die grammatische Funktion der Konzilien viel weniger zu berücksichtigen als ihre inhaltlichen Formulierungen, wodurch wegen der unterschiedlichen methodologischen Paradigmen immer wieder Konfliktpotential erzeugt wird. Das Lehramt enthistorisiert, um theologisch-dogmatische Aussagen zu treffen, und sieht daher bei Sobrino einen Mangel an Theologie, weil er zu stark historisiere. Auf der Basis der Differenz-Grammatik Chalkedons kann die Spannung zwischen diesen beiden Polen gehalten werden, ohne sie um die Kosten einer Verkürzung um einen davon aufzulösen.

Problematisch sei ferner Sobrinos Verständnis der Idiomenkommunikation, wobei auf die beiden Richtungen abgehoben wird, in die sie stattfinde, also das Menschliche von Gott und das Göttliche vom Menschen ausgesagt werde. Daher könne von Jesus sehr wohl das »Göttlich-Unbegrenzte« ausgesagt werden, sodass Sobrinos Verständnis der Idiomenkommunikation »eine irrige Auffassung vom Geheimnis der Menschwerdung und von der Einheit der Person Jesu Christi«[454] offenbare. Während Sobrino – abgesehen davon, dass die Idiomenkommunikation in seiner Theologie keine zentrale Rolle spielt – diese auch von Sesboüé und Hünermann geäußerte Kritik grundsätzlich als berechtigt anerkannt hat, die Unterschiede aber mit Verweis auf das

---

451 Vgl. *Kongregation für die Glaubenslehre*, Notifikation Sobrino Nr. 3. Vgl. zur Problematik dieses Inkulturationsverständnisses, da es weder einen kulturell »nackten« Glauben noch eine religionsfreie Kultur gebe, *Delgado*, Inkulturation.

452 Vgl. dazu *Hoornaert*, evangelios 138f, der die Kontingenz Nizäas als »juego de fuerzas políticas, entre el emperador y los obispos, obispos entre sí, sacerdotes y obispos, herejes, monjes, etc.« (139) betont.

453 *Zechmeister*, Jesus 90. Ähnlich lautet die Kritik de la Sernas bezüglich der Deutung von 1Kor 8,6 durch die Kongregation, wonach dies aussage, dass Jesus Gott, Schöpfer und allmächtig ist (Nr. 6): »Una vez más, los textos bíblicos parecen elegidos para sostener lo que de antemano quieren que digan, y son presentados sin ningún análisis ni mediaciones exegéticas.« (*de la Serna*, Análisis 89; vgl. *Frades*, Visión.)

454 *Kongregation für die Glaubenslehre*, Notifikation Sobrino Nr. 6.

Deutungsspektrum eher als unterschiedliche theologische Interpretationen aufgrund pastoraler Anliegen und nicht als doktrinalen Irrtum versteht,[455] ist die Darstellung in der Notifikation in ihrer Kürze etwas knapp. Denn gemäß den sechs klassischen Regeln der Idiomenkommunikation sind zwar konkrete göttliche und menschliche Attribute Jesu Christi austauschbar, nicht aber Abstrakta, und dieser Unterschied wird nicht ganz deutlich gemacht.[456] Gerade bei den Fragen der Göttlichkeit Jesu Christi und der Menschwerdung schlägt sich zudem bei Sobrino der von der Glaubenskongregation unberücksichtigte lateinamerikanische Kontext nieder, da in diesem die Göttlichkeit Jesu stärker betont wird als im gegenwärtigen Europa. Deshalb tritt die Menschlichkeit zurück, sodass Sobrinos Bemühungen auch dazu dienen, solche Tendenzen zu korrigieren. Dementsprechend ist für ihn der Doketismus »immer noch die größte Gefährdung des Glaubens«[457].

Kritisiert die Notifikation anschließend Sobrinos Sichtweise der Beziehung zwischen Jesus und dem Reich Gottes, bezieht sie sich primär auf sein Plädoyer, Jesus als Mittler nicht absolut zu setzen, sondern in dieser Beziehung zu sehen und daher Jesus und das Reich deutlich voneinander zu unterscheiden. Dabei werde der Verbindung zwischen beiden ihr besonderer Inhalt und ihre Einzigartigkeit genommen, zumal durch die Ansicht, Jesus erhalte die Fähigkeit, Mittler zu sein, durch seine Ausübung des Menschlichen, eine Bedeutung der Gottessohnschaft für diese Sendung ausgeschlossen werde. Dagegen wird neben einer Betonung der Einzigartigkeit und Einzigkeit der Mittlerschaft Christi an einer gewissen Identität Jesu Christi mit dem Reich festgehalten: »In der Person Jesu ist das Reich gegenwärtig geworden. Dieses Identischsein wird bereits seit der Zeit der Kirchenväter hervorgehoben.«[458] Da auch die

455 Vgl. *Sobrino*, Respuesta 41. In der Folge nennt er einige Gründe für seine nicht strikt symmetrische Interpretation, wobei er deutlich macht, dass auch bei seiner Deutung eine Wechselseitigkeit besteht. Wichtig ist ihm, dass beispielsweise Maria nicht in demselben Sinne Mutter Gottes ist wie sie Mutter Jesu ist (wie auch der Tomus Leonis festhält; DH 292).

456 Vgl. *Müller*, Dogmatik 349.

457 *Sobrino*, Brief 34; dazu auch *Pope*, Voice, der die inkarnatorische Perspektive herausstellt: »The distinctiveness of Sobrino's vision concerns the way in which distinct theological themes are related to one another in an incarnational unity« (58). Vgl. für den lateinamerikanischen Kontext u. a. *Seibold*, lenguajes; *Weber*, Glaube. Die Abwehr eines Doketismus sieht Loewe auch im Hintergrund des von der Notifikation zitierten Satzes Sobrinos zur Idiomenkommunikation, da Jesus nicht als allmächtige, allwissende göttliche Person, die lediglich in menschlicher Gestalt auf der Erde wandele, verstanden werden soll. (Vgl. *Loewe*, Interpreting 147.)

458 *Kongregation für die Glaubenslehre*, Notifikation Sobrino Nr. 7. In der Zusammenstellung heißt es noch schärfer, das Konzept des Reiches Gottes werde bei Sobrino in gewissem Sinne seiner christologischen Wurzel beraubt, woraufhin Sobrinos Verständnis des

Notifikation nicht von einer einfachen Identität ausgeht, sondern schreibt, Jesus Christus und das Reich identifizierten sich in einem gewissen Sinn, überrascht dieser Vorwurf, da sich Sobrino dieser Qualifizierung annimmt und er weder die Einzigkeit und Einzigartigkeit noch die Universalität und Unüberbietbarkeit der Vermittlung des Reiches Gottes in Jesus Christus einschränkt oder gar leugnet. Er wehrt sich gegen diesen Kritikpunkt, da auch die Glaubenskongregation den besonderen Charakter der Beziehung zwischen dem Mittler Jesus Christus und der Vermittlung Reich Gottes in seiner Theologie bestätige und er zudem die einzige Mittlerschaft Christi bekräftige, wenn er von Christus als dem Messias, dem Sohn oder dem Hohepriester schreibe, damit aber nicht von diesem abgeleitete Vermittlungen ausschließe.[459] Von der Vermittlung des Reiches in Jesus Christus kann eine universale Vermittlung unterschieden werden. »In diesem Sinne ist schließlich die Kirche mit der Sendung Jesu Christi betraut, vollzieht sie im Geist und vermittelt sie.«[460] Betont Sobrino, Jesus sei es möglich, Mittler zu sein, nicht aufgrund einer dem Menschlichen hinzugefügten Wirklichkeit, sondern aufgrund des Vollzugs des Menschlichen, meint er damit nicht die natura humana, sondern das eschatologisch Menschliche. »Dass Jon Sobrino hier einen wesentlichen patristischen Topos aufgreift, wie er sich etwa bei *Maximus Confessor* in seiner theologischen Anthropologie findet, wird übersehen.«[461] Daraus folgt nicht zwangsläufig, die Gottessohnschaft sei bedeutungslos für seine Sendung, wozu sich Sobrino nicht explizit geäußert hat.

Eng damit verbunden sind die Ausführungen zum Selbstbewusstsein Jesu, da die Notifikation dieses und die Sohnesbeziehung nicht deutlich genug ausgedrückt bzw. sie in der Konsequenz sogar ausgeschlossen sieht, wenn Sobrino Jesus als einen »Glaubenden wie wir« charakterisiert, da er dann nicht der wahre Offenbarer sein könne. Wie beim vorherigen und nachfolgenden Punkt verblasse »der Charakter der Einzigkeit der Mittlerschaft und der Offenbarung Jesu, und der Seinszustand Jesu wird damit auf den eines Offenbarers reduziert wie er den Propheten oder den Mystikern zugeschrieben werden kann.«[462] Dagegen folge aus den Evangelien (Joh 1,18; 6,46), der hypostatischen Union und seiner Sendung als Offenbarer und Erlöser, dass Jesus den Vater sehe und seinen Heilsplan kenne, was auch von jüngeren lehramtlichen Texten ausgedrückt

Martyriums kritisiert wird. (Vgl. *Kongregation für die Glaubenslehre*, Elenco 6.) Beide Kritikpunkte finden sich in der veröffentlichten Notifikation nicht wieder; hier konnte Sobrino vermutlich den Verdacht ausräumen.

459 Vgl. *Sobrino*, Respuesta 51.

460 *Hünermann*, Qualitätssicherung 54.

461 *Hünermann*, Qualitätssicherung 54.

462 *Kongregation für die Glaubenslehre*, Notifikation Sobrino Nr. 8.

werde. Gerade wegen seiner innigen Kenntnisse könne er den Menschen das Geheimnis der Liebe Gottes offenbaren. Abgesehen davon, dass Sobrino sich auf Theologen wie Balthasar oder Rahner berufen kann, wenn er Jesus als abgrundtief und vollendet Glaubenden charakterisiert, und eine breite biblische Grundlage anführt[463], ist es kein logisch zwingender Schluss, die Bekräftigung des Glaubens Jesu führe dazu, seine Singularität einzuschränken oder gar auszuschließen. Mit der Formulierung, Jesus werde wie ein Glaubender wie wir dargestellt, hebt Sobrino vor allem auf seinen Charakter als Vorbild und Erstgeborenen ab und bemüht sich darum, das Bekenntnis zur Einzigartigkeit und Unwiederholbarkeit seiner Gottesbeziehung mit seinem menschlichen Bewusstsein und seiner menschlichen Psychologie zu verbinden.[464] Zudem ist das Johannesevangelium bei dieser Frage aufgrund seiner Erhöhungschristologie eher weniger aussagekräftig als die synoptischen Evangelien, die stärker den vorösterlichen Jesus im Blick haben und auch die Zweifel Jesu (etwa im Gebet in Gethsemani; vgl. Mk 14,35) oder sein Unwissen (Mk 13,32 etc.) thematisieren. Da die synoptischen Evangelien die kenotische Form der Inkarnation und die Fülle der menschlichen Natur Jesu Christi betonen – wozu der Glaube gehört –, erscheint es durchaus möglich, dass Jesus als Glaubender den Vater offenbaren kann, wenngleich nicht in seiner ganzen Herrlichkeit, die am Kreuz verborgen war. Außerdem nimmt die Notifikation die Zurückhaltung in jüngeren lehramtlichen Texten bezüglich der *visio beatifica* Jesu in seinem Erdenleben nicht auf[465] und insinuiert damit eine Eindeutigkeit, die angesichts der theologischen Diskussion darüber, ob eine *visio beatifica* notwendig zur besonderen Beziehung zum Vater gehört oder nicht, überrascht. Wird die *visio beatifica* so stark betont, legt dies eine Spiritualität nahe, die

463 Vgl. *Sobrino*, Christologie 219–221.

464 Vgl. *Sobrino*, Respuesta 63. Auch Dupuis skizziert Jesus als Glaubenden: »Faith must not be conceived primarily as adherence to revealed truths, but in the biblical sense of a personal commitment and trust in God. Jesus' self-commitment, however, is addressed to the Father. It is part of Jesus' ›religious‹ life and prayer life.« (*Dupuis*, Introduction 127.)

465 Vgl. *Hünermann*, Qualitätssicherung 55. »It cannot be proved that during his earthly life Jesus had the beatific vision. His intimate knowledge of the Father, while it implies a direct, immediate contact, does not of necessity postulate the beatific vision.« (*Dupuis*, Introduction 122.) Vgl. *Loewe*, Interpreting 147f für einige zeitgenössische Theologen, die die scholastische Lehre des dreifachen menschlichen Wissens Christi (die scientia beata, die scientia infusa und die scientia acquisita) ablehnen, da diese Gefahr läuft, die chalkedonensische Aussage zu verletzen, Christus sei in allem uns gleich außer der Sünde. Die Interpretation des »Sehens des Vaters« als *visio beatifica* wird durch die Zusammenstellung bestätigt, in der noch ein einschlägiges Zitat aus *Mystici corporis* zu finden ist. (Vgl. *Kongregation für die Glaubenslehre*, Elenco 7.) Vgl. *Lohmayer*, Frege 255–259, der betont, Irrtum und Unwissenheit beträfen nicht die Form, sondern den Inhalt des Glaubens Jesu.

die Kontemplation über die Aktion stellt und sich insofern deutlich von der ignatianischen Idee der Komtemplation in der Aktion unterscheidet, die für Sobrino maßgeblich ist und ihn dazu führt, eine andere Sprache zu wählen, um die Einheit Jesu Christi mit Gott auszudrücken. Somit reiht sich die Kritik an Sobrinos Theologie ein in die lange Geschichte der Frage nach dem Verhältnis von Kontemplation und Aktion in der christlichen Spiritualität. Damit kann Sobrinos Beitrag auch gelesen werden

> as a theological exploration that operates on the wager that the conciliar traditions can be a productive interlocutor not just for the Greek, Neoplatonic spiritualities (in the context of which they arose) but also for that constellation of modern spiritualities that emphasize ›contemplation in action‹, which are surely an enduring and important achievement of the Christian tradition.[466]

Die Argumentation der Glaubenskongregation ist auch aus biblisch-hermeneutischer Sicht nicht unproblematisch, da es hermeneutisch schwieriger ist als sie nahelegt, etwas über Jesu Selbstbewusstsein zu wissen. Die Berichte der Evangelien können nicht ohne Weiteres als historische Berichte angesehen werden und historische Aussagen haben immer nur einen bestimmten Wahrscheinlichkeitsgrad. Zudem öffnen nach Turner die Notifikation und der zitierte Pius XII. einem Semi-Doketismus die Tür, da sie den Glauben in Jesus als Gott und Mensch zwar klar bekräftigen, aber »they have a picture of this ne'er-do-well Galilean prophet, this religious tramp from Nazareth having a mental life that incorporates all possible knowledge, heavenly and earthly, past, present and future.«[467] Dies füge sich ein in eine starke Tendenz der katholischen Frömmigkeit, Christus nicht wirklich als einen von uns anzusehen. In den paulinischen Briefen dagegen werde die Ähnlichkeit Christi zu den Gläubigen betont (vgl. Röm 6,5. 8,17; 1Kor 15,22f). »In this language there is little distance between Christ and the rest of us; we are brought so close together in this *spiritual identification* that we are almost one. Christ is not ›the other‹, he is ›the other me‹; my brother but closer than a brother.«[468] Dies bündele sich in der Rede vom Leben »in Christus«, bei der Paulus auf Vorlagen zurückgreift. Auch die von der Notifikation kritisierte Ähnlichkeit des Glaubens Jesu zu unserem könne sich auf Paulus berufen, der vor dem Hintergrund der LXX mehrfach vom Glauben bzw. der Treue (*pistis*) Jesu Christi spreche (Röm 3,22. 26; Gal 2,16. 20, 3,22; Phil 3,9). Darüber hinaus ist vor

---

466 *Ashley*, Mystery 72.

467 *Turner*, Identification 542. Auch Zechmeister sieht diese Tendenz in der Notifikation; vgl. *Zechmeister*, Jesus 87.

468 *Turner*, Identification 543, Herv. im Orig.

allem Hebr 12 zu nennen, wonach »Jesus Christ is our exemplar in the whole pattern of life: we have died with him, been buried with him, like him we are sons and daughters of God, we have become fellow-heirs, and have received the promise of a resurrection like his«[469]. Die Argumentation der Notifikation an dieser Stelle vernachlässigt somit die paulinische Theologie und damit einen wesentlichen Bestandteil des Neuen Testaments.

Der nächste Kritikpunkt der Notifikation ist Sobrinos Position, wonach Jesus seinem eigenen Tod keinen Heilswert oder einen transzendenten und absoluten Sinn beigemessen hätte, wodurch die Verbindung der vom Heilswert des Todes Christi sprechenden neutestamentlichen Stellen mit Christi Selbstbewusstsein abhanden komme.[470] Dies hänge mit Sobrinos problematischem Umgang mit dem Neuen Testament zusammen: »Einer hypothetischen geschichtlichen Rekonstruktion, die sich als irrig erweist, wird der Vorrang eingeräumt vor den neutestamentlichen Daten.«[471] Hier ist zu fragen, wer über die geschichtliche Rekonstruktion urteilt und nach welchen Kriterien sowie wann und wodurch sie sich als irrig erwiesen hat. Denn dazu reicht es nicht aus, lediglich biblische Verse zu wiederholen. »En realidad, la reconstrucción hipotética de la Congregación romana es la que aparece como errónea, al menos por no dar aquí ningún criterio metodológico de acceso a Jesús histórico

---

469 *Turner*, Identification 548.

470 Dieser Kritikpunkt wird – vermutlich als Reaktion auf Sobrinos Antwort – in der Notifikation (ohne substantielle Veränderung) ausführlicher begründet als in der Zusammenstellung, indem eingeräumt wird, seine Aussage scheine auf ein Verständnis des Heilswertes nach den neutestamentlichen Kategorien begrenzt zu sein. Sobrinos Ausführungen, er bestätige, Jesus habe ein Bewusstsein des Heilswertes seines Todes gehabt, dies aber nicht gemäß den konventionellen soteriologischen Konzepten ausgedrückt, und seine Verweise auf den von ihm ausgedrücklich genannten »wichtigen historischen Kern, der darauf verweist, was Jesus selbst über seinen Tod dachte« (*Sobrino*, Christologie 281), scheinen der Kongregation nicht ausreichend gewesen zu sein, da sie kritisiert, er sage nur, Jesus sei voll Vertrauen und messe seinem Tod den Wert des Beispiels für andere bei. (Vgl. *Sobrino*, Respuesta 71; *Kongregation für die Glaubenslehre*, Notifikation Sobrino Nr. 9.)

471 *Kongregation für die Glaubenslehre*, Notifikation Sobrino Nr. 9. An dieser Stelle findet sich ein interessanter Unterschied zur Zusammenstellung. Denn während diese eingangs noch schärfer davon spricht, für Sobrino sei nicht das Neue Testament oder die den Evangelien zu entnehmende Figur Jesu die entscheidende *norma normans*, sondern seine hypothetische Rekonstruktion (was für verschiedene Stellen seiner Werke gelte), heißt es an dieser Stelle, die eigene hypothetische Rekonstruktion überwiege gegenüber den neutestamentlichen Aussagen, ohne diese Rekonstruktionen wie in der Notifikation explizit als irrig zurückzuweisen. (Vgl. *Kongregation für die Glaubenslehre*, Elenco 2. 8.) Da Sobrino in seiner Antwort den ersten allgemeineren Vorwurf sehr deutlich zurückgewiesen hat, wurde er möglicherweise deswegen nicht in die Notifikation aufgenommen.

para afirmar sus dichos.«[472] Denn ohne Weiteres auf neutestamentliche Daten zu verweisen und zu insinuieren, eine offensichtliche und objektive Lektüre der Texte sei möglich, wird weder der Bedeutung der historisch-kritischen Methode noch gängigen wissenschaftlichen Gepflogenheiten gerecht. Diesem Vorwurf kann die Glaubenskongregation nur dann entgehen und ihre Kritik ist nur dann »sinnvoll, wenn die Verfasser der *Notificatio* für sich einen gegenüber dem beanstandeten Autor privilegierten Zugang zu den ›neutestamentlichen Daten‹ in Anspruch nehmen könnten.«[473] Dies aber erscheint fragwürdig, insbesondere, da Sobrino bei dieser Frage die Ergebnisse der modernen Exegese (u. a. von León-Dufour und Schürmann) aufnimmt. So sprechen die von der Notifikation angeführten Bibelstellen zwar vom Heilswert des Kreuzes, behaupten aber nicht etwas über Jesu Bewusstsein (so in Röm 3,25; 2 Kor 5,21 und 1 Joh 2,2), oder sind wahrscheinlich redaktionelle Zusätze.

Sobrino ist zwar zurückhaltender als beispielsweise Pesch bei seiner Deutung von Mk 14,24, nennt aber den »wichtigen historischen Kern, der darauf verweist, was Jesus selbst über seinen Tod dachte. Jesus betont – und das ist entscheidend –, daß er ›für‹ andere, ›zugunsten von‹ (*hypér*) anderen lebt und daß dies einen guten Einfluß auf diese anderen ausübt.«[474] Der Widerspruch besteht eher im Unterschied zur scholastischen Position, wonach Jesus aufgrund seines besonderen Wissens auch exakt um die Heilsbedeutung seines Todes wusste. Der zweite Kritikpunkt lautet, über Jesu Bewusstsein des Todes und die von ihm selbst darin gesehene Bedeutung hinaus werde von Sobrino auch die soteriologische Bedeutung des Todes nicht korrekt erkannt. Diese dürfe nicht auf das Beispiel bzw. die Offenbarung des »homo verus« beschränkt werden, da der Tod Christi damit nicht *sacramentum* (Geschenk) wäre und die Erlösung auf Moralismus reduziert würde. Darin zeigten sich wiederum die Schwierigkeiten bezüglich der Menschwerdung und des Reiches Gottes, da nur die Menschennatur Jesu und nicht der Sohn Gottes in den Blick komme. Die neutestamentlichen Aussagen seien aber nicht auf das gute Beispiel zu reduzieren. »Das Geheimnis der Menschwerdung, des Todes und der Auferstehung Jesu Christi, des menschgewordenen Sohnes Gottes, ist die einzige und unerschöpfliche Quelle der Erlösung der Menschheit, die in der Kirche durch die Sakramente wirksam wird.«[475] Zwar schreibt Sobrino

---

472 *de la Serna*, Análisis 87; vgl. *Frades*, Visión 117f.

473 *Klein*, Glaube 78.

474 *Sobrino*, Christologie 281. Hünermann erinnert hier an die von Thüsing gebrauchte Formel der »Pro-Existenz« Jesu, die von Sobrino ins Spanische übersetzt werde. (Vgl. *Hünermann*, Qualitätssicherung 55).

475 *Kongregation für die Glaubenslehre*, Notifikation Sobrino Nr. 10. Auch bei diesem Passus ist die Argumentation der Notifikation ausführlicher als diejenige der Zusammenstellung

von einer symbolischen bzw. exemplarischen Kausalität, lässt aber keinen Zweifel am Geschenkcharakter, wenn er Jesus als die Offenbarung des *homo verus* sowie ihn und das Kreuz als Initiative Gottes bezeichnet, da sich in Jesu exemplarischem Leben Gottes Liebe ausdrückt.[476] Die Offenbarung des *homo verus* ist nach Sobrino ein wichtiges Element der Erlösung, da sich das Geheimnis dessen, was wir sind, enthüllt hat, die Kenntnis der Wahrheit über das Sein des Menschen immer positiv ist und die Lüge überwunden ist. Ein Reduktionismus oder Moralismus ist hier nicht zu erkennen. Bei der Rede von der exemplarischen Kausalität – die Sobrino explizit als Versuch kennzeichnet, theoretisch zu verstehen, wie Erlösung geschieht – verweist er auf den philosophischen Begriff der *causa exemplaris* als Archetyp bzw. Urbild, das auf die *causa formalis* bezogen ist[477], wonach die Wirklichkeit des Sohnes als *causa exemplaris* der Erlösung verstanden werden kann. Dies ist vor allem für ihre subjektive Aneignung wichtig, da Sobrino nicht davon ausgeht, eine *causa efficiens* ermöglichte diese besser als eine *causa exemplaris*.[478] Darüber hinaus spricht der mystagogische und spirituelle Charakter der Christologie Sobrinos dagegen, diese als moralisches Beispiel zu verstehen; vielmehr ist der auch aus der »Betrachtung über die Menschwerdung« der ignatianischen Exerzitien bekannte Zusammenhang vom Anteil am Erlösungsmysterium und Nachfolge Jesu grundlegend. »Im Tun dessen, was Jesus getan hat, wird der Mensch in das Erlösungsmysterium hineingezogen und zum österlichen Menschen

---

und enthält dadurch die Differenzierung zwischen den von Sobrino gebrauchten Relativierungen »mindestens« und »eher als« und der als ausdrückliche Verneinung gedeuteten Aussage, es handele sich um eine symbolische (exemplarische) Kausalität, nicht um eine wirksame. (Vgl. *Kongregation für die Glaubenslehre*, Elenco 9.) Dies dürfte eine Reaktion auf Sobrinos entsprechenden Hinweis in seiner Antwort sein. (Vgl. *Sobrino*, Respuesta 11, 73ff.)

476 Vgl. *Sobrino*, Christologie 315f. »Sobrino goes to great lengths to safeguard the gratuitous and efficacious character of God's salvific activity in Christ« (*Goizueta*, Christology 102). »In diesem Kontext verweist Sobrino auf zahlreiche Schrifttexte, wie etwa 1 Joh 4,10; Röm 5,6–8 etc. Es ist nicht ersichtlich, wie er sich damit in Widerspruch zum Trienter Rechtfertigungsdekret oder zur Kirchenkonstitution des Zweiten Vatikanums (Nr. 7) setzen soll.« (*Hünermann*, Qualitätssicherung 56.) Mir scheint Sobrinos Position auch kompatibel zu den Überlegungen Rahners zu sein, wonach der christliche Glaube insofern eine Selbsterlösung lehrt, als dass der Mensch sein Heil in seiner von Gott in ihre Möglichkeit eingesetzten Freiheit vollzieht, und zugleich das Kreuz als *redemptio obiectiva* versteht, womit »sich die Ursächlichkeit des Kreuzes nur so verstehen [lässt], daß sie sich auf die allgemeinen und individuellen Bedingungen der Möglichkeit solcher Selbsterlösung bezieht.« (*Rahner*, Christus und die Universalität 261.)

477 »[D]as geistige Urbild eines Dinges ist speziell das Urbild seiner Form und dadurch gleichsam diese selbst als außerhalb des Dinges in Gott befindliche: ›causa formalis extra rem‹« (*Specht*, Causa 974).

478 Vgl. *Sobrino*, Respuesta 77.

gewandelt.«[479] Außerdem sei die Transzendenz des Auferweckungshandelns Gottes jenseits von Tod und Geschichte aufgrund der Opfer gefordert, da diese sonst betrogen wären. Indem Sobrino die Offenbarung des *homo verus* betont, steht er »in the tradition of those fathers for whom *mimesis* of Christ the Pedagogue entailed *methexis*, transformative participation in and restoration of the archetypal image of God«[480]. Auch ohne den Begriff der Satisfaktion zu verwenden, entspreche Sobrino dieser Vorstellung, wenn er schreibt, Gott gefalle am Kreuz die Fülle der Liebe, und gehe damit deutlich über einen reinen Moralismus hinaus. Vor diesem Hintergrund dürfte die Deutung der Kongregation, Sobrino reduziere die Erlösung auf das Erscheinen des *homo verus*, unzutreffend sein. Denn die Offenheit seiner Formulierung, Jesus sei mindestens in diesem Sinne Erlösung, wird nun nicht durch die Betonung der exemplarischen Kausalität eingeschränkt sowie die Erscheinung des *homo verus* verändert die menschliche Wirklichkeit und ist kein bloßer Moralismus.[481]

Zuletzt wird noch einmal der Glaube der Kirche als einziger Ursprung der theologischen Reflexion sowie die »von Gott in Jesus Christus geoffenbarte und von der Kirche weitergegebene Wahrheit«[482] als letztes normgebendes Prinzip der Theologie unterstrichen, weshalb die Theologie in dem Maße reichere und reifere Früchte bringe, in dem sie sich in den von den Aposteln ausgehenden lebendigen Strom einfüge. In dieser Pauschalität zeigt sich ein bedeutender Unterschied zum Vorgehen Sobrinos und allgemeiner noch kontextueller Theologie allgemein, da die Realität nicht in gleichem Maße konstitutive Bedeutung für die Theologie erhält sowie der epistemologische Bruch nicht übernommen wird. Ein weiterer zentraler Unterschied besteht in der Rezeption zeitgenössischer Exegese und systematischer Theologie, weshalb Hünermann resümiert, »dass mit Jon Sobrino die angesehendsten Exegeten und systematischen Theologen – katholische wie evangelische – auf der Anklagebank sitzen. Die Notifikation setzt gegen seinen Entwurf eine Christologie, in der die Aussagen der Konzilientheologie in Identität bereits in den neutestamentlichen Texten gefunden werden sollen.«[483] Damit markiert er deutlich die zentrale Differenz zwischen Sobrino und der Glaubenskongregation – die eigentlich innerhalb der legitimen theologischen Vielfalt liegen sollte. Gerade

479 *Zechmeister*, Jesus 90. In seiner Antwort hat Sobrino gegen den Einwand des Moralismus erläutert, er verstehe die Nachfolge als reale, durch die Gnade ermöglichte Konfiguration der Jesus Nachfolgenden. (Vgl. *Sobrino*, Respuesta 7.)

480 *Loewe*, Interpreting 149, Herv. im Orig.

481 Vgl. auch *Sobrino*, Christologie 315–318.

482 *Kongregation für die Glaubenslehre*, Notifikation Sobrino Nr. 11.

483 *Hünermann*, Qualitätssicherung 56; vgl. *Loewe*, Interpreting 150.

weil Sobrinos Christologie sowohl im Kontext der westeuropäischen Theologiegeschichte als auch im Kontext der lateinamerikanischen Befreiungstheologie steht, ist die Frage von Comblin berechtigt, wieso die Notifikation nur sein Werk und nicht diese ganze christologische Strömung betrifft – abgesehen vom Zeitpunkt wenige Wochen vor der Versammlung des lateinamerikanischen Episkopats in Aparecida. »¿Habría alguna intención no expresada en la publicación de ese documento exactamente ahora, y exactamente sobre las obras de un autor que tiene una notoriedad indiscutible en América latina?«[484] Auch wenn solche Intentionen nicht bewiesen werden können, werden sie doch von vielen lateinamerikanischen Theologen und Theologinnen vermutet.

4.3.3 *Die Methodologie als zentraler Dissenspunkt*

Obgleich die materialen Kritikpunkte in der Notifikation viel mehr Raum einnehmen als die an den methodologischen Voraussetzungen, zeigen sich wie bei Schillebeeckx hier die eigentlichen Differenzen zwischen Sobrino und der Glaubenskongregation, da aus ihnen die materialen Differenzen folgen. Dabei ist der Fokus nicht so sehr auf Sobrinos konkreten Ausgangspunkt bei den Armen bzw. der Kirche der Armen zu legen, sondern grundlegender auf die Frage, wie gegenwärtig Theologie zu treiben ist. »Unsere Zeit ist aber, konkret gesagt, vor allem von zwei Dingen geprägt: einmal von der gegenwärtigen Wirksamkeit historischen Denkens und Bewußtseins und der Erfahrung vielfältiger Pluralität bzw. des gesellschaftlichen Pluralismus.«[485] Die unterschiedlichen erkenntnistheoretischen und methodologischen Voraussetzungen Sobrinos und der Glaubenskongregation haben – wie die eingangs genannten Konfliktlinien um das II. Vatikanum – genau damit zu tun, insofern Sobrinos kontextuell-geschichtlicher Ansatz diese beiden Aspekte produktiv aufnimmt, während die Glaubenskongregation mit ihrem ontologischen Vorgehen, das darauf abzielt, die Glaubenslehre abzusichern, eher auf ihre potentiellen Probleme hinweist.

Inbegriffen sind die Anerkenntnis des Wandels und die Geschichtlichkeit wissenschaftlicher Reflexion. Gemäß der vom II. Vatikanum vorgenommenen Verhältnisbestimmung von »Innen« und »Außen« der Kirche und der Pflicht

484 *Comblin*, Reflexiones 61.

485 *Waldenfels*, Theologen 222. Diese weitreichende Pluralitätserfahrung kann die Theologie in Gefahr bringen, »sich so ausführlich mit dem zu beschäftigen, was wir den gesellschaftlichen ›Kontext‹ der Glaubensverkündigung nennen könnne, daß dann am Ende der ›Text‹ der Botschaft vernachlässigt wird. Es kann dann in der Praxis geschehen, daß Kontext und Texte ihre Plätze wechseln und das, was Text ist und sein sollte, zum Kontext und das, was Kontext ist, zum Text wird.« (224)

der Kirche, »die Zeichen der Zeit zu erforschen und im Licht des Evangeliums auszulegen« (GS 4), sind beide Faktoren theologisch relevant, zumal auch den drei *loci theologici alieni* nach Melchior Cano – Vernunft, Philosophie und Geschichte – aufgrund ihrer Verbindung mit der Lebenswelt der Adressaten eine steigende Bedeutung beizumessen ist. So sind sie notwendig, um gewonnene theologische Erkenntnisse richtig einzuordnen. »Das Gefüge aus der Anerkennung des Depositum Fidei *und* dieser jeweiligen Verortung des Auslegers des Depositum Fidei fasst Sobrino durch den Terminus ›Kirche der Armen‹, eine Formel, die in Medellín gebraucht wurde und bereits in den Diskussionen des Zweiten Vatikanischen Konzils auftauchte.«[486] Sie ersetzt nicht das Depositum Fidei, wie an Sobrinos Rede von der »allgemeinen Kirchlichkeit« der Christologie deutlich wird, die sich von der Kirche der Armen her konkretisiert. So ist die von Sobrino vorgenommene Unterscheidung zwischen dem kirchlichen und dem sozial-theologalen Ort als den beiden zu berücksichtigenden Aspekten des theologischen Ortes der Realität, in der er seine Christologie entwickelt, ein Reflex dieses Anliegens, wohingegen die Kongregation diesen konkreten *loci theologici alieni* keine weitere Bedeutung beizumessen scheint.[487] Vielmehr entwickelt sie auf der Basis der Annahme, die (frühkirchlichen) Konzilien bekräftigen eine Christologie mit Jesus Christus als dem einzigen und universalen Erlöser, eine universale Theologie, die bis weit in das 20. Jahrhundert hinein allgemein akzeptiert wurde. Als erster wichtiger methodologischer Bruch mit dieser Tradition kann die lateinamerikanische Befreiungstheologie angesehen werden, indem sie den Akzent auf die im Neuen Testament bezeugte Lehre und Praxis Jesu legt. »It is this break in the tradition of the Catholic Church thinking on Jesus Christ and the mission of the Church that the CDF logically objects to within its framework of methodological presuppositions.«[488] Denn diese nehmen die Kontextualität der Theologie weit weniger auf als die lateinamerikanische Befreiungstheologie oder andere kontextuelle Theologien. Somit zeigen sich in dieser Diskussion auch zwei unterschiedliche Verständnisse von Wahrheit und der Universalität des christlichen Glaubens:

> Auf der einen Seite steht die Vorstellung einer zeitlos gültigen Wahrheit, eines depositum fidei, das von den Widerfahrnissen menschlicher Geschichte unberührt bleibt und das es unverkürzt und unversehrt weiterzugeben gilt – und

486 *Hünermann*, Qualitätssicherung 52, Herv. im Orig.

487 Vgl. *Sobrino*, Christologie 43–60 und *Kongregation für die Glaubenslehre*, Notifikation Sobrino Nr. 1.

488 *Balasuriya*, Reflection 14.

andererseits, das konkrete Wissen um die unhintergehbare Perspektivität aller Wahrheitssuche, und d. h. allen Theologietreibens.[489]

Dieses Wissen bedeutet keinen Relativismus, sondern geht davon aus, die Universalität der biblischen Botschaft bestehe nicht darin, in allen geschichtlichen, kulturellen, sozialen etc. Kontexten unwandelbar die eine und selbe zu sein, sondern sich in der konkreten Erschließung in den Kontexten zu realisieren.

Daher überrascht es nicht, wenn die maßgeblich von seinem konkreten Kontext bestimmte methodologische Option Sobrinos, die Realität als den theologischen Ort und daher die Kirche der Armen als ekklesialen und die Welt der Armen als sozial-theologalen Ort seiner Christologie zu bestimmen, von der Kongregation kritisiert wird und sie die Geschichtlichkeit und Grenzen der dogmatischen Formulierungen weit weniger berücksichtigt als Sobrino. Sie bewegt sich damit auf der Linie der Kritik an den entscheidenden methodologischen Weichenstellungen der lateinamerikanischen Befreiungstheologie, nämlich dem Übergang zu einer hermeneutischen und interpretativen Methode, der Aufnahme sozialwissenschaftlicher Analyse, um die komplexe menschliche und soziale Wirklichkeit zu verstehen, sowie dem Primat der Praxis der Befreiung.[490] Denn während Sobrino die Begrifflichkeit der frühen Konzilien nirgends leugnet, hebt er auf den Verlust geschichtlicher Konkretheit und des Dynamischen und Prozesshaften des Neuen Testaments ab, der mit der Konzentration auf die Gottessohnschaft verbunden ist. »Die Orthodoxie, die rechte Lehre, schob sich dabei gleichsam vor die Orthopraxie, vor die rechte Umsetzung der konkreten Christusnachfolge in den Leidensgeschichten der Welt und den Heils- und Befreiungserfahrungen, die Menschen in der Nachfolge des gekreuzigten Christus auf ihren eigenen Kreuzwegen machen.«[491] Da dies das Grundanliegen Sobrinos sei, ist es für Waldenfels schwer nachvollziehbar, wieso Sobrino die Vernachlässigung des Zusammenhangs zwischen heutigen Lebenserfahrungen und Jesu Leben nicht bedauern

---

489 *Zechmeister*, Jesus 85. »The CDF takes its review of Sobrino as an opportunity to reaffirm the faith of the church as expressed in the New Testament and the classical councils, that Jesus Christ is the Son of God incarnate who through his cross fulfilled God's plan for our salvation. At the same time the Congregation propounds an understanding of that faith centered on the dogma of the hypostatic union and articulated in classic scholastic theology.« (*Loewe*, Interpreting 150.)

490 Vgl. *Parra Mora*, método 457f.

491 *Waldenfels*, Theologen 228f. Er zitiert anschließend *Sesboüé*, Jesus 250: »Wir predigen nicht Chalkedon; wir verkündigen Christus und respektieren dabei Chalkedon. Das ist der große Unterschied.«

dürfe. Auf dieser Linie liegen auch die von Sesboüé formulierten Wünsche an den zweiten Band der Christologie Sobrinos:

> erstens, daß dieses Werk eine authentische Verkündigung des Evangeliums grundlegt, erhellt und befestigt; zweitens, daß es ebenfalls im Glaubenshorizont der reichen Länder gehört und verstanden wird. Wir können daraus besonders den notwendigen Zusammenhang zwischen einer gelehrten und einer gelebten Christologie lernen.[492]

Nicht zuletzt zeigt die Vorgehensweise der Kongregation eine von Verdacht geleitete Lektüre, die in Widerspruch zu jener Lektüre steht, die Papst Benedikt für seine eigenen privaten Schriften – seine Jesusbücher – von den Leserinnen und Lesern erbat, nämlich den für ein Verstehen notwendigen Vorschuss an Sympathie.[493] Sie fragt daher nicht, inwiefern Sobrinos Ausführungen – beispielsweise zur Kirche der Armen als kirchlichem Ort der Christologie – gültig sein können, sondern sucht nach möglichen Widersprüchen bzw. hebt diese hervor, wenn sie darauf hinweist, »daß die irrigen Ansichten manchmal in Zusammenhängen stehen, in denen sich andere Äußerungen finden, die ihnen zu widersprechen scheinen; das genügt jedoch nicht, um sie zu rechtfertigen«[494]. Als problematisch angesehene Äußerungen werden somit nicht vor dem Hintergrund unverdächtiger Äußerungen gedeutet, sondern aus diesem Zusammenhang herausgenommen. Dies ermöglicht es ihr in Verbindung mit einem in der Erklärenden Note deutlich ausgedrückten epistemischen Armutsverständnis als Unkenntnis Christi, die »Kirche der Armen« dem durch die Kirche tradierten »apostolischen Glauben« gegenüberzustellen; dies aber »represents a misplaced concreteness: the *quid* of the church's experience – in which mercy becomes itself a way of seeing – projected as the *ubi* of ›partisan praxis‹«[495]. Im Hintergrund stehe eine moderne methodologische Deutung

492 *Sesboüé*, Jesus 254.

493 Darauf verwies Sobrino in seinem Brief an Kolvenbach und fügt an: »Und es ist mein stärkster Wunsch, dass die Glaubenskongregation Theologen und Theologinnen auf gleiche Weise behandelt.« (*Sobrino*, Brief 34.)

494 *Kongregation für die Glaubenslehre*, Notifikation Sobrino Nr. 1; ähnlich *Kongregation für die Glaubenslehre*, Elenco 1, wo der letzte Teilsatz fehlt. »Thus the Congregation seems to be applying Murphy's Law: if something in Sobrino's writings can be read in a sense contrary to the faith, whether or not the author intended that sense or the context warrants it, it will be.« (*Loewe*, Interpreting 144.)

495 *O'Neill*, Visions 38, Herv. im Orig. Auf dieser Linie liegt auch die Kritik Costadoats an der Notifikation, da die einzelnen Punkte entweder nicht auf Sobrino zuträfen oder die theologische Schwäche des Verfassers zeigten, da beispielsweise der Vorwurf, Sobrino bezeichne Jesus als jemanden, der glaube, ebenso gegen die wichtigsten Christologien des 20. Jahrhunderts erhoben werden könne. (Vgl. *Costadoat*, Themes 127.)

des Dogmas, bei der vor allem die Glaubenssicherheiten, ihre Voraussetzungen und Folgerungen betont und eher im Gegensatz zur konkreten, historisierten Totalität von Partikularitäten gesehen werden. »But if, with Sobrino, one understands historicization precisely as the concrete modality of universal validity, the opposition proves illusory. What remains in dispute is the *pedagogy* of the thesis, so that Sobrino's ›intelligent adjustment and adaptation‹ need not, after all signify ›methodological error‹.«[496] Indem die Notifikation diese historische und auf die Praxis ausgerichtete Perspektive der Schriften Sobrinos nicht berücksichtigt und daher die Differenzen zwischen seinem Zugang und der scholastischen Theologie nicht als legitim ansieht, richtet sie sich auch gegen die andauernden Diskussionen über den Glauben Jesu, sein Selbstbewusstsein und das Ausmaß seines menschlichen Wissens. »It also neglects the relevance – and challenges – of historical-critical biblical exegesis in favor of an approach to Scripture that is redolent of the proof-texting of an earlier age.«[497]

4.4 Zusammenfassung

Sobrinos Christologie kann in mehrfacher Hinsicht als klassisch für die lateinamerikanische Befreiungstheologie gelten: Wenngleich formal wie inhaltlich stark von der westeuropäischen Theologie beeinflusst, die er u. a. in Sankt Georgen studierte, eignet ihr ein besonderer methodologischer Zug, der mit dem von kontextuellen Theologien propagierten epistemologischen Bruch zusammenhängt und zum klaren Bekenntnis der Kontextualität der eigenen Bemühungen führt. So formuliert Sobrino bewusst seine Christologie als eine Christologie für den lateinamerikanischen Kontext, der von Armut, Ungerechtigkeit und Unterdrückung geprägt ist, und wählt für diesen Kontext den Ausgangspunkt bei der Kirche der Armen. Die Armen werden zum *locus theologicus*, indem die bestimmende Grundfrage lautet, wie ihnen das Evangelium so verkündet werden kann, dass es tatsächlich als frohe Botschaft erkennbar ist, und welche Praxis notwendigerweise damit verbunden ist. Dabei rekurriert Sobrino auf die Überzeugung, die Armen, Schwachen und Benachteiligten seien die ersten Adressaten der ursprünglichen Reich-Gottes-Botschaft Jesu. Daraus folgert er, diese Botschaft sei heute am besten aus der Perspektive der gegenwärtig Armen, Schwachen und Benachteiligten zu verstehen. Im Hintergrund stehen dabei die in Erweiterung eines Vorschlags von

496 *O'Neill*, Visions 39, Herv. im Orig.
497 *Loewe*, Interpreting 144.

Ellacuría formulierten vier Aspekte der Begegnung des Menschen mit der Realität: der noetische Charakter des verantwortlichen Erkennens, der ethische der tätigen Verantwortung, der praxische des leidenschaftlichen Kümmerns und der gnadenhafte des Sich-Tragen-Lassens von den gekreuzigten Völkern.

Wegen dieser Grundperspektive zeichnet sich Sobrinos Christologie weniger durch innovative oder originelle Überlegungen bei den einzelnen materialen Themen wie dem Leben und der Verkündigung Jesu, der Bedeutung seines Todes und seiner Auferstehung aus. Diese behandelt er weitgehend klassisch vor dem Hintergrund einer ignatianischen Spiritualität als Jesuit, unter starkem Rekurs auf westeuropäische systematische Theologen wie Kessler, Moltmann, Pannenberg, Rahner, Schillebeeckx, aber auch Exegeten wie Bultmann, Léon-Dufour und Boismard. Die spezifische Kontextualität seines Ansatzes schlägt sich vielmehr nieder in der methodologischen Option, sämtliche Themen aus der Perspektive des lateinamerikanischen Kontextes mit seiner spezifischen Frömmigkeit und der Opfer im Dienst an ihrer Befreiung zu diskutieren. Dazu dient der Ausgangspunkt beim irdischen Jesus und seiner Reich-Gottes-Verkündigung, da dieser die Geschichtlichkeit Jesu, seine historische Praxis mit Geist, seine kritische Funktion gegenüber im Laufe der Geschichte entstandenen Verkürzungen oder Instrumentalisierungen und die Aufforderung zur Nachfolge am besten deutlich macht. Dabei ist der große Einfluss durch Erzbischof Romero und Ellacuría offenkundig, die sich ebenfalls – der eine als Seelsorger und Bischof, der andere eher als Theologe, Philosoph und Universitätsrektor – diesem Anliegen verschrieben haben. Einen konkreten Ausdruck findet dies im Theologumenon des »gekreuzigten Volkes«, das auf eine Formulierung Romeros und grundlegende Überlegungen Ellacurías zurückgeht und von Sobrino weiterentwickelt wurde. Im Zentrum steht der Gedanke der Macht aus der Ohnmacht und die Aufforderung zur Nachfolge, die sich im Zusammenspiel des gekreuzigten Volkes, des leidenden Gottesknechtes und des Gekreuzigten zeigt. »Das *gekreuzigte Volk* vergegenwärtigt Christus und fordert andere dazu auf, ihn zu vergegenwärtigen, wobei nicht von einer Identität des *gekreuzigten Volkes* mit Christus auszugehen ist, sondern von einer Ähnlichkeit in Unterschieden und von einer abgeleiteten Mitwirkung an der Erlösung, die die Einmaligkeit von Sterben, Tod und Auferstehung Jesu Christi nicht in Frage stellt.«[498] Bemerkenswerterweise – angesichts der engen Verbindung dieses Theologumenons mit der Perspektive der Armen und Opfer sowie seiner zentralen Stellung in der Theologie Sobrinos – wird es in der Notifikation nicht thematisiert und auch nicht die zuweilen geäußerte Kritik übernommen, damit werde die Einzigkeit Christi infrage gestellt.

---

498 *Fornet Ponse*, Gott 278, Herv. im Orig.

Die vom II. Vatikanum vorgenommene Verhältnisbestimmung von »Innen« und »Außen« der Kirche bzw. die Auflösung einer solchen klaren Zuordnung findet ihren Niederschlag bei Sobrino zunächst in der bewussten Kontextualität seiner Überlegungen, d. h. in der Wahl der Armen und Unterdrückten zum sozialen Ort und der Kirche der Armen zum ekklesialen Ort der Christologie. Er betrachtet nicht von der Warte einer als universal verstandenen Theologie aus die Realität, für die er Theologie treibt, sondern geht von der Analyse dieser Realität aus und fragt danach – entsprechend der von GS geforderten Analyse der Zeichen der Zeit –, was sich in ihr an Zeichen des Heils und Unheils finden, was sie über Gott und Christus aussagt und wie in ihr Gott als ein menschenfreundlicher und befreiender Gott verkündet werden kann. Vor diesem Hintergrund betont er die Geschichtlichkeit von Glaubensformulierungen und weist auf die Gefährlichkeit mancher konziliarer Formulierung hin, da sie in bestimmten historischen und sozialen Kontexten eine Verkürzung der umfassenden biblischen Wahrheit darstellen kann und dies gerade angesichts ihres normativen Charakters wirkmächtig sein kann. Ein weiterer Ausdruck der Auseinandersetzung mit dem »Außen« der Kirche ist die in der lateinamerikanischen Befreiungstheologie sehr präsente Aufnahme sozialwissenschaftlicher Analysen, die auch bei Sobrino bemerkbar ist. »So anstößig Einzelaussagen dieses oder jenes Autors gewesen sein mögen, so fragwürdig auch dieser oder jener methodologische Einschlag mancher Publikationen gewesen sein mag, so gilt doch, daß hier in einem ersten großen Versuch jenes Neuland beschritten und vermessen wird, das die Väter des Zweiten Vatikanums ursprünglich im Blick hatten, als sie die Einführung von *Gaudium et spes* formulierten.«[499] Dementsprechend wird die Praxis der Kirche in Lateinamerika analysiert und kritisch reflektiert, vor allem vor dem Hintergrund der Armutsproblematik. Es ergeben sich daher andere Antworten als wenn ein Urteil auf der Basis von Prinzipien und moraltheologischen Axiomen getroffen wird.

Da die Kritik der Glaubenskongregation vor allem an diesen methodologischen Akzenten einsetzt und in der Folge theologische Akzentuierungen Sobrinos kritisiert, die von überlieferten Formulierungen abweichen, liegt es nahe, wie im Verfahren Schillebeeckx einen engen Zusammenhang mit der jeweils vorgenommenen Verhältnisbestimmung von »Innen« und »Außen« und der damit verbundenen Identitätsbestimmung einschließlich der Frage nach Stabilität oder Geschichtlichkeit von Überzeugungen und Formulierungen zu vermuten. Denn angesichts der Prägung des lateinamerikanischen Kontextes von Armut und Unterdrückung, gegen die auch die Kirche nicht immer

---

499 *Hünermann*, Frage 142.

eingetreten ist, ist der von Sobrino gewählte Ausgangspunkt bei der sozialen Realität der Armen für die theologische Reflexion überzeugend, wenn nicht sogar zwingend für eine bewusst für diesen Kontext entwickelte Theologie. Dagegen hat sich wie beim Fall Schillebeeckx die Vorgehensweise der Glaubenskongregation als eine primär auf die überlieferten Formeln bedachte Methode erwiesen, die ihre Position ohne weitere Kontextualisierung mit verschiedenen biblischen und lehramtlichen Texten untermauert und lediglich die »metaphysischen« Begriffsschemata der frühen Konzilien verwendet. Insofern unabhängig vom konkreten Kontext lehramtliche Daten wiederholt werden, zeigt auch die Notifikation zu Sobrinos Werken gravierende Schwierigkeiten, sein theologisches Anliegen zu verstehen, das ohne die besonderen Herausforderungen des lateinamerikanischen Kontextes nicht zu verstehen ist.[500] Die Beschränkung auf das metaphysische und eher statische Vokabular der neuscholastischen Christologie hindert sie zudem daran, sowohl die Ergebnisse der modernen Exegese oder neuerer systematischer Theologie zu rezipieren als auch der biblisch ausgedrückten Ereignishaftigkeit der Offenbarung vollkommen gerecht zu werden.[501]

500 So auch *Batlogg*, Zeilen 49.

501 Diese stellt Hünermann unter Rekurs auf Bernhard Welte heraus; vgl. *Hünermann*, Qualitätssicherung 57.

KAPITEL 5

Christologie angesichts des religiösen Pluralismus: Jacques Dupuis

Schon auf den ersten Blick weist der Fall des 1923 geborenen und 2004 gestorbenen belgischen Jesuiten Jacques Dupuis signifikante Unterschiede zu den bisher untersuchten Christologien Edward Schillebeeckx' und Jon Sobrinos auf. Denn anders als bei diesen gerieten nicht die eigentlich christologischen Schriften ins Visier der Glaubenskongregation,[1] sondern seine umfangreiche Monographie, in der er seinen Vorschlag darlegte, entlang welcher Linien eine christliche Theologie des religiösen Pluralismus entworfen werden könne, und worin er sich deutlich von einer pluralistischen Position in der Religionstheologie abgrenzt.[2] Zudem weicht die am 24. Januar 2001 zu diesem Werk veröffentlichte Notifikation insofern von vielen anderen Notifikationen seitens der Kongregation für die Glaubenslehre ab (u. a. der im selben Zeitraum entstandenen zu Reinhard Meßners liturgiewissenschaftlichen Veröffentlichungen), als dass sie keine expliziten Zitate aus dem Werk Dupuis' als zweideutig oder gar irrig kennzeichnet, sondern sich nach einer über das Verfahren informierenden Einleitung damit begnügt, einige Lehren der Kirche über die Heilsmittlerschaft Jesu Christi, die Offenbarung in Jesus Christus, das universale Heilswirken des Geistes, die Hinordnung aller Menschen auf die Kirche und die Bedeutung und Heilsfunktion der religiösen Traditionen festzuhalten. Dies soll den Lesenden dazu dienen, der kirchlichen Lehre entsprechende Antworten auf Rückfragen oder bei Zweideutigkeiten zu finden.[3] Wenn bei einigen Abschnitten explizit auf dem katholischen Glauben widersprechende Aussagen hingewiesen wird, mag dies insinuieren, dass solche Auffassungen

---

1 Vgl. *Dupuis*, Jésus-Christ (wobei hier viele der Thesen der späteren Monographie schon vertreten werden); *Dupuis*, Introduction. Über diese schreibt beispielsweise Valkenberg, seine inklusivistische Position sei völlig in Einklang mit dem II. Vatikanum und in der Christologie »he is more orthodox than most of the theologians dealing with religious pluralism« (*Valkenberg*, Dupuis 150; vgl. *Merrigan*, Exploring 342; *Noronha*, Trinity passim; *Tilley*, Orthodoxy). Auch Disse hält Dupuis religionstheologische Christologie prinzipiell für zustimmungsfähig hinsichtlich des Verhältnisses von Christusereignis und universaler Heilsgeschichte, der Wirksamkeit des Wortes Gottes in den nichtchristlichen Religionen und bei der »Frage nach den Konsequenzen der Endlichkeit der Menschheit Jesu für das Verhältnis zu den anderen Religionen« (*Disse*, Jesus 154).

2 Vgl. *Dupuis*, Unterwegs.

3 Vgl. *Kongregation für die Glaubenslehre*, Notifikation Dupuis.

© VERLAG FERDINAND SCHÖNINGH, 2021 | DOI:10.30965/9783657760190_006 entweder in Dupuis' Werk zu finden sind oder aus diesem gefolgert werden können, zumal die Publikation der Notifikation ursprünglich nur wenige Tage nach *Dominus Iesus* geplant war.[4] Explizit behauptet wird es indes nicht; vielmehr wird seine Absicht zur Treue gegenüber der kirchlichen Lehre und dem Lehramt betont und es werden weder methodische noch inhaltliche Kritikpunkte an seiner Theologie genannt. Dementsprechend werden (wie bei Sobrino und Schillebeeckx) auch keine Maßnahmen wie der Entzug der Lehrerlaubnis gegen ihn ergriffen, abgesehen von der Auflage, die Notifikation bei Nachdrucken, Neuauflagen und Übersetzungen mit abzudrucken und sich in der künftigen Tätigkeit an die Punkte der Notifikation zu halten.

Wie der Zusammenhang mit *Dominus Iesus* und die Themen der veröffentlichten Notifikation zeigen, spielte die Christologie und vor allem die Frage nach der Universalität des Heilwirkens Christi bei dieser Auseinandersetzung eine entscheidende Rolle. Während bei Schillebeeckx seine auf eine säkulare Moderne in Europa ausgerichtete Hermeneutik und Begrifflichkeit und bei Sobrino vor allem der methodisch hohe Stellenwert der Armen als Ort der Theologie sowie die Betonung der Menschheit Jesu Christi mit den entsprechenden Konsequenzen moniert wurden, zielt die Notifikation zu Dupuis' Werk darauf ab, sein Bemühen um eine christliche Theologie des religiösen Pluralismus mit ihrer Begründung in einer trinitarischen Christologie in den in *Dominus Iesus* deutlich abgesteckten Rahmen einzufügen. Sie verfolgt damit das Anliegen einer hohen internen Homogenität durch klare Abgrenzung. Demzufolge soll das Werk vor dem Hintergrund der Lehren von der einzigen Heilsmittlerschaft Christi und der Hinordnung anderer Religionen auf die (katholische) Kirche und der Berufung zur Teilhabe an dieser gelesen werden. Schon dabei stellt sich die Frage, ob dies geeignet ist, dem Anliegen Dupuis', nämlich danach zu fragen, welche Rolle die anderen Religionen im Heilsplan Gottes spielen und ob sie einen authentischen Heilswert für ihre Anhänger haben, gerecht zu werden – mit anderen Worten, ob der religiöse Pluralismus lediglich *de facto* oder auch prinzipiell (bzw. *de iure*) existiert, d. h. im Einklang mit dem Willen Gottes ist.[5] Dies gilt insbesondere angesichts der veränderten

4 Vgl. zum Hintergrund den Beitrag von Dupuis' Verteidiger *O'Collins*, Look.

5 Hier ist ein deutlicher Unterschied zu *Dominus Iesus* zu notieren, wonach die missionarische Tätigkeit der Kirche durch solche Ansichten gefährdet würden. (Vgl. DI 4) Dupuis moniert an diesem Abschnitt eine fehlende Differenzierung, da nicht alle Theorien, die einen solchen prinzipiellen Pluralismus vertreten, die Einzigkeit und Universalität Jesu Christi infragestellen. (Vgl. *Dupuis*, Christianity and Religions 458f.)

Wieger formuliert eine wichtige Konsequenz aus der Anerkennung eines prinzipiellen Pluralismus: Die Weltreligionen sind »nicht mehr ein bloßes Faktum, über das die Theologie von außen eine Diagnose zu erstellen hat, wie sie es mit anderen historischen Phänomenen

Haltung der katholischen Kirche zu den nicht-christlichen Religionen seit dem II. Vatikanum und der seitdem zu beobachtenden lehramtlichen Entwicklung. Daher moniert Waldenfels das Fehlen wegweisender Hilfen für den weiteren Verlauf des Dialogs: »So bleibt der schale Beigeschmack, daß die Einschärfung von Bekenntnisformeln da, wo der Dialog Argumente erforderlich macht, weniger ermutigt als Ängste und Verdachtsmomente schürt.«[6] Dabei ist auch die veränderte Fragerichtung zu berücksichtigen, da von lehramtlicher Seite über Jahrhunderte hinweg primär das individuelle Schicksal reflektiert wurde, d. h. ob der einzelne Mensch auch außerhalb der Kirche das Heil finden kann, während die kollektive Dimension, die bei Dupuis im Zentrum steht, kaum beachtet wurde. Indem er sich der Frage nach den »Anderen« außerhalb der Kirche stellt, nimmt er eine Herausforderung auf, die schon seit den Anfängen der Kirche besteht und in der gegenwärtigen Zeit an Brisanz gewonnen hat. Dies »ruft nach einer neuen Agenda der Theologie, in der das Eine, theologisch gesprochen, *der* Eine – Gott – im Horizont der Vielzahl geschichtlicher Facetten gesehen und erkannt wird«[7]. Wie bei Schillebeeckx und Sobrino machen sich bei Dupuis der konkrete Kontext seines theologischen Schaffens und seine jahrzehntelange Erfahrung in Indien – er ging als junger Jesuit 1949 nach Indien, lehrte später bis 1984 am *Vidyajyoti College of Theology* in Delhi, bevor er an die Gregoriana nach Rom wechselte, und war von 1985–1995 Konsultor des Päpstlichen Rates für den interreligiösen Dialog – schon in der Fragestellung bemerkbar.[8] Mit seinem Anliegen, die katholische und universale Reichweite der Offenbarung und Selbstmitteilung Gottes nach dem II. Vatikanum im Horizont der einen Heilsgeschichte für einen von vielen Kulturen und religiösem Pluralismus geprägten Kontext aufzugreifen, teilt er einen zentralen Punkt der Rezeption des II. Vatikanums in Asien. Denn dieses wird dort weniger als abgeschlossener Text und vielmehr als Ausgangspunkt wahrgenommen.[9] Dieser Hintergrund scheint nicht von allen Kritikern

---

auch tut, sondern ein *locus theologicus*, ein Bestandteil der theologischen und bei Dupuis auch der christlichen Lehre« (*Wieger*, Inklusivismus 74; vgl. *Pivot*, Bulletin 191). Plata fragt an, ob Dupuis nicht a priori von einem prinzipiellen Pluralismus ausgehe, anstatt diese Annahme auf den nötigen empirischen Untersuchungen zu basieren. (Vgl. *Plata*, Dupuis 71.)

6 *Waldenfels*, Dupuis 218.

7 *Waldenfels*, Vorwort 14, Herv. im Orig.

8 Burrows beschreibt, wie sich Dupuis durch diese Zeit verändert hat: »The idealistic, Eurocentric young Belgian who went to India was nothing if not a traditional Catholic missionary. The mature theologian-missionary who returned had been changed by Asia. Ever the conservative, cautious scholar, he was surprised, even bemused, when his courses and writings on the theology of religion and Christology caught the attention of students at the Gregoriana and were thought to be ground-breaking.« (*Burrows*, Man 8f.)

9 Vgl. dazu *Wilfred*, Rezeption sowie allgemeiner *Wilfred*, Formen.

ausreichend berücksichtigt zu werden, wenn diese – u. a. aufgrund fehlender Auslandserfahrungen und fehlender Kenntnis der Veränderungen durch die Globalisierung – beispielsweise Dupuis' Ansatz stärker vor dem Hintergrund der katholischen Auseinandersetzung mit der Aufklärung und französischen, spanischen und italienischen Konflikten mit Laizität beurteilen und kritisieren.[10] Wenngleich Dupuis seine Ausführungen auf der Basis der Schrift und der lehramtlichen Tradition entwickelt, argumentiert er nicht in erster Linie apologetisch, sondern zeigt auf, wo in ihr Pluralität positiv erscheint, und hebt besonders auf den Unterschied zwischen der begrenzten menschlichen Existenz und der Grenzenlosigkeit der göttlichen Natur ab. Diese Unterscheidung zwischen der göttlichen und der menschlichen Natur Jesu Christi weist mit ihren Konsequenzen hohes Konfliktpotential zur Position der Glaubenskongregation auf, die viel stärker die Einheit der Naturen und dementsprechend in der Christologie deutlicher den Aspekt der Plenitudo herausstellt. Die theologische Grundlage seiner Argumentation bildet eine trinitarische und pneumatische Christologie, womit er eine Dichotomie zwischen Logozentrismus und Christozentrismus überwinden und diese als »zwei untrennbare Aspekte oder komplementäre Elemente innerhalb einer einzigartigen Ökonomie des Heils«[11] ausweisen und damit den Vorgaben »ungetrennt« und »unvermischt« des Chalkedonense gerecht werden will.

5.1 Jacques Dupuis: eine trinitarische Christologie als Grundlage einer Theologie des religiösen Pluralismus

Nachdem Jacques Dupuis sich in verschiedenen Monographien christologischen Themen im Zusammenhang interreligiöser Fragestellungen widmete und einen »theozentrischen Christozentrismus«[12] entwickelte, legte er 1997 seinen Entwurf einer christlichen Theologie des religiösen Pluralismus vor. Diesen bezeichnet er selber als »inklusivistischer Pluralismus« (oder »pluralistischer Inklusivismus«) – worin sich die »elliptische« Struktur seines Ansatzes niederschlägt, der zwei Brennpunkte miteinander zu verbinden sucht, nämlich die universale und qualitativ vollkommene Heilsbedeutung Jesu Christi und die Wertschätzung der Pluralität der Religionen. Sofern diese

10 Vgl. z. B. *De Rosa*, teologia. »This was not an adequate hermeneutic to grasp the theological issues implicated in world Christianity's engagement with the religious and cultural ›other‹.« (*Burrows*, Man 10.)

11 *Dupuis*, Christologie als Modell 69.

12 Vgl. *Dupuis*, Jesus Christ and His Spirit; *Dupuis*, Jésus-Christ; *Dupuis*, Introduction.

beiden Brennpunkte als nicht miteinander vereinbar angesehen werden, wird seinem Ansatz eine »unlösbare Spannung« attestiert.[13] Der Titel *Unterwegs zu einer christlichen Theologie des religiösen Pluralismus* (im italienischen Original: *Verso una teologia cristiana del pluralismo religioso*) beschreibt dabei präzise, worum es ihm geht: Es handelt sich nicht um einen religionstheologischen Entwurf im engeren Sinne, sondern um einen Vorschlag (»Unterwegs«), sowohl am überlieferten Glauben an Jesus Christus festzuhalten bzw. (im Unterschied zu einer »Welttheologie« à la Wilfred Cantwell Smith) eine notwendigerweise konfessionelle Theologie zu betreiben (»christliche«) als auch der Vielfalt lebendiger religiöser Traditionen eine positive Rolle in Gottes Heilsplan zuzuschreiben, wozu die christliche Theologie des Judentums als Paradigma angesehen werden kann (»Theologie des religiösen Pluralismus«). Dabei ist für das interreligiöse Gespräch eine Auseinandersetzung mit den anderen konfessionellen Theologien der Religionen (jüdisch, muslimisch, hinduistisch etc.) notwendig.[14] Hierzu bietet er im ersten Teil einen geschichtlich orientierten Überblick über die christlichen Verhältnisbestimmungen gegenüber anderen Religionen beginnend mit den Religionen der Völker in der Bibel über den kosmischen Christus der frühen Kirchenväter bis hin zum II. Vatikanum und dem nachkonziliaren Lehramt sowie der theologischen Auseinandersetzung um die Theologie der Religionen. Dabei zeigt er, wie sich die zentrale Fragestellung von der Frage nach dem Heil der »anderen« in Jesus Christus über diejenige nach dem Heil der Mitglieder anderer Religionen einschließlich möglicher positiver Elemente in diesen hin zur Frage nach einer positiven Bedeutung des religiösen Pluralismus entwickelt hat.[15] Der zweite Teil ist eher systematisch (bzw. in seiner Wortwahl synthetisch) ausgerichtet und behandelt das Verhältnis des einen Gottes und einen Christus zu den vielen Religionen, die er als konvergente Wege im Sinne einer eschatologischen Konvergenz im universalen Christus à la Teilhard de Chardin ansieht; im Zentrum dieser Überlegungen steht seine trinitarische und pneumatische Christologie. Diese bildet gemeinsam mit der wechselseitigen

13 So beispielsweise *Löffler*, Religionstheologie 52, der auch von »übermäßige[n] Harmonisierungsbestrebungen« (76) schreibt.

14 Vgl. zur ausführlichen Begriffsklärung *Dupuis*, Unterwegs 30–43.

15 »In short, the question is whether the divine design for humankind might not be much more vast and deep than we had ever thought before.« (*Dupuis*, Christianity 4.) Pacini weist auf den Zusammenhang dieser Veränderung mit der Entwicklung der Kenntnis anderer Kulturen und Religionen seit dem 15. Jh. hin. »Questo processo di globalizzazione e accresciuto pluralismo culturale e religioso in tutto il pianeta non ha potuto non essere recepito dalla coscienza teologica ed ecclesiale e ha quindi causato una seria riflessione con risposte diversificate.« (*Pacini*, Cristologia 162.)

Bezogenheit verschiedener Modelle wie Christozentrismus, Theozentrismus, Regnozentrismus, Soteriozentrismus etc. und dem regnozentrischen Modell die wichtigsten Interpretationsschlüssel, mit denen eine christliche Theologie des religiösen Pluralismus entworfen werden kann.[16] Dabei berührt er immer wieder die Frage nach der Universalität des partikularen Ereignisses Jesus Christus, da der Glaube an ihn wegen seiner Partikularität nicht das einzige Kriterium des menschlichen Heils sein dürfe. Da sein Werk zugleich eine allgemeine Einführung in die Theologie der Religionen sein soll, »die großzügiger in der Wertschätzung anderer Traditionen und besser für einen Dialog mit deren Mitgliedern geeignet ist«[17] als bisherige Versuche, wird mit der Eignung für einen Dialog die konkrete Begegnung mit Vertreterinnen und Vertretern anderer Religionen zum Kriterium. Diese werden nicht mehr bloß als Objekt einer Theologie behandelt, sondern kommen als Subjekte selber zur Sprache. Hinzu kommt mit der Eignung für den Dialog eine handlungstheoretische Komponente, die der pastoralen Ausrichtung entgegenkommt. Die im II. Vatikanum vorgenommene neue Verhältnisbestimmung von »Innen« und »Außen« der Kirche und die in NA eingenommene positive Haltung zu anderen Religionen prägt somit grundsätzlich den theologischen Ansatz von Dupuis. Er nimmt diese jedoch nicht nur auf, sondern stellt ausgehend von der Faktizität des religiösen Pluralismus die Frage nach dessen möglicher theologischer Begründung in einem christlichen Deutungshorizont.

Auffallend ist die starke Auseinandersetzung mit dem Lehramt der römisch-katholischen Kirche, die das gesamte Werk durchzieht und zur Kritik Anlass gab, dadurch »it does not reflect the wide range of options that are actually entertained in this area«[18]. Dies hängt mit Dupuis' Anliegen zusammen, zunächst in seiner eigenen Kirche einen theologischen Wandel zu befördern, indem er von bestehenden Elementen in lehramtlichen Dokumenten der römisch-katholischen Kirche ausgeht und zeigt, dass damit »ein Weg in Richtung auf eine offenere Einschätzung religiöser Traditionen gefunden werden kann als dies mindestens in den letzten Jahren üblich war«[19]. Anders

16 Vgl. *Dupuis*, Unterwegs 526. Mit der wechselseitigen Bezogenheit soll der Komplexität der christlichen Erfahrung Rechnung getragen werden, während der trinitarisch-christologische Interpretationsschlüssel es ermöglicht, »die universale wirksame Gegenwart des Wortes Gottes und seines Geistes zu betonen als eine Quelle der Erleuchtung und der Inspiration von religiösen Gründergestalten und den Traditionen, die aus deren Erfahrung entsprungen sind« (526). Mit dem regnozentrischen Modell wird ein Ekklesiozentrismus überwunden.

17 *Dupuis*, Unterwegs 29.

18 *Haight*, Review 349.

19 *Dupuis*, Wahrheit 16.

als Schillebeeckx und Sobrino wählt er als Ansatzpunkt demzufolge nicht eine stark geschichtlich orientierte Rekonstruktion Jesu von Nazaret, sondern den überlieferten Glauben der Kirche und sucht darin nach Ansatzpunkten für eine Öffnung auf eine andere Einschätzung anderer religiöser Tradition. Indem er diese herausarbeitet, macht er auf die Bandbreite der Tradition aufmerksam. Dienlich war ihm seine profunde Kenntnis als Herausgeber des englischen Kompendiums der lehramtlichen Dokumente der römisch-katholischen Kirche. Angesichts dieses hohen Stellenwertes der Tradition verwundert die Kritik an seiner Kombination der deduktiven und induktiven Methoden, diese absorbiere die deduktive, zumal er deutlich festhält, die Schrift sei die *norma normans* des Theologisierens.[20] Wenn umgekehrt kritisiert wird, er folge weitgehend der deduktiven Methode, indem er von lehramtlichen Texten und theologischen Ansätzen ausgehe und kaum konkret auf das Selbstverständnis der Anhänger anderer religiöser Traditionen Bezug nehme,[21] wird nicht nur sein Gesamtwerk, in dem die Auseinandersetzung mit anderen religiösen Traditionen immer wieder eine große Rolle spielt, zu wenig in Betracht gezogen. Auch das o. g. Anliegen des Werkes sowie seine konkrete Dialogerfahrung werden zu wenig berücksichtigt, die ihn sich gerade mit dieser Fragestellung auseinandersetzen lässt. Seiner eigenen Einschätzung nach waren die 36 Jahre in Indien von maßgeblichem Einfluss auf seine Theologie und er betrachtet seinen Kontakt mit der Hindu-Wirklichkeit als die größte von Gott empfangene Gnade für seine Berufung als Theologe. Auch sein persönlicher Glaube sei durch den Dialog und die Vertrautheit mit den Religionen und ihren Angehörigen gereinigt und vertieft worden[22]. Dies illustriert die Folgen, die die vom II. Vatikanum anvisierte Verortung des Glaubens in der Pastoral mit der Bereitschaft, Position von anderen her zu beziehen und die eigene

20 Vgl. *Dupuis*, Unterwegs 408; *Dupuis*, Wahrheit 19 mit Rekurs auf die Kritik der Herausgeber der *Revue Thomiste*. »Dupuis' book is manifestly Catholic in perspective and in orientation, and draws extensively on conciliar teaching (especially Vatican II) and on Magisterial documents.« (*Merrigan*, Exploring 341.)

»La proposta teologica di Dupuis si pone dunque come sviluppo sistematico di affermazioni che nei testi magisteriali risultano presenti, ma ancora in modo disseminato e embrionale.« (*Pacini*, Cristologia 214.)

21 *Löffler*, Religionstheologie 82.

22 Vgl. *Dupuis*, Pilgrimage 169–171; *O'Connell*, Spirit 12–32 eine ausführliche Auseinandersetzung mit der Rezeption Jesu im Neohinduismus findet sich in den ersten Kapiteln von *Dupuis*, Jésus-Christ. Vgl. zu Dupuis' Beschäftigung mit asiatischen Theologen und wie er durch diese beeinflusst wurde, auch *Phan*, Dupuis und zu Dupuis' Verhältnis zu Abhishiktananda *Gispert-Sauch*, Dupuis.

Identität »im Modus einer produktiven Wahrnehmung scharfer Differenzerfahrungen«[23] zu rekonstruieren, haben kann.

5.1.1 *Kombination deduktiver und induktiver Methode*

Entsprechend seinem Anliegen einer auf den interreligiösen Dialog ausgerichteten Theologie in Auseinandersetzung mit dem bestehenden religiösen Pluralismus schlägt Dupuis eine Verbindung aus deduktiven und induktiven Methoden vor.[24] Damit nimmt er die Stärken der deduktiv vorgehenden dogmatischen und genetischen Methoden auf, die von den dogmatischen Lehren der Kirche bzw. von den biblischen Schriften und der Entwicklung der theologischen Reflexion über bestimmte Glaubensgegenstände ausgehen und von diesen grundlegenden Behauptungen zu Schlussfolgerungen gelangen, aber Gefahr laufen, zu abstrakt und von der Wirklichkeit abgeschnitten zu sein bzw. eine zu große Linearität der Lehrentwicklung anzunehmen. Zugleich wird unter Rekurs auf *Gaudium et spes* die Orientierung an der Wirklichkeit der induktiven Methoden für zentral erachtet und unter dem Stichpunkt Kontextualisierung bzw. Hermeneutische Theologie dafür votiert, vom konkreten Kontext auszugehen und die Wirklichkeit aus der Perspektive des Evangeliums zu interpretieren.[25] Dadurch ergibt sich ein Dreiecksverhältnis zwischen dem »Text« der objektiven Tradition inklusive der biblischen Offenbarung, dem historischen »Kontext« in seiner komplexen Wirklichkeit und der kirchlichen Gemeinschaft als dem heutigen »Interpreten«, womit der Gefahr einer induktiven Methode begegnet wird, einen Diskurs ohne Rückbindung an die Grundgegebenheiten des Christentums zu führen.[26] Indem in diesem Dreiecksverhältnis die Glaubensgemeinschaft eine wichtige Rolle spielt, zeigt sich

---

23 *Hoff*, Raum 172.

24 Vgl. *Dupuis*, Unterwegs 44–52; *Dupuis*, Christianity 8–11. Ähnlich schon *Dupuis*, Jésus-Christ 15–21. 232. 320f (mit einem Akzent auf der induktiven Methode, aber auch schon einem Ausblick auf die hermeneutische Methode); *Dupuis*, Introduction 5–8 und *Dupuis*, Wege mit Betonung der Bedeutung des Ortes der Theologie.

25 In der deutschsprachigen Fundamentaltheologie wurde dies insbesondere von Hans Waldenfels aufgenommen: »Die Theologie ist nur dann kommunikationsfähig, wenn sie den konkreten geschichtlichen Kontexten in ihren Eigenständigkeiten Gerechtigkeit widerfahren lässt. Als sich ihrer Geschichtlichkeit bewusste Grundwissenschaft muss die Fundamentaltheologie heute kontextuelle Fundamentaltheologie sein.« (*Waldenfels*, Fundamentaltheologie 101.)

26 »Obwohl sie nicht dogmatisiert, ist die hermeneutische Theologie keineswegs undogmatisch; indem sie auf eine bestimmte geschichtliche Situation antwortet, ist sie nicht universal, sondern je wieder anders; da die Ortskirche das interpretierende Subjekt und den Raum darstellt, in dem der Theologe arbeitet, ist die hermeneutische Theologie zugleich ortsgebunden und kirchlich, lokal und ekklesial.« (*Dupuis*, Wege 416.)

das Bemühen Dupuis', innerhalb der Tradition und der Glaubensgemeinschaft nach Anknüpfungspunkten zu suchen, womit er einen anderen Akzent setzt als Schillebeeckx und Sobrino, die stärker das kritisch-korrektive Moment der Realität betont haben. Während eine deduktive Methode im Bereich der Theologie der Religionen vor allem von westlichen Theologen gewählt wurde, die von biblischen Aussagen ausgehend danach fragten, was anderen religiösen Traditionen zugestanden werden könne, wurden induktive Methoden eher in den Kirchen gewählt, für die die Erfahrung des Zusammenlebens mit anderen religiösen Traditionen alltäglich ist. Der Erfahrung kommt nach Dupuis eine hohe Bedeutung zu, da sie »die Augen öffnet für die Wirklichkeit«[27]. Mit einer Kombination aus beiden Vorgehensweisen, die auch von Paul Knitter als »umfassende theologische Methode« vorgeschlagen wurde,[28] sollen sich die Quellen der christlichen Tradition und der menschlichen Erfahrung gegenseitig befruchten bzw. wird »die gegenwärtige Realität mit den Gegebenheiten der Offenbarung und Tradition konfrontiert«[29]. Dabei sieht Dupuis den Dialog als notwendige Grundlage einer Theologie der Religionen an, damit der eigene Glaube nicht ausgeklammert und den Andersgläubigen in der konkreten Wirklichkeit ihrer religiösen Erfahrung begegnet wird. Die Beurteilung, wie stark Dupuis in dieser Monographie diesem Anliegen entspricht, fällt unterschiedlich aus: Während das Redaktionskomitee der *Revue Thomiste* eine Schlagseite auf der induktiven Methode sieht, monieren Löffler oder Noronha, das Werk argumentiere fast ausnahmslos dogmatisch-deduktiv.[30]

Die Orientierung am Kontext und an der je konkreten Situation legt einen Methodenpluralismus und eine theologische Vielfalt nahe, die – wie bei Sobrino – auf Skepsis der Glaubenskongregation stoßen, da sie die Absicherung der überlieferten Sicherheiten erschweren und zudem eine Tendenz

---

27 *Dupuis*, Wahrheit 17. Die Bedeutung der Erfahrung wird prinzipiell auch vom Redaktionskomitee der *Revue Thomiste* zugestanden, wenngleich sie ihm vorwerfen, ab und an dem »mythe de la supériorité de ›l'homme de terrain‹« zu verfallen; ein gewisser Abstand hingegen bürge für eine Objektivität (vgl. *Comité de rédaction*, Tout récapituler 593). (Ihre ausführliche Rezension bezeichnet O'Collins als »a bizarre going back to a dead past«; *O'Collins*, Jacques Dupuis 23.) Abgesehen davon, dass Dupuis mit seiner Kombination der induktiven und deduktiven Methode genau dem entgegen kommen will, stellt sich die grundsätzliche Frage, ob tatsächlich Objektivität durch Abstand von der Erfahrung und damit von der Wirklichkeit erreicht werden kann oder dies nicht vielmehr schnell Gefahr läuft, zu einer realitätsfernen Abstraktion zu werden, zumal auch diejenigen, die Abstand nehmen, sich nicht aus ihrem Kontext völlig lösen können.

28 Vgl. *Knitter*, Name 91f.

29 *Dupuis*, Wahrheit 19.

30 Vgl. *Comité de rédaction*, Tout récapituler 595f *Löffler*, Religionstheologie 82; *Noronha*, Trinity 31.

zum religionstheologischen Pluralismus aufweisen können. Aus dem Prinzip der Kontextualisierung und dem hermeneutischen Modell der Theologie folgt ferner, dass die Theologie der Religionen weniger als neue theologische Disziplin, sondern als neue Art des Theologietreibens bzw. als neue Methode in einer Situation des religiösen Pluralismus zu verstehen ist.

> Ihr Ausgangspunkt ist eine Praxis des interreligiösen Dialogs, auf dessen Grundlage sie nach einer christlichen Interpretation der sie umgebenden pluralen religiösen Wirklichkeit sucht. Sie stellt auch einen neuen *Weg* des Theologietreibens dar. [...] Sie reflektiert nicht theologisch *über* den Dialog, sondern auch *im* Dialog.[31]

Eine Theologie des religösen Pluralismus folgt somit auf die Praxis des interreligiösen Dialogs, womit sich ein zumindest chronologischer Vorrang der Praxis vor der Theorie ergibt und die der wechselseitigen Verhältnisbestimmung von Pastoral und Dogmatik entsprechende handlungstheoretische Komponente deutlich wird. Dabei ist das Zusammenspiel von Text, Kontext und Interpreten zu beachten. »C'est dire que le dialogue ne suit pas simplement l'évaluation théologique des religions, mais la précède également comme sa condition nécessaire. La théologie des religions sera une théologie herméneutique en laquelle contexte et texte, la réalité vécue et le donné révélé se rencontrent en une action et une réaction mutuelles.«[32]

Dementsprechend sieht Dupuis die Kirchen in den afrikanischen und asiatischen Ländern in einer Vorreiterrolle, wenn eine theologische Hermeneutik des religiösen Pluralismus entwickelt werden soll. Dabei betont er die komplexe Natur des asiatischen Kontextes, für den die beiden massiven Wirklichkeiten der entmenschlichenden Armut enorm vieler Menschen und die der charakteristischen Pluralität religiöser Traditionen mit dem Christentum meist in einer Minderheitenposition entscheidend sind. Für asiatische wie für afrikanische Theologien sind somit sowohl eine befreiende als auch eine interreligiöse Dimension zu berücksichtigen.[33] Diese unterscheiden sich in einer

---

31 *Dupuis*, Unterwegs 50, Herv. im Orig. »Indeed, this theology does not simply observe the practice of interreligious dialogue as a necessary condition, as a premise, or even as a first step of its own activity; it maintains a dialogical stance at every stage of its reflection. It is theological reflection on dialogue and in dialogue; it is ›dialogical interreligious theology‹.« (*Dupuis*, Christianity 11, Herv. im Orig.) Diese Forderung findet sich schon in *Dupuis*, Cristianesimo e religione 277. Vgl. auch *Geffré*, Theology, der für dieses Anliegen unter der Bezeichnung »interreligiöse Theologie« wirbt.

32 *Dupuis*, dialogue interreligieux 546.

33 Bei diesem Plädoyer Dupuis' ist der Entstehungszeitpunkt zu beachten, da eine solche Verbindung zunehmend auch in Lateinamerika (u. a. vor dem Kontext andinen oder

Hinsicht zentral, da eine befreiende Praxis die Ursachen der Unterdrückung klar benennen und sich gegen sie richten muss, während die Praxis für den religiösen Pluralismus von Gespräch und Dialog bestimmt sein muss.[34]

Die von Dupuis in seinem Werk konkret vorgenommene Zweiteilung in einen historischen und einen synthetischen bzw. thematischen soll nicht insinuieren, die Kombination deduktiver und induktiver Methoden finde in dieser Weise statt. Vielmehr verdankt sie sich neben der Notwendigkeit einer gründlichen Darstellung der christlichen Tradition der Einsicht in die enormen Veränderungen, die im Lauf der Geschichte sowohl bei der Beurteilung anderer Religionen als auch bei der Problemstellung selbst zu beobachten sind, sowie den geschichtlichen Wurzeln der gegenwärtigen Situation bei aller Diskontinuität zu früheren historischen Epochen.[35]

5.1.2 *Die Auseinandersetzung mit der Tradition*

Diese Veränderungen bestimmen den Aufbau des historischen Teils, der mit dem biblischen Material beginnt, um die Einflussfaktoren der späteren Einstellungen aufzuzeigen. Über die eher positive Haltung früher Apologeten wie Justin der Märtyrer, Irenäus von Lyon und Clemens von Alexandrien geht er zu der sich im Axiom »*extra ecclesiam nulla salus*« niederschlagenden negativen Position nach Augustinus über, bevor nach Substituten für das Evangelium gefragt wird, wofür die Überlegungen des impliziten Glaubens und der Begierdetaufe zentral wurden. Anschließend kommen mit der Erfüllungstheorie und Theorien zum Christusmysterium in anderen religiösen Traditionen verschiedene Ansätze im Umfeld des II. Vatikanums in den Blick. Dieses Konzil selber und das nachkonziliare Lehramt werden vorgestellt, bevor Dupuis auf die Auseinandersetzung um die Theologie der Religionen und den Paradigmenwechsel vom Ekklesiozentrismus zum Christozentrismus zum Theozentrismus eingeht. Die sich daraus ergebende theologische Perspektive dient ihm »als Leitfaden für eine organische Darstellung der in einer Theologie des religiösen Pluralismus enthaltenen theologischen Hauptthemen«[36]. Einen Grundzug der Argumentation bildet die aktive und universale Wirksamkeit

amazonischen Denkens) stattfindet, sodass die Unterscheidung zwischen Befreiungstheologien und Inkulturationstheologien nur noch primär heuristischen Wert besitzt, sich aber zahlreiche Überschneidungen ergeben. Vgl. zu diesen Kontexten besonders *Estermann*, Apu Taytayku; *Weiler*, Mensch.

34 Als Beispiel eines Theologen, der beides miteinander verbindet, nennt Dupuis Aloysius Pieris (vgl. u. a. *Pieris*, Theologie).

35 Entsprechend dem christologischen Fokus dieser Arbeit werden sowohl der historische Teil als auch einige Kapitel des synthetischen Teils verhältnismäßig knapp diskutiert.

36 *Dupuis*, Unterwegs 54.

bzw. Gegenwart des Wortes und des Geistes Gottes, die die Basis dafür bilden kann, andere religiöse Traditionen positiv zu bewerten und den Dialog mit ihnen als Chance zur Vertiefung des Glaubens zu sehen.

Daher geht Dupuis nicht primär auf die historischen Ereignisse ein, die für das Verhältnis des Christentums zu anderen Religionen maßgeblich waren wie die Anerkennung unter den Kaisern Konstantin und Theodosius, die Kreuzzüge oder die Vertreibung der konversionsunwilligen Muslime und Juden aus Spanien etc., sondern sieht diese eher als Voraussetzungen und historischen Kontext für die theologischen Verhältnisbestimmungen, von denen er sich auf die wirkmächtigen Hauptmodelle und -paradigmen konzentriert. Als diese nennt er vier, die grob aufeinander folgen, wenngleich einzelne Vertreter der früheren Positionen in späteren Phasen zu finden sind und umgekehrt. Die vier Modelle beginnen mit der negativen Haltung, die sich im Axiom »*extra ecclesiam nulla salus*« ausdrückt und der sich begrenzt öffnenden Position, in der die individuelle Heilsmöglichkeit der Gläubigen anderer Religionen anerkannt und diese Religionen als Empfänger einer natürlichen göttlichen Offenbarung angesehen werden. Zur Zeit des II. Vatikanums war die dritte Position vorherrschend, die positive Werte bis hin zu Elementen der Wahrheit und Gnade in den anderen religiösen Traditionen sieht, die förderlich für das Heil ihrer Mitglieder sind, während gegenwärtig die vierte, wiederum positivere, Perspektive zu beobachten ist. »Sie fragt, welche positive Bedeutung diesen Traditionen in Gottes Plan für die Erlösung der Menschheit im Kontext des universalen Wertes zukommt, den der christliche Glaube dem Christusereignis in der geschichtlichen Entfaltung des göttlichen Planes zuschreibt.«[37] Mit jeder dieser Positionen ist eine spezifische Problemstellung bei der Frage der Heilsbedeutung der Religionen verbunden, von denen die ersten drei sich auf die individuelle Heilsmöglichkeit der Angehörigen anderer religiöser Traditionen, die außerhalb des christlichen Raums leben, konzentrieren: Zunächst geht es um das Heil solcher Personen, die vor oder nach dem Christusereignis gelebt haben, dann um mögliche Ersatzwege für sie und drittens um die genaue Bedeutung der positiven Werte anderer religiöser Traditionen für das Heil ihrer Angehörigen. Mit der vierten Perspektive kommt die Bedeutung der religiösen Traditionen selber für Gottes Plan in den Blick. Daraus folgt die Frage, »wie der religiöse Pluralismus, der der konkreten Wirklichkeit der heutigen Welt inhärent ist, zu interpretieren ist«[38], also darum, die Pluralität der »Wege« zu erklären und wie diese als positiv begründet werden kann.

37 *Dupuis*, Unterwegs 60.

38 *Dupuis*, Unterwegs 60f; vgl. *Dupuis*, Christianity 45f.

Für diese Fragestellung zeigt die Untersuchung, wie die Religionen der Völker in der Bibel gesehen werden, keinen umfassenden Entwurf, wohl aber einige entscheidende Elemente, z. B. die enge Beziehung des biblischen Glaubens zu den Religions- und Symbolsystemen seiner Umwelt, das Selbstverständnis des Volkes Israels als erwähltes Volk oder das Identitätsverständnis der ersten Jesusanhänger. Das Spektrum der eingenommenen reflektierten Positionen reicht von Ablehnung bis zu Bewunderung, wobei eine negative Haltung vorwiegt. Eine oft im Rekurs auf einschlägige biblische Passagen vertretene negative Einstellung hängt nach Dupuis' Einschätzung auch mit einseitigen und tendenziösen Interpretationen der Texte zusammen, bei der die apologetische Behauptung der Einzigkeit des Christentums als »wahre Religion« das erkenntnisleitende Interesse war und mit negativen Einschätzungen anderer Religionen in der Bibel gestützt werden konnte. Dagegen sind die unterschiedlichen Kontexte der Schriften zu beachten, was zu einem deutlich differenzierten Bild führt.[39] Theologische Ansatzpunkte für eine positivere Sicht sind u. a. die Offenbarung Gottes in der Schöpfung, die Möglichkeit für Heiden, auf das Evangelium zu antworten und das Wirken Gottes und seines Geistes jenseits der Grenzen menschlicher Erwartungen. Auf diese konzentriert sich Dupuis, indem er für das Verhältnis Israels zu den Völkern den kosmischen Bund Gottes mit der Menschheit anführt, der dem Bundesschluss mit Abraham vorausgeht und sich auf die Beziehung Gottes zu den ersten Menschen sowie auf den als »ewig« bezeichneten Bund mit Noah (Gen 9,16) zurückführen lässt. Dieser Bund »ist nicht Teil der Naturgeschichte, sondern der Heilsgeschichte. Für Israel ist die Treue Gottes in der kosmischen Ordnung auch die Gewähr für seine Treue in der geschichtlichen Ordnung.«[40] Dem spezifischen Bund mit Israel geht somit das persönliche, universale Eingreifen Gottes in die Geschichte der Völker voraus. Ein weiteres Motiv ist dasjenige heiliger Heiden im Alten Testament wie Abel, Henoch und Noah und den Angehörigen von Fremdvölkern wie Ijob, Melchisedek, Lot u. a. Ferner ist die allmähliche Entwicklung des Monotheismus in Israel zu berücksichtigen, der zwar oft zu klaren Verurteilungen führte, aber auch gegenläufige Positionen ermöglicht wie diejenige, Kyros als »Gesalbten« Gottes (Jes 44,28–45,1) anzusehen, oder die Hoffnung auf die endzeitliche Völkerwallfahrt zum Zion.[41]

39 In *Dupuis*, Christianity verweist er diesbezüglich auf *Odasso*, Bibbia.

40 *Dupuis*, Unterwegs 66. Dupuis erinnert in diesem Kontext auch an die patristische Auffassung von vier Bundesschlüssen: Mit Adam, Noah, Abraham-Mose und Jesus Christus.

41 Mit Rekurs auf Legrand plädiert Dupuis für eine komplementäre Verhältnisbestimmung von Universalismus und Partikularismus, wonach sich Erwählung Israels und Universalismus des Planes Gottes für die Menschheit ergänzen. Jedoch kritisiert Begasse de Dhaem: »Dupuis è poco sensibile alla logica storico-biblica dell'elezione. Benché riconosca il

Viertens ist an verschiedenen Stellen, besonders in der Weisheitsliteratur, die Überzeugung von einer universalen Ökonomie von Wort, Weisheit und Geist zu finden, die als dynamische Attribute Gottes zwar nicht als eigenständige Personen gelten, aber in der literarischen Ausdrucksform personifiziert werden. Eine universale Wirksamkeit wird am häufigsten von der Weisheit und weniger vom Wort und noch weniger vom Geist Gottes ausgesagt. Auf dieser Grundlage formuliert Dupuis folgendes Fazit für das Alte Testament:

> Diese drei, Wort-Weisheit-Geist, bezeugen im Alten Testament Gottes Handeln an der Menschheit im Verlauf der Heilsgeschichte. Die Geschichte ist von ihrem Anfang bis zu ihrem Ende Heilsgeschichte, d. h. ein Dialog, den Gott mit der Menschheit am Anfang der Zeit eröffnete und der die Menschheit in verschiedenen Phasen zu ihrem festgelegten Ziel führt. Im Alten Testament legen Wort-Weisheit-Geist schon Zeugnis für eine derartige Selbstverpflichtung auf Seiten Gottes ab, deren Verwirklichung im Fleisch-gewordenen Wort-Weisheit und im ausgegossenen Geist noch aussteht.[42]

Bei den neutestamentlichen Perspektiven widmet sich Dupuis zunächst dem Verhältnis Jesu zu den Heiden.[43] Wenngleich dessen Verkündigung primär auf Israel ausgerichtet war, kann er sich positiv über den Glauben von Heiden äußern (vgl. Mt 8,10. 15,28 u. ö.) oder führt einen Samaritaner als Beispiel für die Nächstenliebe an (vgl. Lk 10,37). Heilbringender Glaube ist nach Jesu Auffassung auch unter Heiden zu finden, was der universalen Perspektive des Gottesreiches entspricht.[44] Diese ist für die Ausbreitung des Evangeliums entscheidend, bei der positive wie negative Sichten auf den Glauben der Heiden bzw. Völker zu finden sind – so kann Paulus einerseits scharf gegenüber Heiden

---

carattere peculiare della relazione di Dio con Israele di fronte alle nazioni, non le dà un rilievo realmente distintivo.« (*Begasse de Dhaem*, Cristologia 804.) Vgl. an jüngerer Literatur zur Entstehung des Monotheismus *Frevel*, Eine; *Keel*, Geschichte; *Leuenberger*, Gott; *Leuenberger*, Jhwh; *Römer*, invention.

42 *Dupuis*, Unterwegs 83.

43 In *Dupuis*, Christianity 20 beginnt er dagegen mit dem Judesein Jesu und verweist auf den allmählichen Trennungsprozess zwischen Judentum und Christentum. Dabei geht es ihm auch darum zu zeigen, dass das »paschal event of Jesus, far from isolating the early Christian church in the security of its privileged position, pushes it to discover the truly universal meaning of the Jesus Christ event, and consequently its effective and saving presence withing human beings in other religious situations« (*Dupuis*, Christianity 32).

44 Für die Frage nach dem wahren Menschsein Jesu ist der Lernweg, den er in seinem Glaubensleben durchgangen ist, nicht zu unterschätzen. So lernt er durch die Begegnung mit der Syrophönizierin (Mk 7), dass er nicht nur zu Israel gesandt ist, sondern seine Botschaft allen Menschen gilt. »Weil er keine Angst vor Gott hatte, deshalb wurde Jesu Glaubensweg ein schöpferischer Weg. Auf ihm entdeckte er immer neue Seiten an Gott und hielt die unverständlichen (schreiend) aus.« (*Bruners*, Jesus 126.)

(und Juden) im Römerbrief formulieren, andererseits in der Areopagrede die Geisteshaltung der Griechen, die einen »unbekannten Gott« verehren, loben. Darüber hinaus kommt mit dem Johannesevangelium und besonders dessen Prolog auch die Heilsgeschichte in ihrem gesamten Umfang in enger Anlehnung an die universale Ökonomie des Wortes und der Weisheit in den Blick. »Gerade diese universale und kontinuierliche Bindung Gottes an die menschliche Geschichte erlaubt eine positive Annäherung an die Religionen der Welt.«[45]

Die im Johannesprolog entwickelte Sicht der Heilsgeschichte, also der Öffnung Gottes durch sein Wort durch die Geschichte hindurch mit der Inkarnation als Höhepunkt, bildet die Grundlage in der nachbiblischen Tradition und erlaubt es einigen frühen Kirchenvätern, Christus eine kosmische Universalität zuzuschreiben, während andere sich strikt gegen die Kultur der Völker richten. Während alle Formen des Polytheismus und der Idolatrie abgewiesen und Mysterienreligionen kritisiert werden, können andere Elemente mit der Logos-Theologie positiv gewürdigt werden, insofern das ewige Wort von Anfang an im Kosmos wirksam war und überall positive Elemente hervorbringen konnte, die Selbstoffenbarung des göttlichen Logos aber in der Inkarnation ihren Höhepunkt fand. Zentraler Vertreter einer solchen Position ist Justin, der vor allem die kosmologische Funktion des Logos betont, der die Grundlage der verschiedenen Arten religiöser Erkenntnis bildet, die sich in ihrer Teilhabe am Logos unterscheiden. Wer die Wahrheit erkannt hat und entsprechend lebt, hatte am Logos teil und ist insofern Christ. Der Logos-Sämann (*logos spermatikos*) sät in jedem Menschen einen Keim des Logos, aber seine Gesamtheit zeigt sich nur im Christentum. Irenäus entwickelt dies weiter in seiner Theologie des sich offenbarenden Logos, wonach in der Schöpfungsordnung eine historische und personale Offenbarung des Logos stattfindet und Adam im Paradies sich das Wort offenbart hat; »die altestamentlichen Logophanien sind für ihn authentische Antizipationen der Christophanie«[46]. Der Logos ist auch bei Clemens von Alexandrien zentral, wenn dieser zwischen

45 *Dupuis*, Unterwegs 90. An anderer Stelle zitiert Dupuis zustimmend *Odasso*, Bibbia 372: »Dass die Religionen alle Ausdrucksformen des Plans Gottes sind, ist fürderhin eine gegebene Gewissheit, denn sie sind, wie es sich aus der Perspektive, die sich aus den Texten des Alten wie des Neuen Testaments erschließt, klar ergibt, *eine Gabe Gottes* an alle Völker der Erde und daher das Zeichen der heilenden Gegenwart und des heilenden Tuns der Weisheit. Daraus folgt, dass die Religionen, als Ausdrucksgestalten des göttlichen Plans, notwendigerweise auf die Auferstehung Christi bezogen sind, welche die endgültige Verwirklichung des Heilsplans Gottes darstellt.« (Zitiert (inkl. Herv.) nach *Dupuis*, Wahrheit 22.)

46 *Dupuis*, Unterwegs 108; vgl. *Dupuis*, Christianity 152.

einer der menschlichen Vernunft zugänglichen allgemeinen und einer durch das personale Handeln des Logos ermöglichten Erkenntnis Gottes unterscheidet und durch das Wirken des Logos in der griechischen Philosophie echte Prophetie sieht. Er nennt sie sogar einen Bund, der wie das jüdische Gesetz auf das Kommen Christi vorbereiten soll. Da er dabei »die griechische Weisheit, eingeschlossen der Religiosität des griechischen Volkes«[47], im Sinn hatte, darf nicht zu strikt zwischen Religion und Philosophie getrennt werden. Bei allen drei Ansätzen kann nach dem Verhältnis des Logos zum *logos* der Stoa und anderer philosophischer Richtungen gefragt werden; unklar ist, ob die erreichte Wahrheit ihre Wahrheit von der Religion Israels erhält oder dem Einwirken des Wortes Gottes zu verdanken ist. Da ihrer Ansicht nach die Aufgabe der Philosophie und anderer Weisheitslehren nicht mit dem Auftreten Christi endet, stellt sich die Frage nach der theologischen Bedeutung dieser göttlichen Pädagogik, wozu einige Interpreten einen qualitativen Unterschied zwischen der vor-christlichen Rechtfertigung und der christlichen Gnade ausmachen. Ihre grundsätzlich positive Sicht der griechischen Philosophie wird schon bald durch eine ambivalentere Haltung abgelöst, wie sie bei Origenes oder Augustinus zu finden ist, die zwar einen vorbereitenden Charakter sehen, aber zugleich die Neuheit der Inkarnation herausstellen.[48]

Wirkmächtiger als diese offeneren Positionen war die bald nach Clemens von Alexandrien einsetzende Strömung, die auf der Basis der expliziten neutestamentlichen Aussagen zur Heilsnotwendigkeit des Glaubens und der Taufe die Rolle der Kirche betont, zunächst ohne das Heil ausschließlich an diese zu binden, in der Folge aber das Axiom »*extra ecclesia nulla salus*« zunehmend rigider interpretierte. Mit ihrem Beginn in Schriften des dritten Jahrhunderts und ihrem klaren Ausdruck im Konzil von Florenz (1442) umfasst diese Strömung den längsten Zeitraum. Von zentraler Bedeutung bei der Interpretation des Axioms ist das implizit vertretene Kirchenverständnis, da sowohl eine *Ecclesia ab abel* als auch die römisch-katholische Kirche gemeint sein kann. Standen bei den ersten Ansätzen bei Ignatius, Irenäus oder Origenes und besonders bei Cyprian diejenigen im Fokus, die sich schuldhaft von der Kirche getrennt haben, ändert sich dies, als das Christentum zur offiziellen Religion des Römischen Reiches wurde. Denn nun wird auch bei Juden und Heiden eine Schuld angenommen, da sie sich dem Christentum noch nicht angeschlossen haben, das Evangelium aber überall schon verkündet worden war. Diese von Augustinus vertretene exklusivistische Position wird von Fulgentius von Ruspe in ihrer schärfsten Form vertreten, die das

47 *Dupuis*, Wahrheit 23.
48 Vgl. *Dupuis*, Unterwegs 124–132.

Konzil von Florenz in seinem Dekret für die Kopten übernimmt, nachdem es in lehramtlichen Dokumenten von Innozenz III., dem vierten Laterankonzil und der Bulle *Unam Sanctam* von Bonifaz VIII. vorbereitet wurde. Bei der Analyse des Axioms unterscheidet Dupuis die Frage danach, wie die Kirchenväter zu einer solchen rigiden Position kommen konnten, von der Frage nach seiner gegenwärtigen Bedeutung, da die geschichtlichen Ereignisse nach dem Konzil von Florenz die Situation erheblich veränderten. Die erste Frage betrifft vor allem die universelle Verdammung und die schwerwiegende Schuldhaftigkeit, die bei denen, die sich von der Kirche getrennt haben, als selbstverständlich angenommen wurde, während bei Juden und Heiden die Ablehnung des allen verkündeten Evangeliums als Erklärung diente. Der Fokus auf der Schuldfrage kann nach Dupuis dabei helfen, seine Bedeutung in der gegenwärtigen Situation zu klären, in der nicht mehr ohne Weiteres eine Schuld aller, die nicht der Kirche angehören, postuliert werden kann. Den bleibenden Wert des Axioms sieht er in der Bekräftigung der Heilsnotwendigkeit der Kirche als universales Heilssakrament, wobei noch zu klären ist, wie diese in der Heilsordnung in Beziehung zur einen Vermittlung Jesu Christi steht und »wie die ›Verkündigung des Evangeliums‹ zu verstehen ist, die eine moralische Verpflichtung erzeugt, es durch die Mitgliedschaft in der Kirche anzunehmen.«[49]

Bei aller Vehemenz, mit der das Axiom lehramtlich vertreten wurde, gab es zu dieser Zeit ebenso positive Haltungen gegenüber anderen Religionen, beispielsweise ein Brief Gregors VII. (1076) an den muslimischen König Anzir von Mauretanien, das *Gespräch eines Philosophen, eines Juden und eines Christen* von Peter Abaelard, die frühe Regel des Franziskus, das *Buch vom Heiden und den drei Weisen* Ramon Llulls oder *De pace fidei* von Nikolaus von Kues mit der Formel *una religio in rituum varietate*.[50]

Die mit der »Entdeckung« Amerikas verbundenen gravierenden Veränderungen führten dazu, die Heilsfrage grundlegend neu zu überdenken, da die bisherigen Voraussetzungen der Überzeugung, der Glaube an Jesus

49 *Dupuis*, Unterwegs 155.

50 Vgl. *Dupuis*, Unterwegs 156–165. Nicht zu unterschätzen sind in diesem Kontext auch die sogar während der Hochphase der Kreuzzugsbewegung immer wieder zu beobachtenden Allianzen christlicher und muslimischer Herrscher gegen andere christliche oder muslimische oder eine auf Kosten der lateinischen Herrschaften in der Levante oder des Kampfes gegen die Osmanen gehende Fokussierung auf innerchristliche Differenzen. Ein gutes Beispiel ist Sigismund von Luxemburg, der trotz seiner Kenntnis der türkischen Bedrohung in den Hussitenkreuzzügen gewillt war, »Energien und Ressourcen für den Kampf im Inneren der Christenheit zu verwenden. Dies hilft uns zu verstehen, warum ein Jahrhundert später, als die lateinische Christenheit durch die Reformation und die daraus erwachsenden Religionskriege noch viel tiefer gespalten war, die Kreuzzugsbewegung ins Stocken geriet – trotz der Türkengefahr.« (*Riley-Smith*, Kreuzzüge 385.)

Christus und die Zugehörigkeit zur Kirche seien absolut heilsnotwendig, nicht mehr bestanden, sofern der universale Heilswille Gottes aufrecht erhalten werden soll. Unter Rekurs auf entsprechende Ansätze u. a. Thomas von Aquins wurden »verschiedene ›Substitute‹ für den Glauben an Jesus Christus und die Kirchenzugehörigkeit«[51] vorgeschlagen, die zum Teil bis zum II. Vatikanum (und darüber hinaus) vertreten wurden. Gemeinsam ist den verschiedenen Überlegungen, sowohl dem universalen Heilswillen Gottes als auch der Heilsnotwendigkeit des Glaubens Rechnung zu tragen, indem ein impliziter Glaube an Jesus Christus mit einem *votum ecclesiae* für möglich gehalten wird. Ein früher Vorschlag ist die von Origenes mit dem Hinweis auf den Abstieg Jesu in die Unterwelt vertretene Position, es sei eine Konversion nach dem Tod möglich; die von Pelagius radikal vertretene Limbus-Lösung wurde sogar im 20. Jahrhundert wieder aufgegriffen. Überzeugender als diese beiden Theorien sind die Überlegungen von Thomas von Aquin, der für die Zeit nach der Verkündigung des Evangeliums an der Notwendigkeit des expliziten Glaubens festhält und davon überzeugt ist, Gott würde diesen im Notfall durch Inspiration oder einen Boten ermöglichen, vor allem aber die Theorie der expliziten oder impliziten Begierdetaufe entwickelt. Diese geht davon aus, dass entweder diejenigen, denen Christus verkündet wurde, getauft werden möchten, oder in denjenigen, die noch nicht von Christus gehört haben, »der Wunsch, dem Willen Gottes zu entsprechen, den Glauben und die Liebe erweckt, die rechtfertigen. Eine solche Gesinnung enthält implizit den Glauben an Christus und den Wunsch, mit ihm in der Taufe vereint zu sein«[52]. In der Weiterentwicklung wurde diese Position vom Konzil von Trient vertreten und dadurch gültige Lehre der katholischen Kirche, was sich in der Verurteilung des Baianismus und Jansenismus niederschlug; weitere Modifikationen wurden von Domingo Soto, Robert Bellarmin und Juan de Lugo vorgenommen. Eine weitere auf Thomas zurückgehende Position ist diejenige der Fundamentaloption, die getroffen wird, wenn das Alter des Vernunftgebrauchs erreicht wird, während eine Theologie des Todes als Akt höchsten Bewusstseins deutlich jüngeren Datums ist. Im 19. Jahrhundert wird in der Ansprache *Singulari quadam* (1854) die strikte Lehre des Konzils von Florenz zurückgenommen, indem eine unüberwindliche Unkenntnis angeführt wird, die Menschen an der Annahme des Christentums hindern könne, sodass diesen keine Schuld an ihrer Situation zukomme. Deutlich zurückgewiesen wird eine exklusive Interpretation des Axioms *extra ecclesiam nulla salus* durch die Verurteilung des

51 *Dupuis*, Unterwegs 167.

52 *Dupuis*, Unterwegs 173. Vgl. dazu ausführlich Rahners Analyse der Enzyklika *Mystici Corporis*: *Rahner*, Gliedschaft.

Leonard Feeney (1949), nachdem Pius XII. in seiner Enzyklika *Mystici Corporis* von einer »Hinordnung« der Nicht-Katholiken auf die Kirche durch ein »unbewusstes Sehnen und Verlangen« (DH 3821) sprach. Die offizielle kirchliche Position vor dem II. Vatikanum lautet demnach: »Vorausgesetzt, dass man mit der Kirche im Sehnen und Verlangen, selbst implizit, verbunden ist und dieses Verlangen von übernatürlichem Glauben und von Liebe genährt wird, kann man das Heil erlangen.«[53]

Bis in das Umfeld des II. Vatikanums war die Frage auf das Heil der Menschen, denen Christus noch nicht verkündigt worden war, beschränkt; eine Ausweitung der Fragestellung auf die religiösen Traditionen selber setzte erst mit den theologischen Neuansätzen ein, die auch das Konzil maßgeblich beeinflussten. Positive Bestimmungen des Verhältnisses von Christentum und anderen Religionen konnten letztere beispielsweise als Vorbereitung für das Evangelium verstehen; es wurde auch nach ihrem Beitrag zum Heil ihrer Mitglieder gefragt. Ein beeinflussender Faktor waren die mittlerweile vorliegenden wissenschaftlichen Untersuchungen anderer religiöser Traditionen und die auf Begegnungen mit diesen durchaus lebendigen Traditionen gewonnene Erfahrung. Dupuis unterscheidet zwei gegensätzliche Positionen, nämlich die Erfüllungstheorie, nach der sich in den verschiedenen Religionen die menschliche Sehnsucht nach Vereinigung mit dem Göttlichen ausdrückt, die in Jesus Christus und dem Christentum Gottes Antwort findet, und die Theorie der inklusiven Gegenwart Christi, wonach die anderen Religionen selber Gottes Eingreifen in die Heilsgeschichte ausdrücken. Schon in dieser Charakteristik wird der grundlegende Perspektivenwechsel von der ekklesiologischen zur christologischen Frage deutlich. »Die zentrale Frage ist nun nicht mehr länger, was außerhalb der ›Arche‹ des Heils, die die Kirche ist, passiert, sondern wie Jesus Christus und sein Mysterium auch die, die ihn nicht kennen, erreicht.«[54] Die erste Position sieht keine Bedeutung der religiösen Traditionen für das Heil ihrer Mitglieder, sondern diese als »Trittsteine« zum Christentum als Erfüllung der tiefsten menschlichen Sehnsüchte an und wurde besonders von Jean Daniélou, Henri de Lubac und Hans Urs von Balthasar vertreten. Sie betonen die unüberwindlichen Dichotomien zwischen dem Menschlichen und Göttlichen, dem Personalen und Impersonalen, dem Streben nach Selbsterlösung und der gnadenhaften Erlösung durch Gott. Die zweite Position trennt Natur und Gnade nicht und sieht eine positive Rolle der anderen Religionen als *praeparatio evangelica* vor dem Christusereignis und gegenwärtig aufgrund der wirksamen Gegenwart des Heilsmysteriums Jesu Christi; gerade die Treue und

53 *Dupuis*, Unterwegs 188.

54 *Dupuis*, Unterwegs 194; vgl. *Dupuis*, Christianity 46f.

aufrichtige Ausübung ihrer Tradition wird als heilswirksam für die jeweiligen Gläubigen angesehen, sodass Heil zwar nicht ohne Christus oder von ihm getrennt, aber ohne das Evangelium erlangt werden kann. Prominente Vertreter sind Karl Rahner mit seiner Theorie des anonymen Christentums, der von einer lebendigen Gegenwart Christi im Hinduismus ausgehende Raimon Panikkar, Hans Küng, der die anderen Religionen explizit als Heilswege ansieht, und Gustave Thils, für den die anderen Religionen einen »analogen« Heilswert besitzen.[55]

Das II. Vatikanum trifft keine eindeutige Entscheidung für eine dieser beiden einander widersprechenden Positionen, nimmt aber – auch aufgrund seiner pastoralen Ausrichtung und vor dem Hintergrund der zeitgenössischen Herausforderungen – das Anliegen auf, über die Hinordnung einzelner Menschen auf die Kirche das Verhältnis der Kirche zu den anderen Religionen zu thematisieren und propagiert eine neue Haltung der Wertschätzung und des Dialogs.[56] Dabei schlägt sich die optimistische Grundsicht auf die Welt in einem Heilsoptimismus nieder, der die Heilsmöglichkeit außerhalb der Kirche nicht nur als Möglichkeit, sondern als Gewissheit ansieht. Begründet wird dies mit dem universalen Wirken des Geistes Gottes (vgl. GS 22). Zudem werden den anderen religiösen Traditionen positive Werte zugesprochen (vgl. LG 16–17; NA 2; AG 3, 9, 11), was nahelegt, dass das Konzil auch eine bleibende Aufgabe dieser Traditionen in der Heilsordnung vertritt, wenngleich dies vage bleibt. Angesichts sehr divergenter Interpretationen der konziliaren Position schlägt Dupuis eine ausgewogene Einschätzung vor, nach der das Konzil weder die Erfüllungstheorie noch die der inklusiven Gegenwart Christi übernahm, sondern sich vor allem wegen der Spannung zwischen Gottes Heilswillen und der Heilsnotwendigkeit der Kirche nicht ausdrücklich positioniert, auch wenn eine Tendenz zu einer positiven Stellungnahme vorliegt. Eine Begrenzung der konziliaren Lehre sieht Dupuis in der ekklesiozentrischen Perspektive, die in *Nostra aetate* deutlich sichtbar ist, da die horizontale Beziehung der Kirche und der Religionen und nicht die vertikale Beziehung aller Religionen zu Christus im Blick ist.[57] Die Ambiguität des II. Vatikanums und

55 In seiner früheren Monographie weist Dupuis eine starke Tendenz zu dieser Richtung auf: »La théorie de la ›présence du mystère christique‹, et elle seule, est capable de tenir ensemble deux axiomes fondamentaux et apparement contradictoires de la foi chrétienne : la volonté universelle du salut de la part de Dieu, d'une part, et, de l'autre, la centralité du mystère du Christ dans la réalisation concrète du plan divin du salut.« (*Dupuis*, Jésus-Christ 194.)

56 Vgl. hierzu auch Kap. 2.2.2 dieser Studie.

57 Vgl. *Dupuis*, Jésus-Christ 123; *Dupuis*, Introduction 156f; *Dupuis*, Christianity 65. Wie diese Diagnose zeigt, liest Dupuis *Nostra aetate* nicht vor dem Hintergrund der

die ekklesiozentrische Perspektive werden durch das nachkonziliare Lehramt etwas geklärt bzw. ausgeweitet, vor allem durch Johannes Paul II., nachdem Paul VI. in seinem Schreiben *Evangelii nuntiandi* noch – entsprechend vieler Meinungen der Bischofssynode von 1974 – eine eher negative Sicht und eine klassische Form der Erfüllungstheorie vertreten hatte. Der besondere Beitrag Johannes Pauls II. besteht nach Dupuis darin, »dass er die wirksame Gegenwart des Geistes im religiösen Leben der Nichtchristen und der religiösen Traditionen, denen sie angehören, betont und bekräftigt«[58]. Dies beginnt in seiner Enzyklika *Redemptor hominis* (1979), setzt sich in der Ansprache vor der Kurie im Rückblick auf den Weltgebetstag in Assisi (1986) und besonders in der Enzyklika *Dominus et vivificantem* (1986) fort und wird in *Redemptoris missio* (1990) bekräftigt. Dabei bleibt die Frage nach den religiösen Traditionen selbst unklar. Der Rekurs auf die von Johannes Paul II. herausgestellte wirksame Gegenwart des Geistes ist ein gutes Beispiel für Dupuis' Anliegen, Ansatzpunkte in der eigenen Tradition für eine positive Wertschätzung anderer religiöser Traditionen zu finden und diese konsequent weiterzudenken. In seinem Schreiben *Tertio millennio adveniente* (1994) hat Johannes Paul II. allerdings eher die Erfüllungstheorie wieder aufgenommen. Der klarste Ausdruck einer positiven Rolle der religiösen Traditionen im Mysterium des Heils ihrer Mitglieder findet sich im Dokument *Dialog und Verkündigung. Überlegungen und Orientierungen zum Interreligiösen Dialog und zur Verkündigung des Evangeliums Jesu Christi* (1991), worin »erstmals zaghaft ein Tor geöffnet worden zu sein [scheint, TFP] zur kirchlichen Anerkennung der ›teilhabenden Mittlerschaft‹ der religiösen Traditionen am Heil ihrer Mitglieder«[59]. Die offizielle Lehre des II. Vatikanums und des nachkonziliaren Lehramts erlauben mithin bei aller Ambiguität unter Rekurs auf die universale wirksame

veränderten Verhältnisbestimmung von »Innen« und »Außen«, da schon durch sie die ekklesiozentrische Perspektive aufgebrochen wird – er weist allerdings zurecht auf die Gefahr einer solchen hin, wenn primär die Beziehung der Kirche und der Religionen untereinander im Blick ist. Gegen eine ekklesiozentrische Perspektive spricht zudem die insbesondere in LG und GS deutlich ausgedrückte doppelte Selbstrelativierung der Kirche auf Gott und die Menschen von heute hin.

58 *Dupuis*, Unterwegs 249f; vgl. auch *Sonnemans*, Johannes Paul II. 68–73.

59 *Dupuis*, Unterwegs 256. An diesem Dokument hat Dupuis selber mitgearbeitet, was auch an den diversen Parallelen in der Argumentation zu erkennen ist – genannt sei nur die Anerkennung, die Mitglieder anderer Religionen würden durch Christus gerettet, »wenn sie in ehrlicher Weise das in ihren religiösen Traditionen enthaltene Gute in die Tat umsetzen und dem Spruch ihres Gewissens folgen« (*Rat Dialog/Kongregation Evangelisierung*, Dialog Nr. 29). Vgl. auch seinen Kommentar *Dupuis*, Commentary bzw. *Dupuis*, Dialogo 227–233.

Gegenwart des Geistes eine vorsichtige Bekräftigung, wonach Gnade und Heil auch auf die anderen ausgreifen, wenn diese ihren Traditionen ehrlich folgen.

Darüber hinausgehende Positionen – und wiederum restriktivere – finden sich in der christlich-theologischen Diskussion vor allem seit dem Konzil, wobei die eingenommenen Positionen nicht konfessionsspezifisch sind. Dupuis legt bei seinen Ausführungen Wert auf die Ambiguität der oft verwendeten Begriffe ›Singularität‹, ›Einzigartigkeit‹, ›Zentralität‹, ›Finalität‹, ›Normativität‹, ›Universalität‹ etc., da sie jeweils enger oder weiter verstanden werden können. Angesichts der unterschiedlichen Möglichkeiten, die Grundpositionen bzw. Paradigmen zu klassifizieren, folgt er einer dreifachen Einteilung entsprechend der ekklesiozentrischen, christozentrischen und theozentrischen Perspektive, die mit einer exklusivistischen, inklusivistischen und pluralistischen Position verbunden sind.[60] Wichtig ist ihm die Unterscheidung zwischen Paradigmen als Verstehensprinzipien bzw. allumfassenden Interpretationsschlüsseln der Wirklichkeit und deskriptiven Modellen, die einen Aspekt einer bestimmten Realität hervorheben und sich daher nicht gegenseitig ausschließen, sondern sich ergänzen können.[61] Diese Unterscheidung ist methodisch sehr wichtig, da sie ihm erlaubt, Differenzen auf Akzentsetzungen sich möglicherweise ergänzender Modelle zurückzuführen und diese nicht als kontradiktorische Widersprüche ansehen zu müssen. Zudem erklärt sie, wieso sein Ansatz nicht als pluralistisch im Sinne des Paradigmas angesehen werden muss, seine trinitätstheologische Begründung mit der universalen Wirksamkeit des Logos und des Geistes als Modell zu verstehen ist und nicht als Paradigma, das der zentralen Stellung Christi widerspräche. Die Kritik der Glaubenskongregation legt nahe, dass sie diese Unterscheidung nicht übernommen und deswegen die Sorge hat, Dupuis' Ansatz könne leicht als Pluralismus aufgefasst werden. Während die exklusivistische bzw. ekklesiozentrische Perspektive heute primär in evangelikalen Kreisen vertreten wird und der Paradigmenwechsel zum Christozentrismus mit einer ›Dezentrierung‹ der Kirche einhergeht, die ein

---

60 Die Dreiteilung in Exklusivismus, Inklusivismus und Pluralismus ist in der Theologie der Religionen sehr verbreitet (vgl. beispielsweise *Schmidt-Leukel*, Gott 62–95). Indem Dupuis von den Zentrismen zur jeweils eingenommenen religionstheologischen Position übergeht, stellt er die Sachlogik deutlicher heraus als viele Darstellungen, die umgekehrt vorgehen. Amaladoss weist auf die Schwächen dieser theoretischen Klassifizierung hin: »They are not faith based, but abstract and rational-philosophical classifications. Besides, they are inadequate and mistaken. For example, if we believe that Christ is God, the second Person of the Holy Trinity, the opposition between Christocentrism and Theocentrism is meaningless. Such a distinction downgrades Christ, humanizing him and making him one mediator among others between God and the humans.« (*Amaladoss*, Dialogue 89.)

61 Vgl. *Dupuis*, Unterwegs 259; *Dupuis*, Wahrheit 28; *Dupuis*, Christianity 75; *Dupuis*, cristianesimo 297.

abgeleitetes und auf Christus bezogenes Mysterium ist,[62] wird zunehmend für einen zweiten Paradigmenwechsel zum theozentrisch begründeten Pluralismus votiert. Im Zentrum beider Paradigmenwechsel steht die christologische Frage, da es im ersten um die zentrale Stellung Christi im Verhältnis zur Kirche und im zweiten um seine universale konstitutive Mittlerschaft im Heilsplan Gottes geht. Von theozentrischen Pluralisten wird daher eine revisionistische Christologie vertreten, wonach der historische Mensch Jesus von Nazaret der Weg für die Christen ist, aber für andere Menschen andere Wege möglich sind. Dagegen betont Dupuis, Christozentrismus und Theozentrismus schlössen sich als Modelle nicht aus; vielmehr ist eine christliche Theologie »theozentrisch, indem sie christozentrisch ist«[63] – und vice versa. Als Paradigmen in der Religionstheologie widersprechen sie indes einander, da die Wahl zwischen einem christozentrischen und theozentrischen Paradigma von der Wahl zwischen einer hohen, ontologischen und einer niedrigen, funktionalen Christologie abhängt. Mit Gavin D'Costa geht Dupuis von der bleibenden Gültigkeit des inklusivistischen Modells aus. Auch Alternativvorschläge wie einen ›Regnozentrismus‹ oder ›Soteriozentrismus‹ sieht er nicht als überzeugend an, da Regnozentrismus und Christozentrismus keine unterschiedlichen Paradigmen, sondern zwei Aspekte der gleichen Wirklichkeit sind.[64] Ähnliches gilt für die Vorschläge eines ›Logozentrismus‹ und ›Pneumatozentrismus‹, da Christozentrismus und Pneumatologie unteilbare Aspekte der einen Heilsökonomie sind. Dupuis betont somit die Differenz unterschiedlicher Aspekte innerhalb der einen Heilsökonomie, während die Glaubenskongregation die Einheit der Heilsökonomie herausstellt und daher einen Fokus auf das Reich Gottes (wie bei Sobrino) oder auf den Geist (wie bei Dupuis) als Gefährdung dieser Einheit und daher sehr kritisch sieht. Auf der gleichen Linie liegen die Anfragen an Dupuis' Rekurs auf den (noch zu diskutierenden) Gedanken der Komplementarität. Größere Herausforderungen sieht Dupuis in den Vorschlägen, die auf den westlichen Charakter der vorgeschlagenen drei Paradigmen hinweisen und den Gegensatz des ›entweder-oder‹ nicht zur zwischen den Paradigmen, sondern auch zwischen den Ansprüchen auf Einzigartigkeit der religiösen Traditionen durch ein eher östlichem Denken entsprechendes ›sowohl-als auch‹ überwinden wollen. Der

62 »The church, as a derived mystery and utterly relative to the mystery of Christ, cannot be the yardstick by which the salvation of others is measured.« (*Dupuis*, Christianity 77.)

63 *Dupuis*, Unterwegs 274; *Dupuis*, Jésus-Christ 141; *Dupuis*, Christianity 88; *Dupuis*, cristianesimo 297; *Dupuis*, débat 860; *Dupuis*, Introduction 169.

64 »Il Regno di Dio senza Cristo non è il Regno del Nuovo Testamento; come, di fatto, Gesù senza il Regno non sarebbe il Gesù della storia a cui la tradizione evangelica, anche studiata criticamente, rende testimonianza.« (*Dupuis*, Universalità 55.)

religiöse Pluralismus wird dann weniger als ein zu überwindendes Hindernis gesehen und vielmehr »als Zeichen der Überfülle und des Reichtums des göttlichen Mysteriums, das sich über die Menschheit ergießt, und als eine herausragende Möglichkeit der gegenseitigen Bereicherung«[65].

Bei aller Unterschiedlichkeit sieht Dupuis einen Konsens darin, sowohl einen Absolutismus als auch einen Relativismus zu vermeiden, Pluralität prinzipiell ernst zu nehmen und keinen Widerspruch darin zu sehen, dem eigenen Glauben verpflichtet und dem Glauben der anderen offen gegenüber zu sein. Eine christliche Theologie des religiösen Pluralismus ist als eine Theologie im Dialog und des Dialoges zu konzipieren und darf daher die anderen Traditionen nicht ausschließen, wenn sie die Wirklichkeit aus christlicher Perspektive deutet. »Eine Theologie des religiösen Pluralismus hat ihren Platz jenseits des inklusivistischen und ›pluralistischen‹ Paradigmas, aufgefasst als einander widersprechend und sich gegenseitig ausschließend.«[66] Sie könne sogar – in Abgrenzung vom pluralistischen Paradigma – als »inklusivistischer Pluralismus« bezeichnet werden, da einerseits inklusivistisch festgehalten werde, Jesus Christus sei der universale Erlöser, und andererseits eine Pluralität religiöser Wege bejaht werde, die für ihre Anhänger einen gewissen Heilswert haben; »jedoch nicht ohne in Übereinstimmung mit dem einen göttlichen Heilsplan für die Menschheit wesentlich und organisch bezogen zu sein auf das Christusereignis.«[67] Er plädiert damit für eine Theologie, die sowohl einem Glauben verpflichtet, also »bekennend« ist, als auch allen menschlichen Erfahrungen des Göttlichen offen, also »interreligiös« (*interfaith*) ist – durchaus vergleichbar also der Situation in der innerchristlichen Ökumene, nachdem der kirchliche Charakter der nicht-katholischen Kirchen anerkannt wurde. Das Verhältnis zu anderen Religionen wird nicht mehr nach dem Schema der Vorbereitung und Erfüllung o. ä. gedeutet, sondern als relationale Interdependenz zwischen verschiedenen Modalitäten der menschlichen Begegnung mit dem Mysterium Gottes. Auch wenn an der Fülle der Offenbarung in Jesus Christus festgehalten würde, werden »die betreffenden Wirklichkeiten als aufeinander

65 *Dupuis*, Unterwegs 284.

66 *Dupuis*, Unterwegs 290; *Dupuis*, Christianity 90.

67 *Dupuis*, Wahrheit 28. Indem Dupuis somit die qualitativ unerreichbare Rolle Jesu Christi mit der Wertschätzung der Pluralität der Religionen verbinden will, kann sein Argumentationsstil als »elliptisch« bezeichnet werden. (Vgl. *Heller*, Weg 177; *Löffler*, Religionstheologie 52.) Da er somit zwei oft als sich ausschließend angesehene Überzeugungen miteinander verbindet, verwundert es nicht, wenn seinem Ansatz ungelöste Spannungen attestiert werden oder er entweder als inklusivistischer Ansatz mit zuweilen pluralistischer Sprache oder als »Schwanengesang des Inklusivismus« mit Tendenz zum Pluralismus angesehen wird, da er die Sprache der Gottessohnschaft Jesu noch nicht verabschieden möchte. (Vgl. u. a. *Wieger*, Inklusivismus 77.)

bezogen und sich gegenseitig bedingend gesehen werden müssen, die zusammen das vollständige Ganze der gott-menschlichen Beziehungen konstituieren«[68]. Mithin spielt bei Dupuis' Überlegungen der Gedanke der Komplementarität eine große Rolle, mit dessen Hilfe die Annahme widersprüchlicher Paradigmen vermieden werden soll – als Beispiel kann ein richtig verstandener Christozentrismus genannt werden, der einem Theozentrismus nicht widerspricht, sondern ihn voraussetzt.[69] Eine unzutreffende Dichotomie entsteht erst, wenn aus den komplementären Modellen (was auch für Christozentrismus und Regnozentrismus, Christologie und Pneumatologie etc. gilt) gegensätzliche Paradigmen werden. Dies kann leicht geschehen, wenn diese Modelle als eindeutige oder objektive (und damit andere Modelle ausschließende) Beschreibungen oder Paradigmen angesehen werden, was im Hintergrund der Kritik der Glaubenskongregation stehen dürfte. Dupuis dagegen hebt auf den sich ergänzenden Charakter ab und verfolgt einen integralen Ansatz: »The integral model we are searching for in view of a Christian interpretation of religious pluralism can best be expressed in terms of a *Trinitarian Christology*.«[70] Mit der trinitarischen Christologie als Grundlage für seine Überlegungen gibt es einen bedeutenden Unterschied zwischen Dupuis und dem religionstheologischen Ansatz Rahners, der bei der Anthropologie ansetzt und das Verhältnis des erlösten Menschen zu Christus diskutiert. Dupuis hingegen

---

68 *Dupuis*, Unterwegs 292; *Dupuis*, Christianity 91.

69 Begriffsgeschichtlich ist »Komplementarität« ein erkenntnistheoretischer Begriff, da für Niels Bohr die Relativierung auf den Gesichtspunkt zentral ist: »Aus dieser Sachlage folgt nicht nur die relative von der Willkür in der Wahl des Gesichtspunktes abhängige Bedeutung eines jeden Begriffes, oder besser jeden Wortes, sondern wir müssen im allgemeinen darauf gefaßt sein, daß eine allseitige Beleuchtung eines und desselben Gegenstandes verschiedene Gesichtspunkte verlangen kann, die eine eindeutige Beschreibung verhindern.« (*Bohr*, Atomtheorie 62f.) Auf dieser Basis hat er das Komplementaritätsprinzip in die Physik zuerst für den Zustandsbegriff gegenüber der raumzeitlichen Bestimmung desselben Objekts eingeführt, da die Interpretationsprobleme der Quantenmechanik ihn an die »allgemeinen Bedingungen der menschlichen Begriffsbildungen« (10) erinnerten. Indem er über die Bedingungen alles objektivierenden Denkens reflektiert, geht es ihm um ein erkenntnistheoretisches Prinzip und es liegt bei ihm ein zirkulärer Komplemetaritätsbegriff vor, da unterschiedliche Ebenen vorliegen, ohne dass er eine exakte Definition bietet. Das oft angeführte Beispiel des Welle-Teilchen-Dualismus des Lichts für die Komplementarität basiert auf der relativen Bedeutung der verwendeten Begriffe und ist ein Beispiel einer parallelen Komplementarität. Die vermutlich wichtigste erkenntnistheoretische Implikation des (zirkulären) Komplementaritätsprinzips ist die Überwindung des Objektivismus – was die Vorbehalte der Glaubenskongregation gegen seine Verwendung erklären könnte. (Vgl. für eine philosophische Auseinandersetzung mit Bohr u. a. *Fantino*, notion; *Fantino*, emprunts.)

70 *Dupuis*, Christianity 91, Herv. im Orig. Vgl. zur Anwendung des Begriffs »Komplementarität« in der Theologie *Fornet-Ponse*, Komplementarität 261–263 (Lit.)

betont, Gott allein rette, womit sich die Frage stellt, worin die besondere Rolle Jesu Christi mit seiner Menschheit im Heilsplan Gottes liegen könnte. Damit ist eine Akzentverschiebung der Frage verbunden: »Rahner geht es darum, die Verbindung des Menschen mit dem Christus Gottes zu definieren. Dupuis beschäftigt sich eher damit, wie man in der Beziehung des Menschen mit Gott Christus noch einen besonderen Platz geben kann.«[71]

5.1.3 *Christologische Grundlegung konvergenter Wege zum einen Gott*

Das Recht anderer religiöser Traditionen anzuerkennen, die Wirklichkeit aus ihrer Perspektive zu deuten und andere religiöse Ziele als die des christlichen Glaubens vorzuschlagen, impliziert keine Aussagen darüber, ob diese Ziele mit der christlichen Vorstellung von Gottes Heilsplan für die Menschheit vereinbar sind bzw. in diese integriert werden können. »Eine solche gottgewollte Diversität der menschlichen Ziele kann nicht a priori behauptet werden.«[72] Um diese zu begründen, greift Dupuis auf verschiedene Argumentationslinien zurück, insbesondere die Bundestheologie und die Universalität des einen Wortes Gottes. Die christologische Grundlage seines integralen und komplementären Modells ist eine trinitarische Christologie und eine Geist-Christologie, bei der die interpersonalen Beziehungen Jesu zum Vater und zum Geist betont werden. Daher wählt er als Titel des synthetischen Teils »Ein Gott – ein Christus – konvergente Wege«.

> Christology has often sinned by impersonalism. To remedy such a shortcoming, the personal and trinitarian dimension of the mystery must be present everywhere. A Christology of the God-man is an abstraction; the only Christology that is real is that of the Son-of-God-made-man-in-history. The personal intratrinitarian relations must, therefore, be shown to inform every aspect of the christological mystery; this is especially true where the human psychology of Jesus is concerned. Part of the trinitarian dimension of the christological mystery is its pneumatological aspect. Christology must include a »pneumatic Christology,« which will lay emphasis on the universal, operative presence of the Spirit of God in the Christ-event.[73]

---

71 *Wieger*, Inklusivismus 81. Vgl. ferner zu Rahner und Dupuis *O'Collins*, Neo-Rahnerian.

72 *Dupuis*, Unterwegs 290.

73 *Dupuis*, Introduction 36; vgl. *Dupuis*, Christianity and Religions 460. »Eine solche Christologie wird die interpersonale Beziehung zwischen Jesus und Gott, den er Vater nennt, einerseits und zum Geist, den er senden wird, andererseits deutlich herausarbeiten. Diese Beziehungen sind dem Mysterium der Person Jesu und seinem Werk intrinsisch. Christologie sollte immer von diesen intra-trinitarischen Beziehungen durchdrungen sein.« (*Dupuis*, Christologie als Modell 69.)

Dupuis misst der Menschheit Jesu einen hohen Stellenwert innerhalb der Christologie bei, da die menschlichen Begrenztheiten Jesu Christi als des inkarnierten Wortes ein universales Wirken des Wortes und Geistes ermöglichen und erfordern. Seiner Christologie kann ein zweifacher anthropologischer Fokus attestiert werden: »First, he points out that Jesus is the full, limited human expression of the Trinity and, second, that Jesus as human brings about the opportunity for all of humanity's coauthorship in the project of divine salvation.«[74] Methodisch verbindet er biblische Aussagen mit den christologischen Dogmen, wobei das Neue Testament als *norma normans* die authentische Interpretation des Mysteriums durch die apostolische Gemeinschaft darstellt, die nicht monolithisch ist, da sie sich einer Vielzahl von Zeugen verdankt. »The tension in unity of the distinct Christologies of the New Testament guarantees the legitimacy and necessity of plural Christologies even today.«[75] Er plädiert für eine Kontextualität und Inkulturation der Christologie und sieht keine Christologie als für alle Zeiten und Orte gültig an, da sie immer in einem bestimmten Kontext und im Rahmen einer partikularen Kultur entsteht und somit lokal und geschichtlich gebunden ist. Auch dies spricht für eine »plurality-in-unity«[76].

Die Implikationen einer von Dupuis vorgeschlagenen trinitarischen Christologie für eine Theologie des religiösen Pluralismus sind einerseits, den Vater nicht durch Jesus Christus zu ersetzen, da Gott allein das absolute Mysterium sei und somit über den »gott-zentrierten« Jesus hinausgeht, wenngleich dieser heilsökonomisch im Mittelpunkt des Mysteriums steht. Damit hebt er auf den Unterschied von Vater und Sohn ab und betont die Differenz in der Einheit der Trinität, während die Glaubenskongregation umgekehrt die Einheit herausstellt und vor allem die Göttlichkeit Jesu Christi und seine Fülle und weniger seine Begrenzungen qua seiner Menschlichkeit im Blick hat. Andererseits stellt die Betonung des pneumatischen Aspekts der Christologie die universale Gegenwart des Geistes und sein Wirken in der Geschichte heraus. Die Funktionen des Sohnes und des Geistes sind einander komplementär: »Nur

74 *Brecht*, Humanity 56.

75 *Dupuis*, Introduction 75.

76 *Dupuis*, Introduction 168. Wie Brena ausführt, folgt aus der Anerkennung der Relativität unserer Überzeugung der christlichen Universalität, da sie in der begrenzten Perspektive der abendländischen Tradition entstanden sei, nicht notwendigerweise ein Relativismus der Wahrheit. »Ma non ne segue che per questo la nostra concezione della realtà (per quanto situata) sia valida solo per noi, e che sia necessariamente parziale, e quindi distorta nella comprensione della realtà. La prospettiva è limitata, se considerata come punto di vista situato e via particolare di accesso al mondo e alle cose, ma è un accesso alla loro globalità e interessa: è dunque un accesso limitato a un'esperienza complessiva.« (*Brena*, Dialogo 439.)

der Sohn ist Mensch geworden, doch die Frucht dieser erlösenden Inkarnation ist das Ausgießen des Geistes, wie es im Pfingstereignis symbolisiert wird.«[77] Wegen dieser Komplementarität kann nicht von einer Dichotomie gesprochen werden, aber beide sind so strikt zu unterscheiden wie ihre Hypostasen. Die Beziehung zwischen beiden nennt Dupuis eine »›relationship of order‹ which, without implying any subordinationism of one to the other, translates into the divine economy the order of eternal relations of hypostatic origination in the intrinsic mystery of the Godhead«[78]. Der trinitarische Ansatz mit Einheit und Pluralität, Verschiedenheit und Gemeinschaft in dem einen absoluten Mysterium des Göttlichen dient dazu, in einer Theologie des religiösen Pluralismus die Partikularität des Christusereignisses mit der Universalität des Geistwirkens zu verbinden. Eine trinitarische Christologie ist in der Lage, »die Einzigkeit und Universalität Jesu Christi in der Heilsordnung und einen wahrhaft positiven und heilvermittelnden Wert der anderen Religionen für ihre Anhänger miteinander zu kombinieren und zusammenzuhalten«[79]. Das Christusereignis in seiner Gesamtheit des irdischen Jesus und auferstandenen Christus kann damit als endgültige Enthüllung und Offenbarung der Selbstmitteilung Gottes verstanden werden, ohne Gottes Wirken nur auf Jesus Christus zu beschränken. »Das Überfließen des innergöttlichen Lebens nach außen ist letztlich die Wurzel und Ursache dafür, dass es in der menschlichen Geschichte *konvergente Wege* gibt, die zu einem gemeinsamen Ziel hinführen: zum absoluten Mysterium der Gottheit, das alle Wege zu sich zieht, genauso wie es zuerst diese ins Sein gerufen hat.«[80]

5.1.3.1 Heilsgeschichte und Bundesschlüsse

Die heilsgeschichtliche Perspektive ist Dupuis' erste Argumentationslinie, um die Vielfalt göttlicher Selbstmitteilungen mit der Einheit des göttlichen Heilsplanes zu vermitteln, da mit ihr auf der Grundlage der trinitarischen Christologie andere religiöse Traditionen positiv – nicht bloß als vorläufige Stationen – wertgeschätzt werden können. Dazu gehört die bleibende

---

77 *Dupuis*, Unterwegs 296; *Dupuis*, L'Esprit 58. Hier ist eine Entwicklung bei Dupuis festzustellen, da er in seiner ersten einschlägigen Monographie die Ökonomie des Geistes in den Vordergrund stellt, dabei aber auch schon betont, es handele sich bei Pneumatologie und Christozentrismus um zwei untrennbare Aspekte der einen Heilsökonomie. (Vgl. *Dupuis*, Jésus-Christ 198.)

78 *Dupuis*, Christianity 93; vgl. *Dupuis*, cristianesimo 311; *Dupuis*, L'Esprit 58.

79 *Dupuis*, Wahrheit 27. »Gott bleibt Gott – Gott, der Vater –, und doch tritt er als partikularer Mensch ein für allemal in die Geschichte ein – Gott, der Sohn, und diese Erlösungstat bleibt für alle Zeiten und alle Menschen als wirksames Heilsangebot gegenwärtig – Gott, der Heilige Geist.« (*Pottmeyer*, Weg 142.)

80 *Dupuis*, Unterwegs 298, Herv. im Orig.

Wirksamkeit der Bundesschlüsse Gottes vor Christus, die sich »der wechselseitigen Verbundenheit zwischen den verschiedenen Arten der Selbstmitteilung Gottes an Personen und Völker innerhalb der umfassenden Geschichte des Umgangs Gottes mit der Menschheit«[81] verdankt. Dies stellt Dupuis explizit als spezifisch (jüdisch-)christliche Perspektive heraus, die sich beispielsweise im linearen Geschichtsmodell – im Unterschied zum »zyklischen« bzw. »zirkulären« eher primitiver Kulturen oder dem »spiralförmigen« hinduistischer und anderer östlicher Philosophien – ausdrückt, wonach Geschichte sich schöpferisch auf ein Ziel bewegt. Er plädiert für die Koextensivität von Heils- und Weltgeschichte, da ein Beginn der Heilsgeschichte erst mit der Berufung Abrahams »jegliches persönliche Engagement Gottes mit der Menschheit vor oder außerhalb der Tradition, die von der Berufung des biblischen Patriarchen ausgeht«[82], tendenziell herabmindert. Auch die Unterscheidungen Daniélous zwischen der dem Bund vorausgehenden »kosmischen Religion« und der »übernatürlichen Ordnung« oder Balthasars zwischen natürlichen Religionen und Offenbarungsreligionen überzeugen ihn nicht. Ebenso richtet er sich gegen die Trennung von Heil und Offenbarung aufgrund der Vorstellung einer »Vorgeschichte«, in der entweder (natürliche) Offenbarung enthalten ist, aber kein Heil oder umgekehrt. Die Heilsgeschichte »besteht gerade aus der Menschheits- und Weltgeschichte, die mit den Augen des Glaubens als ›Dialog des Heils‹ gesehen wird, den Gott aus freiem Willen mit der Menschheit in der Schöpfung selbst initiiert hat und den er durch die Jahrhunderte fortführt bis zur Vollendung des Reiches Gottes im Eschaton«[83]. Die menschliche Geschichte enthalte von Beginn an sowohl Heil als auch göttliche Selbstoffenbarung, weil sie von Beginn an Gottes Geschichte mit den Menschen ist. Unterschieden werden kann und muss aber zwischen der allgemeinen und der speziellen Heilsgeschichte, wobei letztere nicht a priori auf die jüdischen und christlichen Traditionen beschränkt werden muss, da prophetische Interpretationen historischer Ereignisse als Gottes Eingreifen auch in anderen Traditionen enthalten sein können. Insofern dürfe die Grenze nicht zu eng gezogen werden. In Anbetracht der gebräuchlichen Unterscheidungen zwischen

---

81 *Dupuis*, Unterwegs 301; vgl. auch *Dupuis*, Alleanza, worin er ausführlich die bleibende Gültigkeit des Bundes Gottes mit Israel herausstellt.

82 *Dupuis*, Unterwegs 306; vgl. *Dupuis*, Christianity 98f; *Dupuis*, novedad 9f. »True, salvation history is not formally identical with ›profane‹ history; but it is materially coextensive with it. It, too, is universal. Salvation history is universal history itself *qua* salvation dialogue between God and humanity.« (*Dupuis*, Introduction 151, Herv. im Orig.) Dies übersieht Kim, wenn er meint, Dupuis identifiziere die menschliche Geschichte mit der Heilsgeschichte (vgl. *Kim*, Gott 220).

83 *Dupuis*, Unterwegs 307; *Dupuis*, Christianity 99.

allgemeiner und spezieller sowie vorchristlicher und nachchristlicher Heilsgeschichte fragt Dupuis,

> ob die Geschichte anderer Völker für diese nicht eine ›analoge‹ Rolle in der Heilsordnung spielen kann wie die, die die Geschichte Israels für das hebräische Volk gespielt hat, nämlich eine Geschichte, die historische Ereignisse umfasst, deren göttliche Heilsbedeutung durch ein prophetisches Wort verbürgt wird. Erstreckt sich die ›spezielle‹ Heilsgeschichte nicht über den Bereich der jüdisch-christlichen Tradition hinaus?[84]

Positiv beantwortet wurde dies von den asiatischen Bischöfen auf ihrer ersten Vollversammlung 1974 und von der theologischen Beratungskommission mit Verweis auf die Früchte des Geistes begründet. Deren Gegenwart könnte auch zu Spuren eines »Wortes Gottes« in den Büchern anderer religiöser Traditionen führen. Die universale Wirksamkeit des »Wortes Gottes« und des »Geistes Gottes«, die in der biblischen Tradition angelegt ist, würde nicht deutlich, wenn aus der christozentrischen Betonung des Christusereignisses als Dreh- und Angelpunkt der gesamten Geschichte Gottes mit der Menschheit eine christomonistische Verkürzung würde. Mit Rahner sieht Dupuis eine gegenseitige Bedingung von Christozentrismus, Logozentrismus und Pneumatologie. »Das Christusereignis kann nie isoliert vom Handeln des Logos und des Geistes gesehen werden, wie auch diese nie ohne Verbindung zum Christusereignis wirken.«[85] Dies hängt mit dem Mysterium von Zeit und Ewigkeit zusammen, wo Dupuis die klassische Position der Koexistenz und Gleichzeitigkeit von allem in Gottes ewigem Bewusstsein vertritt und somit für menschliche Erkenntnis eine Abfolge in der Heilsgeschichte besteht, aus der Perspektive Gottes aber alle »Abschnitte« simultan bestehen.[86]

---

84 *Dupuis*, Unterwegs 311; vgl. *Dupuis*, Christianity 101. Kim kritisiert, Dupuis' Ansatz weise typische Schwächen eines Inklusivismus auf, da er superioristisch argumentiere und letztlich alle Religionen christianisiere und somit eine alle Religionen in sich vereinende Metareligion voraussetze. »In ihr ist alles akzeptiert und toleriert, weil Gott es so will.« (*Kim*, Gott 205.) Dabei übersieht Kim die Differenzierungen Dupuis' und sein Insistieren auf den Spuren bzw. Elementen von Wahrheit und Gnade, aufgrund derer andere Religionen eine positive Rolle in Gottes Heilsplan einnehmen (und somit zur speziellen Heilsgeschichte gehören) können.

85 *Dupuis*, Unterwegs 315; vgl. *Dupuis*, Introduction 169; *Dupuis*, cristianesimo 301f. »Logozentrismus und Christozentrismus sind ebenso wenig auseinander dividierbar wie Christozentrismus und Theozentrismus. Statt einander zu widersprechen, sind sie vielmehr auf einzigartige Weise einander zugeordnet und bedingen sich gegenseitig.« (*Dupuis*, Christologie als Modell 68.)

86 Da die zeittheoretischen Fragen weder in Dupuis' christologischem noch in seinem religionstheologischen Ansatz eine größere Rolle spielen und m. E. diese auch mit unterschiedlichen Zeittheorien verbunden werden können, kann an dieser Stelle eine

Zentrale Etappen der Heilsgeschichte werden in der Bibel durch verschiedene Bundesschlüsse Gottes mit der Menschheit markiert, die sich einer ungeschuldeten göttlichen Initiative und der menschlichen Antwort auf diese verdanken. Angesichts der verschiedenen Bundesschlüsse beginnend mit dem kosmischen Bund der Schöpfung oder dem universalen Bund mit Adam wird nach ihrer Einheit gefragt, d. h. ob es verschiedene gibt oder sie sich auf diesen einen beziehen. Dupuis hebt auf die persönliche Beziehung Gottes zu den Menschen ab sowie auf die Einseitigkeit der Initiative, mit der er diese Bindung in den Bundesschlüssen eingeht, und bereitet damit sein Argument für die Universalität des göttlichen Heilswirkens vor, gegen das sich die Glaubenskongregation wendet, die stark auf den neuen Bund in Jesus Christus fokussiert. Sie setzen unterschiedlich akzentuierte Verständnisse von »Bund« voraus: Während Dupuis mit der einseitigen Initiative Gottes zum Heil der Menschheit in einer Vielzahl solcher Beziehungsangebote in den Bundesschlüssen einen Aspekt betont, der eine positive Bewertung des religiösen Pluralismus vorbereitet, hebt die Glaubenskongregation eher identitätslogisch auf das Proprium christianum des unüberholbaren neuen und endgültigen Bundes ab (vgl. DI 5 mit Zitat von DV 4). Bei der patristischen Unterscheidung in vier Bundesschlüsse (Adam, Noah, Abraham/Mose, Jesus Christus), die von Irenäus als Logophanien und damit als Vorbereitung des Hineinbrechens des göttlichen Logos in die menschliche Geschichte durch die Inkarnation verstanden werden, stellt Dupuis die Universalität des Noah-Bundes mit der ganzen Menschheit heraus, der als Grundlage für das menschliche Heil dienen kann. Indem er sich Rahners Verhältnisbestimmung von immanenter und ökonomischer Trinität anschließt, kann er mit Gregor von Nazianz von einem trinitarischen Rhythmus der Selbstmitteilung sprechen, weswegen »jeder göttliche Bund mit der Menschheit notwendigerweise die wirksame Gegenwart Gottes, seines Wortes und seines Geistes enthält«[87]. Dies gilt auch für den Bund mit Noah und somit für die außerbiblischen religiösen Traditionen. Spuren der Trinität sind nicht nur in der Schöpfung und im menschlichen Geist zu finden, sondern auch im religiösen Leben der Menschen und in den religiösen Traditionen. Aus christlicher Sicht kommt dabei dem Bund mit Mose besondere Bedeutung zu, da dieser mittlerweile nicht mehr als durch das Christusereignis aufgehoben gilt. Vielmehr wird katholischerseits von der bleibenden Gültigkeit dieses Bundes ausgegangen, was aber wegen der Einheit des göttlichen Heilsplanes für die Menschheit nicht zu einem Dualismus

---

Diskussion ausbleiben. Verwiesen sei lediglich aus philosophischer Perspektive auf *Koch*, Versuch und aus christologischer auf *Dausner*, Christologie.

87 *Dupuis*, Unterwegs 321; vgl. *Dupuis*, Christianity and Religions 464.

der Heilswege führen dürfe.[88] Dupuis sympathisiert daher mit der Position, die innerhalb des organischen Heilsplans Gottes einen Bund und zwei miteinander verbundene und komplementäre Wege annimmt. »Das Heil kommt zu den Juden durch den Bund, der von Gott mit Israel geschlossen *und* in Jesus Christus zur Erfüllung gebracht wurde. Dieser Bund bleibt auch heute ein Heilsweg, doch nicht unabhängig vom Christusereignis.«[89] Ohne diese Sonderstellung infrage zustellen, kann sie als Vorbild dienen, um das Verhältnis des Christentums zu den anderen Religionen neu zu orientieren. Danach behielten diese aufgrund des Noah-Bundes analog zum Judentum aufgrund des Mose-Bundes einen bleibenden Wert, da auch der Noah-Bund nicht durch das Christusereignis aufgehoben wurde. Damit ist es grundsätzlich möglich, sie zur speziellen Heilsgeschichte zu rechnen, wenn in der Geschichte der Völker Ereignisse vorliegen, »die kraft eines prophetischen Charismas als göttliches Eingreifen interpretiert werden«[90]. Dies gilt unbeschadet eines möglicherweise vorliegenden starken mythologischen Hintergrundes, da auch ein Mythos die Wahrheit des Bundesverhältnisses Gottes mit allen Menschen vermitteln könne. Begründet werden kann dies mit der trinitarischen Struktur der Geschichte, die für die Schöpfung durch das Wort im Geist ebenso gilt wie für die Geschichte Israels.

> The Holy Spirit is at work at every stage of salvation history. In each of the covenants progressively made by God with the human race, the Spirit is the immediate agent of the divine approach and engagement through human history.[91]

---

88 Genau in die Spannung dieser Diskussion führt das jüngste Dokument der vatikanischen Kommission für die religiösen Beziehungen zum Judentum, da es einerseits die These einer Sonderstellung des jüdisch-christlichen Verhältnisses untermauert, anderseits wird ein Dualismus abgelehnt. Stattdessen wird die Spannung zwischen dem Bekenntnis zur Universalität der Heilsbedeutung Christi und der Überzeugung der bleibenden Gültigkeit des Bundes Gottes mit Israel mit einem Hinweis auf den Geheimnischarakter Gottes unaufgelöst stehen gelassen. (Vgl. *Kommission*, Reflexionen Nr. 36.)

89 *Dupuis*, Unterwegs 328, Herv. im Orig.; vgl. *Dupuis*, Christianity and Religions 462; *Dupuis*, novedad 18; *Dupuis*, Insieme 20. »Israel and Christianity belong together in salvation history under the span of the covenant. The covenant through which the Hebrew people obtained salvation in the past and continues to be saved even today is the same covenant through which Christians are called to salvation in Jesus Christ.« (*Dupuis*, Christianity 108.) Vgl. zur Besonderheit des jüdisch-christlichen Verhältnisses auch *Fornet-Ponse*, Geschwister (Lit.).

90 *Dupuis*, Unterwegs 329.

91 *Dupuis*, Christianity 113.

5.1.3.2 Das eine und universale Wort

Sind Heils- und Weltgeschichte koextensiv und kann das Verhältnis des Christentums zum Judentum als Katalysator für das Verhältnis zu anderen Religionen dienen, stellen sich die Fragen nach Gottes Selbstoffenbarung in ihnen, nach dem Verhältnis der Offenbarung zur Heilsgeschichte und schließlich nach dem Verhältnis des früheren Sprechens Gottes (vgl. Hebr 1,1f) zur Offenbarung in Jesus Christus. Mit Bezug auf DV 2 hält es Dupuis für »theologisch legitim, in den nicht-biblischen religiösen Traditionen nach göttlicher Rede zu suchen, wie es auch als notwendig erachtet wurde, diese Traditionen in den Bereich der Heilsgeschichte mit hinein zu nehmen«[92]. Offenbarung und Heilsangebot Gottes sind gleichermaßen universal – trotz aller Unterschiede in ihrem Verständnis in den verschiedenen religiösen Traditionen. Aus christlicher Perspektive kann anerkannt werden, dass diese eine Funktion in Gottes Heilsplan ausüben und Gott das Mysterium ist, das in allen Völkern der Welt wirkt, der menschlichen Existenz Sinn verleiht und sich in Jesus von Nazaret endgültig offenbart hat. Eine christliche Theologie des Wortes Gottes ist trinitarisch und christologisch und sucht nach Zeichen des Handelns Gottes und seines Geistes in den religiösen Traditionen, ihren Schriften und Gründungserfahrungen.

Dazu wird ein Offenbarungsverständnis benötigt, das anders als die Modelle von Offenbarung als Lehre, Geschichte oder dialektische Gegenwart in der Lage ist, Offenbarung auch außerhalb der biblischen Religion anzunehmen, also die Verständnisse von Offenbarung als innere Erfahrung oder neues Bewusstsein. Als Beispiel nennt Dupuis Rahner, dessen theologische Anthropologie angewendet auf die Offenbarungsfrage es ermöglicht, die Universalität göttlicher Offenbarung in der menschlichen Geschichte anzunehmen, wobei diese apriorische Behauptung von Spuren göttlicher Wahrheit in den Schriften und Traditionen der Weltreligionen aposteriorisch verifiziert werden müsse. Im authentischen Gebet zeige sich die authentische religiöse Erfahrung von Frauen und Männern im kosmischen Bund. »Doch gibt es eine Kluft zwischen der religiösen Erfahrung und ihrer Ausdrucksgestalt. Das trifft selbst für die christliche Erfahrung zu, umso mehr wird es auch für die anderen zutreffen.«[93] Sprache kann immer nur unvollkommen Zugang zur Erfahrung ermöglichen, weshalb über die Begriffe – beispielsweise die keine persönliche

92 *Dupuis*, Unterwegs 332.

93 *Dupuis*, Unterwegs 338; vgl. *Dupuis*, Christianity 122. Wenn Kim die auf Rahner zurückgehende positive Anthropologie kritisiert, da der sündige Zustand des Menschen somit zu wenig berücksichtigt worden sei, schlägt sich darin seine konfessionelle Perspektive nieder. Dies kann auch angesichts unterschiedlicher innerkatholischer Positionen für die Fragestellung dieser Arbeit vernachlässigt werden. (Vgl. *Kim*, Gott 201.)

Gottesbeziehung ausdrückenden Ausdrucksformen im Hinduismus oder Buddhismus – hinausgegangen werden muss, wenn Zugang zur religiösen Erfahrung anderer gesucht wird. Bei allen Begrenzungen des sprachlichen Ausdrucks ist es bei allen echten religiösen Erfahrungen »mit Sicherheit der Gott, der sich in Jesus Christus offenbart hat, der in einer verborgenen und geheimen Weise so in das Leben von Männern und Frauen tritt«[94]. Immer wenn sich Menschen einem sie ansprechenden Absoluten zuwenden, antworten sie mit einer Haltung übernatürlichen Glaubens auf eine persönliche göttliche Offenbarung. Wenngleich sich die religiösen Erfahrungen unterscheiden, können sie aus christlicher Perspektive nur als Ausdruck einer Selbstoffenbarung und Selbstgabe des Gottes verstanden werden, der sich in Jesus Christus vollkommen mitgeteilt hat. Ansonsten wäre Gott nicht der eine und einzige. Insbesondere die apophatische Tradition erlaubt eine Versöhnung der kosmischen und geschichtlichen Offenbarung. Die Möglichkeitsbedingung jeder persönlichen göttlichen Mitteilung ist aus christlicher Perspektive die trinitarische Struktur: »Wann immer Gott in der menschlichen Geschichte gesprochen hat, hat er das durch sein Wort in seinem Geist getan.«[95] Dupuis geht unter Berufung auf Gregor von Nazianz davon aus, dass sich Gott immer trinitarisch offenbart, sich die immanente Trinität nur trinitarisch selbst mitteilen kann, was jegliche Selbstoffenbarung Gottes ermöglicht. Diese Überzeugung findet sich sowohl im Johannesprolog als auch in verschiedenen Dokumenten des II. Vatikanums (NA 2, AG 11, 15) sowie der Enzyklika *Redemptoris Missio*, worin mit den »Samen des Wortes« ein Ausdruck der frühen Kirchenväter, vor allem Justins, übernommen wird. Demzufolge hat Gott in seinem Wort zur Menschheit schon vor dem Höhepunkt seiner Selbstmitteilung in der Inkarnation gesprochen. In jeder Phase der Heilsgeschichte der Menschheit sind Wort Gottes und Heiliger Geist anwesend – also auch vor dem Christusereignis. Wenn von der universalen wirksamen Gegenwart des Geistes ausgegangen werden kann, stellt sich die Frage, ob sein Wirken »die Mitglieder anderer religöser Traditionen gerade durch ihre Traditionen erreicht? Wenn es so ist, welche spezifische Rolle könnten dann ihre heiligen Bücher im Hinblick auf dieses Wirken spielen?«[96] Als Antwort verweist Dupuis auf die trinitarische Struktur der göttlichen Selbstmitteilung, da jede persönliche Begegnung zwischen Mensch und Gott im Geist geschieht, der Geist also in jeder authentischen

94 *Dupuis*, Unterwegs 339; vgl. *Dupuis*, Christianity 122.

95 *Dupuis*, Unterwegs 341; vgl. *Dupuis*, Christianity 124. »Die ökonomische Trinität ist die immanente Trinität im Vollzug ihrer Selbstmiteilung.« (*Disse*, Jesus 164.)

96 *Dupuis*, Unterwegs 342; vgl. *Dupuis*, Christianity 125.

Erfahrung Gottes gegenwärtig ist.[97] Mit der Wirksamkeit des Geistes in authentischen Gotteserfahrungen kommt eine subjektive Komponente ins Spiel, die einem kommunikationstheoretischen Offenbarungsverständnis, das auf die Beziehung zwischen Gott und Mensch abhebt, entspricht und zugleich den Fokus von der Kirche als Hüterin und Vermittlerin offenbarter Glaubenswahrheiten auf die einzelnen Menschen als Adressaten des Beziehungsgeschehens Offenbarung verschiebt. Damit sind Relativierungen auf die Lebensumstände der Menschen verbunden, was geeignet ist, die Sorge der Glaubenskongregation auf den Plan zu rufen, die darin oft eine Tendenz zu einem »Relativismus« wahrnimmt. Über diese individuell-subjektive Perspektive hinaus kann Dupuis argumentieren, da der Geist in jedem Bundesschluss die treibende Kraft ist, lenke er die göttliche Bestimmung der Menschheit und diese Vermittlung wirke auch in den Schriften der anderen religiösen Traditionen. Dieses universale Wirken des Geistes in den anderen Religionen erhält erkenntnistheologische Bedeutung durch die Einsicht in die menschliche Begrenztheit, wonach keine menschliche Ausdrucksform ausreichen kann, um das Mysterium Gottes vollständig zu vermitteln.

Wird ein solches universales Wirken des Geistes in authentischen Gotteserfahrungen von Menschen angenommen, erlaubt dies grundsätzlich auch, Personen wie Muhammad oder Zarathustra als den biblischen Propheten vergleichbare echte Propheten und ihre monotheistische Botschaft tatsächlich als durch sie vermittelte göttliche Offenbarung anzusehen, auch wenn der Koran (oder das Avesta) in seiner Gesamtheit nicht als authentisches Wort Gottes betrachtet wird. Damit wiederum können andere als heilig geltende Schriften nach Dupuis als »Wort Gottes« anerkannt werden, wobei die Offenbarung nicht vollständig, aber echt ist.[98] Die heiligen Schriften

---

97 Wichtig ist hier die Kennzeichnung einer solchen Erfahrung als einer »authentischen«, da keineswegs jegliche religiöse Erfahrung eine Erfahrung Gottes ist. Dies scheint Kim bei seiner Rückfrage, ob alle religiösen Erfahrungen als Offenbarung zu verstehen seien, nicht zu berücksichtigen. (Vgl. *Kim*, Gott 200.) Vgl. kritisch zu Dupuis' trinitätstheologischer Argumentation *Labbé*, théologie.

98 Daher kritisiert er die Position von *Dominus Iesus*, zwar anzuerkennen, viele Elemente in den Schriften anderer Religionen konnten (und können) für viele Personen dazu dienen, ihre religiöse Beziehung zu Gott zu nähren und zu bewahren, da in ihnen ein Strahl der alle Menschen erleuchtenden Wahrheit zu erkennen sei (DI 8 unter Rekurs auf NA 2), zugleich aber die Möglichkeit nicht zu nennen, in ihnen könne ein von Gott gesprochenes Wort sein, »however initial and incomplete, the ›ray of that truth‹ being thus reduced to providing some natural light« (*Dupuis*, Declaration 38). Ähnlich plädiert Griffiths gegen DI dafür, eine epistemologische Komplementarität für vertretbar zu halten und eine ontologische nicht, da die Gegenwart Gottes nicht vervollständigt werden kann; vgl. *Griffiths*, Komplementarität.

stellen wegen der Frage der Inspiration das eigentliche Problem dar, aber auch hier bietet eine pneumatologische Perspektive zusammen mit der Vorstellung einer fortschreitenden, differenzierten Offenbarung die Möglichkeit, gegenüber den Schriften anderer religiöser Traditionen offener zu sein. Dabei darf der Gemeinschaftsbezug der Schriften nicht übergangen werden. Der soziale Charakter der heiligen Schriften der Völker ist von Gott gewollt, weil Gott durch ein persönliches Wort an ihre Propheten zu den Völkern selbst sprechen wollte und sich dies in ihren Schriften niedergeschlagen hat, ohne dass deswegen deren gesamter Inhalt Gotteswort in Menschenwort ist oder sie Gottes entscheidendes Wort enthalten.[99] Dies und die Fülle der Offenbarung ist vielmehr die Person Jesu Christi, die im Neuen Testament verbindlich bezeugt und interpretiert wird. Dupuis bemüht sich nun weniger darum, diese kirchliche Überzeugung fundamentaltheologisch zu begründen, als vielmehr darum, die Vorgabe des kirchlichen Bekenntnisses, das seinen Ausgangspunkt bildet, dogmatisch nachzuvollziehen und versteht diese Fülle qualitativ. Er rekurriert auf die in DV 4 ausgedrückte Position, wenn er schreibt, Jesus Christus ist »aufgrund seiner personalen Identität als Sohn Gottes der Gipfel und Kulminationspunkt des offenbarten Wortes«[100]; weil er das Wort ist, kann er den Menschen das Geheimnis Gottes offenbaren. Dupuis setzt also die gottmenschliche Identität Jesu Christi als Kriterium einer Offenbarungserkenntnis voraus, d. h. als Beurteilungskriterium für den Offenbarungscharakter anderer Träger und damit letztlich der positiven Betrachtung des religiösen Pluralismus. Ungeklärt ist bei dieser Zuordnung, wie die Offenbarung in anderen Schriften nicht bloß als defizitär in dem Maße, in dem sie sich nicht mit der Offenbarung in Jesus Christus decken, sondern auch als komplementär verstanden werden kann. Die persönliche Gottesbeziehung hat Jesus in seinem menschlichen Bewusstsein gelebt, was sich in seiner Abba-Erfahrung ausdrückte. Wenngleich die Tiefe dieser Beziehung des göttlichen menschgewordenen Sohnes, der in menschlicher Weise als Sohn Gottes gelebt hat, zum Vater nicht übertroffen

---

99 In seiner früheren Monographie formuliert er noch etwas vorsichtiger, der soziale Charakter der Schriften könne von Gott gewollt sein. (Vgl. *Dupuis*, Jésus-Christ 221.)

Gegen diese Position, bei den heiligen Schriften anderer religiöser Traditionen von Offenbarung zu sprechen, wendet das Redaktionskomitee der *Revue Thomiste* ein: »D'une part, des ›révelations‹, même si elles ont indirectement des répercussions sociales, restent d'ordre privé, dans la mesure où, à la différence de la révélation biblique qui a un caractère public et officiel, elles ne sont pas ordonnées de soi à la constitution du peuple de Dieu.« (*Comité de rédaction*, Tout récapituler 625.) Zudem liege bei ihnen keine Garantie Gottes bezüglich der Gesamtheit des Textes vor. Sie nehmen somit nicht die Überlegungen hinsichtlich einer fortschreitenden und differenzierten Offenbarung auf.

100 *Dupuis*, Unterwegs 349; vgl. *Dupuis*, Christianity 129; *Dupuis*, Christologie als Modell 71. Sehr ähnlich findet sich die Argumentation schon in *Dupuis*, Jésus-Christ 222–224.

werden kann und dies die qualitative Fülle der göttlichen Offenbarung in Jesus ausmacht, ist diese Offenbarung nicht absolut, sondern wegen der Menschheit Jesu Christi notwendigerweise begrenzt und bleibt relativ.[101] Denn zum einen kann kein menschliches Bewusstsein das göttliche Mysterium erschöpfen – es wäre ein falsches Verständnis der *communicatio idiomatum*, von einer direkten Kommunikation des göttlichen Wissens an den Menschen Jesus von Nazaret auszugehen – und zum anderen ermöglichte es gerade diese menschliche Erfahrung Jesus, uns das Mysterium Gottes zu übersetzen. Wie bei der doppelten Selbstrelativierung der Kirche auf Gott und die Menschen hin gemäß GS und LG schränkt die Relativierung der qualitativen Fülle der Offenbarung nicht ihre Relevanz ein, sondern nimmt die Geschichtlichkeit und Kontextualität des Menschen ernst und birgt daher das Potential anderer – wenn auch nicht gleichwertiger – Offenbarungen.

> Die qualitative Fülle – wir können auch sagen die Intensität – der Offenbarung in Jesus Christus steht, selbst nach dem historischen Christusereignis, einer fortdauernden göttlichen Selbstoffenbarung durch die Propheten und Weisen der anderen religiösen Traditionen, wie zum Beispiel durch den Propheten Mohammed, nicht im Weg. Diese Selbstoffenbarung hat sich in der Geschichte ereignet und ereignet sich auch weiterhin. Keine Offenbarung jedoch, sei es vor oder nach Christus, kann die Offenbarung, die uns in Jesus Christus, dem göttlichen menschgewordenen Sohn, zuteil geworden ist, übertreffen oder ihr gleich kommen.[102]

---

101 In der Auseinandersetzung mit den zahlreichen Rezensionen kritisiert er selbst diese Bezeichnung und meint, er »hätte es dabei belassen sollen zu sagen, die Offenbarung in Jesus sei ›begrenzt‹ oder ›endlich‹. Es sollte aber kein Zweifel an meiner Intention bestehen, die Transzendenz und den unübertrefflichen Charakter der Fülle der Offenbarung Gottes in ihm unversehrt zu bewahren«. (*Dupuis*, Wahrheit 36.)

Nach Waldenfels zeigt sich gerade bei Dupuis' Ausführungen zur qualitativen Fülle der Offenbarung in Jesus, die als Ereignis im menschlichen Bewusstsein jedoch relativ bleibe, »wie entschieden Dupuis sich bei aller Offenheit für Gottes je größeres Sein an die Mitte des christlichen Glaubens gebunden weiß, wie sehr aber gerade diese Rückbindung ihm eine große Offenheit für Gottes je größere Möglichkeiten erhält« (*Waldenfels*, Anmerkungen 604).

102 *Dupuis*, Unterwegs 350; vgl. *Dupuis*, Christianity 132. »Visto en su contexto histórico, el mensaje monoteísta de Mahoma aparece ciertamente como revelación divina transmitida por el profeta. Esta revelación no es perfecta ni completa; pero sigue siendo real. Es una ›palabra diferente‹.« (*Dupuis*, novedad 25f.)

Das Redaktionskomitee der *Revue Thomiste* stimmt zwar zu, kein menschliches Bewusstsein könne das göttliche Mysterium ausschöpfen, betont aber, dies sei nicht das Ziel; vielmehr gehe es auf der kognitiven Ebene darum, den Menschen alle heilsnotwendigen Wahrheiten mitzuteilen. »Or, ces vérités ne sont pas en nombre infini; elles peuvent donc être médiatisées par la conscience humaine de Jésus.« (*Comité de rédaction*, Tout récapituler 626.) Bei dem hier zugrundegelegten Offenbarungsverständnis klingt sehr

Auch wenn die geschichtliche Offenbarung in Jesus Christus (qualitativ) vollständig ergangen ist, ist sie nicht mit der eschatologischen Offenbarung Gottes zu identifizieren, da sie zum »schon« und nicht zum »noch nicht« gehört, wie Dupuis in seiner Auseinandersetzung mit *Dominus Iesus* bemerkt. Er bemerkt ganz auf der Linie der Tradition, die qualitative Fülle der Offenbarung in Christus sei geschichtlich unübertroffen und unübertreffbar. »This, however, does not imply that it comprehends and exhausts the entire mystery of God, which remains hidden to be fully manifested at the *eschaton.*«[103] Die Unterscheidung zwischen dem in Christus »schon« in der Geschichte Offenbarten und der »noch nicht« ergangenen letzten Vollendung der Offenbarung im Eschaton wird auch von DV 4 aufgenommen, da vor der glorreichen Widerkunft Christi keine neue öffentliche Offenbarung zu erwarten sei. Die Qualifizierung der Fülle der Offenbarung in Christus als qualitativ erlaubt Dupuis, durch das Wirken des Geistes auch in anderen Religionen echte, wenngleich nicht gleichwertige, Offenbarung anzunehmen, sodass sich das Wirken des Geistes von Gottes Wort in Jesus Christus unterscheiden kann. Wegen der qualitativen Fülle bedarf das Christentum auch nicht der Ergänzung durch die Elemente von Offenbarung in anderen Religionen, kann aber durchaus von diesen lernen. »Though the fullness of God's revelation is available in Jesus Christ, Christians have to relate it to what the Spirit is doing in other religions. Dupuis considers that while the Spirit reaches beyond Jesus in extent, he does not go beyond Jesus in content. There is no independent revelation through the Spirit, but only applications of the revelation of Jesus.«[104] Die Fülle der Offenbarung als »qualitativ« zu verstehen lässt sich gut mit einem kommunikationstheoretischen Offenbarungsverständnis, das den Beziehungscharakter der Offenbarung hervorhebt, verbinden. Wird hingegen – wie in vielen Dokumenten der Glaubenskongregation – der kognitiv-instruktionstheoretische Aspekt der Offenbarung betont, wird Fülle eher quantitativ als Vollständigkeit verstanden, was eine Komplementarität erst recht ausschließt. Eine unvollständige Offenbarung in anderen Religionen im Sinne der Übermittlung nur eines Teils der von Christus vermittelten Wahrheiten ist hingegen keineswegs ausgeschlossen und wegen des kognitiven

---

deutlich ein instruktionstheoretisches Modell durch, insofern es um eine (klar definierbare?) Anzahl propositionaler Satzwahrheiten geht und weniger um das Beziehungsangebot Gottes in Jesus Christus. Diese Vermutung wird auch von der Bezeichnung der Kirche als »dépositaire de la Révélation« (627) gestützt. Vgl. zum Zusammenhang der für die Kirche verwendeten Metaphern mit dem jeweils zugrundeliegenden Offenbarungsverständnis *Gilich*, Verkörperung 384–400.

103 *Dupuis*, Declaration 32, Herv. im Orig.

104 *Noronha*, Trinity 169.

Aspektes sogar leichter begründbar als in einem personalen Offenbarungsverständnis, nach dem der Offenbarer zugleich die Offenbarung ist.[105]

Wenn Dupuis zwischen dem universalen Handeln des Wortes (und des Geistes) und dem partikularen Handeln Jesu Christi unterscheidet, darf dies nicht missverstanden werden, als trenne er diese (was letztlich auch die Einheit der beiden Naturen gefährdete); es geht ihm um »die bleibende ›Unterscheidung‹ zwischen göttlicher und menschlicher Natur und zwischen göttlichem und menschlichem Handeln, unbenommen ihrer Einheit«[106]. Gemäß seinem Verständnis der hypostatischen Union ist das Wort Gottes das Aktzentrum in Jesus Christus, weshalb die menschlichen Handlungen Jesu wahrhaft die Handlungen des Wortes sind. Zugleich ist er sich aus einem menschlichen Bewusstsein heraus der Anwesenheit des Logos bewusst und antwortet so als Mensch auf die Sendung des Vaters. »Jesus weiß also vom Wort Gottes in sich bzw. von seiner Beziehung zum Vater nur auf menschliche und damit aber auch nur endliche und begrenzte Weise.«[107] Dementsprechend ist Jesus kein Allwissen zuzuschreiben, wie dies zuweilen aufgrund einer ständigen *visio beatifica* angenommen wurde. Jesus nimmt allerdings die menschliche Unvollkommenheit nicht in jeder Hinsicht auf, da er ohne Sünde war, auf endliche Weise um seine Identität mit dem Sohn Gottes wusste, eine besondere Erkenntnis des Vaters hatte und um die Bedeutung seines Kreuzestodes wusste.[108] Da sein Bewusstsein endlich und begrenzt ist, kann auch Jesus die besondere Beziehung zum Vater auf menschliche Weise nie erschöpfend

---

105 Vgl. dazu auch *Fornet-Ponse*, Offenbarungsverständnisse.

106 *Dupuis*, Wahrheit 39. »The human psychology of Jesus is similar to our own: Human nature specifies his human actions, ensuring their human authenticity. // On the other hand, being hypostatically united to the Word, the human nature of Jesus is entirely dispossessed, ontologically, in the order of the person. The human actions of Jesus are truly those of the Word of God: It is the Word who is acting in them, exercising his ›personal causality‹. But such total dispossession in the order of person takes nothing away from Jesus' sense of responsibility and human initiative. It ensures that in Jesus, God's Son responds as man to the mission he has received from his Father.« (*Dupuis*, Introduction 117.)

Kritisch zu Dupuis' Verständnis des Chalkedonense äußert sich Donneaud: »L'auteur mélange en effet indûment la distinction des deux natures du Verbe incarné – et des actions spécifiques qui leur sont conséquentes – avec la distinction de deux actions salvifiques concrètes: celle du Verbe en tant que tel et celle de Jésus-Christ.« (*Donneaud*, Chalcédoine 46.) Dupuis schreibe zwar ausdrücklich von zwei untrennbaren Aspekten innerhalb einer Heilsökonomie, aber diese Unterscheidung laufe auf zwei verschiedene Heilswege – einen über Christus und einen über das nicht inkarnierte Wort – hinaus. Ähnlich u. a. auch *Löffler*, Theologie 424.

107 *Disse*, Jesus 181.

108 Vgl. *Dupuis*, Introduction 121.

fassen und mitteilen. Die Begrenztheit der Offenbarung Jesu Christi aufgrund seiner Menschheit widerspricht nach Dupuis nicht der Überzeugung, Jesus Christus sei die Vollendung und Fülle der Offenbarung, wobei er die Einheit von Fülle und Begrenztheit nicht noch einmal ausführlich begründet.[109]

Vor diesem Hintergrund darf zwar nicht zwischen dem Wort und Jesus Christus getrennt werden, aber es ist durchaus möglich, zwischen dem Wort Gottes als solchem und dem Wort Gottes, wie es in Jesus Christus inkarniert ist, zu unterscheiden. »For the Word abides eternally in God's mystery, while the mystery of the Incarnation is a historical event, particular and contingent.«[110] Dementsprechend ist auch nicht zwischen dem Heilswirken des Wortes als solchem und dem Heilswirken des fleischgewordenen Wortes zu trennen, die gleichwohl unterschiedliche Aspekte des einen Heilsplans Gottes sind. Unterschieden bleiben das Wort in seiner Göttlichkeit und die Menschlichkeit Jesu und seine menschlichen Handlungen. Wenn *Dominus Iesus* davon spreche, alle Heilstaten des Wortes würden in Einheit mit der menschlichen Natur vollbracht (DI 10), sind sowohl der analoge Charakter der *communio* (*koinonia*) zwischen beiden Naturen als auch seine unterschiedlichen Bedeutungen hinsichtlich der verschiedenen Arten der Handlungen Jesu Christi zu berücksichtigen. »Undoubtedly, all the human actions of Jesus are the human actions of the person of the Logos who is personally their agent or acting subject; but not all the human acts of Jesus are the human expression of a divine power operating through them, for which the human nature serves as a ›conjoined instrument‹ (*instrumentum conjunctum*).«[111] In diesem Kontext verweist er auch auf eine Predigt Leos des Großen, in der Handlungen des Wortes ohne Mitwirkung des Fleisches angedeutet werden, sodass er nicht notwendigerweise Handlungen des Wortes als solchem auch nach der Inkarnation ausschließt – was aber gerade von DI 10 behauptet wird. »If the function of the Word in the divine act of creation continues without the cooperation of Jesus' humanity – which

109 Nach Disse kann dies durch eine nähere Bestimmung des Offenbarungsbegriffs als Selbstmitteilung Gottes erfolgen. Diese muss eine für den Menschen erfahrbare Wirklichkeit sein, sodass Offenbarung einerseits die Tatsache der innerlich erfahrbaren Anwesenheit Gottes im Menschen ist und andererseits die in Jesus Christus vorhandene Fülle Gottes ausdrückt. »Gott ist in seiner ganzen Fülle in Jesus Christus offenbar, und doch ist diese Offenbarung, wie es bei Dupuis heißt, insofern von ›relativer‹ Natur, als die Worte und Taten die Übersetzung der Wirklichkeit Gottes in die beschränkten Formen des Geschöpflichen sind. Dass Jesus Christus die Fülle der Offenbarung ist, weil Gott in Jesus Christus seinem ganzen Sein nach anwesend ist, widerspricht daher nicht der Auffassung, dass die Offenbarung mit Blick auf ihre geschöpfliche Objektivierung in Worten, Taten oder auch Geschehnissen begrenzt bleibt.« (*Disse*, Jesus 185.)

110 *Dupuis*, Declaration 40.

111 *Dupuis*, Declaration 42.

originally was non-existent – why should the possibility of any saving action of the Word as such be a priori excluded, especially if scriptural foundation is not lacking for affirming such activity of the Word as such?«[112]

Neben dem entscheidenden Wort in Jesus Christus hat Gott anfängliche Worte durch die Propheten der Völker gesprochen, sodass insgesamt drei Stufen unterschieden werden können, die nicht chronologisch zu verstehen sind, sondern sich komplementär ergänzen: Erstens lässt Gott die Seher der religiösen Traditionen in ihren Herzen ein geheimes Wort hören, das in den Schriften zumindest Spuren hinterlässt. Zweitens spricht er öffentlich zu Israel durch die Propheten und drittens sein entscheidendes Wort in Jesus Christus. Auch wenn die anfänglichen Worte der heiligen Schriften der Völker nicht so verbindlich sind wie das Alte Testament, können sie göttliche Worte genannt werden. Mithin können die Begriffe »Wort Gottes«, »heilige Schrift« und »Inspiration« als analoge Begriffe auf die verschiedenen Stufen der differenzierten Offenbarung angewendet werden. Diese verschiedenen Phasen sind Phasen der einen Heils- und Offenbarungsgeschichte und da alle Wahrheit von Gott kommt, könnte man »sogar sagen, dass es zwischen der Offenbarung innerhalb und außerhalb der jüdisch-christlichen Tradition eine echte Komplementarität gibt«[113]. Als Kriterium der Unterscheidung zwischen Wahrheit und Unwahrheit dient aus christlicher Sicht die Person Jesus Christus. Auf dieser Grundlage ist eine asymmetrische Komplementarität auch zwischen biblischen und nicht-biblischen Schriften möglich, da manche Aspekte des göttlichen Mysteriums besser durch nicht-biblische herausgestellt

---

112 *Dupuis*, Declaration 44.

113 *Dupuis*, Unterwegs 353; vgl. *Dupuis*, Christianity 135. So kann er auch vom jüdisch-christlichen Dialog als einem privilegierten Fall des interreligiösen Dialogs sprechen. (Vgl. *Dupuis*, Alleanza 151; dagegen *Labbé*, théologie 122, da auch eine analoge Ausweitung auf andere Religionen nicht rechtfertigt werden könne.) »Alle Wahrheit kommt von Gott, der die *Wahrheit* ist, und als solche verehrt werden muss, welches immer auch der Kanal ist, durch den sie auf uns kommt. Wort Gottes und göttliche Offenbarung dürfen nicht zu monolithisch gesehen werden, sondern als eine vielfältige und komplexe Wirklichkeit.« (*Dupuis*, Wahrheit 35, Herv. im Orig.)

»L'ambizione di verità universale del cristianesimo dovrà ora essere declinata pluralisticamente; essa si mostrerà valida qualora risulti che nella luce di Cristo l'altra religione e l'altra cultura si sentono interpretate meglio di quanto esse stesse prima si comprendessero.« (*Brena*, Dialogo 435.)

Pacini sieht zwei Grundlagen der Argumentation Dupuis': Zum einen ein weites Verständnis von Analogie, nach dem das Wirken Gottes die Basis der analogen Erfahrungen ist und zum anderen die Überwindung eines rein natürlichen Verständnisses von Offenbarung: »ogni rivelazione ha alla base un intervento attivo personale di Dio, che, per riverlarsi in modo comprensibile agli uomini non può che manifestarsi a coscienze umane« (*Pacini*, Cristologia 202).

werden können als durch biblische – wie das Gespür für die göttliche Majestät im Koran oder für Gottes immanente Gegenwart in der Welt in den Schriften des Hinduismus. »Es mag paradox erscheinen – ein langanhaltender Kontakt mit den nicht-biblischen Schriften – aus dem eigenen Glauben heraus gelebt – kann den Christen helfen, gewisse Aspekte des göttlichen Mysteriums, das sie in Jesus Christus unverhüllt erblicken, tiefer zu begreifen.«[114]

5.1.3.3 Gesichter des göttlichen Mysteriums

Neben den verschiedenen Bundesschlüssen und der Universalität des Wortes Gottes ist die Unausschöpflichkeit des einen göttlichen Mysteriums durch menschliche Ausdrucksweisen die dritte Argumentationslinie, die Dupuis bemüht. Dabei betont er den Unterschied zwischen der göttlichen Identität und dem menschlichen Begriff von ihr, fragt vor allem nach dem Verhältnis der von den mystischen Religionen des Ostens bezeugten absoluten Wirklichkeit zum Gott der monotheistischen Religionen und plädiert für die Legitimität der Annahme, diese Wirklichkeit sei trotz aller Unterschiede in den menschlichen Ausdrucksweisen dieselbe, die als Gott Abrahams, Isaaks und Jakobs bekannt würde.

---

114 *Dupuis*, Unterwegs 355; vgl. *Dupuis*, Christianity 136; *Dupuis*, novedad 31. Daher bedeutet eine solche reziproke (und asymmetrische) Komplementarität nicht, »dass die christliche Offenbarung durch andere göttliche Offenbarungen ›ergänzt‹ werden müsste« (*Dupuis*, Wahrheit 37; vgl. *Dupuis*, cristianesimo 324), da dies der qualitativen Fülle der Offenbarung in Christus widerspräche, und meint auch nicht, die Schriften anderer Traditionen stünden auf der gleichen Ebene wie die Bibel (gegen *De Rosa*, teologia 142). »Qualifiying complementarity by the adjective ›asymmetrical‹ brings into relief the fact that, whatever similarities may exist at a phenomenal level, they do not ground an assertion that Jesus and, for example, Gautama (and the traditions taking their origin in them) are about the same thing.« (*Burrows*, Postscript 119; ähnlich *Noronha*, Trinity 96f. 238; *O'Collins*, Retrospect 454f; *O'Collins*, Council 186.) Positiv deutet der Begriff an, »how some elements of the divine mystery can be vividly expressed by the practices and sacred writings found beyond Christianity. In prayerful dialogue with other traditions, Christians may ›hear‹ something which enriches them spiritually.« (*O'Collins*, Neo-Rahnerian 580.) Eine ähnliche Position wie Dupuis vertreten u. a. *Berten*, Pluralismus; *Griffiths*, Komplementarität.

Disse kritisiert, dieses Verständnis von Komplementarität, in dem Momente von Reziprozität und Asymmetrie miteinander verbunden werden, bleibe recht vage, hätte aber durch einen Rekurs auf die Idee der Endlichkeit von Jesu Bewusstsein noch vertieft werden können. »Reziprozität wird genauer dadurch möglich, dass das gleiche Geheimnis als solches durch dessen geschöpfliche Objektivierungen nicht totaliter erfasst werden kann.« (*Disse*, Jesus 189.) Er schließt daher nicht aus, dass die christliche Religion durch andere religiöse Traditionen auch in Bereichen ergänzt werden könnte, die nicht etwas ohnehin Vorhandenes lediglich stärker akzentuieren.

In Abgrenzung von John Hicks Argumentation ist nach Dupuis aus christlicher Sicht nicht nur »festzuhalten, dass die höchste Wirklichkeit, die sich der Menschheit unterschiedlich bekundet, ein personaler Gott ist. Man muss darüber hinaus auch davon ausgehen, dass der christliche trinitarische Gott die letzte Wirklichkeit an sich darstellt.«[115] Zwar beansprucht die christliche Tradition nicht, das innere Selbst Gottes tatsächlich abbilden zu können, wohl aber, dass die höchste Wirklichkeit interpersonal ist und aus der vollkommenen interpersonalen Gemeinschaft dreier besteht. Dass der Gott der monotheistischen Traditionen trotz sehr unterschiedlicher Vorstellungen in den verschiedenen Religionen derselbe und einzige ist, folgt aus dem monotheistischen Grundbekenntnis, es gebe nur einen einzigen Gott. Judentum, Christentum und Islam führen sich alle auf den Gott Abrahams bzw. seine Selbstoffenbarung an Abraham zurück und teilen denselben Gott, ohne einen identischen Gottesbegriff zu haben. Während der Exodus das paradigmatische Heilsereignis für das Judentum ist und Gott daher vor allem als der allmächtige Befreier verstanden wird, wird dieser Monotheismus durch das Christentum verinnerlicht und zugleich die universale Bedeutung unterstrichen. Der Islam hingegen betont stärker die Majestät und Allmacht Gottes. Eine wirkliche Konvergenz bestehe stärker in der Art, wie Mystiker den Glauben leben, da diese alle danach streben, sich mit Gott zu vereinigen. Diese drei monotheistischen Religionen berufen sich somit auf die gleiche Wurzel, haben sehr unterschiedliche Gotteserfahrungen und somit auch Lehren von Gott, konvergieren aber darin, die ekstatische Vereinigung mit Gott nicht als Aufgehen des menschlichen Ich in dem »Einen« zu verstehen. Sie »bewahren die interpersonale Gemeinschaft zwischen Gott und Menschen, sie vertreten nicht die Identität des Menschen mit dem Göttlichen«[116]. Da sich die unterschiedlichen Lehren auch auf die mystische Erfahrung auswirken, ist die Konvergenz nur partiell. Gegen Hick betont Dupuis, der dreieine Gott könne aus christlicher Sicht keine Manifestation oder Erscheinung unter anderen einer höchsten Wirklichkeit sein, sondern sei die höchste Wirklichkeit selbst. Die in Jesus Christus objektiv, aber unvollkommen und analog offenbare göttliche Trinität korrespondiert mit der höchsten Wirklichkeit. »In Gottes höchster Wirklichkeit *gibt es* Elternschaft/Sohnschaft/Liebe; Gott *ist* Vater/Mutter, Sohn/Geist/Weisheit, Geist/Liebe, auch wenn wir über keine positive Darstellungsweise verfügen, wie diese personalen Eigenschaften Gottes innerhalb der Gottheit verwirklicht werden.«[117] Zudem ist zwischen den ursprünglichen Erklärungen

115 *Dupuis*, Unterwegs 363.

116 *Dupuis*, Unterwegs 366; vgl. *Dupuis*, Christianity 121.

117 *Dupuis*, Unterwegs 368, Herv. im Orig.

der apostolischen Kirche, basierend auf dem menschlichen Bewusstsein Jesu von der göttlichen Gemeinschaft, und den späteren Entfaltungen in der Kirche zu unterscheiden, was einen Pluralismus in der Lehre ermöglicht. Aus christlicher Sicht wird mit der Trinitätslehre als hermeneutischem Schlüssel interpretiert, wie die Erfahrung der absoluten Wirklichkeit in anderen Religionen bezeugt wird. Dementsprechend werden die dynamischen Attribute Gottes im Alten Testament als Antizipation der drei Personen oder die drei Kategorien, in die die 99 Namen Gottes im Koran eingeteilt werden können, als Entsprechung der Appropriationen Schöpfung, Erlösung und Innewohnen gedeutet. Auch in den Bezeugungen der Erfahrung der höchsten Wirklichkeit in einigen mystischen Traditionen des Ostens versuchen einige Autoren wie Joseph Bracken oder Bede Griffiths eine trinitarische Struktur auszumachen, woran Dupuis eine mangelnde Übereinstimmung mit der christlichen Tradition kritisiert.

> Doch scheint es trotz aller Unterschiede und unter Berücksichtigung der Einzigartigkeit der Selbstoffenbarung in Jesus Christus legitim, in den mystischen Traditionen des Ostens Vorahnungen und Annäherungen an das höchste Mysterium des Seins zu finden, das in Jesus Christus endgültig, wenn auch noch unvollständig, enthüllt und offenbart worden ist.[118]

Exemplarisch überprüft Dupuis diese These an einem Vergleich des Brahman in der hinduistischen *advaita*-Mystik mit dem christlichen Mysterium; er verweist darüber hinaus auf Studien, die die buddhistische »Lehre« (Sunyata) mit der Trinität bzw. dem sich entäußernden Gott des Christentums vergleichen. Aus der Fülle der hinduistischen Strömungen widmet er sich derjenigen, die seiner Ansicht nach die christliche Mystik am stärksten herausfordert. Jesu Sohnesbewusstsein und sein Bewusstsein einer Unterschiedenheit-in-Einheit scheint zunächst der *advaita*-Erfahrung grundlegend zu widersprechen, da diese einem subjektiven Bewusstsein des Selbst keinen Raum mehr lässt. Aber bei ihm findet sie ihre wahrhaftigste Anwendung und eine neue Bedeutung. »Sie verkündet das personale Bewusstsein Jesu, gemeinsam mit dem Vater zum Bereich der Gottheit zu gehören.«[119] Zugleich hilft sie dabei, die Einzigartigkeit der Gemeinschaft Jesu mit dem Vater zu betonen, da das Bewusstsein Jesu von seiner Einheit mit dem Vater zwar menschlich ist, aber dasjenige einer

118 *Dupuis*, Unterwegs 374.

119 *Dupuis*, Unterwegs 380. Vgl. zu Jesu Bewusstsein im Vergleich zur *advaita*-Erfahrung *Dupuis*, Conscience, zur *advaita*-Erfahrung bei Le Saux aus trinitätstheologischer Sicht *Dupuis*, Éveil à soi 870–873 und allgemeiner zum Christusglauben im Dialog mit dem Hinduismus *Dupuis*, fede.

Gemeinschaft in der Gottheit. Ein ähnliches Verhältnis sieht Dupuis beim Vergleich eines trinitarischen Gottesverständnisses mit dem Gottesbegriff der *advaita*-Mystik, der als *saccidananda* (Sein-Bewusstsein-Glückseligkeit) verstanden wird. Da für die hinduistische Mystik alle personalen Bestimmungen transzendiert werden müssen, fordert sie Christinnen und Christen dazu auf, die Beziehungen zu Gott nicht zu anthropomorph zu verstehen, sondern stärker von den Werten der Innerlichkeit her. Der Geist erscheint eher als Mysterium der göttlichen Innerlichkeit und der Nicht-Zweiheit (*advaita*) von Gott und Mensch. »Während die Gemeinschaft der spezifische, unveräußerliche Beitrag der Offenbarung Gottes in Jesus Christus ist, kann die Einheit, die dieser Gemeinschaft notwendigerweise zugrunde liegt, durch die Erfahrung der Nicht-Zweiheit (*advaita*) der hinduistischen Mystik gestärkt werden.«[120] Somit besteht für Dupuis zwischen dem Gottesverständnis der hinduistischen Mystik und dem der christlichen Tradition eine reziproke Komplementarität, da das christliche Verständnis des Mysteriums Gottes durch den Beitrag der östlichen Traditionen vertieft werden kann, und in einem christlichen *advaita* sogar eine echte Konvergenz.

> Die religiösen Traditionen der Welt vermitteln verschiedene Einsichten in das Mysterium der höchsten Wirklichkeit. Wie unvollständig sie auch sein mögen, sie bezeugen doch eine vielfältige Selbstmanifestation Gottes gegenüber Menschen in verschiedenen Glaubensgemeinschaften. Sie sind unvollständige ›Gesichter‹ des göttlichen Mysteriums, das auf vielfältige Weise erfahren wird und das in ihm, der ›das menschliche Angesicht‹ Gottes ist, erfüllt wird.[121]

Indem Dupuis somit nachdrücklich die qualitative Fülle der Offenbarung in Jesus Christus betont und diese zugleich als unvollständig charakterisiert, da

---

120 *Dupuis*, Unterwegs 386. Es gibt aber deutliche Grenzen: »L'esperienza dell'*advaita* e la relatività radicale che essa impone alla storia sembra difficilmente adattarsi a questo valore storico decisivo dell'evento Cristo: né la consistenza dell'evento né il suo carattere unico e il suo significato universale le sembrano totalmente assimilabili.« (*Dupuis*, pensiero 120)

121 *Dupuis*, Unterwegs 388 mit Verweis auf *Robinson*, Face.

Wenn Kim die Überlegung kritisiert, die verschiedenen Religionen bezögen sich auf denselben Gott, da erstens biblisch die Existenz anderer Götter und ihrer Verehrung eine klare Tatsache sei, zweitens religionswissenschaftlich die empirische Vielfalt der transzendenten Wesen dagegen spreche und dies drittens für einen Buddhisten widersinnig sei, da er keine metaphysische Gottesvorstellung habe (*Kim*, Gott 195f), übersieht er, dass es Dupuis weder um die konkrete kultische Ausformung noch um die lehrmäßige Gestalt der verschiedenen Religionen geht, sondern darum, worauf sie sich letztlich richten bzw. weshalb in ihnen eine authentische religiöse Erfahrung der absoluten Wirklichkeit vorliegen kann.

das göttliche Mysterium unter menschlichen Bedingungen nie vollständig vermittelt werden könne, will er sowohl dem traditionellen Christusbekenntnis gerecht werden als auch echte Offenbarung in anderen Religionen nicht a priori ausschließen. Das Verhältnis der partikularen Gestalt Jesus von Nazaret mit ihrer universalen Bedeutung zum universalen Wirken des Wortes und Geistes steht dementsprechend im Zentrum seiner spezifisch christologischen Ausführungen.

5.1.3.4 Einheit und Universalität Jesu Christi

Die christologische Frage steht wegen des traditionellen christlichen Bekenntnisses zur universalen Heilsbedeutung Jesu Christi im Zentrum der gegenwärtigen religionstheologischen Debatte, da bei allen vertretenen Positionen das jeweilige Verständnis des Christusereignisses bestimmt, wie die Heilsfunktion anderer religiöser Traditionen sowie ihre Bedeutung in Gottes Heilsplan konzipiert wird. Während eine ontologische Christologie »von oben« die personale Identität Jesu Christi als Sohn Gottes anerkennt, bleibt eine Christologie »von unten« auf der funktionalen Ebene und lehnt letztlich die ontologischen Bestimmungen ab. Davon zu unterscheiden ist der methodische Zugang über das hermeneutische Dreieck, bei dem auch der eigene Kontext zu berücksichtigen ist, um den von der apostolischen Kirche begonnenen Interpretationsprozess in der gegenwärtigen Situation weiterzuführen.[122] Die Kombination von induktiver und deduktiver Methode in der von Dupuis verfolgten hermeneutischen Vorgehensweise führt ihn nicht dazu, die traditionellen Formeln aufzugeben, sondern scheint geeignet, um sowohl der Gottheit als auch der Menschheit Jesu Christi Rechnung zu tragen. Gegen die philosophischen, historisch-kritisch-exegetischen und theologischen Begründungen einer funktionalen bzw. graduellen Christologie vonseiten pluralistischer Theologen hält es Dupuis aufgrund der von ihm eingenommenen trinitarisch-christologischen Perspektive für möglich, »dass ein ausgewogener Anspruch auf Einzigkeit und Universalität in Bezug auf Jesus Christus Raum lässt für eine offene Theologie der Religionen und des religiösen Pluralismus«[123]. Deutlich wird seine Vorgehensweise, aus der

---

122 Vgl. *Dupuis*, Introduction 8. »Dupuis tries to show that Christology must start from below, that is from the discovery of the human person of Jesus, but the dynamism of the faith naturally calls at a certain stage for a reversal of perspective: from the risen Christ to the eternal Son.« (*Noronha*, Trinity 64.)

123 *Dupuis*, Unterwegs 391; vgl. *Dupuis*, Christianity 164; *Dupuis*, Salvezza 58; *Dupuis*, universalidad 487; *Dupuis*, Cristo universale 196; *Dupuis*, débat 857f. »Sintetizzando la sua valutazione del dibattito teologico in corso, Dupuis fa propria la posizione de Gavin D'Costa, il quale sostiene che due sono gli assiomi fondamentali della fede cristiana

kirchlichen Tradition heraus zu argumentieren – »klassische« *loci theologici* aufzunehmen –, indem er häufig von konziliaren Formeln und Begriffen ausgeht, und zugleich das Potential der traditionellen Überzeugungen für eine offene Theologie der Religionen aufzuzeigen. Er legt großen Wert auf die Begriffsklärung, wegen der christozentrischen Perspektive von der Einzigartigkeit Jesu Christi zu sprechen. Gemeint ist nicht Einzigartigkeit im Sinne von Unverwechselbarkeit bzw. einer relativen Einzigartigkeit, da diese als Einmaligkeit jedem Menschen und jeder Tradition zukommt, sondern eine singuläre Einzigartigkeit. Den Begriff »Absolutheit« hält er für ungenau, da Absolutheit als Attribut der höchsten Wirklichkeit nicht von einer endlichen Wirklichkeit ausgesagt werden kann.[124] Die Einzig(artig)keit Jesu Christi ist singulär, da er der konstitutive Erlöser der Menschheit ist, während verschiedene Heilsfiguren oder religiöse Traditionen »relativ universal« sein können, insofern sie als Wege zum Heil einen universalen Anspruch auf Menschen ausüben. Während der relative Gebrauch zu einem weit gefassten Pluralismus führen könnte, tendiert der eingeschränkte Gebrauch zu einem engen Exklusivismus. Für die von ihm anvisierte Theologie der Religionen ist es nötig, Einzigartigkeit und Universalität zu verknüpfen. »Sans l'universalité, l'unicité reconduirait à une position exclusiviste; séparée de l'unicité, l'universalité mènerait vers la voie ›pluraliste‹. Combinées, l'unicité et l'universalité s'accordent, au contraire, avec la christologie ›inclusive‹ présentée plus haut.«[125]

Die konstitutive Bedeutung Jesu Christi

Einzigartigkeit und Universalität Jesu Christi sind daher weder absolut noch relativ, sondern wegen seiner Heilsbedeutung für die gesamte Menschheit konstitutiv; das Christusereignis ist der »Grund« der Erlösung und hat universale Bedeutung, da in ihm ein nicht zu brechender Bund zwischen Gottheit und Menschheit geschlossen wird. Insofern es sich in Gottes umfassenden Heilsplan einfügt und in Beziehung steht zu allen anderen göttlichen

---

che occorre tenere insieme per rimanere nel cristianesimo: l'universalità della volontà salvifica di Dio e la necessità della mediazione salvifica universale di Gesù Cristo.« (*Pacini*, Cristologia 183.)

124 »Der ›absolute Erlöser‹ ist der, von dem der auferstandene Herr das universale Sakrament ist.« (*Dupuis*, Wahrheit 45; vgl. *Dupuis*, Salvezza 59; *Dupuis*, universalidad 488; *Dupuis*, Cristo universale 197.) Dagegen de Rosa: »Per conseguenza le azioni umane e le parole umane di Gesù, pur avendo un carattere storico e dunque limitato, hanno un valore divino, e dunque unico e assoluto. […] come Gesù è il Salvatore unico e assoluto, così è il Rivelatore definitivo e assoluto.« (*De Rosa*, teologia 141.)

125 *Dupuis*, Jésus-Christ 248. Ferner sei die Einzigkeit Christi »absolut«, weil er für das Heil aller Menschen konstitutiv sei, weshalb es eine ontologische und keine epistemologische Einzigkeit sei.

Manifestationen in der Heilsgeschichte, ist es »relational« – und darf nicht verabsolutiert werden. »Jesus Christus, so werden wir vorschlagen, ist unter den verschiedenen Heilsfiguren, in denen Gott verborgen gegenwärtig und wirksam ist, das eine ›menschliche Gesicht‹, in dem Gott, obgleich er unsichtbar bleibt, vollkommen enthüllt und offenbart ist.«[126] Gott wollte immer ein Gott-der-Menschen sein und ist dies in Jesus Christus auf vollkommen menschliche Weise geworden. Dies hängt mit Jesu Charakter als eschatologischer Prophet zusammen, da in ihm das Reich Gottes (als Zentralthema seiner Verkündigung) durchzubrechen beginnt und er insofern auch eine vermittelnde Funktion hat. »His ministry is God's decisive intervention in the world; in it God is making the cause of human beings God's own.«[127] Seine universale Heilsbedeutung besteht darin, in seiner Menschheit auf einzigartige Weise zur Gesamtheit der Menschheit bezogen, d. h. relational zu sein – und weil die Menschheit fundamental an Christi Menschheit teil hat, ist die gesamte Menschheit als Menschheit in ihrer Rolle in der Heilsgeschichte geheiligt. »Thus, because Dupuis reorients the meaning and purpose of Jesus' humanity as the Word made flesh, he reorients the meaning and purpose of our humanity away from an exclusive focus on our knowing capacity.«[128]

Dupuis begründet die konstitutive Bedeutung Jesu Christi zudem, indem er sich gegen die Infragestellung der konstitutiven Einzigartigkeit Jesu Christi durch pluralistische Theologen richtet. Gegen die philosophische Behauptung,

---

126 *Dupuis*, Unterwegs 393; vgl. *Dupuis*, Christianity 166. »Trotz des ›übergeschichtlichen‹ Charakters der auferweckten Menschheit Jesu Christi, ist dieses Ereignis durch sein Eingehen in die Geschichte, ohne dass es seine einzigartige Bedeutung und Dichte verlieren würde, begrenzt. Es ist also zugleich partikular in der Zeit und universal in der Bedeutung und als solches ›auf singuläre Weise einzigartig‹; doch ist es mit allen göttlichen Offenbarungen in der einen Heilsgeschichte verbunden, also relational.« (529) Vgl. *Dupuis*, Christologie als Modell 79.

»L'unicita *costitutiva* di Gesù Cristo rimarrà come un asserto centrale della fede cristiana, ma non sarà assolutizzata unilateralmente sul fondamento di testi isolati« (*Dupuis*, Salvezza 61, Herv. im Orig.).

»[B]ecause the world religions possess an autonomous function in the history of salvation, different from that of Christianity, they and Christianity, though mutually related, cannot be reduced to each other. Dupuis' affirmation of Jesus Christ's uniqueness and universality does not prevent him from having a positive view of other religious traditions.« (*Noronha*, Trinity 85.)

»The constitutive role of Jesus then boils down to Jesus and his paschal mystery being the instrumental efficient cause of the salvation of all human beings« (*Amaladoss*, Rezension 623).

127 *Dupuis*, Introduction 49. »Such a view of Jesus as eschatological prophet shifts the significance from knowing to doing.« (*Brecht*, Humanity 65.)

128 *Brecht*, Humanity 67.

eine Relativierung der Wahrheit nicht im Sinne ihrer Relationalität, sondern im Sinne der Relevanzeinschränkung sei notwendig, verweist er auf den Unterschied zwischen der Wahrheit oder Wirklichkeit an sich und dem menschlichen Wissen darüber. Indem er einen metaphysischen Objektivismus vertritt, aus diesem jedoch keinen epistemischen folgert, kann er zugleich die Universalität des Christusereignisses und die Kontextualität der jeweiligen Deutungen bekräftigen. Aus der prinzipiell unvollkommenen und vorläufigen menschlichen Erkenntnis Gottes ist ebensowenig ihre vollkommene Ungültigkeit zu folgern wie die Gleichwertigkeit aller partikularen Sichtweisen. Das göttliche Mysterium wird immer jenseits unseres Fassungsvermögens liegen, aber seine Offenbarung durch den Sohn bezeugt seine Wahrhaftigkeit in besonderer Weise. Trotz des eschatologischen Vorbehalts kommen aus christlicher Sicht dem Zeugnis Jesu Christi und dessen neutestamentlicher Bezeugung privilegierte Autorität zu. Den historisch-kritisch-exegetischen Argumenten dafür, die Ansprüche auf Einzigartigkeit zu relativieren, da diese angesichts des religiösen Pluralismus nicht aufrecht erhalten werden könnten, zumal sie konfessorischen Charakter trügen, entgegnet er, dabei würden persönliche Beweggründe und objektive Ansprüche über die Wirklichkeit verwechselt. An anderer Stelle bemerkt er zur Schrifthermeneutik, diese könne nicht darin bestehen, einen kleinsten gemeinsamen Nenner zu suchen, sondern müsse »das gesamte neutestamentliche Zeugnis nehmen und die wesentliche Übereinstimmung anerkennen, die zwischen den verschiedenen Zeugen besteht, unbenommen der Vielfalt der Zugänge und der unterschiedlichen Perspektiven, die jedem Autor eigen sind«[129]. Auf dieser Grundlage ist er überzeugt davon, das neutestamentliche Zeugnis begründe die Substanz der traditionellen christologischen und trinitarischen Lehre der Kirche. Zudem sei es möglich, an der konstitutiven Einzigartigkeit Jesu Christi festzuhalten, ohne andere Religionen und ihre Heilsfiguren zu verdammen. »Ein durchgehender Fehler des pluralistischen Paradigmas besteht in der Vorstellung, dass die einzig konkret mögliche Alternative zu ihrer eigenen Position eine dogmatische und exklusivistische Verwerfung anderer Religionen ist.«[130] Das ist weder biblisch noch theologisch zwingend. Notwendig ist für eine christliche Theologie der Religionen, sich mit den einander widersprechenden Ansprüchen auf Einzigartigkeit in den jeweiligen Religionen auseinanderzusetzen. Diese werden in den prophetischen Religionen stärker vertreten als in den mystischen Religionen des Ostens, sind dort aber mit der Vorstellung

129 *Dupuis*, Wahrheit 18; vgl. ausführlicher *Dupuis*, Introduction 39–56.
130 *Dupuis*, Unterwegs 400; vgl. *Dupuis*, Christianity 171.

Krishnas als universalen Erlöser oder einer Ontologisierung Buddhas auch vorhanden.[131] Eine induktive theologische Methode, die von der Praxis des interreligiösen Dialogs ausgeht und das Wort Gottes als dynamische *norma normans* versteht, erlaubt es, dieses im Kontext der interreligiösen Begegnung zu interpretieren, ohne die konstitutive Einzigartigkeit Jesu Christi zu verabsolutieren. »Das Wort Gottes wird als komplexes Ganzes gesehen, das auch die Spannungen zwischen offensichtlich widersprüchlichen doch trotzdem komplementären Elementen der Wahrheit umfasst.«[132] Bevor Jesus Christus unter uns gewohnt hat, war die Weisheit unter den Völkern präsent.

Darüber hinaus ist die Grundlage des christlichen Anspruches auf die konstitutive Einzigartigkeit Jesu Christi zu erläutern. Da eine Glaubensüberzeugung nicht empirisch beweisbar ist, sind zumindest »das Verdienst und die Glaubwürdigkeit des christlichen Glaubensanspruchs in Bezug auf Jesus Christus aufzuzeigen«[133]. Diese fundamentaltheologische Aufgabe des Glaubwürdigkeitsaufweises scheint Dupuis nicht in Gänze einzulösen; vielmehr können seine Ausführungen eher als dogmatische Entfaltung der inneren Konsistenz des Christusglaubens verstanden werden. Wichtig ist ihm, dies pastoral zu perspektivieren, was aufgrund der damit verbundenen Relativierung auf die Realität der Menschen ein wichtiges mögliches Konfliktmotiv darstellt. In einem ersten Schritt ist die Kontinuität bei aller bestehenden Diskontinuität zwischen der impliziten Christologie Jesu selbst und der expliziten Christologie der Kirche herauszustellen, d. h. dass der christliche Glaube in der historischen Person Jesus von Nazaret seine Grundlage hat.[134] Die wirkliche Diskontinuität aufgrund der Verwandlung der menschlichen Existenz Jesu durch die Auferstehung zur Verherrlichung hebt die Kontinuität der personalen Identität nicht auf; der historische Jesus ist der geglaubte Christus. Kontinuität-in-Diskontinuität gilt auch für das Verhältnis der funktionalen

131 Gerade beim Verständnis eines Avatara Krishnas sind auch die großen Deutungsunterschiede zu beachten, da es sowohl als »una manifestación del *Brahman* supremo en forma humana« (*Dupuis*, novedad 32, Herv. im Orig.) verstanden wird als auch als bloße Erscheinung, was einem doketistischen oder gnostischen Ansatz entspräche. Während Jesus Christus im Christentum und Krishna im *bhakti*-Hinduismus jeweils als universaler Erlöser vorgestellt werden, besteht ein zentraler Unterschied darin, dass die konkrete Realität und der geschichtliche Charakter seiner Manifestation für den Hinduismus relativ unbedeutend ist, während »el sentido del acontecimiento Jesucristo y su significado salvífico universal dependen esencialmente de su carácter histórico« (35).

132 *Dupuis*, Unterwegs 408; vgl. *Dupuis*, Christianity 173.

133 *Dupuis*, Unterwegs 409; vgl. *Dupuis*, Christianity 173.

134 Dies betont *Dupuis*, Introduction 47–51. »At the source of Jesus' personal authority is a surprising nearness to God, of which the Gospel narrative has preserved striking indications.« (49)

frühen Christologie zur späteren ontologischen Christologie des Neuen Testaments, da sich diese Entwicklung der Dynamik des Glaubens verdankt. Ferner betrifft sie das Verhältnis der neutestamentlichen ontologischen Christologie zum kirchlichen christologischen Dogma, wozu Dupuis eine differenzierte Position zur Frage der Hellenisierung des Christentums einnimmt: »Hier verweist der Ausdruck auf eine inhaltliche Kontinuität bei gleichzeitiger Diskontinuität in der Ausdrucksweise. Das christologische Dogma ›hellenisiert‹ den Inhalt des Glaubens nicht. Vielmehr stellt es eine Enthellenisierung des Inhalts bei gleichzeitiger Hellenisierung der Terminologie dar.«[135] Mit symbolischen und metaphorischen Ausdrücken wie »Inkarnation« oder »Präexistenz« wird ausgedrückt, das ewig im Mysterium Gottes existierende Wort sei sehr real Mensch geworden, im Menschen Jesus habe sich Gott offenbart und er ermögliche die Begegnung mit Gott. Die damit formulierte personale Identität Jesu Christi als Sohn Gottes ist nach Dupuis die einzige angemessene theologische Grundlage seiner konstitutiven Einzigartigkeit, da weder seine Verkündigung noch sein Engagement dafür ausreichen, sosehr sie auch zum Besonderen seiner Person beitragen. »Sólo el reconocimiento por la fe de su identidad personal de Hijo de Dios basta para enunciar su novedad, ya que sólo ella es apta para establecer su fundamento.«[136] An vermutlich kaum einer anderen Stelle zeigt sich die Orientierung Dupuis' an der kirchlichen Tradition und sein Ausgangspunkt beim Glauben der Kirche so prägnant – was für unsere Fragestellung vor dem Hintergrund der Kritik der Glaubenskongregation an Sobrino, wonach dieser dies zu wenig beachte, bedeutend ist. Eine Geist-Christologie, die Jesus (lediglich) als einen in besonderer Weise vom Geist Gottes erfüllten Menschen versteht, kann diesen Ausgangspunkt nicht leisten, weswegen sie so konzipiert sein muss, dass sie die Logos-Christologie nicht ersetzt, sondern die wechselseitige Beziehung von Christozentrismus und Pneumatologie herausstellt. Allerdings darf die Universalität Jesu Christi nicht

135 *Dupuis*, Unterwegs 411; vgl. *Dupuis*, Jésus-Christ 260; *Dupuis*, Christianity 174; *Dupuis*, Introduction 81f; *Dupuis*, Cristo universale 203. Von dieser Kontinuität-in-Diskontinuität ist die von Joseph Ratzinger vertretene und auch als Papst Benedikt XVI. in der Regensburger Rede wiederholte These der »Synthese von Griechischem und Christlichem« zu unterscheiden.

Noronha bemerkt zu Dupuis' Ausführungen zur Kontinuität-in-Diskontinuität zwischen Jesus und Christus, er »seems to take a middle path between subordinationism and Nicene faith« (*Noronha*, Trinity 131).

136 *Dupuis*, novedad 13; vgl. schon *Dupuis*, Jésus-Christ 255; *Dupuis*, Universalità 34f. Die personale Identität Jesu Christi als Sohn Gottes wird von Dupuis auch in seiner Einführung in die Christologie nicht weiter begründet, vielmehr geht er von ihr als Glaubensobjekt aus. »Jesus' personal identity is an object of faith; it is not open to any proof.« (*Dupuis*, Introduction 41; vgl. *Brecht*, Humanity 63f.)

die Partikularität Jesu von Nazareth überschatten, auch wenn dessen menschliche Existenz transhistorisch geworden ist. »Ein vom partikulären Jesus abgesonderter universaler Christus wäre nicht mehr der Christus der christlichen Offenbarung.«[137] Zudem ist die historische Partikularität bedeutend für eine Theologie der Religionen bzw. den interreligiösen Dialog, da sie das Christusereignis unabänderlich begrenzt.

Menschliche Begrenzungen Jesu Christi

Dupuis setzt die ontologische Differenz zwischen dem unendlichen Schöpfer und dem endlichen Geschöpf voraus und bleibt damit im auch von der Glaubenskongregation angewendeten ontologischen Paradigma. Ausgehend von der Nicht-Identität des dreifaltigen Gottes mit der Person Jesus Christus, fokussiert er – vielleicht etwas einseitig kognitiv angesichts der von Jesus verkörperten unendlichen schöpferischen Lebensmacht Gottes – auf das (endliche) menschliche Bewusstsein Jesu als Sohn Gottes, das das (unendliche) Mysterium Gottes nicht erschöpfen (engl. *exhaust*) konnte und daher die Offenbarung (quantitativ) unvollständig ließ bzw. lassen musste, ebensowenig wie das Christusereignis die Heilsmacht Gottes (quantitativ) erschöpfen konnte.[138] Vehement verteidigt Dupuis die Authentizität der Menschlichkeit

---

137 *Dupuis*, Unterwegs 413; vgl. *Dupuis*, Christianity 175f; *Dupuis*, Christologie als Modell 72f; *Dupuis*, Introduction 36; *Dupuis*, Salvezza 64; *Dupuis*, universalidad 492; *Dupuis*, L'Esprit 62; *Dupuis*, Cristo universale 205. Daher sieht er Überlegungen eines »kosmischen Christus« kritisch. »Um der Klarheit willen sollten Theologen unterscheiden zwischen a) dem Wort Gottes an sich, ewig gegenwärtig in Gott und – vor der Inkarnation – universal gegenwärtig und handelnd, b) dem Wort als in Jesus von Nazareth in der Zeit inkarniertem und c) demselben durch seine Auferweckung durch die Hand des Vaters zum Christus gewordenen (vgl. Apg 2,36). Streng genommen gibt es keinen präexistenten, in der Geschichte handelnden Christus vor der Inkarnation, aber ein präexistentes Wort Gottes; und es ist dieses Wort an sich, worauf ich mich beziehe.« (*Dupuis*, Christentum betrachtet 127f.) Vgl. auch die Kritik, das Bewusstsein Jesu Christi mit der *advaita*-Erfahrung zu identifizieren (vgl. *Dupuis*, pensiero 118–120).

Brecht sieht dies als ein Beispiel dafür, wie Dupuis die Spannung zwischen einer historischen und einer metaphysischen Schilderung Jesu hält; von einem hohen metaphysischen Ausgangspunkt aus gelangt er zu einer menschlichen Schlussfolgerung. »Jesus is a member of the Trinity; more importantly, however, Jesus ›humanizes‹ the Trinity, creating an unambiguous bond between humanity and God.« (*Brecht*, Humanity 64.) Diese Spannung zeige sich ferner bei der Behandlung der Einzigkeit Christi, wenn er einerseits die metaphysische Bedeutung Christi bekräftige und anderseits betone, in der menschlichen, begrenzten Gestalt Christi könne sich Gott nicht erschöpfend offenbaren (vgl. 67).

138 Die Nicht-Identität der Personen wird auch von Kasper herausgestellt, wenn er schreibt, Jesus sei die unableitbar neue, geschichtliche Verwirklichung Gottes und Christus auch die Offenbarung der Freiheit Gottes in seiner Liebe. »Auch diese Freiheit gehört ins ewige

Jesu, die von der einfachen Behauptung, Subjekt der Taten und Worte Jesu sei die göttliche Person des Inkarnierten Wortes (vgl. DI 6) gefährdet wird, da dies so verstanden werden könnte, als werde die Menschheit Jesu durch die göttliche Natur absorbiert. Zwar war Jesus in der Lage, das göttliche Mysterium in menschlichen Worten in einer die Propheten weit übertreffenden Weise auszudrücken, aber gleichzeitig »one must still maintain that his human intellect could neither exhaust the mystery nor reveal it in its fullness«[139] – alleine schon aufgrund der Begrenzungen und Besonderheiten des von ihm gesprochenen Aramäisch. Das Beispiel der von Jesus gesprochenen Sprache zeigt, wie ernst Dupuis die Menschheit Jesu nimmt und diese auch inhaltlich realistisch zu füllen bereit ist, indem er konkrete Begrenzungen der spezifischen geschichtlichen Situation berücksichtigt, aufgrund derer eine quantitative Vollständigkeit der Offenbarung nicht erreicht werden kann. Zugleich ist sie wie der Rekurs auf den menschlichen Intellekt Jesu Christi ein Hinweis auf eine logozentrische und kognitive Tendenz bei Dupuis, die bessere Anschlussmöglichkeiten an die Position der Glaubenskongregation bietet als ein semiotischer Ansatz, der vor allem das Darstellen, Verkörpern und Bezeichnen Gottes durch Jesus betont.

> Gott bleibt jenseits des Menschen Jesus als letzter Grund der Offenbarung und des Heils. Die Offenbarung Gottes durch Jesus ist eine menschliche Transposition des Mysteriums Gottes. Die Heilstat Jesu ist der Kanal, das wirksame Zeichen oder Sakrament, des Heilswillens Gottes. Trotz der personalen Identität Jesu als Sohn Gottes in seiner menschlichen Existenz bleibt eine Distanz

---

Wesen Gottes hinein. Das bedeutet, daß sich Vater und Sohn in ihrer gegenseitigen Liebe nicht erschöpfen. Dieser Überschuß und Überschwang der Freiheit in der Liebe zwischen Vater und Sohn ist – wenigstens wenn man der griechischen Trinitätstheologie folgt – der Geist.« (*Kasper*, Jesus 297.) Daher plädiert er für eine pneumatologische Sicht der Menschwerdung.

139 *Dupuis*, Declaration 36. »Undoubtedly the Word has been manifested in Jesus Christ in the deepest human way that may ever be conceived, and hence in the way best adapted to our human condition. But, paradoxically, this most human way of self-manifestation involves in itself and by its very nature its own limitations.« (*Dupuis*, Universal Saviour 14.)

Während Brena auch vom Chalkedonense her die Ansicht für grundsätzlich vertretbar hält, das Unendliche könne nicht erschöpfend in einer endlichen, geschichtlichen und begrenzten Realität wie der Menschheit Jesu enthalten sein, nennt er drei philosophische Probleme, die noch zu klären sind: Zum einen sei auch die menschliche Realität für uns unerschöpflich, zweitens sei es nicht sicher, dass die menschliche Realität endlich ist, wenn sie raumzeitlich begrenzt ist, und drittens scheine das Mysterium der Inkarnation nur ausgedrückt werden zu können als das Endlichwerden des Unendlichen. (Vgl. *Brena*, Dialogo 436.)

zwischen Gott (dem Vater), dem letzten Urgrund, und ihm, der das menschliche Bild Gottes ist. Jesus ersetzt Gott nicht.[140]

Das Christusereignis kann daher das universale Sakrament des göttlichen Heilswillens sein, ohne der einzig mögliche Ausdruck sein zu müssen. In einer trinitarischen Christologie besteht die Heilsmacht Gottes durch den nicht-inkarnierten Logos auch nach der Inkarnation des Logos ebenso weiter, wie sie durch die universale Gegenwart des Geistes vor und nach dem Christusereignis wirklich ist.

Unterscheidung zwischen logos asarkos und logos ensarkos

Die patristische Unterscheidung zwischen dem inkarnierten und dem nicht-inkarnierten Logos nimmt eine zentrale Rolle in Dupuis' Argumentation ein und wurde von verschiedener Seite – auch vonseiten der Glaubenskongregation – kritisch gesehen. In der reformierten Tradition hingegen ist sie gängig, denn dort wird »mit dem so genannten ›extra Calvinisticum‹ betont, dass der ›Logos asarkos‹ (der nicht fleischgewordene Logos) über den ›Logos ensarkos‹ (den fleischgewordenen Logos) ›hinausragt‹. Dass sich der Logos ganz und gar in seiner Fülle in Jesus Christus personifiziert hat, heißt demnach noch nicht, dass er keinen Eigenstand mehr hätte.«[141] Dementsprechend schlägt Bernhardt vor, nicht nur von einer Selbstkundgabe Gottes extra Christum im Judentum auszugehen, sondern auch die Traditionsquellen des Islams zu berücksichtigen. Auch von muslimischer Seite wird davon ausgegangen, das

---

140 *Dupuis*, Unterwegs 414; *Dupuis*, universalidad 493; *Dupuis*, Christianity 176. »Wenn von Jesus Christus gesagt wird, dass er in der Mitte des christlichen Mysteriums steht, darf das nicht in einem absoluten Sinn verstanden werden, sondern in der Ordnung der Ökonomie des in Freiheit gestalteten Umgangs Gottes mit der Menschheit in der Geschichte.« *Dupuis*, Christologie als Modell 70.) Ähnlich schon in *Dupuis*, Introduction 3: »Christ-the-sacrament does not, however, exhaust the mystery of God; it rather points toward it. Christocentrism is not opposed to theocentrism; it implies it and calls for it.« »Jesus Christ risen and glorified does not substitute for the Father; nor does his glorified human existence take the place of the Word himself, who could never be fully revealed through any historical manifestation.« (*Dupuis*, Christianity and Religions 465.)

Noronha sieht hier einen möglichen subordinatianischen Beigeschmack und meint, Dupuis scheine die lehramtlichen Grenzen zu überschreiben, bleibt aber bei diesen modalen Formulierungen (vgl. *Noronha*, Trinity 121f. 129).

141 *Bernhardt*, Christologie 188. Vgl. zum »extra Calvinisticum« *Link*, Entscheidung; *Wüthrich*, Betriebsunfall. Yenson interpretiert die Christologie Dupuis', die eher den antiochenischen Anliegen folge, als kompatibel mit einer Interpretation von Chalkedon auf der Linie von Papst Leo (Vgl. *Yenson*, Dupuis.) Nach Gäde fehlt es bei Dupuis an einer überzeugenden Begründung, wieso die Unterscheidung keine Trennung sei, und schlägt dafür ein *interioristisches* Verständnis vor. (Vgl. *Gäde*, Logos.)

Wort Gottes sei unausschöpflich, was zur Frage führt: »The Qur'an, however, refers to the word of God as inexhaustible, and so to make Jesus into the *only* word of God would seem to limit God's own words. [...] Here we might pose a question for Christian theology: Is the *logos*, as second person of the Trinity, exhausted by the incarnation?«[142]

Genau dies verneint Dupuis mit Rekurs auf die Begrenzungen der Menschheit Jesu, argumentiert aber allgemeiner und problematisiert auch den Zeitindex der Begriffe. Denn wird von einer Tätigkeit des Logos »vor« und »nach« der Inkarnation geredet, ist dies aufgrund des ewigen »jetzt« der göttlichen Personen in Bezug auf den Logos nicht unproblematisch, bezüglich der angenommenen Menschheit aber vertretbar. »This did not antedate the historical event of the incarnation. In the case of the human nature assumed by the Logos, ›there was a time when this nature was not‹ – to apply the language of Nicaea to the humanity and not to the person of the Son of God.«[143] Während die Person des Sohnes Gottes ewig und zeitlos existiert, kann für die geschichtliche Menschheit ein Beginn in der zeitlichen Ordnung angeführt werden. Diese Unterscheidung ist für Dupuis von großer Bedeutung. Er formuliert das Desiderat »einer Geist-Christologie, die den Einfluss des Geistes während des gesamten Lebens Jesu aufzeigt, von seiner Empfängnis durch die Macht des Geistes bis zu seiner Auferstehung in die Hände Gottes durch die Macht desselben Geistes.«[144] Eine solche Geist-Christologie soll über die Position hinaus gehen, Jesus als besonders vom Geist Gottes erfüllten Menschen anzusehen, zum Verständnis von ihm als Sohn Gottes beitragen und zugleich das innertrinitarische Verhältnis von Sohn und Geist in seiner Konsequenz für das Leben Jesu aufzeigen. Darüber hinaus erläutert sie das Verhältnis zwischen dem Handeln des erhöhten Christus und dem Wirken des Geistes. In einer christlichen Theologie des religiösen Pluralismus fungieren die universale Gegenwart und das universale Wirken des Geistes als Leitprinzipien, indem die Möglichkeit des Wirkens Gottes in anderen Religionen durch sie trinitarisch begründet werden kann. Auch wenn Christologie und Pneumatologie nicht in zwei unterschiedliche Ökonomien getrennt werden dürfen und somit keine Dichotomie zwischen den Funktionen des Sohnes und des Geistes besteht, ist die Unterscheidung zwischen ihnen hilfreich als hermeneutischer Schlüssel für die Pluralität in der konkreten Verwirklichung der Beziehungen von Gott und Menschen. »Es besteht eine vollkommene Komplementarität in der einen göttlichen Heilsökonomie: nur der Sohn wurde Mensch, aber die Frucht seiner

---

142 *Legenhausen*, Christologies 67, Herv. im Orig.

143 *O'Collins*, Christ 357.

144 *Dupuis*, Christologie als Modell 70; vgl. *Dupuis*, cristianesimo 310.

erlösenden Inkarnation ist das Ausgießen des Geistes, wie es an Pfingsten symbolisiert ist.«[145] Die Einzigartigkeit der Inkarnation und die Besonderheit Jesu Christi, der allein »Bild Gottes« ist, schließen nicht die Wirkung des Wortes und Geistes auf andere Heilsfiguren aus, die ihren Anhängern den Weg zum Heil weisen können. Ohne es explizit anzuführen, rekurriert Dupuis auf das »ungetrennt und unvermischt« des Konzils von Chalkedon, wenn er betont, das göttliche Wort und die menschliche Existenz Jesu seien zwar untrennbar, aber dennoch unterschieden, sodass sich das Handeln des Logos nicht im menschlichen Handeln des Logos *ensarkos* erschöpft. »Es bleibt ein eigenes Handeln des Logos *asarkos* – freilich nicht, um sicher zu gehen, in dem Sinn, dass es eine eigene Heilsökonomie konstituiert, parallel zu der, die im Fleisch Christi verwirklicht ist, aber als Ausdruck der überfließenden Gnade Gottes und seiner absoluten Freiheit.«[146] Während zuweilen kritisiert wird, Dupuis

145 *Dupuis*, Christologie als Modell 71. »The emphasis on the role of the Spirit in the Christ event helps to show how the Holy Spirit actualises God's plan of salvation in the one economy of salvation.« (*Noronha*, Trinity 150.)

146 *Dupuis*, Unterwegs 414; *Dupuis*, Christologie als Modell 74; vgl. *Dupuis*, Verbe 530; etwas anders nuanciert *Dupuis*, Universalità 28. »Was hier bekräftigt wird, ist, dass es auch nach Inkarnation und Auferstehung weiterhin ein göttliches Handeln des Wortes *als solches* gibt, das über das menschliche Handeln des auferstandenen Christus hinausgeht.« (*Dupuis*, Wahrheit 39f, Herv. im Orig.) »There is no complete identity between the divine person of the Logos and the divine nature of Christ. Nor is the Logos simply identical with the divine reality; it represents the divine reality precisely as the ›subsistent relation‹ of the Word, essentially related to the ›subsistent relations‹ of the Father and the Spirit, in the consubstantiality of the divine being.« (*Dupuis*, Word 180.)

»Dupuis speaks of a *distinct*, but not a *separate* action of the Word as such, both before the mystery of the incarnation and after the resurrection of Christ.« *Noronha*, Trinity 103, Herv. im Orig.) Noronha nennt auch die Unterschiede zu einem logozentrischen Modell, wie es von Pieris vertreten wird und das eher zu einer Trennung tendiert (vgl. 104–106), und betont, Dupuis halte deutlich an der Einheit des göttlichen Heilsplanes fest (vgl. 111). Ähnlich *Heller*, Projekt 423.

Daher ist es unpräzise, wenn Pacini in seiner Kritik von zwei Ökonomien des einzigen Wortes spricht und daraus auf eine Trennung in der Person Jesu Christi auf der ontologischen Ebene schließt. (Vgl. *Pacini*, Cristologia 215.) Ähnlich sieht Johnson durch diese Unterscheidung die Einheit der Naturen gefährdet: »When one combines Dupuis's emphasis on the ›unbridgeable gap‹ between ›God‹ and Jesus Christ in his human nature as the basis for his ›constitutive‹ Christology along with his insistence upon the distinction between the divine and human nature as the basis for a distinct and continuing action of the Logos *asarkos*, it appears that his ›Trinitarian Christology‹ may implicitly undermine the unity of the divine and human natures of Jesus Christ in a ›Nestorian‹ fashion.« (*Johnson*, Doctrine 36.)

Die Unterscheidung zwischen dem Wort als solchem und dem inkarnierten Wort wird des Öfteren kritisch gesehen. So kritisiert Begasse de Dhaem eine Ebenenverschiebung im Vergleich zu Leos Argumentation: »Il problema è che la distinzione che Leone Magno unterscheide nicht nur, sondern trenne zwischen Logos und Jesus Christus und vertrete damit letztlich zwei unterschiedliche Ökonomien, ist es gerade sein Anliegen, mit dieser Unterscheidung die Einheit des göttlichen Heilsplanes zu sichern, da dieser die gesamte Weltgeschichte umfasst. Diesem Verständnis von Einheit als in sich differenziert und sich gegenseitig ergänzende Aspekte aufweisend sind wir schon öfter begegnet. Als Reaktion auf einige Kritiken an der Terminologie »Logos *ensarkos*« und »Logos *asarkos*«, sie könne eine »Verdopplung« des Logos insinuieren, hat Dupuis diese später nicht mehr aufgenommen und drückt die von ihm intendierte Unterscheidung nun mit »Word as incarnate« und »Word as such«[147] aus.

Der *Logos asarkos* ist also kein zweiter Logos neben dem, der sich in Jesus Christus inkarniert hat, sondern meint den *Logos als solchen*, der auch »nach« der Inkarnation und Auferstehung Jesu nicht durch dessen Menschheit eingeschränkt oder begrenzt ist. »Die Inkarnation des Wortes, sobald sie sich einmal in der Geschichte ereignet hat, bleibt in Ewigkeit; aber das Handeln des *Logos als solchem* ist nicht begrenzt auf diese bleibende Menschheit, selbst in seinem verherrlichten Stand der Auferstehung.«[148] Dieses universale Heilshandeln des Logos, nicht nur des Logos vor der Inkarnation, sieht Dupuis unter Rekurs auf Xavier Léon-Dufour besonders in Joh 1,9 ausgedrückt; auch Hebr 1,1

e Calcedonia enunciano a proposito delle *nature* (divina e umana), cioè dei termini astratti, distinte nell'unica *persona* o *ipostasi* divina (il Verbo), Dupuis intende esprimerla al livello del Verbo, termine concreto che designa *in recto* l'ipostasi, distinguendo tra ›il Verbo come tale‹ e ›il Verbo incarnato‹, come se fossero due persone o soggetti distinti.« (*Begasse de Dhaem*, Cristologia 807, Herv. im Orig.) Das gleiche gelte für das III. Konzil von Konstantinopel, das die Fähigkeiten, aber nicht zwei Wirkungen unterscheiden wollte. Indem er abstrakte und konkrete Begriffe vermische, vermittle Dupuis aber den Eindruck, nicht nur zwischen zwei Naturen, sondern zwischen zwei Personen und Wirkungen zu unterscheiden und falle damit in die Aporien der *assumptus-homo*-Christologie zurück. »Benché affermi l'unione ipostatica, sembra infatti che il *Verbo* come tale, cioè la persona divina, rimanga distinto dall'*uomo* Gesù Cristo glorificato, inteso come ›persona umana‹, mentre ognuno svolge la propria distinta azione salvifica nel mondo.« (808, Herv. im Orig.) Siehe dagegen *Yenson*, Dupuis.

147 *Dupuis*, Christianity 144. Völlig unproblematisch ist aber auch diese nicht: »It suggests a divine activity stripped of created mediation, working monenergistically, contrary to what Dupuis wants to claim, and what he does (we shall see) claim elsewhere.« (*Yenson*, Dupuis 283.)

148 *Dupuis*, Universalität 90, Herv. im Orig.; *Dupuis*, Verbe 533. Donneaud wendet dagegen ein, Gott habe sich entschlossen, sein Heilswerk in der Mittlerschaft Jesu Christi zu konzentrieren. »Car Jésus n'a jamais demandé pour d'autres paroles que la sienne, et celle des siens, l'absolu de l'adhésion croyante. C'est dans cette parole concrète, et nulle part ailleurs, que le chrétien doit fonder une théologie du réel, capable d'expliquer ce qui s'est effectivement passé pour la gloire de Dieu et le salut du monte.« (*Donneaud*, Chalcédoine 53.)

spricht davon, Gott habe auf verschiedene Weise zu den Vätern gesprochen. Dieses Heilshandeln darf nicht von der Inkarnation getrennt werden, in der sich die erlösende Selbstoffenbarung Gottes unübertreffbar konzentriert hat – und umgekehrt: »La centralidad de la economía encarnacional de la salvación divina no debe oscurecer la presencia y la acción permanentes del Verbo de Dios.«[149] Die »Korrelation« zwischen beiden begründet Dupuis mit dem Konzil von Chalkedon, da die Naturen trotz der hypostatischen Vereinigung unterschieden bleiben und die beiden Spielarten eines Monophysitismus – die menschliche Natur werde in die göttliche absorbiert oder die göttliche auf das Maß der menschlichen reduziert – zu vermeiden sind. Die Einheit in Unterschiedenheit der beiden Naturen, wonach das Wort nicht die Gleichheit mit der Herrlichkeit des Vaters und das Fleisch nicht die Natur unseres Geschlechts verlässt, bezieht sich nach dem III. Konzil von Konstantinopel (in Aufnahme des *Tomus ad Flavianum* Leos des Großen) auch auf die Ebene des Willens und der Tätigkeit (vgl. DH 294 und 553). »Auch diese bleiben, während sie nicht getrennt werden, dennoch verschieden voneinander. Dies heißt, dass, während das menschliche Handeln Jesu wirklich das Tun des Wortes ist, das göttliche Tun des Wortes dennoch verschieden bleibt von seinem menschlichen Tun.«[150] Daher ist auch nach den klassischen christologischen Dogmen das göttliche Tun des Wortes nicht auf die Weise zu reduzieren, wie es sich im menschlichen Tun in Jesus Christus ausdrückt, und es wird durch diese auch nicht begrenzt. Dies scheint ein weiterhin bestehendes Wirken des Wortes als solchem jenseits aller Bedingungen durch das Wort als inkarniertem auch in dessen verherrlichtem Zustand zu bestätigen. Damit ist nicht mehr gesagt, »als

---

149 *Dupuis*, novedad 16; vgl. *Dupuis*, universalidad 499; *Dupuis*, Cristo universale 215. Die exegetische Basis wird kritisiert von *Donneaud*, Chalcédoine 56f, da nach anderen Exegeten innerhalb einer johanneischen Schrift nicht von einer neuen Geburt, die nicht aus dem Geist Christi stamme, die Rede sein könne. Auch bei anderen Themen formuliere Dupuis nicht immer mit der gebotenen Vorsicht, sondern zu affirmativ. Vgl. zu Dupuis' Antworten auf Kritiken an der exegetischen Basis *Dupuis*, teologia rivisitata 669–671.

150 *Dupuis*, Universalität 93; vgl. *Dupuis*, Christianity 144; *Dupuis*, Verbe 537f. »Obviously the Council's focus of attention was not precisely on distinguishing (a) the ongoing ›post‹-incarnation, divine operations on the part of the incarnate Word of God from (b) the human operations of the same agent (whose actual human operations began with the incarnation). Nevertheless, the Council's insistence on the continuing presence in the *one* Christ not only of *two* wills but, more generally, of *two* ›natural operations‹, which are to be distinguished and not blended or amalgamated, does not seem compatible with holding that the infinitely powerful, unlimited divine activity of the Logos is limited by, must ›pass through‹, or is somehow determined by or even ›eclipsed‹ by his humanity assumed at the incarnation and now glorified through the resurrection.« (*O'Collins*, Christ 358f, Herv. im Orig.; vgl. *O'Collins*, Debate 647; ähnlich *Noronha*, Trinity 117f.) Vgl. zudem *Yenson*, Dupuis.

dass das Wort Gottes in seiner Menschwerdung dennoch Gott bleibt; ja, dass Gott Gott bleibt, trotz seiner Menschwerdung.«[151] Das Wort bleibt Gott und handelt jenseits seines menschlichen Tuns weiter als Gott, sein Tun »übersteigt« das des inkarnierten Wortes, sodass es ein »Surplus«, einen Mehrwert des Wortes, gibt wie die göttliche Natur die menschliche transzendiert. Zugleich ist aber auch die persönliche Identität Jesu Christi mit dem Wort Gottes zu bekräftigen, die Kenosis und Verherrlichung umfasst. Auf diese Weise bezieht Dupuis das Handeln des Logos als solchem auf »the ›concentration‹ of the divine salvation in the Word insofar as he is incarnate in Jesus Christ, and to the permanent actuality of the historic event through the risen condition of his humanity«[152]. Mit dem Unterschied zwischen dem Wirken des Logos als solchem und dem des inkarnierten Logos begründet Dupuis ein Wirken des Wortes Gottes jenseits seines menschlichen Tuns und mit der Auferstehung Christi dessen universale Bedeutung. Durch die Auferstehung und Verherrlichung ist die Menschheit Jesu transhistorisch bzw. metahistorisch geworden und hat die normale raum-zeitliche Bedingtheit überwunden, sodass der menschgewordene Logos überall anwesend ist.

> Diese reale Transformation des menschlichen Seins Jesu durch die Auferweckung überträgt auf seine menschliche Existenz, und vor allem auf das Osterereignis seines Todes und seiner Auferweckung, einen universalen Heilswert. Dadurch ist das Christusereignis – als konstitutiv für das menschliche Heil – durch Zeit und Raum hindurch inklusiv gegenwärtig und bleibend wirksam.[153]

---

151 *Dupuis*, Universalität 94; vgl. *Dupuis*, Verbe 538.

152 *Dupuis*, Christianity 145. »The *kenosis* of the incarnation did not affect the divine nature of the Word of God, but only the concrete modality of his becoming man. And that *kenosis* was intended by God so that in becoming man his Word might not only be ›consubstantial‹ with us in humanity, but would identify as deeply as was possible with the concrete condition of our human race.« (*Dupuis*, Word 187.)

153 *Dupuis*, Universalität 95; *Dupuis*, Christianity and Religions 464; *Dupuis*, Verbe 539; *Dupuis*, Universal Saviour 13f. »Jesus is not in the state of glory during his earthly life, but in one of kenosis; not at the end of his human course, but on his way to the Father.« (*Dupuis*, Introduction 131.) Wird gegen die Unterscheidung Dupuis des Wortes als solchem und des inkarnierten Wortes jegliches Heilswirken Gottes in den anderen Religionen notwendig auf das verherrlichte Menschsein Jesu bezogen, stellt sich mit Bezug auf die klassische Soteriologie »vor allem die Frage, wie wir uns die Heilswirksamkeit vorstellen sollen, die der Logos schon vor der Menschwerdung vollbracht hat. Wie kann Christus zeitlich rückwirkend heilswirksam sein, wenn man zugleich vermeiden will, das göttliche Wort als ein von Ewigkeit her inkarniertes Wort zu denken?« (*Disse*, Jesus 171.) Dupuis' Vorschlag sei mit der traditionellen Formulierung vereinbar, da er betont, die Wirkung des ewigen Logos sei immer auf das Christusereignis als dessen Ziel hingeordnet, und auf Rahners Überlegungen, Inkarnation und Kreuz als Finalursache der göttlichen Geistmitteilung zu verstehen, rekurriert. Dieser Ansatz kann dann folgendermaßen übertragen werden:

Das spricht seiner Ansicht nach aber nicht gegen die Wirksamkeit des Wortes auch jenseits des auferstandenen Christus, wenn die chalkedonische Spannung des »unvermischt und ungetrennt« beibehalten wird, wonach menschliches Wesen Jesu und Person des Wortes Gottes weder getrennt noch identifiziert werden können. Durch die Auferstehung wird das menschliche Sein Jesu in einen metahistorischen Zustand überführt und das geschichtliche Heilsereignis überall und immer gegenwärtig und wirksam. Gleichwohl ist die Auferstehung ein Ereignis, »das an einem bestimmten Punkt in die Geschichte eingeschrieben ist«[154], und das Heilsereignis kann wegen der Nicht-Identität die offenbarende und heilspendende Kraft des Wortes nicht erschöpfen.

Wie O'Collins ausführt, kann sich Dupuis für diese Unterscheidung auch auf Thomas von Aquin und seine Ausführungen über reduplikative Aussagen berufen, mit denen Christus *secundum quod homo* von Christus als dem göttlichen Agenten unterschieden und gesagt werden kann, als Mensch sei Christus Geschöpf, nicht ewig und beginne zu existieren. »It was by forgetting the force of such reduplicative statements that two critics of Dupuis at the CDF allowed themselves to say that the Word ›as such‹ is the Word incarnate.«[155] Die Herausforderung besteht dabei darin, gegen Tendenzen, das universale Wirken des Wortes von der Heilswirksamkeit Jesu Christi zu trennen, die Unterschiedenheit beider Aspekte bei bleibender Einheit im göttlichen Heilsplan aufzuzeigen – also genau auf der Linie der chalkedonischen Grammatik des »ungetrennt und unvermischt« –, um der personalen Identität Jesu Christi mit dem Wort Gottes Rechnung zu tragen. Die untrennbare Verbindung beider »permettra de voir que, tandis que l'événement Jésus-Christ est réellement ›constitutif‹ de salut universel, les autres voies, où le Verbe de Dieu est à l'œuvre, jouent un rôle salvifique pour leurs adhérents dans l'ordre du salut, dans le cadre du même plan divin«[156]. Dennoch bleibt die Frage, wie sich die von Dupuis betonte Universalität des Heilshandelns des auferstandenen Christus

---

»Weil auch der *logos asarkos*, der nicht durch das Christusereignis hindurch wirkende Logos, in seiner Wirkung stets auf den *logos ensarkos*, also auf den menschgewordenen Logos als dessen Ziel hingeordnet ist, kann man sagen, dass in gewisser Weise immer und überall der *logos ensarkos*, der menschgewordene Logos wirksam ist.« (175f, Herv. im Orig.) Auch die kirchlichen Stellungnahmen, z. B. in *Redemptoris missio*, seien mit einem solchen finalursächlichen Verständnis vereinbar.

154 *Dupuis*, Universalität 96.

155 *O'Collins*, Debate 646 mit Verweis auf S. Th. III, q. 16 a.10; vgl. auch *O'Collins*, Contributions 392. Überraschenderweise wird dies vom Redaktionskomitee der *Revue Thomiste* nicht thematisiert, wenn sie Dupuis' Unterscheidung kritisieren. (Vgl. *Comité de rédaction*, Tout récapituler 603–605.)

156 *Dupuis*, Verbe 531. Dupuis lässt also keinen Zweifel daran, »that the Word of God who remains universally operative is personally identical with Jesus of Nazareth. One must

zur universalen Ökonomie des Wortes als solchem verhält bzw. wie diese voneinander unterscheiden werden können. Denn wenn der vom universalen Wirken des auferstandenen Christus nicht zu trennende Geist allen Menschen Zugang zu der durch Christus erwirkten Erlösungsgnade ermöglicht und daher auch in anderen religiösen Traditionen Elemente der »Wahrheit und Gnade« vorhanden sein können, »ist die Unterscheidung einer darüber hinausgehenden, universale(re)n Wirkweise des Wortes als solchen nicht nur widersprüchlich, sondern auch unnötig«[157]. Das gilt zumindest für die Frage nach dem individuellen Heil der Angehörigen anderer religiöser Traditionen, während die Frage nach einem prinzipiellen Pluralismus der Religionen und ihrer Heilsbedeutung für ihre Mitglieder – und nicht lediglich nach dem Vorhandensein von Elementen der »Wahrheit und Gnade« in ihnen – einer weiteren Auseinandersetzung bedarf. Daher verdankt sich die von Dupuis vorgeschlagene Unterscheidung seiner trinitätstheologischen Begründung und seinem Anliegen, die eigene Rolle anderer religiöser Traditionen im göttlichen Heilsplan herauszustellen, ohne hierfür auf das Christusereignis rekurrieren zu müssen. Dazu muss er aber die von vielen Kritikern einschließlich der Glaubenskongregation monierten Spannungen zum traditionellen Verständnis der Heilsökonomie in Kauf nehmen, wobei er sich darum bemüht, die Anknüpfungspunkte aus Schrift und Tradition für dieses Wirken des Wortes als solchem herauszustellen. Insgesamt kann mit guten Gründen die These einer nicht auf den inkarnierten Logos begrenzten Wirksamkeit des Wortes als »the key issue in the debate about Dupuis' contribution to the theology of religions«[158] bezeichnet werden. Denn für eine identitätshermeneutische Position mündet – vor dem Hintergrund eines quantitativen Verständnisses der Fülle der Offenbarung in Jesus Christus – diese Differenzierung mit der Annahme einer (aufgrund der Menschlichkeit) begrenzten Wirksamkeit des inkarnierten Logos in einer Einschränkung der Einzigkeit Christi. Eine differenzhermeneutische Position hingegen vermag mit einem qualitativen Verständnis der Offenbarung die Einzigkeit Christi als konstitutiv für das Heil der Menschheit mit einer Wirksamkeit des Logos über derjenigen des inkarnierten Logos hinaus zu verbinden.

Kritiken an dieser Unterscheidung zwischen dem Wort als solchem und dem inkarnierten Wort hängen nach Dupuis mit der Annahme zusammen, das Handeln durch die Menschheit Jesu drücke seine göttliche Aktivität

dinstinguish between the divine and human actions, but never between two personal agents.« (*O'Collins*, Contributions 394.)

157 *Löffler*, Theologie 425; vgl. *Löffler*, Religionstheologie 63f.

158 *O'Collins*, Christ 357.

angemessen und vollständig aus, und lassen daher auf ein Verständnis der Idiomenkommunikation schließen, wonach eine direkte Kommunikation der Eigenschaften zwischen den beiden Naturen erfolgte. »If all that belongs to the divine nature is somehow communicated to the human nature, one does not see what may be left for the Logos as such to achieve.«[159] Wenn er von einem »Surplus« des Logos spricht, da die göttliche Natur die mit ihr hypostatisch geeinte menschliche transzendiert, bedeutet das nicht, die göttliche Natur als solche werde Subjekt von Handlungen jenseits dessen, was das Wort durch die menschliche Natur Jesu Christi tut. »But the Word's divine activity need not be exhaustively expressed through the human acts of the humanity of Jesus, even when risen from the dead.«[160] Umgekehrt darf dies nicht so weit gehen, die Heilswirksamkeit ausschließlich dem Logos zuzusprechen und der Menschheit Jesu keinerlei Einfluss zuzugestehen bzw. die Heilsbedeutung des geschichtlichen Ereignisses Jesu Christi zu mindern. Die Wirksamkeit des Wortes darf nicht von der Heilsbedeutung des historischen Christusereignisses getrennt werden. Dezidiert lehnt Dupuis daher einen Logozentrismus ab, wenn dies als Paradigma, d. h. als Verstehensprinzip und nicht als deskriptives Modell verstanden in eine Dichotomie zu einem Christozentrismus gesetzt wird. Statt dessen plädiert er für eine Komplementarität der verschiedenen Zentrismen, die jeweils einen Aspekt hervorheben, aber nicht absolut setzen wollen. Durch den Stellenwert des Wortes als solchem in seiner Argumentation liegt eine Tendenz zum Logozentrismus nahe, bei der sich auch seine Orientierung an der konziliaren Terminologie und deren Möglichkeiten für seine religionstheologische Argumentation niederschlägt. Allerdings sucht er diese Tendenz durch die Betonung der konstitutiven Bedeutung Jesu Christi und des Wirkens des Geistes auszutarieren. Entscheidend ist somit die Weise der Verhältnisbestimmung zwischen dem Wort als solchem und demselben Wort in seiner menschlichen Existenz in Jesus Christus. Diese kann als sich ergänzend und korrelativ und nicht als gegensätzlich verstanden werden, wenn dafür argumentiert wird,

> dass das Handeln des Wortes als solches über die Grenzen von Zeit und Raum hinausreicht und seine Heilskraft nicht reduziert werden kann, indem man es einfach mit dem geschichtlichen Ereignis Jesu Christi identifiziert. Aber es

---

159 *Dupuis*, Word 182. So schreibt Gamberini: »Il Verbo non-incarnato non solo non è altro *da* quello che si è incarnato in Gesù, ma non è altro *che* Verbo incarnato.« (*Gamberini*, Cristologia 135, Herv. im Orig.) Wenn Gott wirklich Mensch geworden sei, sei es nicht angemessen, die auf die menschliche Verfasstheit zurückzuführenden Begrenztheiten (wie auch den Tod) nur der Menschheit zuzuschreiben.

160 *Dupuis*, Word 183.

ist in gleicher Weise wahr, dass das personale Eindringen des Wortes Gottes in die Geschichte der Menschheit durch das Mysterium der Inkarnation dem geschichtlichen Ereignis Jesu Christi in der Entfaltung der Heilsgeschichte einen einzigartigen Wert und eine einzigartige Bedeutung zukommen lässt, was es ›konstitutiv‹ macht für das universale Heil der Menschen.[161]

Die konstitutive Bedeutung des Christusereignisses und das universale Heilswirken Gottes

Diese konstitutive und einzigartige Bedeutung des Christusereignisses gründet auf der personalen Identität Jesu Christi als Sohn Gottes; in der Inkarnation lässt sich Gott auf die tiefste und immanenteste Art persönlich mit der Menschheit in der Geschichte ein.[162] Diese verdankt sich dem freien Ratschluss Gottes und war weder in der Schöpfungsordnung noch in der Ordnung der Neuschöpfung

161 *Dupuis*, Universalität 89; *Dupuis*, Verbe 533. »The historical event of Jesus Christ, constitutive of salvation, and the universal working of the divine Word, do not, however, constitute two different, parallel economies of salvation; they represent complementary and inseparable aspects of a single but diversified divine plan for humanity.« (*Dupuis*, Christianity 161.) Hier wird deutlich, dass er nicht nur dem Geist ein Wirken jenseits der Grenzen von Zeit und Raum zuschreibt und insofern die Überlegung Noronhas, es liege eine Art Unterordnung des Sohnes unter den Geist in der trinitarischen Ökonomie vor, unzutreffend ist. (Vgl. *Noronha*, Trinity 180.)

Dies spricht auch gegen die Kritik Kims, die göttliche Konstante nivelliere die geschichtlichen und religiösen Variablen soteriologisch. »Dann ist es für seine Religionstheologie nicht wichtig, Gottes Weg aufzuzeigen, der uns durch Jesus Christus offenbart wird, sondern für ihn lautet ihre Hauptaufgabe, den universal verstandenen biblischen Schöpfergott mit den Gottheiten plausibel zu identifizieren, die auch in anderen Religionen existieren.« (*Kim*, Gott 193.) Ferner charakterisiert er Dupuis Ansatz als »theozentrischen Universalismus« (194), was deutlich macht, dass Kim vom christozentrischen Paradigma ausgeht und daher eine Dichotomie zwischen Christozentrismus und Theozentrismus (und eine große Gemeinsamkeit mit John Hicks Ansatz) sieht, die von Dupuis nachdrücklich als unzutreffend zurückgewiesen wird. Ebensowenig entspricht es Dupuis' Position, wenn Kim insinuiert, er halte andere »Menschwerdungen« für möglich und relativiere den geschichtlichen Jesus durch den Logos Christus (vg. 217).

162 Dies dürfte auch gegen die (letztlich von der Position Karl Barths bestimmte) Kritik Kims sprechen, da Dupuis die natürliche Theologie rehabilitieren wolle, werde etwas der Offenbarung in Christus Übergeordnetes postuliert und diese damit zu einem »Beispielsfall des Allgemeinen« transformiert. (Vgl. *Kim*, Gott 19.) Diese Kritik äußert er schon gegenüber *Nostra aetate*: »Christus wird nicht als die konkrete Person verstanden, in der sich Gott offenbart hat, sondern zum religiösen Prinzip verallgemeinert, das dem menschlichen Leben seinen eigentlichen Sinn verleiht und sein endgültiges Ziel bestimmt. Dann ist Christus für uns eher aus noetischen und ethischen Gründen notwendig, denn aus ontischem, da alle Menschen schon an sich an der göttlichen Wahrheit teilhaben.« (185) Dies sei aber lediglich eine quantitative und keine qualitative Steigerung. Hier wird deutlich, dass Kim die Charakterisierung Jesu Christi als »Fülle der Offenbarung« anders als das Konzil und Dupuis quantitativ und nicht qualitativ versteht.

notwendig. Daher ist Dupuis vorsichtig gegenüber Formulierungen, nach denen Gottes Wesen wirkliche Selbstentleerung oder das Wort Gottes durch das Christusereignis »definiert« sei, da diese Gottes Selbstmitteilung und somit die Inkarnation außerhalb seiner selbst notwendig erscheinen lassen, damit Gott Gott bleibe. Die sich darin ausdrückende Distanzierung vom ontologischen Paradigma der Christologie markiert eine Differenz zur Glaubenskongregation und trägt damit zum Konfliktpotential bei. Wenn Gottes absolute Freiheit in allen seinen Selbstmitteilungen bekräftigt wird, wird ein Handeln des Wortes als solches jenseits des Heilswirkens des inkarnierten Wortes denkbar. »It can witness to the absolute freedom of God in manifesting himself in the world and in history.«[163] Ihm sind durch Zeit und Raum Grenzen auferlegt, sodass partikulares menschliches Wesen Jesu und die universal wirkende Person des Wortes Gottes weder getrennt noch identifiziert werden dürfen. »Der auferstandene und verherrlichte Jesus Christus ersetzt nicht den Vater, noch nimmt seine verherrlichte menschliche Existenz den Platz des Wortes an sich ein, das niemals vollständig durch eine geschichtliche Manifestation offenbart wird.«[164] Aufgrund dieser Unausschöpflichkeit des Wortes an sich können verschiedene und vielfältige göttliche Manifestationen angenommen werden, die unterschiedlichen Wert haben, aber alle Logophanien sind. Das eine Heilswirken Gottes hat mehrere Facetten, abstrahiert nicht vom Christusereignis, in dem es seinen höchsten geschichtlichen Ausdruck findet, ist aber nicht ausschließlich daran gebunden – ebensowenig wie das Wirken des Geistes Gottes auf seine Ausgießung durch den auferstandenen und verherrlichten Christus begrenzt ist. »The mediation of the salvific grace of God to humanity takes on different dimensions which have to be combined and integrated.«[165]

163 *Dupuis*, Word 188.

164 *Dupuis*, Universalität 97; vgl. *Dupuis*, Christianity 159; *Dupuis*, Verbe 542. Das ewige Wort »wird weder so absorbiert, dass es während der Inkarnation keine Wirksamkeit des Wortes Gottes neben der Inkarnation mehr gibt, noch so, dass nach der Inkarnation das Wort Gottes nur noch durch den auferstandenen und verherrlichten Christus hindurch wirken könnte. Die Unvermischtheit von Gott und Mensch ist gewissermaßen selbst mit der Auferstehung nicht aufgehoben.« (*Disse*, Jesus 172.)

165 *Dupuis*, Christianity 160; *Dupuis*, Christianity and Religions 467; *Dupuis*, Universal Saviour 16. »Toutefois, l'action du Verbe de Dieu n'est pas restreinte par son devenir historiquement homme en Jésus Christ; et l'action de l'Esprit de Dieu dans l'histoire n'est pas non plus limitée à son effusion sur le monde par le Christ ressuscité et glorifié.« (*Dupuis*, Verbe 542.) Dagegen wendet sich Nutt mit Rekurs auf den u. a. von Thomas von Aquin hergestellten Zusammenhang zwischen der Mittlerschaft Jesu Christi und seiner menschlichen Natur, insbesondere seines priesterlichen Handelns (des Opfers): »The question of a non-priestly or *asarkos* salvific mediation, therefore, as articulated by Dupuis, bypasses certain integral and fundamental aspects of Christian soteriology.« (*Nutt*, Office 401.) Nutt scheint eine Heilswirksamkeit nur in Christi priesterlichem Opfer

Die Grundlage der Einzigkeit und Universalität des Heilswirkens Jesu Christi in dessen personaler Identität als Sohn Gottes lässt Dupuis' Christologie durchaus traditionell erscheinen, zumal er die Kontinuität zwischen der Person Jesus Christus und den impliziten wie expliziten Christologien betont sowie nicht zwischen dem Christus des Glaubens und dem geschichtlichen Jesus trennt. Bei seiner Unterscheidung zwischen Christus, dem Wort Gottes, und dem Geist Gottes muss hingegen sehr sorgfältig darauf geachtet werden, keine Trennung einzuführen, wie sie Valkenberg bei ihm moniert: »Dupuis puts the Word of Logos of God alongside Christ, as if the second person of the Trinity can be separated in some way from Christ, or as if Christ, Logos and Spirit can be made into a new sort of Trinitarian power of God.«[166] Die Überzeugung einer Sendung des Wortes »vor« der Inkarnation kann sich gut auf einige Kirchenväter berufen, die dies jedoch für die Zeit »nach« der Inkarnation nicht mehr angenommen haben.

Werden die Partikularität des Christusereignisses mit der Universalität des Heilsplans Gottes verbunden, ermöglicht dies eine offene Theologie des religiösen Pluralismus, wozu Dupuis auf die Überlegungen von Claude Geffré, Edward Schillebeeckx und Christian Duquoc verweist.[167] Wie eine trinitarische Christologie dem Handeln des Logos *asarkos* neben der Partikularität des Christusereignisses Raum lässt, weist eine Geist-Christologie auf die universale Gegenwart und Wirksamkeit des Geistes vor und nach dem Christusereignis hin, das Ziel und Ursprung dieses Geistwirkens ist. Es besteht somit eine Beziehung der gegenseitigen Bedingung zwischen beiden, aufgrund derer der Geist auch »Geist Christi« genannt wird. Auch hier kann Dupuis zwischen dem »Geist als solchem« und dem »Geist Christi« unterscheiden. »Gottes Heilsökonomie ist eine, das Christusereignis ist zugleich ihr Höhepunkt und ihr universales Sakrament. Doch der Gott, der erlöst, ist ›drei‹, und jeder der drei ist personal unterschieden und bleibt spezifisch wirksam. Gott rettet mit ›zwei‹

für möglich zu halten. Vgl. *Comité de rédaction*, Tout récapituler 605: »L'Esprit-Saint, grâce incréée, n'est jamais donné qu'en relation (causale) avec la médiation de Jésus-Christ […]. C'est le sacrifice de Jésus-Christ qui a mérité pour tous les hommes de tous les temps le don multiforme de l'Esprit-Saint, et c'est par l'humanité glorifiée de Jésus-Christ que l'Esprit est aujourd'hui communiqué.«

166 *Valkenberg*, Dupuis 153. O'Collins betont gegen solche und ähnliche Kritikpunkte – die beispielsweise in zwei unveröffentlichten Texten der Glaubenskongregation angeführt werden –, es gebe keine Stelle in seinen Büchern, wo er über die Unterscheidung hinaus gegangen sei und eine falsche Trennung eingeführt habe. (Vgl. *O'Collins*, Retrospect 453; *O'Collins*, Council 184f.)

167 Vgl. *Geffré*, singularité 365f; *Schillebeeckx*, Universalité; *Duquoc*, Dieu 143.

Händen.«[168] Mit dieser Metapher der »beiden Hände« erklärt Dupuis auch, wieso es möglich ist, von einer distinkten Tätigkeit des Geistes zu sprechen, obwohl dieser im Neuen Testament meist »Geist Gottes« oder »Geist Christi« genannt werde und sich daher die Frage stelle, ob nach dem Christusereignis überhaupt von einer erlösenden Tätigkeit des Geistes jenseits der auferstandenen Menschheit Jesu gesprochen werden könne. Darüber hinaus kann dies auch für die Anfrage gelten, worin sich denn das Wirken des Wortes als solchem und des Geistes als solchem unterscheiden – und zwar weniger in der Wirkung als vielmehr im Subjekt des Wirkens. Denn im Hintergrund steht das Bild von Gott als Töpfer (vgl. Jes 64,6f), der mit zwei Händen ein einziges Werk (die Heilsökonomie) vollbringt. »The two hands of God, the Word and the Spirit – we may add – are conjoined hands. This means that, though being united and inseparable, they are also distinct and complementary. The work of each is distinct from that of the other; it is in fact the coincidence and the ›synergy‹ of the two distinct actions which produces the salvific effect of God.«[169] Keiner kann auf eine reine Funktion des anderen reduziert werden,

168 *Dupuis*, Unterwegs 417; vgl. *Dupuis*, Christianity 179; *Dupuis*, Christianity and Religions 468; *Dupuis*, cristianesimo 316; *Dupuis*, Christologie als Modell 74; *Dupuis*, Wahrheit 44; *Dupuis*, Salvezza 66; *Dupuis*, universalidad 494; *Dupuis*, Cristo universale 209; *Dupuis*, Universal Saviour 18. Dazu Begasse de Dhaem: »Questo permette a Dupuis di affermare una trascendenza del Padre rispetto a ogni sua manifestazione nella storia del mondo: il Padre non è solo ›il Padre del Signore nostro Gesù Cristo‹, ma rimane sempre il Padre del Verbo e dello Spirito immanenti.« (*Begasse de Dhaem*, Cristologia 806.) Indem er die personale Unterschiedenheit *ad extra* wie *ad intra* betont, habe er eine gewisse subordinatianische Tendenz, die evtl. nicht nur ökonomisch, sondern sogar immanent sei. (Ähnlich auch *Johnson*, Doctrine 35f, der hinzufügt, Dupuis könne einen Subordinatianismus nur auf Kosten der Einheit der beiden Personen vermeiden.) Zudem führe seine Unterscheidung zwischen Wort und Geist als solchen und dem inkarnierten Wort und Geist Christi zu einer »Reduplikation« der Trinität. »Dopo l'incarnazione e la risurrezione, attraverso le religioni, il Padre, il Verbo e lo Spirito come tali svolgono una loro attività salvifica tendenzialmente autonoma rispetto all'azione salvifica del Padre di Gesù Cristo, del Verbo incarnato Gesù Cristo, dello Spirito di Gesù Cristo.« (809) Damit riskiere er, den Skandal der Inkarnation und des Kreuzes zu relativieren.

Da Dupuis die universale Wirksamkeit des Wortes und des Geistes betont, überrascht die Kritik Kims, er rehabilitiere die natürliche Theologie in seiner Religionstheologie, »weil sie eine neutrale Basis, nämlich die menschliche Religiosität begründet, um von einer allgemeinen universalen Offenbarung zu reden, die theoretisch keine Differenz zu anderen geistlichen und religiösen Traditionen aufweist« (*Kim*, Gott 208). Vermutlich schlägt sich darin die barthianische Grundausrichtung der Arbeit Kims nieder. Pivot warnt vor einer Instrumentalisierung des Geistes für eine Theologie des religiösen Pluralismus, wenn die Beziehung zwischen Logos und Geist nicht theologisch geklärt werde. (Vgl. *Pivot*, Bulletin 192.)

169 *Dupuis*, Universal Saviour 19.

vielmehr konvergieren sie zu der einen einzigen Heilsökonomie. Da Gott im Christusereignis die universale Erlösung bewirkt hat und der auferstandene Christus die unauflösbare Vereinigung Gottes mit der Menschheit garantiert, sind Einzigartigkeit und Universalität Jesu Christi konstitutiv. Insofern diese Universalität im Rahmen des allgemeinen Heilsplans Gottes gesehen werden muss und sich Gott in anderen Religionen wahr manifestiert hat, ist die Universalität Jesu Christi relational, nämlich auf den allgemeinen Heilsplan Gottes und sein universales Heilswirken bezogen. Im Christusereignis kulminiert die Heilsgeschichte, zu der auch die Geschichte der Völker und die anderen religiösen Traditionen gehören. Da der Begriff der »komplementären Einzigartigkeit« des Mysteriums Christi noch bei einer Erfüllungstheorie stehen bleiben könnte, bevorzugt Dupuis den Begriff der »relationen Einzigartigkeit«, wobei die konstitutive Einzigartigkeit Christi zu betonen ist, mit der ein unzerreißbares Band zwischen der Gottheit und der Menschheit begründet wird. »In ihm koinzidieren historische Partikularität und universale Bedeutung.«[170] Mit der Relationalität des Christusereignisses wird die wechselseitige Beziehung zwischen diesem und den religiösen Traditionen, die ihren Mitgliedern verschiedene Wege zum Heil anbieten, ausgedrückt.

5.1.3.5 Andere religiöse Traditionen als Wege zum Heil

Spricht Dupuis von »Heilswegen«, meint er damit nicht nur eine in den Menschen universal vorhandene Suche nach Gott, sondern die Suche Gottes nach den Menschen und seine gnadenhafte Einladung, am göttlichen Leben teilzuhaben. Da Heilswege von Gott und nicht von den Menschen gelegt werden, ist nach dem Verhältnis in Gottes Vorsehung des einen Weges des christlichen Glaubens zu den vielen Wegen der religiösen Traditionen zu fragen. »Es geht um die Frage, ob die christliche Vorstellung der Heilsökonomie zu dem Schluss führt, dass die Mitglieder anderer religiöser Traditionen durch Christus neben oder sogar trotz der religiösen Tradition, der sie angehören und die sie aufrichtig ausüben, gerettet werden. Oder werden sie, im Gegenteil, in und durch diese Tradition gerettet?«[171] Die zweite Alternative führt zu den Fragen, ob dies eine Konkurrenz zur universalen Heilsmacht Jesu Christi darstellt oder einfach die Vielfalt der Wege ausdrückt und wie aus einer christlichen Perspektive die Heilsmacht der verschiedenen Wege in Gottes Heilsplan

---

170 *Dupuis*, Unterwegs 421. Trotz seiner expliziten Abgrenzung von einer Erfüllungstheologie à la Daniélou bezeichnet Sparks Dupuis' Ansatz als eine solche, die den Akzent auf die Kontinuität zwischen anderen Religionen und dem Christentum legt. (Vgl. *Sparks*, Theology 652; vgl. auch *Noronha*, Trinity 222.)

171 *Dupuis*, Unterwegs 422; vgl. *Dupuis*, Christianity 166.

zu integrieren ist. Von zentraler Bedeutung ist dabei, dass Gott (allein) erlöst und nicht die Religionen – auch nicht das Christentum. Wird von »Heilswegen« gesprochen, meint dies, Gott könne sie als Kanäle seines Heils nutzen, sodass sie die Heilsmacht Gottes vermitteln. Dabei sind die anderen religiösen Traditionen immer auf das Geheimnis der Trinität bezogen.[172] Aus christlicher Sicht ist die Vermittlung zwischen Gott und Mensch in Jesus Christus einzigartig, was aber »teilhabende Vermittlungen« nicht ausschließt, wie Johannes Paul II. in *Redemptoris missio* 5 festhält. Wie genau eine solche Teilhabe zu verstehen ist – insbesondere in Verbindung mit einem quantitativ oder qualitativ perspektivierten Verständnis der Fülle der Offenbarung in Jesus Christus – und ob sie in anderen religiösen Traditionen möglich ist, wird allerdings nicht ausgeführt, außer dass ihre Bedeutung und ihr Wert nur in Verbindung mit der Mittlerschaft Christi besteht. Nicht übergangen werden dürfen auch die sehr unterschiedlichen Erlösungsvorstellungen, wobei sich alle Religionen als Wege zum Heil und zur Befreiung verstehen. Gleichwohl schlägt Dupuis folgende Formulierung eines universalen Konzeptes von Erlösung/Befreiung vor: »Erlösung/Befreiung hat zu tun mit der Suche nach und dem Erlangen der Fülle des Lebens, von Ganzheit, Selbstverwirklichung und Integration.«[173]

Aus der Unterschiedlichkeit der Wege und der Anerkennung, andere religiöse Traditionen hätten einen Ort in Gottes Heilsplan, ist nach Dupuis aus christlicher Sicht keine Pluralität religiöser Ziele zu folgern, da dies die Einheit

---

172 »Hence, strictly speaking, that is to say, within the framework of a Trinitarian understanding of the salvific economy, there are no ›other‹ saviors or saving paths.« (*Merrigan*, Exploring 355.) In seiner Darstellung der Aussagen des II. Vatikanums über andere Religionen schreibt O'Collins, diese liefen darauf hinaus, den Islam und in geringerem Maße auch Hinduismus, Buddhismus und andere Religionen als Wege zu Gott anzuerkennen. »Yet this is not the same thing as (a) alleging that that they are equally effective at putting people in contact with God, or (b) acknowledging them to be complete and clear ways, equivalent to what God offers through Jesus Christ and the community called into being by the Holy Spirit.« (*O'Collins*, Council 163.)

Das Redaktionskomitee der *Revue Thomiste* kritisiert an diesem Zugang, er werde der besonderen Bedeutung der Vermittlungen (gemeint sind die Menschheit Christi und die Kirche) im Christentum nicht gerecht. »Ces médiations, assumées par l'Absolu, sont en quelque sorte surélevées. Elles contiennent plus qu'elles-mêmes. À ce titre, au plan de la finalité, elles présentent une réelle nécessité: il n'y a pas d'autres médiations que celles que Dieu choisit, et, quant à la nécessité par rapport à la fin, ces moyens sont absolus.« (*Comité de rédaction*, Tout récapituler 602.)

173 *Dupuis*, Unterwegs 424; vgl. *Dupuis*, Christianity 168. »[T]he double concept has the advantage of combining such complementary aspects, too often kept separate in Christianity itself, as the spiritual and the temporal, the transcendent and the human, the personal and the social, the eschatological and the historical.« (*Dupuis*, Meaning 376.) Vgl. *Dupuis*, universalidad 496; *Dupuis*, Cristo universale 212.

des Heilsplans Gottes aufhöbe, der das Heil, also die Anteilhabe am göttlichen Leben, aller Menschen will. Auch die anderen religiösen Traditionen sind auf das christliche Heil hingeordnet.[174] Im Hintergrund steht wieder Dupuis' trinitätstheologisch motiviertes Verständnis einer differenzierten Einheit, wonach die Einheit des Heilsplans Gottes ein eigenständiges universales Wirken des nicht-inkarnierten Logos und des Geistes nicht ausschließt. Daher widersprechen auch die qualitative Fülle der Offenbarung in Jesus Christus und seine konstitutive Bedeutung nicht der Annahme, andere religiöse Traditionen hätten einen (nicht gleichwertigen) Ort in Gottes Heilsplan. Die Pluralität der Wege ist daher als eine Pluralität der Wege zu einem gemeinsamen Ziel (christlich verstanden: die personale Vereinigung mit Gott) zu verstehen. Die Grundlage dafür ist die trinitarische Christologie, wonach das Handeln des Wortes Gottes und das Wirken des Geistes nicht auf Jesus Christus beschränkt sind. »Die Vermittlung der Heilsgnade Gottes an die Menschheit nimmt unterschiedliche Dimensionen an, die miteinander verbunden und integriert werden müssen.«[175]

Dazu gehört die inklusive Gegenwart des Mysteriums Christi, mit der erklärt werden kann, wie die universale Heilsbedeutung des historischen Christusereignisses die Mitglieder anderer religiöser Traditionen betrifft und weshalb die Pluralität der Religionen auch nach Christus berechtigt ist. Diese anderen Traditionen können als Zeichen des Heilshandelns Gottes verstanden werden, da die menschliche Existenz wesentlich geschichtlich ist, Menschen in einer Gesellschaft leben und es somit in den Traditionen Spuren hinterlässt, wenn viele ihrer Mitglieder eine authentische Gotteserfahrung haben. Jede authentische Gotteserfahrung ist eine Begegnung von Gott und Mensch

---

174 »Salvation reproduces in us the selfsame Trinitarian structure – Father, Son, Spirit – as exists within the mystery of God's inner life.« (*Dupuis*, Meaning 379.) Mit Rekurs auf Rahners Überlegung einer »transzendentalen Auferstehungshoffnung« jedes Menschen beschreibt er die Auferstehung Jesu als Erfüllung des tiefsten menschlichen Strebens; in anderen religiösen Traditionen könnten ebenfalls Ausdrücke dieses menschlichen Strebens gefunden werden, was nicht lediglich als natürliches Begehren einer religiösen Person gedeutet werden muss. »It will rather be seen as belonging to those ›elements of truth and grace‹ which testify to God's presence and selfmanifestation to all peoples, in their own traditions throughout their long history. By opening themselves and responding positively to such gifts, people find divine salvation in conformity with the mystery of Christ.« (388) Das spricht m. E. gegen die Diagnose Wiegers, Dupuis gebe eine »Definition des Heils als inhaltlich und innerlich vom Christusgeschehen her bestimmt« preis (*Wieger*, Inklusivismus 97).

175 *Dupuis*, Unterwegs 437. »Hier liegt der Unterschied sowohl zum traditionellen Christozentrismus als auch zum ›Logozentrismus‹ oder zum ›Pneumatozentrismus‹: Die Tendenz, die verschiedenen Zentren gegeneinander auszuspielen, wird durch Dupuis' trinitarische Christologie neutralisiert.« (*Wieger*, Inklusivismus 87.)

in Jesus Christus. Hiermit betont Dupuis den personalen Beziehungsaspekt und die subjektive Komponente im Verhältnis Gottes zu den Menschen und weniger den objektiv-kognitiven Aspekt der Vermittlung von Glaubenswahrheiten. »Die Ordnung des Glaubens bzw. des Heils besteht gerade aus dieser personalen Mitteilung Gottes an den Menschen, eine Mitteilung, die in Jesus Christus konkret verwirklicht ist und deren wirksames Zeichen die Menschheit Jesu ist.«[176] Wegen der unendlichen Distanz zwischen Unendlichem und Endlichem kann die personale Gegenwart Gottes nur gnadenhaft sein, sodass die Initiative dieser Begegnung von Gott ausgeht. Am höchsten und vollständigsten sichtbar ist die personale Gegenwart Gottes im Christentum, erreicht dort aber nur dessen Mitglieder. In anderen Religionen wird er gegenwärtig, wenn deren Angehörige ihre Religion ausüben, die somit für diese Angehörigen ein Weg und Mittel des Heils wird. Ihre eigene religiöse Praxis drückt ihre Erfahrung Gottes und des Mysteriums Christi aus. »Sie ist das sichtbare Element, das Zeichen, das Sakrament dieser Erfahrung.«[177] Ansonsten würden persönliches, subjektives Leben und die objektive Tradition unrechtmäßig getrennt. Den religiösen Praktiken anderer Traditionen eine gewisse Vermittlung der Gnade zuzuschreiben, bedeutet nicht, sie den christlichen Sakramenten gleichzustellen. Das eine Mysterium Christi ist in der Kirche offen und explizit, in anderen religiösen Traditionen implizit und verborgen gegenwärtig. »Wenn keine Offenbarung so tief sein kann wie die, in der der göttliche Sohn selbst ein menschliches Leben führt, dann scheint daraus zu folgen, dass die göttlichen Offenbarungen in anderen Religionen von einer *geringeren Tiefe* gekennzeichnet sind. Die Religionen sind daher in Dupuis' Sicht zwar *unterschiedliche*,

176 *Dupuis*, Unterwegs 440; vgl. *Dupuis*, Christianity 188; *Dupuis*, Christologie als Modell 76. »Christ as mystery is God turning toward men and women in self-manifestation and self-revelation. The Christic mystery, therefore, is present wherever God enters into the life of human beings in an experience of the divine presence.« (*Dupuis*, Introduction 142.)

Da somit auch jedes authentische Gebet als Frucht der universalen Gegenwart des Geistes verstanden werden kann, sind Christen und Angehörige anderer Religionen im Geist vereint, was auch ein gemeinsames Gebet ermöglichen könnte. (Vgl. *Dupuis*, Insieme 17.)

177 *Dupuis*, Unterwegs 440. »Il mistero di salvezza rimane uno solo: è il mistero di Cristo. Ma questo mistero è presente agli uomoni al di là dei confini del cristianesimo.« (*Dupuis*, Salvezza 71.)

Nach dem Redaktionskomitee der *Revue Thomiste* unterschätzt Dupuis dabei den Aspekt, wonach die anderen Religionen auch Strukturen der Sünde sind, sowie spezifischer die objektiv antichristlichen Elemente der nachchristlichen Religionen oder der nachchristlichen Entwicklungen vorchristlicher Religionen. (Vgl. *Comité de rédaction*, Tout récapituler 628.)

aber nicht gleichwertige Wege zum Heil.«[178] Weil das Christusereignis die Macht des Wortes Gottes nicht ausschöpft, sondern sich nach dem Johannesprolog seine erleuchtende und heilwirkende Macht über alle Zeiten und Menschen erstreckt, bewirkt der Logos unter den Völkern und in ihren Traditionen offenbarte Wahrheit und heilbringende Wahrheit. »Durch die transzendente Kraft des Logos ist eine trinitarische Christologie dazu in der Lage, die vermittelnde Funktion der religiösen Traditionen in der Heilsordnung zu begründen und somit das Fundament zu legen für die Anerkennung eines Pluralismus in Gottes Umgang mit der Menschheit.«[179] Ähnliches gilt für den Geist Gottes, dessen universale Gegenwart vom jüngeren kirchlichen Lehramt betont wurde. Er ist in Kulturen und Religionen gegenwärtig und bewirkt mit dem Wort die Elemente der »Gnade und Wahrheit« (AG 9), die in menschlichen Kulturen und Religionen gefunden werden können. Gleichwohl erlösen nicht die religiösen Traditionen, sondern Gott durch sein Wort und seinen Geist.

> Dasselbe zweifache Handeln des Wortes Gottes und des Geistes ist verantwortlich für die Mittlerfunktion der religiösen Traditionen selbst: auf der einen Seite überbringen sie ihren Anhängern Gottes Gnaden- und Heilsangebot; auf der anderen Seite geben sie der positiven Antwort ihrer Mitglieder auf die gnadenvolle Selbstgabe Gottes Ausdruck.[180]

---

178 *Heller*, Projekt 445, Herv. im Orig. »Statt eines Christentums, das in den Weltreligionen anonym und in der Kirche explizit wird, hat man es bei Dupuis eigentlich mit einem unsichtbaren Handeln oder einer unsichtbaren Gegenwart Christi zu tun, deren historische Sichtbarkeit durch die Weltreligionen wiederhergestellt wird.« (*Wieger*, Inklusivismus 95f.)

179 *Dupuis*, Unterwegs 443. »Die erleuchtende und heilspendende Kraft des Wortes ist nicht eingegrenzt durch die Partikularität des geschichtlichen Ereignisses. Sie transzendiert alle Grenzen von Raum und Zeit.« (*Dupuis*, Universalität 99.)

»Tuttavia la centralità della dimensione incarnazionale dell'economia divina di salvezza non può lasciare oscurare la presenza e l'azione universale attuale del Verbo di Dio e dello Spirito.« (*Dupuis*, cristianesimo 321.)

180 *Dupuis*, Christologie als Modell 77. »Es ist das Wort Gottes, das ausging, seine Samen in die religiösen Traditionen zu säen. Auch dürfen diese Samen nicht verstanden werden, als ob sie nur menschliche Trittsteine darstellen würden, in der Erwartung, dass sich in einer unbestimmten Zukunft eine göttliche Selbstmanifestation ereignen werde. Sie stellen eine tatsächliche göttliche Selbstmanifestation und Selbstgabe dar, wie unvollständig sie auch sein mag.« (*Dupuis*, Universalität 98.)

»The suggestion is that in the other religious traditions, in the written memory of their sacred books and the living memory of their religious practices, are traces of divine words and gestures of salvation, ›diverse faces of the divine‹, to be drawn out, discovered, and honored.« (*Dupuis*, Christianity 14; vgl. 190.)

»La teologia dei semi del Verbo inserita nell'ambito della cristologia trinitaria diviene allora non solo un quadro interpretativo teorico delle altre religioni, ma anche un criterio attivo di ricerca sulle ›strutture‹ dottrinali delle religioni.« (*Pacini*, Cristologia 195.)

Auch nach dem Christusereignis nutzt Gott somit die anderen religiösen Traditionen für das Heil ihrer Angehörigen, indem Logos und Geist in ihnen wirken, da das Christusereignis sein Heilshandeln nicht erschöpft, sondern den anderen religiösen Traditionen »Raum lässt«. In dieser chronologischen Perspektive bedeutet die Fülle der Offenbarung in Jesus Christus bzw. die Überzeugung, in ihm habe sich Gott endgültig und vollständig selbst mitgeteilt, auch nach *Dei Verbum* nicht, Gott würde künftig schweigen – es wird lediglich festgehalten, es sei keine neue öffentliche Offenbarung vor der Parusie zu erwarten (DV 4). Das widerspricht nicht einem fortwährenden Wirken Gottes in anderen religiösen Traditionen (insbesondere dem Judentum), zumal Dupuis mit guten Gründen für ein qualitatives und nicht quantitatives Verständnis von Fülle argumentiert, da ein solches in Spannung zur Unerschöpflichkeit Gottes stünde. Auch wenn Christus für das Heil aller konstitutiv ist und seinetwegen das Christentum besonders und singulär, »schließt er andere Heilsfiguren oder Traditionen weder ein noch aus. Wenn er die Heilsgeschichte zu ihrem Höhepunkt bringt, dann nicht durch Ersetzen oder Verdrängen, sondern durch Bestätigung und Vollendung.«[181] Wie genau die wesentliche Beziehung zwischen dem universalen Wirken des Wortes und Geistes und dem geschichtlichen Ereignis Jesu Christi zu verstehen ist, braucht und darf nach Dupuis nicht weiter theologisch vertieft zu werden, da Geheimnis und Transzendenz Gottes und seines Heilsplanes streng zu wahren sind. »Theological apophatism suggests silence where, though being able to underline the fact (*an sit*), we cannot and need not explain the ›how‹. It behooves theology to be reserved and humble.«[182] Die negativ-theologische Perspektive, die sich in Dupuis' Überlegungen immer dort zeigt, wo er die Geheimnishaftigkeit und die

181 *Dupuis*, Unterwegs 530. Die bleibende Wirksamkeit der anderen Traditionen »hängt damit zusammen, dass das punktuelle Ereignis das Heil Gottes nicht umfast, sondern mit anderen Arten der Selbstmitteilung Gottes an die Menschen verbunden ist.« (*Wieger*, Inklusivismus 88.)

182 *Dupuis*, Christianity 162, Herv. im Orig. Diesen Punkt kritisiert Nutt: »Either the history of human salvation is mysteriously linked to the Christ-event as a superlative exercise of the offices of priest and mediator by the Word Incarnate or not. It is precisely on this question that Dupuis' theory lacks any explanation of how it is that the other religions *cause* grace or contain the power of *causality* as modalities of the Christ-event.« (*Nutt*, Office 404, Herv. im Orig.; vgl. auch *Amaladoss*, Rezension 623; *Plata*, Dupuis 72f.)

Löffler bemerkt, weder begründe Dupuis seine Unterscheidung ausreichend noch könne er sie in Einklang mit dem traditionellen Verständnis der Heilsökonomie bringen. »Solange aber diese Inkonsistenz nicht geklärt ist, setzt er seinen religionstheologischen Ansatz dem stillen Verdacht aus, das Heilshandeln des fleischgewordenen Wortes in letzter Konsequenz dann doch – quasi unter der Hand – als ein begrenztes, eben nicht universales Handeln aufzufassen, auch wenn dies in seinen Ausführungen so nirgends dem Wortlaut nach zu lesen ist.« (*Löffler*, Religionstheologie 64.)

Unaussagbarkeit Gottes betont (und damit die notwendige Begrenzung der Offenbarung in Jesus Christus aufgrund dessen Menschlichkeit begründet), und die seinen Ausgangspunkt beim Glauben der Kirche und der Tradition ergänzt, wird hier deutlich zugespitzt. Dupuis bleibt dabei, diese Beziehung festzustellen, wobei eine Vertiefung dieser Frage hätte hilfreich sein können, um die von ihm betonte Einheit der Heilsökonomie zu unterstreichen und deutlich zu machen, dass ihre verschiedenen Aspekte nicht doch voneinander getrennt sind.

Die vom Logos und Geist bewirkten Heilswerte können bestimmt werden durch das allgemein ethische Kriterium der gemeinsamen Menschlichkeit, das allgemein religiöse Kriterium der Authentizität oder Kanonizität einer Tradition und das spezifisch christliche Kriterium Jesus Christus. »Nach dem christlichen Kriterium besteht die Wahrheit des Christentums darin, dass es den Gott Jesu Christi bezeugt. Es besitzt nicht die ganze Wahrheit – Gott allein *ist* Wahrheit.«[183] Konkreter kann das christliche Kriterium als die uneigennützige, bedingungslose und universale Liebe (*agapè*) gefasst werden, da diese eine Gabe des Geistes ist und zeigt, dass sich ein Mensch dem Wort Gottes geöffnet hat. So folgt aus der Verkündigung Jesu und des Neuen Testaments, insbesondere 1Joh 4,16. 20 und Mt 25,31–46, dass für das Heil nicht primär bedeutend ist, »how close people have come to the fullness of truth, nor whether they have benefited from the means of salvation entrusted by Jesus to the Church, but how much they have loved.«[184] Andere religiöse Traditionen können eine Praxis der *agapè* inspirieren, wobei das Gebot der Nächstenliebe deutlich in den jüdischen Schriften und die Liebe auch im Koran mit der Haltung Gottes gegenüber der Menschheit begründet wird. »Paradoxerweise scheint die universale Aufforderung zur Liebe in den asiatischen Traditionen – Hinduismus, Buddhismus und Konfuzianismus – klarer formuliert zu sein als in den beiden großen monotheistischen Religionen neben dem Christentum.«[185] Bezüglich der Grundlage gibt es signifikante Unterschiede, die

183 *Dupuis*, Unterwegs 444, Herv. im Orig. Dupuis rekurriert hierbei auf Hans Küng.

184 *Dupuis*, Declaration 68.

185 *Dupuis*, Unterwegs 447; vgl. *Dupuis*, Christianity 192. »It is toward that *agapê* that the Spirit of God (*ho pneuma tou Theou*) moves everyone who follows conscience, the teachings of religion, or the wisdom of a culture.« (*Burrows*, Man 20, Herv. im Orig.)

Kim kritisiert an diesem Kriterium, dies »könnte leicht zur Moralisierung, Funktionalisierung und Trivialisierung der Offenbarung führen, denn die menschliche Tugend bestimmt nun ihren Bedeutungshorizont, aber eigentlich sollte die Offenbarung nach ihrer Bedeutung fragen und ihren Sinn bestimmen.« (*Kim*, Gott 220.)

Sydnor diagnostiziert bei Dupuis eine implizite moralische exemplarische Sühnechristologie, da er nirgendwo impliziere, dass Erlösung auch durch Christi stellvertretende Sühne oder Satisfaktion der menschlichen Schuld geschehe; dies ermögliche aber theologisch nicht entscheidend sind, wenn die Liebe als Zeichen einer positiven Antwort einer Person auf Gottes Anruf verstanden wird. Auch wenn die Elemente göttlicher Offenbarung in anderen Religionen unvollständig bleiben, nehmen sie die vollkommenere Offenbarung und Selbsthingabe in Jesus Christus vorweg und öffnen dadurch die Anhänger dieser Religionen für Gottes Gnade und Heil. »Wenn Liebe erlösend ist, dann liegt der Grund letztlich darin, dass sie in uns die Liebe, mit der Gott uns in seinem menschgewordenen Sohn zuerst geliebt hat, nachahmt und abbildet.«[186]

Dies ermöglicht es, eine reziproke Komplementarität der Werte der verschiedenen religiösen Traditionen anzunehmen, durch die diese sich wechselseitig bereichern und transformieren können. In Anbetracht der Kritik der Glaubenskongregation, die geschichtliche Offenbarung Jesu Christi bedürfe keiner Vervollständigung durch andere Religionen,[187] ist hier an Dupuis' qualitatives und nicht quantitatives Verständnis der Fülle der Offenbarung zu erinnern. Denn dies erlaubt es, einerseits von der Fülle der Offenbarung in Jesus Christus auszugehen, die nicht notwendigerweise durch andere ergänzt werden muss, und anderseits angesichts der notwendigen Begrenzungen menschlicher Ausdrucksformen annehmen zu können, dass sich die von verschiedenen religiösen Traditionen besonders betonten Werte gegenseitig bereichern und verändern können. Zudem entspricht dies der begriffsgeschichtlich zentralen Bedeutung der Relativierung auf den jeweils eingenommenen Gesichtspunkt im Komplementaritätsprinzip nach Niels Bohr. Ein von Aloysius Pieris stammendes Beispiel sind die Grunderfahrungen des befreienden Wissens im Buddhismus und der erlösenden Liebe im Christentum, die beide für sich genommen unzureichend seien und sich daher gegenseitig benötigen.[188] Diese wechselseitige Komplementarität von Weisheit und Liebe widerspricht nicht der christlichen Überzeugung, die Inkarnation habe aufgrund ihrer historischen Dichte eine höhere Bedeutung als Manifestation des Wortes.

> Als Schlussfolgerung scheint es legitim, auf eine Konvergenz zwischen den religiösen Traditionen und dem Mysterium Jesu Christi hinzuweisen, die verschiedene, wenn auch nicht gleichwertige Wege darstellen, auf denen Gott

---

konservativeren Kritikern, Dupuis' Überlegungen von vornherein abzulehnen. (Vgl. *Sydnor*, Beyond 63.)

186 *Dupuis*, Unterwegs 449; vgl. *Dupuis*, Christianity 193.

187 Vgl. *Kongregation für die Glaubenslehre*, Notifikation Dupuis Nr. 3.

188 Vgl. dazu *Pieris*, Liebe 157–194.

durch die Geschichte hindurch Menschen in seinem Wort und seinem Geist gesucht hat und weiterhin sucht.[189]

Dies hat gewichtige Konsequenzen für ein Verständnis traditioneller theologischer Sprache, wie Dupuis am Beispiel des Reiches Gottes und der Frage nach seiner Universalität deutlich macht.

5.1.3.6 Universalität des Reiches Gottes und die Religionen

In einer Theologie der Religionen ist der Begriff des »Reiches Gottes« virulent, weil sich u. a. die Fragen stellen, ob es auf Israel und das Christentum beschränkt oder eine universale Wirklichkeit ist und wie es in seiner eschatologischen Vollendung zu verstehen ist. Nachdem bis zum II. Vatikanum die Kirche mit dem Reich Gottes in ihrer geschichtlichen Verwirklichung und eschatologischen Vollendung identifiziert wurde, veränderte sich dies – auch in Folge der Formulierung *subsistit in* in LG 8 – in der nachkonziliaren Theologie (lehramtlich besonders in *Redemptoris missio*), die zunehmend die Universalität des Reiches Gottes wiederentdeckte, wonach es sich in der Geschichte auf die ganze Menschheit erstreckt. Als universale Realität reicht das Reich Gottes über die Kirche hinaus, obwohl beide nicht voneinander zu trennen sind, da die Kirche kein Selbstzweck ist, sondern »auf das Reich Gottes hingeordnet ist, dessen Wirklichkeit sie keimhaft und zeichenhaft darstellt und dessen Werkzeug sie ist« (RM 18). Dupuis sieht hierin sowohl Einheit als auch Unterscheidung zwischen »dem Reich Gottes in der Zeit und in seiner eschatologischen Dimension einerseits und zwischen Reich Gottes und der Kirche andererseits.«[190] Wie in der von ihm vorgeschlagenen trinitarischen

189 *Dupuis*, Unterwegs 453; vgl. *Dupuis*, Christianity 193; *Dupuis*, Erneuerung 145ff. Hieran wird kritisiert, Dupuis überbetone die Ähnlichkeit zwischen den Religionen und sehe dabei nicht, dass die Unterschiede zwischen den Religionen wesentlich und die Gemeinsamkeiten akzidentell sind. (Vgl. u. a. *Sydnor*, Beyond 63.)

Pottmeyer dagegen unterstützt das Argument Dupuis': »Ohne die besondere Stellung und Bedeutung Israels für das Christentum zu leugnen, was sollte uns die Erwartung verbieten, daß uns auch andere religiöse Kulturen bereichern können, sofern wir ihre Schätze als Gottes Geschenk erkennen können.« (*Pottmeyer*, Weg 143.)

190 *Dupuis*, Unterwegs 468. *Redemptoris missio* und *Dialog und Verkündigung* »appear to be the first two documents of the recent central doctrinal authority to distinguish the pilgrim Church from the reality of the Reign of God in history; both documents profess that the Reign of God is a broader reality than the Church, which is present and operative beyond her boundaries among the members of other religious traditions« (*Dupuis*, Commentary 150; vgl. *Dupuis*, Communion 369; *Dupuis*, Universalità 41; *Dupuis*, Dialogo 234).

Das Redaktionskomitee der *Revue Thomiste* kritisiert Dupuis' Lesart, wonach das *subsistit in* die Nicht-Identifizierung des Mysteriums der Kirche mit der römisch-katholischen

Christologie legt Dupuis Wert darauf, weder eine Identifikation von Kirche und Reich Gottes vorzunehmen noch beide voneinander zu trennen, sondern eine Unterscheidung vorzunehmen. Sie ist in der Verkündigung Jesu angelegt, der sich zwar primär zu Israel gesandt sah, aber auch bei »Fremden« Wunder wirkte und zudem seine »Bewegung« in den Dienst des Reiches Gottes stellte; auch in den deuteropaulinischen Briefen wird zwischen Kirche und Reich Gottes unterschieden. »Die Universalität des Reiches Gottes besteht darin, dass die Christen und die ›anderen‹ am gleichen Mysterium des Heils in Jesus Christus Anteil haben, wenn sich dieses Mysterium auch auf verschiedene Weisen auf sie erstreckt.«[191] Der Kirche kommt die spezielle Funktion hinsichtlich des Wachstums des Reiches Gottes in der menschlichen Geschichte zu, da sie durch Jesus Christus in den Dienst des Reiches gestellt wurde. Sie ist nicht mit dem Reich Gottes identisch, aber dessen sichtbares Zeichen. »Ce signe sacramentel du Règne de Dieu est destiné à être universellement présent et reconnaissable.«[192] Die universelle Präsenz des Reiches Gottes in der Geschichte begründet eine Gemeinschaft unter den Angehörigen der verschiedenen religiösen Traditionen. Somit kann mit einem regnozentrischen Modell, das nicht die christozentrische Perspektive aufgibt, da das Reich Gottes das von Gott in Christus eingesetzte ist, gezeigt werden, wie die anderen religiösen Traditionen Anteil am Reich Gottes haben und zu seinem Aufbau beitragen. Vor dem Hintergrund der Kritik der Glaubenskongregation an Sobrinos Verständnis des Reiches Gottes und ihrem Hinweis auf eine gewisse Identität zwischen Jesus Christus und dem Reich Gottes zeigt sich die Stärke der von Dupuis vorgenommenen Unterscheidung zwischen sich ergänzenden Modellen als Akzentsetzungen und sich ausschließenden Paradigmen. Als Paradigmen schließen sich Christozentrismus und Regnozentrismus aus – als Modelle können sie verbunden werden, womit eine Parallele zwischen Sobrino und Dupuis besteht. Denn beide setzen Jesus Christus und die Kirche in Beziehung zum Reich und ziehen daraus für ihre jeweiligen Anliegen des Einsatzes für die Armen bzw. einer Theologie des religiösen Pluralismus Konsequenzen.

Kirche ausdrücke; sie bevorzugen die Rede von einer nicht exklusiven Identität. (Vgl. *Comité de rédaction*, Tout récapituler 610.) Die Ansicht, das Reich Gottes erstrecke sich über die Kirche hinaus auf die ganze Menschheit, impliziere darüber hinaus eine unzulässige Trennung von Kirche und Reich Gottes, da das Reich Gottes auch dort sei, wo die Kirche nicht ist. Vielmehr sei von einer unvollständig realisierten Gegenwart der Kirche zu reden (vgl. 611f).

191 *Dupuis*, Unterwegs 473; vgl. *Dupuis*, Christianity 201; *Dupuis*, dialogue interreligieux 551; *Dupuis*, Universalità 43. »Le Règne représente dans l'histoire le salut déjà universellement offert par Dieu en Jésus-Christ aux hommes qui s'y ouvrent par la conversion à Dieu et aux autres.« (*Dupuis*, Communion 371.)

192 *Dupuis*, Communion 371.

Dazu erinnert Dupuis an den Zusammenhang des persönlichen religiösen Lebens der Anhänger mit ihrer religiösen Tradition. Denn indem die Anhänger auf die in den Traditionen vorhandenen Elemente der Gnade und Wahrheit antworten, werden sie Mitglieder des Reiches Gottes und sind auf die Kirche hingeordnet, ohne gleichzeitig Mitglieder der Kirche zu sein. Die religiösen Traditionen helfen also dabei, das Reich Gottes aufzubauen; sie »üben für ihre eigenen Mitglieder eine gewisse Vermittlung des Reiches Gottes aus«[193]. Daraus folgt für den interreligiösen Dialog, dass dieser zwischen Menschen geführt wird, die bereits zum in Jesus Christus eingesetzten Reich Gottes gehören.

Für das Verhältnis der Kirche zu den Religionen im Reich Gottes bedeutet dies, einerseits die Notwendigkeit und Universalität der Kirche nicht derjenigen Jesu Christi gleichzustellen, was mit einer zu restriktiven Interpretation des Axioms *extra ecclesia nulla salus* einher ginge. Andererseits sind sie nicht nur auf das Heil ihrer eigenen Mitglieder bezogen, sodass parallele Heilswege beziehungslos nebeneinander stünden – ein Weg für die Mitglieder der Kirche, ein anderer für die außerhalb der Kirche zu rettenden Menschen. Das II. Vatikanum wählte daher die Rede von der (gestuften) »Hinordnung« auf die Kirche, in der die Fülle der Heilsmittel sind, und nicht von einer Mitgliedschaft im Sehnen und Wünschen. Diese Hinordnung ist nach Dupuis unter Rekurs auf Rahner und Congar in einem weiten Sinn zu verstehen und bedeutet nicht, diese Menschen seien schon Teil der Kirche. Ausgehend von *Redemptoris missio*, worin die »spezifische und notwendige Rolle« (RM 18) der Kirche für alle Menschen genannt wird, fragt er zudem danach, wie die Mittlerschaft der Kirche theologisch zu verstehen ist – auch hier zeigt sich eine ähnliche Perspektive wie bei Sobrino, der auf die *causa exemplaris* rekurriert. Da eine Vermittlung im strengen Sinne einer instrumentalen Wirkursache durch die Verkündigung des Wortes und die sakramentale Ökonomie nur auf die eigenen Mitglieder ausgreift und die Kirche für die Mitglieder anderer religiöser Traditionen Fürbitte einlegt, »scheint es nicht legitim, von einer ›Vermittlung‹ im strengen, theologischen Sinn des Wortes zu sprechen. Die Kausalität, um die es hier geht, gehört nicht der Ordnung der Wirkursächlichkeit an, sondern der Ordnung moralischen [sic!] und der Finalursächlichkeit.«[194] Daraus lässt sich

193 *Dupuis*, Unterwegs 475; *Dupuis*, Christianity 202. »Although one cannot separate the Church from the Reign of God, because both are inseparable from the person and work of Jesus himself, it is possible to speak about other religions as paths to the eschatological goal of the Reign of God. This is a theologically legitimate possibility because the Church is, by its very nature, provisional.« (*Noronha*, Trinity 270f.)

194 *Dupuis*, Unterwegs 481; vgl. *Dupuis*, Christianity 211; *Dupuis*, Christentum betrachtet 136; *Dupuis*, Universalità 48. »Es ist eine Sache, von einer ›unersetzlichen Rolle‹ der Kirche zu sprechen, aber eine andere, ihr eine universale instrumentale Gnadenkausalität

eine positive Bedeutung des *extra ecclesiam nulla salus* ableiten, die keine universale Mittlerschaft im strengen Sinn meint, sondern die Notwendigkeit der Kirche als »universales Heilssakrament« (LG 48) in einer Kausalität der Finalursache bedeutet. Bezieht Dupuis somit eine Wirkursächlichkeit der Kirche, d. h. die Vermittlung des Handelns Jesu Christi vor allem durch Verkündigung des Wortes und Feier der Sakramente, lediglich auf Christen und Christinnen, nicht aber auf alle Menschen, kritisiert er implizit die in LG 1 gewählte Metapher der Kirche als »Zeichen und Werkzeug« (vgl. auch RM 20), da diese auf eine Finalursache nicht treffend anzuwenden sein dürfte.[195] Während die auferstandene Menschheit Christi die Instrumentalursache für das Heil aller Menschen ist, ist die Kirche instrumentale Wirkursache oder eher moralische bzw. Finalursache. In Verbindung mit der Universalität des Reiches Gottes

---

gegenüber allen Menschen außerhalb ihrer Grenzen zuzuschreiben.« (*Dupuis*, Wahrheit 52.) Vgl. *O'Collins*, Church 211–215, der die Argumentation noch durch einen Hinweis auf die Aufforderung zu Bitten, Gebeten, Fürbitte und Danksagung in 1Tim 2,1 ergänzt und u. a. fragt, wie diese moralische Kausalität im Einzelnen zu verstehen sei oder ob ein solches Gebet als notwendige Bedingung anzusehen ist. Er selber schlägt vor, sich am Priestertum Christi zu orientieren. An anderer Stelle betont er, die Kirche bete für das Heil aller, weil sie sie mit Liebe ansehe. »It is through such loving prayer for all people that the church at worship proves to be God's instrument in mediating salvation to the world.« (*O'Collins*, Debate 643.) Vgl. zur Differenz der Position Dupuis' zu jüngeren lehramtlichen Texten *Merrigan*, Appeal. Während Dupuis' Frage danach, wie erlösende Gnade an Nichtchristen vermittelt werden könne, dem »sakramentalen« bzw. »inkarnatorischen« Prinzip des Katholizismus entspreche, könne gefragt werden, ob er dem mit seinem Vorschlag gerecht werde (vgl. 455f).

195 Nach Löffler trennt Dupuis daher letztlich zwischen der Kirche einerseits und Christus und dem Reich Gottes andererseits und legt eine »minimalistische Interpretation« der Hinordnung auf die Kirche vor, die die pluralistische Deutung ermögliche, die Kirche doch als nur einen von mehreren prinzipiell gleichberechtigen Heilswegen anzusehen. (Vgl. *Löffler*, Theologie 439f; *Löffler*, Religionstheologie 66–70; ähnlich *D'Costa*, Christianity 181; *Hall*, Dupuis' Theology 45.) Dies wird durch die von Dupuis in späteren Veröffentlichungen herausgestellte Asymmetrie der Komplementarität vermieden. Gegen die Kritik eines »Minimalismus« führt Dupuis an, das II. Vatikanum habe bewusst nicht von Mitgliedschaft gesprochen. (Vgl. *Dupuis*, Wahrheit 52.) Wenn D'Costa die Argumentation der Notifikation unterstützt, wonach die Wirkkausalität beibehalten werden müsse, auch wenn unklar sei, wie, und ihre Ablehnung dazu führe, andere Religionen als Werkzeuge des Heils anzusehen, basiert dies auf seiner Diagnose, Dupuis trenne letztlich zwischen Kirche und Christus. Dagegen könne die vermittelnde Rolle der Kirche nicht übergangen werden, ohne Christus zu übergehen, da sie immer eine abgeleitete sei. (Vgl. *D'Costa*, Christianity 182f.)

Das Redaktionskomitee der *Revue Thomiste* schlägt dagegen eine Lesart des Axioms vor, die vom Gedanken der Kirche als Leib Christi und seiner Braut geleitet ist. Da sie anderen religiösen Traditionen Ekklesialität zusprechen können, vertreten sie die »Erfüllungstheorie«. (Vgl. *Comité de rédaction*, Tout récapituler 609.)

kann die Sakramentalität der Kirche auch als Sakramentalität in Bezug auf das Reich Gottes verstanden werden, sodass die »Kirche in der Geschichte das Sakrament des schon gegenwärtigen Reiches Gottes ist«[196]. Wegen des Unterschieds zwischen dem Sakrament und der bezeichneten Wirklichkeit müssen die »anderen« nicht Teil der Kirche sein, um Mitglieder des Reiches Gottes zu sein. Die Kirche als Sakrament des Reiches Gottes ist Zeugnis für die Errichtung des Reiches Gottes in Jesus Christus und gibt durch ihr Wort und Handeln Zugang zum Reich. Da damit »nicht notwendigerweise eine universale Gnadenmittlerfunktion für die Mitglieder anderer religiöser Traditionen, die in das Reich Gottes eingetreten sind, indem sie auf Gottes Einladung mit Glaube und Liebe geantwortet haben«[197], verbunden ist, kann von einer »Mittlerschaft« dieser anderen Traditionen gesprochen werden. Während sich Dupuis in der Christologie sehr deutlich von pluralistischen Ansätzen wie von John Hick oder Paul Knitter absetzt und explizit eine »hohe« Christologie vertritt, scheint er in der Ekklesiologie wesentlich größere Übereinstimmungen zu diesen Ansätzen aufzuweisen. Wenn er die Differenz zwischen der geschichtlichen und vorläufigen Realität der Kirche und der eschatologischen Realität des Reiches Gottes betont, steht er damit in der Tradition verschiedener Ansätze aus dem asiatischen Raum (wie einem Dokument der Vereinigung der Asiatischen

196 *Dupuis*, Unterwegs 485; vgl. *Dupuis*, Christianity 214; ähnlich schon *Dupuis*, Universalità 52. Das dürfte auch gegen die mögliche Kritik angeführt werden können, indem er die Heilsbedeutung der Kirche relativiere, reduziere er »the significance of his ›constitutive Christ‹ to the historical Jesus with all but a tenuous connection to the post-resurrection, post-Pentecost community of Jesus' explicit and visible followers« (*Hall*, Dupuis' Theology 45).

Auch Dupuis' Verständnis der Sakramentalität der Kirche wird vom Redaktionskomitee der *Revue Thomiste* kritisiert, da es lediglich den »funktionalen«, aber nicht den ontologischen Aspekt der Sakramentalität berücksichtige. (Vgl. *Comité de rédaction*, Tout récapituler 616f.)

197 *Dupuis*, Unterwegs 487; vgl. *Dupuis*, Christianity 215. Er kritisiert auch die in DI vehement vertretene Unterscheidung zwischen dem christlichen theologalen Glauben (*fides*) und den Überzeugungen (*credulitas*) in den anderen Religionen und fragt, wie es dann mit dem jüdischen Bekenntnis zur Offenbarung des Namens Gottes an Mose bestellt sei und ob sich Johannes Paul II. geirrt habe, wenn er 1985 in Casablanca zu Muslimen davon sprach, sie glaubten an den gleichen Gott. »There is no biblical justification for refusing to extend the existence of divine faith to the members of the other religions« (*Dupuis*, Declaration 37). Vgl. dazu auch *Tilley*, Orthodoxy 55. Damit verbunden ist die Frage nach einem multireligiösem oder einem interreligiösem Gebet, wie sie paradigmatisch anlässlich der Friedensgebete der Religionen in Assisi diskutiert wurde. Vgl. dazu *Sonnemans*, Dialog 77–111.

Bischofskonferenzen), die es ebenfalls für möglich erachten »to speak about other religions as paths to the eschatological goal of the Reign of God«[198].

Die eingenommene christozentrische und regnozentrische Perspektive führt somit dazu, die Aufgabe der Kirche nicht als universale Mitterfunktion zu sehen, sondern in Zeugnis, Dienst und Verkündigung, um die Gegenwart des Reiches allen Menschen sichtbar zu machen. Im Anschluss an Rahner sieht Dupuis die Kirche daher als vorläufig an. »Die eschatologische Wirklichkeit ist die Fülle des Reiches Gottes.«[199] Während diese (funktionale) Relativierung der Kirche durch die regnozentrische Perspektive ein weiteres Argument für Dupuis ist, eine positive Rolle anderer religiöser Traditionen in Gottes Heilsplan anzunehmen, begründet die Glaubenskongregation mit dem Verständnis der Kirche als Zeichen und Werkzeug des Heils, dass andere Religionen nicht als zur Kirche komplementäre Heilswege angesehen werden können.[200] Dies kann als weiteres Indiz für eine eher identitätshermeneutische Position der Kongregation im Vergleich zu einer eher differenzhermeneutischen Dupuis' gedeutet werden. Darüber hinaus ist für Dupuis eine regnozentrische Perspektive besonders geeignet für eine Theologie des interreligiösen Dialogs, da sie deutlich macht, dass Christen und Mitglieder anderer religiöser Traditionen gemeinsam am Aufbau des Reiches Gottes bis zu dessen eschatologischer Vollendung mitwirken sollen und an seiner Wirklichkeit schon jetzt Anteil haben. Zudem ist der missionstheologische Wandel im Verständnis von »Evangelisierung« nach dem II. Vatikanum zu notieren, da der Dialog seit dem Konzil zunehmend als einer ihrer integralen Bestandteile verstanden wurde. Daher kann das Dokument *Dialog und Verkündigung* (1991) davon sprechen, alle Tätigkeiten des Evangelisierungsauftrages – also auch die Verkündigung des Evangeliums – sollten in einem »Geist des Dialogs« erfolgen; Dialog und Verkündigung sind zwei Weisen der gleichen Sendung.[201] Der Dialog dient dazu,

---

198 *Valkenberg*, Dupuis 154. Vgl. zu Gemeinsamkeiten und Unterschieden zwischen Dupuis und Hick auch *Heller*, Projekt 439–446.

199 *Dupuis*, Unterwegs 490.

200 Vgl. *Kongregation für die Glaubenslehre*, Kommentar Notifikation Dupuis Nr. 5.

201 Vgl. *Rat Dialog/Kongregation Evangelisierung*, Dialog Nr. 9. 82; vgl. *Dupuis*, Commentary 129, wo er davon spricht, das Dokument wolle die Komplementarität von Dialog und Verkündigung ausbuchstabieren. Vgl. ferner *Dupuis*, Dialog; *Dupuis*, dialogue interreligieux. In *Dupuis*, Jésus-Christ 271 betont er den Zusammenhang zwischen der Rolle des interreligiösen Dialogs in der Mission der Kirche und der theologischen Einschätzung der religiösen Traditionen der Menschheit im göttlichen Heilsplan.

Siehe auch *Redemptoris missio*: »Zur Evangelisierungsaufgabe der Kirche gehört auch der Dialog mit den Mitgliedern der anderen Religionen.« (Nr. 55) Der Dialog darf nicht missbraucht, d. h. auf ein Mittel der Verkündigung reduziert werden, und macht umgekehrt die Verkündigung nicht obsolet, die immer den Vorrang behalte (Nr. 44).

sich gegenseitig besser zu verstehen und zu bereichern und kann damit die Bekehrung der Beteiligten zu Gott befördern. Um auf diese Weise auch bessere Beziehungen zwischen Christenheit und anderen religiösen Traditionen erreichen zu können, ist es nach Dupuis nötig, sowohl das Gedächtnis als auch gegenwärtiges theologisches Sprechen und Denken zu reinigen, wozu eine wahre Sym-pathie bzw. Em-pathie, die dabei hilft, die anderen so zu verstehen wie sie sich selbst verstehen, nötig ist. »In a word, what is required is a welcome, without restriction, of the ›others‹ in their difference, in their irreducible identity.«[202] Die theologische Grundlage dafür ist vor allem die besonders von Johannes Paul II. herausgestellte universale Gegenwart des Geistes, die die Spuren der Gnade in den anderen religiösen Traditionen bewirkt – und damit nicht nur in der christlichen Erfahrung Gottes in Jesus Christus, sondern auch in der religiösen Erfahrungen der anderen wirkt –, aber auch die Universalität des Reiches Gottes ist zu nennen.[203] Wenngleich Mission und Dialog eng zusammengehören, sind sie nicht zu identifizieren bzw. Evangelisierung nicht auf den interreligiösen Dialog zu reduzieren, da sie unterschiedliche Ziele verfolgen: »Dialog zielt auf eine ›tiefere‹ Bekehrung der Partner – der Christen wie der anderen – zu Gott (DuV 41, 80). Verkündigung dagegen ist eine Einladung an die anderen, Jünger Jesu in der Kirche zu werden.«[204] Insbesondere wegen seines Plädoyers für einen prinzipiellen religiösen Pluralismus wird Dupuis'

»Through dialogue it may be possible to establish the interpersonal relationships of trust and understanding required for effective proclamation. Proclamation can often be conducted most fruitfully within a framework of dialogue. Within the process of dialogue there will normally be an element of mutual proclamation.« (*Dulles*, Religions 10.)

»The fullness of dialogue may be regarded as a form of mutual proclamation in which participants alternately adopt the roles of missionary and seeker. While seemingly contradictory, these roles may coexist in a religious attitude capable of balancing humility and conviction.« (*Cornille*, im-Possibility 72.)

202 *Dupuis*, Universal Saviour 8.

203 Interreligiöser »dialogue takes place between persons who are already bound to each other in the Reign of God inaugurated in history in Jesus Christ. The differences in their religions notwithstanding, such persons are already in communion with one another in the reality of the mystery of salvation, even if there remains a distinction between them on the level of the ›sacrament‹, that is, in the order of the mediation of the mystery. Communion in the reality is, however, more fundamental and of greater weight than differences on the level of sign. That explains the deep communion in the Spirit that interreligious dialogue is able to establish, if it is sincere and authentic, between Christians and other believers.« (*Dupuis*, Christianity 225.) Vgl. auch *Dupuis*, presencia; *Dupuis*, L'Esprit 65; *Dupuis*, Dialog 9–11.

204 *Dupuis*, Unterwegs 509; vgl. *Dupuis*, Erneuerung 147. »Der Dialog ist ein spezifischer Bestandteil der Evangelisierung, der nicht auf die ›Bekehrung‹ anderer zum Christentum abzielt, sondern auf eine gemeinsame und tiefere Hinkehr beider Dialogpartner zu Gott und zu den anderen. Die Verkündigung hingegen ist eine Einladung an die anderen, Jesus

Ansatz kritisiert, da der Missionsauftrag der Kirche mindestens abgeschwächt, wenn nicht sogar als dem göttlichen Heilsplan widersprechend angesehen wird. Ansonsten entspräche es dem Wunsch Gottes, die nichtchristlichen Traditionen durch Evangelisierung zu beseitigen, die integrale Bestandteile seines Heilsplanes sind. So werde

> in seinen Ausführungen nicht mehr deutlich, weshalb noch eine explizite Verkündigung des Evangeliums nötig sein soll, wenn er der Auffassung ist, dass schon allein durch den Dialog eine vertiefte Hinwendung und Bekehrung *aller* Dialogpartner zu *Gott*, und zwar ›zum selben Gott – dem Gott Jesu Christi‹ geschieht, sich also bereits im Dialog eine ›wechselseitige Evangelisierung‹ ereignet und sich auf diese Weise schon die eschatologische Heilsgemeinde konstituiert.[205]

Abgesehen davon, dass auch im Dialog Zeugnis vom Evangelium abgelegt wird, kann diese Frage grundsätzlich auch an die offizielle lehramtliche Position gerichtet werden. Denn wenn diese die individuelle Heilsmöglichkeit derer, die nicht an Christus glauben, einräumt, erscheint eine Bekehrung zumindest für deren individuelles Heil ebenfalls nicht nötig. Insofern ist hier zu unterscheiden zwischen einer strengen Notwendigkeit der Mission und Evangelisierung für das Heil der Menschen, wie sie von exklusivistischen Ansätzen vertreten wird, und einer Angemessenheit aufgrund der Überzeugung, im Christentum sei die »höchste und vollständigste sakramentale Sichtbarkeit« der personalen Gegenwart Gottes bei den Menschen in Christus erreicht.[206] Zudem ist eine Bekehrung zu Gott als dem Gott Jesu Christi, wie sie sich aus dem Dialog ergeben kann, auch das Ziel der Evangelisierung. Ferner sind die

---

zu folgen und Mitglied der christlichen Glaubensgemeinschaft zu werden.« (*Dupuis*, Dialog 5.)

»Within the context of mission, such an understanding of interreligious dialogue could be said to transform the image of the missionary from that of the pearl merchant to that of the treasure hunter.« (*Santiago-Vendrell*, Gifts 127.)

205 *Löffler*, Religionstheologie 72, Herv. im Orig. Wird aber nicht angenommen, die anderen Religionen seien Teil des Planes Gottes (oder widersprächem diesem sogar), stellt sich die Frage, ob sie überhaupt noch toleriert werden könnten. »If they are supportable only because they are anonymously Christian or unwitting outposts of the church, then ›tolerance‹ is not the proper attitude, for these positions could properly be described as heretical or so ›gravely deficient‹ as to be intolerable. ›Tolerance‹ in this instance would be hypocritical, for either they are unaware Christians (and do not need ›tolerance‹ but correction) or are outside of God's plan (and do not need ›tolerance‹ but strenuous opposition and rejection, not just evangelization).« (*Tilley*, Orthodoxy 62.) Tilley weist damit auf die drastischen Konsequenzen einer strikten Unterscheidung à la »entweder – oder« hin, die kein »sowohl – als auch« zulässt.

206 Vgl. *Dupuis*, Unterwegs 440.

neuen Herausforderungen für die Evangelisierung für eine Globalisierung des Christentums zu beachten, »die auf jeden Fall den Dienst an der Freiheit des Menschen und den Dienst an der Wahrheit Gottes umfassen, die nicht autoritär, sondern nur dialogisch geleistet werden können«[207]. Evangelisierung als Verkündigung des Reiches Gottes impliziert daher die Auseinandersetzung mit den Lebenssituationen der Menschen von heute und einen genauen Blick für die Zeichen der Zeit – wie auch Papst Franziskus in *Evangelii gaudium* Verkündigung und Lehre als zentrale Bestandteile der Evangelisierung festhält, in seiner Unterscheidung des Kontextes aber mit der ökonomischen Ungerechtigkeit, Unterdrückung und Ausschließung beginnt.[208]

Nicht vergessen werden darf auch die Befreiungsperspektive, also der Einsatz für die Menschen, soziale Gerechtigkeit und gegen Armut und Unterdrückung. Der Einfluss des Geistes ist für die Evangelisierung unerlässlich, um das Erlösungswirken des Auferstandenen an allen Zeiten und Orten gegenwärtig zu halten. Seinetwegen ist das ein für allemal durch Jesus Christus bewirkte Heil für uns heute Heil, Jesus keine ferne Gestalt, sondern unser Herr. »Jesús salva, el Espíritu hace presente en el mundo el acto salvador, y el testimonio de la Iglesia concede visibilidad y tangibilidad a la presencia del acto salvador: tal es la conexión y continuidad entre la misión de Jesús y el Espíritu, y la misión de la Iglesia.«[209] Der Geist und die Kirche operieren somit auf unterschiedlichen Ebenen, das Wirken des Geistes geht dem der Kirche voraus und ist universal, während die Kirche notwendigerweise begrenzt und partikular ist, auch wenn es kein ihr gleichwertiges Zeichen oder Symbol gibt. Da die Kirche von der universalen Gegenwart des Christusgeheimnisses und dem kosmischen Einfluss seines Geistes in den religiösen Traditionen der Welt Zeugnis ablegen muss, ist der interreligiöse Dialog eine integrale Dimension ihrer Sendung/Mission.

Angesichts des christlichen Anspruchs, Jesus sei der konstitutive Erlöser der Menschheit, stellt sich für eine Theologie des Dialogs die Frage nach dem Verhältnis der Bindung an die religiöse bzw. christliche Identität und der Offenheit gegenüber anderen. Somit steht die christologische Frage auch im Zentrum

207 *Sievernich*, Epochen 38. »Evangelisierung in seinem [= Jesu, TFP] Namen, seiner Mission gibt es nur im Modus der Solidarität und Zuneigung, des Respekts und der Demut allen Menschen in der Welt von heute gegenüber.« (*Wustmans*, Mission 117.)

208 Vgl. *Franziskus*, Evangelii Gaudium Nr. 52–75. Siehe *Biehl/Vellguth*, Zeugnis zu ökumenischen Gemeinsamkeiten und Unterschieden im Missionsverständnis im Zuge des Rezeptionsprozesses des Dokumentes *Christliches Zeugnis in einer multireligiösen Welt – Verhaltensempfehlungen*, das 2011 vom Präsidenten des Päpstlichen Rates für Interreligiösen Dialog, dem internationalen Direktor der Weltweiten Evangelischen Allianz und dem Generalsekretär des Ökumenischen Rates der Kirchen unterzeichnet wurde.

209 *Dupuis*, presencia 67.

einer Theologie des Dialogs. Ein aufrichtiger Dialog findet erst statt, wenn beide Seiten persönlichen und unverhandelbaren Überzeugungen gegenüber treu sind. Christen dürfen also ihren Glauben an Christus nicht verbergen. »Umgekehrt anerkennen sie auch bei ihren Gesprächspartnern, die nicht den gleichen Glauben teilen, das unveräußerliche Recht und die Pflicht, im Dialog an ihren eigenen persönlichen Überzeugungen festzuhalten – selbst an Ansprüchen auf Universalität, die Teil ihres Glaubens sein können.«[210] Tiefe Überzeugungen dürfen somit nicht abgeschwächt werden, aber was relativ ist, auch nicht verabsolutiert – christlicherseits beispielsweise das Verständnis der Fülle der Offenbarung in Jesus Christus, die nach Dupuis keine quantitative, sondern eine qualitative der Intensität meint und daher weder das Mysterium des Göttlichen erschöpft noch echte göttliche Offenbarung in anderen Traditionen ausschließt. Die Offenheit des Dialogs erfordert des Weiteren, sich auf die Erfahrungen der anderen einzulassen und sie von innen zu verstehen versuchen – was in besonderen Fällen zu »Bindestrich-Christen« (also Hindu-Christ oder Buddhistin-Christin) führen kann.[211] Da der Geist auf beiden Seiten wirkt, ist der Dialog kein Monolog. Auch Christen und Christinnen werden etwas empfangen, können ihren eigenen Glauben bereichern lassen, indem sie manche Aspekte deutlicher als vorher wahrnehmen, und läutern, wenn zu enge

210 *Dupuis*, Unterwegs 517; vgl. *Dupuis*, Christianity 229.

211 Vgl. *Dupuis*, Dialog 15f; *Dupuis*, dialogue interreligieux 557f und *Dupuis*, Hindou-chrétien mit den Beispielen Mahatma Gandhi als »Hindu-Christ« (Hindu bleibend, aber christlich lebend) und Henri Le Saux/Swami Abhishiktananda als »Christ-Hindu« (christlich bleibend, aber als christlich-hinduistischer Mönch lebend). Vgl. zu Le Saux auch *Dupuis*, pensiero; *Dupuis*, Jésus-Christ 89–115; *Dupuis*, Éveil à soi und *Gispert-Sauch*, Dupuis. Er sieht dies weder als Widerspruch in sich an noch als »hybrid« an, da dies eine Verbindung der hinduistischen Kultur und des christlichen Glaubens sein könne, wo der Hinduismus dann kein religiöser Glaube im strengen Sinne sei. »Dann bestünde das Problem des hinduistischen Christen in der Inkulturation des christlichen Glaubens und der christlichen Lehre in die hinduistische Kultur.« (*Dupuis*, Erneuerung 143.) Da allerdings Religion und Kultur nicht so strikt getrennt werden können, insofern Religion das transzendente Element in der Kultur repräsentiert, reicht dies nicht aus. »[E]ine doppelte Zugehörigkeit, verstanden in der Tiefenebene persönlicher Lebensbindungen an zwei unterschiedliche Glaubensgegenstände, [ist, TFP] nicht ohne ernste und scheinbar unüberwindliche Schwierigkeiten« (143). Vgl. auch *Dupuis*, Jésus-Christ 304f.

Bosetti beschreibt den Unterschied zwischen Dupuis und Le Saux folgendermaßen: »The former presented its orthodoxy based theology with great precision, while the latter stayed away from theology and concentrated on the mystic experience of the Upanishads, of which it professed ›the truth‹.« (*Bosetti*, case.)

Eine mehrfache religiöse Zugehörigkeit ist nach Phan in Asien eher die Regel als die Ausnahme, da Religionen in Asien nicht als sich ausschließende religiöse Organisationen angesehen werden, sondern als spezialisierte Funktionen aufweisend. (*Phan*, Belonging 498.)

Konzeptionen aufgegeben werden. Ziel des Dialogs ist indes keine »universale Theologie«; vielmehr sollten »in den verschiedenen Traditionen Theologien entwickelt werden, die den religiösen Pluralismus ernst nehmen, ihre gegenseitigen Unterschiede annehmen und entschlossen in Dialog und Kooperation miteinander in Beziehung stehen.«[212] Wegen des zugleich konstitutiven und relationalen Charakters des Christusereignisses und der universalen Wirksamkeit des Wortes und des Geistes geht Dupuis davon aus, die außerhalb des Christentums zu findenden Elemente von Wahrheit und Gnade seien nicht lediglich »Trittsteine«, die schließlich durch die christliche Offenbarung zu ersetzen seien. »Sie stellen zusätzliche und autonome Zuwendungen dar. In der gesamten Geschichte des Umgangs Gottes mit der Menschheit sind mehr göttliche Wahrheit und Gnade wirksam, als in der christlichen Tradition allein zugänglich wären.«[213] Damit ist vor dem Hintergrund des qualitativen Fülleverständnisses keine Ergänzungsbedürftigkeit der christlichen Offenbarung gemeint, sondern dass in anderen Traditionen manche Aspekte stärker betont sind als in der christlichen Offenbarung; es geht also mehr um die (menschlich je begrenzte) Ausdrucksform der Offenbarung bzw. ihrer Überlieferung. Die aufgrund des universalen Geistwirkens angenommene wechselseitige – seit *Christianity and the Religions* fügt er »asymmetrische« hinzu, um deutlich zu machen, dass die unübertreffliche Transzendenz der Selbstoffenbarung Gottes in Jesus Christus nicht dadurch aufgehoben wird, dass zusätzliche und autonome Werte in anderen Traditionen anerkannt werden[214] – Komplementarität und die antizipierte Gemeinschaft im Geist ermöglichen eine reziproke

212 *Dupuis*, Unterwegs 525; *Dupuis*, Christianity 235.

213 *Dupuis*, Unterwegs 530; *Dupuis*, Christianity 256; *Dupuis*, Christologie als Modell 79; *Dupuis*, Wahrheit 37, 58; *Dupuis*, Christentum betrachtet 137.

214 Vgl. *Dupuis*, Christianity 257; *Dupuis*, Erneuerung 149. Daher dürfte die Deutung Halls etwas zugespitzt sein, nach Dupuis sei es möglich, »that Christianity will only find its own fulfilment through encounter with other traditions« (*Hall*, Dupuis' Theology 44), da die von Dupuis anvisierte wechselseitige Bereicherung nicht unbedingt die Angewiesenheit des Christentums auf die anderen Religionen impliziert, zumal er von einer vollkommenen Vermittlung des Heilsmysteriums im Christentum spricht bzw. explizit ablehnt, die christliche Offenbarung benötige ergänzende Offenbarungen (vgl. *Dupuis*, Unterwegs 440; *Dupuis*, Wahrheit 37). Ein Widerspruch zwischen den beiden Annahmen einer Begrenztheit und Unvollständigkeit der Offenbarung Jesu Christi und der Vollkommenheit der Vermittlung besteht nicht, wenn mit Hintersteiner und Löffler der begrenzte, unvollständige und relative Charakter der Offenbarung Christi auf die prinzipielle Unausschöpflichkeit des göttlichen Mysteriums bezogen wird und die Fülle und Vollständigkeit der Offenbarung auf die Fülle des zum Heile Notwendigen. (Vgl. *Hintersteiner*, Evangelii 348 und *Löffler*, Theologie 430f; *Löffler*, Religionstheologie 56, der die verwirrende Ausdrucksweise kritisiert.) Zudem kann an Dupuis' Unterscheidung zwischen quantitativer und qualitativer Fülle erinnert werden.

Konvergenz, wodurch der interreligiöse Dialog dazu beitragen kann, das Reich Gottes in der Geschichte aufzubauen. Wegen der Ausrichtung des Reiches Gottes auf seine eschatologische Fülle hält es Dupuis (mit Rekurs auf Teilhard de Chardin) für möglich, »dass auch die Konvergenz zwischen den religiösen Traditionen ihr Ziel in der Fülle des Reiches Gottes erreichen wird«[215].

5.1.4 *Zusammenfassung: Pluralistischer Inklusivismus oder inklusiver Pluralismus?*

Die Überlegungen Dupuis' zu einer christlichen Theologie des religiösen Pluralismus hängen mit seinem Verständnis der Offenbarung als Selbstmitteilung Gottes zusammen, die ihren einmaligen und unübertreffbaren Höhepunkt in Jesus Christus findet, aber insbesondere aufgrund der Begrenztheit der menschlichen Natur nicht auf diese beschränkt ist. »La théologie de Dupuis se résume dans la pensée d'une autorévélation de Dieu à la fois une et multiple. Communiqué en plénitude dans son Verbe incarné, Dieu n'a jamais cessé et ne cesse pas aujourd'hui de se communiquer à tous les peuples à travers leurs religions.«[216] Dabei kommt einem qualitativen Verständnis der Fülle der Offenbarung bzw. ihrer Vollendung zentrale Bedeutung zu.

Ein durchgängig wiederkehrendes Motiv in seiner Argumentation ist die Differenzierung zwischen Unterscheidung, Trennung und Identifikation. Diese betrifft u. a. die göttlichen und menschlichen Aktivitäten des Sohnes Gottes, die unterschiedlichen Heilswege innerhalb des einen göttlichen Heilsplanes oder das Verhältnis von Kirche und Reich Gottes. »In using this language to make such points, he has shown himself a faithful follower of the Council of Chalcedon and its vitally important language about the two natures of Christ being distinct but not separated.«[217]

---

215 *Dupuis*, Unterwegs 531; vgl. *Dupuis*, Erneuerung 153; *Dupuis*, Universalità 36. »Dupuis distinguishes between the imperfect and partial complementarity that may exist in history between Christianity and other religious traditions from the complete convergence in Christ of all things at the *eschaton*. [...] To prevent collapsing the eschatological times into present history, it will be important to distinguish clearly between the initial, incomplete mutual convergence between Christianity and the other religions, which can be realized in time from the full ›recapitulation‹ in Christ of all things, religions included, which remains in store in the eschatological future. An incomplete mutual complementarity and convergence are possible, the complete realization of which, however, will only be unveiled in the *eschaton*.« (*Noronha*, Trinity 241, Herv. im Orig.)

216 *Labbé*, théologie 120. »Dupuis' theological synthesis of inclusivist-pluralism is based on the unity of God's salvific design for all humankind, the unicity and universality of the mystery of Jesus Christ, and the universal presence and operation of the Holy Spirit, without separating his activities from that of the risen Christ.« (*Noronha*, Trinity 127.)

217 *O'Collins*, Jacques Dupuis 23.

Angesichts seines Plädoyers, andere religiöse Traditionen als Heilswege anzusehen, insofern Wort und Geist in ihnen Spuren der Wahrheit und Gnade wirken und sie aufgrund dieser Spuren für ihre Angehörigen heilswirksam sein können, und wegen seiner Annahme einer asymmetrischen Komplementarität dieser Traditionen zum Christentum könnte Dupuis' Ansatz als pluralistisch gekennzeichnet werden. Gleichwohl sind signifikante Differenzen zu pluralistischen Ansätzen wie denen Hicks oder Knitters zu notieren, wozu insbesondere die Betonung der konstitutiven Einzigartigkeit Jesu Christi gehört. So verwundert es nicht, wenn eine inklusivistische Christologie – bei der Dupuis stark an der Identität des Gottessohnes festhält –, aber eine zum Pluralismus neigende Ekklesiologie (oder Soteriologie), da er hier viel mehr Raum für Offenheit lässt, diagnostiziert werden. Insofern ist die Charakterisierung Merrigans, Dupuis' Verdienst bestehe darin, die Grenzen auszuloten, sehr treffend.[218] Ganz überzeugen können diese Deutungen indes nicht, da Dupuis betont, die anderen religiösen Traditionen seien auf das christliche Heil hingeordnet, und eine Pluralität religiöser Ziele ablehnt; vielmehr werden Angehörige anderer Traditionen in Entsprechung zum Christusmysterium erlöst, wenn sie auf die in diesen Traditionen gegenwärtigen Gaben Gottes antworten.[219] Cavadini sieht ebenfalls keinen oberflächlichen Versuch, eine relativistische Position in ein inklusivistisches Gewand zu kleiden, sondern betont den Akzent auf dem universalen Heilswillen Gottes, dessen Heilsangebot überall ergeht, aber im Christusereignis benannt, realisiert, bewirkt und konstituiert wird:

> It is instead a real *tour de force*, respectful of the magisterium and arising from the absolute conviction that Christ, as the God-human, is the unsurpassable and constitutive saving revelation, and at the same time arising equally from the inductive theological method of listening carefully to the claims, and heeding especially the saintliness, of believers of other religions.[220]

---

218 *Merrigan*, Exploring; *Merrigan*, herdefiniering. Vgl. *Gäde*, Logos 43; *Valkenberg*, God 180–182; *Wieger*, Inklusivismus 97. Ähnlich schreibt Ratzinger, ein durchschnittlicher Leser habe »ein Gefälle zu pluralistischen Positionen entnehmen« (*Ratzinger*, Glaube 44) müssen. Siehe auch den Vergleich von Hick und Dupuis bei *Heller*, Weg.

219 Vgl. *Dupuis*, Meaning 388.

220 *Cavadini*, Theologies 189, Herv. im Orig. Vgl. auch die Charakterisierung Clooneys zu seinen Antworten auf *Dominus Iesus* und die Notifikation: »Over and again D. stakes out a moderate position sensibly at the center of Catholic discourse on religions: respect for tradition and knowledge of its depth and nuance give us a fuller repertoire of ideas and distinctions by which to propose a Catholic, tradition-sensitive openness to religions and to God's real presence in them, an openness that steers clear of relativism, but also resists the temptation to confuse exclusivism (in theory or practice) with orthodoxy.« (*Clooney*,

Daher scheint seine Charakterisierung des eigenen Ansatzes als »inklusiver Pluralismus« angemessen, bei der auch das Anliegen deutlich wird, die Begrenztheiten beider Modelle zu vermeiden, indem er einerseits religiöse Pluralität prinzipiell im Heilsplan Gottes begründet und andererseits die konstitutive Bedeutung des Christusereignisses unterstreicht, also eine hohe Christologie vertritt.[221] Somit deutet schon diese Selbstbeschreibung verbunden mit der klaren Abgrenzung von pluralistischen Ansätzen à la Hick angesichts der in der Religionstheologie üblichen Einteilung der Positionen gemäß einem Exklusivismus, einem Inklusisvismus und einem Pluralismus auf die Notwendigkeit hin, diese Einteilung zu hinterfragen bzw. ihre Grenzen deutlich zu machen. Gerade wenn Dupuis' Ansatz im Rahmen der verschiedenen Bemühungen gesehen wird, die inklusivistische Position zu überdenken bzw. eine neue Definition für einen Inklusivismus zu finden, indem religiöser Pluralismus als kulturelle und religiöse Tatsache angesehen wird und die spirituellen und moralischen Güter in anderen Traditionen anerkannt werden,[222] wird deutlich, dass die Ablehnung eines Pluralismus seitens des Lehramtes der römisch-katholischen Kirche seinen Ansatz nicht notwendigerweise treffen muss.

5.2 Die lehramtliche Kritik

5.2.1 *Die Notifikation der Glaubenskongregation*

Die Notifikation der Glaubenskongregation zu *Unterwegs zu einer christlichen Theologie des religiösen Pluralismus* ist eng mit der Erklärung *Dominus Iesus* verbunden und sollte ursprünglich nur wenige Tage nach dieser veröffentlicht werden. Sie ist das Resultat eines ordentlichen Lehrprüfungsverfahrens, das am 10. Juni 1998 offiziell eröffnet wurde, worüber der Generalobere der Jesuiten, Peter-Hans Kolvenbach, am 26. September 1998 informiert wurde, der dann seinerseits Dupuis unterrichtete.[223] Das Verfahren wurde somit nur neun

---

Review 737.) Auch die Kritik Coutures stützt die Einschätzung als inklusivistisch; vgl. *Couture*, Compte rendu 110.

221 Somit ist es durchaus passend, wenn Noronha schreibt, Dupuis bewege sich durch diese Synthese in eine »theological-no-entry-zone«: »It is a step forward in the Christian theology of religious pluralism, beyond a rational application of the doctrine of Christian faith through a priori concepts, taking into account the context of surrounding reality in which the doctrine ought to be interpreted with its relevance to the newly found historical truths and new knowledge.« (*Noronha*, Trinity 43.)

222 Vgl. dazu *Merrigan*, Dupuis.

223 Diese erste Liste von »Beanstandungen« hängt eng zusammen mit der Kritik Inos Biffis an der Monographie in *Avvenire* vom 14. April 1998, der Tageszeitung der italienischen

Monate nach Erscheinen des Bandes eröffnet, was angesichts der Bedeutung und Komplexität der Fragestellung sehr früh ist, zumal die wissenschaftliche Auseinandersetzung mit den Überlegungen Dupuis' in Form von Rezensionen und Stellungnahmen bei weitem weder abgeschlossen war noch eine eindeutige Tendenz aufwies. »By investigating Dupuis so soon, the CDF risked narrowing the discussion down, discouraging those theologians who have taken it up and giving rise to a fear that the subject is ›dangerous‹.«[224] Auf der anderen Seite werden durch Verfahren, die an die Öffentlichkeit gelangen, die Thesen prominenter bekannt und erhalten die Autoren insofern eine eigene Form der Anerkennung, als dass sich vermutlich nun mehr Menschen mit ihren Überlegungen auseinandersetzen als dies ohne das Verfahren der Fall gewesen wäre. Deswegen fordert die Glaubenskongregation von den Betroffenen strikte Geheimhaltung, die allerdings in vielen Fällen wegen der Konsequenzen – wie dem Ausfall der letzten Vorlesung von Dupuis – nicht gewahrt werden kann. Diese Pragmatik lehramtlicher Verfahren führt die Glaubenskongregation in die paradoxe Situation, möglicherweise Gläubige erst durch diejenigen lehramtlichen Verfahren in Kontakt mit den Thesen zu bringen, vor denen sie durch die Verfahren schützen möchte. Die ausführliche Antwort Dupuis' (190 Seiten umfassend) wurde in der Kongregation am 30. Juni 1999 besprochen und für nicht ausreichend befunden, was ihm am 27. Juli von Kardinal Ratzinger mitgeteilt wurde. Daraufhin ließ Dupuis der Glaubenskongregation im November

Bischofskonferenz, worin die Grundaussagen als inakzeptabel aus theologischer Sicht wie aus der Perspektive des christlichen Glaubens bezeichnet werden. (Vgl. *Melloni*, Notifikationen 596; *Dupuis*, Wahrheit 12.) Dabei handelt es sich vermutlich um eine »bestellte« Rezension, zumal Biffi als Anselm-Spezialist und Liturgie-Verantwortlicher nicht eigens in religionstheologischen Fragen ausgewiesen ist. In der gleichen Zeitung erschien am 22. November 1997 eine sehr positive Besprechung. (Vgl. *O'Collins*, Jacques Dupuis 20.) Vgl. auch den persönlich gehaltenen Rückblick auf das gesamte Verfahren einschließlich der Nachwirkungen von Dupuis im Interviewband *O'Connell*, Spirit.

König kritisiert die Vorgehensweise, Dupuis nicht selber anzuschreiben, da die Maßnahme, bei einem Ordensmitglied den Superior zu informieren, dazu gedacht war, dem Orden zu ermöglichen, dem Ordensmitglied beizustehen. Da Dupuis aber ebenso qualifiziert sei wie die Mitglieder der Kongregation, habe nichts dagegengesprochen, ihn direkt (oder gleichzeitig mit dem Superior) zu informieren. Vgl. *König*, Spirit 16.) Innerhalb des Jesuitenordens und der Gregoriana waren die Einstellungen zu Dupuis' Ansatz sehr gespalten, da er einerseits von O'Collins und Kolvenbach nachdrücklich verteidigt wurde und andererseits das Verfahren der Glaubenskongregation auch durch die Anzeige eines Jesuiten ausgelöst wurde (vgl. *Kaiser*, Profile 228). Zudem wurde eine der kritischsten Rezensionen von einem Jesuiten verfasst (vgl. *De Rosa*, teologia), die allerdings vonseiten der Glaubenskongregation, der sie zur Veröffentlichung in *La Civiltà cattolica* vorgelegt wurde, deutlich verschärft wurde. (Vgl. *O'Connell*, Spirit 88f.)

224 *König*, Spirit 16.

eine zweite Antwort (von 60 Seiten) zukommen, auf die er erst mit der Einladung zum offiziellen Gespräch am 4. September 2000 eine Reaktion erhielt. Dies folgt der auch nach der 1997 erneuerten Verfahrensordnung für die Lehrüberprüfung bleibenden Regelung, nach der die Kongregation sowohl die Anklage (anhand von Listen »irriger oder gefährlicher Sätze«) erhebt als auch das Urteil über die Plausibilität der Verteidigung spricht.[225] Die erste Version der Notifikation wurde am 16. Juni 2000 von Johannes Paul II. approbiert und bei dem offiziellen Gespräch am 4. September (also unmittelbar vor der Veröffentlichung von *Dominus Iesus*) besprochen, bei dem vonseiten der Glaubenskongregation Präfekt Kardinal Ratzinger, Sekretär Erzbischof Bertone und Angelo Amato – der sich schon früh sehr kritisch zu Dupuis' Ansatz geäußert hatte[226] – und daneben Kolvenbach, Dupuis und Gerald O'Collins als dessen Konsultor anwesend waren. Bei diesem Gespräch weigerte sich Dupuis, die ihm vorgelegte Fassung zu unterschreiben, da sie sein Denken falsch darstelle und die Vorwürfe durch keinerlei Zitate begründet worden seien. »During the two-hour exchange, it became clear that the false opinions the ›Notification‹ listed were not to be found in Dupuis's book; he could not retract what he had never held. There was never any argument about the eight positive propositions.«[227] Am 24. November approbierte Johannes Paul die überarbeitete und deutlich gekürzte Fassung der Notifikation, die Dupuis am 16. Dezember unterschrieb. Die definitive Fassung der Notifikation enthält einen Zusatz, dem Dupuis nicht zugestimmt hätte, und wurde am 19. Januar 2001 durch den Papst approbiert und am 27. Februar (mit dem 24. Januar als offiziellem Datum) im *Osservatore Romano* zusammen mit einem erklärenden Artikel publiziert.[228] Während in den früheren Versionen schwerwiegende Mängel moniert werden, wird dies in der letzten Fassung zu »schwerwiegenden Zweideutigkeiten und Schwierigkeiten« abgeschwächt.[229] Die ursprünglich Dupuis' Buch attestierten genannten Irrtümer werden nun als mögliche Konsequenzen aus diesen Zweideutigkeiten angesehen. Auch die unterschiedlichen Fassungen der Notifikation (alle drei durch den Papst approbiert) können als Beleg für eine

225 Dies wurde schon in den 1950er Jahren von Congar scharf kritisiert; vgl. *Melloni*, Notifikationen 599. Der im Verfahren vorgesehene verteidigende Konsultor war möglicherweise Karl Becker SJ. Da er von Dupuis deutlich unterschiedene Ansichten zur Frage vertrat, stellt sich die Frage, wie überzeugend er als Verteidiger hat auftreten können. (Vgl. *O'Connell*, Spirit 107.)

226 Vgl. z. B. *Amato*, L'assolutezza.

227 *O'Collins*, Jacques Dupuis 22.

228 Vgl. *Dupuis*, Declaration 27–30; *Dupuis*, Process 75f.

229 Vgl. *Kongregation für die Glaubenslehre*, Notifikation Dupuis 589.

vorschnelle und zu restriktive Vorgehensweise der Kongregation gelten.[230] Zudem ist das Vorgehen der Glaubenskongregation bemerkenswert, mehrfach Texte, die durch den Papst approbiert und von ihm zur Veröffentlichung angeordnet wurden, nicht zu veröffentlichen, sondern ihm überarbeitete Versionen vorzulegen. »That documents approved by the pope and ordered by him to be published are so easily cancelled and replaced by others is not likely to enhance the prestige of the pope's authority.«[231]

Das Verfahren wirkt sich in verschiedener Weise auf Dupuis' anschließende Publikationen aus: Verschiedentlich erhält er von seinen Superioren keine Erlaubnis zur Publikation, beispielsweise seine Auseinandersetzung mit *Dominus Iesus* und der Notifikation.[232] Zudem bleibt Dupuis unter Beobachtung der Kongregation, was sich u. a. in einem Brief Ratzingers an Kolvenbach ausdrückt, indem er anlässlich der Publikation verschiedener Aufsätze darum bittet, entsprechende Maßnahmen einzuleiten, um sicherzustellen, dass Dupuis sich künftig zur Religionstheologie nicht mehr äußert.[233]

Bei der endgültigen Fassung der Notifikation fällt auf, dass kein Satz aus Dupuis' Monographie zitiert und als fehlerhaft oder missverständlich charakterisiert wird, sondern lediglich in acht Punkten notiert wird, was der Glaube der Kirche, fest zu glauben oder nach katholischer Lehre festzuhalten ist. Dies zeigt den Fokus der Glaubenskongregation auf die Treue zu den überlieferten Glaubensformeln und auf in Sätzen ausdrückbaren Glaubenswahrheiten. Bei sechs dieser Punkte wird dies ergänzt durch als Irrtum oder dem Glauben widersprechend gekennzeichnete Positionen. Die Dupuis im September 2000 vorgelegte Version enthielt ausführliche Erläuterungen jeder Aussage, die nun entfallen sind. Auch wenn damit insinuiert wird, diese Auffassungen ließen sich in Dupuis' Buch finden oder aus seinen Überzeugungen ableiten – zumal *Dominus Iesus* in vielen Kreisen als Verurteilung von Dupuis

---

230 Vgl. *König*, Spirit 16f. König kritisiert die Vorgehensweise auch unter dem menschlichen Aspekt und ist von der Verteidigung im Kommentar der Glaubenskongregation zur Notifikation, ihr Stil sei kein Zeichen von autoritärem Vorgehen oder unberechtigter Härte, sondern verdanke sich dem typischen literarischen Genus (vgl. *Kongregation für die Glaubenslehre*, Kommentar Notifikation Dupuis Nr. 6), nicht überzeugt. »The congregation has neglected the human aspect, ignoring the deep hurt it has caused, all of which could have been avoided had it adopted a different approach. No one loses authority just because they are courteous.« (*König*, Spirit 17.) Teixeira attestiert der Notifikation ein großes Missverständnis und sieht die Kritik als ungerecht gegenüber dem komplexen Denken Dupuis' an, zumal er die Kritikpunkte in seinen Antworten auf die vielen Rezensionen schon geklärt habe. (Vgl. *Teixeira*, Dominus 426.)

231 *O'Connell*, Spirit 134.

232 Posthum veröffentlicht in *Burrows*, Dupuis.

233 Vgl. *O'Connell*, Spirit 76. 129f. 161–166.

verstanden wurde –,[234] wird dies nicht ausdrücklich behauptet. Dass die Notifikation nach dem Gespräch verändert wurde, ist bemerkenswerter als auf den ersten Blick zu vermuten ist, da die verschiedenen Dupuis vorgelegten Versionen jeweils schon von Johannes Paul II. unterschrieben und zur Veröffentlichung bestimmt worden waren, bevor sie Dupuis vorgelegt wurden. Sie dürften jeweils als Reaktion auf seine Antworten, in denen er Vorwürfe entkräftete oder auf Probleme der Argumentation der Glaubenskongregation hinwies, verändert worden sein. Eine Einstellung des Verfahrens unterblieb indes, möglicherweise eher, um andere asiatische Theologen wie Michael Amaladoss oder Aloysius Pieris zu warnen und um nicht den Eindruck zu erwecken, »CDF was bowing to the widespread protests against *Dominus Iesus*«[235], oder aus Loyalität Ratzingers zu den Autoren der Notifikation.

Zu Beginn der Notifikation werden die Bemühungen Dupuis' um eine christliche Theologie des religiösen Pluralismus von denjenigen einer Theologie der Religionen unterschieden und anerkannt, er sei sich der Problematik seiner Darstellung bewusst. Ausdrücklich wird sein Bemühen anerkannt, im Rahmen der Rechtgläubigkeit bleiben zu wollen, wenn er bisher unerforschte Problemfelder untersuche. Trotz dieses festen Willens weise sein Buch »in wichtigen lehrmäßigen Fragen schwerwiegende Zweideutigkeiten und Schwierigkeiten«[236] auf, die bei den Lesern zu irrigen und gefährlichen Meinungen führen können. Hierin zeigt sich das erst bei den jüngeren Notifikationen deutlich erkennbare Bemühen der Kongregation, zwischen den Autoren und ihren Werken zu unterscheiden, indem das Anliegen der Autoren positiv gewürdigt wird, aber zugleich als problematisch eingeschätzte Aussagen in ihren Werken kritisiert werden. Gleichwohl »haben diese öffentlichen Verweise durch die Kongregation zuerst einmal die Wirkung einer Strafe«[237].

234 Vgl. *Burrows*, Man 3.

235 *Burrows*, Preface xxi. Er berichtet auch von Dupuis' Eindruck, der Glaubenskongregation als Symbol für die Grenzen, innerhalb derer asiatische Theologen weiterdenken dürfen, zu fungieren, ohne die tieferen Dimensionen seines Werkes zu berücksichtigen. (Vgl. *Burrows*, Man 24.)

236 *Kongregation für die Glaubenslehre*, Notifikation Dupuis 589.

237 *Melloni*, Notifikationen 595; ähnlich auch *Waldenfels*, Anmerkungen 609; Hinze macht auch auf die von vielen Untersuchten als quälende Isolation empfundene Auflage zur Geheimhaltung aufmerksam, da dadurch in einer Notlage keine Unterstützung angefordert werden darf (vgl. *Hinze*, Decade 34). Gerade bei Dupuis wird von mehreren ihm persönlich Nahestehenden darauf hingewiesen, wie tief ihn die Untersuchung der Glaubenskongregation und die Vorwürfe lehrmäßiger Irrtümer getroffen haben. Ihretwegen konnte Dupuis in seinem letzten Semester an der Gregoriana auch seine Christologie-Vorlesung nicht mehr halten. Zudem war er während des Prozesses mehrfach für längere Zeit krank, was wohl nicht nur auf sein fortgeschrittenes Alter zurückzuführen

Konkret geht es bei den monierten Positionen um »die Auslegung der einzigen und universalen Heilsmittlerschaft Christi, die Einzigkeit und Fülle der Offenbarung Christi, das universale Heilswirken des Heiligen Geistes, die Hinordnung aller Menschen auf die Kirche sowie den Wert und die Bedeutung der Heilsfunktion der Religionen«[238]. Die Dupuis zu Beginn des Verfahrens zugestellte Fragenliste enthielt noch Anfragen zur Methode, nämlich eine Kritik an der Verbindung von induktiver und deduktiver Methode und an der Auffassung, interreligiösen Dialog als Quelle von Theologie zu verstehen, sowie behauptete, es gebe keine biblische Grundlage dafür, die erste Person der Trinität »Mutter« zu nennen. Diese Aspekte fanden keinen Eingang in die endgültige Fassung, können also als geklärt angesehen werden.[239] Mit der Notifikation soll nun die katholische Glaubenslehre vor Irrtümern, Zweideutigkeiten oder gefährlichen Interpretationen geschützt werden. Dupuis habe sie unterschrieben und sich damit verpflichtet, ihr zuzustimmen und sich an ihre lehrmäßigen Punkte bei künftigen Veröffentlichungen zu halten. Zudem muss sie künftig mit dem Buch abgedruckt werden. Diese Auflagen standen allerdings nicht in der von Dupuis unterschriebenen Fassung, zumal er seiner Unterschrift nur die Bedeutung beimaß, sie bei künftigen Publikationen zu berücksichtigen.[240] Wie bei Sobrino bekräftigt die Notifikation, nicht über das subjektive Denken des Autoren urteilen zu wollen, sondern lediglich die Lehre der Kirche in den genannten Punkten darlegen und gefährliche oder

---

sein dürfte. (Vgl. *Burrows*, Preface xv; *Burrows*, Man 4; *O'Collins*, Jacques Dupuis 20ff.) Wie einschneidend Dupuis das Verfahren erlebt hat, formuliert er im Rückblick: »The whole trial has deeply affected my person and mental health. [...] The joy of living has gone, perhaps never to return. I do not recall even one instance when, since October 2, 1998, I had a hearty laugh. Neither have I been able since then to enjoy any real distraction.« (*O'Connell*, Spirit 150f.)

Melloni stellt den anderen Ton der von ihm untersuchten Notifikationen zu Werken von Meßner, Dupuis und Vidal von 2001 heraus und nennt einige Beispiele aus früheren Jahren, in denen ein anderer Ton vorherrschte. »Die Notifikation nimmt sich vor, die verleumderischen Folgen zu sterilisieren, sie ist in keiner Art und Weise eine Lehrverurteilung, sie verurteilt keineswegs die Absichten, aber durch ihre materiale Vorgehensweise schadet sie ebenso einschneidend wie eine Strafe dem Ruf der Personen und schließt sie von jenem Grundrecht aus, die eigenen Absichten in der Authentizität der christlichen Communio mitzuteilen. Ist dies ein notwendiges Übel *ad tuendam fidem*?« (595) Melloni spricht damit einen Aspekt an, bei dem sehr unterschiedliche Wahrnehmungen möglich sind und sich zudem die Frage stellt, wie das Anliegen operationalisiert werden kann, inkriminierte Äußerungen zu korrigieren, ohne faktisch auch dem Ruf der Personen zu schaden. Vgl. auch *Hinze*, Decade 35.

238 *Kongregation für die Glaubenslehre*, Notifikation Dupuis 589f.

239 Vgl. *O'Connell*, Spirit 109f.

240 Vgl. *Dupuis*, Process 77.

irrige Meinungen zurückzuweisen, womit der katholische Leser »ein sicheres, mit der Lehre der Kirche übereinstimmendes Beurteilungskriterium [erhalte, TFP], um zu vermeiden, dass die Lektüre des Buches zu schwerwiegenden Missverständnissen und Zweideutigkeiten führt«[241].

Es folgen zu den genannten fünf Punkten acht Thesen, die mit Texten vor allem des jüngeren Lehramts – auf *Dominus Iesus* finden sich zehn Verweise – belegt werden, aber weder auf die Bibel noch auf exegetische Literatur bezug nehmen. So sei fest zu glauben, Jesus Christus sei der einzige und universale Heilsmittler für die ganze Menschheit und Jesus von Nazaret der einzige Erlöser der Welt, der Sohn und das Wort des Vaters. Die zweite These wird ergänzt, indem die Einheit des göttlichen Heilsplans bekräftigt wird, aufgrund derer in und durch Jesus Christus das Heilswirken des Wortes verwirklicht sei. Zurückgewiesen werden eine (von Dupuis nicht vertretene) Trennung zwischen dem Wort und Jesus bzw. dem Heilswirken des Wortes und dem Jesu sowie »die Theorie eines Heilswirkens des Wortes als solchen in seiner Gottheit, unabhängig von der Menschheit des fleischgewordenen Wortes«[242]. Bezüglich der Einzigkeit und Fülle der Offenbarung in Jesus Christus sei drittens fest zu glauben, Jesus Christus sei Mittler, Vollendung und Fülle der Offenbarung, während die Meinung, diese sei begrenzt, unvollständig und unvollkommen, dem Glauben der Kirche widerspreche. Die volle Erkenntnis der Offenbarung werde zwar erst bei der Wiederkunft erlangt, aber die geschichtliche Offenbarung Christi biete alles für den Menschen Heilsnotwendige, ohne durch andere Religionen ergänzt werden zu müssen. Des Weiteren entspreche es viertens der katholischen Lehre, die in anderen Religionen zu findenden Samenkörner der Wahrheit als Teilhabe an den Wahrheiten der Offenbarung Christi anzusehen, nicht aber, ihren Grund letztlich nicht in der Mittlerschaft Jesu Christi zu sehen. Fünftens sei der nach der Auferstehung Jesu Christi

241 *Kongregation für die Glaubenslehre*, Notifikation Dupuis 590.

242 *Kongregation für die Glaubenslehre*, Notifikation Dupuis 591. Dem entspricht in *Dominus Iesus* die Aussage, alle Heilstaten des Wortes Gottes würden mit der Inkarnation immer in Einheit mit der menschlichen Natur vollbracht. (Vgl. DI 10.) Ähnlich die Kritik de Rosas, der betont, das Wirken des Geistes sei das Wirken des Geistes Christi, der das Heil bewirke, indem er den Menschen die Gnade Christi vermittele: »Non si può dunque affermare che il Verbo e lo Spirito agiscono distintamente da Gesù, il Verbo, incarnato, sia prima sia dopo l'incarnazione.« (*De Rosa*, teologia 142.) Bei dieser Kritik zeigt sich die unterschiedliche wahrheitstheoretische Disposition des Ansatzes de Rosas und der Glaubenskongregation zu Dupuis, da dieser für die uneigennützige, bedingungslose und universale Liebe als christliches Kriterium plädiert, das zeigt, ob sich ein Mensch dem Wort Gottes geöffnet hat und an dem das Wirken der Gnader erkennbar ist. Wo Liebe ist, ist auch Gott als Grund aller Liebe. Die Nähe zur geoffenbarten Glaubenswahrheit hingegen ist nicht primär heilsbedeutend.

wirkende Geist der vom Vater gesandte Geist Christi, wobei dem katholischen Glauben die Auffassung widerspreche, »das Heilswirken des Heiligen Geistes könne sich über die universale Heilsordnung des fleischgewordenen Wortes hinaus erstrecken«[243]. Die Kirche sei sechstens Zeichen und Werkzeug des Heils für alle Menschen, die verschiedenen Weltreligionen aber keine ihr komplementären Wege bezüglich des Heils. Siebtens wird die Hinordnung der Anhänger anderer Religionen auf die Kirche betont. Achtens sei zwar die Auffassung legitim, der Geist bewirke das Heil in den Nichtchristen durch die in den Religionen vorhandenen Elemente des Wahren und Guten, da diese die Verkündigung bzw. das Evangelium vorbereiten sollen. Jedoch: »Die katholische Theologie bietet hingegen keinerlei Anhaltspunkt dafür, diese Religionen als solche als Heilswege zu betrachten, auch weil Lücken, Unzulänglichkeiten und Irrtümer vorhanden sind, welche die Grundwahrheiten über Gott, den Menschen und die Welt betreffen.«[244] Auch folge aus der möglichen Vorbereitung auf die Aufnahme des Heilsereignisses Jesu Christi durch die vorhandenen Elemente des Wahren und Guten keine Komplementarität der heiligen Schriften der anderen Religionen zum Alten Testament.

5.2.2 *Kritik der Kritik – Dupuis' Analyse der Notifikation*

Die Notifikation verfolgt offenkundig das Anliegen, die Einzigkeit Christi und die besondere Rolle der Kirche im Heilsplan Gottes festzuhalten und gegen mögliche Missverständnisse zu verteidigen. Vor dem Hintergrund der von ihr eingenommenen identitätshermeneutischen Position[245] und dem Fokus auf einer klaren Abgrenzung zu anderen Religionen überraschen die genannten Vorbehalte insbesondere gegenüber dem Vorschlag einer reziproken (auch asymmetrischen) Komplementarität keineswegs, muss sie diese doch als Infragestellung ebenjener Bedeutung Christi und der Kirche verstehen, die sie verteidigen will. Ferner werden bei der auffällig knappen und thesenartigen Formulierung der einzelnen Punkte Differenzierungen wie die zwischen der »qualitativen« und »quantitativen« Fülle der Offenbarung sowie einer »asymmetrischen« Komplementarität, auf die Dupuis großen Wert gelegt hat, nicht berücksichtigt. Mit seiner Unterschrift stimmt er ihr auch nicht vorbehaltlos zu: »[W]hile I do assent to the eight positive propositions of the Notification, in so far as they express the doctrine of the faith, I still consider myself entitled to discuss some of the opinions rejected by the CDF in six of the eight

243 *Kongregation für die Glaubenslehre*, Notifikation Dupuis 592.

244 *Kongregation für die Glaubenslehre*, Notifikation Dupuis 593.

245 Vgl. unter dieser Perspektive zu DI auch *Hoff*, Passagen 157–178.

propositions mentioned above.«[246] Daher bemerkt er zur ersten Aussage, er habe auf der Basis der paulinischen trinitarischen Perspektive immer betont, die Quelle des Heils sei der Vater und Jesus Christus wirke als Mittler zwischen dem Vater und der Menschheit und dies auf einzigartige Weise, weil er in seiner eigenen Person Menschheit und Gottheit vereint. Dies schließt aber nicht teilhabende Formen der Mittlerschaft aus, wie auch Johannes Paul II. in RM 5 festhält.[247] Auch bei der zweiten Aussage ist die trinitarische Perspektive zu beachten, wodurch deutlich bleibt, dass der Vater die Quelle und der primäre Grund des universalen Heils ist. »The saving action of Jesus Christ is the human expression in the Son Incarnate of the divine act of salvation which has its source in the person of the Father.«[248] Wenn Jesus als einziger Heilsmittler bezeichnet wird, darf dies nicht die primäre Rolle des Vaters einschränken. Vielmehr ist er aufgrund der personalen Identität Jesu Christi mit dem Sohn Gottes der einzige Mensch, in dem die ganze Menschheit göttliches Heil findet, also das »Sakrament des Heiles Gottes«. Das Konzil von Trient spricht daher im Rechtfertigungsdekret vom barmherzigen Gott als Wirkursache und von Jesus Christus als Verdienstursache (DH 1529). Die Bezeichnung Jesu Christi als »universaler, konstitutiver Erlöser« ist nach Dupuis besser geeignet als diejenige des »einzigen und alleinigen«, um nicht a priori die Möglichkeit anderer menschlicher Figuren auszuschließen, die eine gewisse Rolle in der Heilsordnung für Mitglieder anderer Religionen spielen. »It goes without saying that such a role cannot be equalized with that of Jesus Christ; what can be attributed to such ›saving figures‹ is that they are for followers of other religions ›indicators‹ of a way along which they may meet the mystery of salvation in Jesus Christ.«[249] Insofern sind diese Überlegungen nicht in Richtung eines Plädoyers für die Möglichkeit mehrerer Inkarnationen zu verstehen, wie diese von Thomas von

---

246 *Dupuis*, Process 78.

247 Hintersteiner verweist auf die Grundlage des Begriffs der »teilhabenden Mittlerschaft« in der heilsgeschichtlichen Rolle Marias (LG 62), weswegen unklar sei, »wie eine für Maria reservierte Bezeichnung auf nicht-christliche Religionen, denen offenbar keine vergleichbare derartige Position im göttlichen Heilsplan zukommt, angewendet werden kann« (*Hintersteiner*, Evangelii 337). Vgl. auch *O'Collins*, Council 179f.

Die teilhabende Mittlerschaft wird von *Dominus Iesus* vorausgesetzt, wenn die Theologie dazu eingeladen wird, »über das Vorhandensein anderer religiöser Erfahrungen und ihrer Bedeutung im Heilsplan Gottes nachzudenken und zu erforschen, ob und wie auch Gestalten und positive Elemente anderer Religionen zum göttlichen Heilsplan gehören können« (DI 14). Die Erklärung scheint hier diesbezüglich offener zu sein als die Notifkation. (Vgl. auch *König*, Spirit 15f.)

248 *Dupuis*, Process 79.

249 *Dupuis*, Process 80.

Aquin diskutiert worden sind.[250] Er stimmt der Notifikation auch bezüglich der Einheit des Heilsplanes zu, wenngleich nicht so klar sei, was diese Einheit festzuhalten erfordert. Die Aussage, das Heilswirken des Wortes sei in und durch Jesus Christus verwirklicht, darf nicht als für alle Zeiten gültiges universales Prinzip verstanden werden, da damit jegliches Heilswirken »vor» der Inkarnation ausgeschlossen würde. Daher schlägt Dupuis vor, nicht von einer ausschließlich an die Inkarnation gebundenen Verwirklichung (*actuation*) zu sprechen, sondern angesichts des Wirkens des Wortes in der gesamten Heilsgeschichte von einer neuen Konzentration dieses Heilswirkens durch die Inkarnation. »The humanity of Jesus Christ expresses in history the saving activity of the Word of God and of God through him.«[251] Andernfalls müsste eine reale Präexistenz der Menschheit Jesu Christi angenommen werden, wodurch die Inkarnation zu einer bloßen Theophanie würde und keine Konsubstantialität mit uns in der Menschheit bestünde. Die nachfolgende Zurückweisung einer Trennung zwischen dem Wort und Jesus Christus entspricht seiner eigenen, oft dargelegten Überzeugung und widerspricht nicht einer Unterscheidung der Naturen und ihrer Aktivitäten, wie sie im Konzil von Chalkedon und im III. Konzil von Konstantinopel festgehalten wurde (vgl. DH 302 und 558). Wenn Dupuis von einem andauernden Wirken des Wortes nach der Inkarnation und Auferstehung spricht, meint er damit kein vom inkarnierten Wort unabhängiges Wirken, sondern betont mit Rekurs auf das III. Konzil von Konstantinopel und Leo den Großen die notwendig zwischen beiden Naturen bestehende Gemeinschaft, sodass das Wirken des Wortes als solchem und sein Wirken durch die angenommene Menschheit wesentlich aufeinander bezogen sind. »There are not two economies of salvation, one of the Word and one of Jesus Christ, but there is an interrelatedness of two complementary aspects in one divine economy, in which the two natures always act in mutual communion.«[252] Mit dieser differenzierten Einheit der

250 Vgl. dazu *Hoff*, Offenbarungen 216–220.

251 *Dupuis*, Process 81.

252 *Dupuis*, Process 83. Dies nennt auch Disse gegen die Kritik, Dupuis vertrete letztlich doch eine Trennung. (Vgl. *Disse*, Jesus 167f; auch *O'Collins*, Council 190.) Wenn Hintersteiner schreibt, man werde »von einem Aufeinanderbezogensein von zwei komplementären Aspekten der einen göttlichen Heilsökonomie sprechen, in der die beiden Naturen immer in wechselseitiger Kommunion handeln«, sieht er bei Dupuis ein vom inkarnierten Wort unabhängiges Handeln des Wortes als solches angedeutet. (Vgl. *Hintersteiner*, Evangelii 343.) Eine solche Deutung kann sich auf entsprechende Formulierungen bei Dupuis stützen, mit denen er das Wirken des Wortes auch nach Inkarnation und Auferstehung nicht durch die Menschheit Jesu eingeschränkt oder begrenzt sieht und in diesem Sinne als »jenseits und über seinem menschlichen Tun« bezeichnet. (*Dupuis*, Universalität 94.) Gleichwohl spricht der betonte komplementäre Zusammenhang gegen

Heilsökonomie, innerhalb derer die beiden Aspekte weder getrennt noch identifiziert werden können, folgt Dupuis der chalkedonischen Grammatik des »unvermischt und ungetrennt«. Würden sie hingegen voneinander getrennt, wäre nicht nur die Heilsnotwendigkeit der Kirche kaum mehr aufrecht zu erhalten, sondern stellte sich auch epistemologisch die Frage nach der Erkennbarkeit des Wirkens des Wortes als solchem bzw. nach den Kriterien der Erkennbarkeit. Zudem ist zu fragen, ob wir Menschen Gottes Freiheit Grenzen setzen können, um die Einheit seines Heilsplanes entsprechend unserer Verständnisse zu vereinfachen.

Zur dritten Aussage hinsichtlich der Einzigkeit und Fülle der Offenbarung in Jesus Christus bemerkt Dupuis, diese stehe als Verbindung von Aussagen aus DV 2–4 außer Frage; bei den zurückgewiesenen Ansichten sei die endgültige Fassung der Notifikation präziser als die ersten an ihn gerichteten Anfragen. Die Offenbarung in Jesus Christus geht in ihrer Bedeutung aber weit darüber hinaus, als nur das zum Heil Notwendige zu vermitteln, da dazu letztlich ein impliziter Glaube ausreichte; wegen der personalen Identität Jesu Christi als Sohn Gottes, der seine interpersonale Beziehung mit dem Vater in seinem menschlichen Bewusstsein lebte, ist die Offenbarung in ihm unübertroffen und unübertreffbar. »As he lived in his human consciousness his unique personal relationship with his *Abba*, the Son of God incarnate could reveal the divine mystery in a way altogether beyond the reach of any prophet inspired by God and his Spirit.«[253] Dennoch ist es bei richtigem Verständnis angemessen, diese Offenbarung als »begrenzt, unvollständig und unvollkommen« zu bezeichnen. Sie ist begrenzt durch die angeborenen Begrenzheiten des menschlichen Bewusstseins, unvollständig, weil sie in der Geschichte erging und auf die finale Vollendung im Eschaton hingeordnet ist, mit der die Heilsgeschichte und das Reich Gottes in Fülle verwirklicht wird, und sie ist unvollkommen, da uns viele Elemente des göttlichen Heilsplanes verborgen bleiben.[254] Auch die Aussage, es bedürfe keiner Ergänzung durch andere Religionen, ist richtig zu verstehen, da die Möglichkeit nicht ausgeschlossen werden muss, in den

---

eine Unabhängigkeit. Siehe auch *Hunt*, Back 140, die mit Rekurs auf Thomas herausstellt, man könne zwischen einer sichtbaren und einer unsichtbaren Sendung des Wortes und Geistes unterscheiden, wodurch das Risiko einer »dissociation of the post-resurrectional presence and action of the Word from the incarnation as fulfilled in the risen Jesus Christ« vermieden werden könnte.

253 *Dupuis*, Process 85, Herv. im Orig.

254 »Dupuis will ja gerade aufzeigen, dass das Eine das Andere nicht ausschließt, dass also aus der Tatsache, dass Jesus Christus die Vollendung und Fülle der Offenbarung ist, nicht notwendig folgt, dass die Offenbarung Jesu Christi nicht begrenzt sein kann.« (*Disse*, Jesus 182.)

Heiligen Schriften anderer Religionen könne eine göttliche Offenbarung enthalten sein, die manche Aspekte des göttlichen Mysteriums klarer ausdrücke als die christliche Offenbarung. Die Begrenztheiten der Ausdrucksformen ermöglichen eine gegenseitige Bereicherung und widersprechen nicht der Überzeugung, eine von ihnen sei von herausragender (konstitutiver) Bedeutung. »This notwithstanding, the fullness of revelation in Jesus Christ, understood as here above, leaves no void needing to be filled by revelation in other religious traditions, without which its ›fullness‹ would be lost.«[255] Beides widerspricht einander nicht, wenn von einer reziproken, aber »asymmetrischen« Komplementarität ausgegangen sowie das qualitative Verständnis von Fülle bei Dupuis und die Differenzierung zwischen der prinzipiellen Unausschöpflichkeit des göttlichen Mysteriums und der Fülle des zum Heile Notwendigen beachtet werden. Bei der vierten Aussage ist die Qualifizierung als »katholische Lehre« zu beachten und Dupuis bemerkt eine Fixierung darauf, alles Positive in anderen Religionen lediglich als Schatten oder Ankündigung der in Christus enthaltenen Fülle der Offenbarung zu verstehen, und fragt, ob andere Traditionen nur »Samen« oder auch »Früchte« enthalten. Dagegen zieht er es vor, diese Elemente der Wahrheit und des Guten als in sich wahre, wenn auch partielle, Enthüllungen des göttlichen Mysteriums anzusehen, was die frühen Kirchenväter mit der universal wirkenden Gegenwart des Wortes begründeten. So ist es weder notwendig noch folgt aus den zitierten Dokumenten LG und RM, diese letztlich auf den Quellgrund der Mittlerschaft Christi zurückzuführen, zumal der Begriff »Quellgrund« unpräzise ist. »The fontal source or ultimate cause is God the Father; Jesus Christ acts on God the Father's behalf and initiative as mediator between God and humankind. It is from God that the elements of truth and goodness found in the traditions ultimately derive.«[256]

Wenn hinsichtlich des universalen Heilswirkens des Geistes der Heilige Geist mit dem Geist Christi identifiziert wird, sind unterschiedliche Verständnisse des »Geistes Christi« zu beachten. Diese bestehen insbesondere zwischen der westlichen und östlichen christlichen Tradition, da in der westlichen Tradition der Hervorgang des Geistes auch aus dem Sohn damit gemeint sein kann, was in der orthodoxen Theologie eher abgelehnt wird. Der Ausdruck »der vom Vater gesandte Geist Christi« steht eindeutig in der westlichen Tradition der innergöttlichen Hervorgänge, wobei sich angesichts der neutestamentlichen Pluralität die Frage stellt, »whether there may not exist, even after the incarnation of the Son of God in Jesus Christ and the

255 *Dupuis*, Process 86.
256 *Dupuis*, Process 87.

glorification of his humanity, a mission of the Holy Spirit in the world, the origin of which would simply be the person of the Father«[257]. Während das Wirken des Geistes »vor« der Inkarnation und im Leben Jesu unstrittig sind, ist diese Frage nicht eindeutig, wenn sie präziser gestellt wird als in der Notifikation, da die verschiedenen Elemente in der Einheit der göttlichen Heilsökonomie betrachtet werden müssen. Sie betrifft die Frage des *filioque*, das vor dem Hintergrund des ökumenischen Dialogs mit der Orthodoxen Kirche auch in der lateinischen Tradition nicht als unaufgebbarer Bestandteil des Credo angesehen wird – so zitiert auch DI das Credo ohne *filioque* (Nr. 1) –, sondern eher als Theologumenon.[258] Dies bietet die Möglichkeit, eine Sendung des Geistes vom Vater anzunehmen, die nicht notwendigerweise durch den auferstandenen Christus vermittelt wird – womit auch einer Tendenz zum Christomonismus Einhalt geboten wird. »The Spirit would then be seen more clearly as ›another Paraclete‹ sent by the Father to continue the work of Jesus Christ after he has achieved his own mission and returned to the Father.«[259] Dabei ist zu vermeiden, von zwei Heilsökonomien zu sprechen. In dem einzigen, aber komplexen Heilsplan Gottes ist somit ein Heilswirken des Geistes denkbar, das wesentlich und untrennbar mit dem auferstandenen Christus verbunden ist – so ist die Geistesgabe vor der Inkarnation auch »in Hinsicht auf« das Christusereignis erfolgt –, aber nicht notwendigerweise von ihm kommuniziert wird, sondern als direkte Intervention durch eine Sendung vom Vater verstanden werden kann.[260] Dupuis wiederholt hier die Denkfigur der Einheit und Verschiedenheit in der Heilsökonomie hinsichtlich des Wirkens des Wortes als solchem und des inkarnierten Wortes.

Diese zeitliche Perspektive führt Dupuis auch bei den Aussagen zur Hinordnung aller Menschen auf die Kirche an, da die Heilsnotwendigkeit der Kirche eine Glaubenslehre sei, aber nicht vor ihrer Gründung durch Christus und den Geist. Wenn die Kirche als »Zeichen« und »Werkzeug« verstanden wird, darf nicht vergessen werden, dass sie für viele Generationen

---

257 *Dupuis*, Process 88; vgl. *Dupuis*, Christianity and Religions 469.

258 Vgl. dazu u. a. *Böhnke/Kattan/Oberdorfer*, Filioque-Kontroverse.

259 *Dupuis*, Process 90. Dupuis erinnert auch an die ostkirchliche Kritik der westlichen Tendenz zu einem Christomonismus, der sich beispielsweise im *filioque* ausdrückt, und sieht eine subtile Form, die erlösende Wirkung des Geistes in der göttlichen Ökonomie zu reduzieren, »in claiming that after the Incarnation the saving and vivifying action of the Spirit can take place only through the communication which the risen Lord makes to us of his Spirit« (*Dupuis*, Universal Saviour 20).

260 »One must certainly hold that in both cases – before and after the historical event of the Incarnation – the outpouring of the Spirit is always related to the event in which the unfolding through history of the divine plan of salvation culminates.« (*Dupuis*, Christianity and Religions 471.)

vor Christus nicht existierte und die Mehrheit der gegenwärtig lebenden Menschen keinen Zugang zu ihr hat. Daher ist zu fragen, ob der Begriff »Werkzeug« (*instrumentum*) wirklich angemessen ist, insbesondere wenn eine Wirkkausalität damit verbunden sein soll. Eine solche der Kirche für die Angehörigen anderer Religionen ist aber unplausibel, da die Kausalität der für diese eingelegten Fürbitte eine moralische oder finale ist.

Die Zurückweisung der Komplementarität fällt in der Endfassung weniger streng aus als in der Fassung vom September 2000, wonach es dem katholischen Glauben widerspräche, die Kirche als einen Heilsweg neben den substantiell äquivalenten oder komplementären der verschiedenen Religionen anzusehen. Dupuis verteidigt seine Redeweise von einer reziproken und asymmetrischen Komplementarität, da damit die Einzigkeit und Transzendenz des keine Ergänzung durch andere Wege bedürfenden christlichen Wegs mit den teilhabenden Vermittlungen (als »Substitution«) der anderen religiösen Traditionen für die Menschen, die von der Vermittlung der Kirche nicht erreicht werden, verbunden werden können. Er setzt der identitätshermeneutischen Position der Glaubenskongregation eine differenzhermeneutische entgegen. Die als katholische Lehre gekennzeichnete siebte Aussage der Hinordnung der Anhänger anderer Religionen auf die Kirche kann sich auf LG zurückführen, womit die vorkonziliare Lehre der Votivmitgliedschaft aufgegeben wurde. Wenn zugleich ihre Berufung zur Teilhabe an die Kirche genannt wird, wäre es nach Dupuis gut gewesen, »to note that by God's grace they are already members of the ›Reign of God‹, universally present and operative in the world, in which all people of good will share together with Christians the mystery of human salvation in Jesus Christ, through a participation in the paschal mystery in ways known to God (GS 22).«[261] Die Zugehörigkeit zum Reich Gottes ist grundlegender als die Mitgliedschaft der Kirche. Zudem ist zu fragen, ob diese Hinordnung ideell zu verstehen ist oder konkret verwirklicht werden kann, muss oder wird, was der globalen Realität in der Welt widerspräche und ein monolithisches Verständnis des Heilsplanes Gottes für die Menschheit beinhaltet. Denn dann gibt es nur einen einzigen gültigen Weg und die große Mehrheit der außerhalb dieses einen Weges Geretteten müssten als singuläre Ausnahmen gelten. »The ›ways known to God‹ (AG 7; GS 22) by which, according to his own design, God saves outside the Church would then be altogether overlooked and denied.«[262]

Auch die Aussage über die Bedeutung und Heilsfunktion der religiösen Traditionen wird als katholische Lehre klassifiziert und verweist mit RM 29

261 *Dupuis*, Process 95.
262 *Dupuis*, Process 96.

auf LG 16, wo indes offen gelassen wird, wer die Elemente an Wahrheit und Gutem bewirkt. Die Rede von der Vorbereitung des Evangeliums setzt die patristische Überzeugung voraus, das Evangelium sei der einzige von Gott gelegte Weg und alles andere führe weg vom Heil. »If, however, other religious traditions exercise some salvific function for their members in accordance with the plan of God, even if in essential relationship to the Christian way, the expression will appear one-sided and inadequate.«[263] Die positive Rolle der Elemente an Wahrheit und Gutem in anderen Religionen für das Heil ihrer Mitglieder wird von der Notifikation zugestanden und dem Heiligen Geist zugeschrieben. Dann stellt sich aber nicht nur die Frage, wieso sie nicht als »Heilswege« bezeichnet werden, sondern auch, wer das Heil bewirkt, wenn vorher bekräftigt wurde, Jesus Christus sei der einzige Erlöser der Menschheit und der Geist handele nur vermittelt durch die Menschheit des auferstandenen Christus. Der Text scheint vom Vater als der primären Quelle des Heils zu abstrahieren und die trinitarische Perspektive der differenzierten Einheit nicht deutlich zu machen. »God the Father is the one who fundamentally saves; Jesus Christ is in his humanity and in the historical event of his human life, death and resurrection, the primordial sacrament of God's saving action; the Holy Spirit renders the saving value of the Christ-event present and actual in all times and places.«[264] Wenn die veröffentlichte Fassung der Notifikation in der katholischen Theologie keinen Anhaltspunkt sieht, andere Religionen als Heilswege zu betrachten, schwächt sie die vorausgehende Version ab, in der von der katholischen Lehre und von den Religionen als solche und in ihrer Gesamtheit gesprochen wurde. Dupuis bezog sich indes immer auf die Elemente von Wahrheit und Gnade und hat auch die bedeutenden Gestalten der anderen Traditionen als Indikatoren eines Weges verstanden. Trotz der unzweifelhaft vorhandenen Lücken, Unzulänglichkeiten und Irrtümer ist es daher möglich, andere Religionen als Geschenk Gottes an die Völker der Erde anzusehen. »To this end, it is necessary to distinguish in the religions of the world between what in them comes from God and is always a gift of God to people, and what comes from human beings – including distortions, falsifications or even corruption.«[265] Zum zweiten Abschnitt, der eine Komplementarität

263 *Dupuis*, Process 97.

264 *Dupuis*, Process 97f. Nach Brecht wird bei dieser Kritik an Dupuis' Ansatz übersehen, wie stark der Fokus auf den Menschen liegt. »It is not religious traditions that would complete what Christ began, it is human persons who would do so even in the context of other religious traditions. Dupuis grants positive salvific value to other religious traditions inasmuch as they allow human beings to participate in enacting God's reign, inaugurated by Christ, across all the world and through all of time.« (*Brecht*, Humanity 69.)

265 *Dupuis*, Process 99.

der Heiligen Schriften anderer Religionen zum Alten Testament ablehnt, betont Dupuis, er habe gegenüber Ansichten, die das Alte Testament durch solche Schriften ersetzen wollte, immer die einzigartige Funktion des Alten Testaments betont, da es das Christusereignis in der Geschichte unmittelbar vorbereitet. Gleichwohl ist dabei die Aufnahme von Mythen, Legenden und Geschichten anderer Traditionen zu berücksichtigen, die auch im Neuen Testament stattfand. Er erinnert an seinen Vorschlag, drei Phasen in der fortschreitenden Offenbarung Gottes an die Menschheit zu unterscheiden, nämlich erstens das anfängliche Wort in der kosmischen Heilsökonomie, wozu die Schriften der religiösen Traditionen gehören, zweitens das Alte Testament als Vorbereitung des Christusereignisses und drittens das Neue Testament als Niederschlag des Glaubens der apostolischen Kirche an Jesus Christus. Dies ermöglicht eine asymmetrische Komplementarität der verschiedenen Modalitäten der Vermittlung des Heilsmysteriums. »All are interrelated in the overall plan of God's self-disclosure to humankind. Revelation and salvation go hand in hand at every step.«[266]

Da die offizielle Notifikation seiner Monographie nicht mehr bescheinigt, Fehler gegen den Glauben oder die katholische Lehre zu enthalten, sondern Zweideutigkeiten und Unklarheiten, verweist Dupuis auf seine Auseinandersetzungen mit den zahlreichen Rezensionen, in denen er sich bemühte, die erforderlichen Erläuterungen und Klarstellungen zu geben, sowie auf seine weitere einschlägige Monographie *Christianity and the Religions*. »It is true that in the process I have not thought it necessary to alter substantially my theological position; I have rather strengthened it and clarified it with further considerations, precisions and qualifications.«[267] Er ist von keinem Widerspruch seiner Ausführungen zur katholischen Lehre überzeugt worden, wohingegen sie neue und vielversprechende Perspektiven für eine offenere und glaubwürdigere Theologie der Religionen und des Pluralismus bieten und tief in der lebendigen Tradition der Kirche verankert sein sollten. Die Offenheit für einen interreligiösen Dialog gibt die christliche Identität nicht auf, sondern setzt sie vielmehr voraus. »But the sincere affirmation of the Christian identity need not imply exclusivist statements by which any positive significance in God's eternal design for humankind, assigned to the other traditions by God, is *a priori* denied.«[268] Eher widersprechen absolute und exklusive Aussagen der christlichen Botschaft. Zudem legt die Fülle der Offenbarung in Christus göttliche Offenbarung anderswo eher nahe als es sie ausschließt.

---

266 *Dupuis*, Process 100.
267 *Dupuis*, Process 100.
268 *Dupuis*, Process 101, Herv. im Orig.

Die enge Beziehung der Notifikation zu DI spricht dafür, dass Vertreter der Kongregation keinen wesentlichen Unterschied zwischen dem inklusivistischen Pluralismus Dupuis' und einem pluralistischen Relativismus à la Hick sahen, auf dessen Zurückweisung vor allem DI abzielt. Dies zeigt sich an der undifferenzierten Rede von »relativistischen Theorien« (DI 4), mit denen ein prinzipieller Pluralismus gerechtfertigt werden solle, der alle Religionen auf die gleiche Ebene stelle. Von den Theologen, die einen Pluralismus als vereinbar mit dem christlichen Glauben ansehen, wird er aber verwendet »to mean that the uniqueness of Jesus Christ as universal Savior does not exclude a positive meaning of the other religions in God's plan for humankind«[269]. Es ist naheliegend, diese undifferenzierte Begriffsverwendung seitens der Glaubenskongregation auf das von ihr vertretene identitätshermeneutische Paradigma zurückzuführen, das es deutlich erschwert, zwischen Relativismus und Relativierung zu unterscheiden. Wenn nach DI 4 die Theorie des religiösen Pluralismus mit der Leugnung verschiedener Glaubenswahrheiten wie dem definitiven und vollständigen Charakter der Offenbarung in Christus, der persönlichen Einheit des ewigen Wortes und Jesu von Nazareth, der Einheit der Ökonomie des inkarnierten Wortes und des Heiligen Geistes oder der Untrennbarkeit des Reiches Gottes und der Kirche einhergehe, werden diese exklusiv verstanden und die Existenz ähnlicher oder identischer Werte außerhalb des Christentums bzw. der katholischen Kirche bestritten. »Does the Catholic doctrine of the complete character of the revelation of Jesus Christ need to deny a priori the existence of some divine revelation elsewhere?«[270] So kritisiert Dupuis seinerseits in seiner detaillierten und erst einige Jahre nach seinem Tod publizierten Analyse an diesem Dokument verschiedene Halbwahrheiten insofern ein Aspekt der Wahrheit einseitig betont und der komplementäre Aspekt übersehen werde. Beispielsweise gebrauche es die Begriffe »Endgültigkeit« und »Absolutheit« undifferenziert, ignoriere an manchen Stellen den christozentrischen Trinitarianismus des Neuen Testaments und tendiere zu einem Christomonismus. Zudem würden der Status und die Rolle der Kirche überbetont, die heilsökonomisch so notwendig werde wie Gott und daher nicht als abgeleitete Realität, die ihre Bedeutung ausschließlich im Mysterium Christi erhält, wahrgenommen werde. Ferner werde das Wirken Gottes seit Beginn des Universums vernachlässigt und Mitglieder

269 *Dupuis*, Declaration 31. Dupuis kritisiert daher die fehlende Differenzierung zwischen der theologischen Anerkennung eines prinzipiellen Pluralismus, die damit einhergeht, auch die Einzigkeit und Heilsuniversalität Jesu Christi zu leugnen, und den Theorien, die diese Leugnung nicht voraussetzen. (Vgl. *Dupuis*, Universal Saviour 10f.)

270 *Dupuis*, Declaration 33.

der mit Rom nicht in Gemeinschaft stehenden Kirchen würden ohne Not beleidigt.[271] Darüber hinaus zeigt er auch manche gravierenden Unterschiede zwischen einigen Passagen in DI und der lehramtlichen Tradition auf, worin sich seine Kenntnis der Tradition niederschlägt, die ihm vor allem während seiner Zeit in Indien den Ruf eines konservativen Verteidigers des konziliaren und päpstlichen Lehramts eintrug. Außerdem wird darin die Geschichtlichkeit solcher Positionen deutlich, die von der Glaubenskongregation nicht immer ausreichend aufgenommen wird.

5.2.3 *Die Kernfragen der Auseinandersetzung*

Die Auseinandersetzung zwischen Dupuis und der Glaubenskongregation weist somit markante Unterschiede zu den Fällen Schillebeeckx und Sobrino auf. Zunächst wird kein einziger Satz aus Dupuis' Monographie als fehlerhaft oder missverständlich gekennzeichnet, sondern es werden in acht Punkten positive Aussagen festgehalten und zu sechs davon irrtümliche oder dem Glauben widersprechende Positionen genannt – womit zumindest nahegelegt wird, diese ließen sich bei Dupuis finden oder aus seinem Buch ableiten. Auch Hermeneutik und Methodik werden nicht explizit thematisiert, wenngleich diese – wie an verschiedenen Stellen deutlich wurde – die Grundlage der meisten inhaltlichen Diskussionspunkte bilden. Denn bei den Fragen nach der Heilsmittlerschaft und der Einzigkeit und Fülle der Offenbarung Christi, dem universalen Heilswirken des Geistes, der Hinordnung der Menschen auf die Kirche und der Bedeutung der Heilsfunktion anderer Religionen argumentiert Dupuis differenzhermeneutisch und rekurriert immer wieder auf den Gedanken der Komplementarität, um so sowohl dem überlieferten Glauben der Kirche an die Besonderheit Jesu Christi Rechnung zu tragen als auch die Möglichkeit zu eröffnen, andere religiöse Traditionen könnten eine positive Rolle in Gottes Heilsplan spielen. Dies wird von der Glaubenskongregation durch ihre identitätshermeneutische Perspektive jedoch als relativistische Infragestellung oder Einschränkung der Rolle Christi und der Kirche verstanden, wogegen sie sich deutlich verwehrt. Dementsprechend moniert sie

---

271 Vgl. *Dupuis*, Declaration; *Burrows*, Preface xiii.
Tilley widerspricht der Behauptung in *Dominus Iesus*, wonach ein religiöser Pluralismus *de iure* nicht mit zentralen Glaubenswahrheiten vereinbar sein, da folgende Aussage nicht widersprüchlich sei: »Because the complete and definitive revelation and the unique, undivided, universal and final salvation effected in Jesus Christ by God would not be known and accepted through the church as the unique, undivided, universal and necessary instrument of salvation for all people by all people in the history of the world, God eternally planned that other religious traditions would have a positive salvific significance for their followers.« (*Tilley*, Orthodoxy 61.)

weniger Dupuis' christologische Überlegungen als solche, sondern vielmehr die Konsequenzen hinsichtlich des von ihm postulierten universalen Wirkens des Wortes und des Geistes sowie der Begrenztheit und Unvollständigkeit der Offenbarung. Gerade dabei wird deutlich, dass die konkrete Menschheit Jesu Christi einen deutlich geringeren Stellenwert in ihrer Argumentation einnimmt als bei Dupuis. Deswegen kritisiert dieser auch beispielsweise die Aussage von DI, Subjekt der Taten und Worte Jesu sei die göttliche Person des Inkarnierten Wortes, da dies leicht als Absorption der Menschheit Jesu missverstanden werden könne. »The human words and actions of Jesus remain authentically and specifically human; they do not in any way become more than human, or super-human, by being the human words and actions of the Son of God.«[272] Werden dementsprechend die Authentizität der Menschheit Jesu und seine damit verbundenen Begrenztheiten seines menschlichen Bewusstseins theologisch ernst genommen, folgt für Dupuis zwangsläufig daraus die Begrenztheit der Offenbarung. Die konsequent eingenommene geschichtliche Perspektive, die er u. a. für die Frage des universalen Wirkens des nicht-inkarnierten Wortes in Anschlag bringt, begründet die Unvollständigkeit der auf ihre finale Vollendung im Eschaton hingeordneten Offenbarung. Der Fokus auf der Menschheit Jesu Christi und der geschichtliche Ansatz stellt eine wichtige Gemeinsamkeit zu Schillebeeckx und Sobrino dar und dürfte auf ihre Rezeption des Grundanliegens des II. Vatikanums zurückzuführen sein, Theologie in Auseinandersetzung mit den Lebenssituationen und Fragen der Menschen von heute zu entwickeln. Insofern die Grundfrage Dupuis' anders als bei Schillebeeckx und Sobrino nicht primär eine christologische ist, sondern diejenige nach einer christlichen Theologie des religiösen Pluralismus, verwundert es nicht, wenn insbesondere seine diesbezüglichen Vorschläge ins Visier der Glaubenskongregation (und vieler ihrer Position nahestehenden Rezensenten) geraten.

> If I am correct, what is being proposed by Dupuis and rejected by CEP and CDF are theological proposals and practices in Asia, Oceania, and Africa that – at least in the eyes of the two leading Vatican congregations – seem »too« conciliatory to other religious traditions or that promote attitudes that give insufficient attention to the nature and mission of the church and are relativistic in regard to divinely revealed truth.[273]

---

272 *Dupuis*, Declaration 35 gegen DI 6. Eine ähnliche Differenz liegt bei der Kritik der Glaubenskongregation an Sobrinos Deutung des Selbstverständnisses Jesu vor, da diese von einer *visio beatifica* Jesu in seinem Erdenleben ausgeht.

273 *Burrows*, Man 16. Die benutzten Abkürzungen beziehen sich auf die Glaubenskongregation und die Kongregation für die Evangelisierung der Völker.

Burrows sieht somit den Kern der Auseinandersetzung weniger in der Christologie oder der Trinitätslehre, die als eher traditionell charakterisiert werden können, und vielmehr im Bereich der Ekklesiologie, da »Dupuis's silence about the role of the church can be taken as an indication that he had a minimalist view of the church«[274] – dies entspricht den genannten Diagnosen, er verbinde eine inklusivistische Christologie mit einer pluralistischen Ekklesiologie. Die Glaubenskongregation ist denjenigen Kritikern gefolgt, für die seine Ekklesiologie nicht hoch genug gewesen sei, wie sich auch an der Betonung der Rolle der Kirche in DI zeigt. Damit sah man ihn in die Linie einschwenken, die die katholisch-christliche Identität schwächt, und reagierte ähnlich wie bei Schillebeeckx damit, das überkommene Kirchenverständnis zu verteidigen, indem vor allem vor einem philosophischen und religiösen Relativismus gewarnt wurde. Durch diesen Fokus auf die Abgrenzung von anderen religiösen Traditionen steht die Frage nach interner Homogenität oder Pluralität weniger explizit zur Debatte als bei Schillebeeckx und Sobrino, wirkt sich aber beispielsweise darin aus, dass das Verfahren eröffnet wurde, kurz nachdem das Buch erschienen war. Die eigentlichen Herausforderungen des Ansatzes von Dupuis sind nach Burrows dabei nicht adressiert worden. Vielmehr versuche die Glaubenskongregation, indem sie an den klassischen Dogmen einer christozentrischen Trinitätslehre festhält, ohne Dupuis' Anerkennung eines Wirkens des Wortes und Geistes außerhalb der sichtbaren Kirche zu folgen, »to maintain a position of privilege for a hierarchy that has lost the ability to speak effectively to the practical agnosticism and relativistic mindset of secularizing societies«[275]. Dazu wird inhaltlich auch das Trinitätsverständnis Dupuis' kritisiert, das erst die Gegenwart des Geistes in anderen religiösen Traditionen ermöglicht. Seine Überzeugung, der Logos sei in den anderen Religionen gegenwärtig und führe die Menschen, die ihrem Gewissen, den Lehren einer anderen Religion oder der Weisheit einer Kultur folgen, zur *agapè*, sodass von einem Wirken des Logos und des Geistes in diesen anderen Traditionen, die Menschen zur *agapè* führen, gesprochen werden kann und Wahrheit nicht ausschließlich in der christlichen Offenbarung zu finden ist, wird nicht geteilt.

Auch Valkenberg hält den Vorwurf an Dupuis, eine relativistische oder pluralistische Position zu vertreten, nicht für plausibel, da er sicher nicht radikal und gerade in der Christologie eher traditionell sei, wenngleich es gewisse Zweideutigkeiten hinsichtlich der Unterscheidung zwischen dem Wort

274 *Burrows*, Man 21. Wieger dagegen sieht eine Verbindung einer inklusivistischen Christologie mit einer pluralistischen Soteriologie. (Vgl. *Wieger*, Inklusivismus 97.)

275 *Burrows*, Man 17.

Gottes und Christus als der Inkarnation dieses Wortes gebe. »The first and more superficial reason for the investigation against Dupuis is that he seems to undermine the missionary purpose of the Church«[276] bzw. schwäche das Axiom *extra ecclesiam nulla salus* ab. Gegen diesen Vorwurf sprechen Dupuis' Bemühungen, ein Missionsverständnis zu entwickeln, das Evangelisierung und Dialog miteinander verbindet und auf das Dokument *Dialog und Mission* rekurrieren kann. Gleichwohl steht seine Überzeugung, der religiöse Pluralismus existiere prinzipiell (bzw. in einer etwas unglücklichen Bezeichnung *de iure*) in Spannung zu der um das Jahr 2000 verstärkten Betonung der Evangelisierung. Auf einer tieferen Ebene setzt eine kontextuellere Lektüre der Auseinandersetzung an, nach der Dupuis das eurozentrische Verständnis der katholischen Kirche gefährde. Mit seinem Vorschlag einer Theologie des interreligiösen Dialogs auf der Basis seiner Dialogerfahrungen im indischen Kontext und seinem Einfluss als Theologe

> Dupuis symbolizes a threat to a one-way idea of mission from the central authority of the Church to local churches. Because he symbolizes the idea of a reversed mission from the experience of interreligious dialogue in Asia to the local churches in Europe that are confronted more and more with a multicultural and multi-religious reality, the threat is not Dupuis himself but rather his theological roots in India.[277]

Valkenberg adressiert damit die Frage der Quellen der Theologie, die nach der Neubestimmung des Verhältnisses von »Innen« und »Außen« der Kirche durch das II. Vatikanum die Gegebenheiten und Herausforderungen des jeweiligen Kontextes beinhalten, da das »Außen« konstitutive Bedeutung für das »Innen« erhält und die Differenzerfahrungen produktiv wahrzunehmen sind. Im Falle Dupuis ist dieser Kontext durch die religiöse Pluralität Indiens geprägt und führt zu einer ähnlich grundlegenden Herausforderung wie durch

---

276 *Valkenberg*, Dupuis 156. Genau diesen Aspekt hat de Rosa in seiner Kritik moniert, die wahrscheinlich einen wichtigen Anstoß dafür gab, das Verfahren gegen Dupuis aufzunehmen. Formal nachvollziehen lässt sich dies indes nicht, ebensowenig wie die Frage, inwiefern der damalige Präfekt der Glaubenskongregation schon zu diesem Zeitpunkt involviert war. (Vgl. *De Rosa*, teologia 143; ähnlich auch *Comité de rédaction*, Tout récapituler 629.) Auch Löffler hält diesen Punkt für zentral. (Vgl. *Löffler*, Religionstheologie 71.)

277 *Valkenberg*, Dupuis 157f; vgl. *Valkenberg*, God 181f. Dies nennt Dupuis auch im Vorwort der untersuchten Monographie: »Die drängenden Probleme, mit denen sich die Kirchen der ›Zwei-Drittel-Welt‹, noch mehr als die anderen, konfrontiert sehen, sind in der Tat weltweit immer mehr zu den wesentlichsten Themen auf der theologischen Agenda geworden.« (*Dupuis*, Unterwegs 25.)

den Primat der Praxis des bei Sobrino wirksamen epistemologischen Bruchs mit der abendländischen Theologie.[278]

Diskursstrategisch ist schließlich noch auf einen weiteren Aspekt der lehramtlichen Kritik an Dupuis hinzuweisen, da die Notifikation eingangs dessen Bemühen um eine christliche Theologie des religiösen Pluralismus grundsätzlich positiv hervorhebt, zugleich aber durch die Notifikation (und DI) die dafür bestehenden Grenzen benennen will. Dies ist angesichts der Neuheit der von Dupuis thematisierten spezifischen Fragestellung durchaus bedenklich, da es »für die theologische Auseinandersetzung nicht förderlich ist, wenn sie, kaum richtig entfacht, vom Lehramt schon wieder in enge und in diesem Fall sicher zu enge Grenzen gewiesen wird, so dass die Theologie keine Chance bekommt, im offenen und freien Disput die jeweils möglichen Positionen erst einmal richtig auszuloten«[279]. Mit Blick auf die Verhältnisbestimmung von Lehramt und Theologie wird hiermit vonseiten der Glaubenskongregation der Theologie nur eine sehr geringe Autonomie bei der Klärung solcher Sachverhalte zugestanden – wobei gerade Dupuis' Monographie zu den am häufigsten rezensierten und besprochenen theologischen Neuerscheinungen der letzten Jahrzehnte gehören dürfte.[280] Dies hängt eng mit einem zentralen Punkt verschiedener Notifikationen (insbesondere zu Dupuis, Meßner oder Vidal) zusammen, die vor allem Zwei- oder Mehrdeutigkeiten in den Werken kritisieren. Dieser Vorwurf ist nach Melloni zwar nicht neu, da schon früher oft gefährliche oder irreführende Sätze beanstandet wurden – wie bei den als Mehrdeutigkeiten kritisierten Auffassungen Schillebeeckx' deutlich wurde. Entscheidend ist

> vielmehr, dass die Notifikation dann erscheint, wenn ein Autor, dem Irrtümer oder Ungenauigkeiten vorgeworfen worden sind, eine Antwort gegeben hat, die von der Kongregation für unzureichend erklärt wurde. Somit ist Ambiguität ein Restvergehen, als Vorwurf erhoben wegen geschriebener oder angeforderter Sätze, deren Berichtigung dem verdächtigten Angeklagten auferlegt wird.[281]

Damit aber erweist sich das eigentliche Problem als ein Problem der theologischen Methode, da die einzige Methode, die sämtliche Ambiguitäten vermeiden dürfte, diejenige wäre, die die lehramtlichen Aussagen wortgleich wiederholt. Ein Fortschritt in der Lehre oder eine für unterschiedliche

278 Vgl. in dieser Arbeit S. 233.

279 *Disse*, Jesus 153.

280 Vgl. die Auflistungen in den Entgegnungen von Dupuis: *Dupuis*, Wahrheit; *Dupuis*, teologia rivisitata.

281 *Melloni*, Notifikationen 600.

Kontexte angemessene Formulierung sind dann nicht möglich – geschweige denn interne Pluralität zugelassen.

Eine solche Methode kann aber kaum adäquat für neuartige Fragestellungen sein, wie sie im Fall einer christlichen Theologie des religiösen Pluralismus auch in der Notifikation als solche gekennzeichnet werden. Dies »riskiert den Eindruck, dass die korrekte theologische Methode vor allem darauf verzichtet, in der Tiefe der christlichen Tradition, in der unerschöpflichen Dichte des biblischen Wortes und im Wissen des Volkes, das die einfache Würde zu leben hat, nach Bruchstücken, Anregungen, Analogen und Modellen für bestimmte Probleme und Situation zu suchen«[282]. Darüber hinaus wäre eine solche Methode letztlich rein deduktiv und entspräche nicht der veränderten Perspektive des II. Vatikanums mit dem induktiven Ausgang von konkreten pastoralen Situationen.

5.3 Zusammenfassung

Dieser Fokus der Glaubenskongregation auf einer deduktiven Methode als Hintergrund der Kritik ist den Ansätzen Schillebeeckx', Sobrinos und Dupuis' gemeinsam. Letzter unterscheidet sich allerdings mit seiner Verbindung von induktivem und deduktivem Vorgehen von den beiden anderen, die bei der Erfahrung bzw. der Kirche der Armen ansetzen und sich aus dieser Perspektive dem »irdischen Jesus« nähern. Bei Dupuis sind die überlieferten Dogmen der Kirche und insbesondere die Konzilien ein wichtiger Ausgangspunkt seiner Argumentation, während die beiden anderen Autoren deren normierende Bedeutung zwar keineswegs bestreiten, sie aber in ihrer Argumentation eher spät thematisieren. Dies mag ein Grund sein, weswegen seine Methodik nicht vonseiten der Glaubenskongregation kritisiert wurde – anders als bei Schillebeeckx und Sobrino, die um ein klares Bekenntnis zum Glauben der Kirche gebeten wurden, der nach Ansicht der Kongregation der einzige gültige Ausgangspunkt der Theologie sein kann. Insofern sich seine Grundfrage danach, ob aus christlicher Perspektive eine positive Rolle anderer Religionen in Gottes Heilsplan angenommen werden kann, seiner konkreten Erfahrung aus dem indischen Kontext verdankt, nimmt er das Anliegen des II. Vatikanums auf, von konkreten pastoralen Situationen auszugehen und den sich aus ihnen ergebenden theologischen Herausforderungen zu begegnen. Der neuen Verhältnisbestimmung von »Innen« und »Außen« der Kirche entspricht auch sein Anliegen, keine Theologie des Dialogs, sondern eine Theologie im Dialog zu

282 *Melloni*, Notifikationen 601.

entwerfen, da damit deren Praxiseignung kriteriale Funktion erhält. Ferner gehört dazu eine klare Rollenverteilung zwischen Lehramt und Theologie:

> I was and remain convinced that the official teaching of the church does not intend to fix rigid and frozen boundaries beyond which theological research is forbidden to venture, but, while determining authoritatively what is of divine faith, draws up guidelines and indicates pointers along which theology may think and reflect anew, on the ineffable divine mystery which has been progressively disclosed to humankind throughout history and, »in these last days,«, »fully revealed« in Jesus Christ.[283]

Damit ist ein anderer Aspekt verbunden, der bei Schillebeeckx und Sobrino durch den Ansatz bei der konkreten Erfahrung und ihrer Korrelation bzw. die betonte grundsätzliche Kontextualität der eigenen Position im Hintergrund wirksam ist, sich aber bei Dupuis sehr deutlich gezeigt hat: Der Unterschied zwischen der von der Glaubenskongregation eingenommenen identitätshermeneutischen Position, die sich nicht nur in den Notifikationen, sondern insbesondere auch in einem Dokument wie *Dominus Iesus* zeigt, und der von den Autoren mehr oder weniger explizit vertretenen Differenzhermeneutik. Dieser kommt bei Dupuis eine entscheidende Rolle zu, da mit ihr nicht nur der zentrale Gedanke der (asymmetrischen) Komplementarität begründet werden kann. Darüber hinaus ermöglicht sie auch die Annahme einer differenzierten Einheit der göttlichen Heilsökonomie, also eines eigenständigen Wirkens des Geistes und des Wortes innerhalb des einzigen Heilsplans Gottes. Gleiches gilt für sein Verständnis von Universalität, die ebenfalls auf den Gedanken der Komplementarität rekurriert und als intern differenziert vorgestellt wird. Als komplementär können sich zudem unterschiedliche Zentrismen (Christozentrismus, Regnozentrismus etc.) erweisen, wenn diese als einen bestimmten Akzent unterstreichende Modelle und nicht als exklusivierende Paradigmen verstanden werden.

Zeigen sich mithin methodisch große Gemeinsamkeiten und weniger große Unterschiede zwischen Dupuis und den beiden anderen Autoren, ist für die größeren materialen Differenzen die spezifische Perspektive Dupuis' zu berücksichtigen. Denn anders als Sobrino und Schillebeeckx zielt er nicht in erster Linie auf eine kontextsensitive Christologie ab, sondern entwirft diese im Zusammenhang mit der religionstheologischen Fragestellung. Die konsequent eingenommene trinitarische Perspektive, bei der er die Eigenständigkeit der drei Personen betont und somit auf die Dreifaltigkeit und weniger auf die Dreieinigkeit fokussiert, ist bei ihm damit verbunden, die Menschlichkeit

283 *Dupuis*, Christianity 263.

Jesu Christi und die daraus folgenden Begrenzungen seiner Offenbarung zu betonen. Diese wichtige materiale Gemeinsamkeit mit Schillebeeckx und Sobrino markiert einen Gegenpol zur Position der Glaubenskongregation, die bei der Göttlichkeit Christi und der Fülle der Offenbarung in ihm ansetzt – und ist im Sinne der legitimen Pluralität der Theologie, die notwendig ist, um Verkürzungen durch Einseitigkeiten zu vermeiden, ein wichtiger Beitrag. Denn er bedeutet eine erkenntnistheologisch begründete Methodenkorrektur, insofern die differenztheologische Methode von Chalkedon unterstrichen und auf die Schwächen der diese unterlaufenden Identitätslogik hingewiesen wird. Zugleich begründet er damit und mit seinem qualitativen Verständnis der Fülle der Offenbarung die Möglichkeit von Offenbarung in anderen Religionen. Einen Widerspruch zum personal-kommunikationstheoretischen Offenbarungsverständnis der Selbstmitteilung Gottes in Jesus Christus vermeidet er durch die subjektive Perspektive der These eines eigenständigen Wirkens des nichtinkarnierten Wortes und des Geistes, das eine authentische Erfahrung Gottes und eine persönliche Begegnung zwischen Mensch und Gott ermöglicht. Dem steht die Glaubenskongregation sehr skeptisch gegenüber, weil sie ihrem Selbstverständnis entsprechend den objektiven Aspekt betont und von einem quantitativen Fülleverständnis ausgeht – das sich gut mit einem die kognitiven und lehrhaften Aspekte betonenden eher instruktionstheoretisch perspektivierten Offenbarungsverständnis vereinbaren lässt.

Die schon bei Sobrino deutlich gewordenen unterschiedlichen ekklesiologischen Weichenstellungen – Fokus auf das »Innen« der Kirche seitens der Glaubenskongregation und Ausgangspunkt vom »Außen« seitens der Befreiungstheologie – werden bei Dupuis durch die religionstheologische Fragestellung offensichtlich. Indem die Glaubenskongregation die Hinordnung aller Menschen auf die Kirche betont und eine Komplementarität anderer Religionen ablehnt, scheint sie die Position mancher Kritiken zu teilen, die Dupuis eine eher pluralistische Ekklesiologie attestieren, da er die Heilsnotwendigkeit der Kirche relativiere, indem er für eine positive Rolle anderer Religionen in Gottes Heilsplan argumentiere. Sie geht somit von dem überlieferten Selbstverständnis der Kirche aus, unterstreicht die Abgrenzung von anderen Religionen und sieht durch eine Position wie derjenigen Dupuis' deren Identität als Zeichen und Werkzeug des Heils für alle Menschen infragegestellt. Dupuis hingegen kann vor dem Hintergrund der Erfahrung religiöser Pluralität in Asien und seines qualitativen Fülleverständnisses der Kirche als Sakrament des Reiches Gottes eine spezielle Funktion hinsichtlich des Wachstums des Reiches Gottes in der menschlichen Geschichte zusprechen, ohne damit eine Heilsbedeutung anderer Religionen bestreiten zu müssen, die er als »teilhabende Vermittlungen« verstehen kann. Indem Dupuis somit die Identität der

Kirche beschreibt, ohne die ihr nicht zugehörigen Menschen auszuschließen, legt er den Akzent auf ihren Charakter als Pastoralgemeinschaft, während die Glaubenskongregation stärker auf ihre Eigenschaft als Religionsgemeinschaft fokussiert.[284]

Wie bei Schillebeeckx und Sobrino kann auch Dupuis attestiert werden, konsequent die Weichenstellungen des II. Vatikanums hin zum Ausgangspunkt von den konkreten Lebenssituationen der Menschen und der pastoralen Neuformulierung der kirchlichen Lehre aufgenommen und auf seine spezifische Fragestellung angewandt zu haben. Die Position der Glaubenskongregation in der Auseinandersetzung hat sich wiederum als weitgehend vom Kontext abstrahierendes Bemühen erwiesen, die Identität der Kirche durch Wiederholung der überlieferten lehramtlichen Überzeugungen zu sichern und damit den Gläubigen eine sichere und verlässliche Hilfestellung zu geben.

284 Vgl. für den Unterschied im Zusammenhang mit dem II. Vatikanum *Sander*, Urbi et Orbi.

KAPITEL 6

Christologie – notwendig eine Konfliktgeschichte?

> Wenn Konflikte sachlich gesehen *Ausdruck* von Widersprüchen sind, dann sind sie, wenn man sie zum Austrag kommen läßt, zugleich der *Weg*, um sie zu überwinden. Aber dann sind es die Widersprüche selbst, denen man nachgehen muß, da sie den Schlüssel zur Deutung des Konfliktes und zur Überwindung seiner Ursachen liefern, und nicht die Personen, in denen die Widersprüche laut geworden sind.[1]

In diesem Plädoyer für eine positive Sicht auf Konflikte und Gegensätze orientiert sich Max Seckler an der Überzeugung, das Leben existiere nur in Gegensätzen, und verweist auf die eingangs erwähnte soziologische Konfliktforschung, die – bei aller internen Diversität – soziale Konflikte (meist zwischen Individuen, Individuen und Gruppen oder Gruppen oder anderen gesellschaftlichen Assoziationen wie Staaten) als wichtige Momente im Prozess des gesellschaftlichen Wandels versteht, da sie Entwicklungen vorantreiben.[2] Von anderen Formen der Interessensausgrenzung werden soziale Konflikte vor allem dadurch abgegrenzt, dass in ihnen Macht- und Herrschaftsmittel eingesetzt werden; bei sozialen Konflikten kommt die Durchdringung sozialer Ebenen hinzu, d. h. bestimmte gruppenförmige Auseinandersetzungen dehnen sich in die gesellschaftliche Makroebene wie in die soziale Mikroebene aus.[3] Die in dieser Arbeit untersuchten Konflikte zwischen einzelnen Theologen und der Glaubenskongregation können daher – bei Berücksichtigung der wichtigen Eigenheiten durch den Bezug auf die Offenbarung – als solche charakterisiert werden, zumal sie sich als Konflikte um die Gültigkeit von Normen und Werten

---

1 *Seckler*, Konflikt 95, Herv. im Orig. Schwarz stellt die gegensätzlichen Prinzipien heraus, die gut auszubalancieren sind: »Der Sinn von Konflikten besteht darin, vorhandene Unterschiede zu verdeutlichen und fruchtbar zu machen. […] der Sinn von Konflikten ist das Herstellen einer Gruppeneinheit.« (*Schwarz*, Konfliktmanagement 16. 20.) Als weitere Aspekte nennt er u. a. die Entwicklung von Komplexität und die Garantie von Gemeinsamkeit und Veränderung.

2 In einer differenzierten Systematik von Konflikten sind die inter-personalen, Inter-Gruppen- und Inter-Staaten-Konflikte noch durch intra-personale zu ergänzen. Für die Fragestellung dieser Arbeit nach Konflikten zwischen Theologen und der Glaubenskongregation bzw. dem kirchlichen Lehramt können letztere aber vernachlässigt werden, zumal über mögliche intra-personale Konflikte auf Seiten der beteiligten Personen in der Regel keine Kenntnis vorliegt. Vgl. ausführlich zu unterschiedlichen Konfliktkonstellationen *Schwarz*, Konfliktmanagement, bes. 97–276.

3 Vgl. *Anhut*, Konflikttheorie 388f.

 | DOI:10.30965/9783657760190_007

auch in die Typologie der Rangordnungs-, Verteilungs- und Regelkonflikte einordnen lassen. Zudem setzt das Selbstverständnis der Glaubenskongregation, als Ausdruck des kirchlichen Lehramtes die Einheit und Identität der Kirche zu befördern bzw. zu schützen, eine klare Unterscheidung zwischen der Eigengruppe und der Fremdgruppe voraus. Dies entspricht nicht nur den eingangs genannten konfliktsoziologischen Überlegungen zur Identitätsbildung durch Abgrenzung, sondern teilt auch eine Voraussetzung der von Henri Tajfel und John Turner vertretenen Theorie sozialer Identität.[4]

Unter den in der Einleitung genannten Bedingungen thematischer wie struktureller Art kommen Konflikte mit ihrer konstruktiven und schöpferischen Kraft in den Blick und als Mittel, um die Dinge zu verändern, die den Widerspruch ausgelöst haben. Als Ursache sozialer Konflikte werden gesellschaftstheoretisch sowohl die vertikale Differenzierung wie eine geschlechtsspezifische Ungleichverteilung gesellschaftlicher Macht, Ungleichverteilung von Lebenschancen oder von sozialem, kulturellem oder ökonomischem Kapital als auch die horizontale Differenzierung, die beispielsweise durch unterschiedliche Identitäten oder Deutungen entsteht, ausgemacht. Dies bildet den Hintergrund für Secklers Überlegung, wenn Konflikte ein Gemeinwesen für geschichtliche Wandlungen offenhielten, wirke und arbeite in ihnen »das Leben selbst, das sich durch sie vor Verhärtungen und Einseitigkeiten schützt. Mehr noch: das Kennzeichen einer freien und zugleich lebendigen Gesellschaft ist der gestattete und ausgetragene Konflikt, so, wie es das Kennzeichen einer humanen Gesellschaft ist, daß sie die Konfliktaustragung bestimmten Regeln unterwirft.«[5] Dazu muss der schwächere Teil im Konfliktfall eine faire Chance haben, zu seinem Recht zu kommen, und die Konflikte müssen tatsächlich ausgetragen und nicht um der Einheit willen autoritär unterdrückt werden. Dies wird durch die geltende Verfahrensordnung für Lehrprüfungsverfahren allerdings nicht sichergestellt. Wenngleich zumindest die Konflikte nicht ohne Einbezug der Autoren einfach durch eine Entscheidung der Glaubenskongregation beendet worden sind, ist die Glaubenskongregation die Instanz, die sowohl die Anklage erhebt als auch die Plausibilität der Verteidigung beurteilt – die in den drei Verfahren beobachtete Praxis, keinen offenen Dialog mit den Autoren zu führen, sondern sie um Zustimmung zu den ihnen vorgelegten Texten zu bitten, verschärft dies lediglich. Denn damit werden die inhaltlichen Konflikte nicht ausgetragen. Auch die Einheit der Kirche sieht Seckler durch Konflikte dann nicht gefährdet, wenn die Einheit nicht

4 Vgl. dazu *Zick*, Konflikttheorie. Auch Schwarz betont, das Finden von Identität gehe immer mit Konflikten einher; vgl. *Schwarz*, Konfliktmanagement 26.

5 *Seckler*, Konflikt 95.

als größtmögliche Homogenität, also als Abwesenheit innerer Gegensätze, sondern als Gemeinschaft verstanden wird, die Gegensätze aushalten, ihren befruchtenden Zusammenstoß ermöglichen und Konflikte durchstehen kann. Seckler argumentiert dafür, »ein anderes Einheitsdenken zu entwickeln, ein Einheitsdenken, das nicht quantifizierend bei der Einzahl der Ein-förmigkeit, der Ein-tönigkeit und Einerleiheit stehen bleibt, sondern *Einheit als eine Kraft* versteht, *die die Vielen zusammenführt und zusammenhält über die Gegensätze hinweg*, ja die gerade die Gegensätze miteinander verbindet.«[6] Hier decken sich Secklers Überlegungen mit denjenigen von Simmel und Coser, wonach Konflikte leichter konstruktiv ausgetragen werden können, wenn interne Pluralität zugelassen wird und die soziale Struktur entsprechend flexibel ist. In einer solchen Gemeinschaft wissen sich Personen über sachliche Gegensätze hinweg zusammengehörig. Den notwendigen benennbaren Einheitspunkt sieht er im Bekenntnis zu Christus und zur Sache seines Evangeliums.[7] Als einheitsstiftend kann auch die gemeinsame Suche nach der Wahrheit fungieren, die kontrastiv erfolgen kann. Im Judentum können beispielsweise auch durchaus sich widersprechende Auslegungen für gültig erklärt werden, sodass die jüdische Identität nicht durch die Einheit der Überzeugungen, sondern durch die Einheit der Kommunikation sichtbar wird.[8] Konflikten kann ein erkenntnistheologisches Moment zukommen, nicht nur unterschiedliche Perspektiven zu verbinden, sondern auch die Herausforderungen aufzunehmen, die durch die neuen Frontstellungen aufgrund der vom II. Vatikanum angestoßenen Dialoge mit der Welt, anderen Kirchen und anderen Religionen entstanden sind. »Gerade als Störung und Infragestellung des Gegebenen bilden sie einen Ort theologischer Erkenntnis, der Lernprozesse anstößt, mit fremden Perspektiven konfrontiert und darin neue Aspekte einer Wahrheit ans Licht bringen kann, deren Fülle Gott selbst vorbehalten bleibt.«[9] Die von

---

6 *Seckler*, Konflikt 97, Herv. im Orig. Stützen kann sich ein solches Einheitsverständnis u. a. auf Nikolaus Cusanus' Gedanken der Einheit, die die *coincidentia oppositorum* umfasst. Vgl. auch die Plädoyers für ein Verständnis von Katholizität als Integration der Gegensätze (vgl. (vgl. *Kirschner*, Theologie 182–184) und für eine pastorale Einheit der Theologie bei *Bucher*, Theologie 131–137.

7 So auch Kirschner, da die Spannungen und Widersprüche des dialektischen Erkenntnisprozesses in den Konflikten der Geschichte nicht in einer theologischen Synthese aufgehoben werden können. »Der letzte Bezugspunkt ihrer Einheit und Wahrheit bleibt ›außerhalb‹ dessen, was theologische Arbeit begrifflich einholen kann: In ihrem Bezug auf Gott selbst, auf das Lebenszeugnis Christi als eschatologischem Ereignis der Offenbarung Gottes, auf die eschatologische Vollendung am Ende der Zeit.« (*Kirschner*, Theologie 182.)

8 Vgl. z. B. *Klein*, Alternative 272 und ausführlicher zu dieser Frage *Fornet-Ponse*, Ökumene 357–376.

9 *Kirschner*, Zielsetzung 7.

Kirschner angenommene Grundlage unterschiedlicher Epistemologien und Glaubenshermeneutiken für Konflikte zwischen Glaubenskulturen innerhalb und zwischen Religionen hat sich deutlich bei den Auseinandersetzungen zwischen den untersuchten Theologen und der Glaubenskongregation gezeigt. Das Gleiche gilt für die von ihm damit verbundenen unterschiedlichen »Positionierungen gegenüber den normativen Ansprüchen der Moderne und den Pluralisierungsprozessen der Spätmoderne«[10] – und ihre Zuspitzung in der Debatte um die Deutung des II. Vatikanums. Sie lassen sich überdies gut mit unterschiedlichen Akzentsetzungen und Verhältnisbestimmungen im Bereich der *loci theologici* erläutern, insofern deren Pluralität unterschiedliche Antworten im Blick darauf ermöglicht, was alles als theologischer Ort gilt oder bestimmt werden kann, wie sie sich zueinander verhalten, wie sie hermeneutisch zu erschließen sind und nach welchen Kriterien auf sie theologisch rekurriert wird.[11]

Zur produktiven Bewältigung von Konflikten wurden in der Theologiegeschichte verschiedene Modelle eingesetzt – seien es die scholastische Disputation oder die Verhaltensvorschläge für den Abt in der Benediktsregel. Sie teilen die Grundhaltung, »dass Menschen auf der Suche nach der Wahrheit multiperspektivisch vorgehen müssen«[12], weshalb immer die unterschiedlichen Parteien und Wahrheitsansprüche zu berücksichtigen sind. Von den von Simmel genannten Formen, einen Konflikt zu beenden – Wegfall des Streitobjekts, Sieg, Versöhnung oder Kompromiss – zielen diese Modelle auf einen Kompromiss und sei es nur darüber, dass eine Frage nicht entschieden werden kann und unterschiedliche Konzeptualisierungen möglich sind. Ein gutes Beispiel einer produktiven Konfliktbewältigung ist das II. Vatikanum mit dem immer wieder feststellbaren Kompromisscharakter seiner Texte, der mit Seckler in vielen Fällen als »kontradiktorischer Pluralismus«[13] bezeichnet werden kann. Dieser Charakter ermöglicht die andauernde Diskussion um die »eigentliche« Interpretation des Konzils, die – wie im ersten Kapitel beschrieben – zuweilen sehr gegenläufige Tendenzen aufweist. Dass sich auch Vertreter und Vertreterinnen einander widersprechender Positionen auf das Konzil berufen können, hängt genau mit dieser besonderen vom Konzil entwickelten Kompromissform zusammen. Zwar sind Kompromisse im Laufe der Konzilsgeschichte immer wieder zu finden, seien es Sachkompromisse, die wie

10 *Kirschner*, Projektidee 19.

11 Vgl. *Kirschner*, Projektidee 21–25 mit den dortigen Verweisen auf die jüngeren Lehrbücher zur theologischen Erkenntnislehre, die auf dem Ansatz der *loci theologici* gründen. Ähnlich schon *Rahner*, Lehramt 83f.

12 *Wodtke-Werner*, Beste 38.

13 Vgl. *Seckler*, Kompromiß 108 sowie *Pesch*, Konzil 151f.

bei den altkirchlichen Bekenntnissen auch im kleinsten gemeinsamen Nenner bestehen können, oder dilatorische Kompromisse, bei denen wie im Rechtfertigungsdekret des Konzils von Trient Mehrdeutigkeit zugelassen und die gegenwärtige Unentscheidbarkeit der Frage ausgedrückt wird, um keine einzelne theologische Schulmeinung zu bevorzugen. Gerade letztere waren möglich, weil interne Pluralität zugelassen wurde, ohne dadurch die kirchliche Identität infrage gestellt zu sehen. Die Kompromissform des »kontradiktorischen Pluralismus« hingegen ist neu und hängt auch mit der Gruppendynamik sowie dem pastoralen Charakter des Konzils zusammen, da durch den Verzicht auf dogmatische Entscheidungen keine Positionen verurteilt werden müssen. »Entscheidend ist, daß mancher Text nur durchgebracht werden konnte, nach dem Prinzip: Nimmst du meinen Text, dann konzediere ich dir den Deinen.«[14] So konnte die Mehrheit der Konzilsväter die Lehre von der Kollegialität der Bischöfe ohne massive Kampfabstimmung durchsetzen, weil sie der Minderheit zahlreiche Passagen zur Primatialgewalt des Papstes zugestand. Eine solche Abstimmung wäre von der Geschäftsordnung des Konzils gedeckt gewesen, die lediglich eine Zweidrittelmehrheit verlangt, um Konzilstexte zu verabschieden.[15] Diese Zweidrittelmehrheit wurde in der Regel schon bei den Zwischenabstimmungen auch bei größerem Widerstand der Konzilsminorität erreicht. Daher kann die weitere Arbeit an den Texten, die zu einer weit größeren Zustimmung in der Schlussabstimmung führte, als Hinweis darauf verstanden werden, sich am altkirchlichen Konsensprinzip insofern zu orientieren, als die im Rahmen der (insbesondere zeitlichen) Begrenzungen größtmögliche Zustimmung erzielt werden sollte. Mit Blick auf die für das Dogma geforderte Einmütigkeit ist ein solches Vorgehen der Sache sehr dienlich, »und zwar deshalb, weil es zur Ausarbeitung von *Kompromissen* zwischen divergierenden Gruppen und Auffassungen ansporntׂ«[16]. In den Sachkompromissen oder dilatorischen Kompromissen früherer Konzilien wird dies deutlicher als in den Kompromissen des II. Vatikanums, in denen oft keine wirkliche Vermittlung der Gegensätze erfolgte und gegensätzliche Positionen unvermittelt nebeneinander stehen. Zudem suggeriert es auf der Textebene diachrone Einmütigkeit und damit Kontinuität, wenn »Aussagen unterschiedlicher Intention und Herkunft«[17] unkommentiert kompiliert werden, wobei die somit im Text verborgenen oder angelegten Konflikte in

---

14 *Pesch*, Konzil 152; vgl. *Seckler*, Kompromiß 109, der daher zugespitzt von der »reziproken Unehrlichkeit« spricht.

15 Vgl. Art. 39; dazu *Seckler*, Kompromiß 102.

16 *Seckler*, Kompromiß 103, Herv. im Orig.

17 *Knop*, Hermeneutik 259.

der Rezeptionsgeschichte deutlich zutage treten. Als Konsequenz aus dieser für das II. Vatikanum besonderen Kompromissform und der für alle Konzilien geltenden Grundregel, Konzilien nie gegen die Tradition auslegen zu können, kann in vielen Fällen, in denen etwas besonders eingeschärft wird, vermutet werden, dass gerade dies relativiert und abgeschwächt werden soll.[18] Als Beispiel nennt Pesch den Wunsch der Konzilsmehrheit, zentralistische Entwicklungen der letzten Jahrhunderte zurückzudrängen und stattdessen den communio-Charakter der Kirche zu betonen. Wegen der Bedeutung der Tradition für die Konzilsauslegung musste hier der Eindruck erweckt und verstärkt werden, »daß die neuen Gedanken über die Universalkirche als Gemeinschaft von Teilkirchen und über die Bischöfe als ›Kollegen‹ des Papstes ›nur‹ eine Hinzufügung zum bisher Geltenden seien, eine Erweiterung des Rahmens, in dem die jüngere Tradition des ausgestalteten Papstamtes nur umso schöner und glaubwürdiger verlustlos einbehalten sei«[19]. Solche Bekundungen der Treue und der Kontinuität zur Tradition finden sich meist in Nebensätzen oder Parenthesen.

Auch weitere Aspekte dieser Kompromissform verdanken sich dem pastoralen Charakter des Konzils: Zunächst werden keine Positionen verurteilt und Ausschließungsmechanismen befördert, indem andere dogmatisiert werden, und damit eine einschließende Haltung eingenommen und ein Pluralismus von gegenläufigen und sogar widersprüchlichen Überzeugungen zugelassen. Epistemologisch plausibilisiert werden kann dies durch die unvermeidbare Begrenztheit jeder einzelnen Position, die immer nur aus einer spezifischen Perspektive formuliert und daher durch andere ergänzt werden kann – was im Falle der Kompromissform des »kontradiktorischen Pluralismus« auch über die Komplementarität einander nicht ausschließender

18 So die dritte Auslegungsregel bei *Pesch*, Konzil 154. Dagegen wendet sich *Voderholzer*, Geist 181: »Hier wird der Geist nicht nur jenseits des Buchstabens zu finden versucht, sondern der Buchstabe wendet sich gegen sich selbst und gegen den Geist.« Voderholzer bezieht sich zwar nicht ausdrücklich auf die Frage des kontradiktorischen Pluralismus, spricht aber davon, der grundlegende Kompromiss sei eine Synthese, womit er eine deutlich »harmonischere« Lesart vorschlägt als beispielsweise Seckler oder Pesch. Striet betont ausgehend vom Anliegen des *Aggiornamento*, damit rufe das Konzil zu seiner Selbsthistorisierung auf, weshalb es nicht wollen könne, auf seinen Buchstaben festgelegt zu werden. »Vielmehr ruft es dazu auf, es dann zu überwinden, wenn aufgrund sich verändernder Zeiten und neuen Wissens über die Welt und den Menschen neue Fragen zu stellen sind.« (*Striet*, Vatikanum 112.)

19 *Pesch*, Konzil 154. Ein ähnliches strategisches Vorgehen findet sich bei vielen Errungenschaften, beispielsweise der Gewissens- und Religionsfreiheit, wo die Differenz zu *Mirari vos* kaum zu übersehen ist.

Auffassungen hinausgeht.[20] Indem solche Spannungen in die Texte eingetragen wurden, bieten sie der Konzilsauslegung die Möglichkeit, sie produktiv aufzunehmen und einseitige Stellungnahmen oder Weiterführungen zu vermeiden. Wie erfolgreich dies gelingen kann, zeigt die im Judentum weit verbreitete »Hermeneutik der Kontroverse«, die sogar so weit gehen kann, dass gemäß Traktat *Erubin* des Babylonischen Talmuds zwei einander widersprechende Positionen beide als gültig angesehen werden können, da die Einheit nicht in der Einheit der Überzeugungen, sondern in der Einheit der Kommunikation besteht. Mehr noch, gerade im Talmud geht es immer wieder darum, den Diskurs offen zu halten, weswegen auch die im Disput unterlegenen Positionen überliefert werden. Daher fällt die Entscheidung, welche der beiden als gültig anerkannten, sich widersprechenden Positionen, halachisch verbindlich sein soll, auf diejenige, die den Diskurs offenhält: »Weil sie verträglich und bescheiden war, und sowohl ihre eigene Ansicht als auch die der Schule Schammais studierte; noch mehr, sie setzte sogar die Worte der Schule Schammais vor ihre eigenen.«[21] Damit einher geht ein Verzicht auf Eindeutigkeit, die zwar lehrmäßig aufrecht erhalten werden kann, sich in vielen konkreten pastoralen Situationen aber als wenig hilfreich erweist, in denen Abwägungen vorgenommen und Graubereiche berücksichtigt werden müssen sowie der Komplexität der Situation Rechnung getragen werden muss.[22] Diese Wahrnehmung der Komplexität der konkreten Situation in Verbindung mit der Pluralismus ermöglichenden Kompromissform unterstützt zudem die Überlegungen einer Historisierung und Kontextualisierung der kirchlichen Lehre. Danach ist auch ihr geschichtlicher Charakter festzuhalten und ist überhaupt erst so etwas wie Lehrentwicklung möglich, die an der Relevanz der Lehre für die je jeweilige geschichtliche Situation orientiert ist. Dies wiederum legt einen Methodenpluralismus nahe, mit dem den Anfordernissen der spezifischen Situationen begegnet werden kann und der es ermöglicht, durch unterschiedliche Perspektiven den Reichtum der Tradition zu entdecken.

---

20 »Im Kompromiß wird der Endlichkeit der Partner, die im von *allen* verantwortbaren gemeinsamen Nenner sich finden, ebenso Rechnung getragen wie der Universalität der Wahrheit, der im Medium der Universalität der Zahl (also in moralischer Einstimmigkeit) zu entsprechen ist.« (*Seckler*, Kompromiß 104, Herv. im Orig.)

21 Er 13b. Vgl. dazu *Fornet-Ponse*, Komplementarität und ausführlicher *Fornet-Ponse*, Ökumene 340–343.

22 Deutlich zeigt sich dies an der Diskussion um *Amoris Laetitia*, besonders die Fußnote 351 zu Nr. 305. Vgl. dazu *Knop/Loffeld*, Bischofssynode.

6.1 Die untersuchten Christologien als Ausdruck einer notwendigen Pluralität von Christologien?

Der sich im Methodenpluralismus ausdrückenden erkenntnistheoretischen Bescheidenheit fühlen sich auch die drei untersuchten Autoren verpflichtet, da sie keinen Universalitätsanspruch für ihre Position erheben, sondern sich lediglich darum bemühen, in ihrer konkreten geschichtlichen Situation eine für diese Situation hilfreiche und der Tradition des Christentums nicht widersprechende, sondern in ihr angelegte, Christologie zu entwickeln. So sehr sich ihre jeweiligen Antworten inhaltlich unterscheiden mögen, so sehr ähneln sie sich in diesem Anliegen, das für kontextuelle Theologien grundlegend ist. Sie orientieren sich am hermeneutischen Zirkel zwischen Text (dem Kanon und der christlichen Tradition) und dem Kontext. »Ist der Kontext das *Relevanzkriterium*, dann ist der Text das *Identitätskriterium* jeder kontextuellen Theologie. Die Kriterien für die kontextuelle Theologie werden also gewissermaßen im hermeneutischen Prozess selbst generiert.«[23] Dieser hermeneutische Zirkel ist zwar für kontextuelle Theologien prägend und stilbildend, aber nicht auf sie beschränkt, da er der pastoralen Ausrichtung des II. Vatikanums und der dort geforderten Orientierung an »Freude und Hoffnung, Trauer und Angst der Menschen von heute« sowie den Zeichen der Zeit, die im Licht des Evangeliums zu deuten sind, entspricht. Diese Orientierung an ihrem jeweiligen Kontext – bei Schillebeeckx die säkulare Moderne in Westeuropa seit den 1960er Jahren, bei Sobrino die von Armut und (struktureller) Unterdrückung geprägte Situation Lateinamerikas, bei Dupuis der Kontext der religiösen Pluralität Asiens – vermag die inhaltlichen Unterschiede bzw. unterschiedlichen Akzentsetzungen zu erklären.

Edward Schillebeeckx adressiert vor allem die hermeneutische Frage, wie eine Glaubenssprache aussehen kann, die für seine Zeitgenossinnen verständlich ist, die aufgrund ihrer veränderten Verstehenshorizonte keinen Zugang mehr zur traditionellen Glaubenssprache haben und die daher die überlieferten lehramtlichen und besonders konziliaren Glaubensformulierungen nicht nachvollziehen können. Damit einher geht die Einsicht in die Rolle der Geschichte für den Glauben und sein Verständnis. Diese sind verbunden mit der Unterscheidung zwischen Glaubensaussagen ersten Grades, die direkt mit der Erfahrung zusammenhängen und primär kerygmatisch sind, und denjenigen zweiten Grades als explizite Glaubensbekenntnisse, deren Bezug zur

---

23 *Küster*, Einführung 60, Herv. im Orig. Wichtig ist dabei die Balance: »Das notwendige Interesse an den Kontexten darf nicht dahin führen, dass der Blick für den Text verloren geht.« (*Waldenfels*, Kontextualität 256.)

Erfahrung Jesu durch diejenigen ersten Grades vermittelt wird und die deren Implikationen entfalten. Der Bezug auf die Erfahrung mit ihrer Spannung zwischen Vergleichbarkeit und Unverrechenbarkeit begründet Pluralität und befördert damit (potentielle) Konflikte schon am Anfang der Christologie, was sich verstärkt, wenn es um ihre Vermittlung geht. Indem er den Menschen seiner Gegenwart den Glauben an Gott erhellen will und daher auf ihre Probleme, die chalkedonische Formel zu verstehen, reagiert, setzt er sich ein dezidiert pastorales Ziel. Dies entspricht den Weichenstellungen des Konzils sowohl in der Verhältnisbestimmung von Pastoral und Dogmatik als auch in der neuen Perspektive auf das »Außen« der Kirche, das nun konstitutive Bedeutung für das »Innen« erhält. Schillebeeckx setzt bei der pastoralen Situation der Glaubenden und ihrer konkreten Orte ein und will ihnen eine aus dieser pastoralen Absicht geprägte Handreichung bieten, mit denen sie den Weg der ersten Christen nachvollziehen können. Dazu ist seiner Ansicht nach eine »kritische Korrelation bzw. Interrelation« zwischen der christlichen Erfahrungstradition und den stark von einem Pluralismus der Wirklichkeitsverständnisse und Wertvorstellungen geprägten Erfahrungen der gegenwärtigen Menschen nötig. Er wählt also einen personalistisch geprägten induktiven Ansatz und betont die gesellschaftsnotwendige und gesellschaftsbezogene Relevanz des Christentums und den engen Zusammenhang von Kirche und Welt sowie von Orthodoxie und Orthopraxis. Damit kommt seiner Ansicht nach der Kirche die Aufgabe zu, das Heil von Gott her zur Sprache zu bringen, ausdrücklich zu bekennen, prophetisch zu verkünden und liturgisch zu feiern – und dies immer in Bezug auf das erfahrbare Geschehen in der Welt. Darin fügt sich die Grundperspektive seiner christologischen Überlegungen ein, in Jesus die geschichtliche definitive Grundlage für die Treue Gottes zum Menschen und die Gegentreue des Menschen zu Gott im offenen Weg der Geschichte zu sehen, da Jesus das bestätigt und verifiziert, was Heil-von-Gott-her für den Menschen bedeutet, und dem Menschen die von Gott gewollte Selbstrealisation als gelingendes und glückendes Menschsein erschließt.[24] Mit Blick auf die gegenwärtige Verständlichkeit des christologischen Glaubens an Jesus setzt er bei dem Glaubensweg der Jünger ein und analysiert historisch die Geschichte Jesu, um den Glauben an ihn zu plausibilisieren. Im Zentrum stehen daher die historische Botschaft und Lebenspraxis Jesu einschließlich seines Todes sowie die frühen christlichen Interpretationen des auferstandenen Gekreuzigten. Denn »es sind doch diese Botschaft und diese Taten, die ganze geschichtliche Erscheinungsweise Jesu, die bestimmte Menschen dazu gebracht haben, in ihm ›den Christus‹ – entscheidendes Heil von Gott her – in einem Glaubensakt

24 Vgl. *Schillebeeckx*, Menschen 186.

zu erkennen, der sie selbst auch mit sich selbst versöhnte.«[25] Die Reaktion der Menschen auf das Ursprungsereignis und damit die Glaubensgemeinschaft mit ihren sich verändernden Verstehenshorizonten und kulturellen Situationskontexten bleiben somit unverzichtbar, um sich Jesus von Nazaret und seinem Angebot anzunähern. Weil dies unterschiedliche Zeugnisse ermöglicht, sind auch mögliche Konflikte zwischen diesen Zeugnissen – und wiederum die Zeugnisse dieser Konflikte (beginnend mit dem Apostelkonzil) – schon am Anfang der Christologie angelegt. Schillebeeckx arbeitet das Jesus-Bild des eschatologischen, d. h. des für die gesamte kommende Weltgeschichte bedeutenden Propheten heraus, wobei sich Lebensweg, Botschaft, Tod und Bekenntnis zur Auferstehung gegenseitig beleuchten. Sie machen zudem die Ausrichtung Jesu auf das Reich Gottes, das in sich schon ein Konflikt-Faktor ist, sowie den inneren Zusammenhang zwischen seiner Botschaft der kommenden Gottesherrschaft und ihm als Verkünder deutlich. Darin drückt sich auch sein besonderes Gottesverhältnis aus, dem sein Selbstbewusstsein entspricht, in besonderer Weise Sohn dieses Vaters zu sein. Das von Jesus verkündete Reich Gottes bedeutet real konkret zu vollziehende Gerechtigkeit und Liebe und umfasst sowohl den dynamischen, auf die Gegenwart bezogenen Charakter, d. h. das Geschehen, mit dem die Herrschaft Gottes beginnt, als auch den endgültigen Heilszustand.[26] Ein weiteres wichtiges Element der Botschaft und des Handelns Jesu ist die Einheit von Orthodoxie und Orthopraxis. Die radikal menschenzugewandte Lebenshaltung Jesu entspringt seinem besonderen Gottesverhältnis, das sich dem »Abba-Erlebnis« der besonderen Zugehörigkeit und des innigen Verhältnisses zu Gott, der den Menschen zugewandt ist und sie befreien will, verdankt. Insofern das Handeln Jesu seine Verkündigung des Reiches Gottes erhellt, fungiert die Praxis als hermeneutisches Prinzip, womit Kontextualität und Geschichtlichkeit sehr bedeutend für die Nachfolge Jesu werden. Fokussiert Schillebeeckx stark auf das menschliche Wesen Jesu und will er nicht von Gottheit und Menschheit als zwei »Komponenten«, sondern als zwei Gesamt-Aspekten sprechen, insofern sich in der wirklichen Menschheit das »Von-Gott-Sein« realisiert, wählt er angesichts des für ihn maßgeblichen Verstehenshorizontes der säkularen Moderne eine von den überlieferten konziliaren Glaubensformulierungen deutlich unterschiedene Sprache. Er adressiert die christologische Grundfrage einer angemessenen Sprache für das singuläre Christusereignis und wählt die Option, keine allgemeine Sprache dafür finden zu wollen, sondern je kontextuelle – was in den Konflikt mit der Glaubenskongregation führt, die

---

25 *Schillebeeckx*, Auferstehung 38.
26 Vgl. *Schillebeeckx*, Jesus 125.

ihre Aufgabe so versteht, vor allem den allgemeinen Charakter zu betonen. Die Besonderheit Jesu drückt er aus, indem er die einzigartige Zuwendung des Vaters zu Jesus als tragenden Grund der einzigartigen Zuwendung Jesu zum Vater ansieht und dies die Deutung Jesu als Offenbarung Gottes bzw. der Fülle der absoluten Einheit des trinitarischen Gottes ermöglicht. Vor dem Hintergrund des modernen Personbegriffs und der von ihm zugrundegelegten relationalen Ontologie spricht er von der (begrenzten) personal-menschlichen Seinsweise und einer mit dieser identischen göttlichen Weise von Person und davon, dass der Mensch Jesus eine konstitutive (Sohn-)Beziehung zum Vater ist. Die Bedeutung der Erfahrung in Schillebeeckx' Theologie schlägt sich christologisch deutlich auch in der Deutung der Auferstehung nieder, wo der objektive Aspekt der Erhöhung Jesu bei Gott und der subjektive Aspekt der in den Berichten der Ostererscheinungen ausgedrückten Glaubenserfahrung der Jünger und des dadurch ausgelösten Bekehrungsprozesses untrennbar miteinander verbunden werden. Die Glaubenserfahrung ermöglicht den Jüngern den Einblick in die Auferstehung, ohne die keine Osterfahrung möglich ist.

Neben dieser Bedeutung der Erfahrung und damit des subjektiven Aspekts sind es vor allem die zugrundeliegende relationale und personalistische Ontologie sowie der starke Fokus auf hermeneutische Fragen einschließlich des dadurch nahegelegten eher induktiven Vorgehens (und damit einer Akzentsetzung auf das menschliche Leben Jesu), worin sich der moderne Kontext Schillebeeckx' auswirkt und was die beschriebenen Konfliktlinien mit der Glaubenskongregation verursacht. Darüber hinaus teilt er das pastorale Anliegen des Konzils einer erneuerten Glaubenssprache angesichts der jeweiligen Herausforderungen der Zeit sowie der wechselseitigen Verhältnisbestimmung von Kirche und Welt bzw. »Innen« und »Außen« der Kirche und unterstreicht den engen Zusammenhang von Orthodoxie und Orthopraxis.

Kommt die Kontextualität seiner Theologie somit im Ansatz Schillebeeckx' auch explizit vor bzw. wird unter dem Blickwinkel der sich verändernden Verstehens- und Interpretationshorizonte erörtert, wird dies bei Jon Sobrino noch weiter zugespitzt, dessen Theologie sich der Befreiungstheologie und damit einer sich explizit als kontextuell bezeichnenden Theologie zuordnet. Diese Selbstbezeichnung bzw. dieses Selbstverständnis verdankt sich neben politischen Entwicklungen vor allem theologischen und philosophischen Einsichten in die unhintergehbare Kontextualität jeglichen philosophischen und theologischen Denkens und kann sich katholischerseits u. a. auf die ekklesiologischen Weichenstellungen des II. Vatikanums und insbesondere auf die Wechselseitigkeit von »Innen« und »Außen« berufen. Sie geht überdies einher mit einer radikalen Kritik am Geltungsanspruch der abendländischen Theologie aufgrund des darin wirksamen Eurozentrismus. Mit ihrer Forderung, den eigenen Kontext zu reflektieren und eine für diesen Kontext relevante Theologie zu entwickeln, plädiert sie zugleich für eine epistemologische Pluralisierung und betont den Praxischarakter der Theologie und ihre Mitwirkung an der gesellschaftlichen Transformation, womit auch hier der untrennbare Zusammenhang von Orthodoxie und Orthopraxis eine wichtige Rolle spielt. Indem die Praxis bzw. das Engagement als erster Akt der Theologie gilt, kann auch von einem epistemologischen Bruch mit der abendländischen Theologie gesprochen werden. Hinzu kommt ein zirkulärer Grundzug, indem sich Text und Kontext gegenseitig erhellen. Zentral für die Theologie Sobrinos ist auf dieser Grundlage seine Ausrichtung auf seinen konkreten Kontext in Lateinamerika, insbesondere dessen politische, sozio-ökonomische, kulturelle und religiöse Realität, die zutiefst von struktureller Ungerechtigkeit und Armut geprägt ist und daher in der lateinamerikanischen Kirche zum klaren Bekenntnis für die »Option für die Armen« in Medellín 1968 geführt hat. Auch die von der lateinamerikanischen Befreiungstheologie stark akzentuierte Volksreligiosität und das »Hören auf das Volk« schlagen sich bei Sobrino erkennbar wieder. Da die Befreiungstheologie als die Theologie gelten kann, mit der die von Medellín organisierte nachkonziliare Kirche die Anregungen des II. Vatikanums aufnehmen will, reiht sich Sobrino in die Rezeption des Konzils in Lateinamerika ein. So ist die Analyse der Zeichen der Zeit hinsichtlich der (zeichenhaften) Präsenz Christi in der Gegenwart von großer Bedeutung und das pastorale Anliegen zeigt sich zunächst darin, eine Christologie zu entwickeln, die kein Handbuch sein will, sondern der Versuch (!), die befreiende Botschaft des Evangeliums in den spezifischen Kontext Lateinamerikas hinein angemessen zu vermitteln. Darüber hinaus ist diese Christologie als eine Mystagogie zu verstehen, die den Menschen den Weg Jesu zeigen möge, auf dem sie dem Geheimnis Gottes begegnen können – was eine Gemeinsamkeit mit dem Grundanliegen Schillebeeckx' ist. Beide bewegen sich damit konstitutiv an einer Sprachgrenze, was bei Schillebeeckx mit seiner hermeneutischen Reflexion auf die Verstehenshorizonte explizit reflektiert wird, wohingegen Sobrino dies vermutlich auch aufgrund seiner ignatianischen Prägung eher voraussetzt. Aber auch ihm geht es um die Relevanz und Verständlichkeit in seinem spezifischen Kontext, weswegen er beispielsweise die konziliaren Formulierungen als Normen anerkennt, gleichwohl aber ihre Unterschiede zum Neuen Testament und ihre Grenzen aufgrund ihres Fokus auf ontologischen Fragen herausarbeitet. Inhaltlich schlägt sich der von Armut und Unterdrückung geprägte Kontext Lateinamerikas in der Grundanlage der Christologie nieder, die die Spannung von Kreuzigung und Befreiung aufnimmt. Daher wendet sich Sobrino – ähnlich wie Schillebeeckx – zunächst dem Menschen Jesus von Nazaret mit seinem Leben und Wirken (dem

»irdischen Jesus«) und dem befreienden Charakter seiner Person und seiner Sendung in seinem Dienst am Reich Gottes, seiner Beziehung zum Vater und seinem Kreuzestod zu. Sein erkenntnisleitendes Interesse ist die Nachfolge Christi. Methodisch führen ihn die Option für die Armen und die Kontextualität der Theologie dazu, die Armen als theologischen Ort zu verstehen, da sie in Lateinamerika der Ort seien, von dem aus am besten die Quellen über Christi Vergangenheit und seine geschichtliche Gegenwart gedeutet werden können. Ihre umfassende (politische wie spirituelle) Befreiung, also die zu konkretisierende Utopie der Verwirklichung des Reiches Gottes, ist das theologische Ziel. Damit zusammenhängend bestimmt er die Kirche der Armen, d. h. eine Kirche mit den Armen als wichtigstem Subjekt und Prinzip des inneren Aufbaus, als den kirchlichen Ort einer lateinamerikanischen Christologie. Da die Armen bzw. in späteren Schriften mehr die Opfer den prophetischen wie evangelisierenden Jesus repräsentieren und Sobrino die Realität der Armen als ein Zeichen der Zeit in Lateinamerika versteht, gibt es bei ihm einen soteriologisch bedeutsamen hermeneutischen Zirkel zwischen den Armen und Christus.[27] Er setzt die Geschichte Jesu in Korrelation zur Lebenswirklichkeit der Glaubenden und fragt vor allem nach den Elementen, die die geschichtliche Praxis Jesu konfigurieren als eine Praxis, die die Realität der Opfer kritisiert und zu ihrer Transformation aufruft. Diese Transformation in Richtung einer Realität, die mehr und mehr das Reich Gottes erkennen lässt, erhält somit in Verbindung mit dem auch von Sobrino vertretenen Primat der Orthopraxis epistemische Bedeutung für die Christologie. Auf der Linie des epistemologischen Bruches kontextueller Theologien mit der abendländischen Tradition gilt die Praxis als erster Akt der Theologie, wodurch sie für diese Theologien auch den Rang eines *locus theologicus* erhält. Demzufolge wird von der Geschichte Jesu, seiner Praxis bis hin zu seinem Schicksal am Kreuz und seiner Auferstehung auf den verkündigten Christus geschaut, wobei diese methodisch-theoretische Rekonstruktion im Glauben der Kirche stattfindet. Die Konflikte Jesu sind bedeutend, was sich sowohl auf kommunikativer wie auf performativer Ebene ausdrückt, insofern der Fokus auf die Praxis weitere Konflikte mit der dem Reich Gottes noch nicht entsprechenden Gesellschaft

27 Dieser schließt die Christus-Erkenntnis einer ökonomisch reichen Kirche nicht aus und schränkt diese auch nicht notwendigerweise ein. Denn auch eine ökonomisch reiche Kirche kann sich als Kirche der Armen konstituieren, wenn die Option für die Armen leitend für sie ist und sie sich insofern dem Einsatz für die Armen und Unterdrückten verpflichtet. Universales Heilssakrament kann die Kirche sein (unabhängig von ihrem ökonomischen Status), wenn sie sich in einer Praxis engagiert, die dem Reich Gottes und dem Heil der ganzen Menschheit und nicht irgendwelchen Privatinteressen verpflichtet ist. (Vgl. dazu auch *Fornet-Ponse*, Theologie der Zeichen.)

sowie mit anders perspektivierten, beispielsweise stärker harmonisierenden, theologischen Ansätzen nach sich zieht. Sobrino betont die doppelte Relationalität Jesu Christi auf seinen Vater und das Nahen des Reiches sowie auf die kirchliche Praxis der nachösterlichen Gemeinden. Durch den Fokus auf die Praxis der Befreiung der Unterdrückten, der Solidarität mit ihnen und der Hinordnung auf das Reich Gottes ist der irdische Jesus Vorbild der Nachfolge, die diese Praxis fortführt. Darin wird er als letzte Norm akzeptiert. Diese Praxis erklärt auch, was Jesus unter Reich Gottes verstanden hat, und macht deutlich, dass die einzig angemessene Reaktion auf eine leidende und konfliktive Wirklichkeit das Engagement ist. Wegen dieser hermeneutischen Bedeutung der Geschichtlichkeit Jesu beginnt Sobrino bei der Sendung und dem Glauben Jesu und nimmt anschließend Kreuz, Auferstehung und die Entfaltung der Christologie seit dem Neuen Testament in den Blick. Im Mittelpunkt von Sendung und Glauben Jesu stehen die umfassenden Wirklichkeiten »Reich Gottes«, das parteilich für die Würde der Armen ist und universalen Charakter besitzt, und »Vater« als der personalen Wirklichkeit, die seinem Leben letzten Sinn verleiht. Aus seiner einmaligen Beziehung zum Vater heraus lebt Jesus absolutes Vertrauen und radikale Verfügbarkeit auf Gott hin, verkündet das Reich *Gottes* als das Letztgültige und Eschatologische, das alles andere infrage stellt, und verwirklicht es in seiner Praxis u. a. in Zeichenhandlungen. In dieser prophetischen Praxis verteidigt er den wahren Gott des Lebens und klagt die Götzen des Todes an, auf die sich das Antireich stützt. Dieser Konflikt aufgrund der Dialektik der Wirklichkeit zwischen Gott und den Götzen führt geschichtlich konsequent zu seinem Tod als Folge seiner Sendung. Als Konsequenz der Entscheidung Gottes für die Inkarnation ist das Kreuz Ausdruck der ohnmächtigen Liebe Gottes und die Auferstehung als befreiendes Handeln Gottes, das den Sieg des Lebens über den Tod zeigt, ermöglicht die Nachfolge, indem sie Glauben schafft und Hoffnung und Praxis hervorbringt. Die Nachfolge bestimmt Sobrino auch als das Element, das die von ihm vorgeschlagenen zwei Lektüreformen – die auf das Wirklichkeitsverständnis weisende formale und die epistemologisch-doxologische – der chalkedonischen Formel verbindet.

Die Grundcharakteristika der Christologie Sobrinos lassen sich anhand des von ihm vorgeschlagenen bzw. weiterentwickelten Theologumenons vom »gekreuzigten Volk« illustrieren, da dieses der Auseinandersetzung mit der geschichtlichen Realität entspringt, die in Lateinamerika als dialektisch-konfliktiv, politisch relevant und religiös bedeutend beschrieben werden kann. Die Bedeutung der Nachfolge und der Praxis werden in engem Kontext zu den Armen bzw. dem »gekreuzigten Volk« gesehen, da die erneuernde und aktualisierende Fortsetzung der Lebenspraxis Jesu zum Ziel hat, den Armen zu helfen und Unterdrückung zu beenden. Darüber hinaus wird durch den Blick auf das gekreuzigte Volk als den gegenwärtigen Leib Christi (vgl. Mt 25) eine kollektive und ekklesiologische Dimension in der Christologie wirksam. Der konkrete Kontext Lateinamerikas prägt auf diese Weise inhaltlich und durch den Fokus auf die Kirche der Armen und die Armen als theologischer Ort auch methodisch die Christologie Sobrinos, die ein gutes Beispiel für den von kontextuellen Theologien propagierten epistemologischen Bruch ist. Das pastorale Grundanliegen des II. Vatikanums wird dadurch und durch den mystagogischen Charakter aufgenommen. Wie bei Schillebeeckx spielen der Ansatz beim irdischen Leben Jesu sowie die enge Beziehung von Orthodoxie und Orthopraxis eine entscheidende Rolle.

Bei Jacques Dupuis wiederum ist für die inhaltlichen Akzentsetzungen und Unterschiede zwischen den untersuchten Autoren neben dem Kontext des religiösen Pluralismus in Asien – die Herausforderungen durch große Armut sind ihm bewusst, werden aber nicht in diesem Rahmen thematisiert –, der für seine Zeit in Rom prägend bleibt, auch sein anders gelagertes Anliegen zu berücksichtigen. Wenngleich er sich intensiv mit der Christologie beschäftigt hat, geht es ihm weniger explizit darum, eine für seinen Kontext verständliche und relevante Christologie zu entwerfen. Vielmehr hat er schon früh christologische Fragen eingebettet in seine Argumentation für die Möglichkeit einer für den interreligiösen Dialog geeigneten christlichen Theologie des religiösen Pluralismus, worin sie auch in der Auseinandersetzung mit der Glaubenskongregation thematisiert werden. Daher liegt der Fokus auf den Fragen der Heilsmittlerschaft Jesu Christi, der Offenbarung in ihm und des universalen Heilswirkens des Logos bzw. des Geistes. Der Kontext beeinflusst die Überlegungen Dupuis' mithin primär durch die Fragestellung und weniger als bei Schillebeeckx und Sobrino methodisch, wo er sich bewusst für den hermeneutischen Zirkel von den Fragen des Kontextes zum Leben und Glauben Jesu Christi und umgekehrt entscheidet. Er plädiert dafür, deduktive (dogmatische und genetische) und induktive Methoden zu verbinden und sieht ein Dreiecksverhältnis zwischen dem Text der Tradition, dem Kontext in seiner komplexen Wirklichkeit und dem Interpreten, der kirchlichen Gemeinschaft. Um Einseitigkeiten zu vermeiden, nimmt er die sich aus einem solchen Verhältnis ergebenden Spannungen in der Koordination der drei Größen bewusst in Kauf. Diese zeigen sich in der sehr kontroversen Diskussion über seinen Ansatz, in der sowohl ein zu starker deduktiver als auch ein zu starker induktiver Zugang kritisiert wird. Vor allem seine Argumentation für die christliche Theologie des religiösen Pluralismus entwickelt Dupuis sehr stark auf der Grundlage von Schrift und lehramtlicher Tradition, nimmt damit den überlieferten Glauben der Kirche explizit als Ausgangspunkt und sucht in diesem nach Ansatzpunkten für die von ihm als notwendig erachtete Öffnung auf eine positive Einschätzung anderer religiöser Traditionen. Auf diese Weise nimmt er die vom II. Vatikanum vorgenommene neue Verhältnisbestimmung von »Innen« und »Außen« der Kirche sowie die positive Haltung zu anderen Religionen auf; das Anliegen, die Theologie möge sich besser für den interreligiösen Dialog eignen, entspricht dem pastoralen Grundzug des Konzils. Darüber hinaus argumentiert er für einen Pluralismus an Christologien entsprechend der Diversität der Kontexte, da keine einzelne Theologie Gültigkeit für alle Orten und Zeiten beanspruchen könne. Auf den Begrenzungen der menschlichen Existenz angesichts der Grenzenlosigkeit Gottes basiert auch sein Argument, der Logos wirke universal und auch jenseits der Inkarnation in Jesus Christus. Mit einer trinitarischen und pneumatischen Christologie will er eine Dichotomie zwischen Logozentrismus und Christozentrismus überwinden und die Komplementarität verschiedener Elemente innerhalb einer einzigen Heilsökonomie herausstellen. Methodisch wichtig ist hierbei seine Unterscheidung zwischen Paradigmen als sich ausschließenden, da allumfassenden Interpretationsschlüsseln der Wirklichkeit, und deskriptiven Modellen, die sich ergänzen können, da sie einen Aspekt hervorheben, jedoch nicht absolut setzen. So können Christozentrismus und Theozentrismus als Modelle nützliche Akzentsetzungen sein, sodass eine Theologie theozentrisch sein kann, indem sie christozentrisch ist, wohingegen sie sich als religionstheologische Paradigmen ausschließen. Inhaltlich rekurriert er neben der Koextensivität von Heilsgeschichte und Weltgeschichte u. a. auf Johannes Paul II., der von einer wirksamen Gegenwart des Geistes im religiösen Leben von Nichtchristen und anderer religiöser Traditionen ausgeht, sowie auf das Dokument *Dialog und Verkündigung*, wo eine »teilhabende Mittlerschaft« anderer religiöser Traditionen am Heil ihrer Mitglieder angedeutet wird. Dabei sieht er die Möglichkeit einer (asymmetrischen) Komplementarität, indem zwar an der Fülle der Offenbarung in Jesus Christus – und an dessen personaler Identität als Sohn Gottes – festgehalten, diese aber qualitativ und nicht quantitativ verstanden wird. Damit setzt sich das vollständige Ganze der gott-menschlichen Beziehungen aus aufeinander bezogenen Wirklichkeiten zusammen. Die asymmetrische Komplementarität drückt sich darin aus, dass nicht-biblische Schriften manche Aspekte des göttlichen Mysteriums besser herausstellen können als biblische. Die geschichtliche Offenbarung in Jesus Christus ist qualitativ vollständig und geschichtlich unübertreffbar, aber nicht mit der eschatologischen Offenbarung Gottes zu identifizieren. Da gerade die menschlichen Begrenztheiten Jesu Christi als des inkarnierten Wortes ein universales Wirken des Wortes und Geistes in anderen religiösen Traditionen ermöglichen, kommt der Menschheit Jesu ein hoher Stellenwert in der Christologie Dupuis' zu. Mit dieser, d. h. der bleibenden Unterscheidung der beiden Naturen Christi, begründet er die Unterscheidung zwischen dem Wort als solchem und dem inkarnierten Wort, da das Wort ewig in Gottes Geheimnis fortbesteht und das Geheimnis der Inkarnation ein geschichtliches, partikulares und kontingentes Ereignis ist. Deswegen kann es ein Wirken des Wortes Gottes jenseits des menschlichen Tuns auch chronologisch nach der Inkarnation geben. Dupuis geht von der Einzigartigkeit und Universalität Jesu Christi aus, die in seiner konstitutiven Heilsbedeutung für die Menschheit besteht, da im Christusereignis ein nicht zu brechender Bund zwischen Gottheit und Menschheit geschlossen wird. Dieses Ereignis ist relational durch seine Beziehungen zum umfassenden Heilsplan Gottes und allen anderen göttlichen Manifestationen in der Heilsgeschichte. In der Einheit der Trinität betont er den Unterschied von Vater und Sohn und sieht distinkte, komplementäre und voneinander nicht zu trennende Funktionen des Sohnes und des Geistes in der einen Heilsökonomie. Dies ermöglicht es, eine positive Rolle anderer religiöser Traditionen im Heilsplan Gottes anzunehmen, dessen Einheit gegen eine Pluralität religiöser Ziele spricht. Das Christusereignis erschöpft das Heilshandeln Gottes nicht, sondern lässt den anderen religiösen Traditionen Raum für das Heil ihrer Angehörigen, was sich in ihrem Beitrag am Aufbau des Reiches Gottes zeigt. Die konstitutive Heilsbedeutung Christi schließt andere Heilsfiguren wegen der universalen Wirksamkeit des Wortes und Geistes nicht aus.

Prägend für die Christologie Dupuis' ist somit die Orientierung am »ungetrennt und unvermischt« des Chalkedonense, da er sorgfältig zwischen Unterscheidung, Trennung und Identifikation differenziert und dies beispielsweise auf die göttlichen und menschlichen Aktivitäten des Sohnes Gottes oder das Wirken des Geistes und des Sohnes innerhalb des einen göttlichen Heilsplanes anwendet. Diese Differenzierung erlaubt ihm das Verständnis der Fülle der Offenbarung in Jesus Christus als qualitativ einschließlich seiner konstitutiven Heilsbedeutung und die Rede von einer asymmetrischen Komplementarität biblischer und nicht-biblischer Schriften sowie des Christentums und anderer religiöser Traditionen. Von den Anliegen des II. Vatikanums wird die positive Haltung zu anderen Religionen aufgegriffen, die auf der veränderten Verhältnisbestimmung von »Innen« und »Außen« basiert, und mit der Bedeutung des Reiches Gottes für eine Religionstheologie und der Eignung für einen interreligiösen Dialog kommt der Praxis kriterielle Funktion zu.

Bei allen, in der Regel auf den Kontext und seine Besonderheiten zurückzuführenden, inhaltlichen Akzentsetzungen und Unterschieden, zeigen sich zentrale Gemeinsamkeiten bei Edward Schillebeeckx, Jon Sobrino und Jacques Dupuis, die über diese von allen geteilten pastoralen Grundorientierung des II. Vatikanums und einen damit verbundenen hohen Stellenwert der induktiven Methode hinausgehen. So betonen alle den hermeneutischen Zirkel zwischen Text und Kontext und beziehen die Glaubenden ein als Interpreten in ihrer Glaubensgemeinschaft – die einen gemeinsamen Verstehenshorizont teilende Interpretationsgemeinschaft, die Kirche der Armen als ekklesialer Ort der Christologie, die kirchliche Gemeinschaft, zu der Theologinnen und Theologen gehören. Diese Einbettung in die Gemeinschaft ist ein wichtiges und notwendiges Korrektiv angesichts der hohen Bedeutung des subjektiven Moments in allen drei Ansätzen, mit der das Offenbarungsverständnis des II. Vatikanums aufgenommen wird, das Offenbarung als Beziehungsgeschehen und Kommunikation versteht und damit den Fokus auf die einzelnen Menschen als Adressaten der Offenbarung lenkt. Dies schlägt sich in den einzelnen Ansätzen in der zentralen Stellung der Erfahrung, der je konkreten Nachfolge und der Wirksamkeit des Geistes in authentischen Gotteserfahrungen nieder. Schon in dieser Vermittlung von Subjektivität der einzelnen Offenbarungsempfängerin und der Objektivität der diachronen wie synchronen Glaubensgemeinschaft zeigt sich ihr Anliegen, sowohl die Relevanz der christlichen Botschaft für die Menschen in ihrem Kontext aufzuzeigen als auch der diachronen und synchronen christlichen Identität gerecht zu werden. Auch wenn sie dies explizit nicht bzw. nicht im christologischen Kontext thematisieren, geht diese Vermittlung mit einem Einheitsverständnis einher, das gerade wegen seiner Kontextsensibilität keine Ein-förmigkeit, Ein-tönigkeit oder Einerleiheit meint, sondern Konflikte und Gegensätze zulassen kann und damit Einheit nicht notwendigerweise durch theologische Konflikte gefährdet sieht. Vielmehr legt gerade Dupuis' Plädoyer für eine (asymmetrische) Komplementarität von biblischen und nichtbiblischen Schriften eine Komplementarität unterschiedlicher theologischer Ansätze innerhalb der einen christlichen Glaubensgemeinschaft nahe bzw. zwischen den verschiedenen christlichen Denominationen.[28] Die Einheit der Glaubensgemeinschaft besteht nach diesen Autoren primär darin, die konstitutive Bedeutung Jesu Christi – seine Einzigkeit – anzuerkennen, was wegen der Ausrichtung am Kontext und der Einsicht in die Geschichtlichkeit jeglicher Theologie Schillebeeckx und Sobrino dazu führt, sich nicht lediglich auf konziliare Formulierungen zu berufen, die Ausdruck der damaligen Verstehenshorizonte und Fragestellungen sind, die neutestamentliche Pluralität nicht vollständig abbilden und sich daher nicht eignen, in ihren jeweiligen Kontexten die Relevanz der konstitutiven Bedeutung Jesu Christi verständlich zu vermitteln.

28 Vgl. dazu auch die Überlegungen zur Komplementarität in der ökumenischen Theologie in *Fornet-Ponse*, Komplementarität.

Deswegen fragen sie vermittelt durch die verschiedenen und pluralen Glaubenszeugnisse der Tradition nach dem Phänomen Jesus von Nazaret, wie er auf Erden gelebt und gewirkt hat und von anderen verstanden wurde. Insbesondere seiner Verkündigung des Reiches Gottes und seinem Einsatz dafür sowie der damit verbundenen wechselseitigen Bezogenheit von Orthodoxie und Orthopraxis kommt ein sehr hoher Stellenwert für ihr Anliegen zu, eine für ihren jeweiligen Kontext angemessene, d. h. relevante und verständliche Christologie zu entwerfen. Denn als Kriterien verstanden erlauben sie es, Christologien zu kritisieren, die die Verwirklichung des Reiches Gottes im entsprechenden Kontext nicht befördern, weil sie beispielsweise eher Ausdruck von Partikularinteressen sind oder Unterdrückungsstrukturen (implizit) unterstützen bzw. zumindest nicht bekämpfen. Das Plädoyer für Pluralität und Komplementarität ist keines für Gleichgültigkeit, sondern erfordert die Unterscheidung der Geister, für die aus christlicher Sicht die Person Jesu Christi als Kriterium fungiert und die nach Ansicht der behandelten Autoren in der Auseinandersetzung mit der konkreten geschichtlichen Realität erfolgt.

Damit besteht eine weitere Gemeinsamkeit in der vorausgesetzten und je nach Ansatz mehr oder weniger ausführlich plausibilisierten Einzigkeit Christi als zentrales Identitätskriterium – sei es als der, dessen einzigartige Gottesbeziehung die Glaubenserfahrung der Jünger in ihrer Begegnung mit ihm ermöglicht, oder der, der aus seiner einmaligen Beziehung zum Vater heraus absolutes Vertrauen und radikale Verfügbarkeit auf Gott hin lebt und als Vorbild der Nachfolge als letzte Norm akzeptiert wird, oder als der, dessen personale Identität als Sohn Gottes seine konstitutive Heilsbedeutung und relationale Einzigartigkeit begründet. Während sie auf diese Weise dem Identitätskriterium Rechnung tragen wollen, nehmen sie das Relevanzkriterium durch ihre Orientierung an ihrem jeweiligen Kontext und dem Bemühen auf, eine für diesen Kontext verständliche und befreiende Christologie zu entwickeln (Schillebeeckx und Sobrino) bzw. eine christologisch fundierte und für den Dialog geeignete Theologie des religiösen Pluralismus vorzuschlagen (Dupuis). Indem sie mit diesem Bemühen ihre Fragestellungen in Auseinandersetzung mit ihrem Kontext generieren, zeigt sich ihre Orientierung an der pastoralen Grundperspektive des II. Vatikanums mit dem Fokus auf eine neue Darstellung des Glaubens sowie an der Einsicht in die konstitutive Bedeutung des Außen für das Selbstverständnis der Kirche. Die pastorale und praktische Dimension schlägt sich zudem nieder und ist ein weiteres Kriterium für die Relevanz, wenn Schillebeeckx und Sobrino ihre Ausführungen ausdrücklich als Versuch einer Mystagogie bzw. einer Hinführung zum Glauben an Jesus Christus verstehen, die dessen Nachfolge ermöglichen soll, oder die Eignung für den Dialog ein wichtiges Kriterium für Dupuis darstellt. Des Weiteren setzen sie sich inhaltlich mit ihrem jeweiligen Kontext auseinander: Schillebeeckx reflektiert nicht nur hermeneutisch über die Herausforderungen durch sich verändernde Verstehens- und Interpretationshorizonte, sondern thematisiert in der Christologie vor allem die Veränderungen im Personbegriff. Sobrino arbeitet sorgfältig die Besonderheiten des lateinamerikanischen Kontextes und die Grundzüge der neuen Christologie in Lateinamerika heraus. Dupuis versteht den religiösen Pluralismus als Herausforderung an die christliche Theologie, da sich die unterschiedlichen Akzentsetzungen – z. B. aufgrund der Grunderfahrungen des befreienden Wissens im Buddhismus und der erlösenden Liebe im Christentum – ergänzen können. Einflüsse des Kontextes (oder zumindest des veränderten Interpretationsrahmens) auf die Methoden lassen sich vor allem bei Schillebeeckx in der personalistischen Ontologie sowie dem starken Rekurs auf Hermeneutik und bei Sobrino in der Option für die Armen bzw. Opfer nachweisen. Dupuis hingegen argumentiert in weiten Teilen eher klassisch, was auch dem Anliegen geschuldet sein mag, in der eigenen Tradition die Ansätze herauszuarbeiten, die eine positive Einschätzung des religiösen Pluralismus ermöglichen.

Mit diesen Gemeinsamkeiten und der grundlegenden Spannung zwischen Relevanz und Identität verbunden ist ein grundsätzliches Verständnis von der Kontextualität und Geschichtlichkeit ihrer (und jeglicher) Theologie sowie die Einsicht in die Notwendigkeit eines Methodenpluralismus, womit sie sich ebenfalls auf die pastorale Grundorientierung des II. Vatikanums berufen können.[29] Deswegen gehen sie sehr unterschiedlich mit der chalkedonischen Formel um: Während sie für Dupuis strukturell von kaum zu überschätzender Bedeutung ist und er seine Hauptthese des universalen Wirkens des Wortes als solches mit ihr begründet, will Schillebeeckx ihren Sinn in eine für seinen Kontext verständliche Sprache übersetzen und Sobrino erkennt ihre Normativität an und weist zugleich auf die Unterschiede und Grenzen der konziliaren Christologie – beispielsweise durch die fehlende Konkretisierung und Historizität Chalkedons – im Vergleich zur Pluralität biblischer Christologien hin. Die Normativität und Verbindlichkeit Chalkedons (und weiterer Konzilien) wird von keinem infragestellt, sondern bekräftigt, wobei ihre regulative Lesart bei Dupuis stärker im Vordergrund steht als bei Schillebeekx und Sobrino, die mehr die ausgedrückte ontologische Frage thematisieren und

29 Das gewachsene Bewusstsein von Kontextualität und Geschichtlichkeit von Lehrformulierungen und der Kirche nennt Knop einen »wesentliche[n] Paradigmenwechsel, der im II. Vatikanum zutage tritt« (*Knop*, Hermeneutik 264). Das hängt mit dem veränderten Offenbarungsverständnis zusammen, da ein instruktionstheoretisches Offenbarungsverständnis die Annahme begünstigt, Schrift und Tradition seien kontextunabhängig. (Vgl. *Üffing*, Dynamik 187.)

vermutlich auch deswegen vor allem ihre Grenzen hinsichtlich ihrer gegenwärtigen Vermittlungsleistung herausstellen. Geschichtlichkeit und Kontextualität von Formulierungen lassen die chalkedonische Formel nicht falsch werden, aber Sobrino und Schillebeeckx weisen auf ihre potentielle Missverständlichkeit beispielsweise wegen eines veränderten Personbegriffs oder einer Tendenz zum Essentialismus hin – ganz zu schweigen von heutigen Anfragen an die Christologie, die eine Weiterentwicklung erforderlich scheinen lassen. Daher richten beide ihre christologischen Ansätze nicht an der Definition von Chalkedon aus, sondern an der ihr vorausgehenden und zugrundeliegenden Wirklichkeit Jesus von Nazaret. Auf diese ist Chalkedon eine sehr wichtige Perspektive, die durch andere ergänzt werden muss, um der Komplexität und Pluralität der neutestamentlichen Christologien zu entsprechen. Die Gültigkeit der konziliaren Definitionen wird somit auf ihren Kontext relativiert und nicht als absolut und überzeitlich postuliert; damit wird auch ihrem Charakter als Entscheidung in einer Krisensituation entsprochen, die die gesamte Botschaft weder aussagen will noch kann. Sie ist selber Ergebnis eines Konfliktes zwischen den beiden »Schulen« von Antiochien und Alexandrien, der sich in Ephesus 431 sehr deutlich zeigte und weder durch die Union von 433 noch durch die einseitige Entscheidung des als »Räubersynode« bekannten Konzils von Ephesus 449 mit Absetzung des Bischofs von Konstantinopel und anderer antiochenischer Bischöfe befriedigend gelöst werden konnte. Die in Chalkedon erzielte Einigung verdankt sich dem starken Druck des Kaisers, der gegen den Einspruch vieler Bischöfe einen neuen dogmatischen Text verlangte und dazu nach einigen ergebnislosen Sitzungen eine Kommission einrichten ließ, die sich auf einen Text einigen konnte. In diesem gelang es, Einseitigkeiten zugunsten einer Schule (weitgehend) zu vermeiden und die Anliegen beider miteinander zu vermitteln. Er wurde jedoch nicht von allen Seiten angenommen, da die Rede von den »zwei Naturen« in den östlichen Provinzen (auch aus politischen Gründen) nicht akzeptiert wurde und es daher in der Folge zur Spaltung zwischen den chalkedonensischen und nichtchalkedonensischen Kirchen kam. Mithin konnte in Chalkedon zwar ein gravierender Konflikt beseitigt werden, allerdings auf Kosten eines anderen, ebenfalls gravierenden Konfliktes. Über 1500 Jahre später wurde in Konsultationen zwischen der römisch-katholischen Kirche und den orientalisch-orthodoxen Kirche mit der »Wiener christologischen Formel« der Weg bereitet, diese christologischen Differenzen zu überwinden. Diese Formel nimmt die vier negativen Bestimmungen der chalkedonischen Formel auf und betont das unausschöpfliche Mysterium Christi, vermeidet aber den Naturbegriff und unterstützt damit ihre regulative Lesart sowie ihre Relativierung auf ihren Kontext. Indem sich die Wiener Formel so am Chalkedonense orientiert, ohne es wörtlich zu wiederholen, ermöglicht sie nicht nur die christologische Einigung mit den orientalisch-orthodoxen Kirchen, sondern zeigt auch die Möglichkeit der Pluralität innerhalb der Grenzen, die durch die regulative Lesart gezogen werden.[30]

Im Verfahren mit der Glaubenskongregation hat gerade Schillebeeckx durchgängig seine Orientierung am Chalkedonense betont und auf die Beziehung zur ursprünglichen Botschaft abgehoben, die erst eine verständliche und unverkürzte kirchliche Glaubensverkündigung der biblischen Begebenheit ermöglicht, indem dasselbe anders gesagt wird. Tatsächlich liegt dies auf der Linie des regulativen bzw. grammatischen Verständnisses der Formel, die durch die negativen Abgrenzungen ohne zu konkrete positive Füllung Einheit differenziert konzipiert bzw. Vielfalt innerhalb der christlichen Glaubensgemeinschaft zulässt und fördert. Genau dies führt dazu, die Formulierung als solche nicht zum Identitätskriterium zu erheben und ihre Verbindlichkeit nicht darin zu sehen, dass sie wörtlich wiederholt werden muss. Angesichts ihrer Kontextualität und ihres Charakters als Metaregel, wie nicht zu sprechen sei, wäre es eine Überforderung der Formel, mit ihr die Identität garantieren zu wollen – gerade wegen der sich verändernden Interpretationsrahmen kann eine wörtliche Wiederholung sogar kontraproduktiv sein, weil sie ohne Kenntnis der Philosophie- und Begriffsgeschichte nur missverstanden werden kann. Dies gilt umso mehr, als die chalkedonische Formel formal keine liturgische Formel oder ein Glaubensbekenntnis ist, sondern eine Regel, wie über Jesus gesprochen werden kann bzw. nicht gesprochen werden sollte. Da der geschichtliche und kontextuelle Ansatz so von den Vertretern der Glaubenskongregation nicht geteilt wird, sondern diese von einem anderen ontologischen Paradigma ausgehen, kommen sie auch zu anderen sprachphilosophischen Prämissen. Diese legen ein anderes Verständnis der chalkedonischen Formel nahe und erschweren es, den grammatischen Charakter der Formel und damit die neuen Formulierungsbemühungen der untersuchten Autoren als kontextadäquate Ausdrucksweisen anzuerkennen. Die Herausforderung, der sich von den Autoren am ausführlichsten Schillebeeckx gewidmet hat, besteht vor allem darin, die ursprüngliche Aussageabsicht, d. h. die Neuinterpretation der biblischen Auffassung von Christus aus der Situation des fünften Jahrhunderts heraus, zu eruieren. Auf dieser Grundlage kann nach einer für den jeweiligen Interpretationsrahmen angemessenen Darstellungsform gesucht werden – und je philosophisch pluraler die Kontexte sind, desto pluraler werden diese

30 Vgl. zu Chalkedon als Ergebnis des Konfliktes u. a. *Wohlmuth*, Zäsur, zur Christologiegeschichte als »Tauziehen zwischen zwei Denkformen« auch *Menke*, Jesus 246–276 und zu den christologischen Dialogen im 20. Jahrhundert *Kasper*, Wege 31f (Lit.).

Darstellungsformen ausfallen. Indem Schillebeeckx und Sobrino sich auf das irdische Leben Jesu, seine Praxis und Verkündigung bis zu seinem Tod und das Bekenntnis seiner Auferstehung als Identitätskriterium beziehen, stellen sie nicht einfach nur fest, dass die christliche Identität nicht durch eine Formel aus dem fünften Jahrhundert gesichert werden kann, sondern schlagen eine Alternative vor, für deren Deutung ebenfalls der Bezug auf die Glaubensgemeinschaft unerlässlich und somit die synchrone wie diachrone Gemeinschaft bei allen existierenden Unterschieden und Entwicklungen im Blick ist.

Auf je unterschiedliche Weise ist damit für die betrachteten Autoren die Kontextualität und Geschichtlichkeit nicht nur ein Kennzeichen ihrer Theologie, sondern jeglicher Theologie.[31] Während Schillebeeckx dies mit Verweis auf die Bedeutung von Geschichte, Erfahrung und Interpretation sowie den damit verbundenen Interpretationsrahmen ausführlich thematisiert, nimmt Sobrino die Überlegungen Ellacurías zur Auseinandersetzung mit der konkreten geschichtlichen Realität als zentrale Grundlage seiner Theologie auf und Dupuis verbindet deduktive und induktive Methoden, um der von *Gaudium et spes* geforderten Orientierung an der Wirklichkeit Rechnung zu tragen. Ist jegliche Theologie kontextuell und geschichtlich, folgt daraus nicht nur die Legitimität, sondern sogar die Notwendigkeit einer theologischen Vielfalt und eines Methodenpluralismus. Dafür spricht neben der Orientierung am »Außen« auch eine weitere Grundperspektive des II. Vatikanums, nämlich das kommunikationstheoretische Offenbarungsverständnis mit seiner stärkeren Einbeziehung des Subjekts.

Kontextualität, Geschichtlichkeit und Methodenpluralismus führen mithin nicht nur dazu, eine Vielfalt von Christologien für notwendig zu erachten, um den verschiedenen Kontexten und geschichtlichen Realitäten gerecht zu werden. Sie – und damit diese Vielfalt von Christologien – entsprechen überdies dem pastoralen Grundanliegen des II. Vatikanums, eine neue Glaubenssprache zu entwickeln und dabei auf die Fragen und Sorgen der Menschen von heute einzugehen.

> Dieses Bewusstsein der Geschichtlichkeit aller Dimensionen und Instanzen der Überlieferung ermöglicht es, über die theoretische Unterscheidung einer

---

31 Die Konsequenzen aus der Kontextualität von Dogmen hat Sedmak beschrieben und nennt folgende wichtige Unterscheidungen: zwischen Inhalt (Substanz) und Form, zwischen zentralen und peripheren Dogmen, zwischen Universalität und Regionalität, zwischen Genese und Geltung sowie zwischen normativer Idee und faktischer Praxis. (Vgl. *Sedmak*, Lehramt 83.) Neben der Kontextualität von Dogmen nennt er zudem die Kontextualität ihrer Aneignung, wozu es nötig sein kann, sie in einer anderen Sprache zu interpretieren.

> zeitübergreifenden Innen- von einer sprachlich und geschichtlich variablen Außenseite kirchlicher Lehre hinauszugehen und die ganze doktrinelle und liturgische Tradition der Kirche auf ihr »christologisches Fundament« zu beziehen, das ebenfalls nicht anders denn als geschichtliches Ereignis verständlich wird.[32]

Mit Rekurs auf den Gedanken der »Hierarchie der Wahrheiten« bemisst sich die Legitimität einer Lehrentwicklung dann nicht primär nach dem direkt vorhergehenden Stadium oder einem verwandten Lehrsatz, sondern daran, ob sie fähig ist, »diesem Ursprung und seiner Verkündigung im jeweiligen Heute Ausdruck zu geben«[33]. Die damit einhergehende wechselseitige Durchdringung von Pastoral und Dogmatik hängt mit der u. a. in LG 48 ausgedrückten Untrennbarkeit bzw. wechselseitigen Durchdringung von Kirche und Welt zusammen, die ebenfalls die Notwendigkeit der Relativität von Glaubensformulierungen auf ihren Kontext und ihre jeweilige geschichtliche Realität unterstreicht. Neben dieser Begründung eines legitimen und notwendigen theologischen Pluralismus mit dem Phänomen des als Christus bekannten Jesus von Nazaret und seinem Evangelium als Einheitspunkt ist auch die regulative bzw. grammatische Lesart der chalkedonischen Formel anzuführen. Denn mit dieser wird der geschichtlich bedingten konkreten Formulierung mit ihrer durch eine bestimmte Philosophie geprägten Begrifflichkeit und Ausdrucksweise keine absolute und überzeitliche Gültigkeit zugesprochen, sondern ein differenziertes Verständnis von Einheit vorgeschlagen, das auf die Komplexität und Pluralität der neutestamentlichen Christologien durchlässig ist. Ein solches Einheitsverständnis ermöglicht diachron wie synchron eine christologische Pluralität innerhalb der durch die negativen Bestimmungen gezogenen Grenzen, die als Kriterien fungieren für die synchrone wie diachrone Glaubensgemeinschaft derer, die an Jesus als den Christus glauben.

Den Gemeinsamkeiten zwischen den untersuchten Ansätzen entsprechen die Ähnlichkeiten in den Auseinandersetzungen mit der Glaubenskongregation, die insbesondere auf die unterschiedlichen Methodiken (vor allem den Stellenwert einer induktiven Vorgehensweise mit ihren Implikationen) und ekklesiologischen wie ontologischen Weichenstellungen zurückgeführt werden können. Da kein Verfahren letztlich mit einer Verurteilung der monierten Position endete – auch wenn eine Abweichung vom Glauben der Kirche attestiert wird –, obgleich kein Autor seine Position signifikant aufgrund der Diskussion mit der Glaubenskongregation verändert hat, kann vermutet werden, dass die Glaubenskongregation den methodischen wie

32 *Knop*, Hermeneutik 264.

33 *Knop*, Hermeneutik 264.

theologischen Pluralismus implizit anerkannt hat. Zumindest hat sie über die »Lesehilfen« in den Notifikationen hinaus faktisch keine weiteren öffentlichen Schritte unternommen, um diesen Pluralismus zu vereinheitlichen. Sollte die These von Willems zutreffen, konkrete Maßnahmen gegen Schillebeeckx seien vor allem wegen seiner Bekanntheit und internationalen Anerkennung unterlassen worden und nicht aufgrund des Austauschs von Argumenten,[34] wäre dies ein klarer Hinweis auf die theologische Relevanz eines nicht-doktrinalen Faktors, in diesem Fall die Öffentlichkeit. Dies bleibt spekulativ, zumal es in den ebenfalls öffentlich sehr präsenten Fällen von Hans Küng und Leonardo Boff zu einem Entzug der Lehrerlaubnis bzw. einem einjährigen Bußschweigen kam. Jedoch dürfen die Unterschiede in den Verfahren nicht unterschätzt werden, da beispielsweise Küng anders als Schillebeeckx die mehrfache Einladung zum Gespräch in der Glaubenskongregation nicht angenommen hat und mit der Unfehlbarkeit bei Küng und der Struktur der Kirche und ihrer konkreten Machtausübung bei Boff Themen im Fokus standen, die die Autorität des kirchlichen Lehramtes unmittelbar betrafen.[35] Bei den untersuchten christologischen Verfahren hat sich hingegen sehr deutlich die Abhängigkeit der Differenzen von den unterschiedlichen hermeneutischen Ansätzen und ontologischen Paradigmen gezeigt. Zudem hat die Glaubenskongregation keine explizite Leugnung eines verbindlichen christologischen Sachverhalts feststellen können und den orthodoxen Willen der Theologen und ihre kirchliche Bindung anerkannt. Dies und ihre Bereitschaft, auf die Fragen der Glaubenskongregation zu antworten, dürfte zu ihrer Nicht-Verurteilung beigetragen haben und zeigt, wie bedeutend die Kommunikation und eine (nicht bei allen Beteiligten gleich ausgeprägte) dialogische Haltung der Konfliktpartner für eine Konfliktlösung auch im Verhältnis von Theologie und Lehramt sind. Indem weitere Schritte in Richtung eines Lehrverbots gegen Schillebeeckx, Sobrino und Dupuis unterlassen wurden, konnten sie auch nach den Verfahren in ihrer offiziellen Funktion als katholische Theologen unterrichten. Zudem gab es keine Sanktionen gegen vergleichbare oder auf sie rekurrierende theologische Ansätze. Damit wurden die Unterschiede faktisch vonseiten der Glaubenskongregation mindestens toleriert, wenn nicht als Ausdruck einer notwendigen Vielfalt anerkannt. Diese implizite Anerkennung einer legitimen theologischen Pluralität kann auch im Hintergrund der Verschiebung der diskutierten Fragen von methodischen und hermeneutischen zu materialen liegen, insofern die Autoren nicht darauf verpflichtet wurden, die Hermeneutik der Glaubenskongregation zu übernehmen, und bei Dupuis

34 Vgl. *Willems*, Geschichte 411.

35 Vgl. *Deutsche Bischöfe*, Entzug 4f; *Brasilianische Bewegung für die Menschenrechte*, Fall.

das Miteinander von impliziter und expliziter Methode nicht kritisiert wurde. Dies geschieht allerdings um den Preis, die Unterschiede beispielsweise im Verständnis der chalkedonischen Formel nicht adäquat bearbeiten zu können, da diese von den hermeneutischen Weichenstellungen abhängen. Es zeigt sich eine interessante strukturelle Parallele zum so genannten »Streit der Kardinäle«, in dem ebenfalls »Fragen eines kirchlichen Pluralismus [...] unausgesprochen mitverhandelt«[36] wurden. Wenn solche Konflikte aber nicht vonseiten der zuständigen kirchlichen Autorität zugunsten einer der Positionen entschieden werden, bleibt es bei einem ausgesprochenen oder unausgesprochenen dilatorischen Kompromiss, mit dem Mehrdeutigkeit und Pluralität zugelassen werden. Solange dies allerdings nicht explizit erfolgt, verbleibt eine Unsicherheit, die dem Anliegen der Glaubenskongregation, den Gläubigen Sicherheit zu bieten, nicht dienlich ist.

6.2 Das Lehramt zwischen Absicherung des Glaubens und Produktion von Theologie

Mit dieser impliziten Anerkennung oder zumindest Duldung einer theologischen Pluralität auch in der Christologie weicht die Glaubenskongregation faktisch von der Verwendung der Formulierung und Terminologie Chalkedons bzw. der frühkirchlichen Konzilen als Identitätskriterium ab, wobei sie diese ins Zentrum der Auseinandersetzung mit Schillebeeckx gestellt und auch bei den Verfahren von Sobrino und Dupuis angemahnt hat. Auch wenn sie selber in den Verfahren sowie Dokumenten wie *Dominus Iesus* zugunsten ihrer Aufgabe, den Gläubigen Sicherheit zu bieten, eine deutlich enthistorisierende Strategie verfolgt, lässt sie vor allem mit den Ansätzen Schillebeeckx' und Sobrinos theologische Ansätze gelten, die die Geschichtlichkeit des Glaubens, der Theologie und damit auch der Glaubensformeln herausstellen und gerade in ihrer Methodik durch ihren spezifischen Kontext geprägt sind. In beiden Fällen moniert sie allerdings das Verständnis der Dogmenentwicklung, das ihrer Auffassung nach homogen verläuft und Ausdruck der Kirche als überzeitlichem Subjekt des Glaubens ist. In dieser Form, kirchlich Autorität auszuüben, identifiziert sich das Lehramt nicht unproblematisch mit der Kirche, worin sich die unterschiedlichen ekklesiologischen Grundlagen ausdrücken. Sobrino und Schillebeeckx heben dagegen auf die kontextuell bedingten Ambivalenzen

36 *Hoff*, Passagen 101. Dieser Streit ist nach Hoff dann de facto zugunsten Kaspers entschieden, wenn sich eine doppelte Lesart durchsetzen lässt, da seine Position angemessene theologische Mittel für einen kirchlich-theologischen Pluralismus bietet.

und Zweideutigkeiten aufgrund sich verändernder Verstehenshorizonte und die Akzentsetzungen im Vergleich zur neutestamentlichen Pluralität ab. Die Texthermeneutik der Kongregation als Ausdruck des Lehramts zeichnet sich durch eine geringe Ambiguitätskompetenz und -toleranz aus, was damit zusammenhängt, jüngere Interpretationstheorien (beispielsweise auch Metapherntheorien) nicht oder kaum aufgenommen zu haben. Dadurch verliert sie den Anschluss an den außertheologischen wissenschaftlichen Diskurs und läuft Gefahr, Fehler zu machen. Dies zeigt sich deutlich bei ihrer Vorstellung einer zeitlos gültigen Wahrheit, die von der menschlichen Geschichte nicht betroffen ist und unverkürzt und unversehrt weiterzugeben ist, was sich vor allem in der wörtlichen Wiederholung ausdrückt.[37] Diese wird in den Notifikationen mehr oder weniger explizit formuliert und steht in deutlicher Spannung zum Verständnis von Wahrheit und der Universalität des christlichen Glaubens, das die untersuchten Autoren vertreten. Indem dies zumindest faktisch geduldet wird, wird es zugleich relativiert und werden Pluralität und Kontextualität zugelassen. Eine konsequente und vollständige Enthistorisierung hält sie selber weder für durchführbar noch der Dogmen- und Theologiegeschichte entsprechend, wie beispielsweise die Ausführungen zur Geschichtlichkeit in *Mysterium ecclesiae* zeigen.[38]

In den Debatten hat sich in unterschiedlichem Ausmaß eine Verlagerung des Schwerpunkts von den methodischen Fragen auf die materialen gezeigt, ohne dass die methodischen Differenzen geklärt worden seien oder die Glaubenskongregation sich explizit zur Geschichtlichkeit, Kontextualität und Pluralität geäußert hätte. Während Schillebeeckx die methodischen und hermeneutischen Anfragen ins Zentrum seiner Antwort stellte, weil er diese als Schlüssel für die weitere Diskussion erachtete, folgt die Glaubenskongregation in ihrem Antwortschreiben dem nicht und thematisiert vor allem materiale Fragen, die nicht den Kern seines Ansatzes ausmachen, sondern teilweise eher dessen Konsequenzen sind. Bei der Diskussion um das Verständnis des

37 Diese Position steht in der Tradition der klassischen katholischen Dogmengeschichtsschreibung, die die tatsächlich geschehene Dogmenentwicklung als legitime Geschichte und damit kirchliche Lehre als Bewahrung des Überlieferten versteht. »Tradition entfremde nicht vom Ursprung, sondern trage das ihr anvertraute Gut des Glaubens unversehrt durch die Zeit.« (*Knop*, Hermeneutik 257.) Mit *Dei Verbum* wird das Entwicklungspotential auf der Seite der Menschen verortet, deren Verständnis der Überlieferung wachse (vgl. DV 9). Damit kommt ein subjektives Element in die Dogmenentwicklung hinein.

38 Vgl. *Kongregation Glaubenslehre*, Mysterium ecclesiae mit dem Kommentar von Lehmann sowie *Rahner*, »Mysterium ecclesiae«. Lehmann bekräftigt: »Es wird eine tiefreichende, wenn auch nicht absolute Bindung des Sinnes von Glaubensaussagen an eine bestimmte Sprache und auch an bestimmte geschichtliche Situationen eingeräumt.« (83)

chalkedonischen Dogmas beispielsweise äußert die Glaubenskongregation aufgrund der verwendeten Terminologie die Sorge, Schillebeeckx weiche von diesem ab und vertrete einen Relativismus. Sie geht aber nicht mehr ein auf seine Kritik am Verständnis von Dogmen als zeitlosen propositionalen Aussagen und sein Plädoyer für die Veränderlichkeit lehramtlicher Formulierungen sowie allgemeiner für die Relativität auf die jeweiligen Interpretations- und Verstehenshorizonte. Auch die Rolle der Geschichte in der Theologie wird nach den ersten Anfragen nicht mehr thematisiert, ohne dass die Argumente Schillebeeckx' berücksichtigt worden wären; vielmehr werden seine geschichtlich orientierten Ausführungen als metaphysische und ontologische Aussagen gelesen und eine absolute und überzeitliche Gültigkeit der definitiven christologischen Entscheidungen des Lehramtes angenommen. Diese werden als geschichtsunabhängige letzte Norm verstanden und dienen dazu, einem Relativismus vorzubeugen, der bei einer Vermittlung des Christusereignisses durch die konkrete Geschichte menschlicher Interpretationen befürchtet wird. Dem entspricht auch die in allen Verfahren deutlich ausgedrückte Überzeugung der Kongregation, die Dogmenentwicklung sei homogen verlaufen.

Bei Sobrino hingegen wird in der Notifikation mit der Kirche der Armen als grundlegendem theologischem Ort eine seiner zentralen methodischen Voraussetzungen adressiert, andere Fragen wie diejenige nach der Göttlichkeit Jesu Christi, der Menschwerdung oder seinem Selbstbewusstsein werden jedoch ausführlicher angesprochen. Nur spekuliert werden kann darüber, weshalb die monierte methodische Voraussetzung der Kirche der Armen als ekklesialem Ort der (lateinamerikanischen) Christologie von der Glaubenskongregation erst nach Erscheinen des zweiten Bandes und damit zehn Jahre nach dem ersten als gefährlich oder irrig angesehen wurde. Da kein zwingender Zusammenhang zwischen den kritisierten materialen Aussagen aus dem zweiten Band und dieser methodischen Voraussetzung besteht, stellt sich die Frage, ob nichtdoktrinale Faktoren die Ursache sind. Über diese liegen mir jedoch keine Quellen vor – zumindest der Veröffentlichungszeitpunkt der Notifikation mehrere Monate nach der Anordnung durch Papst Benedikt XVI. und zwei Monate vor der Generalversammlung des lateinamerikanischen Episkopates in Aparecida gibt zu denken.[39] Die monierten materialen Aussagen sind den christologischen Fragen der Einzigartigkeit und Einzigkeit Christi zuzuordnen, die mit den Notifikationen zu Anthony de Mello, Jacques Dupuis und Roger Haight sowie der Erklärung *Dominus Iesus* um die Jahrtausendwende sehr im Fokus der Glaubenskongregation standen, aber nicht die eigentliche Aussagespitze Sobrinos sind. Ähnlich wie bei Schillebeeckx werden die

39 Vgl. *Batlogg*, Zeilen 50; *Waldenfels*, Theologen 221.

eigenen Erkenntnisbedingungen vonseiten der Glaubenskongregation nicht thematisiert und die Tradition wird möglichst kontextunabhängig verstanden, womit die »Option für die Armen« als erkenntnisleitendes Interesse Sobrino kaum in den Blick kommen kann.

Sehr prägnant zeigt sich der deutliche Fokus der Glaubenskongregation auf der wörtlichen Treue zu überlieferten Glaubensformeln und satzhaft ausdrückbare Glaubenswahrheiten in der Notifikation zu Dupuis, in deren endgültiger Fassung nicht aus Dupuis' Monographie zitiert wird, sondern in acht Punkten aufgeführt wird, was der Glaube der Kirche, fest zu glauben oder nach katholischer Lehre festzuhalten ist. Wenngleich methodische Fragen nur zu Beginn des Verfahrens explizit thematisiert werden, steht auch hier die Frage der Geschichtlichkeit im Hintergrund, wenn Dupuis die Pluralität von Christologien mit der neutestamentlichen Pluralität und der Kontextualität und Inkulturation der Christologie begründet und die Begrenzungen der geschichtlichen Offenbarung in Jesus Christus (trotz ihrer qualitativen Vollständigkeit) als Argument für eine asymmetrische Komplementarität anführt, die wiederum von der Glaubenskongregation mit Verweis auf die Vollendung der Offenbarung abgelehnt wird. Auch der entscheidende Unterschied zwischen der differenzhermeneutischen Argumentation Dupuis' mit dem großen Stellenwert des Gedankens der Komplementarität und der identitätshermeneutischen Perspektive der Glaubenskongregation mit seinen Konsequenzen für das jeweils vorherrschende Einheitsverständnis ist zwar durchgängig virulent, wird aber nicht angesprochen.

Die Akzentuierung der materialen Fragen, der wörtlichen Treue zu überlieferten Glaubensformeln und propositionalen Glaubenswahrheiten dürfte sich dem Anliegen der Glaubenskongregation verdanken, den Gläubigen Sicherheit zu bieten und sie vor Missverständnissen zu bewahren. Denn eine solche deduktiv vorgehende Überprüfung am überlieferten *depositum fidei*, die die kognitive Dimension des Glaubens betont und Gemeinschaft im Glauben vor allem als einheitliches Bekenntnis konzipiert, ist gut operationalisierbar und von den Gläubigen leicht nachzuvollziehen. Dies spricht dafür, dass die Form der Darstellung durch das Erkenntnisinteresse der sicheren Glaubenserkenntnis bestimmt wird. Allerdings birgt eine solche Enthistorisierung immer die Gefahr einer Fundamentalisierung, weil die Relativierungen des Kontextes übergangen werden können. Zudem kann sich das hierarchische Lehramt nicht ganz aus dem Konflikt der Interpretationen heraushalten und ist der Versuch, die Bedeutung einer Entscheidung vor dem prinzipiell ergebnisoffenen Überlieferungsprozess für alle Zeiten festzulegen »im wahrsten Sinn des Wortes hoffnungslos: Er würde die Hoffnung darauf sabotieren, dass diese Entscheidung sich in der Zukunft in neuer Weise als bedeutungsvoll herausstellen wird«[40]. Die Glaubenskongregation unterscheidet zudem zu wenig zwischen den Sätzen als partikularen verbalen Ausdrücken und Propositionen als den Bedeutungen, die ein Satz ausdrücken will. Aus dieser Unterscheidung folgte nämlich, dass ein Satz eine ganz andere Bedeutung annehmen kann, wenn sich die Bedeutungen verwendeter Begriffe ändern. »In such a case, the original proposition remains true, but it now has to be expressed differently, because the sentence in which it was originally expressed no longer conveys the same meaning.«[41] Wegen der Relativität von Formulierungen auf ihren (kulturellen, geschichtlichen, sozialen etc.) Kontext ist es auch nicht möglich, eine kontextunabhängige Substanz der Wahrheit von ihren Ausdrucksformen zu trennen, wie dies beispielsweise ein instruktionstheoretisches Offenbarungsverständnis annimmt.[42] Genau auf die Bedeutungsveränderungen zielen die Überlegungen Schillebeeckx' und Sobrinos. Zugleich wird mit dieser Strategie der Nachteil in Kauf genommen, für die Geschichtlichkeit des Menschseins und kontextuelle Unterschiede weniger sensibel sein zu können. Auch die in einem kommunikationstheoretischen Offenbarungsverständnis verstärkt präsente subjektive Dimension fordert diese Praxis heraus, insofern sie nicht nur die Überprüfung erschwert, ob jemand intentional vom Glaubensinhalt abgewichen ist, sondern auch Pluralität und Eigenverantwortung im Verständnis überlieferter Glaubensbekenntnisse begünstigt, was in Spannung zu dem eher auf Einheitlichkeit abzielenden »objektiven« Maßstab der wörtlichen Treue steht.[43] Daher beschränken sich die Notifikationen auch darauf, auf nach Ansicht der Kongregation irrige, missverständliche oder gefährliche Äußerungen aufmerksam zu machen, und beanspruchen kein Urteil über die Autoren als persönlich Glaubende. Persönliche Konsequenzen für die Betroffenen, wie sie gerade bei Dupuis sehr gravierend zu beobachten sind, können damit allerdings nicht ausgeschlossen werden. Mit der Trennung von Autorin und Werk und der Absicht, den Lesern Hilfestellung bei der »richtigen« Interpretation der

---

40 *Werbick*, Freiheit 157f.

41 *Sullivan*, Magisterium 15; vgl. auch *Schoonenberg*, Geschichte 69–75. Die »Treue zur Aussage der alten Formulierungen kann aber gerade die neuen Formulierungen notwendig machen« (75).

42 Auf wissenschaftstheoretische Anfragen an diese strikte Unterscheidung weist hin: *Vigil*, Inkulturation 291–294.

43 Wenn in der katholischen Dogmengeschichtsschreibung zwischen einem zeitübergreifend identischem Gehalt und geschichtlich variabler Form und Interpretation (theoretisch) unterschieden wird, stellen sich die Fragen, ob diese Differenzierung »jeweils greift, ob ›neue‹ Lehren tatsächlich nur *noviter* sprechen, ohne echte *nova* zu entdecken, und ob eine solche Unterscheidung überhaupt möglich und sinnvoll ist« (*Knop*, Hermeneutik 258, Herv. im Orig.).

Werke zu bieten, teilt sie wichtige Überzeugungen der modernen, rezeptionsästhetisch orientierten Literaturwissenschaft.[44]

Weniger gut geeignet scheint dieses Verfahren aber zu sein, die Angemessenheit theologischer Ansätze im Sinne der von Johannes XXIII. intendierten »pastoralen Darlegung« des Glaubens zu überprüfen. Denn diese bringt eine »Verflüssigung« des theologischen Diskurses mit sich, da eine kontextuell adäquate Darstellungsform zu wählen ist und dies nach GS in der produktiven Auseinandersetzung mit »der Welt« bzw. dem »Außen« der Kirche geschehen soll. Indem die untersuchten Autoren das pastorale Anliegen des II. Vatikanums aufgenommen haben und deswegen eine kontextuelle Christologie vertreten, stellen sie die Glaubenskongregation (bzw. genauer deren Mitarbeiter) vor die Herausforderung, ihrer Aufgabe, die theologische Landschaft unter der Perspektive der Orthodoxie zu evaluieren, unter veränderten Bedingungen nachzukommen, die die Grenzen des bislang eingesetzten Instrumentariums deutlich aufzeigen. Dies hat sich in dem durchgängig festgestellten Unterschied zwischen der deduktiven Vorgehensweise der Glaubenskongregation und der induktiven Argumentation Schillebeeckx', Sobrinos sowie (mit deduktiver Ergänzung) Dupuis' niedergeschlagen. Gerade hier macht sich der neue Stil des II. Vatikanums bemerkbar: die Orientierung am »Außen« der Kirche, die Sprache des Dialogs und der Zusammenarbeit, der Verzicht auf Kanones und Lehrverurteilungen, der »panegyrische« Stil einer positiven Verkündigung der kirchlichen Lehre anstelle einer durch Definitionen erfolgenden Abgrenzung. Mit diesem Stil entspricht es nicht den interpretativen Parametern des Tridentinums und I. Vatikanums, die mit eindeutigen Definitionen und deduktiven dogmatischen Bekräftigungen arbeiten. Daher kann es auch nicht mit ihnen adäquat verstanden werden, sondern bedarf einer neuen Hermeneutik.[45] Das gilt ebenfalls für Theologinnen und Theologen, die ihre Theologie diesem neuen Stil entsprechend entwerfen, weshalb auch die Glaubenskongregation eine solche anwenden müsste, um ihre Aufgabe adäquat zu erfüllen. Wie die untersuchten Verfahren deutlich gezeigt haben, verwendet sie indes noch die früheren interpretativen Parameter, weshalb Konflikte vorprogrammiert sind. Wenn die Aufgabe der Glaubenskongregation darin besteht, dem Lehramt dabei beizustehen, »das geschriebene oder

44 Vgl. dazu lediglich zwei Standardwerke *Eco*, Lector; *Eco*, Grenzen.

45 Vgl. *Colberg*, Hermeneutics 236; *Pottmeyer*, Phase 27–29. »Die Glaubenskongregation selbst muß sich also der neuen Situation stellen. Ihrer Aufgabe kann sie aber nur nachkommen, wenn sie in ihrer Arbeitsmethodik auf der Höhe der Zeit steht. Denn für beides hat sie Sorge zu tragen: für die Treue gegenüber der Fülle des Glaubens, aber auch für die volle Ausübung des Auftrags der Kirche, die Heilsbotschaft Christi, das Evangelium, zu allen Zeiten zu allen Völkern an alle Orte der Welt zu bringen.« (*Waldenfels*, Theologen 230.)

überlieferte Wort Gottes verbindlich zu erklären« (DV 10), führt dies zu der Frage, ob ihre Arbeitsweise dem neuen Stil entsprechend muss: Weg von einer negativ ausgrenzenden Verurteilung von als irrig oder gefährlich angesehenen theologischen Äußerungen hin zu einer positiven Darlegung? Dies entspricht zumindest dem Motu Proprio *Integrae servandae*, mit dem Paul VI. 1965 Namen und Ordnung der Glaubenskongregation festlegte und dies damit begründete, der Glaube heute werde »besser dadurch verteidigt, dass man seine Lehre fördert, so dass die Verkünder des Evangeliums neue Kraft gewinnen, während man die Irrtümer korrigiert und die Irrenden behutsam zum Guten zurückführt«[46]. Aber es bedarf auch bei dem veränderten lehramtlichen Stil einer pastoralen Darlegungsform einer Instanz, die darüber urteilen kann, ob in einem theologischen Werk oder Ansatz die Balance zwischen Identitätskriterium und Relevanzkriterium gehalten wird. Auch wenn sich deren Praxis am regulativen Verständnis Chalkedons orientieren sollte und damit interne Pluralität zulassen kann, kommt sie nicht ohne negative Abgrenzungen aus, die den Rahmen für die Pluralität abstecken.

Besteht die allgemeine Kompetenz und Aufgabe des kirchlichen Lehramtes in der »*authentischen*, d.h. verbindlichen Bezeugung und Verkündigung der Wahrheit des Glaubens im Dienst am Wort Gottes sowie der Entscheidung bei Streitigkeiten, die in Glaubensfragen entstehen«[47], und bezieht sich dies auf Glaubens- und Sittenfragen, lässt dies durchaus Spielraum für unterschiedliche Ausformungen zu. Das Lehramt (und spezifisch die Glaubenskongregation als ein Hilfsorgan des päpstlichen Lehramtes) kann sich damit begnügen, negative Abgrenzungen zu vollziehen, aber darüber hinaus auch positive Darlegungsformen wählen. Dazu dienen seit dem 19. Jahrhundert die päpstlichen Enzykliken, nachdem sie ursprünglich ausschließlich und bis weit ins 20. Jahrhundert noch Themen wie die Gebühren für eine Totenmesse (*Quanta Cura* von 1741) oder Gebetsaufrufe für die verfolgte Kirche (*Meminisse iuvat* von 1958) behandelten. Mit *Mirari vos* von 1832 u.a. zur Gewissensfreiheit beginnt ihre Funktion als Ausübung des päpstlichen pastoralen Lehramtes, die sich in zunehmendem Maße fortsetzt mit so unterschiedlichen Themen wie den Indifferentismus (*Quanto conficiamur* 1859), die Arbeiterfrage (*Rerum Novarum* 1891), die Heilige Schrift (*Spiritus paraclitus* 1920), die Weltwirtschaftskrise

46 *Paul VI.*, Integrae servandae.

47 *Beinert*, Erkenntnislehre 132, Herv. im Orig.; ausführlicher zu den Aufgaben und Prärogativen des Lehramtes 146–151. Hier betont er, das Lehramt könne seiner Verantwortung nur gerecht werden, wenn es auch die Autorität habe, in einheitsbedrohenden Krisensituationen letztverbindlich zu entscheiden. Dabei müsse es sich immer neu auf Christus beziehen, was nur dann möglich sei, wenn es den Glaubenden den Glaubensinhalt so vorlege, dass dieser ankommen und angenommen werden könne.

(*Nova impendet* 1931), die Kirche (*Mystici Corporis* 1943), Friedens- und Sozialfragen (*Pacem in terris* 1963), Empfängnisverhütung (*Humanae vitae* 1968), Glaube und Vernunft (*Fides et ratio* 1998), die christliche Hoffnung (*Spe salvi* 2007) sowie soziale und ökologische Fragen (*Laudato si'* 2015). Auch die bindende Kraft wird zunehmend betont, was während des Pontifikats von Pius XII. manche Kreise in der katholischen Theologie dazu veranlasste, dem ordentlichen Lehramt des Papstes (und damit solchen Enzykliken) praktisch Unfehlbarkeit zuzuschreiben, womit ihnen eine Antwort entgegenzubringen wäre, die sich kaum von der auf feierliche dogmatische Definitionen unterscheidet. Die Päpste selber gingen nie so weit, wobei Pius XII. in *Humani generis* festhält, eine vom Papst auf diese Weise entschiedene Frage sei nicht mehr Gegenstand einer freien theologischen Debatte.[48] Thematisch lässt sich für die letzten Jahrzehnte bei den Enzykliken eine Entwicklung zu einem stärkeren Fokus auf systematisch-theologische und ethische Fragen feststellen, während andere Fragen eher in Apostolischen Schreiben verhandelt werden. Zudem haben sich die Päpste früher eher darauf beschränkt, Bischöfe zu ermahnen oder zu ermutigen und vor gravierenden Irrtümern zu warnen, während sie nun viel stärker selber produktiv Theologie betreiben – beispielsweise kann Dupuis für die wirksame Gegenwart des Geistes auf *Redemptoris missio* rekurrieren. »Allerdings ist das Verhältnis von Enzykliken zur Theologie weitgehend ungeklärt, da weder die theologischen Quellen explizit angeführt werden noch die Genesis transparent gehalten wird.«[49] Diese nicht weiter reflektierte Theologisierung des Lehramts ist ein nicht unerheblicher potentieller Konfliktfaktor, insbesondere, wenn es dadurch in die spezifischen Aufgaben der Theologie übergreift.

Ein ähnlicher Befund zeigt sich für die Textproduktion der Glaubenskongregation, bei der seit dem II. Vatikanum ebenfalls eine Zunahme von

---

48 Vgl. *Sullivan*, Magisterium 154f und DH 3885. Sullivan verweist darauf, dass eine ähnlich lautende Passage aus dem Entwurf der Kirchenkonstitution keinen Eingang in LG gefunden hat, was kaum unbedeutend sein könne. Besonders intensiv wurde die Diskussion über den Verbindlichkeitsgrad in den letzten Jahrzehnten über die Enzyklika *Humanae vitae* (vgl. aus Sicht der Kanonistik *Lüdecke*, Humanae Vitae) und das Apostolische Schreiben *Ordinatio Sacerdotalis* (vgl. dazu u. a. *Dassmann et. al.*, Projekttag) geführt.

49 *Sedmak*, Lehramt 74. Ein Sonderfall ist sicherlich Benedikt XVI., der mit seinen Jesus-Büchern als Privatmann einen Beitrag zur theologischen Debatte leisten wollte – erinnert sei lediglich an die Auseinandersetzung mit Jacob Neusner (vgl. *Benedikt/Ratzinger*, Jesus 136–155) – und auch entsprechende Reaktionen hervorgerufen hat (vgl. *Söding*, Jesus-Buch). Damit stellt sich die Frage danach, ob bei einem Papst die Unterscheidung zwischen Person und Amt so ohne Weiteres vorgenommen werden kann – zumal dies aus rezeptionsästhetischer Sicht schon durch die Verlagspraxis unterlaufen wird, den bürgerlichen und den Papstnamen zu verwenden.

Dokumenten zu notieren ist, die zwar nicht als theologische Forschungsbeiträge zu verstehen sind, aber eher darlegenden bzw. lehrenden als evaluativen Charakter haben (und nur teilweise mit disziplinären Bestimmungen verbunden werden).[50] Die Texte der Glaubenskongregation – zu denen hier nicht die Veröffentlichungen der Internationalen Theologischen Kommission gezählt werden – nehmen in dieser Hinsicht das pastorale Anliegen des II. Vatikanums auf; ob allerdings eine Darlegungsform wie die in *Dominus Iesus* gewählte tatsächlich als gelungenes Beispiel einer pastoralen Darlegung der Glaubenslehre gelten kann, darf aufgrund der stark negativ-abgrenzenden Sprache getrost bezweifelt werden. Diese Entwicklung wird begleitet von einer ebenfalls seit dem II. Vatikanum und besonders im Pontifikat Johannes Pauls II. stark zunehmenden Anzahl von Bezügen auf die Kategorie des bischöflichen Lehramt als ordentliches universales Lehramt. Dies erfolgt vor allem mit dem Anspruch der Infallibilität der auf diese Weise formulierten Lehren und der Ausweitung des sekundären Objekts der Infallibilität, d. h. der innerlich so mit geoffenbarten Glaubenswahrheiten verknüpften Aussagen, dass ihr definitiver Charakter sich auf die Offenbarung gründet.[51] Auch diese Tendenz kann sich auf das II. Vatikanum berufen, insofern dort (LG 25) die Aufgaben der Predigt und der Lehre zu den wichtigsten Verantwortungen der Bischöfe gezählt wurden. Andererseits zeigt sich in den Anstrengungen, durch das ordentliche universale Lehramt vorgelegte definitive Lehren zu bekräftigen, »a return to a propositional model of revelation preoccupied with the enumeration of discrete propositional truths and the protracted elucidation of their logical and historical relationships one to one another«[52]. Nachdem die Glaubenskongregation auch unter Benedikt XVI. eine beträchtliche Anzahl von Dokumenten veröffentlichte – alleine aus 2012 stammen fünf –, scheint mit dem Pontifikat Franziskus' eine Veränderung eingetreten zu sein. Denn zum einen sind in den ersten fünf Jahren lediglich zwei Schreiben, eine Instruktion und ein gemeinsames Dokument mit dem Dikasterium für den Dienst zugunsten der ganzheitlichen Entwicklung des Menschen erschienen, zum anderen wird berichtet, Lehrbeanstandungsverfahren, die noch unter

50 Ein Beispiel dafür ist die *Instruktion über die Gebete um Heilung durch Gott* von 2000, während das *Schreiben über die Zusammenarbeit von Mann und Frau in der Kirche und in der Welt* von 2004 allgemein auf die Anfragen durch die so genannte »Frauenfrage« reagieren will.

51 Vgl. dazu *Gaillardetz*, Magisterium; *Sullivan*, Ordinary Magisterium und zur Geschichte des Begriffs *Boyle*, Magisterium 1; *Boyle*, Magisterium 2. Gaillardetz bemerkt zu dieser Ausweitung, sie sei u. a. deswegen unglücklich, weil die Gefahr bestehe, das autoritative Lehren als die dritte Kategorie kirchlichen Lehrens in dieser zweiten zu subsumieren. (461)

52 *Gaillardetz*, Magisterium 461 (als Anfrage formuliert).

Benedikt XVI. vorangetrieben worden seien, würden offensichtlich nicht weiterverfolgt, da die Betroffenen schon seit längerem keine Anfragen mehr erhalten hätten. Zumindest ein Verfahren – gegen Michael Amaladoss – ist jedoch auch unter Franziskus geführt worden, wurde aber nach Publikation eines entsprechenden Artikels von Amaladoss ohne weitere Folgen beendet.[53] Es liegt nahe, dies als Konsequenz der von Franziskus geforderten und insbesondere in *Evangelii Gaudium* unterstrichenen pastoralen Orientierung gemäß einer »Logik der pastoralen Barmherzigkeit« zu sehen, die weniger als seine Vorgänger nach innen schaut, sondern mit seiner Rede vom »Geruch der Schafe« und seiner Aufforderung, »raus auf die Straßen«, »an die Ränder« zu gehen, der Logik von *Gaudium et spes* und der lateinamerikanischen Erfahrung folgt.[54]

Mit dieser Tendenz des päpstlichen und bischöflichen Lehramtes, sich auch der vernunftgemäßen Vermittlung des Glaubens anzunehmen, übernimmt es ansatzweise eine Aufgabe, die seit der (westlichen) Scholastik des Mittelalters nicht mehr primär dem bischöflichen Lehramt zugeordnet wurde. Während in der Alten Kirche die apostolische Autorität und die vernunftgemäße Vermittlung eng miteinander verbunden waren, differenzieren sich im Mittelalter zwei Instanzen aus, die jeweils eine der beiden Aufgaben weitgehend exklusiv wahrnehmen und beide *magisterium* genannt werden: Das *magisterium cathedrae pastoralis* der Bischöfe und des Papstes, das als apostolische Unterweisung durch die Unterweisung des Amtes vermittelt und vor allem durch Darlegen und Entscheiden ausgeübt wird, und das *magisterium cathedrae magistralis* der wissenschaftlichen Theologie, das durch den Diskurs vermittelt und in Forschung und Lehre ausgeübt wird.[55] Diese Aufteilung impliziert eine gewisse Konkurrenz, da sich die theologischen Fakultäten als Gremien

---

53 Vgl. *McElwee*, Silence; *Gibson*, Vatican sowie persönliche Kommunikation von Michael Amaladoss vom 9.1.2018. In seiner Ansprache an die Glaubenskongregation vom Januar 2014 betont Franziskus den Dienstcharakter der Kongregation am Lehramt sowie den Dienst der Lehre am Leben des Gottesvolkes und sieht die Erfordernisse eines konstruktiven, respektvollen und geduldigen Dialogs mit den Autoren sowie eine Praxis der Kollegialität (auch mit den örtlichen Hirten und den Glaubenskommissionen der Bischofskonferenzen) als maßgeblich an. (Vgl. *Franziskus*, Ansprache Glaubenskongregation.)

54 Vgl. *Arntz*, Katakombenpakt 26 sowie *Zulehner*, Pastoralkultur. Zulehner arbeitet wichtige Akzentverschiebungen von der Sünde zur Wunde, vom Moralisieren zum Heilen, vom allgemeinen Gesetz zum pastoralen Einfühlen in die individuelle Lage sowie vom Ideologen zum Hirten heraus. Vgl. auch *Eckholt*, Jahre; *Faggioli*, Francis sowie *Hoff*, Uhrzeigersinn 20–23.

55 Vgl. *Beinert*, Erkenntnislehre 136f mit Quellenangaben; *Seckler*, Wissenschaft 26–33; *Sullivan*, Magisterium 24f. 181–184.

verstehen, die Lehrkompetenz und Lehraufsicht wahrnehmen, wie die Pariser Verurteilungen von 1270 und 1277 deutlich belegen. Diese Konkurrenz wird in dem Maße virulenter, in dem dem römischen Bischof Unfehlbarkeit in Glaubensfragen zugesprochen wird – das Recht, Lehrentscheidungen zu treffen, wird ihm schon von Thomas von Aquin zuerkannt. Im I. Vatikanum wird sie (auch als Reaktion auf die in Reformation und Aufklärung geäußerten Einsprüche) eindeutig zugunsten des päpstlichen Lehramtes entschieden, was die Unterscheidung zwischen einer sich im Papst konzentrierenden lehrenden und einer Gläubige wie Theologen und Theologinnen umfassenden hörenden Kirche ermöglicht. Nach diesem Verständnis stehen die Theologen »dergestalt im Dienst des Lehramtes, daß sie sozusagen als päpstliche Delegaten nur mehr kommentieren, was dieses vorschreibt.«[56] Damit einher geht eine neue Praxis und Theorie des päpstlichen Lehramtes, da das Lehramt von Papst und Bischöfen nun nicht nur wie in der mittelalterlichen Aufteilung dafür zuständig ist, den Glauben zu bezeugen, zu bewahren und zu verkünden, während die Theologen sich um das Durchdenken, Begründen und Verteidigen kümmern sollen. Die hierarchischen Amtsträger übernahmen »nun immer mehr schriftlich und mündlich deren Aufgabe und erhoben eine einheitliche, Sicherheit intendierende Norm zur Verbindlichkeit.«[57] Da dies auch für das ordentliche Lehramt gilt, wie in *Humani generis* festgehalten wird (DH 3884–3886), wird es zur »nächsten Glaubensregel«, die sich mehr der Glaubensfestlegung (Definition) als dem Glaubenszeugnis annimmt – bei allen Anfragen, die durch Revisionen von Lehrentscheidungen oder aus sprachphilosophischen Überlegungen an die Irreformabilität konkreter zeitbedingter dogmatischer Formulierungen entstehen. Hintergrund ist die allmähliche Durchsetzung eines analytischen und juridischen Denkens im Westen, wodurch die Fragen nach der Vermittlung von Heil und Wahrheit stärker thematisiert wurden als die Frage nach Heil und Wahrheit. »So vollzog sich ein Übergang von der auctoritas zur potestas, von der traditio zur discretio, von der communicatio fidei zur determinatio fidei. […] Die *materiale Wahrheitsfrage* wurde jetzt also

56 *Beinert*, Erkenntnislehre 137. »Der Theologe ist wissenschaftlicher Mitarbeiter des Lehramtes und restlos weisungsgebunden auch in seinem Urteil, nicht nur in seinen Äußerungen.« (*Pesch*, Dogmatik Bd. 1/1 285.) Seckler sieht daher »absolutistische und totalitäre Züge« in der Lehrkompetenz und Lehrautorität des apostolischen Amtes, da dieses Modell die Theologie vollständig zu absorbieren suche. (*Seckler*, Wissenschaft 50.) Vgl. auch *Hünermann*, Verbindlichkeit 28.

57 *Unterburger*, Entstehung 12; dagegen sei die Intention von Johannes XXIII. vormodern und mittelalterlich, nämlich das pastorale Lehramt gewesen. Vgl. ausführlich zu dieser Entwicklung *Unterburger*, Lehramt.

formaljustirisch mit Hilfe der Instanzenfrage zu klären versucht.«[58] Hierarchie zeigt sich hier nicht nur in einer theologischen Denkform, sondern in einer sozialen Praxis, die spätestens in der Moderne zu Konflikten mit Intellektuellen unterschiedlichster Couleur führt, die damit eine philosophisch-theologische und eine soziologische Dimension besitzen. Auf die Herausforderungen dieses juridischen Modells durch Reformation und autonome Vernunft antwortet die katholische Theologie mit dem Begriff »Dogma« und indem die Bedeutung des Lehramtes in Richtung eines Lehramtspositivismus herausgestellt wird. Im 19. Jahrhundert wird der Begriff Magisterium zunehmend exklusiv für das (päpstliche) Lehramt verwendet, das vor allem in der Neuscholastik stark betont wurde; im II. Vatikanum bezeichnet er zudem an verschiedenen Stellen nicht lediglich die Funktion der Hierarchie, sondern die Hierarchie selbst als Träger des Lehramtes (besonders DV 10); d. h. Magisterium kann sich sowohl auf das Amt als auch auf diejenigen, die es ausüben, beziehen.[59] Die in den Notifikationen beobachtete Vorgehensweise der Glaubenskongregation mit ihrem ungeschichtlichen Verständnis von Glaubenswahrheiten entspricht dieser Verschiebung; auch die Tendenz, produktiv Theologie zu treiben, fügt sich in diese Praxis ein. Eine erneute Verschiebung wird durch das II. Vatikanum mit seinem pastoralen Anliegen, das die Geschichtlichkeit von Glaubensaussagen ernst nimmt, und der Integration des Lehramtes in die gesamtkirchliche Aufgabe ermöglicht (vgl. DV 8, LG 12), womit auch die Unterscheidung zwischen lehrender und hörender Kirche weniger trennscharf wird. Denn das *depositum fidei* ist der gesamten Kirche anvertraut und nicht exklusiv dem bischöflichen Lehramt und wird auch nicht primär oder exklusiv in den offiziellen Lehren weitergegeben. In DV 12 wird zudem die Aufgabe der Exegeten ausdrücklich darin gesehen, die wissenschaftliche Vorarbeit zum Urteil der Kirche zu leisten, womit sie weit mehr sind als bloße Delegierte des Lehramtes, die ohne eigene Funktion lediglich lehramtliche Äußerungen kommentieren; nach DV 23 erfolgt die theologische Tätigkeit »unter Aufsicht des kirchlichen Lehramtes« (*sub vigilantia* und nicht wie in früheren Entwürfen *sub ductu*).[60] Das vorkon-

58 *Kasper*, Freiheit 208, Herv. im Orig. Damit verbunden ist der Glaubensbegriff verrechtlicht und als schuldiger Gehorsam gegen die Kirche verstanden worden. (Vgl. *Pesch*, Dogmatik Bd. 1/1 262.)

59 Vgl. *Sullivan*, Magisterium 26. Aufgrund dieser Begriffsentwicklung hält er es für missverständlich, die Aufgabe von Theologinnen und Exegeten im Rekurs auf Thomas als Magisterium zu bezeichnen, da dann insinuiert würde, sie würden eine konkurrierende zweite pastorale Autorität bilden. (Vgl. 28f.)

60 Vgl. *Ratzinger*, Kommentar DV 576. Daher widerspricht sich nach Pesch das Verständnis einer Delegation der Theologen von selbst, da sie entweder keine eigene Funktion hätten oder eben nicht bloß Delegierte seien. (Vgl. *Pesch*, Dogmatik Bd. 1/1 286.) Ähnlich schreibt Sullivan in seiner Auslegung von DV 10, da der Schatz des Wortes Gottes der

ziliare Lehramtsverständnis bleibt aber gerade bei Johannes Paul II. und Joseph Ratzinger als damaligem Präfekten der Glaubenskongregation sehr wirksam, wie Beinert an den Beispielen des CIC von 1983, der 1989 vorlegten *Professio fidei* einschließlich Treueid und der *Instruktion über die kirchliche Berufung des Theologen* ausführt.[61] Den eigentlichen Kern der Debatte um diese Texte sieht er aber weniger als Konflikt zwischen Theologie und Lehramt – gegen einen grundlegenden Gegensatz beider spricht schon die Tatsache, dass die Träger des Lehramts auch Theologen sind –, sondern in den unterschiedlichen Offenbarungsverständnissen, was auch die in dieser Studie untersuchten Verfahren belegen. Denn bei einem instruktionstheoretischen Modell kann die Sicherung der Glaubenswahrheiten als Satzwahrheiten nur als autoritative Sicherung von Sätzen durch das judiziale System Lehramt fungieren, wohingegen ein kommunikationstheoretisches Modell zwar ebenfalls verbindliche Entscheidungen eines Lehramtes benötigt. »Denn die Wahrheit kann nicht durch Mehrheit festgestellt werden. Sie kann es aber ebensowenig durch bloßen Einsatz von Autorität, die von außen kommt. Die Wahrheit hat ihre Autorität in sich selbst – und das muß dargelegt und kontextuell wie konsensuell vermittelt werden, mit einem Wort: In den Bedingungen der Geschichtlichkeit.«[62]

Um diesen Bedingungen gerecht zu werden, erscheint vor dem Hintergrund der wechselhaften Geschichte, das Verhältnis zwischen Lehramt und wissenschaftlicher Theologie zu bestimmen – von dem von Seckler vielleicht etwas idealisierend als »Perichorese« beider im ersten Jahrtausend beschriebenen über die Ausdifferenzierung im Mittelalter mit den Extrempositionen des Lehramts der Fakultäten und einer Professorenkirche sowie des totalitären Anspruches des kirchlichen Lehramts bis hin zu einem dialogischen Verhältnis, bei dem Autonomie und Freiheit der Wissenschaften bekräftigt werden[63] –, diejenige Verhältnisbestimmung am geeignetsten, bei der kirchlichem Lehramt

---

ganzen Kirche anvertraut ist, hören die Bischöfe es voll Ehrfurcht dann, wenn sie darauf hören, wie es von Generation zu Generation in Lehre, Leben und Kult weitergegeben wurde. »An important part of their listening to the Word of God, then, will be to ›consult the faithful‹ as Cardinal Newman put it in his famous article; another important part will be their listening to the exegetes and theologians who spend their lives studying the Word of God.« (*Sullivan*, Magisterium 32.) Vgl. auch *Beinert*, Erkenntnislehre 146.

61 Vgl. *Beinert*, Erkenntnislehre 143; vgl. *Böttigheimer/Dausner*, Lebensvollzug 171f; *Hünermann*, Verbindlichkeit 34f; *Neuner*, Lehramt 133–138. »Mehr denn je wird vom einzelnen Theologen, von der einzelnen Theologin erwartet, dass sie sich jederzeit nachweislich an die kirchliche Lehre gehalten haben und nur innerhalb der darin gegebenen Freiräume ihren theologischen Fragen und ihrer Suche nach gläubigem Verstehen freien Raum lassen.« (*Pesch*, Dogmatik Bd. 1/1 253.)

62 *Beinert*, Erkenntnislehre 144.

63 Vgl. *Seckler*, Wissenschaft.

und wissenschaftlicher Theologie unterschiedliche aufeinander bezogene Aufgaben zugeschrieben werden, weswegen sie nicht aufeinander reduziert, aber auch nicht vollständig voneinander getrennt werden können. Sie gehören mit ihren jeweiligen institutionellen Funktionen und Sprachen zusammen und müssen zusammenarbeiten. »Glaubenszeugnis ohne theologisches Verstehen, autoritative Lehre ohne argumentative Wahrheitsverantwortung wären ›blind‹; wissenschaftliche Rationalität ohne Glaube und Glaubensleben wären ›leer‹.«[64] Dies gilt umso mehr angesichts einer durch eine ausdifferenzierte Gesellschaft und Säkularisierung geprägten Situation im Westen, in der viele Menschen der kirchlichen »Basis« unabhängig von Lehramt und wissenschaftlicher Theologie glauben und handeln. Denn diese fordert Theologie und Lehramt dazu auf, »mit der religionsproduktiven und theologiegenerierenden Kraft christlicher (und überhaupt: religiöser) Existenz im Volk Gottes Schritt zu halten, also ebenso kreativ bleiben in der Entdeckung des Glaubens wie das Volk Gottes – und gleichzeitig verpflichtet auf die Tradition der Väter und Mütter im Glauben«[65]. Diese Aufgabe können beide nur als integraler Bestandteil des Volkes Gottes erfüllen, indem beide es auf je ihre Weise dabei unterstützen, messianisches Volk Gottes und »Zeichen und Werkzeug« der Liebe Gottes in der Welt zu werden. Dazu benötigt es ein pastoral agierendes Lehramt und eine Theologie, die »furchtlos zeitgenössische Theologie in den konfliktreichen Bruchzonen einer unübersichtlichen Gegenwart treibt«[66]. Zugleich kann das Verhältnis von Theologie und Lehramt nicht mehr als Duopol charakterisiert werden, sondern ist durch die Volk-Gottes-Realität beider ein mehrpoliges Kommunikations-, Rezeptions- und Kreativitätsgeflecht zu konstatieren.

---

64 *Seckler*, Wissenschaft 59, Herv. im Orig.; vgl. *Beinert*, Erkenntnislehre 166; *Sedmak*, Lehramt 68–71. »Für die Theologie sind somit das Lehramt und seine Aussagen eine normative Instanz, aber dennoch ist auch umgekehrt die Theologie für dieses Lehramt eine unerläßliche Bedingung der Existenz und des effizienten Weiterlebens, ohne die das Lehramt selbst gar nicht existieren und handeln könnte. Es besteht somit zwischen Lehramt und Theologie ein *gegenseitiges* Bedingungsverhältnis« (*Rahner*, Lehramt 79, Herv. im Orig.).

Auch die Internationale Theologische Kommission hält in ihrem einschlägigen Dokument von 1975 fest, Lehramt und Theologie hätten eine gemeinsame Aufgabe, die sie unterschiedlich ausübten, ohne dass sie strikt voneinander getrennt werden könnten. (Vgl. *Internationale Theologische Kommission*, Lehramt und Theologie These 2.)

65 *Bucher*, Wissenschaft 155.

66 *Bucher*, Wissenschaft 156. Vgl. ausführlicher *Bucher*, Theologie 138–143.

Dabei steht die Theologie als Glaubens-Wissenschaft in dem der Begegnung von wissenschaftlicher Rationalität und christlichem Glauben konstitutiven Spannungsverhältnis, das nicht erst im Verhältnis zum Lehramt entsteht. Konflikte zwischen Theologie und Lehramt lassen sich durch dieses Modell ebensowenig ausschließen wie durch andere, bei denen eine der beiden Instanzen eliminiert oder depotenziert wird. »Aber es gibt angemessene Bedingungen und Strukturen der *Konfliktaustragung*, die bis zu einem gewissen Grad in Verfahrensregeln übersetzbar sind, und es gibt ein weltliches und christliches Ethos der Konfliktaustragung.«[67] Dies ist umso wichtiger als im Konfliktfall beiden sehr unterschiedliche Maßnahmen zur Verfügung stehen, die mit dem Unterschied lehramtlicher und theologischer Entscheidungen zusammenhängen: Während die Theologie nur auf das Argument vertrauen kann, kann das Lehramt in der Bandbreite von Bezeugen über Überzeugung und Ermahnen bis hin zur autoritativen Entscheidung agieren und damit auch einen Konflikt in der Form eines Sieges beenden. Bei einer wechselseitigen Bezogenheit von kirchlichem Lehramt und wissenschaftlicher Theologie führt es zu einem Autoritätszerfall, wenn Entscheidungen nicht begründet werden, zumal das Lehramt »nur« ein *locus theologicus* von mehreren ist und die Theologie »ihren Status als *Glaubens*-Wissenschaft formell letztlich nicht allein aus der Lehre des Lehramtes, sondern *aus dem Glauben der Kirche* gewinnt«[68].

---

67 *Seckler*, Wissenschaft 59, Herv. im Orig. Auch Beinert sieht nicht die Konflikte als solche als problematisch an. »Böse werden sie erst in dem Augenblick, da Strategien der humanen und christlichen Konfliktbewältigung nicht gesucht oder mißachtet werden.« (*Beinert*, Erkenntnislehre 167.)

Ähnlich die Internationale Theologische Kommission: »Im Gegenteil: Wo wahres Leben ist, gibt es auch Spannung. Sie bedeutet nicht Feindschaft oder wirklichen Gegensatz, sondern Lebenskraft und Ansporn, gemeinsam in der Weise des Dialogs des einem jeden eigenen Amtes zu walten. [...] der Dialog zwischen Lehramt und Theologen wird vor allem verletzt, wenn die Ebene der Argumentation des Gesprächs vorschnell verlassen wird und gleich Mittel des Zwanges, der Drohung und der Sanktion angewendet werden« (*Internationale Theologische Kommission*, Lehramt und Theologie These 9. 11). Eine Konsequenz des Dialogs ist die Bereitschaft beider Seiten, von der anderen zu lernen. (Vgl. *Rahner*, Lehramt 81; *Sullivan*, Magisterium 217; *Sedmak*, Lehramt 78; *Semmelroth/ Lehmann*, Kommentar 65.)

68 *Seckler*, Wissenschaft 60, Herv. im Orig. Ähnlich Höhn zum von Voderholzer betonten Recht des bischöflichen Lehramtes, darüber zu wachen, ob eine theologische Lehre mit der Lehre der Schrift und Tradition übereinstimmt: »Allerdings kann bei der Ausübung dieses Rechtes nur die Autorität überzeugender theologischer Argumente Anerkennung finden. Wer solche Argumente nicht aufbieten kann, setzt zwar nicht die Apostolizität des Bischofsamtes, wohl aber dessen Autorität aufs Spiel. Seine hierarchische Stellung kann nicht ersetzen, was einem Bischof an guten Gründen mangelt.« (*Höhn*, Lehramt 181 mit Bezug auf *Voderholzer*, Verantwortung 132.) Ein Beispiel einer nicht überzeugenden Argumentation vonseiten der Glaubenskongregation sind die 2007 veröffentlichten

Dies begrenzt die Unterordnung von Theologen und Theologinnen unter das Lehramt, die ihre innerkirchliche Relevanz begründet. Denn ihren Rang als eigenständiger *locus theologicus* gewinnt die Theologie schon bei Cano nicht durch größere Unabhängigkeit von der Kirche, sondern durch ihre Orientierung am Glauben der Kirche und ihrer Verortung im heilstheologischen Funktionszusammenhang, »das in Christus geschenkte Heil durch die Vermittlung der Kirche allen Menschen verläßlich zukommen zu lassen«[69], dessen Verwirklichung nur unter Einschluss der verschiedenen loci gedacht werden konnte. In der Folge des Konzils von Trient und der neuscholastischen Apologetik erhalten die Theologen ihre Autorität vom kirchlichen Amt und werden eigenständiger *locus theologicus* aufgrund der Anerkennung durch das Lehramt.[70] Diese Asymmetrie wird auch vom II. Vatikanum vertreten, das festhält, das Lehramt sei nicht über dem Wort Gottes, sondern diene ihm, habe aber die Aufgabe der verbindlichen Erklärung des Wortes Gottes, während die Exegese (und in Analogie die Theologie allgemein) die wissenschaftliche Vorarbeit zum Urteil der Kirche liefere (vgl. DV 10. 12). Auch wenn das Urteil dem Lehramt vorbehalten bleibt, ist damit kein Interpretationsmonopol gemeint, da eine eigene Auslegungskompetenz von Gläubigen und Theologinnen zwar nicht erwähnt, aber auch nicht bestritten werde.[71] Damit findet die wissenschaftliche Freiheit ihre Grenze an der geoffenbarten Wahrheit gemäß der lebendigen Überlieferung der Gesamtkirche und (wie jede Freiheit nach DiH 7) an ihrer eigenen personalen und sozialen Verantwortung; besondere Autorität kommt dabei nach geltender lehramtlicher Position den unfehlbaren Lehren des Lehramtes zu. Allerdings ist zwischen der Wahrheit einer Lehre und ihrer Ausdrucksform zu unterscheiden. »So ›being bound

Antworten auf Fragen zu einigen Aspekten bezüglich der Lehre über die Kirche, worin das *subsistit in* als *est* interpretiert wird, die Argumentation aber mit Blick auf die Akten leicht widerlegt werden kann. »Wenn etwa ein Studierender so etwas in einer Seminararbeit schreibt, dann müsste man ihm sagen, dass er die Quellen nicht ausgeschöpft hat. Aber eine römische Kongregation darf das scheinbar.« (*Walter*, Unitatis 205.)

Wenn das Verhältnis von kirchlichem Lehramt und wissenschaftlicher Theologie wie von Seckler als Perichorese gefasst wird, ist dies vermutlich zu harmonistisch gedacht, zumal ein solches Denkmodell seinerseits Aspekt einer Machtgeschichte ist, und läuft Gefahr, qua theologischer Spiritualisierung das Verhältnis zu ideologisieren.

69 *Körner*, Cano 242.

70 Vgl. *Körner*, Cano 240–243. »Der Struktur der Glaubenswissenschaft gemäß ist die Kirche eine normative und regulative Instanz (*norma proxima*) der Wissenschaftspraxis der Theologie. Streng genommen, d. h. vom Begriff der Theologie als Glaubenswissenschaft her, vermittelt die Kirche der Theologie die mit dem christlichen Glauben gegebenen Prinzipien und bringt sie kriteriologisch zur Geltung auch in der Beurteilung der Ergebnisse des glaubenswissenschaftlichen Diskurses.« (*Seckler*, Theologie 172.)

71 So *Hoping*, Kommentar 764.

to the truth‹ does not mean being bound to the formulas in which that truth has been expressed in the past, even in solemn dogmatic definitions. A new formulation, or new conceptualisation, is possible, provided it does justice to the truth of the dogma.«[72] Die Voraussetzungen, unter denen das Lehramt seine Aufgabe verantwortungsvoll wahrnimmt, sind weder in *Dei Verbum* noch anschließend deutlicher benannt worden, was aber hilfreich (und nötig) wäre. »Dass das Lehramt sich unter das Wort Gottes stellt und nichts lehrt, was nicht zur Substanz des überlieferten Glaubens gehört, ist ja keineswegs selbstverständlich.«[73] Diesbezüglich könnte sich das Lehramt daran binden, neue Aussagen erst dann zu treffen, wenn vonseiten der Theologie ein (näher zu bestimmender hinreichend großer) Konsens hinsichtlich des Zusammenhangs der neuen Aussage zur lebendigen Überlieferung besteht.

Bei einer solchen Verhältnisbestimmung bleibt dem Lehramt zwar die Aufgabe, die theologische Landschaft und insbesondere neue Ansätze zu beobachten und ggf. Irrtümer und unzulässige Verkürzungen zu korrigieren. Ein über Anregungen oder Hinweise hinausgehender Eingriff in innere Vorgänge der theologischen Forschung wäre aber eine Kompetenzüberschreitung, da deren Eigenständigkeit nicht gewahrt würde, und im Extremfall eine Rückkehr zum totalitären Anspruch des Lehramts. Genau in diesem Spannungsfeld zwischen der wissenschaftlichen Autonomie der Theologie und ihrer kirchlichen Bindung ist die durch die Schlusserklärung des Kongresses *Das Konzil »eröffnen«* vom 6.-8. Dezember 2015 ausgelöste Debatte über die Unabhängigkeit der Theologie anzusiedeln.[74] Dabei werden Bindung, Freiheit und Dialogizität unterschiedlich stark akzentuiert: So betont Rudolf Voderholzer die Unterordnung der Theologie unter das Lehramt, bekräftigt dessen Lehrautorität und sieht die Aufgabe der Theologie »in der Reflexion

---

72 *Sullivan*, Magisterium 206. »Auch das Dogma ist unvermeidlich immer mit Hilfe von Theologie formuliert, die selber nicht Dogma ist, d. h. nicht als solche selbst geoffenbart und irreformabel ist. Auch das eigentliche Dogma ist schon immer eine Synthese von eigentlich und ursprünglich Geoffenbartem und menschlicher Reflexion, die nicht eigentlich geoffenbart, sondern Theologie ist. Die *Geglücktheit* einer solchen Synthese kann dort, wo es sich um ein eigentliches Dogma handelt, durch die definierende Autorität des Lehramtes garantiert sein, es bleibt aber ein solcher Satz immer eine solche Synthese, ein Satz, dessen dogmatische Gültigkeit und Irreformabilität nicht ausschließt, sondern einschließt, daß er trotz seiner Irrtumslosigkeit doch nach vorne offen ist für eine neue Aussage, die mit dem Instrumentar einer anderen Theologie formuliert wird, mit anderen Begriffen, unter anderen Verstehenshorizonten, unter Geltendmachung anderer theologischer Wahrheiten usw. ausgesagt wird.« (*Rahner*, Lehramt 75, Herv. im Orig.) Andernfalls gäbe es keine Dogmengeschichte. Vgl. auch *Schoonenberg*, Geschichte.

73 *Hoping*, Kommentar 764.

74 Vgl. dazu *Leven*, Theologie.

des Glaubens auf der Basis des vom Lehramt vorgelegten Glaubensgehaltes«[75], was an die Delegationstheorie zumindest erinnert. Stefan Oster bemängelt die Pluralität in der Theologie, weswegen sie kein eigenständiges Lehramt bilden könne, wohingegen das kirchliche Lehramt die Einheit garantieren könne und müsse.[76] Franz-Josef Overbeck versteht demgegenüber seine Rolle als Bischof angesichts der Herausforderungen durch eine »Zeit des Endes der Eindeutigkeit und des ›sowohl als auch‹« eher darin, »Partner im Dialog der Wahrheitsfindung und nicht einfach ein Rechtgläubigkeits-TÜV«[77] zu sein. Christoph Böttigheimer und René Dausner unterstreichen ihrerseits die irreduktible Eigenständigkeit der Theologie, mit der ihr »Rang einer verbindlichen Bezeugungsinstanz des Gotteswortes«[78] verbunden ist. Damit wiederholen sie den in der Schlusserklärung erhobenen Anspruch der Theologie, ein eigenständiges wissenschaftliches Lehramt zu bilden, ohne den Primat des kirchlichen Lehramts oder die Unterschiedlichkeit der beiden Lehrämter zu bestreiten, die schon Rahner oder Sullivan dazu veranlasste, den Begriff für die Theologie eher vermeiden zu wollen.[79] Die Herausforderungen an beide – Anspruch der Theologie und Primat des Lehramts, der aus säkularer Sicht als Kontrollmacht wahrgenommen wird – durch die (besonders in Westeuropa zu beobachtenden) Transformations- und Auflösungsprozesse des 21. Jahrhunderts kommen dabei kaum in den Blick.

Unabhängig von der Frage, ob die eigenständige Aufgabe der Theologie und ihre lehrende Funktion und Autorität mit Bezug auf Thomas von Aquin »Lehramt« genannt werden sollte oder mit Bezug auf die Begriffsentwicklung und die Unterschiedlichkeit der Aufgaben eher nicht, wird auch von den Bischöfen und Theologen, die die Wächterfunktion des Lehramtes betonen, die

---

75 *Voderholzer*, Verantwortung 134. Anders z. B. Beinert: Theologie ist »*die wissenschaftliche, d. h. systematisch und methodisch erfolgende Eröffnung und Entfaltung der im Glauben erfahrenen Wirklichkeit der göttlichen Offenbarung sowie deren Reflexion im Leben der kirchlichen Gemeinschaft.*« (*Beinert*, Erkenntnislehre 156, Herv. im Orig.)

76 Vgl. *Oster*, Zeugen.

77 *Overbeck*, Freiheit 200f.

78 *Böttigheimer/Dausner*, Lebensvollzug 167.

79 Vgl. *Rahner*, Lehramt 74; *Sullivan*, Magisterium 28f. 203f. Die eigenständige Aufgabe der Theologie ist davon aber nicht betroffen: »But I do not see any justification for looking on the teaching that a theologian does in courses and seminars in university programmes for higher degrees in theology as a sharing in the pastoral magisterium of the bishops. I see no reason to abandon St Thomas's distinction between the *magisterium cathedrae pastoralis* and the *magisterium cathedrae magistralis.*« (204) Beinert verweist dagegen auf den mittelalterlichen Sprachgebrauch und darauf, dass Ratzinger in seinem Kommentar zum Dokument der Internationalen Theologischen Kommission zum theologischen Pluralismus von 1973 vom »episkopalen und wissenschaftlichen Lehramt« sprach. (Vgl. *Beinert*, Erkenntnislehre 165, Anm. 196.)

wissenschaftliche Eigenständigkeit der Theologie nicht grundsätzlich infrage gestellt. Es werden ihr aber engere Grenzen gesetzt als in der theologischen Diskussion oft als angemessen angesehen wird. Im Hintergrund stehen wohl auch hier – wie schon in früheren Debatten – die unterschiedlichen Offenbarungsverständnisse, der Umgang mit Kontextualität und Geschichtlichkeit und damit die Frage nach der Pluralität der Theologie und der innerkirchlichen Kontroverse. Auch wenn beispielsweise Oster eine legitime Vielstimmigkeit der Theologie explizit unterstützt und primär gegenseitige Widersprüche kritisch sieht, plädiert er auf der anderen Seite vehement für eine von allen geteilte Wirklichkeitsauffassung als einheitliche philosophische Grundlage sowie eine einheitliche theologische Gesamterfahrung.[80] Diese Forderungen sind allerdings mit einer Pluralität der Theologien kaum vereinbar, die aus der unhintergehbaren Kontextualität und Geschichtlichkeit theologischer Ansätze herrührt; alleine schon die Pluralität an Philosophien, mit denen in der Theologie gearbeitet wird, erlaubt den Rekurs auf eine einheitliche philosophische Grundlage nur auf Kosten einer erheblichen Reduktion der Vielstimmigkeit und damit auch der Anschlussfähigkeit an gegenwärtige philosophische Diskurse.[81] Zudem kann die Fülle des Christusgeheimnisses nur mit vielen Perspektiven und Annäherungen ansatzweise ergründet werden, sodass die Auslegung der Offenbarungsbotschaft innergeschichtlich nicht abgeschlossen werden kann. Auch angesichts unbestimmt vieler Denk- und Weltbetrachtungssysteme, in die hinein das Wort Gottes zu vermitteln ist, kann es keine allgemeingültige Sprache und Denkform geben. Den Einheits- und Konvergenzpunkt christlicher Theologie bildet das Wort Gottes. »Es ist aber doch ebenso einsichtig, daß es in prinzipiell allen Sprachen (immer verstanden im weiten Sinn) und damit in eine wiederum nicht von vornherein zu definierenden Pluralität zu inkulturieren ist.«[82] Daher ist das von Seckler propagierte zu entwickelnde Einheitsverständnis, das in der Lage ist, die Vielen auch über Gegensätze hinweg bzw. diese verbindend zusammenzuhalten (erinnert werden kann an den Gedanken der *coincidentia oppositorum* des Nikolaus Cusanus), angemessener als eine einheitliche philosophische Grundlage, um die Einheit der Theologie zu gewährleisten.[83] Ein gelungenes Beispiel dafür stellt die im Judentum weit verbreitete »Hermeneutik der Kontroverse« dar. »Im Judentum erwächst die

80 Vgl. *Oster*, Zeugen 79–82. 98.

81 Vgl. als (bei weitem nicht erschöpfende) Einblicke in die Vielfalt der gegenwärtigen deutschsprachigen katholischen Systematik *Dürnberger* et al., Stile; *Viertbauer/Schmidinger*, Glauben sowie zur Kontextualität und Universalität des Philosophierens *Fornet-Ponse*, Freiheit 305–334.

82 *Beinert*, Erkenntnislehre 164.

83 Vgl. *Seckler*, Konflikt 97.

Bereitschaft, mit dem Unterschied zu leben, aus einer ihm innewohnenden Wertschätzung der Verschiedenheit, der Vielfalt und der Besonderheit sowie aus der Erkenntnis, dass andere religiöse Traditionen oder Meinungen diverse Ziele oder gemeinsame Projekte miteinander teilen.«[84] Erkenntnistheoretisch stützt sich diese positive Einschätzung der Mannigfaltigkeit auf die Skepsis gegenüber alleinigen Wahrheitsansprüchen und den Möglichkeiten menschlicher Gewissheit, weswegen in der halachischen Tradition alle im legitimen Bemühen, das göttliche Recht zu befolgen, geäußerten Meinungen ihren eigenen Wert haben und daher tradiert werden. Sehr prägnant wird die Bereitschaft, einen offenen Austausch zu pflegen, da die Wahrheit immer neu gesucht werden muss, in Av 5:17 ausgedrückt: »Der Streit, der um des Himmels willen geführt wird, wird am Ende Dauer haben; der Streit, der nicht um des Himmels willen geführt wird, wird am Ende keine Dauer haben.«[85]

Indes werden diese Möglichkeit zum legitimen Streit um die Wahrheit und die notwendige innertheologische Pluralität in der beobachteten Arbeitsweise der Glaubenskongregation kaum berücksichtigt. Vielmehr führt diese vor dem Hintergrund einer neuscholastisch geprägten Theologie mit einer Orientierung an Definitionen und Abgrenzungen ihre Aufgabe aus, die theologische Landschaft unter der Perspektive der Orthodoxie zu evaluieren, d. h. nicht über die Überzeugungskraft und Stichhaltigkeit der Argumente zu entscheiden – dies ist dem wissenschaftlichen Diskurs überlassen –, sondern darüber, ob a) Theologinnen und Theologen dem »Glauben der Kirche« (in seiner Pluralität) gerecht werden wollen (»subjektive« Orthodoxie) und b) ihre Ausführungen unabhängig von ihrer theologischen Qualität diesen Anspruch tatsächlich einlösen (»objektive« Orthodoxie). Diese Differenzierung zwischen auktorialer Intention und (möglicher) Missverständlichkeit eines Textes wird von der Glaubenskongregation in den Verfahren weitgehend konsequent angewandt, insbesondere nach der Veränderung der Verfahrensordnung, indem beispielsweise bei Sobrino seine Sorge um die Lage der Armen positiv gewürdigt wird und ansonsten von »Werken P. Sobrinos« die Rede ist, die an einigen Stellen

---

84 *Stone*, Toleranz 300.

85 Übersetzung nach *Jospe*, Pluralismus 302; ausführlicher zu dieser Thematik *Fornet-Ponse*, Ökumene 351–376. Als Kriterium für die Legitimität eines Dissenses zu nichtunfehlbaren Aussagen und Weisungen des Lehramtes genügt nach Beinert »das ehrliche, aus der Haltung von Glaube und Liebe kommende und der Kirche verpflichtete Suchen nach der Wahrheit. Die Gemeinschaft der Glaubenden empfängt auch das Charisma des Prophetischen; sie hat in ihrer Geschichte die Erfahrung gemacht, daß gerade die bedeutenden Heiligen nicht selten auch bedeutende kirchliche Dissidenten gewesen sind, die als solche beträchtlich zum leuchtenden Zeugnis des Glaubens für ihre Zeit und oft weit darüber hinaus beitragen haben« (*Beinert*, Erkenntnislehre 153).

vom Glauben der Kirche abweichen.[86] Weniger stringent durchgehalten wird die Unterscheidung des Zuständigkeitsbereiches der wissenschaftlichen Theologie und der Glaubenskongregation. Denn das im Dezember 1979 geführte Gespräch zwischen Vertretern der Glaubenskongregation und Schillebeeckx wurde als Gespräch auf wissenschaftlicher Ebene bezeichnet, wenngleich dies nach Ansicht von Beobachtern wie van Iersel nicht zutraf. Schillebeeckx selber bemerkte im Rückblick, es sei mehr um die Frage gegangen, ob er den Voraussetzungen der Glaubenskongregation zustimme, als darum, ob sie alle den einen Glauben teilten.[87] Auch die Beurteilung Kardinal Šepers im anschließenden Brief, es seien nicht alle Doppeldeutigkeiten ausgeräumt worden, die Ungenauigkeit der Fragen, aufgrund derer Schillebeeckx oft grundsätzlich zustimmt, aber notwendige Unterscheidungen und die Relevanz der hermeneutischen Fragen einbringt, und die Verschiebung auf Fragen der Autorität und des Gehorsams sprechen eher für die Deutung dieses Gesprächs als Verhör bzw. Anhörung. Alle »ordentlichen Möglichkeiten eines dialogalen Konsenses zur Klärung einer zweifelhaften Auffassung«[88] sind daher wohl kaum ausgeschöpft worden; insbesondere die bei einem Dialog notwendige beiderseitige Lernbereitschaft lässt sich hier und bei den anderen Verfahren auf der Seite der Vertreter der Glaubenskongregation kaum feststellen. Indem die Glaubenskongregation die Aussagen der untersuchten Autoren an Aussagen des kirchlichen Lehramtes misst, wendet sie vielmehr unhinterfragt einen Maßstab an, dessen fortwährende Geltung Schillebeeckx gerade infragestellt. Daher nennt van Iersel die Intention widersprüchlich, ein solches wissenschaftliches Gespräch zu führen, das der Überprüfung an der geltenden Lehre der Kirche dienen soll.[89]

Bei Sobrino hingegen wird die Differenzierung strenger durchgehalten, insofern nicht beansprucht wird, mit ihm eine wissenschaftliche Diskussion zu führen, die zudem im gewählten außerordentlichen Verfahren keinen Platz hätte, das keine persönliche Begegnung vorsieht und darauf abzielt, von der Kongregation als irrig oder gefährlich angesehene Auffassungen zu korrigieren. Eine Diskrepanz zwischen der Auffassung der Glaubenskongregation und dem wissenschaftlichen Diskurs hinsichtlich der Einschätzung der Werke Sobrinos zeigt sich in diesem Verfahren bei einem Vergleich der Notifikation mit einschlägigen Rezensionen[90] sowie in der Kritik an der Notifikation vonseiten

---

86 Vgl. *Kongregation für die Glaubenslehre*, Notifikation Sobrino Nr. 1.
87 Vgl. *Schillebeeckx*, Reflexionen 146.
88 *Internationale Theologische Kommission*, Lehramt und Theologie These 12.
89 Vgl. *van Iersel*, Kolloquium.
90 Vgl. *González Faus*, víctimas; *Klein*, Gekreuzigte; *Sesboüé*, Jesus; *Wenzel*, Christologie.

renommierter Theologen wie Peter Hünermann oder Hans Waldenfels für den deutschsprachigen Raum.[91] Ähnliche Differenzen zeigen sich mit Blick auf die diskutierten inhaltlichen Fragen, wenn beispielsweise zur Frage des Heilswertes des Todes Jesu Sobrino ein problematischer Umgang mit dem Neuen Testament attestiert und faktisch ein privilegierter Zugang zu den »neutestamentlichen Daten« beansprucht wird, wobei er sich hier und bei anderen Fragen auf angesehene zeitgenössische Exegeten und systematische Theologen stützen kann, die somit implizit ebenfalls »auf der Anklagebank«[92] sitzen. Problematisch für die wissenschaftliche Diskussion ist daran vor allem, dass eine bestimmte geschichtlich entstandene Christologie – in diesem Fall mit stark neuscholastischer Prägung – zum Kriterium für die Theologie anderer geschichtlicher Situationen erhoben wird. Dies begrenzt erheblich die Ergebnisoffenheit eines innertheologischen Dialogs und erschwert es, auf neue Herausforderungen einzugehen und sich mit ihnen produktiv und nicht primär abgrenzend auseinanderzusetzen.

Ebenfalls deutlich zeigt sich der Eingriff der Glaubenskongregation in den wissenschaftlichen Diskurs beim Verfahren von Dupuis, dessen Monographie zu einem Zeitpunkt die Aufmerksamkeit der Glaubenskongregation auf sich zog, zu dem die wissenschaftliche Auseinandersetzung kontrovers verlief und noch im vollen Gange war, wie die zahlreichen Rezensionen belegen. Durch diesen sehr frühen Zeitpunkt und die auch durch *Dominus Iesus* erfolgende enge Grenzziehung wird der Theologie die Möglichkeit genommen, in einer neuen Fragestellung die jeweils möglichen Positionen mit ihren Grenzen frei und offen auszuloten.[93] Wer diese Grenzziehungen für nicht plausibel hält, muss sich nun mit Dokumenten auseinandersetzen und ihre argumentativen Schwächen aufzeigen, die von der Instanz stammen, die darüber urteilt, ob theologische Aussagen mit dem Glauben der Kirche konform sind – und auf die Fähigkeit dieser Instanz zur Selbstkritik vertrauen oder bei nicht erfolgreicher Klärung schweigend und betend in der Gewissheit leiden, »daß, wenn es um die Wahrheit geht, diese sich notwendig am Ende durchsetzt«[94]. Zudem ist die Knappheit der thesenartigen Formulierungen der einzelnen Punkte in der Notifikation kaum für eine wissenschaftliche Diskussion geeignet, wie sich an Dupuis' Vorbehalten zeigt, zwar den acht positiven Aussagen zuzustimmen,

---

91 Vgl. die Beiträge in *Wenzel*, Freiheit sowie *Waldenfels*, Theologen.

92 *Hünermann*, Qualitätssicherung 56.

93 Vgl. *Disse*, Jesus 153.

94 *Kongregation für die Glaubenslehre*, Instruktion Theologen Nr. 31. In diesem Passus drückt sich nach Werbick folgende Einstellung aus: »Das Lehramt in statu possessionis, die Theologie in einer Bringschuld, welche das Lehramt souverän entgegenzunehmen und darin zu beurteilen hätte, ob der kirchlichen Lehre auch alles in Heller und Pfennig erstattet wäre« (*Werbick*, Freiheit 158).

bei den damit verbundenen sechs zurückgewiesenen Meinungen jedoch Diskussions- und Differenzierungsbedarf anzumelden.[95] Auch die Kritik an seiner Monographie, sie weise schwerwiegende Zweideutigkeiten auf, die zu irrigen und gefährlichen Meinungen verleiten könnten, ist eher dazu geeignet, die theologische Diskussion sehr zu begrenzen, da sich Ambiguitäten kaum vermeiden lassen, wenn auf neue Herausforderungen reagiert werden soll. Denn die einzige Methode, sämtliche Ambiguitäten zu vermeiden, ist die Wiederholung lehramtlicher Aussagen. Zugunsten der Absicherung kommen bei einer solchen Engführung die theologische Bedeutung und Produktivität von Ambiguitäten kaum zur Geltung. Eine weiterführende Auseinandersetzung mit den Zeichen der Zeit und ihre Deutung im Licht des Evangeliums sowie ein induktiver Ausgang von konkreten pastoralen Situationen benötigen indes größeren Freiraum. An diesem Punkt zeigt sich nicht nur deutlich die oben beschriebene Tendenz des Lehramtes, die Aufgabe der Theologie darin zu sehen, die Vorgaben des Lehramtes auszubuchstabieren, sondern auch das, was schon seit längerem von diversen Theologen am ordentlichen Lehramt kritisiert wird: »that on certain issues the official teaching of the Holy See (encyclicals, declarations of the CDF) seems to them to reflect, in too narrow a way, theological options which are not seen as representing the most widely respected theological opinion available in the Church today.«[96] Eine solche Praxis – insbesondere in Verbindung mit der Tendenz, selber Theologie zu betreiben – steht in Spannung zu ihrer Richterfunktion. Dabei verfügt die Glaubenskongregation mit der Internationalen Theologischen Kommission über ein Gremium, dessen Aufgabe nicht nur darin besteht, die Glaubenskongregation bei gewichtigeren Lehrfragen zu unterstützen, sondern das durch eine weltkirchliche und möglichst repräsentative Zusammensetzung die Kongregation vor solchen Einseitigkeiten warnen könnte.[97]

---

95 Vgl. *Dupuis*, Process 78.

96 *Sullivan*, Magisterium 210f. Gaillardetz diskutiert verschiedene Beispiele von als definitiven Lehren behaupteten Positionen – von *Humane Vitae* bis zur Auseinandersetzung mit Robert Nugent über die kirchlichen Lehren über Homosexualität – und sieht eine Gemeinsamkeit vieler dieser Behauptungen darin »that they concern church teachings that are disputed among reputable Catholic theologians« (*Gaillardetz*, Magisterium 455). Das ist gerade mit Blick auf die Frage, woran die Definitivität solcher Lehren erkannt werden könne, relevant, da ein in diesem Kontext unter Bezug auf Pius IX. (*Tuas libenter*) vorgeschlagenes Kriterium die allgemeine und konstante Übereinstimmung katholischer Theologen ist. (Vgl. *Gaillardetz*, Magisterium 463 mit Bezug auf *Sullivan*, Ordinary Magisterium 348; kritisch dazu *Welch*, Infallibility 29; *Welch*, Reply.)

97 Wie Sullivan bemerkt, ist die Kommission allerdings zumindest bei *Mysterium Ecclesiae*, *Persona humana* und *Inter insigniores* nicht involviert gewesen (vgl. *Sullivan*, Magisterium 176. 229 (Anm. 8)).

Insofern die Glaubenskongregation als Instrument des ordentlichen Lehramtes solche lehramtlichen Texte zitiert, in denen das päpstliche und bischöfliche Lehramt produktiv Theologie treibt – so zitiert *Dominus Iesus* mehrfach einige Enzykliken Johannes Pauls II. und insbesondere *Redemptoris missio* –, und sich nicht mit dem Verweis auf lehramtliche Entscheidungen zur Konfliktlösung entsprechend der früheren konziliaren Kanones begnügt, folgt sie ihrer Aufgabe nach der Neuordnung von 1965, nicht primär verfolgend und bekämpfend zu agieren, sondern die Lehre des Glaubens zu fördern. Dies sollte nach Paul VI. allerdings erfolgen, indem neue Lehren und Meinungen untersucht, Studien gefördert und Kongresse unterstützt werden; eine eigene produktive Tätigkeit erwähnt er nicht.[98] Durch eine solche eignet sich die Glaubenskongregation nicht einfach nur unter Umständen teilweise die Aufgabe der wissenschaftlichen Theologie an. Vielmehr führt diese Praxis sie in ein Dilemma, das angesichts der unhintergehbaren Kontextualität und Geschichtlichkeit von Theologie sowie eines kommunikationstheoretischen Offenbarungsverständnisses unvermeidlich ist: Sie versucht, andere kontext- und geschichtsgebundene Theologien zu beurteilen, indem sie auf eine kontext- und geschichtsgebundene Theologie rekurriert und diese für überzeitlich gültig erklärt.[99] Das Bewusstsein darum hat seit dem II. Vatikanum in deutlich größerem Ausmaß als früher dazu geführt, amtliche

98 Vgl. *Paul VI.*, Integrae servandae. Eine solche implizieren die Thesen der Internationalen Theologischen Kommission, nach denen zur Funktion des Lehramtes, »autoritativ die katholische Integrität und Einheit des Glaubens und der Sitten zu wahren«, Einzelfunktionen gehören, die ein positiver Dienst sind, z. B., »›die Aufgabe, das geschriebene oder überlieferte Wort Gottes verbindlich zu erklären‹ (DV 10);« oder »die Vorlage heute aktuellerer Wahrheiten« (*Internationale Theologische Kommission*, Lehramt und Theologie These 5). Sullivan kommentiert dazu, dies bedeute nicht, alle Bischöfe seien die qualifiziertesten Exegeten. »It seems to me it has to mean the function of discerning the consistent patterns, the general directions, which the Scriptures give in matters that concern Christian faith and practice, and of judging whether interpretations that are proposed are consonant with the Gospel message as it has been believed and lived in the Church.« (*Sullivan*, Magisterium 192.) Ähnlich *Semmelroth/Lehmann*, Kommentar 63f.

99 Dies ist auch durch das II. Vatikanum nicht befriedigend geklärt worden, da die grundsätzliche Frage offen blieb, welche Rolle dem kirchlichen Lehramt bei einem dynamischen und ergebnisoffenen Traditionsprozess theologisch zukommen kann. »Wie steht es um seine Lehrautorität, wenn es doch ebenso wie die Theologie in den glaubenshermeneutischen Prozess involviert ist?« (*Böttigheimer/Dausner*, Lebensvollzug 170.) Daher bemängelt Hünermann, in *Donum veritatis* würden zahlreiche Probleme, die sich aus kirchlichen Verlautbarungen ergeben, nicht erörtert: »sie setzen immer einen bestimmten Verständnishorizont voraus, pflegen gewisse Zugangsarten zu Fragen der Schriftinterpretation und des Zugangs zur Überlieferung, so dass sich von dorther theologisch begründete Aufweise von Grenzen bzw. Einseitigkeiten lehramtlicher Feststellungen ergeben.« (*Hünermann*, Verbindlichkeit 34f.)

Lehrdokumente theologisch zu untersuchen – beispielsweise hinsichtlich ihrer Voraussetzungen und Verstehenshorizonte – und zu kritisieren bzw. Differenzierungen vorzulegen oder anzumahnen. Hünermann nennt dazu einige Beispiele, beginnend mit *Humanae vitae* über *Inter insigniores* und die Instruktionen zur Befreiungstheologie bis hin zu *Communionis notio* und *Apostolos suos* und weiteren Texten. Dass die Autoren und Autorinnen solcher Stellungnahmen nicht belangt worden seien, liest er als Ausdruck eines veränderten Verhältnisses von Theologie und kirchlichem Lehramt, das einer anderen, ebenfalls (beispielsweise in *Donum veritatis*) zu beobachtenden Tendenz, das alte Grundschema fortzuschreiben, widersteht.[100] Auch wenn damit zumindest faktisch eine theologische Pluralität geduldet wird, wodurch sich das kirchliche Lehramt (im Vergleich zu früheren Auffassungen) selbst relativiert, bleibt es bei der grundsätzlichen Schwierigkeit für die Glaubenskongregation, mit ihren je kontextuellen und geschichtlichen Mitteln allgemeine Beurteilungsinstanz zu sein. Dies ist umso gravierender, als die in dieser Studie untersuchten Autoren darüber klagten, in der Untersuchung seitens der Glaubenskongregation nicht adäquat wiedergegeben worden zu sein. Allerdings »there is no Church authority to investigate such issues of misrepresentation«[101], was auf der Identität der anklageerhebenden und der richtenden Instanz basiert.

6.3 Konfliktivität und Pluralität: Konsequenz der pastoralen Wende?

Mithin sind Konflikte zwischen Theologie und Lehramt nicht nur durch ihre grundsätzliche Verhältnisbestimmung vorprogrammiert, sondern gewinnen durch die konkrete Verfahrensordnung und deren Praxis vonseiten der Glaubenskongregation noch an Schärfe. Daher überrascht es nicht, wenn

---

100 Vgl. *Hünermann*, Verbindlichkeit 35f. Eine ähnliche Veränderung sieht er darin, dass Verurteilungen theologischer Lehrmeinungen früher in der Regel mit Suspension und Exkommunikation verbunden waren, was sich nach dem II. Vatikanum geändert habe.

101 *Balasuriya*, Reflection 12. Besonders gravierend ist dies, wenn die Antworten der Betroffenen nicht gründlich studiert und dementsprechend im weiteren Verfahren auch kaum berücksichtigt werden, wie Dupuis zumindest über sein Verfahren berichtet. Denn auf die Bitte, die Glaubenskongregation dabei zu unterstützen, den Text der Notifikation zu überarbeiten, habe er auf die von ihm bereits zugesandten 260 Seiten an Antworten hingewiesen. »To this observation the cardinal surprisingly replied that 260 pages sent to the Congregation in answer to their questions were just too much, and I could not suppose that the Congregation could possibly read and study all that material.« (*O'Connell*, Spirit 71.) Damit wird der Anspruch der Glaubenskongregation, einen Dialog mit dem Autoren zu führen, hinfällig.

insbesondere an der Verfahrensordnung scharfe Kritik geäußert wird,[102] da mit dieser Verschärfung aufgrund persönlicher Überzeugungen und Schwächen der beteiligten Personen zwar nicht vollständig vermieden, aber doch sehr eingeschränkt werden können. Insbesondere das Fehlen einer Appellationsinstanz kann mit Fug und Recht moniert werden. Auch mit Blick auf die pastorale Aufgabe, nicht nur Verstöße gegen den Glauben zu überprüfen, zu verfolgen und zu bestrafen, sondern vor allem die Glaubens- und Sittenlehre zu fördern und zu schützen, empfiehlt sich eher »ein Klima des Vertrauens, wo sich der von Anselm von Canterbury beschriebene Prozeß des ›fides quaerens intellectum‹, des Glaubens, der Verstehen sucht, entfalten kann«[103]. Dazu gehört es auch, den Freiraum für kreatives Denken bereitzustellen. Der Rekurs auf die zu Eingang dieses Kapitels thematisierte produktive Kraft von Konflikten sowie der Hinweis darauf, in der Rückschau hätten gerade solche subjektiv schmerzhaften Konflikte die Wahrheitsfindung in der Kirche vorangebracht,[104] vermag vielleicht im Rückblick bei einigen der Beteiligten einen versöhnlichen Blick auf oft genug mit persönlichen Verletzungen verbundene Prozesse und Verfahren fördern. Als Rechtfertigung dafür, solche persönlichen Verletzungen in Kauf zu nehmen, kann er nicht dienen, sondern sollte umgekehrt zur Vorsicht gemahnen, nicht vorschnell Positionen zu kritisieren, die sich im Nachhinein als berechtigt herausstellen können. Auch die Aufforderung des II. Vatikanums, sich mit den Zeichen der Zeit auseinanderzusetzen und sie im Licht des Evangeliums zu deuten, sowie seine pastorale Nicht-Ausschließungsstrategie sprechen gegen die geltende Verfahrensordnung, die solche Verletzungen wenig unterbinden kann. Zudem dürfte ein solcher Hinweis in der konkreten Situation eher als zynisch aufgefasst werden, sofern die von Seckler geforderten angemessenen Bedingungen und Strukturen der Konfliktaustragung sowie deren weltliches und christliches Ethos nicht ausreichend beachtet werden. Neben fairen und transparenten Regeln schlägt Marschler dazu vor, sich an der auch Theologinnen und Theologen vorgegebenen »Hierarchie der Wahrheiten« zu orientieren.[105] Die Schwelle, ab der das kirchliche Lehramt in

---

102 Vgl. u. a. *Örsy*, Gerechtigkeit; *Hinze*, Decade; *Hünermann*, Qualitätssicherung. Örsys Folgerung aus seinem Vergleich der geltenden Verfahrensordnung mit der modernen Rechtskultur ist eindeutig: Die Verfahrensordnung entspreche weder den Forderungen der Zeit noch sei sie ein Zeichen der Gerechtigkeit. »Sie hat ihre Wurzeln in vergangenen Zeiten, die nicht dieselbe Sicht von der Würde der menschlichen Person und nicht denselben Respekt vor einem ehrlichen Gewissen hatten, wie das heute weltweit gefordert wird.« (373)

103 *Örsy*, Gerechtigkeit 373.

104 Vgl. *Marschler*, Selbstverständnis 63.

105 Vgl. *Marschler*, Selbstverständnis 63. »Die derzeitige kulturelle Situation ist geprägt von individueller Entscheidung und subjektiver Wahl, auch im religiösen Bereich. Lehramtliche

theologische Diskurse eingreifen sollte, darf dabei nicht zu niedrig angesetzt werden, wenn die produktive Kraft von Konflikten genutzt werden soll. Zudem ist die Verfahrensweise des II. Vatikanums, in den eigenen Texten an diversen Stellen Konflikte nicht zugunsten einer Position zu entscheiden, sondern mit einem »kontradiktorischen Pluralismus« sogar gegensätzliche Positionen einfließen zu lassen, ein starkes Argument für eine große Ambiguitätstoleranz.[106] Diese empfiehlt sich auch wegen der unvermeidbaren Verbindung von Dogma und Theologie, d. h. des auszusagenden und zu verkündenden Dogmas mit nicht glaubensverbindlichen und sich einer bestimmten Situation verdankenden Vorstellungen, Begriffen, Verstehenshorizonten etc. Denn diese erschwert die Entscheidung, »ob eine Neuformulierung eines Theologen nur legitim traditionelle Amalgame ausscheidet oder die Substanz des Dogmas verletzt oder leugnet«[107], weswegen die daraus stammenden Konflikte nicht vorschnell per Machtspruch beendet werden dürfen. Vielmehr weist Rahner darauf hin, einige frühere Konflikte hätten sich vermeiden lassen, wenn alle Seiten geduldiger und dialogwilliger gewesen wären. Die Konflikte als solche sind aber wegen der Geschichtlichkeit auch der Offenbarung unvermeidlich und weil auf allen Seiten Lernprozesse möglich und notwendig sind. Hinzu kommt die sich verändernde geistesgeschichtliche Situation, mit der sich auch die faktische Aufgabe des Lehramtes verändert. Denn in einer Situation, in der ein Pluralismus von Theologien, Anthropologien und Kulturen auch innerhalb der Kirche gegeben ist und einen Plural von Theologien entstehen lässt, »die wenn auch alle auf den einen und selben christlichen Glauben bezogen, nicht mehr adäquat in eine und selbe Theologie integriert werden können«[108], kann das konkrete römische Lehramt aufgrund seiner europäischen Prägung alle diese Theologien nicht gleichmäßig mitrepräsentieren. Daher wird es nach Rahners Auffassung viele theologische Einzelfragen, in die es noch früher sehr dezidiert eingegriffen hat, länger dem theologischen Diskurs überlassen müssen, will es nicht die praktische Effizienz seiner Autorität gefährlich verbrauchen. Vielmehr wird es sich mehr der Frage zuwenden müssen, wie die Grundsubstanz des christlichen Glaubens unverkürzt, lebendig und zeitgerecht den zeitgenössischen und künftigen Menschen (in und außerhalb Europas) vermittelt werden kann. Rahner plädiert daher und wegen des gegenseitigen Bedingungsverhältnisses für ein nicht bloß doktrinäres,

---

Entscheidungen sollten sich im Hinblick auf die Lehre von der hierarchia veritatum auf zentrale Themen der christlichen Botschaft konzentrieren und Ausgrenzungen und Verurteilungen in sekundären Fragen vermeiden.« (*Neuner*, Lehramt 140.)

106 Eine solche empfiehlt auch *Overbeck*, Freiheit 199.

107 *Rahner*, Lehramt 86.

108 *Rahner*, Lehramt 89f.

sondern auch prophetisches Lehramt, das damit zudem teilweise Aufgaben der Theologie übernimmt. »Lehramt und Theologie müssen einhellig aus der Kraft des Geistes Christi heraus der einen Aufgabe dienen: der lebendigen Bezeugung Gottes und seines gekreuzigten und auferstandenen Christus, der Bezeugung des Glaubens, in dem die letzte Bestimmung der Welt in der Herrlichkeit Gottes selbst für alle Zeiten siegreich ergriffen wird.«[109] Die Aufgabe der Glaubenskongregation, die bis zum II. Vatikanum durch die theologischen Weichenstellungen mit ihrem Fokus auf propositionale Aussagen gut operationalisiert war, ist mit diesen Vorzeichen deutlich anspruchsvoller geworden – und so überrascht es vielleicht wenig, dass sie in den untersuchten Verfahren doch zumeist auf die seinerzeit bewährten Instrumente der Definitionen und der Zustimmung zu vorgelegten und überlieferten Glaubensformulierungen zurückgegriffen hat. Zugleich zeigt diese Praxis einen lehramtsinternen Pluralismus, insofern ihre Vertreter mit der deutlichen Tendenz zur Enthistorisierung (vermutlich aufgrund ihres Verständnisses der Aufgabe der Glaubenskongregation) den neuen Weichenstellungen des Konzils in der Innen-Außen-Relation der Kirche und hinsichtlich der Bedeutung der Geschichtlichkeit für die pastorale Praxis der Kirche (und wegen der engen Wechselwirkung von Pastoral und Dogmatik auch für ihre Lehre) in ihrer konkreten Praxis nicht folgen. Für die untersuchten Autoren hingegen gehören gerade diese Weichenstellungen des Konzils zu den wichtigsten Fundamenten ihrer Ansätze. Diese Konfliktlinie resultiert aus den eingangs ausführlich diskutierten unterschiedlichen Deutungsmöglichkeiten des Konzils, deren Pole oft mit den Etiketten »Hermeneutik der Kontinuität« und »Hermeneutik der Diskontinuität bzw. des Bruchs« gekennzeichnet werden.

Vor diesem Hintergrund bietet es sich an, für die Vorgehensweise des Lehramtes hinsichtlich des theologischen Diskurses eine ähnliche Vorgehensweise zu wählen, wie sie Karl Rahner und Heinrich Fries für die innerchristliche Ökumene vorgeschlagen haben, nämlich als verpflichtend zunächst einmal die in der Heiligen Schrift, dem Apostolischem Glaubensbekenntnis und dem Nicäno-Konstantinopolitanum ausgedrückten Grundwahrheiten anzusehen und als realistisches Glaubensprinzip zu wählen, dass in keiner Teilkirche dezidiert und bekenntnismäßig ein Satz verworfen werden dürfe, der verpflichtendes Dogma einer anderen sei.[110] Denn damit kann auf die

109 *Rahner*, Lehramt 91.

110 Vgl. *Fries/Rahner*, Einigung 17. Bei den untersuchten Verfahren wäre es dann in keinem Fall zu einer Notifikation gekommen, da alle Autoren sich dezidiert zum Glauben der katholischen Kirche bekennen und diesen lediglich in anderen Konzeptualisierungen auszudrücken.

Schwierigkeit reagiert werden, zwischen der eigentlichen glaubensverbindlichen Substanz und den in den konkreten Formulierungen damit verbundenen Begriffen und Verstehenshorizonten zu unterscheiden, ohne Gefahr zu laufen, für bestimmte Kontexte angemessene Neuformulierungen vorschnell als Verkürzungen zu kritisieren. In der Anwendung auf die theologische Pluralität ist an der Verbindlichkeit der Basis der in Bibel und den Glaubensbekenntnissen ausgedrückten Grundwahrheiten festzuhalten, zugleich aber auch deren konkret gewordene geschichtliche Form zu berücksichtigen, weshalb sie einer Historisierung und Kontextualisierung entsprechend der aktuellen geschichtlichen Realität bedürfen. Eine Pluralität von Theologien ist dann zulässig, sofern sie nicht dezidiert und bekenntnismäßig verpflichtende Dogmen der katholischen Kirche verwerfen. Solange sie dies nicht tun, können Widersprüche zwischen einzelnen Theologien als legitime Ausdrucksmöglichkeiten und Kontextualisierungen verstanden werden, da zum einen ihr jeweiliger spezifischer Kontext zu beachten ist, zum anderen auch für den gleichen Kontext verschiedene Theologien angemessen sein können und schließlich unterschiedliche widersprüchlich erscheinende Akzentsetzungen komplementär sein können. Die Klärung solcher Konflikte und die Diskussion darüber, welche Theologie in welchem Kontext am angemessensten ist, wäre zunächst die Aufgabe des wissenschaftlichen Diskurses (im Sinne der Simmel'schen Konkurrenz).

Konflikte nicht primär als zu vermeidende Widersprüche anzusehen, ist auch deswegen wichtig, weil sie sich letztlich durch kein Modell vollständig ausräumen lassen, sondern in der Natur der Sache sowohl der Verhältnisbestimmung von Theologie und Lehramt, als auch des wissenschaftlichen theologischen Diskurses liegen – und darüber hinaus, wie sich beim Streit zwischen Petrus und Paulus um die Verbindlichkeit von Beschneidung und Speisegeboten (vgl. Apg 15) zeigt. Am Beispiel des Apostelkonzils zeigen sich vier Elemente eines Klärungsprozesses: Zunächst gibt es »eine zuständige Autorität, die Streitfragen, die für die Identität der Glaubensgemeinschaft konstitutiv sind, zu entscheiden hat«[111]. Zweitens wird mit Regeln, die zur Konfliktlösung beitragen, offen diskutiert. Drittens wird die Lösung gefunden, indem gemeinsam nach dem Willen Gottes gesucht wird und sich nicht einfach eine Seite durchsetzt. Schließlich wird die Lösung als Konsens von allen getragen, wobei gegenseitige Rücksichtnahme erforderlich ist. Auf diese Weise wurde geklärt, »wo und in welchem Umfang neue Wege gegangen werden können und auch zu gehen sind, um dem Heilswillen Gottes in vollem

---

111 *Krämer*, Inkulturation 101.

Umfang zu entsprechen«[112]. Eine Konfliktlösung nach Art des Apostelkonzils ist somit ein dialogisches Geschehen mit eigenen Regeln. Aus Polaritäten »können fruchtbare Synthesen entstehen, denn Neues entsteht in der Regel durch die Begegnung von Wesensverschiedenem. Aus verschiedenen Konfliktkonstellationen kann also Neues entstehen.«[113] Sedmak weist auch darauf hin, die für das Verhältnis von Theologie und Lehramt relevanten Konfliktkonstellationen seien um die Größe »das Volk« zu erweitern, womit neben den internen Konfliktkonstellationen von Bischöfen und Theologinnen je untereinander drei unterschieden werden können: Lehramt und Volk versus Theologie, Lehramt und Theologie versus Volk und Theologie und Volk versus Lehramt. Für die Analyse konkreter Konflikte ist diese sehr schematische Aufteilung durch die konkreten je nach Kontext unterschiedlichen Machtkonstellationen und Abhängigkeitsverhältnisse sowie das mögliche Ineinander interner wie externer Konfliktkonstellationen zu differenzieren.[114] Das von den Beteiligten je geforderte Ethos präzisiert Sedmak für die Theologie als Hermeneutik des Vertrauens gegenüber lehramtlichen Texten und für die Träger des Lehramtes als Achtung der theologischen Expertise und des Freiraums sowie des Vertrauens für den jeweiligen Wirkungsbereich.

> Ein wichtiges Kennzeichen ist die Freiheit, auch unbequeme Botschaften auszusprechen. Hier wird man sich einerseits fragen müssen, ob die Theologie genügend Spielraum zugestanden erhält, um auch diese prophetische Funktion erfüllen zu können, und andererseits, ob die Bischöfe kraft ihres Auftrags zu institutionellem Handeln über solche Freiheit verfügen. Auch dieser Punkt birgt Konfliktpotential und weist auf deren kreative Spannung, die kreative Spannung zwischen Lehrern und Propheten.[115]

Werden die Konflikte in eine gemeinsame Lebensform, die alle Beteiligten umfasst, eingebettet, können sie bewältigt werden in einer Haltung der gegenseitigen Lernbereitschaft – ähnlich wie im Judentum, wo die Einheit durch die Kommunikation und nicht durch einheitliche Positionen konstituiert wird. Insbesondere nach den Perspektivenwechseln des II. Vatikanums hinsichtlich Religionsfreiheit und im Offenbarungsverständnis kann auch die Einheit der Glaubensgemeinschaft nicht mehr einfach nur autoritativ zusammengehalten

112 *Krämer*, Inkulturation 101. »Ein beispielgebender Umfang mit Konflikten, aus dem ein positiver Konfliktbegriff abgeleitet werden kann.« (*Platzbecker*, Petrus 35.)

113 *Sedmak*, Lehramt 76.

114 Wie vielfältig diese in Organisationen sein können, zeigt *Schwarz*, Konfliktmanagement 97–276.

115 *Sedmak*, Lehramt 77.

werden.[116] Je wichtiger die subjektive Überzeugung für den Glauben ist, desto mehr ist das kirchliche Lehramt gefordert, die Mittel und Instrumente, mit denen es seiner Aufgabe nachgeht, darauf abzustimmen. Dazu gehört auch die entschiedene Öffnung des II. Vatikanums zur weltanschaulichen und religiösen Pluralität, da es diese »keineswegs bloß als ein hinzunehmendes Übel toleriert, sondern als legitimen Ausdruck menschlicher Freiheit und der Suche des Menschen nach Wahrheit gewürdigt«[117] hat. Da dies einher geht mit der Überzeugung, das Christentum (und spezifisch die katholische Kirche) werde von keiner anderen Religion oder Weltanschauung übertroffen, folgt aus der Anerkennung der Pluralität und der Religions- und Gewissensfreiheit kein weltanschaulicher oder religiöser Relativismus. Der doppelte Imperativ, die Kontexte der Lebenswege zu würdigen und die individuelle Freiheit der Menschen als Glaubenden zu achten, basiert auf der Einsicht in den Glauben als frei zu verantwortender individueller Akt (vgl. DV 2, DiH 10). Auf dieser Grundlage basiert die Einsicht des Konzils, die Zeichen der Zeit seien für das je jeweilige Selbstverständnis der Kirche von entscheidender Bedeutung, weshalb sie sich auch in ihrem Selbstverständnis und ihrer Praxis von den konkreten gesellschaftlichen Situationen herausfordern lässt. »Sie fürchtet sich nicht vor der pluralen, ja pluralistischen Situation der Moderne; denn sie vertraut darauf, von der ›Welt‹ lernen und so sich selbst besser verstehen zu können. Dies tut sie freilich in einem kritisch-konstruktiven Dialog mit der Überlieferung«[118]. Aus der veränderten Verhältnisbestimmung der Innen-Außen-Konstellation der Kirche, mit der ihre Wechselwirkung betont wird, der vom Konzil gewählten Nicht-Ausschließungsstrategie der pastoralen Ortsbestimmung sowie der engen Wechselwirkung von Pastoral und Dogmatik folgt eine innerkirchliche (und damit auch innertheologische) Pluralität. Indem mit dem pastoralen Charakter der Zeichen der Zeit auf die vielfältigen gegenwärtigen Herausforderungen eingegangen wird und der Kontext hohe Bedeutung für ihre jeweilige Interpretation im Lichte des Evangeliums erhält, sind wegen der unterschiedlichen kulturellen, religiösen und sozialen Kontexte unterschiedliche Perspektiven und Wahrnehmungen der Welt zu berücksichtigen. »Nicht nur die Zeichen der Zeit sind plural, – auch die Deutehorizonte sind es.«[119] Mit dieser Pluralität ist zugleich ein erhebliches Konfliktpotential gegeben, da aufgrund der Unterschiedlichkeit der Kontexte diese Wahrnehmungen und Deutehorizonte durchaus widersprüchlich sein

116 Daran erinnert auch *Overbeck*, Freiheit 201.

117 *Ansorge*, Pluralität 217.

118 *Ansorge*, Pluralität 219, Herv. im Orig. mit Verweis u. a. auf *Sander*, Kommentar 715–719.

119 *Waldenfels*, Zeichen 107.

oder zumindest erscheinen können und auch mögliche Komplementaritäten nicht auf den ersten Blick einsichtig sein müssen. Sofern aber eine aus einem bestimmten Kontext stammende Interpretation der Zeichen der Zeit nicht ohne weitere Qualifizierung Gültigkeit für andere Kontexte (geschweige denn Allgemeingültigkeit) beansprucht, sondern zunächst einmal eine für diesen spezifischen Kontext angemessene Deutung sein will, gefährdet der Konflikt nicht die Einheit, sondern ist Ausdruck der Vielfalt und Komplexität des Lebens.[120]

Dies kann gut anhand der untersuchten Christologien illustriert werden, bei denen sich deutlich die Orientierung am Kontext sowohl in der gewählten Grundperspektive als auch bei den hermeneutischen und methodischen Weichenstellungen gezeigt hat: Schillebeeckx setzt sich mit seinem Kontext einer säkularen Moderne auseinander und wählt einen stark personalistisch geprägten Zugang, Sobrino adressiert einen von Armut und Unterdrückung geprägten Kontext und betont dazu die vorrangige Option für die Armen und beide messen der politischen Dimension des Christentums und der Orthopraxis einen sehr hohen Stellenwert zu. Dupuis wiederum geht vom Kontext einer religiösen Vielfalt aus und verbindet induktive mit deduktiven Methoden. Wegen ihrer unterschiedlichen Grundperspektiven sowie hermeneutischen und ontologischen Weichenstellungen sind diese Ansätze nicht reibungsfrei miteinander vermittelbar – beispielsweise bestehen signifikante Unterschiede im Verständnis von Geschichte, wozu Schillebeeckx auf die französische Annales-Schule und Sobrino auf Ellacurías Philosophie der geschichtlichen Realität rekurriert, während Dupuis keinen spezifischen historiographischen Ansatz wählt und mehr die Koextensivität von Heils- und Weltgeschichte postuliert. Sie weisen gleichwohl in verschiedenen Konsequenzen und gerade in der Bedeutung der Orthopraxis große Gemeinsamkeiten auf, was ein gutes Indiz für die Komplementarität ihrer Ansätze ist. Deswegen und wegen ihrer Orientierung an ihren spezifischen Kontexten brauchen sich die jeweiligen Ansätze nicht untereinander abzugrenzen – wohl aber von Ansätzen, die im jeweiligen Kontext konträre Positionen einnehmen wie eine die klassische Terminologie verwendende Christologie bei Schillebeeckx, das »alte« Christusbild in Lateinamerika bei Sobrino oder ein ekklesiozentrisches

120 Auf dieser Linie kann auch die pastorale Praxis Papst Franziskus' gedeutet werden, der gerade mit *Amoris laetitia* fordert, dieser Vielfalt gerecht zu werden – »und wenn er in diesem Zusammenhang für eine ›Logik der Inklusion‹ plädiert und nachdrücklich dazu aufruft, vorschnelle Urteile zu vermeiden, dann ist damit ein Signal für die Wertschätzung inner- wie außerkirchlicher Vielfalt gesetzt« (*Ansorge*, Pluralität 223, Herv. im Orig.). Zulehner unterstreicht die Bedeutung des individuellen Gewissens für die Pastoralkultur Franziskus' (vgl. *Zulehner*, Pastoralkultur 122f. 128–132).

und damit exklusivistisches Paradigma bei Dupuis. Die in diesen Spannungen und Polaritäten angelegten Konflikte sind dann in den Auseinandersetzungen mit der Glaubenskongregation deutlich zu Tage getreten, zumal (oder gerade weil?) bei ihren Anfragen die Kontextsensitivität wie gesehen kaum eine Rolle gespielt hat. Das produktive Element der Komplexität und Vielfalt besteht zunächst in den Anregungen, die Schillebeeckx, Sobrino und Dupuis aufgrund der besonderen Herausforderungen ihres jeweiligen Kontextes erhalten und sie dazu veranlasst haben, ihre Ansätze in Auseinandersetzung mit ihrem Kontext und diesen Herausforderungen zu entwickeln – und damit dem pastoralen Anliegen des II. Vatikanums entsprechen. Bei den Konflikten mit der Glaubenskongregation ist es sehr unterschiedlich ausgeprägt, denn wenngleich alle Autoren unterstreichen, an ihren grundsätzlichen Positionen festgehalten zu haben, führen sich doch insbesondere bei Dupuis einige terminologische Präzisierungen (z. B. »Wort als solches« anstelle »Logos *asarkos*« oder die »asymmetrische Komplementarität«) auf die Anfragen der Glaubenskongregation (sowie innertheologischer Kritik) zurück. Bei Schillebeeckx und Sobrino ist ähnliches nicht nachweisbar, was aber auch mit dem größeren zeitlichen Abstand zwischen Publikation und Verfahren zusammenhängen kann, durch den dem theologischen Diskurs mehr Klärungsmöglichkeiten blieben. Abgesehen von der impliziten Anerkennung der Vielfalt durch die faktisch erfolgte Nichtverurteilung der Autoren (trotz der gelegentlichen Kennzeichnung einiger Aussagen als mit dem Glauben der Kirche nicht übereinstimmend) wurde durch die konkrete Praxis bei allen drei Verfahren das in der Spannung zwischen ihren Positionen und derjenigen der Glaubenskongregation liegende produktive Potential nicht genutzt. Denn die Reaktionen der Glaubenskongregation auf die Antworten auf ihre Anfragen sind weniger von der in einem echten Dialog notwendigen Lernbereitschaft geprägt als vielmehr von der Grundhaltung, diese am Maßstab der eigenen Position zu beurteilen.

Ebenfalls als Ausdruck der Vielfalt und Komplexität kann der sich oft als »kontradiktorischer Pluralismus« manifestierende Kompromisscharakter der Texte des II. Vatikanums verstanden werden, da damit die Diskussion – nicht nur über die »eigentliche« Konzilsinterpretation – offen gehalten und mit der pastoralen Perspektive, auf dogmatische Definitionen zu verzichten und keine Positionen zu verurteilen, der Komplexität der unterschiedlichen Kontexte Rechnung getragen wird. Indem auch die Position der Minorität Eingang in die Texte gefunden hat, bleibt die Möglichkeit offen, diese abweichenden Meinungen in späterer Zeit produktiv aufzugreifen, wie es in *Dei Verbum*, *Lumen gentium* und *Christus Dominus* für die Diskussionen über das Verhältnis von Schrift und Tradition in Trient und über den päpstlichen Primat beim I. Vatikanum erfolgt ist.[121] Ähnliches gilt für Sachkompromisse wie bei den altkirchlichen Bekenntnissen und dilatorische Kompromisse wie der im Rechtfertigungsdekret des Konzils von Trient zugelassenen Mehrdeutigkeit, mit der mehrere theologische Schulmeinungen vereinbar sind. Ohne einen – je nach Interpretation – »kontradiktorischen Pluralismus« oder gelungenen Kompromiss als Ausgleich zwischen unterschiedlichen Positionen werden hingegen theologische Einseitigkeiten und damit Verkürzungen befördert, die der Fülle der Offenbarung nicht gerecht werden.

Kann die Theologie- und Dogmengeschichte damit auch als Konfliktgeschichte gelesen werden, insofern sich entscheidende neue Weichenstellungen immer auch Spannungen und Konflikten zum bislang geltenden Paradigma verdanken – oft genannt wird in diesem Kontext die Aristoteles-Rezeption des Thomas von Aquin –, gilt dies ebenfalls für die Christologiegeschichte. Deren Konfliktivität beginnt schon mit der öfters erwähnten und nicht einfach aufzulösenden Pluralität der neutestamentlichen Christologien, die unterschiedliche Akzente des Lebens und Wirkens Jesu Christi herausstellen und unterschiedliche Wirkungsgeschichten in den verschiedenen (spät)antiken Rezeptionsräumen entfalten. Im die Theologiegeschichte besonders prägenden hellenistischen Kontext sind es vor allem die beiden »Schulen« von Antiochien und Alexandrien, deren Konflikt die Geschichte der ersten ökumenischen Konzilien bestimmt. Am Beispiel Chalkedons wurde erörtert, welche unterschiedlichen – doktrinale wie nichtdoktrinale – Faktoren den Horos beeinflusst haben und wie er in diesen Konflikt zwischen Antiochien und Alexandrien einzuordnen ist. Theologiegeschichtlich kann ferner an die gravierenden Verschiebungen gerade in der Neuzeit erinnert werden, in der im Unterschied zum inkarnatorisch-christologischen Grundzug, der die Theologie der Spätantike und des Mittelalters auszeichnet, eine pneumatisch-freiheitliche Perspektive eingenommen wird.[122] Zwar kann zum gegenwärtigen Zeitpunkt nicht adäquat abgeschätzt werden, ob und wenn ja, inwiefern Schillebeeckx, Sobrino und Dupuis den christologischen Diskurs nachhaltig beeinflusst haben. Gleichwohl spricht allein schon die Intensität der wissenschaftlichen Auseinandersetzung mit ihren Ansätzen für einen solchen Einfluss, der auch darin bestehen kann, ähnliche Tendenzen anderer christologischer Ansätze zu verstärken. Dazu gehört insbesondere die zentrale Bedeutung der Geschichtlichkeit in allen Ansätzen, die sich christologisch im

121 Vgl. *Blanchard*, Report.

122 Ruhstorfer weist auf den Zusammenhang dieser pneumatisch-freiheitlichen Christologie mit dem bürgerlichen Staat hin (vgl. *Ruhstorfer*, Christologie 177).

Fokus auf der Menschheit Jesu Christi, seiner irdischen Geschichte und seinen menschlichen Begrenzungen niederschlägt. Damit setzen sie – wie diverse andere Ansätze im 20. Jahrhundert – einen Kontrapunkt zum lange gesetzten Akzent auf der Gottheit, der auch die Perspektive der Glaubenskongregation nachhaltig bestimmt, wie sich u. a. in *Dominus Iesus* zeigt. Ein weiteres zentrales Element aller Ansätze ist der praktische Fokus, der bei Schillebeeckx und Sobrino in der Betonung der Orthopraxis und bei Dupuis in der Eignung für den Dialog mit anderen religiösen Traditionen besteht. Dies entspricht dem pastoralen Anliegen des II. Vatikanums und seinem dialogischen Stil. Vielleicht am entscheidendsten ist aber ihre dezidierte Kontextualität, die auf der einen Seite ihre Rezeptionsmöglichkeiten in anderen kulturellen, sozialen und ökonomischen Kontexten erschwert, auf der anderen Seite aber gerade Vorbildfunktion dafür gewinnen kann, wie eine solche gelungene Kontextualität aussehen kann: Wie *Gaudium et spes* ausgehend von der spezifischen Situation der Menschen in diesem Kontext, ihren Hoffnungen und Sorgen (Relevanzkriterium), zugleich dem Evangelium in seiner ganzen Fülle verpflichtet (Identitätskriterium) und darum bemüht, diese befreiende Botschaft eines Gottes, der das Heil aller Menschen will, auf für diese Menschen je verständliche Weise zu formulieren.

Konfliktivität in Theologie- und Christologiegeschichte verdankt sich mithin zu einem guten Teil unterschiedlichen Paradigmen oder Verstehenshorizonten, die aufeinander treffen, in Spannung zueinander stehen und nicht ohne Weiteres miteinander vermittelt werden können. Nicht selten sind aus solchen Spannungen wertvolle Impulse für die weitere Auseinandersetzung mit den jeweiligen Fragestellungen entstanden. Eine produktive Konfliktivität bedarf jedoch nicht zwingend solcher unterschiedlicher Paradigmen oder Verstehenshorizonte, sondern kann auch auf einer inhärenten Konfliktivität der Christologie selber gründen, die auf das Leben und Wirken Jesu Christi zurückgeht und zu steter Kritik an bestehenden Strukturen aufruft. Dies gilt auch jenseits der immer notwendigen Kritik an menschlichen Versuchen, sich der Fülle des Christusereignisses zu nähern, aufgrund der Begrenzungen dieser menschlichen Versuche, die diese Fülle nie adäquat ausdrücken können werden. Denn mit seiner prophetischen Praxis und seinem Aufruf zur Umkehr (*Metanoia*), also der immer neu zu erfolgenden Ausrichtung auf Gott hin, geht eine radikale Kritik an allem, was nicht dem Reich Gottes dient, einher. Dazu zählen ungerechte gesellschaftliche Strukturen, die Unterdrückung verfestigen oder befördern, ebenso wie verfestigte Denkweisen, die den Menschen um sich selbst kreisen lassen. In Mk 10,42ff formuliert er beispielsweise »den Entwurf einer Gegenwelt zu den geschichtlich realisierten und mit Gewaltausübung verbundenen weltlichen Strukturen«[123], womit ein Konflikt mit genau diesen Strukturen vorprogrammiert ist. Gerade der politische Charakter des Handelns Jesu sowie seine differenzierte Haltung zu Gewalt und Gewaltverzicht führen auch gegenwärtig zu unterschiedlichen Positionierungen zum politischen Charakter des Christentums, die durch den Zusammenhang mit den jeweiligen Verstehenshorizonten noch verstärkt werden.[124] So konnte bei Schillebeeckx und Sobrino mit ihrem Fokus auf die Geschichtlichkeit und die vor allem bei Sobrino stark präsente Dialektik der Wirklichkeit ein deutliches Plädoyer für einen Primat der Orthopraxis festgestellt werden, dem die Glaubenskongregation (und Theologen und Theologinnen, die den kontemplativen Charakter stärker herausstellen) so nicht folgen wollte. Sie berufen sich auf Untersuchungen des irdischen Lebens und Wirkens Jesu und seine darin erkennbare Kompromisslosigkeit gegenüber allem, was dem Reich Gottes nicht entspricht – bis hin zu verschiedenen Texten mit deutlichen Gewaltelementen, beispielsweise der Aussage, er sei nicht gekommen, Frieden zu schaffen, sondern Spaltungen oder das Schwert zu bringen (Lk 12,49–53; Mt 10,34–46). Darin drückt sich vermutlich die Erfahrung aus, dass die Entscheidung für Jesus mit dem Verlust von Heimat und Familie und der bisherigen Gruppenzugehörigkeit verbunden ist – ohne selber Gewalt anwenden zu müssen. »Spaltungen und Konflikte unter den Menschen erscheinen mithin nicht als eine möglichst zu vermeidende, vielleicht aber auch unvermeidliche oder unbeabsichtigte Folge der Sendung Jesu, sondern im Gegenteil gerade als ein mit dieser Sendung verbundenes Ziel.«[125] Einer solchen Gegenüberstellung entspricht auch die Androhung eines gewaltsamen Schicksals für diejenigen, die nicht umkehren (vgl. Lk 13,1–5). Während Jesus gegenüber Menschen zum Gewaltverzicht aufruft, berichten die synoptischen Evangelien in verschiedenen Exorzismen von seiner Gewalt gegen die den Menschen bedrohenden Mächte, mit der sich Jesus als Vertreter der überlegenen göttlichen Macht erweist.[126] Diese Gewalt gründet in seinem Gottesbild und seiner Ausrichtung auf das Reich Gottes, was ihn dazu führt, auf einer »überweltlichen« Ebene den unvermeidlichen Kampf gegen das Böse zu führen. »Gott selbst,

---

123 *Lindemann*, Gewalt 197.

124 Auch von gegenwärtigen deutschen Politikern wird darauf verwiesen, mit der Bergpredigt könne man kein Land regieren, und politische Äußerungen führender Kirchenvertreter werden als »Einmischung« verstanden, während andere für christliche Werte in der Politik – beispielsweise dem Umgang mit Geflüchteten – plädieren und sich dankbar für solche politischen Äußerungen zeigen.

125 *Lindemann*, Gewalt 211; vgl. auch *Schreiber*, Rande; *Schreiber*, Jesus.

126 Vgl. *Strecker*, Jesus.

und Gott *allein* übt Gewalt über seine Widersacher aus.«[127] Daher endet alle menschliche Gewalt mit der Herrschaft Gottes, in der Frieden zwischen Gott und Menschen und zwischen Menschen herrscht. Menschen, die sich auf sie ausrichten, sollen ihr Handeln entsprechend orientieren: Vergebung, Verzicht auf Verurteilung, Überwindung sozio-religiöser Grenzen etc. Beim Gericht, das die endgültige Überwindung des Bösen anspricht, geht es um »eine völlige Neugestaltung der ungerechten sozialen und politischen Strukturen, eine Neuschöpfung der Wirklichkeit.«[128] Dazu gehört Jesu Vertrauen auf die Macht aus der Ohnmacht, mit der übliche Modelle politischer Macht konterkariert werden, und das sich besonders prägnant in seinem Kreuzweg zeigt. Er erträgt Unrecht und Gewalt, bis er am Ende stirbt, und ist damit das Gegenmodell zu einem Herrscher, dessen Macht auf Gewalt gründet. Seine Macht erwächst aus dem Verzicht auf Gewalt. »Die Ohnmacht Jesus bedeutet eine erlösende Macht, während unter Menschen Macht gesucht und Ohnmacht gemieden wird.«[129] Am Kreuz, das maßgeblich für seine Nachfolge ist, ist er Opfer der Gewalt sowohl der Religionsführer als auch der römischen Machtinteressen, begibt sich aber auch aktiv und freiwillig in Leiden und Tod und ist daher sowohl *victim* als auch *sacrifice*. Das in den Abendmahlsberichten bei Mk und 1Kor verwendete passivum divinum zeigt an, dass Gott selbst handelt und »für die vielen« das Leben ermöglichen will. »Aus dem Blut der Gottesgewalt wird eine Lebensressource für andere, die aus dem Sklavenhaus der Gottesgewalt herausführt.«[130] In der Erinnerung an das Opfer Jesu, in dem sich die Macht Gottes mit der Ohnmacht eines Opfers verbindet, wird der Zusammenhang von Kreuz und Auferstehung und die Verheißung eines Lebens in der Gegenwart Gottes deutlich, über das Tod und Gewalt keine Macht haben. Die Macht gründet in der tiefen Ohnmacht eines Opfers und verändert die Ordnung der Dinge grundlegend. In Jesu Leben, seiner Praxis und seinem Sterben und Auferstehen ist der Konflikt mit der herrschenden Ordnung der Dinge angelegt, der somit auch seine Nachfolge prägt. Theologie als reflektierende Unterstützung der Nachfolge und insbesondere Christologie als Reflexion auf die Person Jesu Christi setzen sich nicht nur notwendigerweise reflexiv mit dieser Konfliktivität auseinander, sondern sind ebenfalls zutiefst von ihr betroffen, wollen sie selber Nachfolge und nicht abstrakte Betrachtung sein. Bezieht sich dies auf den Konflikt mit der herrschenden Ordnung der Dinge wie ungerechten gesellschaftlichen Strukturen, darf die Gefahr nicht unterschätzt

---

127 *Schreiber*, Rande 104, Herv. im Orig.
128 *Schreiber*, Rande 106.
129 *Sander*, Nicht verleugnen 16.
130 *Sander*, Nicht verschweigen 65.

werden, selber zumindest teilweise aufgrund verwendeter Begriffe, Vorstellungen und Verstehenshorizonte auch Ausdruck dieser herrschenden Ordnung werden zu können und dann des Konfliktes mit einer prophetischen Kritik durch andere theologische Ansätze zu bedürfen.

Christologie als Konfliktgeschichte zu lesen, nimmt also nicht nur die sich der Fülle des Lebens verdankenden Spannungen sowie die auf unterschiedliche Paradigmen und Verstehenshorizonte zurückzuführenden Konflikte produktiv auf, sondern gründet letztlich in der Konfliktivität des Christusereignisses selber.

KAPITEL 7

Grundzüge einer fundamentaltheologischen Konflikttheorie

Theologische wie innerkirchliche Konflikte entstehen, wenn unterschiedliche Positionen, Interpretationen, Perspektiven, Interessen u. ä. aufeinanderstoßen. Sie verdanken sich den verschiedenen menschlichen Antwortmöglichkeiten auf das göttliche Angebot sowie den Aushandlungsprozessen über die angemessenen Kommunikationsweisen und -strategien dieser Antwortmöglichkeiten in dem Maße, in dem sie Konsequenz der Pluralität an Kontexten und geschichtlichen Situationen sind, die auf dem Kommunikationsgeschehen der Offenbarung und dem vom II. Vatikanum formulierten Auftrag sowie Selbstverständnis der Kirche gründet, Zeichen und Werkzeug für die innigste Vereinigung mit Gott und der Menschen untereinander zu sein und die Zeichen der Zeit im Licht des Evangeliums zu deuten. Als Ausdruck einer solchen legitimen Pluralität aufgrund von Kontextualität und Geschichtlichkeit bewahren sie vor enthistorisierenden Abstrahierungen und verkürzenden Vereinheitlichungen. Diese Pluralität kann unterschiedlichen Perspektiven entstammen:

- *Offenbarungstheologisch*: Ein dialogisches Offenbarungsverständnis, das Offenbarung als *kommunikatives Beziehungsgeschehen zwischen Gott und Mensch* versteht, dessen Höhepunkt die personale Selbstmitteilung Gottes in Jesus Christus ist, bezieht die Subjektivität der Gläubigen ein. Durch das Beziehungsverhältnis zwischen Gott und Mensch wird jeder Offenbarungssatz relativiert. Als Kommunikationsgeschehen bedarf Offenbarung der Darstellung des (subjektiv) als wahr Erfahrenen und Erkannten sowie der Verständigung über die Darstellungsformen in der Glaubensgemeinschaft. Dies begründet eine Pluralität menschlicher Antworten und Rezeptionsmöglichkeiten auf die Offenbarungsansprache Gottes, die nicht auf eine reduziert werden kann.
- *Christologisch*: Eine christliche Theologie, die letztlich in der *Nachfolge Jesu Christi* (und der dazu nötigen Reflexion) mündet, setzt sich mit der der Christologie inhärenten Konfliktivität auseinander, die auf das Leben und Wirken Jesu Christi selber sowie die Fülle des Christusereignisses zurückgeht und nie von einem menschlichen Versuch alleine adäquat ausgedrückt werden kann.

 | DOI:10.30965/9783657760190_008

- *Ekklesiologisch*: Angesichts der unterschiedlichen kulturell und kontextuell geprägten menschlichen Rezeptionsmöglichkeiten der göttlichen Offenbarung bedarf die Kirche zur Erfüllung ihres Auftrages und ihres Selbstverständnisses diesen unterschiedlichen Kulturen und Kontexten angemessene Ausdrucksweisen ihrer Lebens- und Glaubensvollzüge. Dem *Spannungsverhältnis von Ortskirche und Universalkirche* einer sich solchermaßen als »kulturell-polyzentrisch[e] Weltkirche«[1] formierenden Kirche wird am ehesten die These der Simultaneität und wechselseitigen Durchdringung von Ortskirchen und Universalkirche gerecht.
- *Erkenntnistheologisch*: Fundamentaltheologie greift als »Glaubenswissenschaft«, die sich besonders der theo-logisch rationalen Verantwortung des christlichen Glaubens widmet, auf unterschiedliche Rationalitäten/Rationalitätstypen zurück (von Hermeneutik und Pragmatismus bis hin zu Differenzhermeneutik und analytischer Religionsphilosophie) und thematisiert dabei auch, was überhaupt als rational gilt.[2] Als »Wissenschaft auf der Türschwelle zwischen Kirche und Welt«[3] bedient sich die Fundamentaltheologie ferner verschiedener disziplinärer Rationalitäten und Terminologien, um sich mit den Anfragen ganz unterschiedlicher »außerkirchlicher« Traditionen und Disziplinen – Philosophie, Geschichtswissenschaft, Naturwissenschaften, Gesellschaftswissenschaften, anderen Religionen – auseinanderzusetzen. Dies gilt besonders vor dem Hintergrund des vom II. Vatikanum propagierten Wechselwirkungsverhältnisses zwischen »Innen« und »Außen« der Kirche.
- *Pastorale Grundorientierung*: Mit dem Fokus auf »Freude und Hoffnung, Trauer und Angst der Menschen von heute« (GS 1), d. h. ihrer je konkreten Lebensrealität, geht die Notwendigkeit zur Unterscheidung der Besonderheiten konkreter Einzelfälle einher. Daher ist die Spannung des *Verhältnisses von (abstrakter) Lehre und konkreten Einzelfällen* nicht einseitig aufzulösen. Vielmehr ist die Lehre mit Bezug auf die Erfordernisse der Zeit und die konkreten Umstände so zu erforschen und auszulegen, dass der universale Heilswille Gottes in den konkreten Einzelfällen zur Geltung gebracht wird: kontextuell und (in der Darstellungsform) veränderbar.

Kontextualität und Geschichtlichkeit sowie die pastorale Grundorientierung begründen eine Vielfalt innerkirchlicher Positionierungen wie theologischer Ansätze, die aufgrund der Unterschiede der Kontexte und Situationen nicht

1 *Metz*, Aufbruch; *Bertsch*, Diskurs.

2 Vgl. z. B. *Kruck/Valentin*, Rationalitätstypen sowie beispielhaft für die Dynamik solcher Überzeugungen mit Rekurs auf Robert Brandom *Dürnberger*, Dynamik.

3 Vgl. *Waldenfels*, Fundamentaltheologie 97–99.

immer ohne Weiteres miteinander vermittelt werden und daher zu Konflikten führen können. Bei bestehenden Konflikten ist mithin immer auch auf ihre kontextuellen und historischen Voraussetzungen und Hintergründe zu reflektieren. Auf diese Weise werden Konflikte auf diese Voraussetzungen hin relativiert, wodurch sich zeigen kann, ob es sich um grundsätzliche und die Gemeinschaft der Kirche gefährdende Konflikte – beispielsweise durch die Anwendung von Ausschließungsmechanismen – handelt oder um Konflikte, deren Austrag die Gemeinschaft gerade zum Ausdruck bringt. Dies ist etwa dann der Fall, wenn sie – wie beispielsweise die Wahl unterschiedlicher Philosophien oder Rationalitätstypen für die rationale Glaubensverantwortung – auf Antworten auf bestimmte Einzelfälle oder -situationen zurückzuführen sind, die keine Allgemeingültigkeit beanspruchen, gleichwohl aber für andere Fälle und Situationen Anregungen bieten können.

Wenn solche Konflikte, die sich der legitimen theologischen Pluralität verdanken, nicht sistiert oder autoritär unterdrückt, sondern nach transparenten, für alle Seiten fairen, Regeln der Konfliktbewältigung ausgetragen werden, dienen sie der theologischen Entwicklung dabei, die Vielfalt der Offenbarung und die Fülle des Christusereignisses zu verstehen. Denn in einem solchen offen ausgetragenen Konflikt können die unterschiedlichen Perspektiven sowie die Relativierungen der jeweiligen Position auf ihre Kontexte, Voraussetzungen und Hintergründe ausgewiesen werden, was nicht nur der Klärung und Vertiefung der eigenen Position dient, sondern woraus sich in der Regel – und wie bei den untersuchten Verfahren gesehen – auch Anfragen an die anderen einschließlich früherer wie der je offiziell lehramtlichen ergeben. Ohne eine solche Offenheit für andere Glaubensformulierungen bzw. dogmatische Sätze gäbe es keine Dogmengeschichte. Solche Konflikte sind ein adäquater Ausdruck des gemeinsamen Ringens der verschiedenen Funktionen im Gottesvolk um das Verständnis der Offenbarung. Sie sind insofern nicht als Gefährdung der Einheit zu bewerten, sondern als Ausdruck der Gemeinschaft im Bekenntnis zu Gott und seinem Evangelium über Gegensätze und Spannungen hinweg. Ein solcher Konflikt ist dann »eine schöpferische Kraft und ein Mittel dazu, die Dinge zu bessern, an denen der Widerspruch sich entzündet hat«[4]. Darüber hinaus erlaubt die Sensibilität für die Besonderheiten der konkreten geschichtlichen Situationen und Kontexte eine situations- und kontextangemessene Vermittlung des universalen Heilswillens Gottes, die das pastorale Anliegen des II. Vatikanums aufnimmt.

Ein pastorales Lehramt, das dieser Grundorientierung folgt, akzentuiert weniger als früher häresiologische Ausschließungsmechanismen. Vielmehr

4 *Seckler*, Konflikt 95.

ist es herausgefordert, positiv-inklusiv die Spannung zwischen Identitäts- und Relevanzkriterium zu wahren, und übt dadurch seine von der wissenschaftlichen Theologie unterschiedene Aufgabe aus. Anders als in den untersuchten Verfahren gesehen, darf dazu weder eine bestimmte philosophische bzw. ontologische Grundlage zum Bewertungsmaßstab aller theologischen Ansätze noch einseitig die Identität qua überlieferter Glaubensformulierungen betont werden. Auch eine deutliche Priorisierung einer Ortskirche (wie derjenigen Roms), was zur Verwechslung dieser Ortskirche mit der Universalkirche führen kann, wird dem weltkirchlichen Charakter der katholischen Kirche nicht gerecht. Vielmehr ist konstitutiv die kontextuelle Relevanz zu berücksichtigen, d. h. christologisch die Vermittlung und Reflexion des Christusmysteriums in neuen oder sich verändernden Kontexten. Dies kann sowohl die für Schillebeeckx sehr wichtige Verständlichkeit im jeweiligen Kontext als auch das bei Sobrino im Fokus stehende Engagement für eine evangeliumsgemäße Transformation der Gesellschaft oder von Dupuis adressierte Herausforderungen aufgrund existierender Pluralität umfassen. Wegen zum Teil sehr unterschiedlicher Verstehenshorizonte ist es angemessen, bei Glaubensformulierungen wie denjenigen der frühkirchlichen Konzilien das Identitätskriterium nicht in ihrer ontologischen Lesart, sondern in ihrer regulativen bzw. grammatischen Funktion zu sehen, wie sie besonders in der chalkedonischen Formel einen gelungenen Ausdruck findet.

Angesichts der Komplexität unterschiedlicher Konfliktkonstellationen[5] ist bei den Regeln der Konfliktbewältigung nicht ausschließlich nach Gruppenzugehörigkeit zu unterscheiden. Von den grundlegenden Mustern, einen Konflikt zu lösen, geregelt auszutragen oder zumindest zu beenden – nach Simmel Wegfall des Streitobjektes, Sieg, Versöhnung oder Kompromiss und nach Schwarz Flucht, Vernichtung, Unterordnung, Delegation, Kompromiss und Konsens[6] – entsprechen die für aporetische Situationen, d. h. wenn die Position einer Konfliktpartei nicht einfach anhand der von den Parteien akzeptierten Kriterien als unhaltbar ausgewiesen werden kann, diskursiven Strategien des Konsenses und des Kompromisses am ehesten einem dialogischen Offenbarungsverständnis, dem erkenntnistheologisch notwendigen Rekurs auf unterschiedliche Rationalitäten sowie einer der Pluralität der Kontexte und Kulturen angemessenen Theologie und Pastoral. Eine

5 Der Vorschlag Sedmaks, neben internen Konfliktkonstellationen von Bischöfen und Theologen je untereinander drei Konstellationen – Lehramt und Volk versus Theologie, Lehramt und Theologie versus Volk und Theologie und Volk versus Lehramt – zu unterscheiden (vgl. *Sedmak*, Lehramt 76f), ist noch in Verbindung der je internen Konfliktkonstellationen sowie unterschiedlichen Machtkonstellationen zu differenzieren.

6 Vgl. *Schwarz*, Konfliktmanagement 277–316.

autoritative, auf Abbruch der Diskussion oder Unterdrückung des Konflikts abzielende Entscheidung einer mit der dazu erforderlichen Macht ausgestatteten Instanz wird dem hingegen weniger gerecht. Dies bestätigt die beim Apostelkonzil (Apg 15) gewählte Strategie zur Konfliktbeendigung, da die für die Entscheidung solcher Streitfragen zuständige Autorität eine offene Diskussion zulässt und nach einer von allen getragenen, konsensuellen Lösung gesucht wird, die gegenseitige Rücksichtnahme erfordert. Ein gefundener Konsens als fruchtbare Synthese lässt etwas Neues entstehen und ist die Konsequenz eines produktiven Konflikts.

Daraus lässt sich als allgemeine Regel der Konfliktaustragung in Theologie und Kirche zunächst die Suche nach einem Konsens oder Kompromiss – nicht nur als Sachkompromiss, sondern auch im Sinne eines dilatorischen Kompromisses, die Frage nicht zu entscheiden, oder des Kompromisses eines »kontradiktorischen Pluralismus« wie beim II. Vatikanum – als Ziel festhalten. Geht es primär um den innerwissenschaftlichen Diskurs – ggf. auch unter Beteiligung von Bischöfen, die einen Beitrag zur wissenschaftlichen Diskussion leisten wollen[7] –, werden Auseinandersetzungen eher als Meinungsverschiedenheiten und weniger als Konflikte im engeren Sinn wahrgenommen. Jenseits der Regeln des wissenschaftlichen Diskurses – insbesondere die prinzipielle Gleichberechtigung der am Diskurs Teilnehmenden, der Verzicht auf Ausschließungsmechanismen qua Machtposition o. ä. sowie die Geltung des besseren Arguments als Entscheidungskriterium – und der zu bevorzugenden Konfliktlösungsstrategien des Konsenses oder Kompromisses, wenn keine Seite davon überzeugen kann, die besseren Argumente zu haben, ist eine weitergehende innerkirchliche Regelung oder ein Eingreifen des Lehramtes nicht notwendig. Dies gilt insbesondere dann, wenn die Differenzen – wie in der wissenschaftlichen Diskussion über die diskutierten Ansätze – auf die verschiedenen Kontexte oder die gewählten philosophischen bzw. ontologischen Grundlagen zurückzuführen sind. Gegebenenfalls bleibt die Frage offen wie beim näheren Verständnis des trinitarischen Wesens Gottes, wo die Denkformen des Augustinus und des Richard von Sankt Viktor nicht zu synthetisieren sind, oder bei den Gnadenstreitigkeiten des 17. Jahrhunderts.[8] Erst wenn in dieser Auseinandersetzung deutlich wird, dass durch eine vertretene Position die Einheit der Kirche gefährdet wird – weil beispielsweise die Gegensätze nicht mehr in der Gemeinschaft verortet werden können, sondern

7 Eine besondere Zuspitzung stellen die Jesus-Bücher Joseph Ratzingers dar, die er während seiner Amtszeit als Papst geschrieben hat und bewusst als Beitrag zur theologischen Debatte verstanden sehen wollte.

8 So zwei Beispiele bei *Striet*, Situation 231.

häresiologischen Charakter einnehmen und von einer Position etwas verpflichtend verworfen wird, was verpflichtend zur anderen Position gehört –, und diese nicht im Diskurs korrigiert wird bzw. die diskursiven Konfliktlösungsstrategien nicht erfolgreich waren, ist das Lehramt als Entscheidungsinstanz gefordert. Dies kann zu einem Konflikt zwischen einzelnen Theologen oder Theologinnen und dem Lehramt, insbesondere der Glaubenskongregation führen.[9]

Unabhängig davon, ob die inkriminierten Positionen einhellig von allen Bischöfen verurteilt oder zumindest kritisch gesehen werden oder ob es Bischöfe gibt, die sie unterstützen – wie beim ersten Band der Christologie Sobrinos, der das Imprimatur des Erzbischofs von São Paulo erhielt, oder bei der Monographie Dupuis', die von Kardinal König verteidigt wurde – werden solche Auseinandersetzungen in der Regel als Konflikt zwischen Lehramt und Theologie wahrgenommen. Solche Konflikte können auch durch Grenzüberschreitungen oder Macht- und Autoritätsmissbrauch »im Spannungsfeld von Glauben und Wissen, Vernunft und Autorität«[10] entstehen, die vom Lehramt durch ein autoritatives Lehrurteil entschieden werden. Zur Wahrnehmung solcher Auseinandersetzungen als Konflikte tragen vor allem das asymmetrische Verhältnis von bischöflichem Lehramt und wissenschaftlicher Theologie und die geltenden, intransparenten Verfahrensregeln mit der Identität von anklagender und richtender Instanz bei, die autoritär konzipiert und »anstatt auf Konfliktaustragung auf Konfliktunterdrückung hin angelegt«[11] sind. Daher kann ein Vorgehen vonseiten des Lehramtes als Eingriff in den wissenschaftlichen Diskurs und gegebenenfalls als Beschränkung der Wissenschaftsfreiheit gedeutet werden. In den untersuchten Verfahren zu Schillebeeckx, Sobrino und Dupuis zeigte sich ein autoritatives Vorgehen besonders im frühen Eingreifen bei Dupuis, während eine sehr kontroverse wissenschaftliche Auseinandersetzung um seine Vorschläge noch im vollen Gange war, und bei allen im weitgehenden Verzicht der Glaubenskongregation auf eine ergebnisoffene Diskussion, ihrer Tendenz zur Selbstzitierung des Lehramtes sowie im Fehlen einer Instanz, die Klagen über unangemessene Darstellungen überprüfen kann. Die Konflikte zwischen ihnen und der Glaubenskongregation

9 Liest man dies als Eskalation eines Konfliktes, der an eine andere Ebene – das Lehramt – delegiert wird, entspricht es dem Schema von Schwarz, wonach eine Konflikteskalation einen Rückfall auf eine niedrigere Stufe der Konfliktlösung, in diesem Fall vom Konsens auf die Delegation, darstellt. (Vgl. *Schwarz*, Konfliktmanagement 311–316.) Aus der Delegation kann ein Konflikt zwischen einer Partei und der Ebene, an die delegiert wird, entstehen, der dann eine eigene Konfliktlösungsstrategie erfordert.

10 *Böttigheimer/Dausner*, Lebensvollzug 173.

11 *Seckler*, Konflikt 89.

entstanden gerade dadurch, dass der aus den unterschiedlichen ontologischen, ekklesiologischen und erkenntnistheologischen Weichenstellungen entstandene inhaltliche Konflikt nicht offen ausgetragen wurde, womit es sich um eine wissenschaftliche Diskussion gehandelt hätte. Vielmehr sollte er autoritativ unterdrückt werden, indem die Autoren die Paradigmen der Glaubenskongregation annehmen und beispielsweise vorgeschlagene Formulierungen übernehmen sollten. Die Asymmetrie in diesen Konflikten drückt sich besonders prägnant darin aus, dass die Glaubenskongregation »im Grunde immer noch die Struktur einer frühneuzeitlichen Zensurbehörde trägt«[12], während Qualitätssicherung in der Wissenschaft gegenwärtig anders strukturiert ist und unter Mitwirkung der Wissenschaften erfolgt. Jedoch ist auch das Lehramt an rational einsehbare und nachvollziehbare Argumente gebunden und es erscheint angemessen, neue, an der gegenwärtigen Rechtskultur orientierte, Verfahrensregeln für Lehrüberprüfungsverfahren zu entwickeln, um diesen Konsequenzen der Machtasymmetrie zu begegnen und ein »Klima der Freiheit und des Vertrauens«[13] zu schaffen. Dazu gehören nach Örsy eine genaue Definition der Straftat, eine klare Trennung von richtender, anklagender und verteidigender Instanz, die Gleichberechtigung von anklagender und verteidigender Instanz vor der richtenden (was auch kulturelle und sprachliche Voraussetzungen betrifft, um Missverständnisse zu vermeiden), die Unschuldsvermutung, die Offenheit der Untersuchung bei dem, was sich auf ein öffentliches Urteil bezieht sowie eine Berufungsmöglichkeit, die ein Gericht erster Instanz auf niedrigerer Ebene voraussetzt.[14] Vor dem Hintergrund von Geschichtlichkeit und Kontextualität kann der Straftatbestand der »irrigen Lehre« nicht einfach in der Nichtübernahme der konziliaren Formulierungen bestehen – was Schillebeeckx und Sobrino vorgeworfen wurde – und der Begriff der »gefährlichen Lehre« ist sehr vage und erschwert dadurch gerechte Verfahren. Die genaue Definition ist zu ergänzen durch die Transparenz der Beurteilungskriterien, wozu sich im Fall der Christologie die regulative bzw. grammatische Lesart der chalkedonischen Formel anbietet, da sie primär

12 *Hünermann*, Qualitätssicherung 58; vgl. *Örsy*, Gerechtigkeit.

13 *Örsy*, Gerechtigkeit 373.

14 Vgl. *Örsy*, Gerechtigkeit 368–371; auch *Hinze*, Decade 33–37. Hinzes zehn Punkte basieren auf den Beschwerden und Klagen untersuchter Personen und bieten Einsicht in die Wahrnehmung der Betroffenen: 1. Anonymität der Kritiker, 2. Verpflichtung zur Geheimhaltung und Isolation, 3. Unfaire Interpretationen, 4. Enthistorisierte, »eingefrorene« Lehren als Maßstab, 5. Identität der Instanzen, 6. Kommunikationsfehler, 7. Als Dialog maskierte Anhörungen, 8. Faktische Diffamierung der Person, 9. Kein Vertrauen auf die Gemeinschaft der Theologen und Theologinnen sowie dem Volk Gottes, 10. Entstehen einer Kultur der Überwachung, Kontrolle und Einschüchterung.

negative Abgrenzungen vornimmt. Mit der Trennung und Gleichberechtigung der Instanzen wird vermieden, Konflikte aufgrund der Asymmetrie zwischen bischöflichem Lehramt und wissenschaftlicher Theologie zu unterdrücken und nicht zum Austrag kommen zu lassen. Der Gleichberechtigung der Instanzen dient es, wenn angesichts der unhintergehbaren Kontextualität und Geschichtlichkeit und der daraus folgenden Pluralität der Theologie diese Pluralität auch in der Glaubenskongregation bzw. von ihren Konsultoren abgebildet wird. Eine Möglichkeit, mit der zumindest der kontextuellen und kulturellen Vielfalt und zugleich der Berufungsmöglichkeit Rechnung getragen werden könnte, ist eine stärkere Dezentralisierung in der Verfahrensordnung, insofern wie bei der Erteilung der venia legendi auch in den in der aktuell gültigen *Ratio Agendi* genannten Fällen, in denen die Glaubenskongregation agiert – Einfluss einer Veröffentlichung über die Grenzen einer Bischofskonferenz hinaus oder schwere Gefahr für den Glauben –, die Prüfung zunächst der lokalen Autorität, d. h. dem zuständigen Ortsordinarius oder der zuständigen Bischofskonferenz überlassen wird. Zur Transparenz der Verfahren gehören insbesondere, die Beteiligten über die Eröffnung eines Verfahrens zu informieren sowie die agierenden Personen zu benennen, aber auch die Überprüfbarkeit und Nachvollziehbarkeit der Urteilsfindung der Glaubenskongregation. Die Berufungsinstanz könnte auch überprüfen, ob die kritisierten Positionen vonseiten der anklagenden Instanz des bischöflichen und päpstlichen Lehramtes und insbesondere der Glaubenskongregation als zuständiger zentraler Behörde adäquat wiedergegeben wurden.

Von diesen Regeln sind besonders die Trennung und Gleichberechtigung der Instanzen sowie eine Berufungsinstanz geeignet, um Konflikte zwischen bischöflichem und päpstlichem Lehramt und Theologie gewinnbringend auszutragen. Sie können auch zwischen den jeweiligen Anliegen und Perspektiven vermitteln: Einerseits die Sicherung des überlieferten Glaubens bzw. Hilfestellung für Gläubige angesichts möglicher Missverständnisse sowie die Einheit der Kirche (Identität) in der Gemeinschaft der an Christus Glaubenden, die auch über Unterschiede und Gegensätze hinweg besteht. Andererseits die kontextadäquate Reflexion des Glaubens sowie die aus unterschiedlichen Kontexten und Situationen folgende Vielfalt in der Kirche (Relevanz). Ist eine solche Vermittlung auf einen Konsens oder Kompromiss angelegt, der (möglichst) von allen getragen werden kann, weil er beiden Anliegen Rechnung trägt, dient sie der Wechselwirkung von Pastoral und Dogma(tik). Beide werden daran gemessen, ob sie den universalen Heilswillen Gottes in den unterschiedlichen Kontexten zur Geltung bringen, indem die Pastoral dafür sorgt, die Zeichen der Zeit richtig zu identifizieren, und die Lehre sicherstellt, sie im Licht des Evangeliums zu deuten. Mit der Wechselwirkung von Dogma und Pastoral entspricht der Vielfalt möglicher und vertretbarer pastoraler Lösungen eine Vielfalt möglicher und vertretbarer Darstellungen und Reflexionen der Lehre. Kommunizieren diese miteinander, um die aus dieser Pluralität entstehenden Konflikte auszutragen, drücken sie die bei allen Unterschieden und über Gegensätze hinweg bestehende Gemeinschaft derer, die Jesus Christus folgen und die Fülle der in ihm ergangenen Offenbarung aus ihren jeweiligen Perspektiven zu ergründen suchen, aus:

> Der Konflikt, der um Christi willen ausgetragen wird, wird am Ende Dauer haben; der Konflikt, der nicht um Christi willen ausgetragen wird, wird am Ende keine Dauer haben.[15]

15 Nach Av 5:17 in der Übersetzung von *Jospe*, Pluralismus 30.

Literaturverzeichnis

Abdul-Masih, Marguerite Thabit, Hans Frei and Edward Schillebeeckx. A Conversation on Method and Christology. Waterloo 2001 [zitiert: *Abdul-Masih*, Frei].

Abramowski, Luise, Trinitarische und christologische Hypostasenformeln. In: ThPh 54 (1979) 38–49 [zitiert: *Abramowski*, Hypostasenformeln].

Alberigo, Guiseppe, Abschließende Überlegungen. Die neue Gestalt des Konzils. In: *Alberigo*, Geschichte V, 573–600 [zitiert: *Alberigo*, Überlegungen].

Ders., Die Ankündigung des Konzils. Von der Sicherheit des Sich-Verschanzens zur Faszination des Suchens. In: *Alberigo*, Geschichte V, 1–60 [zitiert: *Alberigo*, Ankündigung].

Ders., Ekklesiologie im Werden. Bemerkungen zum »Pastoralkonzil« und zu den Beobachtern des II. Vatikanums. In: ÖR 40 (1991) 109–128 [zitiert: *Alberigo*, Ekklesiologie].

Ders., Ein epochaler Übergang? In: *Alberigo*, Geschichte V, 655–741 [zitiert: *Alberigo*, Übergang].

Ders., Großartige Ergebnisse – Schatten von Ungewissheit. In: *Alberigo*, Geschichte IV, 727–755 [zitiert: *Alberigo*, Ergebnisse].

Alberigo, Guiseppe; Wassilowsky, Günther, Hg., Geschichte des Zweiten Vatikanischen Konzils (1959-1965). Bd. IV. Die Kirche als Gemeinschaft. September 1964 – September 1965. Mainz 2006.

Dies., Hg., Geschichte des Zweiten Vatikanischen Konzils (1959-1965). Bd. V. Ein Konzil des Übergangs. September – Dezember 1965. Ostfildern 2008.

Alfaro, Juan, Análisis del libro »Jesús en América Latina« de Jon Sobrino. In: Revista Latinoamericana de Teología 1 (1984) 103–120 [zitiert: *Alfaro*, Análisis].

Amaladoss, Michael, Interreligious Dialogue 50 Years after Vatican II. Challenges and Opportunities. In: VJTR 79 (2015) 85–99 [zitiert: *Amaladoss*, Dialogue].

Ders., Rezension zu: Jacques Dupuis, Il Cristianesimo e le religioni: Dallo scontro all'incontro. In: TS 63 (2002) 622–624 [zitiert: *Amaladoss*, Rezension].

Amato, Angelo, L'assolutezza salvifica del Cristianesimo: Prospettive sistematiche. In: Seminarium 33 (1998) 771–809 [zitiert: *Amato*, L'assolutezza].

Anhut, Reimund, Die Konflikttheorie der Desintegrationstheorie. In: *Bonacker*, Konflikttheorien, 381–407 [zitiert: *Anhut*, Konflikttheorie].

Anjus, Eugene J., Uniqueness of Christian Revelation in Schillebeeckx's Theology. In: Prodipon 39 (2015) 32–56 [zitiert: *Anjus*, Uniqueness].

Ansorge, Dirk, Pluralität in Kirche und Welt. Eine katholisch-theologische Standortbestimmung. In: *Ansorge*, Dirk, Hg., Pluralistische Identität. Beobachtungen zu Herkunft und Zukunft Europas. Darmstadt 2016, 207–229 [zitiert: *Ansorge*, Pluralität].

Ders., Hg., Das Zweite Vatikanische Konzil. Impulse und Perspektiven. Münster 2013.

Appel, Kurt/*Pittl*, Sebastian, Das Konzil am Grab. Das Grabmal Pauls VI. und der »Pakt der Katakomben« als Verständnishilfen für den ästhetischen Perspektivenwechsel des Konzils. In: *Tück*, Erinnerung, 371–384 [zitiert: *Appel/Pittl*, Konzil].

Arendt, Hannah, Was ist Autorität? In: *Ludz*, Ursula, Hg., Hannah Arendt. Zwischen Vergangenheit und Zukunft. Übungen im politischen Denken I. München ²2000, 159–200 [zitiert: *Arendt*, Autorität].

Arens, Edmund, Novum und Skandalon. Die Pastoralkonstitution Gaudium et spes und ihre postkonziliare Rezeption. In: ThPQ 162 (2014) 166–181 [zitiert: *Arens*, Novum].

Arntz, Norbert, »Für eine dienende und arme Kirche«. Der Katakombenpakt als subversives Vermächtnis des II. Vaticanums. In: *Bitter*, Gottfried/*Blasberg-Kuhnke*, Martina, Hgg., Religion und Bildung in Kirche und Gesellschaft. FS Mette. Würzburg 2012, 297–307 [zitiert: *Arntz*, Vermächtnis].

Ders., Der Katakombenpakt. Für eine dienende und arme Kirche. Kevelaer 2015 [zitiert: *Arntz*, Katakombenpakt].

Arrupe, Pedro, Zur marxistischen Gesellschaftsanalyse. In: *Zwiefelhofer*, Hans, Hg., Im Dienst des Evangeliums. Ausgewählte Schriften von P. Pedro Arrupe SJ. München 1987, 404–412 [zitiert: *Arrupe*, Gesellschaftsanalyse].

Ashley, Matthew, Ignacio Ellacuría and the *Spiritual Exercises* of Loyola. In: Theological Studies 61 (2000) 16–39 [zitiert: *Ashley*, Ellacuría].

Ders., The Mystery of God and Compassion for the Poor. In: *Pope*, Hope, 63–75 [zitiert: *Ashley*, Mystery].

Assmann, Hugo, Teología desde la praxis de la liberación. Salamanca ²1975 [zitiert: *Assmann*, Teología].

Balasuriya, Tissa, A Reflection on CDF Notification on Jon Sobrino. Some Remarks on Contextual and Universal Theology and the Catholic Framework. In: Voices from the Third World 30 (2007) 11–20 [zitiert: *Balasuriya*, Reflection].

Barr, James, Abba isn't ›daddy‹. In: Journal of Theological Studies NS 39 (1988) 28–47 [zitiert: *Barr*, Abba].

Barwasser, Carsten, Theologie der Kultur und Hermeneutik der Glaubenserfahrung. Zur Gottesfrage und Glaubensverantwortung bei Edward Schillebeeckx OP. Münster u. a. 2010 [zitiert: *Barwasser*, Theologie].

Batlogg, Andreas R., Zwischen den Zeilen einer (Nicht-) Verurteilung. Gemaßregelter Jon Sobrino. In: *Wenzel*, Freiheit, 48–50 [zitiert: *Batlogg*, Zeilen].

Bauer, Christian, Pastorale Wende? Konzilstheologische Anmerkungen. In: *Bauer*, Christian/*Schüßler*, Michael, Hgg., Pastorales Lehramt? Spielräume einer Theologie familialer Lebensformen. Ostfildern 2015, 9–49 [zitiert: *Bauer*, Wende].

Ders., Zeichen der Präsenz Gottes? *Gaudium et spes* als zweite Offenbarungskonstitution des Konzils. In: ZKTh 136 (2014) 64–79 [zitiert: *Bauer*, Zeichen].

Bavel, Tarsicius Jan van, Hermeneutische knelpunten in een theologisch dispuut. In: Tijdschrift voor Theologie 20 (1980) 340–360 [zitiert: *van Bavel*, knelpunten].

Bedford, Nancy Elizabeth, Jesus Christus und das gekreuzigte Volk: Christologie der Nachfolge und des Martyriums bei Jon Sobrino. Aachen 1995 [zitiert: *Bedford*, Jesus].

Beinert, Wolfgang, Ein Grundsatzkonflikt. Das Konzil und die Piusbrüder. In: HerKorr-Spezial 2 (2012) 18–22 [zitiert: *Beinert*, Grundsatzkonflikt].

Ders., Nur pastoral oder dogmatisch verpflichtend? Zur Verbindlichkeit des Zweiten Vatikanischen Konzils. In: StZ 228 (2010) 3–15 [zitiert: *Beinert*, Verbindlichkeit].

Ders., Theologische Erkenntnislehre. In: *Beinert*, Wolfgang, Hg., Glaubenszugänge. Lehrbuch der katholischen Dogmatik. Bd. 1. Paderborn u. a. 1995, 47–197 [zitiert: *Beinert*, Erkenntnislehre].

Benedikt XVI., Ansprache von Benedikt XVI. an das Kardinalskollegium und die Mitglieder der römischen Kurie beim Weihnachtsempfang. (URL: http: //www.vatican.va/holy_father/benedict_xvi/speeches/2005/december/documents/hf_ben_xvi_spe_20051222_roman-curia_ge.html) – Zugriff am 2.4.2014 [zitiert: *Benedikt XVI.*, Weihnachtsansprache].

Benedikt XVI. – Joseph Ratzinger, Jesus von Nazareth. Teil 1. Von der Taufe im Jordan bis zur Verklärung. Freiburg i. Br. u. a. 2007 [zitiert: *Benedikt/Ratzinger*, Jesus].

Benestad, J. Brian, Doctrinal Perspectives on the Church in the Modern World. In: *Lamb/ Levering*, Vatican II, 147–164 [zitiert: *Benestad*, Perspectives].

Berger, David, »Das Geschick der Kirche steht dabei auf dem Spiel ...«. Zur Interpretation des Zweiten Vatikanischen Konzils. In: Theologisches 35 (2005) 766–782 [zitiert: *Berger*, Geschick].

Bergin, Helen F., The Death of Jesus and its Impact on God – Jürgen Moltmann and Edward Schillebeeckx. In: Irish Theological Quarterly 53 (1986) 193–211 [zitiert: *Bergin*, Death].

Berkhof, Henri, Jezus zelf en de christelijke gemeente als criteria. Nieuw licht in de oude controverse over schrift en traditie. In: *Häring/Schoof/Willems*, Meedenken, 133–145 [zitiert: *Berkhof*, Jezus].

Bernhardt, Reinhold, Christologie im Kontext der Religionstheologie. In: *von Stosch/ Khorchide*, Streit, 177–193 [zitiert: *Bernhardt*, Christologie].

Berten, Ignace, Pluralismus der Überzeugungen und Wahrheitssuche in der Gesellschaft. Einige Bemerkungen im Zusammenhang mit der Erklärung *Dominus Iesus*. In: Conc 39 (2003) 410–418 [zitiert: *Berten*, Pluralismus].

Bertsch, Ludwig, Der interkulturelle theologische Diskurs – eine Herausforderung an die abendländische Theologie. In: *Bertsch*, Ludwig, Hg., Was der Geist den Gemeinden sagt. Bausteine einer Ekklesiologie der Ortskirchen. Freiburg i. Br. u. a. 1991, 178–193 [zitiert: *Bertsch*, Diskurs].

Biehl, Michael/*Vellguth*, Klaus, Hgg., Christliches Zeugnis in ökumenischer Weite. Konvergenzen und Divergenzen als Bereicherung des Missionsverständnisses. Hamburg 2016 [zitiert: *Biehl/Vellguth*, Zeugnis].

Bier, Georg/*Steenberg*, Benedikt/*Vogel*, Benjamin, Alles neu und doch beim Alten. Was hat die Novellierung des kirchlichen Arbeitsrechts gebracht? In: HerKorr 69 (2015) 349–352 [zitiert: *Bier/Steenberg/Vogel*, Alles].

Bingemer, Maria Clara, Latin American Theology. Roots and Branches. Maryknoll 2016 [zitiert: Bingemer, Theology].

Blanchard, Shaun, The Minority Report at Trent and the Vatican Councils: Dissenting Episcopal Voices as Positive Sources for Theological Reflection. In: New Blackfriars 98 (2017) 147–156 [zitiert: *Blanchard*, Report].

Bleistein, Markus, Kirche im Prozeß gesellschaftlicher Kommunikation. Zum Konflikt um die Theologie der Befreiung in der deutschen Prese. St. Ottilien 1987 [zitiert: *Bleistein*, Kirche].

Bobadilla Cruz, David, El carácter único y definitivo de la misión de Jesucristo en la cristología de Edward Schillebeeckx. In: Ribet 7 (2011) 9–46 [zitiert: *Bobadillo Cruz*, carácter].

Bobadilla Cruz, David, Hacia una cristología fundamental. Propuesta a partir de B. Sesboüé, W. Kasper y J. Sobrino. In: Voces 19 (2001) 125–164 [zitiert: *Bobadillo Cruz*, cristología].

Boeve, Lieven, Between Relativizing and Dogmatizing: A Plea for an Open Concept of Tradition. In: East Asian Pastoral Review 32 (1995) 327–340 [zitiert: *Boeve*, Relativizing].

Ders., The Enduring Significance and Relevance of Edward Schillebeeckx? Introducing the State of the Question in Medias Res. In: *Boeve/Depoortere/van Erp*, Schillebeeckx, 1–22 [zitiert: *Boeve*, Significance].

Ders., Experience According to Edward Schillebeeckx: The Driving Force of Faith and Theology. In: *Boeve*, Lieven/*Hemming*, Laurence P., Hgg., Divinising Experience. Essays in the History of Religious Experience from Origen to Ricœur. Leuven u. a. 2004, 199–225 [zitiert: *Boeve*, Experience].

Ders., Postmodernism and Negative Theology. The A/Theology of the ›open narrative‹. In: Bijdr. 58 (1997) 407–425 [zitiert: *Boeve*, Postmodernism].

Boeve, Lieven/*Depoortere*, Frederiek/*Erp*, Stephan van, Hgg., Edward Schillebeeckx and Contemporary Theology. New York/London 2010.

Boff, Clodovis, Die ambivalente Haltung der »Instruktion zur Theologie der Befreiung« gegenüber dem Marxismus. In: *Rottländer*, Theologie, 109–115 [zitiert: *Boff*, Haltung].

Ders., Wissenschaftstheorie und Methode der Theologie der Befreiung. In: *Ellacuría/Sobrino*, Mysterium, 63–97 [zitiert: *Boff*, Wissenschaftstheorie].

Ders., Zum Gebrauch des »Marxismus« in der Theologie. Einige Thesen. In: *Rottländer*, Theologie, 37–44 [zitiert: *Boff*, Gebrauch].

Boff, Leonardo, Jesus Christus, der Befreier. Freiburg i. Br. u. a. 1986 [zitiert: *Boff*, Jesus].

Böhnke, Michael, Wider die falschen Alternativen. In: Cath(M) 65 (2011) 169–183 [zitiert: *Böhnke*, Alternativen].

Ders./Kattan, Assaad Elias/*Oberdorfer*, Bernd, Hgg., Die Filioque-Kontroverse. Historische, ökumenische und dogmatische Perspektiven 1200 Jahre nach der Aachener Synode. Freiburg i. Br. u. a. 2011, QD 245 [zitiert: *Böhnke/Kattan/Oberdorfer*, Filioque-Kontroverse].

Bohr, Niels, Atomtheorie und Naturbeschreibung. Berlin 1931 [zitiert: *Bohr*, Atomtheorie].

Bombonatto, Ivanise, Seguimento de Jesus. Uma abordagem a partir da cristologia de Jon Sobrino. In: Revista de Cultura Teológica 9 (2001) 105–128 [zitiert: *Bombonatto*, Seguimento].

Bonacker, Thorsten, Sozialwissenschaftliche Konflikttheorien – Einleitung und Überblick. In: *Bonacker*, Konflikttheorien, 9–29 [zitiert: *Bonacker*, Einleitung].

Ders., Hg., Sozialwissenschaftliche Konflikttheorien. Eine Einführung. Wiesbaden 42008 [zitiert: *Bonacker*, Konflikttheorien].

Borgman, Erik, ... als het ware een sacrament. Naar een theologische visie op de reëel bestaande kerk. In: Tijdschrift voor Theologie 50 (2010) 123–143 [zitiert: *Borgman*, sacrament].

Ders., Edward Schillebeeckx' Überlegungen zu den Sakramenten und die Zukunft der katholischen Theologie. In: Conc 48 (2012) 5–16 [zitiert: *Borgman*, Überlegungen].

Ders., Theologie tussen universiteit en emancipatie. De weg van Edward Schillebeeckx. In: Tijdschrift voor Theologie 26 (1986) 240–258 [zitiert: *Borgman*, Theologie].

Ders., Van cultuurtheologie naar theologie als onderdeel van de cultuur. De toekomst van het theologisch project van Edward Schillebeeckx. In: Tijdschrift voor Theologie 34 (1994) 335–360 [zitiert: *Borgman*, cultuurtheologie].

Ders./Caspers, Thijs, In dienst van een zoekend geloof. Edward Schillebeeckx en de naconciliaire periode in Nederland. In: Tijdschrift voor Theologie 54 (2014) 384–397 [zitiert: *Borgman/Caspers*, dienst].

Boschki, Reinhold/*Wohlmuth*, Josef, Hgg., Nostra Aetate 4. Wendepunkt im Verhältnis von Kirche und Judentum – bleibende Herausforderung für die Theologie. Paderborn 2015 [zitiert: *Boschki/Wohlmuth*, Nostra Aetate].

Bosetti, Giancarlo, The Dupuis case: a theological challenge for pluralism. (URL: http://india-seminar.com/2015/667/667_giancarlo_bosetti.htm) – Zugriff am 16.6.2016 [zitiert: *Bosetti*, case].

Böttigheimer, Christoph, Hg., Zweites Vatikanisches Konzil. Programmatik – Rezeption – Vision. Freiburg i. Br. u. a. 2014, QD 261.

Ders./Dausner, René, Eigenständiger Lebensvollzug der Kirche. Zur Bedeutung der universitären Theologie. In: *Leven*, Theologie, 161–177 [zitiert: *Böttigheimer/Dausner*, Lebensvollzug].

Dies., Hgg., Vaticanum 21. Die bleibenden Aufgaben des Zweiten Vatikanischen Konzils im 21. Jahrhundert. Freiburg i. Br. u. a. 2016.

Boyle, John, The Ordinary Magisterium: Towards a History of the Concept I. In: HeyJ 20 (1979) 380–398 [zitiert: *Boyle*, Magisterium 1].

Ders., The Ordinary Magisterium: Towards a History of the Concept II. In: HeyJ 21 (1980) 91–102 [zitiert: *Boyle*, Magisterium 2].

Brackley, Dean, Theology and Solidarity. Learning from Sobrino's Method. In: *Pope*, Hope, 3–15 [zitiert: *Brackley*, Theology].

Brambilla, Franco G., La cristologia di Schillebeeckx. La singolarità di Gesù come problema di ermeneutica teologica. Brescia 1989 [zitiert: *Brambilla*, cristologia].

Brandmüller, Walter, Ehelosigkeit ist Dienst am Evangelium. (URL: https://www.faz.net/-gsf-9pb3a) – Zugriff am 23.07.2019 [zitiert: *Brandmüller*, Ehelosigkeit].

Ders., Postkonziliare Interpretationskonflikte. Eine neue Phase der Diskussion nach dem Zweiten Vatikanischen Konzil hat begonnen. In: OssRom 15. Februar (2013) 8 [zitiert: *Brandmüller*, Interpretationskonflikte].

Brasilianische Bewegung für die Menschenrechte, Hg., Der Fall Boff. Eine Dokumentation. Düsseldorf 1986 [zitiert: *Brasilianische Bewegung für die Menschenrechte*, Fall].

Brecht, Mara, The Humanity of Christ: Jacques Dupuis' Christology and Religious Pluralism. In: Horizons 35 (2008) 54–71 [zitiert: *Brecht*, Humanity].

Bredeck, Michael, Aggiornamento. In: *Delgado/Sievernich*, Metaphern, 59–80 [zitiert: *Bredeck*, Aggiornamento].

Ders., Das Zweite Vatikanum als Konzil des Aggiornamento. Zur hermeneutischen Grundlegung einer theologischen Konzilsinterpretation. Paderborn u. a. 2007 [zitiert: *Bredeck*, Vatikanum].

Brena, Gian Luigi, Dialogo interreligioso: riflessioni filosofiche. In: RdT 41 (2000) 431–441 [zitiert: *Brena*, Dialogo].

Bretzke, James T., The Faith of the Church, the Magisterium, and the Theologian. Proper and Improper Interpretations of the Notification. In: *Pope*, Hope, 171–185 [zitiert: *Bretzke*, Faith].

Brito, Emilio, L'athéisme selon »Gaudium et Spes«. Nouveauté et limites. In: Revue théologique de Louvain 17 (1986) 55–60 [zitiert: *Brito*, L'athéisme].

Bruners, Wilhelm, Wie Jesus glauben lernte. Freiburg i. Br. u. a. 1998 [zitiert: *Bruners*, Jesus].

Bucher, Rainer, Eine kirchliche Wissenschaft. Die pastorale Konstitution der wissenschaftlichen Theologie. In: *Leven*, Theologie, 143–160 [zitiert: *Bucher*, Wissenschaft].

Ders., Nur ein Pastoralkonzil? Zum Eigenwert des Zweiten Vatikanischen Konzils. In: HerKorr-Spezial 2 (2012) 9–13 [zitiert: *Bucher*, Pastoralkonzil].

Ders., Theologie im Risiko der Gegenwart. Studien zur kenotischen Existenz der Pastoraltheologie zwischen Universität, Kirche und Gesellschaft. Stuttgart 2010 [zitiert: *Bucher*, Theologie].

Burke, Kevin F., The Ground Beneath the Cross. Georgetown 2000 [zitiert: *Burke*, Ground].

Burrows, William R., A Concluding Personal Postscript on a Conservative Revisionist. In: *Burrows*, Dupuis, 103–135 [zitiert: *Burrows*, Postscript].

Ders., Hg., Jacques Dupuis Faces the Inquisition. Two Essays by Jacques Dupuis on *Dominus Iesus* and the Roman Investigation of His Work. Eugene 2012 [zitiert: *Burrows*, Dupuis].

Ders., The Man, the Message, the Controversy. In: *Burrows*, Dupuis, 1–25 [zitiert: *Burrows*, Man].

Ders., Preface. In: *Burrows*, Dupuis, ix–xxii [zitiert: *Burrows*, Preface].

Castillo, Fernando, Die Christen und der Marxismus. Ein Problem mit der Geschichte. In: *Rottländer*, Theologie, 23–36 [zitiert: *Castillo*, Christen].

Cavadini, John C., Two Recent Christian Theologies of Religious Pluralism. In: Horizons 31 (2004) 187–191 [zitiert: *Cavadini*, Theologies].

Chanton, Jean-Marc, Lebenserfahrung und Glaubenserfahrung im Gespräch. Dimensionen von Erfahrung in der Theologie von Edward Schillebeeckx. Solothurn 2011 [zitiert: *Chanton*, Lebenserfahrung].

Clooney, Francis X., Review »Jacques Dupuis Faces the Inquisition«. In: TS 74 (2013) 736–738 [zitiert: *Clooney*, Review].

Codina, Victor, Los Pobres, la Iglesia y la Teología. In: *Vigil*, cruz, 53–60, e-Publikation: www.servicioskoinonia.org/LibrosDigitales [zitiert: *Codina*, Pobres].

Colberg, Kristin, Continuity and/or Discontinuity at Vatican II? Examining the Council in the Context of the ›Long Nineteenth Century. In: HeyJ 53 (2012) 929–942 [zitiert: *Colberg*, Continuity].

Dies., The Hermeneutics of Vatican II: Reception, Authority, and the Debate over the Council's Interpretation. In: Horizons 38 (2011) 230–252 [zitiert: *Colberg*, Hermeneutics].

Dies., Vatican I and Vatican II. Councils in the Living Tradition. Collegeville 2016 [zitiert: *Colberg*, Vatican I].

Collet, Giancarlo, »Aus dem Schlummer der Unmenschlichkeit erwacht«. In: Orientierung 62 (1998) 135–138 [zitiert: *Collet*, Schlummer].

Ders., Bemerkungen zur Notwendigkeit einer interkulturellen Theologie. In: *Fornet-Betancourt*, Raúl, Hg., Theologien in der Sozial- und Kulturgeschichte Lateinamerikas. Bd. 1: Die Perspektive der Armen. Eichstätt 1993, 30–37 [zitiert: *Collet*, Bemerkungen].

Comblin, José, Reflexiones sobre la notificación enviada a Jon Sobrino. In: *Vigil*, cruz, 61–67, e-Publikation: www.servicioskoinonia.org/LibrosDigitales [zitiert: *Comblin*, Reflexiones].

Comité de rédaction, »Tout récapituler dans le Christ«. À propos de l'ouvrage de Jacques Dupuis, *Vers une théologie chrétienne du pluralisme religieux*. In: Revue Thomiste 98 (1998) 591–630 [zitiert: *Comité de rédaction*, Tout récapituler].

Congar, Yves, Die Theologen, das Pastoral-Konzil und die Theologie. In: Diakonia (1982) 364–376 [zitiert: *Congar*, Theologen].

Cornille, Catherine, The im-Possibility of Interreligious Dialogue. New York 2008 [zitiert: *Cornille*, im-Possibility].

Coser, Lewis A., The Functions of Social Conflict. London und New York 2001 [zitiert: *Coser*, Functions].

Costadoat, Jorge, Central Themes in Sobrino's Christology. In: *Pope*, Hope, 119–130 [zitiert: *Costadoat*, Themes].

Ders., La liberación en la cristología de Jon Sobrino. In: Teología y Vida 45 (2004) 62–84 [zitiert: *Costadoat*, liberación].

Ders., Los pobres como *lugar teológico*. Dificultades con la conceptualización. In: Estudios eclesiásticos 93 (2018) 231–241 [zitiert: *Costadoat*, pobres].

Courth, Franz, Die Geschichte Jesu für uns. Zum neuen Jesus-Buch von E. Schillebeeckx. In: TThZ 87 (1978) 116–135 [zitiert: *Courth*, Geschichte Jesu].

Ders., Wie wird Geschichte zur Heilsgeschichte? – Zum Gespräch mit E. Schillebeeckx. In: ThGl 67 (1977) 381–392 [zitiert: *Courth*, Geschichte].

Couture, André, Compte rendu »Vers une théologie chrétienne du pluralisme religieux«. In: Studies in Religion 28 (1999) 109–111 [zitiert: *Couture*, Compte rendu].

Crowley, Paul G., Theology in the Light of Human Suffering. In: *Pope*, Hope, 16–30 [zitiert: *Crowley*, Theology].

Cullmann, Oscar, Einheit durch Vielfalt. Grundlegung und Beitrag zur Diskussion über die Möglichkeiten ihrer Verwirklichung. Tübingen 1986 [zitiert: *Cullmann*, Einheit].

Curran, Joseph, Mercy and Justice in the Face of Suffering. The Preferential Option for the Poor. In: *Pope*, Hope, 201–214 [zitiert: *Curran*, Mercy].

Dadosky, John D., Towards a Fundamental Theological *Re*-Interpretation of Vatican II. In: HeyJ 49 (2008) 742–763 [zitiert: *Dadosky*, *Re*-Interpretation].

Dahrendorf, Ralf, Elemente einer Theorie des sozialen Konflikts. In: Konflikt und Freiheit. Auf dem Weg zur Dienstklassengesellschaft. München 1972, 20–47 [zitiert: *Dahrendorf*, Elemente].

Damberg, Wilhelm, Die »Lehrmeisterin des Lebens« – Kirchengeschichte und Innovation im Kontext des Zweiten Vatikanischen Konzils. In: *Damberg*, Wilhelm/ *Sellmann*, Matthias, Hgg., Die Theologie und »das Neue«. Perspektiven zum kreativen Zusammenhang von Innovation und Tradition. Freiburg i. Br. u. a. 2015, 81–110 [zitiert: *Damberg*, Lehrmeisterin].

Danz, Christian, Grundprobleme der Christologie. Tübingen 2013 [zitiert: *Danz*, Grundprobleme].

Dassmann, Ernst et al., Projekttag Frauenordination. Alfter 1997 [zitiert: *Dassmann et. al.*, Projekttag].

Daston, Lorraine, Wunder, Beweise und Tatsachen. Zur Geschichte der Rationalität. Frankfurt a. M. 2003 [zitiert: *Daston*, Wunder].

Dausner, René, Christologie in messianischer Perspektive. Zur Bedeutung Jesu im Diskurs mit Emmanuel Levinas und Giorgio Agamben. Paderborn 2016 [zitiert: *Dausner*, Christologie].

D'Costa, Gavin, Christianity and World Religions. Disputed Questions in the Theology of Religions. Chichester 2009 [zitiert: *D'Costa*, Christianity].

De Rosa, Guiseppe, Una teologia problematica del pluralismo religioso. In: La Civiltà Cattolica 149 (1998) 129–143 [zitiert: *De Rosa*, teologia].

Delgado, Mariano, Inkulturation als Wesenseigenschaft des Christentums. In: *Krämer/Vellguth*, Inkulturation, 20–32 [zitiert: *Delgado*, Inkulturation].

Ders., Die Menschheitsfamilie oder Die Mystik des Konzils. In: *Delgado/Sievernich*, Metaphern, 422–443 [zitiert: *Delgado*, Menschheitsfamilie].

Dies./Sievernich, Michael, Hgg., Die großen Metaphern des Zweiten Vatikanischen Konzils. Ihre Bedeutung für heute. Freiburg i. Br. u. a. 2013.

Demers, Bruno, Jésus, »prophète eschatologique« ou »christ«? Évaluation de l'identification de Jésus comme »prohète eschatologique« chez Edward Schillebeeckx, en regard de la réinterprétation du messianisme juif visée par la confession »Christ«. In: Science et Esprit 59 (2007) 351–371 [zitiert: *Demers*, Jésus].

Ders., L'herméneutique théologique d'Edward Schillebeeckx. In: Rev. Sc. ph. th. 94 (2010) 7–38 [zitiert: *Demers*, L'herméneutique].

Denger, Theresa, »Die Liebe ist stärker als der Tod«. Jon Sobrinos Theologie des Martyriums und ihre Konsequenzen für die Soteriologie. Ostfildern 2019 [zitiert: *Denger*, Liebe].

Deutschen Bischofskonferenz, Sekretariat der, Hg., Zum Entzug der kirchlichen Lehrbefugnis Professor Dr. Hans Küngs. Gemeinsames Kanzelwort der deutschen Bischöfe. Erklärung der deutschen Bischöfe. Band 25, Die deutschen Bischöfe. Bonn 1980 [zitiert: *Deutsche Bischöfe*, Entzug].

Dhaem, Amaury Begasse de, Cristologia trinitaria e teologia delle religioni. Il »triplice« *Verbum* in Bonaventura e J. Dupuis. In: Gregorianum 96 (2015) 791–817 [zitiert: *Begasse de Dhaem*, Cristologia].

Dietrich, Thomas/*Herkert*, Thomas/*Schmitt*, Pascal, Geist in Form. Facetten des Konzils. Freiburg i. Br. u. a. 2015.

Disse, Jörg, Jesus Christus und die Religionen. Zur Religionstheologie von Jacques Dupuis SJ. In: *Arnold*, Johannes, Hg., Sind Religionen austauschbar? Philosophisch-theologische Positionen aus christlicher Sicht. Münster 2012, 151–195 [zitiert: *Disse*, Jesus].

Dlugoš, Slavomír/*Müller*, Sigrid, Kirche im Dialog mit der modernen Welt – Illusion oder Notwendigkeit? In: *Tück*, Erinnerung, 622–634 [zitiert: *Dlugoš/Müller*, Kirche].

Donneaud, Henry, Chalcédoine contre l'unicité absolue du Médiateur Jésus-Christ? In: Revue Thomiste 102 (2002) 43–62 [zitiert: *Donneaud*, Chalcédoine].

Dubiel, Helmut, Integration durch Konflikt? In: *Friedrichs*, Jürgen/*Jagodzinski*, Wolfgang, Hgg., Soziale Integration. Sonderheft der Kölner Zeitschrift für Soziologie und Sozialpdychologie. Bd. 39. Opladen 1999, 132–143 [zitiert: *Dubiel*, Integration].

Dulles, Avery, World Religions and the New Millennium. In: *Kendall/O'Collins*, Ways, 3–13 [zitiert: *Dulles*, Religions].

Dumas, Marc, Corrélations d'experiences? In: Laval théologique et philosophique 60 (2004) 317–334 [zitiert: *Dumas*, Corrélations].

Dupré, Louis, Experience and Interpretation: A Philosophical Reflection on Schillebeeckx' *Jesus* and *Christ*. In: TS 43 (1982) 30–51 [zitiert: *Dupré*, Experience].

Dupuis, Jacques, Alleanza e salvezza. In: RdT 35 (1994) 148–171 [zitiert: *Dupuis*, Alleanza].

Ders., Auf dem Wege zu ortsgebundenen Theologien. In: IkaZ 16 (1987) 409–419 [zitiert: *Dupuis*, Wege].

Ders., The CDF Process and Notification and My Perspectives on Them. In: *Burrows*, Dupuis, 74–102 [zitiert: *Dupuis*, Process].

Ders., The Christian Meaning of Salvation. In: Tenrikyo-Christian Dialogue. Tenri 1999, 371–389 [zitiert: *Dupuis*, Meaning].

Ders., Christianity and Religions. From Confrontation to Encounter. In: *Haers*, Jacques, Hg., Theology and Conversation. Towards a Relational Theology. Leuven 2003, 457–473 [zitiert: *Dupuis*, Christianity and Religions].

Ders., Christianity and the Religions. From Confrontation to Dialogue. Maryknoll 2002 [zitiert: *Dupuis*, Christianity].

Ders., Communion universelle: Églises chrétiennes et religions mondiales. In: Cristianesimo nella storia 16 (1995) 361–381 [zitiert: *Dupuis*, Communion].

Ders., Conscience du Christ et experiénce de l'Advaita. In: Revue théologique de Louvain 8 (1977) 448–460 [zitiert: *Dupuis*, Conscience].

Ders., Cristianesimo e religione. In: La Civiltà Cattolica 143 (1992) 272–277 [zitiert: *Dupuis*, Cristianesimo e religione].

Ders., Cristo universale e vie di salvezza. In: Angelicum 74 (1997) 193–217 [zitiert: *Dupuis*, Cristo universale].

Ders., »Das Christentum und die Religionen« – noch einmal betrachtet. In: SaThZ 10 (2006) 120–140 [zitiert: *Dupuis*, Christentum betrachtet].

Ders., The Declaration *Dominus Iesus* and My Perspectives on It. In: *Burrows*, Dupuis, 26–73 [zitiert: *Dupuis*, Declaration].

Ders., Dialogo e annuncio in due recenti documenti. In: La Civiltà Cattolica 143 (1992) 221–236 [zitiert: *Dupuis*, Dialogo].

Ders., »Die Wahrheit wird euch frei machen«. Die Theologie des religiösen Pluralismus – noch einmal betrachtet. In: SaThZ 10 (2006) 12–64 [zitiert: *Dupuis*, Wahrheit].

Ders., Erneuerung des Christentums durch interreligiösen Dialog. In: SaThZ 10 (2006) 141–154 [zitiert: *Dupuis*, Erneuerung].

Ders., Éveil à soi – Éveil à Dieu dans l'expérience spirituelle d'Henri Le Saux. In: NRT 111 (1989) 866–878 [zitiert: *Dupuis*, Éveil à soi].

Ders., Hindou-chrétien et chrétien-hindou. In: *Scheuer*, Jacques, Hg., Vivre de plusieurs religions. Promesse ou illusion? Paris 2000, 54–64 [zitiert: *Dupuis*, Hindou-chrétien].

Ders., Il cristianesimo e le religioni nella teologia cattolica. In: *Berner*, Christian, Hg., Religione e religioni. A partire dai »Discorsi« di Schleiermacher. Assisi 2000, 295–324 [zitiert: *Dupuis*, cristianesimo].

Ders., Il pensiero teologico di Le Saux: linee per un dialogo interreligioso. In: Vita monastica 59 (2005) 94–128 [zitiert: *Dupuis*, pensiero].

Dupuis, Jacques, Insieme per pregare o pregare insieme. In: Studi ecumenici 16 (1998) 11–30 [zitiert: *Dupuis*, Insieme].

Ders., Der interreligiöse Dialog als Herausforderung für die christliche Identität. In: ZMR 88 (2004) 3–19 [zitiert: *Dupuis*, Dialog].

Ders., Jésus-Christ à la rencontre des religions. Paris 1989 [zitiert: *Dupuis*, Jésus-Christ].

Ders., Jesus Christ and His Spirit. Theological Approaches. Bangalore 1977 [zitiert: *Dupuis*, Jesus Christ and His Spirit].

Ders., Jesus Christ Universal Saviour and the Ways of Salvation. In: Studia Bobolanum 4 (2003) 5–23 [zitiert: *Dupuis*, Universal Saviour].

Ders., La fede cristiana in Gesù Cristo in dialogo con le grandi religioni asiatiche. In: Gregorianum 75 (1994) 217–240 [zitiert: *Dupuis*, fede].

Ders., La novedad de Jesucristo frente a las religiones mundiale. In: Estudios trinitarios 32 (1998) 3–37 [zitiert: *Dupuis*, novedad].

Ders., La presencia universal del Espíritu y la mison de la Iglesia. In: Misiones extranjeras 163 (1998) 61–71 [zitiert: *Dupuis*, presencia].

Ders., La teologia del pluralismo religioso rivisitata. In: RdT 40 (1999) 667–693 [zitiert: *Dupuis*, teologia rivisitata].

Ders., La universalidad de Jesucristo en el pluralismo religioso. In: Misiones extranjeras 168 (1998) 485–502 [zitiert: *Dupuis*, universalidad].

Ders., Le débat christologique dans le contexte du pluralisme religieux. In: NRT 113 (1991) 853–863 [zitiert: *Dupuis*, débat].

Ders., Le dialogue interreligieux à l'heure du pluralisme. In: NRT 120 (1998) 544–563 [zitiert: *Dupuis*, dialogue interreligieux].

Ders., Le Verbe de Dieu, Jésus Christ et les religions du monde. In: NRT 123 (2001) 529–546 [zitiert: *Dupuis*, Verbe].

Ders., L'Esprit Saint répandu sur le monde. Fondement du dialogue interreligieux. In: Lumen Vitae 53 (1998) 57–66 [zitiert: *Dupuis*, L'Esprit].

Ders., My Pilgrimage in Mission. In: International Bulletin of Missionary Research 27 (2003) 168–171 [zitiert: *Dupuis*, Pilgrimage].

Ders., Salvezza universale in Gesù Cristo e vie di salvezza. In: *Segretariato Attività Ecumeniche*, Hg., Le religioni come esperienza e attesa della salvezza. Atti della 35. Sessione di formazione ecumenica. Mailand 1999, 55–77 [zitiert: *Dupuis*, Salvezza].

Ders., A Theological Commentary: Dialogue and Proclamation. In: *Burrows*, William R., Hg., Redemption and dialogue. Reading Redemptoris Missio and Dialogue and proclamation. Maryknoll 1993, 119–158 [zitiert: *Dupuis*, Commentary].

Ders., Eine trinitarische Christologie als Modell für eine Theologie des religiösen Pluralismus. In: SaThZ 10 (2006) 65–80 [zitiert: *Dupuis*, Christologie als Modell].

Ders., Universalità del Cristianesimo. Gesù Cristo, il Regno di Dio e la Chiesa. In: *Farrugia*, Mario, Hg., Universalità del Cristianesimo. In dialogo con Jacques Dupuis. Mailand 1996, 19–57 [zitiert: *Dupuis*, Universalità].

Ders., Die Universalität des Wortes und die Partikularität Jesu Christi. In: SaThZ 10 (2006) 81–100 [zitiert: *Dupuis*, Universalität].

Ders., Unterwegs zu einer christlichen Theologie des religiösen Pluralismus. Innsbruck 2010 [zitiert: *Dupuis*, Unterwegs].

Ders., Who Do You Say I Am? Introduction to Christology. Maryknoll 1994 [zitiert: *Dupuis*, Introduction].

Ders., The Word and the Christ. In: *Crusz*, Robert, Hg., Encounters with the word. Essays to honour Aloysius Pieris on his 70th birthday. Colombo 2004, 179–194 [zitiert: *Dupuis*, Word].

Duquoc, Christian, Dieu différent. Paris 1977 [zitiert: *Duquoc*, Dieu].

Ders., Messianisme de Jésus et discrétion de Dieu. Genf 1984 [zitiert: *Duquoc*, Messianisme].

Dürnberger, Martin, Die Dynamik religiöser Überzeugungen. Postanalytische Epistemologie und Hermeneutik im Gespräch mit Robert B. Brandom. Paderborn u. a. 2017 [zitiert: *Dürnberger*, Dynamik].

Ders. et al., Hgg., Stile der Theologie. Einheit und Vielfalt katholischer Systematik in der Gegenwart. Regensburg 2017, ratio fidei 60 [zitiert: *Dürnberger* et al., Stile].

Dussel, Enrique, Hinweise zur Entstehung der Befreiungstheologie: 1959–1972. In: *Fornet-Betancourt*, Raúl, Hg., Theologien in der Sozial- und Kulturgeschichte Lateinamerikas. Die Perspektive der Armen. Band 3. Implizite Theologien im 19. und 20. Jahrhundert. Eichstätt 1993, 302–333 [zitiert: *Dussel*, Hinweise].

Ders., Volksreligiosität in Lateinamerika. Grundlegende Hypothesen. In: Neue Zeitschrift für Missionswissenschaft 42 (1986) 1–12 [zitiert: *Dussel*, Volksreligiosität].

EATWOT, Gründungsversammlung der, Schlusserklärung der Gründungsversammlung der EATWOT in Daressalam / Tanzania 1976. In: Herausgefordert durch die Armen. Dokumente der Ökumenischen Vereinigung von Dritte-Welt-Theologien 1976-1986. Freiburg i. Br. u. a. 1990, 43–44 [zitiert: *Gründungsversammlung*, Schlusserklärung].

Ebenhoch, Markus, Das Theologumenon des »gekreuzigten Volkes« als Herausforderung für die gegenwärtige Soteriologie. Frankfurt a. M. u. a. 2008 [zitiert: *Ebenhoch*, Theologume-non].

Eckholt, Margit, Der Papa-pastor. Lateinamerikanische Prägungen eines fünfjährigen Pontifikats. In: StZ 236 (2018) 155–165 [zitiert: *Eckholt*, Jahre].

Eco, Umberto, Die Grenzen der Interpretation. München ²1999 [zitiert: *Eco*, Grenzen].

Ders., Lector in fabula. Die Mitarbeit der Interpretation in erzählenden Texten. München [3]1998 [zitiert: *Eco*, Lector].

Ellacuría, Ignacio, Aporte de la teología de la liberación a las religiones abrahámicas en la superación del individualismo y del positivismo. In: *Ellacuría*, Escritos teológicos II, 193–232 [zitiert: *Ellacuría*, Aporte].

Ders., Die Armen. In: *Ellacuría*, Kirche, 185–200 [zitiert: *Ellacuría*, Armen].

Ders., Die Armen als »theologischer Ort« in Lateinamerika. In: *Ellacuría*, Kirche, 201–217 [zitiert: *Ellacuría*, Armen als Ort].

Ders., Conversión de la Iglesia al reino de Dios. Salamanca 1984 [zitiert: *Ellacuría*, Conversión].

Ders., El pueblo crucificado. Ensayo de soteriología histórica. In: Revista Latinoamericana de Teología 18 (1989) 318 [zitiert: *Ellacuría*, pueblo].

Ders., Escritos teológicos II. San Salvador 2000.

Ders., Das gekreuzigte Volk. In: *Ellacuría*, Ignacio/*Sobrino*, Jon, Hgg., Mysterium Liberationis. Grundbegriffe der Theologie der Befreiung. Bd. 2. Luzern 1996, 823–850 [zitiert: *Ellacuría*, Volk].

Ders., Geschichtlichkeit des christlichen Heils. In: *Ellacuría*, Ignacio/*Sobrino*, Jon, Hgg., Mysterium Liberationis. Grundbegriffe der Theologie der Befreiung. Bd. 1. Luzern 1995, 313–360 [zitiert: *Ellacuría*, Geschichtlichkeit].

Ders., Gewaltlose Friedensarbeit und befreiende Gewalt. In: Conc(D) 24 (1988) 47–53 [zitiert: *Ellacuría*, Friedensarbeit].

Ders., Eine Kirche der Armen. Für ein prophetisches Christentum. Freiburg i. Br. u. a. 2011.

Ders., Die Kirche der Armen, geschichtliches Befreiungssakrament. In: *Ellacuría/Sobrino*, Mysterium, 761–787 [zitiert: *Ellacuría*, Befreiungssakrament].

Ders., ¿Por qué muere Jesús y por qué lo matan? In: *Ellacuría*, Escritos teológicos II, 67–88 [zitiert: *Ellacuría*, ¿Por que muere Jesús?].

Ders., Teología politica. San Salvador 1973 [zitiert: *Ellacuría*, Teología politica].

Ders., Tesis sobre posibilidad, necesidad y sentido de una teología latinoamericana. In: Escritos teológicos I. San Salvador 2000, 270–301 [zitiert: *Ellacuría*, Tesis].

Ders., Theologie der Befreiung und Marxismus. Grundlegende Reflexionen. In: *Rottländer*, Theologie, 77–108 [zitiert: *Ellacuría*, Marxismus].

Ders., Utopie und Prophetie. In: *Ellacuría/Sobrino*, Mysterium, 383–431 [zitiert: *Ellacuría*, Utopie].

Ders., Zur Begründung der lateinamerikanischen theologischen Methode. In: *Ellacuría*, Kirche, 44–73 [zitiert: *Ellacuría*, Begründung].

Ders./Sobrino, Jon, Hgg., Mysterium Liberationis. Grundbegriffe der Theologie der Befreiung. 2 Bde. Luzern 1995.

Erp, Stephan van, ›Teken en voorloper van Gods barmhartigheid voor allen‹ Schillebeeckx' ecclesiologie tijdens het Tweede Vaticaans Concilie. In: Tijdschrift voor Theologie 54 (2014) 334–349 [zitiert: *van Erp*, Teken].

Ders., Unablässige Inkarnation als Zukunft der Menschheit. Die Verheißung der Sakramentaltheologie von Schillebeeckx. In: Conc 48 (2012) 76–89 [zitiert: *van Erp*, Inkarnation].

Espeja, Jesús, Cristología narrativa de E. Schillebeeckx. In: Ciencia tomista 109 (1982) 139–173 [zitiert: *Espeja*, Cristología].

Estermann, Josef, Apu Taytayku. Religion und Theologie im andinen Kontext Lateinamerikas. Ostfildern 2012 [zitiert: *Estermann*, Apu Taytayku].

Ders., Das Reich Gottes als allumfassender Horizont. Anstöße der lateinamerikanischen Befreiungstheologie und der indigenen Theologien zur Debatte von Kontextualität und Universalität. In: *Schreijäck*, Thomas/*Wenzel*, Knut, Hgg., Kontextualität und Universalität. Die Vielfalt der Glaubenskontexte und der Universalitätsanspruch des Evangeliums. 25 Jahre »Theologie interkulturell«. Stuttgart 2012, 11–29 [zitiert: *Estermann*, Reich].

Ders., Südwind. Kontextuelle nicht-abendländische Theologien im globalen Süden. Münster u. a. 2017 [zitiert: *Estermann*, Südwind].

Evers, Georg, Theologische Entwicklungen in Asien seit dem II. Vatikanischen Konzil. In: *Kößmeier*, Norbert/*Brosse*, Richard, Hgg., Gesichter einer fremden Theologie. Sprechen von gott jenseits von Europa. Freiburg i. Br. u. a. 2006, 93–101 [zitiert: *Evers*, Entwicklungen].

Fabella, Virginia, Der Weg der Frauen. Theologinnen der Dritten Welt melden sich zu Wort. Freiburg i. Br. u. a. 1996 [zitiert: *Fabella*, Weg].

Faber, Eva-Maria, Volk Gottes. In: *Delgado/Sievernich*, Metaphern, 168–185 [zitiert: *Faber*, Volk].

Fackre, Gabriel, Bones Strong and Weak in the Skeletal Structure of Schillebeeckx's Christology. In: JES 21 (1984) 248–277 [zitiert: *Fackre*, Bones].

Fagan, Eileen M., An Interpretation of Evangelization. Jon Sobrino's Christology and Ecclesiology in Dialogue. San Francisco 1998 [zitiert: *Fagan*, Interpretation].

Faggioli, Massimo, Francis and the New Beginning of Vatican II. Challenges and Prospects. In: *Böttigheimer/Dausner*, Vaticanum, 29–37 [zitiert: *Faggioli*, Francis].

Ders., Die kulturelle und politische Relevanz des II. Vatikanischen Konzils als konstitutiver Faktor der Interpretation. In: *Hünermann*, Peter, Hg., Exkommunikation oder Kommunikation? Der Weg der Kirche nach dem II. Vatikanum und die Pius-Brüder. Freiburg i. Br. u. a. 2009, QD 236, 153–174 [zitiert: *Faggioli*, Relevanz].

Ders., Die theologische Debatte um das Zweite Vatikanische Konzil. In: ThQ 192 (2012) 169–192. 281–303 [zitiert: *Faggioli*, Debatte].

Ders., Vatican II: The battle for meaning. New York 2012 [zitiert: *Faggioli*, Vatican II].

Fantino, Jacques, La notion scientifique de complémentarité et l'objectivité du discours en science et en théologie. In: RSR 77 (2003) 389–412 [zitiert: *Fantino*, notion].

Ders., Les emprunts du discours théologique. L'exemple du concept de complémentarité. In: Laval théologique et philosophique 59 (2003) 471–484 [zitiert: *Fantino*, emprunts].

Feiter, Reinhard, Von der Pastoralkonstitution bleibt (k)eine Spur. Bemerkungen zur Rezeption von *Gaudium et spes* in der deutschsprachigen Pastoraltheologie. In: *Meier*, Dominikus M. u. a., Hg., Rezeption des Zweiten Vatikanischen Konzils in Theologie und Kirchenrecht heute. FS Lüdicke. Essen 2008, 121–145 [zitiert: *Feiter*, Pastoralkonstitution].

Ders., Von der pastoraltheologischen Engführung zur pastoraltheologischen Zuspitzung der Praktischen Theologie. In: *Göllner*, Reinhard, Hg., »Es ist so schwer, den falschen Weg zu meiden«. Bilanz und Perspektiven der theologischen Disziplinen. Münster 2004, 261–286 [zitiert: *Feiter*, Engführung].

Feldmeier, Reinhard/*Spieckermann*, Hermann, Der Gott der Lebendigen. Tübingen 2011 [zitiert: *Feldmeier/Spieckermann*, Gott].

Figal, Günter, Art. Moderne. In: RGG4 5 (2002) 1376–1378 [zitiert: *Figal*, Moderne].

Finn, Daniel F., Benedict XVI and Liberation Theology: Reason, Will, and History. In: Horizons 38 (2011) 274–283 [zitiert: *Finn*, Benedict].

Fornet-Betancourt, Raúl, Ein anderer Marxismus? Die philosophische Rezeption des Marxismus in Lateinamerika. Mainz 1994 [zitiert: *Fornet-Betancourt*, Marxismus].

Ders., Die Bedeutung der lateinamerikanischen Philosophie und Theologie der Befreiung als Beitrag zur Überwindung des Eurozentrismus. In: *Fornet-Betancourt*, Philosophie und Theologie, 11–17 [zitiert: *Fornet-Betancourt*, Bedeutung].

Ders., Hg., Befreiungstheologie: Kritischer Rückblick und Perspektiven für die Zukunft. Band 1. Bilanz der letzten 25 Jahre (1968-1993). Mainz 1997 [zitiert: *Fornet-Betancourt*, Befreiungstheologie 1].

Ders., Hg., Befreiungstheologie: Kritischer Rückblick und Perspektiven für die Zukunft. Band 3. Zur Rezeption im deutschsprachigen Raum. Mainz 1997 [zitiert: *Fornet-Betancourt*, Befreiungstheologie 3].

Ders., »Hören auf das Volk« – Theologische Methode oder ideologisches Programm? Überlegungen zur methodischen Denkstruktur der lateinamerikanischen Befreiungstheologie. In: *Fornet-Betancourt*, Philosophie und Theologie, 31–45 [zitiert: *Fornet-Betancourt*, »Hören auf das Volk«].

Ders., Der Marxismus-Vorwurf gegen die lateinamerikanische Theologie der Befreiung. In: *Fornet-Betancourt*, Philosophie und Theologie, 21–29 [zitiert: *Fornet-Betancourt*, Marxismus-Vorwurf].

Ders., Philosophie und Theologie der Befreiung. Mit einem Vorwort von Enrique Dussel. Frankfurt a. M. 1988.

Ders., Zur Kritik der »Instruktion über die christliche Freiheit und Befreiung« aus einer nicht-europäischen Perspektive. In: *Fornet-Betancourt*, Philosophie und Theologie, 89–99 [zitiert: *Fornet-Betancourt*, Kritik].

Ders./Schelkshorn, Hans, Lateinamerikanische Philosophie. In: *Grabner-Haider*, Anton, Hg., Philosophie der Weltkulturen. Die Weltdeutungen und die Theorien der Wahrheit. Wiesbaden 2006, 399–431 [zitiert: *Fornet-Betancourt/Schelkshorn*, Philosophie].

Fornet Ponse, Martina, Gott – Macht – Ohnmacht. Die Gottesrede unter den Bedingungen von Macht und Ohnmacht bei Hans-Joachim Sander, Elizabeth A. Johnson und Jon Sobrino. Aachen 2016 [zitiert: *Fornet Ponse*, Gott].

Fornet-Ponse, Thomas, Freiheit und Befreiung. Untersuchungen zur Kontextualität und Universalität des Philosophierens. Aachen 2013 [zitiert: *Fornet-Ponse*, Freiheit].

Ders., Für Christus oder wie Jesus sterben? Zu Jon Sobrinos Verständnis des Martyriums. In: ZKTh 135 (2013) 73–90 [zitiert: *Fornet-Ponse*, Christus].

Ders., Geschwister im Glauben. Zur Besonderheit des christlich-jüdischen Verhältnisses. In: *Delgado*, Mariano/*Sievernich*, Michael/*Vellguth*, Klaus, Hgg., Transformationen der Missionswissenschaft. Festschrift zum 100. Jahrgang der ZMR. St. Ottilien 2016, 342–350 [zitiert: *Fornet-Ponse*, Geschwister].

Ders., Der Katakombenpakt für eine dienende und arme Kirche. In: Interesse. Soziale Informationen 1 (2013) 1–2 [zitiert: *Fornet-Ponse*, Katakombenpakt].

Ders., Komplementarität und Differenzierter Konsens. Perspektiven einer ökumenischen Hermeneutik aus katholischer Sicht. In: Cath(M) 66 (2012) 254–272 [zitiert: *Fornet-Ponse*, Komplementarität].

Ders., Offenbarungsverständnisse und ihre Konsequenzen für den interreligiösen Dialog. In: *Fornet-Ponse*, Thomas, Hg., »Überall und immer» – »nur hier und jetzt«. Theologische Perspektiven auf das Spannungsverhältnis von Partikularität und Universalität. Münster 2016, JThF 29, 131–155 [zitiert: *Fornet-Ponse*, Offenbarungsverständnisse].

Ders., Ökumene in drei Dimensionen. Jüdische Anstöße für die innerchristliche Ökumene. Münster 2011, JThF 19 [zitiert: *Fornet-Ponse*, Ökumene].

Ders., Eine Theologie der Zeichen und die Zivilisation der Armut. In: *Pittl*, Sebastian/*Prüller-Jagenteufel*, Gunter M., Hgg., Unterwegs zu einer neuen »Zivilisation geteilter Genügsamkeit«. Perspektiven utopischen Denkens 25 Jahre nach dem Tod Ignacio Ellacurías. Wien 2016, 59–70 [zitiert: *Fornet-Ponse*, Theologie der Zeichen].

Fößel, Thomas Peter, Offenbare Auferstehung. Eine Studie zur Auferstehung Jesu Christi in offenbarungstheologischer Perspektive. Paderborn 2018 [zitiert: *Fößel*, Auferstehung].

Frades, Eduardo, Visión global de Jesucristo en la notificación a Jon Sobrino. Reflexiones sobre el uso de la Biblia. In: *Vigil*, cruz, 113–119, e-Publikation: www.servicioskoinonia.org/LibrosDigitales [zitiert: *Frades*, Visión].

Franziskus, Ansprache von Papst Franziskus an die Teilnehmer der Vollversammlung der Kongregation für die Glaubenslehre. (URL: http://w2.vatican.va/content/francesco/de/speeches/2014/january/documents/papa-francesco_20140131_plenaria-dottrina-fede.html) – Zugriff am 8.2.2018 [zitiert: *Franziskus*, Ansprache Glaubenskongregation].

Ders., Apostolisches Schreiben *Evangelii Gaudium* des Heiligen Vaters Papst Franziskus. Bonn 2013 [zitiert: *Franziskus*, Evangelii Gaudium].

Frevel, Christian, Der Eine oder die Vielen? Monotheismus und materielle Kultur in der Perserzeit. In: *Schwöbel*, Christoph, Hg., Gott – Götter – Götzen. XIV. Europäischer Kongress für Theologie (11.-15. September 2011 in Zürich). Leipzig 2013, 238–265 [zitiert: *Frevel*, Eine].

Frieling, Gudula, Christliche Ethik oder Ethik für Christen? Die Universalität christlicher Ethik auf dem Prüfstand. Regensburg 2016 [zitiert: *Frieling*, Ethik].

Fries, Heinrich/*Rahner*, Karl, Einigung der Kirchen – reale Möglichkeit. Freiburg i. Br. 31987 [zitiert: *Fries/Rahner*, Einigung].

Fuchs, Gotthard/*Lienkamp*, Andreas, Hgg., Visionen des Konzils. 30 Jahre Pastoralkonstitution »Die Kirche in der Welt von heute«. Münster 1997.

Fuchs, Ottmar, Glaubenspastoral zwischen Innen und Außen. Gnadentheologische Überlegungen zum Weltdienst der Kirche. In: *Tück*, Erinnerung, 561–604 [zitiert: *Fuchs*, Glaubenspastoral].

Gabriel, Ingeborg, Autonomie der irdischen Wirklichkeiten. Reflexionen zu einer komplexen Konzilsmetapher. In: *Delgado/Sievernich*, Metaphern, 267–286 [zitiert: *Gabriel*, Autonomie].

Dies., Christliche Sozialethik in der Moderne. Der kaum rezipierte Ansatz von *Gaudium et spes*. In: *Tück*, Erinnerung, 605–621 [zitiert: *Gabriel*, Sozialethik].

Gabriel, Karl, Machtausübung in der heutigen Kirche im Spiegel sozialwissenschaftlicher Machttheorien: Max Weber, Michel Foucault und Hannah Arendt. In: Conc 24 (1988) 190–195 [zitiert: *Gabriel*, Machtausübung].

Gäde, Gerhard, »Logos asarkos« und »logos ensarkos«. Zu einer religionstheologisch relevanten Unterscheidung im Werk Jacques Dupuis'. In: MThZ 69 (2019) 42–59 [zitiert: *Gäde*, Logos].

Gaillardetz, Richard R., Introduction. In: *Gaillardetz*, Magisterium, vii–xviii [zitiert: *Gaillardetz*, Introduction].

Ders., The Ordinary Universal Magisterium: Unresolved Questions. In: TS 63 (2002) 447–471 [zitiert: *Gaillardetz*, Magisterium].

Ders., An Unfinished Council. Vatican II, Pope Francis, and the Renewal of Catholicism. Collegeville 2015 [zitiert: *Gaillardetz*, Council].

Ders., Hg., When the Magisterium Intervenes. The Magisterium and Theologians in Today's Church. Includes a Case Study on the Doctrinal Investigation of Elizabeth Johnson. Collegeville 2012.

Galvin, John P., The Death of Jesus in the Theology of Edward Schillebeeckx. In: Irish Theological Quarterly 50 (1983) 168–180 [zitiert: *Galvin*, Death].

Galvin, John P., The Story of Jesus as the Story of God. In: *Hilkert/Schreiter*, Praxis, 79–95 [zitiert: *Galvin*, Story].

Gamberini, Paolo, La Cristologia del pluralismo religioso in un recente libro di Jacques Dupuis. In: Filosofia e teologia 14 (2000) 131–144 [zitiert: *Gamberini*, Cristologia].

Geffré, Claude, From the Theology of Religious Pluralism to an Interreligious Theology. In: *Kendall/O'Collins*, Ways, 45–59 [zitiert: *Geffré*, Theology].

Ders., La singularité du Christianisme à l'âge du pluralisme religieux. In: *Doré*, Joseph/ *Theobald*, Christoph, Hgg., Penser la foi. Recherches en théologie aujourd'hui. Mélanges offerts à Joseph Moingt. Paris 1993, 351–369 [zitiert: *Geffré*, singularité].

Geldhof, Joris, De niet-gelijkoorspronkelijkheid van ervaring en openbaring. Over Christus, kerk en sacramenten bij Edward Schillebeeckx. In: Tijdschrift voor Theologie 47 (2007) 245–259 [zitiert: *Geldhof*, niet-gelijkoorspronkelijkheid].

Gertler, Thomas, Mysterium hominis in luce Christi. Genese und Intention der Pastoralkonstitution. In: *Fuchs/Lienkamp*, Visionen, 51–71 [zitiert: *Gertler*, Mysterium].

Gibson, David, Vatican threatens Jesuit theologian in India with cencure. (URL: https://www.ncronline.org/news/world/vatican-threatens-jesuit-theologian-india-censure) – Zugriff am 8.2.2018 [zitiert: *Gibson*, Vatican].

Gilich, Benedikt, Die Verkörperung der Theologie. Gottesrede als Metaphorologie. Stuttgart 2011 [zitiert: *Gilich*, Verkörperung].

Ders./Hoff, Gregor Maria, Metaphern, in denen wir (nicht) glauben. Das 2. Vatikanische Konzil und der Atheismus. In: *Delgado/Sievernich*, Metaphern, 287–304 [zitiert: *Gilich/Hoff*, Metaphern].

Girardi, Giulio, Die gegenwärtigen Auseinandersetzungen um Marxismus, Theologie der Befreiung und »Kirche des Volkes« (iglesia popular). In: *Rottländer*, Theologie, 117–154 [zitiert: *Girardi*, Auseinandersetzungen].

Gispert-Sauch, George, Jacques Dupuis and Swami Abhishiktananda. In: *Kendall/ O'Collins*, Ways, 146–157 [zitiert: *Gispert-Sauch*, Dupuis].

Gmainer-Pranzl, Franz, Was der Kirche »heilig« ist. Religionstheologische Perspektiven des Zweiten Vatikanischen Konzils. In: *Delgado/Sievernich*, Metaphern, 373–388 [zitiert: *Gmainer-Pranzl*, Kirche].

Goizueta, Roberto S., The Christology of Jon Sobrino. In: *Pope*, Hope, 90–104 [zitiert: *Goizueta*, Christology].

González Faus, José Ignacio, Las víctimas como lugar teológico. In: Revista Latinoamericana de Teología 46 (1999) 89–104 [zitiert: *González Faus*, víctimas].

Gräbe, Uwe, Kontextuelle palästinensische Theologie. Erlangen 1999 [zitiert: *Gräbe*, Theologie].

Griffiths, Paul J., Zu *Dominus Iesus:* Komplementarität ist vertretbar. In: Conc 39 (2003) 407–410 [zitiert: *Griffiths*, Komplementarität].

Grillmeier, Alois, Mit ihm und in ihm. Christologische Forschungen. Freiburg i. Br. 1975 [zitiert: *Grillmeier*, Mit ihm].

Gruber, Judith, Theologie nach dem Cultural Turn. Interkulturalität als theologische Ressource. Stuttgart 2013 [zitiert: *Gruber*, Theologie].

Gutiérrez, Gustavo, Die Armen und die Grundoption. In: *Ellacuría/Sobrino*, Mysterium, 293–311 [zitiert: *Gutiérrez*, Armen].

Ders., Theologie der Befreiung. Mainz ^{10}1992 [zitiert: *Gutiérrez*, Theologie].

Ders., Theologie und Sozialwissenschaften. In: *Rottländer*, Theologie, 45–75 [zitiert: *Gutiérrez*, Sozialwissenschaften].

Ders., Wie kann man von Ayacucho aus von Gott reden? In: Conc 26 (1990) 68–74 [zitiert: *Gutiérrez*, Ayacucho].

Habermas, Jürgen, Wahrheit und Rechtfertigung. Frankfurt a. M. 1999 [zitiert: *Habermas*, Wahrheit].

Haight, Roger, Engagement met de wereld als zaak van God. Christologie & postmoderniteit. In: Tijdschrift voor Theologie 50 (2010) 73–94 [zitiert: *Haight*, Engagement].

Ders., Review »Toward a Christian Theology of Religious Pluralism«. In: TS 59 (1998) 347–349 [zitiert: *Haight*, Review].

Hall, Gerard, Jacques Dupuis' Christian Theology of Religious Pluralism. In: Pacifica 15 (2002) 37–50 [zitiert: *Hall*, Dupuis' Theology].

Halstrup, Maximilian, Faktizität und Gott. Schöpfungsglaube und Weltverständnis nach Edward Schillebeeckx. Münster 2012 [zitiert: *Halstrup*, Faktizität].

Häring, Hermann/*Schoof*, Ted/*Willems*, Bonifatius Alexander, Hgg., Meedenken met Edward Schillebeeckx. Bij zijn afscheid als hoogleraar te Nijmegen. Baarn 1983.

Harrington, Daniel J., What Got Jesus Killed? Sobrino's Historical-Theological Reading of Scripture. In: *Pope*, Hope, 79–89 [zitiert: *Harrington*, Jesus].

Haslinger, Herbert, Die pastorale Konstitution in nuce. Zu Entstehung, Inhalt und Bedeutung der »Botschaft der Konzilsväter«. In: ThGl 102 (2012) 594–617 [zitiert: *Haslinger*, Konstitution].

Haughey, John C., Theological Table-Talk: Schillebeeckx's Christology. In: Theology Today 38 (1981) 201–207 [zitiert: *Haughey*, Schillebeeckx's Christology].

Heinemann, Heribert, Schutz der Glaubens- und Sittenlehre. In: *Listl*, Joseph/*Schmitz*, Heribert, Hgg., Handbuch des katholischen Kirchenrechts. Regensburg ^{2}1999, 708–721 [zitiert: *Heinemann*, Schutz].

Heller, Christian, Auf dem Weg zu einer christlichen Theologie des religiösen Pluralismus. Die religionstheologischen Positionen Jacques Dupuis' und John Hicks im Vergleich. In: ZKTh 125 (2003) 167–185 [zitiert: *Heller*, Weg].

Ders., John Hicks Projekt einer religiösen Interpretation der Religionen. Darstellung und Analyse – Diskussion – Rezeption. Münster 2001 [zitiert: *Heller*, Projekt].

Herms, Eilert, Einheit der Christen in der Gemeinschaft der Kirchen. Die ökumenische Bewegung der römischen Kirche im Licht der reformatorischen Theologie. Antwort auf den Rahner-Plan. Göttingen 1984 [zitiert: *Herms*, Einheit].

Heyder, Regina/*Muschiol*, Gisela, Hgg., Katholikinnen und das Zweite Vatikanische Konzil. Petitionen, Berichte, Fotografien. Münster 2018 [zitiert: *Heyder/Muschiol*, Katholikinnen].

Hilberath, Bernd Jochen, Kontinuität oder Bruch? Für eine angemessene Hermeneutik des Zweiten Vatikanischen Konzils. In: HerKorr-Spezial 2 (2012) 5–9 [zitiert: *Hilberath*, Kontinuität].

Ders., Theologischer Kommentar zum Dekret über den Ökumenismus *Unitatis Redintegratio*. In: *Hünermann/Hilberath*, HThKVK III, 69–223 [zitiert: *Hilberath*, Kommentar].

Ders., Das Zweite Vatikanische Konzil – eine verfassungsgebende Versammlung? In: *Böttigheimer*, Konzil, 140–156 [zitiert: *Hilberath*, Versammlung].

Hilkert, Mary Catherine, Edward Schillebeeckx, OP (1914–). Encountering God in a Secular and Suffering World. In: Theology Today 62 (2005) 376–387 [zitiert: *Hilkert*, Encountering].

Dies., Hermeneutics of History in the Theology of Edward Schillebeeckx. In: Thomist 51 (1987) 97–145 [zitiert: *Hilkert*, Hermeneutics].

Dies./Schreiter, Robert, Hgg., The Praxis of the Reign of God. New York 22002.

Hilpert, Konrad, Die Sorge für den Frieden als Element der kirchlichen Sendung und die Rolle der Menschenrechte. In: *Tück*, Erinnerung, 651–669 [zitiert: *Hilpert*, Sorge].

Hintersteiner, Norbert, Evangelii Traditio: Christlicher Glaube in interreligiöser Bezeugung. Die Lehre von der Einzigkeit und Heilsuniversalität Jesu Christi und der Kirche entlang der Dupuis-Notifikation. In: SaThZ 16 (2012) 328–373 [zitiert: *Hintersteiner*, Evangelii].

Hinze, Bradford E., A Decade of Disciplining Theologians. In: *Gaillardetz*, Magisterium, 3–39 [zitiert: *Hinze*, Decade].

Hock, Klaus, Einführung in die Interkulturelle Theologie. Darmstadt 2011 [zitiert: *Hock*, Einführung].

Hoff, Gregor Maria, Ekklesiologie. In: *Marschler*, Thomas/*Schärtl*, Thomas, Hgg., Dogmatik heute. Bestandsaufnahme und Perspektiven. Regensburg 2014, 431–466 [zitiert: *Hoff*, Ekklesiologie].

Ders., Gegen den Uhrzeigersinn. Ekklesiologie kirchlicher Gegenwarten. Paderborn 2018 [zitiert: *Hoff*, Uhrzeigersinn].

Ders., Im Raum der Differenzen. Marginalie einer Theologie des Katholischen. In: Stichproben: Theologische Inversionen. Salzburger Aufsätze. Innsbruck – Wien 2010, 168–174 [zitiert: *Hoff*, Raum].

Ders., Offenbarungen Gottes? Eine theologische Problemgeschichte. Regensburg 2007 [zitiert: *Hoff*, Offenbarungen].

Ders., Ökumenische Passagen – zwischen Identität und Differenz. Innsbruck – Wien 2005 [zitiert: *Hoff*, Passagen].

Ders., Religionsgespenster. Versuch über den religiösen Schock. Paderborn 2017 [zitiert: *Hoff*, Religionsgespenster].

Höhn, Hans-Joachim, Das Lehramt der Theologie und die Theologie des Lehramtes. Warum es dem Glauben dient, sich der Vernunft auszusetzen. In: *Leven*, Theologie, 179–198 [zitiert: *Höhn*, Lehramt].

Hoornaert, Eduardo, Los evangelios y las fórmulas de los concilios antiguos: texto y contexto. In: *Vigil*, cruz, 135–140, e-Publikation: www.servicioskoinonia.org/LibrosDigitales [zitiert: *Hoornaert*, evangelios].

Hoping, Helmut, Theologischer Kommentar zur Dogmatischen Konstitution über die göttliche Offenbarung *Dei Verbum*. In: *Hünermann/Hilberath*, HThKVK III, 695–831 [zitiert: *Hoping*, Kommentar].

Hoskins, Gregory/*Boeve*, Lieven, An Interview with Lieven Boeve »Recontextualizing the Christian Narrative in a Postmodern Context«. In: Journal of Philosophy and Scripture 3 (2008) 31–37 [zitiert: *Hoskins/Boeve*, Interview].

Hübner, Siegfried, Atheismus in der Sicht des Zweiten Vatikanischen Konzils. In: ThPQ 134 (1986) 338–341 [zitiert: *Hübner*, Atheismus].

Hughson, Thomas, Interpreting Vatican II: »A New Pentecost«. In: Theological Studies 69 (2008) 3–37 [zitiert: *Hughson*, Interpreting].

Hünermann, Peter, »Der Text«. Werden-Gestalt-Bedeutung. Eine hermeneutische Reflexion. In: *Hünermann/Hilberath*, HThKVK V, 5–101 [zitiert: *Hünermann*, Text].

Ders., … in mundo huius temporis … Die Bedeutung des Zweiten Vatikanischen Konzils im kulturellen Transformationsprozess der Gegenwart: Das Textcorpus des Zweiten Vatikanischen Konzils ist ein konstitutioneller Text des Glaubens. In: *Tück*, Erinnerung, 40–62 [zitiert: *Hünermann*, Bedeutung].

Ders., Die Frage nach Gott und der Gerechtigkeit. Eine kritische dogmatische Reflexion auf die Pastoralkonstitution. In: *Fuchs/Lienkamp*, Visionen, 123–143 [zitiert: *Hünermann*, Frage].

Ders., Die Freiheit der Wissenschaft – die Theologie und das römische Magisterium. In: Conc 51 (2015) 618–623 [zitiert: *Hünermann*, Freiheit].

Ders., Kriterien für die Rezeption des II. Vatikanischen Konzils. In: ThQ 191 (2011) 126–147 [zitiert: *Hünermann*, Kriterien].

Ders., Die letzten Wochen des Konzils. In: *Alberigo*, Geschichte V, 423–558 [zitiert: *Hünermann*, Wochen].

Ders., Moderne Qualitätssicherung? Der Fall *Jon Sobrino* ist eine Anfrage an die Arbeit der Glaubenskongregation. In: *Wenzel*, Freiheit, 51–58 [zitiert: *Hünermann*, Qualitätssicherung].

Ders., Quo vadis? Au sujet de l'importance du concile Vatican II pour L'Église, l'œcuménisme et la société aujourd'hui. In: RSR 100 (2012) 27–44 [zitiert: *Hünermann*, Quo vadis?].

Ders., Sprache des Glaubens – Sprache des Lehramts – Sprache der Theologie. Eine geschichtliche Orientierung. Freiburg i. Br. u. a. 2016, QD 274 [zitiert: *Hünermann*, Sprache].

Ders., Verbindlichkeit kirchlicher Lehre und Freiheit der Theologie. In: ThQ 187 (2007) 21–36 [zitiert: *Hünermann*, Verbindlichkeit].

Ders., Die zentralen theologischen Aussagen des Konzils. In: *Ansorge*, Konzil, 23–51 [zitiert: *Hünermann*, Aussagen].

Ders./Hilberath, Bernd Jochen, Hgg., Herders Theologischer Kommentar zum Zweiten Vatikanischen Konzil. III. Kommentare. Freiburg i. Br. 2005.

Dies., Hgg., Herders Theologischer Kommentar zum Zweiten Vatikanischen Konzil. V. Die Dokumente des Zweiten Vatikanischen Konzils: Theologische Zusammenschau und Perspektiven. Freiburg i. Br. u. a. 2005.

Hunt, Anne, Back to a Way Forward: Jacques Dupuis' Trinitarian Christology and the Invisible Missions of the Word and Spirit. In: Pacifica (2006) 125–143 [zitiert: *Hunt*, Back].

Iafrate, Michael J., The *Totus Christus* and the Crucified People: Re-Reading Augustine's Christology from Below with the Salvadoran Jesuits. In: Journal of Postcolonial Theory and Theology 2/4 (2011) 1–49 [zitiert: *Iafrate*, Totus Christus].

Iammarrone, Luigi, Cristologia e antropologia nel pensiero di Edward Schillebeeckx. In: Aquinas 30 (1987) 213–247 [zitiert: *Iammarrone*, Cristologia].

Ders., La cristologia di E. Schillebeeckx. Parte prima. In: Renovatio (Genova) 18 (1983) 169–208 [zitiert: *Iammarrone*, cristologia 2].

Ders., La cristologia di E. Schillebeeckx. Parte Seconda. In: Renovatio (Genova) 18 (1983) 329–383 [zitiert: *Iammarrone*, cristologia 3].

Ders., La cristologia di Schillebeeckx. Genua 1985 [zitiert: *Iammarrone*, cristologia di Schillebeeckx].

Iersel, Bas van, Wie fair war das Kolloquium mit Schillebeeckx? In: Orientierung 44 (1980) 42–45 [zitiert: *van Iersel*, Kolloquium].

Internationale Theologische Kommission, Lehramt und Theologie. (URL: http://www.vatican.va/roman_curia/congregations/cfaith/cti_documents/rc_cti_1975_magistero-teologia_ge.html) – Zugriff am 8.2.2018 [zitiert: *Internationale Theologische Kommission*, Lehramt und Theologie].

Irarrázaval, Diego, Volksreligion. In: *Ellacuría/Sobrino*, Mysterium, 975–1009 [zitiert: *Irarrázaval*, Volksreligion].

Iwashima, Tadahiko, Menschheitsgeschichte und Heilserfahrung. Die Theologie von Edward Schillebeeckx als methodisch reflektierte Soteriologie. Düsseldorf 1982 [zitiert: *Iwashima*, Menschheitsgeschichte].

Jeremias, Joachim, Neutestamentliche Theologie. Teil I: Die Verkündigung Jesu. Gütersloh ^{2}1973 [zitiert: *Jeremias*, Theologie].

Johannes XXIII., Ansprache anlässlich der feierlichen Eröffnung des Zweiten Vatikanischen Konzils am 11. Oktober 1962. In: *Hünermann/Hilberath*, HThKVK V, 482–490 [zitiert: *Johannes XXIII.*, Eröffnungsansprache].

Ders., Rundfunkbotschaft vom 11. September 1962. In: *Hünermann/Hilberath*, HThKVK V, 476–481 [zitiert: *Johannes XXIII.*, Rundfunkbotschaft].

Johnson, Keith, Does the Doctrine of the Trinity Hold the Key to a Christian Theology of Religions? An Evaluation of Three Recent Proposals. In: Southern Baptist Journal of Theology 6 (2010) 24–47 [zitiert: *Johnson*, Doctrine].

Jospe, Raphael, Pluralismus aus den Quellen des Judentums: Auf der Suche nach religiösem Pluralismus ohne Relativismus. In: Jud. 64 (2008) 257–302 [zitiert: *Jospe*, Pluralismus].

Jüngel, Eberhard, Das Opfer Jesu Christi als sacramentum et exemplum. Was bedeutet das Opfer Christi für den Beitrag der Kirchen zur Lebensbewältigung und Lebensgestaltung? In: Wertlose Wahrheit. München 1990, 261–282 [zitiert: *Jüngel*, Opfer].

Justaert, Kristien, Cartographies of Experience: Rethinking the Method of Liberation Theology. In: Horizons 42 (2015) 237–261 [zitiert: *Justaert*, Cartographies].

Kahle, Günther, Hg., Lateinamerika-PLOETZ. Geschichte der lateinamerikanischen Staaten zum Nachschlagen. Würzburg 21993 [zitiert: *Kahle*, Lateinamerika-PLOETZ].

Kaiser, Robert Blair, Dupuis Profile. In: *Kendall/O'Collins*, Ways, 222–229 [zitiert: *Kaiser*, Profile].

Kaplan, Grant, Vatican II as a Constitutional Text of Faith. In: Horizons 41 (2014) 1–21 [zitiert: *Kaplan*, Vatican II].

Kasper, Walter, Erneuerung aus dem Ursprung. Zu Interpretation und Rezeption des II. Vatikanischen Konzils. In: IkaZ 41 (2012) 588–602 [zitiert: *Kasper*, Erneuerung].

Ders., Freiheit des Evangeliums und dogmatische Bindung in der katholischen Theologie. Grundlagenüberlegungen zur Unfehlbarkeitsdebatte. In: *Kern*, Theologie, 201–233 [zitiert: *Kasper*, Freiheit].

Ders., Jesus der Christus. Mainz 91984 [zitiert: *Kasper*, Jesus].

Ders., Munus sanctificandi. Ministros en las comunidades indígenas y el derech de acceso. (URL: facebook.com/notes/red-eclesial-panamazónica/munus-santificandi-ministros-en-las-comunidades-indígenas-y-el-derecho-de-acceso/1912348042199177) – Zugriff am 1.08.2019 [zitiert: *Kasper*, Munus sanctificandi].

Ders., Das Verhältnis von Universalkirche und Ortskirche. Freundschaftliche Auseinandersetzung mit der Kritik von Joseph Kardinal Ratzinger. In: StZ 218 (2000) 795–804 [zitiert: *Kasper*, Verhältnis].

Ders., Wege der Einheit. Perspektiven für die Ökumene. Freiburg i. Br. u. a. 2005 [zitiert: *Kasper*, Wege].

Ders., Zur Theologie und Praxis des bischöflichen Amtes. In: *Schreer*, Werner/*Steins*, Georg, Hgg., Auf neue Art Kirche sein. Wirklichkeiten – Herausforderungen – Wandlungen. FS Homeyer. München 1999, 32–48 [zitiert: *Kasper*, Theologie].

Kasper, Walter Kardinal, Der »Streit der Kardinäle« – neu aufgelegt. Eine Zumutung, die man sich nicht bieten lassen kann. In: StZ 232 (2014) 119–123 [zitiert: *Kasper*, »Streit der Kardinäle«].

Kaufmann, Franz-Xaver, Nachhaltiger Perspektivenwechsel. Zur Aktualität von *Gaudium et spes*. In: *Overbeck*, Freude, 81–102 [zitiert: *Kaufmann*, Perspektivenwechsel].

Kaufmann, Ludwig/*Iersel*, Bas van, Schillebeeckx, der dritte »Fall«. In: Orientierung 49 (1985) 19–22 [zitiert: *Kaufmann/van Iersel*, Schillebeeckx].

Kaufmann, Ludwig/*Klein*, Nikolaus, Johannes XXIII. Prophetie im Vermächtnis. Fribourg 1990 [zitiert: *Kaufmann/Klein*, Johannes XXIII.].

Keel, Othmar, Die Geschichte Jerusalems und die Entstehung des Monotheismus. 2 Bde. Göttingen 2007 [zitiert: *Keel*, Geschichte].

Kehl, Medard, Der Disput der Kardinäle. Zum Verhältnis von Universalkirche und Ortskirchen. In: StZ 221 (2003) 219–232 [zitiert: *Kehl*, Disput].

Ders., Die eine Kirche und die vielen Kirchen. In: StZ 219 (2001) 3–16 [zitiert: *Kehl*, Kirchen].

Kelly, Thomas, A Church Rooted in Mercy. In: *Pope*, Hope, 155–170 [zitiert: *Kelly*, Church].

Kendall, Daniel/*O'Collins*, Gerald, Hgg., In Many and Diverse Ways. In Honor of Jacques Dupuis. Maryknoll 2003.

Kennedy, Philip, Continuity underlying Discontinuity: Schillebeeck's Philosophical Background. In: New Blackfriars 70 (1989) 264–277 [zitiert: *Kennedy*, Continuity].

Ders., Deus Humanissimus. The Knowability of God in the Theology of Edward Schillebeeckx. Fribourg 1993 [zitiert: *Kennedy*, Deus].

Ders., Edward Schillebeeckx. Die Geschichte von der Menschlichkeit Gottes. Mainz 1994 [zitiert: *Kennedy*, Schillebeeckx].

Ders., God and Creation. In: *Hilkert/Schreiter*, Praxis, 37–58 [zitiert: *Kennedy*, God].

Kern, Bruno, Theologie im Horizont des Marxismus. Zur Geschichte der Marxismusrezeption in der lateinamerikanischen Theologie der Befreiung. Mainz 1992 [zitiert: *Kern*, Theologie].

Kern, Walter, Hg., Die Theologie und das Lehramt. Freiburg i. Br. u. a. 1982, QD 91.

Kessler, Hans, Sucht den Lebenden nicht bei den Toten: Die Auferstehung Jesu Christi in biblischer, fundamentaltheologischer und systematischer Sicht. Würzburg Erw. Neuausg 2002 [zitiert: *Kessler*, Lebenden].

Keßler, Tobias, Kann denn aus Nazaret etwas Gutes kommen? Perichoretisch-kenotische Entgrenzung als Paradigma des Verhältnisses zwischen zugewanderten und einheimischen Katholiken. Regensburg 2018, Weltkirche und Mission 9 [zitiert: *Keßler*, Nazaret].

Kim, Sung Ryul, Gott in und über den Religionen. Auseinandersetzung mit der »pluralistischen Religionstheologie« und das Problem des Synkretismus. Zürich 2010 [zitiert: *Kim*, Gott].

Kirschner, Martin, Hg., Dialog und Konflikt. Erkundungen zu Orten theologischer Erkenntnis. Ostfildern 2017.

Ders., I. Dialog und Konflikt. Zur Zielsetzung dieses Buches. In: *Kirschner*, Dialog, 7–13 [zitiert: *Kirschner*, Zielsetzung].

Ders., Die Projektidee in ihrer Entwicklung. Problemstellung – Umsetzung – Ergebnisse. In: *Kirschner*, Dialog, 17–33 [zitiert: *Kirschner*, Projektidee].

Ders., Theologie in der Dynamik des je größeren Gottes. Überlegungen zu einer »guten Theologie«. In: *Kirschner*, Dialog, 175–189 [zitiert: *Kirschner*, Theologie].

Klein, Laurentius, Theologische Alternative zur Konsensökumene. In: ThQ 166 (1986) 268–278 [zitiert: *Klein*, Alternative].

Klein, Nikolaus, »Der Gekreuzigte ist der Auferstandene«. Zu Jon Sobrinos »Der Glaube an Jesus Christus«. In: Orientierung 73 (2009) 226–228 [zitiert: *Klein*, Gekreuzigte].

Ders., Der Glaube Jesu von Nazaret. Zur römischen *Notificatio* über Jon Sobrinos Christologie. In: Orientierung 71 (2007) 77–81 [zitiert: *Klein*, Glaube].

Ders., Johannes XXIII. und das Projekt für ein Konzil. In: ThGl 102 (2012) 474–487 [zitiert: *Klein*, Johannes XXIII.].

Klinger, Elmar, Armut. Eine Herausforderung Gottes. Der Glaube des Konzils und die Befreiung des Menschen. Zürich 1990 [zitiert: *Klinger*, Armut].

Ders., Die dogmatische Konstitution über die Kirche »Lumen gentium«. In: *Bischof*, Franz Xaver/*Leimgruber*, Stephan, Hgg., Vierzig Jahre II. Vatikanum. Zur Wirkungsgeschichte der Konzilstexte. Würzburg 2005, 73–97 [zitiert: *Klinger*, Konstitution].

Ders., Der Glaube des Konzils. Ein dogmatischer Fortschritt. In: *Klinger*, Elmar/*Wittstadt*, Klaus, Hgg., Glaube im Prozeß. Christsein nach dem II. Vatikanum. Freiburg i. Br. 1984, 615–626 [zitiert: *Klinger*, Glaube].

Ders., Kirche – die Praxis des Volkes Gottes. In: *Fuchs/Lienkamp*, Visionen, 73–83 [zitiert: *Klinger*, Kirche].

Ders., Theologische Diskussion. Das Zweite Vatikanum im Diskurs. In: ThG 54 (2011) 295–307 [zitiert: *Klinger*, Diskussion].

Ders., Das Zweite Vatikanische Konzil als ein Gesamtentwurf. Der Plan von Kardinal Suenens. In: *Hierold*, Alfred, Hg., Die Kraft der Hoffnung. Gemeinde und Evangelium. FS Schneider. Bamberg 1986, 142–150 [zitiert: *Klinger*, Gesamtentwurf].

Knitter, Paul F., No Other *Name*? A Critical Survey of Christian Attitudes to World Religions. Maryknoll 1985 [zitiert: *Knitter*, Name].

Knop, Julia, Dem Christsein Gestalt geben. Weichenstellungen des Pastoralkonzils. In: MThZ 63 (2012) 294–307 [zitiert: *Knop*, Christsein].

Dies., Hermeneutik der Reform – Reform der Hermeneutik. Über Fortschritt und Erneuerung in kirchlicher Überlieferung. In: IkaZ 46 (2017) 255–267 [zitiert: *Knop*, Hermeneutik].

Dies./Loffeld, Jan, Hgg., Ganz familiär. Die Bischofssynode 2014/2015 in der Debatte. Regensburg 2016 [zitiert: *Knop/Loffeld*, Bischofssynode].

Koch, Anton Friedrich, Versuch über Wahrheit und Zeit. Paderborn 2006 [zitiert: *Koch*, Versuch].

Kolfhaus, Florian, Pastorale Lehrverkündigung – Grundmotiv des Zweiten Vatikanischen Konzils. Untersuchungen zu »Unitatis Redintegratio«, »Dignitatis Humanae« und »Nostra Aetate«. Münster u. a. 2010 [zitiert: *Kolfhaus*, Lehrverkündigung].

Kommission für die religiösen Beziehungen zum Judentum, »Denn unwiderruflich sind Gnade und Berufung, die Gott gewährt« (Röm 11,29). Reflexionen zu theologischen Fragestellungen in den katholisch-jüdischen Beziehungen aus Anlass des 50-jährigen Jubiläums von *Nostra aetate*. Bonn 2016 [zitiert: *Kommission*, Reflexionen].

Komonchak, Joseph A., Augustine, Aquinas or the Gospel *sine glossa*? Divisions over *Gaudium et spes*. In: *Ivereigh*, Austen, Hg., Unfinished Journey. The Church 40 Years after Vatican II. New York/London 2003, 102–118 [zitiert: *Komonchak*, Augustine].

Ders., Thomism and the Second Vatican Council. In: *Cernera*, Anthony J., Hg., Continuity and Plurality in Catholic Theology. Essays in Honor of Gerald A. McCool S.J. Fairfield 1998, 53–73 [zitiert: *Komonchak*, Thomism].

Kongregation für die Glaubenslehre, Brief an Pater Edward Schillebeeckx OP (13. Juni 1984). (URL: http://www.vatican.va/roman_curia//congregations/cfaith/documents/rc_con_cfaith_doc_19840613_schillebeeckx_ge.html) – Zugriff am 22.03.2014 [zitiert: *Kongregation für die Glaubenslehre*, Brief Schillebeeckx Amt].

Dies., Elenco di proposizioni erronee e pericolose rilevate nei volumi *Jesucristo liberador e La fe en Jesucristo* del P. Jon Sobrino S.I. Rom Juli 2004, Archivnummer 38/76. Kopie [zitiert: *Kongregation für die Glaubenslehre*, Elenco].

Dies., Erklärende Note zur Notifikation zu den Werken von P. Jon Sobrino S.J. (URL: http://www.vatican.va/roman_curia/congregations/cfaith/documents/rc_con_cfaith_doc_20061126_nota-sobrino_ge.html) – Zugriff am 12.2.2015 [zitiert: *Kongregation für die Glaubenslehre*, Erklärende Note].

Dies., Erklärung »Mysterium ecclesiae« zur katholischen Lehre über die Kirche und ihre Verteidigung gegen einige Irrtümer von heute. Herausgegeben, eingeleitet und kommentiert von Karl Lehmann. Trier 1975 [zitiert: *Kongregation Glaubenslehre*, Mysterium ecclesiae].

Dies., Evaluation of the Answers given by Father Schillebeeckx to the questions of the Congregation for the Doctrine of the Faith on his book *Jesus: An Experiment in Christology*. In: *Schoof*, Case, 75–107 [zitiert: *Kongregation für die Glaubenslehre*, Evaluation].

Dies., Instruktion der Kongregation für die Glaubenslehre über die christliche Freiheit und Befreiung. Bonn 1986, VApS 70 [zitiert: *Kongregation für die Glaubenslehre*, Instruktion Freiheit].

Dies., Instruktion der Kongregation für die Glaubenslehre über einige Aspekte der »Theologie der Befreiung«. Bonn 1984, VApS 57 [zitiert: *Kongregation für die Glaubenslehre*, Instruktion Aspekte].

Kongregation für die Glaubenslehre, Instruktion über die kirchliche Berufung des Theologen. Bonn 1990, VApS 98 [zitiert: *Kongregation für die Glaubenslehre*, Instruktion Theologen].

Dies., Kommentar zur Notifikation der Kongregation für die Glaubenslehre in Bezug auf das Buch von J. Dupuis: »Verso una teologia cristiana del pluralismo religioso«. (URL: http://www.vatican.va/roman_curia/congregations/cfaith/documents/rc_con_cfaith_doc_20010312_dupuis-2_ge.html) – Zugriff am 24.3.2014 [zitiert: *Kongregation für die Glaubenslehre*, Kommentar Notifikation Dupuis].

Dies., Notifikation über die Schriften von P. Anthony de Mello SJ. (URL: http://www.vatican.va/roman_curia/congregations/cfaith/documents/rc_con_cfaith_doc_19980624_demello_ge.html) – Zugriff am 12.2.2015 [zitiert: *Kongregation für die Glaubenslehre*, Notifikation de Mello].

Dies., Notifikation zu den Werken von P. Jon Sobrino S.J.: *Jesucristo liberador. Lectura histórico-teológica de Jesús de Nazaret (Madrid, 1991) e La fe en Jesucristo. Ensayo desde las víctimas (San Salvador, 1999)*. (URL: www.vatican.va/roman_curia/congregations/cfaith/documents/rc_con_cfaith_doc_20061126_notification-sobrino_ge.html) – Zugriff am 12.2.2015 [zitiert: *Kongregation für die Glaubenslehre*, Notifikation Sobrino].

Dies., Notifikation zu einem Buch von Prof. Edward Schillebeeckx. (URL: http://www.vatican.va/roman_curia//congregations/cfaith/documents/rc_con_cfaith_doc_19860915_libro-schillebeeckx_ge.html) – Zugriff am 22.03.2014 [zitiert: *Kongregation für die Glaubenslehre*, Notifikation Schillebeeckx Amt].

Dies., Questions on the book *Jesus: An Experiment in Christology* addressed to the Reverend Edward Schillebeeckx, O.P. by the Congregation for the Doctrine of the Faith. In: *Schoof*, Case, 18–39 [zitiert: *Kongregation für die Glaubenslehre*, Questions].

Dies., Schreiben an P.E. Schillebeeckx bezüglich seiner Positionen zur Lehre über Christus. (URL: http://www.vatican.va/roman_curia/congregations/cfaith/documents/rc_con_cfaith_doc_19801120_schillebeeckx_ge.html) – Zugriff am 12.2.2015 [zitiert: *Kongregation für die Glaubenslehre*, Schreiben Schillebeeckx Christologie].

Dies., Notifikation bezüglich des Buches von Jacques Dupuis *Unterwegs zu einer christlichen Theologie des religiösen Pluralismus*. 24. Januar 2001. In: Unterwegs zu einer christlichen Theologie des religiösen Pluralismus. Innsbruck 2010, 589–593 [zitiert: *Kongregation für die Glaubenslehre*, Notifikation Dupuis].

Dies./Schillebeeckx, Edward, Conversation between the Sacred Congregation for the Doctrine of the Faith and Reverend Father Edward Schillebeeckx. December 13-15, 1979. In: *Schoof*, Case, 118–134 [zitiert: *Kongregation für die Glaubenslehre/Schillebeeckx*, Conversation].

König, Franz, Let the Spirit Breathe. In: *Kendall/O'Collins*, Ways, 14–17 [zitiert: *König*, Spirit].

Konings, Johan, Die neue Art der Bibellektüre in Lateinamerika nach dem II. Vatikanum. In: *Fornet-Betancourt*, Befreiungstheologie 3, 62–69 [zitiert: *Konings*, Art].

Körner, Bernhard, Melchior Cano. De locis theologicis. Ein Beitrag zur Theologischen Erkenntnislehre. Graz 1994 [zitiert: *Körner*, Cano].

Kosnik, Anthony, Hg., Human Sexuality. New Directions in American Catholic Thought. A Study. New York 1977 [zitiert: *Kosnik*, Sexuality].

Krämer, Klaus, Inkulturation und Offenbarung. In: *Krämer/Vellguth*, Inkulturation, 92–105 [zitiert: *Krämer*, Inkulturation].

Ders./Vellguth, Klaus, Hgg., Evangelisierung. Die Freude des Evangeliums miteinander teilen. Freiburg i. Br. u. a. 2015, ThEW 9.

Dies., Hgg., Inkulturation. Gottes Gegenwart in den Kulturen. Freiburg i. Br. u. a. 2017, ThEW 12.

Kreutzer, Ansgar, Kritische Zeitgenossenschaft. Die Pastoralkonstitution *Gaudium et spes* modernisierungstheoretisch gedeutet und systematisch-theologisch entfaltet. Innsbruck – Wien 2006 [zitiert: *Kreutzer*, Zeitgenossenschaft].

Krochmalnik, Daniel, In unserer Zeit – *Nostra aetate* jüdisch gelesen. In: *Ansorge*, Konzil, 246–260 [zitiert: *Krochmalnik*, Nostra aetate].

Kruck, Günter/*Valentin*, Joachim, Hgg., Rationalitätstypen in der Theologie. Freiburg i. Br. u. a. 2017, QD 285 [zitiert: *Kruck/Valentin*, Rationalitätstypen].

Kuikman, Jacoba, Christology in the Context of Jewish-Christian relations. Unresolved Issues and the Theology of Edward Schillebeeckx. In: Toronto journal of theology 7 (1991) 76–91 [zitiert: *Kuikman*, Christology].

Küster, Volker, Einführung in die interkulturelle Theologie. Göttingen 2011 [zitiert: *Küster*, Einführung].

Labbé, Yves, La théologie des religions entre création et révélation: Jacques Dupuis et Christoph Theobald. In: NRT 126 (2004) 106–129 [zitiert: *Labbé*, théologie].

Lamb, Matthew L./*Levering*, Matthew, Introduction. In: *Lamb/Levering*, Vatican II, 3–22 [zitiert: *Lamb/Levering*, Introduction].

Dies., Hgg., Vatican II. Renewal within Tradition. New York 2008.

Lamla, Jörn, Die Konflikttheorie als Gesellschaftstheorie. In: *Bonacker*, Konflikttheorien, 207–229 [zitiert: *Lamla*, Konflikttheorie].

Langthaler, Rudolf, Würdigung und Kritik des neuzeitlichen Atheismus in *Gaudium et spes*. In: *Tück*, Erinnerung, 635–650 [zitiert: *Langthaler*, Würdigung].

Lassak, Sandra/*Weiler*, Birgit/*Gmainer-Pranzl*, Franz, Hgg., Theologie der Befreiung auf neuen Wegen. Impulse – Transformationen – gegenwärtige Herausforderungen. Innsbruck 2017 [zitiert: *Lassak/Weiler/Gmainer-Pranzl*, Theologie].

Lassalle-Klein, Robert, Blood and Ink. Ignacio Ellacuría, Jon Sobrino, and the Jesuit Martyrs of the University of Central America. Maryknoll 2014 [zitiert: *Lassalle-Klein*, Blood].

Ders., The Body of Christ: The Claim of the Crucified People on U.S. Theology and Ethics. In: JHLT 5 (1998) 48–77 [zitiert: *Lassalle-Klein*, Body].

Ders., Jesus of Galilee and the Crucified People: The Contextual Christology of Jon Sobrino and Ignacio Ellacuría. In: Theological Studies 70 (2009) 347–376 [zitiert: *Lassalle-Klein*, Jesus].

Lateinamerikanischer Episkopat, Hg., Dokumente von Medellín. Sämtliche Beschlüsse der II. Generalversammlung des Lateinamerikanischen Episkopats, Medellín, 24.8.–6.9.1968. Essen 1972 [zitiert: *CELAM*, Dokumente Medellín].

Ders., Die Evangelisierung Lateinamerikas in Gegenwart und Zukunft. Dokument der III. Generalkonferenz des lateinamerikanischen Episkopats in Puebla. Bonn 1979 [zitiert: *CELAM*, Evangelisierung].

Lee, Michael E., Bearing the Weight of Salvation. The Soteriology of Ignacio Ellacuría. New York 2009 [zitiert: *Lee*, Weight].

Legenhausen, Hajj Muhammad, Appreciating Muslim and Christian Christologies. In: *von Stosch/Khorchide*, Streit, 59–79 [zitiert: *Legenhausen*, Christologies].

Lehmann, Karl Kardinal, Konzil als Prozess. Das Zweite Vatikanum und seine Wirkungsgeschichte. In: *Overbeck*, Freude, 19–79 [zitiert: *Lehmann*, Konzil].

Leidinger, Miriam, Verletzbarkeit gestalten. Regensburg 2018 [zitiert: *Leidinger*, Verletzbarkeit].

Lengerke, Georg von, Die Begegnung mit Christus im Armen. Würzburg 2007 [zitiert: *von Lengerke*, Begegnung].

Leuenberger, Martin, Gott in Bewegung. Religions- und theologiegeschichtliche Beiträge zu Gottesvorstellungen im alten Israel. Tübingen 2011 [zitiert: *Leuenberger*, Gott].

Ders., Jhwh, »der Gott Jerusalems« (Inschrift aus Hirbet Bet Layy 1,2). Konturen der Jerusalemer Tempeltheologie aus religions- und theologiegeschichtlicher Perspektive. In: EvTh 74 (2014) 245–260 [zitiert: *Leuenberger*, Jhwh].

Leven, Benjamin, Hg., Unabhängige Theologie. Gefahr für Glaube und Kirche? Freiburg i. Br. u. a. 2016 [zitiert: *Leven*, Theologie].

Libanio, Joâo, 25 Jahre Theologie der Befreiung: Ein Überblick über die Entwicklungen in der systematischen Theologie und Spiritualität. In: *Fornet-Betancourt*, Befreiungstheologie 3, 31–61 [zitiert: *Libanio*, Theologie].

Lichtblau, Klaus, Zur Aktualität von Georg Simmel. Einführung in sein Werk. Wiesbaden 22019 [zitiert: *Lichtblau*, Aktualität].

Lindemann, Andreas, »... und trieb alle aus dem Tempel hinaus« (Joh 2,15). Gewalt und Gewaltlosigkeit im Jesusbild der Evangelien. In: Glauben, handeln, verstehen. Studien zur Auslegung des Neuen Testaments. Bd. II. Tübingen 2011, 194–225 [zitiert: *Lindemann*, Gewalt].

Link, Christian, Die Entscheidung der Christologie Calvins und ihre theologische Bedeutung. Das sogenannte Extra-Calvinisticum. In: EvTh 47 (1987) 97–119 [zitiert: *Link*, Entscheidung].

Loewe, William, Interpreting the Notification. Christological Issues. In: *Pope*, Hope, 143–152 [zitiert: *Loewe*, Interpreting].

Löffler, Alexander, Religionstheologie auf dem Prüfstand. Jacques Dupuis im Dialog mit dem Zen-Meister Thich Nhat Hanh und dem Dalai Lama. Würzburg 2010 [zitiert: *Löffler*, Religionstheologie].

Ders., Theologie im Grenzbereich von Inklusivismus und Pluralismus. Zu Jacques Dupuis' christlicher Theologie des religiösen Pluralismus. In: ZKTh 126 (2004) 415–442 [zitiert: *Löffler*, Theologie].

Lohmayer, Jürgen, Frege, Popper und die Theologie. Objektive Erkenntnis bei Jon Sobrino. Frankfurt a. M. u. a. 2005 [zitiert: *Lohmayer*, Frege].

Loiero, Salvatore, »… damit keiner zugrunde gehe«. Zur Notwendigkeit und Bedeutung einer existentiellen Christologie in der fortgeschrittenen Moderne im Anschluss an Karl Rahner und Edward Schillebeeckx. Innsbruck – Wien 2005 [zitiert: *Loiero*, »… damit keiner zugrunde gehe«].

Löser, Werner, Christologie zwischen kirchlichem Glauben und modernem Bewußtsein. V. Rezension zu: Schillebeeckx, Jesus. In: ThPh 51 (1976) 257–266 [zitiert: *Löser*, Christologie].

Ders., Das Ökumenismusdekret *Unitatis redintegratio* und sein Rückhalt in der Konstitution *Lumen gentium*. In: *Ansorge*, Konzil, 141–159 [zitiert: *Löser*, Ökumenismusdekret].

Luciani, Rafael, La práctica histórica de Jesús *como norma normans, non normata*. Criterios hermenéuticos para comprender la cristología de Jon Sobrino. In: ITER 21 (2010) 13–30 [zitiert: *Luciani*, práctica].

Lüdecke, Norbert, Humanae Vitae. In: *Markschies*, Christoph/*Wolf*, Hubert, Hgg., Erinnerungsorte des Christentums. München 2010, 534–546 [zitiert: *Lüdecke*, Humanae Vitae].

Lugmayr, Martin, Dogmatisch oder pastoral? Zur Frage nach der Autorität des Zweiten Vatikanischen Konzils. In: Theologisches 35 (2005) 781–788 [zitiert: *Lugmayr*, Dogmatisch].

Lüning, Peter, Der Mensch im Angesicht des Gekreuzigten. Untersuchungen zum Kreuzesverständnis von Erich Przywara, Karl Rahner, Jon Sobrino und Hans Urs von Balthasar. Münster 2007 [zitiert: *Lüning*, Mensch].

Maas, Frans, Stem & stilte. In: Tijdschrift voor Theologie 50 (2010) 51–72 [zitiert: *Maas*, Stem].

Maier, Martin, Die Option für die Armen. In: IkaZ 44 (2015) 600–609 [zitiert: *Maier*, Option].

Ders., Teología del pueblo crucificado. En el 70o aniversario de Jon Sobrino. In: Revista Latinoamericana de Teología 25 (2008) 279–293 [zitiert: *Maier*, Teología].

Ders., Theologie des gekreuzigten Volkes. Der Entwurf einer Theologie der Befreiung von Ignacio Ellacuría und Jon Sobrino. Diss. masch. Innsbruck 1992 [zitiert: *Maier*, Theologie].

Ders., Zur Theologie der gekreuzigten Völker. In: *Hagedorn*, Klaus, Hg., Biotope der Ermutigung. 25 Jahre Hochschulpastoral in Oldenburg. Oldenburg 2008, 371–388 [zitiert: *Maier*, Theologie der gekreuzigten Völker].

Marchetto, Agostino, Das II. Vatikanische Konzil: Hermeneutische Tendenzen von 1990 bis heute. In: Theologisches 35 (2005) 754–766 [zitiert: *Marchetto*, Konzil].

Ders., Il concilio ecumenico Vaticano II. Contrappunto per la sua storia. Vatikan 2005 [zitiert: *Marchetto*, concilio].

Marschler, Thomas, Selbstverständnis und Ethos katholischer Theologie. In: *Leven*, Theologie, 55–73 [zitiert: *Marschler*, Selbstverständnis].

McDonnell, Kilian, The Ratzinger/Kasper Debate. The Universal Church and Local Churches. In: TS 63 (2002) 227–250 [zitiert: *McDonnell*, Debate].

McElwee, Joshua, Silence of Vaticans doctrinal congregation notable under Francis. (URL: https://www.ncronline.org/news/vatican/silence-vaticans-doctrinal-congregation-notable-under-francis) – Zugriff am 8.2.2018 [zitiert: *McElwee*, Silence].

McGovern, Arthur F., Liberation Theology and Its Critics. New York 1989 [zitiert: *McGovern*, Liberation Theology].

McGrath, Alister E., Soteriology. In: *McGrath*, Alister E., Hg., The Blackwell Encyclopedia of Modern Christian Thought. Oxford 1993, 616–626 [zitiert: *McGrath*, Soteriology].

McManus, Kathleen, Reconciling the Cross in the Theologies of Edward Schillebeeckx and Ivone Gebara. In: TS 66 (2005) 638–650 [zitiert: *McManus*, Reconciling].

Dies., Suffering in the Theology of Edward Schillebeeckx. In: TS 60 (1999) 476–491 [zitiert: *McManus*, Suffering].

Melloni, Alberto, Neue Notifikationen zu Werken von Reinhard Meßner, Jacques Dupuis und Marciano Vidal. In: Conc 38 (2002) 590–609 [zitiert: *Melloni*, Notifikationen].

Ménard, Camil, L'universalité du salut en Jésus le Christ d'après E. Schillebeeckx. In: Laval théologique et philosophique 50 (1994) 283–296 [zitiert: *Ménard*, L'universalité].

Menke, Karl-Heinz, Jesus ist Gott der Sohn. Denkformen und Brennpunkte der Christologie. Regensburg ^{3}2012 [zitiert: *Menke*, Jesus].

Merklein, Helmut, Jesu Botschaft von der Gottesherrschaft. Eine Skizze. Stuttgart ^{3}1989 [zitiert: *Merklein*, Botschaft].

Merrigan, Terrence, The Appeal to Yves Congar in Recent Catholic Theology of Religions. The Case of Jacques Dupuis. In: *Flynn*, Gabriel, Hg., Yves Congar. Theologian of the Church. Louvain 2005, 427–457 [zitiert: *Merrigan*, Appeal].

Ders., Exploring the Frontiers: Jacques Dupuis and the Movement »Toward a Christian Theology of Religious Pluralism«. In: Louvain Studies 23 (1998) 338–359 [zitiert: *Merrigan*, Exploring].

Ders., Jacques Dupuis and the Redefinition of Inclusivism. In: *Kendall/O'Collins*, Ways, 60–71 [zitiert: *Merrigan*, Dupuis].

Ders., Jacques Dupuis en de herdefiniering van den katholieke theologie van de godsdiensten. In: Collationes 33 (2003) 315–328 [zitiert: *Merrigan*, herdefiniering].

Mette, Norbert, Gaudium et spes – die Pastoralkonstitution und das Pastoralkonzil. In: MThZ 54 (2003) 114–126 [zitiert: *Mette*, Gaudium].

Metz, Johann Baptist, Im Aufbruch zu einer kulturell-polyzentrischen Weltkirche. In: ZMR 70 (1986) 140–153 [zitiert: *Metz*, Aufbruch].

Minch, Daniel, Eschatology and Theology of Hope. The Impact of *Gaudium et Spes* on the Thought of Edward Schillebeeckx. In: HeyJ 59 (2016) 273–285 [zitiert: *Minch*, Eschatology].

Moltmann, Jürgen, Der gekreuzigte Gott. Das Kreuz Christi als Grund und Kritik christlicher Theologie. München 1972 [zitiert: *Moltmann*, Gott].

Mosely, LaReine-Marie, Negative Contrast Experience: An Ignation Appraisal. In: Horizons 41 (2014) 74–95 [zitiert: *Mosely*, Experience].

Moss, Rodney, Some theological and canonical considerations concerning the relationship between the magisterium and catholic theologians. In: Grace & Truth 32 (2015) 68–79 [zitiert: *Moss*, considerations].

Müller, Gerhard Ludwig, Katholische Dogmatik. Für Studium und Praxis der Theologie. Freiburg i. Br. u. a. 2003 [zitiert: *Müller*, Dogmatik].

Muñoz, Ronaldo, La Notificación a Jon Sobrino. In: *Vigil*, cruz, 169–172, e-Publikation: www.servicioskoinonia.org/LibrosDigitales [zitiert: *Muñoz*, Notificación].

Mußner, Franz, Gab es eine galiläische Krise. In: *Hoffmann*, Paul, Hg., Orientierung an Jesus. Zur Theologie der Synoptiker. FS Schmid. Freiburg 1973, 238–252 [zitiert: *Mußner*, Krise].

Nacke, Stefan, Die Kirche der Weltgesellschaft. Das II. Vatikanische Konzil und die Globalisierung des Katholizismus. Wiesbaden 2010 [zitiert: *Nacke*, Kirche].

Nassehi, Armin, Gesellschaft der Gegenwarten. Studien zur Theorie der modernen Gesellschaft II. Berlin 2011 [zitiert: *Nassehi*, Gesellschaft].

Neuner, Peter, Lehramt und Theologie. In: *Böttigheimer/Dausner*, Vaticanum, 126–140 [zitiert: *Neuner*, Lehramt].

Noble, Tim, The Poor in Liberation Theology. Pathway to God or Ideological Construct? Sheffield and Bristol 2013 [zitiert: *Noble*, Poor].

Noguez Alcántara, Armando, Cristología y salvación en la obra *Jesucristo liberador. Lectura histórico-teológica de Jesús de Nazaret*, de J. Sobrino. In: Ribet 9 (2013) 9–39 [zitiert: *Noguez Alcántara*, Cristología].

Noronha, Albert, Trinity and the Plurality of Religions. Jacques Dupuis' Trinitarian Approach to Religious Pluralism. Diss. masch. Freiburg 2008. (URL: https://www.deutsche-digitale-bibliothek.de/binary/FIZ2TUS7GM37AEXGYC3UQHSVOOK5M7JN/full/1.pdf) – Zugriff am 15.9.2016 [zitiert: *Noronha*, Trinity].

Nutt, Roger W., An Office in Search of Its Ontology. Mediation and Trinitarian Christology in Jacques Dupuis' Theology of Religious Pluralism. In: Louvain Studies 32 (2007) 383–407 [zitiert: *Nutt*, Office].

O'Collins, Gerald, Christ and the Religions. In: Gregorianum 84 (2003) 347–362 [zitiert: *O'Collins*, Christ].

Ders., The Church and the Power of Prayer for »the Others«. In: Horizons 41 (2014) 211–229 [zitiert: *O'Collins*, Church].

Ders., Jacques Dupuis. His Person and Work. In: *Kendall/O'Collins*, Ways, 18–29 [zitiert: *O'Collins*, Jacques Dupuis].

Ders., Jacques Dupuis, S.J. (1923-2004): In Retrospect. In: VJTR 69 (2005) 449–459 [zitiert: *O'Collins*, Retrospect].

Ders., Jacques Dupuis: The Ongoing Debate. In: TS 74 (2013) 632–654 [zitiert: *O'Collins*, Debate].

Ders., Jacques Dupuis's Contributions to Interreligious Dialogue. In: TS 64 (2003) 388–397 [zitiert: *O'Collins*, Contributions].

Ders., A look back on Dupuis' skirmish with the Vatican. (URL: http://ncronline.org/news/people/look-back-dupuis-skirmish-vatican) – Zugriff am 16.06.2016 [zitiert: *O'Collins*, Look].

Ders., The Second Vatican Council on Other Religions. Oxford 2013 [zitiert: *O'Collins*, Council].

Ders., Was Jacques Dupuis a Neo-Rahnerian? In: Asian Horizons 7 (2013) 568–581 [zitiert: *O'Collins*, Neo-Rahnerian].

O'Connell, Gerard, Hg., Do not Stifle the Spirit. Conversations with Jacques Dupuis. Maryknoll 2017 [zitiert: *O'Connell*, Spirit].

Odasso, Giovanni, Bibbia e religioni. Propettive bibliche per la teologie delle religione. Rom 1998 [zitiert: *Odasso*, Bibbia].

Odenthal, Andreas, »Kritische Interrelation« von Lebens-Erfahrung und Glaubens-Tradition? Überlegungen zu einem Diktum von Edward Schillebeeckx im Hinblick auf einen symboltheoretischen Ansatz als integratives Paradigma der Liturgiewissenschaft. In: ThQ 187 (2007) 183–203 [zitiert: *Odenthal*, Interrelation].

Oliveros, Roberto, Geschichte der Theologie der Befreiung. In: *Ellacuría/Sobrino*, Mysterium, 3–36 [zitiert: *Oliveros*, Geschichte].

Ders., Die Rezeption der Befreiungstheologie in Lateinamerika. In: *Fornet-Betancourt*, Befreiungstheologie 3, 84–111 [zitiert: *Oliveros*, Rezeption].

O'Malley, John, Vatican II: Did Anything Happen? In: Theological Studies 67 (2006) 3–33 [zitiert: *O'Malley*, Vatican II].

Ders., What Happened at Vatican II. Cambridge 2010 [zitiert: *O'Malley*, What Happened].

O'Meara, Janet, Salvation: Living Communion with God. In: *Hilkert/Schreiter*, Praxis, 97–116 [zitiert: *O'Meara*, Salvation].

O'Neill, William, Visions and Revisions. The Hermeneutical Implications of the Option for the Poor. In: *Pope*, Hope, 31–44 [zitiert: *O'Neill*, Visions].

Ormerod, Neil J., »The times they are a ›changin‹«: A response to O'Malley and Schloesser. In: Theological Studies 67 (2006) 834–855 [zitiert: *Ormerod*, Response].

Ders., Vatican II – Continuity or Discontinuity? Toward an Ontology of Meaning. In: TS 71 (2010) 609–636 [zitiert: *Ormerod*, Vatican II].

Örsy, Ladislas, Gerechtigkeit in der Kirche und die Rechtskultur unserer Zeit. In: StZ 216 (1998) 363–374 [zitiert: *Örsy*, Gerechtigkeit].

Oster, Stefan, Zeugen oder Schriftgelehrte? Über Anspruch und Grenze der akademischen Theologie als »wissenschaftliches Lehramt«. In: *Leven*, Theologie, 75–100 [zitiert: *Oster*, Zeugen].

Ott, Ludwig, Grundriß der katholischen Dogmatik. Freiburg i. Br. u. a. ^{5}1961 [zitiert: *Ott*, Grundriß].

Overbeck, Franz Josef, Freiheit zur Theologie. In: *Leven*, Theologie, 199–202 [zitiert: *Overbeck*, Freiheit].

Ders., Hg., Freude und Hoffnung. Die Kirche in der Welt von heute und die Aktualität des Konzils. Ostfildern 2017.

Ders., Soziallehre und Lehramt. Zum Pluralismus in Gesellschaft und Kirche. In: *Overbeck*, Freude, 103–124 [zitiert: *Overbeck*, Soziallehre].

Oviedo, Lluís, Should we say that the Second Vatican Council has failed? In: HeyJ 49 (2008) 716–730 [zitiert: *Oviedo*, Council].

Pacini, Andrea, Cristologia e teologia delle religioni. La proposta di Jacques Dupuis nel contesto dell'attuale dibattito teologico sul pluralismo religioso. In: *Aime*, Oreste, Hg., In sequela Cristi. Miscellanea in onore del cardinale Severino Poletto arcivescovo di Torino in occasione del suo 70. compleanno. Turin 2003, 149–221 [zitiert: *Pacini*, Cristologia].

Päpstlicher Rat für den Interreligiösen Dialog/Kongregation für die Evangelisierung der Völker, Dialog und Verkündigung. Überlegungen und Orientierungen zum Interreligiösen Dialog und zur Verkündigung des Evangeliums Jesu Christi. VApS 102. Bonn 1991 [zitiert: *Rat Dialog/Kongregation Evangelisierung*, Dialog].

Parappally, Jacob, Modern Trends in Western Christological Reflections. In: Indian Journal of Spirituality 17 (2004) 223–238 [zitiert: *Parappally*, Trends].

Parra Mora, Alberto, El método hermenéutico bajo sospecha. La notificación a Jon Sobrino. In: Theologica Xaveriana 57 (2007) 453–470 [zitiert: *Parra Mora*, método].

Ders., Vaticano II: Memoria y profecía. (URL: https://web.archive.org/web/20161022031004/http://congresoteologia2016.com:80/file/4.Alberto%20Parra%20-%20Conferencia%20Principal.pdf) – Zugriff am 2.7.2017 [zitiert: *Parra*, Vaticano II].

Paul VI., Ansprache bei der Eröffnung der zweiten Sitzungsperiode des Zweiten Vatikanischen Konzils (29. September 1963). In: *Hünermann/Hilberath*, HThKVK V, 500–514 [zitiert: *Paul VI.*, Eröffnungsansprache zweite Sitzungsperiode].

Ders., Ansprache in der Öffentlichen Sitzung des Zweiten Vatikanischen Ökumenischen Konzils (7. Dezember 1965). In: *Hünermann/Hilberath*, HThKVK V, 565–571 [zitiert: *Paul VI.*, Ansprache Sitzung 7. Dezember].

Ders., Apostolisches Schreiben Motu Proprio *Integrae servandae* über die Änderung des Namens und der Ordnung des Heiligen Offiziums. (URL: http://w2.vatican.va/content/paul-vi/de/motu_proprio/documents/hf_p-vi_motu-proprio_19651207_integrae-servandae.html) – Zugriff am 8.2.2018 [zitiert: *Paul VI.*, Integrae servandae].

Pesch, Otto Hermann, Katholische Dogmatik. Aus ökumenischer Erfahrung. Bd. 1. Die Geschichte der Menschen mit Gott. Teilband 1/1 Wort Gottes und Theologie. Christologie. Ostfildern 2008 [zitiert: *Pesch*, Dogmatik Bd. 1/1].

Ders., Katholische Dogmatik. Aus ökumenischer Erfahrung. Bd. 2. Die Geschichte Gottes mit den Menschen. Ekklesiologie. Sakramentenlehre. Eschatologie. Ostfildern 2010 [zitiert: *Pesch*, Dogmatik Bd. 2].

Ders., Das Zweite Vatikanische Konzil. Vorgeschichte – Verlauf – Ergebnisse – Nachgeschichte. Würzburg 2001 [zitiert: *Pesch*, Konzil].

Phan, Peter C., Jacques Dupuis and Asian Theologies of Religious Pluralism. In: *Kendall/O'Collins*, Ways, 72–85 [zitiert: *Phan*, Dupuis].

Ders., Multiple Religious Belonging: Opportunities and Challenges for Theology and Church. In: TS 64 (2003) 495–519 [zitiert: *Phan*, Belonging].

Phillips, Peter, Seeing with Eyes of Faith: Schillebeeckx and the Ressurection of Jesus. In: New Blackfriars 79 (1998) 241–250 [zitiert: *Phillips*, Seeing].

Pieris, Aloysius, Christ Beyond Dogma. Doing Christology in the Context of the Religions and the Poor. In: Louvain Studies 25 (2000) 187–231 [zitiert: *Pieris*, Christ].

Ders., El rostro asiático del Cristo. Salamanca 1991 [zitiert: *Pieris*, rostro].

Ders., Feuer und Wasser. Frau, Gesellschaft, Spiritualität in Buddhismus und Christentum. Freiburg i. Br. u. a. 1994, Theologie der Dritten Welt 19 [zitiert: *Pieris*, Feuer].

Ders., Liebe und Weisheit. Begegnung von Christentum und Buddhismus. Mainz 1989 [zitiert: *Pieris*, Liebe].

Ders., Theologie der Befreiung in Asien. Christentum im Kontext der Armut und der Religionen. Freiburg i. Br. 1986 [zitiert: *Pieris*, Theologie].

Pivot, Maurice, Bulletin de théologie du dialogue interreligieux (suite). In: Chemins de dialogue 11 (1998) 189–203 [zitiert: *Pivot*, Bulletin].

Plata, Przemyslaw, Jacques Dupuis and a Christian Theology of Religious Pluralism. In: Louvain Studies 31 (2006) 52–78 [zitiert: *Plata*, Dupuis].

Platzbecker, Paul, Petrus und Paulus – in einem fruchtbaren Streit der frühen Kirche. Einblick in ein konfessionell-kooperatives Unterrichtsvorhaben. In: Kirche und Schule 184 (2018) 34–38 [zitiert: *Platzbecker*, Petrus].

Polak, Regina/*Jäggle*, Martin, Gegenwart als locus theologicus. Für eine migrationssensible Theologie im Anschluss an *Gaudium et spes*. In: *Tück*, Erinnerung, 670–698 [zitiert: *Polak/Jäggle*, Gegenwart].

Pope, Stephen J., Hg., Hope & Solidarity. Jon Sobrino's Challenge to Christian Theology. Maryknoll 2008 [zitiert: *Pope*, Hope].

Ders., On Not »Abandoning the Historical World to Its Wretchedness«. A Prophetic Voice Serving an Incarnational Vision. In: *Pope*, Hope, 44–62 [zitiert: *Pope*, Voice].

Portier, William L., Interpretation and Method. In: *Hilkert/Schreiter*, Praxis, 19–36 [zitiert: *Portier*, Interpretation].

Pottmeyer, Hermann Josef, Auf dem Weg zu einer Theologie der Religionen: Ansätze und Perspektiven. In: *Göllner*, Reinhard, Hg., Das Christentum und die Weltreligionen. Münster 2000, 127–144 [zitiert: *Pottmeyer*, Weg].

Ders., A New Phase in the Development of Vatican II: Twenty Years of Interpretation of the Council. In: *Alberigo*, Guiseppe/*Jossua*, Jean-Pierre/*Komonchak*, Joseph A., Hgg., The Reception of Vatican II. Georgetown 1987, 27–43 [zitiert: *Pottmeyer*, Phase].

Puthuva, Paul, Christology and Pneumatology in the Writings of E. Schillebeeckx. In: ETJ 12 (2008) 171–186 [zitiert: *Puthuva*, Christology].

Rahner, Karl, Grundkurs des Glaubens. Einführung in den Begriff des Christentums. Freiburg i. Br. u. a. 1976 [zitiert: *Rahner*, Grundkurs].

Ders., Grundlinien einer systematischen Christologie. In: *Rahner*, Karl/*Thüsing*, Wilhelm, Hgg., Christologie – systematisch und exegetisch. Freiburg i. Br. u. a. 1972, 17–87 [zitiert: *Rahner*, Grundlinien].

Ders., Das Konzil – ein neuer Beginn. Vortrag beim Festakt zum Abschluss des II. Vatikanischen Konzils im Herkulessaal der Residenz in München am 12. Dezember 1965. Freiburg i. Br. u. a. 1966 [zitiert: *Rahner*, Konzil].

Ders., Probleme der Christologie von heute. In: Menschsein und Menschwerdung Gottes. Studien zur Grundlegung der Dogmatik, zur Christologie, Theologischen Anthropologie und Eschatologie. SW 12. Freiburg i. Br. u. a. 2005, 261–301 [zitiert: *Rahner*, Probleme].

Ders., Die Gliedschaft in der Kirche nach der Lehre der Enzyklika Pius XII.' »Mystici Corporis Christi«. In: SzTh II. Einsiedeln u. a. [5]1961, 7–94 [zitiert: *Rahner*, Gliedschaft].

Ders., Zur theologischen Problematik einer »Pastoralkonstitution«. In: SzTh VIII. Einsiedeln u. a. 1967, 613–636 [zitiert: *Rahner*, Problematik].

Ders., Der eine Jesus Christus und die Universalität des Heils. In: SzTh XII. Einsiedeln u. a. 1975, 251–282 [zitiert: *Rahner*, Christus und die Universalität].

Ders., »Mysterium ecclesiae«. Zur Erklärung der Glaubenskongregation über die Lehre von der Kirche. In: SzTh XII. Einsiedeln u. a. 1975, 482–500 [zitiert: *Rahner*, »Mysterium ecclesiae«].

Ders., Lehramt und Theologie. In: SzTh XIII. Einsiedeln u. a. 1978, 69–92 [zitiert: *Rahner*, Lehramt].

Ders., Theologische Grundinterpretation des II. Vatikanischen Konzils. In: SzTh XIV. Einsiedeln u. a. 1980, 287–302 [zitiert: *Rahner*, Grundinterpretation].

Ders., Die bleibende Bedeutung des II. Vatikanischen Konzils. In: SzTh XIV. Einsiedeln u. a. 1980, 303–318 [zitiert: *Rahner*, Bedeutung].

Ders., Zur Lehre des II. Vatikanischen Konzils über den Atheismus. Versuch einer Interpretation. In: Conc 3 (1967) 171–180 [zitiert: *Rahner*, Lehre].

Ramisch, Joseph, The Debate Concerning the ›Historical Jesus‹ in the Christology of Schillebeeckx. In: Semeia 30 (1984) 29–48 [zitiert: *Ramisch*, Debate].

Ratzinger, Joseph, Die Ekklesiologie der Konstitution *Lumen gentium*. In: *Horn*, Stephan Otto/*Pfnür*, Vinzenz, Hgg., Weggemeinschaft des Glaubens. Kirche als Communio. Festgabe zum 75. Geburtstag. Augsburg 2002, 107–131 [zitiert: *Ratzinger*, Ekklesiologie].

Ders., Glaube – Wahrheit – Toleranz. Das Christentum und die Weltreligionen. Freiburg i. Br. u. a. 22003 [zitiert: *Ratzinger*, Glaube].

Ders., Kommentar zum ersten Kapitel des ersten Teils der Pastoralkonstitution über die Kirche in der Welt von heute »Gaudium et spes«. In: *Ratzinger*, GS 7/2, 795–862 [zitiert: *Ratzinger*, Kommentar GS].

Ders., Kommentar zum VI. Kapitel von Dei Verbum. In: $LThK^2$ Erg.-Bd. II. Freiburg i. Br. 1968, 571–581 [zitiert: *Ratzinger*, Kommentar DV].

Ders., Kommentar zur Nota praevia explicativa. In: $LThK^2$ E I (1966) 350–359 [zitiert: *Ratzinger*, Kommentar Nota].

Ders., Das neue Volk Gottes. Entwürfe zur Ekklesiologie. Düsseldorf 1969 [zitiert: *Ratzinger*, Volk].

Ders., Die Theologie der Befreiung. Voraussetzungen, Problem und Herausforderungen. In: Die Neue Ordnung 38 (1984) 285–295 [zitiert: *Ratzinger*, Theologie der Befreiung].

Ders., Zehn Jahre nach Konzilsbeginn – wo stehen wir? In: *Ratzinger*, GS 7/2, 1032–1039 [zitiert: *Ratzinger*, Zehn Jahre].

Ders., Zur Lehre des Zweiten Vatikanischen Konzils. Gesammelte Schriften 7/2. Freiburg i. Br. u. a. 2012.

Reckwitz, Andreas, Die Gesellschaft der Singularitäten. Zum Strukturwandel der Moderne. Frankfurt a. M. 2017 [zitiert: *Reckwitz*, Gesellschaft].

Redaktion, Kontroverse um Befreiungstheologie. In: Orientierung 48 (1984) 98–99 [zitiert: *Redaktion*, Kontroverse].

Reikerstorfer, Johann, Der Wandel im Offenbarungsverständnis. Vatikanum I – Vatikanum II – weiterführende Perspektiven. In: *Tück*, Erinnerung, 545–558 [zitiert: *Reikerstorfer*, Wandel].

Renz, Andreas, Die Erklärung über das Verhältnis der Kirche zu den nichtchristlichen Religionen *Nostra aetate*. In: *Bischof*, Franz Xaver/*Leimgruber*, Stephan, Hgg.,

Vierzig Jahre II. Vatikanum. Zur Wirkungsgeschichte der Konzilstexte. Würzburg 2005, 208–231 [zitiert: *Renz*, Erklärung].

Ders., Die katholische Kirche und der interreligiöse Dialog. 50 Jahre »Nostra aetate« – Vorgeschichte, Kommentar, Rezeption. Stuttgart 2014 [zitiert: *Renz*, Kirche].

Riccardi, Andrea, Die turbulente Eröffnung der Arbeiten. In: *Alberigo*, Geschichte V, 1–81 [zitiert: *Riccardi*, Eröffnung].

Richard, Pablo, Die ursprünglichen theologischen Kernstücke der Befreiungstheologie. In: *Fornet-Betancourt*, Befreiungstheologie 3, 19–29 [zitiert: *Richard*, Kernstücke].

Rikhof, Herwi, De zaak Schillebeeckx: eindfase. Inhoudelijke balans van de stukken. In: Tijdschrift voor Theologie 22 (1982) 376–409 [zitiert: *Rikhof*, zaak].

Riley-Smith, Jonathan, Die Kreuzzüge. Darmstadt 2015 [zitiert: *Riley-Smith*, Kreuzzüge].

Ritschl, Dietrich, Art. Konflikt. In: EKL 2 (1989) 1377–1379 [zitiert: *Ritschl*, Konflikt].

Rivera Roberto, Hernán Yesid, Befreiungstheologie bei Gustavo Gutiérrez und Edward Schillebeeckx im Vergleich. Diss. masch. Freiburg 2017. (URL: DOI:10.6094/UNIFR/11538) – Zugriff am 29.7.2017 [zitiert: *Rivera Roberto*, Befreiungstheologie].

Robinson, John A.T., The Human Face of God. London 1973 [zitiert: *Robinson*, Face].

Rochford, Dennis, The Theological Hermeneutics of Edward Schillebeeckx. In: Theological Studies 63 (2002) 251–267 [zitiert: *Rochford*, Hermeneutics].

Römer, Thomas, L'invention de Dieu. Paris 2014 [zitiert: *Römer*, invention].

Romero, Oscar Arnulfo, Desenmascarar las idolatrías de nuestra sociedad. In: La voz de los sin voz. San Salvador 1980, 145–149 [zitiert: *Romero*, idolatrías].

Ders., Die politische Dimension des Glaubens. In: *Reiser*, Antonio/*Schoenborn*, Paul Gerhard, Hgg., Basisgemeinden und Befreiung. Wuppertal 1981, 154–164 [zitiert: *Romero*, Dimension].

Roßkopf, Markus, Der Katakombenpakt. Ein Plädoyer für Glaubwürdigkeit, Solidarität und Bescheidenheit. In: *Gmainer-Pranzl*, Franz/*Lassak*, Sandra/*Weiler*, Birgit, Hgg., Theologie der Befreiung heute. Herausforderungen – Transformationen – Impulse. Innsbruck – Wien 2017, 353–385 [zitiert: *Roßkopf*, Katakombenpakt].

Rottländer, Peter, Hg., Theologie der Befreiung und Marxismus. Münster 1987 [zitiert: *Rottländer*, Theologie].

Ders., Zur Einführung. In: *Rottländer*, Theologie, 7–22 [zitiert: *Rottländer*, Einführung].

Routhier, Gilles, The Hermeneutic of Reform as a Task for Theology. In: Irish Theological Quarterly 77 (2012) 219–243 [zitiert: *Routhier*, Hermeneutic].

Ruggieri, Giuseppe, L'officina Bolognese et Vatican II. In: RSR 100 (2012) 11–25 [zitiert: *Ruggieri*, L'officina].

Ders., Zu einer Hermeneutik des Zweiten Vatikanischen Konzils. In: Conc 35 (1999) 4–17 [zitiert: *Ruggieri*, Hermeneutik].

Ruhstorfer, Karlheinz, Christologie. Paderborn u. a. 2008 [zitiert: *Ruhstorfer*, Christologie].

Rush, Ormond, Still Interpreting Vatican II. New York/Mahwah 2004 [zitiert: *Rush*, Interpreting].

Russell, William P., Contextualization: Origins, Meaning and Implications. A Study of what the Theological Education Fund of the World Council of Churches Originally Understood by the Term ›Contextualization‹, with Special Reference to the Period 1970-1972. Diss. masch. Rom 1995 [zitiert: *Russell*, Contextualization].

Sahayadhas, R., Perspectives in Christological Reconstructions: An Exploration of the Writings of Select Theologians. In: Bangalore Theological Forum 38 (2006) 103–153 [zitiert: *Sahayadhas*, Perspectives].

Sander, Hans-Joachim, Die angetastete Menschenwürde – Ort der Gegenwart Gottes. In: *Lederhilger*, Severin J., Hg., Gott verlassen. Menschenwürde und Menschenbilder. Frankfurt 2007, 33–51 [zitiert: *Sander*, Menschenwürde].

Ders., Der Bischof, die Migranten und die Postmetropolis. Gottes Ortswechsel an die Andersorte der Gegenwart. In: *Manemann*, Jürgen/*Schreer*, Werner, Hgg., Religion und Migration heute. Perspektiven – Positionen – Projekte. Regensburg 2012, 187–201 [zitiert: *Sander*, Bischof].

Ders., ›Aggiornamento‹ – Kennzeichen nur des Konzils? Der spatial turn des Glaubens durch das Zweite Vatikanische Konzil. In: ThGl 102 (2012) 510–525 [zitiert: *Sander*, ›Aggiornamento‹].

Ders., In den Zeichen der Zeit die Lehren des Glaubens zumuten. Der prekäre Ort der Dogmatik heute. In: SaThZ 7 (2003) 51–61 [zitiert: *Sander*, Lehren].

Ders., Nicht verleugnen. Die befremdende Ohnmacht Jesu. Würzburg 2001 [zitiert: *Sander*, Nicht verleugnen].

Ders., Nicht verschweigen. Die zerbrechliche Präsenz Gottes. Würzburg 2003 [zitiert: *Sander*, Nicht verschweigen].

Ders., Der Ort der Ökumene für die Katholizität der Kirche – von der unmöglichen Utopie zur prekären Heterotopie. In: *Hünermann/Hilberath*, HThKVK V, 186–200 [zitiert: *Sander*, Ort].

Ders., Scheitern können. Ein Zeichen für die Qualität des Dialogs auf dem Konzil. In: *Hünermann/Hilberath*, HThKVK V, 349–356 [zitiert: *Sander*, Scheitern].

Ders., Das singuläre Geschichtshandeln Gottes – eine Frage der pluralen Topologie der Zeichen der Zeit. In: *Hünermann/Hilberath*, HThKVK V, 134–144 [zitiert: *Sander*, Geschichtshandeln].

Ders., Theologischer Kommentar zur Pastoralkonstitution über die Kirche in der Welt von heute *Gaudium et spes*. In: *Hünermann*, Peter/*Hilberath*, Bernd Jochen, Hgg., Herders Theologischer Kommentar zum Zweiten Vatikanischen Konzil. IV. Kommentare. Freiburg i. Br. 2005, 581–886 [zitiert: *Sander*, Kommentar].

Ders., Utopien von Befreiung und Heterotopien für Praktiken der Befreiung. Vom gekreuzigten Volk zu einem prekären Teil der Bevölkerung. In: *Prüller-Jagenteufel*, Gunter M./*Perintfalvi*, Rita/*Schelkshorn*, Hans, Hgg., Macht und Machtkritik.

Beiträge aus feministisch-theologischer und befreiungstheologischer Perspektive. Aachen 2018, 9–33 [zitiert: *Sander*, Utopien].

Ders., Vom religionsgemeinschaftlichen Urbi et Orbi zu pastoralgemeinschaftlichen Heterotopien. Eine Topologie Gottes in den Zeichen der Zeit. In: *Böttigheimer*, Konzil, 157–179 [zitiert: *Sander*, Urbi et Orbi].

Ders., Die Zeichen der Zeit. Die Entdeckung des Evangeliums in den Konflikten der Gegenwart. In: *Fuchs/Lienkamp*, Visionen, 85–102 [zitiert: *Sander*, Zeichen].

Santiago-Vendrell, Angel D., The Gifts of God for the People of the World: A Look at Pneumatology in the Work of Jacques Dupuis and Samuel Solivan on Interreligious Dialogue. In: Journal of Pentecostal Theology 22 (2013) 115–130 [zitiert: *Santiago-Vendrell*, Gifts].

Santos Souza, Daniel, Por uma *cristologia pluralista da libertação*. Reflexões teológicas a partir de Jacques Dupuis e Jon Sobrino. São Bernardo do Campo 2013 [zitiert: *Santos Souza*, cristologia].

Sattler, Dorothea, Katholisch im eigentlichen Sinn? Das Zweite Vatikanische Konzil und die Ökumene der Kirchen. In: HerKorr-Spezial 2 (2012) 23–27 [zitiert: *Sattler*, Katholisch].

Scannone, Juan Carlos, Volksreligiosität, Volksweisheit und Philosophie in Lateinamerika. In: ThQ 164 (1984) 200 [zitiert: *Scannone*, Volksreligiosität].

Scheffczyk, Leo, Christology in the Context of Experience. On the Interpretation of Christ by E. Schillebeeckx. In: Thomist 48 (1984) 383–408 [zitiert: *Scheffczyk*, Christology].

Schelkens, Karim, *Lumen gentium's* »subsistit in« Revisited: The Catholic Church and Christian Unity after Vatican II. In: TS 69 (2008) 875–893 [zitiert: *Schelkens*, subsistit in].

Schillebeeckx, Edward, Auf dem Weg zu einer katholischen Anwendung der Hermeneutik. In: *Schillebeeckx*, Gott, 9–48 [zitiert: *Schillebeeckx*, Weg].

Ders., Die Auferstehung Jesu als Grund der Erlösung. Zwischenbericht über die Prolegomena zu einer Christologie. Freiburg i. Br. u. a. 1979 [zitiert: *Schillebeeckx*, Auferstehung].

Ders., Christentum und Welt in unserer Zeit. In: *Schillebeeckx*, Edward, Hg., Christentum im Spannungsfeld von Konfessionen, Gesellschaft und Staaten. Freiburg i. Br. 1968, 7–35 [zitiert: *Schillebeeckx*, Christentum].

Ders., Christus. Sakrament der Gottbegegnung. Mainz 21965 [zitiert: *Schillebeeckx*, Christus. Sakrament].

Ders., Christus und die Christen. Die Geschichte einer neuen Lebenspraxis. Freiburg i. Br. u. a. 1977 [zitiert: *Schillebeeckx*, Christus].

Ders., De toegang tot Jezus van Nazareth. In: Tijdschrift voor Theologie (1972) 28–60 [zitiert: *Schillebeeckx*, toegang].

Ders., Erfahrung und Glaube. In: *Böckle*, Franz et al., Hgg., Christlicher Glaube in moderner Gesellschaft. Teilband 25. Freiburg i. Br. u. a. 1979, 73–116 [zitiert: *Schillebeeckx*, Erfahrung und Glaube].

Ders., Das Evangelium erzählen. Düsseldorf 1983 [zitiert: *Schillebeeckx*, Evangelium].

Ders., Glaubensinterpretation. Beiträge zu einer hermeneutischen und kritischen Theorie. Mainz 1971 [zitiert: *Schillebeeckx*, Glaubensinterpretation].

Ders., God, the Living One. In: New Blackfriars 62 (1981) 357–370 [zitiert: *Schillebeeckx*, God].

Ders., Gott. Die Zukunft des Menschen. Mainz 1969.

Ders., Das historische Scheitern Jesu am Kreuz und Gottes »Trotzdem«. In: KatBl 123 (1998) 93–98 [zitiert: *Schillebeeckx*, Scheitern].

Ders., I Believe in Jesus of Nazareth: The Christ, the Son of God, the Lord. In: JES 17 (1980) 18–32 [zitiert: *Schillebeeckx*, I Believe].

Ders., Ich höre nicht auf, an den lebendigen Gott zu glauben. Würzburg 2006 [zitiert: *Schillebeeckx*, Ich höre nicht auf].

Ders., Identiteit, eigenheid en universaliteit van Gods heil in Jezus. In: Tijdschrift voor Theologie 30 (1990) 259–275 [zitiert: *Schillebeeckx*, Identiteit].

Ders., Jesus. Die Geschichte von einem Lebenden. Freiburg i. Br. u. a. ^{3}1975 [zitiert: *Schillebeeckx*, Jesus].

Ders., Jesus und das menschliche Lebensscheitern. In: Conc 12 (1976) 189–195 [zitiert: *Schillebeeckx*, Lebensscheitern].

Ders., Die Kirche als Dialogsakrament. In: *Schillebeeckx*, Gott, 100–118 [zitiert: *Schillebeeckx*, Dialogsakrament].

Ders., Kirche und Welt im Licht des Zweiten Vatikanischen Konzils. In: Gott – Kirche – Welt. Mainz 1970, 228–242 [zitiert: *Schillebeeckx*, Kirche].

Ders., Das kirchliche Amt. Düsseldorf 1981 [zitiert: *Schillebeeckx*, Amt].

Ders., Menschen. Die Geschichte von Gott. Freiburg i. Br. u. a. 1990 [zitiert: *Schillebeeckx*, Menschen].

Ders., Menschliche Erfahrung und Glaube an Jesus Christus. Eine Rechenschaft. Freiburg i. Br. 1979 [zitiert: *Schillebeeckx*, Erfahrung].

Ders., Ons heil: Jezus' leven of Christus de verrezene? In: Tijdschrift voor Theologie 13 (1973) 145–166 [zitiert: *Schillebeeckx*, heil].

Ders., Op weg naar een christologie. In: Tijdschrift voor Theologie 18 (1978) 131–156 [zitiert: *Schillebeeckx*, weg].

Ders., Overwegingen rond Gods ›weerloze overmacht. In: Tijdschrift voor Theologie 27 (1987) 370–381 [zitiert: *Schillebeeckx*, Overwegingen].

Ders., Replies of Edward Schillebeeckx, O.P. to Questionnaire No. 46/66 addressed to him by the Congregation for the Doctrine of the Faith. In: *Schoof*, Case, 46–67 [zitiert: *Schillebeeckx*, Replies].

Ders., Die Rolle der Geschichte in dem, was das neue Paradigma genannt wird. In: *Küng*, Hans/*Tracy*, David, Hgg., Das neue Paradigma von Theologie. Strukturen und Dimensionen. Zürich 1986, 75–86 [zitiert: *Schillebeeckx*, Rolle].

Ders., Säkularisierung und christlicher Gottesglaube. In: *Schillebeeckx*, Gott, 49–79 [zitiert: *Schillebeeckx*, Säkularisierung].

Ders., Theologisch geloofsverstaan anno 1983. Baarn 1983 [zitiert: *Schillebeeckx*, geloofsverstaan].

Ders., Theologische Reflexionen im Rückblick. In: ThG 24 (1981) 142–146 [zitiert: *Schillebeeckx*, Reflexionen].

Ders., Tradition und Erfahrung. Von der Korrelation zur kritischen Interrelation. Hans-Georg Ziebertz im Gespräch mit Edward Schillebeeckx. In: KatBl 119 (1994) 756–762 [zitiert: *Schillebeeckx*, Tradition].

Ders., Universalité unique d'une figure religieuse historique nommée Jésus de Nazareth. In: Laval théologique et philosophique 50 (1994) 265–281 [zitiert: *Schillebeeckx*, Universalité].

Ders., Wahrheit oder Lebenswert in der hochscholastischen Theologie. In: Offenbarung und Theologie. Mainz 1965, 192–204 [zitiert: *Schillebeeckx*, Wahrheit].

Ders., Weil Politik nicht alles ist. Von Gott reden in einer gefährdeten Welt. Freiburg i. Br. 1987 [zitiert: *Schillebeeckx*, Politik].

Ders./*Oosterhuis*, Huub/*Hoogeveen*, Piet, Gott ist jeden Tag neu. Ein Gespräch. Mainz 1984 [zitiert: *Schillebeeckx/Oosterhuis/Hoogeveen*, Gott].

Schlink, Edmund, Nach dem Konzil. München 1966 [zitiert: *Schlink*, Konzil].

Schlitter, Horst, Kirche von oben oder von unten? Rom bremst den belgischen Theologen Edward Schillebeeckx. In: Lutherische Monatshefte 24 (1985) 99–101 [zitiert: *Schlitter*, Kirche].

Schloesser, Stephen, Against Forgetting: Memory, History, Vatican II. In: Theological Studies 67 (2006) 275–319 [zitiert: *Schloesser*, Forgetting].

Schmidt-Leukel, Perry, Gott ohne Grenzen. Eine christliche und pluralistische Theologie der Religionen. Gütersloh 2005 [zitiert: *Schmidt-Leukel*, Gott].

Schoof, Ted, Hg., The Schillebeeckx Case. Official Exchange of Letters and Documents in the Investigation of Fr. Edward Schillebeeckx, O.P. by the Sacred Congregation for the Doctrine of the Faith, 1976-1980. Eugene 1980 [zitiert: *Schoof*, Case].

Schoof, Ted, Getuigen in de 'zaak Schillebeeckx'. In: Tijdschrift voor Theologie 20 (1980) 402-426 [zitiert: *Schoof*, zaak].

Schoonenberg, Piet, Geschichte und Interpretation des Dogmas. In: *Schoonenberg*, Piet, Hg., Die Interpretation des Dogmas. Düsseldorf 1969, 58–110 [zitiert: *Schoonenberg*, Geschichte].

Schreiber, Stefan, Am Rande des Krieges. Gewalt und Gewaltverzicht bei Jesus von Nazareth. In: BN NF 145 (2010) 91–112 [zitiert: *Schreiber*, Rande].

Ders., Der politische Jesus. In: MThZ 64 (2013) 174–194 [zitiert: *Schreiber*, Jesus].

Schreiter, Robert, Edward Schillebeeckx – Eine Einführung in sein Denken. In: *Schreiter*, Robert, Hg., Erfahrung aus Glauben. Edward Schillebeeckx-Lesebuch. Freiburg i. Br. u. a. 1984, 17–40 [zitiert: *Schreiter*, Schillebeeckx].

Ders., Jezus als parabel van God en paradigma van meselijkheid. Naar een hermeneutiek van de definitie van Chalcedon. In: *Häring/Schoof/Willems*, Meedenken, 158–170 [zitiert: *Schreiter*, Jezus].

Ders., Zur Bereicherung sowohl der Kirche wie der verschiedenen Kulturen. In: *Delgado/ Sievernich*, Metaphern, 251–266 [zitiert: *Schreiter*, Bereicherung].

Schrijver, Georges de, Christology from the Underside of History. In: *Merrigan*, Terrence, Hg., The myriad Christ. Plurality and the qust for unity in contemporary christology. Leuven 2000, 493–519 [zitiert: *de Schrijver*, Christology].

Schulz, Michael, Das Zweite Vatikanische Konzil in der Einschätzung der Pius-Bruderschaft. In: IkaZ 37 (2009) 206–216 [zitiert: *Schulz*, Einschätzung].

Schwarz, Gerhard, Konfliktmanagement. Konflikte erkennen, analysieren, lösen. Wiesbaden 82010 [zitiert: *Schwarz*, Konfliktmanagement].

Schwarz-Boenneke, Bernadette, Erfahren in Widerfahren und Benennen. Zu Verständnis und Relevanz von Erfahrung in den christologischen Prolegomena von Edward Schillebeeckx. Münster u. a. 2009 [zitiert: *Schwarz-Boenneke*, Erfahren].

Seckler, Max, Konflikt und Einheit in der Kirche. In: Im Spannungsfeld von Wissenschaft und Kirche. Theologie als schöpferische Auslegung der Wirklichkeit. Freiburg i. Br. u. a. 1980, 87–98 [zitiert: *Seckler*, Konflikt].

Ders., Über den Kompromiß in Sachen der Lehre. In: Im Spannungsfeld von Wissenschaft und Kirche. Theologie als schöpferische Auslegung der Wirklichkeit. Freiburg i. Br. 1980, 99–109; 212–215 [zitiert: *Seckler*, Kompromiß].

Ders., Kirchliches Lehramt und theologische Wissenschaft. Geschichtliche Aspekte, Probleme und Lösungselemente. In: *Kern*, Theologie, 17–62 [zitiert: *Seckler*, Wissenschaft].

Ders., Theologie als Glaubenswissenschaft. In: *Kern*, Walter/*Pottmeyer*, Hermann Josef/ *Seckler*, Max, Hgg., Handbuch der Fundamentaltheologie. Bd. 4. Traktat Theologische Erkenntnislehre mit Schlußteil Reflexion auf Fundamentaltheologie. Tübingen 22000, 131–184 [zitiert: *Seckler*, Theologie].

Sedmak, Clemens, Katholisches Lehramt und Philosophie. Eine Verhältnisbestimmung. Freiburg i. Br. u. a. 2003, QD 204 [zitiert: *Sedmak*, Lehramt].

Seibold, Jorge R., Los lenguajes de la mística popular. Un acercamiento desde el catolicismo popular latinoamericano. In: Stromata 61 (2005) 192–204 [zitiert: *Seibold*, lenguajes].

Semmelroth, Otto, Zur Frage nach der Verbindlichkeit der dogmatischen Aussagen des zweiten Vatikanischen Konzils. In: ThPh 42 (1967) 236–246 [zitiert: *Semmelroth*, Frage].

Ders./Lehmann, Karl, Kommentar zu den Thesen der Internationalen Theologenkommission über die Beziehungen des kirchlichen Lehramtes und der Theologen zueinander. In: ThPh 52 (1977) 61–66 [zitiert: *Semmelroth/Lehmann*, Kommentar].

Serna, Eduardo de la, Análisis de la »Notificatio« desde una mirada bíblica. In: *Vigil*, cruz, 83–92, e-Publikation: www.servicioskoinonia.org/LibrosDigitales [zitiert: *de la Serna*, Análisis].

Sesboüé, Bernard, Jesus Christus aus der Sicht der Opfer. Zur Christologie von Jon Sobrino. In: StZ 225 (2007) 240–254 [zitiert: *Sesboüé*, Jesus].

Ders., Le procès contemporain de Chalcédoine. In: Recherches de Science Religieuse 65 (1977) 45–54 [zitiert: *Sesboüé*, procès].

Siebenrock, Roman, »Siehe, ich mache alles neu!« – »Hermeneutik der Wandlung«. Von der rechten Weise, das Zweite Vatikanische Konzil zu realisieren. In: *Böttigheimer*, Konzil, 101–139 [zitiert: *Siebenrock*, Hermeneutik].

Ders., Theologischer Kommentar zur Erklärung über die Haltung der Kirche zu den nicht-christlichen Religionen. In: *Hünermann/Hilberath*, HThKVK III, 591–693 [zitiert: *Siebenrock*, Kommentar].

Ders., Die Wahrheit der Religionen und die Fülle der Selbstmitteilung Gottes in Jesus Christus. In: *Hünermann/Hilberath*, HThKVK V, 120–133 [zitiert: *Siebenrock*, Wahrheit].

Ders., Das Evangelium der Würde des Menschen. Dignitatis humanae – eine anhaltende Provokation. In: Conc 52 (2016) 418–425 [zitiert: *Siebenrock*, Evangelium].

Sievernich, Michael, Epochen der Evangelisierung. Ein kurzer Blick auf eine lange Geschichte. In: *Krämer/Vellguth*, Evangelisierung, 21–39 [zitiert: *Sievernich*, Epochen].

Ders., Erst die Ouvertüre. Das Zweite Vatikanum als Konzil der Weltkirche? In: HerKorr-Spezial 2 (2012) 35–39 [zitiert: *Sievernich*, Ouvertüre].

Ders., Kirche im Kontext. Der »pastorale« Grundzug des Zweiten Vatikanischen Konzils. In: *Ansorge*, Konzil, 1–22 [zitiert: *Sievernich*, Kirche].

Ders., Die »Pastoralität« des Zweiten Vatikanischen Konzils. In: *Delgado/Sievernich*, Metaphern, 35–58 [zitiert: *Sievernich*, »Pastoralität«].

Silber, Stefan, Pluralität, Fragmente, Zeichen der Zeit. Aktuelle fundamentaltheologische Herausforderungen aus der Perspektive der lateinamerikanischen Theologie der Befreiung. Innsbruck – Wien 2017 [zitiert: *Silber*, Pluralität].

Simmel, Georg; *Rammstedt*, Otthein, Hg., Der Streit. In: Soziologie. Untersuchungen über die Form der Vergesellschaftung. Georg Simmel Gesamtausgabe Bd. 11. Frankfurt a. M. 1992, 284–382 [zitiert: *Simmel*, Streit].

Simon, Derek J., Salvation and Liberation in the practical-critical Soteriology of Schillebeeckx. In: Theological Studies 63 (2002) 494–520 [zitiert: *Simon*, Salvation].

Slenczka, Reinhard, Christusbekenntnis und Christologie. Zum Lehrstreit um Edward Schillebeeckx und Hans Küng. In: KuD 27 (1981) 131–148 [zitiert: *Slenczka*, Christusbekenntnis].

Sobrino, Jon, Bajar de la cruz a los pobres: Cristología de la Liberación. In: Teoria y Praxis 11 (2007) 80–88 [zitiert: *Sobrino*, Bajar].

Ders., Die Bedeutung des geschichtlichen Jesus in der lateinamerikanischen Christologie. In: *Collet*, Giancarlo, Hg., Der Christus der Armen. Das Christuszeugnis der lateinamerikanischen Befreiungstheologen. Freiburg i. Br. 1988, 81–106 [zitiert: *Sobrino*, Bedeutung].

Ders., Befreiende Evangelisierung. In: GuL 70 (1997) 167–182 [zitiert: *Sobrino*, Evangelisierung].

Ders., Brief von Jon Sobrino SJ an den Generaloberen des Jesuitenordens – Dezember 2006. In: *Wenzel*, Freiheit, 26–35 [zitiert: *Sobrino*, Brief].

Ders., Christologie der Befreiung. Band 1. Mainz 1998 [zitiert: *Sobrino*, Christologie].

Ders., Cómo hacer teología? La teología como ›intellectus amoris‹. In: Sal Terrae 77 (1989) 397–417 [zitiert: *Sobrino*, Cómo hacer].

Ders., Cristología desde América Latina. Esbozo a partir del seguimiento del Jesús histórico. México 21976 [zitiert: *Sobrino*, Cristología].

Ders., De una teología sólo de la liberación a una teología del martirio. In: Revista Latinoamericana de Teología 28 (1993) 27–48 [zitiert: *Sobrino*, teología del martirio].

Ders., »El Ellacuría olvidado«. Lo que no se puede dilapidar. In: *Senent de Frutos*, Juan Antonio/*Mora Galiana*, José, Hgg., Ignacio Ellacuría 20 años después. Actas del Congreso Internacional. Sevilla 2010, 319–341 [zitiert: *Sobrino*, Ellacuría olvidado].

Ders., El Jesús histórico nos llama al discipulado en América Latina y el Caribe. In: Theologica Xaveriana 57 (2007) 127–158 [zitiert: *Sobrino*, Jesús histórico].

Ders., El principio-misericordia. Bajar de la cruz a los pueblos crucificados. Santander 1992 [zitiert: *Sobrino*, principio-misericordia].

Ders., »El pueblo crucificado«. Ensayo con ocasión de los aniversarios de la UCA y El Mozote. In: Revista Latinoamericana de Teología 85 (2012) 57–82 [zitiert: *Sobrino*, »El pueblo crucificado«].

Ders., El pueblo crucificado y la civilización de la pobreza (El »hacerse cargo de la realidad« de Ignacio Ellacuría). In: *Sobrino*, Fuera, 15–42 [zitiert: *Sobrino*, civilización].

Ders., ¿Es Jesús una buena noticia? In: Revista Latinoamericana de Teología 30 (1993) 293–304 [zitiert: *Sobrino*, buena noticia].

Ders., Extra pauperes nulla salus (Pequeño ensayo utópico-profético). In: *Sobrino*, Fuera, 69–130 [zitiert: *Sobrino*, pauperes].

Ders., Fuera de los pobres no hay salvación. San Salvador 2009.

Ders., Gemeinschaft mit den gekreuzigten Völkern, um sie vom Kreuz abzunehmen. Kirchliche *communio* in einer pluriformen und antagonistischen Kirche. In: *Bertsch*,

Ludwig, Hg., Was der Geist den Gemeinden sagt. Bausteine einer Ekklesiologie der Ortskirchen. Freiburg i. Br. u. a. 1991, 102–135 [zitiert: *Sobrino*, Gemeinschaft].

Ders., Der Glaube an den Sohn Gottes aus der Sicht eines gekreuzigten Volkes. In: *Greinacher*, Norbert, Hg., Leidenschaft für die Armen. Die Theologie der Befreiung. München 1990, 236–246 [zitiert: *Sobrino*, Glaube an den Sohn].

Ders., Der Glaube an Jesus Christus. Eine Christologie aus der Perspektive der Opfer. Ostfildern 2008 [zitiert: *Sobrino*, Glaube].

Ders., Iglesias ricas y pobres, y el principio-misericordia. Una Iglesia »pobre« es una Iglesia »rica en misericordia«. In: Revista Latinoamericana de Teología 21 (1990) 307–323 [zitiert: *Sobrino*, Iglesias].

Ders., Ignacio Ellacuría, the Human Being and the Christian: »Taking the Crucified People Down from the Cross«. In: *Burke*, Kevin F./*Lassalle-Klein*, Robert, Hgg., Love That Produces Hope. The Thought of Ignacio Ellacuría. Collegeville 2006, 1–67 [zitiert: *Sobrino*, Ellacuría].

Ders., Jesús en América Latina. Su significado para la fe y la cristología. San Salvador 1982 [zitiert: *Sobrino*, Jesús].

Ders., Jesus of Galilee from the Salvadoran Context: Compassion, Hope, and Following the Light of the Cross. In: TS 70 (2009) 437–460 [zitiert: *Sobrino*, Jesus of Galilee].

Ders., Jesus und das Reich Gottes. Mitleiden, Gerechtigkeit, Mahlgemeinschaft. In: Conc 44 (2008) 312–322 [zitiert: *Sobrino*, Jesus und das Reich Gottes].

Ders., Jesús y la justicia. Reflexiones para occidente. In: Revista Latinoamericana de Teología 62 (2004) 179–198 [zitiert: *Sobrino*, Jesús y la justicia].

Ders., Die »Kirche der Armen«. Erfolge und Rückschläge. Von Papst Johannes XXIII. bis Bischof Romero. In: Conc 49 (2013) 84–92 [zitiert: *Sobrino*, »Kirche der Armen«].

Ders., La centralidad del reino de Dios anunciado por Jesús. In: Revista Latinoamericana de Teología 68 (2006) 135–160 [zitiert: *Sobrino*, centralidad del reino].

Ders., La centralidad del »reino de Dios« en la teología de la liberación. In: Revista Latinoamericana de Teología 9 (1986) 247–281 [zitiert: *Sobrino*, centralidad].

Ders., La fe en el Dios crucificado. Reflexiones desde El Salvador. In: Revista Latinoamericana de Teología 31 (1994) 49–75 [zitiert: *Sobrino*, fe].

Ders., La pascua de Jesús y la revelación de Dios desde la perspectiva de las víctimas. In: Revista Latinoamericana de Teología 34 (1995) 79–91 [zitiert: *Sobrino*, pascua].

Ders., La teología en mundo sufriente. La teología de la liberación como *Intellectus Amoris*. In: Revista Latinoamericana de Teología 15 (1998) 243–266 [zitiert: *Sobrino*, mundo sufriente].

Ders., La teología y el »principio liberación«. In: Revista Latinoamericana de Teología 35 (1995) 115–140 [zitiert: *Sobrino*, »principio liberación«].

Ders., Liberación con espíritu. Apuntes para una nueva espiritualidad. San Salvador 21994 [zitiert: *Sobrino*, Liberación].

Ders., Los ›signos de los tiempos‹ en la teología de la liberación. In: Estudios eclesiásticos 64 (1989) 249–269 [zitiert: *Sobrino*, signos].

Ders., Los mártires jesuánicos en el tercer mundo. In: Revista Latinoamericana de Teología 48 (1999) 237–255 [zitiert: *Sobrino*, mártires].

Ders., Los »mártires jesuánicos« y el »pueblo crucificado«. In: Páginas 161 (2000) 45–51 [zitiert: *Sobrino*, mártires jesuánicos].

Ders., Los pobres. Crucificadores y salvadores. In: *López Vigil*, José Maria, Hg., La matanza de los pobres. Vida en medio de la muerte en El Salvador. Madrid 1993, 355–370 [zitiert: *Sobrino*, pobres].

Ders., Messias und Messianismus. Überlegungen aus El Salvador. In: Conc 29 (1993) 78– [zitiert: *Sobrino*, Messias].

Ders., Mi recuerdo de Monseñor Romero. In: Revista Latinoamericana de Teología 16 (1989) 3–44 [zitiert: *Sobrino*, recuerdo].

Ders., Extra Pauperes Nulla Salus. In: No Salvation Outside the Poor: Prophetic-Utopian Essays. Maryknoll 2008, 35–76 [zitiert: *Sobrino*, Nulla Salus].

Ders., Der Preis der Gerechtigkeit. Briefe an einen ermordeten Freund. Würzburg 2007 [zitiert: *Sobrino*, Preis].

Ders., Reflexiones sobre el significado del ateísmo y la idolatría para la teología. In: Revista Latinoamericana de Teología 7 (1986) 45–81 [zitiert: *Sobrino*, Reflexiones].

Ders., Respuesta al texto de la congregación para la doctrina de la fe. San Salvador März 2005, Kopie [zitiert: *Sobrino*, Respuesta].

Ders., Sterben muß, wer an Götzen rührt. Das Zeugnis der ermordeten Jesuiten in San Salvador: Fakten und Überlegungen. Fribourg 1990 [zitiert: *Sobrino*, Sterben].

Ders., Systematische Christologie: Jesus Christus, der absolute Mittler des Reiches Gottes. In: *Ellacuría/Sobrino*, Mysterium, 567–591 [zitiert: *Sobrino*, Systematische Christologie].

Ders., Theologie der Befreiung als intellectus amoris. In: *König*, Ott/*Larcher*, Gerhard, Hgg., Theologie der gekreuzigten Völker. Jon Sobrino im Disput. Graz 1992, 10–21 [zitiert: *Sobrino*, intellectus amoris].

Ders., Die theologische Herausforderung der »gekreuzigten Völker«. In: ZMR 82 (1998) 281–292 [zitiert: *Sobrino*, Herausforderung].

Ders., Theology from amidst the victims. In: *Volf*, Miroslav, Hg., The future of theology. Essays in honor of Jürgen Moltmann. Grand Rapids 1996, 164–175 [zitiert: *Sobrino*, Theology].

Ders., Wenn der Christus Jesus ist. Essay über die Orthodoxie: Geschichte, frohe Botschaft und Parteilichkeit. In: Conc 50 (2014) 179–189 [zitiert: *Sobrino*, Wenn der Christus].

Ders./Martín-Baró, Ignacio/*Cardenal*, Rodolfo, Hgg., La voz de los sin voz. La palabra viva de Monseñor Romero. San Salvador 1981 [zitiert: *Sobrino/Martín-Baró/Cardenal*, voz].

Söding, Thomas, Hg., Das Jesus-Buch des Papstes. Die Antwort der Neutestamentler. Freiburg i. Br. u. a. 2007 [zitiert: *Söding*, Jesus-Buch].

Sols Lucia, José, Teología del martirio. In: *Vigil*, cruz, 247–251, e-Publikation: www.servicioskoinonia.org/LibrosDigitales [zitiert: *Sols Lucia*, Teología].

Sonnemans, Heino, Dialog der Religionen. Wege und Ziele – Differenz und Einheit. Bonn 2005 [zitiert: *Sonnemans*, Dialog].

Ders., Papst Johannes Paul II. Botschafter des Evangeliums. Anwalt der Menschen. Trier 2006 [zitiert: *Sonnemans*, Johannes Paul II.].

Souletie, Jean-Louis, Which Christological Tools for the Interreligious Dialogue? In: *Boeve/ Depoortere/van Erp*, Schillebeeckx, 98–108 [zitiert: *Souletie*, Tools].

Spadaro, Antonio, Il Magisterio di Papa Francesco. (URL: https://web.archive.org/web/20161022031009/http://congresoteologia2016.com:80/file/5.%20Antonio%20Spadaro%20-%20Conferencia%20Principal%20Italiano.pdf) – Zugriff am 2.7.2017 [zitiert: *Spadaro*, Magisterio].

Sparks, Adam, The Fulfilment Theology of Jean Daniélou, Karl Rahner and Jacques Dupuis. In: New Blackfriars 2008 (89) 633–656 [zitiert: *Sparks*, Theology].

Specht, R., Causa exemplaris. In: HWP 3 (1974) [zitiert: *Specht*, Causa].

Spiegel, Egon, Art. Konflikt, Konflikttheorie. I. Ethisch. In: LThK3 6 (1997) 242–243 [zitiert: *Spiegel*, Konflikt].

Stålsett, StURLa, The crucified and the Crucified. A Study in the Liberation Christology of Jon Sobrino. Frankfurt a. M. u. a. 2003 [zitiert: *Stålsett*, crucified].

Stark, Carsten, Die Konflikttheorie von Georg Simmel. In: *Bonacker*, Konflikttheorien, 83–96 [zitiert: *Stark*, Konflikttheorie].

Stickelbroeck, Michael, Christologie im Horizont der Seinsfrage. Über die epistemologischen und metaphysischen Voraussetzungen des Bekenntnisses zur universalen Heilsmittlerschaft Jesu Christi. St. Ottilien 2002 [zitiert: *Stickelbroeck*, Christologie].

Stone, Suzanne Last, Toleranz und Pluralismus im Judentum: Drei Modelle. In: ÖR 52 (2003) 296–318 [zitiert: *Stone*, Toleranz].

Stosch, Klaus von/*Khorchide*, Mouhanad, Hgg., Streit um Jesus. Muslimische und christliche Annäherungen. Paderborn u. a. 2016.

Strazzari, Francesco, Hg., Edward Schillebeeckx im Gespräch. Luzern 1994 [zitiert: *Strazzari*, Schillebeeckx].

Strecker, Christian, Jesus und die Besessenen. Zum Umgang mit Alterität im Neuen Testament am Beispiel der Exorzismen. In: *Stegemann*, Wolfgang u. a., Hg., Jesus in neuen Kontexten. Stuttgart 2002, 53–63 [zitiert: *Strecker*, Jesus].

Striet, Magnus, Vatikanum 2.0. Eine andere Hermeneutik des Zweiten Vatikanischen Konzils. In: *Dietrich/Herkert/Schmitt*, Geist, 100–113 [zitiert: *Striet*, Vatikanum].

Ders., Zu wem sollen wir gehen? Über die prekäre Situation wissenschaftlicher Theologie. In: *Leven*, Theologie, 223–233 [zitiert: *Striet*, Situation].

Struys, Kristof, Particular Churches – Universal Church. Theological Backgrounds to the Position of Walter Kasper in Debate with Joseph Ratzinger – Benedict XVI. In: Bijdr. 69 (2008) 147–171 [zitiert: *Struys*, Churches].

Stubenrauch, Bertram, Verbindlichkeit im Kontext persönlicher Freiheit (Vatikanum II). Zur Deutung und Bedeutung konziliarer Geltungsansprüche. In: *Böttigheimer*, Konzil, 19–36 [zitiert: *Stubenrauch*, Verbindlichkeit].

Sühs, Volker, Die Herausforderung durch die ökumenischen Beobachter. In: *Hünermann/Hilberath*, HThKVK V, 201–209 [zitiert: *Sühs*, Herausforderung].

Sullivan, Francis A., Magisterium. Teaching Authority in the Catholic Church. Dublin 1985 [zitiert: *Sullivan*, Magisterium].

Ders., The Ordinary Universal Magisterium. In: Jurist 56 (1996) 338–360 [zitiert: *Sullivan*, Ordinary Magisterium].

Sunarko, Adrian, Die Entwicklung des Offenbarungsverständnisses von Edward Schillebeeckx und dessen Konsequenzen für sein Kirchenverständnis. Diss. masch. Freiburg 2002. (URL: http://nbn-resolving.de/urn:nbn:de:bsz:25-opus-5757) – Zugriff am 15.6.2015 [zitiert: *Sunarko*, Entwicklung].

Sweeney, James, How Should We Remember Vatican II? In: New Blackfriars 90 (2009) 251–260 [zitiert: *Sweeney*, Vatican II].

Sydnor, Jon Paul, Beyond the Text: Revisiting Jacques Dupuis' Theology of Religions. In: International Review of Mission 89 (2007) 56–71 [zitiert: *Sydnor*, Beyond].

Tanner, Norman, Kirche in der Welt: Ecclesia ad extra. In: *Alberigo*, Geschichte IV, 314–448 [zitiert: *Tanner*, Kirche].

Tavernier, Johan de, Vraagt ethiek om geloof? Ethische verkenningen in het spoor van E. Schillebeeckx. In: Tijdschrift voor Theologie 34 (1994) 24–48 [zitiert: *de Tavernier*, ethiek].

Teixeira, Faustino Luiz Couto, *Dominus Iesus* em ação. A Notificação sobre o livro de Jacques Dupuis. In: Revista Eclesiástica Brasileira 61 (2001) 425–429 [zitiert: *Teixeira*, Dominus].

Theißen, Gerd/*Merz*, Annette, Der historische Jesus. Ein Lehrbuch. Göttingen 42011 [zitiert: *Theißen/Merz*, Jesus].

Theobald, Christoph, Das Christliche als Lebensstil. Die Suche nach einer zukunftsfähigen Gestalt von Kirche aus einer französischen Perspektive. In: *Böttigheimer*, Konzil, 203–219 [zitiert: *Theobald*, Christliche].

Ders., Heute ist der günstige Augenblick. Eine theologische Diagnose der Gegenwart. In: *Feiter*, Reinhard/*Müller*, Hadwig, Hgg., Frei geben. Pastoraltheologische Impulse aus Frankreich. Ostfildern ^{2}2013, 81–109 [zitiert: *Theobald*, Augenblick].

Ders., Le concile et la forme «pastorale» de la doctrine. In: *Theobald*, Christoph/*Sesboüé*, Bernard, Hgg., La parole du salut. Paris 1996, 471–510 [zitiert: *Theobald*, concile].

Ders., L'herméneutique de réforme implique-t-elle une réforme de l'herméneutique? In: RSR 100 (2012) 65–84 [zitiert: *Theobald*, L'herméneutique].

Ders., Mise en perspective. Transmettre l'histoire de Vatican II ou/et commenter des textes? Un débat nouveau sur la réception du Concile. In: *Theobald*, Christoph, Hg., Vatican II sous le regard des historiens. Colloque du 23 septembre 2005. Paris 2006, 3–23 [zitiert: *Theobald*, perspective].

Thiede, John S., The Reality of Martyrdom in the Christology of Jon Sobrino. Diss. masch. Notre Dame 2012 [zitiert: *Thiede*, Reality].

Thompson, Daniel P., Schillebeeckx on the Development of Doctrine. In: TS 62 (2001) 303–321 [zitiert: *Thompson*, Schillebeeckx].

Tillar, Elizabeth K., Eschatological Images of Prophet and Priest in Edward Schillebeeckx's Theology of Suffering for Others. In: HeyJ 43 (2002) 34–59 [zitiert: *Tillar*, Images].

Tilley, Terrence W., Christian Orthodoxy and Religious Pluralism. In: Modern Theology 22 (2006) 51–63 [zitiert: *Tilley*, Orthodoxy].

Tilly, Michael, Apokalyptik. Tübingen 2012 [zitiert: *Tilly*, Apokalyptik].

Torres Serrano, Juan Manuel, La dimensión histórica y relacional de la cristología latinoamericana. Una mirade desde la cristología de Jon Sobrino. In: Ribet 4 (2008) 7–36 [zitiert: *Torres Serrano*, dimensión].

Totzke, Irenäus, Entwicklung oder Entfaltung. Zwei Möglichkeiten geistigen Wachstums. In: Philia (2006) 33–42 [zitiert: *Totzke*, Entwicklung].

Trigo, Pedro, Consideraciones sobre la Notificación. In: *Vigil*, cruz, 281–286, e-Publikation: www.servicioskoinonia.org/LibrosDigitales [zitiert: *Trigo*, Consideraciones].

Tück, Jan-Heiner, Erinnerung an die Zukunft. 50 Jahre Zweites Vatikanisches Konzil. Einleitung. In: *Tück*, Erinnerung, 15–39 [zitiert: *Tück*, Einleitung].

Ders., Hg., Erinnerung an die Zukunft. Das Zweite Vatikanische Konzil. Erweiterte und aktualisierte Auflage. Freiburg i. Br. u. a. 22013.

Ders., Postkonziliare Interpretationskonflikte. Nachtrag zur Debatte um die Verbindlichkeit des Konzils. In: *Tück*, Erinnerung, 114–123 [zitiert: *Tück*, Interpretationskonflikte].

Ders., Ein »reines Pastoralkonzil«? Zur Verbindlichkeit des Vatikanum II. In: IkaZ 41 (2012) 441–457 [zitiert: *Tück*, Pastoralkonzil].

Ders., Sakrament des Heils für die Welt. Annäherungen an einen ekklesiologischen Leitbegriff des Konzils. In: *Delgado/Sievernich*, Metaphern, 141–167 [zitiert: *Tück*, Sakrament].

Ders., Die Verbindlichkeit des Konzils. Die Hermeneutik der Reform als Interpretationsschlüssel. In: *Tück*, Erinnerung, 94–113 [zitiert: *Tück*, Verbindlichkeit].

Turner, Geoffrey, Spiritual Identification with Christ: Jon Sobrino, the CDF and St Paul. In: New Blackfriars 88 (2007) 539–548 [zitiert: *Turner*, Identification].

Üffing, Martin, Von der Dynamik, anders zu glauben. In: *Krämer/Vellguth*, Inkulturation, 170–195 [zitiert: *Üffing*, Dynamik].

Ungenannte Bischöfe, Die dreizehn Selbstverpflichtungen ungenannter Bischöfe auf dem Zweiten Vatikanischen Konzil. In: Conc 13 (1977) 262–263 [zitiert: *Bischöfe*, Katakombenpakt].

Unterburger, Klaus, Vom Lehramt der Theologen zum Lehramt der Päpste? Pius XI., die Apostolische Konstitution »Deus scientiarum Dominius« und die Reform der Universitätstheologie. Freiburg i. Br. u. a. 2010 [zitiert: *Unterburger*, Lehramt].

Ders., »Woher kommen die Streitigkeiten unter euch?« (Jak 4,1) Entstehung und Geschichte der heutigen innerkatholischen Poralisierungen. In: ThPQ 164 (2016) 4–12 [zitiert: *Unterburger*, Entstehung].

Valiente, O. Ernesto, From Conflict to Reconciliation: Discipleship in the Theology of Jon Sobrino. In: TS 74 (2013) 655–682 [zitiert: *Valiente*, Conflict].

Valkenberg, Pim, God ademt overal. Mogelijkheden en grenzen van een trinitaire theologie van de godsdiensten. In: Tijdschrift voor Theologie 43 (2003) 166–190 [zitiert: *Valkenberg*, God].

Ders., Jacques Dupuis as a Theologian with a Reversed Mission. Some remarks on his controversial theology of religious pluralism. In: *Wijsen*, Frans, Hg., »Mission is a must«. Intercultural theology and the mission of the church. Amsterdam 2002, 147–158 [zitiert: *Valkenberg*, Dupuis].

Vandervelde, George, Creation and Cross in the Christology of Edward Schillebeeckx: A Protestant Appraisal. In: JES 20 (1983) 257–271 [zitiert: *Vandervelde*, Creation].

Vermès, Géza, Jesus and the World of Judaism. London 1983 [zitiert: *Vermès*, Jesus].

Verweyen, Hansjürgen, Gottes letztes Wort. Grundriß der Fundamentaltheologie. Regensburg 32000 [zitiert: *Verweyen*, Wort].

Viertbauer, Klaus/*Schmidinger*, Heinrich, Hgg., Glauben denken. Zur philosophischen Durchdringung der Gottrede im 21. Jahrhundert. Darmstadt 2016 [zitiert: *Viertbauer/ Schmidinger*, Glauben].

Vigil, José Maria, Hg., Bajar de la cruz a los pobres: Cristología de la Liberación. o.O. ²2007, e-Publikation: www.servicioskoinonia.org/LibrosDigitales.

Ders., Die Inkulturation angesichts der neuen Paradigmen. In: *Krämer/Vellguth*, Inkulturation, 286–297 [zitiert: *Vigil*, Inkulturation].

Vischer, Lukas, Das Konzil als Ereignis in der ökumenischen Bewegung. In: *Alberigo*, Geschichte V, 559–618 [zitiert: *Vischer*, Konzil].

Voderholzer, Rudolf, »Der Geist des Konzils« Überlegungen zur Konzilshermeneutik. In: TThZ 123 (2014) 169–186 [zitiert: *Voderholzer*, Geist].

Ders., Die Verantwortung der Bischöfe und die Freiheit der Theologie nach dem Konzil. In: *Leven*, Theologie, 125–139 [zitiert: *Voderholzer*, Verantwortung].

Vorgrimler, Herbert, Vom »Geist des Konzils«. In: *Richter*, Klemens, Hg., Das Konzil war erst der Anfang. Die Bedeutung des Konzils für Theologie und Kirche. Mainz 1991, 25–52 [zitiert: *Vorgrimler*, Geist].

Waldenfels, Hans, Jacques Dupuis – Theologie unterwegs. In: StZ 210 (2001) 217–218 [zitiert: *Waldenfels*, Dupuis].

Ders., Kontextualität und Inkulturation. In: *Krämer/Vellguth*, Inkulturation, 246–256 [zitiert: *Waldenfels*, Kontextualität].

Ders., Kontextuelle Fundamentaltheologie. Paderborn u. a. 32000 [zitiert: *Waldenfels*, Fundamentaltheologie].

Ders., Theologen unter römischem Verdacht. Anthony de Mello SJ – Jacques Dupuis SJ – Roger Haight SJ – Jon Sobrino SJ. In: StZ 226 (2008) 219–231 [zitiert: *Waldenfels*, Theologen].

Ders., Vorwort. In: Unterwegs zu einer christlichen Theologie des religiösen Pluralismus. Innsbruck 2010, 11–17 [zitiert: *Waldenfels*, Vorwort].

Ders., »Unterwegs zu einer christlichen Theologie des religiösen Pluralismus«. Anmerkungen zum »Fall Dupuis«. In: StZ 217 (1999) 597–610 [zitiert: *Waldenfels*, Anmerkungen].

Ders., Zeichen der Zeit. In: *Delgado/Sievernich*, Metaphern, 101–119 [zitiert: *Waldenfels*, Zeichen].

Walter, Peter, Aufrichtiger und geduldiger Dialog. In: *Delgado/Sievernich*, Metaphern, 81–100 [zitiert: *Walter*, Dialog].

Ders., *Unitatis redintegratio*. Das Ökumenismusdekret und die daraus erwachsene Ökumenediskussion. In: *Dietrich/Herkert/Schmitt*, Geist, 196–210 [zitiert: *Walter*, Unitatis].

Watson, Hubert Manohar, Towards a Relevant Christology in India Today. An Appraisal of the Christologies of John Hick, Jürgen Moltmann and Jon Sobrino. Frankfurt a. M. u. a. 2002 [zitiert: *Watson*, Christology].

Weber, Franz, »Aber Gott ist gut ...« Der Glaube an das Handeln Gottes in der lateinamerikanischen Volksfrömmigkeit. In: *Siebenrock*, Roman A./*Amor*, Christoph J., Hgg., Handeln Gottes. Beiträge zur aktuellen Debatte. Freiburg i. Br. u. a. 2014, QD 262, 337–358 [zitiert: *Weber*, Glaube].

Weckel, Ludger, Um des Lebens willen. Zu einer Theologie des Martyriums aus befreiungstheologischer Sicht. Mainz 1998 [zitiert: *Weckel*, Lebens].

Weiler, Birgit, Mensch und Natur in der Kosmovision der Aguaruna und Huambisa und in den christlichen Schöpfungsaussagen. Eine vergleichende Studie zum interkulturellen und interreligiösen Dialog im Kontext Perus in praktisch-theologischer Perspektive. Münster u. a. 2011 [zitiert: *Weiler*, Mensch].

Welch, Lawrence, The Infallibility of the Ordinary Universal Magisterium: A Critique of Some Recent Observations. In: HeyJ 39 (1998) 18–36 [zitiert: *Welch*, Infallibility].

Ders., Quaestio Disputata. Reply to Richard Gaillardetz on the Ordinary Universal Magisterium and to Francis Sullivan. In: TS 64 (2003) 598–609 [zitiert: *Welch*, Reply].

Ders./*Mansini*, Gui, *Lumen Gentium* No. 8, and *Subsistit in*, Again. In: New Blackfriars 90 (2009) 602–617 [zitiert: *Welch/Mansini*, Lumen Gentium No. 8].

Wenzel, Knut, Hg., Die Freiheit der Theologie. Die Debatte um die Notifikation gegen *Jon Sobrino*. Ostfildern 2008 [zitiert: *Wenzel*, Freiheit].

Ders., »Inmitten der Kreuzigung – in der Hoffnung auf Befreiung«. Die Christologie Jon Sobrinos. In: Orientierung 62 (1998) 259–264 [zitiert: *Wenzel*, Christologie].

Ders., Offenbarung – Text – Subjekt. Grundlegungen der Fundamentaltheologie. Freiburg i. Br. u. a. 2016 [zitiert: *Wenzel*, Offenbarung].

Werbick, Jürgen, Die Freiheit der Theologie – und ihre kirchliche Rückbindung. In: *Böttigheimer/Dausner*, Vaticanum, 141–158 [zitiert: *Werbick*, Freiheit].

Wicks, Jared, Vatican II on Revelation – From behind the Scenes. In: TS 71 (2010) 637–650 [zitiert: *Wicks*, Vatican II].

Wieger, Madeleine, »Pluralistischer Inklusivismus?«. Die pluralistische Religionstheologie von Jacques Dupuis. In: Interkulturelle Theologie. Zeitschrift für Missionswissenschaft 39 (2013) 72–98 [zitiert: *Wieger*, Inklusivismus].

Wiele, Jan van, The Universality and Particularity of Christianity in Edward Schillebeeck's Theology of Religions. In: Studies in Interreligious Dialogue 22 (2012) 5–16 [zitiert: *Wiele*, Universality].

Wilfred, Felix, Asiatische Formen des Christentums und Theologien aus der Perspektive des Postkolonialismus. In: Conc(D) 54 (2018) 7–18 [zitiert: *Wilfred*, Formen].

Ders., Die Rezeption des II. Vatikanums in Asien. In: *Böttigheimer/Dausner*, Vaticanum, 426–446 [zitiert: *Wilfred*, Rezeption].

Willems, Bonifatius Alexander, Die endlose Geschichte des Edward Schillebeeckx. In: *Greinacher*, Norbert/*Küng*, Hans, Hgg., Katholische Kirche – wohin? Wider den Verrat am Konzil. München und Zürich 1986, 411–423 [zitiert: *Willems*, Geschichte].

Ders., Komt er een derde kerk? In: Tijdschrift voor Theologie 20 (1980) 361–380 [zitiert: *Willems*, kerk].

Wittstadt, Klaus, Am Vorabend des Zweiten Vatikanischen Konzils (1. Juli – 10. Oktober 1962). In: *Alberigo*, Geschichte V, 457–560 [zitiert: *Wittstadt*, Vorabend].

Ders., Weichenstellungen für ein »pastorales« Konzil. Papst Johannes XXIII. unmittelbar vor Konzilsbeginn. In: *Borchardt*, Klaus, Hg., Forschungen zur Reichs-, Papst- und Landesgeschichte. FS Herde. Stuttgart 1998, 983–1000 [zitiert: *Wittstadt*, Weichenstellungen].

Wodtke-Werner, Verena, Das Beste aus vier Welten. Prozessplanung und Prozessbegleitung zu Elementen einer Konflikttheorie theologischer Wahrheitsfindung. In: *Kirschner*, Dialog, 35–50 [zitiert: *Wodtke-Werner*, Beste].

Wohlmuth, Josef, Zäsur: Chalzedon (451). In: *Hoff*, Gregor Maria/*Körtner*, Ulrich H.J., Hgg., Arbeitsbuch Theologiegeschichte. Diskurse. Akteure. Wissensformen. Band 1. 2.-15. Jahrhundert. Stuttgart 2012, 166–181 [zitiert: *Wohlmuth*, Zäsur].

Wolf, Hubert, Zölibat. 16 Thesen. München 2019 [zitiert: *Wolf*, Zölibat].

Wostyn, Lode, Beyond Vatican II: Outside the Poor no Salvation. In: MST Review 14 (2012) 31–60 [zitiert: *Wostyn*, Beyond].

Wrogemann, Henning, Interkulturelle Theologie und Hermeneutik. Gütersloh 2012 [zitiert: *Wrogemann*, Theologie].

Wustmans, Hildegard, Mission als Evangelisierung oder: Alles beginnt mit Jesus. In: *Krämer/Vellguth*, Evangelisierung, 105–117 [zitiert: *Wustmans*, Mission].

Wüthrich, Matthias, Ein »theologischer Betriebsunfall«? Erwägungen zum sog. *extra calvinisticum* ausgehend vom Heidelberger Katechismus. In: TZ 70 (2014) 97–117 [zitiert: *Wüthrich*, Betriebsunfall].

Yenson, Mark, Jacques Dupuis and Chalcedon. In: Theological Studies 80 (2019) 271–292 [zitiert: *Yenson*, Dupuis].

Zechmeister, Martha, Kann man von Jesus »zu menschlich« sprechen? Zur Theologie *Jon Sobrinos angesichts der Notifikation der Glaubenskongregation*. In: *Wenzel*, Freiheit, 82–91 [zitiert: *Zechmeister*, Jesus].

Zenger, Erich, Nostra aetate. Der notwendige Streit um die Anerkennung des Judentums in der katholischen Kirche. In: *Ginzel*, Günther Bernd/*Fessler*, Günter, Hgg., Die Kirchen und die Juden. Versuch einer Bilanz. Gerlingen 1997, 49–81 [zitiert: *Zenger*, Nostra aetate].

Zick, Andreas, Die Konflikttheorie der Theorie sozialer Identität. In: *Bonacker*, Konflikttheorien, 409–426 [zitiert: *Zick*, Konflikttheorie].

Zulehner, Paul Michael, »Ich träume von einer Kirche als Mutter und Hirten«. Die neue Pastoralkultur von Papst Franziskus. Ostfildern 2018 [zitiert: *Zulehner*, Pastoralkultur].

Register